AF819930

All in One®

सामाजिक विज्ञान

CBSE कक्षा 10

NCERT का सरल भाषा में अध्ययन | अभ्यास प्रश्न | बोर्ड प्रश्न-पत्र व सैंपल पेपर्स

Recommended by Teachers
Trusted by Toppers

All in One®

सामाजिक विज्ञान

CBSE कक्षा 10

NCERT का सरल भाषा में अध्ययन | अभ्यास प्रश्न | बोर्ड प्रश्न-पत्र व सैंपल पेपर्स

लेखकगण
राजेश कुमार
प्रवीण तिवारी

arihant
SUCCESS AND NOTHING LESS

arihant
SUCCESS AND NOTHING LESS

अरिहन्त प्रकाशन

(स्कूल डिवीज़न सीरीज़)

卐 रजि. कार्यालय

'रामछाया' 4577/15, अग्रवाल रोड, दरिया गंज, नई दिल्ली-110002
फोन: 011-47630600, 43518550; फैक्स: 011-23280316

मुख्य कार्यालय

कालिन्दी, टी०पी० नगर, मेरठ (यूपी)-250002 फोन: 0121-7156203, 7156204

卐 शाखा कार्यालय

आगरा, अहमदाबाद, बरेली, बंगलुरु, चेन्नई, दिल्ली, गुवाहाटी, हैदराबाद, जयपुर, झाँसी, कोलकाता, लखनऊ, नागपुर तथा पुणे

卐 PO No : TXT-XX-XXXXXXX-X-XX

Published by Arihant Publications (India) Ltd.

'अरिहन्त' की पुस्तकों के बारे में अधिक जानकारी के लिए हमारी वेबसाइट
www.arihantbooks.com पर लॉग इन करें या info@arihantbooks.com पर सम्पर्क करें।

Follow us on

卐 मूल्य ₹ 525.00

प्रोडक्शन टीम

पब्लिशिंग मैनेजर	कवर डिज़ाइनर	इनर डिज़ाइनर
महेन्द्र सिंह रावत, केशव मोहन	सलमान	अंकित त्यागी
प्रोजेक्ट हैड	पेज लेआउट	प्रूफ रीडर
मोहित महरोल	रवि सागर	दीपक

विषय-सूची

इतिहास (भारत तथा समकालीन विश्व-II)

राजनीति विज्ञान (लोकतांत्रिक राजनीति –II)

One Book- Endless Features
to Help you Succeed

पाठ का सार

पाठ्यपुस्तक के प्रत्येक अध्याय में NCERT Theory का सरल शब्दों में Coverage किया गया है, जिससे छात्र संपूर्ण अध्याय के CRUX को कम-से-कम समय में समझ सकें व याद कर सकें।

NCERT फोल्डर

पाठ्यपुस्तक के प्रत्येक अध्याय में NCERT पाठ्यपुस्तक के अभ्यास प्रश्नों का उत्तर सरल भाषा में दिया गया है तथा उतना ही उत्तर दिया गया है जितना कि प्रश्न में अनिवार्य रूप से पूछा गया है। NCERT प्रश्नोत्तर को यहाँ देने का मुख्य उद्देश्य यह है कि छात्र NCERT का पूर्ण अभ्यास एक ही पुस्तक में कर सकें।

अध्याय 01

इतिहास

यूरोप में राष्ट्रवाद का उदय

फ्रांसीसी क्रांति और राष्ट्र का विचार

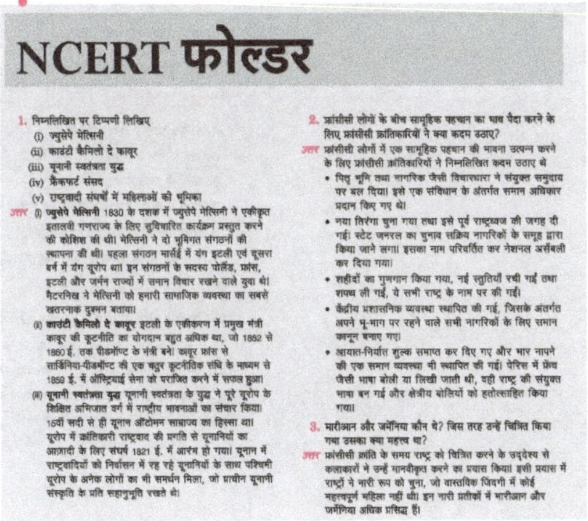

NCERT फोल्डर

One Book- Endless Features

to Help you Succeed

परीक्षा अभ्यास

पाठ्यपुस्तक के प्रत्येक अध्याय के NCERT प्रश्नोत्तर के पश्चात् 'अभ्यास प्रश्न' दिया गया है। इस खंड में दिए गए प्रश्न पूर्णतः CBSE के नवीनतम पाठ्यक्रम व नवीनतम सैंपल पेपर पर आधारित हैं। परीक्षा अभ्यास देने का मुख्य उद्देश्य यह है कि छात्र अपने द्वारा अध्याय में पढ़ी हुई पाठ्य सामग्री से संबंधित प्रश्नोत्तर का अध्ययन यहाँ कर सकते हैं।

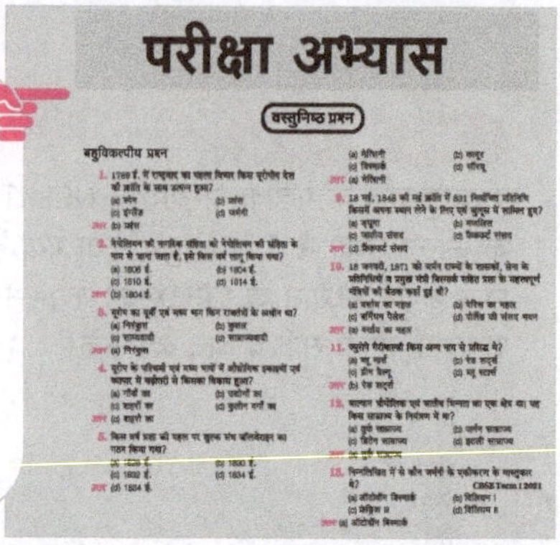

स्वयं को जाँचें

अध्याय के इस चरण में छात्र अध्याय से संबंधित अपने ज्ञान का मूल्यांकन कर सकते हैं। इस चरण में दिए गए सभी प्रश्न पूर्णतः CBSE के नवीनतम पाठ्यक्रम व नवीनतम CBSE सैंपल पेपर पर आधारित हैं।

सैंपल पेपर्स

पुस्तक के अंत में CBSE के नवीनतम पाठ्यक्रम व नवीनतम सैंपल पेपर पर आधारित 3 सैंपल पेपर्स दिए गए हैं। सभी सैंपल पेपर्स को परीक्षा पैटर्न व समय सीमा को ध्यान में रखकर तैयार किया गया है। इनकी प्रैक्टिस करके छात्र परीक्षा की सटीक तैयारी कर सकते हैं।

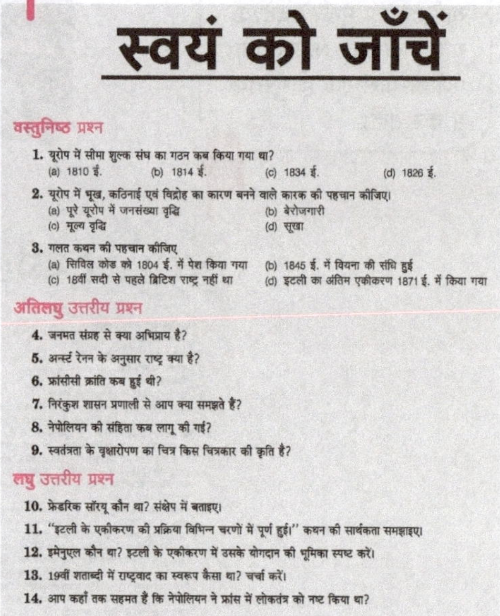

स्वयं को जाँचें

वस्तुनिष्ठ प्रश्न

1. यूरोप में सीमा शुल्क संघ का गठन कब किया गया था?
   (a) 1810 ई. (b) 1814 ई. (c) 1834 ई. (d) 1826 ई.
2. यूरोप में भूख, कठिनाई एवं विद्रोह का कारण बनने वाले कारक की पहचान कीजिए।
   (a) पूरे यूरोप में जनसंख्या वृद्धि (b) बेरोजगारी
   (c) मूल्य वृद्धि (d) सूखा
3. गलत कथन की पहचान कीजिए
   (a) सिविल कोड को 1804 ई. में पेश किया गया (b) 1845 ई. में वियना की संधि हुई
   (c) 18वीं सदी से पहले ब्रिटिश राष्ट्र नहीं था (d) इटली का अंतिम एकीकरण 1871 ई. में किया गया

अतिलघु उत्तरीय प्रश्न

4. जनमत संग्रह से क्या अभिप्राय है?
5. अर्न्स्ट रेनन के अनुसार राष्ट्र क्या है?
6. फ्रांसीसी क्रांति कब हुई थी?
7. निरंकुश शासन प्रणाली से आप क्या समझते हैं?
8. नेपोलियन की संहिता कब लागू की गई?
9. स्वतंत्रता के वृक्षारोपण का चित्र किस चित्रकार की कृति है?

लघु उत्तरीय प्रश्न

10. फ्रेडरिक सॉरयू कौन था? संक्षेप में बताइए।
11. "इटली के एकीकरण की प्रक्रिया विभिन्न चरणों में पूर्ण हुई।" कथन की सार्थकता समझाइए।
12. इमेनुएल कौन था? इटली के एकीकरण में उसके योगदान की भूमिका स्पष्ट करें।
13. 19वीं शताब्दी में राष्ट्रवाद का स्वरूप कैसा था? चर्चा करें।
14. आप कहाँ तक सहमत हैं कि नेपोलियन ने फ्रांस में लोकतंत्र को नष्ट किया था?

सैंपल पेपर 1

सामाजिक विज्ञान

व्याख्या सहित (सॉल्वड) कक्षा 10

समय : 3 घंटे | पूर्णांक : 80

खंड 'क'

नवीनतम पाठ्यक्रम

इतिहास (भारत और समकालीन विश्व–II)			20 समावेशी मानचित्र संकेत
अनुभाग	**अध्याय संख्या**	**अध्याय का नाम**	**अंक आवंटित**
I घटनाक्रम और प्रक्रिया	I	यूरोप में राष्ट्रवाद का उदय	**18+2 मानचित्र में इंगित करना**
	II	भारत में राष्ट्रवाद	
II आजीविका, अर्थव्यवस्था और सोसायटी	III	एक वैश्विक दुनिया का निर्माण (**बोर्ड परीक्षा हेतु मूल्यांकन**–उपविषय 1 से 1.3 पूर्व आधुनिक विश्व तक विजय, रोग और व्यापार)	
		कई आकलन के हिस्से के रूप में अंत:विषय परियोजना (आंतरिक रूप से 5 अंकों के लिए मूल्यांकन किया गया) उपविषय 2 से 4.4 उन्नीसवीं शताब्दी (1815-1914) ब्रेटन वुड्स के अंत तक और 'वैश्वीकरण' की शुरुआत।	
	IV	औद्योगीकरण का युग (केवल आवधिक के भाग के रूप में मूल्यांकन किया जाना है)	
III रोज रोज जीवन, संस्कृति और राजनीति	V	मुद्रण संस्कृति और आधुनिक दुनिया	

भूगोल (समकालीन भारत–II)		20 समावेशी मानचित्र संकेत
अध्याय संख्या	**अध्याय का नाम**	**अंक आवंटित**
1	संसाधन और विकास	**17+3 मानचित्र में इंगित करना**
2	वन और वन्यजीव संसाधन	
3	जल संसाधन	
4	कृषि	
5	खनिज और ऊर्जा संसाधन	
6	विनिर्माण उदयोग	
7	राष्ट्रीय अर्थव्यवस्था की जीवन रेखाएँ **बोर्ड परीक्षा में केवल मानचित्र का मूल्यांकन किया जाएगा**	
	बहुविध मूल्यांकन के हिस्से के रूप में अंत: विषय परियोजना (आंतरिक रूप से 5 अंकों के लिए मूल्यांकन)	

राजनीति विज्ञान (लोकतांत्रिक राजनीति-II)			20 अंक
इकाई क्र.	अध्याय संख्या	अध्याय का नाम	अंक आवंटित
I	1	सत्ता का बँटवारा	20
	2	संघवाद	
II	3	लिंग, धर्म और जाति	
III	4	राजनीतिक दल	
IV	5	लोकतंत्र के परिणाम	

अर्थशास्त्र (आर्थिक विकास को समझना)		20 अंक
अध्याय संख्या	अध्याय का नाम	अंक आवंटित
1	विकास	20
2	भारतीय अर्थव्यवस्था के क्षेत्रक	
3	मुद्रा और साख	
4	वैश्वीकरण और भारतीय अर्थव्यवस्था **बोर्ड परीक्षा में मूल्यांकन किया जाना है** • वैश्वीकरण क्या है? • वैश्वीकरण को संभव बनाने वाले कारक	
	बहुविध मूल्यांकन के हिस्से के रूप में अंत:विषय परियोजना (आंतरिक रूप से 5 अंकों के लिए मूल्यांकन) • देश भर में उत्पादन • भारत में चीनी खिलौने • विश्व व्यापार संगठन • एक निष्पक्ष वैश्वीकरण के लिए संघर्ष	
5	उपभोक्ता अधिकार (परियोजना कार्य)	

अध्याय 01

यूरोप में राष्ट्रवाद का उदय

फ्रांसीसी क्रांति और राष्ट्र का विचार

- 19वीं शताब्दी के दौरान राष्ट्रवाद (Nationalism) एक शक्ति के रूप में उभरा, जिससे यूरोप के बहु-राष्ट्रीय वंश साम्राज्यों (Multi-national Dynastic Empires) की जगह *राष्ट्र-राज्य (Nation-State)* का उदय हुआ। 1848 ई. में एक फ्रांसीसी कलाकार **फ्रेड्रिक सॉरयू** ने लोकतांत्रिक एवं सामाजिक गणराज्यों के रूप में विश्व की कल्पना की।
- राष्ट्रवाद का पहला विचार 1789 ई. में फ्रांसीसी क्रांति के साथ आया। फ्रांस के संपूर्ण भू-भाग पर एक निरंकुश राजा का आधिपत्य था। फ्रांसीसी क्रांति से जो राजनैतिक एवं संवैधानिक बदलाव हुए उनसे **प्रभुसत्ता** (Sovereignty) राजतंत्र से निकल कर फ्रांसीसी नागरिकों के समूह में हस्तांतरित हो गई।
- फ्रांसीसी क्रांतिकारियों ने प्रारंभ से ही अनेक कदम उठाए, जो फ्रांसीसी लोगों के बीच सामूहिक पहचान की भावना पैदा कर सकते थे। फ्रांसीसी क्रांति ने नए विचारों; जैसे—**पितृ भूमि** *(la patrie)* और **नागरिक** *(le citoyen)* ने संयुक्त समुदाय के विचार पर बल दिया तथा एक नया फ्रांसीसी झंडा-तिरंगा (The Tricolour) चुना गया, जिसने पहले राजध्वज का स्थान ले लिया। साथ ही केंद्रीय प्रशासनिक व्यवस्था (Centralised Administrative System) लागू की गई, जिसके अंतर्गत नागरिकों के लिए समान कानून बनाए गए।
- इस्टेट जनरल (Estates General) का चुनाव सक्रिय नागरिकों के समूह द्वारा किया जाने लगा एवं इस्टेट जनरल का नाम बदलकर **नेशनल एसेंबली** (National Assembly) कर दिया गया।
- इन सब के अतिरिक्त नई स्तुतियाँ (Hymns) रची गईं, शपथें (Oaths) ली गईं, राष्ट्र के नाम पर शहीदों (Martyrs) का गुणगान हुआ। आंतरिक सीमा शुल्क (Internal Custom Duties) और बकाया (Dues) समाप्त कर दिए गए। क्षेत्रीय बोलियों (Regional Dialects) को हतोत्साहित किया गया एवं पेरिस में बोली एवं लिखी जाने वाली फ्रेंच को देश की एक सामान्य भाषा के रूप में स्वीकार किया गया।

नेपोलियन संहिता

नेपोलियन ने फ्रांस में प्रजातंत्र को नष्ट कर दिया। इसने प्रशासनिक क्षेत्र में क्रांतिकारी सिद्धांतों का समावेश किया, जिससे पूरी व्यवस्था कुशल बन सके। नेपोलियन ने 1804 ई. की नागरिक संहिता (Civil Code) की शुरुआत की, जिसे सामान्यत: **नेपोलियन की संहिता** (Napoleonic Code) के नाम से जाना जाता है।

अध्याय एक नजर में

इस संहिता की प्रमुख विशेषताएँ निम्न प्रकार थीं

- इसने जन्म पर आधारित विशेषाधिकार समाप्त कर दिए थे तथा कानून के समक्ष समानता की स्थापना की और संपत्ति के अधिकार को सुरक्षित कर दिया।
- डच गणतंत्र (Dutch Republic), स्विट्जरलैंड, इटली और जर्मनी में प्रशासनिक विभाजनों को आसान बनाया। सामंती प्रणाली (Feudal System) को समाप्त कर दिया और किसानों द्वारा दिए जाने वाले भू-दासत्व (Serfdom) और जागीरदारी शुल्कों (Manorial Dues) को समाप्त कर दिया।
- शहरी क्षेत्रों में भी कारीगरों के श्रेणी संघों की प्रथा (Guild System) के नियंत्रण को हटा दिया गया और परिवहन एवं संचार प्रणाली में सुधार हुआ।
- सार्वभौमिक कानूनों (Universal Laws) की स्थापना, मानकीकृत भार तथा सामान्य राष्ट्रीय मुद्रा से एक क्षेत्र से दूसरे क्षेत्र में वस्तुओं (Goods) एवं पूँजी (Capital) के आवागमन (Exchange) में सुविधा हुई।

यूरोप में राष्ट्रवाद का निर्माण

- 18वीं सदी के मध्य में यूरोप में राष्ट्र-राज्य नहीं थे। जर्मनी, इटली और स्विट्जरलैंड **राजशाहियों** (Kingdoms), **डचियों** (Duchies) और **कैंटनों** (Cantons) में विभाजित थे, जिनके शासकों के स्वायत्त क्षेत्र (Autonomous Territories) थे। उन्होंने एक सामूहिक पहचान या एक आम संस्कृति साझा नहीं की।
- ऑस्ट्रिया-हंगरी पर शासन करने वाला हैब्सबर्ग साम्राज्य यूरोप के कई क्षेत्रों एवं सामूहिक समूहों को एकत्र कर बना था, जिसमें ऐल्प्स के टिरॉल, ऑस्ट्रिया, सुडेटेनलैंड एवं बोहेमिया क्षेत्र सम्मिलित था। इस साम्राज्य के कुलीन वर्ग (Aristocracy) में जर्मन भाषा बोलने वाले अधिक लोग थे।
- इस साम्राज्य के हंगरी क्षेत्र में आधे से अधिक लोग मैग्यार (Magyar) भाषा बोलते थे तथा शेष लोग अन्य भाषाओं का प्रयोग करते थे। गालीसिया में कुलीन वर्ग पोलिश भाषा बोलता था।

कुलीन वर्ग और नया मध्य वर्ग

- सामाजिक और राजनीतिक रूप से जमीन का मालिक कुलीन वर्ग यूरोपीय महाद्वीप का सबसे प्रभुत्वशाली वर्ग था। वे ग्रामीण क्षेत्रों में संपत्ति और शहरी हवेलियों के मालिक थे।
- यूरोप के पश्चिमी और मध्य भागों में औद्योगिक उत्पादन और व्यापार में बढ़ोतरी से शहरों का विकास हुआ और वाणिज्यिक वर्गों का उद्भव हुआ, जिनका अस्तित्व बाजार के लिए उत्पादन पर आधारित था।
- औद्योगीकरण के कारण नए सामाजिक समूह—श्रमिक वर्ग के लोग और मध्य वर्ग; जैसे—उद्योगपति, व्यापारी और सेवा क्षेत्र के लोग अस्तित्व में आए।
- कुलीनों को प्राप्त विशेषाधिकारों की समाप्ति के पश्चात् शिक्षित और उदारवादियों के मध्य राष्ट्रीय एकता (National Unity) के विचार लोकप्रिय हुए।

अर्न्स्ट रेनन द्वारा दी गई राष्ट्र-राज्य की नई परिभाषा

अर्न्स्ट रेनन के अनुसार, ''एक राष्ट्र लंबे प्रयासों, बलिदान और निष्ठा का चरम बिंदु है। एक राष्ट्र बड़े और व्यापक (Large Scale Solidarity) एकता है, इसका अस्तित्व प्रतिदिन होने वाला जनमत संग्रह है।''

उदारवादी राष्ट्रवाद का अर्थ

- यूरोप में 19वीं शताब्दी के शुरुआती दौर में राष्ट्रीय एकता के विचार उदारवाद (Liberalism) की विचारधारा से अधिक जुड़े थे।
- नए मध्यम वर्गों के लिए उदारवाद का अर्थ व्यक्तियों के लिए स्वतंत्रता और कानून के समक्ष सभी को समानता थी। फ्रांसीसी क्रांति के बाद उदारवाद निरंकुश शासन एवं पादरी वर्ग के विशेषाधिकार को समाप्त कर फ्रांस में संसदीय प्रतिनिधि सरकार का पक्षधर था।
- उदारवादी, निजी संपत्ति के स्वामित्व की अनिवार्यता पर भी बल देते थे। फ्रांस में वोट देने और निर्वाचित करने का अधिकार विशेष रूप से अधिक संपत्ति वाले लोगों को दिया गया था। संपत्ति विहीन पुरुषों और महिलाओं को इस अधिकार से वंचित रखा गया था।
- 19वीं और 20वीं सदी में महिलाओं और संपत्ति विहीन पुरुषों ने समान राजनीतिक अधिकारों (Equal Political Rights) की माँग की और विरोध आंदोलन (Opposition Movements) शुरू किए।
- आर्थिक क्षेत्र में उदारवाद बाजार की आजादी के पक्ष में था, साथ ही यह राज्य द्वारा लगाए गए वस्तुओं और पूँजी के आवागमन पर नियंत्रण को समाप्त करने के पक्ष में भी था।
- 1834 ई. में प्रशा की पहल पर एक **शुल्क संघ** (Custom Union), **जॉलवेराइन** *(Zollverein)* का गठन किया गया, जिसने शुल्क अवरोध को समाप्त कर दिया और मुद्राओं की संख्या दो कर दी, जो उससे पहले तीस से भी अधिक थी।

1815 ई. के बाद एक नया रूढ़िवाद

- 1815 ई. में नेपोलियन की हार के बाद यूरोपीय सरकारें रूढ़िवाद (Conservatism) की भावना से प्रेरित थीं। रूढ़िवादियों का मानना था कि राज्य और समाज की स्थापित पारंपरिक संस्थाओं (Traditional Institutions); जैसे—राजतंत्र, चर्च, सामाजिक ऊँच-नीच, संपत्ति और परिवार को संरक्षित किया जाना चाहिए।
- यूरोपीय शक्तियों; जैसे—ब्रिटेन, रूस, प्रशा और ऑस्ट्रिया, जिन्होंने सामूहिक रूप से नेपोलियन को हराया था, के प्रतिनिधियों ने यूरोप के लिए समझौता तैयार करने के विषय में वियना में मुलाकात की।
- इस सम्मेलन की मेजबानी (Hosted) ऑस्ट्रियन चांसलर **ड्यूक मैटरनिख** द्वारा की गई थी। इस सम्मेलन में प्रतिनिधियों ने 1815 ई. की **वियना संधि** (Treaty of Vienna) तैयार की।

वियना की संधि के प्रमुख बिंदु

वियना की संधि के प्रमुख बिंदु निम्न थे

- फ्रांसीसी क्रांति के समय हटाए गए **बूर्बो राजवंश** (Bourbon Dynasty) को सत्ता में बहाल (Restored) किया गया।
- फ्रांस ने उन क्षेत्रों को खो दिया, जिन पर उसने नेपोलियन के अधीन कब्जा किया था।

- फ्रांस की सीमाओं पर कई नए राज्य स्थापित किए गए, जिससे भविष्य में फ्रांस विस्तार न कर सके। उत्तर में नीदरलैंड्स राज्य स्थापित किया गया, जिसमें बेल्जियम को भी शामिल किया गया तथा दक्षिण में पीडमॉण्ट में जेनोआ को जोड़ा गया।
- प्रशा को उसकी पश्चिमी सीमाओं पर महत्त्वपूर्ण नए क्षेत्र दिए गए और ऑस्ट्रिया को उत्तरी इटली का नियंत्रण दिया गया।
- नेपोलियन द्वारा गठित जर्मन महासंघ के 39 राज्यों को पहले की तरह बनाए रखा गया।
- पूर्व में रूस को पोलैंड का हिस्सा दिया गया, जबकि प्रशा को सैक्सनी (Saxony) का एक हिस्सा दिया गया था।

वियना संधि (सम्मेलन) का मुख्य उद्देश्य नेपोलियन द्वारा बर्खास्त अर्थात् सत्ता से हटाए गए (Overthrown) राजतंत्र को बहाल करना और यूरोप में एक नई रूढ़िवादी व्यवस्था स्थापित करना था। 1815 ई. में स्थापित रूढ़िवादी शासन (Conservative Regines) व्यवस्थाएँ निरंकुश थीं।

क्रांतिकारी

1815 ई. के पश्चात् दमन के भय के कारण अनेक उदारवादी-राष्ट्रवादी भूमिगत हो गए तथा यूरोपीय राज्यों में क्रांतिकारियों को प्रशिक्षण देने के लिए गुप्त संगठनों का निर्माण हुआ। उस समय क्रांतिकारी गतिविधियों का तात्पर्य तत्कालीन राजतंत्रीय व्यवस्थाओं का विरोध करने से था, जो वियना की संधि में स्थापित की गई थी। अधिकतर क्रांतिकारी राष्ट्र-राज्यों की स्थापना को क्रांति का प्रमुख हिस्सा मानते थे।

इटली का प्रमुख क्रांतिकारी **ज्युसेपे मेत्सिनी**, जिसका जन्म 1807 ई. में जेनोआ में हुआ था, कार्बोनारी नामक गुप्त संगठन का सदस्य था। 24 वर्ष की युवावस्था में मेत्सिनी को लिगुरिया में क्रांति करने पर बहिष्कृत कर दिया गया।

क्रांतियों का युग : 1830-48 ई.

जब यूरोप में रूढ़िवादी व्यवस्थाओं ने अपनी शक्ति को और मजबूत करने की कोशिश की तब यूरोप के अनेक क्षेत्र उदारवाद एवं राष्ट्रवाद क्रांति से जुड़े हुए थे; जैसे—इतालवी और जर्मन राज्य, ऑटोमन साम्राज्य के सूबे (Provinces of Ottoman Empire), आयरलैंड एवं पोलैंड के प्रांत।

इस समय की क्रांतिकारी गतिविधियों का नेतृत्व उदारवादी-राष्ट्रवादी लोगों ने किया, जो शिक्षित मध्यवर्गीय विशिष्ट लोग थे। इस मध्यवर्गीय में प्रोफेसर, स्कूली-अध्यापक, क्लर्क एवं वाणिज्य व्यापार में लगे लोग थे। ये क्रांतियाँ विभिन्न स्थानों में निम्न प्रकार थीं

- प्रथम विद्रोह फ्रांस में जुलाई, 1830 (**जुलाई क्रांति**) में हुआ था। बूर्बो राजा, जिन्हें 1815 ई. के बाद हुई रूढ़िवादी प्रतिक्रिया के समय बहाल किया गया था, उन्हें अब उदारवादी क्रांतिकारियों ने सत्ता से निर्वासित कर दिया। रूढ़िवादी सत्ता की जगह संवैधानिक राजतंत्र की स्थापना की गई जिसके अध्यक्ष **लुई फिलिप** (Louis Philippe) थे।
- जुलाई क्रांति से ब्रूसेल्स में भी विद्रोह उत्पन्न हुआ, जिसके परिणामस्वरूप यह यूनाइटेड किंगडम ऑफ द नीदरलैंड से अलग हो गया। यूनान के स्वतंत्रता संग्राम के कारण पूरे यूरोप के शिक्षित अभिजात वर्ग में राष्ट्रीय भावना का संचार हुआ, जिसका परिणाम 1821 ई. में यूनानियों की आजादी का संघर्ष था।
- अंततः 1832 ई. की **कुस्तुनतुनिया की संधि** (Treaty of Constantinople) ने एक स्वतंत्र राष्ट्र के रूप में यूनान (ग्रीस) को मान्यता प्रदान की।

रूमानी कल्पना और राष्ट्रीय भावना

- राष्ट्रवाद का विकास केवल युद्ध और क्षेत्रीय विस्तार के माध्यम से नहीं हुआ था, बल्कि राष्ट्रवाद के विकास में संस्कृति ने भी महत्त्वपूर्ण भूमिका निभाई थी। कला, कविता, कहानियाँ और संगीत ने राष्ट्रवादी भावनाओं को व्यक्त करने और आकार देने में मदद की।
- रूमानी कलाकारों और कवियों ने तर्क-वितर्क और विज्ञान की महिमा की आलोचना की और उसके स्थान पर भावनाओं, अंतर्ज्ञान और रहस्यमय भावनाओं पर बल दिया उनका प्रयास साझा सामूहिक विरासत की अनुभूति और एक साझा सांस्कृतिक अतीत को राष्ट्र का आधार बनाना था।
- जर्मन दार्शनिक योहान गॉटफ्रीड हेडर (Johan Gottfried Herder) ने दावा किया कि आम लोगों (Das Volk) के मध्य जर्मन संस्कृति निहित थी। राष्ट्र की आत्मा लोकगीतों, जनकाव्य और लोकनृत्यों से प्रकट होती थी।
- पोलैंड में संगीत और भाषा के माध्यम से राष्ट्रीय भावना बनाए रखी गई। कैरोल कुर्पिस्की (Karol Kurpinski) ने राष्ट्रीय संघर्ष का अपने ऑपेरा (Operas) और संगीत (Music) से गुणगान किया। भाषा ने भी राष्ट्रीय भावनाओं के विकास में एक महत्त्वपूर्ण भूमिका निभाई।
- 18वीं सदी के अंत में प्रशा, रूस एवं ऑस्ट्रिया जैसी बड़ी शक्तियों ने पोलैंड क्षेत्र को विभाजित कर दिया था। रूस द्वारा पोलैंड पर कब्जा करने के बाद पोलिश भाषा को स्कूल से बलपूर्वक हटाकर रूसी भाषा को जबरदस्ती लागू किया गया। इसके अनेक सदस्यों ने राष्ट्रवादी विरोध के लिए भाषा को एक हथियार बनाया। पोलिश भाषा रूसी प्रभुत्व के विरुद्ध संघर्ष के प्रतीक के रूप में देखी जाने लगी।

भूख, कठिनाई और जन-विद्रोह

- 1830 के दशक में यूरोप में महान् आर्थिक कठिनाई (Great Economic Hardship) हुई थी। 19वीं शताब्दी के प्रारंभ में यूरोप की आबादी में अधिक वृद्धि देखी गई।
- अधिकतर देशों में रोजगार से अधिक नौकरी ढूँढने वालों की संख्या थी। ग्रामीण क्षेत्रों के लोग शहरों में जाकर गरीब बस्तियों में रहने लगे थे।
- 1845 ई. में सिलेसिया गाँव के बुनकरों ने उन ठेकेदारों के खिलाफ विद्रोह कर दिया, जो उन्हें कच्चे माल की आपूर्ति करके तैयार माल लेते थे, परंतु मूल्य बहुत कम देते थे।
- 4 जून को बुनकरों की भीड़ अपने ठेकेदार की हवेली पर एकत्रित हुई और अधिक मजदूरी की माँग की। ठेकेदार द्वारा बुनकरों के साथ अनुचित व्यवहार किया गया और उन्हें धमकियाँ भी दी गईं।

- 1848 ई. में भोजन की कमी और बड़े पैमाने पर बेरोजगारी के कारण पेरिस की जनता सड़कों पर आ गई। जगह-जगह प्रतिबंध (Barricades) लगाए गए और लुई फिलिप को पलायन करने के लिए मजबूर किया गया।
- नेशनल असेंबली ने एक गणतंत्र की घोषणा की और 21 वर्ष से ऊपर वयस्क पुरुषों को **मताधिकार** (Suffrage) प्रदान किया तथा काम करने का अधिकार सुनिश्चित किया।

1848 : उदारवादियों की क्रांति

- यूरोप के अन्य हिस्सों; जैसे—जर्मनी, इटली, पोलैंड, ऑस्ट्रो-हंगरी साम्राज्य में उदारवादी मध्य वर्ग के पुरुषों और महिलाओं ने संविधानवाद की माँग को राष्ट्र-राज्य के निर्माण की माँग के साथ जोड़ दिया।
- यह माँग राष्ट्र-राज्य संविधान, **प्रेस की स्वतंत्रता** (Freedom of Press) और **संघ बनाने की स्वतंत्रता** (Freedom of Association) जैसे संसदीय सिद्धान्तों पर आधारित थी।

मई क्रांति

- 18 मई, 1848 को 831 निर्वाचित प्रतिनिधि **फ्रैंकफर्ट संसद** (Frankfurt Parliament) में अपना स्थान लेने के लिए एक जुलूस में शामिल हुए। यह संसद सेंट पॉल चर्च में आयोजित हुई। उन्होंने एक जर्मन राष्ट्र के लिए संविधान का प्रारूप तैयार किया। इसकी अध्यक्षता ऐसे राजा को दी गई, जिसे संसद के अधीन रहना था।
- जब प्रतिनिधियों ने प्रशा के राजा **फ्रेडरिक विल्हेम IV** (Friedrich Wilhelm IV) को ताज पहनाना प्रारंभ किया, तो उसने उसे अस्वीकार कर उन राजाओं का साथ दिया जो निर्वाचित सभा के विरोधी थे।
- संसद में मध्यम वर्गों का वर्चस्व था, जो श्रमिकों और कारीगरों की माँगों का विरोध करते थे, परिणामस्वरूप इन वर्गों ने उनके समर्थन को खो दिया था। अंत में सैनिकों को बुलाया गया और विधानसभा को विस्थापित करने के लिए मजबूर किया गया।

महिलाओं के लिए राजनीतिक अधिकार जारी करना

- महिलाओं को राजनीतिक अधिकार देने का मुद्दा उदारवादी आंदोलन के अंदर विवादास्पद था। इस आंदोलन में बड़ी संख्या में महिलाओं ने वर्षों से सक्रिय रूप से भाग लिया था।
- महिलाओं ने अपने स्वयं के राजनीतिक संगठनों की स्थापना की, अखबार निकाले और राजनीतिक सम्मेलनों में भाग लिया।
- 1848 ई. में रूढ़िवादी बल, उदारवादी आंदोलनों को दबाने में सफल हुए, लेकिन वे पुरानी व्यवस्था को पुनः स्थापित नहीं कर पाए।
- 1848 ई. के पश्चात् मध्य और पूर्वी यूरोप की निरंकुश राजशाहियों ने उन परिवर्तनों को आरंभ किया, जो पश्चिमी यूरोप में 1815 ई. से पूर्व हुए थे।
- हैब्सबर्ग प्रभुत्व वाले क्षेत्रों और रूस में गुलामी एवं बँधुआ श्रम दोनों को समाप्त कर दिया गया था। हैब्सबर्ग शासकों ने हंगरी के लोगों को अधिक स्वायत्तता प्रदान की, परंतु इससे निरंकुश मैग्यारों के प्रभुत्व का रास्ता खुल गया।

चेक प्वॉइंट 01

1. *19वीं शताब्दी के दौरान कौन एक शक्ति के रूप में उभरा?*
2. *यूरोप का कितना भाग निरंकुश राजतंत्रों के अधीन था?*
3. *उदारवादी राष्ट्र का क्या तात्पर्य है?*
4. *वियना संधि के सम्मेलन का मुख्य उद्देश्य क्या था?*
5. *मेत्सिनी के गुप्त संगठनों के आधार पर किन-किन देशों में गुप्त संगठन का निर्माण हुआ?*

जर्मनी और इटली का निर्माण

जर्मनी का एकीकरण

- 1848 ई. के बाद यूरोप में राज्य शक्ति और राजनीतिक वर्चस्व पर अपना प्रभुत्व स्थापित करने के लिए रूढ़िवादियों ने हमेशा राष्ट्रवादी भावनाओं का प्रयोग किया। जर्मनी में मध्यवर्गीय लोगों के बीच राष्ट्रवादी भावनाएँ व्यापक थीं।
- 1848 ई. में जर्मन महासंघ के विभिन्न क्षेत्रों को मिलाकर निर्वाचित संसद द्वारा नियंत्रित राष्ट्र-राज्य बनाने का प्रयास किया गया था। प्रशा ने राष्ट्रीय एकीकरण के आंदोलन का नेतृत्व किया। प्रशा के प्रमुख मंत्री **ऑटो वॉन बिस्मार्क** (Otto von Bismark) को इस प्रक्रिया का जनक माना जाता है, जिसने प्रशा की सेना और नौकरशाही की सहायता ली थी।
- जर्मनी के एकीकरण के समय हुई बड़ी घटनाएँ निम्न थीं
  - ऑस्ट्रिया, डेनमार्क और फ्रांस के साथ 7 वर्षों तक लड़ा गया युद्ध प्रशा की जीत के साथ समाप्त हो गया और एकीकरण की प्रक्रिया पूरी हुई।
  - 18 जनवरी, 1871 को जर्मन राज्यों के शासकों, सेना के प्रतिनिधियों, प्रमुख मंत्री ऑटो वॉन बिस्मार्क सहित प्रशा के महत्त्वपूर्ण मंत्रियों की एक बैठक वर्साय के महल में हुई, जिसमें **काइजर विलियम I** (Kaiser William I) की अध्यक्षता में नए जर्मन साम्राज्य की घोषणा की गई थी।
- नए राज्य ने जर्मनी की मुद्रा, बैंकिंग, कानूनी और न्यायिक प्रणाली के आधुनिकीकरण पर बल दिया।

इटली का एकीकरण

19वीं शताब्दी के मध्य में इटली को सात राज्यों में विभाजित किया गया था। इनमें से केवल एक राज्य **सार्डिनिया-पीडमॉण्ट** (Sardinia-Piedmont) को एक **इतालवी राजघराने** (Italian Princely House) द्वारा शासित किया गया था।

उत्तरी भाग ऑस्ट्रियाई हैब्सबर्गों के अधीन था, मध्य इलाकों पर पोप का शासन था एवं दक्षिणी क्षेत्र स्पेन के बूर्बो राजाओं के अधीन था। इस समय तक इतालवी भाषा को साझा रूप नहीं प्राप्त था, जिसके विविध क्षेत्रीय एवं स्थानीय रूप में अभी तक मौजूद थे।

प्रसिद्ध व्यक्तियों का योगदान

इटली के एकीकरण में शामिल प्रसिद्ध व्यक्ति निम्न थे

(i) **ज्युसेपे मेत्सिनी** (Giuseppe Mazzini) 1830 के दशक में ज्युसेपे मेत्सिनी ने एकीकृत इतालवी गणराज्य के लिए सुविचारित कार्यक्रम प्रस्तुत करने की कोशिश की थी। मेत्सिनी ने दो भूमिगत संगठनों की

स्थापना की थी। पहला संगठन मार्सेई में **यंग इटली** (Young Italy) एवं दूसरा बर्न में **यंग यूरोप** (Young Europe) था। इन संगठनों के सदस्य पोलैंड, फ्रांस, इटली और जर्मन राज्यों में समान विचार रखने वाले युवा थे। मैटरनिख ने मेत्सिनी को हमारी सामाजिक व्यवस्था का सबसे खतरनाक दुश्मन बताया।

(ii) **काउंटी कैमिलो दे कावूर** (Count Camillo de Cavour) इटली के प्रदेशों को एकीकृत करने वाले आंदोलन का नेतृत्व कावूर ने किया था। कावूर क्रांतिकारी नहीं था और न ही जनतंत्र में विश्वास था। कावूर फ्रांस से सार्डिनिया-पीडमॉण्ट की एक चतुर कूटनीतिक संधि के माध्यम से 1859 ई. में ऑस्ट्रियाई सेना को पराजित करने में सफल हुआ।

(iii) **ज्युसेपे गैरीबाल्डी** (Giuseppe Garibaldi) ये इटली के स्वतंत्रता सेनानियों में एक प्रसिद्ध व्यक्ति थे। इन्होंने 1833 ई. में मेत्सिनी से मुलाकात की और 'यंग इटली' के आंदोलन में शामिल हो गए। इन्होंने 1834 ई. में पीडमॉण्ट में एक गणतंत्रीय विद्रोह में भाग लिया। 1854 ई. में इन्होंने इतालवी राज्यों को एकजुट करने में लगे विक्टर इमेनुएल द्वितीय का समर्थन किया। इन्होंने 1860 ई. में दक्षिणी इटली में 'एक्सपिडिशन ऑफ द थाउजैंड' (हजार लोगों का अभियान) का नेतृत्व किया। ये स्वयंसेवक 'रेड शर्ट्स' के नाम से प्रसिद्ध हुए। गैरीबाल्डी ने 1867 ई. में इन स्वयंसेवकों की सेना का नेतृत्व किया, जो पेपल राज्यों से लड़ने रोम गई, जहाँ फ्रांसीसी सैनिक तैनात थे। 1870 ई. में प्रशा से युद्ध के दौरान फ्रांस ने रोम से अपने सैनिकों को वापस बुला लिया और अंत में पेपल राज्य इटली में शामिल हो गए।

इटली के एकीकरण के समय हुई प्रमुख घटनाएँ

- 1860 ई. में गैरीबाल्डी के नेतृत्व में सेना (नियमित सैनिकों और सशस्त्र स्वयंसेवकों) ने दक्षिणी इटली और **दो सिसिलियों** (Two Sicilies) के राज्य में प्रवेश किया और स्पेनिश शासकों को हटाने के लिए स्थानीय किसानों का समर्थन जीतने में सफल रही।
- 1861 ई. में **विक्टर इमेनुएल द्वितीय** को संयुक्त इटली का राजा घोषित किया गया था। टस्कानी, मोडेना, पर्मा और पोप के राज्यों ने सार्डिनिया के साथ हाथ मिला लिया।
- मार्च, 1860 तक पूरे मध्य इतालवी राज्यों को सर्वसम्मति से पीडमॉण्ट के साथ एकजुट किया गया।
- रोम सार्डिनिया का एक हिस्सा बन गया। इस तरह इटली का अंतिम एकीकरण भी 1871 ई. में किया गया।

ग्रेट ब्रिटेन का विकास

18वीं सदी से पहले कोई ब्रिटिश राष्ट्र नहीं था। ब्रिटिश द्वीपों में रहने वाले अंग्रेज, वेल्श, स्कॉटलैंड या आयरिश लोगों की प्राथमिक पहचान नृजातीय (Ethnic) थी। राष्ट्र-राज्य के रूप में ग्रेट ब्रिटेन की वृद्धि को नीचे दिए गए बिंदु के साथ क्रमिक रूप से समझा जा सकता है

- अंग्रेजी राष्ट्र के धन, महत्त्व और शक्ति में वृद्धि होने के कारण वह द्वीपों के अन्य राष्ट्रों पर अपने प्रभाव का विस्तार करने में सक्षम था।
- इंग्लैंड संसद ने एक लंबे समय से चले आ रहे युद्ध के बाद 1688 ई. में राजतंत्र से सत्ता छीन ली। इस संसद के द्वारा जिस राष्ट्र-राज्य का निर्माण हुआ, उसके केंद्र में इंग्लैंड था।

यूनाइटेड किंगडम में स्कॉटलैंड का निगमन

- इंग्लैंड और स्कॉटलैंड (हॉलैंड) के मध्य संघ के अधिनियम (Act of Union), 1707 के परिणामस्वरूप ग्रेट ब्रिटेन के यूनाइटेड किंगडम का गठन हुआ।
- इससे इंग्लैंड, स्कॉटलैंड पर अपना प्रभाव डालने में सक्षम हुआ। इसलिए ब्रिटिश संसद में अंग्रेजी सदस्यों का वर्चस्व रहा।

आयरलैंड का निगमन

- आयरलैंड के साथ स्कॉटलैंड की तरह से ही व्यवहार किया गया। यह देश कैथोलिक और प्रोटेस्टेंट में विभाजित था। अंग्रेजों ने बड़े पैमाने पर कैथोलिक देश पर अपना प्रभुत्व स्थापित करने के लिए आयरलैंड के प्रोटेस्टेंटों का समर्थन किया। कैथोलिक द्वारा उठाए गए विद्रोह को दबा दिया गया था।
- **वोल्फ टोन** (Wolf Tone) और उनके यूनाइटेड आयरिशमेन (1798) के नेतृत्व में हुए असफल विद्रोह के बाद आयरलैंड को 1801 ई. में यूनाइटेड किंगडम में जबरदस्ती शामिल कर लिया गया, जिसके परिणामस्वरूप एक नए ब्रिटिश राज्य का निर्माण किया गया, जिस पर अंग्रेजी संस्कृति का प्रभाव था।
- नए ब्रिटेन के प्रतीक चिह्नों, ब्रितानी झंडा (Union Jack), राष्ट्रीय गान (God Save Our Noble King) व अंग्रेजी भाषा का अत्यधिक प्रचार-प्रसार किया गया।

राष्ट्र की दृश्य कल्पना

18वीं और 19वीं शताब्दी में कलाकारों ने राष्ट्र का मानवीकरण करने के लिए एक रास्ता निकाला। उस समय राष्ट्रों को महिला के रूप में चित्रित किया जाता था। राष्ट्र के व्यक्तित्व के लिए जिस महिला को चुना गया, वह वास्तविक जीवन में कोई विशेष महिला नहीं थी। महिला का रूप राष्ट्र का एक रूपक (Allegory) अर्थात् प्रतीक बन गया। फ्रांस में महिला रूपक ***मारीआन और जर्मेनिया*** जर्मन राष्ट्र की रूपक बन गईं।

फ्रांसीसी क्रांति के दौरान कलाकारों ने न्याय, स्वतंत्रता एवं गणतंत्र जैसे विचारों को व्यक्त करने के लिए नारीरूपक का प्रयोग किया, जिसमें मारीआन एवं जर्मेनिया नामक महिला का चित्रण किया गया तथा इस क्रांति में लाल टोपी, टूटी जंजीर, तिरंगा इत्यादि का प्रयोग प्रतीकों के रूप में किया गया।

राष्ट्रवाद और साम्राज्यवाद

- 19वीं शताब्दी के अंत तक राष्ट्रवाद अपने आदर्शवादी, उदारवादी व जनतांत्रिक स्वभाव को बनाए रखने में असफल रहा।
- इस अवधि के दौरान राष्ट्रवादी समूह एक-दूसरे के अनुदार बन गए और युद्ध शुरू करने के लिए तैयार थे।
- 1871 ई. के पश्चात् यूरोप में गंभीर राष्ट्रवादी तनाव का स्रोत बाल्कन क्षेत्र था।
- बाल्कन भौगोलिक और जातीय भिन्नता का एक क्षेत्र था, जिसमें आधुनिक रोमानिया, बुल्गारिया, अल्बेनिया, ग्रीस, मेसिडोनिया, क्रोएशिया, बोस्निया-हर्जेगोविना, स्लोवेनिया, सर्बिया और मोंटेनेग्रो शामिल थे, जिनके निवासियों को सामान्यत: **स्लाव** (Slavs) के रूप में जाना जाता था।

- बाल्कन **ऑटोमन साम्राज्य** के नियंत्रण में था। विभिन्न स्लाव राष्ट्रीय समूहों ने अपनी पहचान और स्वतंत्रता की परिभाषा तय करने का प्रयास किया, तो बाल्कन क्षेत्र तीव्र संघर्ष का क्षेत्र बना गया। इस समय यूरोपीय राष्ट्र अधिक शक्तिशाली थे। रूस, जर्मनी, इंग्लैंड और ऑस्ट्रो-हंगरी बाल्कन के ऊपर अन्य शक्तियों को कम करके अपना नियंत्रण बढ़ाने के लिए उत्सुक थे। इससे क्षेत्र में अनेक युद्ध हुए और अंततः प्रथम विश्व युद्ध हुआ।
- वर्ष 1914 में राष्ट्रवाद, साम्राज्यवाद की विचारधारा से प्रभावित हुआ तथा यूरोप को महाविपदा की ओर ले गया।

चेक प्वॉइंट 02

1. *नए जर्मन साम्राज्य की घोषणा कब हुई?*
2. *काउंटी कैमिलो डे कावूर का किस राष्ट्र के एकीकरण में प्रमुख योगदान था?*
3. *यूनाइटेड किंगडम का गठन किनके परिणामस्वरूप हुआ?*
4. *19वीं शताब्दी के अंत तक राष्ट्रवाद किसमें असफल रहा?*
5. *बाल्कन क्षेत्र किस साम्राज्य के नियंत्रण में था?*

इन्हें भी जानें

- ***निरंकुशवाद** (Absolutist)* ऐसी सरकार या शासन व्यवस्था, जिसका सत्ता पर किसी प्रकार का कोई अंकुश नहीं होता।
- ***यूटोपिया** (Utopian)* एक ऐसे समाज की कल्पना, जो इतना आदर्श है कि उसका साकार होना लगभग असंभव होता है।
- ***जनमत संग्रह** (Plebiscite)* एक प्रत्यक्ष रूप से किया गया मतदान, जिसके माध्यम से एक क्षेत्र के लोगों से किसी प्रस्ताव को स्वीकार या अस्वीकार करने के लिए पूछा जाता है।
- ***राष्ट्रवाद** (Nationalism)* एक ऐसी विचारधारा या भावना, जिसके द्वारा जनता में राजनैतिक, सामाजिक और आर्थिक एकीकरण के साथ साझी संस्कृति के भागीदार होते हैं।
- ***मताधिकार** (Suffrage)* किसी विषय, व्यक्ति या सरकार को चुनने के लिए अपना समर्थन एक मत प्रक्रिया द्वारा देना मताधिकार होता है।
- ***रूढ़िवाद** (Conservatism)* एक ऐसा दर्शन, जो प्राचीन संचालित परंपराओं एवं रीति-रिवाजों का समर्थन करे तथा तीव्र परिवर्तन एवं विकास के स्थान पर क्रमिक विकास को प्राथमिकता प्रदान करता रहे।
- ***नारीवाद** (Feminist)* महिलाओं के अधिकारों एवं उनके हितों का बोध कराना तथा समानता वाली सोच रखना।
- ***विचारधारा** (Ideology)* यह विशेष प्रकार की सामाजिक एवं राजनीतिक दृष्टि को इंगित करने वाले विचारों का समूह है।
- ***उदारवाद** (Liberalism)* यह लैटिन भाषा के शब्द 'लिबर' से बना है, जिसका अर्थ आजाद है। 19वीं शताब्दी में इसका उपयोग मध्यम वर्ग के लोगों और बुद्धिजीवियों द्वारा प्रोत्साहित विचारधारा के लिए किया गया।
- ***नृजातीय** (Ethnic)* एक साझा नस्ली संस्कृति, जनजातीय या संस्कृति उद्गम अथवा पृष्ठभूमि, जिसे कोई समुदाय अपनी पहचान मानता है।
- ***जॉलवेराइन** (Zollverein)* 1834 ई. में प्रशा की पहल पर एक शुल्क संघ जॉलवेराइन स्थापित किया गया।
- ***मारीआन** (Marianne)* यह फ्रांस में राष्ट्रीय भावना की रूपक छवि नारी थी, जिसकी छवि सिक्कों एवं डाक टिकटों पर अंकित थी।
- ***जर्मेनिया** (Germania)* यह जर्मन राष्ट्र की रूपक (नारी) थी।
- ***क्रांति** (The Revolution)* अचानक उत्पन्न होने वाली घटना, जिसके द्वारा सरकार या शासन में परिवर्तन लाया जाता है।
- ***गणतंत्र** (Republic)* एक ऐसी राजनैतिक व्यवस्था, जिसमें राज्य का प्रमुख जनता द्वारा प्रत्यक्ष या अप्रत्यक्ष तरीके से चुना जाता है।
- ***संहिता** (Code)* यह एक नियमावली होती है, जिसमें नियमों की विस्तृत सूची होती है।
- ***श्रेणी संघ** (Category Association)* व्यवसाय या कामगारों से जुड़े संघ या काश्तकारों का एक संघ।
- ***महासंघ** (Federation)* छोटी-छोटी इकाइयों को जोड़कर बनाया गया एक संघ, जिसमें आर्थिक, राजनैतिक, सामाजिक व सांस्कृतिक इकाइयों को भी जोड़ा जा सकता है।
- ***रूपक** (Allegory)* जब किसी अमूर्त विचार (जैसे—लालच, ईर्ष्या, स्वतंत्रता, मुक्ति) को किसी व्यक्ति या किसी वस्तु के द्वारा इंगित किया जाता है। एक रूपकात्मक कहानी के दो अर्थ होते हैं—शाब्दिक और प्रतीकात्मक।
- ***कृषिदासता** (Serfdom)* इस प्रणाली के अंतर्गत किसानों को सामंती वर्गों के अधीन रहने एवं काम करने के लिए मजबूर किया जाता था।
- ***जागीरदारी शुल्क** (Manorial Dues)* किसानों द्वारा जमींदारों को दी गई राशि या कर्ज का भुगतान को जागीरदारी शुल्क कहा जाता था।
- ***गिल्ड व्यवस्था** (Guild System)* इस व्यवस्था के अंतर्गत शिल्पकार एवं व्यापारियों का एक समूह जो श्रेणी संघ के अंतर्गत आता है।
- ***ऑटोमन साम्राज्य** (Ottoman Empire)* तुर्की साम्राज्य जो मुस्लिमों के धार्मिक एवं लौकिक प्रमुख खलीफा द्वारा शासित होता था।

टाइमलाइन

1756-63	इंग्लैंड और फ्रांस के मध्य हुए सप्तवर्षीय युद्ध का काल
1769	नेपोलियन का जन्म
1789	राष्ट्रवाद का प्रथम दर्शन, फ्रांस की क्रांति
1792	लुई सोलहवें को फाँसी
1797	नेपोलियन बोनापार्ट के युद्ध अभियान का प्रारंभ
1804	नेपोलियन की नियमावली या कानूनी संहिता
1814-15	वाटरलू की लड़ाई, नेपोलियन का पतन, वियना की युद्ध विराम संधि
1815	वियना कांग्रेस का गठन वर्ष
1815-21	नेपोलियन का अवसान काल
1821	यूनानी स्वतंत्रता के लिए संघर्ष प्रारंभ
1854-56	क्रीमिया का युद्ध
1859-70	इटली के एकीकरण का कालांश
1866-71	जर्मनी के एकीकरण का कालांश
1870-71	फ्रांसीसियों और प्रशावासियों का युद्ध काल
1905	हैब्सबर्ग और ऑटोमन साम्राज्यों में स्लाव राष्ट्रवाद का उदय

NCERT फोल्डर

1. निम्नलिखित पर टिप्पणी लिखिए
(i) ज्युसेपे मेत्सिनी
(ii) काउंटी कैमिलो दे कावूर
(iii) यूनानी स्वतंत्रता युद्ध
(iv) फ्रैंकफर्ट संसद
(v) राष्ट्रवादी संघर्षों में महिलाओं की भूमिका

उत्तर (i) **ज्युसेपे मेत्सिनी** 1830 के दशक में ज्युसेपे मेत्सिनी ने एकीकृत इतालवी गणराज्य के लिए सुविचारित कार्यक्रम प्रस्तुत करने की कोशिश की थी। मेत्सिनी ने दो भूमिगत संगठनों की स्थापना की थी। पहला संगठन मार्सेई में यंग इटली एवं दूसरा बर्न में यंग यूरोप था। इन संगठनों के सदस्य पोलैंड, फ्रांस, इटली और जर्मन राज्यों में समान विचार रखने वाले युवा थे। मैटरनिख ने मेत्सिनी को हमारी सामाजिक व्यवस्था का सबसे खतरनाक दुश्मन बताया।

(ii) **काउंटी कैमिलो दे कावूर** इटली के एकीकरण में प्रमुख मंत्री कावूर की कूटनीति का योगदान बहुत अधिक था, जो 1852 से 1860 ई. तक पीडमॉण्ट के मंत्री बने। कावूर फ्रांस से सार्डिनिया-पीडमॉण्ट की एक चतुर कूटनीतिक संधि के माध्यम से 1859 ई. में ऑस्ट्रियाई सेना को पराजित करने में सफल हुआ।

(iii) **यूनानी स्वतंत्रता युद्ध** यूनानी स्वतंत्रता के युद्ध ने पूरे यूरोप के शिक्षित अभिजात वर्ग में राष्ट्रीय भावनाओं का संचार किया। 15वीं सदी से ही यूनान ऑटोमन साम्राज्य का हिस्सा था। यूरोप में क्रांतिकारी राष्ट्रवाद की प्रगति से यूनानियों का आज़ादी के लिए संघर्ष 1821 ई. में आरंभ हो गया। यूनान में राष्ट्रवादियों को निर्वासन में रह रहे यूनानियों के साथ पश्चिमी यूरोप के अनेक लोगों का भी समर्थन मिला, जो प्राचीन यूनानी संस्कृति के प्रति सहानुभूति रखते थे।

(iv) **फ्रैंकफर्ट संसद** 18 मई, 1848 को 831 निर्वाचित प्रतिनिधि फ्रैंकफर्ट संसद में अपना स्थान लेने के लिए एक जुलूस में शामिल हुए। यह संसद सेंट पॉल चर्च में आयोजित हुई। उन्होंने एक जर्मन राष्ट्र के लिए संविधान का प्रारूप तैयार किया।

(v) **राष्ट्रवादी संघर्षों में महिलाओं की भूमिका** राष्ट्रवादी संघर्षों के वर्षों में बड़ी संख्या में महिलाओं ने सक्रिय रूप से भाग लिया। उदारवादी आंदोलन के अंदर महिलाओं को राजनीतिक अधिकार प्रदान करने का मुद्दा विवादास्पद था। महिलाओं ने अपने राजनीतिक संगठन स्थापित किए, अखबार शुरू किए और राजनीतिक बैठकों और प्रदर्शनों में भाग लिया। इसके बावजूद उन्हें एसेंबली के चुनाव के दौरान मताधिकार से वंचित रखा गया था।

जब सेंट पॉल चर्च में फ्रैंकफर्ट संसद की सभा आयोजित की गई थी तब महिलाओं को केवल प्रेक्षकों की हैसियत से दर्शक-दीर्घा में खड़े होने दिया गया।

2. फ्रांसीसी लोगों के बीच सामूहिक पहचान का भाव पैदा करने के लिए फ्रांसीसी क्रांतिकारियों ने क्या कदम उठाए?

उत्तर फ्रांसीसी लोगों में एक सामूहिक पहचान की भावना उत्पन्न करने के लिए फ्रांसीसी क्रांतिकारियों ने निम्नलिखित कदम उठाए थे

- पितृ भूमि तथा नागरिक जैसी विचारधारा ने संयुक्त समुदाय पर बल दिया। इसे एक संविधान के अंतर्गत समान अधिकार प्रदान किए गए थे।
- नया तिरंगा चुना गया तथा इसे पूर्व राष्ट्रध्वज की जगह दी गई। स्टेट जनरल का चुनाव सक्रिय नागरिकों के समूह द्वारा किया जाने लगा। इसका नाम परिवर्तित कर नेशनल असेंबली कर दिया गया।
- शहीदों का गुणगान किया गया, नई स्तुतियाँ रची गईं तथा शपथ ली गईं, ये सभी राष्ट्र के नाम पर की गईं।
- केंद्रीय प्रशासनिक व्यवस्था स्थापित की गई, जिसके अंतर्गत अपने भू-भाग पर रहने वाले सभी नागरिकों के लिए समान कानून बनाए गए।
- आयात-निर्यात शुल्क समाप्त कर दिए गए और भार नापने की एक समान व्यवस्था भी स्थापित की गई। पेरिस में फ्रेंच जैसी भाषा बोली या लिखी जाती थी, वही राष्ट्र की संयुक्त भाषा बन गई और क्षेत्रीय बोलियों को हतोत्साहित किया गया।

3. मारीआन और जर्मेनिया कौन थे? जिस तरह उन्हें चित्रित किया गया उसका क्या महत्त्व था?

उत्तर फ्रांसीसी क्रांति के समय राष्ट्र को चित्रित करने के उद्देश्य से कलाकारों ने उन्हें मानवीकृत करने का प्रयास किया। इसी प्रयास में राष्ट्रों ने नारी रूप को चुना, जो वास्तविक जिंदगी में कोई महत्त्वपूर्ण महिला नहीं थी। इन नारी प्रतीकों में मारीआन और जर्मेनिया अधिक प्रसिद्ध हैं।

- **मारीआन** यह एक ईसाई लोकप्रिय नाम है, जिसे फ्रांस ने जन राष्ट्र के विचार को रेखांकित करने के लिए नारी रूप में चित्रित किया। अतः फ्रांस ने अपने स्वतंत्रता के नारी प्रतीक को यही नाम दिया। मारीआन की प्रतिमाएँ सार्वजनिक स्थानों पर लगाई गईं जिससे जनता को राष्ट्रीय एकता एवं प्रतीक का स्मरण होता रहे। मारीआन के चित्र सिक्कों व डाक टिकटों पर भी अंकित किए गए।
- **जर्मेनिया** यह जर्मन राष्ट्र की नारी रूपक थी। जर्मेनिया के प्रत्यक्ष साक्ष्य अभिव्यक्ति के लिए वह बलूत वृक्ष के पत्तों का मुकुट पहनती हैं, जिसे जर्मन वीरता का प्रतीक माना जाता है। जर्मेनिया के हाथ में जो तलवार दी गई उस पर ''जर्मन तलवार जर्मन राइन की रक्षा करती है'' अंकित है। जर्मेनिया का चित्र स्वतंत्रता, न्याय और गणतंत्र जैसे विचारों को प्रतीकात्मक रूप से व्यक्त करता है।

4. जर्मन एकीकरण की प्रक्रिया का संक्षेप में पता लगाइए। **CBSE 2017**

उत्तर 1848 ई. के बाद यूरोप में राज्य शक्ति और राजनीतिक वर्चस्व पर अपना प्रभुत्व स्थापित करने के लिए रूढ़िवादियों ने अक्सर राष्ट्रवादी भावनाओं का प्रयोग किया। जर्मनी में मध्यवर्गीय लोगों के बीच राष्ट्रवादी भावनाएँ व्यापक थीं। 1848 ई. में जर्मन संप्रदाय के विभिन्न क्षेत्रों को मिलाकर निर्वाचित संसद द्वारा नियंत्रित राष्ट्र-राज्य बनाने का प्रयास किया गया था। प्रशा ने राष्ट्रीय एकीकरण के आंदोलन का नेतृत्व किया। प्रशा के प्रमुख मंत्री ऑटो वॉन बिस्मार्क को इस प्रक्रिया का जनक माना जाता है, जिसने प्रशा की सेना और नौकरशाही की सहायता ली थी। जर्मनी के एकीकरण के समय हुई बड़ी घटनाएँ निम्न थीं

- ऑस्ट्रिया, डेनमार्क और फ्रांस के साथ 7 वर्षों तक लड़ा गया युद्ध प्रशा की जीत के साथ समाप्त हो गया और एकीकरण की प्रक्रिया पूरी हुई।
- 18 जनवरी, 1871 को जर्मन राज्यों के शासकों, सेना के प्रतिनिधियों, प्रमुख मंत्री ऑटो वॉन बिस्मार्क सहित प्रशा के महत्त्वपूर्ण मंत्रियों की एक बैठक वर्साय के महल में हुई, जिसमें काइजर विलियम I की अध्यक्षता में नए जर्मन साम्राज्य की घोषणा की गई थी।
- नए राज्यों ने जर्मनी की मुद्रा, बैंकिंग, कानूनी और न्यायिक प्रणाली के आधुनिकीकरण पर बल दिया।

5. अपने शासन वाले क्षेत्रों में शासन व्यवस्था को अधिक कुशल बनाने के लिए नेपोलियन ने क्या बदलाव किए? **CBSE 2010**

उत्तर फ्रांसीसी क्रांति के पश्चात् वहाँ के अधीन क्षेत्रों की पुरानी सामाजिक, राजनैतिक एवं धार्मिक व्यवस्थाएँ नष्ट हो गईं। इसके पश्चात् नेपोलियन के नियंत्रण में आते ही उन सभी क्षेत्रों में अनेक सुधार किए गए। ये सुधार पूर्व में भी फ्रांस में लागू थे। नेपोलियन द्वारा 1804 ई. में एक नागरिक संहिता आरंभ की, जिसे साधारणतया नेपोलियन की संहिता के नाम से भी जाना जाता है। इसके द्वारा निम्नलिखित सुधार किए गए

- नेपोलियन संहिता द्वारा जन्म पर आधारित विशेषाधिकार समाप्त कर दिए गए तथा इनके स्थान पर कानून के समक्ष बराबरी और संपत्ति के अधिकारों को सुरक्षित बनाया गया।
- सभी क्षेत्रों में समान कर व्यवस्था लागू की गई। कलाकारों, विद्वानों और देशभक्तों को सम्मानित किया गया। इस संहिता को फ्रांसीसी नियंत्रण के अधीन क्षेत्रों में भी लागू किया गया।

चर्चा करें

1. उदारवादियों की 1848 की क्रांति का क्या अर्थ लगाया जाता है? उदारवादियों ने किन राजनीतिक, सामाजिक एवं आर्थिक विचारों को बढ़ावा दिया?

उत्तर उदारवादियों की 1848 की क्रांति का अर्थ राजतंत्र का अंत और गणतंत्र की स्थापना करना था। इस क्रांति को लाने में मध्यम वर्ग का बहुत बड़ा योगदान था।

यही कारण था कि यहाँ राजनैतिक, सामाजिक व आर्थिक परिवर्तन हुए, जो निम्नलिखित हैं

- **सामाजिक क्षेत्र के परिवर्तन** कुलीन वर्गों की अपेक्षा मध्यम वर्ग के सभी क्षेत्रों में महिलाओं की भागीदारी बढ़ी, जिससे कुलीन वर्ग की श्रेष्ठता कम हुई। महिलाओं को पुरुषों के समान दर्जा दिया गया तथा सभी क्षेत्रों में भागीदारी के महत्त्व को भी समझा गया।
- **आर्थिक क्षेत्र में परिवर्तन** भू-दासता और बंधुआ मजदूरी का अंत किया गया। 1848 ई. में खाद्य सामग्री का अभाव एवं बढ़ती बेरोजगारी की समस्या के कारण जन-जीवन अस्त-व्यस्त हो चुका था। अतः इसके समाधान के लिए उदारवादियों के द्वारा क्रांति एवं प्रदर्शन किया गया।
- **राजनीतिक क्षेत्र में परिवर्तन** राजतंत्र का अंत कर गणतंत्र की स्थापना की गई। महिलाओं को राजनैतिक मताधिकार दिए जाने की माँग की जाने लगी। जर्मनी, इटली, पोलैंड, ऑस्ट्रो-हंगेरियन साम्राज्यों में उदारवादी मध्यम वर्गों के स्त्री-पुरुषों ने संविधानवाद की अपनी माँग को राष्ट्रीय एकीकरण की माँग से जोड़ा।

2. यूरोप में राष्ट्रवाद के विकास में संस्कृति के योगदान को दर्शाने के लिए तीन उदाहरण दीजिए।

उत्तर यूरोप में राष्ट्रवाद के विकास में नवीन परिस्थितियाँ जैसे कि युद्ध, क्षेत्रीय विस्तार, शिक्षा आदि की प्रमुख भूमिका थी। जिसमें कलाकारों, विद्वानों एवं विचारकों, कवियों आदि ने राष्ट्र प्रेम की भावना का विकास किया, परंतु यहाँ केवल तीन उदाहरण ही दिए जा रहे हैं, जो निम्नलिखित हैं

(i) **कार्ल कैस्पर फ्रिट्ज का 'स्वतंत्रता के वृक्ष का रोपण' संबंधित चित्र** जर्मन चित्रकार कार्ल कैस्पर फ्रिट्ज़ द्वारा बनाए गए इस रंगीन चित्र का विषय फ्रेंच सेनाओं द्वारा ज़्वेब्रकेन शहर पर कब्ज़ा है। अपनी नीली, सफेद और लाल पोशाकों से पहचाने जाने वाले फ्रांसीसी सैनिकों को दमनकारियों के रूप में प्रस्तुत किया है, जो एक किसान की गाड़ी छीनते हुए कुछ युवा महिलाओं को तंग कर रहे हैं और एक किसान को घुटने टेकने पर मजबूर कर रहे हैं।

(ii) **फ्रेडरिक सॉरयू का 'यूटोपिया'** 1848 ई. में एक फ्रांसीसी कलाकार फ्रेडरिक सॉरयू ने चार चित्रों की एक शृंखला बनाई। इनमें उसने सपनों का एक संसार रचा जो उसके शब्दों में 'जनतांत्रिक और सामाजिक गणतंत्रों' से मिलकर बना था। सभी उम्र के और सामाजिक वर्ग के लोग लंबी कतार में स्वतंत्रता की प्रतिमा की वंदना करते जा रहे हैं।

(iii) **यूजीन देलाक्रोआ की 'द मसैकर ऐट किऑस'** फ्रांसीसी चित्रकार देलाक्रोआ सबसे महत्त्वपूर्ण फ्रेंच रूमानी चित्रकारों में से एक था। यह विशाल चित्र एक घटना को चित्रित करता है।

3. किन्हीं दो देशों पर ध्यान केंद्रित करते हुए बताइए कि उन्नीसवीं सदी में राष्ट्र किस प्रकार विकसित हुए?

उत्तर 19वीं शताब्दी में यूरोप में इटली और जर्मनी दो एकीकृत राष्ट्र बने जिनका विकास कई चरणों में पूर्ण हुआ।

(i) **जर्मनी राष्ट्र का विकास** 1848 ई. के बाद यूरोप में राज्य शक्ति और राजनीतिक वर्चस्व पर अपना प्रभुत्व स्थापित करने के लिए रूढ़िवादियों ने अक्सर राष्ट्रवादी भावनाओं का प्रयोग किया। जर्मनी में मध्यवर्गीय लोगों के बीच राष्ट्रवादी भावनाएँ व्यापक थीं। 1848 ई. में जर्मन संप्रदाय के विभिन्न क्षेत्रों को मिलाकर

निर्वाचित संसद द्वारा नियंत्रित राष्ट्र-राज्य बनाने का प्रयास किया गया था। प्रशा ने राष्ट्रीय एकीकरण के आंदोलन का नेतृत्व किया। प्रशा के प्रमुख मंत्री ऑटोवॉन बिस्मार्क को इस प्रक्रिया का जनक माना जाता है, जिसने प्रशा की सेना और नौकरशाही की सहायता ली थी।

(ii) **इटली का एकीकरण** 19वीं सदी के मध्य में इटली सात राज्यों में बँटा हुआ था जिनमें से केवल सार्डिनिया-पीडमाण्ट में एक इतालवी राजघराने का शासन था। इसके उत्तरी भाग पर ऑस्ट्रियाई हैब्सबर्ग, मध्य क्षेत्र पर पोप तथा दक्षिणी क्षेत्र स्पेन बूर्बो शासकों के अधीन था। यहाँ की इतालवी भाषा ने साझा रूप प्राप्त नहीं किया था। इटली के एकीकरण में यहाँ के प्रमुख व्यक्तियों ने योगदान दिया था।

4. ब्रिटेन में राष्ट्रवाद का इतिहास शेष यूरोप की तुलना में किस प्रकार भिन्न था?

अथवा एक राष्ट्रीय राज्य के रूप में ब्रिटेन किस प्रकार अस्तित्व में आया? व्याख्या कीजिए। **CBSE 2019**

उत्तर ब्रिटेन में भी राष्ट्रवाद का विकास एक लंबी अवधि एवं संवैधानिक प्रक्रिया द्वारा हुआ। इसे रक्तहीन क्रांति के नाम से जाना जाता है। ब्रिटेन में राष्ट्रवाद की प्रक्रिया निम्नलिखित रही

- 18वीं शताब्दी के पहले ब्रिटेन राष्ट्र नहीं, बल्कि यह एक द्वीप समूह था जिसमें रहने वाले लोगों को अंग्रेज, वेल्श, स्कॉट या आयरिश कहा जाता था। इनकी पहचान नृजातीय थी।
- इन सभी नृजातीयों की अपनी-अपनी सांस्कृतिक एवं राजनीतिक पहचान थी। धीरे-धीरे यहाँ धन-जन, अहमियत और सत्ता की वृद्धि होती गई और यह द्वीप समूह अन्य राष्ट्रों पर अपना प्रभुत्व स्थापित करने लगा।
- 1688 ई. में एक लंबे संघर्ष के द्वारा आंग्ल संसद ने द्वीप समूहों से राजतंत्र की ताकत छीन ली। इस संसद के माध्यम से ही एक नए राष्ट्र-राज्य का निर्माण हुआ जिसके केंद्र में इंग्लैंड रहा।
- ब्रिटेन के एकीकरण की प्रक्रिया में इंग्लैंड और स्कॉटलैंड के मध्य एक्ट ऑफ यूनियन (1707) से यूनाइटेड किंगडम ऑफ ग्रेट ब्रिटेन का गठन किया गया। इससे इंग्लैंड का स्कॉटलैंड पर प्रभुत्व स्थापित हो गया। साथ ही ब्रिटेन की संसद में आंग्ल सदस्यों का ही वर्चस्व स्थापित हो गया।
- आयरलैंड कैथोलिक एवं प्रोटेस्टेंट जैसे दो धार्मिक गुटों में बँटा हुआ था। यहाँ पर अंग्रेजों ने प्रोटेस्टेंट धर्म का समर्थन किया और कैथोलिक देश पर प्रभुत्व स्थापित कर लिया।

5. बाल्कन प्रदेश में राष्ट्रवादी तनाव क्यों पनपा?

अथवा 1871 ई. के पश्चात् यूरोप के बाल्कन क्षेत्र में तनाव पनपा। स्पष्ट कीजिए। **CBSE 2018**

उत्तर 1871 ई. के पश्चात् यूरोप में गंभीर राष्ट्रवादी तनाव का स्रोत बाल्कन क्षेत्र था। बाल्कन भौगोलिक और जातीय भिन्नता का एक क्षेत्र था, जिसमें आधुनिक रोमानिया, बुल्गारिया, अल्बेनिया, ग्रीस, मेसिडोनिया, क्रोएशिया, बोस्निया-हर्जेगोविना, स्लोवेनिया, सर्बिया और मोंटेनेग्रो शामिल थे, जिनके निवासियों को सामान्यतः 'स्लाव' के रूप में जाना जाता था।

बाल्कन तुर्क साम्राज्य के नियंत्रण में था। बाल्कन क्षेत्र तीव्र संघर्ष का क्षेत्र बन गया। रूस, जर्मनी, इंग्लैंड और ऑस्ट्रो-हंगरी बाल्कन के ऊपर अन्य शक्तियों को कम करके अपना नियंत्रण बढ़ाने के लिए उत्सुक थे। इससे क्षेत्र में अनेक युद्ध हुए और अंततः प्रथम विश्वयुद्ध हुआ।

परीक्षा अभ्यास

वस्तुनिष्ठ प्रश्न

बहुविकल्पीय प्रश्न

1. 1789 ई. में राष्ट्रवाद का पहला विचार किस यूरोपीय देश की क्रांति के साथ उत्पन्न हुआ?
(a) स्पेन (b) फ्रांस
(c) इंग्लैंड (d) जर्मनी

उत्तर (b) फ्रांस

2. नेपोलियन की नागरिक संहिता को नेपोलियन की संहिता के नाम से जाना जाता है, इसे किस वर्ष लागू किया गया?
(a) 1806 ई. (b) 1804 ई.
(c) 1810 ई. (d) 1814 ई.

उत्तर (b) 1804 ई.

3. यूरोप का पूर्वी एवं मध्य भाग किन राजतंत्रों के अधीन था?
(a) निरंकुश (b) कुशल
(c) साम्यवादी (d) साम्राज्यवादी

उत्तर (a) निरंकुश

4. यूरोप के पश्चिमी एवं मध्य भागों में औद्योगिक इकाइयों एवं व्यापार में बढ़ोतरी से किसका विकास हुआ?
(a) गाँवों का (b) उद्योगों का
(c) शहरों का (d) कुलीन वर्गों का

उत्तर (c) शहरों का

5. किस वर्ष प्रशा की पहल पर शुल्क संघ जॉलवेराइन का गठन किया गया?
(a) 1828 ई. (b) 1830 ई.
(c) 1832 ई. (d) 1834 ई.

उत्तर (d) 1834 ई.

6. 1815 ई. में नेपोलियन की हार के बाद यूरोपीय सरकारें किस भावना से प्रेरित थीं?
(a) उदारवाद (b) सामंतवाद
(c) साम्यवाद (d) रूढ़िवाद

उत्तर (d) रूढ़िवाद

7. निम्नलिखित में से किस क्रांति को राष्ट्रवाद की पहली अभिव्यक्ति कहा जाता है? **CBSE 2020**
(a) फ्रांसीसी क्रांति (b) रूसी क्रांति
(c) गौरवशाली क्रांति (d) उदारवादियों की क्रांति

उत्तर (a) फ्रांसीसी क्रांति

8. किसके गुप्त संगठनों के आधार पर जर्मनी, फ्रांस, पोलैंड एवं स्विट्जरलैंड में भी अनेक गुप्त संगठनों का निर्माण किया गया?
(a) मेत्सिनी (b) कावूर
(c) बिस्मार्क (d) सॉरयू

उत्तर (a) मेत्सिनी

9. 18 मई, 1848 की मई क्रांति में 831 निर्वाचित प्रतिनिधि किसमें अपना स्थान लेने के लिए एवं जुलूस में शामिल हुए?
(a) ड्यूमा (b) मजलिस
(c) जातीय संसद (d) फ्रैंकफर्ट संसद

उत्तर (d) फ्रैंकफर्ट संसद

10. 18 जनवरी, 1871 को जर्मन राज्यों के शासकों, सेना के प्रतिनिधियों व प्रमुख मंत्री बिस्मार्क सहित प्रशा के महत्त्वपूर्ण मंत्रियों की बैठक कहाँ हुई थी?
(a) वर्साय का महल (b) पेरिस का महल
(c) बर्मिंघम पैलेस (d) पोलैंड की संसद भवन

उत्तर (a) वर्साय का महल

11. ज्युसेपे गैरीबाल्डी किस अन्य नाम से प्रसिद्ध थे?
(a) ब्लू मार्स (b) रेड शर्ट्स
(c) ग्रीन वैल्यू (d) ब्लू स्टार्स

उत्तर (b) रेड शर्ट्स

12. बाल्कन भौगोलिक एवं जातीय भिन्नता का एक क्षेत्र था। यह किस साम्राज्य के नियंत्रण में था?
(a) तुर्क साम्राज्य (b) जर्मन साम्राज्य
(c) ब्रिटेन साम्राज्य (d) इटली साम्राज्य

उत्तर (a) तुर्क साम्राज्य

13. निम्नलिखित में से कौन जर्मनी के एकीकरण के वास्तुकार थे? **CBSE Term I 2021**
(a) ऑटोवॉन बिस्मार्क (b) विलियम I
(c) फ्रेड्रिक III (d) विलियम II

उत्तर (a) ऑटोवॉन बिस्मार्क

14. निम्नलिखित में से किसने 1830 के दशक में एकीकृत इतालवी गणराज्य के लिए एक सुविचारित कार्यक्रम प्रस्तुत करने का प्रयास किया था?
(a) विक्टर इमैनुएल I (b) विक्टर इमैनुएल II
(c) ज्युसेपे मेत्सिनी (d) इनमें से कोई नहीं

उत्तर (c) ज्युसेपे मेत्सिनी

15. निम्नलिखित में से किसने बर्न में भूमिगत ग्रुप समाज/संगठन 'यंग यूरोप' की स्थापना की थी? **CBSE Term I 2021**
(a) ज्युसेपे गैरीबाल्डी (b) ज्युसेपे मेत्सिनी
(c) काउंटी कावूर (d) ओटोवॉन बिस्मार्क

उत्तर (b) ज्युसेपे मेत्सिनी

16. निम्नलिखित विकल्पों में से जॉलवेराइन के संबंध में कौन-सा सही है? **CBSE Term I 2021**
(a) यह राजनीतिक गठबंधनों के प्रबंधन हेतु गठित प्रशा राज्यों का संगठन था
(b) इसका उद्देश्य एशिया को राजनीतिक रूप से एक संघ में बाँधना था
(c) यह प्रशा की पहल पर स्थापित एक शुल्क संघ था
(d) इसने यूरोप में राष्ट्रीय भावना को बढ़ाने में महत्त्वपूर्ण भूमिका निभाई

उत्तर (c) यह प्रशा की पहल पर स्थापित एक शुल्क संघ था

17. निम्नलिखित में से कौन-सा युग्म समूह प्रशा के साथ तीन युद्धों में सम्मिलित रहा, जो जर्मनी की जीत और एकीकरण के साथ समाप्त हुआ? **CBSE Compartment 2021**
(a) ऑस्ट्रिया, पोलैंड और फ्रांस
(b) ऑस्ट्रिया, डेनमार्क और फ्रांस
(c) ऑस्ट्रिया, तुर्की और फ्रांस
(d) ऑस्ट्रिया, इंग्लैंड और फ्रांस

उत्तर (b) ऑस्ट्रिया, डेनमार्क और फ्रांस

18. ओटोवॉन बिस्मार्क को जर्मन एकीकरण का जनक क्यों माना गया था? निम्नलिखित में से सही विकल्प का चयन कीजिए। **CBSE 2020**
(a) उसने इटली और फ्रांस के साथ एकीकरण प्रक्रिया के लिए सहमति व्यक्त की
(b) उसने रूढ़िवादियों के साथ प्रशा को स्वायत्तता प्रदान की
(c) उसने राष्ट्र-निर्माण प्रक्रिया में सेना और नौकरशाही की मदद ली
(d) वह उदारवादी और रोमांटिक विद्वानों को सांस्कृतिक आंदोलन के लिए साथ लेकर चला

उत्तर (c) उसने राष्ट्र-निर्माण प्रक्रिया में सेना और नौकरशाही की मदद ली

19. इस जर्मन दार्शनिक ने दावा किया कि आम लोगों के मध्य जर्मन संस्कृति थी। राष्ट्र की आत्मा लोकगीतों, जनकाव्य और लोकनृत्यों से प्रकट होती थी।
उक्त कथन का संबंध किस दार्शनिक से है?
(a) लुई फिलिप (b) योहान गोटफ्रीड हेडर
(c) कैरोल कुर्पिस्की (d) ज्युसेपे मेत्सिनी

उत्तर (b) योहान गोटफ्रीड हेडर

20. नीचे दिए गए कथनों में नेपोलियन संहिता के संबंध में कौन-सा कथन सत्य है?
1. नेपोलियन द्वारा इसकी शुरुआत 1804 ई. में की गई थी।
2. इस संहिता ने जन्म पर आधारित विशेषाधिकार को समाप्त कर दिया था।
3. इस संहिता ने डच गणतंत्र, स्विट्जरलैंड, इटली और जर्मनी में प्रशासनिक विभाजनों को आसान बनाया।
4. इसके द्वारा शहरी क्षेत्रों में भी कारीगरों के श्रेणी संघों की प्रथा के नियंत्रण को हटा दिया गया था।

कूट
(a) केवल 1 (b) 1 और 2 (c) 3 और 4 (d) ये सभी

उत्तर (d) ये सभी

21. 1815 ई. के पश्चात् नया रूढ़िवाद के उत्थान के संबंध में दिए गए कथनों में से कौन-सा सत्य है?
1. 1815 ई. में नेपोलियन की हार ने यूरोपीय रूढ़िवाद के उत्थान को प्रेरित किया।
2. नेपोलियन को परास्त करने वाली यूरोपीय शक्तियों में ब्रिटेन, रूस, प्रशा और ऑस्ट्रिया सम्मिलित थे।
3. वियना संधि 1815 ई. में हुई थी।

कूट
(a) केवल 1 (b) केवल 2
(c) 1 और 3 (d) ये सभी

उत्तर (d) ये सभी

22. निम्नलिखित को सही क्रम में व्यवस्थित करें
1. वियना की संधि 2. नेपोलियन युद्ध की शुरुआत
3. इटली का अस्तित्व 4. फ्रांस में उदारवाद

कूट
(a) 4, 2, 1, 3 (b) 4, 3, 2, 1
(c) 1, 2, 3, 4 (d) 1, 4, 3, 2

उत्तर (b) 4, 3, 2, 1

23. ब्रिटेन के राष्ट्र-राज्य के निर्माण से संबंधित निम्नलिखित घटनाओं को कालक्रमानुसार व्यवस्थित कीजिए **CBSE 2020**
1. इंग्लैंड और स्कॉटलैंड के बीच एक्ट ऑफ यूनियन।
2. आंग्ल संसद ने राजतंत्र से ताकत छीनी।
3. आयरलैंड को बलपूर्वक यूनाइटेड किंगडम में शामिल करना।
4. ब्रिटिश प्रभाव के विरुद्ध कैथोलिक विद्रोह।

कूट
(a) 3, 1, 2, 4 (b) 1, 2, 3, 4
(c) 4, 1, 2, 3 (d) 2, 1, 4, 3

उत्तर (d) 2, 1, 4, 3

24. निम्न कथन से संबंधित व्यक्ति की पहचान कीजिए
- ये इटली के स्वतंत्रता सेनानियों में एक प्रसिद्ध व्यक्ति थे। इन्होंने 1833 ई. में मेत्सिनी से मुलाकात की और 'यंग इटली' के आंदोलन में शामिल हो गए।
- इन्होंने 1834 ई. में पीडमॉण्ट में एक गणतंत्रीय विद्रोह में भाग लिया था।

(a) काउंटी कैमिलो दे कावूर (b) ज्युसेपे गैरीबाल्डी
(c) विक्टर इमेनुएल द्वितीय (d) वोल्फ टोन

उत्तर (b) ज्युसेपे गैरीबाल्डी

25. नीचे दिए गए युग्मों में से गलत युग्म को पहचानें।

	व्यक्ति		संबंधित देश
(a)	फ्रेड्रिक सॉरयू	–	रूस
(b)	नेपोलियन	–	फ्रांस
(c)	ड्यूक मैटरनिख	–	ऑस्ट्रिया
(d)	ज्युसेपे मेत्सिनी	–	इटली

उत्तर (a) फ्रेड्रिक सॉरयू – रूस (सही देश फ्रांस होगा।)

26. निम्न में से सही सुमेलित जोड़े का चयन कीजिए **CBSE 2020**

(a) ओटोवॉन बिस्मार्क – जर्मनी
(b) नेपोलियन – स्पेन
(c) ज्युसेपे गैरीबाल्डी – फ्रांस
(d) बूर्बो राजा – इटली

उत्तर (a) ओटोवॉन बिस्मार्क–जर्मनी

सुमेलित करें

27. सुमेलित कीजिए **CBSE 2023**

सूची I (नेता)	सूची II (भूमिका)
A. विक्टर इमेनुएल II	1. इटली का मुख्यमंत्री
B. ज्युसेप मेत्सिनी	2. यंग इटली आंदोलन
C. ज्युसेप गैरीबॉल्डी	3. सिसिली साम्राज्य पर विजय
D. काउंट कावूर	4. एकीकृत इटली के राजा के रूप में घोषणा

कूट

	A	B	C	D		A	B	C	D
(a)	1	4	3	2	(b)	2	1	4	3
(c)	4	2	3	1	(d)	1	4	2	3

उत्तर (c) 4 2 3 1

28. सुमेलित कीजिए

सूची I (वर्ष)	सूची II (घटना)
A. 1789	1. इटली का एकीकरण
B. 1859-70	2. जर्मनी का एकीकरण
C. 1866-71	3. पीडमॉण्ट एवं फ्रांस ने ऑस्ट्रिया को हराया
D. 1859	4. फ्रांसीसी क्रांति घटित हुई

कूट

	A	B	C	D		A	B	C	D
(a)	4	1	2	3	(b)	3	2	1	4
(c)	4	3	2	1	(d)	1	2	3	4

उत्तर (a) 4 1 2 3

चित्र आधारित प्रश्न

29. निम्नलिखित में से कौन-सा पहलू जर्मेनिया की इस छवि को दर्शाता है?

(a) वीरता एवं न्याय
(b) लोक और सांस्कृतिक परंपरा
(c) तपस्या और वैराग्य
(d) संघर्ष और प्रतिशोध

उत्तर (a) वीरता एवं न्याय

30. निम्न चित्र 1848 ई. की फ्रांसीसी क्रांति के किस संदर्भ को चित्रित करता है?

(a) कृषक विद्रोह 1848 (b) मसैकर में नरसंहार
(c) वर्साय का महल (d) फ्रैंकफर्ट संसद

उत्तर (a) कृषक विद्रोह 1848

31. फ्रांस में 1824 ई. के दौरान यह चित्र क्या दर्शाता है?

(a) किसान विद्रोह (b) मसैकर में नरसंहार
(c) इटली की क्रांति (d) इनमें से कोई नहीं

उत्तर (b) मसैकर में नरसंहार

रिक्त स्थान भरें

32. वियना की संधि पर हस्ताक्षर .... में किए गए।

उत्तर 1815 ई.

33. प्रथम विद्रोह .... में जुलाई, 1830 में हुआ था।

उत्तर फ्रांस

34. 1830 के दशक में यूरोप में .... हुई थी।

उत्तर महान आर्थिक कठिनाई

35. इटली का अंतिम एकीकरण ………… में किया गया था।

उत्तर 1871 ई.

36. यंग इटली ………… के द्वारा बनाई गई। **CBSE 2020**

उत्तर ज्युसेपे मेत्सिनी

सही और पुनः लिखें

37. मार्च, 1920 तक पूरे मध्य जर्मन राज्यों को सर्वसम्मति से पीडमॉण्ट के साथ एकजुट किया गया।

उत्तर मार्च, 1860 तक पूरे मध्य इतालवी राज्यों को सर्वसम्मति से पीडमॉण्ट के साथ एकजुट किया गया।

38. 17वीं शताब्दी के अंतिम दौर में राष्ट्रीय एकता के विचार साम्राज्यवाद की विचारधारा से अधिक जुड़े थे।

उत्तर 19वीं शताब्दी के शुरुआती दौर में राष्ट्रीय एकता के विचार उदारवाद की विचारधारा से अधिक जुड़े थे।

39. पूर्वी यूरोप के अनेक लोगों ने ऑस्ट्रिया की आजादी के लिए समर्थन किया।

उत्तर पश्चिमी यूरोप के अनेक लोगों ने यूनान की आजादी के लिए समर्थन किया।

कथन/कारण

40. **कथन** (A) जनवरी, 1871 में, पर्शिया के राजा विलियम प्रथम ने वर्साय में आयोजित एक समारोह में जर्मन साम्राज्य की घोषणा की थी।

कारण (R) जर्मनी में राष्ट्र निर्माण की प्रक्रिया ने पर्शिया (प्रशा) राज्य सत्ता के प्रभुत्व का प्रदर्शन किया था।

कूट

(a) A और R दोनों सही हैं तथा R, A की सही व्याख्या है

(b) A और R दोनों सही हैं, परंतु R, A की सही व्याख्या नहीं है

(c) A सही है, किंतु R गलत है

(d) A गलत है, किंतु R सही है

उत्तर (b) A और R दोनों सही हैं, परंतु R, A की सही व्याख्या नहीं करता है।

41. **कथन** (A) इंग्लैंड और स्कॉटलैंड के बीच संघ (1707 ई.) के अधिनियम के अंतर्गत ग्रेट ब्रिटेन के यूनाइटेड किंगडम का गठन हुआ।

कारण (R) इंग्लैंड स्कॉटलैंड पर अपना प्रभाव डालने में सक्षम था, इसलिए ब्रिटिश संसद में अंग्रेजी सदस्यों का वर्चस्व रहा।

कूट

(a) A और R दोनों सही हैं तथा R, A की सही व्याख्या है

(b) A और R दोनों सही हैं, परंतु R, A की सही व्याख्या नहीं है

(c) A सही है, किंतु R गलत है

(d) A गलत है, किंतु R सही है

उत्तर (a) A और R दोनों सही हैं तथा R, A की सही व्याख्या करता है

अतिलघु उत्तरीय प्रश्न

1. कलाकार फ्रेडरिक सॉरयू किस देश से संबंधित था? **CBSE 2017**

उत्तर फ्रेडरिक सॉरयू फ्रांस का प्रसिद्ध चित्रकार था।

2. 1848 ई. में फ्रेडरिक सॉरयू ने अपने चित्रों में स्वप्नदर्शी प्रस्तुति क्यों की? एक कारण स्पष्ट कीजिए। **CBSE 2019**

उत्तर 1848 ई. में फ्रेडरिक सॉरयू ने चार चित्रों की एक स्वप्नदर्शी प्रस्तुति की, जिसमें एक ऐसा संसार रचा है, जो उनके शब्दों में 'जनतांत्रिक और सामाजिक गणतंत्रों' से मिलकर बना था।

यह चित्र 1848 ई. की उदारवादी उम्मीदों की अभिव्यक्ति को दर्शाता है, जिसमें यूरोप और अमेरिका के सभी उम्र एवं सामाजिक वर्गों के स्त्री-पुरुष एक लंबी कतार में स्वतंत्रता की प्रतिमा की वंदना करते हुए जा रहे हैं।

3. नेपोलियन संहिता से क्या आशय है?

उत्तर नेपोलियन ने फ्रांस में लोकतंत्र को नष्ट कर दिया तथा 1804 ई. में नागरिक संहिता प्रस्तुत की, जिसे सामान्यतः नेपोलियन की संहिता के नाम से जाना गया। इसने जन्म पर आधारित विशेषाधिकार समाप्त कर दिए थे।

4. फ्रांस में नागरिक संहिता, 1804 किसने लागू की? **CBSE 2017**

उत्तर नेपोलियन बोनापार्ट ने फ्रांस में नागरिक संहिता, 1804 लागू की।

5. "जब फ्रांस छींकता है, तो बाकी यूरोप को सर्दी-जुकाम हो जाता है"। यह कथन किसका है?

उत्तर "जब फ्रांस छींकता है, तो बाकी यूरोप को सर्दी-जुकाम हो जाता है", यह कथन मैटरनिख का है।

6. निरंकुशवाद क्या है?

उत्तर ऐसी सरकार या शासन व्यवस्था जिसकी सत्ता पर किसी प्रकार का कोई अंकुश नहीं होता, जो अत्यंत केंद्रीकृत, सैन्यबल पर आधारित और दमनकारी होती है। इन्हें ही निरंकुशवाद कहा जाता है।

7. यूरोप में फ्रांसीसी क्रांति के कारण राजनीतिक तथा संवैधानिक परिदृश्य में हुए प्रमुख बदलाव क्या थे? **CBSE 2015**

उत्तर यूरोप में फ्रांसीसी क्रांति के कारण राजनीतिक तथा संवैधानिक परिदृश्य में हुए प्रमुख बदलाव राजतंत्र का लोकतंत्र में हस्तांतरण होना थे।

8. 19वीं शताब्दी के दौरान यूरोप में आर्थिक क्षेत्र में 'उदारवाद' की व्याख्या कीजिए। **CBSE 2019**

उत्तर 19वीं शताब्दी के दौरान यूरोप में आर्थिक क्षेत्र में 'उदारवाद' बाजारों की मुक्ति एवं चीजों तथा पूँजी के आवागमन पर राज्य द्वारा लगाए गए नियंत्रणों को समाप्त करने के पक्ष में था।

9. मेकांग डेल्टा क्षेत्र के आर्थिक विकास में फ्रांसीसियों के योगदान की व्याख्या कीजिए। **CBSE 2019**

उत्तर मेकांग डेल्टा संसार का प्रसिद्ध चावल उत्पादक क्षेत्र है। फ्रांस सरकार ने मेकांग डेल्टा क्षेत्र में कृषि की उपज बढ़ाने के उद्देश्य से नहरों का निर्माण एवं जल निकासी का उचित प्रबंध किया तथा अधिक लोगों को यहाँ काम पर लगाकर चावल के उत्पादन में वृद्धि की गई।

10. **जर्मनी, इटली और स्विट्ज़रलैंड 18वीं शताब्दी के मध्य किसमें विभाजित थे?**

उत्तर जर्मनी, इटली और स्विट्ज़रलैंड 18वीं शताब्दी के मध्य में राजशाहियों, डचियों और कैंटनों में विभाजित थे।

11. **उस घटना का नाम बताइए जिसने 1830-1848 ई. में यूरोप के पूरे शिक्षित अभिजात वर्ग में राष्ट्रीय भावनाओं का संचार किया।** **CBSE 2016**

उत्तर यूनान के स्वतंत्रता संग्राम ने 1830-1848 ई. में यूरोप के सभी शिक्षित अभिजात वर्ग में राष्ट्रीय भावनाओं का संचार किया।

12. **रूमानी या स्वच्छंदतावाद क्या था?**

उत्तर रूमानीवाद एक ऐसा सांस्कृतिक आंदोलन था, जो एक अलग तरह की भावना का विकास करना चाहता था।

13. **1815 ई. के बाद के वर्षों के दौरान यूरोप के क्रांतिकारियों का मुख्य उद्देश्य क्या था?** **CBSE 2016**

अथवा **1815 ई. की 'वियना संधि' के किन्हीं दो उद्देश्यों का उल्लेख कीजिए।** **CBSE 2023**

उत्तर 1815 ई. के बाद के वर्षों के दौरान यूरोप के क्रांतिकारियों का मुख्य उद्देश्य आवश्यक रूप से राष्ट्र राज्य का निर्माण करना तथा रूढ़िवादी सत्ता को प्रोत्साहित करना था।

14. **1832 ई. की संधि का नाम बताइए जिसने यूनान को एक स्वतंत्र राष्ट्र की मान्यता दी।** **CBSE 2016**

उत्तर 1832 ई. की कुस्तुनतुनिया की संधि ने यूनान को एक स्वतंत्र राष्ट्र की मान्यता दी।

15. **जॉलवेराइन का अर्थ बताइए। यह क्यों स्थापित किया गया?**

अथवा **1834 ई. में जर्मनी में स्थापित जॉलवेराइन शुल्क संघ की स्थापना का उद्देश्य क्या था?** **CBSE 2019**

उत्तर जॉलवेराइन एक शुल्क संघ था। इसकी स्थापना 1834 ई. में प्रशा की पहल पर हुई थी। इसका लक्ष्य था जर्मन लोगों को आर्थिक रूप से एक राष्ट्र के रूप में बाँधना।

16. **1871 ई. में जर्मनी का सम्राट किसे घोषित किया गया?** **CBSE 2015**

उत्तर प्रशा के शासक विलियम प्रथम को जर्मनी का सम्राट घोषित किया गया।

17. **नारीवादी संगठन की स्थापना किसके द्वारा की गई थी?**

उत्तर लुइने ऑटो पीटर्स एक राजनैतिक कार्यकर्ता थी जिसने महिलाओं की पत्रिका और तत्पश्चात् एक नारीवादी राजनीतिक संगठन की स्थापना की थी।

18. **19वीं सदी के मध्य में इटली कितने राज्यों में विभाजित था?**

उत्तर 19वीं सदी के मध्य इटली सात राज्यों में बँटा था। इनमें केवल एक सार्डिनिया पीडमाण्ट में इतालवी राज घराने का शासन था।

19. **19वीं शताब्दी के शुरुआती दौर में राष्ट्रीय एकता किस विचारधारा से जुड़ी हुई थी?**

उत्तर 19वीं शताब्दी के शुरुआती दौर में राष्ट्रीय एकता उदारवाद विचारधारा से जुड़ी हुई थी।

20. **रूढ़िवाद से क्या आशय है?**

उत्तर एक ऐसा राजनीतिक दर्शन जो परंपरा स्थापित संस्थानों, पौराणिक परंपराओं और रिवाजों पर बल देता है।

21. **'उदारवाद' शब्द को परिभाषित कीजिए।** **CBSE Compartment 2021**

उत्तर उदारवाद (Liberalism) शब्द लातिन (लैटिन) भाषा के मूल Liber पर आधारित है, जिसका अर्थ है 'आजाद' या 'स्वतंत्र'। नए मध्यम वर्गों के लिए उदारवाद का अर्थ व्यक्तियों के लिए स्वतंत्रता व कानून के समक्ष सभी को समानता थी।

22. **1804 ई. की नागरिक संहिता का नाम लिखिए, जिसने फ्रांस में कानून के समक्ष बराबरी और संपत्ति के अधिकार को सुरक्षित बनाया।** **CBSE 2020**

उत्तर 1804 ई. की नागरिक संहिता, जिसे नेपोलियन संहिता या नेपोलियन कोड के नाम से जाना जाता था, फ्रांस में कानून के समक्ष बराबरी और संपत्ति के अधिकार को सुरक्षित बनाया।

23. **उस साम्राज्य का नाम लिखिए, जिसने अठारहवीं सदी में ऑस्ट्रिया और हंगरी पर शासन किया।** **CBSE 2020**

उत्तर अठारहवीं सदी में ऑस्ट्रिया और हंगरी पर शासन करने वाला साम्राज्य हैब्सबर्ग था।

24. **1859 ई. का इंग्लैंड इमिग्रेशन एक्ट बागानों में काम करने वाले मजदूरों के लिए कष्टदायक क्यों था?** **CBSE 2020**

उत्तर 1859 ई. का इंग्लैंड इमिग्रेशन एक्ट बागानों में काम करने वाले मजदूरों के लिए कष्टदायक इसलिए था, क्योंकि उन मजदूरों को बिना इजाजत बागान से बाहर जाने की छूट नहीं थी।

लघु उत्तरीय प्रश्न

1. **राष्ट्र-राज्य के उदय पर संक्षिप्त टिप्पणी लिखिए।**

उत्तर 19वीं शताब्दी के दौरान राष्ट्रवाद एक शक्ति के रूप में उभरा, जिसने यूरोप के बहु-राष्ट्रीय वंश साम्राज्यों की जगह देश-राज्य के उदय का नेतृत्व किया। फ्रांसीसी क्रांति (1789) ने आधुनिक राष्ट्र-राज्य के लिए मार्ग प्रशस्त किया। फ्रांसीसी क्रांति ने पुराने राजशाही आदेश पर सवाल उठाया और एक लोकप्रिय राष्ट्रवाद के विकास को प्रोत्साहित किया।

फ्रांसीसी क्रांतिकारियों ने प्रारंभ से ही अनेक कदम उठाए, जो फ्रांसीसी लोगों के बीच सामूहिक पहचान की भावना पैदा कर सकते थे।

एक संयुक्त समुदाय के रूप में राष्ट्र पर बल देने के लिए फ्रांसीसी क्रांति ने पितृभूमि, नागरिक और फ्रांसीसी लोगों के बीच एक नया फ्रांसीसी ध्वज जैसे नए विचार प्रस्तुत किए।

इसने सभी नागरिकों के लिए एकसमान कानून के साथ एक केंद्रीकृत प्रशासनिक प्रणाली की शुरुआत की। क्षेत्रीय बोलियों को निराश किया गया और पेरिस में बोली एवं लिखी जाने वाली फ्रांसीसी भाषा को देश की एक सामान्य भाषा के रूप में स्वीकार किया गया।

2. नेपोलियन संहिता के सुधार संबंधी उदाहरण किस प्रकार राष्ट्रवादी उदारवादी विचारधारा के अनुरूप थे? विस्तारित कीजिए।

उत्तर नेपोलियन द्वारा फ्रांस के विशाल क्षेत्रों में सुधार की आवश्यकता को देखते हुए 1804 ई. में एक विधि संहिता का निर्माण किया, जो नेपोलियन संहिता के नाम से जानी जाती है। यह संहिता नागरिक संहिता थी जिसने जन्म पर आधारित विशेषाधिकारों को समाप्त कर दिया। इस संहिता की निम्नलिखित विशेषताएँ थीं

- कानून के समक्ष समानता का अधिकार।
- सामंती व्यवस्था की समाप्ति तथा भू-दासत्व और जागीरदारी शुल्कों का अंत।
- एक समान कानून व्यवस्था, मानक भार और राष्ट्रीय मुद्रा का प्रावधान।
- कारीगरों के श्रेणी-संघों के नियंत्रण से मुक्ति।

उपरोक्त विशेषताओं के आधार पर यह कहा जा सकता है कि नेपोलियन संहिता के सुधार राष्ट्रवादी उदारवादी विचारधारा के अनुरूप थे।

3. उन महत्त्वपूर्ण कारकों का उल्लेख कीजिए, जिनके कारण यूरोप में राष्ट्रवाद का उदय हुआ?

उत्तर जर्मनी, इटली और स्विट्जरलैंड 18वीं शताब्दी के मध्य में राजशाहियों, डचियों और कैंटनों में विभाजित थे, जिनके शासकों ने अपने स्वायत्त प्रदेशों का निर्माण किया था। उन्होंने एक सामूहिक पहचान या एक आम संस्कृति साझा नहीं की। कुछ महत्त्वपूर्ण कारकों ने यूरोप में राष्ट्रवाद के उदय को जन्म दिया, जो निम्न प्रकार थे

- नए मध्यम वर्ग का उदय
- उदारवाद की विचारधारा का प्रसार
- रूढ़िवाद की नई भावना और वियना की संधि
- क्रांतिकारियों का उदय
- रूमानी कल्पना और राष्ट्रीय भावना का उदय
- भूख, कठिनाई और जनविद्रोह

4. कुलीन वर्ग और नए मध्य वर्ग की महत्त्वपूर्ण विशेषताओं को स्पष्ट कीजिए।

उत्तर कुलीन वर्ग और नए मध्य वर्ग की महत्त्वपूर्ण विशेषताएँ निम्नलिखित थीं

- सामाजिक और राजनीतिक रूप से जमीन का मालिक कुलीन वर्ग यूरोपीय महाद्वीप का सबसे प्रभुत्वशाली वर्ग था।
- यूरोप के पश्चिमी और मध्य भागों में औद्योगिक इकाइयों और व्यापार में बढ़ोतरी से शहरों का विकास हुआ और वाणिज्यिक वर्गों का उद्भव हुआ, जिनका अस्तित्व बाजार के लिए उत्पादन पर आधारित था।
- औद्योगीकरण के कारण नए सामाजिक समूह-श्रमिक वर्ग के लोग और मध्य वर्ग; जैसे-उद्योगपति, व्यापारी और सेवा क्षेत्र के लोग अस्तित्व में आए।
- कुलीनों को प्राप्त विशेषाधिकारों की समाप्ति के पश्चात् शिक्षित और उदारवादियों के मध्य राष्ट्रीय एकता के विचार लोकप्रिय हुए।

5. नए मध्यम वर्ग के लिए उदारवादी राष्ट्रवाद का क्या अर्थ था तथा इसकी प्रमुख विशेषताओं का उल्लेख कीजिए?

उत्तर नए मध्यम वर्गों के लिए उदारवाद का अर्थ व्यक्तियों के लिए स्वतंत्रता और कानून के समक्ष सभी को समान अधिकार था। इसकी प्रमुख विशेषताएँ निम्न थीं

- राजनीतिक रूप से उदारवाद ऐसी सरकार पर बल देता था, जो सहमति से बनी हो।
- फ्रांस में वोट देने और निर्वाचित करने का अधिकार विशेष रूप से अधिक संपत्ति वाले लोगों को दिया गया था।
- संपत्ति विहीन पुरुषों और महिलाओं को इस अधिकार से वंचित रखा गया था।
- आर्थिक क्षेत्र में उदारवाद बाजार की आजादी के पक्ष में था, साथ ही यह राज्य द्वारा लगाए गए वस्तुओं और पूँजी के आवागमन पर नियंत्रण को समाप्त करने के पक्ष में भी था।
- 1834 ई. में प्रशा की पहल पर एक शुल्क संघ जॉलवेराइन का गठन किया गया।

6. वियना की संधि के महत्त्वपूर्ण बिंदुओं को स्पष्ट कीजिए।

उत्तर वियना की संधि के प्रमुख बिंदु निम्न थे

- फ्रांसीसी क्रांति के समय हटाए गए बूर्बो राजवंश को सत्ता में बहाल किया गया।
- फ्रांस ने उन क्षेत्रों को खो दिया, जिन पर उसने नेपोलियन के अधीन कब्जा किया था।
- फ्रांस की सीमाओं पर कई नए राज्य स्थापित किए गए, जिससे भविष्य में फ्रांस विस्तार न कर सके। उत्तर में नीदरलैंड्स राज्य स्थापित किया गया, जिसमें बेल्जियम को भी शामिल किया गया तथा दक्षिण में पीडमॉण्ट में जेनोआ को जोड़ा गया।
- प्रशा को उसकी पश्चिमी सीमाओं पर महत्त्वपूर्ण नए क्षेत्र दिए गए और ऑस्ट्रिया को उत्तरी इटली का नियंत्रण दिया गया।
- नेपोलियन द्वारा गठित जर्मन महासंघ के 39 राज्यों को पहले की तरह बनाए रखा गया।
- पूर्व में रूस को पोलैंड का हिस्सा दिया गया, जबकि प्रशा को सैक्सनी का एक हिस्सा दिया गया था।

वियना संधि (सम्मेलन) का मुख्य उद्देश्य नेपोलियन द्वारा बर्खास्त अर्थात् सत्ता से हटाए गए राजतंत्र को बहाल करना और यूरोप में एक नई रूढ़िवादी व्यवस्था स्थापित करना था। 1815 ई. में स्थापित रूढ़िवादी शासन व्यवस्थाएँ निरंकुश थीं।

7. **शिक्षा के क्षेत्र में फ्रांसीसियों को वियतनाम में आई किन्हीं तीन समस्याओं का वर्णन कीजिए।** **CBSE 2017**

उत्तर शिक्षा के क्षेत्र में फ्रांसीसियों को वियतनाम में आई प्रमुख तीन समस्याएँ निम्नलिखित थी

(i) फ्रांसीसियों के सामने यह समस्या थी कि वियतनामियों को कितनी शिक्षा दी जाए, क्योंकि गुलामों को पढ़ाने से समस्या उत्पन्न हो सकती है। शिक्षा प्राप्त करने के पश्चात् वियतनामी लोग औपनिवेशिक शासन पर प्रश्न उठाएँगे। अत: वे लोग वियतनामियों को पूर्ण शिक्षित करने के पक्ष में नहीं थे।

(ii) फ्रांसीसी मुख्य रूप से फ्रांसीसी भाषा को शिक्षा का माध्यम बनाना चाहते थे, ताकि फ्रांसीसी भाषा सीखने से वियतनाम के लोग फ्रांस संस्कृति एवं सभ्यता से परिचित हो सकें तथा उनके मन में फ्रांसीसियों के प्रति आदर एवं सम्मान का भाव उत्पन्न हो।

(iii) वियतनाम में धनी एवं अभिजात्य वर्ग के लोग चीनी संस्कृति से विशेष रूप से प्रभावित थे। अत: उन्हें अपनी सत्ता को सुदृढ़ करने के लिए इस प्रभाव को समाप्त करना था। फलस्वरूप उन्होंने परंपरागत शिक्षा व्यवस्था को समाप्त कर वियतनाम में फ्रांसीसी स्कूल शुरू किए।

8. **राष्ट्रवादी भावना के उदय में संस्कृति की भूमिका को स्पष्ट कीजिए।**

उत्तर राष्ट्रवाद का विकास केवल युद्ध और क्षेत्रीय विस्तार के माध्यम से नहीं हुआ था, बल्कि राष्ट्रवाद के विकास में संस्कृति ने भी महत्त्वपूर्ण भूमिका निभाई थी।

कला, कविता, कहानियाँ और संगीत ने राष्ट्रवादी भावनाओं को व्यक्त और आकार देने में मदद की। प्रेमपूर्ण कलाकारों और कवियों ने तर्क-वितर्क और विज्ञान की महिमा की आलोचना की। भावनाओं, अंतर्ज्ञान और रहस्यमय भावनाओं पर ध्यान केंद्रित करते हुए उन्होंने एक राष्ट्र के आधार के रूप में एक साझा सामूहिक विरासत की भावना पैदा करने का प्रयास किया। जर्मन दार्शनिक योहन गोटफ्रीड हेडर (1744-1803 ई.) ने दावा किया कि आम लोगों के बीच जर्मन संस्कृति निहित थी। वॉक पोलैंड, जो अब एक स्वतंत्र क्षेत्र के रूप में अस्तित्व में नहीं था, वह संगीत और भाषा के माध्यम से राष्ट्रवादी अनुभव कर रहा था।

पोलैंड में संगीत और भाषा के माध्यम से राष्ट्रीय भावना बनाए रखी गई। कैरोल कुर्पिस्की ने राष्ट्रीय संघर्ष का अपने ऑपेरा और संगीत से गुणगान किया। भाषा ने भी राष्ट्रीय भावनाओं के विकास में एक महत्त्वपूर्ण भूमिका निभाई।

9. **19वीं सदी में यूरोप में राष्ट्रवाद के विकास के लिए उत्तरदायी किन्हीं चार प्रमुख कारणों का उल्लेख कीजिए।** **CBSE 2011**

उत्तर 19वीं सदी में यूरोप में राष्ट्रवाद के विकास के लिए प्रमुख उत्तरदायी कारण निम्नलिखित थे

- **फ्रांसीसी क्रांति का प्रभाव** फ्रांसीसी क्रांति 1789 ई. में हुई थी जिसने विश्वभर में जनतंत्र का प्रसार किया।
- **औद्योगीकरण एवं मध्यवर्ग का प्रभाव** इन प्रक्रियाओं ने यूरोप के देशों में नए सामाजिक समूहों को अस्तित्व में लाया। उदाहरण के लिए, औद्योगिक श्रमिक, व्यवसायी, सेवा क्षेत्र के लोग आदि।
- **रूमानीवाद का प्रभाव** 18वीं सदी से यूरोप में रूमानी संस्कृति का प्रादुर्भाव था, जो समाज में एकलयात्मक, साहित्यिक व बुद्धिवादी तथा राष्ट्रवादी भावनाओं के एक खास रूप का विकास करना चाहते थे।
- **उदारीकरण** तत्कालीन समाज में आर्थिक उदारवाद की भावना के साथ-साथ राष्ट्र राज्यों को भी बढ़ावा दिया। उदारवाद व्यक्ति की स्वतंत्रता और सभी के लिए समान कानून की वकालत करता रहा।

10. **एकीकरण के समय हुई प्रमुख घटनाओं को स्पष्ट कीजिए।**

उत्तर एकीकरण के समय हुई प्रमुख घटनाएँ इस प्रकार थीं

- संयुक्त इटली की घोषणा 1860 ई. में हुई। सेना (नियमित सैनिकों और सशस्त्र स्वयंसेवकों) ने दक्षिणी इटली और दो सिसिलियों के राज्य में प्रवेश किया और स्पेनिश किसानों को बाहर निकालने के लिए स्थानीय किसानों का समर्थन जीतने में सफल रही।
- 1861 ई. में विक्टर इमेनुएल द्वितीय को संयुक्त इटली का राजा घोषित किया गया।
- टस्कानी, मोडेना, पर्मा और पोप के राज्यों ने सार्डिनिया के साथ हाथ मिला लिया। मार्च, 1860 तक पूरे मध्य इतालवी राज्यों को सर्वसम्मति से पीडमॉण्ट के साथ एकजुट किया गया।
- रोम सार्डिनिया का एक हिस्सा बन गया। इस तरह इटली का अंतिम एकीकरण भी 1871 ई. में किया गया।

11. **मेत्सिनी ने यह किस प्रकार महसूस किया कि स्वतंत्रता संघर्ष में राष्ट्र राज्यों का निर्माण एक जरूरी कदम है? व्याख्या कीजिए।** **CBSE 2014**

उत्तर ज्युसेपी मेत्सिनी इटली का एक प्रमुख क्रांतिकारी था। मेत्सिनी कार्बोनारी के गुप्त संगठन का सदस्य भी रहा। चौबीस साल की युवावस्था में लिगुरिया में क्रांति करने के लिए उसे बहिष्कृत कर दिया गया। तत्पश्चात उसने दो और भूमिगत संगठनों की स्थापना की। पहला मार्सेई में यंग इटली, दूसरा बर्न में यंग यूरोप, जिसके सदस्य पोलैंड, फ्रांस, इटली और जर्मन राज्यों में समान विचार रखने वाले युवा थे।

मेत्सिनी का विश्वास था कि ईश्वर की इच्छा के अनुसार राष्ट्र ही मनुष्यों की प्राकृतिक इकाई थी। उसके इस मॉडल के अनुरूप जर्मनी, फ्रांस, स्विट्जरलैंड और पोलैंड में गुप्त संगठन कायम किए गए।

मेत्सिनी द्वारा राजतंत्र का घोर विरोध करके और प्रजातांत्रिक गणतंत्रों के अपने स्वप्न से मेत्सिनी ने रूढ़िवादियों को हरा दिया।

12. **फ्रांसीसी क्रांति की उन घटनाओं का उल्लेख कीजिए, जिन्होंने यूरोप के अन्य भागों से संबंध रखने वाले लोगों को प्रभावित किया था।** **CBSE 2015**

उत्तर फ्रांसीसी क्रांति की कुछ प्रमुख घटनाएँ निम्नलिखित हैं, जिन्होंने यूरोप के अन्य भागों से संबंध रखने वालों को भी अत्यधिक प्रभावित किया था

- **निरंकुश शासन से मुक्ति** फ्रांसीसी क्रांतिकारियों ने क्रांति के समय यह घोषणा की कि फ्रांसीसी राष्ट्र का यह भाग्य और लक्ष्य था कि वह यूरोप के लोगों को निरंकुश शासकों से मुक्त कराए।
- **जैकोबिन क्लबों की स्थापना करना** जब फ्रांस की घटनाओं की खबर यूरोप के विभिन्न शहरों में पहुँची तो छात्र तथा शिक्षित मध्य-वर्गों के अन्य सदस्य जैकोबिन क्लबों की स्थापना करने लगे।
- **नेपोलियन का उदय और उसका प्रभाव** फ्रांसीसी क्रांति द्वारा निर्मित की गई परिस्थितियों ने नेपोलियन के लिए मार्ग खोल दिया जिसके कारण उसने यूरोप की अर्थव्यवस्था को सुधारने के लिए अनेक कदम उठाए।

13. **नेपोलियन की संहिता को फ्रांसीसी नियंत्रण के अधीन क्षेत्रों में किस प्रकार लागू किया गया? उदाहरण सहित व्याख्या कीजिए।** **CBSE 2019**

उत्तर नेपोलियन की संहिता को फ्रांसीसी नियंत्रण के अधीन क्षेत्रों में इस प्रकार लागू किया गया

- डच गणतंत्र, स्विट्जरलैंड, इटली और जर्मनी में नेपोलियन ने प्रशासनिक विभागों को सरल बनाया, सामंती व्यवस्था को लागू किया तथा किसानों को भू-दासत्व एवं जागीरदारी शुल्कों से मुक्ति दिलाई।
- शहरी क्षेत्रों में कारीगरों के श्रेणी-संघों के नियंत्रण को हटा दिया गया और यातायात एवं संचार व्यवस्था को सुधारा गया।
- नेपोलियन की संहिता ने सार्वभौमिक कानूनों की स्थापना की, मानकीकृत भार तथा सामान्य राष्ट्रीय मुद्रा प्रारंभ की। ये किसानों, कारीगरों, श्रमिकों, व्यापारियों और छोटे पैमाने के उत्पादकों के लिए लाभकारी थे।

C दीर्घ उत्तरीय प्रश्न

1. **फ्रांसीसी लोगों के बीच सामूहिक पहचान की भावना पैदा करने के लिए फ्रांसीसी क्रांतिकारियों द्वारा प्रारंभ किए गए उपायों और कार्यों का विश्लेषण कीजिए।** **CBSE 2016**

उत्तर फ्रांसीसी क्रांतिकारियों के बीच एक सामूहिक पहचान की भावना पैदा करने के लिए फ्रांसीसी क्रांतिकारियों द्वारा प्रारंभ किए गए उपाय और कार्य निम्न थे

- फ्रांसीसी क्रांति ने नए विचारों; जैसे–पितृ भूमि और नागरिक ने एक संयुक्त समुदाय के विचार पर बल दिया, जिसे एक संविधान के अंतर्गत समान अधिकार प्राप्त थे।
- एक नया फ्रांसीसी झंडा-तिरंगा चुना गया, जिसने पहले के राजध्वज का स्थान लिया।
- केंद्रीय प्रशासनिक व्यवस्था लागू की गई जिसने अपने भू-भाग में रहने वाले सभी नागरिकों के लिए समान कानून बनाए।
- इस्टेट जनरल का चुनाव सक्रिय नागरिकों के समूह द्वारा किया जाने लगा और उसका नाम बदलकर नेशनल एसेंबली कर दिया गया।
- नई स्तुतियाँ रची गईं, शपथें ली गईं, शहीदों का गुणगान हुआ और यह सब राष्ट्र के नाम पर हुआ।

2. **यूरोप में राष्ट्रवाद का विकास केवल युद्धों या क्षेत्रीय विस्तार से नहीं हुआ, बल्कि संस्कृति ने भी इस विकास को विस्तार देने में महत्त्वपूर्ण भूमिका निभाई। इस कथन को स्पष्ट कीजिए।**

उत्तर यूरोप में राष्ट्रवाद का विकास केवल युद्धों या क्षेत्रीय विस्तार से नहीं हुआ, बल्कि संस्कृति ने भी इस विकास को विस्तार देने में महत्त्वपूर्ण भूमिका निभाई, जिसका वर्णन इस प्रकार है

- **रूमानीवाद** रूमानीवाद एक ऐसा आंदोलन था, जो लोगों में एक विशेष भावना का विकास करना चाहता था। रूमानी कलाकार और कवियों ने तर्क एवं विज्ञान के महत्त्व की आलोचना की और उसकी जगह भावनाओं, अंतर्दृष्टि और रहस्यवाद पर अधिक बल दिया। इनका मत था कि एक साझा संस्कृति को ही राष्ट्र का आधार बनाया जाए।
- **राष्ट्रीय भावना** भाषा एवं बोलियाँ तथा संगीत ने राष्ट्रीय भावना के विकास में महत्त्वपूर्ण भूमिका निभाई। स्थानीय बोलियों के माध्यम से स्थानीय लोक साहित्य को एकत्र किया गया, जिससे आधुनिक राष्ट्रीय संदेश अधिक लोगों तक पहुँचाया जा सके जहाँ अधिकांश लोग निरक्षर थे।
- **भाषा एवं लोक साहित्य** भाषा ने भी राष्ट्रीय भावनाओं के विकास में एक महत्त्वपूर्ण भूमिका निभाई। रूसी कब्जे के बाद पोलिश भाषा का महत्त्व समाप्त कर दिया गया तथा रूसी भाषा को एक हथियार बनाया। पोलिश भाषा रूसी प्रभुत्व के विरुद्ध संघर्ष में प्रतीक के रूप में देखी जाने लगीं।

3. **1815 ई. में नेपोलियन की हार के बाद यूरोप में स्थापित रूढ़िवादी शासन की कोई तीन विशेषताएँ लिखिए।** **CBSE 2011**

अथवा **"1815 ई. में नेपोलियन की हार के बाद यूरोपीय सरकारें रूढ़िवाद की भावना से प्रेरित थीं।" इस कथन की व्याख्या कीजिए।** **CBSE Compartment 2021**

अथवा **1815 ई. में नेपोलियन की हार के बाद यूरोपीय सरकारों में आई रूढ़िवादी भावनाओं का वर्णन कीजिए।** **CBSE 2020**

उत्तर 1815 ई. में नेपोलियन की हार के बाद यूरोप में रूढ़िवादी शासन स्थापित हुए, जिसकी विशेषताएँ निम्नलिखित थीं

- **पारंपरिक संस्थाओं में विश्वास** रूढ़िवादी विचारधारा वाले लोगों का मानना था कि राज्य और समाज द्वारा स्थापित पारंपरिक संस्थाएँ; जैसे–राजतंत्र, चर्च, सामाजिक ऊँच-नीच, संपत्ति आदि परिवार को बनाए रखते हैं।
- **आधुनिकीकरण में विश्वास** रूढ़िवादी आधुनिकीकरण में विश्वास करते थे तथा उसका ही समर्थन करते रहे। उनका मत था कि इससे राजतंत्र जैसी पारंपरिक संस्थाओं की मजबूती में मदद मिलेगी।

- **निरंकुश शासन व्यवस्था को मजबूती** रूढ़िवादी शासन व्यवस्थाएँ निरंकुश थीं। इनके विचार में एक आधुनिक सेवा, कुशल नौकरशाही, गतिशील अर्थव्यवस्था, सामंतवाद और भू-दासत्व की समाप्ति-यूरोप के निरंकुश राजतंत्रों को शक्ति प्रदान कर सकते थे, क्योंकि यह अपने शासन पर किसी की आलोचना बरदाश्त नहीं करती थी।

4. "1830 का दशक यूरोप में भारी आर्थिक कठिनाइयों का काल था"। इसके कारण बताइए।

अथवा 1830 के दशक में यूरोप में आई किन्हीं तीन आर्थिक कठिनाइयों का वर्णन कीजिए। **CBSE 2017**

अथवा ऐसा क्यों कहा जाता है कि 1830 का दशक यूरोप में भारी कठिनाइयाँ लेकर आया? कारणों को स्पष्ट कीजिए। **CBSE 2020**

उत्तर 1830 का दशक यूरोप में भारी कठिनाइयाँ लेकर आया। जिनमें प्रमुख कठिनाइयाँ निम्नलिखित थीं

- **जनसंख्या वृद्धि** 19वीं सदी के प्रथम भाग में यूरोप में जनसंख्या में भारी वृद्धि हुई।
- **प्रवास की समस्या** जनसंख्या वृद्धि के साथ-साथ प्रवास की समस्या भी असफल हो गई। ग्रामीण लोग गाँवों से नगरों में प्रवास के लिए जाने लगे, जिसके परिणामस्वरूप आवास की कमी एवं रोजगार की समस्या ने उन्हें भीड़-भाड़ एवं गंदी बस्तियों में रहने पर विवश कर दिया।
- **औद्योगीकरण तथा स्थानीय उत्पादकों का प्रभाव** यूरोप के कई देशों में मजदूरों की आपूर्ति से उनकी माँग बढ़ने लगी। इसके अतिरिक्त नगरों के छोटे उत्पादकों को हमेशा इंग्लैंड से आयातित मशीन से बने सस्ते कपड़ों से कड़ी प्रतिस्पर्द्धा का सामना करना पड़ा। यूरोप को सर्वाधिक प्रतिस्पर्द्धा वस्त्र उद्योग में ही झेलनी पड़ी।
- **कीमतों के बढ़ने की समस्या** यूरोप के उन क्षेत्रों में जहाँ कुलीन वर्ग अभी भी सत्ता में था, कृषक सामंती शुल्कों और जिम्मेदारियों के बोझ तले दबे थे।

5. अनेक यूरोपीय देशों में पढ़े-लिखे मध्यवर्ग के नेतृत्व में क्रांति 1848 ई. में आरंभ हो गई थी। उपयुक्त उदाहरण देकर स्पष्ट कीजिए। **CBSE 2014**

अथवा 'यूनानी स्वतंत्रता संग्राम' ने किस प्रकार यूरोप के शिक्षित अभिजात वर्ग में राष्ट्रवादी भावना के संचार में योगदान दिया? उदाहरणों सहित स्पष्ट कीजिए। **CBSE Compartment 2021**

अथवा यूनान के स्वतंत्रता संग्राम ने किस प्रकार यूरोप के शिक्षित अभिजात वर्ग में राष्ट्रीय भावनाओं का संचार किया? व्याख्या कीजिए। **CBSE 2020**

उत्तर 1848 ई. में अनेक यूरोपीय देशों में पढ़े-लिखे मध्यवर्ग के नेतृत्व में क्रांति आरंभ हो गई थी। इस संदर्भ में हुए प्रमुख विद्रोहों को निम्नलिखित उदाहरण के रूप में देखा जा सकता है

- **ब्रूसेल्स में विद्रोह** फ्रांस में हुए विद्रोह ने ब्रूसेल्स के शिक्षित मध्यम वर्ग में विद्रोह भड़काया, जिसके परिणामस्वरूप यूनाइटेड किंगडम ऑफ नीदरलैंड से बेल्जियम अलग हो गया।
- **फ्रांस में विद्रोह** फ्रांस में पहला विद्रोह जुलाई, 1830 में हुआ था। नेपोलियन के बाद बूर्बो राजा, जिन्हें रूढ़िवादी प्रतिक्रिया के समय सत्ता बहाली किया गया था, को उदारवादी क्रांतिकारियों ने भगा दिया तथा इसके स्थान पर एक संवैधानिक राजतंत्र स्थापित किया गया, जिसका अध्यक्ष लुई फिलिप था।
- **यूनानी स्वतंत्रता** यूनान के स्वतंत्रता संग्राम ने यूरोप के शिक्षित मध्यम वर्ग में राष्ट्रीय भावनाओं का संचार किया। यूनान 15वीं शताब्दी से ही ऑटोमन साम्राज्य का एक भाग था। यूरोप में हो रहे क्रांतिकारी राष्ट्रवाद की प्रगति ने यूनानियों को भी स्वतंत्रता के लिए संघर्ष (1821 ई.) करने पर विवश कर दिया। इस संघर्ष में निर्वासन में रह रहे यूनानियों के साथ पश्चिमी यूरोप के अनेक लोगों का भी समर्थन मिला, जो प्राचीन यूनानी संस्कृति के प्रति सहानुभूति रखते थे। अंततः 1832 ई. में कुंस्तुनतुनिया की संधि में यूनान को स्वतंत्र राष्ट्र की मान्यता दे दी गई।

6. इटली के एकीकरण की प्रक्रिया का वर्णन कीजिए। **CBSE 2017**

अथवा इटली के एकीकरण में ज्युसेपे मेत्सिनी की भूमिका को स्पष्ट कीजिए। **CBSE 2020**

उत्तर उन्नीसवीं सदी के मध्य में इटली सात राज्यों में बँटा हुआ था, जिनमें केवल सार्डिनिया-पीडमॉण्ट में इतालवी राजघराने का शासन था। उत्तरी भाग ऑस्ट्रियाई हैब्सबर्गों के अधीन था। मध्य क्षेत्र पोप एवं दक्षिणी क्षेत्र स्पेन के बूर्बो राजाओं के अधीन थे। इटली के एकीकरण की प्रक्रिया को निम्न प्रकार देखा जा सकता है

ज्युसेपे मेत्सिनी की भूमिका 1830 के दशक में ज्युसेपे मेत्सिनी ने एकीकृत इतालवी गणराज्य के लिए एक कार्यक्रम प्रस्तुत किया तथा अपने उद्‌देश्यों के प्रसार के लिए 'यंग इटली' नामक गुप्त संगठन बनाया। 1831 और 1848 ई. में क्रांतिकारी विद्रोह की असफलता से युद्ध के जरिए इतालवी राज्यों को जोड़ने की जिम्मेदारी सार्डिनिया-पीडमॉण्ट के शासक इमेनुएल द्वितीय पर आ गई।

कावूर की भूमिका कावूर ने इटली के प्रदेशों को एकीकृत करने वाले आंदोलन का नेतृत्व किया। कावूर ने फ्रांस से एक राजनीतिक संधि की, जिससे सार्डिनिया-पीडमॉण्ट ने 1859 ई. में ऑस्ट्रियाई बलों को हराने में सफलता प्राप्त की।

गैरीबाल्डी की भूमिका ज्युसेपे गैरीबाल्डी के नेतृत्व में बहुत बड़ी संख्या में सशस्त्र स्वयंसेवकों ने युद्ध में हिस्सा लिया। 1860 ई. में वे दक्षिण इटली और दो सिसिलियों के राज्य में प्रवेश कर स्थानीय किसानों की मदद से स्पेनी शासकों को हटाने में सफल रहे। 1861 ई. में इमेनुएल द्वितीय को एकीकृत इटली का राजा घोषित किया गया।

स्रोत आधारित प्रश्न

निम्नलिखित स्रोतों को ध्यानपूर्वक पढ़कर उन पर आधारित प्रश्नों के उत्तर दीजिए

1. 1815 ई. में नेपोलियन की हार के बाद यूरोपीय सरकारें रूढ़िवाद की भावना से प्रेरित थीं। रूढ़िवादी मानते थे कि राज्य और समाज की स्थापित पारंपरिक संस्थाओं; जैसे—राजतंत्र, चर्च, सामाजिक ऊँच-नीच, संपत्ति और परिवार को बनाए रखना चाहिए। फिर भी अधिकतर रूढ़िवादी लोग क्रांति से पहले के दौर में वापसी नहीं चाहते थे। नेपोलियन द्वारा शुरू किए गए परिवर्तनों से उन्होंने यह जान लिया था कि आधुनिकीकरण, राजतंत्र जैसी पारंपरिक संस्थाओं को मजबूत बनाने में सक्षम था। वह राज्य की ताकत को ज्यादा कारगर और मजबूत बना सकता था।

एक आधुनिक सेना, कुशल नौकरशाही, गतिशील अर्थव्यवस्था, सामंतवाद और भूदासत्व की समाप्ति, यूरोप के निरंकुश राजतंत्रों को शक्ति प्रदान कर सकते थे। 1815 ई. में ब्रिटेन, रूस, प्रशा और ऑस्ट्रिया जैसी यूरोपीय शक्तियों, जिन्होंने मिलकर नेपोलियन को हराया था, के प्रतिनिधि यूरोप के लिए एक समझौता तैयार करने के लिए वियना में मिले। इस सम्मेलन की मेजबानी ऑस्ट्रिया के चांसलर ड्यूक मैटरनिख ने की। इसमें प्रतिनिधियों ने 1815 ई. की वियना संधि तैयार की, जिसका उद्देश्य उन कई सारे बदलावों को खत्म करना था, जोकि नेपोलियाई युद्धों के दौरान हुए थे। फ्रांसीसी क्रांति के दौरान हटाए गए बूर्बो वंश को सत्ता में बहाल किया गया और फ्रांस ने उन क्षेत्रों को खो दिया, जिन पर कब्जा उसने नेपोलियन के अधीन किया था। फ्रांस की सीमाओं पर कई राज्य कायम कर दिए गए ताकि भविष्य में फ्रांस विस्तार न कर सके।

अत: उत्तर में नीदरलैंड्स का राज्य स्थापित किया, जिसमें बेल्जियम शामिल था और दक्षिण में पीडमॉण्ट में जेनोआ जोड़ दिया गया। प्रशा को उसकी पश्चिमी सीमाओं पर महत्त्वपूर्ण नए क्षेत्र दिए गए, जबकि ऑस्ट्रिया को उत्तरी इटली का नियंत्रण सौंपा गया। परंतु नेपोलियन ने 39 राज्यों का जो जर्मन महासंघ स्थापित किया था, उसे बरकरार रखा गया।

(i) 1815 ई. में नेपोलियन की हार के पश्चात् रूढ़िवादी विचारधारा के समर्थक क्या चाहते थे?
(a) राज्य और समाज की स्थापित पारंपरिक संस्थाओं को समाप्त करना
(b) राज्य और समाज की स्थापित पारंपरिक संस्थाओं को बनाए रखना
(c) राज्य और समाज की स्थापित पारंपरिक संस्थाओं को और मजबूत करना
(d) राज्य और समाज की स्थापित पारंपरिक संस्थाओं को कमजोर करना

उत्तर (b) राज्य और समाज की स्थापित पारंपरिक संस्थाओं को बनाए रखना

(ii) वियना सम्मेलन की मेजबानी .... की थी।
(a) जर्मनी के चांसलर हिटलर ने
(b) नेपोलियन बोनापार्ट ने
(c) ऑस्ट्रिया के चांसलर ड्यूक मैटरनिख ने
(d) तुर्की के राष्ट्रवादी नेता कमालपाशा ने

उत्तर (c) ऑस्ट्रिया के चांसलर ड्यूक मैटरनिख ने

(iii) 1815 ई. की वियना संधि के दौरान किन उद्देश्यों को पूरा किया गया था?
(a) बूर्बो वंश को सत्ता में पुनः बहाल किया गया
(b) फ्रांस की सीमाओं पर राज्यों की स्थापना की गई, ताकि फ्रांस भविष्य में विस्तार न कर सके
(c) नेपोलियन द्वारा स्थापित 39 राज्यों के महासंघ को बरकरार रखा गया
(d) उपरोक्त सभी

उत्तर (d) उपरोक्त सभी

(iv) 1815 ई. की वियना संधि के दौरान यूरोपीय शक्तियों का मुख्य लक्ष्य .... था।
(a) राजतंत्र की स्थापना करना
(b) रूढ़िवादी व्यवस्था कायम करना
(c) फ्रांस का विभाजन करना
(d) नेपोलियन द्वारा स्थापित महासंघ को समाप्त करना

उत्तर (b) रूढ़िवादी व्यवस्था कायम करना

(v) फ्रांस की सीमाओं पर स्थित राज्यों को अन्य बड़े देशों को सुपुर्द कर दिया गया, जिसका मुख्य उद्देश्य था
(a) फ्रांस की शक्ति को कमजोर करना
(b) फ्रांस की विस्तारवादी नीति पर अंकुश लगाना
(c) राजतंत्रों की बहाली करना
(d) उपरोक्त सभी

उत्तर (b) फ्रांस की विस्तारवादी नीति पर अंकुश लगाना

(vi) **कथन** (A) वियना संधि के पश्चात् फ्रांस की सीमा पर कायम हुए राज्यों में नीदरलैंड, प्रशा, इटली, जर्मनी आदि शामिल थे।

कारण (R) फ्रांस की सीमा के उत्तर में नीदरलैंड का राज्य स्थापित हुआ, जिसमें स्पेन भी शामिल था।

कूट
(a) A और R दोनों सही हैं तथा R, A की सही व्याख्या है
(b) A और R दोनों सही हैं, परंतु R, A की सही व्याख्या नहीं है
(c) A सही है, किंतु R गलत है
(d) A गलत है किंतु R सहीं है

उत्तर (c) A सही है, किंतु R गलत है

2. 1848 ई. में जब अनेक यूरोपीय देशों में गरीबी, बेरोजगारी और भुखमरी से ग्रस्त किसान-मजदूर विद्रोह कर रहे थे, तब उसके समानांतर पढ़े-लिखे मध्यवर्गों की एक क्रांति भी हो रही थी। फरवरी, 1848 की घटनाओं से राजा को गद्दी छोड़नी पड़ी थी और एक गणतंत्र की घोषणा की गई, जो सभी पुरुषों के सार्विक मताधिकार पर आधारित था। यूरोप के अन्य भागों में जहाँ अभी तक स्वतंत्र राष्ट्र-राज्य अस्तित्व में नहीं आए थे; जैसे—जर्मनी, इटली, पोलैंड,

ऑस्ट्रो-हंगेरियन साम्राज्य—वहाँ के उदारवादी मध्यवर्गों के स्त्री-पुरुषों ने संविधानवाद की माँग को राष्ट्रीय एकीकरण की माँग से जोड़ दिया। उन्होंने बढ़ते जन-असंतोष का लाभ उठाया और एक राष्ट्र-राज्य के निर्माण की माँगों को आगे बढ़ाया। यह राष्ट्र-राज्य संविधान, प्रेस की स्वतंत्रता और संगठन बनाने की आज़ादी जैसे संसदीय सिद्धांतों पर आधारित था।

जर्मन इलाकों में बड़ी संख्या में राजनीतिक संगठनों ने फ्रैंकफर्ट शहर में मिलकर एक सर्व-जर्मन नेशनल असेंबली के पक्ष में मतदान का फैसला लिया। 18 मई, 1848 को 831 निर्वाचित प्रतिनिधियों ने एक सजे-धजे जुलूस में जाकर फ्रैंकफर्ट संसद में अपना स्थान ग्रहण किया। यह संसद सेंट पॉल चर्च में आयोजित हुई। उन्होंने एक जर्मन राष्ट्र के लिए एक संविधान का प्रारूप तैयार किया। इस राष्ट्र की अध्यक्षता एक ऐसे राजा को सौंपी गई, जिसे संसद के अधीन रहना था। जब प्रतिनिधियों ने प्रशा के राजा फ्रेडरिक विल्हेम चतुर्थ को ताज पहनाने की पेशकश की तो उसने उसे अस्वीकार कर उन राजाओं का साथ दिया, जो निर्वाचित सभा के विरोधी थे। जहाँ कुलीन वर्ग और सेना का विरोध बढ़ गया, वहीं संसद का सामाजिक आधार कमजोर हो गया।

संसद में मध्य वर्गों का प्रभाव अधिक था, जिन्होंने मजदूरों और कारीगरों की माँगों का विरोध किया, जिसमें वे उनका समर्थन खो बैठे। अंत में सैनिकों को बुलाया गया और असेंबली भंग होने पर मजबूर हुई।

(i) 1848 ई. के दशक में अनेक यूरोपीय देशों में निर्धन वर्ग, जिसमें मजदूर, किसान आदि शामिल थे, जिनकी सम्मिलित शक्ति ने क्रांति को जन्म दिया, इसका मुख्य कारण था

(a) गरीबी (b) बेरोजगारी
(c) भुखमरी (d) ये सभी

उत्तर (d) ये सभी

(ii) 1848 ई. में यूरोपीय देशों में विद्रोह के परिणामस्वरूप राजा को गद्दी छोड़नी पड़ी और .... की घोषणा की गई, जो सभी पुरुषों के सार्विक .... पर आधारित था।

(a) गणतंत्र, समान विचार (b) राजतंत्र, मताधिकार
(c) गणतंत्र, मताधिकार (d) गणतंत्र, संविधानवाद

उत्तर (c) गणतंत्र, मताधिकार

(iii) 1848 ई. में उदारवादियों की क्रांति के परिणामस्वरूप अनेक परिवर्तन हुए। इस संदर्भ में दिए गए कथनों को सुमेलित कीजिए

सूची I	सूची II
A. सर्व-जर्मन नेशनल असेंबली के पक्ष में मतदान	1. जर्मनी
B. स्वतंत्र राष्ट्र-राज्य अस्तित्व में नहीं आए	2. फ्रैंकफर्ट
C. जर्मन राष्ट्र के लिए संविधान का प्रारूप तैयार किया	3. प्रशा
D. राजा फ्रेडरिक विल्हेम चतुर्थ को ताज पहनाने की पेशकश की	4. सेंट पॉल चर्च

कूट

	A	B	C	D		A	B	C	D
(a)	2	3	4	1	(b)	2	1	4	3
(c)	1	4	3	2	(d)	1	2	3	4

उत्तर (b) 2 1 4 3

(iv) 1848 ई. की उदारवादियों की क्रांति के परिणामस्वरूप जो राज्य अस्तित्व में नहीं आए थे, वहाँ के उदारवादी लोगों ने संविधानवाद की माँग को किससे जोड़ दिया?

(a) राष्ट्रीय एकीकरण से (b) राजतांत्रिक व्यवस्था से
(c) संसदीय प्रणाली से (d) सार्विक मताधिकार से

उत्तर (a) राष्ट्रीय एकीकरण से

(v) 1848 ई. में उदारवादियों की क्रांति ने अनेक परिवर्तन किए। नीचे दिए गए कथनों के माध्यम से उन परिवर्तनों पर विचार कर सही उत्तर का चयन कीजिए।

1. राजनीतिक संगठनों द्वारा फ्रैंकफर्ट शहर में सर्व-जर्मन नेशनल असेंबली के पक्ष में मतदान का निर्णय लिया गया।
2. 18 मई, 1831 को निर्वाचित प्रतिनिधियों ने बर्लिन संसद में अपना स्थान ग्रहण किया।
3. बर्लिन संसद सेंट पॉल चर्च में आयोजित की गई थी।

कूट

(a) केवल 1 (b) 1 और 2
(c) 1 और 3 (d) ये सभी

उत्तर (a) केवल 1

(vi) संसद के मध्य वर्गीय समुदाय ने व्यापक स्तर पर किनकी माँगों का अधिक विरोध किया?

(a) चर्च के अधिकारों का
(b) राजाओं के अधिकारों का
(c) मजदूरों और कारीगरों की माँगों का
(d) उपरोक्त सभी

उत्तर (c) मजदूरों और कारीगरों की माँगों का

3. स्रोत 'अ' यूरोप में रूढ़िवादी व्यवस्था का प्रारंभ

जैसे-जैसे रूढ़िवादी व्यवस्थाओं ने अपनी ताकत को और मजबूत बनाने की कोशिश की, यूरोप के अनेक क्षेत्रों में उदारवाद और राष्ट्रवाद को क्रांति से जोड़कर देखा जाने लगा। इटली और जर्मनी के राज्य, ऑटोमन साम्राज्य के सूबे, आयरलैंड और पोलैंड ऐसे ही कुछ क्षेत्र थे। इन क्रांतियों का नेतृत्व उदारवादी-राष्ट्रवादियों ने किया, जो शिक्षित मध्यवर्गीय विशिष्ट लोग थे। इनमें प्रोफेसर, स्कूली-अध्यापक, क्लर्क और वाणिज्य व्यापार में लगे मध्यवर्गों के लोग शामिल थे।

स्रोत 'ब' फ्रांस की जुलाई क्रांति

प्रथम विद्रोह फ्रांस में जुलाई, 1830 में हुआ। बूर्बो राजा, जिन्हें 1815 ई. के बाद हुई रूढ़िवादी प्रतिक्रिया के दौरान सत्ता में बहाल किया गया था, को अब उदारवादी क्रांतिकारियों ने उखाड़ फेंका। उनकी जगह एक संवैधानिक राजतंत्र स्थापित किया गया, जिसका अध्यक्ष लुई फिलिप

परीक्षा अभ्यास

था। मैटरनिख ने एक बार यह टिप्पणी की थी कि "जब फ्रांस छींकता है, तो बाकी यूरोप को सर्दी-जुकाम हो जाता है।" जुलाई क्रांति से ब्रुसेल्स में भी विद्रोह भड़क गया, जिसके फलस्वरूप यूनाइटेड किंगडम ऑफ द नीदरलैंड्स से अलग हो गया।

स्रोत 'स' यूनान का स्वतंत्रता संग्राम

एक घटना, जिसने पूरे यूरोप के शिक्षित अभिजात वर्ग में राष्ट्रीय भावनाओं का संचार किया, वह थी—यूनान का स्वतंत्रता संग्राम। पंद्रहवीं सदी से यूनान ऑटोमन साम्राज्य का हिस्सा था। यूरोप में क्रांतिकारी राष्ट्रवाद की प्रगति से यूनानियों का आजादी के लिए संघर्ष 1821 ई. में आरंभ हो गया। यूनान में राष्ट्रवादियों को निर्वासन में रह रहे यूनानियों के साथ पश्चिमी यूरोप के अनेक लोगों का भी समर्थन मिला, जो प्राचीन यूनानी संस्कृति के प्रति सहानुभूति रखते थे।

स्रोत 'अ' यूरोप में रूढ़िवादी व्यवस्था का प्रारंभ

(i) यूरोप में रूढ़िवादी व्यवस्था को किन क्रांतियों से जोड़कर देखा जाने लगा था?

उत्तर यूरोप में रूढ़िवादी व्यवस्था को एक सांगठनिक शक्ति के रूप में मजबूती को उदारवाद और राष्ट्रवाद की क्रांति से जोड़कर देखा जाने लगा था।

स्रोत 'ब' फ्रांस की जुलाई क्रांति

(ii) फ्रांस में जुलाई क्रांति के संबंध में संक्षेप में समझाइए।

उत्तर फ्रांस में प्रथम विद्रोह जुलाई, 1830 में हुआ, इसे ही जुलाई क्रांति के नाम से जाना जाता है। 1815 ई. के बाद बूर्बो राजा को रूढ़िवादी प्रतिक्रिया के दौरान सत्ता में स्थापित किया गया था, लेकिन उदारवादी क्रांतिकारियों ने सत्ता से विस्थापित कर एक संवैधानिक राजतंत्र को स्थापित किया, जिसका अध्यक्ष लुई फिलिप को नियुक्त किया गया।

स्रोत 'स' यूनान का स्वतंत्रता संग्राम

(iii) यूनान की क्रांति समस्त यूरोपीय क्रांति में एक प्रमुख स्थान रखती है। इसे अपने शब्दों में समझाइए।

उत्तर यूनान की क्रांति ने समस्त यूरोप के शिक्षित अभिजात वर्ग में राष्ट्रीय भावनाओं का संचार किया। पंद्रहवीं सदी से यूनान ऑटोमन साम्राज्य का हिस्सा था। यूरोप में क्रांतिकारी राष्ट्रवाद की प्रगति से यूनानियों की स्वतंत्रता के लिए संघर्ष 1821 ई. में प्रारंभ हुआ। इस आंदोलन का पश्चिमी यूरोप के अनेक लोगों द्वारा समर्थन किया गया, जो प्राचीन यूनानी संस्कृति के प्रति सहानुभूति रखते थे। इसके अतिरिक्त अन्य लोग जो यूनान से संबंधित थे और उनसे परिचित थे, ने यूनान के संघर्ष में अमूल्य योगदान दिया। अंततः 1832 ई. में हुई कुंस्तुनतुनिया की संधि ने यूनान को एक स्वतंत्र राष्ट्र की मान्यता प्रदान की।

4. ग्रिम्स फेयरीटेल्स एक जाना-माना नाम है। जैकब ग्रिम और विल्हेल्म ग्रिम बंधुओं का जन्म क्रमशः 1785 ई. और 1786 ई. में जर्मनी के हनाऊ शहर में हुआ था। जिस समय ये दोनों भाई कानून की पढ़ाई कर रहे थे, उसी समय उन्होंने शौकिया तौर पर पुरानी लोककथाएँ इकट्ठा करना शुरू कर दिया। वे छः वर्ष तक गाँव-गाँव जाकर यही काम करते रहे। वे लोगों से बात करते थे और पीढ़ियों से चली आ रही जो भी लोक कथा उनकी जानकारी में आती, उसे लिखकर रख लेते थे।

ये कहानियाँ बच्चों और बड़ों में समान रूप से पसंद की जाती थीं। 1812 ई. में उन्होंने इन कहानियों का पहला संग्रह प्रकाशित किया। बाद में दोनों भाई उदारवादी राजनीति में सक्रिय हो गए। प्रेस की स्वतंत्रता के आंदोलन में उन्होंने विशेष रुचि ली। इसी बीच उन्होंने 33 खंडों में जर्मन भाषा का शब्दकोश भी प्रकाशित कर दिया।

ग्रिम बंधु फ्रांस के वर्चस्व को जर्मन संस्कृति के लिए खतरा मानते थे। उनको विश्वास था कि उन्होंने जो लोककथाएँ इकट्ठी की हैं, वे विशुद्ध और सच्ची जर्मन भावना की अभिव्यक्ति हैं। लोककथाएँ इकट्ठी करने और जर्मन भाषा को विकसित करने के लिए अपने प्रयासों को वे फ्रांसीसी प्रभुत्व का विरोध करने और एक जर्मन राष्ट्रीय पहचान गढ़ने की व्यापक योजना का हिस्सा मानते थे।

(i) जैकब ग्रिम और विल्हेल्म ग्रिम बंधुओं का जन्म किस देश में हुआ था?

उत्तर जैकब ग्रिम और विल्हेल्म ग्रिम बंधुओं का जन्म जर्मनी के हनाऊ शहर में हुआ था।

(ii) ग्रिम बंधुओं की कार्यशैली को संक्षेप में बताएँ।

उत्तर ग्रिम बंधुओं ने छः साल तक गाँव-गाँव जाकर पुरानी लोककथाओं को एकत्र करने का कार्य किया। 1812 ई. में उन्होंने कहानियों का पहला संग्रह प्रकाशित किया। तत्पश्चात् ये उदारवादी राजनीति में सक्रिय हो गए। प्रेस की स्वतंत्रता के आंदोलन में भी ग्रिम बंधुओं ने विशेष रुचि ली।

(iii) ग्रिम बंधु फ्रांस के वर्चस्व को जर्मन संस्कृति के लिए खतरा मानते थे, क्यों?

उत्तर ग्रिम बंधु फ्रांस के वर्चस्व को जर्मन संस्कृति के लिए खतरा इसलिए मानते थे, क्योंकि उनको विश्वास था कि उन्होंने जो लोककथाएँ एकत्रित की हैं, वे विशुद्ध और सच्ची जर्मन भावना की अभिव्यक्ति हैं। लोककथाएँ एकत्र करने और जर्मन भाषा को विकसित करने के अपने प्रयासों को वे फ्रांसीसी प्रभुत्व का विरोध करने और एक जर्मन राष्ट्रीय पहचान बनाने की व्यापक योजना का हिस्सा मानते थे।

स्वयं को जाँचें

वस्तुनिष्ठ प्रश्न

1. यूरोप में सीमा शुल्क संघ का गठन कब किया गया था?
(a) 1810 ई. (b) 1814 ई. (c) 1834 ई. (d) 1826 ई.

2. यूरोप में भूख, कठिनाई एवं विद्रोह का कारण बनने वाले कारक की पहचान कीजिए।
(a) पूरे यूरोप में जनसंख्या वृद्धि (b) बेरोजगारी
(c) मूल्य वृद्धि (d) सूखा

3. गलत कथन की पहचान कीजिए
(a) सिविल कोड को 1804 ई. में पेश किया गया (b) 1845 ई. में वियना की संधि हुई
(c) 18वीं सदी से पहले ब्रिटिश राष्ट्र नहीं था (d) इटली का अंतिम एकीकरण 1871 ई. में किया गया

अतिलघु उत्तरीय प्रश्न

4. जनमत संग्रह से क्या अभिप्राय है?

5. अर्न्स्ट रेनन के अनुसार राष्ट्र क्या है?

6. फ्रांसीसी क्रांति कब हुई थी?

7. निरंकुश शासन प्रणाली से आप क्या समझते हैं?

8. नेपोलियन की संहिता कब लागू की गई?

9. स्वतंत्रता के वृक्षारोपण का चित्र किस चित्रकार की कृति है?

लघु उत्तरीय प्रश्न

10. फ्रेडरिक सॉरयू कौन था? संक्षेप में बताइए।

11. ''इटली के एकीकरण की प्रक्रिया विभिन्न चरणों में पूर्ण हुई।'' कथन की सार्थकता समझाइए।

12. इमेनुएल कौन था? इटली के एकीकरण में उसके योगदान की भूमिका स्पष्ट करें।

13. 19वीं शताब्दी में राष्ट्रवाद का स्वरूप कैसा था? चर्चा करें।

14. आप कहाँ तक सहमत हैं कि नेपोलियन ने फ्रांस में लोकतंत्र को नष्ट किया था?

दीर्घ उत्तरीय प्रश्न

15. ब्रिटेन में राष्ट्रवाद की स्थापना पर प्रकाश डालिए।

16. यूरोप में राष्ट्रवाद के उदय के लिए कौन-से महत्त्वपूर्ण कारण थे? विस्तार से समझाइए।

17. नेपोलियन ने अपने अधीन किए गए क्षेत्रों में प्रशासनिक व्यवस्था को बनाए रखने के लिए कौन-कौन से महत्त्वपूर्ण परिवर्तन किए?

18. फ्रांसीसी क्रांति का विश्व पर क्या प्रभाव पड़ा? संक्षेप में उदाहरण सहित समझाइए।

अध्याय
02

भारत में राष्ट्रवाद

भारत में आधुनिक राष्ट्रवाद (Modern Nationalism) की वृद्धि औपनिवेशिक आंदोलन (Anti-colonial Movement) से जुड़ी हुई है। उपनिवेशवाद के साथ अपने संघर्ष की प्रक्रिया में लोगों ने एकता की खोज शुरू कर दी। महात्मा गाँधी के नेतृत्व में कांग्रेस ने इन समूहों को एकजुट करके एक विशाल आंदोलन शुरू किया।

अध्याय एक नजर में

- *प्रथम विश्वयुद्ध, खिलाफत और असहयोग आंदोलन*
- *आंदोलन के भीतर अलग-अलग धाराएँ*
- *सविनय अवज्ञा की ओर*
- *सामूहिक अपनत्व की भावना*

प्रथम विश्वयुद्ध, खिलाफत और असहयोग आंदोलन

प्रथम विश्व युद्ध (1914) ने संपूर्ण विश्व में एक नई आर्थिक और राजनीतिक स्थिति का निर्माण किया। इस युद्ध के दौरान भारत को अनेक परेशानियों का सामना करना पड़ा; जैसे—

- रक्षा व्यय (Defence Expenditure) में वृद्धि हुई।
- सीमा शुल्क (Custom Duty) बढ़ाया गया और आयकर (Income Tax) की शुरुआत की गई।
- वर्ष 1913-18 के मध्य खाद्यान्न की कीमतें दोगुनी हो चुकी थीं।
- सेना में गाँव के लोगों को बलपूर्वक (Forcefully) भर्ती किया गया।

प्रथम विश्व युद्ध के बाद वर्ष 1918 से 1921 के दौरान भारतीय उद्योगों को अत्यधिक हानि हुई। देश के अत्यधिक हिस्सों में फसलें खराब व नष्ट हो गईं, खाद्य पदार्थों का भारी अभाव पैदा हो गया, जिसके कारण लोगों को भोजन की कमी होने लगी। इसी समय फ्लू की महामारी फैल गई। इस प्रकार की कठिन परिस्थितियों में एक नए नेता मोहनदास करमचंद गाँधी जनवरी, 1915 में दक्षिण अफ्रीका से भारत आए।

सत्याग्रह का विचार

- गाँधीजी का **सत्य** (Truth) और **अहिंसा** (Non-Violence) के आधार पर आंदोलन और विरोध का तरीका **सत्याग्रह** (Satyagraha) के रूप में जाना जाता था। सत्याग्रह के विचार में सत्य के शक्ति पर आग्रह और सत्य की खोज पर बल दिया जाता था। गाँधीजी का मानना था कि आक्रामक हुए बिना एक सत्याग्रही अहिंसा के माध्यम से युद्ध जीत सकता है। भारत में आने के बाद गाँधीजी ने कई स्थानों पर सत्याग्रह आंदोलन चलाया।
- वर्ष 1917 में गाँधीजी बिहार के **चंपारण** में गए और किसानों को दमनकारी बागान व्यवस्था (Plantation System) के खिलाफ संघर्ष करने के लिए प्रोत्साहित किया।

- वर्ष 1917 में ही गाँधीजी ने गुजरात के **खेड़ा** जिले में किसानों की मदद के लिए सत्याग्रह का आयोजन किया, जो फसल खराब हो जाने और प्लेग की महामारी (Plague Epidemic) के कारण लगान चुकाने में असमर्थ थे।
- वर्ष 1918 में गाँधीजी सूती कपड़ा कारखानों (Cotton Mills) के श्रमिकों के बीच सत्याग्रही आंदोलन (Satyagraha Movement) को व्यवस्थित करने के लिए **अहमदाबाद** गए।

रॉलेट एक्ट

- वर्ष 1919 में रॉलेट अधिनियम **इंपीरियल लेजिस्लेटिव काउंसिल** (Imperial Legislative Council) के माध्यम से पारित किया गया था, परंतु भारतीय सदस्यों ने इसका विरोध किया।
- इस अधिनियम के अनुसार, राजनीतिक कैदियों (Political Prisoners) को बिना किसी मुकदमे के दो वर्ष के लिए जेल में रखा जा सकता था।
- महात्मा गाँधी ऐसे अन्यायपूर्ण कानूनों के विरुद्ध अहिंसक ढंग से नागरिक अवज्ञा चाहते थे। इसके लिए 6 अप्रैल, 1919 को सत्याग्रह के दिन के रूप में निर्धारित किया गया। इस दिन देश के सभी लोगों ने हड़तालों का आयोजन किया।
- विभिन्न शहरों में रैली व जुलूस निकाले गए, रेलवे वर्कशॉप के कर्मचारी हड़ताल पर चले गए और दुकानें बंद हो गईं।
- अमृतसर में विभिन्न स्थानीय नेताओं (Local Leaders) को बंदी (Arrest) बनाया गया। साथ ही गाँधीजी के दिल्ली में प्रवेश करने पर पाबंदी लगा दी गई।
- 10 अप्रैल, 1919 को अमृतसर में पुलिस ने एक शांतिपूर्ण जुलूस पर गोलियाँ चलाईं। इस घटना के बाद लोगों ने बैंकों, डाकघरों और रेलवे स्टेशनों पर हमला किया, जिसके फलस्वरूप मार्शल लॉ (Martial Law) लगाया गया और जनरल डायर (General Dyer) ने कमान सँभाली।

जलियाँवाला बाग नरसंहार

- 13 अप्रैल, 1919 को पंजाब के अमृतसर में जलियाँवाला बाग के मैदान में अत्यधिक लोग एकत्रित हुए।
- कुछ लोग सरकार के दमनकारी-कानून के विरोध में यहाँ आए थे, जबकि कुछ लोग बैसाखी मेले में भाग लेने आए थे।
- यह मैदान शहर से दूर था, इसलिए वहाँ लागू हो चुके मार्शल लॉ की जानकारी लोगों को नहीं थी। जनरल डायर ने उस क्षेत्र में प्रवेश किया और उस मैदान से बाहर निकलने के सभी रास्ते बंद करा दिए। इसके पश्चात् जनरल डायर के सिपाहियों ने भीड़ पर अँधाधुँध गोलियाँ चला दीं। इस घटना में सैकड़ों लोग मारे गए।
- जलियाँवाला बाग हत्याकांड की खबर फैलने के कारण लोग सड़कों पर प्रदर्शन करने लगे, हड़तालें होने लगीं तथा लोगों ने सरकारी भवनों पर हमला किया। लोगों ने अंग्रेजों का डटकर सामना किया।
- सरकार सत्याग्रहियों को भयभीत करना चाहती थी, इसलिए उसने सत्याग्रहियों को जमीन पर अपनी नाक रगड़ने, सड़क पर घिसटकर चलने और सभी साहिबों को सलाम करने के लिए विवश किया। लोगों को कोड़े मारे गए और गाँवों पर बमबारी हुई।
- रवींद्रनाथ टैगोर ने इस घटना के विरोध में अपनी 'नाइटहुड' की उपाधि को वापस लौटा दिया।
- महात्मा गाँधी ने अत्यधिक हिंसा फैलने के कारण इस आंदोलन को बंद कर दिया।

खिलाफत आंदोलन

- प्रथम विश्व युद्ध ओटोमन तुर्की (Ottoman Turkey) की हार के साथ समाप्त हो गया तथा यह अफवाह फैल गई कि इस्लामिक विश्व के आध्यात्मिक नेता (खलीफा) ओटोमन सम्राट पर एक कठोर शांति संधि लगाई जाएगी।
- गाँधीजी का यह विचार था कि हिंदुओं और मुस्लिमों को एकसाथ मिलाए बिना किसी भी आंदोलन का आयोजन नहीं किया जा सकता। ऐसा करने का एक तरीका है कि वे खिलाफत का मुद्दा उठाएँ।
- मौलाना आजाद, हकीम अजमल खान और हसरत मोहानी के नेतृत्व में मार्च, 1919 में मुंबई में **एक खिलाफत समिति** की स्थापना हुई थी। मुस्लिम नेता **मोहम्मद अली** और **शौकत अली** ने इस मुद्दे पर एकजुट सामूहिक कार्रवाई की संभावना के बारे में महात्मा गाँधी के साथ चर्चा शुरू की।
- सितंबर, 1920 में कांग्रेस ने अपने **कलकत्ता अधिवेशन** (Calcutta Session) में खिलाफत आंदोलन और स्वराज के समर्थन में एक असहयोग आंदोलन शुरू करने के लिए प्रस्ताव पारित किया।

असहयोग आंदोलन की आवश्यकता

गाँधीजी ने अपनी प्रसिद्ध पुस्तक हिंद स्वराज (1909) में कहा था कि ब्रिटिश शासन भारत में भारतीयों के सहयोग से स्थापित किया गया था। यदि भारतीयों ने सहयोग करने से इंकार कर दिया, तो एक वर्ष में भारत में ब्रिटिश शासन टूट जाएगा और स्वराज की स्थापना हो जाएगी। महात्मा गाँधी ने एक आंदोलन के रूप में असहयोग आंदोलनों के कार्यान्वयन के लिए निम्नलिखित रणनीतियाँ तैयार कीं

- आंदोलन लोगों को खिताब (Titles), सम्मान और मानद पदों (Honarary Posts) के आत्मसमर्पण के साथ शुरू किया जाएगा।
- सिविल सेवा, सेना, पुलिस, ब्रिटिश न्यायालयों और विधानसभाओं, स्कूल और कॉलेजों और ब्रिटिश सामान का बहिष्कार करना चाहिए।
- कुटीर उद्योगों (Cottage Industries) को बढ़ावा देने के लिए विदेशी वस्तुओं का बहिष्कार करना होगा और उनके स्थान पर घरेलू वस्तुओं या स्वदेशी वस्तुओं को उपयोग में लाना होगा।
- सरकार के दमन के मामले में, सविनय अवज्ञा आंदोलन शुरू किया जाएगा।

अंततः दिसंबर, 1920 में **नागपुर सम्मेलन** (Nagpur Conference) के दौरान कांग्रेस द्वारा असहयोग आंदोलन अपनाया गया, जिसका नेतृत्व महात्मा गाँधी ने किया।

आंदोलन के भीतर अलग-अलग धाराएँ

असहयोग-खिलाफत आंदोलन जनवरी, 1921 में शुरू हुआ। विभिन्न सामाजिक समूहों ने अपनी विशिष्ट आकांक्षाओं (Aspirations) के साथ आंदोलन में भाग लिया।

शहर में आंदोलन

- यह आंदोलन शहर में मध्यम वर्ग की भागीदारी के साथ शुरू हुआ था।
- छात्रों और शिक्षकों ने सरकार नियंत्रित स्कूल छोड़ दिए एवं वकीलों ने मुकदमे लड़ना बंद कर दिए।
- मद्रास के अतिरिक्त ज्यादातर प्रांतों में परिषद् चुनावों का बहिष्कार किया गया।
- लोगों ने विदेशी कपड़े एवं माल को अस्वीकार कर दिया। व्यापारियों ने विदेशी सामान का व्यापार करने या विदेशी व्यापार में पैसा लगाने से इनकार कर दिया, जिसके परिणामस्वरूप भारतीय कपड़ा मिलों और हथकरघों के उत्पादन में वृद्धि हुई।
- शराब की दुकानों की **पिकेटिंग** (Picketing) की गई एवं विदेशी कपड़ों की होली जलाई गई। पिकेटिंग प्रदर्शन या विरोध का एक ऐसा स्वरूप है, जिसमें लोग किसी दुकान, फैक्ट्री या दफ्तर के अंदर जाने का रास्ता रोक लेते हैं।
- यह आंदोलन शहरों में धीरे-धीरे कम होता गया। इसके अनेक कारण थे; जैसे—खादी का कपड़ा महँगा होने के कारण गरीबों के लिए उपयुक्त नहीं था। वे मिलों के कपड़े का ज्यादा दिनों तक विरोध नहीं कर सकते थे।
- ब्रिटिश संस्थानों के बहिष्कार से भी समस्या पैदा हो गई, इसलिए छात्रों और शिक्षकों को सरकारी स्कूलों में अध्ययन एवं नौकरी के लिए फिर से आना शुरू करना पड़ा। वकीलों ने भी सरकारी अदालतों में कार्य पुन: प्रारंभ कर दिया था।

ग्रामीण क्षेत्रों में विद्रोह

शहरों से असहयोग आंदोलन ग्रामीण क्षेत्रों में फैल गया।

अवध में किसान आंदोलन

- अवध में किसानों का नेतृत्व **संन्यासी बाबा रामचंद्र** कर रहे थे। बाबा रामचंद्र फिजी में **गिरमिटिया मजदूर** के रूप में भी कार्य कर चुके थे।
- किसानों का आंदोलन अत्यधिक राजस्व वसूल करने वाले जमींदारों के विरुद्ध था। इस आंदोलन में लगान कम करने, बेगार खत्म करने (Abolition of Begar) और दमनकारी जमींदारों का बहिष्कार करने की माँग की गई। अनेक स्थानों पर जमींदारों को नाई-धोबी की सुविधाओं से वंचित करने के लिए पंचायतों ने **नाई-धोबी बंद** का आदेश दिया।
- जून, 1920 में जवाहरलाल नेहरू ने अवध के गाँवों में घूमना शुरू कर दिया। उन्होंने ग्रामीणों से बात की और उनकी समस्याओं को समझने की कोशिश की। अक्टूबर, 1920 तक **अवध किसान सभा** (Awadh Kisan Sabha) की स्थापना की गई। इसका नेतृत्व जवाहरलाल नेहरू, बाबा रामचंद्र और कुछ अन्य लोगों ने किया था। एक महीने के अंदर इस क्षेत्र के आस-पास के गाँवों में 300 से अधिक शाखाएँ स्थापित की गई थीं।
- इस आंदोलन के फैलने से तालुकदारों (भारतीय भूमि धारकों) और व्यापारियों के घरों पर हमला किया गया, बाजारों को लूट लिया गया और अनाज के गोदामों पर कब्जा किया गया।

आंध्र प्रदेश में आदिवासी आंदोलन

- आदिवासी किसानों ने महात्मा गाँधी के संदेश और स्वराज के विचार का अलग अर्थ निकाला।
- 1920 के दशक के प्रारंभ में आंध्र प्रदेश की **गुडेम पहाड़ियों** में एक उग्र **गुरिल्ला आंदोलन, अल्लूरी सीताराम राजू** के नेतृत्व में पूर्ण रूप से फैल गया था।
- असहयोग आंदोलन से प्रेरित होकर राजू ने महात्मा गाँधी की महानता की बात की तथा लोगों को 'खादी' पहनने और शराब का त्याग करने को कहा।
- गुडेम के विद्रोहियों ने पुलिस स्टेशनों पर हमला किया, ब्रिटिश अधिकारियों को मारने का प्रयास किया और स्वराज को प्राप्त करने के लिए गुरिल्ला युद्ध जारी रखा।
- कुछ समय पश्चात् राजू को पकड़ लिया गया और वर्ष 1924 में फाँसी दे दी गई। राजू अपने लोगों के मध्य लोकनायक बन चुके थे।

बागानों में स्वराज

अंतर्देशीय उत्प्रवासन अधिनियम (Inland Emigration Act), **1859** के अनुसार, बागानी मजदूरों को बिना इजाजत बागान से बाहर जाने का अधिकार नहीं था। उन्होंने जब असहयोग आंदोलन के बारे में सुना, तो उन्होंने बागान छोड़ दिया और वे अपने घर वापस चले गए। बागानी मजदूरों का विश्वास था कि गाँधी राज में प्रत्येक व्यक्ति को गाँव में ही जमीन मिल जाएगी। इन्हें ब्रिटिश पुलिस ने पकड़कर इनकी अत्यधिक पिटाई की।

चेक प्वॉइंट 01

1. *किस अधिनियम के तहत राजनीतिक गतिविधियों को दबाना तथा राजनीतिक कैदियों को बिना मुकदमे जेल हो सकती थी?*
2. *गाँधीजी के अतिरिक्त खिलाफत आंदोलन के मुख्य नेता कौन थे?*
3. *जवाहरलाल नेहरू और बाबा रामचंद्र की अध्यक्षता वाली सभा का नाम बताइए।*
4. *अल्लूरी सीताराम राजू कौन थे?*
5. *अंतर्देशीय उत्प्रवासन अधिनियम .... पास हुआ।*

सविनय अवज्ञा की ओर

- महात्मा गाँधी ने फरवरी, 1922 में असहयोग आंदोलन को वापस लेने का फैसला किया। गाँधीजी ने अनुभव किया कि सामूहिक संघर्षों के लिए तैयार होने से पहले उन्हें सत्याग्रहियों को प्रशिक्षित करने की आवश्यकता है।
- असहयोग आंदोलन को वापस लेने का मुख्य कारण चौरी-चौरा की घटना थी। चौरी-चौरा की घटना 4 फरवरी, 1922 को संयुक्त प्रांत (वर्तमान उत्तर प्रदेश) के गोरखपुर जिले के चौरी-चौरा में हुई।

कांग्रेस के अंतर्गत अलग-अलग विचार

- कांग्रेस के कुछ नेता बड़े पैमाने पर संघर्ष से थक चुके थे और वे वर्ष 1919 के **भारत सरकार अधिनियम** (Government of India Act) द्वारा स्थापित प्रांतीय परिषदों के चुनाव में भाग लेना चाहते थे। उन्होंने अनुभव किया कि परिषदों के अंदर ब्रिटिश नीतियों का विरोध करना महत्त्वपूर्ण है।
- **सी. आर. दास** और **मोतीलाल नेहरू** ने राजनीति (परिवाद के अंतर्गत) में वापसी करने के लिए कांग्रेस के अंदर **स्वराज पार्टी** का गठन किया, लेकिन **जवाहरलाल नेहरू** और **सुभाषचंद्र बोस** जैसे युवा नेताओं ने अधिक सशक्त जन-आंदोलन और पूर्ण स्वतंत्रता के लिए तर्क दिया। आंतरिक बहस और असहमति की स्थिति में दो कारक ऐसे थे, जिन्होंने वर्ष 1920 के अंत में भारतीय राजनीति का आकार बदल दिया। वे हैं
  (i) **प्रथम** विश्वव्यापी आर्थिक मंदी का प्रभाव।
  (ii) **दूसरा** कृषि मूल्य, जो वर्ष 1926 से गिरने लगा और वर्ष 1930 के बाद पूर्ण रूप से धराशायी हो गया।

साइमन कमीशन का गठन

- साइमन कमीशन का गठन **जॉन साइमन** के नेतृत्व में किया गया था। साइमन कमीशन का मुख्य उद्देश्य भारत में संवैधानिक व्यवस्था की कार्यशैली की समीक्षा करना और उसके विषय में सुझाव देना था।
- भारतीय नेताओं ने इस आयोग का विरोध किया, क्योंकि इसमें कोई भारतीय नहीं था।
- वर्ष 1928 में जब साइमन कमीशन भारत आया, तो उसका स्वागत **साइमन वापस जाओ** (Go Back Simon) नारे के साथ किया गया।
- कांग्रेस और मुस्लिम लीग सहित सभी दलों ने प्रदर्शनों में भाग लिया।

पूर्ण स्वराज की माँग

- अक्टूबर, 1929 में वायसराय लॉर्ड इरविन ने भारत के लिए एक **आधिकारिक स्थिति** (Dominion Status) का अनिश्चित प्रस्ताव और भविष्य के संविधान पर चर्चा करने के लिए एक **गोलमेज सम्मेलन** (Round Table Conference) की घोषणा की।
- दिसंबर, 1929 में जवाहरलाल नेहरू की अध्यक्षता में कांग्रेस के लाहौर अधिवेशन में पूर्ण स्वराज की माँग या भारत के लिए पूर्ण स्वतंत्रता की माँग को औपचारिक रूप से स्वीकार कर लिया गया।
- यह घोषित किया गया कि **26 जनवरी, 1930 को स्वतंत्रता दिवस** के रूप में मनाया जाएगा

नमक यात्रा और सविनय अवज्ञा आंदोलन

- देश को एकजुट करने के लिए महात्मा गाँधी ने नमक को एक शक्तिशाली प्रतीक के रूप में देखा। उन्होंने 31 जनवरी, 1930 को वायसराय इरविन को एक पत्र लिखा, जिसमें ग्यारह माँगों का आग्रह किया गया था। इन माँगों में **नमक कर** (Salt Tax) को खत्म करने की माँग भी शामिल थी।
- नमक पर कर और इसके उत्पादन पर सरकार के एकाधिकार को गाँधीजी ने ब्रिटिश शासन का सबसे क्रूर पक्ष बताया। इरविन माँग पर बात करने के लिए तैयार नहीं थे, जिसके कारण गाँधीजी ने आंदोलन शुरू करने का निर्णय लिया।

सविनय अवज्ञा आंदोलन

गाँधीजी ने 12 मार्च, 1930 को 78 अनुयायियों के साथ गुजरात के तटीय शहर दांडी के लिए साबरमती आश्रम से अपनी यात्रा शुरू की। 6 अप्रैल को वह दांडी पहुँचे और उन्होंने नमक कानून का औपचारिक रूप से उल्लंघन किया।

उन्होंने समुद्री पानी को उबालकर नमक बनाना शुरू किया। इस यात्रा के दौरान 240 किमी की दूरी तय की गई थी। इस प्रकार सविनय अवज्ञा आंदोलन की शुरुआत की गई। इस आंदोलन के अंतर्गत

- विदेशी कपड़े का बहिष्कार किया गया।
- शराब की दुकानों का विरोध किया गया था।
- किसानों ने राजस्व और चौकीदारी कर देने से इनकार कर दिया।
- गाँव के अधिकारियों ने इस्तीफा दे दिया।
- कई जगहों पर वनीय लोगों ने वन कानूनों का उल्लंघन किया।

इस आंदोलन से परेशान होकर औपनिवेशिक सरकार ने कांग्रेसी नेताओं को एक-एक करके गिरफ्तार (Arrest) करना शुरू किया।

सविनय अवज्ञा आंदोलन को बंद करना

सविनय अवज्ञा आंदोलन के समय शांतिपूर्ण सत्याग्रहियों पर हमला किया गया, महिलाओं और बच्चों को पीटा गया और करीब 1,00,000 लोगों को गिरफ्तार किया गया।

जब एक प्रमुख नेता अब्दुल गफ्फार खान को अप्रैल, 1930 में गिरफ्तार किया गया, तो शहर में कई हिंसक घटनाओं की सूचना मिली।

इस स्थिति में महात्मा गाँधी ने एक बार फिर आंदोलन को बंद करने का फैसला किया और 5 मार्च, 1931 को इरविन के साथ एक समझौते पर हस्ताक्षर किए। इस समझौते को **गाँधी-इरविन समझौता** (Gandhi-Irwin Pact) कहा गया।

सविनय अवज्ञा आंदोलन की पुनः स्थापना

दिसंबर, 1931 में गाँधीजी गोलमेज सम्मेलन के लिए लंदन गए, लेकिन इस सम्मेलन का कोई लाभ नहीं हुआ और वे निराश होकर भारत वापस आ गए। कांग्रेस को अवैध घोषित किया गया तथा अब्दुल गफ्फार खान और जवाहरलाल नेहरू दोनों जेल में थे, इसलिए महात्मा गाँधी ने सविनय अवज्ञा आंदोलन को पुनः शुरू किया। यह आंदोलन एक वर्ष के लिए जारी रखा गया, लेकिन वर्ष 1934 तक इस आंदोलन का प्रभाव कम हो गया था।

हिंदुस्तान सोशलिस्ट रिपब्लिकन आर्मी का गठन

अनेक राष्ट्रवादियों ने स्वतंत्रता प्राप्त करने के लिए अहिंसक विधि पर विश्वास नहीं किया। वर्ष 1928 में भगतसिंह, जतिन दास और अजय घोष जैसे कुछ राष्ट्रीय नेताओं ने दिल्ली के फिरोजशाह कोटला मैदान में एक बैठक में हिंदुस्तान सोशलिस्ट रिपब्लिकन आर्मी (Hindustan Socialist Republican Army, HSRA) की स्थापना की।

विभिन्न समूहों के लिए आंदोलन का अर्थ

विभिन्न सामाजिक समूहों ने विभिन्न आदर्शों या कारणों के लिए सविनय अवज्ञा आंदोलन में भाग लिया। विभिन्न सामाजिक समूहों के लिए स्वराज का अर्थ अलग था। ये थे

- ग्रामीण इलाकों में गुजरात के पाटीदार (Patidars) और उत्तर प्रदेश के जाट (Jats) जैसे समृद्ध किसान समुदाय सविनय अवज्ञा आंदोलन के उत्साही समर्थक थे। उन्होंने अपने समुदायों को एकत्रित किया और अनिच्छुक सदस्यों का बहिष्कार किया।

  इनके लिए स्वराज की लड़ाई भारी लगान के विरुद्ध थी, परंतु जब वर्ष 1931 में सविनय अवज्ञा आंदोलन को लगानों को कम किए बिना वापस ले लिया गया तो इन्हें बड़ी निराशा हुई, जिसके परिणामस्वरूप जब वर्ष 1932 में आंदोलन दोबारा शुरू हुआ तो उनमें से बहुत से किसानों ने इसमें हिस्सा नहीं लिया था।
- गरीब किसानों को जमीन के मालिकों को किराए का भुगतान करना कठिन हो गया। वे कई तरह के कट्टरपंथी आंदोलनों (Radical Movements) में शामिल हो गए, जो समाजवादी और कम्युनिस्टों के नेतृत्व में चल रहे थे। उन्हें आशा थी कि उन्हें किराए का कोई और भुगतान नहीं करना पड़ेगा।
- व्यावसायिक हितों को एकजुट करने के लिए वर्ष 1920 में भारतीय औद्योगिक एवं व्यावसायिक कांग्रेस और वर्ष 1927 में भारतीय वाणिज्य एवं उद्योग परिसंघ का निर्माण किया गया।
- **जी. डी. बिरला** और **पुरुषोत्तमदास ठाकुरदास** जैसे प्रसिद्ध उद्योगपतियों ने भारतीय अर्थव्यवस्था पर औपनिवेशिक नियंत्रण के विरुद्ध आवाज उठाई। उन्होंने प्रथम सविनय अवज्ञा आंदोलन का भी समर्थन किया।
- औद्योगिक श्रमिक वर्ग ने सविनय अवज्ञा आंदोलन में नागपुर क्षेत्र को छोड़कर कहीं दूसरी जगह बड़ी संख्या में भाग नहीं लिया।
- इस आंदोलन की एक अन्य महत्त्वपूर्ण विशेषता महिलाओं की बड़े पैमाने पर भागीदारी थी। शहरी क्षेत्रों में इस आंदोलन में अधिकतर उच्च जातियों की महिलाएँ शामिल थीं, जबकि ग्रामीण क्षेत्रों में संपन्न किसान परिवारों की महिलाएँ शामिल थीं। गाँधीजी से प्रेरित होकर महिलाएँ राष्ट्र की सेवा करना अपना पवित्र दायित्व समझने लगीं।

सविनय अवज्ञा की सीमाएँ

- स्वराज की अवधारणा ने सभी सामाजिक समूहों को प्रभावित नहीं किया था। ऐसा एक समूह 'अस्पृश्यों' (Untouchables) का था, जो स्वयं को 1930 के दशक के दौरान दलित कहने लगा था।
- लंबे समय से कांग्रेस ने दलितों को सनातनपंथियों, रूढ़िवादी और सवर्ण हिंदुओं के भय से नजरअंदाज किया था।
- गाँधीजी ने दलितों को हरिजन या भगवान के बच्चे बताया। गाँधीजी का मानना था कि अस्पृश्यता को खत्म किए बिना स्वराज की सौ साल तक स्थापना नहीं की जा सकती।
- उन्होंने दलितों को मंदिरों में प्रवेश और उनकी सार्वजनिक कुएँ, तालाब, सड़कों और स्कूलों तक पहुँच बनाने के लिए सत्याग्रह किया।
- गाँधीजी ने सफाई के काम को सम्मानित करने के लिए स्वयं शौचालयों को साफ किया। गाँधीजी ने अछूतों के बारे में अपनी मानसिकता बदलने के लिए ऊपरी वर्ग से आग्रह किया।

दलित नेताओं के निर्णय

- दलित नेता अपने समुदाय की समस्याओं का एक अलग राजनीतिक समाधान चाहते थे। डॉ. बी. आर. अंबेडकर ने शैक्षिक संस्थानों में आरक्षित सीटों और अलग निर्वाचन क्षेत्रों की माँग की, जिससे विधायी परिषदों के लिए दलित सदस्यों का चयन किया जा सके।
- अंबेडकर ने दलितों को वर्ष 1930 में **दमित वर्ग संघ** (Depressed Classes Association) में संगठित किया। दलितों के लिए अलग निर्वाचन क्षेत्रों की माँग के कारण दूसरे गोलमेज सम्मेलन में महात्मा गाँधी और डॉ. अंबेडकर के मध्य मतभेद थे।
- जब ब्रिटिश सरकार ने अंबेडकर की माँग स्वीकार की, तो गाँधीजी ने इसका विरोध किया। उनका मानना था कि दलितों के लिए अलग निर्वाचन क्षेत्रों से मुख्य समाज में उनके एकीकरण की प्रक्रिया धीमी हो जाएगी।
- अंबेडकर जी ने अंततः गाँधीजी के विचार को स्वीकार कर लिया, जिसके परिणामस्वरूप सितंबर, 1932 को **पूना समझौते** (Poona Pact) पर हस्ताक्षर किए गए। इससे दमित वर्गों को प्रांतीय और केंद्रीय विधानपरिषद् में आरक्षित सीटें मिल गईं, लेकिन उनके लिए मतदान सामान्य निर्वाचन क्षेत्रों में ही होता था।

हिंदू-मुस्लिम संघर्ष

- भारत के कुछ मुस्लिम राजनीतिक संगठनों ने भी सविनय अवज्ञा आंदोलन में कोई रुचि नहीं दिखाई।
- असहयोग और खिलाफत आंदोलन शांत होने के बाद, मुस्लिमों का एक बड़ा हिस्सा कांग्रेस से अलग हो गया। 1920 के दशक के मध्य से कांग्रेस, हिंदू महासभा जैसे हिंदू धार्मिक राष्ट्रवादी संगठनों के काफी नजदीक थी। हिंदू-मुस्लिमों के बीच संबंध खराब हो गए और दोनों समुदाय उग्र धार्मिक जुलूस निकालने लगे।
- वर्ष 1930 में सर मुहम्मद इकबाल ने मुसलमानों के लिए अल्पसंख्यक राजनीतिक हितों की रक्षा के उद्देश्य से पृथक् निर्वाचिका (Separate Electorates) की माँग की। उन्होंने अपनी इस माँग को भारत के अंदर एक मुस्लिम भारत का निर्माण कहकर उचित बताया।

हिंदू महासभा और मुस्लिम लीग के बीच मतभेद

- कांग्रेस और मुस्लिम लीग ने एकता के लिए फिर से बात करने के प्रयास किए। वर्ष 1927 में यह महसूस हुआ कि एकता स्थापित की जा सकती है।
- कांग्रेस और मुस्लिम लीग के बीच मतभेद सिर्फ भावी विधानसभाओं में प्रतिनिधित्व करने का था।
- मुस्लिम लीग के नेता **मुहम्मद अली जिन्ना** दो शर्तों पर मुस्लिमों के लिए अलग निर्वाचिका की माँग को छोड़ने के लिए तैयार थे
  (i) केंद्रीय सभा में मुस्लिमों को आरक्षित सीटें दी जाएँ।
  (ii) प्रतिनिधित्व, मुस्लिम वर्चस्व वाले प्रांतों (बंगाल और पंजाब) में आबादी के अनुपात में हो।
- वर्ष 1928 में एम. आर. जयकर की अगुवाई में हिंदू महासभा के अत्यधिक विरोध के कारण यह मुद्दा हल नहीं हो पाया।
- अत्यधिक मुस्लिम नेता और बुद्धिजीवी को डर था कि हिंदू-बहुसंख्या के वर्चस्व की स्थिति में अल्पसंख्यकों की संस्कृति और पहचान खो जाएगी।

सामूहिक अपनत्व की भावना

राष्ट्रवादी भावना तब फैलती है, जब विभिन्न क्षेत्रों और समुदायों के लोग सामूहिक अपनत्व की भावना विकसित करना शुरू कर देते हैं। यह भावना एकजुट संघर्षों के अनुभव के माध्यम से विकसित हुई। इतिहास, कथा, लोकगीत, गीत, लोकप्रिय चित्र और प्रतीक, सभी ने राष्ट्रवाद के निर्माण में भूमिका निभाई। यह निम्नलिखित तरीकों से स्वतंत्रता आंदोलन के दौरान भारत में देखी गई थी

- किसी राष्ट्र की पहचान को अकसर चित्र या छवि में दर्शाया जाता है। **भारत माता** (Bharat Mata) की छवि 1870 के दशक में पहली बार **बंकिमचंद्र चट्टोपाध्याय** ने बनाई थी। उन्होंने मातृभूमि के लिए **वंदे मातरम्** गीत लिखा था। बाद में यह गीत उन्होंने अपने उपन्यास **आनंदमठ** में शामिल किया था और यह गीत व्यापक रूप से बंगाल में स्वदेशी आंदोलन में गाया गया था।
- भारत माता की छवि (Image of Bharat Mata) को पहली बार अबनींद्रनाथ टैगोर ने चित्रित किया था। भारतीय लोकगीत और लोक कथाओं ने राष्ट्रवाद के विचार को बनाने में महत्त्वपूर्ण भूमिका निभाई।
- बंगाल में **रवींद्रनाथ टैगोर** और मद्रास में **नटेसा शास्त्री** ने लोक कथाओं और गीतों का विशाल संग्रह एकत्र किया। उन्होंने लोक पुनरुद्धार के लिए आंदोलन का नेतृत्व किया।
- स्वदेशी आंदोलन के दौरान बंगाल में तिरंगा (लाल, हरा और पीला) ध्वज तैयार किया गया था। इसमें आठ प्रांतों का प्रतिनिधित्व किया गया था और एक अर्द्ध-चंद्र को हिंदू और मुस्लिमों का प्रतिनिधित्व करते हुए दिखाया गया था।
- वर्ष 1921 तक गाँधीजी ने स्वराज ध्वज को तैयार कर लिया था। यह भी एक तिरंगा (सफेद, हरा और लाल) था, जिसके केंद्र में एक चरखा था, जो गाँधीजी के आदर्श का प्रतिनिधित्व करता था।

भारतीय प्राचीन इतिहास के माध्यम से राष्ट्रवाद

- राष्ट्रवाद की भावना उत्पन्न करने का एक अन्य साधन इतिहास की पुन: व्याख्या करना था। राष्ट्रवादी लेखकों ने पाठकों से आग्रह किया कि वे भारत की महान उपलब्धियों पर गर्व करें और ब्रिटिश शासन के अंतर्गत जीवन की दयनीय स्थिति को बदलने के लिए संघर्ष करें।
- लोगों के एकीकरण की कुछ समस्याएँ थीं। जिस अतीत की महिमा की जा रही थी, वह हिंदुओं का था तथा जो छवियाँ बनाई गई थीं, वे हिंदू प्रतीक थीं, इसलिए अन्य समुदायों के लोग स्वयं को अलग समझने लगे थे।

निष्कर्ष

अंग्रेजी सरकार के विरुद्ध बढ़ता गुस्सा विभिन्न भारतीय समूहों और वर्गों को स्वतंत्रता के साझा संघर्ष की ओर अग्रसर कर रहा था। महात्मा गाँधी के नेतृत्व में कांग्रेस ने लोगों के असंतोष और परेशानियों को स्वतंत्रता के संगठित आंदोलन में समाहित करने का प्रयास किया।

चेक प्वॉइंट 02

1. *महात्मा गाँधी ने असहयोग आंदोलन को कब वापस लेने का फैसला किया?*
2. *साइमन कमीशन कब भारत आया?*
3. *गाँधीजी ने दांडी यात्रा कहाँ से शुरू की थी?*
4. *किसी राष्ट्र की पहचान को अकसर किसमें दर्शाया जाता है?*

टाइमलाइन

वर्ष	महत्त्वपूर्ण घटनाएँ
1914-18	प्रथम विश्व युद्ध
1915	महात्मा गाँधी की भारत में वापसी
1916	लखनऊ समझौता, होमरूल आंदोलन
1917-18	चंपारण सत्याग्रह
1919	मॉण्टेग्यू चेम्सफोर्ड सुधार, जलियाँवाला बाग हत्याकांड, रॉलेट एक्ट
1918-19	बाबा रामचंद्र द्वारा उत्तर प्रदेश के किसानों को संगठित करना
जनवरी, 1921	असहयोग और खिलाफत आंदोलन
फरवरी, 1922	चौरी-चौरा घटना, असहयोग आंदोलन वापस लेना
मई, 1924	अल्लूरी सीताराम राजू की गिरफ्तारी, 2 वर्ष से चला आ रहा हथियारबंद आदिवासी संघर्ष समाप्त
दिसंबर, 1929	लाहौर अधिवेशन, पूर्ण स्वराज की माँग
1930	अंबेडकर द्वारा दलित वर्ग एसोसिएशन की स्थापना
मार्च, 1930	दांडी यात्रा द्वारा नमक कानून तोड़ना तथा सविनय अवज्ञा आंदोलन, 26 जनवरी को स्वतंत्रता दिवस मनाया गया।
मार्च, 1931	गाँधीजी द्वारा सविनय अवज्ञा आंदोलन वापस लेना
दिसंबर, 1931	दूसरा गोलमेज सम्मेलन
1931	गाँधी-इरविन समझौता हुआ।
1932	सविनय अवज्ञा आंदोलन प्रारंभ, पूना समझौता
1934	सविनय अवज्ञा आंदोलन की समाप्ति।
1939-45	द्वितीय विश्व युद्ध
1939	कांग्रेस मंत्रिमंडल का त्याग-पत्र
1940	मुस्लिम लीग द्वारा पाकिस्तान की माँग, व्यक्तिगत सत्याग्रह को गाँधीजी ने शुरू किया।
1942	क्रिप्स मिशन, भारत छोड़ो आंदोलन
1946	कैबिनेट मिशन, अंतरिम सरकार
1946	भारतीय स्वतंत्रता अधिनियम
1947	भारत स्वतंत्र देश बना
26 जनवरी, 1950	भारत में नया संविधान लागू हुआ

इन्हें भी जानें

- ***जबरन भर्ती*** *(Forced Recruitment)* इस प्रक्रिया में आजाद भारत के युवाओं को बलपूर्वक सेना में भर्ती किया गया।
- ***बहिष्कार*** *(Boycott)* किसी के साथ संपर्क रखने और जुड़ने से इंकार करना या गतिविधियों में हिस्सेदारी, चीजों की खरीद व प्रयोग से इंकार करना। आमतौर पर यह विरोध का एक रूप होता है।
- ***बेगार*** *(Begar)* बिना किसी पारिश्रमिक के काम करवाना।
- ***गिरमिटिया मजदूर*** *(Indentured Labour)* औपनिवेशिक शासन के दौरान अनेक लोगों को काम करने के लिए फिजी, गायना, वेस्टइंडीज आदि स्थानों पर ले जाया गया था, जिन्हें बाद में गिरमिटिया कहा जाने लगा।
- ***साइमन कमीशन*** *(Simon Commission)* सर जॉन साइमन के नेतृत्व में गठित एक आयोग, जो भारत में संवैधानिक व्यवस्था की कार्य शैली का अध्ययन करने के लिए भारत आया था।
- ***सविनय अवज्ञा आंदोलन*** *(Civil Disobedience Movement)* विनम्रतापूर्वक सरकार की आज्ञा की अवहेलना करना, जिससे ब्रिटिश शासन स्वयं ही भारत को आजाद कर दे।
- ***असहयोग आंदोलन*** *(Non-cooperation Movement)* किसी भी प्रकार का सहयोग न करना। भारत के स्वतंत्रता संग्राम के दौरान गाँधी जी द्वारा यह आंदोलन चलाया गया था। इसमें सभी सरकारी कार्यों का सहयोग बंद कर दिया गया था।
- **मार्शल लॉ** *(Martial Law)* कर्फ्यू के दौरान वह स्थिति, जिसमें सेना को कड़े निर्देश मिले होते हैं कि कर्फ्यू के दौरान यदि कोई भी बाहर दिखे तो उसे गोली मार दे।
- **गुरिल्ला युद्ध/आंदोलन** *(Guerrilla War/fare)* छिपकर युद्ध या आंदोलन करने की रणनीति गुरिल्ला युद्ध कहलाती है।
- **गुडेम विद्रोही** *(Gudem Rebals)* आंध्र प्रदेश का एक उग्रवादी आंदोलन, जिसने पुलिस थाने पर हमले किए, ब्रिटिश अधिकारियों को मारने की कोशिश की और जो स्वराज प्राप्ति के लिए गुरिल्ला युद्ध चलाते रहे।

NCERT फोल्डर

संक्षेप में लिखें

1. व्याख्या करें

(क) उपनिवेशों में राष्ट्रवाद के उदय की प्रक्रिया उपनिवेशवाद विरोधी आंदोलन से जुड़ी हुई क्यों थी?

(ख) पहले विश्व युद्ध ने भारत में राष्ट्रीय आंदोलन के विकास में किस प्रकार योगदान दिया?

(ग) भारत के लोग रॉलेट एक्ट के विरोध में क्यों थे?

(घ) गाँधीजी ने असहयोग आंदोलन को वापस लेने का फैसला क्यों लिया?

उत्तर (क)

राष्ट्रवाद के उदय की प्रक्रिया उपनिवेशवाद के विरोध में होने वाले आंदोलनों से बहुत गहरे रूप से जुड़ी थी, क्योंकि

- औपनिवेशक उत्पीड़न और दमन के साझा भाव ने अन्य सभी समूहों को एक-दूसरे से बाँध दिया था।
- औपनिवेशिक शासकों के विरुद्ध हो रहे संघर्ष के दौरान लोग आपसी एकता को पहचानने लगे थे।

इस प्रकार, राष्ट्रवाद का उदय उपनिवेशवाद के विरोध में हुए आंदोलनों का परिणाम था, क्योंकि इस विरोध के कारण ही औपनिवेशिक देश उपनिवेशवाद के विरुद्ध हुए। अपने देश की एकता एवं परंपराओं के लिए एकजुटता दिखी। यहीं से राष्ट्रवाद की भावना पनपने लगी।

(ख) **प्रथम विश्व युद्ध**

प्रथम विश्व युद्ध (1914) ने संपूर्ण विश्व में एक नई आर्थिक और राजनीतिक स्थिति का निर्माण किया। इस युद्ध के दौरान भारत को अनेक परेशानियों का सामना करना पड़ा; जैसे–

- रक्षा व्यय में वृद्धि हुई।
- सीमा शुल्क बढ़ाया गया और आयकर की शुरुआत की गई।
- वर्ष 1913-18 के बीच खाद्यान्न की कीमतें दोगुनी हो चुकी थीं।
- सेना में गाँव के लोगों को बलपूर्वक भर्ती किया गया।

प्रथम विश्व युद्ध के बाद वर्ष 1918 से 1921 के दौरान भारतीय उद्योगों को अत्यधिक हानि हुई। देश के अत्यधिक हिस्सों में फसलें खराब व नष्ट हो गईं, खाद्य पदार्थों का भारी अभाव पैदा हो गया, जिसके कारण लोगों को भोजन की कमी होने लगी। इंफ्लुएंजा फ्लू जैसी महामारी फैल गई। इस प्रकार की कठिन परिस्थितियों में एक नए नेता मोहनदास करमचंद गाँधी जनवरी, 1915 में दक्षिण अफ्रीका से भारत आए। यह एक दमनकारी एक्ट था। इसने क्रांतिकारी आंदोलन को दबाने के स्थान पर और तीव्र कर दिया, जिससे आम जनता में भी राष्ट्रवादी भावनाएँ पनपीं।

इस प्रकार, प्रथम विश्व युद्ध ने भारत में राष्ट्रवाद के विकास में महत्त्वपूर्ण योगदान दिया।

(ग) **भारत में रॉलेट एक्ट का विरोध**

भारतीय सदस्यों के विरोध के बावजूद वर्ष 1919 में रॉलेट अधिनियम इंपीरियल लेजिस्लेटिव काउंसिल के माध्यम से पारित किया गया था।

इस अधिनियम के अनुसार, राजनीतिक कैदियों को बिना किसी मुकदमे के दो वर्ष के लिए जेल में रखा जा सकता था।

महात्मा गाँधी ऐसे अन्यायपूर्ण कानूनों के विरुद्ध अहिंसक ढंग से नागरिक अवज्ञा चाहते थे। इसके लिए 6 अप्रैल, 1919 को सत्याग्रह के दिन के रूप में निर्धारित किया गया। इस दिन देश के सभी लोगों ने हड़तालों का आयोजन किया।

विभिन्न शहरों में रैली व जुलूस निकाले गए, रेलवे वर्कशॉप के कर्मचारी हड़ताल पर चले गए और दुकानें बंद हो गईं।

अमृतसर में विभिन्न स्थानीय नेताओं को बंदी बनाया गया। साथ ही गाँधीजी के दिल्ली में प्रवेश करने पर पाबंदी लगा दी गई। 10 अप्रैल को अमृतसर में पुलिस ने एक शांतिपूर्ण जुलूस पर गोलीबारी की। इस घटना के बाद लोगों ने बैंकों, डाकघरों और रेलवे स्टेशनों पर हमला किया, जिसके फलस्वरूप मार्शल लॉ लगाया गया और जनरल डायर ने कमान सँभाली।

(घ)

फरवरी, 1922 में महात्मा गाँधी ने असहयोग आंदोलन वापस लेने का फैसला इसलिए लिया क्योंकि उनको लग रहा था कि आंदोलन हिंसक होता जा रहा है और सत्याग्रहियों को व्यापक प्रशिक्षण की जरूरत है। कांग्रेस के कुछ नेता इस तरह के जनसंघर्षों से थक चुके थे। 4 फरवरी, 1922 को उत्तर प्रदेश के गोरखपुर जिले में स्थित चौरी-चौरा नामक स्थान पर बाजार से गुजर रहा एक शांतिपूर्ण जुलूस पुलिस के साथ हिंसक टकराव में बदल गया।

2. सत्याग्रह के विचार का क्या अर्थ है?

अथवा सत्याग्रह का क्या अर्थ है? **CBSE 2017**

उत्तर सत्याग्रह के विचार का अर्थ सत्य और अहिंसा के माध्यम से आंदोलनों का विरोध करना था। महात्मा गाँधी जनवरी, 1915 में भारत लौटे। इससे पहले वे दक्षिण अफ्रीका में थे। सत्याग्रह के विचार में सत्य की शक्ति पर आग्रह और सत्य की खोज पर बल दिया जाता था। इसका अर्थ यह था कि अगर आपका उद्देश्य सच्चा है, यदि आपका संघर्ष अन्याय के विरुद्ध है, तो उत्पीड़क से मुकाबला करने के लिए आपको किसी शारीरिक बल की आवश्यकता नहीं है। प्रतिशोध की भावना या आक्रामकता का सहारा लिए बिना सत्याग्रही केवल अहिंसा के सहारे भी अपने संघर्ष में सफल हो सकता है।

3. निम्नलिखित पर अखबार के लिए रिपोर्ट लिखें

(क) जलियाँवाला बाग हत्याकांड (ख) साइमन कमीशन

उत्तर छात्र स्वयं करें।

4. इस अध्याय में दी गई भारत माता की छवि और अध्याय 1 में दी गई जर्मेनिया की छवि की तुलना कीजिए।

उत्तर भारत माता और जर्मेनिया की छवि की तुलना निम्न प्रकार है

भारत माता की छवि	जर्मेनिया की छवि
इस छवि को अबनींद्रनाथ टैगोर ने वर्ष 1905 में बनाया।	इस छवि को चित्रकार फिलिप वेट ने 1848 ई. में बनाया।
इसमें भारत माँ को अन्नपूर्णा के रूप में दर्शाया गया है, जिसके एक हाथ में माला, एक में पुस्तक, एक में भोजन तथा एक में कपड़ा है, जो वह भारतीयों को प्रदान कर रही है।	इसमें जर्मेनिया को राइन नदी पर पहरा देते हुए दर्शाया गया है।

भारत माता की छवि	जर्मेनिया की छवि
भारत माता की दूसरी छवि में उसे संन्यासिनी के रूप में दर्शाया गया है, जिसके एक हाथ में त्रिशूल है, जिस पर झंडा लहरा रहा है। वह हाथी और शेर के बीच खड़ी है। ये दोनों पशु शक्ति और सत्ता के प्रतीक हैं।	जर्मेनिया के हाथ में तलवार है जिस पर खुदा है कि 'जर्मन तलवार जर्मन राइन की रक्षा करती है।'
भारत माता की दोनों छवियों में शांत, गंभीर तथा आध्यात्मिक जैसे दैवीय गुणों के भाव प्रकट हो रहे हैं।	जबकि जर्मेनिया की छवि रौद्र गुणों से युक्त राष्ट्रीयता व देशभक्ति का प्रतीक है।
भारत माता की छवि श्रद्धा तथा राष्ट्रवाद के प्रति आस्था का प्रतीक है।	जर्मेनिया की छवि रौद्र गुणों से युक्त राष्ट्रीयता व देशभक्ति का प्रतीक है।

चर्चा करें

1. वर्ष 1921 में असहयोग आंदोलन में शामिल होने वाले सभी सामाजिक समूहों की सूची बनाइए। इसके बाद उनमें से किन्हीं तीन को चुनकर उनकी आशाओं और संघर्षों के बारे में लिखते हुए यह दर्शाइए कि वे आंदोलन में शामिल क्यों हुए?

उत्तर वर्ष 1921 में असहयोग आंदोलन में भारत के विभिन्न सामाजिक समूहों ने हिस्सा लिया, लेकिन प्रत्येक की अपनी-अपनी आकांक्षाएँ थीं। आंदोलन में शामिल प्रमुख सामाजिक समूह निम्नलिखित थे–शिक्षित मध्यम वर्ग, भारतीय दस्तकार और मजदूर, भारतीय किसान, पूँजीपति वर्ग, जमींदार वर्ग तथा व्यापारिक वर्ग आदि।

- **शिक्षित मध्यम वर्ग** शहरों में शिक्षित मध्यम वर्ग ने असहयोग आंदोलन की शुरुआत की। हजारों विद्यार्थियों ने स्कूल, कॉलेज छोड़ दिए, शिक्षकों ने इस्तीफे दे दिए। वकीलों ने मुकदमे लड़ने बंद कर दिए। शिक्षित वर्ग आंदोलन में शामिल इसलिए हुआ, क्योंकि उन्होंने देखा कि उनके बराबर पढ़े-लिखे अंग्रेज उनके अफसर बन जाते थे।
- **व्यापारी वर्ग** बहुत से स्थानों पर व्यापारियों ने विदेशी सामानों का व्यापार करने या विदेशी व्यापार में पैसा लगाने से इनकार कर दिया। अंग्रेज सरकार की गलत नीतियों के कारण व्यापारी वर्ग पूरी तरह बर्बाद हो चुका था।
- **बागान मजदूर** गाँधीजी के विचार और स्वराज की अवधारणा जब मजदूरों को समझ में आई तो वे भी बागानों की चारदीवारियों से बाहर निकलकर राष्ट्रीय आंदोलन में सम्मिलित हो गए।

2. नमक यात्रा की चर्चा करते हुए स्पष्ट करें कि यह उपनिवेशवाद के खिलाफ प्रतिरोध का असरदार प्रतीक था।

अथवा महात्मा गाँधी को 'नमक' में एक शक्तिशाली प्रतीक क्या मिला जो देश को एकजुट कर सकता था? समझाइए। **CBSE 2017**

अथवा ''देश को एकजुट करने के लिए महात्मा गाँधी को 'नमक' एक शक्तिशाली प्रतीक दिखाई दिया।'' इस कथन की तीन तर्कों सहित पुष्टि कीजिए। **CBSE Term II 2022**

उत्तर नमक यात्रा (दांडी मार्च) वर्ष 1930 में महात्मा गाँधी द्वारा शुरू की गई थी। यह यात्रा अंग्रेजी सरकार नमक के ऊपर कर लगाने के विरुद्ध थी। 31 जनवरी, 1930 को गाँधीजी ने इरविन को एक पत्र लिखा, जिसमें उन्होंने 11 माँगों का उल्लेख किया था। इसमें सबसे महत्त्वपूर्ण माँग नमक कर को खत्म करने के विषय में थी। नमक का अमीर-गरीब सभी प्रयोग करते थे। यह भोजन का अभिन्न हिस्सा था। इसलिए नमक पर कर को ब्रिटिश सरकार का सबसे दमनकारी पहलू बताया था। 11 मार्च तक उनकी माँगें नहीं मानी गईं, तो 12 मार्च, 1930 को गाँधीजी ने अपने 78 अनुयायियों के साथ नमक यात्रा शुरू की। यह यात्रा साबरमती से दांडी नामक गुजरात तटीय कस्बे में जाकर खत्म होनी थी। 6 अप्रैल को वे दांडी पहुँचे और उन्होंने समुद्र का पानी उबालकर नमक बनाना शुरू कर दिया। यह कानून का उल्लंघन था। यह उपनिवेशवाद के खिलाफ प्रतिरोध का एक असरदार प्रतीक था।

3. राजनीतिक नेता पृथक् निर्वाचिका के सवाल पर क्यों बँटे हुए थे?

उत्तर भारत में पृथक् चुनाव प्रणाली का अभिप्राय ऐसे चुनाव क्षेत्रों से है, जिनका निर्माण धर्म के आधार पर किया जाए अर्थात् एक धर्म का व्यक्ति केवल अपने धर्म के व्यक्ति को ही वोट देगा। अंग्रेजों ने भारत में फूट डालने के लिए पृथक् निर्वाचन क्षेत्रों का निर्माण किया। अपने इस कार्य में अंग्रेज सरकार काफी हद तक सफल रही, क्योंकि पृथक् निर्वाचन क्षेत्रों पर भारतीय आपस में बँट गए। कांग्रेस पृथक् निर्वाचन पद्धति का विरोध कर रही थी। पहले अंग्रेजों ने केवल हिंदू और मुसलमानों के लिए अलग निर्वाचन क्षेत्र की बात कही थी, किंतु बाद में जब हरिजनों को भी हिंदुओं से अलग करके पृथक् निर्वाचन क्षेत्रों में बाँटने की बात कही जाने लगी तो कांग्रेस ने इसका खुलकर विरोध किया।

दलितों के उद्धार में लगे बी.आर. अंबेडकर दलितों के लिए पृथक् निर्वाचन क्षेत्र चाहते थे। उनका मानना था कि उनकी सामाजिक अपंगता केवल राजनीतिक सशक्तीकरण से ही दूर हो सकती है। भारत का मुस्लिम समुदाय भी पृथक् निर्वाचन क्षेत्रों के पक्ष में था। मुहम्मद अली जिन्ना का कहना था कि यदि मुसलमानों को केंद्रीय सभा में आरक्षित सीटें दी जाएँ और मुस्लिम बहुल प्रांतों में मुसलमानों को आबादी के अनुपात में प्रतिनिधित्व दिया जाए तो वे मुसलमानों के लिए पृथक् निर्वाचिका की माँग छोड़ने के लिए तैयार हैं।

परीक्षा अभ्यास

वस्तुनिष्ठ प्रश्न

बहुविकल्पीय प्रश्न

1. भारत में आधुनिक राष्ट्रवाद का विकास अंतिम रूप से से जुड़ा हुआ है
(a) पश्चिमी शिक्षा
(b) लोगों की मदद
(c) उपनिवेशवाद विरोधी आंदोलन
(d) उपरोक्त में से कोई नहीं
उत्तर (c) उपनिवेशवाद विरोधी आंदोलन

2. प्रथम विश्वयुद्ध का प्रारंभ कब हुआ था?
(a) वर्ष 1912 में (b) वर्ष 1914 में
(c) वर्ष 1916 में (d) वर्ष 1919 में
उत्तर (b) वर्ष 1914 में

3. वर्ष 1921 की जनगणना के अनुसार भारत में 12 से 13 मिलियन भारतीय किससे प्रभावित थे?
(a) नारीवाद (b) महामारी
(c) प्रथम विश्व युद्ध (d) ये सभी
उत्तर (b) महामारी

4. गाँधीजी ने गुजरात के खेड़ा जिले के किसानों के समर्थन में सत्याग्रह कब किया?
(a) वर्ष 1915 में (b) वर्ष 1916 में
(c) वर्ष 1917 में (d) वर्ष 1918 में
उत्तर (c) वर्ष 1917 में

5. भारत में किस वर्ष असहयोग-खिलाफत आंदोलन की शुरुआत हुई?
(a) जनवरी, 1919 (b) जनवरी, 1921
(c) फरवरी, 1920 (d) फरवरी, 1922
उत्तर (b) जनवरी, 1921

6. कांग्रेस के किस अधिवेशन में असहयोग आंदोलन को शुरू करने का प्रस्ताव पारित किया गया?
(a) लखनऊ अधिवेशन, 1918 (b) लाहौर अधिवेशन, 1919
(c) कलकत्ता अधिवेशन, 1920 (d) बेलगाँव अधिवेशन,1918
उत्तर (c) कलकत्ता अधिवेशन, 1920

7. गाँधीजी द्वारा असहयोग आंदोलन को वापस लेने का मुख्य कारण क्या था?
(a) साइमन कमीशन का गठन (b) रॉलेट एक्ट
(c) चौरी-चौरा घटना (d) ब्लैक हॉल त्रासदी
उत्तर (c) चौरी-चौरा घटना

8. आंध्र प्रदेश की गुडेम पहाड़ियों में गुरिल्ला आंदोलन/युद्ध का नेतृत्व किसने किया?
(a) अल्लूरी सीताराम राजू (b) वेंकेटेश्वर अर्जुन
(c) रामाचार्य शास्त्री (d) अरविन्दो घोष
उत्तर (a) अल्लूरी सीताराम राजू

9. किस प्रांत में परिषद् का चुनाव बहिष्कार नहीं किया गया था?
(a) मद्रास (b) हैदराबाद
(c) लखनऊ (d) अहमदाबाद
उत्तर (a) मद्रास

10. अवध में किसानों का नेतृत्व किस संन्यासी ने किया था, जो पहले फिजी में इंडेंट मजदूर थे?
(a) बाबा रामदेव (b) बाबा नागार्जुन
(c) बाबा रामचंद्र (d) बाबा परमानंद
उत्तर (c) बाबा रामचंद्र

11. हिंदुस्तान सोशलिस्ट रिपब्लिकन आर्मी की स्थापना कब हुई थी?
(a) वर्ष 1924 में (b) वर्ष 1926 में
(c) वर्ष 1928 में (d) वर्ष 1930 में
उत्तर (c) वर्ष 1928 में

12. पूना समझौता किनके मध्य हुआ था?
(a) महात्मा गाँधी एवं इरविन
(b) जी. डी. बिरला एवं जवाहरलाल नेहरू
(c) पुरुषोत्तम दास ठाकुर एवं जवाहरलाल नेहरू
(d) महात्मा गाँधी एवं बी. आर. अंबेडकर
उत्तर (d) महात्मा गाँधी एवं बी. आर. अंबेडकर

13. मुसलमानों के अल्पसंख्यक राजनीतिक हितों की रक्षा के उद्देश्य से पृथक् निर्वाचिका की माँग किसने की?
(a) मुहम्मद इकबाल (b) मुहम्मद अली जिन्ना
(c) शौकत अली (d) बी. आर. अंबेडकर
उत्तर (a) मुहम्मद इकबाल

14. राष्ट्रवादी विकास के साथ किसने 20वीं शताब्दी में भारत माता की छवि बनाई थी?
(a) नंदलाल बोस
(b) अबनींद्रनाथ टैगोर
(c) रवींद्रनाथ टैगोर
(d) बंकिमचंद्र चट्टोपाध्याय
उत्तर (d) बंकिमचंद्र चट्टोपाध्याय

15. पश्चिम बंगाल में लोकगीतों को पुनर्जीवित करने का श्रेय किसे है?

(a) रवींद्रनाथ टैगोर (b) बंकिमचंद्र चट्टोपाध्याय
(c) अरविन्दो घोष (d) अबनींद्रनाथ टैगोर

उत्तर (a) रवींद्रनाथ टैगोर

16. निम्नलिखित में से किसने 'वंदे मातरम्' लिखा? **CBSE 2020**

(a) रवींद्रनाथ टैगोर
(b) बंकिमचंद्र चट्टोपाध्याय
(c) अबनींद्रनाथ टैगोर
(d) द्वारकानाथ टैगोर

उत्तर (b) बंकिमचंद्र चट्टोपाध्याय

17. नीचे दिए गए विकल्पों में से स्वराज पार्टी के गठन के प्रमुख कारण की पहचान कीजिए।

(a) कांग्रेस के सदस्यों का परिषद् की राजनीति में लौटना
(b) कांग्रेस के सदस्यों का भारतीयों के लिए स्वराज का पता लगाना
(c) कांग्रेस के सदस्यों द्वारा साइमन कमीशन का विरोध करना
(d) भारत के लिए उपराज्य (डोमीनियन स्टेट) का प्रबंध

उत्तर (a) कांग्रेस के सदस्यों का परिषद् की राजनीति में लौटना

18. नीचे दिए गए विकल्पों में से सविनय अवज्ञा आंदोलन में औद्योगिक श्रमिकों की गैर-भागीदारी के उचित कारण की पहचान कीजिए। **CBSE 2020**

(a) उद्योगपति कांग्रेस के करीब थे
(b) अंग्रेजों ने उन्हें अच्छा वेतन प्रस्तावित किया
(c) वे विदेशी सामान के बहिष्कार के प्रति अनिच्छुक थे
(d) समाजवाद का विकास

उत्तर (a) उद्योगपति कांग्रेस के करीब थे

19. साइमन कमीशन भारत क्यों आया था? **CBSE 2020**

(a) अंग्रेजों के विरुद्ध शहरों में अभियान को नियंत्रित करने के लिए
(b) अंग्रेजों के कामकाज पर ध्यान देने के लिए
(c) भारत में नमक कानून को आरंभ करने के लिए
(d) भारत में संवैधानिक व्यवस्था की कार्यशैली में परिवर्तन के सुझाव देने के लिए

उत्तर (d) भारत में संवैधानिक व्यवस्था की कार्यशैली में परिवर्तन के सुझाव देने के लिए

20. भारत में प्रथम विश्वयुद्ध के प्रभावों के संबंध में दिए गए कथनों पर विचार करें। कूट की सहायता से सही उत्तर का चयन कीजिए

1. वर्ष 1913 से 1918 के बीच कीमतें दोगुनी हो चुकी थीं।
2. वर्ष 1918-19 और वर्ष 1920-21 में देश के बहुत से हिस्सों में फसल खराब हो गई, जिसके कारण खाद्य पदार्थों का अभाव हो गया था।
3. वर्ष 1921 की जनगणना के अनुसार दुर्भिक्ष और महामारी के कारण 120-130 लाख लोग मारे गए।

कूट

(a) केवल 1 (b) 1 और 2
(c) 2 और 3 (d) ये सभी

उत्तर (d) ये सभी

21. नीचे दिए गए कथनों पर विचार कर असत्य कथन की पहचान करें।

1. वर्ष 1919 में मुंबई में एक खिलाफत समिति का गठन किया गया।
2. अली बंधुओं के साथ-साथ अन्य युवा नेताओं ने खिलाफत के मुद्दे पर संयुक्त जन-कार्यवाही की संभावना को तलाशने हेतु मोहम्मद अली जिन्ना के साथ चर्चा प्रारंभ कर दी।
3. सितंबर, 1920 में कांग्रेस के मुंबई अधिवेशन में गाँधीजी ने भी दूसरे नेताओं को इस बात पर राजी कर लिया कि खिलाफत आंदोलन के समर्थन और स्वराज के लिए एक असहयोग आंदोलन शुरू किया जाना चाहिए।

कूट

(a) केवल 1 (b) 1 और 2
(c) 2 और 3 (d) ये सभी

उत्तर (b) 1 और 2

22. निम्नलिखित घटनाओं को सही क्रम में व्यवस्थित कीजिए

1. महात्मा गाँधी का अफ्रीका से भारत वापस आना
2. असहयोग आंदोलन
3. साइमन कमीशन
4. चौरी-चौरा नरसंहार

कूट

(a) 1, 2, 3, 4 (b) 1, 2, 4, 3
(c) 4, 3, 2, 1 (d) 3, 4, 1, 2

उत्तर (b) 1, 2, 4, 3

23. कुछ एक घटनाएँ नीचे दी गई हैं। उचित कालक्रमानुसार क्रम का चयन कीजिए **CBSE 2020**

1. साइमन कमीशन का भारत आना।
2. भारतीय राष्ट्रीय कांग्रेस के लाहौर अधिवेशन में पूर्ण स्वराज की माँग।
3. भारत अधिनियम, 1919
4. चम्पारन सत्याग्रह

सही विकल्प का चयन कीजिए

(a) 3, 2, 4, 1 (b) 1, 2, 4, 3
(c) 2, 3, 1, 4 (d) 4, 3, 1, 2

उत्तर (d) 4, 3, 1, 2

24. निम्न कथन के आधार पर व्यक्ति की पहचान करें

- यह जनवरी, 1915 में भारत लौटे।
- इन्होंने न्यूकैसल से ट्रांसवाल की ओर बढ़ रहे भारतीय मजदूरों के जुलूस का नेतृत्व किया था।
- वह वर्ष 1918 में सूती कपड़ा कारखानों के मजदूरों के बीच सत्याग्रह आंदोलन को संचालित करने हेतु अहमदाबाद पहुँचे।

(a) महात्मा गाँधी
(b) सरदार वल्लभभाई पटेल
(c) मोहम्मद अली जिन्ना
(d) विनोबा भावे

उत्तर (a) महात्मा गाँधी

25. नीचे दी गई विशेषताओं से अधिवेशन की पहचान कीजिए
- जवाहरलाल नेहरू ने इस अधिवेशन की अध्यक्षता की।
- यह अधिवेशन वर्ष 1929 में आयोजित किया गया था।
- इस अधिवेशन में 'पूर्ण स्वराज' की माँग को औपचारिक रूप से मान लिया गया।

(a) कराची अधिवेशन (b) लाहौर अधिवेशन
(c) मुंबई अधिवेशन (d) बनारस अधिवेशन

उत्तर (b) लाहौर अधिवेशन

26. नीचे दिए गए युग्मों में से सही युग्म की पहचान करें
(a) प्रथम विश्वयुद्ध का प्रारंभ – वर्ष 1915
(b) गाँधीजी का दक्षिण अफ्रीका से भारत आगमन – वर्ष 1914
(c) गाँधीजी का चंपारण आगमन – वर्ष 1917
(d) गाँधीजी का खेड़ा में सत्याग्रह का आयोजन – वर्ष 1919

उत्तर (c) गाँधीजी का चंपारण आगमन – वर्ष 1917

27. नीचे दिए गए युग्मों में से गलत युग्म की पहचान करें
(a) रॉलेट एक्ट – वर्ष 1919
(b) जलियाँवाला बाग हत्याकांड – 10 अप्रैल, 1919
(c) खिलाफत समिति की स्थापना – मार्च, 1919
(d) नागपुर सम्मेलन – दिसंबर, 1920

उत्तर (b) जलियाँवाला बाग हत्याकांड – 10 अप्रैल, 1919

सुमेलित करें

28. सुमेलित कीजिए

सूची I (वर्ष)	सूची II (घटना)
A. 1921	1. असहयोग आंदोलन
B. 1916	2. खिलाफत समिति का गठन
C. 1919	3. चौरी-चौरा आंदोलन
D. 1922	4. गाँधीजी चंपारण गए

कूट

	A	B	C	D
(a)	1	4	2	3
(b)	1	2	3	4
(c)	4	3	2	1
(d)	3	4	1	2

उत्तर (a) 1 4 2 3

29. सुमेलित कीजिए

सूची I (वर्ष)	सूची II (घटना)
A. 1919	1. जलियाँवाला बाग हत्याकांड
B. 1924	2. अल्लूरी सीताराम राजू को फाँसी दी गई
C. 1931	3. दूसरा गोलमेज सम्मेलन
D. 1930	4. नमक आंदोलन

कूट

	A	B	C	D
(a)	1	2	3	4
(b)	4	3	2	1
(c)	4	3	1	2
(d)	3	4	2	1

उत्तर (a) 1 2 3 4

चित्र आधारित प्रश्न

30. भारत माता के इस चित्र को किसके द्वारा बनाया गया है?

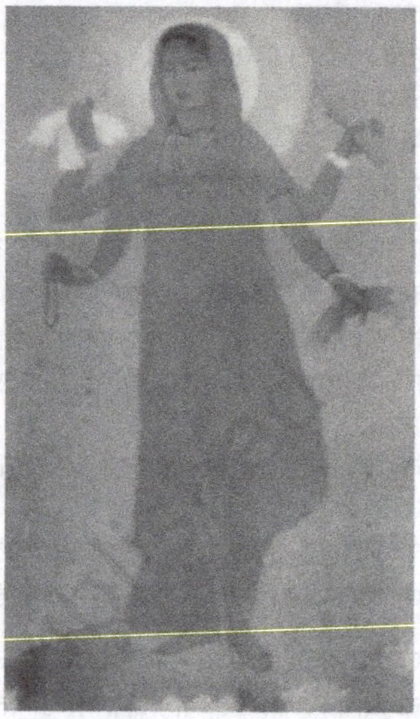

(a) राजा रवि वर्मा (b) अमृता शेरगिल
(c) अबनींद्रनाथ टैगोर (d) बंकिमचंद्र चट्टोपाध्याय

उत्तर (c) अबनींद्रनाथ टैगोर

31. चित्र में दिए गए तीन प्रसिद्ध व्यक्तियों में से महात्मा गाँधी एवं जवाहरलाल नेहरू के अतिरिक्त तीसरे व्यक्ति का क्या नाम है?

(a) मौलाना आजाद (b) बी. आर. अंबेडकर
(c) मोहम्मद अली जिन्ना (d) शौकत अली

उत्तर (a) मौलाना आजाद

32. दिया गया चित्र ब्रिटिश रूल के खिलाफ किस आंदोलन को दर्शाता है?

(a) विदेशी कपड़ों का बहिष्कार
(b) दांडी यात्रा
(c) खिलाफत आंदोलन
(d) किसान सभा

उत्तर (b) दांडी यात्रा

रिक्त स्थान भरें

33. वर्ष 1930 में मुस्लिम लीग के अध्यक्ष .... थे।

उत्तर मोहम्मद इकबाल

34. अवध में .... ने अवध किसान सभा का नेतृत्व किया था।

उत्तर जवाहरलाल नेहरू

35. .... की अवधारणा ने सभी सामाजिक समूहों को प्रभावित नहीं किया था।

उत्तर स्वराज

सही और पुनः लिखें

36. गाँधीजी का मानना था कि आपसी सौहार्द एवं असमानता को खत्म किए बिना स्वराज की सौ साल तक स्थापना नहीं की जा सकती।

उत्तर गाँधीजी का मानना था कि अस्पृश्यता को खत्म किए बिना स्वराज की सौ साल तक स्थापना नहीं की जा सकती।

37. वर्ष 1921की जनगणना के अनुसार असामान्य लिंगानुपात से 150 से 160 लाख लोगों की मृत्यु हो गई थी?

उत्तर वर्ष 1921 की जनगणना के अनुसार इंफ्लुएंजा फ्लू जैसी महामारी से 120 से 130 लाख लोगों की मृत्यु हो गई थी।

38. अवध में मजदूरों एवं व्यापारियों का नेतृत्व बाबा रामचंद्र कर रहे थे, वह फिजी में गिरमिटिया मजदूर के रूप में काम कर चुके थे।

उत्तर अवध में किसानों का नेतृत्व बाबा रामचंद्र कर रहे थे, वह फिजी में गिरमिटिया मजदूर के रूप में काम कर चुके थे।

कथन/कारण

39. **कथन** (A) साइमन कमीशन का मुख्य उद्देश्य भारत में संवैधानिक व्यवस्था के कार्य की समीक्षा करना और उसके विषय में सुझाव देना था।

कारण (R) वर्ष 1928 में साइमन कमीशन भारत आया तो उसका स्वागत साइमन कमीशन वापस जाओ नारे के साथ किया गया।

कूट

(a) A और R दोनों सही हैं तथा R, A का सही स्पष्टीकरण है
(b) A और R दोनों सही हैं, परंतु R, A का सही स्पष्टीकरण नहीं है
(c) A सही है, किंतु R गलत है
(d) A गलत है, किंतु R सही है

उत्तर (a) A और R दोनों सही हैं तथा R, A का सही स्पष्टीकरण है

40. **कथन** (A) ग्रामीण इलाकों में गुजरात के पाटीदार और उत्तर प्रदेश के जाट जैसे समृद्ध किसान समुदाय सविनय अवज्ञा आंदोलन के उत्साही समर्थक थे।

कारण (R) गाँधी-इरविन समझौते के जरिए गाँधीजी ने लंदन (ब्रिटेन) में होने वाले द्वितीय गोलमेज सम्मेलन में भाग लिया था।

कूट

(a) A और R दोनों सही हैं तथा R, A का सही स्पष्टीकरण है
(b) A और R दोनों सही हैं, परंतु R, A का सही स्पष्टीकरण नहीं है
(c) A सही है, किंतु R गलत है
(d) A गलत है, किंतु R सही है

उत्तर (b) A और R दोनों सही हैं, परंतु R, A का सही स्पष्टीकरण नहीं है

अतिलघु उत्तरीय प्रश्न

1. दक्षिण अफ्रीका में हुए सत्याग्रह में महात्मा गाँधी क्यों सम्मिलित हुए?

उत्तर दक्षिण अफ्रीका में महात्मा गाँधी अश्वेतों एवं मजदूरों के अधिकारों का हनन करने वाले नस्लभेदी कानूनों के विरुद्ध सत्याग्रह आंदोलन में शामिल हुए।

2. भारतीय नेताओं ने वर्ष 1919 में रॉलेट एक्ट का विरोध क्यों किया?

उत्तर रॉलेट एक्ट के अंतर्गत किसी भी भारतीय को बिना मुकदमा चलाए गिरफ्तार किया जा सकता था। अतः इस एक्ट का विरोध किया गया।

3. नमक सत्याग्रह में गाँधीजी ने कितने किमी की दूरी तय की थी? **CBSE 2012**

उत्तर नमक सत्याग्रह के दौरान गाँधीजी द्वारा 240 किमी की दूरी तय की गई थी।

4. **साइमन कमीशन का गठन क्यों किया गया था?**

उत्तर भारत की तत्कालीन राजनीतिक रूपरेखा की जानकारी हेतु ब्रिटिश सरकार ने सर जॉन साइमन के नेतृत्व में एक वैधानिक आयोग का गठन किया था।

5. **गुजरात के किस जिले में महात्मा गाँधी ने किसानों को समर्थन देने के लिए सत्याग्रह आरंभ किया?** **CBSE 2016**

उत्तर खेड़ा जिले में महात्मा गाँधी ने किसानों को समर्थन देने के लिए सत्याग्रह आरंभ किया।

6. **जलियाँवाला बाग नरसंहार कब हुआ था?**

उत्तर जलियाँवाला बाग नरसंहार 13 अप्रैल, 1919 को अमृतसर में हुआ था।

7. **वर्ष 1922 में गाँधीजी ने सत्याग्रह वापस क्यों ले लिए?**

उत्तर वर्ष 1922 में गाँधीजी द्वारा सत्याग्रह वापस लेने का मुख्य कारण चौरी-चौरा में हिंसात्मक घटना घट जाना थी।

8. **रॉलेट एक्ट क्या था?**

उत्तर रॉलेट एक्ट वर्ष 1919 में पारित किया गया एक ऐसा कानून था, जिसमें भारतीयों पर किसी तरह के मुकदमे को चलाए बिना शंका के आधार पर गिरफ्तार किया जा सकता था।

9. **जलियाँवाला बाग हत्याकांड के लिए कौन उत्तरदायी था?**

उत्तर जलियाँवाला बाग हत्याकांड के लिए जनरल डायर उत्तरदायी था।

10. **ब्रिटिश शासन के विरुद्ध गाँधीजी ने कौन-कौन से तरीके अपनाए थे?**

उत्तर ब्रिटिश शासन के विरुद्ध गाँधीजी ने सत्याग्रह एवं अहिंसा का मार्ग अपनाया था।

11. **गाँधी-इरविन समझौता कब हुआ था?** **CBSE 2017**

उत्तर 5 मार्च, 1931 को गाँधीजी और इरविन के बीच एक समझौता हुआ था, जिसके पश्चात् सभी राजनीतिक कैदी रिहा कर दिए गए थे।

12. **भारत आने के बाद गाँधीजी द्वारा चलाया गया पहला आंदोलन कौन-सा था?**

उत्तर दक्षिण अफ्रीका से भारत लौटने के बाद गाँधीजी ने वर्ष 1916 में बिहार के चंपारण से अपना पहला सत्याग्रह आंदोलन की शुरुआत की। यहाँ के किसान नील की खेती के विरोध में आंदोलन चला रहे थे।

13. **गाँधीजी ने असहयोग आंदोलन को ही क्यों चुना?**

उत्तर महात्मा गाँधी के अनुसार, भारत में ब्रिटिश शासन भारतीयों के सहयोग से ही स्थापित हुआ था और यह शासन इसी सहयोग के कारण चल रहा है।
यदि भारत के लोग अपना सहयोग वापस ले लें तो ब्रिटिश शासन खत्म हो जाएगा और स्वराज की स्थापना हो जाएगी।

14. **असहयोग आंदोलन के दौरान विदेशी वस्तुओं के बहिष्कार से विदेशी वस्तुओं पर क्या प्रभाव पड़ा?**

उत्तर असहयोग आंदोलन के दौरान विदेशी वस्तुओं का बहिष्कार किया गया। वर्ष 1921 से 1922 के बीच विदेशी कपड़ों का आयात लगभग 50% रह गया था। उसकी कीमत ₹ 102 करोड़ से घटकर ₹ 57 करोड़ रह गई। बहुत सारे स्थान पर व्यापारियों ने विदेशी चीजों का व्यापार करने या विदेशी व्यापार में पैसा लगाने से इनकार कर दिया।

15. **अवध में असहयोग आंदोलन का नेतृत्व कौन कर रहा था? अवध में आंदोलन किस रूप में विकसित हुआ?**

उत्तर अवध में असहयोग आंदोलन का नेतृत्व बाबा रामचंद्र कर रहे थे। वर्ष 1921 में जब आंदोलन फैला तो तालुकदारों और व्यापारियों के मकानों पर आक्रमण होने लगे, बाजारों में लूटपाट होने लगी और अनाज के गोदामों पर कब्जा कर लिया गया। किसानों के इस तरह के आंदोलन से कांग्रेस खुश नहीं थी।

16. **जब सविनय अवज्ञा आंदोलन शुरू हुआ उस समय किन समुदायों के बीच संदेह और अविश्वास का माहौल बना हुआ था?**

उत्तर जब सविनय अवज्ञा आंदोलन शुरू हुआ, उस समय हिंदू और मुस्लिम समुदायों के बीच संदेह और अविश्वास का माहौल बना हुआ था। बहुत सारे मुस्लिम नेता और बुद्धिजीवी भारत में अल्पसंख्यकों के रूप में मुसलमानों के सम्मान को लेकर चिंता जता रहे थे। उनको भय था कि हिंदू बहुसंख्यक के वर्चस्व की स्थिति में अल्पसंख्यकों की संस्कृति और पहचान खो जाएगी।

17. **भारतीय व्यापारियों और उद्योगपतियों ने सविनय अवज्ञा आंदोलन का समर्थन क्यों किया? स्पष्ट कीजिए।** **CBSE Term II 2022**

उत्तर भारतीय व्यापारियों और उद्योगपतियों ने सविनय अवज्ञा आंदोलन का समर्थन इसलिए किया, क्योंकि ये अपने व्यवसायों का विस्तार करना चाहते थे। ब्रिटिश शासन ने भारतीय उद्योगों को धीरे-धीरे करके समाप्त कर दिया था, इसलिए भी औद्योगिक एवं व्यापारिक गतिविधियों को बढ़ाने की आवश्यकता थी।

18. **साइमन कमीशन का गठन क्यों किया गया था, इसका विरोध क्यों हुआ?**

उत्तर सर जॉन साइमन के नेतृत्व में एक वैधानिक आयोग का गठन किया गया। राष्ट्रवादी आंदोलन के जवाब में गठित किए गए इस आयोग को भारत में संवैधानिक व्यवस्था की कार्यशैली का अध्ययन करना था और उसके विषय में सुझाव देने थे। इस आयोग में एक भी भारतीय सदस्य नहीं था, सारे अंग्रेज थे। इसलिए साइमन कमीशन का भारत में विरोध हुआ।

19. **'वंदे मातरम्' गीत किसने लिखा और इसे किस पुस्तक में संकलित किया गया?**

उत्तर 'वंदे मातरम्' बंकिमचंद्र चट्टोपाध्याय द्वारा 1870 ई. में लिखा गया था, बाद में इसे उनकी पुस्तक 'आनंदमठ' में संकलित किया गया।

20. बागान श्रमिक 1859 ई. के अंतर्देशीय उत्प्रवास अधिनियम से क्यों परेशान थे? **CBSE 2020**

उत्तर 1859 ई. के अंतर्देशीय उत्प्रवास अधिनियम के अनुसार बागान श्रमिक अनुमति के बिना चाय के बागान नहीं छोड़ सकते थे, इसलिए श्रमिक परेशान थे।

21. वर्ष 1919 में गठित हुई 'खिलाफत समिति' के दो मुख्य नेताओं के नाम लिखिए। **CBSE 2020**

उत्तर वर्ष 1919 में गठित 'खिलाफत समिति' के दो मुख्य नेता मोहम्मद अली और शौकत अली थे।

22. भारत के कुछ मुस्लिम राजनीतिक संगठनों ने सविनय अवज्ञा आंदोलन के प्रति कोई उत्साह क्यों नहीं दिखाया? प्रमुख कारण लिखिए।

उत्तर भारत के कुछ मुस्लिम राजनीतिक संगठनों ने सविनय अवज्ञा आंदोलन के प्रति उत्साह नहीं दिखाया, क्योंकि असहयोग व खिलाफत आंदोलन के शांत हो जाने के कारण मुसलमानों का एक वर्ग कांग्रेस से अलग महसूस करने लगा था और 1920 के दशक में कांग्रेस की हिंदू महासभा के साथ निकटता ने इस बात की पुष्टि कर दी।

23. गाँधीजी ने 'खिलाफत' के मुद्दे का समर्थन क्यों किया? एक प्रमुख कारण लिखिए। **CBSE 2020**

उत्तर गाँधीजी ने 'खिलाफत' के मुद्दे का समर्थन हिंदू-मुसलमान को निकट लाने के उद्देश्य से किया था, जिससे भारत में ब्रिटिशों के विरुद्ध एक मजबूत जनाधार वाला आंदोलन प्रारंभ किया जा सके।

C लघु उत्तरीय प्रश्न

1. प्रथम विश्वयुद्ध का भारतीय समाज व अर्थव्यवस्था पर क्या प्रभाव पड़ा?

अथवा भारत पर प्रथम विश्वयुद्ध के आर्थिक प्रभावों का वर्णन कीजिए। **CBSE Compartment 2021**

अथवा भारत की आर्थिक और राजनीतिक स्थिति पर प्रथम विश्वयुद्ध के निहितार्थों का वर्णन कीजिए। **CBSE 2020**

उत्तर प्रथम विश्वयुद्ध का भारतीय समाज व अर्थव्यवस्था पर निम्न प्रभाव पड़ा

- इस विश्वयुद्ध ने एक नई आर्थिक और राजनीतिक स्थिति पैदा कर दी।
- रक्षा व्यय में वृद्धि हुई।
- वर्ष 1913 से 1918 के बीच कीमतें दोगुनी हो चुकी थीं, जिसके कारण लोगों की मुश्किलें बढ़ गई थीं।
- सीमा शुल्क बढ़ाया गया और आयकर की शुरुआत हुई।
- गाँवों में युवाओं को जबरन सेना, पुलिस में भर्ती किया गया, जिसके कारण ग्रामीण क्षेत्रों में व्यापक गुस्सा था।
- वर्ष 1918-19 और वर्ष 1920-21 में देश के बहुत सारे हिस्सों की फसलें खराब हो गईं।
- खाद्य पदार्थों का भारी अभाव उत्पन्न हो गया।

2. सक्रिय राजनीति में भाग लेने से पूर्व गाँधीजी ने किन-किन स्थानों पर सत्याग्रह आंदोलन किए?

अथवा दक्षिण अफ्रीका से भारत लौटने के तुरंत बाद ही गाँधीजी द्वारा किए गए किन्हीं दो सत्याग्रह आंदोलनों का वर्णन कीजिए।

उत्तर सक्रिय राजनीति में भाग लेने से पहले गाँधीजी ने अपने गुरु गोपालकृष्ण गोखले के कहने पर 'भारत भ्रमण' किया। इस दौरान उन्होंने कई स्थानों पर सत्याग्रह आंदोलन चलाए, जिनमें प्रमुख हैं

- **चंपारण सत्याग्रह** वर्ष 1917 में उन्होंने बिहार के चंपारण क्षेत्र का दौरा किया और वहाँ के किसानों को दमनकारी बागान व्यवस्था के खिलाफ सत्याग्रह करने के लिए प्रेरित किया।
- **गुजरात सत्याग्रह** वर्ष 1918 में गुजरात के खेड़ा जिले में किसानों की मदद के लिए सत्याग्रह किया, क्योंकि फसल खराब हो जाने और प्लेग की महामारी के कारण किसान लगान नहीं चुका पा रहे थे।
- **अहमदाबाद सत्याग्रह** वर्ष 1918 में अहमदाबाद के सूती कपड़ा कारखानों में कार्य करने वाले मजदूरों के हितों की रक्षा के लिए उन्होंने सत्याग्रह आंदोलन किया।

3. सत्याग्रह और इसके आवेदन के विचार पर संक्षिप्त टिप्पणी लिखिए।

उत्तर दक्षिण अफ्रीका में भारतीयों के लिए गाँधीजी द्वारा किए गए कार्यों से सभी परिचित थे। सत्य और अहिंसा के आधार पर आंदोलन और विरोध का उनका तरीका सत्याग्रह के रूप में जाना जाता था। आक्रामक हुए बिना एक सत्याग्रही अहिंसा के माध्यम से युद्ध जीत सकता है।

वर्ष 1916 में गाँधीजी बिहार के चंपारण में गए और किसानों को दमनकारी बागान व्यवस्था के खिलाफ संघर्ष करने के लिए प्रोत्साहित किया।

वर्ष 1916 में गाँधीजी ने गुजरात के खेड़ा जिले में किसानों का समर्थन किया था, जो फसल की असफलता के कारण भोजन की कमी से पीड़ित थे और सलाह दी कि जब तक उनकी छूट की माँग स्वीकार न की जाए, तब तक वे राजस्व का भुगतान न करें। वर्ष 1918 में गाँधीजी सूती कपड़ा कारखानों के श्रमिकों के बीच सत्याग्रही आंदोलन को व्यवस्थित करने के लिए अहमदाबाद गए।

4. रॉलेट एक्ट क्या था? भारतीयों ने इस एक्ट के प्रति अपनी असहमति किस प्रकार दर्शाई? **CBSE 2016, 15, 14, 13**

उत्तर रॉलेट एक्ट वर्ष 1919 में अंग्रेज सरकार द्वारा आरंभ किया गया एक दमनकारी एक्ट था। इसके अंतर्गत सरकार को राजनीतिक गतिविधियों को नष्ट करने का अधिकार दिया गया था। भारतीयों ने इस एक्ट के प्रति अपनी असहमति निम्न प्रकार से प्रकट की

- महात्मा गाँधी ने इस कानून के विरुद्ध अहिंसात्मक सविनय अवज्ञा आंदोलन आरंभ करने का निर्णय लिया।
- विभिन्न शहरों में रैली का आयोजन किया गया।
- रेलवे वर्कशॉप्स में कामगार हड़ताल पर चले गए।

- अमृतसर के जलियाँवाला बाग में शांतिपूर्ण विरोध सभाएँ हुईं।
- दुकानें और व्यापारिक प्रतिष्ठान बंद कर दिए गए।
- नेताओं ने अपने-अपने क्षेत्रों के लोगों को आंदोलन के लिए प्रोत्साहित किया।

5. गाँधीजी ने खिलाफत आंदोलन का समर्थन क्यों किया?

उत्तर रॉलेट सत्याग्रह के दौरान महात्मा गाँधी का विचार था कि हिंदुओं और मुस्लिमों को एकसाथ मिलाए बिना किसी भी आंदोलन का आयोजन नहीं किया जा सकता। ऐसा करने का एक तरीका है कि वे खिलाफत का मुद्दा उठाएँ।

प्रथम विश्व युद्ध ओटोमन तुर्की की हार के साथ समाप्त हो गया था। यह अफवाह फैल रही थी कि इस्लामिक विश्व के आध्यात्मिक नेता (खलीफा) ओटोमन सम्राट पर एक कठोर शांति संधि लगाई जाएगी।

भारत के मुसलमानों ने ब्रिटेन को अपनी तुर्की नीति को बदलने के लिए मजबूर करने का फैसला किया। मुस्लिम नेता मोहम्मद अली और शौकत अली ने इस मुद्दे पर एकजुट होकर सामूहिक कार्रवाई की संभावना के बारे में महात्मा गाँधी के साथ चर्चा शुरू की।

सितंबर, 1920 में कांग्रेस ने अपने कलकत्ता अधिवेशन में खिलाफत आंदोलन और स्वराज के समर्थन में एक असहयोग आंदोलन शुरू करने के लिए प्रस्ताव पारित किया।

6. असहयोग आंदोलन की कार्यपद्धति के विषय में गाँधीजी के क्या विचार थे?

उत्तर असहयोग आंदोलन की कार्यपद्धति के विषय में गाँधीजी के विचार इस प्रकार थे

- वे इसे चरणबद्ध योजना प्रक्रिया द्वारा आगे बढ़ाना चाहते थे।
- प्रथम चरण में लोगों को सरकार द्वारा प्रदान की गई पदवियों को लौटाना, सरकारी नौकरियों, सेना, पुलिस, अदालतों, विद्यार्थी परिषदों, स्कूलों व विदेशी वस्तुओं का बहिष्कार सम्मिलित था।
- कुटीर उद्योगों को बढ़ावा देने के लिए विदेशी वस्तुओं का बहिष्कार करना तथा उनके स्थान पर स्वदेशी को प्राथमिकता देना।
- दूसरे चरण में यदि सरकार दमन का मार्ग अपनाती है तो व्यापक स्तर पर सविनय अवज्ञा अभियान प्रारंभ करना सम्मिलित था। इसके लिए वर्ष 1920 में ही गाँधीजी और शौकत अली ने देशभर में जनसभाएँ और यात्राएँ आरंभ कर दीं।

7. शहरों में असहयोग आंदोलन के धीरे-धीरे धीमा होने के किन्हीं दो कारणों का उल्लेख कीजिए। **CBSE 2017**

उत्तर शहरों में असहयोग आंदोलन के धीमा होने के मुख्य कारण निम्नलिखित हैं

- खादी का कपड़ा मिलों में बड़े पैमाने पर बनने वाले कपड़ों की अपेक्षा महँगा होता था। अतः गरीब लोग उसे खरीद नहीं सकते थे। इसलिए वे विदेशी कपड़ों का लंबे समय तक बहिष्कार नहीं कर सके।
- ब्रिटिश संस्थानों के बहिष्कार से भी समस्या होने लगी। वैकल्पिक भारतीय संस्थानों की स्थापना की जरूरत थी, ताकि ब्रिटिश संस्थानों के स्थान पर इनका प्रयोग किया जा सके, किंतु वैकल्पिक संस्थानों की स्थापना प्रक्रिया धीमी होने के कारण विद्यार्थी एवं शिक्षक सरकारी स्कूलों में लौटने लगे।

8. सफलता प्राप्त करने के लिए महात्मा गाँधी ने आंदोलन के लिए कौन-सी रणनीति तैयार की?

उत्तर सफलता प्राप्त करने के लिए महात्मा गाँधी ने कुछ रणनीतियाँ तैयार कीं, जो इस प्रकार हैं

- आंदोलन, लोगों को खिताब, सम्मान और मानद पदों के आत्मसमर्पण के साथ शुरू करना पड़ा।
- सिविल सेवा, सेना, पुलिस, ब्रिटिश न्यायालयों और विधान सभाओं, स्कूल और कॉलेजों और ब्रिटिश सामान का बहिष्कार करने की योजना बनाई गई।
- देशी सामानों को बढ़ावा देने के लिए ब्रिटिश सामानों को घरेलू सामान या स्वदेशी द्वारा प्रतिस्थापित किया जाना था।
- सरकार के दमन के मामले में, सविनय अवज्ञा आंदोलन शुरू किया जाएगा।

अंततः दिसंबर, 1920 में नागपुर सम्मेलन के दौरान कांग्रेस द्वारा असहयोग आंदोलन अपनाया गया। महात्मा गाँधी के नेतृत्व में असहयोग खिलाफत आंदोलन पूर्ण बल के साथ शुरू हुआ।

9. असहयोग खिलाफत आंदोलन कब शुरू हुआ? संक्षेप में स्पष्ट कीजिए।

उत्तर जनवरी, 1921 में असहयोग खिलाफत आंदोलन शुरू हुआ। विभिन्न सामाजिक समूहों ने अपनी विशिष्ट आकांक्षाओं के साथ आंदोलन में भाग लिया। यह आंदोलन शहर में मध्यम वर्ग की भागीदारी के साथ शुरू हुआ था। छात्रों और शिक्षकों ने सरकारी नियंत्रित स्कूल छोड़ दिए और वकीलों ने मुकदमे लड़ना बंद कर दिया। आर्थिक मोर्चे पर असहयोग आंदोलन का प्रभाव नाटकीय था। लोगों ने विदेशी कपड़े और माल को अस्वीकार कर दिया, जिसके परिणामस्वरूप भारतीय कपड़ा मिलों और हथकरघों का उत्पादन बढ़ गया। यह आंदोलन धीरे-धीरे कम होता गया। खादी का कपड़ा महँगा होने के कारण गरीबों के लिए उपयुक्त नहीं था। वे मिलों के कपड़े का ज्यादा दिनों तक विरोध नहीं कर सकते थे। ब्रिटिश संस्थानों के बहिष्कार से भी समस्या पैदा हो गई, इसलिए छात्रों और शिक्षकों को सरकारी स्कूलों में अध्ययन और नौकरी के लिए फिर से आना शुरू करना पड़ा। वकीलों ने भी सरकारी अदालतों में कार्य पुनः प्रारम्भ कर दिया था।

10. असम के बागान मजदूरों की महात्मा गाँधी और स्वराज की अवधारणा के विषय में क्या राय थी? समझाइए। **CBSE 2019**

उत्तर महात्मा गाँधी के विचारों और स्वराज की अवधारणा के विषय में असम के बागान मजदूरों के विचार निम्न थे

- मजदूरों के लिए आजादी का अर्थ था कि वे उन चहार-दीवारियों से जब चाहे आ जा सकें, जिनमें उन्हें बंद करके रखा गया था।

- 1859 ई. के इंलैंड इमिग्रेशन एक्ट के अंर्तगत बागानों में काम करने वाले मजदूर बिना आज्ञा के बागान से बाहर नहीं जा सकते थे। मजदूरों के लिए आजादी का अर्थ अपने गाँव से संपर्क रखना था।
- जब उन्होंने असहयोग आंदोलन के बारे में सुना तो हजारों मजदूर अपने अधिकारियों की अवहेलना करने लगे तथा बागान छोड़कर अपने घर चल दिए।
- मजदूर यह मानने लगे थे कि अब गाँधी राज आ रहा है, इसलिए अब सभी को गाँव में जमीन मिल जाएगी।

11. **फरवरी, 1922 में गाँधीजी ने 'असहयोग आंदोलन' को वापस लेने का निर्णय क्यों किया? कोई तीन कारण स्पष्ट कीजिए।** **CBSE 2017**

उत्तर फरवरी, 1922 में गाँधीजी के 'असहयोग आंदोलन' को वापस लेने के मुख्य कारण निम्नलिखित थे

- आंदोलन के दौरान लोगों ने विदेशी कपड़ों और माल का बहिष्कार किया, जिसके परिणामस्वरूप भारतीय कपड़ा मिलों और हथकरघों का उत्पादन बढ़ा, किंतु खादी का कपड़ा महँगा होने के कारण यह गरीबों के लिए उपयुक्त नहीं था। अतः वे मिलों के कपड़ों का ज्यादा समय तक विरोध नहीं कर सके।
- आंदोलन हिंसक होता गया जिसमें महिलाओं और बच्चों को पीटा गया। साथ ही प्रमुख नेताओं व जनसाधारण को गिरफ्तार किया जाने लगा।
- 4 फरवरी, 1922 को उत्तर प्रदेश के गोरखपुर जिले में स्थित चौरी-चौरा नामक स्थान पर बाजार से गुजर रहा एक शांतिपूर्ण जुलूस पुलिस के साथ एक हिंसक टकराव में बदल गया।

12. **साइमन कमीशन पर संक्षिप्त टिप्पणी लिखिए।**

उत्तर साइमन कमीशन जॉन साइमन के नेतृत्व में गठित किया गया था। साइमन कमीशन का मुख्य उद्देश्य भारत में संवैधानिक व्यवस्था के कार्य की समीक्षा करना और उसके विषय में सुझाव देना था। भारतीय नेताओं ने इस आयोग का विरोध किया, क्योंकि इसमें कोई भारतीय नहीं था। जब वर्ष 1928 में साइमन कमीशन भारत आया, तो उसका स्वागत साइमन कमीशन वापस जाओ नारे के साथ किया गया। कांग्रेस और मुस्लिम लीग सहित सभी दलों ने प्रदर्शनों में भाग लिया।

13. **सविनय अवज्ञा आंदोलन की शुरुआत कैसे हुई? इसके मुख्य बिंदुओं को स्पष्ट कीजिए।**

उत्तर गाँधीजी ने 12 मार्च, 1930 को 78 अनुयायियों के साथ गुजरात के तटीय शहर दांडी के लिए साबरमती आश्रम से अपनी यात्रा शुरू की। 6 अप्रैल को वह दांडी पहुँचे और उन्होंने नमक कानून का औपचारिक रूप से उल्लंघन किया। उन्होंने समुद्री पानी को उबालकर नमक बनाना शुरू किया। इस यात्रा के दौरान 240 किमी की दूरी तय की गई थी। इससे सविनय अवज्ञा आंदोलन की शुरुआत हुई। इस आंदोलन के अंतर्गत

- विदेशी कपड़े का बहिष्कार किया गया। शराब की दुकानों का विरोध किया गया।
- किसानों ने राजस्व और चौकीदारी कर देने से इनकार कर दिया। गाँव के अधिकारियों ने इस्तीफा दे दिया।
- कई जगहों पर वनीय लोगों ने वन कानूनों का उल्लंघन किया।
- इस आंदोलन से परेशान होकर औपनिवेशिक सरकार ने कांग्रेसी नेताओं को एक-एक करके गिरफ्तार करना शुरू किया।

14. **सविनय अवज्ञा आंदोलन को बंद करने एवं उसकी पुनः स्थापना पर संक्षिप्त टिप्पणी लिखिए।**

उत्तर **सविनय अवज्ञा आंदोलन को बंद करना** इस आंदोलन के समय सत्याग्रहियों पर हमला किया गया, महिलाओं और बच्चों को पीटा गया और करीब 1,00,000 लोगों को गिरफ्तार किया गया। जब एक प्रमुख नेता अब्दुल गफ्फार खान को वर्ष 1930 में गिरफ्तार किया गया, तो शहर में कई हिंसक घटनाओं की सूचना मिली। इस स्थिति में महात्मा गाँधी ने एक बार फिर आंदोलन को बंद करने का फैसला किया और 5 मार्च, 1931 को इरविन के साथ एक समझौते पर हस्ताक्षर किए।

सविनय अवज्ञा आंदोलन की पुनःस्थापना दिसंबर, 1931 में गाँधीजी गोलमेज सम्मेलन के लिए लंदन गए, लेकिन इस सम्मेलन का कोई लाभ नहीं हुआ और वे निराश होकर भारत वापस आ गए। उन्होंने पाया कि कांग्रेस को अवैध घोषित किया गया है, अब्दुल गफ्फार खान और जवाहरलाल नेहरू दोनों जेल में थे, इसलिए महात्मा गाँधी ने सविनय अवज्ञा आंदोलन को पुनः शुरू किया। यह आंदोलन एक वर्ष के लिए जारी रखा गया, लेकिन वर्ष 1934 तक इस आंदोलन का प्रभाव कम हो गया था।

15. **उन परिस्थितियों की व्याख्या कीजिए जिनमें गाँधीजी ने वर्ष 1931 में सविनय अवज्ञा आंदोलन को वापस लेने का निर्णय लिया।**

उत्तर गाँधीजी ने गाँधी-इरविन समझौते के अंतर्गत वर्ष 1931 में सविनय अवज्ञा आंदोलन को वापस लेने का निर्णय लिया था, इसके निम्न कारण थे

- सरकार राजनीतिक कैदियों को रिहा करने पर तैयार हो गई थी।
- सरकार ने दमनकारी नीति चलाई, जिसके अंतर्गत शांतिपूर्ण सत्याग्रहियों पर आक्रमण किए गए।
- औद्योगिक मजदूरों ने अंग्रेजी शासन का प्रतीक पुलिस चौकियों, नगरपालिका भवनों, अदालतों और रेलवे स्टेशनों पर हमले शुरू कर दिए थे।

16. **हिंदू महासभा और मुस्लिम लीग के बीच हुए मतभेदों को स्पष्ट कीजिए।**

उत्तर कांग्रेस और मुस्लिम लीग ने एकता के लिए फिर से बात करने के प्रयास किए। वर्ष 1927 में यह महसूस हुआ कि एकता स्थापित हो सकती है। कांग्रेस और मुस्लिम लीग के बीच मतभेद सिर्फ भावी विधानसभाओं में प्रतिनिधित्व करने का था। मुस्लिम लीग के नेता मुहम्मद अली जिन्ना दो शर्तों पर अलग निर्वाचिका की माँग को छोड़ने के लिए तैयार थे

(i) केंद्रीय सभा में मुस्लिमों को आरक्षित सीटें दी जाएँ।
(ii) प्रतिनिधित्व, मुस्लिम वर्चस्व वाले प्रांतों (बंगाल और पंजाब) में आबादी के अनुपात में हों।
लेकिन एम. आर. जयकर की अगुवाई में हिंदू महासभा के अत्यधिक विरोध के कारण यह मुद्दा हल नहीं हो पाया।

17. भारी आशंकाओं के बीच महात्मा गाँधी ने सविनय अवज्ञा आंदोलन दोबारा से शुरू क्यों किया था? **CBSE 2016**

उत्तर गोलमेज सम्मेलन की विफलता के बाद व्यावसायिक संगठनों का उत्साह मंद पड़ गया था। उन्हें उग्र गतिविधियों का भय था। 1920 के दशक के मध्य से कांग्रेस हिंदू महासभा जैसे धार्मिक राष्ट्रवादी संगठनों के काफी करीब दिखने लगी थी। इसलिए मुसलमानों के एक बड़े वर्ग ने इससे अलग रहना आरंभ कर दिया। औद्योगिक श्रमिक वर्ग ने सविनय अवज्ञा आंदोलन में नागपुर के अतिरिक्त और कहीं भी बहुत बड़ी संख्या में हिस्सा नहीं लिया। इन्हीं सब कारणों से गाँधीजी ने सविनय अवज्ञा आंदोलन दोबारा शुरू किया।

18. राष्ट्रवाद के विकास में लोकसाहित्य का क्या योगदान है?

उत्तर राष्ट्रवाद के विकास में लोकसाहित्य का योगदान इस प्रकार है

- 19वीं शताब्दी के आखिरी चरण में राष्ट्रवादियों ने लोक कथाओं को लिखना प्रारंभ किया।
- रवींद्रनाथ टैगोर ने लोक-गाथा, गीत, बालगीत व मिथकों को एकत्र किया। लोक परंपराओं को पुनर्जीवित करने के लिए आंदोलन किया।
- मद्रास के शास्त्री ने 'द फोकलोर्स ऑफ सदर्न इंडिया' के नाम से तमिल लोक कथाओं का विशाल संकलन चार खंडों में प्रकाशित किया। उनका मानना था कि लोक कथाएँ राष्ट्रीय साहित्य होती हैं। यह लोगों के वास्तविक विचारों की सबसे विश्वसनीय अभिव्यक्ति हैं।

अतः लोकसाहित्य ने लोगों को उनके राष्ट्र की वास्तविक पहचान से अवगत कराया, जिससे उनमें आत्मगौरव की भावना जागृत हुई।

दीर्घ उत्तरीय प्रश्न

1. सत्याग्रह क्या था? गाँधीजी द्वारा आयोजित कुछ सत्याग्रहों का वर्णन कीजिए। **CBSE 2015**

अथवा ''गाँधीजी का सत्याग्रह सत्य तथा अहिंसा के विचारों का मिश्रण था।'' तीन उदाहरण देकर स्पष्ट कीजिए।

अथवा सत्याग्रह पर महात्मा गाँधी के विचारों का उल्लेख कीजिए। **CBSE Term II 2022**

उत्तर सत्याग्रह से तात्पर्य सत्य की शक्ति पर आग्रह और सत्य की खोज है। यदि आपका उद्देश्य सच्चा है, आपका संघर्ष अन्याय के विरुद्ध है तो आपको किसी शारीरिक बल की आवश्यकता नहीं है। सत्याग्रह एक प्रकार से दमनकारियों के विरुद्ध जनांदोलन का एक अहिंसावादी ढंग माना जाता है। यह सत्य है कि गाँधीजी का सत्याग्रह सत्य तथा अहिंसा के विचारों का मिश्रण था। गाँधीजी द्वारा आयोजित कुछ सत्याग्रह निम्न थे

- गाँधीजी ने दक्षिणी अफ्रीका में सत्याग्रह की तकनीक का सफल प्रयोग किया।
- वर्ष 1916 में उन्होंने चंपारण के किसानों को न्याय दिलाने के लिए सत्याग्रह किया और सरकार को वर्ष 1918 में चंपारण के किसानों के कल्याण के लिए एक अधिनियम पारित करना पड़ा।
- वर्ष 1917 में उन्होंने गुजरात के खेड़ा जिले के किसानों की मदद के लिए सत्याग्रह का आयोजन किया। फसल खराब हो जाने और प्लेग की महामारी के कारण खेड़ा जिले के किसान लगान चुकाने की हालत में नहीं थे। वे चाहते थे कि लगान वसूली में ढील दी जाए। अंततः सरकार को झुकना पड़ा और लगान का भुगतान अगले वर्ष तक स्थगित कर दिया गया।
- वर्ष 1918 में गाँधीजी ने अहमदाबाद के मिल श्रमिकों की हड़ताल में हस्तक्षेप किया तथा उनके वेतन में वृद्धि करने में सहायता की, जिसके लिए उन्होंने आमरण अनशन शुरू किया था।

2. वर्ष 1919 में इंपीरियल लेजिस्लेटिव काउंसिल द्वारा पारित रॉलेट एक्ट के विरुद्ध भारतीय लोगों की प्रतिक्रिया का उल्लेख कीजिए।

उत्तर रॉलेट एक्ट के विरुद्ध लोगों की निम्नलिखित प्रतिक्रिया थी

- **रैलियाँ और हड़तालें** विभिन्न शहरों में रैली का आयोजन किया गया। रेलवे वर्कशॉप्स में कामगार हड़ताल पर चले गए, जिसके परिणामस्वरूप दुकानें बंद हो गईं।
- **जलियाँवाला बाग में सभा** 13 अप्रैल को जलियाँवाला बाग के बंद मैदान में सरकार की नई दमन नीति का विरोध करने के लिए बहुत भीड़ इकट्ठी हुई थी।
- **संयुक्त संघर्ष** रॉलेट एक्ट का लोगों पर गहरा और अत्यधिक प्रभाव पड़ा। हिंदुओं और मुसलमानों दोनों ने एक संयुक्त संघर्ष की जरूरत समझी।
- **महात्मा गाँधी की प्रतिक्रिया** महात्मा गाँधी अन्यायपूर्ण कानून के विरुद्ध अहिंसक ढंग से नागरिक अवज्ञा आंदोलन चलाना चाहते थे, जो 6 अप्रैल को एक हड़ताल से शुरू होना था।

3. असहयोग आंदोलन किस प्रकार शहरी मध्यवर्ग की हिस्सेदारी के साथ शहरों में शुरू हुआ? आर्थिक मोर्चे पर इसके प्रभावों की व्याख्या कीजिए। **CBSE 2018**

अथवा शहरों में असहयोग आंदोलन में लोगों की भागीदारी के विस्तार का उल्लेख करें।

अथवा देशभर के शहरों में असहयोग आंदोलन का प्रसार किस प्रकार हुआ? आर्थिक क्षेत्र पर इसके प्रभावों का उल्लेख करें।

अथवा ''आर्थिक मोर्चे पर असहयोग आंदोलन के प्रभाव अधिक नाटकीय थे।'' उदाहरणों सहित इस कथन की पुष्टि कीजिए। **CBSE Term II 2022**

उत्तर असहयोग आंदोलन शहरी मध्यवर्ग की हिस्सेदारी के साथ शहरों में शुरू हुआ। इस आंदोलन में लोगों की भागीदारी का प्रसार निम्नलिखित रूपों में हुआ

- **मध्यवर्ग की भागीदारी** शहरों में यह आंदोलन मध्यवर्ग द्वारा शुरू हुआ था। हजारों विद्यार्थियों ने सरकारी नियंत्रण वाले स्कूल-कॉलेज छोड़ दिए। मुख्याध्यापकों व अध्यापकों ने त्याग-पत्र दे डाले और वकीलों ने अपनी वकालत छोड़ दी।
- **गाँवों में आंदोलन** गाँवों में लोगों ने 'स्वराज' के विचार की व्याख्या अपने ढंग से की थी, परंतु उन्होंने बड़े पैमाने पर आंदोलन में भाग लिया।
- **परिषद् चुनावों का बहिष्कार** मद्रास के अतिरिक्त अधिकतर प्रांतों में काउंसिल के चुनावों का बहिष्कार किया गया।
- **स्वदेशी** असहयोग आंदोलन का भारतीय कपड़ा मिलों पर भी भारी प्रभाव पड़ा। स्वदेशी माल, विशेषतः भारतीय मिलों में बने कपड़ों को महत्त्व दिया गया था। विदेशी माल का बहिष्कार किया गया। शराब की दुकानों की पिकेटिंग की गई व विदेशी कपड़े की होली जलाई गई।
- **उद्योगों पर प्रभाव** बहुत स्थानों पर व्यापारियों ने विदेशी वस्तुओं का व्यापार करने या विदेशी व्यापार में पैसा लगाने से मना कर दिया। इस कारण भारतीय कपड़ा मिलों तथा हथकरघों के कपड़े की माँग बढ़ने लगी। माँग में वृद्धि से लुप्त हो रहे भारतीय कपड़ा उद्योग को भारी राहत मिली।

4. **ग्रामीण क्षेत्रों में असहयोग आंदोलन की स्थिति का वर्णन करें।**

उत्तर ग्रामीण क्षेत्रों में असहयोग आंदोलन के फैलने के निम्नलिखित कारण थे

- **प्रतिभागी** ग्राम्य क्षेत्रों में आंदोलन का नेतृत्व किसानों, जनजातीय लोगों तथा स्थानीय नेताओं ने किया। उदाहरणतः अवध में संन्यासी बाबा रामचंद्र जो पहले फिजी में गिरमिटिया मजदूर के तौर पर काम कर चुके थे।
- **ग्रामीण लोगों की भागीदारी** ग्रामीण क्षेत्रों में यह आंदोलन अंग्रेजों के विरुद्ध न होकर तालुकेदारों तथा जमींदारों के विरुद्ध था। ग्रामीण लोगों की समस्याएँ नगरीय लोगों से भिन्न थीं। तालुकेदार तथा जमींदार ऊँची लगान तथा विभिन्न प्रकार के कर दूसरों से वसूलते थे। किसानों को बेगार करनी पड़ती थी तथा जमींदार के खेतों में बिना मजदूरी काम करना पड़ता था।
- **विरोध के तरीके** ग्रामों में आंदोलन का एक दूसरा ही रुख था। कई स्थानों पर जमींदारों को नाई, धोबी और मोची की सुविधाओं से वंचित करने के लिए पंचायतों ने 'नाई-धोबी बंद' का आदेश दिया। जवाहरलाल नेहरू जैसे राष्ट्रीय नेता अवध के गाँवों में उन लोगों की समस्याओं को समझने के लिए दौरे पर गए।

  अक्टूबर तक जवाहरलाल नेहरू, बाबा रामचंद्र तथा कुछ अन्य लोगों के नेतृत्व में 'अवध किसान सभा' का गठन कर लिया गया। जब वर्ष 1921 में आंदोलन फैला तो तालुकेदारों और व्यापारियों के मकानों पर हमले होने लगे। आंदोलन हिंसक हो उठा, जिसे कुछ कांग्रेसी नेताओं ने पसंद नहीं किया।

5. ''आदिवासी किसानों ने महात्मा गाँधी के संदेश और 'स्वराज' के विचार का कुछ और ही मतलब निकाला।'' उपयुक्त उदाहरण देकर कथन का समर्थन करें।

अथवा भारत के विभिन्न भागों में किसानों एवं आदिवासियों ने 'असहयोग आंदोलन' में किस प्रकार भाग लिया? व्याख्या कीजिए। **CBSE 2019**

अथवा ''आदिवासी किसानों ने महात्मा गाँधी के संदेश और स्वराज के विचार को दूसरे तरीके से व्याख्यायित किया और असहयोग आंदोलन में अलग तरह से भाग लिया।'' कथन का औचित्य सिद्ध कीजिए। **CBSE 2020**

उत्तर यह कथन सत्य है कि ''आदिवासी किसानों ने महात्मा गाँधी के संदेश और स्वराज के विचार का अलग अर्थ निकाला था।'' उन्होंने सोचा था कि गाँधीजी ने यह घोषित किया है कि किसी भी कर का भुगतान नहीं किया जाएगा और गरीबों के बीच भूमि को पुनर्वितरित किया जाएगा।

इस कारण आंध्र प्रदेश की गुडेम पहाड़ियों में एक आतंकवादी गुरिल्ला आंदोलन, अल्लूरी सीताराम राजू के नेतृत्व में पूर्ण रूप से फैल गया। असहयोग आंदोलन से प्रेरित होकर अल्लूरी सीताराम राजू ने महात्मा गाँधी की महानता की बात की तथा लोगों को 'खादी' पहनने और शराब का त्याग करने को कहा। उनका मानना था कि भारत अहिंसा से नहीं, बल्कि बल के उपयोग से मुक्त हो सकता है।

कांग्रेस इस तरह के संघर्ष को कभी स्वीकार नहीं कर सकती थी। अन्य वन क्षेत्रों की तरह यहाँ भी अंग्रेजी सरकार ने बड़े-बड़े जंगलों में लोगों के दाखिल होने पर पाबंदी लगा दी थी। लोग इन जंगलों में न तो मवेशियों को चरा सकते थे और न ही जलाने के लिए लकड़ी व फल बीन सकते थे। इससे पहाड़ों के लोग परेशान और गुस्सा थे। इससे न केवल उनकी रोजी-रोटी पर असर पड़ रहा था, बल्कि उन्हें लगता था कि उनके परंपरागत अधिकार भी छीने जा रहे हैं। जब सरकार ने उन्हें सड़कों के निर्माण के लिए बेगार करने पर मजबूर किया तो लोगों ने बगावत कर दी।

6. उन प्रमुख घटनाओं का उल्लेख करें जिनके कारण वर्ष 1930 में नमक मार्च तथा सविनय अवज्ञा आंदोलन हुआ।

अथवा गाँधीजी ने सविनय अवज्ञा आंदोलन कब शुरू किया? इस आंदोलन ने देश को किस प्रकार एकजुट किया? समझाइए। **CBSE 2019**

अथवा गाँधीजी ने सविनय अवज्ञा आंदोलन क्यों शुरू किया? किन्हीं तीन कारणों का उल्लेख करें। **CBSE 2017**

अथवा सविनय अवज्ञा आंदोलन को प्रेरित करने वाले किन्हीं दो कारणों का उल्लेख करें। **CBSE Term II 2022**

उत्तर गाँधीजी ने वर्ष 1930 में जब सविनय अवज्ञा आंदोलन आरंभ किया तब देश में ब्रिटिश सरकार के प्रति देशवासियों में अत्यधिक रोष था। इस आंदोलन को शुरू करने के पीछे कई घटनाएँ थीं, जिनका विवरण निम्नलिखित है

- **आर्थिक कारण** सबसे पहला कारण आर्थिक संकट था। वर्ष 1929 की महामंदी का भारतीय अर्थव्यवस्था, विशेषतः कृषि पर दुष्प्रभाव पड़ा। वर्ष 1926 से कृषि

उत्पादों की कीमतें गिरनी शुरू हुईं, जो वर्ष 1930 तक बहुत नीचे आ गईं। कृषि उत्पादों की माँग घटने से निर्यात गिर गया और किसानों को अपनी उपज बेचकर लगान चुकाना भी कठिन हो गया। सरकार ने करों में छूट देने से मना कर दिया। अतः वर्ष 1930 में किसानों की दशा शोचनीय बन गई। आंदोलन के फलस्वरूप किसानों ने राजस्व और चौकीदारी कर देने से मना कर दिया।

- **व्यवसायी वर्ग में समर्थन** व्यवसायी वर्ग ने अपने कारोबार को फैलाने के लिए ऐसी औपनिवेशिक नीतियों का विरोध किया, जिनके कारण उनकी व्यावसायिक गतिविधियों में रुकावट आती थी। उन्होंने सविनय अवज्ञा आंदोलन को आर्थिक समर्थन प्रदान करने का निर्णय लिया।
- **साइमन कमीशन की असफलता** राष्ट्रवादी आंदोलन को देखकर साइमन कमीशन का गठन किया गया था, परंतु यह कमीशन भारतीय लोगों तथा नेताओं को संतुष्ट करने में असफल रहा। कांग्रेस और मुस्लिम लीग सहित सभी पार्टियों ने प्रदर्शनों में हिस्सा लिया। इस विरोध को शांत करने के लिए वायसराय लॉर्ड इरविन ने अक्टूबर, 1929 में भारत के लिए 'डोमीनियन स्टेटस' का ऐलान कर दिया, परंतु इससे भी नेता संतुष्ट नहीं हुए।
- **पूर्ण स्वराज** दिसंबर, 1929 को जवाहरलाल नेहरू की अध्यक्षता में लाहौर सम्मेलन में 'पूर्ण स्वराज' या भारत की पूर्ण स्वतंत्रता की माँग को अंतिम रूप दिया गया। यह घोषित किया गया कि 26 जनवरी, 1930 को स्वतंत्रता दिवस के रूप में मनाया जाएगा।
- **गाँधीजी की 11 माँगें अस्वीकार** 31 जनवरी, 1930 को गाँधीजी ने भारतीयों के साथ हुए अन्याय को समाप्त करने के लिए एक वक्तव्य में 11 माँगें रखीं, जिनमें से कुछ इस तरह थीं-उन्होंने वायसराय को आश्वासन दिया कि यदि उनकी माँगें मान ली गईं तो वे सविनय अवज्ञा आंदोलन वापस ले लेंगे, परंतु वायसराय ने उनकी इन माँगों को अवास्तविक घोषित कर दिया।
- **नमक आंदोलन** इरविन द्वारा गाँधीजी की शर्तें न मानने के पश्चात् उन्होंने दांडी यात्रा आरंभ कर दी और 240 किमी की दूरी तय करके दांडी नामक स्थान पर समुद्र के पानी को उबालकर नमक बनाया और नमक कानून का उल्लंघन किया था।

7. सविनय अवज्ञा आंदोलन की शुरुआत किस घटना से हुई? सविनय अवज्ञा आंदोलन असहयोग आंदोलन से किस प्रकार भिन्न था?

उत्तर 6 अप्रैल, 1930 को गाँधीजी दांडी पहुँचे, समुद्री जल को उबालकर नमक बनाया और नमक कानून तोड़ा। इस घटना से सविनय अवज्ञा आंदोलन की शुरुआत हुई।

सविनय अवज्ञा आंदोलन	असहयोग आंदोलन
यह आंदोलन वर्ष 1930 में आरंभ हुआ।	यह आंदोलन वर्ष 1921 में आरंभ हुआ।
इस आंदोलन के लिए उत्तरदायी प्रमुख कारक थे वर्ष 1929 की महामंदी द्वारा निर्मित परिस्थितियाँ, साइमन कमीशन की असफलता और गाँधीजी की 11 माँगों को अस्वीकार करना।	इस आंदोलन के पीछे मूल कारण थे-प्रथम विश्व युद्ध से निर्मित परिस्थितियाँ, रॉलेट एक्ट, जलियाँवाला बाग दुर्घटना, खलीफा के साथ अनुचित व्यवहार।
शहरों में व्यवसायियों ने आंदोलन को समर्थन दिया, क्योंकि वे वर्ष 1929 की महामंदी से बुरी तरह प्रभावित हुए थे। गाँवों में सम्पन्न किसानों ने सक्रिय सहयोग दिया।	शहरों में मध्यवर्ग ने बड़े पैमाने पर भाग लिया, गाँवों में किसानों ने तालुकेदारों, जमींदारों के विरुद्ध आंदोलन आरंभ किया, जबकि बागानों (असम) में लोगों ने एस्टेट मालिकों के विरुद्ध आंदोलन आरंभ किया और इनलैंड एमीग्रेशन एक्ट के विरुद्ध संघर्ष किया।
1920 के दशक के मध्य से कांग्रेस हिंदू धार्मिक राष्ट्रवादी संगठनों के काफी करीब दिखने लगी थी इसलिए मुसलमानों ने बड़े पैमाने पर आंदोलन में भाग नहीं लिया।	खलीफा मुद्दे के कारण, मुस्लिम समुदाय ने बड़े पैमाने पर भाग लिया।
जब गाँधीजी ने गाँधी-इरविन समझौते पर हस्ताक्षर किए, तब वर्ष 1931 में आंदोलन वापस ले लिया गया।	चौरी-चौरा हिंसक घटना, जिसमें 22 पुलिसकर्मी मारे गए थे, के कारण गाँधीजी ने वर्ष 1922 में आंदोलन वापस ले लिया।
गाँधीजी ने समुद्री जल को उबालकर नमक बनाया और 6 अप्रैल को नमक कानून का उल्लंघन किया। देश के विभिन्न भागों में हजारों लोगों ने नमक कानून तोड़ा और सरकारी नमक कारखानों के सामने प्रदर्शन किए।	शहरों में मध्यवर्ग की भागीदारी से आंदोलन शुरू हुआ। हजारों छात्रों ने सरकार द्वारा नियंत्रित स्कूलों और कॉलेजों को छोड़ दिया, प्रधानाध्यापकों तथा अध्यापकों ने त्याग-पत्र दे दिए और वकीलों ने मुकदमे लड़ने बंद कर दिए।

8. 'सविनय अवज्ञा आंदोलन' की सीमाओं की व्याख्या कीजिए। **CBSE 2019**

अथवा सविनय अवज्ञा आंदोलन की सीमाओं के मुख्य बिंदुओं को स्पष्ट कीजिए।

उत्तर सविनय अवज्ञा आंदोलन की कुछ सीमाएँ निम्न थीं

- स्वराज की अवधारणा ने सभी सामाजिक समूहों को प्रभावित नहीं किया था। ऐसा एक समूह 'अस्पृश्यों' का था, जो खुद को 1930 के दशक के दौरान दलित कहने लगा था।
- लंबे समय से कांग्रेस ने दलितों को सनातनपंथियों, रूढ़िवादी, उच्च जाति, हिंदुओं पर हमला करने के डर से नजरअंदाज किया था। गाँधीजी ने दलितों को हरिजन या भगवान के बच्चे बताया।

- गाँधीजी का मानना था कि अस्पृश्यता को खत्म किए बिना स्वराज की सौ साल तक स्थापना नहीं की जा सकती। उन्होंने दलितों को मंदिरों में प्रवेश और सार्वजनिक कुएँ, तालाब, सड़कों और स्कूलों तक पहुँच बनाने के लिए सत्याग्रह किया।
- गाँधीजी ने सफाई के काम को सम्मानित करने के लिए स्वयं शौचालयों को साफ किया। गाँधीजी ने अछूतों के बारे में अपनी मानसिकता बदलने के लिए ऊपरी वर्ग से आग्रह किया।

9. "इतिहास और कथा, लोकगीत और गीत, लोकप्रिय प्रिंट और प्रतीक सभी ने भारत में राष्ट्रवाद के निर्माण में एक भूमिका निभाई है।" इस कथन का समर्थन करें। **CBSE 2017**

उत्तर इतिहास और कथा, लोकगीत और गीत, लोकप्रिय प्रिंट और प्रतीक सभी ने भारत में राष्ट्रवाद के निर्माण में महत्त्वपूर्ण भूमिका निभाई है, जिसे निम्न प्रकार देखा जा सकता है

- राष्ट्रवादी इतिहासकारों ने पाठकों से अतीत में भारत की महान् उपलब्धि पर गर्व करने का आग्रह किया तथा ब्रिटिश शासन के लिए अपनी दयनीय स्थिति को बदलने के लिए संघर्ष करने को प्रेरित किया। बंकिमचंद्र चटर्जी द्वारा लिखे गए उपन्यास 'आनंद मठ' एवं इसकी भाँति लिखे गए अन्य उपन्यासों ने देश के लोगों को प्रभावित किया।
- भारतीय लोककथाओं को पुनर्जीवित करने के लिए आंदोलनों के माध्यम से राष्ट्रवाद के विचार विकसित हुए। उन्नीसवीं शताब्दी के उत्तरार्द्ध में रवींद्रनाथ टैगोर और नटसा शास्त्री जैसे राष्ट्रवादियों ने भारतीय लोककथाओं, लोकगीतों, गाथा गीत, नर्सरी कविताएँ एवं पौराणिक कथाएँ एकत्रित कीं। क्योंकि वे पारंपरिक संस्कृति की सच्ची तस्वीर प्रस्तुत करना चाहते थे, जो उपनिवेशवादियों द्वारा क्षतिग्रस्त की गई थी। क्योंकि लोकगीत लोगों की वास्तविक सोच का सबसे विश्वसनीय रूप था।
- बीसवीं सदी में राष्ट्रवाद का विकास भारत माता की छवि से जुड़ा हुआ था। अबनींद्रनाथ टैगोर और कई अन्य कलाकारों ने भारत माता की पेंटिंग बनाई। इस माँ की भक्ति को राष्ट्रवाद के साक्ष्य के रूप में देखा गया। गाँधीजी ने स्वराज ध्वज (लाल, हरा, सफेद) को डिजाइन किया। मार्च के दौरान इस झंडे को ले जाना या पकड़कर रखना चुनौती (अवज्ञा) का प्रतीक बन गया।

C स्रोत आधारित प्रश्न

निम्नलिखित स्रोतों को ध्यानपूर्वक पढ़कर उन पर आधारित प्रश्नों के उत्तर दीजिए

1. फरवरी, 1922 में महात्मा गाँधी ने असहयोग आंदोलन वापस लेने का फैसला कर लिया। उनको लगता था कि आंदोलन हिंसक होता जा रहा है और सत्याग्रहियों को व्यापक प्रशिक्षण की जरूरत है। कांग्रेस के कुछ नेता इस तरह के जनसंघर्षों से थक चुके थे। वे वर्ष 1919 के गवर्नमेंट ऑफ इंडिया एक्ट के तहत गठित की गई प्रांतीय परिषदों के चुनाव में हिस्सा लेना चाहते थे। उनको लगता था कि परिषदों में रहते हुए ब्रिटिश नीतियों का विरोध करना, सुधारों की वकालत करना और यह दिखाना भी महत्त्वपूर्ण है कि ये परिषदें लोकतांत्रिक संस्थाएँ नहीं हैं। सी आर दास और मोतीलाल नेहरू ने परिषद् राजनीति में वापस लौटने के लिए कांग्रेस के भीतर ही स्वराज पार्टी का गठन कर दिया। जवाहरलाल नेहरू और सुभाषचंद्र बोस जैसे युवा नेता ज्यादा उग्र जनांदोलन और पूर्ण स्वतंत्रता के लिए दबाव बनाए हुए थे। आंतरिक बहस व असहमति के इस माहौल में दो ऐसे तत्त्व थे, जिन्होंने बीस के दशक के आखिरी सालों में भारतीय राजनीति की रूपरेखा एक बार फिर बदल दी। पहला कारक था—विश्वव्यापी आर्थिक मंदी का असर।

वर्ष 1926 से कृषि उत्पादों की कीमतें गिरने लगी थीं और वर्ष 1930 के बाद तो पूरी तरह धराशायी हो गईं। कृषि उत्पादों की माँग गिरी और निर्यात कम होने लगा तो किसानों को अपनी उपज बेचना और लगान चुकाना भी भारी पड़ने लगा। वर्ष 1930 तक ग्रामीण इलाके भारी उथल-पुथल से गुज़रने लगे थे।

(i) फरवरी, 1922 में गाँधीजी ने किस कारण सविनय अवज्ञा आंदोलन बीच में ही समाप्त करने की घोषणा की?

(a) ब्रिटिश सरकार ने गाँधीजी की सभी शर्तें स्वीकार कर लीं
(b) आंदोलन का स्वरूप हिंसात्मक हो गया था
(c) आंदोलन के प्रति लोगों में निराशा की भावना उत्पन्न हो गई थी
(d) ब्रिटिश अधिकारी स्वयं इस आंदोलन से पीछे हट गए

उत्तर (b) आंदोलन का स्वरूप हिंसात्मक हो गया था

(ii) **कथन** (A) फरवरी, 1921 में असहयोग आंदोलन वापस ले लिया गया।

कारण (R) आंदोलन का स्वरूप हिंसक हो रहा था।

कूट

(a) A और R दोनों सही हैं तथा R, A की सही व्याख्या है
(b) A और R दोनों सही हैं, परंतु R, A की सही व्याख्या नहीं है
(c) A सही है, किंतु R गलत है
(d) A गलत है, किंतु R सही है

उत्तर (d) A गलत है, किंतु R सही है

(iii) वर्ष 1919 में गठित की गई प्रांतीय परिषदों के संबंध में असत्य कथन की पहचान कीजिए।

(a) यह परिषद् गवर्नमेंट ऑफ इंडिया एक्ट के तहत गठित की गई थी
(b) कांग्रेस के कुछ नेता प्रांतीय परिषदों के चुनाव में हिस्सा लेना चाहते थे
(c) प्रांतीय परिषद् के गठन का मुख्य उद्देश्य सविनय अवज्ञा आंदोलन की पृष्ठभूमि को तैयार करना था
(d) प्रांतीय परिषद् के उद्देश्यों में ब्रिटिश नीतियों का विरोध भी शामिल था

उत्तर (c) प्रांतीय परिषद् के गठन का मुख्य उद्देश्य सविनय अवज्ञा आंदोलन की पृष्ठभूमि को तैयार करना था

(iv) वर्ष 1928 में साइमन कमीशन के भारत आगमन के दौरान इसका व्यापक विरोध किया गया। इसके पीछे मुख्य कारण क्या था?

(a) साइमन कमीशन भारत का विभाजन चाहता था
(b) साइमन कमीशन सांप्रदायिक नीतियों का पक्षधर था
(c) इस कमीशन में एक भी सदस्य भारतीय नहीं था
(d) साइमन कमीशन भारतीय स्वतंत्रता का विरोधी था

उत्तर (c) इस कमीशन में एक भी सदस्य भारतीय नहीं था

(v) साइमन कमीशन के विरोध को शांत करने के उद्देश्य से तत्कालीन वायसराय ने किस प्रस्थिति की घोषणा की?

(a) पूर्ण स्वराज की (b) पूर्ण स्वतंत्रता की
(c) डोमीनियन स्टेट्स की (d) राष्ट्रमंडल समिति की

उत्तर (c) डोमीनियन स्टेट्स की

(vi) 1930 के दशक में भारतीय ग्रामीण क्षेत्र में उथल-पुथल मच गई, इसके पीछे मुख्य कारण .... था।

(a) वैश्विक आर्थिक नीति (b) सविनय अवज्ञा आंदोलन
(c) लॉर्ड इरविन की नीतियाँ (d) ये सभी

उत्तर (a) वैश्विक आर्थिक नीति

2. गाँधीजी ने वर्ष 1919 में प्रस्तावित रॉलेट एक्ट (1919) के खिलाफ एक राष्ट्रव्यापी सत्याग्रह आंदोलन चलाने का फ़ैसला लिया। भारतीय सदस्यों के भारी विरोध के बावजूद इस क़ानून को इंपीरियल लेजिस्लेटिव काउंसिल ने बहुत जल्दबाजी में पारित कर दिया था। इस क़ानून के ज़रिए सरकार को राजनीतिक गतिविधियों को कुचलने और राजनीतिक कैदियों को दो साल तक बिना मुकदमा चलाए जेल में बंद रखने का अधिकार मिल गया था। महात्मा गाँधी ऐसे अन्यायपूर्ण क़ानूनों के ख़िलाफ़ अहिंसक ढंग से नागरिक अवज्ञा चाहते थे। इसे 6 अप्रैल को एक हड़ताल से शुरू होना था। अमृतसर में बहुत सारे स्थानीय नेताओं को हिरासत में ले लिया गया। गाँधीजी के दिल्ली में प्रवेश करने पर पाबंदी लगा दी गई। 10 अप्रैल को पुलिस ने अमृतसर में एक शांतिपूर्ण जुलूस पर गोली चला दी। इसके बाद लोग बैंकों, डाकखानों और रेलवे स्टेशनों पर हमले करने लगे। मार्शल लॉ लागू कर दिया गया और जनरल डायर ने कमान सँभाल ली।

13 अप्रैल को जलियाँवाला बाग हत्याकांड हुआ। उस दिन अमृतसर में बहुत सारे गाँव वाले सालाना बैसाखी मेले में शिरकत करने के लिए जलियाँवाला बाग मैदान में जमा हुए थे। काफ़ी लोग तो सरकार द्वारा लागू किए गए दमनकारी कानून का विरोध प्रकट करने के लिए एकत्रित हुए। यह मैदान चारों तरफ़ से बंद था। शहर से बाहर होने के कारण वहाँ जुटे लोगों को यह पता नहीं था कि इस इलाके में मार्शल लॉ लागू किया जा चुका है। जनरल डायर हथियारबंद सैनिकों के साथ वहाँ पहुँचा और जाते ही उसने मैदान से बाहर निकलने के सारे रास्तों को बंद कर दिया। इसके बाद उसके सिपाहियों ने भीड़ पर अंधाधुंध गोलियाँ चला दीं। सैंकड़ों लोग मारे गए। सरकार लोगों को अपमानित और आतंकित करना चाहती थी। सत्याग्रहियों को ज़मीन पर नाक रगड़ने के लिए, सड़क पर घिसटकर चलने और सारे साहिबों को सलाम मारने के लिए मज़बूर किया गया। लोगों को कोड़े मारे गए और गाँवों (गुजराँवाला, पंजाब) पर बम बरसाए गए। हिंसा फैलते देख महात्मा गाँधी ने आंदोलन वापस ले लिया।

भले ही रॉलेट सत्याग्रह एक बहुत बड़ा आंदोलन था, लेकिन अभी भी वह मुख्य रूप से शहरों और क़स्बों तक ही सीमित था। महात्मा गाँधी पूरे भारत में और भी ज़्यादा जनाधार वाला आंदोलन करना चाहते थे। लेकिन उनका मानना था कि हिंदू-मुसलमानों को एक-दूसरे के नजदीक लाए बिना ऐसा कोई आंदोलन नहीं चलाया जा सकता। उन्हें लगता था कि ख़िलाफ़त का मुद्दा उठाकर वे दोनों समुदायों को नजदीक ला सकते हैं। ख़लीफ़ा की तात्कालिक शक्तियों की रक्षा के लिए मार्च, 1919 में मुंबई में एक ख़िलाफ़त समिति का गठन किया गया था।

(i) रॉलेट एक्ट के विरोध करने के दौरान गाँधीजी को .... में प्रवेश करने पर पाबंदी लगा दी तथा 10 अप्रैल को पुलिस ने .... में शांतिपूर्ण जुलूस पर गोली चलवा दी।

(a) अमृतसर, दिल्ली (b) कानपुर, अमृतसर
(c) दिल्ली, अमृतसर (d) दिल्ली, लुधियाना

उत्तर (c) दिल्ली, अमृतसर

(ii) नीचे दिए गए कथनों में से जलियाँवाला बाग हत्याकांड के संबंध में कौन-सा कथन असत्य है?

(a) यह हत्याकांड बैशाखी के दिन हुआ था
(b) यह मैदान चारों ओर से खुला हुआ था
(c) इस बाग में जमा लोग मार्शल लॉ से अनभिज्ञ थे
(d) इस बाग में कुछ लोग रॉलेट एक्ट के विरोध हेतु भी एकत्रित हुए थे

उत्तर (b) यह मैदान चारों ओर से खुला हुआ था

(iii) रॉलेट एक्ट का विरोध करने वालों के विरुद्ध ब्रिटिश सरकार ने जो सख्त कदम उठाया, उसका मुख्य उद्देश्य था

(a) विद्रोहियों का कत्लेआम करना
(b) सत्याग्रहियों को जेल में प्रताड़ित करना
(c) सत्याग्रहियों को अपमानित एवं आतंकित करना
(d) उपरोक्त सभी

उत्तर (c) सत्याग्रहियों को अपमानित एवं आतंकित करना

(iv) रॉलेट सत्याग्रह का प्रभाव शहरों एवं कस्बों तक ही सीमित था तथा ग्रामीण क्षेत्रों में इसका प्रभाव शून्य था, इसका मूल कारण क्या था?

(a) ग्रामीण क्षेत्रों में नेतृत्व का अभाव था
(b) ग्रामीण क्षेत्र में इस एक्ट का प्रभाव शून्य था
(c) ज्यादातर सत्याग्रही शहरी एवं कस्बों में ही निवास करते थे
(d) उपरोक्त सभी

उत्तर (c) ज्यादातर सत्याग्रही शहरी एवं कस्बों में ही निवास करते थे

(v) खिलाफत के मुद्दे पर गाँधीजी की राय के संबंध में सही कथन को पहचानें।

1. गाँधीजी खिलाफत के मुद्दे को जनता के बीच लाकर ग्रामीणों और शहरी जनता के बीच की दूरी को कम करना चाहते थे।
2. गाँधीजी के खिलाफत का मुद्दा एक विशेष क्षेत्र तक सीमित रहा।
3. गाँधीजी एक व्यापक आंदोलन को प्रारंभ करने हेतु खिलाफत को आधार बनाकर हिंदू और मुस्लिमों को नजदीक लाना चाहते थे।

कूट

(a) केवल 1 (b) 1 और 2
(c) केवल 3 (d) 2 और 3

उत्तर (c) केवल 3

(vi) सुमेलित कीजिए

सूची I	सूची II
A. गाँधीजी के प्रवेश पर पाबंदी लगा दी गई	1. गुजराँवाला
B. शांतिपूर्ण जुलूस पर गोलियाँ चलाई गईं	2. अमृतसर
C. खिलाफत समिति का गठन किया गया	3. दिल्ली
D. आंदोलनकारियों पर बम बरसाए गए	4. मुंबई

कूट

	A	B	C	D
(a)	2	3	4	1
(b)	3	2	4	1
(c)	4	2	3	1
(d)	1	2	3	4

उत्तर (b) 3 2 4 1

3. स्रोत 'अ' नमक यात्रा और सविनय अवज्ञा आंदोलन

देश को एकजुट करने के लिए महात्मा गाँधी को नमक एक शक्तिशाली प्रतीक दिखाई दिया। 31 जनवरी, 1930 को उन्होंने वायसराय इरविन को एक खत लिखा। इस खत में उन्होंने 11 माँगों का उल्लेख किया था। इनमें से कुछ सामान्य माँगें थीं, जबकि कुछ माँगें उद्योगपतियों से लेकर किसानों तक विभिन्न तबकों से जुड़ी थीं।

स्रोत 'ब' लोगों ने आंदोलन को कैसे लिया?

गाँवों में संपन्न किसान समुदाय; जैसे—गुजरात के पाटीदार और उत्तर प्रदेश के जाट आंदोलन में सक्रिय थे। व्यावसायिक फसलों की खेती करने के कारण व्यापार में मंदी और गिरती कीमतों से वे बहुत परेशान थे।

स्रोत 'स' सविनय अवज्ञा आंदोलन की सीमाएँ

जब सविनय अवज्ञा आंदोलन शुरू हुआ उस समय समुदायों के बीच संदेह और अविश्वास का माहौल बना हुआ था।

CBSE Compartment 2020

स्रोत 'अ' नमक यात्रा और सविनय अवज्ञा आंदोलन

(i) नमक कानून के प्रति गाँधीजी ने किस प्रकार प्रतिक्रिया व्यक्त की?

उत्तर नमक कानून पूरे देश को एकजुट करने का एक शक्तिशाली साधन प्रतीत हुआ। गाँधीजी ने तत्कालीन वायसराय लॉर्ड इरविन को एक पत्र लिखकर 11 माँगों का उल्लेख किया। ये सभी माँगें सामान्य वर्ग से लेकर बड़े उद्योगपतियों से जुड़ी थीं।

स्रोत 'ब' लोगों ने आंदोलन को कैसे लिया?

(ii) संपन्न किसान सविनय अवज्ञा आंदोलन के समर्थक क्यों हुए?

उत्तर संपन्न किसानों के सविनय अवज्ञा आंदोलन को समर्थन देने का प्रमुख कारण व्यावसायिक फसलों की खेती के कारण व्यापार में मंदी और गिरती कीमतों से हो रही परेशानी थी।

स्रोत 'स' सविनय अवज्ञा आंदोलन की सीमाएँ

(iii) सविनय अवज्ञा आंदोलन की सीमाओं की परख कीजिए।

उत्तर सभी सामाजिक समूह स्वराज की अमूर्त अवधारणा से प्रभावित नहीं थे; जैसे–एक ऐसा ही समूह राष्ट्र के अछूतों का था, जो खुद को वर्ष 1930 के पश्चात् दलित या उत्पीड़ित कहने लगे थे।

4. महात्मा गाँधी के विचारों और स्वराज की अवधारणा के बारे में मजदूरों की अपनी समझ थी। असम के बागानी मजदूरों के लिए आजादी का अर्थ यह था कि वे उन चाहरदीवारियों से जब चाहे आ-जा सकते हैं, जिनमें उनको बंद करके रखा गया था। उनके लिए आजादी का अर्थ था कि वे अपने गाँवों से संपर्क रख पाएँगे। 1859 ई. के इंग्लैंड इमिग्रेशन एक्ट के अंतर्गत बागानों में काम करने वाले मज़दूरों को बिना इजाज़त बागान से बाहर जाने की छूट नहीं होती थी और यह इजाज़त उन्हें विरले ही कभी मिलती थी। जब उन्होंने असहयोग आंदोलन के बारे में सुना तो हजारों मजदूर अपने अधिकारियों की अह्वेलना करने लगे। उन्होंने बागान छोड़ दिए और अपने घर को चल दिए। उनको लगता था कि अब गाँधी राज आ रहा है, इसलिए अब तो हरेक को गाँव में जमीन मिल जाएगी। लेकिन वे अपनी मंजिल पर नहीं पहुँच पाए। रेलवे और स्टीमरों की हड़ताल के कारण वे रास्ते में ही फँसे रह गए। उन्हें पुलिस ने पकड़ लिया और उनकी बुरी तरह पिटाई हुई। **CBSE 2020**

(i) असम के बागानी मजदूरों के लिए 'स्वराज' की अवधारणा को स्पष्ट कीजिए।

उत्तर असम के बागानी मजदूरों के लिए 'स्वराज' शब्द का अपना अलग अर्थ और समझ थी। उनका इससे तात्पर्य था कि वे उन बंदिशों से जब चाहे आ-जा सकते हैं, जिसमें उनको बंद करके रखा गया था। उनके लिए आज़ादी का अर्थ था कि वे अपने गाँवों से संपर्क रख पाएँगे।

(ii) बागानी मजदूरों की आजादी में बाधक के रूप में 1859 ई. के इनलैंड इमिग्रेशन एक्ट को स्पष्ट कीजिए।

उत्तर 1859 ई. के इनलैंड इमिग्रेशन एक्ट के अंतर्गत बागानों में काम करने वाले मजदूरों को बिना अनुमति बागान से बाहर जाने की छूट नहीं होती थी और यह अनुमति उन्हें कभी-कभी ही मिलती थी।

(iii) मजदूरों के असहयोग आंदोलन में हिस्सा लेने के प्रमुख परिणाम को स्पष्ट कीजिए।

उत्तर मजदूरों के असहयोग आंदोलन में हिस्सा लेने का प्रमुख परिणाम यह हुआ कि उनके पास न तो अब काम था और न ही घर लौटने के पर्याप्त साधन।

5. सामूहिक अपनेपन की यह भावना आंशिक रूप से संयुक्त संघर्षों के चलते पैदा हुई थी। इनके अलावा बहुत सारी सांस्कृतिक प्रक्रियाएँ भी थीं, जिनके जरिए राष्ट्रवाद लोगों की कल्पना और दिलोदिमाग़ पर छा गया था। इतिहास व साहित्य, लोक कथाएँ व गीत, चित्र व प्रतीक सभी ने राष्ट्रवाद को साकार करने में अपना योगदान दिया था। जैसा कि आप जानते हैं, राष्ट्र की पहचान सबसे ज्यादा किसी तसवीर में अंकित की जाती है। इससे लोगों को एक ऐसी छवि गढ़ने में मदद मिलती है, जिसके जरिए वे राष्ट्र को पहचान सकते हैं। बीसवीं सदी में राष्ट्रवाद के विकास के साथ भारत की पहचान भी भारत माता की छवि का रूप लेने लगी। इस छवि के निर्माण का आरंभ बंकिमचन्द्र चट्टोपाध्याय ने किया था। 1870 के दशक में उन्होंने मातृभूमि की स्तुति के रूप में 'वंदे मातरम्' गीत लिखा था। बाद में इसे उन्होंने अपने उपन्यास 'आनंदमठ' में शामिल कर लिया।

यह गीत बंगाल में स्वदेशी आंदोलन में खूब गाया गया। स्वदेशी आंदोलन की प्रेरणा से अबनीन्द्रनाथ टैगोर ने भारत माता की विख्यात छवि को चित्रित किया। इस पेंटिंग में भारत माता को एक संन्यासिनी के रूप में दर्शाया गया है। वह शांत, गंभीर, दैवी और आध्यात्मिक गुणों से युक्त दिखाई देती है। आगे चलकर जब इस छवि को बड़े पैमाने पर तसवीरों में उतारा जाने लगा और विभिन्न कलाकार यह तसवीर बनाने लगे तो भारत माता की छवि विविध रूप ग्रहण करती गई। इस मातृ छवि के प्रति श्रद्धा को राष्ट्रवाद में आस्था का प्रतीक माना जाने लगा। **CBSE Term II 2022**

(i) 'राष्ट्र' लोगों के मस्तिष्क में एक यथार्थ का रूप कैसे लेता है?

उत्तर जब लोग यह महसूस करने लगते हैं कि वे एक ही राष्ट्र के अंग हैं और एक-दूसरे को एकता के सूत्र में बाँधने वाले कोई विचार या भावना को अपनाने लगते हैं, तब लोगों के मस्तिष्क में राष्ट्र एक यथार्थ का रूप ले लेता है।

(ii) राष्ट्रवाद ने लोगों की कल्पनाओं में कैसे रूप लिया?

उत्तर इतिहास व साहित्य, लोक कथाएँ व गीत, चित्र व प्रतीक सभी ने राष्ट्रवाद को साकार करने में मदद की। इससे लोगों में एकता की भावना का उदय हुआ। सांस्कृतिक प्रक्रियाओं ने लोगों के दिमाग पर राष्ट्रवाद की भावना को बढ़ावा दिया। इससे भारत माता की छवि विविध रूप से ग्रहण करती गई। इस प्रकार से राष्ट्रवाद ने लोगों की कल्पनाओं का रूप लिया।

(iii) विभिन्न समुदायों के लोगों में सामूहिक अपनेपन का भाव किस प्रकार विकसित हुआ?

उत्तर लोगों में सामूहिक अपनेपन की भावना संयुक्त संघर्षों, लोक कथाओं, गीत, चित्र व प्रतीक तथा भारत माता के रूप में स्वीकार करने आदि से विकसित हुई। इसमें बंकिमचंद्र चट्टोपाध्याय के द्वारा 1870 के दशक में मातृभूमि की स्तुति के रूप में वंदे मातरम् ने महत्त्वपूर्ण भूमिका निभाई। यह गीत बंगाल के स्वदेशी आंदोलन में बड़े स्तर पर गाया गया था। इससे लोगों में एकता की भावना उत्पन्न हुई। इतना ही नहीं भारत माता को संन्यासिनी के रूप में भी दर्शाया गया। इससे लोगों में राष्ट्रवाद की भावना आस्था के रूप में प्रकट हुई। इससे लोगों में अकेलेपन से दूर सामूहिक अपनेपन की भावना तथा राष्ट्र को एक सूत्र में बाँधने की भावना अर्थात् लोगों में एकता की भावना का संचार व्यापक स्तर पर हुआ।

C मानचित्र आधारित प्रश्न

1. दिए गए मानचित्र पर निम्न को दर्शाएँ

(i) गाँधीजी ने नील की खेती करने वाले किसानों के पक्ष में सत्याग्रह आयोजित किया। **CBSE 2020, 19**

(ii) सविनय अवज्ञा आंदोलन

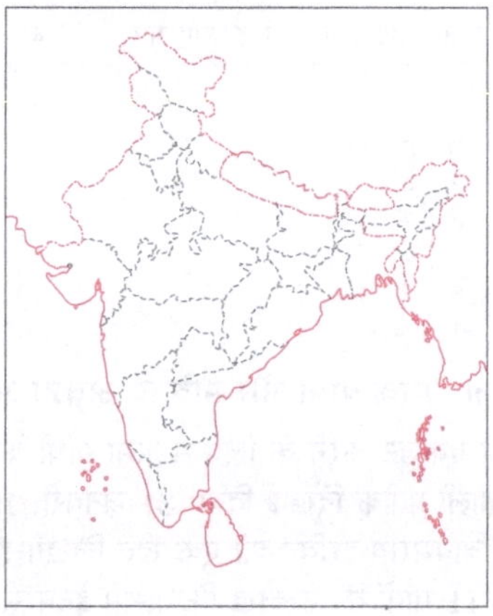

उत्तर निम्न मानचित्र देखें

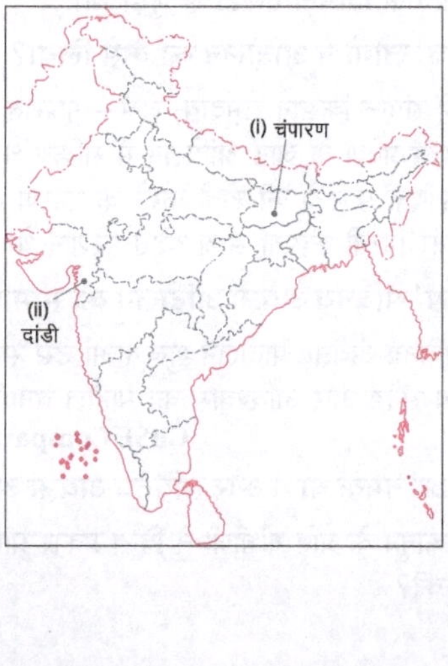

2. दिए गए मानचित्र पर निम्न को दर्शाइए

(i) किसान सत्याग्रह

(ii) सितंबर, 1920 के कांग्रेस अधिवेशन का स्थान **CBSE Term II 2022, CBSE 2020, 17**

(iii) 1927 के कांग्रेस अधिवेशन का स्थान **CBSE Term II 2022, CBSE 2020, 17**

(iv) वह स्थान, जहाँ असहयोग आंदोलन को हिंसा के कारण बीच में रोकना पड़ा। **CBSE 2020**

(v) दिसंबर, 1920 का कांग्रेस अधिवेशन

उत्तर निम्न मानचित्र देखें

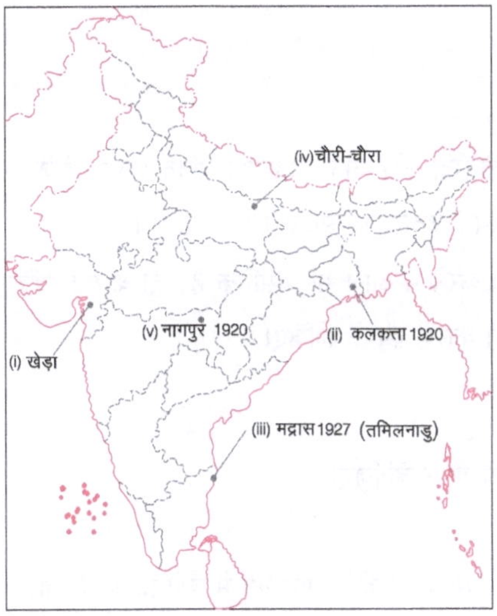

3. दो लक्षण 'A' और 'B' दिए गए भारत के राजनीतिक रेखा-मानचित्र में अंकित किए गए हैं। इन लक्षणों को निम्नलिखित जानकारी की सहायता से पहचानिए और उनके सही नाम मानचित्र पर खींची गई रेखाओं पर लिखिए **CBSE 2020**

(A) वह स्थान (राज्य), जहाँ जलियाँवाला बाग हत्याकांड हुआ। **CBSE Term II 2022**

(B) वह स्थान, जहाँ गाँधीजी ने सूती मिल मजदूरों के पक्ष में सत्याग्रह किया।

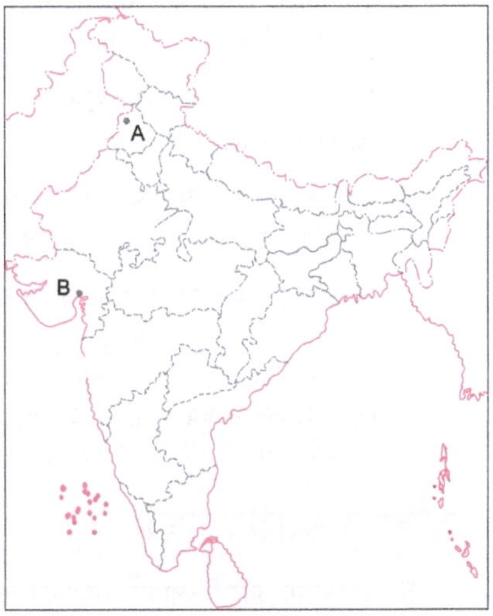

उत्तर

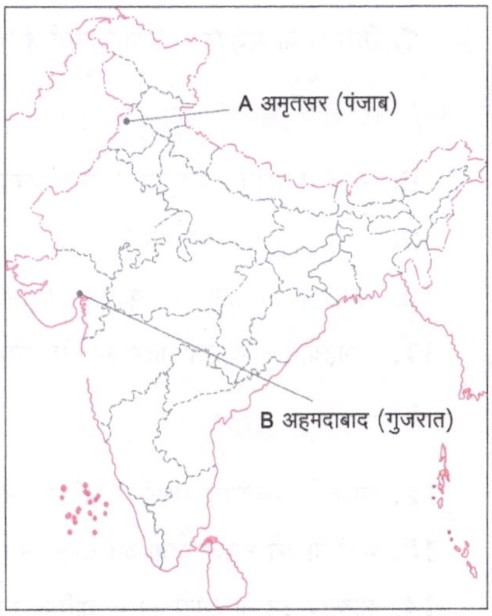

स्वयं को जाँचें

वस्तुनिष्ठ प्रश्न

1. 13 अप्रैल, 1919 को अमृतसर में कुख्यात जलियाँवाला बाग हत्याकांड के लिए कौन जिम्मेदार था?
(a) वारेन हेस्टिंग्स (b) जनरल डायर (c) लॉर्ड कार्नवालिस (d) विलियम बैंटिक

2. भारत में व्यापक आंदोलन शुरू करने के लिए किसने हिंदुओं और मुसलमानों को एकसाथ लाने की आवश्यकता समझी?
(a) जवाहरलाल नेहरू (b) बाल गंगाधर तिलक (c) महात्मा गाँधी (d) लाला लाजपत राय

3. प्रायः राष्ट्र को किस रूप में प्रतीक माना जाता है?
(a) इतिहास (b) प्रतिबिंब या चित्र (c) लोकप्रिय प्रिंट (d) लोकनृत्य एवं गीत

4. निम्नांकित कथनों में से गलत कथन की पहचान कीजिए
(a) पं. जवाहरलाल नेहरू के नेतृत्व में किसान आंदोलन का विकास हुआ
(b) वर्ष 1921 में खिलाफत आंदोलन की शुरुआत हुई
(c) अंबेडकर ने वर्ष 1930 में दलितों के लिए डिप्रेस्ड क्लासेज एसोसिएशन का गठन किया था
(d) वर्ष 1921 में गाँधीजी ने स्वराज ध्वज डिजाइन किया था

अतिलघु उत्तरीय प्रश्न

5. असहयोग और खिलाफत आंदोलन की शुरुआत कब की गई थी?

6. बहिष्कार शब्द का अर्थ बताइए।

7. गिरमिटिया मजदूर से क्या तात्पर्य है?

लघु उत्तरीय प्रश्न

8. भारत में प्रथम विश्वयुद्ध ने किस प्रकार एक नई आर्थिक परिस्थिति पैदा की? तीन उदाहरणों सहित स्पष्ट कीजिए।

9. भारत में लोगों द्वारा 'रॉलेट एक्ट' का किस प्रकार विरोध किया गया? उदाहरणों सहित स्पष्ट कीजिए।

10. सत्याग्रह का कौन-सा सिद्धांत आधुनिक दुनिया के संघर्षों को हल करने में आज भी प्रासंगिक है? दो कारण दीजिए।

11. असहयोग आंदोलन शहरों में धीरे-धीरे धीमा क्यों पड़ा? कोई तीन कारण स्पष्ट कीजिए।

दीर्घ उत्तरीय प्रश्न

12. भारत के स्वतंत्रता संघर्ष में सविनय अवज्ञा आंदोलन के महत्त्व का वर्णन कीजिए।

13. गाँधीजी की नमक यात्रा का वर्णन करें।

14. सविनय अवज्ञा आंदोलन में शामिल विभिन्न सामाजिक समूह कौन-से थे? उन्होंने आंदोलन में क्यों हिस्सा लिया?

अध्याय
03

भूमंडलीकृत विश्व का बनना

वैश्वीकरण (Globalisation) एक आर्थिक पद्धति है, जो लगभग 50 वर्ष पुरानी है, लेकिन भूमंडलीकृत विश्व (Global World) को बनने में बहुत अधिक वर्ष लगे हैं। वैश्वीकरण को समझने के लिए हमें व्यापार (Trade), प्रवास (Migration), लोगों की काम के लिए खोज, पूँजी (Capital) की आवाजाही आदि के इतिहास को समझने की आवश्यकता है।

अध्याय एक नजर में

- *आधुनिक युग से पूर्व का विश्व*
- *19वीं शताब्दी (1815-1914)*
- *महायुद्धों के बीच अर्थव्यवस्था*
- *विश्व अर्थव्यवस्था का पुनर्निर्माण: युद्धोत्तर काल*

आधुनिक युग से पूर्व का विश्व

मानव समाज परस्पर मजबूती से जुड़ा हुआ है। प्राचीन समय से ही यात्री, व्यापारी, पुजारी व तीर्थयात्री विभिन्न कारणों के लिए लंबी-लंबी दूरियों की यात्रा करते थे। इनमें से प्रमुख कारण ज्ञान प्राप्ति, अधिक अवसरों की तलाश, धार्मिक अथवा आध्यात्मिक पूर्ति तथा दुर्व्यवहार अर्थात् यातनापूर्ण जीवन से बचाव आदि थे। वे अपने साथ बहुत-सी वस्तुएँ, धन, विचार, कौशल, मूल्य, खोजें और यहाँ तक कि रोगाणु व बीमारियाँ भी साथ लेकर जाते थे। 13वीं शताब्दी से देशों के मध्य मजबूत संबंध स्थापित होने लगे थे।

प्राचीन समय में 3000 ईसा पूर्व में समुद्री तटों से होने वाले व्यापार के माध्यम से सिंधुवासी, पश्चिमी एशिया के लोगों के साथ जुड़े हुए थे। इसी प्रकार एक हजार वर्ष से अधिक समय से मालदीव के समुद्रों में पाई जाने वाली **कौड़ियों** (जिन्हें मुद्रा के रूप में प्रयोग किया जाता था) की प्राप्ति अफ्रीका और चीन से हुई है।

रेशम मार्ग से विश्व का जुड़ना

- रेशम मार्ग (Silk Route) ईसा पूर्व के समय में ही सामने आ चुके थे और लगभग 15वीं शताब्दी तक अस्तित्व में थे। रेशम मार्ग विश्व के दूर-दूर स्थित भागों के बीच आधुनिक युग से पूर्व के व्यापारिक और सांस्कृतिक संपर्कों का एक अच्छा उदाहरण है; जैसे—यूरोप व उत्तरी अफ्रीका के साथ एशिया का संपर्क। रेशम मार्गों के माध्यम से चीन से रेशम के जहाज, भारतीय मसाले व वस्त्र, यूरोप से सोना व चाँदी विश्व के विभिन्न स्थानों तक ले जाए गए। वापसी में सोने-चाँदी जैसी कीमती धातुएँ यूरोप से एशिया पहुँचती थीं।
- इन मार्गों से बौद्ध उपदेशक, ईसाई मिशनरियाँ और बाद में मुस्लिम उपदेशकों ने भी यात्राएँ कीं। ये मार्ग विश्व के दूरतम देशों के बीच सांस्कृतिक संबंधों को और व्यापार के महान संसाधनों के रूप में स्वयं को सिद्ध कर चुके हैं।

भोजन की यात्रा : नई फसलों का परिचय

- बाह्य पदार्थों के माध्यम से भी सांस्कृतिक आदान-प्रदान के बारे में पता चलता है। खाद्य पदार्थ; जैसे—आलू, सोयाबीन, मूँगफली, मक्का, टमाटर, मिर्ची, शकरकंद आदि यूरोप और एशिया में तब पहुँचे, जब अमेरिका की खोज क्रिस्टोफर कोलंबस ने की थी।
- नूडल्स (Noodles) चीन से पश्चिम में पहुँचा और वहाँ उससे **स्पैघेत्ती** (Spaghetti) का जन्म हुआ। पास्ता (Pasta) अरब यात्रियों के साथ पाँचवीं सदी में सिसली पहुँचा, जो इटली का एक प्रांत है। आलू से परिचय होने के बाद यूरोप के निर्धन अच्छा भोजन करने लगे, जिससे उनका जीवन बढ़ गया।
- आयरलैंड के गरीब काश्तकार (Peasants) आलू पर अधिक निर्भर हो चुके थे। 1840 के दशक के मध्य आयरलैंड में आलू की फसल किसी बीमारी के कारण खराब हो गई, जिससे आयरलैंड में भयानक **आलू अकाल** (Potato Famine) की स्थिति बन गई और लगभग दस लाख लोगों से भी अधिक की मृत्यु हो गई।

विजय, बीमारी और व्यापार

- 16वीं शताब्दी में यूरोपीय नाविकों ने एशिया और अमेरिका तक समुद्री मार्ग खोज लिया।
- भारतीय उपमहाद्वीप व्यापार का केंद्र था, लेकिन यूरोपियों के प्रवेश ने इस व्यापार को यूरोप तक फैलाने में मदद की।
- पेरू और मैक्सिको की खानों में पाई जाने वाली कीमती धातु चाँदी ने यूरोप की संपदा में वृद्धि की और उसका व्यापार एशिया तक बढ़ गया। 17वीं शताब्दी के आते-आते संपूर्ण यूरोप में दक्षिणी अमेरिका की धन-संपदा के विषय में तरह-तरह के किस्से बनने लगे थे। इन्हीं किस्सों के कारण वहाँ के लोग **एल डोराडो** (El Dorado) को 'सोने का शहर' मानने लगे थे।
- 16वीं शताब्दी के मध्य में स्पेनवासी और पुर्तगाली अमेरिका को जीतने वाले पहले यूरोपीय थे।
- अमेरिका की विजय संभव थी, क्योंकि भयानक रोग **छोटी चेचक** (Smallpox) ने अमेरिका की वास्तविक आबादी के संपूर्ण समुदाय को नष्ट कर दिया था।
- उनकी इस रोग के प्रति प्रतिरोधक क्षमता न के बराबर थी। परिणामस्वरूप हजारों यूरोपीय अमेरिका चले आए और अफ्रीका में पकड़े गए गुलामों को यूरोपीय बाजार के लिए कपास और चीनी उत्पाद के कार्य में लगा दिया गया। यूरोप विश्व व्यापार के केंद्र के रूप में उभरा।
- 19वीं सदी तक यूरोप में गरीबी और भूख का ही बोलबाला था। यहाँ के शहरों में अत्यंत भीड़ थी और बीमारियों की प्रमुखता थी। धार्मिक टकराव सदैव विद्यमान थे। धार्मिक असंतुष्टों को कठोर दंड दिया जाता था। इन सब कारणों से हजारों लोग यूरोप से भागकर अमेरिका आ गए।
- 18वीं सदी के अंतिम दशकों तक चीन और भारत को दुनिया के सबसे अमीर देशों में गिना जाता था। एशिया के व्यापारों में इन दोनों की प्रभुता थी, लेकिन विशेषज्ञों के अनुसार 15वीं सदी से चीन ने अपना व्यापार दूसरे देशों के साथ कम करना शुरू कर दिया। इस प्रकार, चीन की घटती भूमिका और अमेरिका के बढ़ते महत्त्व के साथ व्यापार की दिशा पश्चिम की ओर उन्मुख होने लगी। इस तरह यूरोप ही विश्व व्यापार का केंद्र बन गया।

19वीं शताब्दी (1815-1914)

- 19वीं शताब्दी में आर्थिक, राजनीतिक, सामाजिक, सांस्कृतिक और तकनीकी कारकों ने विभिन्न तरीकों से परस्पर प्रभाव डाला। इसने समाज को बदल दिया और अपने बाहरी संबंधों को एक नया रूप दिया।
- अर्थशास्त्रियों ने अंतर्राष्ट्रीय आर्थिक विनियमों के अंतर्गत तीन प्रकार की गतियों या प्रवाहों की पहचान की है
  - (i) वस्तुओं में व्यापार का प्रवाह (विशेष रूप से कपड़े व गेहूँ)।
  - (ii) रोजगार की तलाश में लोगों के प्रवास के कारण श्रम का प्रवाह।
  - (iii) लंबी दूरी वाले स्थानों, अल्प अवधि या दीर्घ अवधि के निवेश के लिए पूँजी का प्रवाह।
- ये तीनों प्रवाह एक-दूसरे से जुड़े हुए थे और महत्त्वपूर्ण रूप से लोगों के जीवन को प्रभावित करते थे।

विश्व अर्थव्यवस्था का उदय

18वीं शताब्दी के अंत में औद्योगीकरण और जनसंख्या वृद्धि ने ब्रिटेन में खाद्यान्न की माँग में वृद्धि कर दी। इस स्थिति ने खाद्यान्न मूल्य में वृद्धि कर दी।

कॉर्न लॉ और इसके प्रभाव

- जमींदारों (Landowners) के दबाव के कारण सरकार ने कॉर्न (मक्का) के आयात पर प्रतिबंध लगा दिया। इस कानून को सामान्यत: **कॉर्न लॉ** (Corn Law) के नाम से जाना जाता था।
- कॉर्न लॉ के सूत्रपात के बाद भोज्य पदार्थों का मूल्य अत्यधिक हो गया।
- नगरों में रहने वाले उद्योगपति और लोग उच्च मूल्यों के कारण अप्रसन्न थे। उन्होंने कॉर्न लॉ का उन्मूलन करने के लिए ब्रिटिश सरकार पर दबाव डाला।
- कॉर्न लॉ के उन्मूलन के बाद ब्रिटेन में भोजन पहले की अपेक्षा अत्यधिक सस्ती दरों पर आयातित हो सका।

ब्रिटिश सरकार कृषि आयात से प्रतिस्पर्द्धा करने में अयोग्य थी। भूमि का विशाल क्षेत्र खेती के योग्य नहीं था और हजारों लोगों ने अपनी आजीविका खो दी। वे कार्यों की तलाश में शहर आ गए अथवा विदेशों की ओर पलायन कर गए। कॉर्न लॉ के उन्मूलन के प्रभाव निम्नलिखित थे

- आयातित खाद्य पदार्थों की लागत ब्रिटेन में उत्पन्न होने वाले खाद्य पदार्थों से भी कम थी।
- भोजन के मूल्य में गिरावट आने से ब्रिटेन में खपत में वृद्धि हो गई।
- 19वीं शताब्दी के मध्य से ब्रिटेन में तेजी से औद्योगिक वृद्धि हुई और आय भी बढ़ गई तथा भोजन के लिए अधिक माँग में भी बढ़ोतरी हुई।
- पूर्वी यूरोप, रूस, अमेरिका और ऑस्ट्रेलिया, दुनिया के हर हिस्से में जमीनों को साफ करके खेती की जाने लगी, जिससे ब्रिटेन की माँग को पूरा किया जा सके।

- कृषि संबंधी उत्पादों का निर्यात करने के लिए नए रेलवे स्टेशनों, बंदरगाहों तथा कर्मचारियों की संख्या में वृद्धि होने से अत्यधिक आवासों व प्रबंधनों की आवश्यकता हुई।
- श्रम की माँग के कारण 19वीं शताब्दी में लाखों लोग बेहतर जीवन की तलाश में यूरोप से अमेरिका और ऑस्ट्रेलिया की ओर प्रवास करने लगे। लंदन जैसे वित्तीय केंद्रों से पूँजी का प्रवाह होने लगा।
- 1890 ई. से **वैश्विक कृषि अर्थव्यवस्था** (Global Agricultural Economy) का विकास हुआ। कभी-कभी रेलों या जहाजों द्वारा हजारों मील दूर से भोजन आता था।
- कॉर्न लॉ के उन्मूलन का प्रभाव भारत (विशेषकर पश्चिमी पंजाब) में भी छोटे पैमाने पर देखा जा सकता है।
- भारत में ब्रिटिश शासकों ने निर्यात हेतु गेहूँ और कपास में बढ़ोतरी करने के लिए उपजाऊ कृषि भूमि में सिंचाई का विकास कर पंजाब को रूपांतरित कर दिया। कपास का उत्पादन भी संपूर्ण विश्व में तेजी से होने लगा, ताकि ब्रिटिश मिलों की कपड़े की माँग को पूरा किया जा सके।
- क्षेत्रीय वस्तुओं (Regional commodities) का विकास इतनी तेजी से हुआ कि 1820 ई. से वर्ष 1914 के बीच विश्व व्यापार 25 से 40 गुना बढ़ गया। इस व्यापार में लगभग 60% भाग कृषि उत्पादों; जैसे—गेहूँ, कपास तथा खनिज पदार्थ; जैसे—कोयले का था।

19वीं शताब्दी के विश्व में तकनीक की भूमिका

- तकनीक (प्रौद्योगिकी) या नए आविष्कार; जैसे—**रेलवे, स्टीमर** और **टेलीग्राफ** ने 19वीं शताब्दी के विश्व के रूपांतरण (Transformation) पर अत्यधिक प्रभाव डाला।
- तीव्र रेल परिवहन, मालगाड़ी के हल्के डिब्बों और विशाल जहाजों ने कम लागत पर, परंतु तीव्र गति से अमेरिका, ऑस्ट्रेलिया या न्यूजीलैंड में दूर स्थित खेतों से तैयार माल को यूरोप के बाजारों तक पहुँचाने में काफी सहायता की।

माँस परिवहन में तकनीक की भूमिका

- 1870 के दशक तक अमेरिका से यूरोप को मांस निर्यात नहीं किया जाता था। उस समय केवल जिंदा जानवर ही भेजे जाते थे।
- जिंदा जानवर को भेजने में बहुत कठिनाई थी, जिनमें बहुत सारे जानवर मर जाते थे या लंबे सफर के कारण बीमार हो जाते थे और ये खाने योग्य नहीं रहते थे।
- **रेफ्रिजरेटिड जहाजों** (Refrigerated Ships) के विकास ने खराब होने वाले खाद्य पदार्थों को लंबी दूरी तक पहुँचाने में काफी सहायता की।
- जमा हुआ मांस (Frozen meat) अमेरिका, ऑस्ट्रेलिया और न्यूजीलैंड से विभिन्न यूरोपीय देशों तक निर्यात किया गया।
- इससे यूरोपीय बाजार में मांस का मूल्य कम हो गया और मांस (कभी-कभी मक्खन और अंडा) निर्धनों के लिए प्रतिदिन का आहार बन गया। इस बेहतर आजीविका की स्थिति ने देश के अंदर सामाजिक शांति उत्पन्न कर दी और उपनिवेशों में साम्राज्यवाद (Imperialism) को समर्थन मिला।

19वीं शताब्दी के अंत में उपनिवेशवाद

- 19वीं शताब्दी के अंत में व्यापार और बाजार विस्तृत हो गया।
- व्यापार में बढ़ोतरी और विश्व अर्थव्यवस्था के साथ निकटता का एक परिणाम यह हुआ कि दुनिया के बहुत सारे भागों में स्वतंत्रता और आजीविका के साधन छिनने लगे। 19वीं शताब्दी के अंत में यूरोपीयों की विजयों से बहुत सारे कष्टदायक आर्थिक, सामाजिक और पारिस्थितिकीय परिवर्तन आए और औपनिवेशिक समाजों को विश्व अर्थव्यवस्था में समाहित कर लिया गया।
- ब्रिटेन, फ्रांस, जर्मनी, बेल्जियम और बाद में संयुक्त राज्य अमेरिका शक्तिशाली औपनिवेशिक शक्तियाँ बन गए।

रिंडरपेस्ट या मवेशी प्लेग

- 1890 के दशक में अफ्रीका में तेजी से फैलने वाली पशु महामारी, रिंडरपेस्ट ने एक बड़ी संख्या में पशुओं को समाप्त कर दिया।
- संपूर्ण अफ्रीका में यह बीमारी प्लेग की तरह फैल गई और 90% पशु मारे गए।
- 19वीं शताब्दी के अंत में यूरोपवासी खदानों और बागानों को स्थापित करने के लिए अफ्रीका आ गए।

भारत से अनुबंधित मजदूरों (गिरमिटिया) का प्रवास

- अनुबंधित मजदूर (Indentured Labour) से तात्पर्य किसी नियोक्ता के लिए एक निश्चित समय के लिए विशिष्ट राशि पर अनुबंध के अंतर्गत कार्य करने वाले बँधुआ मजदूर (Bonded Labour) से है, जिन्हें घर या नए देशों में ही भुगतान किया जाता था।
- 19वीं शताब्दी में लाखों भारतीय व चीनी मजदूर बागानों, खदानों और विश्व की विभिन्न निर्माणकारी परियोजनाओं में कार्य करने के लिए गए।
- अधिकांश भारतीय अनुबंधित कर्मचारी वर्तमान पूर्वी उत्तर प्रदेश, बिहार, मध्य भारत और तमिलनाडु से आए।
- 19वीं शताब्दी के मध्य में भारत के इन राज्यों में कई सामाजिक परिवर्तन हुए; जैसे—कुटीर उद्योगों का पतन हो गया, जमीन का किराया बढ़ गया और खदानों तथा बागानों के लिए जमीन को साफ कर दिया गया।
- इन सब कारणों ने गरीबों को कार्य की तलाश में प्रवास करने के लिए बाध्य कर दिया।

भारतीय अनुबंधित प्रवासियों का गंतव्य अर्थात् स्थान

- भारतीय अनुबंधित प्रवासियों के मुख्य गंतव्य कैरीबियाई द्वीप मुख्यत: त्रिनिदाद, गुयाना तथा सूरीनाम, मॉरिशस और फिजी थे। इसके अतिरिक्त उनके स्थानीय आवास के आस-पास के अन्य स्थान थे।
- तमिल प्रवासी सीलोन और मलाया गए। कुछ अनुबंधित कर्मचारी आसाम के चाय बागानों में नियुक्त किए गए थे।

अनुबंधित मजदूरों की स्थिति

- इन मजदूरों की नियुक्ति नियोक्ता से जुड़े और छोटे-छोटे कमीशन पाने वाले एजेंटों के द्वारा की गई थी।
- एजेंट अनुबंधित मजदूरों से उनकी बेहतर आजीविका दशाओं, अत्यधिक धन और अन्य सुविधाओं का वादा करके उनकी नियुक्ति करते थे, तथापि जब वे बागानों में पहुँचते थे, तो वहाँ वे विभिन्न परिस्थितियाँ पाते थे, जिनकी उन्होंने कभी कल्पना भी नहीं की थी।

19वीं शताब्दी में सांस्कृतिक दृश्य में परिवर्तन

- 19वीं शताब्दी में अनुबंध को **नई दास प्रथा** (New System of Slavery) के रूप में वर्णित किया गया। यद्यपि जीवन जीने और कार्य करने की दशाएँ कठोर थीं, फिर भी कर्मचारियों ने जीने के अपने स्वयं के तरीके तलाश लिए। उन्होंने अपने विभिन्न सांस्कृतिक रूपों का मिश्रण करके मनोरंजन के अन्य रूपों तथा त्योहारों के नए रूपों का विकास किया।
- त्रिनिदाद में मुर्हरम के वार्षिक जुलूस को एक विशाल उत्सवी मेले का रूप दिया गया तथा इसे इमाम हुसैन के नाम पर 'होसे' नाम दिया गया। इसमें सभी धर्मों व नस्लों के मजदूर भाग लेते थें। इसी प्रकार **रास्ताफारियानवाद** (जमैका की एक आध्यात्मिक विचारधारा) का विरोधी धर्म, जिसे जमैका के गायक बॉब मार्ले ने प्रसिद्ध बना दिया।
- त्रिनिदाद और गुयाना के चटनी संगीत (भारतीय अप्रवासियों की रचनात्मक अभिव्यक्ति) आदि सभी सांस्कृतिक सम्मिश्रण के ही उदाहरण हैं।

अनुबंधित मजदूरों के वंशज

- कई अनुबंधित मजदूर स्थायी रूप से उन देशों में बस गए, जहाँ वे अपने अनुबंधों को समाप्त करने के बाद चले गए थे। इस कारण इन देशों में भारतीय वंशजों के लोगों के विशाल समुदाय हैं। उदाहरण के लिए, नोबेल पुरस्कार विजेता; जैसे—वी एस नायपॉल, कुछ प्रसिद्ध वेस्टइंडीज क्रिकेटर; जैसे—शिवनारायण चंद्रपॉल और रामनरेश सरवन आदि भारत से आए अनुबंधित मजदूरों के ही वंशज हैं।
- वर्ष 1921 में अनुबंधित श्रम की इस प्रथा का भारतीय राष्ट्रवादियों द्वारा कई वर्षों तक किए गए विरोध के बाद उन्मूलन हो गया।

विदेश में भारतीय उद्यमी

- भारतीय साहूकार (महाजन), साहूकारों तथा व्यापारियों के उन लोगों के समूहों के बीच थे, जो मध्य और दक्षिण-पूर्वी एशिया निर्यातोन्मुखी खेती के लिए ऋण देते थे।
- **शिकारीपुरी श्रॉफ** और **नाट्टुकोट्टई चेट्टियार** कुछ प्रसिद्ध भारतीय साहूकार थे।
- भारतीय व्यापारियों और महाजनों ने भी अफ्रीका में यूरोपीय उपनिवेशवादियों का अनुसरण किया। हैदराबादी सिंधी व्यापारियों ने दुनियाभर के बंदरगाहों पर अपने बड़े-बड़े एम्पोरियम खोल दिए। ये प्राय: पर्यटकों को स्थानीय और आयातित कलाकृतियाँ (दुर्लभ वस्तुएँ) बेचा करते थे।

भारतीय व्यापार, उपनिवेशवाद और वैश्विक व्यवस्था

भारत से उत्कृष्ट कपास पूरे यूरोप में निर्यात की जाती थी। औद्योगीकरण के पश्चात् ब्रिटेन में भी कपास का उत्पादन बढ़ने लगा था। उद्योगपतियों ने सरकार पर भारत से आयातित कपास को प्रतिबंधित करने का दबाव डाला और स्थानीय उद्योगों की सुरक्षा की। फलस्वरूप ब्रिटेन में भारतीय कपास (Cotton) का आयात कम होने लगा।

भारतीय व्यापार और उपनिवेशवाद

- ब्रिटिश सरकार ने सूती वस्त्र के आयात पर सीमा शुल्क (Tarrifs) की उच्च दरें लगा दीं।
- 19वीं शताब्दी के प्रारंभ से ब्रिटिश निर्माणकर्ता भी अपने वस्त्रों के लिए विदेशी बाजार की तलाश करने लगे। परिणामस्वरूप भारतीय वस्त्र उद्योग प्रतिकूल रूप से प्रभावित हुआ।
- भारतीय वस्त्रों को दूसरे अंतर्राष्ट्रीय बाजारों में भी प्रतिस्पर्द्धा का सामना करना पड़ा।
- 1800 ई. के आसपास निर्यात में सूती कपड़े का प्रतिशत 30 था, जो 1870 ई. तक केवल 3% रह गया था।
- जब तक विनिर्माण के निर्यात का द्रुतगति से पतन हुआ, तब तक समान रूप से कच्चे माल के निर्यात में तेजी से वृद्धि हो गई।
- 1812 से 1871 ई. के बीच कच्चे कपास का निर्यात 5% से बढ़कर 35% तक पहुँच गया था। अंग्रेजों (ब्रिटिश) ने भारतीय किसानों पर नील (इंडिगो) तथा अफीम की खेती करने का दबाव बनाया।
- नील, जो कपड़े को रँगने के लिए प्रयोग किया जाता था, का ब्रिटेन को निर्यात किया जाता था।
- भारत में उगाई जाने वाली अफीम (1820 से) चीन को निर्यात की जाती थी। अफीम की बिक्री से प्राप्त धन ब्रिटेन द्वारा अपनी चाय पर पूँजी लगाने तथा चीन से अन्य आयातित वस्तुओं के लिए प्रयोग किया जाता था।

भारत और ब्रिटेन के बीच व्यापारिक संबंध

- संपूर्ण 19वीं शताब्दी में भारतीय बाजार में ब्रिटिश निर्माणकर्ताओं की अधिकता हो गई। खाद्यान्न और कच्चा माल, जो भारत से निर्यात किया जाता था, उसमें ब्रिटेन में वृद्धि हो गई।
- भारत द्वारा ब्रिटेन को भेजे जाने वाले माल की अपेक्षा ब्रिटेन से भारत भेजे जाने वाले माल की दरें ऊँची होती थीं। इस प्रकार ब्रिटेन भारत के साथ **व्यापार अधिशेष** (Trade Surplus) में रहता था और इस अधिशेष का प्रयोग दूसरे देशों के साथ व्यापार में होने वाले घाटे की भरपाई करने में करता था।
- ब्रिटेन के इस व्यापार अधिशेष ने घरेलू खर्चों में सहायता की; जैसे—ब्रिटिश अधिकारियों व व्यापारियों को भेजे जाने वाले व्यक्तिगत धन के लिए तथा बाहरी ऋण के ब्याज का भुगतान करने और भारत में ब्रिटिश अधिकारियों की पेंशन के लिए।

चेक प्वॉइंट 01

1. *रेशम मार्गों में किसने यात्राएँ कीं?*
2. *अर्थशास्त्रियों ने अंतर्राष्ट्रीय आर्थिक विनियमों के अंतर्गत कितनी गतियों की पहचान की?*
3. *वैश्विक कृषि अर्थव्यवस्था का विकास कब हुआ?*
4. *अनुबंधित मजदूर से क्या तात्पर्य है?*
5. *भारत में उगाई जाने वाली कौन-सी फसल चीन को निर्यात की जाती थी?*

महायुद्धों के बीच अर्थव्यवस्था

प्रथम विश्वयुद्ध (वर्ष 1914-18) मुख्यत: यूरोप में लड़ा गया था, लेकिन इसका प्रभाव संपूर्ण विश्व पर पड़ा।

प्रथम विश्वयुद्ध दो शक्ति गुटों के बीच लड़ा गया था। एक तरफ **मित्र राष्ट्र** (Allies) ब्रिटेन, फ्रांस व रूस थे (बाद में संयुक्त राज्य अमेरिका भी जुड़ गया) और दूसरी तरफ **मध्य शक्तियाँ** (Central Powers) जर्मनी, ऑस्ट्रिया, हंगरी और ऑटोमन तुर्की थे।

संसार के अग्रगामी औद्योगिक राष्ट्र युद्ध से जुड़ गए और अपने शत्रुओं का विनाश करने का हरसंभव प्रयास किया गया। प्रथम विश्व युद्ध प्रथम आधुनिक औद्योगिक युद्ध था। इस युद्ध में पहली बार आधुनिक हथियार; जैसे—मशीनगन, टैंक, हवाई जहाज, रासायनिक हथियार आदि का प्रयोग बड़े पैमाने पर किया गया था।

प्रथम विश्वयुद्ध के प्रभाव

युद्ध के दौरान लगभग 90 लाख लोग मारे गए और 2 करोड़ लोग घायल हो गए।

- परिवार के कमाने वाले सदस्यों के मारे जाने और घायल हो जाने के कारण पारिवारिक आय का पतन हो गया और महिलाओं को नौकरियाँ करनी पड़ीं।
- ब्रिटेन ने संयुक्त राज्य अमेरिका के बैंकों और जनता से धन की एक बहुत बड़ी राशि उधार ली। इसने संयुक्त राज्य अमेरिका को अंतर्राष्ट्रीय कर्जदार से अंतर्राष्ट्रीय ऋणदाता बना दिया।

युद्धोत्तर सुधार

- युद्ध के बाद सुधार करना अत्यधिक कठिन था। युद्ध के बाद भारतीय बाजार में पहले जैसी स्थिति प्राप्त करना ब्रिटेन के लिए कठिन हो गया था तथा उसे जापान से भी मुकाबला करना था।
- ब्रिटेन को आर्थिक विपत्ति का सामना करना पड़ा और उस पर अत्यधिक बाहरी कर्ज का बोझ बढ़ गया। इस कारण वर्ष 1921 में प्रत्येक पाँच में से एक ब्रिटिश मजदूर के पास काम नहीं था।
- पूर्वी यूरोप से गेहूँ का निर्यात युद्ध के दौरान अवरुद्ध हो गया। फलस्वरूप कनाडा, अमेरिका और ऑस्ट्रेलिया में गेहूँ का उत्पादन विस्तृत हो गया।
- युद्ध के बाद पूर्वी यूरोप में उत्पादन पुनर्जीवित हो गया और गेहूँ की पैदावार भरपूर हो गई।
- अनाज का मूल्य गिर गया, ग्रामीण आय का पतन हो गया और किसान कर्ज में डूब गए।

बड़े पैमाने पर उत्पादन और उपभोग

आर्थिक संकट की संक्षिप्त अवधि के बाद 1920 के दशक के प्रारंभ में संयुक्त राज्य अमेरिका की अर्थव्यवस्था फिर से मजबूत होनी शुरू हो गई। इस दौरान वृहत उत्पादन (Mass Production) का चलन अमेरिकी औद्योगिकी उत्पादन की विशेषता थी।

कारों का प्रथम वृहत उत्पादन

- कार निर्माता **हेनरी फोर्ड** ने डेट्रॉइट में अपने नए कारखाने को शिकागो के एक बूचड़खाने (Slaughter House) की 'असेंबली लाइन' के आधार पर शुरू किया। उन्होंने अनुभव किया कि यह विधि वाहनों को उत्पन्न करने का तीव्र व सस्ता माध्यम प्रदान करेगी।
- इस असेंबली लाइन ने किसी भी एक कार्य को अनवरत तथा मशीन की तरह करने के लिए कर्मचारी को बाध्य किया।
- काम की रफ्तार कन्वेयर बेल्ट की रफ्तार से तय होती थी। परिणामस्वरूप हेनरी फोर्ड की कारें तीन मिनट के अंतराल में असेंबली लाइन से निकलने लगीं। T- मॉडल नामक कार वृहत उत्पादन पद्धति से बनी देश की पहली कार थी।
- फोर्ड ने इस कार्य को करने के लिए कर्मचारियों को उच्च वेतन दिया। तीव्र उत्पादन के माध्यम से फोर्ड ने इस लागत को वापिस प्राप्त कर लिया था। अमेरिका में वर्ष 1919 में कार का उत्पादन 20 लाख था, परंतु वर्ष 1929 में यह 50 लाख हो गया।
- वृहत उत्पादन से इंजीनियरिंग आधारित सामानों की लागत व मूल्य कम हो गए; जैसे—रेफ्रिजरेटर (फ्रीज), वॉशिंग मशीन, रेडियो, ग्रामोफोन, संगीत आदि।
- आवास और उपभोक्ता उछाल ने अमेरिका में रोजगार और आय के क्षेत्र बड़ी संख्या में पैदा कर दिए। परिणामस्वरूप यह सबसे बड़ा विदेशी कर्जदाता बन गया।

महामंदी

- वर्ष 1929 के आस-पास महामंदी (Great Depression) शुरू हो गई और 1930 के दशक के मध्य तक बनी रही।
- इस अवधि के दौरान विश्व के अधिकांश देशों ने उत्पादन, रोजगार, आय और व्यापार में अत्यधिक गिरावट को अनुभव किया। सामान्यत: ऐसा माना जाता है कि इसका अत्यधिक प्रभाव कृषि क्षेत्र पर पड़ा।

महामंदी के लिए उत्तरदायी कारक

महामंदी के लिए बहुत-से कारक उत्तरदायी थे, जो निम्न थे

- **पहला कारक** कृषि उत्पादन की अधिकता की समस्या का बने रहना था। इससे कृषि उत्पादों का मूल्य घट गया। किसानों ने अपनी संपूर्ण आय को बनाए रखने के लिए उत्पादन का विकास करने का प्रयास किया। इससे स्थिति और भी खराब हो गई तथा बाजार में कृषि उत्पादों का मूल्य और भी गिर गया।

- **दूसरा कारक** 1920 के दशक के मध्य में बहुत-से देशों ने अमेरिका से कर्ज लेकर अपनी निवेश संबंधी आवश्यकताओं को पूरा किया था। अमेरिकी पूँजीवादियों ने यूरोपीय देशों को ऋण देना बंद कर दिया। इससे यूरोप में कुछ प्रमुख बैंक धराशायी हो गए और मुद्रा का पतन हो गया; जैसे—स्टर्लिंग।
- अमेरिका इस मंदी से गंभीर रूप से प्रभावित हुआ, क्योंकि बैंकों ने घरेलू ऋण वापस लेना शुरू कर दिया। इसे **ऋण वापसी** (Back Loans) के नाम से जाना गया।
- किसान उपज नहीं बेच सके। परिवार तबाह हो गए और व्यवसाय ठप हो गए। अंततः अमेरिका की बैंकिंग प्रणाली धराशायी हो गई, क्योंकि बैंक निवेशों, एकत्रित ऋणों तथा जमाकर्ताओं के धन को लौटा पाने में असमर्थ थे।
- अमेरिका ने आयात करों को दोगुना करके मंदी में अपनी अर्थव्यवस्था को सुरक्षित रखने का प्रयास किया, जिससे विश्व व्यापार बुरी तरह से नष्ट हो गया।

भारत और महामंदी

- महामंदी के कारण भारत के निर्यात व आयात का अध:पतन हो गया और प्राथमिक उत्पादों (जैसे—गेहूँ व जूट) का मूल्य वर्ष 1928 से 1934 के बीच तेजी से गिर गया और गेहूँ की कीमत में 50% की गिरावट दर्ज की गई।
- औपनिवेशिक सरकार ने राजस्व की माँग को कम करने से मना कर दिया, इसलिए किसान बुरी तरह से संकट में आ गए।
- इस अवधि के दौरान भारत कीमती धातुओं विशेष रूप से सोने का निर्यातक बन गया। इससे वैश्विक आर्थिक उगाही अर्थात् आर्थिक व्यवस्था को वैश्विक रूप से बढ़ावा मिला, लेकिन इससे भारतीय किसानों को बहुत कम लाभ मिला। संपूर्ण भारत में किसानों की दशा चिंताजनक हो गई। वर्ष 1931 में ही महात्मा गाँधी ने सविनय अवज्ञा आंदोलन को शुरू कर दिया।

विश्व अर्थव्यवस्था का पुनर्निर्माण : युद्धोत्तर काल

द्वितीय विश्वयुद्ध का परिणाम मानव के लिए आर्थिक रूप से काफी भयावह रहा। यह प्रथम विश्वयुद्ध के दो दशकों के बाद प्रारंभ हो गया। यह युद्ध **धुरी शक्तियों** (Axis Powers); नाजी जर्मनी, जापान और इटली और मित्र राष्ट्रों; ब्रिटेन, फ्रांस, सोवियत संघ और संयुक्त राज्य अमेरिका के बीच लड़ा गया।

इस युद्ध में कम-से-कम 6 करोड़ लोग (वर्ष 1939 में विश्व की जनसंख्या का लगभग 3%) मारे गए और लाखों लोग घायल हो गए।

युद्धोत्तर पुनर्निर्माण

इस युद्ध में यूरोप और एशिया के विशाल भाग और कई शहर नष्ट हो गए थे। इस युद्ध ने आर्थिक और सामाजिक तबाही को जन्म दिया। पुनर्निर्माण का कार्य लंबा और कठिन था।

युद्ध के बाद के पुनर्निर्माण को आकृति प्रदान करने वाले दो प्रभाव निम्न प्रकार थे

- युद्ध के बाद संयुक्त राज्य अमेरिका विश्व की प्रमुख सैन्य, राजनीतिक व आर्थिक शक्ति के रूप में उभरा।
- सोवियत संघ महाशक्ति बन गया। इसने नाजी जर्मनी को हरा दिया। इसने स्वयं को कृषि देश से विश्व शक्ति में रूपांतरित कर लिया और यह कम्युनिस्ट गुट के नेता के रूप में पूँजीवादी अर्थव्यवस्था के लिए एक बड़ा खतरा बन गया।

युद्धोत्तर बंदोबस्त और ब्रेटन वुड्स संस्थान

युद्ध के आर्थिक अनुभवों से अर्थशास्त्रियों और राजनीतिज्ञों ने दो मुख्य सबक निकाले, जो थे

- **पहला सबक** वृहत उत्पादन पर आधारित किसी औद्योगिक समाज को व्यापक उपभोग की आवश्यकता थी। वृहत उपभोग के लिए उच्च और स्थायी आय की आवश्यकता थी तथा स्थायी आय के लिए पूर्ण रोजगार की आवश्यकता थी। इसके लिए सरकार को आवश्यक कदम उठाने चाहिए थे।
- **दूसरा सबक** एक देश के दूसरे देश से आर्थिक संपर्कों से संबंधित था। पूर्ण रोजगार का लक्ष्य पाया जा सकता था, यदि वस्तुओं, पूँजी और श्रम के प्रवाहों को नियंत्रित करने की शक्ति केवल सरकार के पास होती।

इस फ्रेमवर्क पर जुलाई, 1944 में अमेरिका स्थित न्यू हैम्पशर के ब्रेटन वुड्स नामक स्थान पर संयुक्त राष्ट्र मौद्रिक एवं वित्तीय सम्मेलन में सहमति बनी थी।

IMF और विश्व बैंक की स्थापना

- सदस्य राष्ट्रों के बाहरी अधिशेष और घाटे से निपटने के लिए ब्रेटन वुड्स सम्मेलन ने **अंतर्राष्ट्रीय मौद्रिक कोष** (International Monetary Fund, IMF) की स्थापना की।
- युद्धोत्तर पुनर्निर्माण को वित्त पोषित करने के लिए अंतर्राष्ट्रीय पुनर्निर्माण और विकास बैंक (**विश्व बैंक** के नाम से जाना जाने वाला) की स्थापना की गई।
- IMF तथा विश्व बैंक को ब्रेटन वुड्स संस्थान या ब्रेटन वुड्स ट्विन (ब्रेटन वुड्स की जुड़वाँ संतानें) भी कहा जाता है। विश्व बैंक और आई एम एफ ने वर्ष 1947 से अपना कार्य करना प्रारंभ किया। इन संस्थानों की निर्णय प्रक्रिया पर पश्चिमी औद्योगिक देशों का नियंत्रण रहता है।
- अंतर्राष्ट्रीय मौद्रिक व्यवस्था, राष्ट्रीय मुद्रा और मौद्रिक व्यवस्था से जोड़ने वाली व्यवस्था है। इस व्यवस्था के अंतर्गत राष्ट्रीय मुद्रा ने स्थिर **विनिमय दर** (Exchange Rate) का पालन किया और अमेरिकी डॉलर स्थिर रहता था।

प्रारंभिक युद्धोत्तर वर्ष

- इसके प्रारंभिक वर्ष 1950 से 1970 के बीच विश्व व्यापार की वार्षिक विकास दर 8% से भी अधिक रही। इस दौरान वैश्विक आय में भी 5% की वृद्धि देखी गई।
- इस दौरान अधिकांश औद्योगिक देशों में बेरोजगारी औसतन 5% से भी कम रही। विकासशील देश भी विकसित औद्योगिक देशों के बराबर पहुँचने की कोशिश करने लगे।

अनौपनिवेशीकरण और स्वतंत्रता

जब द्वितीय विश्वयुद्ध समाप्त हुआ बहुत-से देश यूरोपीय औपनिवेशिक शासन के अधीन थे। अगले दो दशकों में एशिया और अफ्रीका में अधिकांश उपनिवेश स्वतंत्र हो गए और स्वतंत्र राष्ट्र के रूप में उभरे, लेकिन स्वतंत्रता उन देशों को गरीबी या संसाधनों की कमी से मुक्त नहीं कर पाई। उनकी अर्थव्यवस्थाएँ और समाज औपनिवेशिक शासन की लंबी अवधि के कारण अक्षम हो गए थे।

IMF और विश्व बैंक का गठन औद्योगिक देशों की वित्तीय आवश्यकताओं के लिए ही किया गया था, लेकिन जैसे ही यूरोप और जापान ने अपनी अर्थव्यवस्था का पुनर्निर्माण किया, तो ये आई एम एफ और विश्व बैंक पर अधिक निर्भर नहीं रहे।

इस प्रकार 1950 के दशक के अंत से ब्रेटन वुड्स संस्थान विकासशील देशों की तरफ अपना ध्यान देने लगे।

विकासशील राष्ट्रों की दशा

- नवस्वतंत्र देश अपनी जनसंख्या को गरीबी से उभारने में लगे हुए थे, लेकिन औपनिवेशीकरण के कई वर्षों बाद भी वे अंतर्राष्ट्रीय एजेंसियों के द्वारा नियंत्रित थे, जोकि भूतपूर्व औपनिवेशिक शक्तियों; जैसे—अमेरिका व फ्रांस द्वारा शासित थे।
- अधिकांश विकासशील देशों ने 1950 तथा 1960 के दशक में पश्चिमी अर्थव्यवस्थाओं की तरह तीव्र प्रगति से लाभ नहीं उठाया। इस समस्या को देखते हुए उन्होंने एक **नई अंतर्राष्ट्रीय आर्थिक प्रणाली** (New International Economic Order, NIEO) के लिए माँग की और समूह-77 (G-77) के रूप में संगठित हो गए। NIEO से उनका तात्पर्य ऐसी व्यवस्था से है, जो उन्हें उनके प्राकृतिक संसाधनों पर वास्तविक नियंत्रण, अधिक विकास के लिए सहायता, कच्चे माल के लिए अनुकूल मूल्य और विकसित देशों के बाजारों में उनके तैयार माल के लिए उचित अवसर प्रदान करेगी।

ब्रेटन वुड्स का अंत और वैश्वीकरण की शुरुआत

- 1960 के दशक से अमेरिका की विदेशी भागीदारी की उभरती लागतों ने उसकी वित्तीय और प्रतिस्पर्द्धा मजबूती को कमजोर कर दिया। सोने के संबंध में अमेरिकी डॉलर अपना मूल्य बनाए न रख सका।
- अंततः इससे **स्थिर विनिमय दर** (Fixed Exchange Rate) की व्यवस्था खराब हो गई और **अस्थायी विनिमय दर** (Floating Exchange Rates) की व्यवस्था शुरू हो गई।

अंतर्राष्ट्रीय वित्तीय व्यवस्था में परिवर्तन

- 1970 के दशक के मध्य से अंतर्राष्ट्रीय वित्तीय प्रणाली बदल गई। अब तक विकासशील देशों पर पश्चिमी वाणिज्यिक बैंकों और व्यक्तिगत (निजी) ऋण संस्थाओं से उधार लेने के लिए दबाव बनाया गया।
- इससे आवधिक ऋण संकट व बेरोजगारी बढ़ गई अर्थात् आय में गिरावट आ गई, जिससे अफ्रीका, लैटिन अमेरिका और औद्योगिक विश्व में भी गरीबी में वृद्धि हो गई। 1970 के दशक के अंत से बहुराष्ट्रीय कंपनियाँ भी कम वेतन वाले एशियायी देशों में अपने उत्पादन केंद्र विस्थापित करने लगीं।

चीन में नई आर्थिक नीति

- चीन अपनी वर्ष 1949 की क्रांति से विश्व की युद्धोत्तर अर्थव्यवस्था से अलग-थलग था, परंतु चीन में नई आर्थिक नीतियों और सोवियत संघ के विघटन तथा पूर्वी यूरोप में सोवियत शैली साम्यवाद के समाप्त हो जाने के बाद बहुत-से देश वापस विश्व अर्थव्यवस्था के अंग बन गए।
- चीन जैसे देशों में विकसित देशों की अपेक्षा वेतन तुलनात्मक रूप से कम था।
- इससे प्रभावित होकर विश्व की अधिकांश कंपनियाँ अपनी प्रतिस्पर्द्धा को कायम रखने के लिए वहाँ निवेश करने लगीं।
- अंतिम दो दशकों में चीन, भारत और ब्राजील जैसे देशों ने द्रुतगति से आर्थिक विकास में उपलब्धियाँ हासिल कीं।

चेक प्वॉइंट 02

1. *प्रथम विश्वयुद्ध कहाँ हुआ था?*
2. *महामंदी कब शुरू हुई?*
3. *द्वितीय विश्वयुद्ध का परिणाम मानव के लिए कैसा रहा?*
4. *विश्व बैंक और आई एम एफ ने कब अपना कार्य प्रारंभ किया?*
5. *NIEO का पूर्ण रूप क्या है?*

इन्हें भी जानें

- ***वीटो (Veto)*** निषेधाधिकार, इस अधिकार के सहारे एक ही सदस्य की असहमति किसी भी प्रस्ताव को खारिज करने का आधार बन जाती है।
- ***सिल्क मार्ग (Silk Route)*** समुद्र एवं जमीन से गुजरने वाला वह मार्ग, जो एशिया के बड़े क्षेत्रों को जोड़ते हुए यूरोप और उत्तरी अफ्रीका से भी जोड़ता है। इस मार्ग से पश्चिमी देशों को चीनी सिल्क का निर्यात किया जाता था।
- ***केनाल कॉलोनी (Canal Colony)*** भारत के पंजाब में नई नहरों के किनारे जिन लोगों की बस्तियाँ बसाई गईं, उन्हें 'केनाल कॉलोनी' या 'नहर बस्ती' कहा जाता था।
- ***प्राथमिक उत्पाद (Primary Product)*** वे उत्पाद, जो सीधे प्रकृति की सहायता से प्राप्त होते हैं, प्राथमिक उत्पाद कहलाते हैं। उदाहरण के लिए, गेहूँ तथा कपास (कृषि उत्पाद) एवं कोयला (खनिज पदार्थ)।
- ***आयात शुल्क (Import Duty)*** किसी दूसरे देश से आने वाली वस्तु पर वसूल किया जाने वाला शुल्क। यह कर या शुल्क उस स्थान पर लिया जाता है, जहाँ से वह वस्तु देश में आती है अर्थात् सीमा पर, बंदरगाह पर या हवाई अड्डे पर।
- ***विनिमय दर (Exchange Rate)*** इस व्यवस्था के अंतर्गत अंतर्राष्ट्रीय व्यापार की सुविधा के लिए विभिन्न देशों की राष्ट्रीय मुद्राओं को एक-दूसरे से जोड़ा जाता है। सामान्यतः विनिमय दर दो प्रकार की होती है—स्थिर विनिमय दर और परिवर्तनशील विनिमय दर।
- ***स्थिर विनिमय दर (Stable Exchange Rate)*** जब विनिमय दर स्थिर होती है और उसमें आने वाले उतार-चढ़ावों को नियंत्रित करने के लिए सरकार को हस्तक्षेप करना पड़ता है, तो ऐसी विनिमय दर को स्थिर विनिमय दर कहा जाता है।
- ***लचीली या परिवर्तनशील विनिमय दर (Flexible or Variable Exchange Rate)*** इस तरह की विनिमय दर विदेशी मुद्रा बाजार में विभिन्न मुद्राओं की माँग या आपूर्ति के आधार पर और सिद्धांततः सरकार के हस्तक्षेप के बिना घटती-बढ़ती रहती है।
- ***भूमंडलीकरण (Globalization)*** विभिन्न देशों में लोगों, सामान एवं सेवाओं से उत्पन्न गतिविधियों की अनुमति को भूमंडलीकरण कहते हैं।
- ***निजीकरण (Privatization)*** सार्वजनिक संपत्ति को निजी क्षेत्र को बेचना अथवा स्थानांतरित करना निजीकरण कहलाता है।
- ***होसे (Hosay)*** त्रिनिदाद में मुहर्रम के सालाना जुलूस को एक विशाल उत्सवी मेले का रूप दिया गया, जिसे होसे नाम दिया गया।
- ***गिरमिटिया मजदूर (Indentured Labours)*** औपनिवेशिक शासन के एक अनुबंध के अंतर्गत काम करने वाले श्रमिक, जिन्हें भारत से विश्व के कई अन्य देशों में भेजा जाता था।
- ***व्यापार अधिशेष (Trade Surplus)*** वह स्थिति, जिसमें आपसी व्यापार से देश को लाभ हो, उसे व्यापार अधिशेष कहते हैं।
- ***कौड़ियाँ (Cowrie)*** प्राचीन काल में पैसे या मुद्रा के रूप में प्रयोग में लाई जाने वाली वस्तु।
- ***कुटीर उद्योग (Cottage Industries)*** ग्रामीण क्षेत्रों में घरों में चलाए जाने वाले उद्योग।
- ***हायर पर्चेज (Hire Purchase)*** वस्तुओं को खरीदने की वह व्यवस्था, जिसमें खरीदार वस्तु की कीमत किश्तों में चुका सकता था, जो साप्ताहिक या मासिक होती थी।
- ***ब्रेटन वुड्स संस्थान (Bretton Woods Institute)*** विदेशी व्यापार में लाभ और घाटे से निपटने के लिए यह संस्थान बनाया गया, जिसमें विश्व बैंक एवं अंतर्राष्ट्रीय मुद्रा कोष की स्थापना की गई।

NCERT फोल्डर

संक्षेप में लिखें

1. 17वीं सदी से पहले होने वाले आदान-प्रदान के दो उदाहरण दीजिए। एक उदाहरण एशिया से और एक उदाहरण अमेरिका महाद्वीपों के बारे में चुनें।

उत्तर 17वीं सदी से पूर्व एशिया तथा अमेरिका के दो प्रमुख उदाहरण निम्नलिखित हैं

(i) **आहार या भोज्य पदार्थों का आदान-प्रदान** खाद्य पदार्थों का आदान-प्रदान सांस्कृतिक आदान-प्रदान का भी उदाहरण है, जो एक देश के यात्रियों द्वारा दूसरे देशों या महाद्वीपों में जाने-अनजाने में पहुँचा दिया गया। इसी तरह चीनी रेशम का व्यापार में कितना महत्त्वपूर्ण स्थान था, इसका पता बहुत सारे सिल्क मार्गों से चलता है, जो 15वीं सदी में अस्तित्व में आ चुके थे। इन रास्तों से ही चीनी पॉटरी एवं अन्य सामग्री अन्य महाद्वीपों में पहुँचाई जाती थी।

(ii) **बीमारी या कीटाणुओं का आदान-प्रदान** 16वीं शताब्दी के मध्य तक पुर्तगाली एवं स्पेनिश सेनाओं ने अमेरिका को उपनिवेश बनाना शुरू किया। इस दौरान ही व्यापार के साथ बीमारी एवं कीटाणुओं का भी प्रसार हुआ। चेचक जैसी बीमारी अमेरिका के लिए मारक सिद्ध हुई, जो एशियायी देशों से यहाँ तक पहुँची थी।

2. बताइए कि पूर्व-आधुनिक विश्व में बीमारियों के वैश्विक प्रसार ने अमेरिकी भू-भागों के उपनिवेशीकरण में किस प्रकार मदद की?

उत्तर औपनिवेशीकरण के दौरान अमेरिकी भू-भागों पर घातक बीमारियों के प्रसार हुए, जिनकी प्रक्रिया निम्नलिखित थी

- 16वीं शताब्दी के मध्य तक पुर्तगाली एवं स्पेनिश सेनाओं की विजय हुई।
- यूरोप की सेनाएँ केवल सैनिक टुकड़ियों के बल पर जीतती रहीं यह कहना तर्क संगत नहीं है।
- जिन स्थानों पर यूरोपीय लोग नहीं पहुँच पाए वहाँ के लोग भी चेचक के संक्रमण से संक्रमित हो गए और धीरे-धीरे इन समुदायों को ही खत्म कर दिया।

इस प्रकार, बिना किसी बड़ी चुनौती के अमेरिका के बड़े साम्राज्यों को जीतना आसान हो गया।

3. निम्नलिखित के प्रभावों की व्याख्या करते हुए संक्षिप्त टिप्पणियाँ लिखिए।

(क) कॉर्न लॉ को समाप्त करने के बारे में ब्रिटिश सरकार का फैसला।

(ख) अफ्रीका में रिंडरपेस्ट का आना।

(ग) विश्वयुद्ध के कारण यूरोप में कामकाजी उम्र के पुरुषों की मौत।

(घ) भारतीय अर्थव्यवस्था पर महामंदी का प्रभाव।

(ङ) बहुराष्ट्रीय कंपनियों द्वारा अपने उत्पादन को एशियाई देशों में स्थानांतरित करने का फैसला।

उत्तर (क) जमींदारों के दबाव के कारण सरकार ने कॉर्न (मक्का) के आयात पर प्रतिबंध लगा दिया। इस कानून को सामान्यत: 'कॉर्न लॉ' के नाम से जाना जाता था। कॉर्न लॉ के सूत्रपात के बाद भोज्य पदार्थों का मूल्य अत्यधिक हो गया। नगरों में रहने वाले उद्योगपति और लोग उच्च मूल्यों के कारण अप्रसन्न थे। उन्होंने कॉर्न लॉ का उन्मूलन करने के लिए ब्रिटिश सरकार पर दबाव डाला। कॉर्न लॉ के उन्मूलन के बाद ब्रिटेन में भोजन पहले की अपेक्षा अत्यधिक सस्ती दरों पर आयातित हो सका। ब्रिटिश सरकार कृषि आयात से प्रतिस्पर्द्धा करने में अयोग्य थी। भूमि का विशाल क्षेत्र खेती के योग्य नहीं था और हजारों लोगों ने अपनी आजीविका खो दी। वे कार्यों की तलाश में शहर आ गए अथवा विदेशों की ओर पलायन कर गए।

(ख) 1890 ई. में अफ्रीका में रिंडरपेस्ट नामक बीमारी बहुत तेजी से फैल गई। यह बीमारी मवेशियों में प्लेग की तरह फैलने वाली बीमारी थी, जिसने लोगों की आजीविका और स्थानीय अर्थव्यवस्था को प्रभावित किया।

(ग) प्रथम विश्वयुद्ध के समय एक कानून बनाकर यूरोप के सभी युवा एवं कामकाजी पुरुषों को जबरदस्ती सेना में भर्ती कर लिया गया था। इनमें 18 से 40 वर्ष के युवा शामिल थे। यह युद्ध वर्ष 1914 से आरंभ होकर वर्ष 1919 में समाप्त हुआ था।

(घ) वैश्विक आर्थिक महामंदी का प्रभाव भारत पर भी पड़ा, क्योंकि बीसवीं सदी की शुरुआत तक यह अर्थव्यवस्था एकीकृत हो चुकी थी। इस दौर में भारत ब्रिटिश उपनिवेश था और यहाँ से कृषि के उत्पाद का आयात-निर्यात होता था। अत: इस महामंदी से भारत भी बच न सका।

(ङ) बहुराष्ट्रीय कंपनियों की स्थापना 1920 के दशक में की गई, जिसमें 1970 के दशक के मध्य तक कई परिवर्तन आए। इनके द्वारा विकासशील देश अंतर्राष्ट्रीय संस्थानों से कर्जे एवं विकास संबंधी सहायता ले सकते थे। 1960 से 1970 के दशक में इन कंपनियों का विश्वव्यापी प्रसार हुआ। चूँकि इस समय तक अधिकांश सरकारें आयात पर भारी शुल्क वसूल करने लगी थीं।

4. खाद्य उपलब्धता पर तकनीक के प्रभाव को दर्शाने के लिए इतिहास से दो उदाहरण दीजिए।

उत्तर खाद्य उपलब्धता पर तकनीक के प्रभाव की प्रगति के परिणामस्वरूप सामाजिक, राजनीतिक और आर्थिक जीवन प्रभावित हुआ। खाद्य उपलब्धता पर तकनीक के दो प्रभावों का विवरण निम्नलिखित है

(i) **रेलवे नेटवर्क का प्रसार** रेलवे के प्रसार ने भोजन को दूर-दूर तक पहुँचाने में सहायता की। अब भोजन आस-पास के गाँवों या कस्बों की बजाय दूर दराज के शहरों से मँगाए जाने लगे। पानी के बड़े जहाजों के माध्यम से भोज्य सामग्री दूसरे देशों तक भी पहुँचाई जाने लगी थी।

(ii) **रेफ्रिजरेशन तकनीक का विकास** 1870 के दशक तक यूरोप में कच्चे मांस की जगह जिंदा जानवर भेजे जाते थे, जिन्हें बाद में यूरोप के देशों में ही काटा जाता था, किंतु यह व्यापार काफी महँगा साबित हो रहा था। जल्द ही पानी के जहाजों में रेफ्रिजरेशन की तकनीक स्थापित कर दी गई, जिससे जल्दी खराब होने वाली खाद्य सामग्री को भी लंबी यात्राओं पर ले जाया जाने लगा। इससे अब जानवरों की बजाय उनके मांस आयात किए जाने लगे।

5. ब्रेटन वुड्स समझौते का क्या अर्थ है?

उत्तर दो विश्वयुद्धों के पश्चात् वैश्विक स्तर पर आर्थिक अर्थव्यवस्था को सुनिश्चित करने के उद्देश्य से कुछ महत्त्वपूर्ण निर्णय लिए गए, जिसके द्वारा औद्योगिक विश्व में आर्थिक स्थिरता एवं पूर्ण रोजगार को बनाए रखने की बात की गई।

इस फ्रेमवर्क पर जुलाई, 1944 में अमेरिका स्थित न्यू हैंपशायर के ब्रेटन वुड्स नामक स्थान पर संयुक्त राष्ट्र मौद्रिक एवं वित्तीय सम्मेलन में सहमति बनी थी।

सदस्य देशों के विदेश व्यापार में लाभ और घाटे से निपटने के लिए ब्रेटन वुड्स सम्मेलन में ही अंतर्राष्ट्रीय मुद्रा कोष की स्थापना की गई।

चर्चा करें

6. कल्पना कीजिए कि आप कैरीबियाई क्षेत्र में काम करने वाले गिरमिटिया मजदूर हैं। इस अध्याय में दिए गए विवरणों के आधार पर अपने हालात और अपनी भावनाओं का वर्णन करते हुए अपने परिवार के नाम एक पत्र लिखिए।

उत्तर छात्र स्वयं करें।

7. अंतर्राष्ट्रीय आर्थिक विनियमों में तीन तरह की गतियों या प्रवाहों की व्याख्या कीजिए। तीनों प्रकार की गतियों के भारत और भारतीयों से संबंधित एक-एक उदाहरण दें और उनके बारे में संक्षेप में लिखें।

उत्तर अर्थशास्त्रियों ने अंतर्राष्ट्रीय आर्थिक विनियमों में तीन तरह के प्रवाह या गतियों का उल्लेख किया है, जो निम्नलिखित हैं

(i) **व्यापार का प्रवाह** भारत का अपने पड़ोसी राज्यों के साथ हमेशा ही व्यापारिक संबंध रहा है। यहाँ से गेहूँ, सूती, ऊनी तथा रेशमी वस्त्र इंग्लैंड में भेजे जाते थे। 1812 से 1871 ई. के बीच कच्चे कपास का निर्यात 5% से बढ़कर 35% तक हो गया था। कपड़ों की रँगाई के नील का व्यापार भी बड़े पैमाने पर था जिसका निर्यात होता था।

अफीम की कृषि भी अधिक होने से इसका निर्यात किया जाता था। ब्रिटेन द्वारा भारतीय अफीम को चीन में निर्यात किया जाता था। इस तरह भारतीय व्यापारियों द्वारा गेहूँ, कपास, पटसन, ऊन, रेशम, चाय तथा अन्य पदार्थों के उत्पादन को बढ़ाने के लिए विदेशी व्यापार पर बल दिया गया।

(ii) **श्रम का प्रवाह** 19वीं शताब्दी में विश्व के कई देशों में भारत के मजदूरों को बागानों, खाद्यान्नों, सड़कों तथा रेलवे परियोजनाओं में काम के लिए ले जाया गया।

(iii) **पूँजी का प्रवाह** शिकारीपुरी श्रॉफ और नाट्टुकोट्टाई चेट्टियार ये उन बहुत सारे बैंकरों और व्यापारियों में से थे, जो मध्य एवं दक्षिण-पूर्व एशिया में निर्यातोन्मुखी खेती के लिए कर्ज देते थे।

8. महामंदी के कारणों की व्याख्या कीजिए।

उत्तर वर्ष 1929 के आस-पास महामंदी शुरू हो गई और 1930 के दशक के मध्य तक बनी रही। इस अवधि के दौरान संसार के अधिकांश देशों ने उत्पादन, रोजगार, आय और व्यापार में अत्यधिक गिरावट को अनुभव किया।

महामंदी के लिए बहुत-से कारक उत्तरदायी थे, जो निम्न थे

- **पहला कारक** कृषि उत्पादन की अधिकता की समस्या का बने रहना था। इससे कृषि उत्पादों का मूल्य घट गया। किसानों ने अपनी संपूर्ण आय को बनाए रखने के लिए उत्पादन का विकास करने का प्रयास किया। इससे स्थिति खराब हो गई तथा कृषि उत्पादों का मूल्य और भी गिर गया।
- **दूसरा कारक** 1920 के दशक के मध्य में बहुत-से देशों ने अमेरिका से कर्ज लेकर अपनी निवेश संबंधी आवश्यकताओं को पूरा किया था। अमेरिकी पूँजीवादियों ने यूरोपीय देशों को ऋण देना बंद कर दिया। इससे यूरोप में कुछ प्रमुख बैंक धराशायी हो गए और मुद्रा का पतन हो गया; जैसे–स्टर्लिंग।
- अमेरिका इस मंदी से गंभीर रूप से प्रभावित हुआ, क्योंकि बैंकों ने घरेलू ऋण वापस लेना शुरू कर दिया। इसे 'ऋण वापसी' के नाम से जाना गया। किसान उपज नहीं बेच सके। परिवार तबाह हो गए और व्यवसाय ठप हो गए। अंततः अमेरिका की बैंकिंग प्रणाली धराशायी हो गई, क्योंकि बैंक निवेशों, एकत्रित ऋणों तथा जमाकर्ताओं के धन को लौटा पाने में असमर्थ थे। अमेरिका ने आयात करों को दोगुना करके मंदी में अपनी अर्थव्यवस्था को सुरक्षित रखने का प्रयास किया, जिससे विश्व व्यापार बुरी तरह से ठप हो गया।

9. जी-77 देशों से आप क्या समझते हैं? जी-77 को किस आधार पर ब्रेटन वुड्स की जुड़वाँ संतानों की प्रतिक्रिया कहा जा सकता है? व्याख्या कीजिए।

उत्तर विकासशील देशों को 1950-60 के दशक में पश्चिमी अर्थव्यवस्थाओं से कोई उचित लाभ नहीं मिल सका। इस समस्या को देखते हुए एक नई आर्थिक प्रणाली जी-77 का गठन हुआ।

जी-77 विकासशील देशों का एक समूह था, जिन्हें 1944 में होने वाले ब्रेटन वुड्स के सम्मेलन में होने वाले नियमों से कोई लाभ नहीं हुआ था। ब्रेटन वुड्स के सम्मेलन में अंतर्राष्ट्रीय मुद्रा कोष और विश्व बैंक का जन्म हुआ था, जिन्हें ब्रेटन वुड्स की जुड़वाँ संतान भी कहा जाता है।

परीक्षा अभ्यास

वस्तुनिष्ठ प्रश्न

बहुविकल्पीय प्रश्न

1. विश्व व्यापार संगठन की स्थापना कब की गई थी?

(a) वर्ष 1995 (b) वर्ष 1955
(c) वर्ष 1985 (d) वर्ष 1975

उत्तर *(a)* वर्ष 1995

2. अमेरिका की खोज किसने की?

(a) हेनरी द नेविगेटर (b) क्रिस्टोफर कोलंबस
(c) वास्कोडिगामा (d) अल्बुकर्क

उत्तर *(b)* क्रिस्टोफर कोलंबस

3. आयरलैंड में आलू का अकाल कब पड़ा था?

(a) 1832-36 (b) 1836-40
(c) 1845-49 (d) 1840-44

उत्तर *(c)* 1845-49

4. 17वीं शताब्दी में अमेरिका के किस शहर को सोने का शहर माना जाता था?

(a) डेट्रायट (b) हेलसिंकी
(c) एस सालोस (d) एल डोराडो

उत्तर *(d)* एल डोराडो

5. वैश्विक कृषि अर्थव्यवस्था का विकास कब हुआ?

(a) 1892 ई. (b) 1870 ई.
(c) 1890 ई. (d) 1880 ई.

उत्तर *(c)* 1890 ई.

6. रिंडरपेस्ट नामक संक्रामक बीमारी किस महाद्वीप में हुई थी?

(a) यूरोप (b) अफ्रीका
(c) अमेरिका (d) एशिया

उत्तर *(b)* अफ्रीका

7. भारतीय अप्रवासियों की रचनात्मक अभिव्यक्ति निम्न में से कौन-सी है?

(a) रियटस कॉर्निवाल
(b) चटनी संगीत
(c) रास्ताफारियानवाद
(d) उपरोक्त में से कोई नहीं

उत्तर *(b)* चटनी संगीत

8. नई दास प्रथा को कब समाप्त किया गया था?

(a) वर्ष 1918 (b) वर्ष 1919
(c) वर्ष 1921 (d) वर्ष 1920

उत्तर *(c)* वर्ष 1921

9. यूरोपीय लोग 19वीं शताब्दी में अमेरिका क्यों चले गए? निम्नलिखित विकल्पों में से सही कारण की पहचान कीजिए **CBSE 2023**

(a) गरीबी और बीमारियाँ
(b) सोने की खानों की ओर दौड़
(c) फ्रांसीसी क्रांति से बचने के लिए
(d) वियतनाम युद्ध के परिणामस्वरूप

उत्तर *(a)* गरीबी और बीमारियाँ

10. औपनिवेशिक काल में केनाल कॉलोनी की स्थापना भारत के किस राज्य में की गई थी?

(a) बिहार (b) उत्तर प्रदेश
(c) बंगाल (d) पंजाब

उत्तर *(d)* पंजाब

11. निम्नलिखित कथनों में से कौन-सा कथन असत्य है?

(a) तकनीक (प्रौद्योगिकी) या नए आविष्कार (जैसे–रेलवे, स्टीमर, टेलीग्राफ) ने 18वीं शताब्दी के विश्व के रूपांतरण पर अत्यधिक प्रभाव डाला
(b) तीव्र रेल परिवहन, मालगाड़ी के हल्के डिब्बों तथा विशाल जहाजों ने कम लागत पर, लेकिन तीव्र गति से अमेरिका, ऑस्ट्रेलिया तथा न्यूजीलैंड में दूर स्थित खेतों से तैयार माल को यूरोप के बाजारों तक पहुँचाने में काफी सहायता की
(c) 1870 के दशक तक अमेरिका से यूरोप को मांस निर्यात नहीं किया जाता था
(d) रेफ्रिजरेटिड जहाजों के विकास से खराब होने वाले खाद्य पदार्थों को लंबी दूरी तक पहुँचाने में काफी सहायता मिली

उत्तर *(a)* तकनीक (प्रौद्योगिकी) या नए आविष्कार (जैसे–रेलवे, स्टीमर, टेलीग्राफ) ने 18वीं शताब्दी के विश्व के रूपांतरण पर अत्यधिक प्रभाव डाला

12. भारतीय व्यापार और उपनिवेशवाद के संबंध में दिए गए कथनों में से कौन-सा कथन सत्य है?

(a) ब्रिटिश सरकार ने ऊनी वस्त्रों के आयात पर सीमा शुल्क की उच्च दरें लगा दीं
(b) 1800 ई. के आस-पास निर्यात में सूती कपड़े का मात्र 28% था, जो 1870 तक केवल 1% रह गया था
(c) 1812 से 1900 ई. के बीच कच्चे कपास का निर्यात 5% से बढ़कर 40% तक पहुँच गया था
(d) भारत में उगाई जाने वाली अफीम 1820 ई. से चीन को निर्यात की जाती थी

उत्तर *(d)* भारत में उगाई जाने वाली अफीम 1820 ई. से चीन को निर्यात की जाती थी

13. रेशम मार्ग से विश्व के जुड़ाव के संबंध में दिए गए कथनों पर विचार कीजिए

1. रेशम मार्ग ईसा पूर्व के समय में ही सामने आ चुके थे और लगभग 15वीं शताब्दी तक अस्तित्व में थे।
2. रेशम मार्ग विश्व के दूर-दूर स्थित भागों के बीच आधुनिक युग से पूर्व के व्यापारिक और सांस्कृतिक संपर्कों का एक अच्छा उदाहरण है।
3. रेशम मार्ग यूरोप व उत्तरी अफ्रीका के साथ एशिया का संपर्क साधने का एक माध्यम है।

निम्न में से सही उत्तर का चयन कीजिए

(a) केवल 1 (b) 1 और 2
(c) केवल 3 (d) ये सभी

उत्तर *(d)* ये सभी

14. नीचे दिए गए कथनों को ध्यानपूर्वक पढ़कर कूट के माध्यम से सही उत्तर का चयन कीजिए

1. अमेरिका में आई भयानक बीमारी छोटी चेचक ने वहाँ की वास्तविक आबादी के संपूर्ण समुदाय को नष्ट कर दिया था।
2. कॉर्न लॉ का संबंध ब्रिटेन से था।
3. 19वीं शताब्दी के मध्य से ब्रिटेन में तेजी से औद्योगिक वृद्धि हुई और आय भी बढ़ गई तथा भोजन के लिए माँग में भी अधिक बढ़ोतरी हुई।

कूट

(a) केवल 1 (b) 1 और 3
(c) 2 और 3 (d) ये सभी

उत्तर *(d)* ये सभी

15. नीचे दिए गए वक्तव्यों को ध्यानपूर्वक पढ़कर सही विकल्प की पहचान कीजिए

- 1890 के दशक में अफ्रीका में यह महामारी बड़े पैमाने पर फैल गई।
- संपूर्ण अफ्रीका में यह बीमारी प्लेग की तरह फैल गई।
- इस बीमारी ने अफ्रीका के 90% पशुओं पर अपना प्रभाव डाला, जिसके परिणामस्वरूप उनकी मृत्यु हो गई।

(a) रिंडरपेस्ट (b) कॉउपॉक्स
(c) एच 1 एन 1 (d) एच 12 एन 13

उत्तर *(a)* रिंडरपेस्ट

16. नीचे दिए गए वक्तव्यों को ध्यानपूर्वक पढ़कर सही विकल्प की पहचान कीजिए

- इन्हें भारत के पूर्वी उत्तर प्रदेश, बिहार, मध्य भारत और तमिलनाडु आदि राज्यों से ले जाया गया था।
- भारतीय अनुबंधित प्रवासियों को गुयाना, त्रिनिदाद, सूरीनाम, मॉरीशस आदि ले जाया गया।
- तमिल प्रवासियों को सीलोन और मलाया ले जाया गया।

(a) गिरमिटिया (b) कम्योटि
(c) यामि (d) ददनी

उत्तर (a) गिरमिटिया

17. सही युग्म का चयन कीजिए

(a) पास्ता का सिसली पहुँचना – अरब यात्रियों के द्वारा
(b) इटली का एक प्रांत – स्पैघेत्ती
(c) 1840 के दशक में आलू अकाल की स्थिति – स्विट्जरलैंड
(d) 17वीं शताब्दी में सोने का शहर – इटली

उत्तर *(a)* पास्ता का सिसली पहुँचना–अरब यात्रियों के द्वारा

18. गलत युग्म की पहचान कीजिए

(a) 16वीं शताब्दी में एशिया और अमेरिका तक के समुद्री मार्गों की खोज – यूरोपीय नाविकों के द्वारा
(b) अमेरिका को जीतने वाले (16वीं शताब्दी) पहले यूरोपीय – स्पेनवासी
(c) 18वीं शताब्दी के अंत में ब्रिटेन में खाद्यान्न की माँग में वृद्धि का कारण – औद्योगीकरण
(d) वैश्विक कृषि अर्थव्यवस्था का विकास – 1810 ई.

उत्तर *(d)* वैश्विक कृषि अर्थव्यवस्था का विकास – 1810 ई.

सुमेलित करें

19. सुमेलित कीजिए

सूची I	सूची II
A. ब्रेटन वुड्स समझौता	1. वर्ष 1929
B. महामंदी का आना	2. वर्ष 1914
C. चीन की क्रांति	3. वर्ष 1944
D. प्रथम विश्वयुद्ध की शुरुआत	4. वर्ष 1949

कूट

	A	B	C	D
(a)	3	1	4	2
(b)	3	1	2	4
(c)	1	2	3	4
(d)	4	3	2	1

उत्तर *(a)* 3 1 4 2

चित्र आधारित प्रश्न

20. नीचे दिया गया चित्र निम्नलिखित में से किसका प्रतिनिधित्व करता है?

(a) ईस्ट इंडिया कंपनी, लंदन
(b) ईस्ट इंडिया कंपनी, सूरत
(c) वांशिगटन होटल
(d) स्मिथ फिल्ड क्लब

उत्तर *(a)* ईस्ट इंडिया कंपनी, लंदन

21. निम्न में से कौन-सा पहलू प्रथम विश्वयुद्ध के दौरान इस छवि को सबसे अच्छा दर्शाता है?

(a) भारतीय गिरमिटिया श्रम (b) हथियार फैक्ट्री में श्रम
(c) खुदाई श्रम (d) जलयान पर श्रम

उत्तर *(b)* हथियार फैक्ट्री में श्रम

रिक्त स्थान भरें

22. वी एस नायपॉल........से आए अनुबंधित मजदूरों के वंशज हैं।

उत्तर भारत

23. भारतीय अनुबंधित प्रवासियों के मुख्य गंतव्य.........हैं।

उत्तर कैरेबियाई द्वीप समूह

24. कार निर्माता..........ने डेट्रॉइट में अपने नए कारखाने की स्थापना की।

उत्तर हेनरी फोर्ड

सही और पुनः लिखें

25. अमेरिका में वर्ष 1919 में कार का उत्पादन 10 लाख था।

उत्तर अमेरिका में वर्ष 1919 में कार का उत्पादन 20 लाख था।

26. वर्ष 1944 में ब्रेटन वुड्स समझौते के अंतर्गत विश्व बैंक और विश्व व्यापार संगठन की स्थापना की गई थी।

उत्तर वर्ष 1944 में ब्रेटन वुड्स समझौते के अंतर्गत विश्व बैंक और अंतर्राष्ट्रीय मौद्रिक कोष की स्थापना की गई थी।

कथन/कारण

27. **कथन** (A) एक हजार वर्ष से अधिक समय से मालदीव के समुद्रों में पाई जाने वाली कौड़ियों की प्राप्ति अफ्रीका और चीन से हुई है।

कारण (R) बीमारी फैलाने वाले कीटाणुओं का इतिहास भी 1300 वर्ष पुराना है।

कूट

(a) A और R दोनों सही हैं तथा R, A की सही व्याख्या है
(b) A और R दोनों सही हैं, परंतु R, A की सही व्याख्या नहीं है
(c) A सही है, किंतु R गलत है
(d) A गलत है, किंतु R सही है

उत्तर *(d)* A गलत है, किंतु R सही है

28. **कथन** (A) ब्रिटेन ने संयुक्त राज्य अमेरिका के बैंकों और जनता से धन की एक बहुत बड़ी राशि उधार ली।

कारण (R) वर्ष 1941 में प्रत्येक पाँच में से एक ब्रिटिश को काम के लिए बाहर जाना पड़ा।

कूट

(a) A और R दोनों सही हैं तथा R, A की सही व्याख्या है
(b) A और R दोनों सही हैं, परंतु R, A की सही व्याख्या नहीं है
(c) A सही है, किंतु R गलत है
(d) A गलत है, किंतु R सही है

उत्तर *(c)* A सही है, किंतु R गलत है

अतिलघु उत्तरीय प्रश्न

1. भूमंडलीकरण क्या है? **CBSE 2012, 11**

उत्तर विविध देशों के आर-पार के लोगों, सामान तथा सेवा गतिविधियों को भूमंडलीकरण कहते हैं।

2. रेशम मार्ग क्या थे? **CBSE 2014**

उत्तर रेशम मार्ग व्यापारिक और सांस्कृतिक संपर्क का एक ऐसा मार्ग था, जो एशिया के बड़े भागों को परस्पर जोड़ने के साथ यूरोप तथा उत्तरी अफ्रीका से जोड़ता था।

3. भूमंडलीकृत विश्व के बनने की प्रक्रिया में सहायक तत्त्व कौन-कौन से हैं?

उत्तर भूमंडलीकृत विश्व के बनने की प्रक्रिया में सहायक तत्त्व निम्नलिखित हैं
(i) व्यापार का प्रवाह
(ii) श्रम का प्रवाह
(iii) पूँजी का प्रवाह

4. अमेरिका को उपनिवेश बनाने वाले दो प्रथम यूरोपीय देश कौन-से थे?

उत्तर अमेरिका पर सबसे पहले स्पेन एवं पुर्तगाल ने आक्रमण कर उसे अपना उपनिवेश बनाया था।

5. अमेरिका के किस क्षेत्र को 'सोने का शहर' कहा जाता था?

उत्तर अमेरिका के एल डोराडो को 'सोने का शहर' कहा जाता था।

6. 18वीं शताब्दी तक विश्व के सबसे संपन्न देश कौन-से थे?

उत्तर 18वीं शताब्दी तक विश्व के सबसे संपन्न देश भारत और चीन थे।

7. 1870 के दशक में यूरोपीय देशों में मांस खाना एक महँगा सौदा बन गया था। कोई एक कारण बताइए।

उत्तर 1870 के दशक तक अमेरिका से यूरोप को मांस का निर्यात नहीं किया जाता था। उस समय केवल जीवित जानवर ही भेजे जाते थे।

8. 1885 ई. में यूरोप के ताकतवर देशों की बर्लिन में बैठक क्यों हुई? **CBSE 2018**

उत्तर 1885 ई. में यूरोप के ताकतवर देशों की बर्लिन में बैठक हुई जिसमें इन देशों ने अफ्रीका के नक्शे पर लकीरें खींचकर यहाँ के क्षेत्रों को आपस में बाँटा था।

9. रिंडरपेस्ट की परिभाषा दीजिए। **CBSE 2012, 11, 10**

उत्तर यह पशुओं में होने वाला एक भयानक संक्रामक रोग है। यह रोग जीवाणुओं से पनपता है। रिंडरपेस्ट को 'पशु प्लेग' या मवेशी रोग भी कहा जाता है।

10. 1880 के दशक के आखिरी वर्षों में अफ्रीका में रिंडरपेस्ट बीमारी कैसे पहुँची? **CBSE 2014**

उत्तर यह बीमारी पूर्वी अफ्रीका में एरिट्रिया पर हमला कर रहे इतालवी सैनिकों का पेट भरने के लिए ब्रिटिश आधिपत्य वाले एशियायी देशों से संक्रमित जानवरों द्वारा पहुँची।

11. गिरमिटिया कौन थे?

उत्तर भारत से एक विशेष अनुबंध के अंतर्गत विदेशों को भारी संख्या में श्रमिक भेजे जाते थे। इन्हें ही गिरमिटिया कहा जाता था। ये श्रमिक बागानों, खदानों, सड़कों तथा रेलवे निर्माण परियोजनाओं के लिए भेजे जाते थे।

12. चटनी म्यूजिक कब और कहाँ लोकप्रिय था?

उत्तर दक्षिणी अमेरिका के त्रिनिदाद और गुयाना में भारतीय अप्रवासियों के आने के बाद वहाँ 19वीं शताब्दी में चटनी म्यूजिक बहुत लोकप्रिय हुआ।

13. होसे से आप क्या समझते हैं?

उत्तर त्रिनिदाद में मुहर्रम के सालाना जुलूस को एक विशाल उत्सवी मेले के रूप में मनाया जाने लगा था। इस मेले को ही 'होसे' (इमाम हुसैन के नाम पर) नाम दिया गया।

14. भारत से विदेशों में गए कुछ अनुबंधित मजदूरों के वंशज आधुनिक युग में बहुत प्रसिद्ध हैं। इनके नाम बताइए।

उत्तर भारत से विदेशों में गए अनुबंधित मजदूरों के वंशजों में प्रमुख हैं
(i) नोबेल पुरस्कार से सम्मानित साहित्यकार वी. एस. नायपॉल।
(ii) वेस्टइंडीज के क्रिकेट खिलाड़ी शिवनारायण चंद्रपॉल और रामनरेश सरवन।

15. सांस्कृतिक विलय का क्या अर्थ है? दो उदाहरण दीजिए। **CBSE 2012**

उत्तर यह एक ऐसी प्रक्रिया है, जिसमें दो या दो से अधिक संस्कृतियों के परस्पर विलय से एक नई संस्कृति का जन्म हुआ। इसके दो प्रमुख उदाहरण होसे तथा चटनी म्यूजिक हैं।

16. विदेशों में 19वीं शताब्दी के दो प्रमुख भारतीय उद्यमी कौन थे?

उत्तर 19वीं शताब्दी में विदेश में भारतीय उद्यमियों में शिकारीपुरी श्रॉफ और नाट्टुकोट्टई चेट्टियार प्रमुख थे। ये लोग बहुत-से बैंकरों और व्यापारियों को निर्यातोन्मुखी कृषि के लिए कर्ज देते थे।

17. वह स्थिति क्या कहलाती है, जिसके अंतर्गत निर्यात का मूल्य आयात से अधिक होता है?

उत्तर वह स्थिति, जिसके अंतर्गत निर्यात का मूल्य आयात से अधिक होता है, व्यापार अधिशेष कहलाती है।

18. वृहत उत्पादन क्या था? वृहत उत्पादन का प्रमुख प्रणेता कौन था?

उत्तर 1920 के दशक की अमेरिकी अर्थव्यवस्था की एक बड़ी विशेषता वृहत उत्पादन का चलन था। बड़े पैमाने पर वस्तुओं के उत्पादन को वृहत उत्पादन कहा जाता है। इसका प्रमुख हेनरी फोर्ड था।

19. असेंबली लाइन उत्पादन क्या है?

उत्तर असेंबली लाइन एक प्रकार की उत्पादन प्रक्रिया है, जिसमें परिवर्तनीय भागों (पुर्जों) को जोड़कर वस्तु को अंतिम स्वरूप में तैयार किया जाता है।

20. वर्ष 1929 की महामंदी का सबसे बुरा प्रभाव कहाँ पड़ा?

उत्तर वर्ष 1929 की महामंदी का सबसे बुरा प्रभाव कृषि क्षेत्रों एवं समुदायों पर पड़ा। ऐसा इसलिए हुआ, क्योंकि औद्योगिक उत्पादों की तुलना में खेतिहर उत्पादों की कीमतें अधिक समय तक कम रहीं।

21. वर्ष 1923 में विश्व को पूँजी देने वाला और दुनिया का सबसे बड़ा कर्जदाता देश कौन था?

उत्तर वर्ष 1923 में विश्व को पूँजी देने वाला और दुनिया का सबसे बड़ा कर्जदाता देश अमेरिका था।

22. किन्हीं दो विश्व संस्थाओं के नाम बताइए जिनकी स्थापना ब्रेटन वुड्स के अधीन हुई। **CBSE 2014**

उत्तर ब्रेटन वुड्स के अधीन दो निम्न संस्थाओं की स्थापना हुई थी
(i) अंतर्राष्ट्रीय मुद्रा कोष (ii) विश्व बैंक

23. विश्व बैंक की स्थापना क्यों की गई थी?

उत्तर विश्व बैंक की स्थापना युद्धोत्तर पुनर्निर्माण के लिए धनराशि की व्यवस्था हेतु की गई थी।

24. किस संगठन ने विश्व व्यापार संगठन को प्रतिस्थापित किया?

उत्तर गैट ने विश्व व्यापार संगठन को प्रतिस्थापित किया।

25. द्वितीय विश्वयुद्ध के दोनों विरोधी समूहों के नाम लिखिए।

उत्तर द्वितीय विश्वयुद्ध के दो विरोधी समूह थे
- मित्र राष्ट्र–अमेरिका, ब्रिटेन, फ्रांस, रूस।
- धुरी राष्ट्र–जापान, जर्मनी, इटली, तुर्की।

26. अठारहवीं सदी के आखिरी दशक में ब्रिटेन की तेजी से बढ़ती हुई आबादी के किन्हीं तीन प्रभावों को स्पष्ट कीजिए। **CBSE 2020**

उत्तर अठारहवीं सदी के आखिरी दशकों में ब्रिटेन की आबादी के तेजी से बढ़ने के तीन प्रभाव निम्न थे
(i) भोज्य पदार्थों की माँग बढ़ी।
(ii) शहरों के फैलाव ने उद्योगों को बढ़ाया, साथ ही कृषि उत्पादों की माँग को बढ़ाया।
(iii) कृषि उत्पादों की माँग बढ़ने से इनकी कीमतें बढ़ने लगीं।

लघु उत्तरीय प्रश्न

1. कॉर्न लॉ से क्या आशय है? कॉर्न लॉ के उन्मूलन के किन्हीं तीन प्रभावों को बताइए।

अथवा **ब्रिटेन में कॉर्न लॉ को समाप्त करने के किन्हीं तीन प्रभावों को स्पष्ट कीजिए।** **CBSE 2020**

उत्तर जमींदारों के दबाव के कारण सरकार ने कॉर्न (मक्का) के आयात पर प्रतिबंध लगा दिया। इस कानून को सामान्यतः 'कॉर्न लॉ' के नाम से जाना जाता था। कॉर्न लॉ के उन्मूलन के तीन प्रभाव निम्नलिखित हैं

(i) भोजन के मूल्य में गिरावट आने से ब्रिटेन में खपत में वृद्धि हो गई।

(ii) 19वीं शताब्दी के मध्य से ब्रिटेन में तेजी से औद्योगिक वृद्धि हुई और आय भी बढ़ गई तथा भोजन के लिए माँग में भी अधिक बढ़ोतरी हुई।

(iii) कृषि संबंधी उत्पादों का निर्यात करने के लिए नए रेलवे स्टेशनों व बंदरगाहों की आवश्यकता पड़ी।

2. यूरोपियों के आगमन से पूर्व अफ्रीकी लोगों के जीवन की प्रमुख विशेषताओं पर प्रकाश डालिए। **CBSE 2013**

उत्तर यूरोपियों के आगमन से पूर्व अफ्रीकी लोगों के जीवन की प्रमुख विशेषताएँ निम्नलिखित थीं

- इस समय अफ्रीका की जनसंख्या यूरोप की तुलना में कम तथा भूमि विस्तार अपेक्षाकृत बहुत अधिक था।
- यहाँ अनेक शताब्दियों तक लोगों का जीवन जमीन एवं पालतू पशुओं के सहारे ही चलता रहा। यहाँ काम के बदले वेतन का चलन नहीं था।
- यहाँ अधिकांश किसान थे, जिन्हें आधुनिक वेतन का ज्ञान नहीं था।
- इनका मुख्य व्यवसाय कृषि तथा पशुपालन था। ग्रामीण परिवार आत्मनिर्भर थे।

3. 19वीं शताब्दी में हजारों लोग यूरोप से भागकर अमेरिका क्यों आ गए थे? **CBSE 2010**

उत्तर 19वीं शताब्दी में हजारों लोग यूरोप से भागकर अमेरिका आ गए, इसके पीछे निम्नलिखित कारण थे

- 19वीं शताब्दी तक यूरोप में गरीबी और भूख का साम्राज्य था। शहरी क्षेत्रों में भीड़ अधिक थी तथा संक्रामक रोगों का प्रकोप था।
- इस समय यूरोप में धार्मिक विवादों का बोलबाला था। धार्मिक असंतुष्टों को दंडित किया जा रहा था। यही कारण था कि बहुत-से लोग यूरोप छोड़कर अमेरिका में प्रवास करने लगे।

4. कॉर्न लॉ के समाप्त होने के बाद ब्रिटेन में खाद्य समस्या का समाधान कैसे हुआ? व्याख्या कीजिए।

उत्तर कॉर्न लॉ के समाप्त होने के बाद ब्रिटेन में खाद्य समस्या का समाधान निम्नलिखित रूपों में हुआ

- **खाद्य पदार्थों का पुनः आयात** कॉर्न लॉ के प्रतिबंध के समाप्त होते ही ब्रिटेन अपने देश में उत्पादन करने की अपेक्षा सस्ते दामों पर खाद्यान्नों का आयात करने लगा। यह आयात व्यापारियों द्वारा पूर्वी यूरोप, रूस, अमेरिका तथा ऑस्ट्रेलिया आदि देशों से सस्ते दामों पर होता था।
- **वैश्विक कृषि अर्थव्यवस्था** 1890 तक एक वैश्विक कृषि अर्थव्यवस्था सामने आ चुकी थी। इस घटनाक्रम के साथ ही श्रम विस्थापन रुझानों, पूँजी प्रवाह, पारिस्थितिकी और तकनीक में गहरे बदलाव आ चुके थे।
- **केनाल कॉलोनियों से खाद्य पदार्थों का आयात** ब्रिटिश भारतीय सरकार ने अर्द्ध-रेगिस्तानी परती जमीनों को उपजाऊ बनाने के लिए नहरों का जाल बिछा दिया जिससे निर्यात के लिए गेहूँ और कपास की खेती की जा सके।

5. 19वीं शताब्दी के दौरान ब्रिटेन में जमीन को साफ कराने की आवश्यकता क्यों पड़ी? उल्लेख कीजिए।

उत्तर 19वीं शताब्दी के दौरान ब्रिटेन में जमीन को साफ कराने की आवश्यकता के निम्नलिखित कारण थे

- **खाद्यान्नों की बढ़ती माँग** ब्रिटेन की बढ़ती जनसंख्या के कारण खाद्यान्नों की माँग बढ़ने लगी, जिसकी पूर्ति के लिए वहाँ की जमीनों को साफ करवाना पड़ा जिससे कृषि को बढ़ाया जा सके।
- **रेलवे/परिवहन की आवश्यकता** कृषि के लिए जमीनों को साफ कर देना ही पर्याप्त नहीं था। इन खेतिहर क्षेत्रों को बंदरगाहों से जोड़ने के लिए रेलवे की आवश्यकता थी। यही कारण था कि नई रेलवे लाइनें बिछाने के लिए जमीनों को साफ करवाना पड़ा।
- **नए बंदरगाह का निर्माण** अधिक तादाद में माल ढुलाई के लिए नई गोदियाँ बनाना तथा पुरानी गोदियों का फैलाव किया गया। इससे कृषि व्यवस्था को सुदृढ़ बनाया गया।

6. भारत और ब्रिटेन के मध्य व्यापारिक संबंधों को स्पष्ट कीजिए।

उत्तर 19वीं शताब्दी में भारतीय बाजार में ब्रिटिश निर्माणकर्ताओं की अधिकता हो गई। खाद्यान्न और कच्चा माल, जो भारत से निर्यात किया जाता था, उसकी ब्रिटेन में वृद्धि हो गई। भारत द्वारा ब्रिटेन को भेजे जाने वाले माल की अपेक्षा ब्रिटेन से भारत भेजे जाने वाले माल की दरें ऊँची होती थीं।

इस प्रकार ब्रिटेन भारत के साथ व्यापार अधिशेष में रहता था और इस अधिशेष का प्रयोग दूसरे देशों के साथ व्यापार में होने वाले घाटे की भरपाई करने में करता था।

ब्रिटेन के इस व्यापार अधिशेष ने घरेलू खर्चों में सहायता की; जैसे–ब्रिटिश अधिकारियों व व्यापारियों को भेजे जाने वाले व्यक्तिगत धन के लिए तथा बाहरी ऋण के ब्याज का भुगतान करने और भारत में ब्रिटिश अधिकारियों की पेंशन के लिए।

7. 'व्यापार अधिशेष' को परिभाषित कीजिए। भारत के साथ ब्रिटेन को व्यापार अधिशेष क्यों प्राप्त था?

उत्तर 'व्यापार अधिशेष' एक ऐसी स्थिति है, जिसके अंतर्गत निर्यात की कीमत आयात से अधिक होती है।

भारत के साथ ब्रिटेन को व्यापार अधिशेष प्राप्त होता था, जिसके निम्नलिखित कारण थे

- भारत से ब्रिटेन को निर्यात किए जाने वाले माल की अपेक्षा ब्रिटेन से आयात किए जाने वाले माल की कीमत अधिक होती थी।
- भारत में ब्रिटेन के व्यापार से जो अधिशेष प्राप्त होता था, उससे तथाकथित 'होम चार्जेज' का निपटारा होता था। भारतीय बाहरी कर्जों पर ब्याज भी इससे ही दिया जाता था।
- भारत में कार्य कर चुके ब्रिटिश अफसरों को पेंशन भी दी जाती थी।

अतः इन्हीं कारणों से भारत के साथ ब्रिटेन को व्यापार अधिशेष प्राप्त था।

8. 'रिंडरपेस्ट' का 1890 के दशक में अफ्रीका के लोगों को आजीविका और स्थानीय अर्थव्यवस्था पर पड़े प्रभावों का वर्णन कीजिए। **CBSE 2018**

उत्तर 1890 के दशक में अफ्रीका में रिंडरपेस्ट नामक बीमारी बहुत तेजी से फैली। यह बीमारी मवेशियों में प्लेग की तरह फैलने वाली थी। इसके द्वारा लोगों की आजीविका और स्थानीय अर्थव्यवस्था पर पड़े प्रभाव को निम्न रूपों में देखा जा सकता है

- इस पशु महामारी ने पशुओं की एक बहुत बड़ी संख्या को समाप्त कर दिया।
- संपूर्ण अफ्रीका में यह बीमारी इस प्रकार फैली कि इससे लगभग 90% पशु मारे गए, जिससे लोगों की आजीविका पर प्रतिकूल प्रभाव पड़ा।
- 19वीं शताब्दी के अंत तक यूरोपवासी खदानों और बागानों को स्थापित करने के लिए अफ्रीका आ गए।

9. भारत से अनुबंधित मजदूरों के प्रवास को स्पष्ट कीजिए।

उत्तर अनुबंधित मजदूर से तात्पर्य किसी नियोक्ता के लिए एक निश्चित समय के लिए विशिष्ट राशि पर अनुबंध के अंतर्गत कार्य करने वाले बँधुआ मजदूर से है, जिन्हें घर या नए देशों में ही भुगतान किया जाता था। 19वीं शताब्दी में लाखों भारतीय व चीनी मजदूर बागानों, खदानों और विश्व की विभिन्न निर्माणकारी परियोजनाओं में कार्य करने के लिए गए। अधिकांश भारतीय अनुबंधित कर्मचारी पूर्वी उत्तर प्रदेश के वर्तमान राज्यों; जैसे–बिहार, मध्य भारत और तमिलनाडु से आए। 19वीं शताब्दी के मध्य में भारत के इन राज्यों में कई सामाजिक परिवर्तन हुए; जैसे-कुटीर उद्योगों का पतन हो गया। जमीन का किराया बढ़ गया और खदानों तथा बागानों के लिए जमीन को साफ कर दिया गया। इन सब कारणों ने गरीबों को कार्य की तलाश में प्रवास करने के लिए बाध्य कर दिया।

10. 19वीं शताब्दी में सांस्कृतिक दृश्य में हुए परिवर्तनों की विशेषताओं को बताइए।

अथवा "19वीं सदी के अंत में भारत में एक नई तरह की दृश्य-संस्कृति आकार ले रही थी।" इस कथन की व्याख्या उदाहरण सहित कीजिए। **CBSE 2023**

उत्तर 19वीं शताब्दी में अनुबंध को 'दासता की एक नई प्रथा' के रूप में वर्णित किया गया। यद्यपि जीवन जीने और कार्य करने की दशाएँ कठोर थीं, फिर भी कर्मचारियों ने जीने के अपने स्वयं के तरीके तलाश लिए। उन्होंने अपने विभिन्न सांस्कृतिक रूपों का मिश्रण करके मनोरंजन तथा त्योहारों के नए रूपों का विकास किया। त्रिनिदाद में रियटस कार्निवाल (होसे), रास्ताफारियानवाद (जमैका की एक आध्यात्मिक विचारधारा) का विरोधी धर्म, जिसे जमैका के गायक बॉब मार्ले, त्रिनिदाद और गुयाना के चटनी संगीत ने प्रसिद्ध बना दिया आदि सभी सांस्कृतिक सम्मिश्रण के ही उदाहरण हैं।

11. युद्धोत्तर निर्माण को आकृति प्रदान करने वाले दो प्रभाव कौन-से थे?

उत्तर यूरोप और एशिया के विशाल भाग और कई शहर नष्ट हो गए थे! पुनर्निर्माण का कार्य लंबा और कठिन था। दो महत्त्वपूर्ण प्रभाव, जिन्होंने युद्ध के बाद के पुनर्निर्माण को आकृति प्रदान की, निम्न थे

(i) युद्ध के बाद संयुक्त राज्य अमेरिका विश्व की प्रमुख राजनीतिक व आर्थिक शक्ति के रूप में उभरा।

(ii) सोवियत संघ महाशक्ति बन गया। इसने नाजी जर्मनी को हरा दिया। इसने स्वयं को कृषि देश से विश्व शक्ति में रूपांतरित कर लिया और यह कम्युनिस्ट गुट के नेता के रूप में पूँजीवादी अर्थव्यवस्था के लिए एक बड़ा खतरा बन गया।

12. युद्ध के पश्चात् अर्थशास्त्रियों और राजनीतिज्ञों ने कौन-से दो सबक तैयार किए?

उत्तर युद्ध के आर्थिक अनुभवों से अर्थशास्त्रियों और राजनीतिज्ञों ने दो मुख्य सबक तैयार किए

(i) **पहला सबक** वृहत उत्पादन पर आधारित किसी औद्योगिक समाज को व्यापक उपभोग, वृहत उपभोग के लिए उच्च और स्थायी आय तथा स्थायी आय के लिए पूर्ण और स्थिर रोजगार की आवश्यकता थी।
इसके लिए सरकार को आवश्यक कदम उठाने चाहिए थे।

(ii) **दूसरा सबक** एक देश के दूसरे देश से आर्थिक संपर्कों से संबंधित था। पूर्ण रोजगार का लक्ष्य पाया जा सकता था, यदि वस्तुओं, पूँजी और श्रम के प्रवाहों को नियंत्रित करने की शक्ति केवल सरकार के पास होती।

13. वैश्वीकरण को अधिक निष्पक्ष बनाने वाले किन्हीं तीन कारकों का विश्लेषण करें। **CBSE 2019**

उत्तर निष्पक्ष वैश्वीकरण का अर्थ वैश्वीकरण के लाभों को सभी में समान रूप से साझा करना है। भारत में वैश्वीकरण को निष्पक्ष बनाने के मुख्य कारक निम्नलिखित हैं

- सरकार को श्रम कानूनों की देखभाल करनी चाहिए, जिससे श्रमिकों के अधिकारों की रक्षा की जा सके।
- सरकार निष्पक्ष नियमों के लिए विश्व व्यापार संघ (WTO) के साथ बातचीत कर सकती है तथा विकासशील देशों के साथ प्रभुत्व स्थापित देशों के वर्चस्व के विरुद्ध खड़ी हो सकती है।
- अपने प्रदर्शन को बेहतर बनाने के लिए छोटे उत्पादकों का समर्थन करना, ताकि वे बहुराष्ट्रीय कंपनियों (MNC) से प्रतिस्पर्द्धा की स्थिति में व्यवहार्य बने रहें।

14. तीन उदाहरण देते हुए बताइए कि अमेरिका की ओर जाने के लिए नए समुद्री मार्ग की खोज से विश्व में परिवर्तन आया। **CBSE 2012, 11, 10**

उत्तर अमेरिका की ओर जाने के लिए नए समुद्री मार्गों की खोज से विश्व में आए परिवर्तन निम्नलिखित थे

- अमेरिका द्वारा समुद्री मार्गों की खोज से पूर्व लाखों वर्षों तक अमेरिका का दुनिया के अन्य भागों से संपर्क नहीं था।
- वर्तमान पेरू और मैक्सिको में उपलब्ध खानों से निकलने वाली कीमती धातुओं विशेष रूप से चाँदी ने यूरोप की संपदा को बढ़ाया और पश्चिम एशिया के साथ होने वाले व्यापार को भी नई दिशा प्रदान की।
- समुद्री मार्गों की खोज के कारण तीन प्रकार के प्रवाहों का उदय हुआ, ये प्रवाह हैं–वस्तुओं का प्रवाह, श्रम का प्रवाह तथा पूँजी का प्रवाह।

15. यूरोपीय मालिकों को अफ्रीकी मजदूरों को तैयार करना कठिन क्यों हो रहा था? उन उपायों का वर्णन कीजिए जिनके द्वारा वे मजदूरों को प्रशिक्षित करते और रोकते थे। **CBSE 2011**

उत्तर यूरोपीय उपनिवेश के दौरान यूरोपीय मालिकों को लोगों को मजदूरी के लिए प्रशिक्षित करना कठिन हो रहा था, क्योंकि इसमें अधिकांशतः अफ्रीकी लोग थे। यूरोपीय मालिकों को कब्जे में रखने तथा प्रशिक्षित करने के लिए कई उपाय करने पड़े

- **उत्तराधिकार कानून में परिवर्तन** यूरोपीय सरकार ने किसानों को उनकी जमीन से बेदखल करने के लिए उत्तराधिकार का पुराना कानून बदलकर एक नया कानून बनाया।
- **कर बढ़ाना** उपनिवेशकारों ने यहाँ की जनता पर भारी कर लगाना प्रारंभ कर दिया, जिसे चुकाने के लिए उन्हें बागानों एवं खानों में वेतन के लिए मजदूरी करनी पड़ती थी।
- **स्वतंत्रता पर प्रतिबंध** खानों में काम करने वाले लोगों को बाड़ों में बंद कर दिया जाता था और उनके स्वतंत्रतापूर्वक कहीं भी आने जाने पर पाबंदी लगा दी गई।

16. बीसवीं सदी के प्रारंभ में भारत पर महामंदी के प्रभावों को स्पष्ट कीजिए। **CBSE 2020**

उत्तर औपनिवेशिक भारत कृषि वस्तुओं का निर्यातक और तैयार मालों का आयातक बन चुका था। महामंदी ने भारतीय व्यापार को तत्काल प्रभावित किया। वर्ष 1928 से 1934 के बीच देश के आयात-निर्यात घटकर लगभग आधे रह गए थे। जब अंतर्राष्ट्रीय बाजार में कीमतें गिरने लगीं तो यहाँ भी कीमतें नीचे आ गईं। वर्ष 1928 से 1934 के बीच भारत में गेहूँ की कीमत 50% गिर गईं। शहरी निवासियों की अपेक्षा किसानों और काश्तकारों को ज्यादा नुकसान हुआ। यद्यपि कृषि उत्पादों की कीमत तेजी से नीचे गिरी, लेकिन सरकार ने लगान वसूली में छूट देने से पूरी तरह इंकार कर दिया। महामंदी का सबसे व्यापक प्रभाव उन काश्तकारों पर पड़ा, जो विश्व बाजारों के लिए उपज पैदा करते थे। बंगाल के किसान, जो कच्चा पटसन उगाते थे, जिससे कारखानों में टाट की बोटियाँ बनाई जाती थीं। जब टाट का निर्यात बंद हो गया तो कच्चे पटसन की कीमतों में 60% से भी अधिक गिरावट आ गई।

दीर्घ उत्तरीय प्रश्न

1. कॉर्न लॉ कानून को भंग करने के प्रभाव का वर्णन कीजिए। **CBSE 2014, 10**

अथवा कॉर्न लॉ को भंग करने के क्या परिणाम थे? **CBSE 2012, 10**

उत्तर कॉर्न लॉ कानून को भंग करने के निम्नलिखित परिणाम हुए

- भोजन के मूल्य में गिरावट आने से ब्रिटेन में खपत में वृद्धि हो गई। 19वीं शताब्दी के मध्य से ब्रिटेन में तेजी से औद्योगिक वृद्धि हुई और आय भी बढ़ गई तथा भोजन के लिए अधिक माँग में भी बढ़ोतरी हुई।
- कृषि संबंधी उत्पादों का निर्यात करने के लिए नए रेलवे स्टेशनों व बंदरगाहों की आवश्यकता पड़ी।
- कर्मचारियों की संख्या में वृद्धि होने से अत्यधिक आवासों व प्रबंधनों की आवश्यकता हुई। इन सभी गतिविधियों के लिए पूँजी और श्रम की आवश्यकता थी।
- लंदन जैसे वित्तीय केंद्रों से पूँजी का प्रवाह होने लगा।
- श्रम की माँग के कारण 19वीं शताब्दी में लाखों लोग बेहतर जीवन की तलाश में यूरोप से अमेरिका और ऑस्ट्रेलिया की ओर प्रवास करने लगे।
- 1890 ई. से वैश्विक कृषि अर्थव्यवस्था का विकास हुआ।
- कभी-कभी रेलों या जहाजों द्वारा हजारों मील से भोजन आता था।
- यह नाटकीय परिवर्तन यद्यपि छोटे पैमाने पर पश्चिमी पंजाब में भी हुआ। भारत में ब्रिटिश शासकों ने निर्यात हेतु गेहूँ और कपास में बढ़ोतरी करने के लिए उपजाऊ कृषि भूमि में सिंचाई का विकास कर पंजाब को रूपांतरित कर दिया। क्षेत्रीय वस्तुओं का विकास इतनी तेजी से हुआ कि 1820 से 1914 के बीच विश्व व्यापार 25 से 40 गुना बढ़ गया।

2. प्रथम विश्वयुद्ध ने ब्रिटेन में लोगों के आर्थिक जीवन में किस प्रकार परिवर्तन किया?

अथवा प्रथम विश्वयुद्ध के दौरान विश्व के आर्थिक हालातों के विषय में संक्षेप में लिखिए। **CBSE 2013, 12, 10**

उत्तर प्रथम विश्वयुद्ध से पूर्व ब्रिटेन दुनिया की सबसे बड़ी अर्थव्यवस्था थी, किंतु युद्ध के पश्चात् सबसे लंबा संकट भी इसे ही झेलना पड़ा। प्रथम विश्वयुद्ध ने ब्रिटेन के लोगों के जीवन में निम्न परिवर्तन किए

- **भारत और जापान से प्रतिस्पर्द्धा** (विदेशी कर्ज) इस युद्ध के समय भारत और जापान में उद्योग विकसित हो रहे थे। ऐसे में ब्रिटेन को भारतीय बाजार में पहले वाली स्थिति को पाना मुश्किल हो गया था। इसके अतिरिक्त जापान से भी मुकाबला करना था। युद्ध में हुए खर्चों को पूरा करने के लिए ब्रिटेन ने जो

अमेरिका से कर्ज लिया था, उसकी भरपाई भी करना आवश्यक था। ऐसे में प्रथम महायुद्ध के पश्चात् ब्रिटेन पर भारी कर्जों का दबाव था।

- **आर्थिक उछाल का अंत** इस महायुद्ध के कारण विश्व में आर्थिक उछाल का माहौल उत्पन्न हो गया था, क्योंकि माँग और उत्पादन तथा रोजगार में बढ़ोतरी हुई, किंतु युद्ध के पश्चात् जब यह उछाल शांत हुआ तो उत्पादन गिरने लगा तथा बेरोजगारी बढ़ने लगी। वर्ष 1921 में ब्रिटेन में हर पाँच में से एक ब्रिटिश मजदूर बेरोजगार था।
- **व्यय में कटौती** ब्रिटिश सरकार ने युद्ध संबंधी व्यय में भी कटौती शुरू कर दी, जिससे शांतिकालीन करों के सहारे ही उनकी भरपाई की जा सके।
- **ब्रिटिश अर्थव्यवस्था का कमजोर होना** युद्ध के समय तक पूर्वी यूरोप गेहूँ की आपूर्ति का एक बड़ा केंद्र था, किंतु युद्ध के दौरान तो सारी कृषि आधारित अर्थव्यवस्थाएँ भी संकट में रहीं। केवल कनाडा, अमेरिका और ऑस्ट्रेलिया में गेहूँ की पैदावार अचानक बढ़ने लगी। युद्ध की समाप्ति के पश्चात् पूर्वी यूरोप में गेहूँ की पैदावार सुधरने लगी और बाजारों में इसकी अधिकता हो गई। अनाज की कीमतें गिरने लगीं, जिससे किसान कर्ज में डूबने लगे।

3. 19वीं सदी की विश्व अर्थव्यवस्था को आकार देने में प्रौद्योगिकी की भूमिका स्पष्ट कीजिए।

अथवा 19वीं सदी में विश्व में हुए परिवर्तनों में प्रौद्योगिकी की भूमिका का वर्णन कीजिए। **CBSE 2019**

अथवा ''प्रौद्योगिकी में तीव्र उन्नति ने वैश्वीकरण की प्रक्रिया को उत्प्रेरित किया है।'' इस कथन की उदाहरणों सहित व्याख्या कीजिए। **CBSE 2020**

उत्तर 19वीं सदी की विश्व अर्थव्यवस्था को आकार देने में तकनीक की भूमिका महत्त्वपूर्ण रही है, जिसे निम्नलिखित कारणों द्वारा समझा जा सकता है

- **विश्व अर्थव्यवस्था में तकनीकी आविष्कार** रेलवे, भाप के जहाज, टेलीग्राफ आदि महत्त्वपूर्ण आविष्कार थे, जिनके बिना 19वीं सदी की विश्व अर्थव्यवस्था को आकार नहीं दिया जा सकता था।
- **बाजारों की परस्पर संबद्धता** इस समय के परिवहन में नए निवेश व सुधारों से तीव्रगामी रेलगाड़ियाँ, हल्की बोगियाँ और विशालकाय जलपोतों ने कम खर्च में कृषि उत्पाद एवं अन्य उत्पादों को खेतों से दूर-दूर के बाजारों में सुगमता से पहुँचाने में सहायता की।
- **मांस के व्यापार पर प्रभाव** 1870 के दशक तक अमेरिका से यूरोप को मांस का निर्यात नहीं किया जाता था, अपितु जीवित जानवर भेजे जाते, जिन्हें यूरोप ले जाकर काटा जाता था। जीवित जानवर जलपोतों में अधिक जगह घेरते थे। समुद्री यात्रा में कई पशु मर जाते, बीमार हो जाते, भार कम हो जाता या फिर अखाद्य बन जाते। अतः मांस के दाम बहुत ऊँचे और निर्धन यूरोपियों की पहुँच से परे थे। उच्च कीमतों के कारण माँग तथा उत्पादन बहुत कम था, परंतु रेफ्रिजरेशन युक्त जलपोतों ने मांस को एक क्षेत्र से दूसरे तक परिवहन करना सुगम बना दिया।
- **सामाजिक शांति और साम्राज्यवाद** रेफ्रिजरेशन की तकनीक के कारण न केवल समुद्री यात्रा में आने वाला खर्च कम हो गया, बल्कि यूरोप में मांस के दाम भी गिर गए।
- **उपनिवेशवाद** विश्व बाजारों को आपस में जोड़ने में तकनीक ने बहुत महत्त्वपूर्ण भूमिका निभाई, जिसके फलस्वरूप उपनिवेशवाद को बढ़ावा मिला।

4. ''अनुबंधित श्रमिकों ने अपने जीवन की अभिव्यक्ति के अपने ढंग खोज लिए थे।'' कथन की समीक्षा कीजिए। **CBSE 2013**

अथवा उन्नीसवीं सदी के दौरान भारत से अनुबंधित प्रवासी श्रमिकों की स्थिति का वर्णन कीजिए। **CBSE 2019**

उत्तर अनुबंधित मजदूर से तात्पर्य किसी नियोक्ता के लिए एक निश्चित समय के लिए विशिष्ट राशि पर अनुबंध के अंतर्गत कार्य करने वाले बँधुआ मजदूर से है, जिन्हें घर या नए देशों में ही भुगतान किया जाता था।

19वीं शताब्दी में लाखों भारतीय व चीनी मजदूर बागानों, खदानों और विश्व की विभिन्न निर्माणकारी परियोजनाओं में कार्य करने के लिए गए। अधिकांश भारतीय अनुबंधित कर्मचारी पूर्वी प्रदेश के वर्तमान पूर्वी उत्तर प्रदेश, बिहार, मध्य भारत और तमिलनाडु से आए।

19वीं शताब्दी के मध्य में भारत के इन राज्यों में कई सामाजिक परिवर्तन हुए; जैसे–कुटीर उद्योगों का पतन हो गया, जमीन का किराया बढ़ गया और खदानों तथा बागानों के लिए जमीन को साफ कर दिया गया। इन सब कारणों ने गरीबों को कार्य की तलाश में प्रवास करने के लिए बाध्य कर दिया।

भारतीय अनुबंधित प्रवासियों के मुख्य गंतव्य कैरीबियाई द्वीप मुख्यतः त्रिनिदाद, गुयाना तथा सूरीनाम, मॉरिशस और फिजी थे। इसके अतिरिक्त उनके स्थानीय आवास के आस-पास के अन्य स्थान थे। तमिल प्रवासी सीलोन और मलाया गए। कुछ अनुबंधित कर्मचारी आसाम के चाय बागानों में नियुक्त किए गए थे।

19वीं शताब्दी में अनुबंध को नई दास प्रथा के रूप में वर्णित किया गया। यद्यपि जीवन जीने और कार्य करने की दशाएँ कठोर थीं, फिर भी कर्मचारियों ने जीने के अपने स्वयं के तरीके तलाश लिए। उन्होंने अपने विभिन्न सांस्कृतिक रूपों का मिश्रण करके मनोरंजन के अन्य रूपों तथा त्योहारों के नए रूपों का विकास किया।

त्रिनिदाद में रियटस कार्निवाल (होसे), रास्ताफारियानवाद (जमैका की एक आध्यात्मिक विचारधारा) का विरोधी धर्म, जिसे जमैका के गायक बॉब मार्ले ने प्रसिद्ध बना दिया। त्रिनिदाद और गुयाना के चटनी संगीत (भारतीय अप्रवासियों की रचनात्मक अभिव्यक्ति) आदि सभी सांस्कृतिक सम्मिश्रण के ही उदाहरण हैं।

कई अनुबंधित मजदूर स्थायी रूप से उन देशों में बस गए, जहाँ वे अपने अनुबंधों को समाप्त करने के बाद चले गए थे। इस कारण इन देशों में भारतीय वंशजों के लोगों के विशाल समुदाय हैं। उदाहरण के लिए, नोबेल पुरस्कार विजेता; जैसे–वी एस नायपॉल, कुछ प्रसिद्ध वेस्टइंडीज क्रिकेटर; जैसे–शिवनारायण चंद्रपॉल और रामनरेश सरवन आदि भारत से आए अनुबंधित मजदूरों के ही वंशज हैं।

वर्ष 1921 में अनुबंधित श्रम की इस प्रथा का भारतीय राष्ट्रवादियों द्वारा कई वर्षों तक किए गए विरोध के बाद उन्मूलन हो गया।

5. आर्थिक संकट की अवधि के बाद 1920 के दशक के प्रारंभ में संयुक्त राज्य अमेरिका की अर्थव्यवस्था फिर से मजबूत हो गई। इस कथन को स्पष्ट कीजिए।

उत्तर आर्थिक संकट की संक्षिप्त अवधि के बाद 1920 के दशक के प्रारंभ में संयुक्त राज्य अमेरिका की अर्थव्यवस्था फिर से मजबूत होनी शुरू हो गई।

कार निर्माता हेनरी फोर्ड ने डेट्रॉइट में अपने नए कारखाने को 'असेंबली लाइन' में शुरू किया। उन्होंने अनुभव किया कि यह विधि वाहनों को उत्पन्न करने का तीव्र व सस्ता माध्यम प्रदान करेगी। इस असेंबली लाइन ने किसी भी एक कार्य को अनवरत तथा मशीन की तरह काम करने के लिए कर्मचारियों को बाध्य किया।

काम की रफ्तार कन्वेयर बेल्ट की रफ्तार से तय होती थी। परिणामस्वरूप हेनरी फोर्ड की कारें तीन मिनट के अंतराल में असेंबली लाइन से निकलने लगीं।

T-मॉडल नामक कार वृहत उत्पादन पद्धति से बनी देश की पहली कार थी। फोर्ड ने इस कार्य को करने के लिए कर्मचारियों को उच्च वेतन दिया। तीव्र उत्पादन के माध्यम से फोर्ड ने इस लागत को वापिस प्राप्त कर लिया था। अमेरिका में वर्ष 1919 में कार का उत्पादन 20 लाख था, परंतु वर्ष 1929 में यह 50 लाख हो गया।

वृहत उत्पादन से इंजीनियरिंग आधारित सामानों की लागत व मूल्य कम हो गए; जैसे–रेफ्रिजरेटर (फ्रीज), वाशिंग मशीन, रेडियो, ग्रामोफोन, संगीत आदि। आवास और उपभोक्ता उछाल ने अमेरिका में रोजगार और आय के क्षेत्र बड़ी संख्या में पैदा कर दिए। परिणामस्वरूप यह सबसे बड़ा विदेशी कर्जदाता बन गया।

6. द्वितीय विश्व युद्धोत्तर बंदोबस्त में ब्रेटन वुड्स संस्थानों की भूमिका को स्पष्ट कीजिए। **CBSE 2020**

उत्तर इस प्रश्न के उत्तर के लिए पृष्ठ संख्या 54 पर शीर्षक 'युद्धोत्तर बंदोबस्त और ब्रेटन वुड्स संस्थान' देखें।

स्रोत आधारित प्रश्न

निम्नलिखित स्रोतों को ध्यानपूर्वक पढ़कर उन पर आधारित प्रश्नों के उत्तर दीजिए

1. अठारहवीं सदी के आखिरी दशकों में ब्रिटेन की आबादी तेज़ी से बढ़ने लगी थी। नतीजा, देश में भोजन की माँग भी बढ़ी। जैसे-जैसे शहर फैले और उद्योग बढ़ने लगे, कृषि उत्पादों की माँग भी बढ़ने लगी। कृषि उत्पाद महँगे होने लगे। दूसरी तरफ बड़े भूस्वामियों के दबाव में सरकार ने मक्का के आयात पर भी पाबंदी लगा दी थी। जिन कानूनों के सहारे सरकार ने यह पाबंदी लागू की थी, उन्हें 'कॉर्न लॉ' कहा जाता था। खाद्य पदार्थों की ऊँची कीमतों से परेशान उद्योगपतियों और शहरी बाशिंदों ने सरकार को मजबूर कर दिया कि वह कॉर्न लॉ को तत्काल समाप्त कर दे।

कॉर्न लॉ के निरस्त हो जाने के बाद बहुत कम कीमत पर खाद्य पदार्थों का आयात किया जाने लगा। आयातित खाद्य पदार्थों की लागत ब्रिटेन में पैदा होने वाले खाद्य पदार्थों से भी कम थी। फलस्वरूप, ब्रिटिश किसानों की हालत बिगड़ने लगी, क्योंकि वे आयातित माल की कीमत का मुकाबला नहीं कर सकते थे। विशाल भू-भागों पर खेती बंद हो गई। हजारों लोग बेरोज़गार हो गए। गाँवों से उजड़कर वे या तो शहरों में या दूसरे देशों में जाने लगे।

जब खाद्य पदार्थों की कीमतों में गिरावट आई तो ब्रिटेन में उपभोग का स्तर बढ़ गया। उन्नीसवीं सदी के मध्य से ब्रिटेन की औद्योगिक प्रगति काफी तेज़ रही, जिससे लोगों की आय में वृद्धि हुई। इससे लोगों की ज़रूरतें बढ़ीं। खाद्य पदार्थों का और भी ज्यादा मात्रा में आयात होने लगा। पूर्वी यूरोप, रूस, अमेरिका और ऑस्ट्रेलिया, दुनिया के हर हिस्से में ब्रिटेन का पेट भरने के लिए जमीनों को साफ करके खेती की जाने लगी।

इन सारे कामों के लिए पूँजी और श्रम की ज़रूरत थी। इसके लिए लंदन जैसे वित्तीय केंद्रों से पूँजी आने लगी। अमेरिका और ऑस्ट्रेलिया जैसे जिन स्थानों पर मज़दूरों की कमी थी वहाँ लोगों को ले जाकर बसाया जाने लगा यानि श्रम का प्रवाह होने लगा।

उन्नीसवीं सदी में यूरोप के लगभग पाँच करोड़ लोग अमेरिका और ऑस्ट्रेलिया में जाकर बस गए। माना जाता है कि पूरी दुनिया में लगभग पंद्रह करोड़ लोग बेहतर भविष्य की चाह में अपने घर-बार छोड़कर दूर-दूर के देशों में जाकर काम करने लगे थे।

(i) अठारहवीं सदी के आखिरी दशकों में भू-स्वामियों के दबाव में सरकार ने किस खाद्य पदार्थ के आयात पर पाबंदी लगा दी थी?

(a) गेहूँ (b) मक्का
(c) जौ (d) चाय

उत्तर (b) मक्का

(ii) किसके दबाव के परिणामस्वरूप 18वीं सदी के आखिरी दशकों में ब्रिटिश सरकार ने कॉर्न लॉ को समाप्त कर दिया?
(a) कृषकों के दबाव में
(b) जमींदारों के दबाव में
(c) उद्योगपतियों एवं शहरी बाशिंदों के दबाव में
(d) सैन्य अधिकारियों के दबाव में

उत्तर (c) उद्योगपतियों एवं शहरी बाशिंदों के दबाव में

(iii) ब्रिटेन में कॉर्न लॉ को समाप्त करने के पश्चात् वहाँ के किसानों पर किस प्रकार के प्रभाव पड़े?
(a) किसानों ने खेती करना बंद कर दिया
(b) कृषक समुदाय में बेरोजगारी की स्थिति उत्पन्न हो गई
(c) गाँवों से किसान वर्ग पलायन करने लगे
(d) उपरोक्त सभी

उत्तर (d) उपरोक्त सभी

(iv) 19वीं सदी के मध्य में, विश्व के कई देशों में ज़मीनों की सफ़ाई कर कृषि गतिविधियों को विशेष रूप से बढ़ावा देने का मुख्य कारण .... था।
(a) वैश्विक खाद्य संकट को दूर करना
(b) कृषि उत्पाद निर्यात को प्रोत्साहित करना
(c) ब्रिटेन को अधिक-से-अधिक खाद्य आपूर्ति प्रदान करना
(d) कृषि प्रधान देशों की आर्थिक स्थिति को मजबूत करना

उत्तर (c) ब्रिटेन को अधिक-से-अधिक खाद्य आपूर्ति प्रदान करना

(v) 19वीं सदी के मध्य के दौरान अमेरिका और ऑस्ट्रेलिया जैसे देशों में अधिक लोगों को बसाए जाने का मुख्य कारण क्या था?
(a) इन देशों में विकास की संभावना अधिक थी
(b) इन देशों में खेतिहर श्रमिकों की संख्या बेहद कम थी
(c) यूरोपीय देशों में अकाल की स्थिति उत्पन्न हो गई थी
(d) इन देशों में खनन कार्य का विकास तेज़ी से हुआ

उत्तर (b) इन देशों में खेतिहर श्रमिकों की संख्या बेहद कम थी

(vi) **कथन** (A) उन्नीसवीं सदी के मध्य से ब्रिटेन की औद्योगिक प्रगति काफी तेज हुई, जिससे लोगों की आय में वृद्धि हुई।

कारण (R) उन्नीसवीं सदी में एशिया के पाँच करोड़ नागरिक दक्षिण अमेरिका में बस गए।

कूट
(a) A और R दोनों सही हैं तथा R, A की सही व्याख्या है
(b) A और R दोनों सही हैं, परंतु R, A की सही व्याख्या नहीं है
(c) A सही है, किंतु R गलत है
(d) A गलत है, किंतु R सही है

उत्तर (c) A सही है, किंतु R गलत है

2. भारत से अनुबंधित (गिरमिटिया) श्रमिकों को ले जाया जाना भी उन्नीसवीं सदी की दुनिया की विविधता को प्रतिबिंबित करता है। यह तेज आर्थिक वृद्धि के साथ-साथ जनता के कष्टों में वृद्धि और दूसरों के लिए बेहिसाब गरीबी, कुछ क्षेत्रों में भारी तकनीकी प्रगति और दूसरे क्षेत्रों में उत्पीड़न के नए रूपों के ईजाद की दुनिया थी। उन्नीसवीं सदी में भारत और चीन के लाखों मजदूरों को बागानों, खदानों और सड़क व रेलवे निर्माण परियोजनाओं में काम करने के लिए दूर-दूर के देशों में ले जाया जाता था। भारतीय अनुबंधित श्रमिकों को खास तरह से अनुबंध या एग्रीमेंट के तहत ले जाया जाता था। इन अनुबंधों में यह शर्त होती थी कि यदि मजदूर अपने मालिक के बागानों में पाँच साल काम कर लेंगे तो वे स्वदेश लौट सकते हैं।

भारत के ज्यादातर अनुबंधित श्रमिक मौजूदा पूर्वी उत्तर प्रदेश, बिहार, मध्य भारत और तमिलनाडु के सूखे इलाकों से जाते थे। उन्नीसवीं सदी के मध्य में इन इलाकों में भारी बदलाव आने लगे थे। कुटीर उद्योग खत्म हो रहे थे। ज़मीन का भाड़ा बढ़ गया था। खानों और बागानों के लिए ज़मीनों को साफ किया जा रहा था। इन परिवर्तनों से गरीबों के जीवन पर गहरा असर पड़ा। वे बँटाई पर ज़मीन तो ले लेते थे, लेकिन उसका भाड़ा नहीं चुका पाते थे। उन पर कर्ज़ा चढ़ने लगा। काम की तलाश में उन्हें अपने घर-बार छोड़ने पड़े।

भारतीय अनुबंधित श्रमिकों को मुख्य रूप से कैरीबियाई द्वीप समूह (मुख्यतः त्रिनिदाद, गुयाना और सूरीनाम), मॉरिशस व फिज़ी ले जाया जाता था। तमिल अप्रवासी सीलोन और मलाया जाकर काम करते थे। बहुत सारे अनुबंधित श्रमिकों को असम के चाय बागानों में काम करवाने के लिए भी ले जाया जाता था।

मजदूरों की भर्ती का काम मालिकों के एजेंट किया करते थे। एजेंटों को कमीशन मिलता था। बहुत सारे अप्रवासी अपने गाँव में होने वाले उत्पीड़न और गरीबी से बचने के लिए भी इन अनुबंधों को मान लेते थे। एजेंट भी भावी अप्रवासियों को फुसलाने के लिए झूठी जानकारियाँ देते थे।

(i) उन्नीसवीं सदी में भारत के अतिरिक्त अन्य किस एक देश से लाखों मजदूरों को बागानों, खदानों, सड़क व रेल निर्माण परियोजनाओं में काम करने के लिए दूर-दूर के देशों में ले जाया जाता था?
(a) फिजी (b) मॉरिशस
(c) चीन (d) सूरीनाम

उत्तर (c) चीन

(ii) 19वीं सदी में भारत से .... श्रमिकों को ले जाने की प्रक्रिया प्रारंभ हुई। ऐसे श्रमिकों को मालिक के बागानों में .... तक काम करना पड़ता था।
(a) कुशल, 2 वर्ष (b) अकुशल, 3 वर्ष
(c) अनुबंधित, 5 वर्ष (d) तकनीकी, 7 वर्ष

उत्तर (c) अनुबंधित, 5 वर्ष

(iii) सुमेलित कीजिए

सूची I	सूची II
A. अनुबंधित श्रमिकों का सर्वाधिक पलायन	1. कैरीबियाई द्वीप
B. तमिल श्रमिकों का सर्वाधिक पलायन	2. सीलोन
C. अनुबंधित श्रमिकों का संबंध था	3. चाय बागान
D. मजदूरों की भर्ती	4. एजेंटों द्वारा

कूट

	A	B	C	D		A	B	C	D
(a)	1	2	3	4	(b)	2	3	4	1
(c)	3	4	1	2	(d)	4	1	2	3

उत्तर (a) 1 2 3 4

(iv) भारत के अधिकतर अनुबंधित श्रमिकों का पलायन मुख्य रूप से पूर्वी उत्तर प्रदेश, बिहार, मध्य प्रदेश एवं तमिलनाडु से होने का मुख्य कारण क्या था?

(a) इन क्षेत्रों में ज़मींदारी व्यवस्था अधिक क्रूर थी
(b) इन क्षेत्रों के श्रमिक समुदाय अधिक परिश्रमी थे
(c) इन क्षेत्रों में सूखे की समस्या अधिक गंभीर थी
(d) इन क्षेत्रों में ब्रिटिश हुकूमत की नीतियाँ अधिक प्रताड़ित करने वाली थीं

उत्तर (c) इन क्षेत्रों में सूखे की समस्या अधिक गंभीर थी

(v) भारतीय श्रमिकों को मुख्य रूप से उष्णकटिबंधीय वाले देशों में ही काम पर क्यों लगाया जाता था?

(a) उष्णकटिबंधीय क्षेत्रों में भारतीय संस्कृति की झलक मिलती थी
(b) उष्णकटिबंधीय क्षेत्रों की जलवायु ब्रिटिश श्रमिकों के अनुकूल नहीं थी
(c) भारतीय श्रमिकों को उष्णकटिबंधीय क्षेत्रों से विशेष लगाव था
(d) उष्णकटिबंधीय क्षेत्रों में कृषि का उत्पादन बेहतर होता था

उत्तर (b) उष्णकटिबंधीय क्षेत्रों की जलवायु ब्रिटिश श्रमिकों के अनुकूल नहीं थी

(vi) गिरमिटिया श्रमिकों के संबंध में दिए गए कथनों पर विचार कीजिए

1. भारत से गिरमिटिया श्रमिकों को ले जाया जाना उन्नीसवीं सदी की दुनिया की विविधता को प्रतिबिंबित करता है।
2. गिरमिटिया श्रमिकों का एक बड़ा भाग गुजरात से था।
3. ये श्रमिक असम के चाय बागानों में भी काम में लगे थे।

कूट

(a) केवल 1 (b) 1 और 2
(c) 2 और 3 (d) 1 और 3

उत्तर (d) 1 और 3

3. स्रोत 'अ' 19वीं सदी के अंत में उपनिवेशवाद

उन्नीसवीं शताब्दी के आखिरी दशकों में व्यापार बढ़ा और बाजार तेजी से फैलने लगे। यह केवल फैलते व्यापार और संपन्नता का ही दौर नहीं था। व्यापार में इजाफे और विश्व अर्थव्यवस्था के साथ निकटता का एक परिणाम यह हुआ कि दुनिया के बहुत सारे भागों में स्वतंत्रता और आजीविका के साधन छिनने लगे। उन्नीसवीं सदी के आखिरी दशकों में यूरोपीयों की विजयों से बहुत सारे कष्टदायक आर्थिक, सामाजिक और पारिस्थितिकीय परिवर्तन आए और औपनिवेशिक समाजों को विश्व अर्थव्यवस्था में समाहित कर लिया गया।

स्रोत 'ब' 19वीं सदी के अंत में नई औपनिवेशिक शक्ति

उन्नीसवीं सदी के आखिर में ब्रिटेन और फ्रांस ने अपने शासन वाले विदेशी क्षेत्रफल में भारी वृद्धि कर ली थी। बेल्जियम और जर्मनी नयी औपनिवेशिक ताकतों के रूप में सामने आए। पहले स्पेन के कब्जे में रह चुके कुछ उपनिवेशों पर कब्जा करके 1890 के दशक के आखिरी वर्षों में संयुक्त राज्य अमेरिका भी औपनिवेशिक ताकत बन गया।

स्रोत 'स' 19वीं सदी के अंत में यूरोपीय शक्तियों का अफ्रीका में आगमन

उन्नीसवीं सदी के आखिर में यूरोपीय ताकतें अफ्रीका के विशाल भूक्षेत्र और खनिज भंडारों को देखकर इस महाद्वीप की ओर आकर्षित हुई थीं। यूरोपीय लोग अफ्रीका में बागानी खेती करने और खादानों का दोहन करना चाहते थे ताकि उन्हें वापस यूरोप भेजा जा सके। परंतु वहाँ एक ऐसी समस्या सामने आई जिसकी उन्हें उम्मीद नहीं थी। वहाँ के लोग वेतन पर काम नहीं करना चाहते थे।

स्रोत 'अ' 19वीं सदी के अंत में उपनिवेशवाद

(i) 19वीं सदी के आखिरी दशकों में बढ़ते व्यापार व बाजार में तेजी से विश्व अर्थव्यवस्था पर क्या महत्त्वपूर्ण प्रभाव पड़ा?

उत्तर 19वीं सदी के आखिरी दशकों में बढ़ते व्यापार व बाजार में तेजी के फलस्वरूप वैश्विक अर्थव्यवस्था पर यह प्रभाव पड़ा कि विश्व के बहुत सारे भागों में स्वतंत्रता व आजीविका के साधन छिनने लगे।

स्रोत 'ब' 19वीं सदी के अंत में नई औपनिवेशिक शक्ति

(ii) 19वीं सदी के अंत तक कौन-सा देश स्पेन के कब्जे वाले उपनिवेशों पर कब्जा करके एक औपनिवेशिक ताकत बन गया?

उत्तर 1890 के दशक के आखिरी वर्षों में संयुक्त राज्य अमेरिका स्पेन के कब्जे में रह चुके कुछ उपनिवेशों पर कब्जा करके एक औपनिवेशिक ताकत बन गया।

स्रोत 'स' 19वीं सदी के अंत में यूरोपीय शक्तियों का अफ्रीका में आगमन

(iii) 19वीं सदी के आखिर में यूरोपीय शक्तियाँ किस महाद्वीप की ओर आकर्षित हुईं?

उत्तर 19वीं सदी के अंत में यूरोपीय शक्तियाँ अफ्रीका महाद्वीप के विशाल भू-क्षेत्र व खनिज भंडारों की ओर आकर्षित हुई थीं। यूरोपीय लोग अफ्रीका के बागानों में खेती करके तथा वहाँ की खदानों का दोहन करके वहाँ के संसाधनों को वापस यूरोप भेजना चाहते थे।

4. उन्नीसवीं शताब्दी में भारतीय बाजारों में ब्रिटिश औद्योगिक उत्पादों की बाढ़ ही आ गई थी। भारत से ब्रिटेन और शेष विश्व को भेजे जाने वाले खाद्यान्न व कच्चे मालों के निर्यात में इजाफा हुआ। ब्रिटेन से जो माल भारत भेजा जाता था। उसकी कीमत भारत से ब्रिटेन भेजे जाने वाले माल की कीमत से बहुत ज्यादा होती थी। भारत के साथ ब्रिटेन हमेशा 'व्यापार अधिशेष' की अवस्था में रहता था। इसका मतलब है कि आपसी व्यापार में हमेशा ब्रिटेन को ही फायदा रहता था। ब्रिटेन इस मुनाफे के सहारे दूसरे देशों के साथ होने वाले व्यापारिक घाटे की भरपाई कर लेता था।

बहुपक्षीय बंदोबस्त ऐसे ही काम करता है। इसमें एक देश के मुकाबले दूसरे देश को होने वाले घाटे की भरपाई किसी तीसरे देश के साथ व्यापार में मुनाफा कमा कर की जाती है। ब्रिटेन के घाटे की भरपाई में मदद देते हुए भारत ने उन्नीसवीं सदी की विश्व अर्थव्यवस्था का रूप तय करने में एक अहम भूमिका अदा की थी। ब्रिटेन के व्यापार से जो अधिशेष प्राप्त होता था उससे तथाकथित 'होम चार्जेज' (देसी खर्चें) का निबटारा होता था। इसके तहत ब्रितानी अफसरों और व्यापारियों द्वारा अपने घर में भेजी गई निजी रकम, भारतीय बाहरी कर्जे पर ब्याज और भारत में काम कर चुके ब्रितानी अफसरों की पेंशन शामिल थी।

(i) 19वीं सदी में भारतीय बाजारों में किन औद्योगिक उत्पादों की बाढ़ आ गई थी?

उत्तर 19वीं शताब्दी में भारतीय बाजारों में ब्रिटिश औद्योगिक उत्पादों की बाढ़ आ गई थी। ब्रिटेन से जो माल भारत भेजा जाता था, उसका मूल्य भारत से ब्रिटेन जाने वाले माल के मूल्य से अत्यधिक होता था।

(ii) भारत के साथ ब्रिटेन हमेशा व्यापार की किस अवस्था में रहता था?

उत्तर भारत के साथ ब्रिटेन हमेशा 'व्यापार अधिशेष' की अवस्था में रहता था। इसका अर्थ है कि आपसी व्यापार में हमेशा ब्रिटेन को ही लाभ रहता था जिसके माध्यम से ब्रिटेन दूसरे देशों के साथ होने वाले व्यापारिक घाटे की भरपाई कर लेता था।

(iii) बहुपक्षीय बंदोबस्त क्या है?

उत्तर बहुपक्षीय बंदोबस्त के अंतर्गत एक देश के मुकाबले दूसरे देश के होने वाले घाटे की भरपाई किसी तीसरे देश के साथ व्यापार में लाभ प्राप्त करके की जाती है। 19वीं सदी में ब्रिटेन के घाटे की भरपाई में भारत ने मदद करते हुए विश्व अर्थव्यवस्था का एक नया रूप तय किया।

स्वयं को जाँचें

वस्तुनिष्ठ प्रश्न

1. प्रथम विश्वयुद्ध में निम्नलिखित में से कौन मित्र राष्ट्रों में सम्मिलित नहीं था?
(a) ब्रिटेन (b) फ्रांस (c) ऑस्ट्रिया (d) रूस

2. T-मॉडल नामक कार का उत्पादन निम्न में से कौन-सी कंपनी कर रही थी?
(a) फोर्ड (b) जनरल मोटर्स (c) टोयोटा (d) मर्सिडीज

3. भारत में उगाई जाने वाली अफीम का निर्यात कहाँ किया जाता था?
(a) अमेरिका (b) चीन (c) ब्रिटेन (d) फ्रांस

अतिलघु उत्तरीय प्रश्न

4. ब्रेटन वुड्स व्यवस्था से आप क्या समझते हैं?

5. भूमंडलीकरण से क्या तात्पर्य है?

6. सिल्क मार्ग पर संक्षिप्त टिप्पणी कीजिए।

7. 'गिरमिटिया मजदूर' कौन थे?

8. 'कौड़ियाँ' पर टिप्पणी कीजिए।

लघु उत्तरीय प्रश्न

9. नई कृषि व्यवस्था से क्या तात्पर्य है?

10. रेशम मार्ग के माध्यम से विश्व के आपसी संपर्क पर एक संक्षिप्त टिप्पणी प्रस्तुत करें।

11. भूमंडलीकृत विश्व की विशेषताएँ क्या हैं?

12. प्रथम विश्वयुद्ध के दौरान की स्थिति पर टिप्पणी प्रस्तुत करें।

दीर्घ उत्तरीय प्रश्न

13. वैश्विक अर्थव्यवस्था का उदय किन कारणों से हुआ? उल्लेख करें।

14. अर्थव्यवस्था में तकनीक की भूमिका पर प्रकाश डालें।

15. उपनिवेशवाद से अर्थव्यवस्था पर किस तरह का प्रभाव पड़ता है? बताइए।

अध्याय

04

औद्योगीकरण का युग

औद्योगीकरण (Industrialisation) को आर्थिक विकास की रीढ़ (Backbone) माना जाता है। यूरोप में औद्योगीकरण के युग के साथ आधुनिकीकरण शुरू हुआ। औद्योगीकरण कारखाने उद्योग के विकास के साथ जुड़ा हुआ है।

अध्याय एक नजर में

- *औद्योगिक क्रांति से पूर्व*
- *हाथ का श्रम और वाष्प शक्ति*
- *उपनिवेशों में औद्योगीकरण*
- *कारखानों का आना*
- *औद्योगिक विकास का अनूठापन*
- *वस्तुओं के लिए बाजार*

औद्योगिक क्रांति से पूर्व

औद्योगीकरण का इतिहास प्रारंभिक फैक्ट्रियों की स्थापना से प्रारंभ होता है, परंतु इस विचार में एक समस्या है। इंग्लैंड और यूरोप में फैक्ट्रियों की स्थापना से पहले ही अंतर्राष्ट्रीय बाजार के लिए बड़े पैमाने पर औद्योगिक उत्पादन होने लगा था। यह उत्पादन फैक्ट्रियों में नहीं होता था। अनेक इतिहासकार औद्योगीकरण के इस चरण को **आदि-औद्योगीकरण** (Proto-industrialisation) का नाम देते हैं।

विश्व व्यापार का विस्तार

- शहरों में, शहरी दस्तकारी (Urban Crafts) और व्यापारिक गिल्ड्स (Trade Guilds) अत्यंत शक्तिशाली थे। ये गिल्ड्स उत्पादकों के संगठन होते थे। ये गिल्ड्स उत्पादन (Production) पर नियंत्रण रखते थे और व्यवसाय में नए लोगों को आने से रोकते थे। परिणामस्वरूप, नए व्यापारी गाँवों की ओर जाने लगे। शासकों द्वारा एक विशिष्ट उत्पाद के लिए अलग-अलग व्यापारिक गिल्ड्स को उत्पादन और व्यापार के अधिकार दिए गए थे।
- वे किसानों और कारीगरों को पैसा देते थे और उनसे अंतर्राष्ट्रीय बाजार (International Market) के लिए उत्पादन कराते थे। विश्व व्यापार के विस्तार और दुनिया के विभिन्न भागों में उपनिवेशों की स्थापना के कारण वस्तुओं की माँग बढ़ने लगी थी। 17वीं और 18वीं शताब्दी में विश्व व्यापार ने अत्यंत तीव्र गति से विस्तार किया। ग्रामीण क्षेत्रों में गरीब किसानों और कारीगरों की आय पर्याप्त नहीं थी, इसलिए उन्होंने व्यापारियों द्वारा दिए गए प्रस्तावों को स्वीकार कर लिया।

व्यावसायिक विनिमय की प्रणाली के रूप में आदि-औद्योगीकरण

- आदि-औद्योगिक व्यवस्था व्यावसायिक आदान-प्रदान के नेटवर्क का हिस्सा थी। आदि-औद्योगिक उत्पादन से प्राप्त आय ने कृषि के कारण किसानों की कम होती आय में महत्त्वपूर्ण योगदान दिया है। अब वे अपने पूरे परिवार के श्रम संसाधनों का उपयोग कर सकते हैं।
- इंग्लैंड का व्यापारी पहले **स्टेप्लर** (Staplers, वह व्यक्ति जो रेशों के आधार पर ऊन छाँटता था) से ऊन खरीदता था और बाद में उसकी सूत कातने वाले (Spinner) को आपूर्ति करता था। सूत कातने पर जो धागा मिलता था, उसे **बुनकरों** (Weavers), **फुलर्ज** (Fullers, वह व्यक्ति जो कपड़े को समेटता था) और **रंगसाजों** (Dyers) तक पहुँचाया जाता था।

- अंतर्राष्ट्रीय बाजार में बेचने से पूर्व कपड़ों की फिनिशिंग लंदन में होती थी, जिसके परिणामस्वरूप लंदन को **फिनिशिंग सेंटर** (Finishing Centre) के रूप में पहचाना जाने लगा था।
- आदि-औद्योगिक व्यवस्था व्यावसायिक आदान-प्रदान के नेटवर्क का हिस्सा थी। उत्पादन के प्रत्येक चरण में प्रत्येक सौदागर 20-25 मजदूरों से काम करवाता था।
- वस्तुओं का उत्पादन कारखानों के स्थान पर घरों में होता था।

कारखानों का उदय

- इंग्लैंड में सबसे पहले 1730 के दशक में कारखाने खुले, लेकिन 18वीं शताब्दी के अंत में कारखानों की संख्या में तेजी से वृद्धि हुई। इस समय **कपड़ा उद्योग** (Cotton Textile) प्रमुख उद्योग था।
- 18वीं सदी में कई ऐसे आविष्कार हुए, जिन्होंने उत्पादन प्रक्रिया के प्रत्येक चरण की कुशलता बढ़ा दी, जिसमें **कार्डिंग** (Carding), **ऐंठना** (Twisting) व **कताई** (Spinning) और **लपेटना** (Rolling) आदि शामिल थे।
- रिचर्ड आर्कराइट ने सूती कपड़ा मिल की रूपरेखा सामने रखी। कारखाने में सारी प्रक्रिया एक छत के नीचे और एक मालिक के हाथों में आ गई थी।
- 19वीं सदी की शुरुआत में कारखाने इंग्लैंड के भूदृश्य का अभिन्न अंग बन गए थे।

औद्योगिक परिवर्तन की रफ्तार

- सूती उद्योग और कपास उद्योग ब्रिटेन के सबसे प्रगतिशील उद्योग थे। तीव्र गति से बढ़ता हुआ कपड़ा उद्योग 1840 के दशक तक औद्योगीकरण के पहले चरण में सबसे बड़ा उद्योग बन चुका था। इसके बाद लोहा और स्टील उद्योग आगे निकल गए।
- नए उद्योग परंपरागत उद्योगों को इतनी आसानी से पीछे नहीं कर सकते थे। 19वीं सदी के अंत में भी तकनीकी रूप से विकसित औद्योगिक क्षेत्र में काम करने वाले मजदूरों की संख्या कुल मजदूरों में 20 प्रतिशत से अधिक नहीं थी।
- कपड़ा उद्योग एक गतिशील उद्योग था, लेकिन उसके उत्पादन का बड़ा हिस्सा कारखानों में नहीं, बल्कि घरेलू इकाइयों में होता था। परंपरागत उद्योगों में परिवर्तन की गति भाप से चलने वाले सूती और धातु उद्योगों से तय नहीं हो रही थी, लेकिन ये परंपरागत उद्योग पूर्ण रूप से ठहराव की अवस्था में भी नहीं थे। खाद्य प्रसंस्करण (Food Processing), निर्माण (Building), पॉटरी (Pottery), काँच का काम (Glasswork), चर्मशोधन (Tanning) आदि के उत्पादन जैसे गैर-मशीनी क्षेत्रों में जो परिवर्तन हो रहे थे, वे साधारण और छोटे-छोटे आविष्कारों का ही परिणाम थे।
- प्रौद्योगिकीय परिवर्तन (Technological Changes) धीरे-धीरे हो रहे थे। ये तीव्र गति से विश्व में नहीं फैल रहे थे। व्यापारी और उद्योगपति महँगी औद्योगिक तकनीकों का प्रयोग सतर्कता से कर रहे थे।
- जेम्स वॉट ने न्यूकॉमेन द्वारा बनाए गए भाप के इंजन में सुधार किए और 1871 ई. में नए इंजन को पेटेंट करा लिया।
- मैथ्यू बूल्टन ने इस नए भाप इंजन का मॉडल तैयार किया, परंतु अनेक वर्षों तक उन्हें कोई खरीदार नहीं मिला। 19वीं शताब्दी की शुरुआत तक पूरे इंग्लैंड में भाप के केवल 321 इंजन थे।

हाथ का श्रम और वाष्प शक्ति

ब्रिटेन में मानव श्रमिकों की कोई कमी नहीं थी। गरीब किसान और बेकार लोग (Vagrants) कामकाज की तलाश में बड़ी संख्या में शहरों में जाते थे। अनेक उद्योगों में श्रमिकों की माँग मौसम के अनुसार थी। उदाहरण के लिए, गैसघर और शराबखाने में कार्य करने वाले, बाइंडर और बंदरगाहों पर जहाजों की मरम्मत करने वाले इत्यादि श्रमिकों की कार्य के अनुसार आवश्यकता होती थी।

हस्तशिल्प उत्पादों को प्राथमिकता

- ऐसे अनेक उत्पाद होते थे, जिनका निर्माण हस्तकारीगरी के द्वारा ही संभव था। इसके लिए मशीन ज्ञान की अपेक्षा मानवीय कुशलता की आवश्यकता होती थी।
- महारानी विक्टोरिया के काल में ब्रिटेन में हस्तशिल्प उत्पादों की अपनी पहचान और महत्ता थी।
- हस्तशिल्प उत्पादों की कुलीन एवं पूँजीपति वर्गों में उच्च माँग थी। इन वस्तुओं को बहुत ही कार्यकुशलता और बारीकी से डिजाइन एवं अलंकरण किया जाता था।
- मशीनों से बनने वाले उत्पादों को उपनिवेशों में निर्यात किया जाता था।

मजदूरों की जिंदगी

निम्नलिखित बिंदु दर्शाते हैं कि उस समय श्रमिकों का जीवन दयनीय था

- नौकरी मिलने की संभावना दोस्ती और जान-पहचान पर निर्भर करती थी।
- रोजगार चाहने वाले लोगों को पूरे सप्ताह इंतजार करना पड़ता था। वे पुलों के नीचे या रैन-बसेरों (Night Shelters) में रातें काटते थे।
- काम का समय समाप्त हो जाने के बाद गरीब पुनः सड़क पर आ जाते थे। अधिकतर लोग शहर में ही कुछ काम ढूँढने की कोशिश करते थे, जो 19वीं सदी के मध्य तक भी आसान काम नहीं था।
- 19वीं सदी की शुरुआत में वेतन में कुछ सुधार आया, लेकिन कीमतें तेजी से बढ़ीं तो मजदूरों की आय के वास्तविक मूल्य में भारी कमी आ गई। अब उन्हें वेतन तो पहले जितना मिलता था, लेकिन बढ़ती कीमतों के कारण अब वे उससे पहले जितनी चीजें नहीं खरीद सकते थे।
- श्रमिकों की आय भी अपने काम के दिनों की संख्या पर निर्भर करती थी।
- 19वीं शताब्दी के मध्य में लगभग 10% शहरी आबादी की स्थिति बहुत खराब थी।

प्रौद्योगिकी और रोजगार

- बेरोजगारी के भय के कारण श्रमिक नई प्रौद्योगिकी के विरुद्ध थे।
- जब ऊन उद्योग में **स्पिनिंग जेनी** (Spinning Jenny) मशीन का उपयोग शुरू हुआ, तो हाथ से ऊन कातने वाली महिलाओं ने नई मशीनों का विरोध किया।

1840 के दशक के बाद शहरों में निर्माण की गतिविधियाँ तेजी से बढ़ीं, लोगों के लिए रोजगार उत्पन्न हुए, सड़कों को चौड़ा किया गया, नए रेलवे स्टेशन बने, रेलवे लाइनों का विस्तार किया गया, नदियों के तटबंध बनाए गए आदि। परिवहन उद्योग में काम करने वालों की संख्या 1840 के दशक में दोगुना और अगले 30 वर्षों में एक बार फिर दोगुना हो गई।

चेक प्वॉइंट 01

1. *आदि-औद्योगीकरण से क्या आशय है?*
2. *फुलर्ज कौन थे?*
3. *किस दशक में इंग्लैंड में सबसे पहले कारखाने खुले?*
4. *सूती कपड़ा मिल की रूपरेखा ...... सामने रखी।*
5. *किस उद्योग में स्पिनिंग जेनी मशीन का उपयोग प्रारंभ हुआ?*

उपनिवेशों में औद्योगीकरण

ब्रिटिश उपनिवेशों की भाँति भारत में भी औद्योगीकरण हुआ। यहाँ भी कारखाना उद्योग के साथ-साथ गैर-मशीनी क्षेत्रों में भी विकास किया गया।

भारतीय कपड़े का युग

मशीन उद्योगों से पूर्व अंतर्राष्ट्रीय कपड़ा बाजार में भारत के रेशमी और सूती उत्पादों की प्रमुखता थी। आर्मीनियन (Armenian) और फारसी (Persian) व्यापारी पंजाब से अफगानिस्तान, पूर्वी फारस और मध्य एशिया के रास्ते यहाँ की वस्तुएँ लेकर जाते थे।

सूरत, मसूलीपट्टनम तथा हुगली सबसे महत्त्वपूर्ण बंदरगाह थे, जिनका उपयोग व्यापार के लिए किया जाता था। इसी समय उद्योगपतियों ने ईस्ट इंडिया कंपनी पर दबाव डाला कि वह ब्रिटिश कपड़ों को भारतीय बाजारों में भी बेचे।

1750 के दशक तक यूरोपीय कंपनियों के आगमन के साथ भारतीयों ने व्यापार पर अपना नियंत्रण खोना शुरू कर दिया।

यूरोपीय कंपनियों को स्थानीय अदालतों से कई रियायतें हासिल करने से शक्ति प्राप्त हो रही थी। कुछ कंपनियों को व्यापार के एकाधिकार का अधिकार मिला। इसके परिणामस्वरूप सूरत और हुगली जैसे पुराने बंदरगाहों में गिरावट आई तथा बॉम्बे (मुंबई) और कलकत्ता (कोलकाता) जैसे नए बंदरगाहों का उद्भव हुआ। यह परिवर्तन नई औपनिवेशिक शक्ति (Colonial Power) के विकास का संकेत था।

बुनकरों की स्थिति

- 1760 के दशक में यूरोप में बारीक भारतीय कपड़ों की अधिक माँग थी, इसलिए कंपनी भी भारत से होने वाले कपड़े के निर्यात को ही और फैलाना चाहती थी।
- 1760 और 1770 के दशकों में ईस्ट इंडिया कंपनी को निर्यात के लिए लगातार आपूर्ति आसानी से नहीं हो पाती थी। बुने हुए कपड़े को प्राप्त करने के लिए फ्रांसीसी, डच और पुर्तगाली के साथ-साथ स्थानीय व्यापारी भी प्रतिस्पर्द्धा में रहते थे।
- ईस्ट इंडिया कंपनी की राजनीतिक सत्ता स्थापित हो जाने के बाद कंपनी व्यापार पर अपने एकाधिकार का दावा कर सकती थी, जिसके फलस्वरूप, उसने प्रतिस्पर्द्धा समाप्त करने और रेशम से बनी वस्तुओं की नियमित आपूर्ति सुनिश्चित करने के लिए प्रबंधन और नियंत्रण की एक नई व्यवस्था लागू कर दी।

गुमाश्ता

- ईस्ट इंडिया कंपनी ने गुमाश्ता (Gomasthas) की नियुक्ति प्रारंभ कर दी। इन्हें कपड़ों की गुणवत्ता की जानकारी, बुनकरों पर निगरानी एवं तैयार माल को एकत्र करने के लिए वेतन भोगी कर्मचारी नियुक्त किया गया था।
- नए गुमाश्तों का गाँवों से पुराना सामाजिक संबंध नहीं था। ये गाँवों में सिपाहियों (Sepoys) व चपरासियों (Peons) को लेकर आते थे और समय पर आपूर्ति न होने पर बुनकरों को सजा देते थे। बुनकर न तो कीमत पर मोलभाव कर सकते थे और न ही किसी और को माल बेच सकते थे।
- कर्नाटक और बंगाल में बहुत से स्थानों पर बुनकर गाँव छोड़कर चले गए। कई स्थानों पर कंपनी और उसके अफसरों का विरोध करते हुए गाँव के व्यापारियों के साथ मिलकर बुनकरों ने बगावत कर दी तथा कुछ समय बाद बुनकर ऋण लौटाने से इंकार करने लगे।

भारत में मैनचेस्टर का आगमन

- 1811-12 ई. में सूती माल का कुल निर्यात में भाग 33% था, जो 1850-51 ई. में केवल 3% रह गया। 19वीं सदी में इंग्लैंड में कपास उद्योग विकसित हुआ।
- उद्योगपतियों ने सरकार पर सूती वस्त्रों पर आयात शुल्क लगाने के लिए दबाव डाला, जिससे मैनचेस्टर अपना माल किसी भी प्रतिस्पर्द्धा का सामना किए बिना ब्रिटेन में बेच सके। अनेक भारतीय व्यापारी और बैंकर निर्यात व्यापार में सक्रिय (Active) थे। 1870 के दशक में इंग्लैंड से कपास का आयात भारतीय आयात के मूल्य का 50% से अधिक था।

भारतीय बुनकरों के समक्ष समस्याएँ

भारतीय बुनकरों को निम्नलिखित समस्याओं का सामना करना पड़ा

- भारतीय बुनकरों का निर्यात बाजार कम हो गया।
- स्थानीय बाजारों में मैनचेस्टर में बने वस्त्रों की अधिकता होने लगी थी, क्योंकि ये वस्त्र मशीनों के द्वारा बने होने के कारण कम लागत के थे। कम लागत के होने के कारण ही भारतीय बुनकर इनसे प्रतिस्पर्द्धा नहीं कर सकते थे।
- अमेरिकी गृहयुद्ध के कारण अमेरिका से कपास का निर्यात बंद हो गया, तो ब्रिटेन, भारत से कच्चे माल का आयात करने लगा था। भारत से कच्चे कपास के निर्यात में आई इस वृद्धि से उसकी कीमत में भी वृद्धि हुई। भारतीय बुनकरों को उच्च कीमत पर कच्चा माल क्रय करना पड़ता था, जो एक बड़ी समस्या थी।

चेक प्वॉइंट 02

1. *किस देश में भारतीय कपड़ों की अधिक माँग थी?*
2. *गुमाश्ता की नियुक्ति किस कंपनी ने प्रारंभ की?*
3. *1811-12 ई. में सूती माल का निर्यात कितने प्रतिशत था?*
4. *उद्योगपतियों ने सरकार पर किस प्रकार के वस्त्रों पर आयात शुल्क लगाने के लिए दबाव डाला?*

कारखानों का आना

भारत में सर्वप्रथम **कपास** और **जूट** मिलों की स्थापना हुई। पहली **कपास या कपड़ा मिल** 1854 ई. में **बंबई** में स्थापित की गई थी और **पहली जूट मिल** बंगाल में 1855 ई. में स्थापित की गई थी। उत्तरी भारत में एल्गिन मिल 1860 के दशक में कानपुर में शुरू की गई और एक वर्ष बाद अहमदाबाद की पहली कपड़ा मिल भी शुरू की गई।

1874 ई. तक मद्रास की पहली कताई और बुनाई मिल ने उत्पादन शुरू किया। इन उद्योगों में से अधिकांश भारतीय उद्यमियों द्वारा स्थापित किए गए थे।

प्रारंभिक उद्यमी

- 18वीं सदी के अंत से अंग्रेज, चीन को भारतीय अफीम (Opium) का निर्यात करने लगे थे। इसके बदले में वे चीन से चाय खरीदते थे, जो इंग्लैंड जाती थी।
- इस व्यापार में अनेक भारतीय कारोबारी सहायक के रूप में पहुँच गए थे, जिनका कार्य उन्हें धन उपलब्ध करना, आपूर्ति सुनिश्चित करना तथा माल को जहाजों में लादकर भेजना था।
- 19वीं शताब्दी के कुछ प्रसिद्ध उद्योगपतियों में द्वारकानाथ टैगोर, दिनशा पेटीट, जमशेदजी नुसरवानजी टाटा, शिव नारायण बिरला (जी डी बिरला के दादा), सेठ हुकुमचंद इत्यादि शामिल थे।
- द्वारकानाथ टैगोर ने 1830-40 के दशक में छह संयुक्त स्टॉक कंपनियों की स्थापना की। वर्ष 1912 में जमशेदपुर में जे एन टाटा ने भारत में पहले लोहा और इस्पात संयंत्र का निर्माण किया।
- सेठ हुकुमचंद ने वर्ष 1917 में कलकत्ता में पहली भारतीय जूट मिल की स्थापना की।

भारतीय व्यापारियों पर औपनिवेशिक सीमाएँ

- औपनिवेशिक शक्ति के भारतीय व्यापार पर नियंत्रण हासिल करने के कारण भारतीय व्यापारियों के लिए व्यापार का क्षेत्र सीमित हो गया।
- भारतीय व्यापारियों को विनिर्मित वस्तुओं में यूरोप के साथ व्यापार करने की अनुमति नहीं थी।
- उन्हें केवल कच्चा माल, कपास, अफीम, गेहूँ और नील को निर्यात करने की अनुमति दी गई थी, जिनकी अंग्रेजों को आवश्यकता थी।
- प्रथम विश्वयुद्ध तक यूरोपीय प्रबंधकीय एजेंसियों ने भारतीय उद्योगों के एक बड़े क्षेत्र को नियंत्रित किया। उनमें से कुछ बर्ड हीगलर्स एंड कंपनी, एंड्रयू यूल और जार्डीन स्किनर एंड कंपनी हैं।
- ये एजेंसियाँ पूँजी जुटाती थीं। अधिकतर मामलों में भारतीय वित्तपोषक पूँजी उपलब्ध कराते थे, जबकि निवेश और व्यवसाय से संबंधित फैसले यूरोपीय एजेंसियाँ लेती थीं।

नौकरियों की खोज में श्रमिकों का प्रवास

कारखानों के विस्तार के साथ ही श्रमिकों की माँग में भी वृद्धि हुई। गाँव में कोई भी काम न मिलने के कारण किसानों और कारीगरों ने काम की तलाश में औद्योगिक केंद्रों की ओर पलायन किया। श्रमिकों ने मिलों में काम की आशा में बहुत दूर तक यात्राएँ कीं। उदाहरण के लिए, संयुक्त प्रांत के लोग बंबई के कपड़ा मिलों और कलकत्ता की जूट मिलों में काम करने के लिए पहुँच रहे थे।

- नौकरी पाना हमेशा कठिन था।
- रोजगार चाहने वालों की संख्या रोजगारों के मुकाबले हमेशा अधिक रहती था।
- मिलों में प्रवेश भी निषिद्ध था। उद्योगपतियों ने नए मजदूरों को भर्ती करने के लिए एक जॉबर (Jobber) नियुक्त किया। जॉबर एक विश्वसनीय और पुराना कर्मचारी होता था। जॉबर अपने गाँव से जरूरतमंद लोगों को लाकर उन्हें रोजगार दिलाता था और उनकी शहर में बसने में भी मदद करता था।
- जॉबर ताकतवर और मजबूत व्यक्ति बन गया था। वह बाद में सहायता के स्थान पर पैसे व तोहफों की माँग करने लगा और मजदूरों को नियंत्रित करने लगा।

औद्योगिक विकास का अनूठापन

यूरोपीय उद्योगपति औद्योगिक उत्पादों के निर्यात में रुचि रखते थे। उनके उत्पाद भारत में बिक्री के लिए नहीं थे। भारतीय व्यापारियों ने 19वीं सदी के अंत में उद्योग स्थापित करना शुरू किया और 20वीं शताब्दी के पहले दशक में परिवर्तनों की एक श्रृंखला ने औद्योगीकरण के प्रारूप को प्रभावित किया। ये हैं

- स्वदेशी आंदोलन (Swadeshi Movement) मजबूत हो गया और राष्ट्रवादी नेताओं ने लोगों से विदेशी वस्तुओं का बहिष्कार करने के लिए आग्रह किया।
- भारतीय उद्योगपतियों ने सूती कपड़े का उत्पादन शुरू किया।
- प्रथम विश्वयुद्ध की शुरुआत में ब्रिटिश मिलें सेना के लिए माल का निर्माण करने में व्यस्त हो गईं।
- भारत के उद्योगपति धागे की बजाए कपड़ा बनाने लगे। चीन भेजे जाने वाले भारतीय धागे के निर्यात में भी कमी आने लगी थी। चीनी बाजारों में चीन और जापन की मिलों के उत्पाद छा गए थे।
- युद्ध की आवश्यकताओं की आपूर्ति के लिए नए कारखाने स्थापित किए गए जिससे भारतीय औद्योगिक उत्पादन में वृद्धि हुई।
- युद्ध के पश्चात् मैनचेस्टर अपनी पुरानी स्थिति पाने में असमर्थ रहे और ब्रिटेन की अर्थव्यवस्था का पतन हो चुका था।

लघुस्तरीय उद्योगों का प्रबल होना

- बड़े उद्योग मुख्य रूप से बंगाल और बॉम्बे में स्थित थे और अर्थव्यवस्था का केवल एक छोटा-सा खंड बनाते थे।
- देश के बाकी हिस्सों में लघुस्तरीय उत्पादन का प्रबल होना जारी रहा। 20वीं सदी के दौरान हाथ से होने वाले उत्पादन में वृद्धि हुई। सस्ते मशीन-निर्मित धागे ने 19वीं सदी में कताई उद्योग को तो समाप्त कर दिया था, लेकिन अनेक समस्याओं के बावजूद भी बुनकर अपना व्यवसाय चलाते रहे।
- 20वीं सदी के दूसरे दशक तक आते-आते बुनकर **फ्लाई शटल** वाले करघों का प्रयोग करने लगे थे, जिससे कामगारों की उत्पादन क्षमता बढ़ी। कुछ बुनकर मोटा कपड़ा बनाते थे, जबकि कुछ महीन किस्म के कपड़े बुनते थे। मोटे कपड़े को मुख्य रूप से गरीब ही खरीदते थे।
- अच्छी किस्म के कपड़े को अमीर परिवार के लोग खरीदते थे। अकालों से बनारसी या बालूचरी साड़ियों की बिक्री पर असर नहीं पड़ता था। मिल विशेष प्रकार की बुनाई की नकल नहीं कर सकते थे।

वस्तुओं के लिए बाजार

विज्ञापन, लेबलिंग और कैलेंडर का उपयोग ब्रिटिश और भारतीय दोनों उत्पादकों को लोकप्रिय बनाने के लिए किया गया था। समाचार-पत्रों, पत्रिकाओं और होर्डिंग का उत्पादकों द्वारा अपने बाजार का विस्तार करने के लिए उपयोग किया गया था। विज्ञापन उत्पादों को आवश्यक बनाते हैं। औद्योगिक युग की शुरुआत से ही विज्ञापन ने एक नई उपभोक्ता संस्कृति को विकसित करने में महत्त्वपूर्ण भूमिका निभाई है।

भारत में विज्ञापन के आरंभिक चरण

- जब मैनचेस्टर के उद्योगपतियों ने भारत में कपड़ा बेचना शुरू किया, तो उन्होंने कपड़े पर **मेड इन मैनचेस्टर** (Made in Manchester) का लेबल लगाना शुरू कर दिया। कभी-कभी भारतीय देवी-देवताओं (जैसे—कृष्ण, सरस्वती) की छवियाँ भी इन लेबलों पर प्रयोग में लाई जाती थीं।
- 19वीं सदी के अंत में निर्माता अपने उत्पादों को लोकप्रिय बनाने के लिए कैलेंडर मुद्रित कर रहे थे, क्योंकि कैलेंडर उन लोगों द्वारा भी उपयोग किया जाता था, जो पढ़ नहीं सकते थे।
- देवी-देवताओं की छवियों के अतिरिक्त कभी-कभी विज्ञापन और कैलेंडर में महत्त्वपूर्ण व्यक्तियों, सम्राटों और नवाबों का उपयोग भी किया जाता था।
- विज्ञापन स्वदेशी के राष्ट्रवादी संदेश का एक वाहक बन गए, जो उत्पाद की गुणवत्ता की गारंटी देता था।

निष्कर्ष

औद्योगिक युग में कई प्रौद्योगिकीय परिवर्तन हुए हैं। कारखानों में वृद्धि हुई है और नए औद्योगिक श्रमबल का निर्माण हुआ है। औद्योगिक परिदृश्य में लघुस्तरीय उत्पादन और हाथ से निर्मित वस्तुओं की भी महत्त्वपूर्ण भूमिका रही है।

चेक प्वॉइंट 03

1. *20वीं शताब्दी में हस्तशिल्प उत्पादन में कौन-सी नई तकनीक को अपनाया गया?*
2. *भारत में सर्वप्रथम किन मिलों की स्थापना हुई?*
3. *प्रथम कपास मिल कहाँ स्थापित की गई?*
4. *मद्रास की पहली कताई मिल और बुनाई मिल ने कब उत्पादन शुरू किया?*

इन्हें भी जानें

- ***आदि-औद्योगीकरण*** *(Proto-Industrialisation)* इंग्लैंड और यूरोप में फैक्ट्रियों की स्थापना से पूर्व ही अंतर्राष्ट्रीय बाजार के लिए बड़े पैमाने पर औद्योगिक उत्पादन होने लगा था। यह उत्पादन फैक्ट्रियों में नहीं होता था। इस चरण को आदि-औद्योगीकरण कहते हैं।
- ***स्टेप्लर्स*** *(Staplers)* ऐसा व्यक्ति, जो रेशों के हिसाब से ऊन को स्टेपल करता है या छाँटता है।
- ***कार्डिंग*** *(Carding)* एक ऐसी प्रक्रिया, जिसमें कपास या ऊन आदि रेशों को कताई के लिए तैयार किया जाता है।
- ***जॉबर*** *(Jobber)* इन्हें अलग-अलग क्षेत्रों में सरदार या मिस्त्री आदि भी कहते थे।
- ***स्पिनिंग जेनी*** *(Spinning Jenny)* जेम्स हरग्रीव्ज द्वारा 1764 ई. में बनाई गई इस मशीन ने कताई की प्रक्रिया तेज कर दी और मजदूरों की माँग घटा दी। एक ही पहिया घुमाने वाला एक मजदूर बहुत सारी तकलियों को घुमा देता था और एक साथ कई धागे बनने लगते थे।
- ***फ्लाई शटल*** *(Fly Shuttle)* यह रस्सियों और पुलियों के जरिए चलने वाला एक यांत्रिक औजार है, जिसका बुनाई के लिए उपयोग किया जाता है।

NCERT फोल्डर

संक्षेप में लिखें

1. निम्नलिखित की व्याख्या कीजिए

(क) ब्रिटेन की महिला कामगारों ने स्पिनिंग जेनी मशीनों पर हमले किए। **CBSE 2011**

(ख) 17वीं शताब्दी में यूरोपीय शहरों के सौदागर गाँवों में किसानों और कारीगरों से काम करवाने लगे।

(ग) सूरत बंदरगाह 18वीं सदी के अंत तक हाशिए पर पहुँच गया था।

(घ) ईस्ट इंडिया कंपनी ने भारत में बुनकरों पर निगरानी रखने के लिए गुमाश्तों को नियुक्त किया था। **CBSE 2011**

उत्तर (क) **स्पिनिंग जेनी** यह जेम्स हरग्रीव्ज द्वारा 1764 ई. में बनाई गई सूत कातने की मशीन थी, जिसने कताई की प्रक्रिया में तेजी उत्पन्न की, किंतु इस मशीन के आने से मजदूरों की माँग घट गई। इस नई प्रौद्योगिकी के कारण बेरोजगारी बढ़ने लगी। जब ऊन के उद्योग में स्पिनिंग जेनी मशीन का उपयोग शुरू हुआ तो हाथ से ऊन कातने वाली महिलाओं ने इस प्रकार की मशीनों का विरोध किया और स्पिनिंग जेनी मशीनों पर हमले करना प्रारंभ कर दिया। उन्हें लगता था कि इन्हीं मशीनों के कारण उनका रोजगार छिन गया है।

(ख) 17वीं शताब्दी में यूरोपीय शहरों के सौदागर गाँवों की ओर पलायन करने लगे थे। वे किसानों और कारीगरों को पैसा देते थे और उनसे अंतर्राष्ट्रीय बाजार के लिए उत्पादन कराते थे। उस समय विश्व व्यापार के विस्तार और दुनिया के विभिन्न भागों में उपनिवेशों की स्थापना के कारण वस्तुओं की माँग बढ़ने लगी थी। इस माँग को पूरा करने के लिए केवल शहरों में रहते हुए उत्पादन नहीं बढ़ाया जा सकता था। यही कारण था कि ये व्यापारी गाँव की ओर बढ़ने लगे।

(ग) 18वीं शताब्दी के अंत तक सूरत बंदरगाह हाशिए पर पहुँच गए थे, क्योंकि 1750 के दशक तक भारतीय सौदागरों के नियंत्रण वाला यह संपर्क टूटने लगा था। अब यहाँ यूरोपीय कारखाने स्थापित होने लगे थे, जिनकी शक्ति बढ़ती जा रही थी। उन्होंने पहले स्थानीय दरबारों से कई प्रकार की रियायतें हासिल कीं और उसके बाद व्यापार पर अधिकार प्राप्त कर लिया। इससे सूरत व हुगली, दोनों पुराने बंदरगाह कमजोर पड़ गए।

(घ) ईस्ट इंडिया कंपनी की राजनीतिक सत्ता स्थापित होने के बाद ही कंपनी ने व्यापार पर एकाधिकार स्थापित किया। उसने प्रतिस्पर्द्धा खत्म करने, लागतों पर अंकुश रखने और कपास व रेशम से बनी वस्तुओं की नियमित आपूर्ति सुनिश्चित करने के लिए प्रबंधन और नियंत्रण की एक नई व्यवस्था लागू कर दी। यह काम दो चरणों में किया गया

(i) कंपनी ने कपड़ा व्यापार में सक्रिय व्यापारियों और दलालों को खत्म करने तथा बुनकरों पर अधिक प्रत्यक्ष नियंत्रण स्थापित करने की कोशिश की। कंपनी ने बुनकरों पर निगरानी रखने, माल एकत्र करने और कपड़ों की गुणवत्ता जाँचने के लिए वेतनभोगी कर्मचारी तैनात कर दिए, जिन्हें गुमाश्ता कहा जाता था।

(ii) कंपनी द्वारा माल बेचने वाले बुनकरों को अन्य खरीदारों के साथ कारोबार करने पर पाबंदी लगा दी गई। इसके लिए उन्हें पेशगी रकम दी जाती थी। एक बार काम का ऑर्डर मिलने पर बुनकरों को कच्चा माल खरीदने के लिए कर्जा दे दिया जाता था, जो कर्जा लेते थे, उन्हें अपना बनाया हुआ कपड़ा गुमाश्ता को ही देना पड़ता था। उसे वे किसी और व्यापारी को नहीं बेच सकते थे।

2. प्रत्येक वक्तव्य के आगे 'सही' या 'गलत' लिखिए

(क) 19वीं सदी के अंत में यूरोप की कुल श्रम शक्ति का 80 प्रतिशत तकनीकी रूप से विकसित औद्योगिक क्षेत्र में काम कर रहा था।

(ख) 18वीं सदी तक महीन कपड़े के अंतर्राष्ट्रीय बाजार पर भारत का दबदबा था।

(ग) अमेरिकी गृहयुद्ध के फलस्वरूप भारत के कपास निर्यात में कमी आई।

(घ) फ्लाई शटल के आने से हथकरघा कामगारों की उत्पादकता में सुधार हुआ।

उत्तर (क) सही (ख) सही (ग) गलत (घ) सही

3. आदि-औद्योगीकरण का अर्थ बताएँ।

उत्तर वास्तव में, इंग्लैंड में कारखानों की शुरुआत होने से पहले बड़े पैमाने पर औद्योगिक उत्पादन प्रारंभ हुआ था और यह उत्पादन कारखानों पर निर्भर नहीं था। यह चरण आदि-औद्योगीकरण के रूप में जाना जाता है।

चर्चा कीजिए

1. 19वीं सदी के यूरोप में कुछ उद्योगपति मशीनों की बजाय हाथ से काम करने वाले श्रमिकों को प्राथमिकता क्यों देते थे? **CBSE 2011**

उत्तर 19वीं शताब्दी के यूरोप में कुछ उद्योगपति मशीनों के विपरीत हाथ से काम करने वाले श्रमिकों को प्राथमिकता देते रहे, जिसके निम्नलिखित कारण थे

- विक्टोरियाकालीन ब्रिटेन में मानव श्रम की कोई कमी नहीं थी। गरीब किसान और बेकार लोग कामकाज की तलाश में बड़ी संख्या में शहरों को जाते थे। ये कम कीमत पर भी काम करते थे। अतः उद्योगपति पहले इन्हें ही काम पर रखते थे।
- जिन उद्योगों में मौसम के साथ उत्पादन घटता-बढ़ता रहता था, उनमें उद्योगपति मजदूरों को ही काम पर रखना पसंद करते थे।
- अनेक उत्पाद केवल हाथ से ही तैयार किए जा सकते थे। मशीनों से एक जैसे निर्धारित किस्म के उत्पाद ही बड़ी संख्या में बनाए जा सकते थे।

- बाजार में अकसर बारीक डिजाइन और विशेष आकारों वाली वस्तुओं की बहुत माँग रहती थी, जो हाथ से कार्य करने वाले मजदूर ही अच्छा कर सकते थे।
- विक्टोरियाकालीन ब्रिटेन में उच्च वर्ग के लोग (कुलीन और पूँजीपति वर्ग) हाथों से बनी वस्तुओं को प्राथमिकता देते थे।

2. ईस्ट इंडिया कंपनी ने भारतीय बुनकरों से सूती और रेशमी कपड़े की नियमित आपूर्ति सुनिश्चित करने के लिए क्या किया?

उत्तर ईस्ट इंडिया कंपनी की सत्ता स्थापित होते ही कंपनी ने व्यापार पर एकाधिकार कर लिया। अब इन्हें अन्य व्यापारी समूहों से प्रतिस्पर्द्धा नहीं थी। कंपनी ने लागत पर अंकुश रखने, कपास व रेशम से बनी वस्तुओं की नियमित आपूर्ति को सुनिश्चित करने के लिए नई व्यवस्था लागू कर दी जिसका काम अलग-अलग चरणों में पूरा किया गया।

(i) कंपनी ने कपड़ा व्यापार में सक्रिय व्यापारियों और दलालों को खत्म करने तथा बुनकरों पर अधिक प्रत्यक्ष नियंत्रण स्थापित करने की कोशिश की। कंपनी ने बुनकरों पर निगरानी रखने, माल को एकत्र करने और कपड़ों की गुणवत्ता जाँचने के लिए वेतनभोगी कर्मचारी नियुक्त किए, जिन्हें गुमाश्ता कहा जाता था।

(ii) कंपनी ने माल बेचने वाले बुनकरों को अन्य व्यापारियों से व्यापार पर पाबंदी लगा दी। इस काम के लिए उन्हें पेशगी रकम दी जाती थी। इन बुनकरों को कच्चा माल खरीदने के लिए कर्ज भी दिया जाता था, किंतु कर्ज लेकर बनाया हुआ माल भी उन्हें गुमाश्ता को ही देना पड़ता था। ये किसी अन्य व्यापारी से व्यापार नहीं कर सकते थे।

3. कल्पना कीजिए कि आपको ब्रिटेन तथा कपास के इतिहास के बारे में विश्वकोश के लिए लेख लिखने को कहा गया है। इस अध्याय में दी गई जानकारियों के आधार पर अपना लेख लिखिए।

उत्तर यह प्रश्न एक परियोजना कार्य है जिसे विद्यार्थी स्वयं करेंगे।

4. प्रथम विश्वयुद्ध के समय भारत का औद्योगिक उत्पादन क्यों बढ़ा? **CBSE 2016,11**

उत्तर प्रथम विश्वयुद्ध तक औद्योगिक विकास धीमा रहा। युद्ध ने एक बिल्कुल नई स्थिति उत्पन्न कर दी थी। ब्रिटिश कारखाने सेना की आवश्यकताओं को पूरा करने के लिए युद्ध संबंधी उत्पादन में व्यस्त थे, इसलिए भारत में मैनचेस्टर के माल का आयात कम हो गया। नए कारखाने लगाए गए। पुराने कारखानों में कई पालियों में काम किया जाने लगा।

अनेक नए मजदूरों को काम पर रखा गया और प्रत्येक को पहले से भी अधिक समय तक काम करना पड़ता था, जिससे युद्ध के दौरान औद्योगिक उत्पादन तेजी से बढ़ा। प्रथम विश्वयुद्ध में ब्रिटिश सरकार को परेशानियों में उलझा देखकर राष्ट्रवादी नेताओं ने भी स्वदेशी वस्तुओं पर बल देना शुरू कर दिया। इससे भारतीय उद्योगों को और अधिक बढ़ावा मिला। अतः इस समय तक स्थानीय उद्योगपतियों ने विदेशी उत्पादों को हटाकर घरेलू बाजार पर कब्जा कर लिया और धीरे-धीरे अपनी स्थिति मजबूत बना ली थी।

परीक्षा अभ्यास

वस्तुनिष्ठ प्रश्न

बहुविकल्पीय प्रश्न

1. विश्व में औद्योगिक क्रांति की शुरुआत कहाँ हुई?
(a) जर्मनी (b) फ्रांस
(c) ब्रिटेन (d) पोलैंड

उत्तर (c) ब्रिटेन

2. औद्योगीकरण के प्रारंभिक चरण को इतिहासकार कहते हैं।
(a) क्रांति (b) आदि-औद्योगीकरण
(c) वाणिज्यीकरण (d) फिनिशिंग

उत्तर (b) आदि-औद्योगीकरण

3. आदि-औद्योगीकरण के समय कपड़ों की फिनिशिंग किस शहर में होती थी?
(a) जापान (b) जर्मनी
(c) पोलैंड (d) लंदन

उत्तर (d) लंदन

4. सूती कपड़ा मिल की रूपरेखा किसने बनाई?
(a) स्पिनिंग जेनी (b) रिचर्ड आर्कराइट
(c) जेम्स वॉट (d) मैथ्यू जॉन

उत्तर (b) रिचर्ड आर्कराइट

5. नए युग का प्रतीक किसे माना गया था?
(a) कपास (b) लौह
(c) स्टील (d) उद्योग

उत्तर (a) कपास

6. 1750 के दशक में किस कंपनी के आगमन से भारतीयों ने व्यापार पर अपना नियंत्रण खोना शुरू कर दिया?
(a) आर्मीनियन (b) यूरोपीय कंपनी
(c) पुर्तगाली कंपनी (d) चीनी कंपनी

उत्तर (b) यूरोपीय कंपनी

7. जेम्स वॉट ने किसके बनाए भाप इंजन में सुधार किया?
(a) न्यूकॉमेन (b) मैथ्यू जॉन
(c) ल्यूमेन हक (d) विलियम हॉकिन्स

उत्तर (a) न्यूकॉमेन

8. मैनचेस्टर के उद्योगपतियों ने भारत में कपड़ा बेचने के लिए किसका लेबल लगाया था?
(a) मेड इन इंग्लैंड (b) न्यू हैंपशायर्ड
(c) मेड इन मैनचेस्टर (d) ल्यूमेनसी

उत्तर (c) मेड इन मैनचेस्टर

9. कपड़ों पर किन देवी-देवताओं की छवि बनी होती थी?
(a) दुर्गा (b) शिव (c) सरस्वती (d) राम

उत्तर (c) सरस्वती

10. भारतीय व्यापारियों पर औपनिवेशिक सीमाओं के संबंध में दिए गए कथनों में से कौन-सा कथन सत्य है?
(a) औपनिवेशिक शक्ति के भारतीय व्यापार पर नियंत्रण करने के कारण भारतीय व्यापारियों के लिए व्यापार का क्षेत्र सीमित हो गया
(b) भारतीय व्यापारियों को विनिर्मित वस्तुओं में यूरोप के साथ व्यापार करने की अनुमति थी
(c) भारतीय व्यापारियों को केवल कपास और अफीम के निर्यात की अनुमति प्रदान की गई थी
(d) एंड्रयू यूल एक अमेरिकी प्रबंधकीय एजेंसी थी, जिसने भारतीय उद्योगों के एक बड़े क्षेत्र को नियंत्रित किया

उत्तर (a) औपनिवेशिक शक्ति के भारतीय व्यापार पर नियंत्रण करने के कारण भारतीय व्यापारियों के लिए व्यापार का क्षेत्र सीमित हो गया

11. निम्न में से कौन-सा कथन प्रारंभिक उद्यमी के लिए सत्य है?
(a) सेठ हुकुमचंद ने 1817 ई. में जूट मिल स्थापित की
(b) 1850-51 ई. में उत्पादन 10% था
(c) द्वारकानाथ टैगोर ने स्टॉक कंपनी स्थापित की
(d) जूट मिल 1870 ई. में स्थापित हुई

उत्तर (b) द्वारकानाथ टैगोर ने स्टॉक कंपनी स्थापित की

12. निम्न कथनों पर विचार कीजिए तथा सही उत्तर का चयन कीजिए
1. औद्योगीकरण के इतिहास का आरंभ प्रारंभिक फैक्ट्रियों की स्थापना से होता है।
2. यदि औद्योगीकरण की घटना औद्योगीकरण के पश्चात् हुई।
3. विश्व व्यापार के विस्तार के संदर्भ में व्यापारिक गिल्ड्स अत्यंत शक्तिशाली थे, जो उत्पादकों के संगठन होते थे।

कूट
(a) केवल 1 (b) 1 और 2
(c) 1 और 3 (d) 2 और 3

उत्तर (c) 1 और 3

13. भारत में कारखानों के उदय के संदर्भ में कथनों को ध्यानपूर्वक पढ़कर कूट की सहायता से असत्य कथन का चयन कीजिए
1. भारत में सर्वप्रथम कपास मिल की स्थापना हुई।
2. कपड़ा मिल की स्थापना 1854 ई. में गुजरात में की गई।

3. प्रथम जूट मिल बंगाल में 1856 ई. में स्थापित हुई।

कूट

(a) केवल 1 (b) 2 और 3
(c) 1 और 2 (d) केवल 3

उत्तर (b) 2 और 3

14. निम्नलिखित को क्रमानुसार व्यवस्थित कीजिए

1. जूट मिल बंगाल 2. कपड़ा मिल बंबई
3. कताई-बुनकर मिल मद्रास
4. हुकुमचंद द्वारा स्थापित मिल

कूट

(a) 2, 1, 3, 4 (b) 2, 3, 4, 1
(c) 2, 4 ,3, 1 (d) 1, 2, 3, 4

उत्तर (a) 2, 1, 3, 4

15. निम्न वक्तव्यों के आधार पर दिए गए विकल्पों में उस उद्योग की पहचान कीजिए, जिसके संबंध में यह कहा जा रहा है

- यह 1840 के दशक तक औद्योगीकरण के पहले चरण में सबसे बड़ा उद्योग बन चुका था।
- भारत में यह उद्योग सर्वप्रथम स्थापित हुआ।
- यह उद्योग भारत के मुंबई से अनेक प्रांतों में फैला।

(a) जूट उद्योग (b) वस्त्र उद्योग
(c) लौह-इस्पात उद्योग (d) उर्वरक उद्योग

उत्तर (b) वस्त्र उद्योग

16. निम्नलिखित वक्तव्यों को ध्यानपूर्वक पढ़कर विकल्प के माध्यम से उपयुक्त औद्योगिक स्रोत की पहचान कीजिए

- यह ब्रिटेन में नए युग का पहला प्रतीक था।
- उन्नीसवीं सदी के अंत में इसके उत्पादन में आशातीत वृद्धि हुई।
- 1760 ई. में ब्रिटेन इसका 25 लाख पौंड का आयात करता था, जिससे उसके उद्योग संचालित होते थे।

(a) जूट (b) कपास
(c) रेशम (d) कच्चा लोहा

उत्तर (b) कपास

17. निम्न में से सही युग्म की पहचान कीजिए

(a) वह व्यक्ति, जो रेशों के आधार पर ऊन छाँटता था – बड्र्स
(b) वह व्यक्ति, जो सूत कातता था – स्पिनर्स
(c) वह व्यक्ति, जो कपड़े को समेटता था – रंगसाज
(d) सूत कातने पर जो धागा मिलता था, उसका हकदार था – फुलर्ज

उत्तर (b) वह व्यक्ति, जो सूत कातता था – स्पिनर्स

18. निम्न में से गलत युग्म की पहचान कीजिए

(a) फिनिशिंग सेंटर – हैंपशायर
(b) इंग्लैंड में कारखाने की स्थापना – 1730 ई.
(c) कपड़ा उद्योग का औद्योगीकरण के प्रथम चरण में सबसे बड़े उद्योग के रूप में परिणत होना – 1840 ई.
(d) जेम्स वॉट द्वारा भाप के नए इंजन को पेटेंट कराया जाना – 1871 ई.

उत्तर (a) फिनिशिंग सेंटर–हैंपशायर

परीक्षा अभ्यास

सुमेलित करें

19. सुमेलित कीजिए

सूची I	सूची II
A. कपड़ा मिल	1. 1874
B. जूट मिल	2. 1912
C. लोहा-इस्पात संयंत्र	3. 1917
D. कताई-बुनकर मिल	4. 1854

कूट

	A	B	C	D		A	B	C	D
(a)	1	2	3	4	(b)	2	3	1	4
(c)	4	3	2	1	(d)	3	2	1	4

उत्तर (c) 4 3 2 1

रिक्त स्थान भरें

20. आदि-औद्योगिक व्यवस्था व्यावसायिक आदान-प्रदान के ………… का हिस्सा थी।

उत्तर नेटवर्क

21. अमेरिकी गृहयुद्ध के कारण अमेरिका से कपास निर्यात ………… हो गया।

उत्तर बंद

22. 1870 के दशक में इंग्लैंड से कपास का आयात भारतीय आयात के मूल्य का ………… से अधिक था।

उत्तर 50%

सही और पुनः लिखें

23. कपास उद्योग 1840 के दशक तक औद्योगीकरण के अंतिम चरण में सबसे बड़ा उद्योग बन चुका था। इसके बाद लोहा और स्टील उद्योग पीछे निकल गए।

उत्तर कपास उद्योग 1840 के दशक तक औद्योगीकरण के पहले चरण में सबसे बड़ा उद्योग बन चुका था। इसके बाद लोहा और स्टील उद्योग आगे निकल गए।

24. वर्ष 1913 में जमशेदपुर में जे वी एल टाटा ने भारत में पहले लोहा और इस्पात संयंत्र का निर्माण किया।

उत्तर वर्ष 1912 में जमशेदपुर में जे एन टाटा ने भारत में पहले लोहा और इस्पात संयंत्र का निर्माण किया।

कथन/कारण

25. **कथन** (A) 19वीं सदी में फ्लाई शटल वाले करघों का प्रयोग किया जाने लगा।

कारण (R) 19वीं सदी में इंग्लैंड में कपड़ा उद्योग विकसित हुआ।

कूट

(a) A और R दोनों सही हैं तथा R, A की सही व्याख्या है
(b) A और R दोनों सही हैं, परंतु R, A की सही व्याख्या नहीं है

(c) A सही है, किंतु R गलत है
(d) A गलत है, किंतु R सही है

उत्तर (d) A गलत है, किंतु R सही है

26. **कथन** (A) 18वीं शताब्दी के अंत में अंग्रेज, चीन को भारतीय अफीम का निर्यात करने लगे थे।
कारण (R) इसके बदले में वे चीन से जूट खरीदते थे।
कूट
(a) A और R दोनों सही हैं तथा R, A की सही व्याख्या है
(b) A और R दोनों सही हैं, परंतु R, A की सही व्याख्या नहीं है
(c) A सही है, किंतु R गलत है
(d) A गलत है, किंतु R सही है

उत्तर (c) A सही है, किंतु R गलत है

C अतिलघु उत्तरीय प्रश्न

1. 17वीं और 18वीं शताब्दियों में यूरोपीय शहरों के सौदागर गाँवों की ओर रुख क्यों करने लगे थे? **CBSE 2018**

उत्तर 17वीं और 18वीं शताब्दियों में यूरोपीय शहरों के सौदागर गाँवों की ओर रुख करने लगे थे, क्योंकि इस समय विश्व व्यापार के विस्तार और दुनिया के विभिन्न भागों में उपनिवेशों की स्थापना के कारण चीजों की माँग बढ़ने लगी थी। ये सौदागर किसानों और कारीगरों को पैसे देते और उनसे अंतर्राष्ट्रीय बाजार के लिए उत्पादन करवाते थे।

2. कपड़ा उद्योग में स्टेप्लर तथा कार्डिंग से क्या आशय है?
अथवा 'कार्डिंग' शब्द को परिभाषित कीजिए। **CBSE 2020**

उत्तर वह व्यक्ति, जो रेशों के हिसाब से ऊन को 'स्टेपल' करता है या छाँटता है, स्टेप्लर कहलाता है, जबकि वह प्रक्रिया, जिसमें कपास या ऊन आदि रेशों को कताई के लिए तैयार किया जाता है, कार्डिंग कहलाती है।

3. सूती कपड़ा मिल की रूपरेखा किसने बनाई? **CBSE 2014**

उत्तर सूती कपड़ा उद्योग की रूपरेखा रिचर्ड आर्कराइट ने तैयार की थी।

4. भाप के इंजन का आविष्कार किसने किया था?

उत्तर भाप के इंजन का आविष्कार जेम्स वॉट ने किया था।

5. स्पिनिंग जेनी का आविष्कार किसने किया था?

उत्तर स्पिनिंग जेनी का आविष्कार जेम्स हरग्रीव्ज ने किया था।

6. भाप के इंजन के नए मॉडल का निर्माण किसने किया था? **CBSE 2014**

उत्तर भाप के इंजन के नए मॉडल का निर्माण मैथ्यू बूल्टन ने किया था।

7. इंग्लैंड में किस नई तकनीक के आने से महिलाएँ क्रोधित हुईं? **CBSE 2010**

उत्तर इंग्लैंड में स्पिनिंग जेनी के आने से वहाँ की महिलाएँ क्रोधित हुईं।

8. गुमाश्ता कौन थे? **CBSE 2014**

उत्तर गुमाश्ता ईस्ट इंडिया कंपनी द्वारा नियुक्त वेतनभोगी कर्मचारी होते थे। इन्हें बुनकरों पर निगरानी रखने, माल एकत्र करने और कपड़ों की गुणवत्ता जाँचने के लिए नियुक्त किया जाता था।

9. 19वीं सदी के प्रारंभ में कौन-से दो उद्योग प्रसिद्ध हुए?

उत्तर 19वीं शताब्दी के प्रारंभ में कपास और धातु उद्योग प्रसिद्ध हुए।

10. औपनिवेशिक काल में विकसित दो भारतीय बंदरगाह कौन-से थे?

उत्तर औपनिवेशिक काल में भारत में बंबई और कलकत्ता दो बंदरगाह विकसित हुए।

11. गिल्ड्स से क्या आशय है? उसके दो कार्य बताइए।

उत्तर गिल्ड्स उत्पादकों का एक संगठन था, जो कारीगरों को प्रशिक्षण देते और उत्पादकों पर नियंत्रण रखते थे।

12. भारत में प्रथम कपड़े की मिल कब और कहाँ स्थापित की गई थी?

उत्तर भारत में प्रथम कपड़ा मिल बंबई में 1854 ई. में स्थापित की गई थी।

13. औपनिवेशिक काल में भारत में सूती वस्त्र उद्योग के किन्हीं चार प्रमुख केंद्रों के नाम बताइए।

उत्तर औपनिवेशिक काल में भारतीय सूती वस्त्र उद्योग के प्रमुख केंद्र हैं
(i) बंबई (ii) कानपुर (iii) अहमदाबाद (iv) मद्रास

14. जॉबर से आप क्या समझते हैं?

उत्तर जॉबर पुराने और विश्वसनीय कर्मचारी होते थे, जिनका कार्य नए मजदूरों को भर्ती करना होता था।

15. फ्लाई शटल से क्या आशय है?

उत्तर 20वीं शताब्दी के दूसरे दशक में बुनकरों द्वारा प्रयोग में लाए जाने वाले करघे फ्लाई शटल कहलाते थे।

16. कौन-सा पूर्व औद्योगिक बंदरगाह भारत को खाड़ी देशों तथा लालसागर बंदरगाहों से जोड़ता है? **CBSE 2011**

उत्तर सूरत बंदरगाह भारत को खाड़ी देशों तथा लालसागर बंदरगाहों से जोड़ता है।

17. वे कौन-सी यूरोपीय प्रबंधन संस्थाएँ हैं, जिन्होंने भारतीय उद्योग के बड़े भागों पर नियंत्रण स्थापित किया था?

उत्तर भारतीय उद्योग पर नियंत्रण स्थापित करने वाली यूरोपीय प्रबंधन की संस्थाएँ निम्नलिखित हैं
- एंड्रयू यूल
- बर्ड हीगलर्स एवं कंपनी
- जार्डिन स्किनर एंड कंपनी

18. 1760 के दशक के बाद ईस्ट इंडिया कंपनी भारत से कपड़े के निर्यात को और फैलाना क्यों चाहती थी?

उत्तर 1760 के दशक के बाद ईस्ट इंडिया कंपनी की सत्ता के सुदृढ़ीकरण की शुरुआत में भारत के कपड़ा निर्यात में गिरावट नहीं आई। ब्रिटिश कपास उद्योग अभी फैलना शुरू नहीं हुआ था और यूरोप में भारतीय कपड़ों की अधिक माँग थी। इसलिए कंपनी भी भारत से होने वाले कपड़े के निर्यात को ही और फैलाना चाहती थी।

19. **18वीं शताब्दी के उत्तरार्द्ध में इंग्लैंड में जनसंख्या वृद्धि के किन्हीं तीन प्रभावों की व्याख्या करें।** **CBSE 2020**

उत्तर 18वीं शताब्दी के उत्तरार्द्ध में इंग्लैंड में जनसंख्या वृद्धि के तीन प्रभाव निम्नलिखित थे

(i) कृषि उत्पादों की माँग में वृद्धि

(ii) खाद्यान्नों की कीमतों में वृद्धि

(iii) भूमिधारी समूहों के दबाव में सरकार ने मकई के आयात को प्रतिबंधित कर दिया।

20. **मुंबई (बंबई) के उन दो उद्योगपतियों के नाम लिखिए, जिन्होंने उन्नीसवीं सदी में विशाल औद्योगिक साम्राज्य स्थापित किया।** **CBSE 2020**

उत्तर बंबई (वर्तमान मुंबई) में दिनशा पेटीट और जमशेदजी नुसरवानजी टाटा दो प्रमुख उद्योगपति थे, जिन्होंने उन्नीसवीं सदी में विशाल साम्राज्य स्थापित किए थे।

C लघु उत्तरीय प्रश्न

1. **आदि-औद्योगीकरण के युग में निर्धन किसानों तथा कारीगरों ने किस प्रकार लाभ कमाया था?** **CBSE 2011**

उत्तर आदि-औद्योगीकरण ने ग्रामीण किसानों तथा कारीगरों को निम्नलिखित रूपों में प्रभावित किया

- **पारिवारिक श्रम का उपयोग** व्यापारियों के लिए काम करने वाले किसान तथा कामगार (कारीगर) ग्रामीण क्षेत्रों से होते थे। इनका निवास क्षेत्र भी ग्राम ही होते थे। घर के सभी सदस्य छोटे-छोटे खेतों पर खेती भी करते थे। सभी उत्पादन क्षेत्रों में पूरा परिवार लगा होता था।
- **आय की प्राप्ति** आदि-औद्योगिक उत्पादन की आय से कामगारों, छोटे ग्रामीण किसानों को उनकी कृषि आय (जो नाममात्र रही) को सुदृढ़ करने का साधन मिल गया। अब ये लोग कृषि के साथ श्रम करके भी अपनी पारिवारिक आय को बढ़ाने लगे थे। परिवार का प्रत्येक सदस्य समय-समय पर कृषि तथा उत्पादन कार्यों में बराबर का सहयोग करने लगा था।

2. **व्यावसायिक विनिमय प्रणाली के रूप में आदि-औद्योगीकरण को स्पष्ट कीजिए।**

उत्तर आदि-औद्योगिक उत्पादन से प्राप्त आय ने कृषि के कारण किसानों की कम होती आय में महत्त्वपूर्ण योगदान दिया है। अब वे अपने पूरे परिवार के श्रम संसाधनों का उपयोग कर सकते थे। एक व्यापारी पहले स्टेप्लर (वह व्यक्ति जो रेशों के आधार पर ऊन छाँटता था) से ऊन खरीदता था और बाद में उसकी स्पिनरों को आपूर्ति करता था।

सूत कातने पर जो धागा मिलता था, उसे बुनकरों, फुलर्ज (वह व्यक्ति जो कपड़े को समेटता था)और रंगसाजों तक पहुँचाया जाता था। अंतर्राष्ट्रीय बाजार में बेचने से पूर्व कपड़ों की फिनिशिंग लंदन में होती थी, जिसके परिणामस्वरूप लंदन को फिनिशिंग सेंटर के रूप में पहचाना जाने लगा था।

यह आदि-औद्योगिक व्यवस्था व्यावसायिक आदान-प्रदान के नेटवर्क का हिस्सा थी। आदि-औद्योगिक व्यवस्था की असामान्य विशेषता यह थी कि सामानों का उत्पादन कारखानों के विपरीत घरों में होता था।

3. **औद्योगिक क्रांति के बाद यूरोप में श्रमिकों की स्थिति का वर्णन कीजिए।** **CBSE 2019**

उत्तर औद्योगिक क्रांति के बाद यूरोप के श्रमिकों की स्थिति निम्न प्रकार थी

- अधिकांश उद्योगों में श्रम की माँग मौसमी थी। नौकरी पाने की संभावना मित्रता एवं आपसी संबंध पर निर्भर करती थी।
- मजदूरों को बहुत कम मजदूरी मिल रही थी।
- कारखानों में बड़ी संख्या में महिलाएँ कार्यरत थीं, किंतु तकनीकी विकास के कारण महिलाओं ने धीरे-धीरे अपनी नौकरियाँ खो दीं।
- लोगों को काम के लिए लंबा इंतजार करना पड़ता था। कारखानों के प्रवासी श्रमिकों को घर नहीं दिए गए थे। रोजगार के इच्छुक लोग रैन बसेरा व पुल के नीचे रात व्यतीत करते थे।

4. **वर्ष 1900 और 1940 के मध्य हथकरघे के कपड़े के उत्पादन में विस्तार के कारण क्या थे?** **CBSE 2010**

अथवा **हथकरघों के कपड़ों का उत्पादन किस दशक में तीन गुना बढ़ गया था?**

उत्तर वर्ष 1900 और 1940 के मध्य हथकरघे से कपड़ों के उत्पादन में तीव्र वृद्धि हुई, जिसके निम्नलिखित कारण थे

- अमेरिकी गृहयुद्ध के पश्चात् फैक्ट्री उद्योगों में बढ़ोतरी हुई, लेकिन अर्थव्यवस्था में यह उद्योग बहुत छोटे थे।
- पंजीकृत फैक्ट्रियों में कुल औद्योगिक श्रम शक्ति का बहुत छोटा हिस्सा ही काम करता था। यह संख्या वर्ष 1911 में 5% और वर्ष 1931 में 10% थी।
- 20वीं सदी में हथकरघों पर बने कपड़े के उत्पादन में लगातार सुधार हुआ। वर्ष 1900 से 1940 के मध्य यह तीन गुना हो चुका था। इस समय तक बुनकर फ्लाई शटल युक्त करघों का उपयोग करने लगे।

5. **1760 ई. में ईस्ट इंडिया कंपनी भारत में कपड़ा निर्यात के विस्तार की इच्छुक क्यों थी? कोई तीन कारण बताएँ।** **CBSE 2013**

उत्तर 1760 के दशक के पश्चात् ईस्ट इंडिया कंपनी की सत्ता सुदृढ़ होने लगी थी। इस समय तक भारतीय कपड़ों के निर्यात में किसी प्रकार की गिरावट नहीं आई थी। ईस्ट इंडिया कंपनी द्वारा भारत में निर्यात विस्तार के प्रमुख कारण निम्नलिखित हैं

- भारत में अब तक कपड़ा निर्यात में किसी प्रकार की गिरावट दर्ज नहीं हुई थी।
- ब्रिटिश सूती कपड़ों का उद्योग अभी तक सीमित अवस्था में था, उनका विस्तार नहीं हुआ था।

- यूरोप में भारत में बने महीन कपड़ों की माँग अधिक थी। यही कारण था कि ईस्ट इंडिया कंपनी भारत से होने वाले कपड़ा निर्यात को ही फैलाना चाहती थी।

6. उन यूरोपीय प्रबंधन एजेंसियों के नाम बताएँ, जो भारतीय उद्योगों के विशाल क्षेत्रक को नियंत्रित करती थीं। उनके द्वारा किए गए तीन प्रकार्य बताएँ। **CBSE 2013**

उत्तर भारतीय उद्योग के विशाल क्षेत्रक को नियंत्रित करने वाली यूरोपीय प्रबंधन की प्रमुख तीन एजेंसियाँ थीं

(i) बर्ड हीगलर्स एंड कंपनी (ii) एंड्रयू यूल
(iii) जार्डिन स्किनर एंड कंपनी

ये एजेंसियाँ निम्नलिखित रूपों में कार्य करती थीं

- ये एजेंसियाँ व्यापार हेतु पूँजी का प्रसार करती थीं।
- इन एजेंसियों ने कई संयुक्त भंडारण कंपनियाँ भी स्थापित कीं तथा उनका प्रबंधन भी स्वयं किया।
- इन कंपनियों के लिए भारतीय निवेशक भी पूँजी उपलब्ध कराते थे, किंतु निवेश एवं व्यापारिक निर्णय का अधिकार केवल यूरोपीय एजेंसियों का ही होता था।

7. 19वीं सदी में ब्रिटिश सरकार द्वारा भारतीय व्यापारियों पर लगाए गए प्रतिबंधों की चर्चा कीजिए। **CBSE 2011**

उत्तर 19वीं सदी में ब्रिटिश सरकार द्वारा भारतीय व्यापारियों पर लगाए गए प्रतिबंध का विवरण निम्नलिखित है

- भारतीय व्यापारियों के लिए व्यापार का क्षेत्र सीमित कर दिया गया।
- भारतीय व्यापारी स्वविनिर्माण की वस्तुओं का यूरोपीय क्षेत्रों में व्यापार नहीं कर सकते थे।
- ये लोग अंग्रेजों द्वारा ही खाद्यान्न, गेहूँ, नील, अफीम तथा कच्चे कपास का निर्यात कर सकते थे।
- भारतीय व्यापारियों को शिपिंग के व्यवसाय से भी हटा दिया गया।

8. भारतीय बुनकरों को कौन-कौन सी समस्याओं का सामना करना पड़ा? स्पष्ट कीजिए।

अथवा 19वीं शताब्दी में भारतीय बुनकरों की किन्हीं तीन प्रमुख समस्याओं का वर्णन कीजिए। **CBSE 2018**

उत्तर भारतीय बुनकरों को निम्नलिखित समस्याओं का सामना करना पड़ा

- भारतीय बुनकरों का निर्यात बाजार कम हो गया।
- स्थानीय बाजारों में मैनचेस्टर में बने वस्त्रों की अधिकता होने लगी थी, क्योंकि ये वस्त्र मशीनों के द्वारा बने होने के कारण कम लागत के थे। कम लागत के होने के कारण ही भारतीय बुनकर इनसे प्रतिस्पर्द्धा नहीं कर सकते थे।
- अमेरिकी गृहयुद्ध के कारण अमेरिका से कपास का निर्यात बंद हो गया, तो ब्रिटेन, भारत से कच्चे माल का आयात करने लगा था। भारत से कच्चे कपास के निर्यात में आई इस वृद्धि से उसकी कीमत में भी वृद्धि हुई।
- भारतीय बुनकरों को उच्च कीमत पर कच्चा माल क्रय करना पड़ता था, जो एक बड़ी समस्या थी।

9. प्रथम विश्वयुद्ध के बाद भारतीय बाजार में ब्रिटेन को पहले वाला सम्मान कभी प्राप्त नहीं हो पाया। व्याख्या कीजिए। **CBSE 2015, 11, 10**

उत्तर प्रथम विश्वयुद्ध के बाद भारतीय बाजार में ब्रिटेन को पहले वाला सम्मान पुनः प्राप्त न हो पाया, जिसके निम्नलिखित कारण थे

- प्रथम विश्वयुद्ध के दौरान ब्रिटिश कारखाने सेना की आवश्यकताओं को पूरा करने के लिए युद्ध संबंधी सामान बनाने में व्यस्त थे, इसलिए भारत में मैनचेस्टर के माल का आयात कम हो गया।
- प्रथम विश्वयुद्ध के बाद भारतीय बाजार में मैनचेस्टर को पहले वाला सम्मान कभी प्राप्त नहीं हो पाया। आधुनिकीकरण न कर पाने और अमेरिका, जर्मनी व जापान की अपेक्षा कमजोर पड़ जाने के कारण ब्रिटेन की अर्थव्यवस्था खराब हो गई थी।
- कपास का उत्पादन बहुत कम रह गया था और ब्रिटेन से होने वाले सूती कपड़े के निर्यात में भारी गिरावट आई।
- उपनिवेशों में विदेशी उत्पादों को हटाकर स्थानीय उद्योगपतियों ने घरेलू बाजारों पर अपना प्रभुत्व स्थापित कर लिया और धीरे-धीरे अपनी स्थिति मजबूत बना ली।

10. भारतीय व्यापार ने उन्नीसवीं सदी के अंत में विश्व अर्थव्यवस्था में एक महत्त्वपूर्ण भूमिका निभाई थी। इस कथन का विश्लेषण करें। **CBSE 2019**

उत्तर भारतीय व्यापार ने उन्नीसवीं सदी के अंत में विश्व अर्थव्यवस्था में एक महत्त्वपूर्ण भूमिका निभाई, जिसे निम्नलिखित बिंदुओं द्वारा स्पष्ट किया गया है

- ब्रिटेन का भारत के साथ एक व्यापार अधिशेष था, जिसका अर्थ है कि एक ऐसी स्थिति जिसके तहत निर्यात का मूल्य आयात से अधिक है। ब्रिटेन ने इस अधिशेष का प्रयोग अन्य देशों के साथ व्यापार घाटे को संतुलित करने के लिए किया।
- भारत में ब्रिटिश के व्यापार अधिशेष ने घरेलू प्रभाव को करने में भी मदद की, जिसमें ब्रिटिश अधिकारियों और व्यापारियों द्वारा निजी प्रेषण, भारत के बाहरी ऋणों पर ब्याज भुगतान और भारत में ब्रिटिश अधिकारियों की पेंशन शामिल थीं।
- भारत, ब्रिटेन के लिए कपास का एक मुख्य आपूर्तिकर्ता बना रहा, जिससे ब्रिटेन के सूती उद्योग बने रहे।

11. विक्टोरियाकालीन ब्रिटेन में उच्च वर्ग के लोग हाथ से बनी वस्तुओं को पसंद क्यों करते थे? तीन कारण दीजिए। **CBSE 2010**

उत्तर विक्टोरियाकालीन ब्रिटेन में उच्च वर्ग के लोग (कुलीन और पूँजीपति वर्ग) हाथों से बनी वस्तुओं को अधिक पसंद करते थे। इसके तीन कारण निम्न थे

(i) हाथ से बनी वस्तुओं को परिष्कर और सुरुचि का प्रतीक माना जाता था।
(ii) हाथ से बनी वस्तुओं की फिनिशिंग भी अच्छी होती थी। उनको एक-एक करके बनाया जाता था और उनका डिजाइन अच्छा होता था।
(iii) मशीनों से बनने वाले उत्पाद को उपनिवेशों में निर्यात कर दिया जाता था।

12. गुमाश्तों और बुनकरों के बीच टकराव के किन्हीं तीन सामाजिक कारणों का उल्लेख कीजिए। **CBSE 2014**

उत्तर गुमाश्तों और बुनकरों के बीच टकराव के तीन कारण निम्नलिखित थे

(i) ईस्ट इंडिया कंपनी ने व्यापार पर एकाधिकार करने के लिए गुमाश्तों को नियुक्त किया था, लेकिन जल्दी ही अनेक बुनकर गाँवों में बुनकरों और गुमाश्तों के बीच टकराव की खबरें आने लगीं। इससे पहले आपूर्ति सौदागर हमेशा बुनकर गाँवों में ही रहते थे। वे बुनकरों की आवश्यकताओं का ध्यान रखते थे और संकट के समय उनकी मदद करते थे।
(ii) नए गुमाश्ता बाहर के लोग थे। उनका गाँवों से पुराना सामाजिक संबंध नहीं था। वे भेदभावपूर्ण व्यवहार करते थे। वे सिपाहियों व चपरासियों को लेकर आते थे और माल समय पर तैयार न होने की स्थिति में बुनकरों को सजा देते थे।
(iii) सजा के रूप में बुनकरों को हमेशा पीटा जाता था। अब बुनकर न तो दाम पर मोलभाव कर सकते थे और न ही किसी और को माल बेच सकते थे।

13. उद्योगों के विकास में भारत के प्रारंभिक उद्यमियों की भूमिका का वर्णन कीजिए। **CBSE 2019**

उत्तर उद्योगों के विकास में भारत के प्रारंभिक उद्यमियों की भूमिका को निम्न प्रकार देखा जा सकता है

- 18वीं सदी के अंत से अंग्रेज, चीन को भारतीय अफीम का निर्यात करने लगे थे। इसके बदले में वे चीन से चाय खरीदते थे। इस व्यापार में अनेक भारतीय कारोबारी सहायक के रूप में जुड़ गए थे, जिनका कार्य उन्हें धन उपलब्ध कराना, आपूर्ति सुनिश्चित करना तथा माल को जहाजों में लादकर भेजना था।
- 19वीं सदी के कुछ प्रसिद्ध उद्योगपतियों में द्वारकानाथ टैगोर, शिवनारायण बिरला, जमशेदजी नुसरवानजी टाटा एवं सेठ हुकुमचंद आदि शामिल थे।
- द्वारकानाथ टैगोर ने 1830-40 के दशक में छह संयुक्त स्टॉक कंपनियों की स्थापना की। वर्ष 1912 में जमशेदपुर में जे एन टाटा ने भारत में पहले लौह और इस्पात संयंत्र की स्थापना की।

14. नौकरियों की खोज में श्रमिकों के प्रवास करने के कारणों को स्पष्ट कीजिए।

उत्तर नौकरियों की खोज में श्रमिकों के प्रवास करने के कारण निम्न हैं

- कारखानों के विस्तार के साथ ही श्रमिकों की माँग में भी वृद्धि हुई। गाँव में कोई भी काम न करने वाले किसानों और कारीगरों ने काम की तलाश में औद्योगिक केंद्रों की ओर पलायन किया। रोजगार प्रसार की श्रमिकों ने मिलों में काम की आशा में बहुत दूर तक यात्राएँ कीं।
- संयुक्त प्रांतों से लोग बंबई और कलकत्ता में काम करने के लिए जा रहे थे, जहाँ काम करना आसान नहीं था।
- मिलों में सीमित नौकरी होने के कारण प्रवेश निषिद्ध था। उद्योगपतियों ने नए मजदूरों को भर्ती करने के लिए एक जॉबर नियुक्त किया।
- जॉबर एक विश्वसनीय और पुराना कर्मचारी होता था। जॉबर अपने गाँव से जरूरतमंद लोगों को लाकर उन्हें रोजगार दिलाता था और उनकी शहर में बसने में भी मदद करता था।

15. औद्योगीकरण तथा आदि-औद्योगीकरण में अंतर स्पष्ट कीजिए। **CBSE 2014**

उत्तर औद्योगीकरण तथा आदि-औद्योगीकरण में निम्न लिखित अंतर हैं

औद्योगीकरण	आदि-औद्योगीकरण
इस प्रक्रिया में उत्पादन की प्रक्रिया पूर्णतया केंद्रित थी। यहाँ मालिक और मजदूर में अंतर किया जाने लगा था।	इस प्रक्रिया के अंतर्गत संपूर्ण प्रक्रिया विकेंद्रीकृत होती थी अर्थात् उत्पादन कार्य लोग अलग-अलग स्थानों एवं बिना किसी अंकुश के करते थे।
इस प्रक्रिया में उत्पादन कार्य कुशल एवं प्रशिक्षित श्रमिकों द्वारा होता था।	इस प्रक्रिया में सभी वस्तुओं का उत्पाद कारखानों या फैक्ट्रियों में न होकर लोगों के घरों में होता था। इसमें परिवार का प्रत्येक सदस्य काम करता था। यह कृषक वर्ग था।
इस प्रक्रिया में उत्पादन कार्य एक ही स्थान पर अथवा एक ही छत के नीचे होता था। अतः इसका निरीक्षण करना और इनकी गुणवत्ता को बनाए रखना भी आसान था।	आदि-औद्योगीकरण की प्रक्रिया में उत्पादनों का निरीक्षण करना तथा उनकी गुणवत्ता को बनाए रखना बहुत मुश्किल कार्य था।

16. अठारहवीं शताब्दी के अंत में भारत के कपड़ा निर्यात में गिरावट क्यों नहीं आई? स्पष्ट कीजिए। **CBSE 2020**

उत्तर अठारहवीं सदी के अंत में ईस्ट इंडिया कंपनी की सत्ता के सुदृढ़ीकरण की शुरुआत में भारत के कपड़ा निर्यात में गिरावट नहीं आई। ब्रिटिश कपास उद्योग अभी फैलना शुरू नहीं हुआ था और यूरोप में बारीक भारतीय कपड़ों की भारी माँग थी, इसलिए कंपनी भी भारत से होने वाले वस्त्रों के निर्यात को ही और फैलाना चाहती थी। 1760 और 1770 के दशकों में बंगाल और कर्नाटक में राजनीतिक सत्ता स्थापित करने से पहले ईस्ट इंडिया कंपनी को निर्यात के लिए लगातार आपूर्ति आसानी से नहीं मिल पाती थी। बुने हुए कपड़े को हासिल करने के लिए विदेशी शक्तियों के

साथ-साथ स्थानीय व्यापारी भी होड़ में रहते थे। इस प्रकार, बुनकर और आपूर्ति व्यापारी बड़े पैमाने पर मोल-भाव करते थे और अपनी वस्तुओं को सबसे ऊँची बोली लगाने वाले खरीदार को ही बेचते थे।

दीर्घ उत्तरीय प्रश्न

1. आदि-औद्योगीकरण व्यवस्था की विशेषता लिखिए। **CBSE 2010**

अथवा आदि-औद्योगिक व्यवस्था की प्रमुख विशेषताएँ बताइए।

उत्तर इंग्लैंड और यूरोप में फैक्ट्रियों की स्थापना से पूर्व ही यहाँ अंतर्राष्ट्रीय बाजार के लिए बड़े पैमाने पर औद्योगिक उत्पादन होने लगा था, किंतु यह उत्पादन फैक्ट्रियों में नहीं होता था। अनेक इतिहासकार इस युग को आदि-औद्योगीकरण व्यवस्था का नाम देते हैं। इस व्यवस्था की निम्नलिखित विशेषताएँ थीं

- आदि-औद्योगिक व्यवस्था आधुनिक औद्योगिक अर्थव्यवस्थाओं के विकास का प्रथम चरण थी, जिसने पूर्ण औद्योगिक समाज की स्थापना के लिए विश्व के समक्ष नई परिस्थितियाँ बना दी थीं।
- आदि-औद्योगीकरण के कारण औद्योगिक उत्पादन और व्यावसायिक कृषि उत्पादन दोनों में विशेष रूप से वृद्धि हुई।
- आदि-औद्योगीकरण के कारण पारंपरिक कृषि समाज में सामाजिक परिवर्तन हुए। उत्पादन से होने वाले लाभ ने किसानों की कम होती आय में बढ़ोतरी की।
- यह उत्पादन के विकेंद्रीकरण का एक तरीका था, जिस पर व्यापारियों का नियंत्रण था, परंतु वस्तुओं का उत्पादन फैक्ट्रियों की अपेक्षा परिवार में काम करने वाले लोगों और खेतों में उत्पादकों द्वारा किया जाता था।

2. 19वीं सदी के प्रारंभ में भारतीय बुनकरों की क्या समस्याएँ थीं?

उत्तर 19वीं सदी के प्रारंभ में भारतीय बुनकरों को निम्नलिखित समस्याओं का सामना करना पड़ा

- स्थानीय बाजारों में मैनचेस्टर में बने वस्त्रों की अधिकता होने लगी थी, क्योंकि ये वस्त्र मशीनों के द्वारा बने होने के कारण कम लागत के थे। कम लागत के होने के कारण ही भारतीय बुनकर इनसे प्रतिस्पर्द्धा नहीं कर सकते थे।
- स्थानीय बाजारों में मैनचेस्टर में बने वस्त्रों की अधिकता होने लगी थी, क्योंकि ये वस्त्र मशीनों के द्वारा बने होने के कारण कम लागत के थे।
- अमेरिकी गृह युद्ध के कारण अमेरिका से कपास का निर्यात बंद हो गया, तो ब्रिटेन, भारत से कच्चे माल का आयात करने लगा था। भारत से कच्चे कपास के निर्यात में आई इस वृद्धि से उसकी कीमत में भी वृद्धि हुई। भारतीय बुनकरों को उच्च कीमत पर कच्चा माल क्रय करना पड़ता था, जो एक बड़ी समस्या थी।

3. "20वीं सदी के प्रथम दशक तक भारत में औद्योगीकरण के प्रतिमान को कई परिवर्तनों ने प्रभावित किया।" व्याख्या कीजिए।

उत्तर 20वीं सदी के प्रथम दशक तक भारत में औद्योगीकरण के प्रतिमानों को कई परिवर्तनों ने प्रभावित किया, जिनका विवरण निम्नलिखित है

- **स्वदेशी तथा बहिष्कार आंदोलन** भारत में बंगाल विभाजन के बाद स्वदेशी आंदोलन और बहिष्कार के आंदोलन से भारतीय उद्योगों को राहत मिली तथा भारतीय वस्तुओं, विशेषतः कपड़े की माँग में वृद्धि हुई।
- **औद्योगिक वर्ग** इस समय तक औद्योगिक समूह अपने सामूहिक हितों की रक्षा के लिए संगठित हो गए और उन्होंने आयात शुल्क बढ़ाने तथा अन्य रियायतें देने के लिए सरकार पर दबाव डाला।
- **भारतीय बाजार में मैनचेस्टर का पतन** युद्ध के बाद भारतीय बाजार में मैनचेस्टर को पहले वाला सम्मान कभी प्राप्त नहीं हो पाया।
- **चीन को निर्यात कम होना** वर्ष 1906 के बाद चीन भेजे जाने वाले भारतीय धागे के निर्यात में भी कमी होने लगी, क्योंकि चीनी बाजारों में चीन और जापान के उत्पादों की अधिकता हो गई थी।

4. 19वीं सदी के प्रारंभ में भारतीय कपड़े के निर्यात में लंबी गिरावट आई थी। कारण बताकर स्पष्ट कीजिए।

अथवा उन्नीसवीं सदी की शुरुआत में भारतीय कपड़े के निर्यात में गिरावट क्यों आई? कोई तीन कारण बताइए। **CBSE 2020**

उत्तर 19वीं सदी के अंतिम चरण में भारतीय कपड़ों के निर्यात में बड़ी गिरावट दर्ज की गई, जिसके निम्न कारण थे

- **कच्चे माल की कमी** 1860 के दशक में बुनकरों के सामने नई समस्या खड़ी हो गई, क्योंकि इन्हें अच्छी कपास नहीं मिल पा रही थी।
- **इंग्लैंड के कपास उद्योगों का विकास** जैसे ही इंग्लैंड में कपास उद्योग विकसित हुआ, वहाँ के उद्योगपति दूसरे देशों से आने वाले आयात को लेकर चिंतित होने लगे। उन्होंने सरकार पर दबाव डाला कि वह आयातित कपड़े पर आयात शुल्क वसूल करे, जिससे मैनचेस्टर में बने कपड़े बाहरी प्रतिस्पर्द्धा के बिना इंग्लैंड में आसानी से बिक सकें।
- **मिलों का विकास और माँग में कमी** मिलों के विकास और घरेलू माँग में कमी के कारण ब्रिटिश उद्योगपतियों ने ईस्ट इंडिया कंपनी पर दबाव डाला कि वह ब्रिटिश कपड़ों को भारतीय बाजारों में भी बेचे।
- **भारत में मैनचेस्टर की वस्तुएँ** भारत में कपड़ा बुनकरों और छोटे उत्पादकों के सामने एकसाथ दो समस्याएँ आईं– उनका निर्यात बाजार कम हो रहा था और स्थानीय बाजार सिकुड़ने लगा था। बाजार में मैनचेस्टर के आयातित मालों की अधिकता थी।

5. 18वीं सदी में हुए अनेक आविष्कारों ने सूती वस्त्र उद्योग में उत्पादन प्रक्रिया के प्रत्येक चरण की कुशलता किस प्रकार बढ़ा दी? व्याख्या कीजिए।

उत्तर 18वीं सदी में यूरोप में अनेक ऐसे आविष्कार हुए, जिन्होंने सूती वस्त्र उद्योग में उत्पादन की प्रक्रिया के प्रत्येक चरण की कुशलता बढ़ा दी थी, ये हैं

- **नवीन आविष्कार** 18वीं सदी में कार्डिंग, ऐंठना व कताई तथा लपेटने वाली मशीनों का आविष्कार, जिसने उत्पादन प्रक्रिया के प्रत्येक चरण में कुशलता बढ़ा दी थी।
- **उत्पादन एवं गुणवत्ता में सुधार** नए उत्पादन से प्रति मजदूर उत्पादन भी बढ़ गया और साथ ही साथ इनकी गुणवत्ता भी बढ़ गई और पहले से अधिक मजबूत धागों व रेशम का उत्पादन होने लगा था। नई मशीनों से मजबूत धागों का उत्पादन संभव हुआ। उत्पादन एवं गुणवत्ता में सुधार नए उत्पादन से प्रति मजदूर उत्पादन भी बढ़ गया और साथ ही साथ इनकी गुणवत्ता भी बढ़ गई।
- **कपड़ा मिल की शुरुआत** सबसे पहले रिचर्ड आर्कराइट ने सूती कपड़ा मिल की रूपरेखा तैयार की थी। सूती कपड़ा मिल की स्थापना के पश्चात् इसमें महँगी नई मशीनें खरीदकर उन्हें कारखानों में लगाया जाने लगा।
- **संपूर्ण प्रक्रिया का क्रियान्वयन एक साथ होना** कपड़ा मिलों में सभी प्रक्रियाएँ एकसाथ एक ही छत के नीचे और एक ही मालिक के नियंत्रण में होती थीं। इससे उत्पादन प्रक्रिया पर निगरानी, गुणवत्ता का ध्यान रखना और मजदूरों का निरीक्षण सुगम हो गया था। जब तक उत्पादन गाँवों में हो रहा था, तब तक ये सभी कार्य सहज नहीं थे।

6. औद्योगिक क्रांति से पहले, शहरों में अपने उद्योगों को स्थापित करने में नए यूरोपीय व्यापारियों को किन समस्याओं का सामना करना पड़ा? वर्णन कीजिए।

उत्तर औद्योगिक क्रांति से पूर्व यूरोप के शहरों में यूरोपियों को नए उद्योग स्थापित करने के लिए निम्न समस्याओं का सामना करना पड़ा

- **शक्तिशाली नगरीय उत्पादक** यूरोप के शहरी उत्पादक बहुत शक्तिशाली थे। ये संगठन व्यवसाय में नए लोगों को अवसर देने या नया व्यवसाय फैलाने से रोकते थे।
- **एकाधिकार** यूरोप के प्रशासन द्वारा भी विभिन्न व्यापार संघों को महत्त्वपूर्ण उत्पादों के उत्पादन और व्यापार का एकाधिकार दिया हुआ था। फलत: नए व्यापारी शहरों में कारोबार नहीं कर पाने के कारण गाँवों की ओर जाने लगे।
- **आर्थिक अवसरों की कमी** गाँवों में खुले खेत समाप्त होते जा रहे थे और कॉमन्स की बाड़ाबंदी की जा रही थी। छोटे किसान और गरीब किसान, जो पहले साझा जमीन पर निर्भर रहते थे, बेरोजगार हो गए थे।
- **पेशगी रकम** शहरों में व्यापार का प्रसार न कर सकने वाले सौदागरों तथा व्यावसायियों ने गरीब और किसान परिवारों को पेशगी रकम देनी शुरू की, जिससे उनका व्यापार ग्रामीण क्षेत्रों में बढ़ने लगा था।
- **वस्तुओं की भारी माँग** विश्व व्यापार का 17वीं और 18वीं सदी में तीव्र गति से विस्तार हुआ और इस बढ़ती हुई माँग के कारण ही उपनिवेशों की स्थापना हुई। शहरी उत्पादक वांछित मात्रा में उत्पादन करने में असफल रहे।

7. उन्नीसवीं शताब्दी के दौरान इंग्लैंड में कामगारों के जीवन का वर्णन कीजिए।

अथवा उन्नीसवीं शताब्दी के दौरान इंग्लैंड के बाजार में श्रम की बहुतायत से मजदूरों की जिंदगी कैसे प्रभावित हुई? उदाहरण सहित व्याख्या कीजिए। **CBSE 2019**

उत्तर बाजार में श्रम की बहुतायत से मजदूरों की जिंदगी व्यापक रूप से प्रभावित हुई। मजदूरों का पलायन व्यापक संख्या में शहरों की तरफ हुआ, जिसके कारण कारखानों में मजदूरों की माँग और आपूर्ति में असंतुलन उत्पन्न हो गया था। नौकरी अधिकतर रिश्तेदारों या दोस्तों के परिचय से मिल पाती थी। साधारण व्यक्ति को रोजगार पाने के लिए कई हफ्तों तक इंतजार करना पड़ता था। वे पुलों के नीचे या रैन-बसेरों में रात काटते थे।

कुछ बेरोजगार शहर में बने निजी रैन-बसेरों में रहते थे। बहुत सारे उद्योगों में मौसमी काम की वजह से मजदूरों को बीच-बीच में बहुत समय तक खाली बैठना पड़ता था। काम का सीजन निकल जाने के बाद गरीब दोबारा सड़क पर आ जाते थे। कुछ मजदूरों को अनियत रूप से काम करने के लिए विवश होना पड़ता था। श्रम की बहुतायत के कारण उद्योगपति को कम कीमत पर मजदूर आसानी से उपलब्ध हो जाते थे, जिसके कारण एक वर्ग पूँजीपति बनता गया।

ब्रिटेन में मानव श्रम की कोई कमी नहीं थी। गरीब किसान और बेकार लोग कामकाज की तलाश में बड़ी संख्या में शहरों को जाते थे। जब श्रमिकों की बहुतायत होती थी तो वेतन कम हो जाता था, इसलिए उद्योगपति को श्रमिकों की कमी या वेतन के मद में भारी लागत जैसी कोई परेशानी नहीं थी। अनेक उद्योगों में श्रमिकों की माँग मौसमी आधार पर घटती-बढ़ती रहती थी। गैसघरों और शराबखानों में शीत ऋतु के दौरान अत्यधिक काम रहता था इस दौरान उन्हें अधिक मजदूरों की आवश्यकता होती थी।

8. "आधुनिक काल में औद्योगीकरण ने शहरीकरण के स्वरूप पर गहरा प्रभाव डाला है।" लंदन के विशेष संदर्भ में इस कथन का विश्लेषण कीजिए।

उत्तर "आधुनिक काल में औद्योगीकरण ने शहरीकरण के स्वरूप पर गहरा प्रभाव डाला है।" 1840 के दशक में औद्योगीकरण की गति तीव्र होने के साथ ही शहरों में निर्माण की गतिविधियाँ तेजी से बढ़ीं। लोगों के लिए नए रोजगार उत्पन्न हुए, सड़कों को चौड़ा किया गया, नए रेलवे स्टेशन बने, रेलवे लाइनों का विस्तार किया गया, परिवहन उद्योग में काम करने वालों की संख्या 1840 के दशक में दोगुना हो गई। औद्योगीकरण के कारण नवीन शहरों का उद्भव हुआ जो लोहे, कोयले और पानी की व्यापक उपलब्धता वाले स्थानों के निकट थे। नगरों का उदय व्यापारिक केंद्र के रूप

में, उत्पादन केंद्र बंदरगाह नगरों के रूप में हुआ। शहरों में जनसंख्या की अत्यधिक वृद्धि के कारण निचले स्तर के लोगों को आवास, भोजन, पेयजल आदि के अभाव का सामना करना पड़ता था। अत्यधिक जनसंख्या के कारण औद्योगिक केंद्रों के आस-पास झुग्गी बस्तियों का विस्तार होने लगा, जहाँ प्रदूषण की समस्या रहती थी। इस प्रकार शहरीकरण की प्रक्रिया में औद्योगिक क्रांति की महत्त्वपूर्ण भूमिका रही तथा इसने समाज के प्रत्येक वर्ग को प्रभावित किया। इस प्रकार औद्योगीकरण की प्रक्रिया ने शहरीकरण की प्रक्रिया को प्रभावित किया।

9. **उन्नीसवीं शताब्दी में विश्व में आए बदलावों में तकनीकी की भूमिका का वर्णन कीजिए।**

उत्तर उन्नीसवीं शताब्दी में तकनीकों के बदलाव ने उत्पादन की गति को तीव्र किया, लेकिन इंग्लैंड में सस्ते श्रम के कारण उद्योगपति श्रम पर विशेष ध्यान देते थे। जिन देशों में मजदूरों की कमी होती है, वहाँ उद्योगपति मशीनों का उपयोग करना अधिक पसंद करते थे, ताकि कम-से-कम मजदूरों का इस्तेमाल करके वे अपना काम कर सकें। नई तकनीकों के आगमन ने विश्व के अन्य भागों में उत्पादन की गति को तीव्र बनाया। अमेरिका में भी यही स्थिति थी। तकनीक के आगमन ने विश्व के सभी देशों को सक्षम बनाया, जिससे व्यापारिक प्रतिस्पर्द्धा की गति तीव्र हुई। हालाँकि प्रौद्योगिकी बदलाव की गति धीमी थी, लेकिन विश्व के देशों में इनका फैलाव तीव्र गति से हुआ। बड़े-बड़े कारखानों के विकास के कारण बड़े व्यावसायिक नगरों की स्थापना होने लगी और आबादी बढ़ने लगी। व्यावसायिक नगरों का विकास औद्योगिक क्रांति का महत्त्वपूर्ण परिणाम भी था। फ्लाई शटल वाले करघों के इस्तेमाल से कामगारों की उत्पादन क्षमता बढ़ी, उत्पादन में वृद्धि हुई और श्रम की माँग में कमी आई। इसके अतिरिक्त कई छोटे-छोटे तकनीकी सुधार किए गए, जिनसे बुनकरों को अपनी उत्पादकता बढ़ाने और मिलों से स्पर्द्धा करने में मदद मिली।

10. **अठारहवीं सदी के दौरान भारतीय बुनकरों पर औद्योगीकरण के प्रभावों को स्पष्ट कीजिए।** **CBSE Compartment 2020**

उत्तर अठारहवीं सदी के दौरान ब्रिटिश कंपनी ने कपड़े के व्यापार में सक्रिय व्यापारियों और दलालों को समाप्त करने तथा बुनकरों पर अधिक प्रत्यक्ष नियंत्रण स्थापित करने की कोशिश की। कंपनी ने बुनकरों पर निगरानी रखने, माल एकत्रित करने और कपड़ों की गुणवत्ता जाँचने के लिए वेतनभोगी कर्मचारी नियुक्त किए, जिन्हें 'गुमाश्ता' कहा जाता था। अठारहवीं सदी के दौरान भारतीय बुनकरों को निम्नलिखित समस्याओं का सामना करना पड़ा

- भारतीय बुनकरों का निर्यात बाजार कम हो गया।
- स्थानीय बाजारों में मैनचेस्टर में बने वस्त्रों की अधिकता होने लगी थी, क्योंकि ये वस्त्र मशीनों के द्वारा बने होने के कारण कम लागत के थे। कम लागत के होने के कारण ही भारतीय बुनकर इनसे प्रतिस्पर्द्धा नहीं कर सकते थे।
- अमेरिकी गृहयुद्ध के कारण अमेरिका से कपास का निर्यात बंद हो गया, तो ब्रिटेन, भारत से कच्चे माल का आयात करने लगा था। भारत से कच्चे कपास के निर्यात में आई इस वृद्धि से उसकी कीमत में भी वृद्धि हुई। भारतीय बुनकरों को उच्च कीमत पर कच्चा माल क्रय करना पड़ता था, जो एक बड़ी समस्या थी।

स्रोत आधारित प्रश्न

निम्नलिखित स्रोतों को ध्यानपूर्वक पढ़कर उन पर आधारित प्रश्नों के उत्तर दीजिए

1. मशीनी उद्योगों के युग से पहले अंतर्राष्ट्रीय कपड़ा बाजार में भारत के रेशमी और सूती उत्पादों का ही दबदबा रहता था। बहुत-से देशों में मोटा कपास पैदा होता था, लेकिन भारत में पैदा होने वाला कपास महीन किस्म का था। आर्मीनियन और फारसी सौदागर पंजाब से अफगानिस्तान, पूर्वी फ़ारस और मध्य एशिया के रास्ते यहाँ की चीजें लेकर जाते थे। यहाँ के बने महीन कपड़ों के थान ऊँटों की पीठ पर लादकर पश्मिोत्तर सीमा से पहाड़ी दर्रों और रेगिस्तानों के पार ले जाए जाते थे। मुख्य पूर्व औपनिवेशिक बंदरगाहों से फलता-फूलता समुद्री व्यापार चलता था। गुजरात के तट पर स्थित सूरत बंदरगाह के जरिए भारत खाड़ी और लाल सागर के बंदरगाहों से जुड़ा हुआ था। कोरोमंडल तट पर मसूलीपट्टनम और बंगाल में हुगली के माध्यम से भी दक्षिण-पूर्वी एशियाई बंदरगाहों के साथ खूब व्यापार चलता था।

निर्यात व्यापार के नेटवर्क में बहुत-से भारतीय व्यापारी और बैंकर सक्रिय थे। वे उत्पादन में पैसा लगाते थे, चीज़ों को लेकर जाते थे और निर्यातकों को पहुँचाते थे। माल भेजने वाले आपूर्ति सौदागरों के ज़रिए बंदरगाह नगर देश के भीतरी इलाकों से जुड़े हुए थे। ये सौदागर बुनकरों को पेशगी देते थे, बुनकरों से तैयार कपड़ा खरीदते थे और उसे बंदरगाहों तक पहुँचाते थे। बंदरगाह पर बड़े जहाज मालिक और निर्यात व्यापारियों के दलाल कीमत पर मोल-भाव करते थे और आपूर्ति सौदागरों से माल खरीद लेते थे। 1750 के दशक तक भारतीय सौदागरों के नियंत्रण वाला यह नेटवर्क टूटने लगा था।

(i) भारत में पैदा किए जाने वाले कपास की किस्म कौन-सी थी?

(a) मोटा कपास (b) महीन कपास
(c) मशीनी कपास (d) लच्छेदार कपास

उत्तर (b) महीन कपास

(ii) औद्योगीकरण से पूर्व अंतर्राष्ट्रीय बाजार में भारत का वस्त्र उद्योग किस कारण से विकसित अवस्था में था?

(a) भारत में महीन किस्म के कपास का उत्पादन होता था
(b) दर्रों के माध्यम से व्यापारिक मार्ग विकसित थे
(c) भारत के तटीय भागों में बंदरगाह के माध्यम से व्यापार की सुविधा प्राप्त थी
(d) उपरोक्त सभी

उत्तर (d) उपरोक्त सभी

(iii) भारत के कोरोमंडल तट पर स्थित मसूलीपट्टनम बंदरगाह एवं हुगली के माध्यम से किन देशों के साथ सबसे अधिक व्यापार होता था?

(a) पूर्वी एशियाई देशों के साथ
(b) दक्षिण-पूर्वी एशियाई देशों के साथ
(c) दक्षिण-पश्चिम एशियाई देशों के साथ
(d) उपरोक्त सभी

उत्तर (b) दक्षिण-पूर्वी एशियाई देशों के साथ

(iv) 1750 के दशक में भारतीय वस्त्र उद्योग के विघटन के मुख्य कारणों में किसे शामिल किया जाता है?
(a) यूरोप में औद्योगीकरण का प्रादुर्भाव
(b) मुगल शासकों द्वारा विदेशी कंपनियों को दी जाने वाली रियायतें
(c) बंदरगाहों से होने वाले निर्यात में अचानक आई कमी
(d) उपरोक्त सभी

उत्तर (d) उपरोक्त सभी

(v) निम्नलिखित कथनों को ध्यानपूर्वक पढ़ते हुए सही कथन का चयन कीजिए
1. मशीनी आगमन युग से पूर्व अंतर्राष्ट्रीय बाजार में भारत के रेशमी और सूती उत्पादों का एकाधिकार था।
2. आर्मीनियन और फारसी सौदागर (व्यापारी) पंजाब से अफगानिस्तान, पूर्वी फारस और मध्य एशिया के रास्ते चीजों/वस्तुओं को लेकर जाते थे।
3. निर्यात व्यापार के नेटवर्क में बहुत-से भारतीय व्यापारी और बैंकर सक्रिय थे।

कूट
(a) केवल 1 (b) केवल 3
(c) 1 और 2 (d) ये सभी

उत्तर (d) ये सभी

(vi) ब्रिटिश व्यावसायियों के आगमन के पश्चात् भारतीय व्यापारियों ने कौन-सी नीति अपनाई?
(a) यूरोपीय व्यापारिक कंपनियों के नेटवर्क में शामिल हो गए
(b) भारतीय व्यापारियों ने अपने धंधे बंद कर दिए
(c) भारतीय व्यापारी अन्य देशों में पलायन करने लगे
(d) अधिकतर व्यापारी मुगल शासक की शरण में चले गए

उत्तर (a) यूरोपीय व्यापारिक कंपनियों के नेटवर्क में शामिल हो गए

2. 1772 ई. में ईस्ट इंडिया कंपनी के अफ़सर हेनरी पतूलो ने कहा था कि भारतीय कपड़े की माँग कभी कम नहीं हो सकती, क्योंकि दुनिया के किसी और देश में इतना अच्छा माल नहीं बनता, लेकिन हम देखते हैं कि उन्नीसवीं सदी की शुरुआत में भारत के कपड़ा निर्यात में गिरावट आने लगी, जो लंबे समय तक जारी रही। 1811-12 ई. में सूती माल का हिस्सा कुल निर्यात में 33% था। 1850-51 ई. में यह मात्र 3% रह गया था। ऐसा क्यों हुआ? उसके निहितार्थ क्या थे?

जब इंग्लैंड में कपास उद्योग विकसित हुआ तो वहाँ के उद्योगपति दूसरे देशों से आने वाले आयात को लेकर परेशान दिखाई देने लगे। उन्होंने सरकार पर दबाव डाला कि वह आयातित कपड़े पर आयात शुल्क वसूल करे, जिससे मैनचेस्टर में बने कपड़े बाहरी प्रतिस्पर्द्धा के बिना इंग्लैंड में आराम से बिक सकें। दूसरी तरफ उन्होंने ईस्ट इंडिया कंपनी पर दबाव डाला कि वह ब्रिटिश कपड़ों को भारतीय बाज़ारों में भी बेचे। उन्नीसवीं सदी की शुरुआत में ब्रिटेन के वस्त्र उत्पादों के निर्यात में नाटकीय वृद्धि हुई। अठारहवीं सदी के अंत में भारत में उत्पादों का न के बराबर निर्यात होता था। 1850 ई. तक आते-आते सूत का आयात भारतीय आयात में 31% हो चुका था। 1870 ई. तक यह आँकड़ा 50% से ऊपर चला गया। इस प्रकार, भारत में कपड़ा बुनकरों के सामने एकसाथ दो समस्याएँ थीं। उनका निर्यात बाज़ार ढह रहा था और स्थानीय बाज़ार सिकुड़ने लगा था। स्थानीय बाज़ार में मैनचेस्टर के आयातित मालों की भरमार थी। कम लागत पर मशीनों से बनने वाले आयातित कपास उत्पाद इतने सस्ते थे कि बुनकर उनका मुकाबला नहीं कर सकते थे। 1850 के दशक तक देश के ज़्यादातर बुनकर क्षेत्रों में गिरावट और बेकारी की ही किस्सों की भरमार थी।

(i) ईस्ट इंडिया कंपनी के अधिकारी हेनरी पतूलो ने किस संदर्भ में कहा था कि भारतीय कपड़ों की माँग कभी कम नहीं हो सकती है?
(a) भारतीय कपड़ों की उच्च गुणवत्ता के संदर्भ में
(b) भारतीय कारीगरों की उच्च गुणवत्ता के संदर्भ में
(c) भारतीय कंपनी की उच्च गुणवत्ता के संदर्भ में
(d) भारतीय कपास की उच्च गुणवत्ता के संदर्भ में

उत्तर (a) भारतीय कपड़ों की उच्च गुणवत्ता के संदर्भ में

(ii) .... शताब्दी के प्रारंभ में ब्रिटेन के वस्त्र उत्पादों के निर्यात में व्यापक वृद्धि दर्ज की गई। इससे भारतीय .... कमज़ोर होने के कारण स्थानीय बाज़ार तेज़ी से सिकुड़ने लगा।
(a) 17वीं, निर्यात (b) 18वीं, आयात
(c) 18वीं, निर्यात (d) 19वीं, निर्यात

उत्तर (c) 18वीं, निर्यात

(iii) इंग्लैंड में कपास उद्योग विकसित होने से उद्योगपतियों ने ब्रिटिश सरकार पर किस प्रकार का दबाव डालना शुरू किया?
(a) आयातित कपास पर रोक लगाए
(b) आयातित कपड़े पर आयात शुल्क लगाए
(c) भारतीय कंपनी को तत्काल बंद करे
(d) भारतीय व्यापारियों के साथ अविलंब समझौता किया

उत्तर (b) आयातित कपड़े पर आयात शुल्क लगाए

(iv) वस्त्र उत्पादों के संबंध में दिए गए कथनों में से कौन-सा कथन सत्य है?
(a) उन्नीसवीं सदी के प्रारंभ में ब्रिटेन के वस्त्र उत्पादों के निर्यात में नाटकीय वृद्धि हुई
(b) अठारहवीं सदी के अंत में भारत में उत्पादों का न के बराबर आयात होता था
(c) 1850 ई. तक आते-आते सूत का निर्यात भारत के आयात में 31% हो चुका था
(d) 1870 ई. तक सूत का निर्यात का आँकड़ा भारतीय बाजार में 45% हो गया था

उत्तर (a) उन्नीसवीं सदी के प्रारंभ में ब्रिटेन के वस्त्र उत्पादों के निर्यात में नाटकीय वृद्धि हुई

(v) ब्रिटिश कंपनियों के आगमन के पश्चात् भारतीय व्यापार क्षेत्र में होने वाले प्रभावों व परिवर्तनों से संबंधित कथनों को सुमेलित करें

सूची I	सूची II
A. सूती वस्त्र का आयात 31% तक हो गया	1. 1870
B. सूती वस्त्र का आयात 50% तक हो गया	2. 1850
C. सूती माल का निर्यात 33% तक था	3. 1812
D. सूती माल का निर्यात 3% तक रह गया	4. 1851

कूट

	A	B	C	D		A	B	C	D
(a)	2	1	3	4	(b)	1	2	4	3
(c)	2	4	3	1	(d)	1	2	3	4

उत्तर (a) 2 1 3 4

(vi) **कथन** (A) इंग्लैंड में कपास उद्योग के विकसित होने के समय वहाँ के उद्योगपति दूसरे देशों से होने वाले आयात को लेकर चिंतित थे।
कारण (R) भारत में कपड़ा बुनकरों की समस्या का मुख्य कारण बर्मिंघम से होने वाला आयातित माल था।

कूट
(a) A और R दोनों सही हैं तथा R, A की सही व्याख्या है
(b) A और R दोनों सही हैं, परंतु R, A की सही व्याख्या नहीं है
(c) A सही है, किंतु R गलत है
(d) A गलत है, किंतु R सही है

उत्तर (c) A सही है, किंतु R गलत है

3. स्रोत 'अ' औद्योगीकरण में कारखानों की भूमिका

औद्योगीकरण को अकसर हम कारखानों के विकास के साथ ही जोड़कर देखते हैं। जब हम औद्योगिक उत्पादन की बात करते हैं तो हमारा आशय फैक्ट्रियों में होने वाले उत्पादन से होता है और जब हम औद्योगिक मजदूरों की बात करते हैं, तो भी हमारा आशय कारखानों में काम करने वाले मजदूरों से ही होता है। औद्योगीकरण के इतिहास अकसर प्रारंभिक फैक्ट्रियों की स्थापना से शुरू होते हैं।

स्रोत 'ब' आदि औद्योगीकरण

दरअसल, इंग्लैंड और यूरोप में फैक्ट्रियों की स्थापना से भी पहले ही अंतर्राष्ट्रीय बाजार के लिए बड़े पैमाने पर औद्योगिक उत्पादन होने लगा था। यह उत्पादन फैक्ट्रियों में नहीं होता था। बहुत-से इतिहासकार औद्योगीकरण के इस चरण को आदि औद्योगीकरण का नाम देते हैं।

स्रोत 'स' औद्योगीकरण का विस्तार

सत्रहवीं और अठारहवीं शताब्दी में यूरोपीय शहरों के सौदागर गाँवों की तरफ रुख करने लगे थे। वे किसानों और कारीगरों को पैसा देते थे और उनसे अंतर्राष्ट्रीय बाज़ार के लिए उत्पादन करवाते थे। उस समय विश्व व्यापार के विस्तार और दुनिया के विभिन्न भागों में उपनिवेशों की स्थापना के कारण वस्तुओं की माँग बढ़ने लगी थी। इस माँग को पूरा करने के लिए केवल शहरों में रहते हुए उत्पादन नहीं बढ़ाया जा सकता था।

स्रोत 'अ' औद्योगीकरण में कारखानों की भूमिका

(i) औद्योगिक उत्पादन से क्या आशय है?

उत्तर औद्योगिक उत्पादन से आशय फैक्ट्रियों/कारखानों में होने वाले उत्पादन से होता है।

स्रोत 'ब' आदि औद्योगीकरण

(ii) आदि औद्योगीकरण को समझाइए।

उत्तर इंग्लैंड और यूरोप में फैक्ट्रियों की स्थापना से पूर्व अंतर्राष्ट्रीय बाजार के लिए औद्योगिक उत्पादन होने लगा था, लेकिन यह उत्पादन फैक्ट्रियों में नहीं होता था। इतिहासकारों द्वारा औद्योगीकरण के इस चरण को आदि औद्योगीकरण की संज्ञा दी गई।

स्रोत 'स' औद्योगीकरण का विस्तार

(iii) यूरोपीय सौदागरों का गाँवों की तरफ रुख करने का उद्देश्य बताइए।

उत्तर सत्रहवीं और अठारहवीं शताब्दी में यूरोपीय शहरों के व्यापारियों (सौदागरों) का गाँवों की तरफ रुख करने का मुख्य उद्देश्य विश्व व्यापार के विस्तार और विश्व के विभिन्न देशों में उपनिवेशों की स्थापना के कारण वस्तुओं की माँग में वृद्धि थी, जो केवल शहरों के उत्पादन से संभव नहीं था। अतः वह किसानों और कारीगरों को पैसा देकर अंतर्राष्ट्रीय बाजार हेतु उत्पादन करवाते थे।

4. इंग्लैंड में सबसे पहले 1730 के दशक में कारख़ाने खुले, लेकिन उनकी संख्या में तेज़ी से इज़ाफ़ा अठारहवीं सदी के आखिर में ही हुआ। कपास (कॉटन) नए युग का पहला प्रतीक थी। उन्नीसवीं सदी के आखिर में कपास के उत्पादन में भारी बढ़ोतरी हुई। 1760 ई. में ब्रिटेन अपने कपास उद्योग की ज़रूरतों को पूरा करने के लिए 25 लाख पौंड कच्चे कपास का आयात करता था। 1787 ई. में यह आयात बढ़कर 220 लाख पौंड तक पहुँच गया।

यह इज़ाफ़ा उत्पादन की प्रक्रिया में बहुत सारे बदलावों का परिणाम था। आइए देखें कि ये बदलाव कौन-से थे अठारहवीं सदी में कई ऐसे आविष्कार हुए, जिन्होंने उत्पादन प्रक्रिया (कार्डिंग, ऐंठना व कताई और लपेटने) के हर चरण की कुशलता बढ़ा दी। प्रति मजदूर उत्पादन बढ़ गया और पहले से ज़्यादा मजबूत धागों व रेशों का उत्पादन होने लगा। इसके बाद रिचर्ड आर्कराइट ने सूती कपड़ा मिल की रूपरेखा सामने रखी। अभी तक कपड़ा उत्पादन पूरे देहात में फैला हुआ था। यह काम लोग अपने-अपने घर पर ही करते थे, लेकिन अब महँगी नई मशीनें खरीदकर उन्हें कारखानों में लगाया जा सकता था। कारखाने में सारी प्रक्रियाएँ तक छत के नीचे और एक मालिक के हाथों में आ गई थीं। इसके चलते उत्पादन प्रक्रिया पर निगरानी, गुणवत्ता का ध्यान रखना और मजदूरों पर नजर रखना संभव हो गया था। जब तक उत्पादन गाँवों में हो रहा था तब तक ये सारे काम संभव नहीं थे।

(i) इंग्लैंड में सर्वप्रथम किस दशक में कारखाने स्थापित हुए?

उत्तर इंग्लैंड में सर्वप्रथम 1730 के दशक में कारखाने स्थापित हुए, लेकिन उनकी संख्या में तीव्र वृद्धि अठारहवीं सदी के अंत में हुई।

(ii) ब्रिटेन में कपास नए युग का प्रतीक थी। स्पष्ट करें।

उत्तर ब्रिटेन में कपास के उत्पादन में तीव्र वृद्धि उन्नीसवीं सदी के अंत में हुई। 1760 ई. में ब्रिटेन अपने कपास उद्योग की जरूरतों को पूरा करने के लिए 25 लाख पौंड कच्चे कपास का आयात करता था। 1787 ई. में यह आयात बढ़कर 220 लाख पौंड तक पहुँच गया। यह इजाफा उत्पादन की प्रक्रिया में बहुत सारे बदलावों का परिणाम था।

(iii) अठारहवीं सदी में आविष्कारों ने उत्पादन प्रक्रिया को किस प्रकार बढ़ाया?

उत्तर अठारहवीं सदी में कई ऐसे आविष्कार हुए, जिन्होंने उत्पादन प्रक्रिया (कार्डिंग, ऐंठना व कताई और लपेटने) के प्रत्येक चरण की कुशलता बढ़ा दी। इसके फलस्वरूप प्रति मजदूर उत्पादन में वृद्धि हुई और पहले से अधिक मजबूत धागों व रेशों का उत्पादन होने लगा।

स्वयं को जाँचें

वस्तुनिष्ठ प्रश्न

1. औद्योगीकरण का इतिहास किससे शुरू होता है?
(a) विनिमय (b) व्यापार (c) फैक्ट्री (d) संगठन

2. किसने कलकत्ता में जूट मिल स्थापित की?
(a) हुकुमचंद (b) द्वारकानाथ (c) नारायणचंद (d) नुसरवानजी

3. 1811 से 1812 ई. में सूती माल का निर्यात कितना था?
(a) 40% (b) 33% (c) 53% (d) 60%

4. स्टॉक कंपनी की स्थापना निम्न में से किसने की?
(a) हुकुमचंद (b) नारायणचंद (c) द्वारकानाथ टैगोर (d) अमीरचंद्र

अतिलघु उत्तरीय प्रश्न

5. प्राच्य से क्या आशय है?

6. फुलर क्या है?

7. आदि-औद्योगीकरण को फैक्ट्री उत्पादन से भिन्न कैसे मानते हैं?

8. आदि-औद्योगीकरण से क्या अभिप्राय है?

लघु उत्तरीय प्रश्न

9. विक्टोरिया कालीन ब्रिटेन में हाथ से तैयार माल का क्या महत्त्व था?

10. ईस्ट इंडिया कंपनी के नियंत्रण का बुनकरों पर क्या प्रभाव पड़ा?

11. भारत में कपड़ा उद्योग बुनकरों को किन समस्याओं का सामना करना पड़ा?

12. उद्योगों पर विज्ञापनों का क्या प्रभाव पड़ा?

13. औद्योगीकरण के प्रारंभ में मशीन व तकनीक का गुणगान किस प्रकार किया गया?

दीर्घ उत्तरीय प्रश्न

14. औद्योगीकरण की प्रक्रिया के विभिन्न चरणों का उल्लेख कीजिए।

15. बाजार में श्रम की बहुतायत से मजदूरों की जिंदगी कैसे प्रभावित हुई?

16. औपनिवेशिक शासन के दौरान भारत में औद्योगिक विकास का वर्णन करें।

17. नए उपभोक्ता उत्पन्न करने के लिए उद्योगपतियों ने किन तरीकों को अपनाया? उदाहरण सहित स्पष्ट कीजिए।

अध्याय
05

मुद्रण संस्कृति और आधुनिक दुनिया

मुद्रित या छपी हुई सामग्री (Printed Material) हमारे चारों ओर पत्रिकाओं, समाचार-पत्रों, किताबों, थिएटर कार्यक्रमों, कैलेंडर, डायरी, विज्ञापन, सिनेमा, पोस्टर आदि में उपलब्ध हो सकती है। मुद्रण का अपना एक इतिहास है और इस इतिहास ने हमारे समकालीन समय को आकार दिया है। मुद्रण तकनीक के प्रसार और प्रभाव को सामाजिक एवं सांस्कृतिक जीवन में आए बदलाव से जोड़कर समझ सकते हैं।

अध्याय एक नजर में

शुरुआती छपी किताबें

मुद्रण की सबसे पहली तकनीक चीन (China), जापान (Japan) और कोरिया (Korea) में विकसित हुई। यह छपाई हाथ से होती थी।

चीन में मुद्रण

लगभग 594 ई. में चीन में स्याही लगे काठ के ब्लॉक (Wood Block) या तख्ती पर कागज को रगड़कर किताबें छापी जाने लगी थीं। पारंपरिक चीनी किताब एकॉर्डियन शैली में किनारों को मोड़ने के बाद सिलकर बनाई जाती थी, क्योंकि पतले **छिद्रित** (Porous) कागज के दोनों तरफ छपाई करना संभव नहीं था। किताबों का **सुलेखन** या **खुशनवीसी** (Calligraphy) करने वाले लोग दक्ष सुलेखक (Skilled Crabsmen) होते थे, जो हाथ से सुंदर अक्षरों में सही-सही कलात्मक लिखाई करते थे।

लंबे समय तक मुद्रित सामग्री का सबसे बड़ा उत्पादक चीनी राजतंत्र था। चीन में विशाल **नौकरशाही प्रणाली** (Bureaucratic System) थी, जिसने सिविल सेवा परीक्षाओं के माध्यम से अपने कर्मियों की नियुक्ति की। चीनी राजतंत्र सिविल सेवा परीक्षाओं के लिए बड़ी संख्या में पाठ्यपुस्तकों का मुद्रण करता था।

17वीं शताब्दी तक चीन में शहरी संस्कृति के विकास की मुद्रण कला में विविधता (Diversified) आई। इस विविधता से कुछ परिवर्तन हुए, जो निम्न थे

- अब मुद्रित सामग्री का उपयोग विद्वान और अधिकारी वर्ग तक ही सीमित नहीं रह गया वरन् व्यापारी द्वारा अपने कारोबार के लिए भी मुद्रित सामग्री का प्रयोग किया जाने लगा।
- पढ़ना अब शौक बन गया। नए पाठक वर्ग को काल्पनिक किस्से, कविताएँ, आत्मकथाएँ, शास्त्रीय साहित्यिक कृतियों के संकलन और रूमानी नाटक पसंद थे।
- अमीर महिलाओं ने भी पढ़ना शुरू किया और कुछ ने स्वरचित काव्य (Poetry) और नाटक (Play) भी छापे।

- 19वीं शताब्दी के अंत में पश्चिमी शक्तियों द्वारा अपनी चौकियाँ स्थापित करने के साथ ही पश्चिमी मुद्रण तकनीक (Western Printing Technique) और मशीनी प्रेस का आयात भी हुआ।
- पश्चिमी शैली के स्कूलों की आवश्यकता को पूरा करने वाला **शंघाई** (Shanghai) **प्रिंट-संस्कृति का नया केंद्र** बन गया।
- हाथ की छपाई (Hand Printing) की जगह अब धीरे-धीरे मशीनी या यांत्रिक छपाई ने ले ली।

जापान में मुद्रण

- जापान में हाथ द्वारा छपाई का प्रसार 768-770 ई. में चीनी बौद्ध प्रचारकों के द्वारा हुआ।
- **डायमंड सूत्र** जापान की सबसे प्राचीन पुस्तक है, जिसकी छपाई 868 ई. में हुई थी, जिसमें पाठ के साथ-साथ काठ पर खुदे चित्र हैं। तस्वीरें अकसर कपड़ों, ताश के पत्तों और कागज के नोटों पर बनाई जाती थीं।
- मध्यकालीन जापान में कवियों और गद्य लेखकों के कार्य नियमित रूप से प्रकाशित किए जाते थे और किताबें सस्ती एवं प्रचुर मात्रा में थीं। दृश्य सामग्रियों की छपाई के कारण दिलचस्प प्रकाशन प्रथाओं का आगाज हुआ।
- हाथ से मुद्रित विभिन्न प्रकार की सामग्री-महिलाओं, संगीत के साजों, हिसाब-किताब, चाय अनुष्ठान, फूलसाजी, शिष्टाचार और रसोई पर लिखी किताबों से पुस्तकालय एवं दुकानें सजी पड़ी थीं।

कितागावा उतामारो : एक जापानी कलाकार

कितागावा उतामारो का जन्म 1753 ई. में एदो में हुआ था। ये एक प्रसिद्ध कलाकार थे, जिन्होंने **उकियो** (Ukiyo) (तैरती दुनिया के चित्र) नाम की एक नई चित्रकला शैली में महत्त्वपूर्ण योगदान दिया, जिसमें आम शहरी जीवन का चित्रण किया गया।

इनकी छपी प्रतियों ने माने, मोने और वान गॉग जैसे चित्रकारों को प्रभावित किया। इस मुद्रण प्रक्रिया में मूल आरेख नष्ट हो जाते थे, पर उनकी छपी नकल बच जाती थी।

यूरोप में मुद्रण का आना

सदियों तक चीन से रेशम और मसाले समुद्री मार्ग से यूरोप आते रहे थे। 1295 ई. में जब **मार्को पोलो** इटली आया, तो वह चीन से काठ की तख्ती अर्थात् **वुडब्लॉक वाली छपाई** की तकनीकी प्रक्रिया अपने साथ लाया। इटलीवासियों ने लकड़ी के ब्लॉकों वाली छपाई के साथ पुस्तकों का निर्माण शुरू किया। विलासी संस्करणों (Luxury Editions) को महँगे **वेलम** (Vellum) या चर्म पत्र पर लिखा गया, जिसका अर्थ कुलीन वर्गों के लिए था।

पुस्तक की माँग में वृद्धि के साथ, पुस्तक विक्रेताओं ने **पांडुलिपियों** (Manuscripts) के उत्पादन के लिए लेखकों को नियुक्त किया तथा विभिन्न स्थानों पर पुस्तक मेले की व्यवस्था की। पुस्तकों की बढ़ती माँगों के साथ लकड़ी ब्लॉक प्रिंटिंग और अधिक लोकप्रिय हो गई। 15वीं शताब्दी की शुरुआत में वुडब्लॉक प्रिंटिंग का प्रयोग कपड़ों, ताश के पत्ते और छोटी-छोटी टिप्पणियों के साथ धार्मिक चित्र छापने के लिए किया जा रहा था। स्पष्ट है कि किताबें छापने के लिए इससे तेज और सस्ती मुद्रण तकनीक की आवश्यकता थी।

कोरिया की जिक्जी

कोरिया की जिक्जी मूवेबल मेटल टाइप (Moveable Metal Type) के साथ मुद्रित विश्व की सबसे पुरानी उपलब्ध पुस्तकों में से एक है, जिसे 14वीं शताब्दी के अंत में मुद्रित किया गया था। इस पुस्तक में जेन (Zen) बौद्ध धर्म की मुख्य विशेषताएँ हैं। इसमें भारत, चीन और कोरिया के लगभग 150 भिक्षुओं का उल्लेख है। इस पुस्तक का पहला खंड उपलब्ध नहीं है, जबकि दूसरा खंड फ्रांस की नेशनल लाइब्रेरी में उपलब्ध है। वर्ष 2001 में इसे यूनेस्को मेमोरी ऑफ द वर्ल्ड रजिस्टर में अंकित किया गया।

गुटेनबर्ग और मुद्रण प्रेस

गुटेनबर्ग के पिता व्यापारी थे। उन्होंने 1430 के दशक में **प्रथम प्रिंटिंग प्रेस** को विकसित किया। अपने ज्ञान और अनुभव का प्रयोग उसने अपने नए आविष्कार में किया। जैतून प्रेस (Olive Press) प्रिंटिंग प्रेस का मॉडल या आदर्श बना और साँचे का उपयोग अक्षरों की धातुई आकृतियों को गढ़ने के लिए किया गया।

गुटेनबर्ग ने 1448 ई. तक अपने यंत्र को ठीक कर लिया और जो पहली किताब छापी उसका नाम **बाइबिल** रखा था। प्रारंभ में छपी किताबें भी अपने रंग-रूप और साज-सज्जा में हस्तलिखित पांडुलिपियों जैसी दिखती थीं। इसके पश्चात् प्रिंटिंग प्रेस यूरोप के अन्य देशों में लगभग 1450 से 1550 के बीच स्थापित किए गए। हाथ की छपाई की जगह मशीनी छपाई के आने पर ही मुद्रण क्रांति संभव हुई। अब पहले की तुलना में किताबों का छपना तीव्र हो गया था। गुटेनबर्ग प्रेस एक घंटे में एक तरफ से 250 पन्ने छाप सकता था।

चेक प्वॉइंट 01

1. *पारंपरिक चीनी किताब का क्या नाम था?*
2. *मुद्रण की सबसे पहली तकनीक किन देशों में विकसित हुई?*
3. *जापान की सबसे प्राचीन पुस्तक कौन-सी है?*
4. *कितागावा उतामारो कौन थे?*
5. *मार्को पोलो ....में इटली आया।*

मुद्रण क्रांति और उसका प्रभाव

मुद्रण क्रांति केवल पुस्तक निर्माण का एक नया तरीका नहीं था। इसने लोगों की जिंदगी बदल दी। इसके कारण सूचना और ज्ञान से, संस्था और सत्ता से उनका रिश्ता ही बदल गया।

नया पाठक वर्ग

मुद्रण के आने से एक नया पाठक वर्ग उत्पन्न हुआ, क्योंकि मुद्रण ने पुस्तकों की लागत कम कर दी थी। ऐसे लोगों की संख्या अधिक थी, जो किताबें पढ़ नहीं सकते थे, लेकिन वे बोलकर पढ़े गए को सुनकर आनंद उठाते थे।

20वीं शताब्दी तक यूरोप के अधिकतर देशों में साक्षरता की दर सीमित थी।

आम लोग मौखिक संसार में जीते थे। वे धार्मिक किताबों का वाचन सुनते थे। गाथा-गीत उनको पढ़कर सुनाए जाते थे, इसलिए मुद्रकों ने लोकगीत और लोक कथाएँ छापनी शुरू कर दीं और ऐसी किताबें सामान्यत: तस्वीरों से खूब सजी-धजी यानि सचित्र होती थीं। उन्हें सामूहिक ग्रामीण सभाओं या शहरी शराबघरों (Taverns) में गाया सुनाया जाता था।

धार्मिक विवाद और प्रिंट का डर

मुद्रण संस्कृति का नवाचार सामान्यत: विचारों एवं वाद-विवादों हेतु नए विश्व की एक अवधारणा प्रस्तुत करता है, जिससे नए विचारों का उद्‌भव होता है।

यह आशंका थी कि यदि इन विचारों को प्रकाशित करने से विद्रोह की स्थिति उत्पन्न होती है और इस विद्रोह पर कोई नियंत्रण नहीं किया गया तो स्थिति गंभीर हो जाएगी। यदि ऐसा हुआ तो मूल्यवान साहित्य (Valuable Literature) की सत्ता ही नष्ट हो जाएगी। यह अराजकता धर्मगुरुओं, रूढ़िवादी लेखकों एवं कलाकारों द्वारा फैलती है।

धार्मिक सुधार

धर्म सुधारक **मार्टिन लूथर** ने रोमन कैथोलिक चर्च की कुरीतियों की आलोचना करते हुए 1517 ई. में अपनी 'पिच्चानवे स्थापनाएँ' (Ninety Five Theses) लिखी। लूथर के लेखों को बड़ी संख्या में पुन: प्रकाशित किया गया और व्यापक रूप से पढ़ा गया। इसके परिणामस्वरूप **प्रोटेस्टेंट धर्म सुधार** (Protestant Reformation) की शुरुआत हुई।

मुद्रण और प्रतिरोध

- छपे हुए लोकप्रिय साहित्य के आधार पर कम शिक्षित लोग धर्म की अलग-अलग व्याख्याओं से परिचित हुए।
- 16वीं शताब्दी में मेनोकिया (इटली का एक किसान) ने किताबों को पढ़ना शुरू कर दिया था। उन किताबों के आधार पर उसने बाइबिल के नए अर्थ लगाने शुरू कर दिए और उसने ईश्वर एवं सृष्टि के विषय में ऐसे विचार बनाए कि कैथोलिक चर्च उससे क्रुद्ध हो गया।
- ऐसे धर्म **विरोधी विचारों** (Heretical Ideas) को दबाने के लिए रोमन चर्च ने जब **इन्क्वीजीशन** (धर्म द्रोहियों को सजा देने वाली संस्था) शुरू किया, तो मेनोकिया को मार दिया गया, जिसके परिणामस्वरूप रोमन चर्च ने प्रकाशकों और पुस्तक विक्रेताओं पर अनेक प्रकार की पाबंदियाँ लगाईं और 1558 ई. से प्रतिबंधित किताबों की सूची रखने लगे।
- इरैस्मस, जो एक लातिन विद्वान् और कैथोलिक सुधारक था, ने मुद्रण के विषय में गहरी चिंता व्यक्त की।

पढ़ने का जुनून

17-18वीं शताब्दी में यूरोप के कई देशों की साक्षरता में वृद्धि हुई। विभिन्न संप्रदायों (Denominations) के चर्चों ने गाँवों में स्कूल स्थापित किए और किसान-कारीगरों को शिक्षित करने लगे। 18वीं शताब्दी के अंत तक लोगों को पढ़ने के लिए किताबें चाहिए थीं, इसके लिए मुद्रक अधिक से अधिक किताबें छापने लगे।

साहित्य के नए रूपों का परिचय

पाठकों की रुचि को ध्यान में रखते हुए अलग-अलग प्रकार की साहित्यिक पुस्तकों की रचना की जाने लगी। पुस्तक विक्रेताओं ने गाँव-गाँव जाकर छोटी-छोटी किताबें बेचने वाले फेरीवालों को काम पर लगाया। साहित्य के नए रूप इस प्रकार थे

- ये किताबें मुख्यत: **पंचांग** (Almanacs) के अतिरिक्त लोकगाथा, लोकगीत और मनोरंजन हुआ करती थीं।
- इंग्लैंड में **पेनी चैपबुक्स** (Penny chapbooks) को बेचा जाता था। ये किताबें काफी सस्ती होती थीं, जिन्हें गरीब लोग भी आसानी से खरीदकर पढ़ सकते थे।
- फ्रांस की पुस्तक **बिब्लियोथीक ब्ल्यू** थी, जो नीली जिल्द में बँधी व सस्ते कागज पर छपी छोटी पुस्तक थी।
- आइजैक न्यूटन ने अपने आविष्कार प्रकाशित करने शुरू किए तो उन्हें पढ़ने के लिए एक बड़ा पाठक वर्ग तैयार हो गया था। टॉमस पेन, वॉल्टेयर और रूसो जैसे दार्शनिकों की किताबें अत्यधिक मात्रा में छापी एवं पढ़ी जाने लगीं। स्पष्ट है कि विज्ञान, तर्क और विवेकवाद के उनके विचार लोकप्रिय साहित्य में भी जगह पाने लगे।

किताबों की शक्ति

- 18वीं शताब्दी के मध्य में बहुत-से लोगों का मानना था कि किताबें दुनिया को बदल सकती हैं, समाज को निरंकुशवाद (Despotism) से मुक्त कर सकती हैं और एक ऐसा समाज बना सकती हैं, जो तर्क और बुद्धि से शासन करेगा।
- 18वीं सदी में फ्रांस के एक उपन्यासकार **लुई सेबेस्तिए मर्सिए** ने कहा था कि ''छापाखाना प्रगति का सबसे ताकतवर औजार है, इससे बन रही जनमत की आँधी में निरंकुशवाद समाप्त हो जाएगा।''

मुद्रण संस्कृति और फ्रांसीसी क्रांति

कुछ इतिहासकारों का मत है कि फ्रांसीसी क्रांति 'मुद्रण संस्कृति' की देन है। इस संदर्भ में इतिहासकारों ने निम्नलिखित तीन तर्क दिए हैं

(i) **पहला** मुद्रण कला के विकास के कारण बौद्धिक चिंतकों के विचारों का प्रसार होने लगा। उनके लेखन ने परंपरा, अंधविश्वास और निरंकुशवाद पर महत्त्वपूर्ण टिप्पणी की।

(ii) **दूसरा** मुद्रण तकनीक ने वाद-विवाद संवाद की एक नई परिपाटी (प्रथा) को जन्म दिया। प्राचीन धार्मिक मूल्यों, संस्थाओं एवं रीति-रिवाजों पर लोगों के बीच बहस और पुनर्मूल्यांकन का दौर शुरू हुआ।

(iii) **तीसरा** 1780 के दशक तक राजशाही और उसकी नैतिकता का मजाक उड़ाने वाली साहित्यिक रचनाओं का प्रकाशन हुआ। कार्टूनों और **व्यंग्य चित्रों** (Caricatures) में यह दिखाया जाता था कि लोग तो परेशानी में हैं, जबकि राजशाही भोग-विलास में लीन हैं।

चेक प्वॉइंट 02

1. *किस शताब्दी में यूरोप के देशों में साक्षरता में वृद्धि हुई?*
2. *इंग्लैंड में कौन-सी पुस्तक को बेचा जाता था?*
3. *मेनोकिया ने किस शताब्दी में पुस्तकों को पढ़ना प्रारंभ किया?*
4. *इरैस्मस कौन था?*
5. *..........ने कहा कि छापाखाना प्रगति का सबसे ताकतवर औजार है।*

19वीं शताब्दी

19वीं शताब्दी में यूरोप में साक्षरता में वृद्धि हुई, जिसके परिणामस्वरूप महिलाओं और बच्चों के रूप में बड़ी संख्या में नया पाठक वर्ग तैयार हुआ।

बच्चे, महिला और श्रमिक

- 19वीं सदी के अंत तक यूरोप में प्राथमिक शिक्षा को अनिवार्य बनाया गया, जिससे पाठकों की श्रेणी में बच्चे भी शामिल हुए। जर्मनी के ग्रिम बंधुओं (Grimm Brothers) ने किसानों के बीच से लोककथाएँ एकत्रित कीं और 1812 ई. में इन्हें एक संकलन में छापा गया।
- फ्रांस में 1857 ई. में बाल पुस्तकें छापने के लिए प्रेस या मुद्रणालय स्थापित किया गया, जिसमें बच्चों के लिए परियों की कहानियाँ और लोककथाएँ प्रकाशित हुई थीं।
- बच्चों के लिए अनुपयुक्त सामग्री या जो वस्तु कुलीन वर्गों को अश्लील लगती थीं, उन्हें प्रकाशित संस्करण में सम्मिलित नहीं किया जाता था।
- महिला पाठकों और लेखिकाओं की संख्या में भी वृद्धि हुई। पेनी मैग्जींस या एकपैसिया पत्रिका का प्रकाशन विशेष रूप से महिलाओं के लिए ही किया जाता था, क्योंकि ये उचित व्यवहार और घर की देखभाल करने में परिपूर्ण थी।
- **जेन ऑस्टिन, ब्रॉण्ट बहनें** (ऐनी, एमिली और चार्लोट), **जॉर्ज इलियट** आदि इस काल की महत्त्वपूर्ण उपन्यासकार थीं।
- 19वीं शताब्दी में इंग्लैंड में इन पुस्तकालयों का उपयोग सफेद कॉलर मजदूरों, दस्तकारों और निम्नवर्गीय लोगों को शिक्षित करने में किया जाता था।
- काम के दिन के छोटे होने के बाद मजदूरों को अपने सुधार और आत्मअभिव्यक्ति के लिए थोड़ा वक्त मिलने लगा। उन्होंने बड़ी संख्या में राजनीतिक पर्चे और आत्मकथाएँ लिखीं।

नए तकनीकी परिष्कार

- 19वीं शताब्दी के मध्य में न्यूयॉर्क के रिचर्ड एम हो ने शक्ति चालित **बेलनाकार प्रेस** (Cylindrical Press) का निर्माण किया, जिससे प्रति घंटे 8,000 शीट या प्रतियाँ छापी जा सकती थीं। यह छपाई समाचार-पत्रों के लिए विशेष रूप से उपयोगी थी।
- 19वीं शताब्दी के अंत में **ऑफसेट प्रेस** (Offset Press) विकसित हुई, जो एक समय में छः रंगों की छपाई कर सकती थी।
- बीसवीं सदी के प्रारंभ से ही **बिजली से चलने वाली प्रेस** (Electrically Operated Press) के बल पर छपाई का कार्य बड़ी तेजी से होने लगा। कागज डालने की विधि में सुधार हुआ। प्लेट की गुणवत्ता बेहतर हुई, स्वचलित पेपर-रील और रंगों के लिए फोटो विद्युतीय नियंत्रण भी काम में आने लगे।

पुस्तकों को बेचने की रणनीतियाँ

- 19वीं शताब्दी में किताबें बेचने के लिए कुछ नई रणनीतियाँ बनाई गई थीं, जिनमें प्रमुख उपन्यासों को धारावाहिक के रूप में छापा जाना था।
- 1920 के दशक में इंग्लैंड में लोकप्रिय किताबों को एक सस्ती शृंखला शिलिंग शृंखला (Shilling Series) के अंतर्गत छापा गया।
- किताबों की जिल्द का आवरण (Dust cover) भी 20वीं सदी की तकनीक का नवीनतम रूप है। पाठकों को ध्यान में रखते हुए प्रकाशकों ने सस्ते अजिल्द संस्करण छापे।

भारत का मुद्रण संसार

मुद्रण युग से पहले यहाँ सूचना और विचार लिखित रूप में थे।

मुद्रण युग से पहले की पांडुलिपियाँ

भारत में संस्कृत, अरबी, फारसी और विभिन्न **क्षेत्रीय भाषाओं** (Vernaculars Languages) में हस्तलिखित पांडुलिपियों की पुरानी और समृद्ध परंपरा थी। पांडुलिपियाँ ताड़ के पत्तों या हाथ से बने कागज पर नकल कर बनाई जाती थीं।

पांडुलिपियाँ महँगी होती थीं तथा ये जल्दी से नष्ट भी हो जाती थीं। पांडुलिपियों को बहुत सावधानी से पकड़ना होता था, इसलिए उनका व्यापक दैनिक सदुपयोग नहीं होता था।

भारत में प्रिंटिंग का आगमन

- भारत में प्रिंटिंग प्रेस का प्रयोग सबसे पहले 16वीं शताब्दी में पुर्तगाली धर्म प्रचारकों के द्वारा **गोवा** में किया गया।
- जेसुइट पुजारियों ने कोंकणी भाषा सीखी और अनेक पुस्तकें छापीं। 1674 ई. तक इनके द्वारा कोंकणी और कन्नड़ भाषा सीखी गई और लगभग 50 किताबें छापी गईं।
- कैथोलिक पुजारियों ने 1579 ई. में कोचीन में पहली तमिल किताब और 1713 ई. में पहली मलयालम किताब छापी।
- 1710 ई. में डच प्रोटेस्टेंट धर्म प्रचारकों ने 32 तमिल किताबें छापीं, जिनमें से कई प्राचीन किताबों का अनुवाद थीं।

जेम्स ऑगस्टस हिक्की का योगदान

- इंग्लिश ईस्ट इंडिया कंपनी द्वारा 17वीं सदी के अंत तक प्रेसों का आयात किया गया।
- ब्रिटिश संपादक जेम्स ऑगस्टस हिक्की द्वारा 1780 ई. में प्रथम साप्ताहिक पत्रिका **बंगाल गजट** का संपादन किया गया।
- यह पत्रिका भारत में प्रेस चलाने वाले औपनिवेशिक शासन से मुक्त निजी अंग्रेजी उद्यम था। इस पत्रिका में दासों की बिक्री जैसे कई विज्ञापन तथा अंग्रेज अधिकारियों की आपसी बातचीत भी छापी जाती

थी, जिससे क्रोधित होकर तत्कालीन गवर्नर वारेन हेस्टिंग्स ने हिक्की पर मुकदमा कर दिया था।

- 18वीं शताब्दी के अंत तक अनेक पत्र-पत्रिकाएँ व अखबार छपने लगे थे।
- प्रथम बंगाली समाचार-पत्र गंगाधर भट्टाचार्य द्वारा 1780 ई. में प्रकाशित 'बंगाल गजट' था। ये राममोहन राय के करीबी थे।

धार्मिक सुधार और सार्वजनिक बहसें

19वीं शताब्दी की शुरुआत से ही धार्मिक मुद्दों को लेकर बहस होती रही थी। छपी हुई पुस्तिकाओं और अखबारों ने न केवल नए विचारों का प्रचार-प्रसार किया, बल्कि गहन मुद्दों को मूर्त रूप भी प्रदान किया।

इसी समय समाज व धर्म सुधारकों तथा हिंदू रूढ़िवादियों के बीच सती प्रथा, एकेश्वरवाद, ब्राह्मण-पुजारी वर्ग और मूर्ति पूजा जैसे मुद्दों को लेकर तीव्र वाद-विवाद होने लगा था।

1821 ई. में राजा राममोहन राय ने **संवाद कौमुदी** को प्रकाशित किया, जिसके विरोध में रूढ़िवादियों ने अपने विचारों को **समाचार चंद्रिका** में प्रकाशित किया।

उत्तरी भारत में **उलमा** (Ulma) मुस्लिम राजवंशों के पतन के कारण चिंतित थे। उन्हें यह भय था कि कहीं औपनिवेशिक शासक धर्मांतरण को बढ़ावा न दें या मुस्लिम कानून न बदल डालें। इससे निपटने के लिए उन्होंने धर्मग्रंथों के फारसी या उर्दू अनुवाद छापे और धार्मिक अखबार और गुटके निकाले।

उत्तरी भारत में 1867 ई. में स्थापित 'देवबंद सेमिनरी' ने मुस्लिम पाठकों को दैनिक जीवन जीने के तरीके और इस्लामी सिद्धांतों की उपयोगिता को समझाने के उद्देश्य से अनेक **फतवे** (Fatwas) जारी किए।

तुलसीदास रचित रामचरितमानस का पहला मुद्रित संस्करण 1810 ई. में कलकत्ता से प्रकाशित हुआ।

1880 के दशक में अनेक पुस्तकों और पत्रिकाओं का प्रकाशन हुआ। इनमें लखनऊ की नवल किशोर प्रेस और बंबई की श्री वेंकटेश्वर प्रेस मुख्य रूप से शामिल हैं, जिन्होंने भारतीय भाषाओं में अनगिनत धार्मिक पुस्तकों को प्रकाशित किया।

1822 ई. में दो फारसी अखबार जाम-ए-जहाँनामा और शम्सुल अखबार प्रकाशित हुए। इसी वर्ष एक गुजराती समाचार-पत्र बॉम्बे समाचार का प्रकाशन शुरू हुआ।

चेक प्वॉइंट 03

1. *राजा राममोहन राय ने संवाद कौमुदी को कब प्रकाशित किया?*
2. *कोंकणी और कन्नड़ भाषा में कितनी किताबें छापी गईं?*
3. *बंगाल गजट का संपादन किसने किया?*
4. *लोककथाएँ कब प्रकाशित की गई?*
5. *प्रथम साप्ताहिक पत्रिका .... है।*

प्रकाशन के नए रूप

प्रिंटिंग से प्रकाशन के क्षेत्र में नए-नए लेखन की आवश्यकता होने लगी। यूरोप में विकसित उपन्यास नामक यह साहित्यिक विधा इन जरूरतों को पूरा करने में सक्षम थी। इसने जल्द ही अपना एक विशेष भारतीय रूप और शैली अपना ली। उपन्यास के अतिरिक्त अन्य साहित्यिक विधाएँ; जैसे—गीत, कहानियाँ और सामाजिक-राजनीतिक विषयों पर लेख विश्व के समस्त पाठकों की माँग बन गए थे।

19वीं शताब्दी के अंत तक एक नए प्रकार की दृश्य संस्कृति भी आकार ले रही थी। राजा रवि वर्मा जैसे चित्रकारों ने तस्वीरें बनाईं। बाजार से सस्ती तस्वीरें और कैलेंडर खरीदकर गरीब भी अपने घरों एवं दफ्तरों में सजाया करते थे। इन छपी तस्वीरों ने धीरे-धीरे आधुनिकता और परंपरा, धर्म और राजनीति तथा समाज और संस्कृति के लोकप्रिय विचारों को गढ़ना शुरू किया।

1870 के दशक तक पत्र-पत्रिकाओं में राजनीतिक-सामाजिक विषयों पर कार्टून एवं व्यंग्य चित्र छपने लगे थे। कुछ में शिक्षित भारतीयों की पश्चिमी पोशाक और पश्चिमी अभिरुचियों का मजाक उड़ाया गया, जबकि कुछ में सामाजिक परिवर्तन को लेकर डर देखा गया।

महिलाएँ और मुद्रण

उदारवादी पिता और पति अपने यहाँ महिलाओं को घर पर शिक्षित करने लगे और स्कूल भेजने लगे।

19वीं शताब्दी के मध्य में जब शहरों और कस्बों में स्कूल स्थापित होने लगे थे, तब महिलाओं को स्कूल भेजा जाने लगा। कई पत्रिकाओं ने महिलाओं को जगह दी और उन्होंने नारी शिक्षा की आवश्यकता को बार-बार रेखांकित किया।

अनेक महिलाओं ने मुद्रण संस्कृति में अपना महत्त्वपूर्ण योगदान दिया, उनमें से कुछ प्रमुख थीं

- **रशसुंदरी देवी** पूर्वी बंगाल में एक बहुत ही रूढ़िवादी परिवार में एक युवा विवाहित लड़की रशसुंदरी देवी ने रसोई की गोपनीयता में पढ़ना सीखा। उन्होंने 1876 ई. में अपनी आत्मकथा **आमार जीबन** लिखी।
- **कैलाशबाशिनी देवी** 1860 के दशक में कैलाशबाशिनी देवी जैसी कुछ महिलाओं ने महिलाओं के अनुभवों पर लिखना शुरू किया; जैसे—कैसे वे घरों में बंदी और अनपढ़ बनाकर रखी जाती हैं तथा उन्हें कैसे कठिन घरेलू कार्य करने के लिए मजबूर किया जाता है और उनके साथ अन्यायपूर्ण व्यवहार किया जाता है।
- **ताराबाई शिंदे और पंडिता रमाबाई** 1880 के दशक में महाराष्ट्र की ताराबाई शिंदे और पंडिता रमाबाई जैसी महिला लेखिकाओं ने ऊँची जाति की हिंदू महिलाओं विशेष रूप से विधवाओं के दु:खी जीवन के विषय में लिखा था।
- **बेगम रोकैया शेखावत हुसैन** वर्ष 1926 में प्रसिद्ध शिक्षाविद् और लेखिका बेगम रोकैया शेखावत हुसैन ने धर्म के नाम पर महिलाओं को शिक्षा प्राप्त करने से रोकने के लिए पुरुषों को अस्वीकार कर दिया।

प्रिंट संस्कृति और महिला शिक्षा

- उर्दू, तमिल, बंगाली और मराठी प्रिंट संस्कृति पहले विकसित हो गई थी, परंतु गंभीरता से हिंदी की छपाई की शुरुआत 1870 के दशक से प्रारंभ हुई।
- 20वीं शताब्दी के आरंभ में महिलाओं के लिए मुद्रित और उनके द्वारा संपादित पत्रिकाएँ लोकप्रिय हो गईं। इनमें महिलाओं की शिक्षा, विधवा जीवन, विधवा विवाह, राष्ट्रीय आंदोलन जैसे मुद्दों पर चर्चा की गई।
- पंजाब के राम चड्ढा ने महिलाओं को आज्ञाकारी पत्नियाँ बनने की सीख देने के उद्देश्य से अपनी बेस्ट-सेलिंग कृति **स्त्री धर्म विचार** लिखी। खालसा पुस्तिका सभा (Khalsa Tract Society) ने इसी प्रकार के संदेश देते हुए सस्ती पुस्तिकाएँ प्रकाशित कीं।
- बटाला केंद्रीय कोलकाता में एक क्षेत्र था, जहाँ उपन्यास और धार्मिक ग्रंथों सहित विभिन्न प्रकार की लोकप्रिय किताबें प्रकाशित की गईं।
- ये किताबें बहुत सस्ती थीं और इन पर काठ की तख्ती एवं **लिथोग्राफी** (Lithography) रंगों की मदद से तस्वीरें बनाई जा रही थीं।

प्रिंट और गरीब जनता

- 19वीं सदी में मद्रासी शहरों के बाजार में किताबें सस्ती हो गई थीं, जो गरीब वर्ग के लोगों के लिए भी आसानी से उपलब्ध होने लगी थीं।
- 20वीं सदी के प्रारंभ में बड़े शहरों या कस्बों तथा संपन्न गाँवों में सार्वजनिक पुस्तकालय खोले जाने लगे थे। ये पुस्तकालय प्रतिष्ठा के प्रतीक थे, जो लोगों की किताबों तक पहुँच सुनिश्चित कराते थे।

प्रिंट और जातिवाद

- 19वीं सदी के अंत से जाति-भेद के बारे में कई पुस्तिकाओं और निबंधों में लिखा जाने लगा था।
- ज्योतिबा फुले ने **गुलामगिरी** (1871 ई.) में जाति प्रथा के अत्याचारों पर प्रकाश डाला।
- 20वीं शताब्दी में महाराष्ट्र में **भीमराव अंबेडकर** और मद्रास में ई वी **रामास्वामी नायकर** ने भी कई पुस्तकें लिखीं, जो पूरे भारत में पढ़ी गईं।
- कानपुर के मिल मजदूर काशीबाबा ने वर्ष 1938 में अपने लेख 'छोटे और बड़े' सवाल द्वारा जातीय और वर्गीय शोषण पर विरोध के स्वर बुलंद किए।
- 'सुदर्शन चक्र' के नाम से लिखने वाले एक और मिल मजदूर का लेखन 'सच्ची कविताएँ' नामक एक संग्रह में छापा गया।
- वर्ष 1930 में बैंग्लोर के सूती मिल मजदूरों ने स्वयं को शिक्षित करने के लिए पुस्तकालय बनाए। इनके प्रयासों को समाज सुधारकों ने संरक्षण दिया। उनकी मूल कोशिश यह थी कि मजदूरों के बीच नशाखोरी कम हो, साक्षरता आए और उन तक राष्ट्रवाद का संदेश भी यथासंभव पहुँचे।

प्रिंट और प्रतिबंध

कलकत्ता सर्वोच्च न्यायालय ने 1820 के दशक तक प्रेस की आजादी को नियंत्रित करने वाले कानून पास किए। 1835 ई. में गवर्नर जनरल बैंटिक को अंग्रेजी और स्थानीय समाचार-पत्रों के संपादकों द्वारा तत्काल याचिकाओं का सामना करना पड़ा। वह प्रेस कानूनों को संशोधित करने के लिए सहमत हुए। उदारवादी औपनिवेशिक अफसर टॉमस मैकाले ने नए कानून भी बनाए, जो पूर्व की स्वतंत्रता को बहाल करते थे।

प्रेस : 1857 के विद्रोह के बाद

- 1857 के विद्रोह के पश्चात् प्रेस की स्वतंत्रता के प्रति व्यवहार बदल गया। जैसे ही भाषायी समाचार-पत्र राष्ट्रवादी बन गए वैसे ही औपनिवेशिक सरकार ने सख्त नियंत्रण के प्रस्ताव पर बहस शुरू कर दी।
- आइरिस प्रेस कानून के आधार पर 1878 ई. में **वर्नाक्यूलर प्रेस एक्ट** लागू कर दिया गया। इससे सरकार को भाषायी प्रेस में छपी रिपोर्ट और संपादकीय को सेंसर करने का अधिकार मिला।
- दमन की नीति के बावजूद भी राष्ट्रवादी अखबार देश के प्रत्येक भाग में विस्तृत होते गए।
- औपनिवेशिक शासन की रिपोर्टिंग और राष्ट्रवादी शक्तियों को प्रोत्साहित करना जारी रखा।
- वर्ष 1907 में पंजाब के क्रांतिकारियों को कालापानी भेजा गया, जिसके विषय में बाल गंगाधर तिलक ने 'केसरी' नामक अखबार में अपनी हमदर्दी को जताया। वर्ष 1908 में उन्हें कैद कर लिया, जिसके परिणामस्वरूप भारत में व्यापक विरोध हुआ।

चेक प्वॉइंट 04

1. *खालसा पुस्तिका सभा क्या थी?*
2. *आमार जीवन आत्मकथा किसने लिखी?*
3. *रशसुंदरी देवी कौन थी?*
4. *गुलामगिरि पुस्तक किसने लिखी?*
5. *वर्नाक्यूलर प्रेस एक्ट कानून ………… में लागू किया गया।*

टाइमलाइन

594 ई.	चीन में मुद्रण कार्य में लकड़ी की तख्ती का प्रयोग प्रारंभ।
768-770 ई.	चीनी बौद्ध प्रचारक छपाई की तकनीकी को लेकर जापान गए।
868 ई.	जापान की सबसे पुरानी पुस्तक 'डायमंड सूत्र' छपी।
1295 ई.	मार्कोपोलो चीन से इटली लौटा।
1430 ई.	गुटेनबर्ग ने छपाई की नवीन तकनीकी की खोज की।
1558 ई.	रोमन चर्च प्रतिबंधित किताबों की सूची रखने लगा।
1579 ई.	कैथोलिक पुजारियों ने कोचीन में पहली तमिल किताब छापी।
1674 ई.	कोंकणी और कन्नड़ भाषाओं में 50 किताबें छापी गईं।
1713 ई.	पहली मलयालम किताब छपी।
1780 ई.	'बंगाल गजट' नामक साप्ताहिक पत्रिका का संपादन प्रारंभ हुआ। भारत में पहली बार समाचार पत्रिका की शुरुआत हुई।
1810 ई.	'रामचरितमानस' का पहला मुद्रित संस्करण प्रकाशित।
1821 ई.	'संवाद कौमुदी' का प्रकाशन।
1870 ई.	हिंदी छपाई की शुरुआत।
1878 ई.	वर्नाक्यूलर प्रेस एक्ट लागू हुआ।
1882 ई.	'जाम-ए-जहाँनामा' और 'शम्सुल अखबार' का प्रकाशन प्रारंभ।
1907 ई.	पंजाब क्रांतिकारियों को कालापानी भेजा गया।
1908 ई.	बाल गंगाधर तिलक को 'केसरी' में रुचि जताए जाने के कारण कैद कर लिया गया।

इन्हें भी जानें

- ***सुलेखन (Calligraphy)*** सुंदर एवं कलात्मक लेखन कला।
- ***मुद्रण संस्कृति*** *(Print Culture)* समाज के रीति-रिवाजों, आस्थाओं, माँगों तथा अन्य प्रतिक्रियाओं को लेखन के माध्यम से पत्र-पत्रिकाओं, कहानियों आदि के रूप में प्रस्तुत करना।
- ***वेलम*** *(Vellum)* जानवरों के चमड़े या पतली खालों पर लिखना।
- ***फतवा*** *(Fatwa)* इस्लामी कानून जानने वाले विद्वान, सामान्यतः मुफ्ती के द्वारा की जाने वाली वैधानिक घोषणा।
- ***कंपोजीटर*** *(Compositor)* छपाई के लिए इबारत कंपोज करने वाला व्यक्ति कंपोजीटर कहलाता है।
- ***गैली*** *(Galley)* धातुई फ्रेम, जिसमें टाइप को फैलाकर इबारत बनाई जाती है।
- ***गाथा गीत*** *(Ballad)* लोकगीत का ऐतिहासिक आह्वान, जिसे गाया तथा सुनाया जाता है।
- ***प्रोटेस्टेंट (Protestant)*** धर्म-सुधार 16वीं सदी में रोमन कैथोलिक चर्च में सुधार का आंदोलन।
- ***धर्म-अदालत (Inquisition)*** धर्म-द्रोहियों की पहचान करने और सजा देने वाली रोमन कैथोलिक संस्था।
- ***संप्रदाय*** *(Denominations)* किसी धर्म का एक उप समूह संप्रदाय कहलाता है।

NCERT फोल्डर

1. निम्नलिखित के कारण दें

(क) वुडब्लॉक प्रिंट या तख्ती की छपाई यूरोप में 1295 ई. के बाद आई।

उत्तर वुडब्लॉक प्रिंट या तख्ती की छपाई यूरोप में 1295 ई. के बाद आने के प्रमुख कारण निम्नलिखित थे

- 1295 ई. में मार्को पोलो नामक महान खोजी यात्री चीन में लंबे समय तक रहने के पश्चात् यूरोप (इटली) लौटा। ये चीन की मुद्रण प्रणाली व आविष्कारों का ज्ञान अपने साथ लेकर इटली लौटा।
- मार्को पोलो चीन की वुडब्लॉक (काठ की तख्ती) वाली छपाई का ज्ञान लेकर आए थे, जिसका प्रसार इटली के साथ पूरे यूरोप में हुआ, जिससे इटलीवासियों ने भी तख्ती की छपाई से किताबें निकालना शुरू किया।
- 1295 ई. से पूर्व यूरोप में कुलीन वर्ग, पादरी और भिक्षु संघ पुस्तकों की छपाई को धर्म के विरुद्ध मानते थे।

(ख) मार्टिन लूथर मुद्रण के पक्ष में था और उसने इसकी खुलेआम प्रशंसा की।

उत्तर मार्टिन लूथर मुद्रण के पक्ष में था, जिसके प्रमुख कारण निम्नलिखित थे

- मुद्रण से धर्म सुधार आंदोलन के नए विचारों के प्रसार में सहायता मिली।
- मुद्रण से लोगों के विचार में बौद्धिकता का विकास हुआ तथा बौद्धिक क्रांति का सूत्रपात हुआ।
- मुद्रण से रोमन कैथोलिक चर्च के रीति-रिवाजों तथा प्रथाओं की आलोचना का अवसर मिला।
- लूथर द्वारा लिखी गई 'पिच्चानवे स्थापनाएँ' अत्यधिक संख्या में छापी तथा पढ़ी जाने लगी।

(ग) रोमन कैथोलिक चर्च ने 16वीं सदी के मध्य से प्रतिबंधित किताबों की सूची रखनी शुरू कर दी थी।

उत्तर रोमन कैथोलिक चर्च ने 16वीं सदी के मध्य से प्रतिबंधित किताबों की सूची रखनी शुरू कर दी थी, जिसके प्रमुख कारण निम्नलिखित थे

- 16वीं सदी में यूरोप में बौद्धिक क्रांति का सूत्रपात हो गया था, जिससे मुद्रित साहित्य के द्वारा कम पढ़े-लिखे लोग भी धार्मिक विचारों के संपर्क में आने लगे थे।
- इटली के किसान मेनोकिया साहित्य को पढ़कर बाइबिल में वर्णित ईश्वर और सृष्टि के अर्थ को अलग विचारों के रूप में प्रचारित करने लगे थे।
- रोमन कैथोलिक चर्च के विचारों की आलोचना होनी शुरू हो गई थी, जिससे धर्म विरोधी प्रकाशकों पर प्रतिबंध लगाने के साथ ही उनकी सूची रखनी शुरू कर दी।

(घ) महात्मा गाँधी ने कहा कि स्वराज की लड़ाई दरअसल अभिव्यक्ति, प्रेस और सामूहिकता के लिए लड़ाई है।

उत्तर महात्मा गाँधी ने स्वराज की लड़ाई को अभिव्यक्ति, प्रेस और सामूहिकता की लड़ाई कहा है, क्योंकि

- लोगों की स्वतंत्र अभिव्यक्ति, प्रेस की स्वतंत्रता, सामूहिक जनमत को बलपूर्वक दबा रही थी।
- इनका मानना था कि अभिव्यक्ति की स्वतंत्रता, प्रेस की आजादी और संगठन के बिना कोई राष्ट्र नहीं बन सकता और इनके अभाव से राष्ट्रवाद की भावना का विकास नहीं हो सकता है।
- इनका कहना था कि स्वराज एक संकटग्रस्त आजादी की लड़ाई है, जिसमें वाणी की स्वतंत्रता, प्रेस की आजादी और सामूहिकता की आजादी जनमत के बलशाली औजार हैं।

2. छोटी टिप्पणी में इनके बारे में बताइए।

(क) गुटेनबर्ग प्रेस

उत्तर गुटेनबर्ग बचपन से ही जैतून की मशीनों से प्रभावित था। उसने पत्थर पर पॉलिश करने, सुनारी और शीशे को इच्छित आकृतियों में गढ़ने में विशेषज्ञता प्राप्त की थी। इसी विशेषज्ञता के आधार पर गुटेनबर्ग ने 1448 ई. में प्रिंटिंग प्रेस का आविष्कार किया।

इस प्रेस में साँचे का उपयोग अक्षरों की धातुई आकृतियों को गढ़ने में किया जाता था। इस प्रिंटिंग प्रेस से छपने वाली पहली पुस्तक 'बाइबिल' थी, जिसकी 180 प्रतियाँ छापने में लगभग तीन साल का समय लगा था।

प्रारंभ में इस प्रेस से छपी किताबें हस्तलिखित पांडुलिपियों के समरूप होती थीं। धातुई अक्षर हाथ की सजावटी शैली के प्रतिरूप होते थे। किनारों पर फूल-पत्तियों का डिजाइन बनाया जाता था।

(ख) छपी किताब को लेकर इरैस्मस के विचार

उत्तर इरैस्मस लातिन का एक प्रसिद्ध विद्वान् तथा कैथोलिक धर्म सुधारक था। इन्होंने कैथोलिक धर्म के अत्याचारों की आलोचना की तथा लूथर से भिन्न होकर मुद्रण के संबंध में चिंता व्यक्त की। ये प्रिंट को लेकर बहुत आशंकित थे। इन्होंने इस संदर्भ में अपने विचार को 1508 ई. में एडेजेज में लिखा, जिसकी व्याख्या इस प्रकार है

इन्होंने लिखा कि ''किताबें भिन-भिनाती मक्खियों की तरह हैं, दुनिया का कौन-सा कोना है, जहाँ ये नहीं पहुँच जातीं, लेकिन इसका ज्यादा हिस्सा विद्वानों के लिए हानिकारक ही है।'' इस प्रकार इनके विचारों से ऐसा प्रतीत होता है कि छपाई की बढ़ती तेजी और पुस्तकों के प्रसार से इसके बुरे प्रभाव भी हो सकते हैं। लोग अच्छी पुस्तकों के अतिरिक्त व्यर्थ की किताबों से भ्रमित होंगे। अतः इरैस्मस का विचार भ्रमित करने वाली पुस्तकों से बचने के लिए प्रेरित करता है।

(ग) वर्नाक्यूलर या देशी प्रेस एक्ट

अथवा 1878 ई. में वर्नाक्यूलर प्रेस एक्ट क्यों पारित किया गया? **CBSE 2020**

उत्तर ब्रिटिश सरकार द्वारा भारत में प्रेस की बढ़ती आजादी को प्रतिबंधित करने के लिए विभिन्न प्रकार के बदलाव किए गए। इसी रूप में 1857 ई. के विद्रोह के पश्चात् प्रेस की स्वतंत्रता के प्रति सरकार के व्यवहार में बदलाव आया। इसके अंतर्गत कई तरह की माँगें उठने लगीं। कुछ अंग्रेजों ने 'देशी प्रेस' को बंद करने की माँग की। भाषायी समाचार-पत्र राष्ट्रवाद को बढ़ावा देने में अग्रसर हो रहे थे, जिसके फलस्वरूप 1878 ई. में वर्नाक्यूलर प्रेस एक्ट लागू किया गया। यह कानून आइरिस कानून के आधार पर लागू किया गया। इससे सरकार ने विभिन्न प्रदेशों में छपने वाले भाषायी अखबारों पर नियमित ध्यान रखना प्रारंभ किया। सरकार से छपाई की मशीनें छीनने का भी अधिकार था। इस प्रकार, यह एक्ट औपनिवेशिक शासन के विरुद्ध जन्मे राष्ट्रवादी अखबार को नियंत्रित करने का एक महत्त्वपूर्ण प्रयास था।

3. 19वीं सदी में भारत में मुद्रण-संस्कृति के प्रसार का इनके लिए क्या मतलब था?

(क) महिलाएँ (ख) गरीब जनता (ग) सुधारक

उत्तर (क) **महिलाएँ**

19वीं सदी में भारत में मुद्रण के विकास से महिलाओं में चेतना की भावना जागृत हुई। मुद्रण संस्कृति ने महिलाओं में साक्षरता दर को बढ़ाया। 19वीं शताब्दी के अंत में जब शहरों में स्कूल स्थापित होने लगे थे, तब महिलाओं को स्कूल भेजा जाने लगा। कई पत्रिकाओं ने महिलाओं को जगह दी और उन्होंने नारी शिक्षा की आवश्यकता को बार-बार रेखांकित किया। अनेक महिलाओं ने मुद्रण संस्कृति में अपना महत्त्वपूर्ण योगदान दिया, उनमें से कुछ प्रमुख थीं

- **रशसुंदरी देवी** पूर्वी बंगाल में एक बहुत ही रूढ़िवादी परिवार में एक युवा विवाहित लड़की रशसुंदरी देवी ने रसोई की गोपनीयता में पढ़ना सीखा। उन्होंने 1876 ई. में अपनी आत्मकथा **आमार जीबन** लिखी।
- **कैलाशबाशिनी देवी** 1860 के दशक में कैलाशबाशिनी देवी जैसी कुछ महिलाओं ने महिलाओं के अनुभवों पर लिखना शुरू किया। कैसे वे घरों में बंदी और अनपढ़ बनाकर रखी जाती थीं तथा उन्हें कैसे कठिन घरेलू कार्य करने के लिए मजबूर किया जाता था और उनके साथ अन्यायपूर्ण व्यवहार किया जाता था।
- **ताराबाई शिंदे और पंडिता रमाबाई** 1880 के दशक में महाराष्ट्र की ताराबाई शिंदे और पंडिता रमाबाई जैसी महिला लेखिकाओं ने ऊँची जाति की हिंदू महिलाओं विशेष रूप से विधवाओं के दु:खी जीवन के विषय में लिखा था।
- **बेगम रोकैया शेखावत हुसैन** वर्ष 1926 में प्रसिद्ध शिक्षाविद् और साहित्यिक लेखिका, बेगम रोकैया शेखावत हुसैन ने धर्म के नाम पर महिलाओं को शिक्षा प्राप्ति से रोकते हुए पुरुषों को अस्वीकार कर दिया।

(ख) **गरीब जनता**

- 19वीं सदी के अंत तक मद्रासी शहरों में किताबें सस्ती हो गईं थीं, जो गरीब वर्ग के लोगों के लिए भी आसानी से उपलब्ध होने लगी थीं।
- 20वीं सदी के प्रारंभ में बड़े शहरों या कस्बों तथा संपन्न गाँवों में सार्वजनिक पुस्तकालय खोले जाने लगे थे। ये पुस्तकालय प्रतिष्ठा के प्रतीक थे, जो लोगों की किताबों तक पहुँच सुनिश्चित कराते थे।

(ग) **सुधारक**

19वीं सदी में मुद्रण संस्कृति के प्रसार ने सुधारकों के लिए महत्त्वपूर्ण साधन का कार्य किया, जिसे निम्न रूपों में देखा जा सकता है

- 19वीं सदी के अंत तक जातिभेद से संबंधित पुस्तिकाओं का प्रकाशन भी किया जाने लगा।
- ज्योतिबा फुले ने गुलामगिरी (1871 ई.) में जाति प्रथा के अत्याचारों पर प्रकाश डाला। 20वीं शताब्दी में महाराष्ट्र में भीमराव अंबेडकर और मद्रास में ई वी रामास्वामी नायकर ने भी अपनी कृतियों द्वारा जाति प्रथा का विरोध किया।
- कानपुर के मिल मजदूर काशीबाबा ने वर्ष 1938 में अपने लेख छोटे और बड़े सवाल द्वारा जातीय और वर्गीय शोषण पर विरोध के स्वर बुलंद किए। वर्ष 1935 से 1955 के बीच 'सुदर्शन चक्र' के नाम से लिखने वाले एक मिल मजदूर ने 'सच्ची कविताएँ' नामक एक लेख लिखा।

चर्चा करें

4. 18वीं सदी के यूरोप में कुछ लोगों को क्यों लगता था कि मुद्रण संस्कृति से निरंकुशवाद का अंत और ज्ञानोदय होगा? **CBSE 2011, 10**

उत्तर 18वीं सदी के मध्य तक मुद्रण संस्कृति के विकास से लोगों में यह जागृति पैदा होने लगी थी कि किताबों व पत्रिकाओं से निरंकुशवाद का अंत और ज्ञान का उदय होगा, जिसके निम्न कारण थे

- **नए विचारों का उदय** मुद्रण संस्कृति के आगमन से आम लोगों में तार्किक विचार उत्पन्न होने लगे थे। श्रोता एवं पाठक वर्ग ऐसे विषयों में रुचियाँ लेने लगे थे, जो परंपरागत विषय बने हुए थे।
- **ज्ञान का लिखित प्रसार** मुद्रण संस्कृति के विकास से बातों को लिखा जाने लगा, जिससे किताबों को पढ़ने की एक नई संस्कृति का भी विकास हुआ।
- **वैज्ञानिक एवं दार्शनिक रचनाएँ** मुद्रण के आने से दार्शनिक विचार लोगों तक विभिन्न पत्रिकाओं के माध्यम से पहुँचने लगे। मानचित्र तथा वैज्ञानिक चित्र व्यापक रूप में छापे गए। टॉमस पेन, वॉल्टेयर, रूसो जैसे प्रसिद्ध विद्वानों के विचार लोगों तक पहुँचने लगे।
- **निरंकुशवाद की आलोचना** मुद्रण कला के विकास से बौद्धिक चिंतक, प्राचीन परंपराएँ, अंधविश्वास और निरंकुशवाद की आलोचना करने लगे। लोगों का मानना था कि किताबें दुनिया बदल सकती हैं।
- **ज्ञानोदय विचारकों के विचार** मुद्रण के विकास के पश्चात् धर्म सुधारक मार्टिन लूथर ने रोमन कैथोलिक चर्च में व्याप्त कुरीतियों की आलोचना लेख के माध्यम से की।
- **वाद-विवाद तथा संवाद की नई संस्कृति का विकास** मुद्रण तकनीक ने वाद-विवाद की एक नई परिपाटी को जन्म दिया। इससे प्रारंभिक रीति-रिवाजों पर लोगों की बहस एवं पुनर्मूल्यांकन का दौर शुरू हुआ। प्रथाओं को तर्क की कसौटी पर कसा जाने लगा।

5. कुछ लोग किताबों की सुलभता को लेकर चिंतित क्यों थे? यूरोप और भारत से एक-एक उदाहरण लेकर समझाएँ। **CBSE 2011**

उत्तर कुछ लोग किताबों की सुलभता से चिंतित थे। उनका मानना था कि न जाने आम जनता पर इसका क्या प्रभाव पड़ेगा? उन्हें भय था कि यदि किताबों पर नियंत्रण नहीं होगा, तो लोगों में अधार्मिक विचार पनपने लगेंगे और लोग भ्रमित हो जाएँगे। इसके साथ ही मूल्यवान साहित्य का मूल्य कम हो जाएगा। भारत और यूरोप के लोगों के इस चिंतित विचार को इस प्रकार देखा जा सकता है

- **यूरोप में इरैस्मस के विचार** इरैस्मस लातिन का एक प्रसिद्ध विद्वान् तथा कैथोलिक धर्म सुधारक था। इन्होंने कैथोलिक धर्म के अत्याचारों की आलोचना की तथा लूथर से भिन्न होकर मुद्रण के संबंध में चिंता व्यक्त की। ये प्रिंट को लेकर बहुत आशंकित थे।
  इन्होंने इस संदर्भ में अपने विचार को 1508 ई. में एडेजेज में लिखा, जिसकी व्याख्या इस प्रकार है, इन्होंने लिखा कि ''किताबें भिन-भिनाती मक्खियों की तरह हैं, दुनिया का कौन-सा कोना है, जहाँ ये नहीं पहुँच जातीं, लेकिन इसका ज्यादा हिस्सा विद्वानों के लिए हानिकारक ही है। ''इस प्रकार इनके विचारों से ऐसा प्रतीत होता है कि छपाई की बढ़ती तेजी और पुस्तकों के प्रसार से इसके बुरे प्रभाव भी हो सकते हैं। लोग अच्छी पुस्तकों के अतिरिक्त व्यर्थ की किताबों से भ्रमित होंगे। अतः इरैस्मस का विचार भ्रमित करने वाली पुस्तकों से बचने के लिए प्रेरित करता है।
- **भारत के संदर्भ में** भारत में भी मुद्रण के विकास से नवीन विचारों को प्रोत्साहन मिला। प्राचीन रूढ़ियों तथा धार्मिक तथ्यों पर तार्किक बहस होने लगी। इसी के परिणामस्वरूप उत्तरी भारत के उलमा वर्ग चिंतित थे कि ब्रिटिश सरकार धर्मांतरण को बढ़ावा देने के लिए मुस्लिम कानूनों को न बदल दे। इस भय से उन्होंने धार्मिक अखबार निकाले तथा धर्मग्रंथों को फारसी व उर्दू में अनुवाद कर प्रसारित करने लगे।

6. 19वीं सदी में भारत में गरीब जनता पर मुद्रण संस्कृति का क्या प्रभाव हुआ?

उत्तर मुद्रण संस्कृति ने निम्न रूपों में गरीब जनता पर प्रभाव डाला

- मुद्रण संस्कृति के विकास से भारत की गरीब जनता पर इसका काफी गहरा प्रभाव पड़ा। 19वीं सदी के अंत तक प्रिंटिंग प्रेस के क्षेत्र में नई तकनीक का प्रयोग हुआ और राज्य में विशेषकर मद्रासी शहरों में काफी सस्ती किताबें बेची जा रही थीं, जिसमें गरीब जनता इन्हें आसानी से खरीद पा रही थी
- 19वीं शताब्दी के अंत तक जाति भेद से संबंधित कई पुस्तिकाओं का प्रकाशन भी किया जाने लगा। ज्योतिबा फुले ने 'गुलामगिरी' (1871 ई.) में जाति प्रथा के अत्याचारों पर प्रकाश डाला। इसी तरह महाराष्ट्र में भीमराव अंबेडकर और मद्रास में ई वी रामास्वामी नायकर ने भी अपनी कृतियों द्वारा जाति प्रथा का विरोध किया, जिससे निम्न जातियों में चेतना का संचार हुआ।
- कारखानों के मिल मजदूर के शोषण के ऊपर कानपुर के मिल मजदूर काशीबाबा ने वर्ष 1938 में अपने लेख द्वारा जातीय और वर्गीय शोषण पर विरोध के स्वर बुलंद किए। वर्ष 1935 से 1955 के बीच 'सुदर्शन चक्र' के नाम से लिखने वाले एक मिल मजदूर ने 'सच्ची कविताएँ' नामक एक लेख लिखा।

7. मुद्रण संस्कृति ने भारत में राष्ट्रवाद के विकास में किस प्रकार मदद की?

उत्तर मुद्रण संस्कृति ने भारत में राष्ट्रवाद के विकास में निम्न प्रकार से सहायता की

- मुद्रण संस्कृति के विकास से समाज में धर्म सुधारकों द्वारा अंधविश्वासों को दूर करने के लिए पत्र-पत्रिकाओं को लिखा जाने लगा। इससे लोगों में न केवल विचारों का प्रचार-प्रसार हुआ, बल्कि उनमें तर्क करने की भावना का उदय हुआ, जिससे राष्ट्रवाद के विकास का मार्ग प्रशस्त होना शुरू हो गया।
- मुद्रण ने समाज में मतांतर पैदा करने के साथ ही उनमें एकता स्थापित करने में सहायता की। इसमें पत्रिका व अखबारों को दूर-दूर तक फैलाया जाता था, जिसमें सामाजिक मुद्दे, महिलाओं की दयनीय स्थिति के साथ जनता की खराब स्थिति पर टिप्पणी की जाती थी। इससे अखिल भारतीय पहचान उभरी और लोगों में एकता की भावना जगी।
- कुछ पत्रिकाओं का मुद्रण स्थानीय स्तर पर भी किया जाता था, जिसमें लोगों की संस्कृतियों पर प्रकाश डाला जाता था और सरकार की नीतियों के खिलाफ लिखा जाता था।
- मुद्रण के माध्यम से भारत के पिछड़ेपन के लिए ब्रिटिश सरकार को दोषी कहा जाने लगा। इसकी व्याख्या स्थानीय मुद्रण में की जाने लगी। लोगों में इससे उत्साह बढ़ा और राष्ट्रवाद का विकास व्यापक हुआ।
- महात्मा गाँधी ने तो वाणी की स्वतंत्रता, प्रेस की आजादी और सामूहिकता की आजादी को जनमत के ताकतवर औजार बताया। इससे लोगों में प्रेरणा का संचार हुआ और राष्ट्रीय भावना और भी प्रगाढ़ हुई।

परीक्षा अभ्यास

वस्तुनिष्ठ प्रश्न

बहुविकल्पीय प्रश्न

1. मुद्रण की सबसे प्राचीन तकनीक कहाँ विकसित हुई?
(a) अमेरिका (b) चीन
(c) पोलैंड (d) ऑस्ट्रिया

उत्तर (b) चीन

2. डायमंड सूत्र किस देश की पुस्तक है?
(a) जापान (b) रूस
(c) चीन (d) अमेरिका

उत्तर (a) जापान

3. डायमंड सूत्र की छपाई कब हुई?
(a) 840 ई. (b) 870 ई.
(c) 868 ई. (d) 770 ई.

उत्तर (c) 868 ई.

4. मार्को पोलो चीन से कौन-सी तकनीक इटली ले गया?
(a) वुडब्लॉक प्रिंटिंग (b) लॉगिंग
(c) मेनोकिया (d) इन्क्वीजीशन

उत्तर (a) वुडब्लॉक प्रिंटिंग

5. विलासी संस्करणों को किस पर लिखा गया?
(a) बॉक्स (b) लॉगि
(c) चर्म-पत्र (d) ताश के पत्ते

उत्तर (c) चर्म-पत्र

6. 'पिच्चानवे स्थापनाएँ' किसके द्वारा लिखी गई है?
(a) मार्टिन लूथर (b) रिचर्ड एम
(c) ग्रिम बंधु (d) मेनोकिया

उत्तर (a) मार्टिन लूथर

7. मार्टिन लूथर किससे संबंधित है?
(a) रोमन कैथोलिक (b) प्रोटेस्टेंट धर्म
(c) नया धर्म (d) मेनोकिया

उत्तर (b) प्रोटेस्टेंट धर्म

8. जेसुइट पुजारियों ने किस भाषा में पुस्तकें भारत में प्रकाशित कीं?
(a) हिंदी (b) मलयालम
(c) उर्दू (d) कोंकणी

उत्तर (d) कोंकणी

9. 'वेलम' है **CBSE 2020**
(a) ताड़पत्र पर छपाई
(b) कागज पर छपाई
(c) चर्म-पत्र या जानवरों के चमड़े से बनी लेखन की सतह
(d) कपड़े पर छपाई

उत्तर (c) चर्म-पत्र या जानवरों के चमड़े से बनी लेखन की सतह

10. भारत में पांडुलिपि पढ़ना आसान क्यों नहीं था? निम्नलिखित विकल्पों में से उचित कारण चुनें **CBSE 2020**
(a) पांडुलिपियाँ अत्यधिक सस्ती थीं
(b) पांडुलिपियाँ व्यापक रूप से फैली हुई थीं
(c) पांडुलिपियाँ अंग्रेजी और हिंदी में लिखी गईं
(d) पांडुलिपियाँ नाजुक थीं

उत्तर (d) पांडुलिपियाँ नाजुक थीं

11. निम्नलिखित में से कौन-सा कथन महिलाओं और मुद्रण के संदर्भ में सत्य है?
(a) कैलाशबाशिनी देवी ने महिलाओं के अनुभवों पर लिखना शुरू किया
(b) बेगम रोकैया ने पितृसत्तात्मकता को स्वीकार किया
(c) रशसुंदरी देवी ने नवरंग जीवन लिखा
(d) पंडिता रमाबाई ने पारसी महिलाओं पर लिखा

उत्तर (a) कैलाशबाशिनी देवी ने महिलाओं के अनुभवों पर लिखना शुरू किया

12. निम्न कथनों पर विचार कीजिए और सत्य कथन की पहचान कीजिए
1. मुद्रण की सबसे पहली तकनीक चीन, जापान और कोरियामें विकसित हुई।
2. मुद्रण या छपाई प्रारंभ में हाथ से की जाती थी।
3. लगभग 800 ई. से चीन में स्याही लगे काठ/काष्ठ के ब्लॉक या तख्ती पर कागज को रगड़कर किताबें छापी जाने लगी थीं।

कूट
(a) केवल 1 (b) 1 और 2
(c) 1 और 3 (d) 2 और 3

उत्तर (b) 1 और 2

13. मुद्रण संस्कृति ने फ्रांसीसी क्रांति के लिए अनुकूल परिस्थितियाँ रचीं। इन परिस्थितियों में शामिल था
1. मुद्रण के कारण ज्ञानोदय के चिंतकों के विचार का प्रसार हुआ।
2. मुद्रण ने वाद-विवाद संवाद की नई संस्कृति को जन्म दिया।
3. 1780 के दशक तक राजशाही और उसकी नैतिकता का उपहास करने वाले अनेक साहित्यों की रचना की जा चुकी थी।

कूट

(a) 1 और 2 (b) 2 और 3

(c) 1 और 3 (d) ये सभी

उत्तर (d) ये सभी

14. क्रमानुसार व्यवस्थित करें

(a) मार्टिन लूथर ने पिच्चानवे स्थापनाएँ लिखी

(b) पहली तमिल किताब

(c) पहली मलयालम किताब (d) वर्नाक्यूलर प्रेस एक्ट

कूट

(a) 2, 3, 4, 1 (b) 1, 2, 3, 4

(c) 4, 3, 2, 1 (d) 2, 4, 3, 1

उत्तर (b) 1, 2, 3, 4

15. निम्न वक्तव्यों के आधार विकल्प के माध्यम से उचित शब्द की पहचान कीजिए

- पॉकेट बुक के आकार की किताबों के लिए प्रयोग किया जाने वाला शब्द।
- इन्हें आमतौर पर फेरीवाले बेचते थे।
- ये सोलहवीं सदी की मुद्रण क्रांति के समय से लोकप्रिय हुए।

(a) बिब्लियोथीक ब्ल्यू (b) चैपबुक

(c) मर्सिए (d) पंचांग

उत्तर (b) चैपबुक

16. निम्नलिखित वक्तव्यों के आधार पर उचित पुस्तक की पहचान कीजिए

- यह कोरिया की मूवेबल मेटल टाइप के साथ मुद्रित विश्व की सबसे पुरानी मौजूदा पुस्तकों में से है।
- इसमें जैन-बौद्ध धर्म की मुख्य विशेषताएँ शामिल हैं।
- इस पुस्तक में भारत, चीन और कोरिया के लगभग 150 बौद्ध भिक्षुओं का उल्लेख किया गया है।

(a) प्लाटेन (b) जिक्जी

(c) वेलम (d) वुडब्लॉक

उत्तर (b) जिक्जी

17. निम्नलिखित में से सही युग्म का चयन कीजिए **CBSE Compartment 2020**

(a) ज्योतिबा फुले – स्त्री धर्म विचार

(b) राजा राममोहन राय – संवाद कौमुदी

(c) राम चड्ढा – गुलामगिरी

(d) गंगाधर भट्टाचार्य – छोटे और बड़े सवाल

उत्तर (b) राजा राममोहन राय– संवाद कौमुदी

18. निम्नलिखित में से गलत युग्म का चयन कीजिए

(a) किताबों का सुलेखन करने वाले लोग – खुशखत

(b) जापान की सबसे पुरानी पुस्तक – डायमंड सूत्र

(c) तैरती विश्व का चित्र – कितागावा उतामारो

(d) सुबह का नजारा – त्रिपीटका कोरियाना

उत्तर (d) सुबह का नजारा – त्रिपीटका कोरियाना

परीक्षा अभ्यास

सुमेलित करें

19. सुमेलित कीजिए

सूची I	सूची II
A. आमार जीबन	1. राजा राममोहन राय
B. बंगाल गजट	2. तुलसीदास
C. रामचरितमानस	3. जेम्स ऑगस्टस
D. संवाद कौमुदी	4. रशसुंदरी देवी

कूट

	A	B	C	D
(a)	1	2	3	4
(b)	2	3	4	1
(c)	4	3	2	1
(d)	3	2	1	4

उत्तर (c) 4 3 2 1

चित्र आधारित प्रश्न

20. इस चित्र को पहचानिए

(a) रवींद्रनाथ टैगोर (b) राजा राममोहन राय

(c) बाल गंगाधर तिलक (d) योहान गुटेनबर्ग

उत्तर (d) योहान गुटेनबर्ग

रिक्त स्थान भरें

21. भारत में प्रिंटिंग प्रेस का प्रयोग सबसे पहले 16वीं शताब्दी में पुर्तगाली धर्म-प्रचारकों के द्वारा ………… में किया गया।

उत्तर गोवा

22. 1920 के दशक में इंग्लैंड में लोकप्रिय किताबों को एक सस्ती श्रृंखला ………… के अंतर्गत छापा गया।

उत्तर शिलिंग श्रृंखला

23. 1878 ई. में ………… एक्ट लागू किया गया।

उत्तर वर्नाक्यूलर प्रेस एक्ट

24. चीनी बौद्ध प्रचारक 768-770 ई. के आस-पास हाथ की छपाई की तकनीक लेकर ………… आए। **CBSE 2020**

उत्तर जापान

सही और पुनः लिखें

25. 1440 ई. तक गुटेनबर्ग ने एक यंत्र विकसित किया तथा उसने पहली किताब बाइबिल छापी थी।

उत्तर 1448 ई. तक गुटेनबर्ग ने एक यंत्र विकसित किया तथा उसने पहली किताब बाइबिल छापी थी।

26. 19वीं शताब्दी के प्रारंभ तक अनेक ब्रिटिश व हिंदुस्तानी पत्र-पत्रिकाएँ व अखबार छपने लगे थे। प्रथम भारतीय पत्रिका गंगाधर भट्टाचार्य द्वारा प्रकाशित बंगाल गजट थी।

उत्तर 19वीं शताब्दी के अंत तक अनेक ब्रिटिश व हिंदुस्तानी पत्र-पत्रिकाएँ व अखबार छापने लगे थे। प्रथम भारतीय पत्रिका गंगाधर भट्टाचार्य द्वारा प्रकाशित बंगाल गजट थी।

कथन/कारण

27. **कथन** (A) कलकत्ता सर्वोच्च न्यायालय ने 1820 के दशक तक प्रेस की आजादी को नियंत्रित करने वाले कानून पास किए।

कारण (R) धर्म-सुधारक मार्टिन लूथर ने रोमन कैथोलिक चर्च की कुरीतियों की आलोचना की।

कूट

(a) A और R दोनों सत्य हैं तथा R, A की सही व्याख्या है

(b) A और R दोनों सत्य हैं, परंतु R, A की सही व्याख्या नहीं है

(c) A सत्य है, किंतु R असत्य है

(d) A असत्य है, किंतु R सत्य है

उत्तर (b) A और R दोनों सत्य हैं, परंतु R, A की सही व्याख्या नहीं है

28. **कथन** (A) शंघाई में प्रिंट-संस्कृति का विकेंद्रीकृत स्थान स्थापित किया गया।

कारण (R) पारंपरिक चीनी किताब एकॉर्डियन शैली में किनारों को मोड़ने के बाद सिलकर बनाई जाती थी।

कूट

(a) A और R दोनों सत्य हैं तथा R, A की सही व्याख्या है

(b) A और R दोनों सत्य हैं, परंतु R, A की सही व्याख्या नहीं है

(c) A सत्य है, किंतु R असत्य है

(d) A असत्य है, किंतु R सत्य है

उत्तर (d) A असत्य है, किंतु R सत्य है

C अतिलघु उत्तरीय प्रश्न

1. चीन में प्रचलित 'एकॉर्डियन शैली' क्या थी?

उत्तर चीन में प्रचलित एकॉर्डियन शैली वह शैली थी, जिसमें पतले और छिद्रित कागज के दोनों तरफ छपाई संभव न होने के कारण किनारों को मोड़कर सिलाई की जाती थी।

2. खुशनवीसी शब्द का क्या आशय है?

उत्तर खुशनवीसी का संबंध लेखन कला से है। किताबों का सुलेखन करने वाले दक्ष सुलेखक कहलाते थे। वे हाथ से बड़े सुंदर-सुडौल अक्षरों में कलात्मक ढंग से लिखते थे।

3. आधुनिक विश्व में मुद्रण कला की उत्पत्ति सर्वप्रथम कहाँ हुई थी?

अथवा उस देश का नाम लिखिए, जो लंबे समय तक मुद्रण सामग्री का उत्पादक रहा।

उत्तर आधुनिक विश्व में मुद्रण कला की उत्पत्ति सर्वप्रथम चीन अथवा चीनी राजतंत्र में हुई थी।

4. पश्चिमी यूरोप के दो देशों के नाम बताइए, जहाँ उपन्यास ने पहले जड़ें जमाईं। **CBSE 2012**

उत्तर इंग्लैंड और फ्रांस पश्चिमी यूरोप के दो देश हैं, जहाँ उपन्यास ने पहले जड़ें जमाईं।

5. जापान में मुद्रण प्रौद्योगिकी का कब और किसने सर्वप्रथम प्रचलन किया? **CBSE 2015, 14**

उत्तर चीन के बौद्ध मिशनरियों ने 768-770 ई. में जापान में हाथ से मुद्रण की तकनीक का प्रचलन किया।

6. जापान में छपी प्राचीनतम पुस्तक कौन-सी थी?

उत्तर जापान में छपी प्राचीनतम पुस्तक का नाम डायमंड सूत्र था। यह पुस्तक 565 ई. में छपी थी।

7. वुडब्लॉक प्रिंटिंग क्या है?

उत्तर वुडब्लॉक प्रिंटिंग तख्ती की छपाई से संबंधित थी। इसमें प्रिंटिंग कपड़े, ताश के पत्ते, छोटी-छोटी टिप्पणियों के साथ धार्मिक चित्र छापा जाता था।

8. पहली प्रिंटिंग प्रेस का अविष्कार किसने किया? **CBSE 2015**

अथवा प्रिंटिंग प्रेस का अविष्कार किसने किया था? **CBSE 2020**

उत्तर पहली प्रिंटिंग प्रेस का आविष्कार जर्मनी के योहान गुटेनबर्ग ने 1430 ई. में किया।

9. मुद्रण क्रांति क्या थी?

उत्तर मुद्रण क्रांति एक ऐसी क्रांति थी, जिसने पुस्तकों की छपाई के साथ उनकी लोगों तक उपलब्धता को भी सुनिश्चित किया। इससे बौद्धिक क्रांति का भी उदय हुआ।

10. किसने कहा था कि "मुद्रण ईश्वर की दी हुई महानतम देन और सबसे बड़ा तोहफा है"? **CBSE 2012, 11, 10**

उत्तर यह कथन धार्मिक सुधारक मार्टिन लूथर का है।

11. रोमन कैथोलिक चर्च ने प्रकाशकों और पुस्तक विक्रेताओं पर पाबंदियाँ क्यों लगाईं? **CBSE 2018**

उत्तर 16वीं शताब्दी में मेनोकिया ने किताबों को पढ़कर बाइबिल के नए अर्थ लगाने शुरू किए। उसने ईश्वर एवं सृष्टि के विषय में ऐसे विचार बनाए कि रोमन कैथोलिक चर्च ने धर्म विरोधी विचारों को दबाने के लिए 'इन्क्वीजीशन' शुरू किया तथा प्रकाशकों और पुस्तक विक्रेताओं पर अनेक पाबंदियाँ लगा दीं।

12. प्रोटेस्टेंट धर्म सुधार आंदोलन क्या है?

उत्तर 16वीं सदी में यूरोप में रोमन कैथोलिक चर्च में सुधार का आंदोलन प्रोटेस्टेंट धर्म सुधार आंदोलन है। इसमें मार्टिन लूथर का प्रमुख योगदान है।

13. इंग्लैंड और फ्रांस में सस्ती किताबों को किस नाम से जाना जाता है?

उत्तर इंग्लैंड में सस्ती किताबों को 'पेनी चैपबुक्स' के नाम से जाना जाता है। फ्रांस में सस्ती किताबों का नाम 'बिब्लियोथीक ब्ल्यू' था।

14. चैपबुक्स क्या थी? **CBSE 2014**

उत्तर यह पुस्तक पॉकेट के आकार की छोटी व सस्ती पुस्तक थी, जो फेरीवाले द्वारा बेची जाती थी।

15. बिब्लियोथीक ब्ल्यू क्या थी? **CBSE 2016**

उत्तर यह फ्रांस में छपी सस्ते मूल्य की छोटी किताब थी। यह सस्ते कागज पर छपी तथा नीली जिल्द से बँधी होती थी।

16. 'धारावाहिक' शब्द की परिभाषा लिखिए।

उत्तर धारावाहिक ऐसी पद्धति है, जिसमें कहानी को छोटे-छोटे भागों में छापा जाता है। इसका प्रसारण रेडियो व टीवी पर होता है।

17. मुद्रित संस्कृति के किन्हीं दो लाभों को बताइए। **CBSE 2017**

उत्तर मुद्रित संस्कृति के दो लाभ निम्नलिखित हैं

(i) इससे नवीन चेतना का विकास हुआ।

(ii) इससे पुस्तकें सस्ती हो गईं तथा इनकी लोगों तक आसानी से पहुँच सुलभ हुई।

18. पांडुलिपि क्या है?

उत्तर पांडुलिपि हस्तलिखित सामग्री होती है, जो ताड़ के पत्तों या हाथ से बने कागज पर हाथ से नकल कर बनाई जाती है।

19. भारत में प्रिंटिंग प्रेस का आगमन कब और किसके द्वारा हुआ?

उत्तर भारत में प्रिंटिंग प्रेस का आगमन 16वीं सदी में हुआ। इसकी शुरुआत पुर्तगाली धर्म प्रचारकों द्वारा गोवा में हुई।

20. किन्हीं तीन भाषाओं के नाम लिखें, जिनमें पहले मुद्रण होता था। **CBSE 2014**

उत्तर कोंकणी, कन्नड़ और तमिल में पहले मुद्रण होता था।

21. बंगाल गजट का संपादक कौन था? **CBSE 2014**

उत्तर बंगाल गजट का संपादक जेम्स ऑगस्टस हिक्की था।

22. राजा राममोहन राय द्वारा प्रकाशित किताब का नाम लिखिए। **CBSE 2020**

उत्तर राजा राममोहन राय द्वारा प्रकाशित किताब का नाम 'संवाद कौमुदी' है।

23. 1867 ई. में स्थापित 'देवबंद सेमिनरी' क्या था?

उत्तर यह मुस्लिमों में जागरूकता पैदा करने हेतु एक स्थापित सभा घर था। इसने मुस्लिम पाठकों को दैनिक जीवन जीने के तरीके और इस्लामी सिद्धांतों की उपयोगिता को समझाने के उद्देश्य से फतवे जारी किए।

24. उत्तरी भारत में उलमा वर्ग ब्रिटिश सरकार की नीतियों को लेकर क्यों चिंतित थे?

उत्तर उत्तरी भारत में उलमा वर्ग ब्रिटिश सरकार की नीतियों को लेकर इसलिए चिंतित थे, क्योंकि उन्हें डर था कि कहीं ब्रिटिश सरकार धर्मांतरण को बढ़ावा न दे या मुस्लिम कानून न बदल डाले।

25. 19वीं सदी की किन्हीं चार भारतीय महिला लेखिकाओं के नाम लिखिए।

उत्तर 19वीं सदी की किन्हीं चार भारतीय महिला लेखिकाओं के नाम निम्नलिखित हैं

(i) रशसुंदरी देवी

(ii) कैलाशबाशिनी देवी

(iii) ताराबाई शिंदे

(iv) पंडिता रमाबाई

26. लेखिका बेगम रोकैया ने धर्म के नाम पर महिलाओं को पढ़ने से रोकने पर क्या प्रतिक्रिया व्यक्त की?

उत्तर लेखिका बेगम रोकैया ने वर्ष 1926 में बंग महिला शिक्षा सम्मेलन को संबोधित करते हुए धर्म के नाम पर महिलाओं को रोकने के लिए पुरुषों की निंदा की। उनका मानना था कि महिला को शिक्षित किया जाना चाहिए।

27. गुलामगिरी किसने लिखी? **CBSE 2014**

उत्तर महाराष्ट्र के प्रमुख सामाजिक सुधारक ज्योतिबा फुले ने 'गुलामगिरी' लिखी।

28. गुलामगिरी का विषय क्या था?

उत्तर गुलामगिरी का मुख्य विषय सामाजिक न्याय की दिशा में निम्न जातीय समस्याओं को प्रकाशित करना था।

29. कानपुर में मिल मजदूर के ऊपर किसने क्या लिखा था?

उत्तर कानपुर में मिल मजदूर के ऊपर काशीबाबा ने वर्ष 1938 में 'छोटे-बड़े सवाल' लिखकर जातीय तथा वर्गीय शोषण के बीच रिश्ता समझाने की कोशिश की।

30. उन्नीसवीं सदी में अंग्रेजों ने 'देशी प्रेस' को बंद करने की माँग क्यों की? **CBSE 2019**

उत्तर उन्नीसवीं सदी में अंग्रेजों ने 'देशी प्रेस' को बंद करने की माँग की, क्योंकि भाषायी समाचार-पत्र एवं लेख राष्ट्रवाद को बढ़ाने में अग्रसर हो रहे थे। 1857 ई. के विद्रोह के पश्चात् अंग्रेजों द्वारा प्रेस की स्वतंत्रता को नियंत्रित करने के लिए प्रयास किए जाने लगे। अतः 1878 ई. में वर्नाक्यूलर एक्ट लागू किया गया।

31. वर्नाक्यूलर प्रेस एक्ट क्या था? **CBSE 2014**

उत्तर यह एक प्रतिबंधित प्रेस एक्ट था। इसे ब्रिटिश सरकार द्वारा भाषायी समाचार-पत्रों पर नियमित नियंत्रण रखने के लिए पारित किया गया था।

32. तेरहवीं शताब्दी के दौरान इटली में वुडब्लॉक वाली छपाई की तकनीक का ज्ञान कौन लाया था? **CBSE 2020**

उत्तर तेरहवीं शताब्दी (1295 ई.) के दौरान मार्को पोलो नामक महान खोजी यात्री चीन से इटली में वुडब्लॉक वाली छपाई की तकनीक का ज्ञान लेकर आया था।

लघु उत्तरीय प्रश्न

1. चीन में मुद्रण की प्रमुख विशेषताओं को बताइए।

उत्तर चीन में मुद्रण की प्रमुख विशेषताएँ निम्न हैं

- 17वीं शताब्दी तक चीन में शहरी संस्कृति के विकास की मुद्रण कला में विविधता आई। नए पाठक वर्ग को काल्पनिक किस्से, कविताएँ, आत्मकथाएँ, शास्त्रीय साहित्यिक कृतियों के संकलन और रूमानी नाटक पसंद थे।
- 19वीं शताब्दी के अंत में पश्चिमी शक्तियों द्वारा अपनी चौकियाँ स्थापित करने के साथ ही पश्चिमी मुद्रण तकनीक और मशीनी प्रेस का आयात भी हुआ।
- पश्चिमी शैली के स्कूलों की आवश्यकता को पूरा करने वाला शंघाई प्रिंट-संस्कृति का नया केंद्र बन गया। हाथ की छपाई की जगह अब धीरे-धीरे मशीनी या यांत्रिक छपाई ने ले ली।

2. मुद्रण संस्कृति और फ्रांसीसी संस्कृति के संदर्भ में इतिहासकारों ने कितने तर्क दिए? सभी तर्कों को स्पष्ट कीजिए।

उत्तर कुछ इतिहासकारों का मत है कि फ्रांसीसी क्रांति 'मुद्रण संस्कृति' की देन है। इस संदर्भ में इतिहासकारों ने निम्नलिखित तीन तर्क दिए हैं

(i) मुद्रण कला के विकास के कारण बौद्धिक चिंतकों के विचारों का प्रसार होने लगा। उनके लेखन ने परंपरा, अंधविश्वास और निरंकुशवाद पर महत्त्वपूर्ण टिप्पणी की।

(ii) मुद्रण तकनीक ने वाद-विवाद संवाद की एक नई परिपाटी (प्रथा) को जन्म दिया। प्राचीन धार्मिक मूल्यों, संस्थाओं एवं रीति-रिवाजों पर लोगों के बीच बहस और पुनर्मूल्यांकन का दौर शुरू हुआ।

(iii) 1780 के दशक तक राजशाही और उसकी नैतिकता का मजाक उड़ाने वाली साहित्यिक रचनाओं का प्रकाशन हुआ।

3. भारत में प्रिंटिंग प्रेस के आगमन की महत्त्वपूर्ण विशेषताओं को स्पष्ट कीजिए।

उत्तर भारत में प्रिंटिंग प्रेस के आगमन की महत्त्वपूर्ण विशेषता निम्न है

- भारत में प्रिंटिंग प्रेस का प्रयोग सबसे पहले 16वीं शताब्दी में पुर्तगाली धर्म प्रचारकों के द्वारा गोवा में किया गया।
- जेसुइट पुजारियों ने कोंकणी भाषा में अनेक पुस्तकें छापीं। 1674 ई. तक इनके द्वारा कोंकणी और कन्नड़ भाषा में लगभग 50 किताबें छापी गईं।
- कैथोलिक धर्म प्रचारकों ने 1579 ई. में कोचीन में पहली तमिल किताब और 1713 ई. में पहली मलयालम किताब छापी।
- डच प्रोटेस्टेंट धर्म प्रचारकों ने 32 तमिल किताबें छापीं, जिनमें कई प्राचीन किताबों का अनुवाद था।

4. प्रकाशन के नए स्वरूप के विकास पर महत्त्वपूर्ण बिंदुओं को स्पष्ट कीजिए।

उत्तर प्रकाशन के नए स्वरूप के विकास से निम्न परिवर्तन हुए

- प्रिंटिंग प्रेस के पूर्ण विकास से प्रकाशन के क्षेत्र में नए-नए लेखन की आवश्यकता होने लगी।
- उपन्यास के अतिरिक्त अन्य साहित्यिक विधाएँ; जैसे—गीत, कहानियाँ और सामाजिक-राजनीतिक विषयों पर लेख विश्व के समस्त पाठकों की माँग बन गए थे।
- 19वीं शताब्दी के अंत तक एक नए प्रकार की दृश्य संस्कृति भी आकार ले रही थी। राजा रवि वर्मा जैसे चित्रकारों ने तस्वीरें बनाईं। बाजार से सस्ती तस्वीरें और कैलेंडर खरीदकर गरीब भी अपने घरों एवं दफ्तरों में सजाया करते थे।

5. हस्तलिखित पांडुलिपियों की क्या कमियाँ थीं, जिसके कारण वुडब्लॉक प्रिंटिंग विधि प्रचलित हुई? उनका उल्लेख कीजिए। **CBSE 2014, 12, 11**

उत्तर हस्तलिखित पांडुलिपियों में निम्न कमियाँ थीं, जिसके कारण यूरोप में वुडब्लॉक विधि प्रचलित हुई

- हस्तलिखित पांडुलिपियों से बढ़ती हुई पुस्तकों की माँग को पूरा करना संभव नहीं था, जबकि वुडब्लॉक प्रिंटिंग से तीव्र गति से छपाई संभव थी।
- पांडुलिपियाँ नाजुक होती थीं, जिनके रखरखाव में कठिनाई होती थी। इसकी अपेक्षा वुडब्लॉक प्रिंटिंग का रखरखाव आसानी से किया जा सकता था।
- पांडुलिपियों से नकल उतारना आसान नहीं था, जबकि वुडब्लॉक प्रिंटिंग के माध्यम से यह आसानी से किया जा सकता था।
- वुडब्लॉक प्रिंटिंग में छोटी-छोटी टिप्पणी के साथ धार्मिक चित्र छापने में आसान थे, जिसने इसके लोकप्रिय होने में महत्त्वपूर्ण भूमिका निभाई।

6. पहली छपी बाइबिल की तीन प्रमुख विशेषताएँ लिखिए। **CBSE 2014, 12**

उत्तर प्रथम छपी बाइबिल की तीन प्रमुख विशेषताएँ निम्नलिखित हैं

(i) इसमें तीव्र गति से छपाई हुई। इसकी 180 प्रतियाँ छापी गईं, जिसमें लगभग 3 वर्ष का समय लगा।

(ii) इसमें अमीरों के लिए छपी पुस्तकों में सजावट के लिए खाली स्थान छोड़े गए थे, जिससे वे अपने अनुरूप रंगों से सजावट कर सकें।

(iii) इसका प्रत्येक पन्ना अलग होता था। इसमें अक्षरों के अंदर रंग भरे जाते थे।

7. 18वीं सदी के यूरोप में उन छपी पुस्तकों का वर्णन करें, जिन्हें फेरीवाले गाँवों में जाकर बेचते थे। **CBSE 2014, 12**

उत्तर उन पुस्तकों का वर्णन इस प्रकार है, जिन्हें फेरीवाले गाँवों में जाकर बेचते थे

- ये पॉकेट के आकार की छोटी व सस्ती पुस्तक थीं, जिन्हें फेरीवाले गाँवों में बेचते थे।
- ये 16वीं सदी में मुद्रण क्रांति के समय अधिक लोकप्रिय हुई थीं, जिससे लोगों में इनकी माँग भी अधिक थी।
- इसमें पैम्पलेट, राजनीतिक तथा धार्मिक पर्चे, काव्य, लोककथाएँ, वार्षिक कैलेंडर आदि मुद्रित होते थे।

8. 18वीं सदी के मध्य तक किताबों और प्रिंट संस्कृति के विषय में विश्वासों के महत्त्वपूर्ण बिंदुओं को स्पष्ट कीजिए।

उत्तर 18वीं सदी के मध्य तक किताबों और प्रिंट संस्कृति के विषय में लोगों में निम्न धारणाएँ आने लगी थीं

- उन्हें यह विश्वास होने लगा था कि किताबों के द्वारा प्रगति और ज्ञानोदय होगा।
- किताबें दुनिया बदल सकती हैं। वे निरंकुशवाद और आतंकी राज सत्ता से समाज को मुक्ति दिला सकेंगी और आने वाले समय में वृद्धि और विवेक का राज स्थापित होगा।
- 18वीं सदी में फ्रांस के एक प्रसिद्ध उपन्यासकार लुई सेवेस्टियन ने यह घोषणा की कि ''छापाखाना प्रगति का सबसे ताकतवर औजार है।''

9. भारत में मुद्रण युग से पहले की पांडुलिपियों की विशेषताएँ लिखिए। **CBSE 2013, 12, 11, 10**

उत्तर भारत में मुद्रण युग से पहले की पांडुलिपियों की विशेषताएँ निम्नलिखित हैं

- ये ताड़ के पत्तों या हाथ से बने कागज पर नकल कर बनाई जाती थीं।
- इनमें पन्नों पर उचित रूप से तस्वीरें बनाई जाती थीं, जिससे लोग इन्हें देखकर आसानी से समझ सकते थे।
- लंबे समय तक रखने हेतु इन्हें तख्तियों की जिल्द में या सिलकर बाँध दिया जाता था, जिससे लंबे समय तक इनकी उपलब्धता बनी रह सके।
- पांडुलिपियाँ विशेषकर क्षेत्रीय भाषाओं में उपलब्ध होती थीं, जिससे क्षेत्र विशेष के लोगों को समझना आसान होता था।

10. प्रारंभिक छपी पुस्तकें पांडुलिपियों जैसी किस प्रकार लगती थीं? वर्णन कीजिए।

उत्तर प्रारंभिक छपी पुस्तकें निम्न रूपों में पांडुलिपियों जैसी दिखाई देती थीं। प्रारंभिक छपी पुस्तकें तकनीकी स्तर पर छपी थीं, किंतु वे पांडुलिपियों के समान ही थीं। इनमें बहुत कम भिन्नता थी।

मुद्रित पुस्तकें तथा पांडुलिपियाँ दोनों एक जैसी लगती थीं, क्योंकि दोनों में धातु के अक्षर की हस्तलिखित शैली के अलंकरणों की नकल होती थी। अमीरों के लिए छपी पुस्तकों में मुद्रित पन्नों पर सजावट के लिए खाली स्थान छोड़ा जाता था, जिसमें वे मनमोहक रंगों का प्रयोग कर सकते थे।

11. ''भारत में 19वीं सदी के अंत में जाति भेद के बारे में तरह-तरह की मुद्रित पुस्तिकाओं और निबंधों में लिखा जाने लगा था।'' इस कथन की पुष्टि दो उपयुक्त उदाहरणों सहित कीजिए।

उत्तर ''19वीं सदी के अंत में जाति भेद के बारे में तरह-तरह की मुद्रित पुस्तिकाओं और निबंधों में लिखा जाने लगा।'' जिसे निम्न उदाहरणों के माध्यम से समझा जा सकता है

- निम्न जातीय आंदोलनों के मराठी प्रणेता ज्योतिबा फुले ने 'गुलामगिरी' नामक पुस्तक में जाति प्रथा के रूप में हो रहे अत्याचारों को लिखा। इन्होंने समाज में महिलाओं की दुर्दशा एवं उनकी शिक्षा के लिए आवाज उठाई।
- डॉ. भीमराव अंबेडकर एवं ई वी रामास्वामी नायकर ने भी 'निम्न जातीय' आंदोलनों का मार्ग प्रशस्त किया। इन्होंने जातीय व्यवस्था का खंडन किया तथा पत्र-पत्रिकाओं एवं पुस्तकों के माध्यम से लोगों को जातीय प्रथा के विरोध के प्रति जागरूक किया।

12. जातिभेद के विरुद्ध निम्न जातीय आंदोलनों के प्रणेता ज्योतिबा फुले के योगदान की व्याख्या कीजिए।

उत्तर जातिभेद के विरुद्ध आंदोलनों के प्रणेता ज्योतिबा फुले के योगदान की व्याख्या इस प्रकार है

- 19वीं सदी के अंत में निम्न जातीय आंदोलनों के मराठी प्रणेता ज्योतिबा फुले ने 'गुलामगिरी' नामक पुस्तक लिखी, जिसमें इन्होंने जाति प्रथा में हो रहे अत्याचारों को लिखा। इन्होंने समाज में महिलाओं की दुर्दशा तथा उनकी शिक्षा को लेकर भी आवाज बुलंद की। नारी शिक्षा को बढ़ावा देने हेतु महिलाओं व समाज के अन्य लोगों को जागरूक किया।
- इन्होंने निम्न जातीय आंदोलन को एक मार्ग दिया। डॉ. भीमराव अंबेडकर ने भी निम्न जातीय आंदोलनों को और उजागर किया। उन्होंने पत्र-पत्रिका तथा पुस्तकों के माध्यम से लोगों को जागरूक किया। ज्योतिबा फुले ने महिलाओं के अधिकारों के लिए भी कार्य किए। न्यायपूर्ण समाज को स्थापित करने के लिए प्रेरित किया।

13. उन नवाचारों (आविष्कारों) की चर्चा करें जिनसे 17वीं सदी के बाद मुद्रण प्रौद्योगिकी में सुधार हुआ था। **CBSE 2014**

उत्तर 17वीं सदी के पश्चात् मुद्रण प्रौद्योगिकी के क्षेत्र में हुए प्रमुख सुधार तथा इसमें हुए नवीन नवाचारों का उल्लेख इस प्रकार है

- **धातु की प्रेस** 19वीं सदी में मुद्रण प्रौद्योगिकी में धातु का प्रयोग किया जाने लगा, जिससे प्रिंटिंग की प्रतियाँ भी अधिक छापी जाने लगीं।
- **बेलनाकार प्रेस अमेरिकी अन्वेषक** रिचर्ड एम हो ने एक परिष्कृत प्रेस का प्रारूप तैयार किया। यह बेलनाकार प्रेस 'फ्लैट बैड प्रेस' से कई गुना तेज काम करती थी। यह अखबार की छपाई के लिए अधिक अनुकूल थी।
- **ऑफसेट प्रेस** इस प्रेस के विकास से एक साथ छः रंगों की छपाई संभव हो सकी। इसके साथ ही इसका व्यापक प्रसार हुआ, क्योंकि इसने दृश्य संस्कृति के क्षेत्र में काफी सहायता की।

14. ''मुद्रण ने ज्ञानोदय के चिंतकों के विचारों को लोकप्रिय बनाया।'' स्पष्ट कीजिए। **CBSE 2016, 14**

उत्तर मुद्रण ने ज्ञानोदय के चिंतकों के विचारों को निम्न रूपों में लोकप्रिय बनाया

- मुद्रण से सामूहिक रूप में लेखन, तार्किक विचार तथा तानाशाही पर विवेचनात्मक टिप्पणियाँ होने लगी थीं, जिससे विचारों का प्रसार हुआ।

- विद्वानों तथा चिंतकों ने बौद्धिकता पर बल दिया। उनका कहना था कि प्रत्येक बात का निर्णय विवेक के आलोक में होना चाहिए।
- विद्वानों ने तानाशाही व सामाजिक प्रथाओं की वैधता पर प्रश्नचिह्न लगाया।

15. 1878 ई. में वर्नाक्यूलर प्रेस एक्ट क्यों पारित किया गया? **CBSE 2020**

अथवा वर्नाक्यूलर प्रेस एक्ट, 1878 के अंतर्गत अंग्रेजों द्वारा उठाए गए कदमों की परख कीजिए। **CBSE Compartment 2020**

उत्तर 'वर्नाक्यूलर प्रेस एक्ट' को 1878 ई. में गवर्नर जनरल लॉर्ड लिटन के अंतर्गत वर्नाक्यूलर पेपर्स को नियंत्रित करने के लिए पारित किया गया था। अधिनियम ने सरकार को निम्नलिखित तरीकों से प्रेस पर प्रतिबंध लगाने का अधिकार दिया

(i) इस अधिनियम ने सरकार को भाषायी प्रेस में छपी रिपोर्ट और संपादकीय को सेंसर करने का अधिकार प्रदान किया।

(ii) इस अधिनियम ने राजद्रोही सामग्री की छपाई और संचालन को नियंत्रित किया, विशेष रूप से जो भारत में ब्रिटिश सरकार के खिलाफ थे।

(iii) इस अधिनियम ने सरकार को समाचार-पत्रों पर नजर रखने की शक्तियाँ प्रदान कीं।

16. उन घटनाओं की चर्चा करें, जिनसे यूरोप में पढ़ने का एक जुनून उत्पन्न हो गया था। **CBSE 2014**

अथवा प्रिंटिंग प्रेस के साथ लोगों में पढ़ने की नई प्रवृत्ति कैसे उत्पन्न हुई? **CBSE 2010**

अथवा 18वीं सदी में यूरोप में पढ़ने के जुनून में वृद्धि के लिए उत्तरदायी किन्हीं तीन कारणों का वर्णन कीजिए।

उत्तर 18वीं सदी में यूरोप में पढ़ने के जुनून में वृद्धि लाने वाले तीन उत्तरदायी कारण निम्नलिखित हैं

(i) **योहान गुटेनबर्ग की प्रिंटिंग प्रेस** इस प्रिंटिंग प्रेस के आविष्कार से मुद्रण के क्षेत्र में क्रांति आ गई। पुस्तक की छपाई की लागत कम हो गई। कम समय में अधिक प्रतियाँ छापी जाने लगीं।

(ii) **पुस्तकों की उपलब्धता** पुस्तक विक्रेताओं ने गाँव-गाँव में फेरीवालों के माध्यम से पुस्तकें उपलब्ध कराईं। इससे लोगों तक पुस्तकों की उपलब्धता सुलभ हुई, जिससे लोगों में पढ़ने का जुनून उत्पन्न हुआ।

(iii) **साहित्य के नए रूप का विकास तथा पत्र-पत्रिकाएँ** साहित्य के नए रूप का विकास होने से पंचांग के अतिरिक्त लोकगीतों तथा लोकभाषाओं को भी छापा जाने लगा।

17. 19वीं सदी के अंत तक "एक नई तरह की दृश्य संस्कृति आकार ले रही थी।" इस नई दृश्य संस्कृति की कोई तीन विशेषताएँ लिखिए। **CBSE 2023, 11, 10**

उत्तर 19वीं सदी के अंत तक "एक नई तरह की दृश्य संस्कृति आकार ले रही थी।" इस नई दृश्य संस्कृति की तीन विशेषताएँ निम्नलिखित हैं

- **दृश्य संस्कृति का भारतीय रूप** नई दृश्य संस्कृति के विकास से भारतीय शैली में महाकाव्यों, कथाओं आदि को चित्रों के माध्यम से लोगों के समक्ष प्रस्तुत किया जाने लगा।
- **सस्ती दृश्य संस्कृति** दृश्य संस्कृति के विकास से मुद्रित पुस्तकों की माँग में वृद्धि हुई। ये सस्ती दरों पर उपलब्ध होने लगीं। इनकी लागत में कमी आई।
- **कैरिकेचर और कार्टून** 1870 के दशक तक पत्र-पत्रिकाओं में कैरिकेचर (व्यंग्य चित्र) तथा कार्टून छपने लगे थे। इसके माध्यम से लोगों तथा औपनिवेशिक शासन की आलोचनात्मक चित्रों को लोगों तक पहुँचाया जाने लगा।

18. ब्रिटिश निर्माताओं ने विज्ञापनों की मदद से भारतीय व्यापार पर किस प्रकार कब्जा करने के प्रयास किए? तीन उदाहरणों की मदद से स्पष्ट कीजिए।

उत्तर ब्रिटिश निर्माताओं ने विज्ञापनों की मदद से भारतीय व्यापार पर निम्नलिखित रूपों से अधिकार करने का प्रयास किया

(i) पत्र-पत्रिकाओं तथा अखबारों के माध्यम से व्यापार की वस्तुओं की प्रशंसा वाले विज्ञापनों का प्रसार किया जाता था, जिससे लोगों का इसके प्रति आकर्षण बढ़ता था तथा व्यापार को भी बढ़ावा मिलता था।

(ii) ब्रिटिश निर्माता कैलेंडर के माध्यम से भी व्यापार की कार्यवाहियों को छापते थे। इससे भी व्यापारिक वर्ग अपने व्यापार के प्रति जागरूक हो जाते थे।

(iii) ब्रिटिश निर्माता उत्पादित माल पर देवी-देवताओं के चित्र को छपवाते थे। इस चित्र से व्यक्ति का भावनात्मक लगाव होता था, जिससे ऐसी वस्तुओं की माँग में वृद्धि होती थी और व्यापार को बढ़ावा मिलता था।

19. 17वीं शताब्दी तक चीन में नगरीय संस्कृति में उछाल आया, तो मुद्रण के लाभ विभिन्न रूपों को भा गए। उदाहरण स्पष्ट करें। **CBSE 2010**

उत्तर 17वीं सदी में चीन में जब नगरीय संस्कृति में उछाल आया, तो मुद्रण के लाभ निम्न रूपों में देखे गए

- मुद्रित सामग्री के उपभोक्ता केवल विद्वान् और अधिकारी ही नहीं रहे, बल्कि व्यापारी वर्ग भी इससे प्रभावित हुए। व्यापारी वर्ग अपने दैनिक कारोबार की जानकारी मुद्रित सामग्री से लेने लगे।
- नए पाठक वर्गों का उदय हुआ, जो काल्पनिक कविताएँ, आत्मकथाएँ और रूमानी नाटकों को पसंद करने लगे, जिससे मुद्रित सामग्रियों में व्यापकता आई।
- अमीर घर की महिलाओं ने भी पढ़ना शुरू कर दिया। इनमें से कुछ ने कविता और नाटक भी प्रकाशित करवाए।

20. प्रिंटिंग प्रेस ने यूरोप में पढ़ने की नई संस्कृति कैसे विकसित की? उदाहरण के साथ बताएँ। **CBSE 2019**

उत्तर छापेखाने के आने से एक नया पाठक वर्ग पैदा हुआ। छपाई से किताबों की कीमत कम हुई और आमजन तक पहुँच सुनिश्चित हुई। किताबों तक पहुँच आसान होने से पढ़ने की एक नई संस्कृति विकसित हुई। अब तक आम लोग मौखिक संसार में जीते थे। वे धार्मिक किताबों का वाचन सुनते थे,

गाथा-गीत उनको पढ़कर सुनाए जाते थे। ज्ञान का मौखिक लेन-देन ही होता था। छपाई क्रांति के पहले किताबें महँगी थीं और पर्याप्त मात्रा में छापना भी असंभव था, किंतु छपाई के आगमन ने किताबों को समाज के व्यापक तबको तक संभव बनाया। मुद्रकों ने लोकगीत और लोककथाएँ छापनी शुरू कर दीं और ऐसी किताबें सामान्यत: तस्वीरों से खूब सजी-धजी यानी सचित्र होती थीं। इस प्रकार मौखिक और मुद्रित-संस्कृतियों के बीच की विभाजक रेखा धुँधली पड़ गई और श्रोता व पाठक वर्ग एक-दूसरे में घुल-मिल गए।

दीर्घ उत्तरीय प्रश्न

1. **यूरोप में मुद्रण के आगमन की प्रमुख विशेषताओं को संक्षेप रूप से स्पष्ट कीजिए।**

उत्तर यूरोप में मुद्रण के आगमन की प्रमुख विशेषताएँ निम्न थीं

- सदियों तक चीन से रेशम और मसाले रेशम मार्ग से यूरोप आते रहे थे। 1295 ई. में जब मार्को पोलो इटली आया, तो वह चीन से काठ की तख्ती अर्थात् वुडब्लॉक वाली छपाई की तकनीकी की प्रक्रिया अपने साथ लाया।
- इटलीवासियों ने लकड़ी के ब्लॉकों वाली छपाई के साथ पुस्तकों का निर्माण शुरू किया। विलासी संस्करणों को महँगे वेलम या चर्म-पत्र पर लिखा गया, जिसका अर्थ कुलीन वर्गों के लिए था।
- पुस्तक की माँग में वृद्धि के साथ, पुस्तक विक्रेताओं ने पांडुलिपियों के उत्पादन के लिए लेखकों को नियुक्त किया तथा विभिन्न स्थानों पर पुस्तक मेले की व्यवस्था की। पुस्तकों की बढ़ती माँगों के साथ, लकड़ी ब्लॉक प्रिंटिंग और अधिक लोकप्रिय हो गई।
- 15वीं शताब्दी की शुरुआत में वुडब्लॉक प्रिंटिंग का प्रयोग कपड़ों को प्रिंट करने, ताश के पत्ते बनाने और धार्मिक चित्रों के लिए किया गया। एक जर्मन व्यापारी योहान गुटेनबर्ग के पुत्र ने पहली बार 1430 के दशक में छपाई प्रेस का विकास किया।
- जैतून प्रेस ही प्रिंटिंग प्रेस का मॉडल या आदर्श बना और साँचे का उपयोग अक्षरों की धातुई आकृतियों को गढ़ने के लिए किया गया। इसके द्वारा जो पहली किताब छापी गई, वह बाइबिल थी। इसके पश्चात् 1450 से 1550 ई. के मध्य यूरोप के अधिकांश देशों में प्रिंटिंग प्रेस की स्थापना की गई।

2. **जापान की मुद्रण संस्कृति की महत्त्वपूर्ण विशेषताएँ बताइए।**

उत्तर जापान की मुद्रण संस्कृति की प्रमुख विशेषताएँ निम्न थीं

- **बौद्ध प्रचारक द्वारा आरंभ** जापान में मुद्रण तकनीक का प्रारंभ चीनी बौद्ध प्रचारकों द्वारा 768-770 ई. में हुआ। इन्होंने हस्त मुद्रण प्रौद्योगिकी को स्थापित किया था।
- **प्राचीनतम पुस्तक** जापान की प्राचीन पुस्तक का नाम 'डायमंड सूत्र' है। यह 868 ई. में छपी थी। इसमें पाठ के साथ-साथ काष्ठ पर चित्र भी छपे होते थे।
- **मुद्रण की सामग्री** यहाँ की मुद्रण संस्कृति में चित्रों की छपाई के लिए ताश के पत्ते, कपड़े तथा कागज के नोटों का प्रयोग किया जाता था।
- **सस्ती पुस्तक** जापान में मध्यकालीन कवियों और गद्यकारों की रचनाएँ नियमित रूप से की जाती थीं। ये पुस्तकें सस्ती दरों पर उपलब्ध होती थीं। सभी लोगों तक इनकी पहुँच सुलभ थी।
- **नवीन चित्रकला शैली** 1753 ई. में जापान के टोक्यो में जन्मे कितागावा उतामारो ने एक नवीन चित्रकला शैली का विकास किया, जिसमें आम शहरी जीवन का चित्रण किया गया था।
- **एदो (टोक्यो) में प्रिंट** 18वीं सदी के अंत में एदो (टोक्यो) में एक शालीन संस्कृति देखने को मिलती है। इस समय हाथ से मुद्रित कई पुस्तकों; जैसे–संगीत, शिष्टाचार, रसोई, फूलसाजी आदि की रचना की गई। इसके साथ ही इस समय वेश्याओं तथा चायघरों में सभाओं को देख सकते हैं।

3. **गुटेनबर्ग प्रेस के आविष्कार के बाद यूरोप में उत्पादित नई पुस्तकों की प्रमुख विशेषताएँ बताइए।** **CBSE 2010**

उत्तर गुटेनबर्ग प्रेस के आविष्कार के पश्चात् यूरोप में उत्पादित नवीन पुस्तकों की प्रमुख विशेषताएँ निम्नलिखित हैं

- **सस्ती** नवीन पुस्तकें प्रारंभिक पुस्तकों की तुलना में बहुत सस्ती होती थीं, जिससे ये सभी के लिए सुलभ थीं।
- **पांडुलिपियाँ** मुद्रित पुस्तकें हस्तलिखित पांडुलिपियों के समरूप थीं। इनमें धातुई अक्षर हाथ की सजावटी शैली के प्रतिरूप होते थे। इनमें किनारों पर फूल-पत्तियों का डिजाइन बनाया जाता था और चित्रों के लिए प्राय: पेंट किया जाता था।
- **प्रिंटिंग** इस समय प्रिंटिंग में चित्रों के लिए पेंट होता था। इसके साथ ही इसकी प्रमुख विशेषता यह थी कि खरीददार अपनी रुचि के अनुसार डिजाइन कर सकते थे।
- **रंगीन चित्र** इसमें चित्र प्राय: रंगीन होते थे। अमीरों के लिए निर्मित पुस्तकों में छपे पृष्ठों पर हाशिए की जगह बेल-बूटों के लिए खाली स्थान छोड़ दिया जाता था।
- **मुद्रण क्रांति** प्रिंटिंग प्रेसों की संख्या में बढ़ोतरी हुई, जिससे पुस्तकों के उत्पादन में वृद्धि हुई। हाथ की जगह छपाई यांत्रिक मुद्रण से की गई। इसी के परिणामस्वरूप मुद्रण क्रांति संभव हो सकी।

4. **प्रोटेस्टेंट धर्म सुधार की शुरुआत कैसे हुई? इस विषय पर संक्षेप में टिप्पणी लिखिए।**

उत्तर धर्म सुधारक मार्टिन लूथर ने रोमन कैथोलिक चर्च की कुरीतियों की आलोचना करते हुए अपनी 'पिच्चानवे स्थापनाएँ' लिखी। लूथर के लेखों को बड़ी संख्या में पुन: प्रकाशित किया गया और व्यापक रूप से पढ़ा गया। इसके परिणामस्वरूप प्रोटेस्टेंट धर्म सुधार की शुरुआत हुई।

छपे हुए लोकप्रिय साहित्य के बल पर कम शिक्षित लोग धर्म की अलग-अलग व्याख्याओं से परिचित हुए। 16वीं शताब्दी में मेनोकिया (इटली का एक किसान) ने किताबों को पढ़ना शुरू कर दिया था। उन किताबों के आधार पर उसने बाइबिल के

नए अर्थ लगाने शुरू कर दिए और उसने ईश्वर एवं सृष्टि के विषय में ऐसे विचार बनाए कि कैथोलिक चर्च उससे क्रुद्ध हो गया। ऐसे धर्म विरोधी विचारों को दबाने के लिए रोमन चर्च ने जब इन्क्वीजीशन (धर्म द्रोहियों को दुरुस्त करने वाली संस्था) शुरू किया, तो मेनोकिया को मार दिया गया, जिसके परिणामस्वरूप रोमन चर्च ने प्रकाशकों और पुस्तक विक्रेताओं पर अनेक तरह के नियंत्रण लगाए। इरैस्मस, जो एक लातिन विद्वान् और कैथोलिक सुधारक था, ने मुद्रण के विषय में गहरी चिंता व्यक्त की।

5. मुद्रकों ने लोगों, अधिकतर निरक्षरों को मुद्रित पुस्तकों की ओर किस प्रकार आकर्षित किया? CBSE 2012

अथवा **श्रोता और पाठक वर्ग एक-दूसरे से किस प्रकार घुल-मिल गए थे? व्याख्या कीजिए। CBSE 2015**

उत्तर मुद्रण क्रांति के पश्चात् श्रोता और पाठक में घनिष्ठ संबंध स्थापित होने लगे। विशेषकर निरक्षर, अशिक्षित तथा कम शिक्षित लोग भी इससे अधिक संख्या में आकर्षित हुए। इसके प्रमुख कारण निम्नलिखित थे

- 20वीं सदी तक यूरोप की अधिकांश जनसंख्या निरक्षर थी। मुद्रकों ने उन तक संदेशों को पहुँचाने हेतु लोकगीतों व लोककथाओं को छापना शुरू किया। मुद्रित किताबों को ग्राम-सभाओं और शराब घरों में गाकर सुनाया जाता था, जिससे इन लोगों में इसके प्रति जिज्ञासा बढ़ी।
- लोगों में तार्किकता व समझ के साथ नवीन विचारों का उदय होने लगा। लोग परंपरागत रीति-रिवाजों पर तर्क करने लगे। इससे एक नवीन पाठक वर्ग का उदय हो गया और श्रोता तथा पाठक वर्ग में घनिष्ठ संबंध स्थापित होने लगे।
- मौखिक और मुद्रित संस्कृति से लोगों के बीच सौहार्द की भावना का उदय हुआ और लोगों में दूरी कम होने के साथ-साथ अखिल स्तर की समझ विकसित होने लगी। विचारों के आदान-प्रदान से सामाजिक, राजनीतिक व धार्मिक जैसे मुद्दों पर एक संतुलित विचार फैलने लगा।

अतः यह स्पष्ट होता है कि मुद्रण संस्कृति ने न केवल विचारों को बढ़ाया, बल्कि यह श्रोता और पाठक को एक-दूसरे के काफी करीब भी लाई।

6. यूरोप में मुद्रण संस्कृति का कैसे विकास हुआ? CBSE 2012

अथवा **यूरोप में चीन से मुद्रण किस प्रकार आया? व्याख्या कीजिए। CBSE 2011, 10**

उत्तर यूरोप में मुद्रण संस्कृति के विकास को निम्न रूपों में देखा जा सकता है

- 11वीं सदी में चीन के रेशम मार्ग के सहारे कागज यूरोप पहुँचा था जिसके पश्चात् लिपिकों द्वारा पांडुलिपियों के उत्पादन का कार्य एक सामान्य कारोबार के रूप में प्रारंभ हुआ। खोजी यात्रियों में मार्को पोलो का महत्त्वपूर्ण योगदान है। वह 1295 ई. में चीन में कई साल रहने के पश्चात् इटली लौटा। वह अपने साथ वुडब्लॉक मुद्रण तकनीक को लेकर इटली आया। 15वीं सदी के प्रारंभ में वुडब्लॉक प्रिंटिंग के प्रयोग से कपड़ा छानने तथा सादा व धार्मिक चित्र छापने का कार्य व्यापक रूप में होने लगा। इससे मुद्रण का मार्ग और प्रशस्त हुआ।
- योहान गुटेनबर्ग द्वारा मुद्रण तकनीक में एक व्यापक क्रांति लाई गई। 1430 के दशक में पहली प्रिंटिंग प्रेस विकसित की गई। इस प्रिंटिंग प्रेस में छपने वाली पहली पुस्तक बाइबिल थी। इस प्रेस में छपी किताबें पांडुलिपियों के समरूप होती थीं।
- 1450 से 1550 ई. के बीच प्रेसों की संख्या में काफी वृद्धि हुई। इससे पुस्तक के उत्पादन में भी वृद्धि हुई। इसी वृद्धि के परिणामस्वरूप यूरोप में मुद्रण क्रांति संभव हुई।

7. भारत के विभिन्न भागों में मुद्रण ने समुदायों और लोगों को जोड़ने का काम किस प्रकार किया? स्पष्ट रूप से समझाइए। CBSE 2011, 10

उत्तर मुद्रण ने समुदायों और लोगों को एक-साथ जोड़ने में मदद की है, जिसे निम्न प्रकार से देखा जा सकता है

- **नए विचारों का उदय** मुद्रण संस्कृति के विकास ने लोगों में व्यापक स्तर पर तर्क ज्ञान को बढ़ाया। लोग जन-समुदाय के बीच अपने विचार को रख सकते थे। इससे विभिन्न प्रकार के मतों का आना शुरू हो गया और लोग एक-दूसरे के विचारों का समर्थन करने लगे।
- **धार्मिक, सामाजिक तथा आर्थिक मुद्दों पर बहस** मुद्रण के विकास से लोग समस्याओं को व्यापक स्तर पर फैलाने लगे। उदाहरणस्वरूप; औपनिवेशिक काल में समाज के लोग सामाजिक, धार्मिक व आर्थिक समस्याओं से जूझ रहे थे। इनमें जागरूक महिला व पुरुष पत्र-पत्रिकाओं व पुस्तकों के माध्यम से महिलाओं, मजदूरों आदि की समस्याओं को फैला रहे थे। इसी के परिणामस्वरूप अखिल भारतीय भावना की प्रेरणा जगी। भारत में देशप्रेम का उदय तथा इसके प्रसार में मुद्रण को देखा जा सकता है।
- **भारतीय पहचान** अखबार व पत्र-पत्रिका एक स्थान से दूसरे स्थान पर पहुँचते थे। लोग औपनिवेशिक शासन की आलोचना इन मुद्रित अखबारों के माध्यम से करते थे। इस प्रकार मुद्रण भारतीय पहचान तथा राष्ट्रवादी गतिविधियों को बढ़ाने में मदद करता था।
- **मुद्रण तथा निम्न वर्ग** मुद्रण के माध्यम से ही 19वीं सदी से जाति भेदभाव जैसे मुद्दे पर लिखना शुरू हो गया था। उदाहरणस्वरूप, ज्योतिबा फुले, डॉ. बी आर अंबेडकर व ई वी रामास्वामी नायकर ने निम्न वर्ग की समस्याओं पर अधिक लिखा और समस्याओं को लोगों के सामने रखा।
- **वाद-विवाद** मुद्रण ने विभिन्न प्रकार के वाद-विवादों को जन्म दिया। व्यक्ति की अभिव्यक्ति प्रकाशित होने लगी। एक विषय पर कई विचार उत्पन्न होने लगे। इससे समाज के साथ देश के गंभीर मुद्दों पर भी चर्चा प्रारंभ होने लगी।

8. भारत में प्रिंट तकनीक के विकास का उल्लेख कीजिए। **CBSE 2015**

उत्तर भारत में प्रिंट तकनीक का विकास एक क्रमबद्ध रूप में औपनिवेशिक काल में हुआ, जिसमें कालांतर समय में काफी परिवर्तन भी हुआ, जिसे निम्न रूपों में देखा जा सकता है

- **प्रिंट तकनीक से पूर्व हस्तलिखित पांडुलिपियाँ** भारत में पूर्व औपनिवेशिक काल से संस्कृत, अरबी, फारसी तथा विभिन्न क्षेत्रीय भाषाओं में पांडुलिपियों का प्रचलन था, जिसमें ताड़ के पत्तों या हाथ से बने कागज पर नकल कर लिखा जाता था। कुछ पाठशालाओं में अध्यापन कार्य प्रचलन में था, जिसमें अध्यापन कार्य मौखिक होता था।
- **प्रिंट तकनीक का आगमन** भारत में प्रिंटिंग प्रेस सर्वप्रथम 16वीं सदी में आई। यह तकनीक पुर्तगाली धर्म प्रचारकों के द्वारा गोवा में लाई गई। इन धर्म प्रचारकों ने कोंकणी भाषा में अनेक पुस्तकें छापीं। कैथोलिक धर्म प्रचारकों ने 1579 ई. में चीन में पहली तमिल किताब और 1713 ई. में पहली मलयालम किताब छापी।
- **18वीं सदी में मुद्रण** ब्रिटिश संपादक जेम्स ऑगस्टस हिक्की ने 1780 ई. में 'बंगाल गजट' नामक एक साप्ताहिक पत्रिका का संपादन किया, जिसमें दासों की बिक्री तथा अंग्रेज अधिकारियों की आपसी बातचीत को छापा गया था। इससे इसको काफी प्रसार मिला तथा जन-जागरूकता भी बढ़ी। 18वीं सदी के अंत तक अनेक ब्रिटिश व हिंदुस्तानी अखबार छपने लगे थे। ऐसे प्रयासों में प्रथम भारतीय पत्रिका गंगाधर भट्टाचार्य द्वारा प्रकाशित 'बंगाल गजट' थी।
- **19वीं सदी में मुद्रण** 1870 के दशक तक पत्र-पत्रिकाओं में सामाजिक-राजनीतिक विषयों पर टिप्पणी करते हुए कैरिकेचर (व्यंग्य चित्र) और कार्टून छपने लगे थे। 19वीं सदी के अंत तक एक नई तरह की दृश्य संस्कृति भी आकार ले रही थी। संस्कृति के लोकप्रिय विचार को कथाओं के माध्यम से भी प्रकट किया जाने लगा।
- **20वीं सदी में मुद्रण** 20वीं सदी के आरंभ से ही लोक साहित्य बड़े पैमाने पर छापे जाने लगे। चित्रों के माध्यम से विभिन्न प्रकार के सामाजिक व राजनीतिक अत्याचारों को दिखाया जाने लगा। खालसा एक्ट सोसायटी ने इसी तरह के संदेश देते हुए सस्ती पुस्तिकाएँ छापीं।

9. भारत में धार्मिक सुधारकों के लिए मुद्रण की भूमिका का वर्णन कीजिए। **CBSE 2011**

उत्तर भारत में धार्मिक सुधारकों के क्षेत्र में मुद्रण की निम्नलिखित भूमिका रही है

- **सामाजिक मुद्दों पर वाद-विवाद** मुद्रण ने लोगों के बीच तर्क-वितर्क करने की क्षमता को जन्म दिया। सामाजिक व धार्मिक सुधारकों के बीच गहन विवाद प्रारंभ हो गया।
- **सस्ती धार्मिक पुस्तकें** 19वीं सदी के मध्य तक धार्मिक पुस्तकें भी कम कीमत पर उपलब्ध होने लगी थीं। इससे विभिन्न धर्मों के बीच वाद-विवाद और संवाद की एक नई स्थिति उत्पन्न हो गई। इससे लोग एक-दूसरे धर्म के विचारों से भी अवगत होने लगे।
- **हिंदुओं में सुधार** मुद्रण से धार्मिक पुस्तकों की छपाई देशी भाषाओं में भी होने लगी। कलकत्ता में 1810 ई. में तुलसीदास की 'रामचरितमानस' का प्रथम संस्करण मुद्रित हुआ। लखनऊ की नवल किशोर प्रेस और बंबई की श्री वेंकटेश्वर प्रेस में अनेक भारतीय भाषाओं में कई धार्मिक पुस्तकें छपीं। इससे हिंदू धर्म के परंपरागत विचारों पर तर्क होने लगे, जिससे हिंदू धर्म में सुधार के अवसर दिखने लगे तथा लोगों में एकता की भावना का संचार होने लगा।
- **मुस्लिमों में सुधार** 1867 ई. में स्थापित देवबंद सेमिनार ने मुसलमान पाठकों को दैनिक जीवन जीने का तरीका और इस्लामी सिद्धांतों के तरीके समझाते हुए कई फतवे जारी किए। इससे भी मुस्लिम समुदायों में तर्क-वितर्क की जिज्ञासा जगी और अपनी-अपनी व्याख्याएँ करने लगे। इससे कुछ हद तक मुस्लिम समुदायों में सुधार के अवसर दिखने लगे।

10. 19वीं सदी में प्रिंटिंग प्रेस ने भारतीय समाज को नया स्वरूप देने में महत्त्वपूर्ण योगदान दिया। सोदाहरण स्पष्ट कीजिए।

उत्तर 19वीं सदी में प्रिंटिंग प्रेस के आगमन से भारतीय समाज में वाद-विवाद व तर्क-वितर्क के साथ समाज का बदलता स्वरूप देखने को मिला, जिसे निम्न उदाहरणों द्वारा समझा जा सकता है

- **वैचारिक विभिन्नता** मुद्रण के विकास से विभिन्न प्रकार के तर्कों का उदय हुआ। समाज में व्याप्त परंपरागत रूढ़िवादी रीति-रिवाजों को लेकर मतभेद भी प्रारंभ हुआ। इससे धार्मिक विचारों का उदय हुआ, जिसमें कुछ औपनिवेशिक समाज में हो रहे बदलावों का विरोध कर रहे थे, तो कुछ समाज सुधारकों के तर्कों का विरोध करते थे। इस प्रकार से वैचारिक विभिन्नता समाज में उत्पन्न हुई।
- **विचारों का आकार** मुद्रित पुस्तकों, अखबारों व पत्रिकाओं ने वाद-विवाद की प्रकृति को भी बदल दिया। लोगों में तार्किक क्षमता का विकास हुआ। जन-समुदाय विवादों में हिस्सा लेने लगे तथा अपनी राय प्रस्तुत करने लगे। इससे नवीन विचारों का उदय हुआ तथा कम पढ़े-लिखे व निरक्षर लोगों को गाथाओं को गाकर सुनाया जाने लगा, जिससे जन-समुदाय का बड़ा भाग जागरूक होने लगा।
- **समाज सुधार** मुद्रण से ही सामाजिक सुधारकों के विचारों का प्रसार हुआ। इससे प्रभावित विचार से समाज में बदलाव हेतु आवाज बुलंद हुई; जैसे—सती प्रथा, विधवा पुनर्विवाह, नारी शिक्षा, एकेश्वरवाद आदि। गरीब मजदूरों व कारीगरों की दशा पर विचार व्यक्त किए जाने लगे।
- **एकता व राष्ट्रीय भावना का उदय** मुद्रित अखबारों, पत्रिकाओं व दृश्य चित्रों की मदद से लोगों में भारतीय पहचान बनी। उनमें एकता की भावना का उदय हुआ। औपनिवेशिक शासन की नीतियों के खिलाफ आवाज बुलंद होने से लोगों में राष्ट्रवादी गतिविधियों को बढ़ावा मिला।

11. धर्म पर पड़े मुद्रण क्रांति के प्रभाव का विश्लेषण कीजिए। **CBSE 2012**

अथवा धर्म पर पड़ने वाले मुद्रण क्रांति के प्रभावों का मूल्यांकन कीजिए।

उत्तर मुद्रण क्रांति को धर्म पर निम्नलिखित प्रभाव पड़े

- **नए विचारों का विकास** मुद्रण संस्कृति के विकास से लोगों में नवीन विचारों का उदय हुआ। लोगों में तार्किकता आई तथा सामाजिक मुद्दे पर वाद-विवाद शुरू हुआ।
- **वैज्ञानिक व दार्शनिक रचनाएँ** सामाजिक मुद्दे व धर्म की परंपरागत मान्यताओं के संदर्भ में वैज्ञानिक व दार्शनिक लेख प्रस्तुत किए जाने लगे।
- **धर्म विरोधी भावना का उदय** मुद्रित साहित्य के द्वारा कम पढ़े-लिखे लोग भी धार्मिक विचारों के संपर्क में आए, जिससे धर्म सुधार आंदोलन का मार्ग प्रशस्त हुआ; जैसे-रोमन कैथोलिक चर्च में व्यापक कुरीतियों की आलोचना शुरू हो गई और प्रोटेस्टेंट धर्म का विकास हुआ।
- **धार्मिक सुधारों का विकास** मुद्रण क्रांति के आगमन से विश्व के सभी धर्मों में सुधार प्रारंभ हुआ। उदाहरणस्वरूप, यूरोप में धर्म सुधार, भारत में हिंदू व मुस्लिम संप्रदायों में सुधार की दिशा में लेखों, कार्टूनों, उपन्यासकारों, चित्रों आदि का विकास हुआ, जिनके द्वारा लोगों तक सामाजिक एवं धार्मिक बुराइयों को पहुँचाया जाने लगा।
- **सस्ती पुस्तकों की उपलब्धता** सुधारकों के विचारों से प्रेरित लोगों में जागरूकता का संचार होने से धार्मिक पुस्तकों की माँग में वृद्धि होने के कारण सस्ती दरों पर पुस्तकों को उपलब्ध कराया जाने लगा।

12. 19वीं सदी की भारतीय नारियों में पढ़ने-लिखने की प्रवृत्ति कैसे बढ़ी? सोदाहरण स्पष्ट करें। **CBSE 2013**

अथवा मुद्रण से भारतीय नारियों में पढ़ने-लिखने की प्रवृत्ति कैसे बढ़ी? मूल्यांकन कीजिए।

उत्तर भारतीय नारियों में पढ़ने-लिखने की प्रवृत्ति निम्न रूपों में बढ़ी

- महिलाओं के जीवन तथा भावनाओं के ऊपर साहित्य की रचना की जाने लगी। उनकी समस्याओं को उठाया जाने लगा।
- 19वीं सदी के मध्य तक महिलाओं के लिए शहरों तथा कस्बों में स्कूल तथा कॉलेज स्थापित किए जाने लगे।
- कैलाशबासिनी देवी, ताराबाई शिंदे, पंडिता रमाबाई जैसी अनेक भारतीय लेखिकाएँ नारियों की दयनीय स्थिति का वर्णन अपने लेखों में करने लगीं।
- पत्र-पत्रिकाओं व उपन्यासों में महिलाओं की जीवन पद्धति, विधवा विवाह, घरेलू समस्याओं आदि की चर्चा की जाने लगी।
- मुद्रित पुस्तकों में महिलाओं की दशा को तार्किक रूप में कार्टून व चित्रों के माध्यम से प्रस्तुत किया जाने लगा।
- विभिन्न सामाजिक सुधारकों के तर्कों के कारण महिलाएँ अधिक प्रभावित हुईं तथा इनमें पढ़ने-लिखने की प्रवृत्तियों का विकास हुआ, जिससे इनमें सामाजिक जीवन में बदलाव के अवसर खुले।

स्रोत आधारित प्रश्न

निम्नलिखित स्रोतों को ध्यानपूर्वक पढ़कर उन पर आधारित प्रश्नों के उत्तर दीजिए

1. मुद्रण की सबसे पहली तकनीक चीन, जापान और कोरिया में विकसित हुई। यह छपाई हाथ से होती थी। तक़रीबन 594 ई. से चीन में स्याही लगे काठ के ब्लॉक या तख़्ती पर कागज़ को रगड़कर किताबें छापी जाने लगी थीं। चूँकि पतले, छिद्रित कागज के दोनों तरफ छपाई संभव नहीं थी, इसलिए पारंपरिक चीनी किताब 'एकॉर्डियन' शैली में, किनारों को मोड़ने के बाद सिलकर बनाई जाती थी।

किताबों को सुलेखन या ख़ुशनवीसी करने वाले लोग दक्ष सुलेखक या ख़ुशख़त होते थे, जो हाथ से बड़े सुंदर-सुडौल अक्षरों में सही-सही कलात्मक लिखाई करते थे।

एक लंबे अरसे तक मुद्रित सामग्री का सबसे बड़ा उत्पादक चीनी राजतंत्र था। सिविल सेवा परीक्षा से नियुक्त चीन की नौकरशाही भी विशालकाय थी, तो चीनी राजतंत्र इन परीक्षाओं के लिए बड़ी तादाद में किताबें छपवाता था। सोलहवीं सदी में परीक्षा देने वालों की तादाद बढ़ी, लिहाजा, छपी किताबों की मात्रा भी उसी अनुपात में बढ़ गई। सत्रहवीं सदी तक आते-आते चीन में शहरी संस्कृति के फलने-फूलने से छपाई के इस्तेमाल में भी विविधता आई। अब मुद्रित सामग्री के उपभोक्ता सिर्फ विद्वान और अधिकारी नहीं रहे।

व्यापारी अपने रोजमर्रा के कारोबार की जानकारी लेने के लिए मुद्रित सामग्री का इस्तेमाल करने लगे। पढ़ना एक शगल भी बन गया। नए पाठक वर्ग को काल्पनिक किस्से, कविताएँ, आत्मकथाएँ, शास्त्रीय साहित्यिक कृतियों के संकलन और रूमानी नाटक पसंद थे। अमीर महिलाओं ने भी पढ़ना शुरू किया और कुछ ने स्वरचित काव्य और नाटक भी छापे। पढ़ने की यह नई संस्कृति एक नई तकनीक के साथ आई। उन्नीसवीं सदी के अंत में पश्चिमी शक्तियों द्वारा अपनी चौकियाँ स्थापित करने के साथ ही पश्चिमी मुद्रण तकनीक और मशीनी प्रेस का आयात भी हुआ। पश्चिमी शैली के स्कूलों की ज़रूरतों को पूरा करने वाला शंघाई प्रिंट-संस्कृति का नया केंद्र बन गया। हाथ की छपाई की जगह अब धीरे-धीरे मशीनी या यांत्रिक छपाई ने ले ली।

(i) मुद्रण की सबसे प्राचीन तकनीक किस देश में विकसित हुई थी?
(a) चीन (b) जापान
(c) कोरिया (d) ये सभी

उत्तर (d) ये सभी

(ii) पारंपरिक चीनी किताब एकॉर्डियन शैली में ही क्यों विकसित की गई थी?
(a) इसे पढ़ना आसान होता था
(b) दोनों तरफ छपाई से बचने के लिए
(c) पाश्चात्य देशों में इस शैली की माँग अधिक थी
(d) इसे आसानी से संरक्षित रखा जा सकता था

उत्तर (b) दोनों तरफ छपाई से बचने के लिए

(iii) चीन में लिखित सिविल सेवा परीक्षा प्रचलित होने के पीछे कौन-सा कारण मुख्य रूप से ज़िम्मेदार था?
(a) मुद्रित सामग्री विकसित होना
(b) नौकरशाहों की अधिक आवश्यकता थी
(c) शहरी संस्कृति का तीव्र गति से विस्तार
(d) कारोबार का विस्तार

उत्तर (a) मुद्रित सामग्री विकसित होना

(iv) 17वीं सदी के आते-आते चीन में ………… छपाई के इस्तेमाल में विविधता आई और समाज के सभी वर्गों में इसका प्रचलन बढ़ गया।
(a) चीनी शासन व्यवस्था में परिवर्तन से
(b) शहरी संस्कृति के फलने-फूलने से
(c) विदेशी यात्रियों के आगमन से
(d) चीनी दार्शनिकों के वैचारिक प्रभाव के कारण

उत्तर (b) शहरी संस्कृति के फलने-फूलने से

(v) 19वीं सदी के अंत में पश्चिमी शक्तियों के आगमन के पश्चात् चीनी छपाई कला पर क्या प्रभाव पड़ा?
(a) मुद्रण तकनीक का व्यापक विस्तार हुआ
(b) शंघाई प्रिंट संस्कृति का नया केंद्र बना
(c) हाथों द्वारा की जाने वाली छपाई के स्थान पर मशीनी छपाई को बल मिला
(d) उपरोक्त सभी

उत्तर (d) उपरोक्त सभी

(vi) निम्न में से कौन-सा कथन सत्य है?
1. लगभग 594 ई. से चीन में किताबों की छपाई प्रारंभ की जा चुकी थी।
2. एक लंबे अरसे तक मुद्रित सामग्री का सबसे बड़ा उत्पादक चीनी राजतंत्र था।
3. अठारहवीं शताब्दी के पूर्वार्द्ध में हाथ की छपाई का स्थान मशीनों ने ले लिया था।

कूट
(a) केवल 1 (b) 1 और 2
(c) 2 और 3 (d) ये सभी

उत्तर (b) 1 और 2

2. प्रिंटिंग प्रेस पहले-पहल सोलहवीं सदी में भारत के गोवा में पुर्तगाली धर्म-प्रचारकों के साथ आया। जेसुइट पुजारियों ने कोंकणी सीखी और कई पुस्तिकाएँ छापीं। 1674 ई. तक कोंकणी और कन्नड़ भाषाओं में लगभग 50 किताबें छप चुकी थीं। कैथोलिक पुजारियों ने 1579 ई. में कोचीन में पहली तमिल किताब छापी और 1713 ई. में पहली मलयालम किताब छापने वाले भी वही थे। डच प्रोटेस्टेंट धर्म-प्रचारकों ने 32 तमिल किताबें छापीं, जिनमें से कई पुरानी किताबों का अनुवाद थीं।

जेम्स ऑगस्टस हिक्की ने 1780 ई. में 'बंगाल गजट' नामक एक साप्ताहिक पत्रिका का संपादन शुरू किया, जिसने खुद को यूँ परिभाषित किया, 'हर किसी के लिए खुली एक व्यावसायिक पत्रिका, जो किसी के प्रभाव में नहीं है। यानी यह पत्रिका भारत में प्रेस चलाने वाले औपनिवेशिक शासन से आजाद, निजी अंग्रेजी उद्यम थी और इसे स्वतंत्रता पर अभिमान था।' हिक्की ढेर सारे विज्ञापन छापता था जिनमें दासों की बिक्री से जुड़े इश्तेहार भी शामिल थे, लेकिन साथ ही वह भारत में कार्यरत वरिष्ठ अंग्रेज़ अधिकारियों से जुड़ी गपबाज़ी भी छापता था। इससे नाराज़ होकर गवर्नर-जनरल वॉरेन हेस्टिंग्स ने हिक्की पर मुकदमा कर दिया और ऐसे सरकारी आश्रय-प्राप्त अखबारों के प्रकाशन को प्रोत्साहित करना शुरू कर दिया, जो औपनिवेशिक राज की छवि पर होते हमलों से इसकी रक्षा कर सकें।

राममोहन राय ने 1821 ई. से 'संवाद कौमुदी' प्रकाशित किया और रूढ़िवादियों ने उनके विचारों से टक्कर लेने के लिए 'समाचार चंद्रिका' का सहारा लिया। दो फारसी अखबार 'जाम-ए-जहाँ-नामा' और 'शम्सुल अख़बार' भी 1882 ई. में प्रकाशित हुए।

(i) प्रिंटिंग प्रेस के संबंध में दिए गए कथनों में से कौन-सा सत्य है?
(a) प्रिंटिंग प्रेस को सर्वप्रथम भारत में पुर्तगालियों द्वारा लाया गया
(b) जेसुइट पुजारियों ने तमिल भाषा में कई पुस्तकों का प्रकाशन किया
(c) 1674 ई. तक हिंदी भाषा में लगभग 100 किताबें छापी जा चुकी थीं
(d) डच प्रोटेस्टेंट धर्म-प्रचारकों ने कोंकणी भाषा में किताबों का प्रकाशन किया

उत्तर (a) प्रिंटिंग प्रेस को सर्वप्रथम भारत में पुर्तगालियों द्वारा लाया गया

(ii) 16वीं शताब्दी में सर्वप्रथम ……… भारत के गोवा में प्रिंटिंग प्रेस अपने साथ ले आए तथा कैथोलिक पुजारियों ने कोचीन में पहली ……… किताब छापी।
(a) डच, तमिल (b) अंग्रेज, कोंकणी
(c) पुर्तगाली, तमिल (d) पुर्तगाली, कोंकणी

उत्तर (c) पुर्तगाली, तमिल

(iii) भारत में छपाई आगमन के संदर्भ में दिए गए कथनों को सुमेलित कीजिए

सूची I	सूची II
A. बंगाल गजट का प्रकाशन	1. 1821 ई.
B. पहली तमिल पुस्तक का प्रकाशन	2. 1780 ई.
C. पहली मलयालम पुस्तक का प्रकाशन	3. 1579 ई.
D. संवाद कौमुदी का प्रकाशन	4. 1713 ई.

कूट

	A	B	C	D		A	B	C	D
(a)	2	3	4	1	(b)	3	4	2	1
(c)	2	3	1	4	(d)	3	1	2	4

उत्तर (a) 2 3 4 1

(iv) भारतीय प्रेस के जन्मदाता जेम्स ऑगस्टस हिक्की द्वारा प्रकाशित बंगाल गजट साप्ताहिक पत्रिका के खिलाफ़, तत्कालीन गवर्नर वॉरेन हेस्टिंग्स ने किन कारणों से मुकदमा कर दिया था?

(a) दासों की बिक्री के इश्तेहार के कारण
(b) ब्रिटिश अधिकारियों से संबंधित गपबाजी छापने के कारण
(c) 'a' और 'b' दोनों
(d) भारतीय आंदोलनकारियों के प्रति उदारनीति के कारण

उत्तर (c) 'a' और 'b' दोनों

(v) पुर्तगालियों ने प्रिंटिंग प्रेस का उपयोग भारत में सबसे अधिक किस रूप में किया?

(a) राष्ट्रवादियों को जागृत करने के लिए
(b) धर्म-प्रचार करने के लिए
(c) व्यापारिक उद्देश्यों को पूरा करने के लिए
(d) मुगल शासकों को प्रभावित करने के लिए

उत्तर (b) धर्म-प्रचार करने के लिए

(vi) नीचे दिए गए कथनों में से कौन-सा कथन असत्य है?

(a) राजा राममोहन राय ने 1821 ई. में 'संवाद कौमुदी' का प्रकाशन किया
(b) रूढ़िवादियों ने राजा राममोहन राय के विचारों का सामना करने हेतु 'समाचार चंद्रिका' का प्रकाशन किया
(c) 'जाम-ए-जहाँनामा' एक अरबी अखबार था
(d) 'शम्सुल अखबार' का प्रकाशन 1882 ई. में हुआ

उत्तर (d) 'शम्सुल अखबार' का प्रकाशन 1882 ई. में हुआ

3. स्रोत 'अ' यूरोप में मुद्रण

सदियों तक चीनी रेशम और मसाले रेशम मार्ग से यूरोप आते रहे थे। ग्यारहवीं सदी में चीनी कागज भी उसी रास्ते वहाँ पहुँचा। कागज ने कातिबों या मुंशियों द्वारा सावधानीपूर्वक लिखी गई पांडुलिपियों के उत्पादन को मुमकिन बनाया। फिर 1295 ई. में मार्को पोलो नामक महान खोजी यात्री चीन में काफी साल तक खोज करने के बाद इटली वापस लौटा। जैसा कि आपने ऊपर पढ़ा, चीन के पास वुडब्लॉक (काठ की तख्ती) वाली छपाई की तकनीक पहले से मौजूद थी। मार्को पोलो यह ज्ञान अपने साथ लेकर लौटा।

स्रोत 'ब' पुस्तकों की बढ़ती माँग

किताबों की माँग बढ़ने के साथ-साथ यूरोपभर के पुस्तक-विक्रेता विभिन्न देशों में निर्यात करने लगे। अलग-अलग जगहों पर पुस्तक मेले लगने लगे। बढ़ती माँग की आपूर्ति के लिए हस्तलिखित पांडुलिपियों के उत्पादन के भी नए तरीके सोचे गए। अब सिर्फ अमीर लोगों के यहाँ सुलेखक या कातिब नहीं पाए जाते थे, बल्कि पुस्तक-विक्रेता भी अब उन्हें रोजगार देने लगे। आमतौर पर एक विक्रेता के यहाँ 50 कातिब काम करते थे।

स्रोत 'स' वुडब्लॉक प्रिंटिंग

लेकिन किताबों की अबाध बढ़ती माँग हस्तलिखित पांडुलिपियों से पूरी नहीं होने वाली थी। नकल उतारना बेहद ख़र्चीला, समयसाध्य और श्रमसाध्य काम था। पांडुलिपियाँ अकसर नाजुक होती थीं, उनके लाने-ले जाने, रख-रखाव में तमाम मुश्किलें थीं। इसलिए उनका सर्कुलेशन (चलन, गश्त) सीमित रहा तो किताबों की बढ़ती माँग के चलते वुडब्लॉक प्रिंटिंग (तख्ती की छपाई) उत्तरोत्तर लोकप्रिय होता गया। पंद्रहवीं सदी की शुरुआत तक यूरोप में बड़े पैमाने पर तख्ती की छपाई का प्रयोग करके कपड़े, ताश के पत्ते और छोटी-छोटी टिप्पणियों के साथ धार्मिक चित्र छापे जा रहे थे।

स्रोत 'अ' यूरोप में मुद्रण

(i) वुडब्लॉक तकनीक का आगमन यूरोपीय देश इटली में कहाँ से हुआ था?

उत्तर वुडब्लॉक तकनीक का आगमन चीन से यूरोपीय देश इटली में मार्को पोलो द्वारा हुआ था।

स्रोत 'ब' पुस्तकों की बढ़ती माँग

(ii) पुस्तकों की बढ़ती माँग ने यूरोप को किस प्रकार प्रभावित किया?

उत्तर पुस्तकों की बढ़ती माँग के फलस्वरूप यूरोपीय पुस्तक विक्रेताओं के निर्यात में निरंतर वृद्धि हुई। अलग-अलग स्थानों पर पुस्तक मेलों का आयोजन किया जाने लगा। पुस्तकों की बढ़ती माँग ने यूरोप में रोजगार को सृजित किया।

स्रोत 'स' वुडब्लॉक प्रिंटिंग

(iii) वुडब्लॉक प्रिंटिंग के प्रयोगों को समझाइए।

उत्तर पांडुलिपियों के अत्यंत कोमल और महँगा होने के कारण वुडब्लॉक प्रिंटिंग के प्रयोग को बढ़ावा मिला। पुस्तकों की बढ़ती माँग ने वुडब्लॉक प्रिंटिंग को लोकप्रिय बनाया। पंद्रहवीं सदी की शुरुआत तक यूरोप में बड़े पैमाने पर तख्ती की छपाई का इस्तेमाल करके कपड़ा, ताश के पत्ते और छोटी-छोटी टिप्पणियों के साथ धार्मिक चित्र छापे जा रहे थे।

4. गुटेनबर्ग के पिता व्यापारी थे और वह खेती की एक बड़ी रियासत में पल-बढ़कर बड़ा हुआ। वह बचपन से ही तेल और जैतून पेरने की मशीनें देखता आया था। बाद में उसने पत्थर पर पॉलिश करने की कला सीखी, फिर सुनारी और अंत में उसने शीशे को इच्छित आकृतियों में गढ़ने में महारत हासिल कर ली। अपने ज्ञान और अनुभव का इस्तेमाल उसने अपने नए आविष्कार में किया। जैतून प्रेस ही प्रिंटिंग प्रेस का मॉडल या आदर्श बना और साँचे का उपयोग अक्षरों की धातुई आकृतियों को गढ़ने के लिए किया गया। गुटेनबर्ग ने 1448 ई. तक अपना यह यंत्र मुकम्मल कर लिया था। उसने जो पहली किताब छापी, वह थी बाइबिल। तकरीबन 180 प्रतियाँ बनाने में उसे तीन साल लगे। जो उस समय के हिसाब से काफी तेज़ था। पर यह नई तकनीक हाथ से किताबें छापने की तकनीक की जगह पूरी तरह से नहीं ले पाई।

शुरू-शुरू में तो छपी किताबें भी अपने रंग-रूप और साज-सज्जा में हस्तलिखित पांडुलिपियों जैसी दिखती थीं। धातुई अक्षर हाथ की सजावटी शैली का अनुकरण करते थे। हाशिए पर फूल-पत्तियों की डिज़ाइन बनाई जाती थी और चित्र अकसर पेंट किए जाते थे। अमीरों के लिए बनाई किताबों में छपे पन्ने पर हाशिए की जगह बेल-बूटों के लिए खाली छोड़ दी जाती थी। हर खरीदार अपनी रुचि के हिसाब से डिज़ाइन और पेंटर खुद तय करके उसे सँवार सकता था। करीब सौ सालों के दरम्यान (1450-1550) यूरोप के ज्यादातर देशों में छापेखाने लग गए थे। जर्मनी के प्रिंटर या मुद्रक दूसरे देश जाकर नए छापेखाने खुलवाया करते थे। छपाईखाने की संख्या में वृद्धि के साथ-साथ पुस्तक उत्पादन में कमाल की बढ़ोतरी हुई। पंद्रहवीं सदी के दूसरे हिस्से में यूरोप के बाजार में 2 करोड़ मुद्रित किताबें आईं। यह संख्या सोलहवीं सदी में 20 करोड़ हो गई। हाथ की छपाई की जगह यांत्रिक मुद्रण के आने पर ही मुद्रण क्रांति संभव हुई।

(i) गुटेनबर्ग ने अपने ज्ञान और अनुभव का प्रयोग किस प्रकार किया?

उत्तर गुटेनबर्ग ने अपने ज्ञान और अनुभव का प्रयोग अपने नए आविष्कारों में किया।

(ii) गुटेनबर्ग द्वारा किस यंत्र का प्रयोग कर 180 प्रतियाँ बनाने का कार्य तीव्र गति से किया गया?

उत्तर गुटेनबर्ग द्वारा जैतून प्रेस, जो आगे चलकर प्रिंटिंग प्रेस का मॉडल बना, ने अपने आदर्शों को एक अलग मुकाम देने हेतु पुस्तकों की छपाई प्रारंभ की और लगभग 180 प्रतियाँ निरंतर तीन साल तक छापीं, जो तत्कालीन समय में काफी तीव्र थीं।

(iii) छापेखानों की संख्या में निरंतर वृद्धि को यूरोप के संदर्भ में समझाइए।

उत्तर पंद्रहवीं सदी के मध्य से लेकर सोलहवीं सदी के मध्य तक यूरोप के ज्यादातर देशों में छापेखाने प्रयोग में आने लगे थे। जर्मनी के प्रिंटर या मुद्रक दूसरे देशों में छापेखानों की स्थापना में सक्रिय सहयोग करने लगे थे। छापेखानों की संख्या में वृद्धि ने पुस्तकों की संख्या में वृद्धि को दर्शाया। पंद्रहवीं सदी के मध्य में छापेखानों के कारण यूरोप में 2 करोड़ पुस्तकें मुद्रित हुईं। लेकिन यह संख्या सोलहवीं सदी में 20 करोड़ तक पहुँच गई। यूरोप में छापखानों की निरंतर वृद्धि ने मुद्रण क्रांति को संभव किया।

स्वयं को जाँचें

वस्तुनिष्ठ प्रश्न

1. रामचरितमानस का पहला मुद्रित संस्करण प्रकाशित हुआ

(a) 1821 (b) 1878 (c) 1810 (d) 1908

2. वेलम का तात्पर्य है

(a) पतली खालों पर लिखना (b) पांडुलिपि ताम्रपत्र
(c) याचिकाओं का संपादन (d) मुद्रण संस्कृति

3. गुलामगिरी पुस्तक किसके द्वारा लिखी गई है?

(a) राजा राममोहन राय (b) पंडित ईश्वरचंद्र विद्यासागर
(c) गंगाधर भट्टाचार्य (d) ज्योतिबा फुले

अतिलघु उत्तरीय प्रश्न

4. निरंकुशवाद से आप क्या समझते हैं?

5. विश्व में सबसे पहले मुद्रण कला का विकास कहाँ हुआ था?

6. प्रोटेस्टेंट धर्म सुधार से क्या आशय है?

7. राष्ट्रवाद से आप क्या समझते हैं?

लघु उत्तरीय प्रश्न

8. चीन में प्राचीन समय में मुद्रण किस प्रकार होता था?

9. मुद्रण क्रांति से व्यापारी वर्ग को क्या लाभ हुआ?

10. हस्तलिखित पांडुलिपियों की कमियों को बताइए।

दीर्घ उत्तरीय प्रश्न

11. दृश्य संस्कृति से क्या आशय है? इसका समाज पर क्या प्रभाव पड़ा?

12. प्रेस पर लगे प्रतिबंध को विस्तारपूर्वक समझाइए।

13. भारत में छपाई के विकास का विस्तृत वर्णन कीजिए।

अध्याय 01

भूगोल

संसाधन एवं विकास

पर्यावरण (Environment) में उपलब्ध प्रत्येक वस्तु, जिसमें मानवीय आवश्यकताओं की पूर्ति की क्षमता होती है और जिसको बनाने के लिए प्रौद्योगिकी (Technology) उपलब्ध है, जो आर्थिक रूप से संभाव्य (Economically Feasible) और सांस्कृतिक रूप से मान्य (Culturally Acceptable) है, **संसाधन** (Resource) है।

संसाधन पर्यावरण में उपस्थित वे वस्तुएँ हैं, जिनका उपयोग मानव अपनी आवश्यकताओं की पूर्ति के लिए करता है। मानव प्रौद्योगिकी द्वारा प्रकृति के साथ क्रिया करते हैं और अपने आर्थिक विकास की गति को तीव्र करने के लिए संस्थाओं का निर्माण करते हैं।

संसाधनों का वर्गीकरण निम्न प्रकार से किया जा सकता है

(i) उत्पत्ति के आधार पर—जैव और अजैव

(ii) समाप्यता के आधार पर—नवीकरण योग्य और अनीवरण योग्य

(iii) स्वामित्व के आधार पर—व्यक्तिगत, सामुदायिक, राष्ट्रीय और अंतर्राष्ट्रीय

(iv) विकास के स्तर के आधार पर—संभवी, विकसित भंडार और संचित कोष

अध्याय एक नजर में

संसाधनों का विकास

संसाधन प्रकृति की देन हैं, परंतु मानव ने इनका अंधाधुंध उपयोग किया है, जिससे कई समस्याएँ उत्पन्न होती हैं; जैसे–

- कुछ व्यक्तियों के लालच के कारण संसाधनों का ह्रास होता है।
- संसाधनों का संचय (Accumulation) हो गया है, जिसके कारण समाज अमीर और गरीब में बँट गया है।
- संसाधनों के अत्यधिक दोहन से वैश्विक पारिस्थितिकीय समस्याएँ; जैसे—वैश्विक तापन, ओजोन परत का ह्रास, पर्यावरण प्रदूषण और भू-निम्नीकरण आदि उत्पन्न होती हैं।

उपरोक्त तथ्यों से स्पष्ट है कि संसाधनों का समाज में न्यायसंगत वितरण मानव के जीवन की गुणवत्ता और वैश्विक शांति के लिए अति आवश्यक है। यदि संसाधनों का दोहन व्यक्तियों तथा देशों के द्वारा वर्तमान गति से किया जाता रहा, तो पृथ्वी का भविष्य खतरे में पड़ सकता है। अत: जीवन को बचाने के लिए संसाधनों के उपयोग की योजना बहुत जरूरी है।

सतत पोषणीय विकास

सतत पोषणीय विकास (Sustainable Development) का अर्थ है कि विकास पर्यावरण को बिना हानि पहुँचाए हो और वर्तमान विकास की प्रक्रिया भविष्य की पीढ़ियों (Future Generation) की आवश्यकता की अवहेलना (Neglect) न करे।

रियो-डि जेनेरियो का पृथ्वी सम्मेलन, 1992

पर्यावरण संरक्षण और सामाजिक-आर्थिक विकास की समस्याओं के समाधान के लिए सर्वप्रथम अंतर्राष्ट्रीय आर्थिक सम्मेलन जून, 1992 में ब्राजील के शहर **रियो-डि-जेनेरियो** में आयोजित किया गया था।

रियो सम्मेलन में एकत्रित 100 से भी अधिक राष्ट्राध्यक्षों ने भूमंडलीय जलवायु परिवर्तन और जैविक विविधता पर एक घोषणा पत्र पर हस्ताक्षर किए। इस सम्मेलन में भूमंडलीय वन सिद्धांतों (Forest Principles) पर सहमति प्रदान की गई और 21वीं शताब्दी में सतत पोषणीय विकास के लक्ष्य के लिए **एजेंडा-21** को स्वीकृति प्रदान की गई।

एजेंडा-21

यह एक घोषणा है, जिसे वर्ष 1992 में रियो-डि-जेनेरियो (ब्राजील) में संयुक्त राष्ट्र पर्यावरण और विकास सम्मेलन (United Nations Conference On Environment and Development, UNCED) के तत्त्वावधान में राष्ट्राध्यक्षों द्वारा स्वीकार किया गया था।

इसका उद्देश्य भूमंडलीय सतत पोषणीय विकास, समान हितों, पारस्परिक आवश्यकताओं एवं पर्यावरणीय हानि, गरीबी और रोगों से निपटना है। इसका उद्देश्य प्रत्येक स्थानीय निकाय (Local Government) के लिए एजेंडा-21 तैयार करना है।

भारत में संसाधन नियोजन

संसाधन नियोजन से तात्पर्य उपलब्ध संसाधनों के विवेकपूर्ण उपयोग के लिए अपनाई गई सर्वमान्य रणनीति से है। इसलिए भारत जैसे देश में संसाधन नियोजन बहुत महत्त्वपूर्ण है क्योंकि यहाँ संसाधनों की उपलब्धता में बहुत अधिक विविधता है। अत: यहाँ ऐसे प्रदेश भी हैं जहाँ संसाधन प्रचुर मात्रा में उपलब्ध हैं परंतु कुछ प्रदेश ऐसे भी हैं जहाँ संसाधनों की अत्यंत कमी है। कुछ ऐसे भी राज्य हैं, जो संसाधनों में आत्मनिर्भर हैं, तो कुछ राज्य बिल्कुल संसाधनहीन हैं। भारत में संसाधन नियोजन की आवश्यकता को निम्न उदाहरणों द्वारा समझ सकते हैं

- झारखंड, मध्य प्रदेश और छत्तीसगढ़ आदि प्रांतों में खनिजों और कोयले के प्रचुर भंडार हैं, लेकिन तकनीकी और संस्थागत समर्थन की कमी है। अरुणाचल प्रदेश में जल संसाधन की प्रचुरता है, परंतु यहाँ मूल विकास (Infrastructure Development) की कमी है। राजस्थान में पवन और सौर ऊर्जा संसाधनों की अधिकता है, लेकिन जल संसाधनों की कमी है।
- लद्दाख का **शीत मरुस्थल** (Cold Desert) अन्य भागों से अलग है। यह प्रदेश सांस्कृतिक विरासत का धनी है, परंतु यहाँ जल, खनिज और अन्य प्राकृतिक संसाधनों की कमी है।

भारत में संसाधन नियोजन की प्रक्रिया

संसाधन नियोजन की प्रक्रिया में निम्नलिखित चरण होते हैं

- देश के विभिन्न प्रदेशों में संसाधनों की पहचान कर उनकी तालिका बनाना प्रमुख कार्य है। इस कार्य में क्षेत्रीय सर्वेक्षण, मानचित्र बनाना और संसाधनों का गुणात्मक एवं मात्रात्मक अनुमान लगाना व मापन करना सम्मिलित है।
- उपयुक्त कौशल (Skill) और प्रौद्योगिकी का उपयोग करके संसाधन विकास के लिए योजना तैयार करना।
- संसाधन संबंधी विकास योजनाओं और राष्ट्रीय विकास योजना में समन्वय स्थापित करना।

भारत में स्वतंत्रता के पश्चात् संसाधन नियोजन के उद्देश्य की पूर्ति के लिए प्रयास प्रथम **पंचवर्षीय योजना** (Five Year Plans) बनाकर किया गया।

संसाधन और उपनिवेश

- संसाधन संपन्न प्रदेश, विदेशी आक्रमणकारियों के लिए मुख्य आकर्षण रहे हैं।
- उपनिवेशकारी देशों ने बेहतर प्रौद्योगिकी के माध्यम से उपनिवेशों के संसाधनों का शोषण किया तथा उन पर अपना आधिपत्य स्थापित किया।
- भारत ने अपने उपनिवेशकालीन अनुभव से यह सीखा है कि सामान्य रूप से विकास और संसाधन विकास लोगों के मुख्यत: संसाधनों की उपलब्धता पर ही नहीं, बल्कि प्रौद्योगिकी, मानव संसाधन की गुणवत्ता एवं लोगों के ऐतिहासिक अनुभव के आधार पर हुआ है।

संसाधनों का संरक्षण

- विकास के किसी भी चरण में संसाधन प्रमुख भूमिका निभाते हैं, परंतु संसाधनों के विवेकहीन तरीके से उपभोग एवं उपयोग ने कई सामाजिक-आर्थिक और पर्यावरणीय समस्याएँ उत्पन्न की हैं। इनके प्रभाव से बचने के लिए विभिन्न स्तरों पर संसाधनों का संरक्षण आवश्यक है।
- प्रारंभिक समय से ही कई विचारकों के लिए संसाधनों का विवेकहीन उपयोग चिंता का कारण बना रहा है। गाँधीजी के अनुसार, "हमारे पास व्यक्ति की आवश्यकता पूर्ति के लिए बहुत कुछ है, लेकिन किसी के लालच की संतुष्टि के लिए नहीं।" गाँधीजी अत्यधिक उत्पादन के विरुद्ध थे और इसके स्थान पर अधिक जन-समुदाय द्वारा उत्पादन के पक्षधर थे।
- अंतर्राष्ट्रीय स्तर पर सर्वप्रथम संसाधनों के संरक्षण का विचार वर्ष 1968 में **क्लब ऑफ रोम** के द्वारा लाया गया।
- वर्ष 1974 में एक बार पुन: शुमेसर ने अपनी पुस्तक **स्मॉल इज ब्यूटीफुल** (Small is Beautiful) में संसाधन संरक्षण को लेकर गाँधीजी के विचारों का समर्थन किया।
- वर्ष 1987 में वैश्विक स्तर पर संसाधन संरक्षण **ब्रुंड्टलैंड आयोग रिपोर्ट** (Brundtland Commission Report) ने योगदान किया। इस रिपोर्ट ने सतत पोषणीय विकास की संकल्पना की भी वकालत (Advocated) की।
- यह रिपोर्ट **हमारा साझा भविष्य** (Our Common Future) शीर्षक से पुस्तक के रूप में प्रकाशित हुई।

चेक प्वॉइंट 01

1. *जीवन को बचाने हेतु किसके उपयोग की योजना बनाना आवश्यक है?*
2. *एजेंडा-21 .... से संबंधित है।*
3. *लद्दाख एक .... मरुस्थल है।*

भू-संसाधन

भूमि एक महत्त्वपूर्ण प्राकृतिक संसाधन (Natural Resources) है, जिस पर मानव जीवन, वन्य जीवन, प्राकृतिक वनस्पति, आर्थिक क्रियाएँ, परिवहन एवं संचार आदि आधारित हैं। भूमि एक सीमित संसाधन है, इसलिए भूमि का विभिन्न उद्देश्यों के लिए सावधानी और योजनाबद्ध तरीके से उपयोग किया जाना चाहिए।

भारत के **भौगोलिक क्षेत्र** (Geographical Area) में विभिन्न प्रकार की सुविधाएँ हैं, जो हैं

- 43% भू-क्षेत्र मैदान (Plain Land Area) है, जो कृषि एवं उद्योग के विकास में सहायक होता है।
- 30% भू-क्षेत्र पर पर्वत (Mountains) है, जो बारहमासी नदियों के प्रवाह एवं पर्यटन विकास के लिए अनुकूल परिस्थितियाँ प्रदान करते हैं।
- 27% भू-क्षेत्र पर पठार (Plateaus) है, जिसमें खनिजों, जीवाश्म ईंधन और वनों का अत्यधिक भंडार है।

भू-उपयोग

भारत में भू-संसाधनों का उपयोग निम्नलिखित उद्देश्यों के लिए होता है

(i) वन

(ii) कृषि के लिए अनुपलब्ध भूमि

(क) बंजर तथा कृषि अयोग्य भूमि

(ख) गैर-कृषि प्रयोजनों (Non-Agricultural Purpose) में लगाई गई भूमि; जैसे—इमारतें, सड़क, उद्योग इत्यादि।

(iii) अन्य कृषि अयोग्य भूमि

(क) स्थायी चरागाहें (Pastures) तथा अन्य गोचर (Grazing) भूमि

(ख) विविध वृक्षों, वृक्ष फसलों तथा उपवनों के अधीन भूमि (जो शुद्ध बोये गए क्षेत्र (Net Sown Area, NSA) में शामिल नहीं है)

(ग) कृषि योग्य बंजर भूमि, जहाँ पाँच से अधिक वर्षों से खेती न की गई हो।

(iv) परती भूमि (Fallow Land)

(क) वर्तमान परती भूमि (जहाँ एक कृषि वर्ष या उससे कम समय से खेती न की गई हो)

(ख) वर्तमान परती भूमि के अतिरिक्त अन्य परती भूमि या पुरातन परती भूमि (जहाँ 1 से 5 कृषि वर्ष से खेती न की गई हो)

(v) शुद्ध (निवल) बोया गया क्षेत्र एक कृषि वर्ष में एक बार से अधिक बोये गए क्षेत्र को शुद्ध (निवल) बोये गए क्षेत्र में जोड़ दिया जाए, तो वह **सकल कृषि क्षेत्र** (Gross Cropped Area) कहलाता है।

भारत में भूमि उपयोग के प्रतिरूप

भारत में भूमि उपयोग प्रतिरूप (Land Use Pattern in India) के निम्नलिखित कारक हैं

(i) **भौतिक कारक** (Physical Factors) इसके अंतर्गत जलवायु (Climate), मृदा के प्रकार (Soil Type) और भू-आकृति (Topography) इत्यादि सम्मिलित हैं।

(ii) **मानवीय कारक** (Human Factors) इसके अंतर्गत जनसंख्या घनत्व (Density), सांस्कृतिक कारक, प्रौद्योगिकी क्षमता (Technological Capability) आदि सम्मिलित हैं।

भारत का कुल भौगोलिक क्षेत्रफल 32.8 लाख वर्ग किमी है। इसके 93% भाग के भू-उपयोग आँकड़े उपलब्ध हैं, क्योंकि पूर्वोत्तर प्रांतों में असम को छोड़कर अन्य प्रांतों के सूचित क्षेत्र के बारे में जानकारी उपलब्ध नहीं है तथा जम्मू और कश्मीर में पाकिस्तान और चीन अधिकृत क्षेत्रों के भूमि उपयोग का सर्वेक्षण नहीं हुआ है। भू-उपयोग में वर्ष 1960-61 और 2014-15 के मध्य निम्न प्रकार के परिवर्तन हुए

(i) देश में **राष्ट्रीय वन नीति** (National Forest Policy), 1952 द्वारा निर्धारित वनों के अंतर्गत 33% भौगोलिक क्षेत्र निर्धारित है, लेकिन तुलनात्मक दृष्टि से वन के अंतर्गत बहुत कम क्षेत्र है।

(ii) स्थायी चरागाह के अंतर्गत भी भूमि कम हुई है।

(iii) अधिकांश वर्तमान परती भूमि के अतिरिक्त अन्य परती भूमि अनुपजाऊ है और इस पर फसल उगाने के लिए कृषि लागत बहुत ज्यादा है। इन भूमियों पर 2-3 वर्ष में एक-दो बार कृषि की जाती है। इनको शुद्ध बोये गए क्षेत्र में शामिल किया जाता है, तो भारत की कुल शुद्ध भूमि 54% होगी।

विभिन्न राज्यों में शुद्ध बोये गए क्षेत्र

- भारत के शुद्ध बोये गए क्षेत्र का प्रतिशत विभिन्न राज्यों में भिन्न-भिन्न है।
- हरियाणा और पंजाब में 80% भूमि पर खेती होती है।
- अंडमान-निकोबार, मणिपुर, मिजोरम एवं अरुणाचल प्रदेश में बोया गया क्षेत्र 10% से भी कम है।

भूमि निम्नीकरण एवं संरक्षण उपाय

मनुष्य भोजन, मकान और कपड़े की अपनी मूल आवश्यकताओं का 95% भूमि से प्राप्त करता है, लेकिन मानव के कार्यकलापों के कारण न केवल भूमि का निम्नीकरण (Land Degradation) हो रहा है, बल्कि भूमि को हानि पहुँचाने वाली प्राकृतिक ताकतों (Natural Forces) को भी बल मिला है।

वर्तमान समय में भारत में लगभग 13 करोड़ हेक्टेयर भूमि निम्नीकृत है। इसमें से लगभग 28% भूमि निम्नीकृत वनों के अंतर्गत 56% क्षेत्र जल अपरदित है और शेष क्षेत्र लवणीय और क्षारीय है।

भूमि निम्नीकरण के कुछ कारण निम्नवत् हैं

- वनों का कटान (Deforestation), अधिक चराई (Overgrazing) एवं खदानों का विस्तार (Expansion of Mines) और उनकी क्रियाओं को बढ़ाना आदि भूमि निम्नीकरण को बढ़ावा देते हैं।
- प्राकृतिक कारक; जैसे—हवा, जल अपरदन (Water Erosion) आदि ऊपरी मृदा संस्तर (Upper Soil Bed) को अपरदित करते हैं और भूमि निम्नीकरण को बढ़ावा देते हैं।
- खनन (Mining) के उपरांत खदानों वाले स्थानों को गहरी खाइयों और मलबे के साथ खुला छोड़ दिया जाता है। इनसे भूमि निम्नीकरण को बढ़ावा मिलता है।
- खनिज प्रक्रियाएँ; जैसे—सीमेंट उद्योग में चूना पत्थर को पीसना और मिट्टी के बर्तन बनाने में चूने (खड़िया मृदा) और सेलखड़ी के प्रयोग से बहुत अधिक मात्रा में वायुमंडल में धूल विसर्जित होती है। जब इसकी परत भूमि पर जम जाती है, तो मृदा की जल सोखने की प्रक्रिया अवरुद्ध हो जाती है।
- कुछ वर्षों से भूमि और जल प्रदूषण का मुख्य स्रोत औद्योगिक क्षेत्रों से गंदा जल और अपशिष्ट पदार्थों का बाहर निकलना है।

भूमि निम्नीकरण के कारण और क्षेत्र

कारण	क्षेत्र
खनन और उत्खनन (Mining and Quarrying)	झारखंड, छत्तीसगढ़, मध्य प्रदेश और ओडिशा
अति पशुचारण (Overgrazing)	गुजरात, राजस्थान, महाराष्ट्र और मध्य प्रदेश एवं उत्तरी भारत के पहाड़ी राज्य
अधिक सिंचाई एवं जलाक्रांतता (Over Irrigation and Water logging), जिससे मृदा में लवणीयता और क्षारीयता बढ़ जाती है।	पंजाब, हरियाणा और पश्चिमी उत्तर प्रदेश
औद्योगीकरण के कारण मृदा में जल स्यंदन (Infiltration) हो जाता है।	संपूर्ण भारत में व्याप्त

संरक्षण के उपाय

भूमि निम्नीकरण की समस्याओं को सुलझाने के कई उपाय हैं, जिनका विवरण निम्नलिखित है

- वनारोपण (Afforestation) और चरागाहों का उचित प्रबंधन।
- पेड़ों की रक्षक मेखला (Shelter Belt) बनाकर और पशुचारण पर नियंत्रण।
- रेतीले टीलों को काँटेदार झाड़ियाँ लगाकर स्थिर बनाकर।
- भूमि कटाव की रोकथाम।
- बंजर भूमि का उचित प्रबंधन।
- खनन नियंत्रण और औद्योगिक जल का परिष्करण करके।

चेक प्वॉइंट 02

1. *भारत के कितने प्रतिशत क्षेत्र पर भू-क्षेत्र मैदान है?*
2. *भारत का कुल भौगोलिक क्षेत्रफल कितना है?*
3. *हरियाणा और पंजाब में कितने प्रतिशत भाग पर खेती की जाती है?*
4. *देश में राष्ट्रीय वन नीति कब घोषित की गई?*
5. *अरुणाचल प्रदेश में बोया गया क्षेत्र कितने प्रतिशत से कम है?*

मृदा संसाधन

मृदा सबसे महत्त्वपूर्ण नवीकरण योग्य (Renewable) प्राकृतिक संसाधन है, परंतु इसके कुछ सेंटीमीटर गहरी परत (Layer) बनने में ही लाखों वर्ष लग जाते हैं। मृदा की मुख्य विशेषताएँ निम्न हैं

- मृदा एक जीवित प्रणाली (Living System) है और विभिन्न प्रकार के जीवों का समर्थन करती है।
- मृदा निर्माण के प्रमुख कारक उच्चावच, संस्तर शैल अथवा जनक शैल, जलवायु, वनस्पति, अन्य जैव पदार्थ और समय हैं।
- तापमान परिवर्तन, बहते जल की क्रिया, पवन, हिमनदी और अपघटन क्रियाएँ आदि मृदा बनने की प्रक्रिया में योगदान देती हैं।
- मृदा में होने वाले रासायनिक और जैविक परिवर्तन महत्त्वपूर्ण होते हैं। मृदा जैव (Organic) और अजैव (Inorganic) दोनों प्रकार के पदार्थों से बनती है।

मृदा का वर्गीकरण

भारत में मृदा को रासायनिक और भौतिक गुणों तथा रंग, बनावट, मोटाई आदि के आधार पर निम्नलिखित भागों में बाँटा जा सकता है

जलोढ़ मृदा

जलोढ़ मृदा (Alluvial Soil) भारत में विस्तृत रूप से फैली हुई है। इस मृदा का निर्माण हिमालय के तीन महत्त्वपूर्ण नदी तंत्रों (River System) सिंधु, गंगा और ब्रह्मपुत्र द्वारा लाए गए निक्षेपों (Deposits) से होता है। जलोढ़ मृदा अधिक उपजाऊ (High Fertility) होती है। जिन क्षेत्रों में यह मृदा पाई जाती है, वहाँ कृषि अधिकता से की जाती है और वहाँ घनी आबादी भी होती है। जलोढ़ मृदा की मुख्य विशेषताएँ निम्न प्रकार हैं

- वास्तव में जलोढ़ मृदा से पूरे उत्तरी मैदान (Northern Plains) का निर्माण हुआ है। यह राजस्थान और गुजरात तक फैली हुई है। इस मृदा से पूर्वी तटीय मैदान में महानदी, गोदावरी, कृष्णा और कावेरी नदियों के डेल्टा भी बने हैं।
- इस मृदा में रेत, सिल्ट और चिकनी मिट्टी अर्थात् मृत्तिका (Clay) के विभिन्न अनुपात पाए जाते हैं।
- यह मृदा पोटाश, फॉस्फोरस और चूनायुक्त होती है, जो गन्ना, चावल, गेहूँ और अन्य अनाजों व दलहन फसलों की खेती के लिए उपयुक्त है।
  जलोढ़ मृदा पर्वतों की तलहटी पर बने मैदानों; जैसे—**द्वार** (Duars), **चो** (Chos) और **तराई** (Terai) क्षेत्रों में सामान्यत: पाई जाती है।
- आयु के आधार पर जलोढ़ मृदा **बाँगर** (पुरानी जलोढ़ मृदा) और **खादर** (नवीन जलोढ़ मृदा) दो प्रकार की होती है। बाँगर मृदा में कंकड़ (पत्थर) की मात्रा ज्यादा होती है, जबकि खादर मृदा में बाँगर की तुलना में अत्यधिक महीन कण मिलते हैं।
- सूखे क्षेत्रों की मृदाएँ अधिक क्षारीय होती हैं। इन मृदाओं का सही उपचार और सिंचाई करके इनकी गुणवत्ता बढ़ाई जा सकती है।

काली मृदा

इस मृदा को **रेगुर** (Regur) या कपास की खेती के कारण **काली कपास मृदा** (Black Cotton Soil) भी कहा जाता है। इसके निर्माण

में जलवायु और जनक शैलों ने महत्त्वपूर्ण योगदान दिया है। काली मृदा की मुख्य विशेषताएँ निम्न प्रकार हैं

- यह मृदा **दक्कन पठार** (Basalt) के उत्तर-पश्चिमी भागों में पाई जाती है, जो लावाजनक शैलों से बनी है।
- महाराष्ट्र, सौराष्ट्र, मालवा, मध्य प्रदेश और छत्तीसगढ़ के पठार के अतिरिक्त यह दक्षिण-पूर्वी दिशा में गोदावरी एवं कृष्णा नदी की घाटियों तक पाई जाती है।
- यह मृदा बहुत महीन कणों अर्थात् मृत्तिका से बनी है। इस मृदा में कैल्सियम कार्बोनेट, मैग्नीशियम, पोटाश और चूने जैसे पौष्टिक तत्त्व पाए जाते हैं, लेकिन इसमें फॉस्फोरस की मात्रा कम होती है।
- इस मृदा में गर्म और शुष्क मौसम में दरारें पड़ जाती हैं, जिससे इसमें वायु का मिश्रण हो जाता है। गीली होने पर यह मृदा चिपचिपी हो जाती है, जिसके परिणामस्वरूप इसे जोतना कठिन हो जाता है, इसलिए इसकी जुताई मानसून प्रारंभ होने पर पहली वर्षा से ही शुरू कर दी जाती है।

लाल और पीली मृदा

लाल और पीली मृदा की महत्त्वपूर्ण विशेषताएँ निम्नवत् हैं

- लाल मृदा का निर्माण दक्कन पठार के पूर्वी और दक्षिणी हिस्सों में रवेदार आग्नेय चट्टानों पर कम वर्षा वाले भागों में हुआ है।
- मृदा का लाल रंग रवेदार आग्नेय और रूपांतरित चट्टानों में लौह धातु के प्रसार के कारण होता है।
- यह मृदा जलयोजन (Hydrated) के कारण पीली हो जाती है।
- यह उड़ीसा (ओडिशा), छत्तीसगढ़, मध्य गंगा मैदान के दक्षिणी छोर और पश्चिमी घाट की पहाड़ी के गिरिपद में पाई जाती है।

लैटेराइट मृदा

लैटेराइट (Laterite) ग्रीक शब्द **लेटर *(Later)*** से बना है, जिसका शाब्दिक अर्थ ईंट (Brick) होता है। इस मृदा का निर्माण उष्णकटिबंधीय (Tropical) तथा उपोष्ण कटिबंधीय (Sub-Tropical) जलवायु क्षेत्रों में आर्द्र तथा शुष्क ऋतुओं के निरंतर आने के कारण होता है।

लैटेराइट मृदा की कुछ विशेषताएँ इस प्रकार हैं

- लैटेराइट मृदा उच्च तापमान और अत्यधिक वर्षा वाले क्षेत्रों में विकसित होती है। इसके निर्माण में निक्षालन (Leaching) प्रक्रिया की भूमिका महत्त्वपूर्ण है।
- इस मृदा में जहाँ पर्णपाती और सदाबहार वन पाए जाते है, वहाँ इसमें ह्यूमस की मात्रा अधिक पाई जाती है, लेकिन विरल और अर्द्ध-शुष्क पर्यावरण में इसमें ह्यूमस की मात्रा कम पाई जाती है।
- यह मुख्यतः दक्षिणी राज्यों, महाराष्ट्र के पश्चिमी घाट के क्षेत्र, ओडिशा, पश्चिम बंगाल तथा उत्तर-पूर्वी प्रदेशों में पाई जाती है।
- यह मृदा अत्यधिक गहरी तथा अम्लीय ($pH<6.0$) होती है।
- इस मृदा को पर्याप्त मात्रा में खाद एवं रासायनिक उर्वरक के माध्यम से कृषि योग्य बनाया जा सकता है।
- पहाड़ी क्षेत्रों; जैसे—कर्नाटक, केरल और तमिलनाडु में इस मृदा में चाय और कॉफी की खेती की जाती है।
- केरल, तमिलनाडु और आंध्र प्रदेश की लैटेराइट मृदा काजू की फसल के लिए अधिक लाभदायक है।

मरुस्थलीय मृदा

यह मृदा शुष्क क्षेत्रों में पाई जाती है। कुछ क्षेत्रों में इस मृदा में नमक की मात्रा इतनी अधिक होती है कि झीलों से जल वाष्पीकृत करके इससे नमक बनाया जाता है। मरुस्थलीय मृदा की कुछ विशेषताएँ इस प्रकार हैं

- इस मृदा का रंग लाल एवं भूरा होता है। यह मृदा आमतौर पर रेतीली और लवणीय होती है।
- इस मृदा में **ह्यूमस** (Humus) और **नमी** (Moisture) की मात्रा कम होती है तथा शुष्क जलवायु और उच्च तापमान के कारण जलवाष्पन दर अधिक होती है।
- इस मृदा को उचित तरीके से सिंचित करके कृषि योग्य बनाया जा सकता है। इस विधि का प्रयोग पश्चिमी राजस्थान में किया जाता है।
- इस मृदा की सतह के नीचे कैल्सियम की मात्रा बढ़ती चली जाती है और निचली परतों में चूने के कंकर की सतह पाई जाती है, जिसके कारण मृदा में जल का **अंतःस्यंदन** (Infiltration) नहीं हो पाता।

वनीय मृदा

वनीय मृदा (Forest Soil) सामान्यतः पहाड़ी एवं पर्वतीय क्षेत्रों में पाई जाती है, जहाँ पर्याप्त मात्रा में वर्षा वन पाए जाते हैं। इसके कुछ लक्षण निम्नलिखित हैं

- यह मृदा नदी घाटियों में **दोमट** (Loamy) और **सिल्टदार** (Silty) होती है, लेकिन ऊपरी ढलानों पर इसका गठन मोटे कणों से होता है।
- हिमालय के हिमाच्छादित क्षेत्रों में इस मृदा का अधिक अपरदन होता है और यह मृदा अधिसिलिक (Acidic) तथा ह्यूमस रहित होती है।
- यह नदी घाटियों के निचले क्षेत्रों में उपजाऊ होती है।

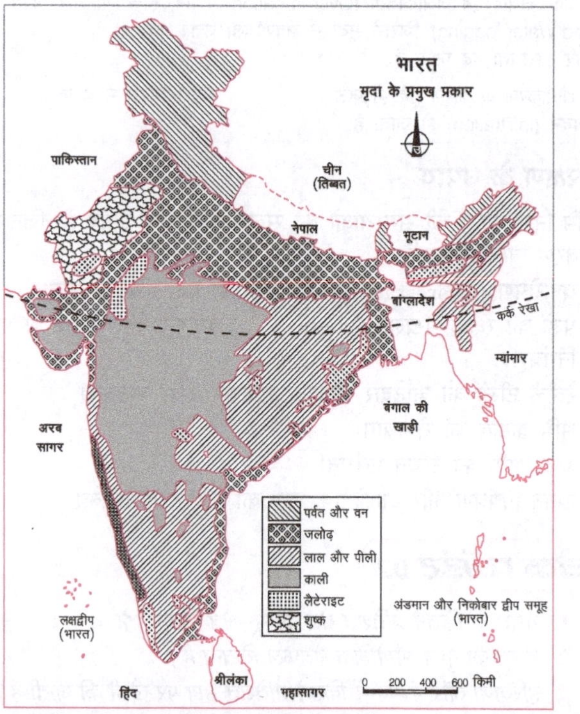

भारत : मृदा के प्रमुख प्रकार

मृदा अपरदन और संरक्षण

मृदा के कटाव और उसके बहाव की प्रक्रिया को मृदा अपरदन (Soil Erosion) कहा जाता है। मृदा निर्माण और उसके अपरदन की क्रिया साथ-साथ चलती है, जिसके परिणामस्वरूप दोनों में संतुलन होता है। विभिन्न प्राकृतिक एवं मानवीय क्रियाओं के कारण इस प्रकार के संतुलन में रुकावट आती है।

प्राकृतिक कारण

पवन, जल व हिमानियों द्वारा अपरदन प्राकृतिक कारकों में शामिल होता है, जो निम्न प्रकार है

वायु अपरदन

- वायु द्वारा मैदान या किसी ढलवा क्षेत्र से मृदा को उड़ा ले जाने की प्रक्रिया को वायु या पवन अपरदन (Wind Erosion) कहा जाता है।
- यह शुष्क (Arid) और अर्द्ध-शुष्क (Semi Arid) क्षेत्र में भूमि क्षरण का सामान्य कारण है।
- वायु अपरदन मरुस्थलीकरण (Desertification) की प्रक्रिया को बढ़ाता है।
- वायु अपरदन तब महत्त्वपूर्ण होता है, जब तेज हवाएँ सूखे की अवधि के समय हल्की बनावट वाले मृदा के क्षेत्रों के ऊपर बहती हैं।
- यह शुद्ध एवं अर्द्ध-शुष्क चराई भूमि के निम्नीकरण का सामान्य कारक है। वायु अपरदन से बचाव के लिए निम्नलिखित कदम उठाए जाते हैं
  - **पट्टी कृषि** (Strip Cropping) बड़े खेतों को कई पट्टियों में बाँट दिया जाता है और फसलों के बीच में घास की पट्टियाँ उगाई जाती हैं। ये हवा की शक्ति को कमजोर करती हैं।
  - **रक्षक मेखला** (Shelter Belts) खेतों के चारों तरफ पौधों की रक्षक मेखला या पट्टियाँ लगा दी जाती हैं, जो हवा की गति को कम करने में प्रभावी होती हैं। रक्षक मेखला का पश्चिमी भारत में रेत के टीलों के स्थायीकरण में महत्त्वपूर्ण योगदान है।

जल अपरदन

- बहते हुए जल के कारण जब मृदा की ऊपरी परत बह जाती है, तो वह **जल अपरदन** (Water Erosion) कहलाता है।
- जब वृहत क्षेत्र की ऊपरी मृदा घुलकर जल के साथ बह जाती है, तो वह **चादर अपरदन** (Sheet Erosion) कहलाता है।
- जब बहता हुआ जल मृत्तिका युक्त मृदाओं को काटते हुए गहरी वाहिकाएँ बनाता है, तो वह **अवनालिका अपरदन** (Gully Erosion) कहा जाता है। ऐसी भूमि जोतने योग्य नहीं रहती और इसे **उत्खात भूमि** (Bad Land) कहते हैं। चंबल बेसिन में ऐसी भूमि को **खड्ड भूमि** (Ravine) कहा जाता है।

मानवीय कारण

वनोन्मूलन, अति चराई और कृषि की दोषपूर्ण पद्धति वे मानवीय कारक हैं, जिनके कारण मृदा अपरदन होता है। इससे बचाव के लिए निम्न कार्य किए जाते हैं

- समोच्च कृषि (Contour Ploughing) एवं सीढ़ीदार कृषि (Terrace Farming) को बढ़ावा देकर
- अति चराई पर रोक लगाकर
- वनारोपण (Afforestation) करके
- संरचनात्मक बाँध बनाकर

चेक प्वॉइंट 03

1. *पुरानी जलोढ़ मृदा कहलाती है।*
2. *नवीन जलोढ़ मृदा कहलाती है।*
3. *वनीय मृदा ········· क्षेत्रों में पाई जाती है।*
4. *अवनालिका अपरदन किस अपरदन का उदाहरण है?*
5. *उत्खात भूमि क्या है?*

इन्हें भी जानें

- ***प्राकृतिक संसाधन** (Natural Resource)* भूमि, जल, मृदा, वनस्पति, वन्यजीव, खनिज एवं ऊर्जा संसाधन प्राकृतिक संसाधन हैं।
- ***मानवीय संसाधन** (Human Resource)* मानव द्वारा विकसित किए गए संसाधन; जैसे—भवन, सड़क, गाँव, मशीन आदि मानवीय संसाधन हैं।

NCERT फोल्डर

बहुवैकल्पिक प्रश्न

1. पंजाब में भूमि निम्नीकरण का निम्नलिखित में से मुख्य कारण क्या है?

(a) गहन खेती (b) वनोन्मूलन
(c) अधिक सिंचाई (d) अति पशुचारण

उत्तर (c) अधिक सिंचाई

2. निम्नलिखित में से किस प्रांत में सीढ़ीदार (सोपानी) खेती की जाती है?

(a) पंजाब (b) हरियाणा
(c) उत्तर प्रदेश के मैदान (d) उत्तराखंड

उत्तर (d) उत्तराखंड

3. इनमें से किस राज्य में काली मृदा मुख्य रूप से पाई जाती है?

(a) जम्मू और कश्मीर (b) महाराष्ट्र (c) राजस्थान (d) झारखंड

उत्तर (b) महाराष्ट्र

निम्नलिखित प्रश्नों के उत्तर लगभग 30 शब्दों में दीजिए

1. तीन राज्यों के नाम बताइए, जहाँ काली मृदा पाई जाती है। इस पर मुख्य रूप से कौन-सी फसल उगाई जाती है?

उत्तर काली मृदा महाराष्ट्र (सौराष्ट्र व मालवा), मध्य प्रदेश और छत्तीसगढ़ में पाई जाती है। इस मृदा में कपास की खेती की जाती है, इसलिए इसको काली कपास मृदा भी कहा जाता है।

2. पूर्वी तट के नदी डेल्टाओं पर किस प्रकार की मृदा पाई जाती है? इस प्रकार की मृदा की तीन मुख्य विशेषताएँ क्या हैं?

उत्तर पूर्वी तट के नदी डेल्टाओं पर जलोढ़ मृदा पाई जाती है। जलोढ़ मृदा दो प्रकार की होती है–खादर और बाँगर।
जलोढ़ मृदा की प्रमुख विशेषताएँ निम्न प्रकार हैं

(i) यह मृदा नदियों द्वारा लाए गए निक्षेपों द्वारा निर्मित होती है। यह मृदा उत्तरी मैदान में पाई जाती है।
(ii) यह बहुत ही उपजाऊ होती है।
(iii) इस मृदा में पोटाश, फॉस्फोरस तथा चूना आदि पोषक तत्त्व पाए जाते हैं।

3. पहाड़ी क्षेत्रों में मृदा अपरदन की रोकथाम के लिए क्या कदम उठाने चाहिए?

उत्तर पहाड़ी अथवा पर्वतीय क्षेत्रों में मृदा अपरदन को रोकने के लिए निम्नलिखित कदम उठाए जा सकते हैं

(i) समोच्च कृषि को अपनाकर (ii) सोपानी कृषि को बढ़ावा देकर
(iii) सीढ़ीदार कृषि की पद्धति का प्रचलन
(iv) फसलों को पट्टियों में उगाकर
(v) पर्वतीय ढालों पर वृक्षों की मेखला बनाकर

निम्नलिखित प्रश्नों के उत्तर लगभग 120 शब्दों में दीजिए

1. भारत में भूमि उपयोग प्रारूप का वर्णन कीजिए। वर्ष 1960-61 से वन के अंतर्गत क्षेत्र में महत्त्वपूर्ण वृद्धि नहीं हुई, इसका क्या कारण है?

उत्तर भारत में भू-संसाधन मुख्यतः कृषि भूमि, वन-भूमि, स्थायी चरागाह और अन्य गोचर भूमि तथा गैर-कृषि भूमि; जैसे–आवास, सड़क, उद्योग आदि तथा कृषि के लिए अनुपलब्ध भूमि; जैसे–चटटानों, बंजर भूमि, मरुस्थल में विभाजित है। वर्ष 2014-15 के अनुसार, भारत में 45.5% कुल बोया गया (निवल) क्षेत्र है, 23.3% वन भूमि तथा 3.3% चरागाह व अन्य गोचर भूमि है। कृषि के लिए अनुपलब्ध भूमि में विविध प्रकार की कृषि की जाती है। निम्नलिखित कारणों से वर्ष 1960-61 के बाद से वन के अंतर्गत भूमि में केवल 5% की वृद्धि हुई है

- वन भूमि के अनुचित उपयोग ने उपलब्ध भूमि क्षेत्र को क्षीण कर दिया है और वनों के संरक्षण को कठिन बना दिया है।
- वनों की कटाई, खनन और उत्खनन जैसी गतिविधियों ने वनों की धीमी विकास दर में योगदान दिया है।

2. प्रौद्योगिकी और आर्थिक विकास के कारण संसाधनों का अधिक उपभोग कैसे हुआ है?

उत्तर प्रौद्योगिकी और आर्थिक विकास के कारण प्रत्येक प्रकार के संसाधन का उपभोग बढ़ा है, जिसका विवरण निम्नलिखित है

- तकनीकी विकास के आलोक में आत्मनिर्वाह कृषि का स्थान व्यापारिक कृषि ले लेती है, जिससे मृदा का दोहन बढ़ता है।
- प्रौद्योगिकी के कारण खनिजों का दुर्गम और अगम्य स्थानों से भी खनन होने लगता है, जिससे उस क्षेत्र विशेष के संसाधन का उपभोग बढ़ता है।
- तकनीकी विकास के कारण औद्योगीकरण में तीव्रता आती है, जिससे प्राकृतिक संसाधनों का अधिक उपभोग होता है।
- आर्थिक विकास के कारण आधुनिकीकरण एवं नगरीकरण में अत्यधिक तीव्रता आई है, जिससे संसाधनों की माँग में वृद्धि देखने को मिलती है।
- प्रौद्योगिकी विकास के कारण सामान्य वस्तुएँ, जो तटस्थता की अवस्था में होती हैं, वह भी संसाधन का रूप ले लेती हैं और मानवीय आवश्यकताओं की पूर्ति करती हैं।

परीक्षा अभ्यास

वस्तुनिष्ठ प्रश्न

बहुविकल्पीय प्रश्न

1. एजेंडा-21 को कब स्वीकृति प्रदान की गई?
(a) वर्ष 1990 (b) वर्ष 1992
(c) वर्ष 1993 (d) वर्ष 1994

उत्तर (b) वर्ष 1992

2. वर्ष 1992 में वैश्विक स्तर पर पर्यावरणीय संरक्षण तथा सामाजिक-आर्थिक विकास के संबंध में कौन-सा पर्यावरणीय सम्मेलन आयोजित किया गया था? **CBSE Term I 2021**
(a) क्योटो प्रोटोकॉल
(b) मांट्रियल प्रोटोकॉल
(c) रियो-डि जेनेरियो पृथ्वी सम्मेलन
(d) सतत विकास पर वैश्विक सम्मेलन

उत्तर (c) रियो-डि जेनेरियो पृथ्वी सम्मेलन

3. ब्रुंड्टलैंड कमीशन कब प्रकाश में आया था?
(a) वर्ष 1986 (b) वर्ष 1987
(c) वर्ष 1967 (d) वर्ष 1969

उत्तर (b) वर्ष 1987

4. भारत में संसाधन नियोजन का तात्पर्य है
(a) संसाधनों का अनियमित उपयोग
(b) संसाधनों का विवेकपूर्ण उपयोग
(c) संसाधनों का तकनीकी उपयोग
(d) उपरोक्त में से कोई नहीं

उत्तर (b) संसाधनों का विवेकपूर्ण उपयोग

5. वर्ष 1952 की वन नीति के अनुसार कितने प्रतिशत भू-भाग पर वन का होना आवश्यक है?
(a) 32% (b) 33%
(c) 34% (d) 35%

उत्तर (b) 33%

6. निम्न में से किस राज्य में खनन से उत्पन्न वनोन्मूलन गंभीर भूमि निम्नीकरण का कारण पाया जाता है? **CBSE Term I 2021**
(a) उड़ीसा (b) तमिलनाडु
(c) केरल (d) गुजरात

उत्तर (a) उड़ीसा

7. निम्न में से कौन-सी मृदा पर्वतीय क्षेत्रों में पाई जाती है?
(a) वनीय मृदा (b) जलोढ़ मृदा
(c) काली मृदा (d) इनमें से कोई नहीं

उत्तर (a) वनीय मृदा

8. भूमि निम्नीकरण का कारण है
(a) अति पशुचारण (b) खनन
(c) 'a' और 'b' दोनों (d) इनमें से कोई नहीं

उत्तर (c) 'a' और 'b' दोनों

9. मृदा के निर्माण में योगदान देने वाला कारक कौन-सा है?
(a) उच्चावच (b) जलवायुविक
(c) जैव पदार्थ (d) ये सभी

उत्तर (d) ये सभी

10. निम्नलिखित में से कौन-सा राज्य अधिक सिंचाई एवं जलाक्रांतता से प्रभावित है?
(a) छत्तीसगढ़ (b) राजस्थान
(c) पंजाब (d) बिहार

उत्तर (c) पंजाब

11. बाँगर एवं खादर किस प्रकार की मृदा के प्रकार हैं?
(a) जलोढ़ मृदा (b) काली मृदा
(c) लैटेराइट मृदा (d) लाल-पीली मृदा

उत्तर (a) जलोढ़ मृदा

12. कौन-सी मृदा लवणीय मृदा कहलाती है?
(a) जलोढ़ (b) मरुस्थलीय
(c) लैटेराइट (d) इनमें से कोई नहीं

उत्तर (b) मरुस्थलीय

13. काली मृदा किस क्षेत्र में अधिक पाई जाती है?
(a) पश्चिमी घाट (b) दक्कन पठार
(c) उत्तरी पर्वतमाला (d) ये सभी

उत्तर (b) दक्कन पठार

14. 'लैटेराइट' शब्द ग्रीक भाषा के किस शब्द से लिया गया है?
(a) लेटर (b) लाइट
(c) राइट (d) इनमें से कोई नहीं

उत्तर (a) लेटर

15. निम्न में से कौन-सा बल मैदानी क्षेत्रों में मृदा अपरदन के लिए उत्तरदायी होता है? **CBSE Term I 2021**
(a) पवन (b) ग्लेशियर
(c) प्रवाहित जल (d) भूकंप

उत्तर (a) पवन

16. पवन द्वारा अपरदन क्रिया सबसे अधिक प्रभावी होती है
(a) मैदानी भागों में (b) तटीय भागों में
(c) शुष्क एवं अर्द्धशुष्क भागों में (d) पठारी भागों में

उत्तर (c) शुष्क एवं अर्द्धशुष्क भागों में

17. कौन-सा नदी बेसिन क्षेत्र अवनालिका अपरदन से सबसे अधिक प्रभावित है?

(a) बनास नदी बेसिन (b) यमुना नदी बेसिन
(c) चंबल नदी बेसिन (d) सोन नदी बेसिन

उत्तर (c) चंबल नदी बेसिन

18. निम्न में से कौन-सा कथन संसाधन विकास की समस्या के संबंध में सही नहीं है? **CBSE Term I 2021**

(a) कुछ व्यक्तियों की इच्छा को संतुष्ट करने के लिए संसाधनों की कमी
(b) कुछ लोगों के पास संसाधनों का संचय होना
(c) अविवेकपूर्ण ढंग से संसाधनों का दोहन
(d) न्यायसंगत रूप में संसाधनों का विकास

उत्तर (d) न्यायसंगत रूप में संसाधनों का विकास

19. निम्न कथनों में से कौन-सा कथन भूमि निम्नीकरण की समस्याओं के समाधान हेतु अपनाए जाने वाले संरक्षण के संबंध में सही है?

1. वनारोपण और चरागाहों का उचित प्रबंधन करना।
2. पेड़ों की रक्षक मेखला बनाकर और पशुचारण पर नियंत्रण करना।
3. खनन नियंत्रण तथा औद्योगिक जल का परिष्करण करना।
4. बंजर भूमि का उचित प्रबंधन करना।

कूट

(a) 2 और 4 (b) 1 और 2
(c) 1, 2 और 3 (d) ये सभी

उत्तर (d) ये सभी

20. लैटेराइट मृदा के संबंध में दिए गए कथनों पर विचार कीजिए तथा कूट की सहायता से सही उत्तर की पहचान कीजिए

1. लैटेराइट मृदा के निर्माण में निक्षालन प्रक्रिया की भूमिका महत्त्वपूर्ण होती है।
2. जहाँ पर्णपाती तथा सदाबहार वन पाए जाते हैं, वहाँ लैटेराइट मृदा में ह्यूमस की मात्रा अधिक पाई जाती है।
3. इस मृदा को पर्याप्त खाद एवं रासायनिक उर्वरक की सहायता से उपजाऊ बनाया जा सकता है।

कूट

(a) केवल 1 (b) 2 और 3
(c) 1 और 3 (d) ये सभी

उत्तर (d) ये सभी

21. निम्नलिखित कथनों/सूचियों को प्रारंभ से अंत तक व्यवस्थित कीजिए

1. स्मॉल इज ब्यूटीफुल 2. एजेंडा-21
3. क्लब ऑफ रोम 4. हमारा साझा भविष्य

सही क्रम है

(a) $2 \rightarrow 1 \rightarrow 4 \rightarrow 3$ (b) $3 \rightarrow 1 \rightarrow 2 \rightarrow 4$
(c) $1 \rightarrow 4 \rightarrow 3 \rightarrow 2$ (d) $3 \rightarrow 1 \rightarrow 4 \rightarrow 2$

उत्तर (d) $3 \rightarrow 1 \rightarrow 4 \rightarrow 2$

22. नीचे दिए गए कथनों की सहायता से प्रमुख मृदा की पहचान कीजिए **CBSE Term I 2021**

- उच्च तापमान तथा भारी वर्षा क्षेत्र में विकास।
- न्यूनतम ह्यूमस की मात्रा।
- कर्नाटक, केरल तथा तमिलनाडु के पहाड़ी क्षेत्रों में पाया जाता।

(a) वन मृदा (b) पीली मृदा
(c) काली मृदा (d) लैटेराइट मृदा

उत्तर (d) लैटेराइट मृदा

23. निम्न में से कौन-सा युग्म जल अपरदन से संबंधित दिए गए युग्मों में सही है?

(a) जल अपरदन – मृदा की ऊपरी परत का बहना
(b) चादर अपरदन – गहरी वाहिकाओं का निर्माण होना
(c) अवनालिका अपरदन – ऊपरी मृदा का जल के साथ बहना
(d) उत्खात भूमि – जुताई योग्य भूमि

उत्तर (a) जल अपरदन–मृदा की ऊपरी परत का बहना

सुमेलित करें

24. सुमेलित कीजिए

सूची I (कारण)	सूची II (क्षेत्र)
A. खनन व उत्खनन	1. झारखंड
B. अति पशुचारण	2. गुजरात
C. जलाक्रांतता	3. पंजाब

कूट

	A	B	C		A	B	C
(a)	2	1	3	(b)	1	2	3
(c)	1	3	2	(d)	3	1	2

उत्तर (b) 1 2 3

चित्र आधारित प्रश्न

25. निम्न चित्र में से किस प्रकार के अपरदन को चित्रित किया गया है?

(a) मृदा अपरदन (b) जल अपरदन
(c) वायु अपरदन (d) अवनालिका अपरदन

उत्तर (d) अवनालिका अपरदन

26. दिए गए चित्र में किस मृदा को दिखाया गया है?

(a) लाल मृदा (b) काली मृदा
(c) पीली मृदा (d) ये सभी

उत्तर (b) काली मृदा

रिक्त स्थान भरें

27. अवर कॉमन फ्यूचर रिपोर्ट ………… ने जारी की थी।

उत्तर ब्रुंड्टलैंड कमीशन

28. काली मृदा में ………… का अभाव होता है।

उत्तर फॉस्फोरस

29. मरुस्थली मृदा में ………… की कमी होती है।

उत्तर ह्यूमस और नमी

30. निम्नलिखित रिक्त स्थान को भरें

मृदा के प्रकार	विशेषता
लैटेराइट मृदा	उच्च तापमान तथा अत्यधिक वर्षा वाले क्षेत्रों में विकास
काली मृदा	?

कूट
(a) पर्वतों पर अधिक विकास
(b) नदियों के निक्षेपों से विकसित
(c) लावायुक्त चट्टानों से निर्मित व विकसित
(d) शुष्क क्षेत्रों में अधिक विकसित

उत्तर (c) लावायुक्त चट्टानों से निर्मित व विकसित

सही और पुनः लिखें

31. काली मृदा को बाँगर मृदा के नाम से जाना जाता है।

उत्तर काली मृदा को रेगुर मृदा या काली कपासी मृदा के नाम से जाना जाता है।

32. चंबल बेसिन में उत्खात भूमि को चौ भूमि कहा जाता है।

उत्तर चंबल भूमि में उत्खात भूमि को खड्ड भूमि कहा जाता है।

33. खादर मृदा सबसे अधिक प्रदूषित होती है, जिसके कारण किसानों को उत्पादन करने में समस्या आती है।

उत्तर खादर मृदा उपजाऊ मृदा होती है क्योंकि नदियों का जल समय-समय पर यहाँ आता है, जिससे भूमि उपजाऊ होती है और किसान को उत्पादन में सहायक होती है।

कथन/कारण

34. **कथन** (A) ढाल वाली भूमि पर समोच्च रेखाओं के समानांतर हल चलाने से अपरदन कम होता है।
कारण (R) समोच्च खेती से जल के बहाव की गति कम होती है।

कूट
(a) A और R दोनों सही हैं तथा R, A की सही व्याख्या है
(b) A और R दोनों सही हैं, परंतु R, A की सही व्याख्या नहीं है
(c) A सही है, किंतु R गलत है
(d) A गलत है, किंतु R सही है

उत्तर (a) A और R दोनों सही हैं तथा R, A की सही व्याख्या है

35. **कथन** (A) वन मृदा अत्यधिक अम्लीय मृदा होती है।
कारण (R) वन मृदा में ह्यूमस कम होता है।

कूट
(a) A और R दोनों सही हैं तथा R, A की सही व्याख्या है
(b) A और R दोनों सही हैं, परंतु R, A की सही व्याख्या नहीं है
(c) A सही है, किंतु R गलत है
(d) A गलत है, किंतु R सही है

उत्तर (b) A और R दोनों सही हैं, परंतु R, A की सही व्याख्या नहीं है

अतिलघु उत्तरीय प्रश्न

1. संसाधन से आप क्या समझते हैं?

उत्तर पर्यावरण में उपलब्ध वह प्रत्येक वस्तु, जो हमारी आवश्यकताओं की पूर्ति करने में सक्षम है और जिसे बनाने के लिए प्रौद्योगिकी उपलब्ध है तथा जो आर्थिक रूप से संभाव्य और सांस्कृतिक रूप से मान्य है, संसाधन कहलाती है।

2. संसाधनों के अत्यधिक दोहन से उत्पन्न होने वाली समस्याएँ बताइए।

उत्तर संसाधनों के अत्यधिक दोहन से वैश्विक तापन, ओजोन परत का ह्रास, पर्यावरण प्रदूषण जैसी समस्याएँ उत्पन्न होती हैं।

3. किन्हीं दो राज्यों के नाम बताइए, जिनका शुद्ध बोये गए क्षेत्र का प्रतिशत अधिकतम है।

उत्तर पंजाब और हरियाणा का शुद्ध बोये गए क्षेत्र का प्रतिशत अधिकतम है।

4. किन्हीं दो राज्यों के नाम बताइए, जिनके शुद्ध बोये गए क्षेत्र का प्रतिशत न्यूनतम है?

उत्तर मिजोरम और अरुणाचल प्रदेश का शुद्ध बोये गए क्षेत्र का प्रतिशत न्यूनतम है।

5. शुद्ध (निवल) बोया गया क्षेत्र क्या है? भारत में शुद्ध बोये गए क्षेत्र के अधीन कुल क्षेत्र का प्रतिशत कितना है?

उत्तर वर्ष में एक बार बोया गया क्षेत्र शुद्ध बोया गया क्षेत्र कहलाता है। वर्ष 2014-15 में शुद्ध बोये गए क्षेत्र के अंतर्गत भारत का 45.5% क्षेत्र था।

6. गुजरात में भूमि निम्नीकरण के लिए अतिचारण किस प्रकार जिम्मेदार है? **CBSE 2019**

उत्तर गुजरात एक समृद्ध एवं उन्नत राज्य है जहाँ पशुपालन को महत्त्व दिया जाता है। अधिक संख्या में पशुपालन के कारण राज्य में अतिचारण अधिक होता है जो कि भूमि निम्नीकरण के लिए जिम्मेदार है।

7. ऐसे राज्यों के नाम बताइए, जहाँ भूमि निम्नीकरण के लिए खनन उत्तरदायी है।

उत्तर मध्य प्रदेश और झारखंड में भूमि निम्नीकरण के लिए खनन उत्तरदायी है।

8. राजस्थान जैसे राज्यों में भूमि निम्नीकरण को रोकने के लिए कौन-सा उपाय प्रभावी होगा?

उत्तर अति चराई पर नियंत्रण करके और रेतीले टीलों को स्थिर करने के लिए पौधों की रक्षक मेखला लगाकर राजस्थान जैसे राज्यों में भूमि निम्नीकरण को रोका जा सकता है।

9. भूमि निम्नीकरण पर नियंत्रण करने के किन्हीं दो उपायों का सुझाव दीजिए। **CBSE 2014, 13**

उत्तर भूमि निम्नीकरण पर नियंत्रण के दो उपाय निम्नलिखित हैं
(i) वनोन्मूलन पर प्रतिबंध
(ii) चरागाहों पर नियंत्रण

10. पंजाब में अति सिंचाई भूमि निम्नीकरण के लिए किस प्रकार जिम्मेदार है? **CBSE 2019**

उत्तर पंजाब में अति सिंचाई भूमि निम्नीकरण के लिए मुख्य रूप से जिम्मेदार मानी जाती है, क्योंकि अधिक सिंचाई के कारण जलाक्रांतता की समस्या उत्पन्न हो जाती है जिससे मृदा में लवणीयता एवं क्षारीयता की मात्रा बढ़ जाती है।

11. एक सीमेंट उद्योग भूमि निम्नीकरण के लिए किस प्रकार जिम्मेदार है?

उत्तर सीमेंट उद्योग एक प्रदूषणकारी उद्योग माना जाता है। इस उद्योग में चूना-पत्थर का प्रयोग किया जाता है। चूना-पत्थर के खनन करने से भूमि का निम्नीकरण तीव्र गति से होता है। इस प्रकार सीमेंट उद्योग भूमि निम्नीकरण के लिए मुख्य रूप से जिम्मेदार माना जाता है।

12. भूमि निम्नीकरण के लिए उत्तरदायी किन्हीं दो मानव निर्मित और दो प्राकृतिक कारकों का उल्लेख कीजिए। **CBSE 2014**

उत्तर मानव निर्मित कारक–खनन, अति पशुचारण
प्राकृतिक कारक–पवन, बहता जल।

13. किन्हीं चार क्षेत्रों अथवा राज्यों के नाम बताइए, जहाँ जलोढ़ मृदा का विकास होता है? **CBSE 2010**

उत्तर राजस्थान, गुजरात, महानदी, गोदावरी, कृष्णा व कावेरी नदियों के डेल्टाओं में जलोढ़ मृदा का विकास होता है।

14. उन नदियों के नाम बताइए, जो उत्तरी मैदान में निक्षेपों से जलोढ़ मृदा का निर्माण करती हैं।

उत्तर सिंधु, गंगा और ब्रह्मपुत्र नदियाँ उत्तरी मैदान में निक्षेपों द्वारा जलोढ़ मृदा का निर्माण करती हैं।

15. जलोढ़ मृदा में पाए जाने वाले कुछ खनिजों का नाम बताइए।

उत्तर जलोढ़ मृदा में पोटाश, फॉस्फोरस और चूना आदि खनिज मिलते हैं।

16. काली मृदा में पाए जाने वाले खनिज का नाम लिखिए।

उत्तर काली मृदा में कैल्सियम कार्बोनेट, मैग्नीशियम, पोटाश और चूना पाया जाता है। इस मृदा में फॉस्फोरस कम पाया जाता है।

17. लैटेराइट मृदा से संबंधित किन्हीं दो फसलों के नाम बताइए।

अथवा लैटेराइट मृदा में कृषि योग्य मुख्य व्यावसायिक फसल का एक उदाहरण लिखिए।

उत्तर लैटेराइट मृदा से संबंधित फसलें चाय और कॉफी हैं।

18. मृदा अपरदन क्या है? इसके दो प्रमुख कारण बताइए।

उत्तर मृदा को अपने स्थान से दूसरे स्थान पर ले जाने को मृदा अपरदन कहते हैं। मृदा अपरदन के कारण निम्न हैं
(i) नदियों में बाढ़ आना (ii) वनोन्मूलन

19. मृदा अपरदन को नियंत्रित करने वाली किन्हीं दो विधियों की व्याख्या कीजिए।

उत्तर मृदा अपरदन को नियंत्रित करने वाली दो विधियाँ निम्न हैं
(i) बाँधों का निर्माण (ii) वृक्षारोपण

20. पवन अपरदन क्या है?

उत्तर पवन द्वारा ढालू क्षेत्र या मैदान की मृदाओं को उड़ाकर ले जाने की प्रक्रिया पवन अपरदन कहलाती है।

21. रक्षक मेखला क्या है?

उत्तर मृदा अपरदन से बचाव के लिए फसलों के बीच पेड़ों को कतारों में लगाना रक्षक मेखला कहलाता है।

22. मृदा संरक्षण में समोच्च जुताई किस प्रकार मदद करती है?

उत्तर समोच्च जुताई से समानांतर रेखाओं के साथ हल चलाने से ढाल के साथ जल बहाव की गति कम हो जाती है।

23. काजू की उपज के लिए कौन-सी मृदा उपयुक्त मानी जाती है? **CBSE 2019**

उत्तर काजू की उपज के लिए लैटेराइट मृदा सर्वाधिक उपयुक्त मानी जाती है।

24. भारत के विस्तृत भाग पर कौन-सी महत्त्वपूर्ण मृदा पाई जाती है? **CBSE 2019**

उत्तर भारत के विस्तृत भाग पर जलोढ़ जैसी महत्त्वपूर्ण मृदा पाई जाती है।

25. पट्टी कृषि से आप क्या समझते हैं?

उत्तर पट्टी कृषि पवनों द्वारा जनित बल को कमजोर करने के लिए की जाती है। इसके अंतर्गत बड़े खेतों को पट्टियों में बाँटा जाता है। फसलों के बीच में विभिन्न प्रकार की फसलों की पट्टियाँ उगाई जाती हैं।

26. उस तरीके का नाम बताइए, जिसने पश्चिमी भारत में मृदा संरक्षण में महत्त्वपूर्ण योगदान दिया है।

उत्तर रक्षक मेखला ने पश्चिमी भारत में मृदा संरक्षण में महत्त्वपूर्ण योगदान दिया है।

लघु उत्तरीय प्रश्न

1. संसाधनों का नियोजन क्यों आवश्यक है? कुछ उदाहरण दें जो इसकी आवश्यकता को वर्णित करते हैं। **CBSE 2020**

अथवा "सभी प्रकार के जीवन के अस्तित्व को बनाए रखने के लिए संसाधन नियोजन अनिवार्य है।" इस कथन की उदाहरण सहित पुष्टि कीजिए। **CBSE Compartment 2020**

उत्तर संसाधन नियोजन से तात्पर्य उपलब्ध संसाधनों के विवेकपूर्ण उपयोग के लिए अपनाई गई सर्वमान्य रणनीति से है। भारत जैसे देश में संसाधन नियोजन बहुत महत्त्वपूर्ण है, क्योंकि यहाँ संसाधनों की उपलब्धता में बहुत अधिक विविधता है। अतः यहाँ ऐसे प्रदेश भी हैं जहाँ संसाधन प्रचुर मात्रा में उपलब्ध हैं, परंतु कुछ प्रदेश ऐसे भी हैं, जहाँ संसाधनों की अत्यंत कमी है।

कुछ ऐसे भी राज्य हैं, जो संसाधनों में आत्मनिर्भर हैं, तो कुछ राज्य बिल्कुल संसाधनहीन हैं। भारत में संसाधन नियोजन की आवश्यकता को निम्न उदाहरणों द्वारा समझ सकते हैं

- झारखंड, मध्य प्रदेश और छत्तीसगढ़ आदि प्रांतों में खनिजों और कोयले के प्रचुर भंडार हैं, लेकिन तकनीकी और संस्थागत समर्थन की कमी है।
- अरुणाचल प्रदेश में जल संसाधन की प्रचुरता है, परंतु यहाँ मूल विकास की कमी है। राजस्थान में पवन और सौर ऊर्जा संसाधनों की अधिकता है, लेकिन जल संसाधनों की कमी है।
- लद्दाख का शीत मरुस्थल अन्य भागों से अलग है। यह प्रदेश सांस्कृतिक विरासत का धनी है, परंतु यहाँ जल, खनिज और अन्य प्राकृतिक संसाधनों की कमी है।

2. संसाधन नियोजन के विभिन्न चरणों का वर्णन कीजिए। **CBSE 2020**

अथवा "संसाधन नियोजन एक जटिल प्रक्रिया है।" इस वाक्य को विचार-विमर्श के साथ सत्यापित कीजिए। **CBSE 2019**

अथवा संसाधन नियोजन के विविध सोपानों का वर्णन कीजिए। **CBSE 2020**

उत्तर संसाधन नियोजन के निम्नलिखित चरण होते हैं

- देश के विभिन्न प्रदेशों में संसाधनों की पहचान कर उनकी तालिका बनाना प्रमुख कार्य है। इस कार्य में क्षेत्रीय सर्वेक्षण, मानचित्र बनाना और संसाधनों का गुणात्मक एवं मात्रात्मक अनुमान लगाना व मापन करना सम्मिलित है।
- उपयुक्त कौशल और प्रौद्योगिकी का उपयोग करके संसाधन विकास के लिए योजना तैयार करना।
- संसाधन संबंधी विकास योजनाओं और राष्ट्रीय विकास योजना में समन्वय स्थापित करना।

भारत में स्वतंत्रता के पश्चात् संसाधन नियोजन के उद्देश्य की पूर्ति के लिए प्रयास प्रथम पंचवर्षीय योजना बनाकर किया गया।

3. संसाधनों का संरक्षण करना हमारे लिए क्यों आवश्यक है? स्पष्ट कीजिए।

उत्तर विकास के क्रम में सामाजिक-आर्थिक और पर्यावरणीय समस्याओं से बचने के लिए संसाधनों का संरक्षण एवं उनका विवेकपूर्ण उपयोग अत्यधिक आवश्यक है।

वर्ष 1987 में ब्रुंड्टलैंड कमीशन रिपोर्ट में संसाधन संरक्षण की आवश्यकता का व्यापक रूप से उल्लेख किया गया है और इस उद्देश्य की पूर्ति के लिए सतत विकास की अवधारणा को उचित बताया गया है। गाँधीजी के अनुसार, "हमारे पास एक व्यक्ति की आवश्यकता पूर्ति के लिए बहुत कुछ है, लेकिन किसी के लालच की संतुष्टि के लिए नहीं अर्थात् हमारे पास पेट भरने के लिए बहुत है, लेकिन पेटी भरने के लिए नहीं।" गाँधीजी अत्यधिक उत्पादन के विरुद्ध थे और इसके स्थान पर अधिक जन-समुदाय द्वारा उत्पादन के पक्षधर थे।

4. "संसाधनों के अंधाधुंध प्रयोग ने अनेक समस्याएँ पैदा कर दी हैं।" किन्हीं तीन बिंदुओं द्वारा इस कथन को सिद्ध कीजिए। **CBSE 2014, 12**

उत्तर संसाधनों के अत्यधिक दोहन से अनेक समस्याएँ उत्पन्न होती हैं; जैसे—

संसाधनों का ह्रास संसाधनों के अति उपयोग से उसका तीव्र गति से ह्रास हो रहा है। उदाहरण के लिए, पेट्रोलियम उत्पादों के अति उपयोग ने ऐसी स्थिति बना दी है कि विश्व के अधिकतर देश ऊर्जा संकट का सामना कर रहे हैं।

संसाधनों का केंद्रीकरण इससे संपूर्ण वैश्विक समुदाय दो वर्ग में बँट गए हैं। संसाधन संपन्न देश और संसाधन विहीन देश।

वैश्विक पारिस्थितिकी संकट वर्तमान समय में संसाधनों के अति दोहन से भूमंडलीय तापन, ओजोन परत का ह्रास, पर्यावरण प्रदूषण और भूमि निम्नीकरण जैसी समस्याएँ उत्पन्न हुई हैं।

5. "पृथ्वी पर सभी की आवश्यकताओं की पूर्ति के लिए भरपूर संसाधन उपलब्ध हैं, परंतु वे व्यक्ति के लोभ को शांत नहीं कर सकते।" विकास की दृष्टि से यह वक्तव्य किस प्रकार संगत है? विमर्श कीजिए। **CBSE 2013**

उत्तर इस कथन के पक्ष में निम्नलिखित तर्क दिए जा सकते हैं

(i) संसाधन विकास संबंधी गतिविधियों के लिए अनिवार्य होते हैं। संसाधनों के अति उपयोग और विवेकहीन उपभोग से अनेक सामाजिक-आर्थिक और पर्यावरणीय समस्याएँ पैदा होती हैं।

(ii) संसाधनों के अति उपभोग के फलस्वरूप पारिस्थितिकीय असंतुलन होता है, जो वैश्विक तापन के रूप में परिलक्षित होता है। यदि इसी प्रकार से देशों व व्यक्तियों द्वारा संसाधनों का शोषण जारी रहा तो हमारी पृथ्वी का अस्तित्व खतरे में पड़ जाएगा।

(iii) अतः वर्तमान समय में ऐसे सतत विकास की आवश्यकता है, जो पर्यावरण को बिना हानि पहुँचाए वर्तमान के विकास को महत्त्वपूर्ण मानते हुए भविष्य की पीढ़ी के लिए संसाधनों को सुरक्षित रखे।

6. प्राकृतिक संसाधनों का क्या महत्त्व है? उनके संरक्षण की क्यों आवश्यकता है? **CBSE 2013**

उत्तर किसी देश के विकास के लिए संसाधन महत्त्वपूर्ण होते हैं। उदाहरणतया जीवाश्म ईंधन ऊर्जा पैदा करने के लिए तथा खनिज संसाधन औद्योगिक विकास के लिए आवश्यक होते हैं।

संसाधन संरक्षण की आवश्यकता निम्न कारणों से है

- प्राकृतिक संसाधनों के विकास में लाखों वर्ष लग जाते हैं।
- संसाधन के अविवेकपूर्ण उपभोग तथा अत्यधिक उपभोग से सामाजिक-आर्थिक तथा पर्यावरणमूलक समस्या पैदा होती है।
- प्राकृतिक संसाधन सीमित मात्रा में उपलब्ध होते हैं और वे नवीकरणीय नहीं होते हैं।

7. पर्यावरण संरक्षण पर प्रथम अंतर्राष्ट्रीय सम्मेलन का विवरण दीजिए।

उत्तर पर्यावरण संरक्षण पर प्रथम अंतर्राष्ट्रीय सम्मेलन का विवरण निम्न है

- इस सम्मेलन में भूमंडलीय जलवायु परिवर्तन और जैविक विविधता के एक घोषणा-पत्र पर हस्ताक्षर किए गए।
- इस सम्मेलन में भूमंडलीय वन सिद्धांतों पर सहमति प्रदान की गई और 21वीं शताब्दी में सतत पोषणीय विकास के लक्ष्य के लिए एजेंडा-21 को स्वीकृति दी गई।
- एजेंडा-21 में भूमंडलीय सतत पोषणीय विकास हासिल करने को प्रमुख लक्ष्य बनाया गया।

8. संसाधन और उपनिवेश पर संक्षिप्त टिप्पणी लिखिए।

उत्तर संसाधन संपन्न प्रदेश, विदेशी आक्रमणकारियों के लिए मुख्य आकर्षण रहे हैं। उपनिवेशकारी देशों ने बेहतर प्रौद्योगिकी के माध्यम से उपनिवेशों के संसाधनों का शोषण किया तथा उन पर अपना आधिपत्य स्थापित किया।

भारत ने अपने पिछले अनुभव से यह सीखा है कि सामान्य रूप से विकास और संसाधन विकास लोगों के मुख्यतः संसाधनों की उपलब्धता पर ही नहीं, बल्कि प्रौद्योगिकी, मानव संसाधन की गुणवत्ता एवं लोगों के ऐतिहासिक प्रयोगों के आधार पर हुआ है।

9. भारत के भू-भाग में विभिन्न उच्चावच संबंधित विशेषताएँ पाई जाती हैं। तीन उदाहरण देकर इसे सत्यापित करें।

उत्तर भारतीय भू-भाग में विभिन्न प्रकार की उच्चावच संबंधित विशेषताएँ पाई जाती हैं। इसके तीन उदाहरण निम्नलिखित हैं

(i) कुल भौगोलिक क्षेत्रफल का 43% भू-क्षेत्र मैदानी है, जो कृषि एवं उद्योग के विकास के लिए उपयुक्त माना जाता है।

(ii) 27% भू-भाग पठारी है जिसमें खनिजों का पर्याप्त भंडार विद्यमान है। इसके अतिरिक्त वनों का अत्यधिक भंडार है।

(iii) करीब 30% भू-भाग पर्वतीय है, जो बारहमासी नदियों के प्रवाह एवं पर्यटक विकास के लिए अनुकूल परिस्थितियाँ प्रदान करता है।

10. भारत में जलोढ़ मृदा की विशेषताओं का उल्लेख कीजिए।

अथवा **भारत में पाई जाने वाली जलोढ़ मृदा की तीन विशेषताओं का वर्णन कीजिए।** **CBSE 2019**

उत्तर भारत में जलोढ़ मृदा विस्तृत भू-भाग पर फैली हुई है। इस मृदा की प्रमुख विशेषताएँ इस प्रकार हैं

- जलोढ़ मृदा से लगभग संपूर्ण उत्तरी मैदान का निर्माण हुआ। यह राजस्थान और गुजरात तक फैली हुई है। इस मृदा से पूर्वी तटीय मैदान में महानदी, गोदावरी, कृष्णा और कावेरी नदियों के डेल्टा भी बने हैं
- इस मृदा में रेत, सिल्ट और चिकनी मिट्टी अर्थात् मृत्तिका के विभिन्न अनुपात पाए जाते हैं। यह मृदा पोटाश, फॉस्फोरस और चूनायुक्त होती है, जो गन्ना, चावल, गेहूँ और अन्य अनाजों व दलहन फसलों की खेती के लिए उपयुक्त है। जलोढ़ मृदा पर्वतों की तलहटी पर बने मैदानों; जैसे–द्वार, चो और तराई क्षेत्रों में आमतौर पर पाई जाती है।
- आयु के आधार पर जलोढ़ मृदा बाँगर (पुरानी जलोढ़ मृदा) और खादर (नवीन जलोढ़ मृदा) दो प्रकार की होती हैं।

11. काली मृदा की विशेषताओं का उल्लेख कीजिए। **CBSE 2015**

अथवा **भारत में पाई जाने वाली काली मृदा की कोई तीन विशेषताओं का वर्णन कीजिए।** **CBSE 2019**

उत्तर काली मृदा को कपास की खेती के कारण काली कपास एवं रेगुर के नाम से भी जाना जाता है। इसका विस्तार दक्कन पठार के आस-पास है।

इस मृदा की प्रमुख विशेषताएँ निम्न प्रकार हैं

- महाराष्ट्र, सौराष्ट्र, मालवा, मध्य प्रदेश और छत्तीसगढ़ के पठार के अतिरिक्त यह दक्षिण-पूर्वी दिशा में गोदावरी एवं कृष्णा नदी की घाटियों तक पाई जाती है।
- यह मृदा बहुत महीन कणों अर्थात् मृत्तिका से बनी है।
- इस मृदा में कैल्सियम कार्बोनेट, मैग्नीशियम, पोटाश और चूने जैसे पौष्टिक तत्त्व पाए जाते हैं, परंतु इसमें फॉस्फोरस की मात्रा कम होती है।
- इस मृदा में गर्म और शुष्क मौसम में दरारें पड़ जाती हैं, जिससे इसमें वायु का मिश्रण हो जाता है। गीली होने पर यह मृदा चिपचिपी हो जाती है, जिसके परिणामस्वरूप इसे जोतना कठिन हो जाता है।

12. वनीय मृदा के लक्षणों को बताइए।

उत्तर यह मृदा आमतौर पर पहाड़ी और पर्वतीय क्षेत्रों में विस्तृत है। इसके कुछ लक्षण निम्नलिखित हैं

- यह मृदा नदी घाटियों में दोमट और सिल्टदार होती है, लेकिन ऊपरी ढलानों पर इसका गठन मोटे कणों से होता है।
- हिमालय के हिमाच्छादित क्षेत्रों में इस मृदा का अधिक अपरदन होता है और यह मृदा ह्यूमस रहित होती है।
- यह मृदा मसाले, चाय, कॉफी एवं उष्णकटिबंधीय फसलों के उत्पादन (कृषि/उपज) के लिए उपयोगी होती है।
- यह नदी घाटियों के निचले क्षेत्रों में उपजाऊ होती है।

13. **बाँगर और खादर में अंतर बताइए।**

उत्तर बाँगर और खादर में निम्नलिखित अंतर हैं

खादर	बाँगर
यह नई तलछट द्वारा निर्मित होता है।	मैदान की पुरानी जलोढ़ मृदा बाँगर कहलाती है।
यह मैदान का निचला भाग होता है, जहाँ प्रतिवर्ष बाढ़ का जल पहुँचता है।	यह मैदान का ऊँचा भाग होता है, जहाँ नदियों के बाढ़ का पानी नहीं पहुँचता है।
यह अपेक्षाकृत अधिक उपजाऊ मृदा होती है।	यह अपेक्षाकृत कम उपजाऊ मृदा होती है।
इस मृदा में तलछट के जमाव में भिन्नता देखने को मिलती है।	इस मृदा में कैल्सियम की मात्रा अधिक पाई जाती है।

14. **हिमालय क्षेत्र में भूमि निम्नीकरण की समस्या को हल करने के उपायों को उदाहरणों सहित स्पष्ट कीजिए।**
CBSE Compartment 2020

उत्तर हिमालय क्षेत्र में भूमि निम्नीकरण की समस्या को हल करने के उपायों का विवरण इस प्रकार है

- हिमालय क्षेत्र, जहाँ ढाल वाली भूमि पाई जाती है। यहाँ समोच्च जुताई को अपनाकर भूमि निम्नीकरण को कम किया जा सकता है। इससे जल बहाव की गति कम हो जाती है।
- पश्चिमी तथा मध्य हिमालय में सोपान अथवा सीढ़ीदार कृषि भूमि निम्नीकरण में सहायक होती है। इससे अपरदन नियंत्रित होता है।
- बड़े खेतों को पट्टियों में बाँटकर तथा फसलों के बीच में घास की पट्टियों को लगाकर भी भूमि निम्नीकरण को कम किया जा सकता है। यह पवनों द्वारा जनित बल को कमजोर करती है।

15. **भूमि किस प्रकार एक अत्यधिक महत्त्वपूर्ण प्राकृतिक संसाधन है? इसके महत्त्वपूर्ण तथ्यों से वर्णन कीजिए।**
CBSE 2013, 12, 08

अथवा **"भूमि एक अत्यावश्यक प्राकृतिक संसाधन है।" भू-संसाधन का मूल्य बताते हुए इस कथन को उपयुक्त उदाहरणों द्वारा विस्तार दीजिए।** **CBSE 2013**

उत्तर भूमि एक अति महत्त्वपूर्ण प्राकृतिक संसाधन है। इसके पक्ष में निम्नलिखित तर्क/तथ्य दिए जा सकते हैं

- सभी आर्थिक क्रियाएँ भूमि पर ही की जाती हैं।
- प्राकृतिक वनस्पति, वन्यजीव एवं जंतुओं का अस्तित्व भी भूमि पर ही निर्भर करता है।
- अधिकांश खनिजों को भूमि से ही प्राप्त किया जाता है अर्थात् खनिजों की उत्पत्ति भूमि से ही संभव होती है।
- विभिन्न प्रकार के उद्योग एवं औद्योगिक क्रियाकलाप भूमि पर ही संपादित होते हैं।
- भूमि का उपयोग परिवहन एवं संचार के लिए भी पर्याप्त मात्रा में किया जाता है।
- भूमि ही मनुष्य समेत समस्त प्राणियों को आवास के लिए उचित स्थान उपलब्ध कराती है।

16. **भूमि निम्नीकरण में मानवीय गतिविधियाँ महत्त्वपूर्ण भूमिका निभाती हैं। तीन उदाहरण के साथ जाँच कीजिए।**
CBSE 2019

उत्तर मनुष्य भोजन, मकान और कपड़े की अपनी मूल आवश्यकताओं का 95% भूमि से प्राप्त करता है, लेकिन मानव के क्रियाकलाप के कारण न केवल भूमि का निम्नीकरण हो रहा है, बल्कि भूमि को हानि पहुँचाने वाली प्राकृतिक ताकतों को भी बल मिला है। इसे निम्न प्रकार समझ सकते हैं

- खनन क्रिया के कारण झारखंड, छत्तीसगढ़, मध्य प्रदेश एवं ओडिशा जैसे राज्यों में वनोन्मूलन भूमि निम्नीकरण का मुख्य कारण बना है।
- गुजरात, राजस्थान, मध्य प्रदेश और महाराष्ट्र में अति पशुचारण भूमि निम्नीकरण का मुख्य कारण बना हुआ है।
- पंजाब, हरियाणा और पश्चिमी उत्तर प्रदेश जैसे राज्यों में अधिक सिंचाई भूमि निम्नीकरण के लिए उत्तरदायी है। अधिक सिंचाई से उत्पन्न जलाक्रांतता भी भूमि निम्नीकरण के लिए उत्तरदायी है। इससे मृदा में लवणीयता एवं क्षारीयता की मात्रा बढ़ जाती है।

दीर्घ उत्तरीय प्रश्न

1. **भू-संसाधन से क्या आशय है? भारत में भूमि उपयोग और उसके प्रतिरूप का वर्णन कीजिए।**

उत्तर इस प्रश्न के उत्तर के लिए पृष्ठ संख्या 118 पर शीर्षक 'भू-संसाधन' का अध्ययन करें।

2. **भारत में संसाधन नियोजन तथा संसाधनों के संरक्षण की विस्तार से व्याख्या कीजिए।**

उत्तर इस प्रश्न के उत्तर के लिए पृष्ठ संख्या 117 पर शीर्षक 'भारत में संसाधन नियोजन' तथा 'संसाधनों का संरक्षण' का अध्ययन करें।

3. **भूमि निम्नीकरण क्या है? भूमि निम्नीकरण से संरक्षण के उपायों का वर्णन करें।**

उत्तर इस प्रश्न के उत्तर के लिए पृष्ठ संख्या 118 पर शीर्षक 'भूमि निम्नीकरण एवं संरक्षण उपाय' का अध्ययन करें।

4. **भारत में मृदा के वर्गीकरण की विस्तारपूर्वक व्याख्या कीजिए।**

उत्तर इस प्रश्न के उत्तर के लिए पृष्ठ संख्या 119 पर शीर्षक 'मृदा का वर्गीकरण' का अध्ययन करें।

5. ''पर्यावरणीय निम्नीकरण के परिणाम राष्ट्रीय एवं राज्यों की सीमाओं का सम्मान नहीं करते है।'' उदाहरण के साथ समर्थन में चर्चा करें। **CBSE 2019**

उत्तर पर्यावरणीय निम्नीकरण के परिणाम राष्ट्रीय एवं राज्यों की सीमाओं, यहाँ तक कि विश्व के किसी देश की सीमाओं का सम्मान नहीं करते हैं। इसे नीचे दिए गए निम्न बिंदुओं द्वारा समझा जा सकता है

- भूमि निम्नीकरण कृषि उत्पादकता को प्रभावित करता है, जिससे खाद्य प्रभावित होता है। इसके परिणामस्वरूप अंतर्राष्ट्रीय व्यापार में कृषीय उत्पादों की मात्रा कम हो जाती है।
- ग्रीन हाउस गैसों के उत्सर्जन से वैश्विक तापन संबंधित वैश्विक चुनौतियाँ उत्पन्न हो गई हैं। इसके नकारात्मक प्रभाव से विश्व के सभी देश प्रभावित हो रहे हैं।
- क्लोरो फ्लोरो कार्बन गैसों के उत्सर्जन से ओजोन रिक्तिकरण की समस्या उत्पन्न हो गई है। इससे पूरा विश्व प्रभावित हो रहा है।
- नदियों का प्रदूषित जल जब सागरीय भागों में समाहित होता है, तो वह सागरीय जल को भी दूषित कर देता है। इससे विश्व के तटीय भागों में निवास करने वाले सभी लोग प्रभावित होते हैं।
- उद्योगों की स्थापना भले ही आर्थिक जरूरतों के लिए आवश्यक है, परंतु औद्योगिक इकाइयों के समीप हवा की गुणवत्ता बहुत निम्न होती है, जो मानव स्वास्थ्य पर नकारात्मक प्रभाव डालता है। वायु प्रदूषण की समस्या भी एक वैश्विक चुनौती है।

6. मरुस्थलीय मृदा की कोई पाँच प्रमुख विशेषताएँ लिखिए। **CBSE 2015**

अथवा पश्चिमी राजस्थान में दूर-दूर तक पाई जाने वाली मिट्टी के प्रकार का नाम लिखिए। इसकी दो महत्त्वपूर्ण विशेषताएँ बताइए, जिनसे खेती के लिए उपयुक्त बन जाती है। **CBSE 2012**

उत्तर मरुस्थलीय मृदा शुष्क क्षेत्रों में पाई जाती है। यह मृदा भारत के कुल पश्चिमी भाग (राजस्थान) में विस्तृत है। कुछ क्षेत्रों में इस मृदा में नमक की मात्रा इतनी अधिक होती है कि झीलों से जल वाष्पीकृत करके इससे नमक बनाया जाता है। इस मृदा की कुछ विशेषताएँ इस प्रकार हैं

(i) इस मृदा का रंग लाल एवं भूरा होता है। यह मृदा आमतौर पर रेतीली और लवणीय होती है।

(ii) इस मृदा में ह्यूमस और नमी की मात्रा कम होती है तथा शुष्क जलवायु और उच्च तापमान के कारण जलवाष्पन दर अधिक होती है।

(iii) इस मृदा को उचित तरीके से सिंचित करके कृषि योग्य बनाया जा सकता है। इस विधि का प्रयोग पश्चिमी राजस्थान में किया जाता है। यह मृदा जौ, गेहूँ, कपास, मक्का, बाजरा और दालों की खेती के लिए उपयोगी है।

(iv) यह मृदा पश्चिमी राजस्थान, उत्तरी गुजरात और दक्षिणी हरियाणा में पाई जाती है।

(v) इस मृदा की सतह के नीचे कैल्सियम की मात्रा बढ़ती चली जाती है और निचली परतों में चूने के कंकड़ की सतह पाई जाती है, जिसके कारण मृदा में जल का अंत:स्यंदन नहीं हो पाता।

7. मृदा अपरदन क्या है? भारत में प्रचलित मृदा अपरदन के प्रमुख प्रकारों का वर्णन कीजिए। **CBSE 2010**

उत्तर मृदा के कटाव और उसके बहाव की प्रक्रिया को मृदा अपरदन कहा जाता है। मृदा निर्माण और उसके अपरदन की क्रिया साथ-साथ चलती है, जिसके परिणामस्वरूप दोनों में संतुलन होता है। विभिन्न प्राकृतिक एवं मानवीय क्रियाओं के कारण इस प्रकार के संतुलन में रुकावट आती है।

प्राकृतिक कारण

पवन, जल व हिमानियों द्वारा अपरदन प्राकृतिक कारकों में शामिल होता है, जो निम्न प्रकार है

वायु अपरदन वायु द्वारा मैदान या किसी ढलवा क्षेत्र से मृदा को उड़ा ले जाने की प्रक्रिया को वायु या पवन अपरदन कहा जाता है। यह शुष्क और अर्द्धशुष्क क्षेत्र में भूमि क्षरण का कारण है। वायु अपरदन मरुस्थलीकरण की प्रक्रिया को बढ़ाता है।

वायु अपरदन तब महत्त्वपूर्ण होता है, जब तेज हवाएँ सूखे की अवधि के समय हल्की बनावट वाले मृदा के क्षेत्रों के ऊपर बहती हैं। यह शुद्ध एवं अर्द्ध-शुष्क चराई भूमि के निम्नीकरण का सामान्य कारक है।

जल अपरदन बहते हुए जल के कारण जब मृदा की ऊपरी परत बह जाती है, तो वह जल अपरदन कहलाता है। जब वृहत क्षेत्र की ऊपरी मृदा घुलकर जल के साथ बह जाती है, तो वह चादर अपरदन कहलाता है। जब बहता हुआ जल मृत्तिका युक्त मृदाओं को काटते हुए गहरी वाहिकाएँ बनाता है, तो वह अवनालिका अपरदन कहा जाता है। ऐसी भूमि जोतने योग्य नहीं रहती है और इसे उत्खात भूमि कहते हैं। चंबल बेसिन में ऐसी भूमि को खड्ड भूमि कहा जाता है।

मानवीय कारण

वनोन्मूलन, अति चराई और कृषि की दोषपूर्ण पद्धति वे मानवीय कारक हैं, जिनके कारण मृदा अपरदन होता है।

C स्रोत आधारित प्रश्न

निम्नलिखित स्रोतों को ध्यानपूर्वक पढ़कर उन पर आधारित प्रश्नों के उत्तर दीजिए

1. खनन के उपरांत खदानों वाले स्थानों को गहरी खाइयों और मलबे के साथ खुला छोड़ दिया जाता है। खनन के कारण झारखंड, छतीसगढ़, मध्य प्रदेश और उड़ीसा जैसे राज्यों में वनोन्मूलन भूमि निम्नीकरण का कारण बना है। गुजरात, राजस्थान, मध्य प्रदेश और महाराष्ट्र में अति-पशुचारण भूमि निम्नीकरण का मुख्य कारण है। पंजाब, हरियाणा और पश्चिमी उत्तर प्रदेश जैसे राज्यों में अधिक सिंचाई भूमि निम्नीकरण के लिए उत्तरदायी है। अति सिंचन से उत्पन्न जलाक्रांतता भी भूमि निम्नीकरण के लिए उत्तरदायी है,

जिससे मृदा में लवणीयता और क्षारीयता बढ़ जाती है। खनिज प्रक्रियाएँ जैसे सीमेंट उद्योग में चूना-पत्थर को पीसना और मृदा बर्तन उद्योग में चूने (खड़िया मृदा) और सेलखड़ी के प्रयोग से बहुत अधिक मात्रा में वायुमंडल में धूल विसर्जित होती है। जब इसकी परत भूमि पर जम जाती है, तो मृदा की जल सोखने की प्रक्रिया अवरुद्ध हो जाती है। पिछले कुछ वर्षों से देश के विभिन्न भागों में औद्योगिक जल निकास से बाहर आने वाला अपशिष्ट पदार्थ भूमि और जल प्रदूषण का मुख्य स्रोत है।

(i) निम्नलिखित राज्यों में से किसमें अति-पशुचारण 'भूमि निम्नीकरण' का प्रमुख कारण है?

(a) गुजरात (b) हिमाचल प्रदेश
(c) पंजाब (d) मध्य प्रदेश

उत्तर (a) गुजरात

(ii) निम्नलिखित में से कौन-सा जल प्रदूषण का प्रमुख स्रोत है?

(a) वर्षा (b) भू-स्खलन
(c) अति सिंचाई (d) औद्योगिक अपशिष्ट

उत्तर (d) औद्योगिक अपशिष्ट

(iii) 'अति सिंचाई' भूमि निम्नीकरण के लिए क्यों उत्तरदायी है?

(a) इससे मृदा में लवणीयता बढ़ जाती है
(b) मृदा की जल सोखने की क्षमता कम हो जाती है
(c) भू-स्खलन को बढ़ावा मिलता है
(d) मृदा की उर्वरता घटती है

उत्तर (c) भू-स्खलन को बढ़ावा मिलता है

(iv) झारखंड राज्य में 'भूमि निम्नीकरण' का प्रमुख कारण कौन-सा है?

(a) अति-पशुचारण (b) अति सिंचाई
(c) औद्योगिक अपशिष्ट (d) खनन

उत्तर (d) खनन

(v) पंजाब, हरियाणा और पश्चिमी उत्तर प्रदेश जैसे राज्यों में .... भूमि निम्नीकरण के लिए उत्तरदायी होते हैं।

(a) वनोन्मूलन (b) अधिक सिंचाई
(c) अति-पशुचारण (d) खनन कार्य

उत्तर (b) अधिक सिंचाई

(vi) **कथन** (A) खनिज प्रक्रियाएँ जैसे सीमेंट उद्योग में चूना-पत्थर को पीसना और मृदा बर्तन उद्योग में चूने (खड़िया मृदा) और सेलखड़ी के प्रयोग से बहुत अधिक मात्रा में वायुमंडल में धूल विसर्जित होती है।

कारण (R) जब इसकी परत भूमि पर जम जाती है, तो मृदा की जल सोखने की प्रक्रिया अवरुद्ध हो जाती है।

कूट

(a) A और R दोनों सही हैं तथा R, A की सही व्याख्या है
(b) A और R दोनों सही हैं, परंतु R, A की सही व्याख्या नहीं है
(c) A सही है, किंतु R गलत है
(d) A गलत है, किंतु R सही है

उत्तर (a) A और R दोनों सही हैं तथा R, A की सही व्याख्या है

2. मृदा के कटाव और उसके बहाव की प्रक्रिया को मृदा अपरदन कहा जाता है। मृदा के बनने और अपरदन की क्रियाएँ आमतौर पर साथ-साथ चलती हैं और दोनों में संतुलन होता है, परंतु मानवीय क्रियाओं; जैसे—वनोन्मूलन, अति-पशुचारण, निर्माण और खनन इत्यादि से कई बार यह संतुलन भंग हो जाता है तथा प्राकृतिक तत्त्व; जैसे—पवन, हिमनदी और जल मृदा अपरदन करते हैं। बहता जल मृत्तिकायुक्त मृदाओं को काटते हुए गहरी वाहिकाएँ बनाता है, जिन्हें अवनलिकाएँ कहते हैं। ऐसी भूमि जोतने योग्य नहीं रहती और इसे उत्खात भूमि कहते हैं।

चंबल बेसिन में ऐसी भूमि को खड्ड भूमि कहा जाता है। कई बार जल विस्तृत क्षेत्र को ढके हुए ढाल के साथ नीचे की ओर बहता है। ऐसी स्थिति में इस क्षेत्र की ऊपरी मृदा घुलकर जल के साथ बह जाती है। इसे चादर अपरदन कहा जाता है। पवन द्वारा मैदान अथवा ढालू क्षेत्र से मृदा को उड़ा ले जाने की प्रक्रिया को पवन अपरदन कहा जाता है। कृषि के गलत तरीकों से भी मृदा अपरदन होता है।

गलत ढंग से हल चलाने जैसे ढाल पर ऊपर से नीचे की ओर हल चलाने से वाहिकाएँ बन जाती हैं, जिसके अंदर से बहता पानी आसानी से मृदा का कटाव करता है। ढाल वाली भूमि पर समोच्च रेखाओं के समानांतर हल चलाने से ढाल के साथ जल बहाव की गति घटती है। इसे समोच्च जुताई कहा जाता है। ढाल वाली भूमि पर सोपान बनाए जा सकते हैं। सोपान कृषि अपरदन को नियंत्रित करती है।

(i) मृदा के कटाव और उसके बहाव की प्रक्रिया को किस नाम से जाना जाता है?

(a) मृदा अपरदन
(b) मृदा अपक्षय
(c) मृदा निम्नीकरण
(d) मृदा संग्रहण

उत्तर (a) मृदा अपरदन

(ii) अपरदन के संबंध में निम्न में से कौन-सा कथन सही नहीं है?

(a) मृदा के बनने और अपरदन की क्रियाएँ सामान्यतः साथ-साथ चलती हैं
(b) मृदा के बनने तथा अपरदन की क्रिया में संतुलन बना रहता है
(c) वनोन्मूलन, निर्माण कार्य तथा खनन कार्य से संतुलन भंग होता है
(d) उपरोक्त सभी

उत्तर (d) उपरोक्त सभी

(iii) बहता हुआ जल मृत्तिकायुक्त मृदाओं को काटते हुए एक गहरी वाहिका का निर्माण करती है, जिसे सामान्यतः क्या कहते हैं?

(a) उत्खनन (b) अवनलिका
(c) खड्ड (d) भूमिगर्त

उत्तर (b) अवनलिका

(iv) मैदानी तथा ढालू भूमि क्षेत्र में होने वाले अपरदन कार्य के संबंध में कौन-सा कथन सही नहीं है?
(a) पवन द्वारा मैदानी तथा ढालू भूमि क्षेत्रों में पवन अपरदन अपरदन की क्रिया होती है
(b) कृषि के गलत तरीकों से भी मृदा अपरदन की क्रिया होती है
(c) चादर अपरदन की क्रिया ढालू भूमि क्षेत्रों में होती है
(d) ढाल वाली भूमि पर समोच्च रेखीय जुताई जल बहाव की गति को तीव्र कर देती है

उत्तर (d) ढाल वाली भूमि पर समोच्च रेखीय जुताई जल बहाव की गति को तीव्र कर देती है

(v) मृदा अपरदन एवं संरक्षण के संबंध में दिए गए कथनों में कौन-सा कथन सही है?
1. प्राकृतिक तत्त्व; जैसे—पवन, हिमनदी और जल मृदा अपरदन में महत्त्वपूर्ण भूमिका निभाते हैं।
2. चंबल बेसिन में पाई जाने वाली उत्खात भूमि को खड्ड भूमि कहा जाता है।
3. समोच्च जुताई सामान्यत: मैदानी व बाढ़ग्रस्त क्षेत्रों में की जाती है।

कूट
(a) केवल 2 (b) 1 और 2 दोनों
(c) 1 और 3 (d) ये सभी

उत्तर (b) 1 और 2 दोनों

(vi) अपरदन के संदर्भ में दी गई सूचियों को सही सुमेलित कीजिए

सूची I	सूची II
A. अपरदन कारक	1. ढाल वाली भूमि
B. उत्खात भूमि	2. खड्ड भूमि
C. चंबल बेसिन	3. गहरी वाहिकाएँ
D. सोपान कृषि	4. हिमनद

कूट

	A	B	C	D
(a)	1	2	3	4
(b)	4	3	2	1
(c)	3	1	4	2
(d)	1	2	4	3

उत्तर (b) 4 3 2 1

3. भूमि एक ऐसा संसाधन है, जिसका उपयोग हमारे पूर्वज करते आए हैं तथा भावी पीढ़ी भी इसी भूमि का उपयोग करेगी। हम भोजन, मकान और कपड़े की अपनी मूल आवश्यकताओं का 95% भाग भूमि से प्राप्त करते हैं। मानव कार्यकलापों के कारण न केवल भूमि का निम्नीकरण हो रहा है, बल्कि भूमि को नुकसान पहुँचाने वाली प्राकृतिक ताकतों को भी बल मिला है।

इस समय भारत में लगभग 13 करोड़ हेक्टेयर भूमि निम्नीकृत है। इसमें से लगभग 28% भूमि निम्नीकृत वनों के अंतर्गत है। 56% क्षेत्र जल अपरदित है और शेष क्षेत्र लवणीय और क्षारीय है। कुछ मानव क्रियाओं; जैसे—वनोन्मूलन, अति पशुचारण, खनन ने भी भूमि के निम्नीकरण में मुख्य भूमिका निभाई है।

खनन के उपरांत खदानों वाले स्थानों को गहरी खाइयों और मलबे के साथ खुला छोड़ दिया जाता है। खनन के कारण झारखंड, छत्तीसगढ़, मध्य प्रदेश और उड़ीसा जैसे राज्यों में वनोन्मूलन भूमि निम्नीकरण का कारण बना है। गुजरात, राजस्थान, मध्य प्रदेश और महाराष्ट्र में अति पशुचारण भूमि निम्नीकरण का मुख्य कारण है। पंजाब, हरियाणा और पश्चिमी उत्तर प्रदेश जैसे राज्यों में अधिक सिंचाई भूमि निम्नीकरण के लिए उत्तरदायी है। अति सिंचन से उत्पन्न जलाक्रांतता भी भूमि निम्नीकरण के लिए उत्तरदायी है, जिससे मृदा में लवणीयता और क्षारीयता बढ़ जाती है।

(i) भूमि संसाधन किस प्रकार उपयोगी संसाधन है?

उत्तर भूमि एक ऐसा संसाधन है, जिसका उपयोग हमारे पूर्वज करते आए हैं तथा भावी पीढ़ी के लिए भी उपयोगी है! मनुष्य भोजन, मकान और कपड़े की अपनी मूल आवश्यकताओं का 95% भाग भूमि से प्राप्त करते हैं। वर्तमान में वनोन्मूलन, अति पशुचारण, खनन से भूमि का निम्नीकरण हो रहा है।

(ii) भारत में विद्यमान निम्नीकृत भूमि का विवरण प्रस्तुत करें।

उत्तर भारत में लगभग 13 करोड़ हेक्टेयर भूमि निम्नीकृत है। इसमें से लगभग 28% भूमि निम्नीकृत वनों के अंतर्गत है। 56% क्षेत्र जल अपरदित है और शेष क्षेत्र लवणीय और क्षारीय है। मानवीय गतिविधियों से न केवल भूमि का निम्नीकरण हो रहा है, बल्कि भूमि को नुकसान पहुँचाने वाली प्राकृतिक ताकतों को भी बल मिला है।

(iii) अति सिंचाई भूमि निम्नीकरण के लिए किस प्रकार उत्तरदायी होती है?

उत्तर भारत के पंजाब, हरियाणा और पश्चिमी उत्तर प्रदेश जैसे राज्यों में अधिक सिंचाई की जाती है। इससे भूमि में जलाक्रांतता की स्थिति उत्पन्न हो जाती है, जो भूमि निम्नीकरण को बढ़ाती है। इससे मृदा में लवणीयता तथा क्षारीयता बढ़ जाती है, जिससे मृदा अनुपजाऊ हो जाती है। इस प्रकार, अति सिंचाई भूमि निम्नीकरण के लिए उत्तरदायी होता है।

मानचित्र आधारित प्रश्न

1. भारत के राजनीतिक रेखा-मानचित्र पर अंकित चिह्नों (i), (ii) व (iii) की दिए गए मृदा के लक्षणों के आधार पर पहचान कर नाम लिखिए

(i) इस मृदा को रेगुर मृदा के नाम से भी जाना जाता है।

(ii) यह राजस्थान राज्य जैसे शुष्क क्षेत्रों में पाई जाती है।

(iii) यह मृदा उच्च तापमान और अत्यधिक वर्षा वाले क्षेत्रों में विकसित होती है।

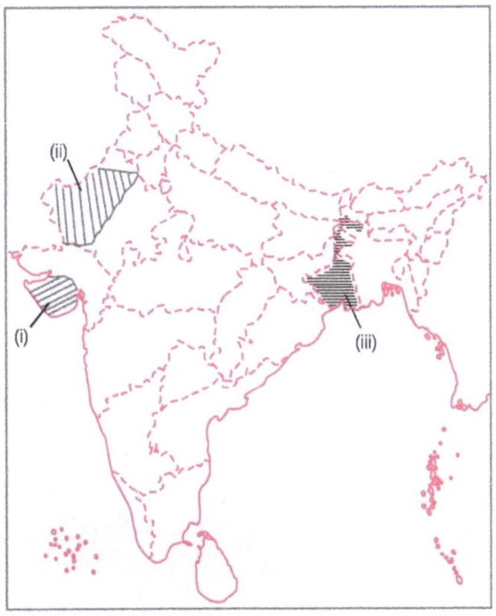

उत्तर

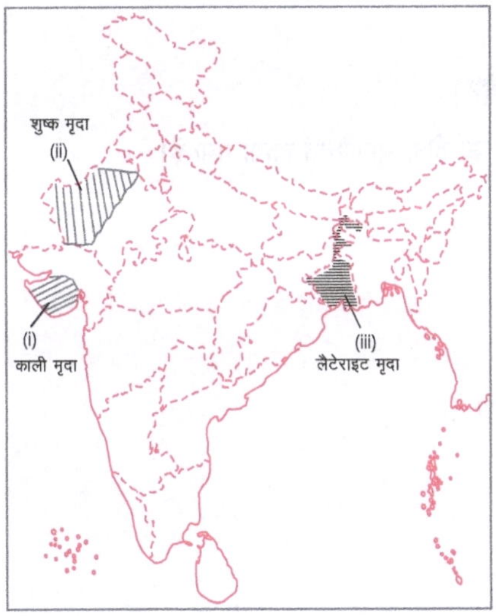

2. भारत के राजनीतिक रेखा-मानचित्र पर अंकित चिह्नों (i), (ii) व (iii) की पहचान करके मृदा और उसके पाए जाने वाले क्षेत्रों के नाम लिखिए

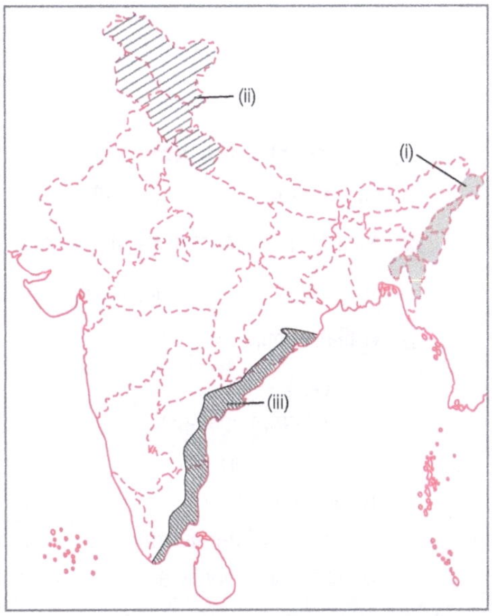

उत्तर

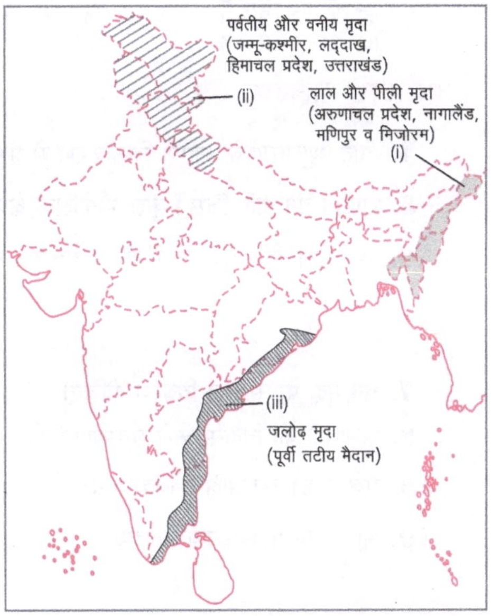

स्वयं को जाँचें

वस्तुनिष्ठ प्रश्न

1. रियो-डि जेनेरो पृथ्वी सम्मेलन संपन्न हुआ था?

(a) वर्ष 1992 (b) वर्ष 1993 (c) वर्ष 1972 (d) वर्ष 1973

2. भारत के कितने प्रतिशत भू-भाग पर मैदान फैले हैं?

(a) 43% (b) 54% (c) 58% (d) 65%

3. सुमेलित कीजिए

सूची I (भू-उपयोग 1960-61)	सूची II (प्रतिशत)
A. कृषि योग्य बंजर भूमि	1. 6.23%
B. शुद्ध बोया क्षेत्रफल	2. 46.26%
C. गैर-कृषि प्रयोजनों के अंतर्गत क्षेत्र	3. 4.95%
D. विविध वृक्ष के अंतर्गत क्षेत्र	4. 3.50%

कूट

	A	B	C	D		A	B	C	D
(a)	1	2	3	4	(b)	4	1	2	3
(c)	3	1	2	4	(d)	1	4	3	4

अतिलघु उत्तरीय प्रश्न

4. अति पशुचारण के कारण निम्नीकरण से प्रभावित राज्य कौन-से हैं?

5. राष्ट्रीय वन नीति जिसमें कुल भौगोलिक क्षेत्रफल में से 33% वन का होना सुनिश्चित किया गया है।

6. 1960-61 से 2014-15 में वनीय क्षेत्रफल में कितनी वृद्धि हुई थी?

लघु उत्तरीय प्रश्न

7. वन मृदा पर संक्षिप्त विवरण दीजिए।

8. संसाधनों का विकास कैसे समस्याओं को उत्पन्न करता है? विवरण दें।

9. एजेंडा-21 का संक्षिप्त विवरण दें।

10. भूमि संरक्षण के उपाय बताइए।

दीर्घ उत्तरीय प्रश्न

11. भारत में विभिन्न प्रकार की मृदाओं के वितरण को बताइए।

12. भारत में प्रचलित मृदा अपरदन के प्रमुख प्रकारों की विस्तार से चर्चा कीजिए।

अध्याय
02

वन एवं वन्यजीव संसाधन

पृथ्वी पर सूक्ष्म जीवाणुओं, बैक्टीरिया, जोंक, वटवृक्ष, हाथी, ब्लू ह्वेल आदि जंतुओं की जैव-विविधता है। मानव और अन्य जीवधारी मिलकर एक जटिल पारिस्थितिकी तंत्र का निर्माण करते हैं। मानव जीवन के लिए जल, हवा एवं मृदा आदि अनिवार्य घटक हैं। पौधे, पशु एवं सूक्ष्मजीवी जैसे प्राथमिक उत्पादक पारिस्थितिकी तंत्र के अनिवार्य घटकों का पुन: सृजन करते रहते हैं। पौधों तथा पशु-पक्षियों की एक-दूसरे पर अश्रितता के कारण ही जैव विविधता है।

अध्याय एक नजर में

- *भारत में वनस्पतिजात और प्राणिजात*
- *भारत में वन और वन्य जीवन का संरक्षण*
- *समुदाय और वन संरक्षण आवश्यकता*

भारत में वनस्पतिजात और प्राणिजात

भारत जैव-विविधता के संदर्भ में विश्व के प्रमुख देशों में शामिल है। यहाँ विश्व की सभी जैव उपजातियों की 8% संख्या (लगभग 16 लाख) पाई जाती है।

भारत में वन और वन्य जीवन का संरक्षण

वनों के संरक्षण से पारिस्थितिकी विविधता बनी रहती है, जिससे जल, मृदा एवं वायु जैसे आवश्यक घटकों का पुन: सृजन होता रहता है। यह प्रजातियों और प्रजनन के बेहतर विकास के लिए पौधों और जानवरों की आनुवंशिक विविधता को भी संरक्षित करता है। मत्स्यपालन को बनाए रखने के लिए जलीय जैव-विविधता आवश्यक है।

संरक्षण की विधि

भारत में वन और वन्य जीवन संरक्षण के लिए सरकार द्वारा निम्नलिखित प्रयास किए गए हैं

वन्यजीव अधिनियम, 1972

इसमें वन्यजीवों के आवास रक्षण के अनेक प्रावधान हैं। इस अधिनियम के अंतर्गत भारत में रक्षित जातियों की सूची प्रकाशित की गई है। इस अधिनियम के अंतर्गत लुप्तप्राय प्रजातियों के शिकार और वन्यजीवों के व्यापार पर प्रतिबंध लगाया गया है। कीटों का संरक्षण करने के लिए वन्यजीव अधिनियम, 1980 और 1986 के अंतर्गत सैंकड़ों तितलियों, पतंगों, भृंगों और एक ड्रैगनफ्लाई को भी संरक्षित जातियों में शामिल किया गया है। वर्ष 1991 में पौधों की 6 जातियों को भी इसमें शामिल किया गया है।

उद्यानों की स्थापना

- जैव-विविधता की रक्षा के लिए केंद्र और राज्य सरकारों ने राष्ट्रीय उद्यान, वन्यजीव अभयारण्य, पक्षी अभयारण्य और कुछ जैव भंडारों की स्थापना की है।
- अब संरक्षण नीति जैव-विविधता पर केंद्रित है न कि इसके विभिन्न घटकों पर।

विशिष्ट जानवरों के लिए परियोजना

- केंद्र सरकार ने गंभीर स्थिति में आए कुछ विशेष वन प्राणियों को रक्षण प्रदान करने के लिए कई परियोजनाओं की घोषणा की है। इन प्राणियों में बाघ, एक सींग वाला गैंडा, कश्मीरी हिरण अथवा हंगुल (Hangul), तीन प्रकार के मगरमच्छ—स्वच्छ जल मगरमच्छ, लवणीय जल मगरमच्छ और घड़ियाल, एशियाई शेर और अन्य प्राणी शामिल हैं। हाल ही में भारतीय हाथी, काला हिरण, चिंकारा, भारतीय गोडावन और हिम तेंदुआ आदि के शिकार और व्यापार पर संपूर्ण अथवा आंशिक प्रतिबंध लगाकर कानूनी रक्षण दिया है।

बाघ परियोजना और प्रोजेक्ट टाइगर

बाघ परियोजना

वन्य जीवन संरचना में बाघ (टाइगर) एक महत्त्वपूर्ण जंगली जाति है। वर्ष 1973 में अधिकारियों ने पाया कि देश में 20वीं शताब्दी के आरंभ में बाघों की संख्या अनुमानित संख्या 55,000 से घटकर मात्र 1,827 रह गई है। बाघों को मारकर उनको व्यापार के लिए चोरी करना, आवासीय स्थलों का सिकुड़ना, भोजन के लिए आवश्यक जंगली उपजातियों की संख्या कम होना और जनसंख्या में वृद्धि बाघों की घटती संख्या के मुख्य कारण हैं। बाघों की खाल का व्यापार और उनकी हड्डियों का एशियाई देशों में परंपरागत औषधियों में प्रयोग के कारण यह जाति विलुप्त होने के निकट पहुँच गई है। चूँकि भारत और नेपाल दुनिया के दो-तिहाई बाघों को आवास उपलब्ध करवाते हैं, अतः ये देश ही शिकार, चोरी और गैर-कानूनी व्यापार करने वालों के मुख्य निशाने पर हैं।

प्रोजेक्ट टाइगर

विश्व की बेहतरीन वन्यजीव परियोजनाओं में से एक है और इसकी शुरूआत वर्ष 1973 में हुई। शुरू में इसमें बहुत सफलता प्राप्त हुई, क्योंकि बाघों की संख्या बढ़कर वर्ष 1985 में 4,002 और 1989 में 4,334 हो गई थी, परंतु वर्ष 1993 में 3600 से वर्ष 2019 में इनकी संख्या घटकर 2226 तक पहुँच गई। भारत में 71,027.10 वर्ग किमी पर फैले हुए एक 50 बाघ रिजर्व हैं। बाघ संरक्षण मात्र संकटग्रस्त जाति को बचाने का प्रयास नहीं है, अपितु इसका उद्देश्य बहुत बड़े आकार की जैवजाति को भी संरक्षण देना है। उत्तराखण्ड में 'कॉर्बेट राष्ट्रीय उद्यान', पश्चिम बंगाल में 'सुंदरवन राष्ट्रीय उद्यान', मध्य प्रदेश में 'बांधवगढ़ राष्ट्रीय उद्यान', राजस्थान में 'सरिस्का वन्यजीव पशुविहार' असम में 'मानस बाघ रिजर्व' और केरल में 'पेरियार बाघ रिजर्व' भारत में बाघ संरक्षण परियोजनाओं के उदाहरण हैं।

वन और वन्यजीव संसाधनों के प्रकार और वितरण

भारत में वन और वन्यजीव संसाधनों का प्रबंधन सरकार के वन विभाग अथवा अन्य संबद्ध विभागों द्वारा किया जा रहा है।

भारत में वन प्रबंधन को निम्न तीन भागों में विभाजित किया गया है

1. **आरक्षित वन** (Reserved Forests) देश में आधे से अधिक वन क्षेत्र आरक्षित वन घोषित किए गए हैं। जहाँ तक वन और वन्य प्राणियों के संरक्षण की बात है, आरक्षित वनों को सर्वाधिक मूल्यवान माना जाता है। जम्मू-कश्मीर, आंध्र प्रदेश, उत्तराखंड, केरल, तमिलनाडु, पश्चिम बंगाल एवं महाराष्ट्र में आरक्षित वनों का अनुपात अधिक है।
2. **रक्षित वन** (Protected Forests) वन विभाग के अनुसार, देश के कुल वन क्षेत्र का एक-तिहाई भाग रक्षित है। इन वनों को और अधिक नष्ट होने से बचाने के लिए इनकी सुरक्षा की जाती है।

   बिहार, पंजाब, हरियाणा, ओडिशा, हिमाचल प्रदेश एवं राजस्थान में रक्षित वनों का अनुपात अधिक है।
3. **अवर्गीकृत वन** (Unclassed Forests) अन्य सभी प्रकार के वन और बंजर भूमि, जो सरकार, व्यक्तियों और समुदायों के स्वामित्व में होते हैं, अवर्गीकृत वन कहे जाते हैं।

   गुजरात एवं पूर्वोत्तर के राज्यों के वन अवर्गीकृत हैं तथा स्थानीय समुदाय के लोगों के प्रबंधन में हैं।

स्थायी वन (Permanent Forests) आरक्षित एवं रक्षित वनों का संरक्षण इमारती लकड़ी आदि के लिए किया जाता है। स्थायी वनों के अंतर्गत सर्वाधिक क्षेत्र मध्य प्रदेश में है, जोकि प्रदेश के कुल वन क्षेत्र का 75% है।

समुदाय और वन संरक्षण

भारत में वन अनेक मानव प्रजातियों के आवास स्थल हैं। वन संरक्षण की नीतियों में उनका सहयोग महत्त्वपूर्ण है। यही कारण है कि वनों को बचाने के लिए वे सरकारी अधिकारियों के साथ मिलकर प्रयास कर रहे हैं।

प्राकृतिक वनों के विनाश ने कई गरीब ग्रामीण और आदिवासी समुदायों को बुरी तरह प्रभावित किया है, जो ईंधन, चारा, भोजन, चिकित्सा, आवास आदि के लिए वन संसाधनों पर निर्भर हैं। इस विनाश के कारण कई समुदायों ने विरोध और संघर्ष किया है। इसके कुछ उदाहरण हैं

- राजस्थान में सरिस्का बाघ रिजर्व में आने वाले गाँवों के लोगों ने वन्यजीवों को बचाने और खनन कार्य बंद करवाने के लिए संघर्ष किया है। राजस्थान में ही अलवर जिले के 5 गाँवों के लोगों ने 1200 हेक्टेयर वन भूमि पर **भैरोंदेव डाकव सोंचुरी** बनाकर शिकार तथा विदेशी लोगों के आने पर प्रतिबंध लगा दिया है।
- **चिपको आंदोलन** के अंतर्गत हिमालय क्षेत्र में वनों की कटाई पर रोक लगाकर स्थानीय पौधों की जातियों का सामुदायिक वनीकरण अभियान सफल रहा है।
- इसी तरह टिहरी के किसानों का **बीज बचाओ आंदोलन** एवं **नवदानय** प्रयास बिना रासायनिक उर्वरकों के फसल उत्पादन में सफल रहा है।

संयुक्त वन प्रबंधन

- संयुक्त वन प्रबंधन कार्यक्रम विभिन्न राज्य सरकारों द्वारा चलाया जाता है। ये कार्यक्रम क्षरित वनों के प्रबंधन और पुनर्निर्माण में स्थानीय समुदायों की भूमिका को उजागर करते हैं।
- औपचारिक रूप में इन कार्यक्रमों की शुरुआत वर्ष 1988 में हुई जब ओडिशा राज्य ने संयुक्त वन प्रबंधन का पहला प्रस्ताव पास किया। वन विभाग के अंतर्गत संयुक्त वन प्रबंधन क्षरित वनों के संरक्षण का कार्य करता है।

- ये समुदाय मध्य स्तरीय लाभ; जैसे—गैर-इमारती वन उत्पादों के हकदार होते हैं तथा सफल संरक्षण से प्राप्त इमारती लकड़ी के लाभ में भी भागीदार होते हैं।
- वन और वन्य जीवन संरक्षण के लिए आवश्यक है कि ये समुदाय वन संरक्षण कमेटी, सोसायटी आदि का गठन करें। पर्यावरण का विनाश रोकने एवं पुनर्निर्माण में स्थानीय समुदायों को शामिल करके महत्त्वपूर्ण परिणाम प्राप्त किए जा सकते हैं। अत: भारत में पर्यावरण का संरक्षण करने में स्थानीय समुदाय को शामिल करना जरूरी है।

पवित्र पेड़ों के झुरमुट विविध और दुर्लभ जातियों की संपत्ति

प्रकृति की पूजा सदियों पुराना जनजातीय विश्वास है, जिसका आधार प्रकृति के हर रूप की रक्षा करना है। इन्हीं विश्वासों ने विभिन्न वनों को मूल एवं कौमार्य रूप में बचाकर रखा है, जिन्हें पवित्र पेड़ों के झुरमुट (देवी-देवताओं के वन) कहते हैं। वनों के इन भागों में न तो स्थानीय लोग ही घुसते तथा न ही किसी और को छेड़छाड़ करने देते।

उदाहरण के लिए, छोटानागपुर क्षेत्र में **मुंडा** और **संथाल** जनजातियाँ महुआ और कदंब के पेड़ों की पूजा करती हैं। ओडिशा और बिहार की जनजातियाँ शादी के दौरान **इमली** और **आम के पेड़** की पूजा करती हैं। हममें से बहुत-से व्यक्ति **पीपल** और **वटवृक्ष** को पवित्र मानते हैं। राजस्थान में बिश्नोई गाँवों के आसपास आप काले हिरण, चिंकारा, नीलगाय और मोरों के झुंड देख सकते हैं, जो वहाँ के समुदाय का अभिन्न भाग हैं और कोई उनको नुकसान नहीं पहुँचाता।

चेक प्वॉइंट 01

1. *वन्य जीवन अधिनियम, 1972 में पौधों की कितनी जातियों को शामिल किया गया?*
2. *भैरोंदेव डाकव सोंचुरी कहाँ है?*
3. *वन और वन्य जीवन संरक्षण के लिए क्या आवश्यक है?*

इन्हें भी जानें

- जिम कार्बेट पार्क भारत का प्रथम नेशनल पार्क, जिसकी स्थापना वर्ष 1936 में की गई।
- ***नवदान्य*** भारत का गैर सरकारी संगठन, जैव-विविधता संरक्षण, के अधिकारों और बीज की बचत प्रक्रिया को बढ़ावा देता है।
- ***राष्ट्रीय उद्यान*** जो उद्यान ''वन्यजीव संरक्षण अधिनियम, 1972'' के नियमों को ध्यान में रखकर सरकार की निगरानी में बनाया जाता है, जहाँ वन्य जीव पिंजरे में कैद न होकर उनके प्राकृतिक आवास में किंतु सरकारी निगरानी में होते हैं, उसे राष्ट्रीय उद्यान कहा जाता है।
- ***वन्यजीव अभयारण्य*** सरकार और अन्य किसी संस्था द्वारा संरक्षित वन, पशु-विहार या पक्षी विहार होता है, उसे हम वन्यजीव अभयारण्य कहते हैं।
- ***बायोस्फीयर रिजर्व*** यूनेस्को के अनुसार, ''बायोस्फीयर रिजर्व स्थलीय और तटीय पारिस्थितिकी तंत्र के क्षेत्र हैं, जो अपने सतत उपयोग के साथ जैव-विविधता के संरक्षण के समाधान को बढ़ावा देते हैं।''

NCERT फोल्डर

1. **इनमें से कौन-सा संरक्षण तरीका समुदायों की सीधी भागीदारी नहीं करता?**

(क) संयुक्त वन प्रबंधन

(ख) चिपको आंदोलन

(ग) बीज बचाओ आंदोलन

(घ) वन्यजीव पशुविहार का परिसीमन

उत्तर (घ) वन्यजीव पशुविहार का परिसीमन

2. **निम्नलिखित को सुमेलित करें**

आरक्षित वन	सरकार, व्यक्तियों के निजी और समुदायों के अधीन अन्य वन और बंजर भूमि।
रक्षित वन	वन और वन्यजीव संसाधन संरक्षण की दृष्टि से सर्वाधिक मूल्यवान वन।
अवर्गीकृत वन	वन भूमि, जो और अधिक क्षरण से बचाई जाती है।

उत्तर

आरक्षित वन	वन और वन्यजीव संसाधन संरक्षण की दृष्टि से सर्वाधिक मूल्यवान वन।
रक्षित वन	वन भूमि, जो और अधिक क्षरण से बचाई जाती है।
अवर्गीकृत वन	सरकार, व्यक्तियों के निजी और समुदायों के अधीन अन्य वन और बंजर भूमि।

3. **जैव-विविधता क्या है? यह मानव जीवन के लिए क्यों महत्त्वपूर्ण है?**

उत्तर पृथ्वी पर सूक्ष्म जीवाणुओं से लेकर वृहद् स्तनधारी प्राणियों का निवास जैव-विविधताओं से भरा है। पौधों की विभिन्न प्रजातियों तथा जीवों की शृंखला, एक ऐसे वातावरण का निर्माण करती हैं, जिसे 'जैव-विविधता' कहा जाता है। जैव-विविधता पारिस्थितिकी तंत्र का महत्त्वपूर्ण भाग है, जिसमें विभिन्न जीवधारी परस्पर निर्भरता के कारण जाने जाते हैं। जैव-विविधता के कारण ही जीवधारियों का अस्तित्व है।

4. **निम्नलिखित प्रश्नों के उत्तर लगभग 120 शब्दों में दीजिए**

(i) **भारत में विभिन्न समुदायों ने किस प्रकार वनों तथा वन्यजीव संरक्षण तथा उनके रक्षण में योगदान दिया है?**

उत्तर वन संरक्षण की प्रकिया भारत के लिए नई नहीं है। वन सामान्यतः कुछ मानव प्रजातियों के आवास भी रहे हैं। भारत के कुछ क्षेत्रों में स्थानीय समुदाय सरकारी अधिकारियों के साथ मिलकर अपने आवास स्थलों के संरक्षण में जुटते हैं, क्योंकि वनों का उनकी आजीविका में महत्त्वपूर्ण योगदान होता है। राजस्थान के लोगों ने वन तथा वन्यजीवों के रक्षण के लिए कई आंदोलन चलाए।

अलवर जिले के 5 गाँवों के 1,200 हेक्टेयर वन क्षेत्र को वहाँ के लोगों ने अभयारण्य घोषित कर वहाँ पर शिकार पर प्रतिबंध लगा दिया। हिमालय में प्रसिद्ध 'चिपको आंदोलन' ने वनों की कटाई को रोकने का तथा वन संरक्षण का प्रयास किया।

विभिन्न समुदायों ने सामुदायिक वनीकरण अभियान को सफल बनाने का कार्य किया है तथा पारंपरिक संरक्षण के तरीकों से वनों के संरक्षण को दिशा दी है। ओडिशा में स्थानीय समुदायों ने गाँव स्तर पर संस्थाओं का निर्माण कर इमारती लकड़ियों का सफल संरक्षण किया। इस प्रकार से भारत में पर्यावरण तथा वन संसाधनों के संरक्षण के लिए स्थानीय समुदायों ने अपने निर्णयों के माध्यम से इस प्रक्रिया को नवीन दिशा दी है।

(ii) **वन तथा वन्यजीव संरक्षण में सहयोगी रीति-रिवाजों पर एक निबंध लिखिए।**

उत्तर भारत में प्रकृति की पूजा वैदिक काल से ही होती चली आ रही है। इसी पूजा से आशय यह है कि प्रकृति का हर रूप रक्षणीय है। इन्हीं विश्वासों ने वनों की रक्षा का भार स्थानीय समुदायों को दिया है, वे उन्हें पवित्र वृक्षों के रूप में देखते हैं। वनों के इन भागों में स्थानीय लोग ही घुस सकते हैं और किसी को किसी प्रकार की छेड़छाड़ की अनुमति वे नहीं देते। कतिपय समाज कुछ विशेष वृक्षों की पूजा करते हैं तथा प्राचीनकाल से उनका संरक्षण करते आ रहे हैं।

छोटानागपुर की मुंडा तथा संथाल जनजातियाँ महुआ तथा कदंब के वृक्षों की पूजा करती हैं। बिहार तथा ओडिशा में कुछ जनजातियाँ शादी के दौरान इमली व आम के पेड़ों की पूजा करती हैं। पीपल तथा वटवृक्ष को भी पवित्र माना जाता है। भारत संस्कृतियों का देश है। प्रत्येक संस्कृति में प्रकृति के संरक्षण का पारंपरिक तरीका विद्यमान है। यहाँ पशुओं, पेड़ों, पहाड़ों व नदियों तक को पवित्र मानकर उनका संरक्षण यहाँ किया जाता है। मंदिरों के आसपास बंदर तथा लंगूर को उपासक भोग लगाते हैं। राजस्थान में बिश्नोई गाँवों में काले हिरण, चिंकारा, नीलगाय इत्यादि के झुंड दिखाई देते हैं, जो वहाँ के समुदायों का अभिन्न भाग हैं।

परीक्षा अभ्यास

वस्तुनिष्ठ प्रश्न

बहुविकल्पीय प्रश्न

1. 'बीज बचाओ आंदोलन' किस प्रदेश के किसानों द्वारा चलाया गया

(a) राजस्थान (b) मध्य प्रदेश (c) उत्तराखंड (d) केरल

उत्तर (c) उत्तराखंड

2. 20वीं शताब्दी में बाघों की अनुमानित संख्या घटकर कितनी रह गई?

(a) 1827 (b) 1830 (c) 1832 (d) 1825

उत्तर (a) 1827

3. भारत सरकार ने वन्य प्राणी अधिनियम किस वर्ष पारित किया?

(a) वर्ष 1973 में (b) वर्ष 1999 में
(c) वर्ष 1960 में (d) वर्ष 1972 में

उत्तर (d) वर्ष 1972 में

4. जम्मू-कश्मीर, आंध्र प्रदेश, उत्तराखंड और केरल में कौन-से वन अधिक पाए जाते हैं?

(a) आरक्षित वन (b) रक्षित वन
(c) अवर्गीकृत वन (d) ये सभी

उत्तर (a) आरक्षित वन

5. संयुक्त वन प्रबंधन के संबंध में दिए गए कथनों पर विचार कीजिए तथा असत्य कथनों की पहचान कीजिए

(a) यह वन प्रबंधन कार्यक्रम विभिन्न राज्य सरकारों द्वारा चलाया जाता है
(b) यह कार्यक्रम क्षरित वनों के प्रबंधन और पुनर्निर्माण में स्थानीय समुदायों की भूमिका को उजागर करते हैं
(c) औपचारिक रूप से संयुक्त वन प्रबंधन कार्यक्रम की शुरुआत वर्ष 2002 में हुई थी
(d) वन विभाग के अंतर्गत संयुक्त वन प्रबंधन क्षरित वनों के संरक्षण का कार्य करता है

उत्तर (c) औपचारिक रूप से संयुक्त वन प्रबंधन कार्यक्रम की शुरुआत वर्ष 2002 में हुई थी

6. वन्य जीव अधिनियम, 1972 के संबंध में दिए गए कथनों पर विचार कीजिए तथा कूट की सहायता से सही विकल्प का चयन कीजिए

1. इसके अंतर्गत भारत में रक्षित जातियों की सूची प्रकाशित की जाती है।
2. इसके अंतर्गत लुप्तप्राय प्रजातियों के शिकार और वन्यजीवों के व्यापार पर प्रतिबंध लगाया गया है।
3. वर्ष 1991 में इसमें पौधों की 6 जातियों को शामिल किया गया है।
4. इसके अंतर्गत राष्ट्रीय उद्यान एवं वन्यजीव पशु विहार स्थापित किए गए।

कूट

(a) 1 और 2 (b) 2 और 4
(c) 1, 2 और 3 (d) ये सभी

उत्तर (d) ये सभी

7. नीचे दिए गए तथ्यों का अध्ययन कीजिए तथा विशेषताओं की सहायता से सही विकल्प की पहचान कीजिए

- यह वन क्षेत्र देश में आधे से अधिक भाग में घोषित किया गया है।
- इस वन का अनुपात जम्मू-कश्मीर, आंध्र प्रदेश, केरल व उत्तराखंड आदि में अधिक है।
- वन और वन्य प्राणियों के संरक्षण में आरक्षित वनों को मूल्यवान माना जाता है।

(a) स्थायी वन (b) आरक्षित वन
(c) अवर्गीकृत वन (d) संरक्षित वन

उत्तर (b) आरक्षित वन

चित्र आधारित प्रश्न

8. नीचे दिए गए चित्र में किस राष्ट्रीय उद्यान के गैंडे के चित्र को दर्शाया गया है?

(a) सुंदरवन राष्ट्रीय उद्यान के गैंडे का चित्र
(b) काजीरंगा राष्ट्रीय उद्यान के गैंडे का चित्र
(c) बाँधवगढ़ राष्ट्रीय उद्यान के गैंडे का चित्र
(d) जिम कॉर्बेट राष्ट्रीय उद्यान के गैंडे का चित्र

उत्तर (b) काजीरंगा राष्ट्रीय उद्यान के गैंडे का चित्र

रिक्त स्थान भरें

9. वनों से .... आदि वस्तुओं की पूर्ति होती है।

उत्तर कागज, रबड़

10. वर्ष 1991 में पौधों की 6 जातियों को .... शामिल किया गया।

उत्तर वन्य जीव अधिनियम, 1972

11. निम्नलिखित रिक्त स्थान को भरें

वनों का वर्गीकरण	राज्य
आरक्षित वन	पश्चिम बंगाल, महाराष्ट्र में सर्वाधिक अनुपात
रक्षित वन	?

कूट
(a) बिहार, पंजाब, हरियाणा में सर्वाधिक अनुपात।
(b) आंध्र प्रदेश, केरल, महाराष्ट्र में सर्वाधिक अनुपात।
(c) गुजरात, पूर्वोत्तर राज्यों में सर्वाधिक अनुपात।
(d) तमिलनाडु, केरल, गुजरात, राजस्थान।

उत्तर (a) बिहार, पंजाब, हरियाणा में सर्वाधिक अनुपात।

कथन/कारण

12. कथन (A) केंद्र सरकार ने गंभीर स्थिति में आए कुछ विशेष वन प्राणियों को रक्षण प्रदान करने के लिए कई परियोजनाओं की घोषणा की है।

कारण (R) इन प्राणियों में बाघ, एक सींग वाला गैंडा, कश्मीरी हिरण अथवा हंगुल (Hangul), तीन प्रकार के मगरमच्छ—स्वच्छ जल मगरमच्छ, लवणीय जल मगरमच्छ और घड़ियाल, एशियाई शेर और अन्य प्राणी शामिल हैं।

कूट
(a) A और R दोनों सही हैं तथा R, A की सही व्याख्या है
(b) A और R दोनों सही हैं, परंतु R, A की सही व्याख्या नहीं है
(c) A सही है, किंतु R गलत है
(d) A गलत है, किंतु R सही है

उत्तर (a) A और R दोनों सही हैं तथा R, A की सही व्याख्या है

अतिलघु उत्तरीय प्रश्न

1. वनों के संरक्षण से क्या तात्पर्य है?

उत्तर वनों की वर्तमान पीढ़ी तथा भावी पीढ़ी के अस्तित्व एवं आवश्यकताओं की पूर्ति के लिए बचाव करना तथा विभिन्न कारणों से इसमें हो रहे ह्रास को कम करना वन संरक्षण कहलाता है।

2. भारत सरकार द्वारा वन संरक्षण के लिए किए गए प्रयासों का वर्णन कीजिए।

उत्तर वन संरक्षण के लिए किए गए प्रयास निम्नलिखित हैं
(i) वन नीति की घोषणा वर्ष 1952 में की गई
(ii) वन अनुसंधान संस्थान की स्थापना

3. वन संरक्षण के किन्हीं दो उपायों को सुझाइए।

उत्तर वनों की रक्षा कर उन्हें आगामी पीढ़ियों के लिए सुरक्षित करना वन संरक्षण कहा जाता है। इसके दो उपाय निम्न हैं
(i) वनों का अवैध दोहन न करना।
(ii) खाली पड़ी भूमि पर वृक्षारोपण करना तथा वनों को आग से बचाना।

4. कीटों का संरक्षण करने के लिए किस अधिनियम के अंतर्गत अनेक कीटों की जातियों को शामिल किया गया?

उत्तर कीटों का संरक्षण करने के लिए वन्यजीव अधिनियम, 1980 व 1986 के अंतर्गत अनेक कीटों की जातियों को शामिल किया गया।

5. प्राकृतिक वनों के विनाश ने किन समुदाय के लोगों को प्रभावित किया है?

उत्तर प्राकृतिक वनों के विनाश ने गरीब ग्रामीण और आदिवासी समुदायों को बुरी तरह प्रभावित किया है, जो ईंधन, चारा, भोजन, चिकित्सा, आवास आदि के लिए वन संसाधनों पर निर्भर हैं।

6. ओडिशा और बिहार की जनजातियाँ विवाह के दौरान किस पेड़ की पूजा करती हैं?

उत्तर ओडिशा और बिहार की जनजातियाँ विवाह के दौरान इमली और आम के पेड़ की पूजा करती हैं। हममें से बहुत-से व्यक्ति पीपल और वटवृक्ष को पवित्र मानते हैं।

लघु उत्तरीय प्रश्न

1. भारत में वन प्रबंधन को कितने भागों में विभाजित किया गया है? इनकी विशेषताओं का वर्णन कीजिए।

उत्तर भारत में वन प्रबंधन को तीन भागों में विभाजित किया गया है
(i) **आरक्षित वन** देश में आधे से अधिक वन क्षेत्र आरक्षित वन घोषित किए गए हैं। जहाँ तक वन और वन्य प्राणियों के संरक्षण की बात है, वहाँ आरक्षित वनों को सर्वाधिक मूल्यवान माना जाता है।
(ii) **रक्षित वन** वन विभाग के अनुसार, देश के कुल वन क्षेत्र का एक-तिहाई भाग रक्षित है। इन वनों को और अधिक नष्ट होने से बचाने के लिए इनकी सुरक्षा की जाती है।
(iii) **अवर्गीकृत वन** अन्य सभी प्रकार के वन और बंजर भूमि, जो सरकार, व्यक्तियों और समुदायों के स्वामित्व में होते हैं, अवर्गीकृत वन कहे जाते हैं।

आरक्षित एवं रक्षित वनों का संरक्षण इमारती लकड़ी आदि के लिए किया जाता है। स्थायी वनों के अंतर्गत सर्वाधिक क्षेत्र मध्य प्रदेश में है। भारत में वन एवं वन्यजीव संसाधनों का प्रबंधन सरकार के वन विभाग अथवा संबद्ध विभागों द्वारा किया जाता है।

2. वर्तमान में वन्यजीव संरक्षण की आवश्यकता क्यों है?

उत्तर वनों के संरक्षण से पारिस्थितिकी विविधता बनी रहती है, जिससे जल, मृदा एवं वायु जैसे आवश्यक घटकों का पुनः सृजन होता रहता है। पर्यावरणीय संतुलन के लिए भी वन्यजीवों के संरक्षण की आवश्यकता है। वनों में वन्यजीवों का प्राकृतिक आवास पाया जाता है। वर्तमान में मानवीय हस्तक्षेप के कारण वन्यजीवों के आवास तथा उनकी योजना सामग्री कम हो रही है। इसके कारण अनेक प्रजातियाँ लुप्त हो गई हैं। अतः इन्हीं संकटग्रस्त जीवों को बचाने के लिए वन्यजीव संरक्षण की आवश्यकता है।

वन्यजीव पर्यावरण को स्वच्छ और संतुलित रखने में भूमिका निभाते हैं। उदाहरण के लिए, वर्तमान में गिद्ध पक्षी हमारे परिवेश से कम हो गए हैं। ये मरे हुए जानवरों का मांस खाकर पर्यावरण को स्वच्छ रखने में सहायता करते हैं।

3. वन संरक्षण क्या है? इसके दो उपायों को सुझाइए।

उत्तर वन संरक्षण से अभिप्राय वनों की वर्तमान पीढ़ी तथा भावी पीढ़ी के अस्तित्व एवं आवश्यकताओं की पूर्ति के लिए बचाव करना तथा विभिन्न कारणों से हो रहे इसके ह्रास को कम करना है। वनों के मानवीय जीवन में प्रत्यक्ष एवं अप्रत्यक्ष लाभों तथा मानवीय अस्तित्व, पर्यावरणीय सुरक्षा आदि आवश्यकताओं को देखते हुए भारत सरकार ने वर्ष 1952 में वन नीति, 1972 में वन्यजीव संरक्षण अधिनियम, अनेक वन्यजीव विहार, नेशनल पार्क, बायोस्फीयर रिजर्व आदि के द्वारा वन संरक्षण के विभिन्न प्रयास किए हैं।

वन संरक्षण के उपाय वन संरक्षण के लिए किए गए प्रमुख उपाय निम्नलिखित हैं
- वनों के अंधाधुंध तथा अवैध दोहन पर रोक लगाकर इन्हें संरक्षित किया जा सकता है।
- अधिकाधिक वृक्षारोपण द्वारा ह्रास को रोका जा सकता है।

4. भारत में स्थायी समुदाय किस प्रकार से वन संरक्षण में अपना योगदान देता है?

उत्तर भारत में वन संरक्षण की नीति कोई नई बात नहीं है। वन हमारे देश में कुछ मानव प्रजातियों के आवास भी हैं। भारत के कुछ क्षेत्रों में तो स्थानीय समुदाय सरकारी अधिकारियों के साथ मिलकर वन स्थलों के संरक्षण में जुटे हैं, क्योंकि इसी से ही दीर्घकाल में उनकी आवश्यकताओं की पूर्ति हो सकती है। सरिस्का बाघ रिजर्व में राजस्थान के गाँवों के लोग वन्य जीव रक्षण अधिनियम के तहत वहाँ से खनन कार्य बंद करवाने के लिए संघर्षरत हैं। भारत में कई स्थानों पर तो लोग स्वयं वन्य जीव आवासों की रक्षा कर रहे हैं और सरकार की ओर से हस्तक्षेप भी स्वीकार नहीं कर रहे हैं। राजस्थान के अलवर जिले में 5 गाँवों के लोगों ने तो 1200 हेक्टेयर वन भूमि भैरोंदेव डाकव 'सोंचुरी' घोषित कर दी जिसके अपने ही नियम-कानून हैं।

दीर्घ उत्तरीय प्रश्न

1. "भारत में वन अनेक मानव प्रजातियों के आवास स्थल हैं।" समीक्षा कीजिए।

उत्तर भारत में वन अनेक मानव प्रजातियों के आवास स्थल हैं। वन संरक्षण की नीतियों में उनका सहयोग महत्त्वपूर्ण है। यही कारण है कि वनों को बचाने के लिए वे सरकारी अधिकारियों के साथ मिलकर प्रयास कर रहे हैं। प्राकृतिक वनों के विनाश ने कई गरीब ग्रामीण और आदिवासी समुदायों को बुरी तरह प्रभावित किया है, जो ईंधन, चारा, भोजन, चिकित्सा, आवास आदि के लिए वन संसाधनों पर निर्भर हैं। इस विनाश के कारण कई समुदायों ने विरोध और संघर्ष किया है। इसके कुछ उदाहरण हैं
- राजस्थान में सरिस्का बाघ रिजर्व में आने वाले गाँवों के लोगों ने वन्यजीवों को बचाने और खनन कार्य बंद करवाने के लिए संघर्ष किया है।
- राजस्थान में ही अलवर जिले के 5 गाँवों के लोगों ने 1200 हेक्टेयर वन भूमि पर भैरोंदेव डाकव सोंचुरी बनाकर शिकार तथा विदेशी लोगों के आने पर प्रतिबंध लगा दिया है।
- चिपको आंदोलन के अंतर्गत हिमालय क्षेत्र में वनों की कटाई पर रोक लगाकर स्थानीय पौधों की जातियों का सामुदायिक वनीकरण अभियान सफल रहा है।
- इसी तरह टिहरी के किसानों का बीज बचाओ आंदोलन एवं नवदानय प्रयास बिना रासायनिक उर्वरकों के फसल उत्पादन में सफल रहा है।

संयुक्त वन प्रबंधन
- संयुक्त वन प्रबंधन कार्यक्रम विभिन्न राज्य सरकारों द्वारा चलाया जाता है। ये कार्यक्रम क्षरित वनों के प्रबंधन और पुनर्निर्माण में स्थानीय समुदायों की भूमिका को उजागर करते हैं। औपचारिक रूप में इन कार्यक्रमों की शुरुआत वर्ष 1988 में हुई जब ओडिशा राज्य ने संयुक्त वन प्रबंधन का पहला प्रस्ताव पास किया।
- वन विभाग के अंतर्गत संयुक्त वन प्रबंधन क्षरित वनों के संरक्षण का कार्य करता है।
- ये समुदाय मध्य स्तरीय लाभ; जैसे-गैर-इमारती वन उत्पादों के हकदार होते हैं तथा सफल संरक्षण से प्राप्त इमारती लकड़ी के लाभ में भी भागीदार होते हैं।

वन और वन्य जीवन संरक्षण के लिए आवश्यक है कि ये समुदाय वन संरक्षण कमेटी, सोसायटी आदि का गठन करें। पर्यावरण का विनाश रोकने एवं पुनर्निर्माण में स्थानीय समुदायों को शामिल करके महत्त्वपूर्ण परिणाम प्राप्त किए जा सकते हैं। अतः भारत में पर्यावरण का संरक्षण करने में स्थानीय समुदाय को शामिल करना जरूरी है।

स्रोत आधारित प्रश्न

निम्नलिखित स्रोतों को ध्यानपूर्वक पढ़कर उन पर आधारित प्रश्नों के उत्तर दीजिए

1. हिमालय में प्रसिद्ध चिपको आंदोलन कई क्षेत्रों में वन कटाई रोकने में ही कामयाब नहीं रहा, अपितु यह भी दिखाया कि स्थानीय पौधों की जातियों को प्रयोग करके सामुदायिक वनीकरण अभियान को सफल बनाया जा सकता है। पारंपरिक संरक्षण तरीकों को पुनर्जीवित अथवा पारिस्थिकी कृषि के नए तरीकों का विकास अब व्यापक हो गया है। टिहरी में किसानों का 'बीज बचाओ आंदोलन' और 'नवदानय' ने दिखा दिया है कि रासायनिक उर्वरकों के प्रयोग के बिना भी विविध फसल उत्पादन द्वारा आर्थिक रूप से व्यवहार्य कृषि उत्पादन संभव है। भारत में संयुक्त वन प्रबंधन कार्यक्रम क्षरित वनों के प्रबंध और पुनर्निर्माण में स्थानीय समुदायों की भूमिका के महत्त्व को उजागर करते हैं। औपचारिक रूप से इन कार्यक्रमों की शुरुआत वर्ष 1988 में हुई, जब ओडिशा राज्य ने संयुक्त वन प्रबंधन का पहला प्रस्ताव पास किया। वन विभाग के अंतर्गत 'संयुक्त वन प्रबंधन' क्षरित वनों के बचाव के लिए कार्य करता है और

इसमें गाँव के स्तर पर संस्थाएँ बनाई जाती हैं, जिसमें ग्रामीण और वन विभाग के अधिकारी संयुक्त रूप से कार्य करते हैं। इसके बदले ये समुदाय मध्य स्तरीय लाभ जैसे गैर-इमारती वन उत्पादों के हकदारी होते हैं तथा सफल संरक्षण से प्राप्त इमारती लकड़ी लाभ में भी भागीदार होते हैं।

(i) चिपको आंदोलन के संबंध में निम्नलिखित में से कौन-सा कथन असत्य है?
(a) यह आंदोलन सामुदायिक सहयोग पर आधारित था
(b) इस आंदोलन में महिलाओं की भूमिका महत्त्वपूर्ण थी
(c) इस आंदोलन के कारण देश के अन्य हिस्सों में भी पर्यावरण संरक्षण संबंधित आंदोलन हुए
(d) इस आंदोलन को स्थानीय जमींदारों ने भी अपना समर्थन दिया था

उत्तर (d) इस आंदोलन को स्थानीय जमींदारों ने भी अपना समर्थन दिया था

(ii) उत्तराखंड के चमोली जिले में चलाए गए 'चिपको आंदोलन' को ………… के संदर्भ में देखा जाता है।
(a) भूमि संरक्षण (b) जल संरक्षण
(c) पर्यावरण संरक्षण (d) जैव-विविधता संरक्षण

उत्तर (c) पर्यावरण संरक्षण

(iii) भारत के किस राज्य ने संयुक्त वन प्रबंधन का पहला प्रस्ताव पारित किया, जिसके पश्चात् औपचारिक रूप से संयुक्त वन प्रबंधन कार्यक्रम की शुरुआत हुई थी?
(a) असम राज्य (b) ओडिशा राज्य
(c) उत्तर प्रदेश राज्य (d) मध्य प्रदेश राज्य

उत्तर (b) ओडिशा राज्य

(iv) क्षरित वनों के संरक्षण के लिए संयुक्त वन प्रबंधन के अंतर्गत किस प्रकार के कार्य किए जाते हैं?
(a) वनारोपण कार्यक्रम को प्रोत्साहित करना
(b) ग्रामीण स्तर पर संस्थाओं का निर्माण किया जाना
(c) वन विभाग के अधिकारी ग्रामीणों के साथ संयुक्त रूप से काम करते हैं
(d) उपरोक्त सभी

उत्तर (d) उपरोक्त सभी

(v) भारत में पर्यावरण के संरक्षण के संदर्भ में कौन-सी कार्यप्रणाली अधिक कारगर होती है?
(a) सामूहिक जनभागीदारी
(b) प्राकृतिक संसाधन प्रबंधन
(c) जनमानस पर केंद्रित विकास क्रियाएँ
(d) उपरोक्त सभी

उत्तर (d) उपरोक्त सभी

(vi) **कथन** (A) हिमालय क्षेत्रों में शुरू हुआ चिपको आंदोलन कई क्षेत्रों में वन कटाई रोकने में ही सफल नहीं हुआ, बल्कि इसने यह दिखाया कि स्थानीय पौधों की जातियों को प्रयोग करके सामुदायिक वनीकरण अभियान को सफल बनाया जा सकता है।

कारण (R) किसानों का बीज बचाओ आंदोलन ने दिखाया कि रासायनिक उर्वरकों के प्रयोग के बिना भी विविध प्रकार की फसलों का उत्पादन संभव है।

कूट
(a) A और R दोनों सही हैं तथा R, A की सही व्याख्या है
(b) A और R दोनों सही हैं, परंतु R, A की सही व्याख्या नहीं है
(c) A सही है, किंतु R गलत है
(d) A गलत है, किंतु R सही है

उत्तर (b) A और R दोनों सही हैं, परंतु R, A की सही व्याख्या नहीं है

2. दिए गए स्रोत को पढ़िए और उसके नीचे दिए गए प्रश्नों के उत्तर लिखिए। **CBSE 2023**

समुदाय और संरक्षण

वन संरक्षण की नीतियाँ हमारे देश में कोई नई बात नहीं है। हम आमतौर पर इस बात से अनजान हैं कि वन हमारे देश में कुछ मानव प्रजातियों के आवास भी हैं। भारत के कुछ क्षेत्रों में तो स्थानीय समुदाय सरकारी अधिकारियों के साथ मिलकर अपने आवास स्थलों के संरक्षण में जुटे हैं, क्योंकि इसी से ही दीर्घकाल में उनकी आवश्यकताओं की पूर्ति हो सकती है। सरिस्का बाघ रिजर्व में राजस्थान के गाँवों के लोग वन्यजीव संरक्षण अधिनियम के तहत वहाँ से खनन कार्य बंद करवाने के लिए संघर्षरत हैं। कई क्षेत्रों में तो लोग स्वयं वन्यजीव आवासों की रक्षा कर रहे हैं और सरकार की ओर से हस्तक्षेप भी स्वीकार नहीं कर रहे हैं। राजस्थान के अलवर जिले में 5 गाँवों के लोगों ने तो 1,200 हेक्टेयर वन भूमि भैरोंदेव डाकव 'सोंचुरी' घोषित कर दी, जिसके अपने ही नियम-कानून हैं, जो शिकार वर्जित करते हैं तथा बाहरी लोगों की घुसपैठ से यहाँ के वन्य जीवन को बचाते हैं।

(i) वन समुदायों से कैसे संबंधित हैं?

उत्तर मानव जीवन में वनों का विशेष महत्त्व है। आज भी वन क्षेत्रों या उसके समीपवर्ती क्षेत्रों में मानव स्थानीय समुदाय के रूप में निवास करते हैं। स्थानीय समुदाय, सरकार एवं अधिकारियों के साथ मिलकर अपने आवास स्थलों की सुरक्षा करते हैं। इस प्रकार वन समुदाय का आज भी अभिन्न हिस्सा हैं।

(ii) 'वन्यजीव संरक्षण अधिनियम' के उद्देश्य की व्याख्या कीजिए।

उत्तर 'वन्यजीव संरक्षण अधिनियम' के अंतर्गत वन क्षेत्रों में निवास करने वाले जीवों के साथ-साथ वनस्पतियों का संरक्षण किया जाता है। इन क्षेत्रों में शिकार एवं वनों की कटाई पर पूरी तरह से रोक रहती है।

(iii) वन्यजीवों के संरक्षण के लिए समुदाय किस प्रकार कार्य कर रहे हैं? उदाहरण सहित स्पष्ट कीजिए।

उत्तर वन्यजीव संरक्षण के लिए समुदाय मुख्य रूप से वे लोग, जो वन क्षेत्रों के समीप निवास करते हैं, सरकार एवं वन अधिकारियों के साथ वन संरक्षण में महत्त्वपूर्ण भूमिका निभा रहे हैं। उदाहरण–राजस्थान के सरिस्का बाघ रिजर्व क्षेत्र में स्थानीय गाँव के लोगों ने वन्यजीव संरक्षण अधिनियम के तहत वहाँ सन्निहित अवैध खनन कार्यों को बंद करवाने में सहयोग दिया।

स्वयं को जाँचें

वस्तुनिष्ठ प्रश्न

1. मत्स्यपालन को बनाए रखने के लिए किसकी आवश्यकता होती है?
(a) जैव-विविधता
(b) जलीय जैव-विविधता
(c) 'a' और 'b' दोनों
(d) इनमें से कोई नहीं

2. वन्यजीव अधिनियम, 1972 के अंतर्गत किस पर प्रतिबंध लगाया गया है?
(a) लुप्तप्राय प्रजातियों के शिकार पर
(b) वन्यजीवों के व्यापार पर
(c) 'a' और 'b' दोनों
(d) इनमें से कोई नहीं

3. भारत का प्रथम नेशनल पार्क कौन-सा है?
(a) जिम कार्बेट
(b) सरिस्का
(c) राजाजी
(d) काजीरंगा

अतिलघु उत्तरीय प्रश्न

4. चिपको आंदोलन किस प्रकार महत्त्वपूर्ण है?

5. भारत में वन और वन्यजीव संसाधनों का प्रबंधन सरकार के किस विभाग द्वारा किया जा रहा है?

लघु उत्तरीय प्रश्न

6. वन किस प्रकार पारिस्थितिकी संतुलन को बनाए रखने के लिए महत्त्वपूर्ण है?

7. भारत सरकार द्वारा वन संरक्षण के लिए किए गए प्रयासों का उल्लेख कीजिए।

दीर्घ उत्तरीय प्रश्न

8. "मत्स्यपालन को बनाए रखने के लिए जलीय जैव-विविधता आवश्यक है।" स्पष्ट कीजिए।

9. भारत में वन प्रबंधन को कितने भागों में विभाजित किया गया है? विस्तारपूर्वक बताइए।

अध्याय

03

जल संसाधन

जल जीवन के लिए आवश्यक एवं बहुमूल्य संसाधन है। पृथ्वी का तीन-चौथाई भाग जल से घिरा हुआ है, परंतु इसमें से प्रयोग में आने योग्य जल का अनुपात बहुत कम है। अलवणीय जल (Fresh Water) सतही अपवाह और भौमजल (Ground Water) स्रोतों से प्राप्त होता है, जिनका लगातार पुनर्भरण (Recharge) एवं नवीकरण **जलीय चक्र** (Hydrological Cycle) द्वारा होता रहता है। ऐसा अनुमान किया जा रहा है कि वर्ष 2025 तक करीब 20 करोड़ लोग जल की कमी से परेशान होंगे।

अध्याय एक नजर में

- *जलाभाव एवं जल संरक्षण तथा प्रबंधन की आवश्यकता*
- *बहुउद्देशीय नदी परियोजनाएँ एवं समन्वित जल संसाधन प्रबंधन*
- *बहुउद्देशीय परियोजनाओं के विरुद्ध आंदोलन*
- *वर्षा जल संग्रहण*

जलाभाव एवं जल संरक्षण तथा प्रबंधन की आवश्यकता

जल की पूर्ति की तुलना में कमी को ही जलाभाव (Water Scarcity) कहते हैं। यह एक ऐसी स्थिति होती है, जिसमें पारिस्थितिकी (Ecosystem) के समुचित संचालन हेतु आवश्यक जल की कमी होती है। यह कमी वस्तुत: मौसमी एवं वार्षिक वर्षण (Seasonal and Annual Precipitation) की मात्रा में अंतर के कारण होती है। इसके अतिरिक्त जल की कमी इसके अतिशोषण, अत्यधिक प्रयोग एवं समाज के विभिन्न वर्गों में जल के असमान वितरण के कारण भी होती है। जल घरेलू उपयोग के साथ-साथ कृषि के लिए भी आवश्यक है। सिंचित कृषि में जल का अधिक प्रयोग होता है। शुष्क कृषि तकनीकों तथा सूखा प्रतिरोधी फसलों के विकास से कृषि क्षेत्र में क्रांति लाई जा सकती है।

जलाभाव अथवा जल की कमी का कारण

- जलाभाव का प्रमुख कारण कम वर्षा (Low Rainfall) और मौसमी तथा वार्षिक रूप से वर्षण में अंतर है। इस तरह की परिस्थिति देश में सूखे (Draught) जैसी स्थिति को उत्पन्न करती है।
- अधिकांश संदर्भों में ऐसा देखा गया है कि जलाभाव का मूल कारण जल का अतिशोषण (Over-exploitation), अत्यधिक उपयोग (Excessive Use) और सामाजिक समूहों (Social Groups) के मध्य असमान वितरण है।
- अत्यधिक जनसंख्या के कारण जल की कमी होती है, क्योंकि घरेलू कार्यों (Domestic Work) में जल का उपयोग अत्यधिक होता है।
- बढ़ती जनसंख्या को भोजन प्रदान करने के लिए कृषि को बड़े पैमाने पर किया जाता है, जिसके परिणामस्वरूप सिंचाई के लिए विशेष रूप से शुष्क मौसम (Dry Season) में अधिक जल की आवश्यकता होती है।
- स्वतंत्रता के पश्चात् भारत में तीव्र औद्योगीकरण भी जल की कमी के लिए जिम्मेदार है। बहुत से उद्योग भारी मात्रा में विभिन्न कार्यों के लिए जल का उपयोग करते हैं। इसके साथ ही इनके संचालन के लिए जल-विद्युत (Hydroelectric) की भी आवश्यकता होती है।

- जल प्रदूषण भी जल की कमी का अन्य कारण है। कुछ ऐसे भी स्थान हैं, जहाँ माँगों की आवश्यकता को पूरा करने के लिए पर्याप्त जल है, परंतु घरेलू और औद्योगिक अपशिष्टों, रसायनों, कीटनाशकों तथा कृषि में प्रयुक्त उर्वरकों द्वारा वह अत्यंत प्रदूषित है, इसलिए इसका उपयोग नहीं किया जा सकता।

द सिटिजंस फिफ्थ रिपोर्ट, सी एस ई (Centre of Science and Environment)**, 1999** के अनुसार बड़ी नदियाँ; जैसे—**गंगा** और **यमुना** कोई भी शुद्ध नहीं है और छोटी नदियाँ जहरीली धाराओं (Toxic Streams) में परिवर्तित हो गई हैं।

जल संरक्षण और प्रबंधन की आवश्यकता

जल संसाधनों का संरक्षण और प्रबंधन समय की माँग के लिए आवश्यक है। इसे निम्नलिखित बिंदुओं के माध्यम से समझा जा सकता है

- पानी की माँग को प्रभावी ढंग से पूरा करने के लिए।
- विषाक्त पानी (Toxic Water) पीने से होने वाले स्वास्थ्य खतरों से लोगों को बचाने के लिए।
- खाद्यान्न सुनिश्चित करने के लिए।
- अपनी आजीविका (Livelihood) और उत्पादक क्रियाओं (Productive Activities) की निरंतरता को सुनिश्चित करने के लिए।
- प्राकृतिक पारितंत्रों (Natural Ecosystems) को निम्नीकृत (Degradation) होने से बचाने के लिए।
- जल संसाधनों के अतिशोषण और कुप्रबंधन (Mismanagement) को रोकने के लिए।
- सिंचित कृषि में जल का सर्वाधिक प्रयोग होता है, इसलिए इस क्षेत्र में शुष्क कृषि तकनीकों तथा सूखा प्रतिरोधी फसलों को उगाकर जल का संरक्षण करने की आवश्यकता है।

बहुउद्देशीय नदी परियोजनाएँ एवं समन्वित जल संसाधन प्रबंधन

पुरातात्विक (Archaeological) और ऐतिहासिक (Historical) स्रोतों से प्राचीनकाल में जलीय संरचना (Hydrolic Structure) की उपस्थिति का प्रमाण मिलता है। यह संरचना जल के प्राकृतिक प्रवाही सिद्धांत पर आधारित है, जो जल संरक्षण को बढ़ावा देती है।

जलीय संरचना में पत्थरों और मलबे से बाँधों का निर्माण, जलाशय अथवा झीलों के तटबंध एवं नहरों के द्वारा सिंचाई प्रणाली को सम्मिलित किया जाता है। आधुनिक भारत में भी अधिकतर नदियों के बेसिनों में जलीय संरचना के द्वारा बाँध बनाए जाते हैं।

बहुउद्देशीय नदी परियोजनाएँ

- बहुउद्देशीय परियोजनाओं को स्वतंत्रता के पश्चात् शुरू किया गया था। इन परियोजनाओं का उद्देश्य नदी के जल को संगृहीत करके जल संसाधनों का समुचित प्रबंधन विकसित करना था।
- प्रथम प्रधानमंत्री जवाहरलाल नेहरू ने बहुउद्देशीय नदी परियोजनाओं को गर्व से **आधुनिक भारत के मंदिर** कहा था। उनका मानना था कि बहुउद्देशीय परियोजनाओं से कृषि और ग्रामीण अर्थव्यवस्था, औद्योगीकरण और नगरीय अर्थव्यवस्था समन्वित रूप से विकास करेगी।

प्राचीन भारत में जलीय कृतियाँ

प्राचीन भारत में अनेक जलीय कृतियाँ थीं, जिनका विवरण इस प्रकार है

- ईसा से **एक शताब्दी पूर्व** (1st Century BC) इलाहाबाद के निकट **श्रिंगवेरा** में गंगा नदी की बाढ़ के जल को संरक्षित करने के लिए एक उत्कृष्ट जल संग्रहण तंत्र बनाया गया था।
- **चंद्रगुप्त मौर्य** के समय वृहत स्तर पर बाँध, झील और सिंचाई तंत्रों का निर्माण कराया गया।
- कलिंग (ओडिशा), नागार्जुनकोंडा (आंध्र प्रदेश), बेन्नूर (कर्नाटक) और कोल्हापुर (महाराष्ट्र) में उत्कृष्ट सिंचाई तंत्र होने के साक्ष्य प्राप्त हुए हैं।
- भोपाल में **सबसे बड़ी कृत्रिम झील** स्थित है, जो 11वीं शताब्दी में बनाई गई थी।
- **14वीं शताब्दी** में इल्तुतमिश ने दिल्ली में सिरी फोर्ट क्षेत्र की जल आपूर्ति के लिए 'हौज खास' (Hauz Khas) बनवाया।

बहुउद्देशीय परियोजनाओं के उद्देश्य

इन परियोजनाओं के उद्देश्य निम्नलिखित हैं

- बहुउद्देशीय परियोजना के उददेश्यों में से एक **बिजली उत्पादन** (Electricity Generation) करना है। भारत इस माध्यम से अपनी कुल ऊर्जा आवश्यकताओं का 22% भाग प्राप्त करता है।
- ये परियोजनाएँ नदी के पानी की गति को धीमा करके **मिट्टी का संरक्षण** (Conserve Soil) करती हैं।
- ये परियोजनाएँ अपने जलाशयों में अतिरिक्त पानी जमा करके **बाढ़ को नियंत्रित** (Control Floods) करती हैं।
- शुष्क मौसम में इन परियोजनाओं के जलाशयों में संरक्षित जल का उपयोग **सिंचाई** (Irregation) के लिए किया जाता है।
- जलाशयों के आस-पास **प्राकृतिक पारिस्थितिक** तंत्रों के साथ-साथ **वन्यजीवों को संरक्षित** करने के लिए वृक्ष लगाए जाते हैं।
- ये परियोजनाएँ **मछली के प्रजनन** (Breeding of Fish) के लिए नियंत्रित परिस्थितियाँ प्रदान करती हैं।
- इन परियोजनाओं में मुख्य नदी के साथ-साथ संबंधित नहरों के माध्यम से **अंतर्देशीय जल परिवहन** (Inland Water Navigation) की सुविधा प्राप्त होती है।
- जलाशयों ने पर्यटकों को भी आकर्षित किया है, जो यहाँ आकर नौकायन (Boating) आदि करते हैं।
- ये परियोजनाएँ **घरेलू** एवं **औद्योगिक क्षेत्रों** को भी जलापूर्ति करती हैं।

बहुउद्देशीय परियोजनाओं के प्रतिकूल प्रभाव एवं सीमाएँ

इस तरह की परियोजना के प्रतिकूल प्रभाव एवं अंतर्निहित सीमाएँ नीचे उल्लिखित हैं

- **पर्यावरणीय प्रभाव** वनस्पति और जीवों के साथ ही मानव बस्तियाँ भी बाँध द्वारा बनाए जलाशय में जलमग्न हो जाती हैं और उनको विस्थापित कर दिया जाता है, जिसके कारण अनेक गैर-सरकारी संगठनों (Non-Governmental Organisation, NGO) के द्वारा विरोध भी किया जाता है।

- **मृदा की उर्वरता पर प्रभाव** बाढ़ के मैदान में बनाए जाने वाले जलाशयों द्वारा वहाँ उपलब्ध वनस्पति और मिट्टियाँ जल में डूब जाती हैं, जो कालांतर में अपघटित हो जाती हैं।
- **समाज पर प्रभाव** बड़ी नदी परियोजनाएँ स्थानीय समुदायों की जीविका और सांस्कृतिक परंपरा के समाप्त होने का कारण बनती हैं, जिसके परिणामस्वरूप स्थानीय आबादी बड़े पैमाने पर विस्थापन (Displacement) करती है।
- **जलीय जीव पर प्रभाव** बाँध, नदियों को टुकड़ों में बाँट देते हैं, जिससे विशेषकर अंडे देने की ऋतु में जलीय जीवों का नदियों में स्थानांतरण अवरुद्ध हो जाता है।
- **फसल प्रतिरूप** (Cropping Pattern) **में बदलाव** सिंचाई ने अनेक क्षेत्रों में फसल के प्रतिरूपों को परिवर्तित कर दिया है, जहाँ किसान जलगहन और वाणिज्य फसलों (Commercial Crops) को करने के लिए आकर्षित हैं। इससे मृदा का लवणीकरण (Salinisation) जैसे गंभीर पारिस्थितीकीय परिणाम हो सकते हैं।
- **जलाशय के तल पर अत्यधिक अवसादन** नदियों पर बाँध बनाने और उनका बहाव नियंत्रित करने से उनका प्राकृतिक बहाव अवरुद्ध हो जाता है, जिसके कारण तलछट बहाव (Sediment Flow) कम हो जाता है। अत्यधिक तलछट जलाशय की तली पर जमा होता रहता है, जिससे नदी का तल अत्यधिक चट्टानी हो जाता है और पानी का स्तर भी बढ़ जाता है, जो बाढ़ के खतरे को बढ़ा देता है। उदाहरण के लिए, वर्ष 2006 में महाराष्ट्र और गुजरात में भारी वर्षा के दौरान बाँधों से छोड़े गए जल के कारण बाढ़ की स्थिति और भी विकट हो गई थी।
- **जल का अत्यधिक प्रयोग** बहुउद्देशीय परियोजनाओं के कारण भूकंप आने की संभावना बढ़ जाती है और अत्यधिक जल के प्रयोग से जल-जनित (Water borne) बीमारियाँ, फसलों में कीटाणु जनित बीमारियाँ और प्रदूषण फैलते हैं।

प्रमुख नदी परियोजनाएँ

नदी परियोजना	नदी
सलाल परियोजना	चेनाब
भाखड़ा-नांगल परियोजना (भारत का सबसे ऊँचा बाँध)	सतलज
टिहरी (भारत का सबसे ऊँचा तटबंध बाँध)	भागीरथी (गंगा)
राणा प्रताप सागर	चंबल
सरदार सरोवर	नर्मदा (लंबे समय तक आंदोलन के कारण प्रसिद्ध)
कोयना	कृष्णा
नागार्जुन सागर	कृष्णा
तुंगभद्रा	कृष्णा
हीराकुंड	महानदी (एकीकृत जल संरक्षण)
दामोदर घाटी परियोजना	दामोदर
मैट्टूर	कावेरी (चल रहा अंतर्राज्यीय विवाद)
तिलैया, कोनार, मैथन, पंचेत	दामोदर (इसे शोक की नदी भी कहा जाता है)
पेरियार	पेरियार

बाँध

बाँध बहते जल को रोकने, दिशा देने या बहाव कम करने के लिए बनाई गई बाधा है, जो सामान्यतः जलाशय, झील अथवा जलभरण बनाते हैं। अधिकांश बाँध में एक ढाल वाला हिस्सा होता है, जिसके ऊपर या अंदर से जल रुक-रुक कर या लगातार बहता है।

बाँधों का वर्गीकरण उनकी संरचना और उद्‌देश्य या ऊँचाई के आधार पर किया जाता है। संरचना और उनमें प्रयुक्त पदार्थों के आधार पर बाँधों को लकड़ी के बाँध, तटबंध बाँध या पक्का बाँध में बाँटा जाता है। ऊँचाई के अनुसार, बाँधों को बड़ा बाँध और मुख्य बाँध या नीचा बाँध, मध्यम बाँध और उच्च बाँधों में वर्गीकृत किया जा सकता है।

बहुउद्देशीय परियोजनाओं के विरुद्ध आंदोलन

बहुउद्देशीय परियोजनाएँ और बड़े बाँध अनेक पर्यावरणीय आंदोलनों (Environmental Movements) का कारण भी रहे हैं।

विगत वर्षों में बहुउद्देशीय परियोजनाओं और बड़े बाँधों को उनके अनेक प्रतिकूल प्रभावों के कारण जनता के साथ-साथ नागरिक समाज (Civil Society) के विरोध का सामना करना पड़ा है, जिनमें से कुछ घटनाओं का वर्णन इस प्रकार है

- **नर्मदा बचाओ आंदोलन** यह एक गैर-सरकारी संगठन है। यह मूलरूप से पेड़ों से संबंधित पर्यावरणीय मुद्दों पर आधारित था, जो बाँध के पानी में डूबे थे। इस संगठन में कई पर्यावरणविदों, आदिवासी लोगों, किसानों और सामाजिक कार्यकर्ताओं के साथ उचित पुनर्वास (Rehabilitation) और पारिस्थितिक सुरक्षा (Ecological Protection) की माँग की।

सरदार सरोवर बाँध

यह बाँध गुजरात में नर्मदा नदी पर बनाया गया है। यह भारत का सबसे बड़ा जल के स्रोत से संबंधित प्रोजेक्ट है। इसके अंतर्गत चार राज्य महाराष्ट्र, गुजरात, राजस्थान और मध्य प्रदेश आते हैं। यह परियोजना गुजरात और राजस्थान के सूखाग्रस्त एवं मरुस्थलीय स्थानों को जलापूर्ति करती है।

- भागीरथी पर **टिहरी बाँध परियोजना** में बड़े पैमाने पर विस्थापन ने कई सामाजिक आंदोलनों की शुरुआत की; जैसे—टिहरी बाँध आंदोलन।
- उत्तर प्रदेश में सोन नदी पर **रिहंद घाटी परियोजना** ने बड़े पैमाने पर विस्थापन किया, जिसके कारण इसे सार्वजनिक आंदोलन का सामना करना पड़ा।
- गुजरात में साबरमती बेसिन में सूखे के दौरान नगरीय क्षेत्रों में अधिक जल आपूर्ति किए जाने पर किसान आंदोलन करने के लिए तैयार हो गए थे।
- **अंतर्राज्यीय** (Inter-State) **जल विवाद** बहुउद्देशीय परियोजनाओं के लागत और लाभ के बँटवारे को लेकर अंतर्राज्यीय विवाद उत्पन्न हो जाते हैं। उदाहरण के लिए, कर्नाटक व आंध्र प्रदेश के मध्य **कृष्णा-गोदावरी विवाद**। इस विवाद की

शुरुआत महाराष्ट्र सरकार द्वारा कोयना नदी पर जल विद्युत परियोजना के लिए बाँध बनाकर जल की दिशा में परिवर्तन करने पर हुई थी। इसके विरोध में कर्नाटक व आंध्र प्रदेश सरकारों ने आपत्ति जताई, क्योंकि जल की दिशा में परिवर्तन होने से कर्नाटक व आंध्र प्रदेश राज्यों में पड़ने वाले नदी के निचले भागों में जल प्रवाह कम हो जाएगा और कृषि व उद्योग पर विपरीत प्रभाव पड़ेगा।

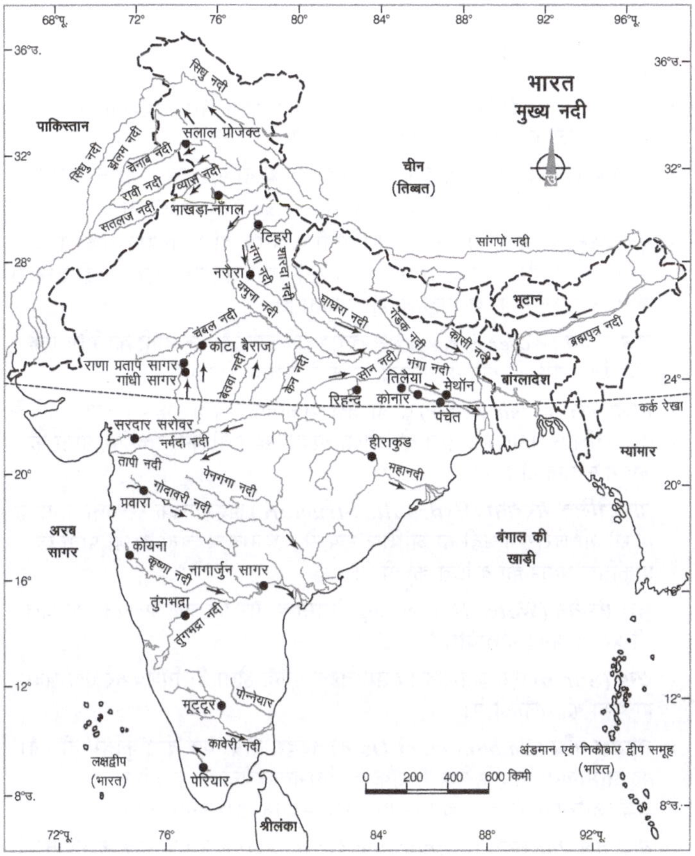

चेक प्वॉइंट 01

1. *जल दुर्लभता क्या है?*
2. *जलाभाव का प्रमुख कारण क्या है?*
3. *आधुनिक भारत का मंदिर किसे कहा गया है?*
4. *हौज खास किसने बनवाया?*
5. *कोटा बैराज किस नदी पर है?*

वर्षा जल संग्रहण

वर्षा के जल का पुन: उपयोग करने के लिए उसका संरक्षण एवं भंडारण करना वर्षा जल संग्रहण (Rainwater Harvesting) कहलाता है।

भारत में वर्षा जल संग्रहण विधि

भारत में वर्षा जल संग्रहण के लिए कुछ प्राचीन परंपराओं का प्रयोग किया जाता है, जो निम्न प्रकार हैं

(i) **खादीन और जोहड़** (Khadins and Johads) शुष्क और अर्द्ध-शुष्क (Arid and Semi- arid) क्षेत्रों में खेतों में वर्षा जल एकत्रित करने के लिए गड्ढे बनाए जाते हैं, जिससे मृदा को सिंचित किया जा सके और संरक्षित जल को खेती के लिए उपयोग में लाया जा सके;
जैसे—राजस्थान के जैसलमेर में खादीन और अन्य क्षेत्रों में जोहड़ इसके उदाहरण हैं।

(ii) **छत वर्षा जल संग्रहण** (Rooftop Rainwater Harvesting) इसका मुख्य रूप से प्रयोग पश्चिमी भारत विशेष रूप से राजस्थान के अर्द्ध-शुष्क और शुष्क क्षेत्रों विशेषकर बीकानेर, फलोदी, बाड़मेर और थार मरुस्थल के शहरों व गाँवों में किया गया।

टाँका (Tankas) छत वर्षा जल संग्रहण प्रणाली का हिस्सा है। इसका आकार एक बड़े कमरे के जितना होता है।

टाँका घरों की ढाल वाली छतों से पाइप द्वारा जुड़े होते थे। छतों से वर्षा जल इन पाइपों से होकर भूमिगत टाँका तक पहुँचता था, जहाँ इसे एकत्रित किया जाता था। टाँका में वर्षा जल आने वाली वर्षा ऋतु तक संगृहीत किया जा सकता है। यह इसे जल की कमी वाली ग्रीष्म ऋतु तक पीने का जल उपलब्ध कराने वाला जल स्रोत बनाता है। वर्षा जल को 'पालर पानी' भी कहा जाता है।

आज पश्चिमी राजस्थान में इंदिरा गाँधी नहर से बारहमासी जल उपलब्ध होने के कारण छत वर्षा जल संग्रह विधि का प्रयोग कम हो गया है।

(iii) **बाढ़ जल वाहिकाएँ** (Inundation Channels) पश्चिम बंगाल के बाढ़ के मैदानों में लोगों ने अपने खेतों की सिंचाई करने के लिए बाढ़ जल वाहिकाओं का विकास किया है।

(iv) **गुल या कुल** (Guls or Kuls) पहाड़ी और पर्वतीय क्षेत्रों में लोगों ने गुल अथवा कुल जैसी वाहिकाएँ नदी की धारा का मार्ग बदलकर खेतों में सिंचाई के लिए बनाई हैं। उदाहरण के लिए, पश्चिमी हिमालय; जैसे—हिमाचल प्रदेश में कृषि के लिए गुल अथवा कुल का बनाना।

(v) **बाँस ड्रिप सिंचाई प्रणाली** (Bamboo Drip Irrigation System) मेघालय में यह 200 वर्ष पुरानी विधि प्रचलित है। इस विधि में पहाड़ियों में धाराओं और झरनों के पानी को बाँस का पाइप के रूप में उपयोग करके कृषि क्षेत्रों में पहुँचाया जाता है। लगभग 18 से 20 लीटर सिंचाई पानी बाँस के पाइप में आ जाता है तथा उसे सैकड़ों मीटर की दूरी तक ले जाया जाता है। अंत में पानी का बहाव 20 से 80 बूँद प्रति मिनट तक कम करके पौधे पर छोड़ देते हैं।

शिलांग में वर्षा जल संग्रहण

शिलांग (मेघालय) में छत वर्षा जल संग्रहण प्रचलित है। चेराپूंजी और मासिनराम (जहाँ विश्व की सबसे अधिक वर्षा होती है), शिलांग से 55 किमी की दूरी पर ही स्थित है और यह शहर पीने के जल की कमी की गंभीर समस्या का सामना करता है। शहर के लगभग प्रत्येक घर में छत वर्षा जल संग्रहण की व्यवस्था है। घरेलू जल आवश्यकता की कुल माँग के लगभग 15-25% हिस्से की पूर्ति छत जल संग्रहण व्यवस्था से ही होती है।

वर्षा जल संग्रहण के लाभ

वर्षा जल संग्रहण के अनेक लाभ हैं

1. वर्षा जल को प्राकृतिक जल का शुद्ध रूप समझा जाता है और यह पेयजल का सबसे बड़ा स्रोत है।
2. इस जल को कृषि कार्यों में भी व्यापक तौर पर प्रयोग किया जा सकता है।
3. टाँकों के साथ भूमिगत कमरे भी बनाए जाते है, क्योंकि यह इन कमरों को भी ठंडा रखता था जिससे ग्रीष्म ऋतु में गर्मी से राहत मिलती थी।
4. यह हमारी जल की बढ़ती आवश्यकताओं को पूर्ण करने में लाभकारी है।

भारत के कई ग्रामीण एवं शहरी क्षेत्रों में वर्षा जल संग्रहण के लिए नई-नई तकनीकें अपनाकर जल संग्रहण किया जा रहा है।

उदाहरण के लिए, कर्नाटक के मैसूर जिले में स्थित गाँव गंडाथूर में वार्षिक वर्षा 1,000 मिमी होती है। यहाँ प्रत्येक घर प्रतिवर्ष 50,000 लीटर वर्षा जल का संग्रहण और उपयोग कर सकता है।

नोट तमिलनाडु एक ऐसा राज्य है, जहाँ पूरे राज्य के प्रत्येक घर में छत वर्षा जल संग्रहण ढाँचों का बनाना आवश्यक कर दिया गया है। इस संदर्भ में दोषी व्यक्तियों पर कार्यवाही हो सकती है।

चेक प्वॉइंट 02

1. *गुजरात में विस्थापन का प्रमुख कारण क्या है?*
2. *सरदार सरोवर बाँध किस नदी पर बना है?*
3. *गुल या कुल सिंचाई विधि का किस राज्य में प्रयोग किया जाता है?*
4. *कितने प्रतिशत जल की पूर्ति छत जल संग्रहण व्यवस्था से होती है?*

इन्हें भी जानें

- ***भूजल** (Ground Water)* भूजल धरती की सतह के नीचे चट्टानों के कणों के बीच के अंतरकाश में मौजूद जल को कहते हैं।
- ***जलचक्र** (Water Cycle)* इसे जल विज्ञान चक्र भी कहा जाता है। धरती की सतह के ऊपर और नीचे पानी की सतत गति का वर्णन करता है।
- ***एक्विफर** (Acquifer)* एक जलभृत पानी के प्रवाह वाले पारगम्य रॉक या बिना समेकित सामग्री की एक भूमिगत परत है, जिसमें से भूजल एक अच्छी तरह से पानी का उपयोग करके निकाला जा सकता है।
- ***जल तनाव** (Water Stress)* जल तनाव तब होता है जब पानी की माँग एक निश्चित अवधि के दौरान उपलब्ध राशि से अधिक हो जाती है।
- ***ताजा जल** (Fresh Water)* ताजा जल प्राकृतिक रूप में बर्फ की चादरें, बर्फ के ढेर, ग्लेशियर, हिमशैल, तालाबों, झीलों नदियों में पृथ्वी की सतह पर पानी के रूप में उत्पन्न होता है।
- ***हाइड्रोलिक संरचना** (Hydraulic Structure)* हाइड्रोलिक संरचना पानी के किसी भी शरीर में डूबी या आंशिक रूप से जलमग्न संरचना है, जो पानी के प्राकृतिक प्रवाह को बाधित करती है।
- ***जल संचयन** (Water Harvesting)* सामान्य तौर पर जल संचयन वर्षा जल की प्रत्यक्ष संग्रह गतिविधि है।
- ***सम्प** (Sump)* एक अवसाद जिसमें तरल एकत्र होता है। विशेषकर एक खदान या गुफा की तलहटी में।
- ***तटबंध बाँध** (Embankment Dam)* तटबंध बाँध एक बड़ा कृत्रिम बाँध है। यह सामान्यतः मिट्टी, रेत या रॉक की विभिन्न रचनाओं के जटिल अर्द्ध-प्लास्टिक की बाड़ के प्लेसमेंट और संघनन द्वारा बनाए गए।
- ***बाढ़ जल वाहिकाएँ** (Inundation Channels)* बंगाल के बाढ़ के मैदानों में लोगों ने अपने खेतों की सिंचाई करने के लिए बाढ़ जल वाहिकाओं का विकास किया है।

NCERT फोल्डर

1. *बहुवैकल्पिक प्रश्न*

(i) **नीचे दी गई सूचना के आधार पर स्थितियों को 'जल की कमी से प्रभावित' या 'जल की कमी से अप्रभावित' में वर्गीकृत कीजिए।**

(a) अधिक वार्षिक वर्षा वाले क्षेत्र
(b) अधिक वर्षा और अधिक जनसंख्या वाले क्षेत्र
(c) अधिक वर्षा वाले, परंतु अत्यधिक प्रदूषित जल क्षेत्र
(d) कम वर्षा और कम जनसंख्या वाले क्षेत्र

उत्तर

जल की कमी से प्रभावित	जल की कमी से अप्रभावित
अधिक वर्षा वाले, परंतु अत्यधिक प्रदूषित जल क्षेत्र	अधिक वार्षिक वर्षा वाले क्षेत्र
कम वर्षा और कम जनसंख्या वाले क्षेत्र	अधिक वर्षा और अधिक जनसंख्या वाले क्षेत्र

(ii) **निम्नलिखित में से कौन-सा वक्तव्य बहुउद्देशीय नदी परियोजनाओं के पक्ष में दिया गया तर्क नहीं है?**

(a) बहुउद्देशीय परियोजनाएँ उन क्षेत्रों में जल लाती हैं, जहाँ जल की कमी होती है।
(b) बहुउद्देशीय परियोजनाएँ जल बहाव को नियंत्रित करके बाढ़ पर काबू पाती हैं।
(c) बहुउद्देशीय परियोजनाओं से वृहत स्तर पर विस्थापन होता है और आजीविका समाप्त होती है।
(d) बहुउद्देशीय परियोजनाएँ हमारे उद्योग और घरों के लिए विद्युत पैदा करती हैं।

उत्तर (c) बहुउद्देशीय परियोजनाओं से वृहत स्तर पर विस्थापन होता है और आजीविका समाप्त होती है।

(iii) **यहाँ कुछ गलत वक्तव्य दिए गए हैं। इसमें गलती पहचानें और दोबारा लिखें**

(a) शहरों की बढ़ती संख्या, उनकी विशालता और सघन जनसंख्या तथा शहरी जीवन-शैली ने जल संसाधनों के सही उपयोग में मदद की है।
(b) नदियों पर बाँध बनाने और उनको नियंत्रित करने से उनका प्राकृतिक बहाव और तलछट बहाव प्रभावित नहीं होता।
(c) गुजरात में साबरमती बेसिन में सूखे के दौरान शहरी क्षेत्रों में अधिक जल आपूर्ति करने पर भी किसान नहीं भड़के।
(d) आज राजस्थान में इंदिरा गाँधी नहर से उपलब्ध पेयजल के पश्चात् छत वर्षा जल संग्रहण लोकप्रिय हो रहा है।

उत्तर (a) शहरों की बढ़ती संख्या, उनकी विशालता और सघन जनसंख्या तथा शहरी जीवन-शैली ने जल संसाधनों के अति उपयोग तथा दुरुपयोग को बढ़ावा दिया है।
(b) नदियों पर बाँध बनाने और उनको नियंत्रित करने से उनके प्राकृतिक बहाव पर रोक लगती है और तलछट का जमाव होता है।
(c) गुजरात में साबरमती बेसिन में सूखे के दौरान शहरी क्षेत्रों में अधिक जल आपूर्ति करने पर किसानों ने आंदोलन किया था।
(d) राजस्थान में इंदिरा गाँधी नहर से जल की उपलब्धि के कारण छत वर्षा जल संग्रहण की लोकप्रियता में कमी आई है।

2. *निम्नलिखित प्रश्नों के उत्तर लगभग 30 शब्दों में दीजिए*

(i) **व्याख्या करें कि जल किस प्रकार नवीकरण योग्य संसाधन है?**

उत्तर जल संसाधन एक नवीकरणीय संसाधन है, क्योंकि यह एक बार उपयोग करने के बाद समाप्त नहीं होता, बल्कि इसको पुनः प्राप्त किया जा सकता है। इसकी पुनः प्राप्ति जलीय चक्र द्वारा संभव है। अलवणीय जल सतही अपवाह से प्राप्त होता है तथा भौम जल स्रोतों से प्राप्त होता है, जिसका लगातार पुनर्भरण एवं नवीकरण जलीय चक्र द्वारा होता रहता है।

(ii) **जल दुर्लभता क्या है और इसके मुख्य कारण क्या हैं?**

उत्तर जल की माँग की तुलना में जल की मात्रा का कम होना जलाभाव या जल दुर्लभता कहलाता है अथवा जल के विशाल भंडार तथा नवीकरणीय गुणों के होते हुए यदि जल की कमी महसूस की जाए, तो उसे जल दुर्लभता कहते हैं। इसके मुख्य कारण निम्नलिखित हैं

- जल का अतिशोषण
- जल का अत्यधिक उपभोग
- जल संसाधनों का असमान वितरण
- जल प्रदूषण

(iii) **बहुउद्देशीय परियोजनाओं से होने वाले लाभ और हानियों की तुलना कीजिए।**

उत्तर बहुउद्देशीय परियोजनाओं के लाभ एवं हानियों का वर्णन निम्नलिखित है

लाभ

- विद्युत उत्पादन
- इसके जल का घरेलू, औद्योगिक उपयोग
- जलापूर्ति
- बाढ़ नियंत्रण
- नौकायन और मनोरंजन
- आंतरिक नौपरिवहन
- सिंचाई एवं मछलीपालन
- मृदा संरक्षण एवं वनारोपण

हानियाँ

- नदियों का प्राकृतिक बहाव प्रभावित
- जलाशयों में तलछट का जमाव
- भूमि निम्नीकरण
- भूकंप की संभावना का बढ़ना
- बाँध की असफलता से बाढ़
- प्रदूषण एवं जलजनित बीमारियाँ
- मृदा अपरदन एवं वनों की कटाई

3. *निम्नलिखित प्रश्नों के उत्तर लगभग 120 शब्दों में दीजिए*

(i) राजस्थान के अर्द्ध-शुष्क क्षेत्रों में वर्षा जल संग्रहण किस प्रकार किया जाता है? व्याख्या कीजिए।

उत्तर राजस्थान के अर्द्ध-शुष्क तथा शुष्क क्षेत्रों–बीकानेर, फलोदी, बाड़मेर इत्यादि में पेयजल की समस्या से निपटने के लिए हर घर में वर्षा जल संग्रह की प्रक्रिया अपनाई गई है। इसके लिए भूमिगत टैंक, जिसे 'टाँका' कहा जाता है, का निर्माण होता है। टाँका सुविकसित छत वर्षा जल संग्रहण तंत्र का अभिन्न अंग है, जिसे घर के आँगन में बनाया जाता है।

घरों की ढाल वाली छतों से पाइप के माध्यम से छत पर संगृहीत वर्षा जल को भूमिगत टैंक (टाँका) में पहुँचाया जाता है। इस जल का प्रयोग जल की कमी वाले क्षेत्रों में ग्रीष्म ऋतु में पेयजल स्रोत के रूप में प्रमुख रूप से किया जाता है। इस जल को 'पालर पानी' भी कहा जाता है। 'पालर पानी' प्राकृतिक जल का शुद्धतम रूप है, जो गर्मी के दिनों में कमरों को ठंडा भी रखता है। वैसे इंदिरा गाँधी नहर परियोजना से संबद्ध बारहमासी पेयजल योजना के कारण छत वर्षा जल संग्रहण की रीति कमजोर पड़ी है।

(ii) परंपरागत वर्षा जल संग्रहण की पद्धतियों को आधुनिक काल में अपनाकर जल संरक्षण एवं भंडारण किस प्रकार किया जा रहा है?

अथवा ''पारंपरिक वर्षा जल संग्रहण प्रणाली जल संरक्षण और जल भंडारण के लिए उपयोगी है।'' इस प्रणाली की महत्ता को दो उदाहरणों सहित उजागर कीजिए।

उत्तर परंपरागत वर्षा जल संग्रहण की पद्धतियों को आधुनिक समय में अपनाकर जल संरक्षण एवं भंडारण निम्नलिखित प्रकार से किया जाता है

(i) **खादीन और जोहड़** शुष्क और अर्द्ध-शुष्क क्षेत्रों में खेतों में वर्षा जल एकत्रित करने के लिए गड्ढे बनाए जाते हैं, जिससे मृदा को सिंचित किया जा सके और संरक्षित जल को खेती के लिए उपयोग में लाया जा सके;
जैसे–राजस्थान के जैसलमेर में खादीन और अन्य क्षेत्रों में जोहड़ इसके उदाहरण हैं।

(ii) **छत वर्षा जल संग्रहण** इसका मुख्य रूप से प्रयोग राजस्थान के अर्द्ध-शुष्क और शुष्क क्षेत्रों विशेषकर बीकानेर, फलोदी, बाड़मेर और थार मरुस्थल के शहरों व गाँवों में किया गया।

(iii) **बाढ़ जल वाहिकाएँ** बंगाल के बाढ़ के मैदानों में लोगों ने अपने खेतों की सिंचाई करने के लिए बाढ़ जल वाहिकाओं का विकास किया है।

(iv) **गुल या कुल** पहाड़ी और पर्वतीय क्षेत्रों में लोगों ने गुल अथवा कुल जैसी वाहिकाएँ नदी की धारा का मार्ग बदलकर खेतों में सिंचाई के लिए बनाई हैं। उदाहरण के लिए, पश्चिमी हिमालय; जैसे-हिमाचल प्रदेश में कृषि के लिए गुल अथवा कुल का बनाना।

(v) **बाँस ड्रिप सिंचाई प्रणाली** मेघालय में यह 200 वर्ष पुरानी विधि प्रचलित है। इस विधि में पहाड़ियों में धाराओं और झरनों के पानी को बाँस का पाइप के रूप में उपयोग करके कृषि क्षेत्रों में पहुँचाया जाता है।

लगभग 18 से 20 लीटर सिंचाई पानी बाँस के पाइप में आ जाता है तथा उसे सैकड़ों मीटर की दूरी तक ले जाया जाता है। अंत में पानी का बहाव 20 से 80 बूँद प्रति मिनट तक कम करके पौधे पर छोड़ देते हैं।

परीक्षा अभ्यास

वस्तुनिष्ठ प्रश्न

बहुविकल्पीय प्रश्न

1. पृथ्वी का कितने प्रतिशत भाग जल से घिरा हुआ है?
(a) दो-तिहाई (b) एक-चौथाई
(c) तीन-चौथाई (d) दो-चौथाई
उत्तर (c) तीन-चौथाई

2. जलाभाव का प्रमुख कारण क्या है?
(a) कम वर्षा (b) अधिक वर्षा
(c) वार्षिक वर्षा (d) मौसमी वर्षा
उत्तर (a) कम वर्षा

3. जल की पूर्ति की तुलना में कमी को क्या कहते हैं?
(a) जलापूर्ति (b) जलाभाव
(c) जलकेंद्रण (d) जलसांद्रण
उत्तर (b) जलाभाव

4. निम्नलिखित में से कौन-सा कारक मुख्य रूप से भारत में जल स्तर में कमी के लिए उत्तरदायी है? **CBSE Term I 2021**
(a) सिंचाई (b) औद्योगिकीकरण
(c) शहरीकरण (d) अति सिंचाई
उत्तर (d) अति सिंचाई

5. जलीय संरचना का प्रमाण मिलता है
(a) प्राचीन काल में (b) मध्य काल में
(c) आधुनिक काल में (d) इनमें से कोई नहीं
उत्तर (a) प्राचीन काल में

6. 14वीं शताब्दी में इल्तुतमिश ने दिल्ली में सिरी फोर्ट क्षेत्र की जल आपूर्ति के लिए किसका निर्माण कराया?
(a) बेल्लूर डाक (b) हौज खास
(c) श्रिंगवेरा खास (d) मल्य बाँध
उत्तर (b) हौज खास

7. बहुउद्देशीय नदी परियोजनाओं को किसने आधुनिक भारत के मंदिर कहा है?
(a) इंदिरा गाँधी (b) महात्मा गाँधी
(c) जवाहरलाल नेहरू (d) राजीव गाँधी
उत्तर (c) जवाहरलाल नेहरू

8. भारत का सबसे ऊँचा तटबंध बाँध है
(a) नागार्जुन सागर बाँध (b) हीराकुंड बाँध
(c) भाखड़ा-नांगल बाँध (d) टिहरी बाँध
उत्तर (d) टिहरी बाँध

9. कोयना परियोजना किस नदी पर अवस्थित है?
(a) पेरियार (b) गोदावरी
(c) कृष्णा (d) कावेरी
उत्तर (c) कृष्णा

10. रिहंद घाटी परियोजना किस नदी पर अवस्थित है?
(a) सोन (b) रिहंद
(c) साबरमती (d) चंबल
उत्तर (a) सोन

11. किन दो राज्यों के मध्य कृष्णा-गोदावरी जल विवाद है?
(a) तमिलनाडु एवं कर्नाटक (b) कर्नाटक एवं आंध्र प्रदेश
(c) आंध्र प्रदेश एवं महाराष्ट्र (d) महाराष्ट्र एवं केरल
उत्तर (b) कर्नाटक एवं आंध्र प्रदेश

12. पश्चिम से पूर्व की ओर नदियों का क्रम निर्धारित कीजिए
(a) नर्मदा-केन-चंबल-सोन
(b) केन-नर्मदा-सोन-चंबल
(c) नर्मदा-चंबल-केन-सोन
(d) नर्मदा-सोन चंबल-केन
उत्तर (c) नर्मदा-चंबल-केन-सोन

13. दक्षिण भारत के किस राज्य में हर घर की छत पर वर्षा जल संग्रहण हेतु ढाँचा बनाना अनिवार्य कर दिया गया है?
(a) केरल (b) तमिलनाडु
(c) कर्नाटक (d) तेलंगाना
उत्तर (b) तमिलनाडु

14. विश्व की सर्वाधिक वर्षा होती है
(a) शिलांग (b) चेरापूँजी
(c) मासिनराम (d) जलपाईगुड़ी
उत्तर (c) मासिनराम

15. गंडाथूर में वार्षिक वर्षा कितनी होती है?
(a) 1,000 मिमी (b) 2,000 मिमी
(c) 1,200 मिमी (d) 1,500 मिमी
उत्तर (a) 1,000 मिमी

16. उत्तर से दक्षिण, बाँधों का क्रम निर्धारित कीजिए
(a) नरौरा-कोटा-सरदार सरोवर-नागार्जुन सागर
(b) नरौरा-सरदार सरोवर-कोटा-नागार्जुन सागर
(c) नरौरा-कोटा-नागार्जुन सागर-सरदार सरोवर
(d) नरौरा-नागार्जुन सागर-कोटा-सरदार सरोवर
उत्तर (a) नरौरा-कोटा-सरदार सरोवर-नागार्जुन सागर

17. जल संसाधन के संबंध में दिए गए कथनों पर विचार कीजिए तथा असत्य कथनों की पहचान कीजिए
(a) पृथ्वी का तीन-चौथाई भाग जल से घिरा हुआ है
(b) धरातल पर प्रयोग में लाने योग्य अलवणीय जल का अनुपात बहुत अधिक पाया जाता है
(c) अलवणीय जल सतही अपवाह और भौमजल स्रोत से प्राप्त होता है
(d) जल संसाधन, जल चक्र के रूप में गतिशील रहता है

उत्तर (b) धरातल पर प्रयोग में लाने योग्य अलवणीय जल का अनुपात बहुत अधिक पाया जाता है

18. बहुउद्देशीय परियोजनाओं के संबंध में दिए गए कथनों में कौन-सा कथन सही नहीं है?
(a) यह परियोजना बिजली के उत्पादन में योगदान देती है
(b) यह परियोजना जलाशयों में अतिरिक्त जल जमा करके बाढ़ को नियंत्रित करती है
(c) यह परियोजना केवल औद्योगिक क्षेत्रों के लिए जलापूर्ति करती है
(d) यह नदी के जल की गति को धीमा करके मृदा का संरक्षण करती है

उत्तर (c) यह परियोजना केवल औद्योगिक क्षेत्रों के लिए जलापूर्ति करती है

19. वर्षा जल संग्रहण के संबंध में दिए गए कथनों पर विचार कीजिए
1. शुष्क तथा अर्द्धशुष्क क्षेत्रों में वर्षा जल एकत्रित करने के लिए जोहड़ का प्रयोग किया जाता है।
2. छत वर्षा जल संग्रहण प्रणाली का हिस्सा टाँका है, जो बड़े कमरे के समान होते हैं।
3. पश्चिम बंगाल के बाढ़ के मैदानों में सिंचाई के लिए बाढ़ जल वाहिकाओं का विकास किया जाता है।
4. गुल या कुल पहाड़ी क्षेत्रों में वर्षा जल संग्रहण व सिंचाई का एक प्रमुख साधन है।

उपरोक्त में से कौन-सा कथन सही है?
(a) 2 और 4 (b) 2 और 3
(c) 1 और 3 (d) ये सभी

उत्तर (d) ये सभी

20. निम्न कथनों पर विचार कीजिए तथा कौन-सा/से कथन जल संसाधन के संबंध में सही है/हैं?
1. देश में स्वतंत्रता के पश्चात् तीव्र औद्योगीकरण जल की कमी के लिए जिम्मेदार होता है।
2. जल का सर्वाधिक उपयोग घरेलू कार्यों में होता है।
3. जल की कमी मौसमी तथा वार्षिक वर्षण की मात्रा में अंतर से प्रभावित नहीं होती है।

कूट
(a) केवल 3 (b) 1 और 2
(c) 2 और 3 (d) ये सभी

उत्तर (b) 1 और 2

21. निम्नलिखित कथनों पर विचार कीजिए
1. खादीन और जोहड़ के अंतर्गत शुष्क और अर्द्धशुष्क क्षेत्रों में खेतों में वर्षा जल एकत्रित करने के लिए गड्ढे बनाए जाते हैं।
2. टाँका एक बड़े भूमिगत टैंक होते हैं।

उपरोक्त में से कौन-सा/से कथन सत्य है/हैं?
(a) केवल 1 (b) केवल 2
(c) 1 और 2 (d) इनमें से कोई नहीं

उत्तर (c) 1 और 2

22. नीचे दिए गए तथ्यों का अध्ययन कीजिए तथा इसकी विशेषताओं में से दिए गए सही विकल्पों की पहचान कीजिए
- यह बहते जल को रोकने, दिशा देने या बहाव करने के लिए बनाई गई बाधा है।
- यह सामान्यत: जलाशय, झील अथवा जलभरण बनाते हैं।
- इसका वर्गीकरण उनकी संरचना और उद्देश्य या ऊँचाई के आधार पर किया जाता है।

(a) बाँध (b) जलाभाव
(c) जल प्रबंधन (d) जल संरक्षण

उत्तर (a) बाँध

23. नीचे दिए गए वर्षा जल संग्रहण विधि से संबंधित विशेषताओं का अध्ययन कीजिए तथा सही विकल्प की पहचान कीजिए
- इसमें पहाड़ियों में धाराओं और झरनों के पानी को बाँस का पाइप के रूप में उपयोग करके कृषि क्षेत्रों तक पहुँचाया जाता है।
- यह विधि मेघालय राज्य में प्रचलित 200 वर्ष पुरानी विधि है।
- इसमें पानी को सैकड़ों मीटर तक सिंचाई के लिए ले जाया जाता है।
- यह विधि बढ़ती जल आवश्यकताओं की पूर्ति में लाभकारी है।

(a) जोहड़ (b) बाँस ड्रिप सिंचाई प्रणाली
(c) कुल (d) जल वाहिकाएँ

उत्तर (b) बाँस ड्रिप सिंचाई प्रणाली

24. नीचे दी गई प्रमुख नदी परियोजनाओं के संबंध में कौन-सा युग्म सही सुमेलित नहीं है?
(a) सरदार सरोवर परियोजना – नर्मदा नदी
(b) नागार्जुन सागर – कृष्णा नदी
(c) पेरियार परियोजना – कावेरी नदी
(d) सलाल परियोजना – चेनाब नदी

उत्तर (c) पेरियार परियोजना – कावेरी नदी

25. वर्षा जल संग्रहण विधि के संबंध में दिए गए युग्मों में कौन-सा युग्म सही सुमेलित है?
(a) राजस्थान का जैसलमेर – खादीन
(b) पश्चिम बंगाल – जोहड़
(c) हिमाचल प्रदेश – ड्रिप सिंचाई
(d) पंजाब – गुल या कुल

उत्तर (a) राजस्थान का जैसलमेर – खादीन

सुमेलित करें

26. सुमेलित करें

सूची I (जल संचयन विधि)	सूची II (क्षेत्र)
A. खादीन	1. जैसलमेर
B. टाँका	2. राजस्थान के अर्द्ध-शुष्क क्षेत्र
C. बाढ़ जल वाहिकाएँ	3. बंगाल
D. गुल	4. हिमालयी क्षेत्र

कूट

	A	B	C	D		A	B	C	D
(a)	1	4	3	2	(b)	1	2	3	4
(c)	1	2	4	3	(d)	2	1	4	3

उत्तर (b) 1 2 3 4

27. सुमेलित करें

सूची I (नदी)	सूची II (बाँध)
A. कृष्णा	1. नागार्जुन सागर
B. कावेरी	2. सरदार सरोवर
C. चंबल	3. कोटा
D. नर्मदा	4. मेट्टूर

कूट

	A	B	C	D		A	B	C	D
(a)	3	1	2	4	(b)	4	1	2	3
(c)	2	1	4	3	(d)	1	4	3	2

उत्तर (d) 1 4 3 2

चित्र आधारित प्रश्न

28. दिए गए चित्र में जल संरक्षण के तरीके को चिह्नित कीजिए।

(a) वर्षा जल संरक्षण
(b) जलीय संरचना
(c) गुल या कुल
(d) इनमें से कोई नहीं

उत्तर (c) गुल या कुल

29. दिए गए बम्बू इरिगेशन सिस्टम (बाँस द्वारा सिंचाई व्यवस्था) को किस राज्य में अपनाया जाता है?

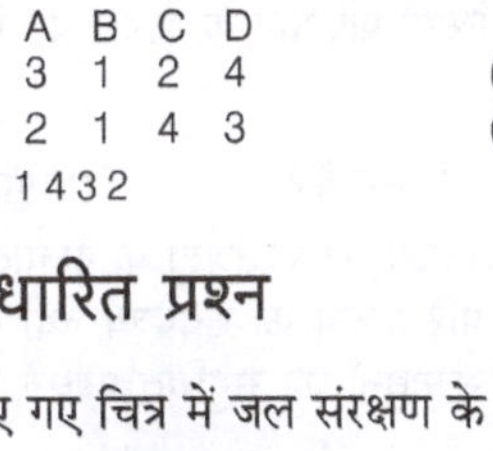

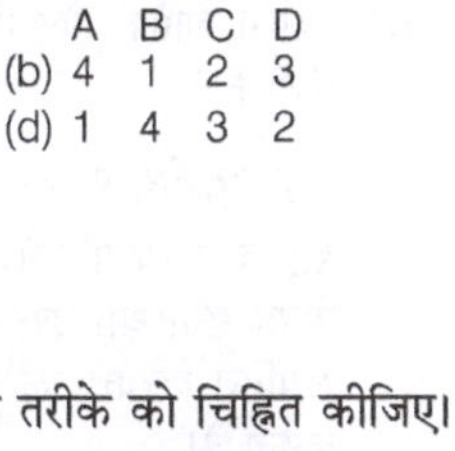

(a) राजस्थान
(b) मेघालय
(c) छत्तीसगढ़
(d) गुजरात

उत्तर (b) मेघालय

30. दिए गए चित्र में किस प्रकार के संरक्षण को चित्रित किया गया है?

(a) वर्षा जल संरक्षण
(b) जलीय संरचना
(c) 'a' और 'b' दोनों
(d) गुल या कुल

उत्तर (a) वर्षा जल संरक्षण

रिक्त स्थान भरें

31. बाँस ड्रिप सिंचाई .... में प्रचलित है।

उत्तर मेघालय

32. तिलैया व मैथन बाँध .... नदी पर बने हैं।

उत्तर दामोदर

33. .... में सबसे बड़ी कृत्रिम झील अवस्थित है।

उत्तर भोपाल

34. निम्नलिखित रिक्त स्थान को भरें

वर्षा जल संग्रहण विधि	विशेषता
खादीन एवं जोहड़	शुष्क और अर्द्ध-शुष्क क्षेत्रों में जल संग्रहण
गुल या कुल	?

कूट

(a) बाढ़ग्रस्त क्षेत्रों में जल संग्रहण
(b) मैदानी क्षेत्रों में जल संग्रहण
(c) पहाड़ी और पर्वतीय क्षेत्रों में जल संग्रहण
(d) मरुस्थलीय क्षेत्रों में जल संग्रहण

उत्तर (c) पहाड़ी और पर्वतीय क्षेत्रों में जल संग्रहण

सही और पुनः लिखें

35. आँकड़ों के अनुसार पृथ्वी का 2/3 भाग जल से घिरा है।

उत्तर पृथ्वी का 3/4 भाग जल से घिरा है, जबकि शेष भाग स्थल खंड है।

36. द सिटिजंस फिफ्थ रिपोर्ट (CSE), 1999 के अनुसार भारत की बड़ी नदियाँ प्रदूषित हैं, जबकि छोटी नदियाँ अभी भी प्रदूषित नहीं हैं।

उत्तर द सिटिजंस फिफ्थ रिपोर्ट (CSE), 1999 के अनुसार बड़ी नदियाँ; जैसे–गंगा और यमुना कोई भी शुद्ध नहीं है और छोटी नदियाँ जहरीली धाराओं में परिवर्तित हो गई हैं।

37. गुजरात में नर्मदा नदी पर बने कोटा बैराज ने अत्यधिक संख्या में लोगों का विस्थापन किया है।

उत्तर गुजरात में नर्मदा नदी पर बने सरदार सरोवर बाँध ने अत्यधिक संख्या में लोगों का विस्थापन किया है।

कथन/कारण

38. **कथन** (A) पुरातत्त्व विज्ञानियों के अनुसार प्राचीन काल से ही सिंचाई के लिए पत्थरों और मलबे से बाँध बनाए जाते थे।
कारण (R) आधुनिक भारत में प्राचीन काल की बाँध पद्धति की परिपाटी को जारी नहीं रखा गया है।

कूट
(a) A, R दोनों सही हैं तथा R, A की सही व्याख्या है
(b) A, R दोनों सही हैं, परंतु R, A की सही व्याख्या नहीं है
(c) A सही है, किंतु R गलत है
(d) A गलत है, किंतु R सही है

उत्तर (c) A सही है, किंतु R गलत है

39. **कथन** (A) बहुउद्देशीय परियोजनाओं का विरोध मूलत: जलकेंद्रण के कारण है।
कारण (R) नर्मदा बचाओ आंदोलन बहुउद्देशीय परियोजना से जुड़ा है।

कूट
(a) A, R दोनों सही हैं तथा R, A की सही व्याख्या है
(b) A, R दोनों सही हैं, परंतु R, A की सही व्याख्या नहीं है
(c) A सही है, किंतु R गलत है
(d) A गलत है, किंतु R सही है

उत्तर (d) A गलत है, किंतु R सही है

C अतिलघु उत्तरीय प्रश्न

1. जल की कमी से आप क्या समझते हैं?

उत्तर जल की माँग की तुलना में कम उपलब्धता जल की कमी कहलाती है।

2. शुद्ध जल (अलवणीय जल) हमें कहाँ से प्राप्त होता है?

उत्तर शुद्ध जल हमें सतही अपवाह प्रणाली और भौमजल स्रोतों से प्राप्त होता है, जिसका लगातार नवीकरण होता रहता है।

3. धरती का जल कैसे गतिशील रहता है?

उत्तर नवीकरण और पुनर्भरण के द्वारा सारा जलीय चक्र गतिशील होता रहता है, जिससे जल का नवीकरण सुनिश्चित होता है।

4. वर्षा की उपलब्धता में क्यों विविधता है?

उत्तर वर्षा में वार्षिक और मौसमी परिवर्तन के कारण जल संसाधनों की उपलब्धता में समय और स्थान के अनुसार विभिन्नता है।

5. जल की दुर्लभता किसका परिणाम हो सकती है?

उत्तर जल की दुर्लभता अत्यधिक जनसंख्या और उसके परिणामस्वरूप जल की बढ़ती माँग और उसके असमान वितरण का परिणाम हो सकती है।

6. अलवणीय जल के स्रोत क्या-क्या हैं?

उत्तर वर्षा, सतही अपवाह और भौमजल अलवणीय जल के स्रोत हैं।

7. वर्तमान समय में भारत के कुल विद्युत का लगभग कितने प्रतिशत भाग जल विद्युत से प्राप्त होता है?

उत्तर वर्तमान समय में भारत में कुल विद्युत का लगभग 22% भाग जल विद्युत से प्राप्त होता है।

8. जल किस प्रकार प्रदूषित होता है?

उत्तर जल घरेलू और औद्योगिक अपशिष्टों, रसायनों, कीटनाशकों और कृषि में प्रयुक्त उर्वरकों द्वारा प्रदूषित होता है।

9. जल संसाधनों की उपलब्धता में स्थान और समय के अनुसार भिन्नता होती है। कारण बताइए।

उत्तर वर्षा में वार्षिक और मौसमी परिवर्तन के कारण यह भिन्नता होती है।

10. बहुउद्देशीय परियोजना क्या है? **CBSE 2011, 10**

उत्तर बहुउद्देशीय परियोजनाओं को स्वतंत्रता के पश्चात् शुरू किया गया था। इस परियोजना का उद्देश्य नदी के जल को संग्रहित करके जल संसाधनों का समुचित प्रबंधन विकसित करना है।

11. बहुउद्देशीय परियोजनाओं का कौन-सा संभव विकल्प माना जा रहा है और क्यों? **CBSE 2013**

उत्तर बहुउद्देशीय परियोजनाओं के दोष और उनके प्रति बढ़ते जन असंतोष के बाद जल संरक्षण की व्यवस्था को इसके संभव विकल्प के रूप में देखा जाता है, जो सामाजिक, आर्थिक एवं पर्यावरणीय दृष्टि से उपयोगी है।

12. जवाहरलाल नेहरू ने नदी बाँधों को 'आधुनिक भारत के मंदिर' क्यों घोषित किया था? **CBSE 2014**

उत्तर जवाहरलाल नेहरू का मानना था कि नदी बाँधों से कृषि तथा ग्रामीण अर्थव्यवस्था का विकास होगा, औद्योगीकरण में तेजी आएगी तथा शहरी अर्थव्यवस्था का विकास होगा।

13. भारत में स्वतंत्रता प्राप्ति के बाद बहुउद्देशीय परियोजनाओं को आरंभ करने का मुख्य उद्देश्य क्या था?

उत्तर भारत में स्वतंत्रता प्राप्ति के बाद बहुउद्देशीय परियोजनाओं को आरंभ करने का मुख्य उद्देश्य बाढ़ नियंत्रण और सिंचाई था।

14. **बहुउद्देशीय परियोजना द्वारा संचित किन्हीं दो उद्देश्यों का उल्लेख कीजिए।**

उत्तर बहुउद्देशीय परियोजना द्वारा संचित दो उद्देश्य विद्युत उत्पादन और बाढ़ नियंत्रण हैं।

15. **नदी घाटी परियोजना द्वारा पूरित उद्देश्यों का उल्लेख कीजिए।**

उत्तर बाढ़ नियंत्रण, सिंचाई, विद्युत उत्पादन और मृदा संरक्षण आदि नदी घाटी परियोजना द्वारा पूरित उद्देश्य हैं।

16. **भारत के उन दो क्षेत्रों के नाम बताइए, जहाँ नहरों द्वारा सिंचाई की जाती है।**

उत्तर भारत में नहरों द्वारा सिंचाई उत्तर के मैदानी भाग एवं कृष्णा, महानदी व गोदावरी नदी के डेल्टा में होती है।

17. **जल के चार प्रमुख उपयोग बताइए।**

उत्तर जल पीने तथा घरेलू कार्यों में, सिंचाई में तथा औद्योगिक उद्देश्यों की पूर्ति में आवश्यकता होती है।

18. **उस नदी का नाम बताएँ, जिस पर हीराकुंड बाँध अवस्थित है।** **CBSE 2013**

उत्तर महानदी पर हीराकुंड बाँध अवस्थित है।

19. **भाखड़ा-नांगल बाँध किस नदी पर स्थित है?** **CBSE 2014**

उत्तर भाखड़ा-नाँगल बाँध सतलज नदी पर स्थित है।

20. **किन्हीं दो राज्यों के नाम बताइए, जो कृष्णा-गोदावरी विवाद में शामिल हैं?**

उत्तर आंध्र प्रदेश और कर्नाटक कृष्णा-गोदावरी विवाद में शामिल हैं।

21. **भारत में ताजे जल के दो प्रमुख स्रोत बताइए।**

उत्तर भूमिगत जल और वर्षा जल ताजे जल के प्रमुख स्रोत हैं।

22. **छत वर्षा जल संग्रहण की दो विधियों के नाम बताइए।**

उत्तर बेकार हो गए कुएँ और हैंडपंप के माध्यम से छत वर्षा जल संग्रहण किया जाता है।

23. **वर्षा जल संग्रहण की क्या आवश्यकता है?**

उत्तर शुष्क मौसम में पानी की कमी को पूरा करने में वर्षा जल संग्रहण आवश्यक है।

24. **पहाड़ी और पर्वतीय प्रदेशों में लोग जल संग्रहण कैसे करते हैं?**

उत्तर पहाड़ी और पर्वतीय प्रदेशों में लोग वाहिकाओं के निर्माण द्वारा जल संग्रहण करते हैं, जिसको 'गुल' या 'कुल' कहते हैं।

25. **'पालर पानी' से आप क्या समझते हैं?**

उत्तर वर्षा जल को पालर पानी कहा जाता है। इसे प्राकृतिक जल का शुद्धतम रूप समझा जाता है।

26. **वर्षा जल संग्रहण को किस राज्य ने अनिवार्य घोषित किया है?**

अथवा तमिलनाडु ने जल की गंभीर समस्या को कैसे हल किया? **CBSE 2019**

उत्तर वर्षा जल संग्रहण को तमिलनाडु ने अनिवार्य घोषित किया है।

27. ऐसे दो राज्यों के नाम बताइए, जहाँ छत वर्षा जल संग्रहण एक आम क्रिया है।

अथवा मेघालय ने जल की गंभीर समस्या को कैसे हल किया?

उत्तर मेघालय और राजस्थान में छत वर्षा जल संग्रहण एक आम क्रिया है।

लघु उत्तरीय प्रश्न

1. जलाभाव अथवा जल की कमी के कोई तीन कारण बताइए।

उत्तर जल की पूर्ति की तुलना में कमी को ही जलाभाव कहते हैं। यह एक ऐसी स्थिति होती है जिसमें पारिस्थितिकी के समुचित संचालन हेतु आवश्यक जल की कमी होती है। यह कमी वस्तुतः मौसमी एवं वार्षिक वर्षण की मात्रा में अंतर के कारण होती है।

जलाभाव अथवा जल की कमी के तीन कारण निम्न हैं

(i) अधिकांश जल की कमी अत्यधिक प्रयोग और समाज के विभिन्न वर्गों में जल के असमान वितरण के कारण होती है।

(ii) अत्यधिक जनसंख्या के कारण जल की कमी होती है, क्योंकि घरेलू कार्यों में जल का उपयोग अत्यधिक होता है।

(iii) स्वच्छ पेयजलों का प्रदूषित होना भी जलाभाव का मुख्य कारण है।

2. जल संरक्षण एवं जल प्रबंधन से आप क्या समझते हैं?

उत्तर जल प्रकृति प्रदत्त तत्त्व है, जिसका पृथ्वी पर विस्तार तीन-चौथाई है फिर भी जल की कमी रहती है। चूँकि, जल का उपयोग कम बल्कि दुरुपयोग ज्यादा है। इसी दुरुपयोग को कम करने के लिए विविध तकनीकों के माध्यम से जल संरक्षण की प्रक्रिया अपनाई जाती है।

जल संरक्षण न केवल पेयजल हेतु बल्कि कृषि हेतु भी किया जाना चाहिए, क्योंकि उपलब्ध जल स्रोतों की अधिकांश खपत सिंचाई में होती है।

जल प्रबंधन से तात्पर्य जल का सदुपयोग एवं विविध चक्रीय प्रक्रिया द्वारा पुनः प्रयोग करना। साथ ही कम जल में अधिकांश कार्यों का करना आदि जल प्रबंधन में सम्मिलित हैं। जल प्रबंधन हेतु विविध क्षेत्रीय (बाँस ड्रिप तकनीक, कुल तकनीक आदि) तकनीक एवं विस्तृत तकनीक (ड्रिप सिंचाई) का उपयोग किया जाता है।

3. बहुउद्देशीय नदी परियोजनाओं पर संक्षिप्त टिप्पणी लिखिए।

उत्तर बहुउद्देशीय नदी परियोजनाओं से आशय नदियों के जल को संग्रहित करके जल आपूर्ति, बाढ़ नियंत्रण, आंतरिक नौकायन, मत्स्य पालन आदि के लिए जल संसाधनों के समुचित प्रबंधन से है। बहुउद्देशीय परियोजनाओं को स्वतंत्रता के पश्चात् शुरू किया गया था। इस परियोजना का उद्देश्य नदी के जल को संग्रहित करके जल संसाधनों का समुचित प्रबंधन विकसित करना है।

प्रथम प्रधानमंत्री जवाहरलाल नेहरू ने बहुउद्देशीय नदी परियोजनाओं को गर्व से 'आधुनिक भारत के मंदिर' कहा था। उनका मानना था कि बहुउद्देशीय परियोजनाओं से कृषि और ग्रामीण अर्थव्यवस्था, औद्योगीकरण और नगरीय अर्थव्यवस्था समन्वित रूप से विकास करेंगी।

4. **बहुउद्देशीय नदी परियोजनाओं के तीन उद्देश्य बताइए।**
अथवा **बहुउद्देशीय परियोजनाओं की उपयोगिता का विश्लेषण कीजिए।** **CBSE 2019**

उत्तर बहुउद्देशीय परियोजनाओं के उद्देश्य निम्नलिखित हैं
(i) जलाशयों के आस-पास प्राकृतिक पारिस्थितिक तंत्रों के साथ-साथ वन्यजीवों को संरक्षित करने के लिए वृक्ष लगाए जाते हैं।
(ii) ये परियोजनाएँ नदी के पानी की गति को धीमा करके मिट्टी का संरक्षण करती हैं।
(iii) ये परियोजनाएँ अपने जलाशयों में अतिरिक्त पानी जमा करके बाढ़ को नियंत्रित करती हैं।

5. **नदी परियोजनाओं के तीन प्रतिकूल प्रभावों को स्पष्ट कीजिए।**

उत्तर इस तरह की परियोजना के प्रतिकूल प्रभाव निम्नलिखित हैं
(i) **मृदा की उर्वरता पर प्रभाव** बाढ़ के मैदान में बनाए जाने वाले जलाशयों द्वारा वहाँ उपलब्ध वनस्पति और मिट्टियाँ जल में डूब जाती हैं, जो कालांतर में अपघटित हो जाती हैं।
(ii) **समाज पर प्रभाव** बड़ी नदी परियोजनाएँ स्थानीय समुदायों की जीविका और सांस्कृतिक परंपरा के समाप्त होने का कारण बनती हैं, जिसके परिणामस्वरूप स्थानीय आबादी बड़े पैमाने पर विस्थापन करती है।
(iii) **जलीय जीव पर प्रभाव** बाँध, नदियों को टुकड़ों में बाँट देते हैं, जिससे विशेषकर अंडे देने की ॠतु में जलीय जीवों का नदियों में स्थानांतरण अवरुद्ध हो जाता है।

6. **बाँध क्यों बनाए जाते हैं? कारण बताइए।**

उत्तर बाँध बहते जल को रोकने, दिशा देने या बहाव कम करने के लिए बनाई गई बाधा है, जो सामान्यतः जलाशय, झील अथवा जलभरण बनाते हैं। अधिकांश बाँध में एक ढाल वाला हिस्सा होता है, जिसके ऊपर या अंदर से जल रुक-रुक कर या लगातार बहता है। बाँधों का वर्गीकरण उनकी संरचना और उद्देश्य या ऊँचाई के आधार पर किया जाता है। संरचना और उनमें प्रयुक्त पदार्थों के आधार पर बाँधों को लकड़ी के बाँध, तटबंध बाँध या पक्का बाँध में बाँटा जाता है। ऊँचाई के अनुसार, बाँधों को बड़ा बाँध और मुख्य बाँध या नीचा बाँध, मध्यम बाँध और उच्च बाँधों में वर्गीकृत किया जा सकता है।

7. **विशाल बाँधों के निर्माण के कारण निर्धनों से जुड़ी विभिन्न समस्याओं का वर्णन कीजिए।** **CBSE 2013**

उत्तर विशाल बाँधों के निर्माण के कारण निर्धनों से जुड़ी समस्याएँ निम्नलिखित हैं
- स्थानीय समुदायों का भारी मात्रा में निर्माण क्षेत्र से पलायन। भूमि व आजीविका से वंचित होना।
- पुनर्वास संबंधी समस्याएँ।
- रोजगार संबंधी समस्याओं का बढ़ना।
- विस्थापित हुए प्रदेश में सामाजिक व सांस्कृतिक समस्याएँ।
- विस्थापित हुए प्रदेश के लोगों से हित संबंधी संघर्ष आदि।

8. **भारत में कृषि ने किस प्रकार जल संकट को गहराया है? वर्णन कीजिए।** **CBSE 2014**

उत्तर भारत में जल संकट के लिए कई कारक उत्तरदायी हैं
- जल का कृषि सिंचाई में अत्यधिक उपयोग।
- उच्च उत्पादकता के लिए बीजों के उत्तम किस्म के लिए अति सिंचाई। कृषि के व्यवसायीकरण के कारण भारी मात्रा में भौम जल का उपयोग।
- कृषि के विस्तार के कारण अनुपजाऊ व बंजर भूमि पर सिंचाई के माध्यम से कृषि प्रारंभ।
- अत्यधिक कृषित उपभोग से भारत के कई क्षेत्रों में भौम जल का स्तर नीचे गिरता जा रहा है।

9. **भारत में उद्योगों की बढ़ती हुई संख्या के कारण अलवणीय जल संसाधनों पर दबाव किस प्रकार बढ़ रहा है? व्याख्या कीजिए।** **CBSE 2018**

उत्तर स्वतंत्रता के पश्चात् भारत में तेजी से औद्योगीकरण एवं शहरीकरण हुआ है। उद्योगों की बढ़ती हुई संख्या के कारण अलवणीय जल संसाधनों पर दबाव बढ़ रहा है। उद्योगों को अत्यधिक जल के साथ-साथ ऊर्जा की भी आवश्यकता होती है, जिसकी आपूर्ति जल विद्युत से की जाती है।
वर्तमान में भारत में कुल विद्युत ऊर्जा का लगभग 22% भाग जल विद्युत से प्राप्त होता है। इससे जल का अति दोहन होता है तथा जल दुर्लभता में वृद्धि देखने को मिलती है। साथ ही जल प्रदूषण की समस्या भी होती है।

10. **यह संभव है कि किसी क्षेत्र या भूखंड पर अत्यधिक जल संसाधन उपलब्ध हों, परंतु फिर भी जल संकट छाया हुआ है। तीन संगत उदाहरणों द्वारा उत्तर की पुष्टि कीजिए।** **CBSE 2013**

उत्तर ऐसा संभव है कि किसी क्षेत्र या भूखंड पर अत्यधिक जल संसाधन उपलब्ध हों, परंतु फिर भी जल संकट छाया रहें। उदाहरणस्वरूप
- नगरीय क्षेत्रों में उपलब्ध जल जिसका उपभोग नहीं हो पा रहा है।
- कई नगर नदियों के तट पर बसे हैं, लेकिन जल में नगरीय अवशिष्ट और औद्योगिक अवशिष्ट से जल विषैला होता है।
- बढ़ती जनसंख्या, नगरीकरण, औद्योगीकरण ने बढ़ते जल संकट पर और अधिक दबाव बढ़ाया है, जिससे जल संकट एक सामान्य घटना हो गई है।

11. **जल संसाधन संरक्षण के कोई तीन उपाय बताइए।**

उत्तर जल संरक्षण के लिए निम्न उपायों पर बल दिया जा सकता है
- जलाशयों में भंडारण की क्षमता को बढ़ाना।
- नदियों को आपस में जोड़कर।
- भौम जल के स्तर को बढ़ाकर।
- जल विभाजक क्षेत्र विकसित करके।
- जल संभर विकास को बढ़ावा देकर।
- वर्षा जल संग्रहण को प्रोत्साहित करके आदि।

12. 'समय की माँग है कि अपने जल स्रोतों का संग्रहण व प्रबंधन करो।' कोई चार कारण दें। जल संग्रहण के किन्हीं दो तरीकों का उल्लेख कीजिए। **CBSE 2012**

उत्तर जल स्रोतों का संग्रहण व प्रबंधन निम्न कारणों से किया जाना चाहिए

- स्वास्थ्य संबंधी जटिलताओं से बचाव के लिए।
- खाद्य सुरक्षा को सुनिश्चित करने के लिए।
- प्राकृतिक पर्यावरण को निम्नीकरण से बचाने के लिए।
- जल संकट से भावी पीढ़ी को बचाने के लिए।

जल संग्रहण के दो तरीके निम्न हैं

- छत पर वर्षा जल संग्रहित करना
- भौम जल स्तर को बढ़ाकर

13. वर्षा जल संग्रहण का अर्थ बताइए। जल के कुशल प्रबंधन के लिए ध्यान में रखे जाने वाले किन्हीं तीन बिंदुओं का उल्लेख कीजिए।

उत्तर वर्षा जल को पुनः उपयोग में लाने के लिए उसका संरक्षण और भंडारण वर्षा जल संग्रहण है। जल के कुशल प्रबंधन के लिए निम्न बिंदुओं पर ध्यान दिया जाना चाहिए

- लोगों को जल संरक्षण के प्रति जागरूक बनाकर।
- लोगों को जल संरक्षण के उपाय से अवगत कराकर।
- बागवानी, वाहन आदि में पीने योग्य पानी को न उपयोग करने की सलाह देकर
- अन्य घरेलू कार्यों के लिए दोयम दर्जे का जल उपयोग करने के लिए प्रोत्साहित करके।

14. विभिन्न वर्षा जल संग्रहण तंत्रों का भारत जैसे देश में सामाजिक-आर्थिक और पारिस्थितिक तौर पर व्यवहार्थ विकल्प क्यों समझा जाता है? **CBSE 2015, 11, 10**

उत्तर भारत में वर्षा जल संग्रहण तंत्रों को सामाजिक-आर्थिक और पारिस्थितिक तौर पर निम्न कारणों से व्यवहार्थ विकल्प समझा जाता है

- जल संग्रहण जल संरक्षण का सबसे सस्ता विकल्प माना जाता है।
- वर्षा जल संग्रहण तकनीक बहुउद्देशीय नदी परियोजनाओं की तुलना में अधिक पर्यावरण अनुकूल है।
- भारतीय लोग वर्षा पद्धति और मृदा के गुणों से परिचित हैं इसलिए वे स्थानीय दशा और पारिस्थितिकी के अनुसार वर्षा जल और बाढ़ जल संग्रहण के अनेक तरीके विकसित कर लिया करते थे।

15. प्राचीनकाल में भारत में जल संसाधन के स्वरूप की चर्चा कीजिए।

उत्तर प्राचीनकाल में भारत में ईसा से एक शताब्दी पूर्व इलाहाबाद के निकट श्रिंगवेरा में गंगा नदी की बाढ़ के जल को संरक्षित करने के लिए एक उत्कृष्ट जल संग्रहण तंत्र बनाया गया था। चंद्रगुप्त मौर्य के समय वृहत स्तर पर बाँध, झील और सिंचाई तंत्रों का निर्माण कराया गया। कलिंग (ओडिशा), नागार्जुनकोंडा (आंध्र प्रदेश), बेन्नूर (कर्नाटक) और कोल्हापुर (महाराष्ट्र) में उत्कृष्ट सिंचाई तंत्र होने के साक्ष्य प्राप्त हुए। मध्य प्रदेश में भोपाल ताल सबसे बड़ी कृत्रिम झील है, जो 11वीं शताब्दी में बनाई गई थी। 14वीं शताब्दी में इल्तुतमिश ने दिल्ली में सीरी फोर्ट क्षेत्र की जल सप्लाई के लिए 'हौज खास' बनवाया।

दीर्घ उत्तरीय प्रश्न

1. ''पृथ्वी का तीन-चौथाई भाग जल से ढका है तथापि पृथ्वी पर जल की कमी पाई जाती है।'' तीन कारण देकर स्पष्ट कीजिए। **CBSE 2011**

अथवा भारत में जल दुर्लभता के लिए उत्तरदायी किन्हीं चार कारणों का उल्लेख कीजिए। **CBSE 2012, 10**

अथवा औद्योगीकरण तथा नगरीकरण ने भारत में जल दुर्लभता में किस प्रकार बढ़ोतरी की है? **CBSE 2014, 10**

अथवा बढ़ती जनसंख्या, औद्योगीकरण तथा शहरीकरण के कारण जल दुर्लभता कैसे होती है? व्याख्या कीजिए। **CBSE 2015**

उत्तर ''पृथ्वी का तीन-चौथाई भाग जल से ढका है तथापि पृथ्वी पर जल की कमी पाई जाती है।'' जल दुर्लभता (कमी) के उत्तरदायी कारण निम्नलिखित हैं

- **बढ़ती जनसंख्या** जनसंख्या की बढ़ती प्रवृत्ति जल दुर्लभता के लिए उत्तरदायी कारकों में से एक प्रमुख कारण है। बढ़ती जनसंख्या के घरेलू उपभोग के साथ-साथ उसके लिए अधिक अनाज उगाने के लिए भी जल की आवश्यकता अधिक होती है।
- **शहरीकरण** बढ़ती जनसंख्या के कारण नगरों पर भारी दबाव बढ़ता है, जिससे तीव्र और अनियंत्रित नगरीकरण देखने को मिलता है। जिससे शहरों में घरेलू उपभोग के लिए जल की आवश्यकता में अपार वृद्धि होती है, जिससे जल का अतिशोषण होता है और जल दुर्लभता की प्रवृत्ति और प्रबल होती जाती है।
- **कृषि का वाणिज्यिकरण** हरित क्रांति की सफलता के बाद से ही किसान वाणिज्यिक फसलों के अधिक उत्पादन पर बल देते हैं। वाणिज्यिक फसलों के लिए अधिक जल तथा निवेश की आवश्यकता होती है। इसमें उत्पादित फसलें अधिक जलगहन वाली होती हैं। इससे नलकूप और कुओं जैसे भौम जल निष्कासन के स्रोत का जल स्तर नीचा होता है।
- **औद्योगीकरण** आजादी के बाद भारत में तीव्र गति से उद्योगों का विकास हुआ। उद्योगों की बढ़ती संख्या के कारण अलवणीय जल संसाधनों पर दबाव लगातार बढ़ता चला गया और इससे जल का अति दोहन हुआ और जल प्रदूषण भी बढ़ा। जल विद्युत उत्पादन के द्वारा भी जल दुर्लभता में वृद्धि देखने को मिलती है।

2. बहुउद्देशीय नदी घाटी परियोजनाओं के कोई चार उद्देश्य लिखिए। **CBSE 2011**

अथवा भारत में बहुउद्देशीय परियोजना के महत्त्व सिंचाई, बाढ़ नियंत्रण एवं ऊर्जा उत्पादन के संदर्भ में बताइए।

उत्तर बहुउद्देशीय परियोजनाओं के उद्देश्य निम्नलिखित हैं
- बहुउद्देशीय परियोजना के उद्देश्यों में से एक बिजली उत्पादन करना है। भारत इस माध्यम से अपनी कुल ऊर्जा आवश्यकताओं का 22% भाग प्राप्त करता है।
- ये परियोजनाएँ नदी के पानी की गति को धीमा करके मिट्टी का संरक्षण करती हैं।
- ये परियोजनाएँ अपने जलाशयों में अतिरिक्त पानी जमा करके बाढ़ को नियंत्रित करती हैं।
- शुष्क मौसम में इन परियोजनाओं के जलाशयों में संरक्षित जल का उपयोग सिंचाई के लिए किया जाता है।
- जलाशयों के आस-पास प्राकृतिक पारिस्थितिक तंत्रों के साथ-साथ वन्यजीवों को संरक्षित करने के लिए वृक्ष लगाए जाते हैं।
- ये परियोजनाएँ मछली के प्रजनन के लिए समुचित परिस्थितियाँ प्रदान करती हैं।
- इन परियोजनाओं में मुख्य नदी के साथ-साथ संबंधित नहरों के माध्यम से अंतर्देशीय जल परिवहन की सुविधा प्राप्त होती है।
- जलाशयों ने पर्यटकों को भी आकर्षित किया है, जो यहाँ आकर नौकायन आदि करते हैं।
- ये परियोजनाएँ घरेलू एवं औद्योगिक क्षेत्रों को भी जलापूर्ति करती हैं।

3. **बहुउद्देशीय नदी परियोजनाओं से पैदा होने वाली पारिस्थितिक समस्याओं का वर्णन कीजिए।** **CBSE 2013**

अथवा **बहुउद्देशीय परियोजनाएँ जलीय जीवों को किस प्रकार प्रभावित करती हैं? समझाएँ।**

उत्तर इस तरह की परियोजना के प्रतिकूल प्रभाव एवं अंतर्निहित सीमाएँ नीचे उल्लिखित हैं
- **मृदा की उर्वरता पर प्रभाव** बाढ़ के मैदान में बनाए जाने वाले जलाशयों द्वारा वहाँ उपलब्ध वनस्पति और मिट्टियाँ जल में डूब जाती हैं, जो कालांतर में अपघटित हो जाती हैं।
- **समाज पर प्रभाव** बड़ी नदी परियोजनाएँ स्थानीय समुदायों की जीविका और सांस्कृतिक परंपरा के समाप्त होने का कारण बनती हैं, जिसके परिणामस्वरूप स्थानीय आबादी बड़े पैमाने पर विस्थापन करती है।
- **जलीय जीव पर प्रभाव** बाँध, नदियों को टुकड़ों में बाँट देते हैं, जिससे विशेषकर अंडे देने की ऋतु में जलीय जीवों का नदियों में स्थानांतरण अवरुद्ध हो जाता है।
- **फसल प्रतिरूप में बदलाव** सिंचाई ने कई क्षेत्रों में फसल के प्रतिरूपों को परिवर्तित कर दिया है। जहाँ किसान जलगहन और वाणिज्य फसलों को करने के लिए आकर्षित हैं। इससे मृदा का लवणीकरण जैसे गंभीर पारिस्थितिकीय परिणाम हो सकते हैं।
- **जलाशय के तल पर अत्यधिक अवसादन** नदियों पर बाँध बनाने और उनका बहाव नियंत्रित करने से उनका प्राकृतिक बहाव अवरुद्ध हो जाता है, जिसके कारण तलछट बहाव कम हो जाता है। अत्यधिक तलछट जलाशय की तली पर जमा होता रहता है, जिससे नदी का तल अत्यधिक चट्टानी हो जाता है और पानी का स्तर भी बढ़ जाता है, जो बाढ़ के खतरे को बढ़ा देता है। उदाहरण के लिए, वर्ष 2006 में महाराष्ट्र और गुजरात में भारी वर्षा के दौरान बाँधों से छोड़े गए जल के कारण बाढ़ की स्थिति और भी विकट हो गई थी।
- **जल का अत्यधिक प्रयोग** बहुउद्देशीय परियोजनाओं के कारण भूकंप आने की संभावना बढ़ जाती है और अत्यधिक जल के प्रयोग से जल-जनित बीमारियाँ, फसलों में कीटाणु जनित बीमारियाँ और प्रदूषण फैलते हैं।

4. **बहुउद्देशीय परियोजनाओं के विरुद्ध आंदोलनों को बताइए।**

अथवा **"बहुउद्देशीय परियोजनाओं और बड़े बाँध अनेक नए सामाजिक आंदोलन के कारण बन गए हैं।" ऐसे आंदोलनों से संबंधित सरोकारों को उजागर कीजिए।** **CBSE 2019**

उत्तर बहुउद्देशीय परियोजनाएँ और बड़े बाँध अनेक पर्यावरणीय आंदोलनों का कारण भी रहे हैं। विगत वर्षों में बहुउद्देशीय परियोजनाओं और बड़े बाँधों को उनके अनेक प्रतिकूल प्रभावों के कारण जनता के साथ-साथ नागरिक समाज (सिविल सोसायटी) के विरोध का सामना करना पड़ा है, जिनमें से कुछ घटनाओं का वर्णन इस प्रकार है
- 'नर्मदा बचाओ आंदोलन' एक गैर-सरकारी संगठन है। यह मूलरूप से पेड़ों से संबंधित पर्यावरणीय मुद्दों पर आधारित था, जो बाँध के पानी में डूबे थे। इस संगठन ने कई पर्यावरणविदों, आदिवासी लोगों, किसानों और सामाजिक कार्यकर्ताओं के साथ मिलकर उचित पुनर्वास और पारिस्थितिक सुरक्षा की माँग की।
- भागीरथी पर 'टिहरी बाँध परियोजना' में बड़े पैमाने पर विस्थापन ने कई सामाजिक आंदोलनों की शुरुआत की; जैसे-टिहरी बाँध आंदोलन।
- उत्तर प्रदेश में सोन नदी पर 'रिहंद घाटी परियोजना' ने बड़े पैमाने पर विस्थापन किया, जिसके कारण इसे सार्वजनिक आंदोलन का सामना करना पड़ा।
- गुजरात में साबरमती बेसिन में सूखे के दौरान नगरीय क्षेत्रों में अधिक जल आपूर्ति किए जाने पर किसान आंदोलन करने के लिए तैयार हो गए थे।

5. **वर्षा जल संग्रहण से क्या तात्पर्य है? वर्षा जल संग्रहण के लाभ तथा विभिन्न तरीके बताइए।**

अथवा **"पारंपरिक वर्षा जल संग्रहण प्रणाली जल संरक्षण और जल भंडारण के लिए उपयोगी है।" इस प्रणाली की महत्ता को दो उदाहरणों सहित स्पष्ट कीजिए।** **CBSE 2019**

उत्तर वर्षा के जल का पुनः उपयोग करने के लिए उसका संरक्षण एवं भंडारण करना वर्षा जल संग्रहण कहलाता है। जल का उपयोग बागवानी, पशुधन, सिंचाई आदि के लिए किया जाता है। अतः वर्षा जल संग्रहण पानी की कमी से निपटने की एक वैकल्पिक प्रणाली है।

वर्षा जल संग्रहण के लाभ निम्न प्रकार हैं

- यह प्राकृतिक जल का सबसे शुद्ध रूप और पीने के पानी का प्रमुख स्रोत है। यह जल कृषि कार्यों के लिए भी प्रयोग किया जाता है। इस जल को कृषि कार्यों में भी व्यापक तौर पर प्रयोग किया जा सकता है।
- टैंकों के साथ भूमिगत कमरे भी बनाए जाते हैं, क्योंकि यह इन कमरों को भी ठंडा रखता था, जिससे ग्रीष्म ऋतु में गर्मी से राहत मिलती थी।

भारत में वर्षा जल संचयन के लिए कुछ प्राचीन परंपराओं का प्रयोग किया जाता है, जो निम्न प्रकार हैं

(i) **खादीन और जोहड़** शुष्क और अर्द्ध-शुष्क क्षेत्रों में खेतों में वर्षा जल एकत्रित करने के लिए गड्ढे बनाए जाते हैं, जिससे मृदा को सिंचित किया जा सके और संरक्षित जल को खेती के लिए उपयोग में लाया जा सके; जैसे-राजस्थान के जैसलमेर में खादीन और अन्य क्षेत्रों में जोहड़ इसके उदाहरण हैं।

(ii) **छत वर्षा जल संग्रहण** इसका मुख्य रूप से प्रयोग राजस्थान के अर्द्ध-शुष्क और शुष्क क्षेत्रों विशेषकर बीकानेर, फलोदी, बाड़मेर और थार मरुस्थल के शहरों व गाँवों में किया गया।

टाँका छत वर्षा जल संग्रहण प्रणाली का हिस्सा थे। इसका आकार एक बड़े कमरे के जितना हो सकता है। टाँका घरों की ढाल वाली छतों से पाइप द्वारा जुड़े होते थे। छतों से वर्षा जल इन पाइपों से होकर भूमिगत टाँका तक पहुँचता था, जहाँ इसे एकत्रित किया जाता था। टाँका में वर्षा जल आने वाली वर्षा ऋतु तक संगृहीत किया जा सकता है। यह इसे जल की कमी वाली ग्रीष्म ऋतु तक पीने का जल उपलब्ध कराने वाला जल स्रोत बनाता है। वर्षा जल को 'पालर पानी' भी कहा जाता है।

आज पश्चिमी राजस्थान में इंदिरा गाँधी नहर से बारहमासी जल उपलब्ध होने के कारण छत वर्षा जल संग्रह विधि का प्रयोग कम हो गया है।

(iii) **बाँस ड्रिप सिंचाई प्रणाली** मेघालय में यह 200 वर्ष पुरानी विधि आज भी प्रचलित है। इस विधि में पहाड़ियों में धाराओं और झरनों के पानी को बाँस का पाइप के रूप में उपयोग करके कृषि क्षेत्रों में पहुँचाया जाता है। लगभग 18 से 20 लीटर सिंचाई पानी बाँस के पाइप में आ जाता है तथा उसे सैकड़ों मीटर की दूरी तक ले जाया जाता है। अंत में पानी का बहाव 20 से 80 बूँद प्रति मिनट तक कम करके पौधे पर छोड़ देते हैं।

(iv) **गुल या कुल** पहाड़ी और पर्वतीय क्षेत्रों में लोगों ने गुल अथवा कुल जैसी वाहिकाएँ नदी की धारा का मार्ग बदलकर खेतों में सिंचाई के लिए बनाई हैं। उदाहरण के लिए, पश्चिमी हिमालय; जैसे-हिमाचल प्रदेश में कृषि के लिए गुल अथवा कुल का बनाना।

6. "भारत में जल बहुत ही महत्त्वपूर्ण और संकटग्रस्त संसाधन है।" प्रत्येक के लिए किन्हीं तीन बिंदुओं की व्याख्या करते हुए इस कथन की पुष्टि कीजिए।

उत्तर भारत में जल बहुत ही महत्त्वपूर्ण संसाधन है, इसके लिए निम्न तर्क दिए जा सकते हैं

- भारत की विशाल जनसंख्या के लिए जल एक दैनिक उपयोग की सामग्री है।
- भारत एक कृषि प्रधान देश है, जहाँ सिंचाई के लिए जल का भारी पैमाने पर उपयोग होता है।
- नगरीकरण और औद्योगीकरण के दौर में विकास को गति प्रदान करने के लिए जल अपरिहार्य है।

जल एक संकटग्रस्त संसाधन है, इसके पक्ष में निम्न तर्क दिए जा सकते हैं

- जल विभिन्न घरेलू कार्यों एवं अनेक औद्योगिक कारणों से प्रदूषित होता जा रहा है, जिससे यह उपभोग के लिए सुरक्षित नहीं रहा है।
- जल के अतिदोहन एवं शोषण से जल की कमी हो गई है, जिससे नदियों में पानी सूख रहा है और भौम जल स्तर में गिरावट आ गई है।
- वर्षा की कमी के कारण जल पर संकट और अधिक गहराता जा रहा है।

C स्रोत आधारित प्रश्न

नीचे दिए गए स्रोतों का सावधानीपूर्वक अध्ययन कीजिए तथा पूछे गए प्रश्नों का उत्तर दीजिए।

1. 'कुल' (पश्चिमी हिमालय) जैसी वाहिकाएँ, नदी की धारा का रास्ता बदलकर खेतों में सिंचाई के लिए बनाई जाती हैं। पश्चिमी भारत, विशेषकर राजस्थान में पीने का जल एकत्रित करने के लिए 'छत वर्षा जल संग्रहण' का तरीका सामान्य था। पश्चिम बंगाल में बाढ़ के मैदान में लोग अपने खेतों की सिंचाई के लिए बाढ़ जल वाहिकाएँ बनाते थे। शुष्क और अर्द्ध-शुष्क क्षेत्रों में खेतों में वर्षा जल एकत्रित करने के लिए गड्ढे बनाए जाते थे, ताकि मृदा को सिंचित किया जा सके और संरक्षित जल को खेती के लिए उपयोग में लाया जा सके। राजस्थान के जिले जैसलमेर में 'खादीन' और अन्य क्षेत्रों में 'जोहड़' इसके उदाहरण हैं।

बहुत-से लोगों का मानना है कि बहुउद्देशीय परियोजनाओं के अलाभप्रद असर और उन पर उठे विवादों के चलते वर्षा जल संग्रहण तंत्र इनके सामाजिक, आर्थिक और पारिस्थितिक तौर पर व्यवहार्थ विकल्प हो सकते हैं। प्राचीन भारत में उत्कृष्ट जलीय निर्माणों के साथ-साथ जल संग्रहण ढाँचे भी पाए जाते थे। लोगों को वर्षा पद्धति और मृदा के गुणों के बारे में गहरा ज्ञान था।

उन्होंने स्थानीय पारिस्थितिकीय परिस्थितियों और उनकी जल आवश्यकतानुसार वर्षाजल, भौमजल, नदी जल और बाढ़ जल संग्रहण के अनेक तरीके विकसित कर लिए थे। पहाड़ी और पर्वतीय क्षेत्रों में लोगों ने 'गुल' अथवा कुल (प. हिमालय) जैसी वाहिकाएँ नदी की धारा का रास्ता बदलकर खेतों में सिंचाई के लिए बनाई हैं।

(i) पश्चिमी हिमालय में .... का प्रयोग सिंचाई जैसे कामों में किया जाता है। इसका निर्माण मुख्यत: नदियों की .... बदलकर किया जाता है।
(a) धारा, कुल
(b) दिशा, कुल
(c) कुल, धारा
(d) कुल, दिशा

उत्तर (c) कुल, धारा

(ii) भारत के पश्चिमी राज्य राजस्थान में वर्षा जल को छतों पर क्यों संग्रहित किया जाता था?
(a) वर्षा जल को संचित करने के लिए
(b) सिंचाई के लिए जल के संग्रहण के लिए
(c) अर्द्ध-शुष्क एवं शुष्क प्रदेशों में जल के अभाव के कारण
(d) उपरोक्त सभी

उत्तर (d) उपरोक्त सभी

(iii) खादीन और जोहड़ का उपयोग किस रूप में किया जाता है?
(a) मृदा अपरदन रोकने में
(b) संरक्षित जल संग्रहण में
(c) वनोन्मूलन रोकने में
(d) मरुस्थलीकरण प्रसार को रोकने में

उत्तर (b) संरक्षित जल संग्रहण में

(iv) बहुउद्देशीय परियोजनाओं के अलाभप्रद प्रभाव तथा उनके ऊपर उठे विवादों के कारण वर्षा जल संग्रहण किस रूप में बेहतर विकल्प हो सकते हैं?
(a) सामाजिक (b) आर्थिक
(c) परिस्थितिक (d) ये सभी

उत्तर (d) ये सभी

(v) गुल एवं कुल का निर्माण मुख्यत: पर्वतीय क्षेत्रों में किस प्रकार किया जाता है?
(a) पर्वतीय भागों को काटकर
(b) नदी की धारा को मोड़कर
(c) वनों को काटकर
(d) नदी को झीलों से जोड़कर

उत्तर (b) नदी की धारा को मोड़कर

(vi) **कथन** (A) प्राचीन भारत में लोगों ने स्थानीय पारिस्थितिकीय तथा आवश्यकतानुसार वर्षा जल, भौमजल, नदी जल और बाढ़ जल संग्रहण के अनेक तरीके विकसित किए थे।

कारण (R) लोगों को वर्षा पद्धति और मृदा के गुणों के बारे में गहरा ज्ञान था।

कूट
(a) A और R दोनों सही हैं तथा R, A की सही व्याख्या है
(b) A और R दोनों सही हैं, परंतु R, A की सही व्याख्या नहीं है
(c) A सही है, किंतु R गलत है
(d) A गलत है, किंतु R सही है

उत्तर (a) A और R दोनों सही हैं तथा R, A की सही व्याख्या है

2. स्वतंत्रता के बाद शुरू की गई समन्वित जल संसाधन प्रबंधन उपागम पर आधारित बहुउद्देशीय परियोजनाओं को उपनिवेशन काल में बनी बाधाओं को पार करते हुए देश को विकास और समृद्धि के रास्ते पर ले जाने वाले वाहन के रूप में देखा गया। जवाहरलाल नेहरू गर्व से बाँधों को 'आधुनिक भारत के मंदिर' कहा करते थे। उनका मानना था कि इन परियोजनाओं के चलते कृषि और ग्रामीण अर्थव्यवस्था, औद्योगीकरण और नगरीय अर्थव्यवस्था समन्वित रूप से विकास करेगी। पिछले कुछ वर्षों में बहुउद्देशीय परियोजनाएँ और बड़े बाँध कई कारणों से परिनिरीक्षण और विरोध के विषय बन गए हैं। नदियों पर बाँध बनाने और उनका बहाव नियंत्रित करने से उनका प्राकृतिक बहाव अवरुद्ध होता है, जिसके कारण तलछट बहाव कम हो जाता है और अत्यधिक तलछट जलाशय की तली पर जमा होता रहता है, जिससे नदी का तल अधिक चट्टानी हो जाता है और नदी जलीय जीव-आवासों में भोजन की कमी हो जाती है। बाँध नदियों को टुकड़ों में बाँट देते हैं, जिससे विशेषकर अंडे देने की ऋतु में जलीय जीवों का नदियों में स्थानांतरण अवरुद्ध हो जाता है। बाढ़ के मैदान में बनाए जाने वाले जलाशयों द्वारा वहाँ मौजूद वनस्पति और मिट्टियाँ जल में डूब जाती हैं, जो कालांतर में अपघटित हो जाती हैं।

(i) स्वतंत्रता के पश्चात् विकास प्रक्रिया को आगे बढ़ाने हेतु बहुउद्देशीय परियोजनाओं को किन आधारों पर स्थापित किया गया?
(a) समन्वित जल संसाधन प्रबंधन उपागम
(b) समन्वित जल प्रबंधन मॉडल
(c) वाटरशेड प्रबंधन उपागम
(d) समन्वित विकास एवं जल प्रबंधन उपागम

उत्तर (a) समन्वित जल संसाधन प्रबंधन उपागम

(ii) भारत के प्रथम प्रधानमंत्री पं. जवाहरलाल नेहरू ने बहुउद्देशीय योजनाओं को 'आधुनिक भारत का मंदिर' क्यों कहा?
(a) इन योजनाओं के समीप मंदिर का निर्माण किया गया था
(b) इन योजनाओं का संबंध आधुनिक विकास से था
(c) ये सभी योजनाएँ तीर्थ स्थल के समीप स्थापित की गई थी
(d) उपरोक्त सभी

उत्तर (b) इन योजनाओं का संबंध आधुनिक विकास से था

(iii) बाढ़ को नियंत्रित करने में बहुउद्देशीय योजनाएँ किस प्रकार प्रभावी भूमिका निभाती हैं?
(a) अनियंत्रित जल को इकट्ठा करके
(b) ये नदी के जलीय बहाव को नियंत्रित करती हैं
(c) जलीय बहाव को नियंत्रित करने से तटबंधों को मजबूती मिलती है
(d) उपरोक्त सभी

उत्तर (d) उपरोक्त सभी

(iv) मैदानी भागों में बाढ़ की स्थिति अधिक गंभीर हो जाती है, क्योंकि ....।

(a) नदियाँ अपने साथ लाए गए गाद को नदी तल में इकट्ठा करती हैं, इससे नदी का बहाव क्षेत्र चौड़ा हो जाता है

(b) मैदानी भागों में वनों का अभाव होता है, इससे नदियाँ तीव्र गति से प्रवाहित होने लगती हैं

(c) मैदानी भागों में प्रवाहित होने वाली नदियों की संख्या अधिक होती है

(d) उपरोक्त सभी

उत्तर (a) नदियाँ अपने साथ लाए गए गाद को नदी तल में इकट्ठा करती हैं, इससे नदी का बहाव क्षेत्र चौड़ा हो जाता है

(v) समन्वित जल संसाधन प्रबंधन उपागम पर आधारित बहुउद्देशीय परियोजना के संबंध में कौन-सा कथन सही है?

1. स्वतंत्रता के पश्चात् देश के विकास और समृद्धि के रास्ते पर ले जाने वाले वाहन के रूप में देखा गया।
2. यह कृषि और ग्रामीण अर्थव्यवस्था तथा औद्योगिकीकरण और नगरीय अर्थव्यवस्था के विकास में सहायक साबित हुई।
3. बहुउद्देशीय परियोजनाएँ तथा बड़े बाँध कई कारणों से परिनिरीक्षण तथा विरोध के विषय भी बन गए।

कूट

(a) केवल 3 (b) 1 और 2
(c) 2 और 3 (d) ये सभी

उत्तर (d) ये सभी

(vi) सुमेलित कीजिए

सूची I	सूची II
A. आधुनिक भारत का मंदिर	1. बाँध
B. बहुउद्देशीय परियोजना	2. आर्थिक विकास
C. नदियों का बहाव रोकना	3. जलीय जीवों के आवासों में कमी
D. बाढ़ का मैदान	4. मिट्टियों का अपघटन

कूट

	A	B	C	D		A	B	C	D
(a)	1	2	3	4	(b)	2	1	4	3
(c)	3	1	4	2	(d)	4	2	3	1

उत्तर (a) 1 2 3 4

3. स्रोत 'अ' बहुउद्देशीय परियोजनाएँ और पर्यावरणीय आंदोलन

बहुउद्देशीय परियोजनाएँ और बड़े बाँध नए पर्यावरणीय आंदोलनों; जैसे—'नर्मदा बचाओ आंदोलन' और 'टिहरी बाँध आंदोलन' के कारण भी बन गए हैं। इन परियोजनाओं का विरोध मुख्य रूप से स्थानीय समुदायों के वृहद् स्तर पर विस्थापन के कारण है। सामान्यतः स्थानीय लोगों को उनकी जमीन, आजीविका और संसाधनों से लगाव एवं नियंत्रण देश की बेहतरी के लिए गँवाना पड़ता है, इसलिए अगर स्थानीय लोगों को इन परियोजनाओं का लाभ नहीं मिल रहा है, तो किसको मिल रहा है?

स्रोत 'ब' फसल प्रारूप में बदलाव तथा समाज पर प्रभाव

सिंचाई ने कई क्षेत्रों में फसल प्रारूप परिवर्तित कर दिया है, जहाँ किसान जलगहन और वाणिज्य फसलों की ओर आकर्षित हो रहे हैं। इससे मृदाओं के लवणीकरण जैसे गंभीर पारिस्थितिकीय परिणाम हो सकते हैं। इसी दौरान इसने अमीर भूमि मालिकों और गरीब भूमिहीनों में सामाजिक दूरी बढ़ाकर सामाजिक परिदृश्य बदल दिया है। जैसा कि हम देख सकते हैं कि बाँध उसी जल के अलग-अलग उपयोग और लाभ चाहने वाले लोगों के बीच संघर्ष पैदा करते हैं।

स्रोत 'स' बहुउद्देशीय परियोजनाएँ तथा अंतर्राज्यीय विवाद

बहुउद्देशीय परियोजनाओं के लागत और लाभ के बँटवारे को लेकर अंतर्राज्यीय विवाद आम होते जा रहे हैं। इस संबंध में कृष्णा-गोदावरी विवाद को देखा जा सकता है। देश में कई अंतर्राज्यीय जल विवादों को देखा जा सकता है।

स्रोत 'अ' बहुउद्देशीय परियोजनाएँ और पर्यावरणीय आंदोलन

(i) बहुउद्देशीय परियोजनाएँ और बड़े बाँधों का विरोध स्थानीय समुदायों द्वारा क्यों किया जाता रहा है?

उत्तर बहुउद्देशीय परियोजनाओं तथा बड़े बाँधों के विरोध में कुछ पर्यावरणीय आंदोलन हुए। इसका मुख्य कारण स्थानीय समुदायों का बड़े स्तर पर विस्थापन का होना माना जाता है। इस संबंध में हुए प्रमुख आंदोलन 'नर्मदा बचाओ' आंदोलन और 'टिहरी बाँध' आंदोलन हैं। इनके निर्माण से स्थानीय लोगों को जमीन, आजीविका के संसाधन आदि से वंचित होना पड़ता है। सरकार द्वारा दी जाने वाली क्षतिपूर्ति भी समय पर लोगों को नहीं मिलती है। अतः ऐसी परियोजनाओं के विरोध में आंदोलन किए जाते हैं।

स्रोत 'ब' फसल प्रारूप में बदलाव तथा समाज पर प्रभाव

(ii) सिंचाई के कारण कई क्षेत्रों के फसल प्रारूप में बदलाव आया है, जिसका समाज में क्या प्रभाव पड़ा है?

उत्तर सिंचाई के कारण कुछ क्षेत्रों के फसल प्रारूप में बदलाव आया है जिसके कारण किसान वाणिज्य फसलों के उत्पादन की ओर आकर्षित हुए हैं। इसके प्रभावस्वरूप मृदा के लवणीकरण जैसे गंभीर पारिस्थितिकीय परिणाम उत्पन्न हुए हैं। इसका प्रभाव समाज पर भी पड़ा है।

स्रोत 'स' बहुउद्देशीय परियोजनाएँ तथा अंतर्राज्यीय विवाद

(iii) बहुउद्देशीय परियोजनाओं से उत्पन्न अंतर्राज्यीय विवादों को उदाहरणस्वरूप स्पष्ट करें।

उत्तर बहुउद्देशीय परियोजनाओं के लागत और लाभ के बँटवारे को लेकर अंतर्राज्यीय विवादों का उत्पन्न होना सामान्य बात है। उदाहरणस्वरूप, कृष्णा-गोदावरी विवाद। महाराष्ट्र सरकार द्वारा कोयना नदी पर जलविद्युत परियोजना के लिए बाँध बनाकर जल की दिशा परिवर्तन कर दिया। इस पर आंध्र प्रदेश तथा कर्नाटक सरकार द्वारा आपत्ति जताई गई, जिससे विवाद शुरू हो गया। वर्तमान में ऐसे कई विवादों को देखा जा सकता है।

मानचित्र आधारित प्रश्न

1. दिए मानचित्र पर निम्न बाँधों को चिह्नित कीजिए
(i) हीराकुड बाँध (ii) तुंगभद्रा बाँध
(iii) भाखड़ा-नाँगल बाँध (iv) सलाल बाँध
(v) टिहरी बाँध

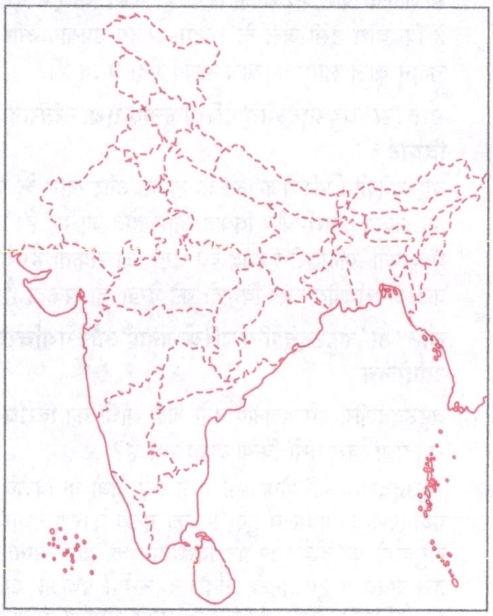

उत्तर

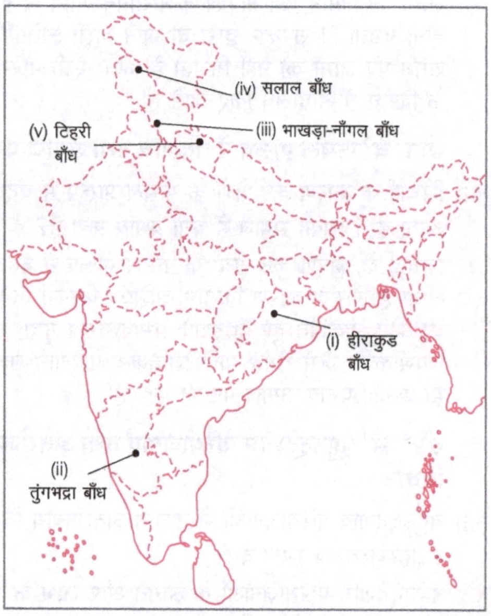

2. दिए गए मानचित्र पर निम्न को चिह्नित कीजिए
(i) राणा प्रताप सागर
(ii) नागार्जुन सागर
(iii) सरदार सरोवर

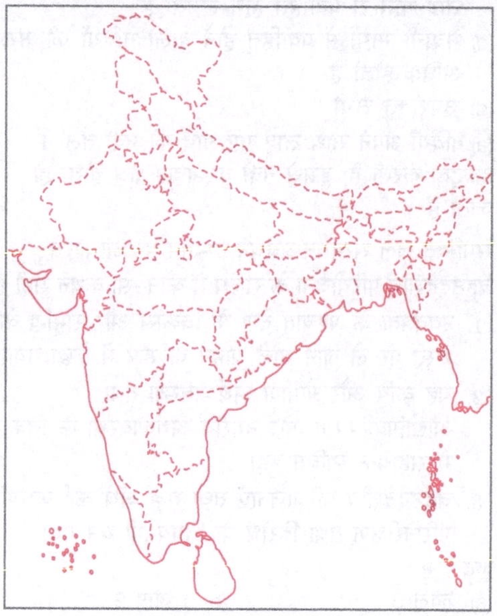

उत्तर

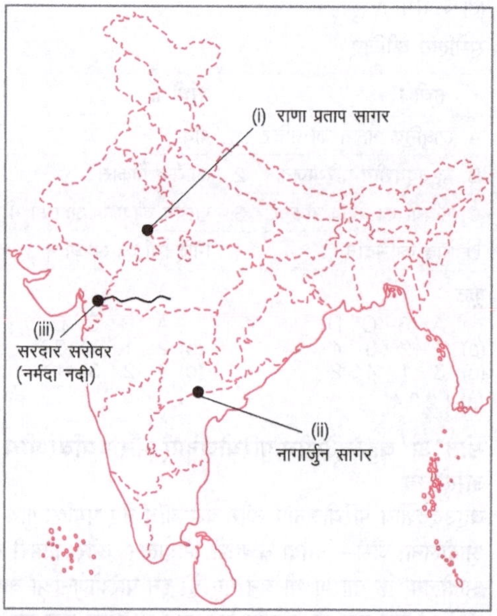

स्वयं को जाँचें

वस्तुनिष्ठ प्रश्न

1. उत्कृष्ट सिंचाई तंत्र के साक्ष्य प्राप्त हुए

(a) कलिंग
(b) बेन्नूर
(c) कोल्हापुर
(d) ये सभी

2. बहुउद्देशीय परियोजना का प्रभाव एवं सीमा है

(a) समाज पर प्रभाव
(b) जलीय जीव पर प्रभाव
(c) मृदा की उर्वरता पर प्रभाव
(d) ये सभी

3. निम्न में से सही कथन है

(a) जल संचय वर्षा जल की प्रत्यक्ष संग्रह गतिविधि है
(b) संप एक अवसाद है, जिसमें तरल का बिखराव होता है
(c) तटबंध बाँध एक छोटा बाँध है
(d) उपरोक्त सभी

4. निम्न कथनों पर विचार कीजिए

1. जलाभाव का मुख्य कारण केवल वार्षिक वर्षा में अंतर पाया जाता है।
2. घरेलू कार्यों में जल का सबसे कम उपयोग होता है।
3. जल संसाधन का उपयोग ऊर्जा तथा सिंचाई दोनों में होता है।

उपरोक्त में से कौन-सा कथन सही है?

कूट

(a) केवल 3
(b) 2 और 3
(c) 1 और 2
(d) ये सभी

अतिलघु उत्तरीय प्रश्न

5. भारत को विश्व वृष्टि का कितना भाग प्राप्त है?

6. धरातल का लगभग कितना भाग जल से ढका है?

7. बहुउद्देशीय परियोजना क्या है?

8. नर्मदा नदी पर निर्मित बाँध का नाम बताइए।

9. खादीन और जोहड़ क्या है?

लघु उत्तरीय प्रश्न

10. वर्ष जल संग्रहण के किन्हीं दो उद्देश्यों का वर्णन कीजिए।

11. जल संसाधनों के संरक्षण की आवश्यकता क्यों है?

12. सामाजिक आंदोलन बहुउद्देशीय परियोजनाओं का विरोध क्यों कर रहे हैं?

दीर्घ उत्तरीय प्रश्न

13. वर्षा जल संग्रहण से क्या अभिप्राय है? इसके लाभों का विस्तृत वर्णन कीजिए।

14. बहुउद्देशीय परियोजनाओं के विपक्ष में तर्क दीजिए।

अध्याय
04

कृषि

कृषि एक **प्राथमिक क्रिया** (Primary Activity) है। भारत की लगभग दो-तिहाई जनसंख्या कृषि कार्यों में संलग्न है। कृषि हमें खाद्यान्न उत्पादन के साथ-साथ विभिन्न उद्योगों के लिए कच्चा माल (Raw Material) भी प्रदान करती है। इसके अतिरिक्त कुछ उत्पादों; जैसे—चाय, कॉफी, मसाले इत्यादि का निर्यात (Export) भी किया जाता है।

अध्याय एक नजर में

- *कृषि के प्रकार*
- *शस्य प्रारूप*
- *मुख्य फसलें*
- *प्रौद्योगिकीय और संस्थागत सुधार*

कृषि के प्रकार

भौतिक वातावरण; जैसे—वर्षा पद्धति (Rainfall Pattern), भूमि उत्पादकता (Land Productivity), तकनीकी उन्नति (Technological Advancement), सामाजिक और सांस्कृतिक प्रथाओं (Socio-Cultural Practices) के आधार पर भारत में विभिन्न प्रकार की कृषि पद्धतियाँ पाई जाती हैं। इनका वर्णन इस प्रकार है

प्रारंभिक जीविका निर्वाह कृषि

प्रारंभिक जीविका निर्वाह कृषि (Primitive Subsistence Farming) छोटे किसानों मुख्यत: आदिवासी द्वारा भूमि के छोटे टुकड़े पर आदिम उपकरणों (Primitive Tools); जैसे—लकड़ी के हल, डाओ (Dao), खुदाई करने वाली छड़ी (Digging Sticks) तथा परिवार अथवा समुदाय श्रम की सहायता से की जाती है।

इस प्रकार की कृषि प्राय: मानसून, मृदा की प्राकृतिक उर्वरता (Natural Fertility of Soil) और फसल उगाने के लिए पर्यावरणीय परिस्थितियों की उपयुक्तता पर निर्भर करती है। इस कृषि को **कर्तन दहन प्रणाली कृषि** (Slash and Burn Agriculture) भी कहा जाता है।

इस कृषि के अंतर्गत आदिवासी या किसान जंगल की भूमि का एक टुकड़ा जलाकर कृषि के लिए साफ कर देते हैं। जब मृदा की उर्वरता कम हो जाती है, तो किसान उस भाग को कुछ वर्षों के लिए खाली छोड़ देते हैं और कृषि के लिए भूमि का दूसरा टुकड़ा साफ करते हैं। इस प्रक्रिया से प्राकृतिक प्रक्रियाओं द्वारा मिट्टी की उर्वरा शक्ति बढ़ जाती है।

इस प्रकार की कृषि में किसान उर्वरक अथवा अन्य आधुनिक तकनीकों का प्रयोग नहीं करते हैं, इसलिए उत्पादकता कम होती है। भारत और विश्व के विभिन्न भागों में इस कृषि को विभिन्न नामों से जाना जाता है।

भारत में प्रारंभिक जीविका निर्वाह कृषि के अन्य नाम

नाम	राज्य/क्षेत्र	देश
डिम्पा	छत्तीसगढ़ का बस्तर जिला तथा अंडमान और निकोबार द्वीप समूह	भारत
पामलू	मणिपुर	भारत
झूम	उत्तर पश्चिमी राज्य (असम, मेघालय, मिजोरम और नागालैंड)	भारत
बेवर या दहिया	मध्य प्रदेश	भारत
पोडु या पेंडा	आंध्र प्रदेश	भारत
पामाडाबी या कोमान या बरीगाँ	उड़ीसा	भारत
कुमारी	पश्चिमी घाट	भारत
वलारे या वाल्टरे	दक्षिण-पूर्वी राजस्थान	भारत
खिल	हिमालय पर्वत श्रृंखला	भारत
कुरुवा	झारखंड	भारत

विभिन्न देशों में प्रारंभिक जीविका निर्वाह कृषि के अन्य नाम

नाम	देश
मिल्पा	मैक्सिको और मध्य अमेरिका
कोनुको	वेनेजुएला
रोका	ब्राजील
मसोले	मध्य अफ्रीका
लदांग	इंडोनेशिया
रे	वियतनाम

गहन जीविका कृषि

गहन जीविका कृषि (Intensive Subsistence Farming) उन क्षेत्रों में की जाती है, जहाँ पर जनसंख्या का भूमि पर अत्यधिक दबाव होता है। यह श्रम प्रधान (Labour Extensive) कृषि है। इसमें अधिक उत्पादन के लिए अत्यधिक मात्रा में जैव-रसायनों (Biochemical) एवं सिंचाई (Irrigation) का प्रयोग होता है।

वाणिज्यिक कृषि

कृषि से अच्छी आय प्राप्त करने के लिए आधुनिक तकनीकों का बड़े पैमाने पर उपयोग करना वाणिज्यिक कृषि (Commercial Farming) कहलाता है। इस प्रकार की कृषि के मुख्य लक्षण आधुनिक निवेशों; जैसे—अधिक पैदावार देने वाले बीजों (High Yielding Variety, HYV), रासायनिक उर्वरकों और कीटनाशकों के प्रयोग से विस्तृत भूमि पर उच्च पैदावार प्राप्त करना है। कृषि का वाणिज्यीकरण एक स्थान से दूसरे स्थान पर सिंचाई सुविधा और जलवायु आदि के आधार पर भिन्न होता है। उदाहरण के लिए, हरियाणा और पंजाब में चावल वाणिज्यिक फसल है, परंतु ओडिशा में यह एक जीविका फसल है।

रोपण कृषि : वाणिज्यिक कृषि का एक प्रकार

- रोपण कृषि (Planting Agriculture) विभिन्न कृषि आधारित उद्योगों के लिए कच्चे माल का उत्पादन करती है। इस प्रकार की खेती में केवल एक ही फसल को बड़े पैमाने पर उगाया जाता है। इस प्रकार की खेती में अत्यधिक पूँजी और आधुनिक मशीनों का उपयोग किया जाता है; जैसे—ट्रैक्टर आदि।
- रोपण कृषि की प्रक्रिया को बढ़ाने के लिए परिवहन, संचार साधन और उचित बाजार की आवश्यकता होती है। रोपण कृषि के लिए बड़ी संख्या में मजदूरों की आवश्यकता होती है, जो विभिन्न क्षेत्रों से काम करने के लिए आते हैं। असम और उत्तरी बंगाल में चाय तथा कर्नाटक में कॉफी वहाँ की मुख्य रोपण फसलें हैं। कुछ अन्य फसलें रबड़, केला, गन्ना आदि हैं। रोपण कृषि में उत्पादन बिक्री के लिए होता है।

चेक प्वॉइंट 01

1. *भारत की कितनी जनसंख्या कृषि कार्यों में संलग्न है?*
2. *कर्तन दहन प्रणाली क्या है?*
3. *भारत में गहन जीविका कृषि कहाँ की जाती है?*
4. *मध्य प्रदेश में झूम कृषि का अन्य नाम ………… है।*

शस्य प्रारूप

शस्य प्रारूप (Cropping Pattern) पर्यावरणीय अंतर (जैसे—जलवायु, स्थलाकृति, मृदा के प्रकार आदि) को संदर्भित करता है, जो भारत में विभिन्न फसल के मौसमों को उत्पन्न करता है। फसलों को एक प्रारूप के अनुसार उगाया जाता है, जो किसी क्षेत्र के वातावरण के अनुकूल होता है।

भारत में फसल ऋतु

भारत में तीन शस्य ऋतुएँ (Cropping Seasons) हैं—रबी (Rabi), खरीफ (Kharif) और जायद (Zaid)।

रबी फसल

रबी फसलों को शीत ऋतु में अक्टूबर से दिसंबर के मध्य बोया जाता है और ग्रीष्म ऋतु में अप्रैल से जून के मध्य काटा जाता है। गेहूँ, जौ, मटर, चना और सरसों कुछ प्रमुख रबी फसलें हैं। पंजाब, हरियाणा, हिमाचल प्रदेश, उत्तर प्रदेश, जम्मू-कश्मीर और उत्तराखंड में रबी फसलों को उगाया जाता है। शीत ऋतु में शीतोष्ण पश्चिमी विक्षोभों (Western Temperate Cyclones) से होने वाली वर्षा इन फसलों के अधिक उत्पादन में सहायक होती है।

हरित क्रांति (Green Revolution) के कारण पंजाब, हरियाणा, पश्चिमी उत्तर प्रदेश और राजस्थान के कुछ भागों में गेहूँ के उत्पादन में वृद्धि हुई है।

खरीफ फसल

खरीफ फसलें मानसून के आगमन (मई-जुलाई) के साथ बोई जाती हैं और सितंबर-अक्टूबर में काट ली जाती हैं। इस ऋतु में बोई जाने वाली मुख्य फसलें चावल, मक्का, ज्वार, बाजरा, तुर (अरहर), मूँग, उड़द, कपास, जूट, मूँगफली और सोयाबीन हैं।

चावल की खेती मुख्यत: पश्चिम बंगाल, ओडिशा, असम, बिहार, उत्तर प्रदेश, आंध्र प्रदेश, केरल, तमिलनाडु, महाराष्ट्र (कोंकण तटीय क्षेत्र), पंजाब और हरियाणा के भागों में की जाती है। पश्चिम बंगाल, ओडिशा और असम की अच्छे सिंचित क्षेत्रों में धान की तीन फसलें *ऑस, अमन* और *बोरो* उगाई जाती हैं।

जायद फसल

रबी और खरीफ के मध्य ग्रीष्म ऋतु (मार्च-जून) में बोई जाने वाली फसल को जायद कहा जाता है। इस ऋतु की मुख्य फसलें खीरे, खरबूजे, तरबूज, सब्जियाँ और चारा फसलें हैं।

मुख्य फसलें

मिट्टी, जलवायु और कृषि पद्धति में अंतर के कारण देश के विभिन्न क्षेत्रों में अनेक प्रकार की खाद्य और अखाद्य फसलें उगाई जाती हैं। भारत में उगाई जाने वाली कुछ मुख्य फसलें निम्न हैं

अनाज और दलहन फसलें

भारत में उगाई जाने वाली मुख्य अनाज और दलहन फसलें (Grains and Leguminous Crops) चावल, गेहूँ, मोटे अनाज, चाय, कॉफी, गन्ना व तिलहन हैं। दालें दलहन फसलों के अंतर्गत आती हैं।

चावल

भारत के अधिकांश लोगों का खाद्यान्न चावल है। चावल खरीफ की फसल है, जिसे उगाने के लिए उच्च तापमान (25° सेग्रे से ऊपर) तथा अधिक आर्द्रता की आवश्यकता होती है। इसे अधिक वर्षा (100 सेमी से अधिक वर्षा) वाले क्षेत्रों में उगाया जाता है। कम वर्षा वाले क्षेत्रों—पंजाब, हरियाणा, पश्चिमी उत्तर प्रदेश एवं राजस्थान के कुछ भागों में इसे नहरों और नलकूपों द्वारा सिंचाई करके उगाया जाता है।

गेहूँ

गेहूँ (Wheat) भारत की दूसरी सबसे महत्त्वपूर्ण खाद्य फसल है। यह मुख्य रूप से देश के उत्तर और उत्तर-पश्चिमी भागों में उत्पन्न की जाती है। गेहूँ को उगाने के समय शीत ऋतु तथा पकने के समय धूप एवं समान रूप से वितरित 50-75 सेमी वर्षा की आवश्यकता होती है।

उत्तर-पश्चिम में गंगा-सतलुज का मैदान और दक्कन का काली मिट्टी वाला प्रदेश गेहूँ उगाने वाले दो मुख्य क्षेत्र हैं।

मोटे अनाज

ज्वार, बाजरा और रागी भारत में उगाए जाने वाले मुख्य मोटे अनाज (Millets) हैं। इनमें पोषक तत्त्वों (Nutritional Value) की मात्रा अधिक होती है।

ज्वार/सोरगम इसमें प्रचुर मात्रा में पोटैशियम, फॉस्फोरस, कैल्शियम तथा सोडियम और लौह कम मात्रा में पाया जाता है। क्षेत्रफल और उत्पादन की दृष्टि से ज्वार देश की तीसरी महत्त्वपूर्ण खाद्यान्न फसल है। यह फसल वर्षा पर निर्भर होती है। अधिकांश आर्द्र क्षेत्रों में उगाए जाने के कारण इसके लिए सिंचाई की आवश्यकता नहीं होती है।

बाजरा यह बलुआ और उथली काली मिट्टी पर उगाया जाता है। यह राजस्थान, गुजरात, हरियाणा, महाराष्ट्र और उत्तर प्रदेश में मुख्य रूप से उगाया जाता है। इसमें लोहा, मैग्नीशियम, ताँबा, जस्ता, कैल्शियम एवं विटामिन अधिक मात्रा में पाया जाता है।

रागी यह लाल, काली, बलुआ, दोमट और उथली काली मिट्टी पर अच्छी तरह से उगाई जाती है। **कर्नाटक** रागी का सबसे बड़ा उत्पादक राज्य है। इसके बाद क्रमश: तमिलनाडु, हिमाचल प्रदेश, उत्तराखंड, सिक्किम, झारखंड और अरुणाचल प्रदेश इसके उत्पादक राज्य हैं।

रागी में प्रचुर मात्रा में लोहा, कैल्शियम, सूक्ष्म पोषक पाए जाते हैं। इसमें भूसी (Roughage) भी काफी मात्रा में पाई जाती है।

मक्का

इसका उपयोग खाद्यान्न एवं चारा दोनों रूप में होता है। यह एक खरीफ फसल है (बिहार जैसे कुछ राज्यों में मक्का रबी की ऋतु में भी) जिसे पुरानी जलोढ़ मृदा में अच्छी तरह से उगाया जाता है। इसके उत्पादन के लिए 21-27° सेग्रे तापमान की आवश्यकता होती है। उन्नत किस्म के बीजों, उर्वरकों और सिंचाई के प्रयोग से इसके उत्पादन में अधिक वृद्धि हुई है। कर्नाटक, उत्तर प्रदेश, बिहार, आंध्र प्रदेश एवं तेलंगाना मक्का के मुख्य उत्पादक राज्य हैं।

दालें

भारत, विश्व में दालों का सबसे बड़ा उपभोक्ता एवं उत्पादक देश है। दालें शाकाहारी भोजन में सर्वाधिक प्रोटीनदायक हैं। दालों के लिए कम नमी की आवश्यकता होती है, इसलिए इन्हें शुष्क परिस्थितियों (Dry Conditions) में भी उगाया जाता है।

अरहर को छोड़कर अन्य सभी दालें वायु से नाइट्रोजन लेकर भूमि की उर्वरता को बनाए रखती हैं और शस्यावर्तन (Crop Rotation) में मुख्य भूमिका निभाती हैं। इन्हें सामान्यत: अन्य फसलों के आवर्तन (Rotating) में बोया जाता है। तुर (अरहर), उड़द, मूँग, मसूर, मटर और चना मुख्य दलहन फसलें हैं। भारत में मध्य प्रदेश, राजस्थान, महाराष्ट्र, उत्तर प्रदेश एवं कर्नाटक दाल के मुख्य उत्पादक राज्य हैं।

चेक प्वॉइंट 02

1. *भारत के अधिकांश लोगों का खाद्यान्न क्या है?*
2. *गेहूँ के लिए कितनी वर्षा की आवश्यकता है?*
3. *क्षेत्रफल और उत्पादन की दृष्टि से देश की तीसरी खाद्यान्न फसल कौन-सी है?*
4. *किस फसल का उपयोग खाद्यान्न एवं चारा दोनों रूपों में होता है?*
5. *मूँग कौन-सी फसल है?*

खाद्यान्नों के अतिरिक्त अन्य खाद्य फसलें

गन्ना

गन्ना एक उष्ण (Tropical) और उपोष्ण कटिबंधीय (Sub-Tropical) फसल है। यह उष्ण और आर्द्र जलवायु में बोया जाता है। इसके उत्पादन के लिए 21°-27° सेंग्रे तापमान और 75-100 सेमी वार्षिक वर्षा की जरूरत होती है। कम वर्षा वाले क्षेत्रों में सिंचाई की आवश्यकता होती है। इसे अनेक प्रकार की मिट्टियों में उगाया जा सकता है। इसमें बुआई से लेकर कटाई तक काफी शारीरिक श्रम की आवश्यकता होती है। यह चीनी, गुड़, खांडसारी और **शीरा** (Molasses) बनाने के लिए कच्चा माल के रूप में प्रयोग होता है। उत्तर प्रदेश, महाराष्ट्र, पंजाब, हरियाणा गन्ने के मुख्य उत्पादक राज्य हैं।

तिलहन

भारत के कुल बोये गए क्षेत्र के 12% भू-भाग पर तिलहन फसलें उगाई जाती हैं। मूँगफली, सरसों, नारियल, तिल, सोयाबीन, अलसी, अरंडी, बिनौला और सूरजमुखी प्रमुख तिलहन फसलें हैं।

अधिकतर तिलहन फसलें खाद्य हैं, जिनका खाना बनाने में उपयोग किया जाता है, परंतु कुछ तेल के बीजों को साबुन, शृंगार के सामान (Cosmetics) और उबटन उद्योग में कच्चे माल के रूप में भी उपयोग किया जाता है।

मूँगफली खरीफ की फसल है तथा सभी तिलहन फसलों में प्रमुख है, क्योंकि देश में मुख्य तिलहनों के कुल उत्पादन का आधा भाग इसी से प्राप्त होता है। वर्ष 2019-20 के आँकड़ों के आधार पर राजस्थान मूँगफली का सबसे बड़ा उत्पादक राज्य है। इसके पश्चात् गुजरात, राजस्थान, महाराष्ट्र, आंध्रप्रदेश, कर्नाटक, तमिलनाडु मुख्य उत्पादक राज्य हैं। वर्ष 2015 में भारत विश्व में चीन के बाद दूसरा तिलहन उत्पादक दिया था। अलसी (Linseed) और सरसों (Mustard) रबी की तथा तिल (Sesamum Seeds) उत्तरी भारत में खरीफ और दक्षिणी भारत में रबी की फसल है। अरंडी (Castor) रबी और खरीफ दोनों ही ऋतुओं में उगाया जाता है।

चाय

चाय एक रोपण फसल और एक **महत्त्वपूर्ण पेय पदार्थ** है। इसकी शुरुआत भारत में अंग्रेजों ने की थी। चाय का पौधा उष्ण (Tropic) और उपोष्ण कटिबंधीय (Sub-Tropical) जलवायु (कोष्ण, नम और पाला रहित) प्रदेशों में उगाया जाता है। इसके लिए **ह्यूमस** (Humus) और जीवाश्म युक्त गहरी मिट्टी और सुगम जल निकास वाला ढलवा क्षेत्र उपयुक्त होता है। संपूर्ण वर्ष समान रूप से होने वाली वर्षा की बौछारें चाय की कोमल पत्तियों के विकास में सहायक होती हैं। चाय एक श्रम प्रधान (Labour-intensive) कृषि है। इसके लिए प्रचुर मात्रा में सस्ते और कुशल श्रम की आवश्यकता होती है।

चाय की ताजगी बनाए रखने के लिए उसकी पत्तियों को बागान में ही संसाधित किया जाता है। भारत में चाय के मुख्य उत्पादक क्षेत्रों में असम, पश्चिम बंगाल (दार्जिलिंग), तमिलनाडु एवं केरल प्रमुख हैं।

कॉफी

भारतीय कॉफी अपनी गुणवत्ता के लिए प्रसिद्ध है। भारत में अरेबिका (Arabica) किस्म की कॉफी उत्पादित होती है, कॉफी की यह किस्म भारत में यमन से लाई गई थी। विश्व में इस कॉफी की अधिक माँग है। कॉफी कृषि की शुरुआत बाबा बूदन पहाड़ियों से हुई।

बागवानी फसलें

बागवानी फसल (Horticulture Crop) के अंतर्गत फलों एवं सब्जियों दोनों की खेती की जाती है। भारत का मटर, फूलगोभी, प्याज, बंदगोभी, टमाटर, बैंगन और आलू उत्पादन में प्रमुख स्थान है।

सब्जियों को बढ़ने के लिए कम समय की आवश्यकता होती है इसलिए इन्हें जायद, रबी या खरीफ के मौसम में उगाए जाने वाले अनाजों के साथ भी उगाया जा सकता है।

बहुत से फल रोपण कृषि से संबंधित हैं। भारत उष्ण और शीतोष्ण कटिबंधीय दोनों ही प्रकार के फलों का उत्पादन करता है, जिनका विवरण निम्न है

• **आम**	उत्तर प्रदेश, महाराष्ट्र, तेलंगाना, आंध्र प्रदेश और पश्चिम बंगाल
• **संतरा**	नागपुर और चेरापूँजी (मेघालय)
• **केला**	केरल, मिजोरम, महाराष्ट्र और तमिलनाडु
• **अनन्नास**	मेघालय
• **अंगूर**	महाराष्ट्र, तेलंगाना और आंध्र प्रदेश
• **लीची**	उत्तर प्रदेश और बिहार
• **सेब, नाशपाती, खूबानी व अखरोट**	हिमाचल प्रदेश और जम्मू-कश्मीर

अखाद्य फसलें

रबड़

रबड़ **भूमध्यरेखीय क्षेत्र** (Equatorial Area Crop) की फसल है, परंतु विशेष परिस्थितियों में यह उष्ण और उपोष्ण क्षेत्रों में भी उगाई जाती है। इसकी कृषि के लिए 200 सेमी से अधिक वर्षा और 25° सेंग्रे से अधिक तापमान वाली नम और आर्द्र जलवायु की आवश्यकता होती है। रबड़, उद्योगों के लिए एक महत्त्वपूर्ण कच्चा माल है।

रेशेदार फसलें

भारत में उगाई जाने वाली चार मुख्य रेशेदार फसलें (Fibre Crops) **कपास, जूट, सन** और **प्राकृतिक रेशम** हैं। इसमें प्रथम तीन फसलें कपास, जूट और सन मिट्टी में उगाने से प्राप्त होती हैं, जबकि प्राकृतिक रेशम, रेशम के कीड़े, कोकून से प्राप्त होती है।

रेशम उत्पादन के लिए रेशम के कीड़ों का पालन किया जाता है, जिसे **रेशम उत्पादन** (Sericulture) कहा जाता है।

कपास

भारत को कपास के पौधे का मूल स्थान माना जाता है। सूती कपड़ा उद्योगों में कपास एक मुख्य कच्चा माल है। दक्कन पठार के शुष्कतर भागों में काली मिट्टी को कपास के उत्पादन के लिए उपयोगी माना जाता है। इस फसल को उगाने में उच्च तापमान, हल्की वर्षा, 210 पाला रहित दिन और खिली धूप की आवश्यकता होती है। यह खरीफ की फसल है, जिसे पककर तैयार होने में 6 से 8 महीने लगते हैं।

जूट

जूट (Jute) को **सुनहरा रेशा** (Golden Fibre) कहा जाता है। इसकी फसल बाढ़ के मैदानों में जल निकास वाली उर्वरक मिट्टी में उगाई जाती है, जहाँ प्रत्येक वर्ष बाढ़ के द्वारा लाई गई नई मिट्टी जमा होती रहती है। इसके बढ़ने के समय उच्च तापमान की आवश्यकता होती है। इसका प्रयोग बोरियाँ, चटाई, रस्सी, तंतु व धागे, गलीचे और दूसरी दस्तकारी वस्तुएँ बनाने में किया जाता है। जूट के उत्पादन की उच्च लागत के कारण और कृत्रिम रेशों एवं पैकिंग सामग्री विशेष रूप से नायलॉन की कम कीमत होने के कारण जूट की माँग में कमी आई है।

प्रौद्योगिकीय और संस्थागत सुधार

यह कृषि उत्पादकता बढ़ाने के लिए तकनीकी और संस्थागत परिवर्तनों को दर्शाता है।

प्रौद्योगिकीय सुधार

भारत सरकार ने 1960-70 के दशक में कृषि क्षेत्र में सुधार के लिए **हरित** एवं **श्वेत क्रांति** (ऑपरेशन फ्लड) शुरू की।

संस्थागत सुधार

भारत में प्रथम पंचवर्षीय योजना में प्रमुख संस्थागत सुधार पेश किए गए थे। संस्थागत सुधारों में **सामूहिकता** (Collectivisation), **भूमि का एकत्रीकरण** (चकबंदी, Consolidation of Land Holdings), **सहकारी समितियों का विकास** (Development of Cooperative Societies), **जमींदारी का उन्मूलन** आदि शामिल हैं।

भूमि पर पुश्तैनी अधिकार के कारण यह अनेक टुकड़ों में बँटती जा रही थी, जिससे उत्पादकता में कमी हो रही थी। इसलिए भूमि सुधार पर मुख्य रूप से ध्यान केंद्रित किया गया।

भूमि विकास कार्यक्रम

1980-90 के दशक में व्यापक भूमि विकास कार्यक्रम (Land Development Programme, LDP) शुरू किया गया, जो संस्थागत और तकनीकी सुधारों पर आधारित था।

अन्य सुधार

किसानों के लिए लाभदायक योजना निम्न प्रकार हैं

- सरकार ने किसानों के लिए **किसान क्रेडिट कार्ड** (Kisan Credit Card, KCC) एवं **व्यक्तिगत दुर्घटना बीमा योजना** (Personal Accident Insurance Scheme, PAIS) जैसे कार्यक्रम शुरू किए। छोटे किसान KCC द्वारा सस्ती दरों पर ऋण प्राप्त कर सकते हैं।
- साथ ही आकाशवाणी एवं दूरदर्शन पर किसानों के लिए मौसम की जानकारी से संबंधित समाचार और कृषि कार्यक्रम प्रसारित किए जाते हैं।
- इसके अतिरिक्त किसानों को दलालों एवं बिचौलियों के शोषण से बचाने के लिए **न्यूनतम सहायता मूल्य** (Minimum Support Price) एवं कुछ महत्त्वपूर्ण फसलों के लिए खरीद मूल्यों की घोषणा करती है।
- इस दिशा में किए गए कुछ महत्त्वपूर्ण कार्यों में सूखा, बाढ़, चक्रवात तथा बीमारी के लिए फसल बीमा के प्रावधान और किसानों को कम दर पर ऋण सुविधाएँ प्रदान करने के लिए ग्रामीण बैंकों, सहकारी समितियों और बैंकों की स्थापना सम्मिलित थे।

भू-दान-ग्रामदान

गाँधीजी की **ग्राम स्वराज** अवधारणा में गहरी आस्था थी। गाँधीजी की शहादत के बाद उनके संदेश को लोगों तक पहुँचाने के लिए **विनोबा भावे** ने लगभग पूरे देश की पदयात्रा की।

इन्होंने सरकार से कुछ भूमिहीन गरीब ग्रामीणों के आर्थिक पोषण के लिए भूमि माँगी। श्री रामचंद्र रेड्डी ने 80 भूमिहीन ग्रामीणों को 80 एकड़ भूमि बाँटने की घोषणा की, जिसे **भू-दान** के नाम से जाना गया।

कुछ जमींदारों ने, जो अनेक गाँवों के मालिक थे, भूमिहीनों को पूरा गाँव देने की भी घोषणा की। इसे **ग्रामदान** कहा गया, परंतु कुछ जमींदारों ने तो **भूमि सीमा कानून** से बचने के लिए अपनी भूमि का एक हिस्सा दान किया था। विनोबा भावे द्वारा शुरू किए गए इस भू-दान-ग्रामदान आंदोलन को **रक्तहीन क्रांति** का भी नाम दिया गया।

चेक प्वॉइंट 03

1. *गन्ने से कौन-से खाद्य पदार्थ बनाए जाते हैं?*
2. *भारत के कितने प्रतिशत भाग पर तिलहन का उत्पादन होता है?*
3. *सुनहरा रेशा किसे कहा जाता है?*
4. *व्यापक भूमि विकास कार्यक्रम कब शुरू किया गया?*

इन्हें भी जानें

- ***कर्तन दहन कृषि** (Slash and Burn)* यह ऐसी कृषि प्रणाली है, जिसमें किसान जमीन के टुकड़े साफ करके उन पर अपने परिवार के भरण-पोषण के लिए अनाज व अन्य खाद्य फसल उगाते हैं। जब मृदा की उर्वरता कम हो जाती है, तो किसान भूमि को छोड़कर दूसरी भूमि पर खेती करने लगते हैं।
- ***रोपण कृषि** (Plantation Farming)* यह एक प्रकार की वाणिज्यिक कृषि है, जिसमें लंबे-चौड़े क्षेत्र में एकल फसल बोई जाती है। यह कृषि और उद्योगों के बीच एक अंतरापृष्ठ है। यह कृषि अत्यधिक पूँजी और श्रमिकों की सहायता से की जाती है।
- ***जायद** (Zaid)* रबी और खरीफ फसल ऋतुओं के बीच ग्रीष्म ऋतु में बोई जाने वाली फसल को जायद फसल कहा जाता है।

NCERT फोल्डर

1. बहुविकल्पीय प्रश्न

(i) निम्नलिखित में से कौन-सा उस कृषि प्रणाली को दर्शाता है, जिसमें एक ही फसल लंबे-चौड़े क्षेत्र में उगाई जाती है?

(a) स्थानांतरी कृषि (b) बागवानी कृषि
(c) रोपण कृषि (d) गहन कृषि

उत्तर (c) रोपण कृषि

(ii) इनमें से कौन-सी रबी फसल है?

(a) चावल (b) चना (c) मोटे अनाज (d) कपास

उत्तर (b) चना

(iii) इनमें से कौन-सी एक फलीदार फसल है?

(a) दालें (b) ज्वार (c) मोटे अनाज (d) तिल

उत्तर (a) दालें

2. निम्नलिखित प्रश्नों के उत्तर लगभग 30 शब्दों में दीजिए

(i) एक पेय फसल का नाम बताइए तथा उसको उगाने के लिए अनुकूल भौगोलिक परिस्थितियों का विवरण दें।

उत्तर चाय पेय फसल का एक अच्छा उदाहरण है। इसके लिए ह्यूमस और जीवाश्मयुक्त गहरी मिट्टी उपयोगी होती है। चाय की झाड़ियों के लिए कोष्ण, नम और पाला रहित दशा के साथ-साथ वर्षभर समान रूप से होने वाली वर्षा की बौछारें आवश्यक होती हैं।

(ii) भारत की एक खाद्य फसल का नाम बताएँ और जहाँ यह पैदा की जाती है, उन क्षेत्रों का विवरण दें।

उत्तर गेहूँ भारत की एक प्रमुख खाद्य फसल है। भारत में गेहूँ का उत्पादन उत्तर-पश्चिम में गंगा-सतलुज का मैदान, दक्कन का काली मृदा का प्रदेश, पंजाब, हरियाणा, उत्तर प्रदेश, मध्य प्रदेश, राजस्थान, बिहार आदि में किया जाता है।

(iii) सरकार द्वारा किसानों के हित में किए गए संस्थागत सुधार कार्यक्रमों की सूची बनाएँ।

उत्तर संस्थागत सुधार कार्यक्रमों में निम्नलिखित शामिल हैं

- जोतों की चकबंदी
- सहकारिता
- फसल बीमा
- ग्रामीण बैंकों की स्थापना
- किसान क्रेडिट कार्ड
- न्यूनतम सहायता मूल्य

3. निम्नलिखित प्रश्नों के उत्तर लगभग 120 शब्दों में दीजिए

(i) कृषि उत्पादन में वृद्धि सुनिश्चित करने के लिए सरकार द्वारा किए गए उपाय सुझाइए।

उत्तर सरकार द्वारा किए गए उपायों का विवरण निम्नलिखित है

- **संस्थागत सुधार** प्रमुख संस्थागत सुधारों में सामूहिकता, भूमि का एकत्रीकरण (चकबंदी), सहकारी समितियों के विकास, जमींदारी का उन्मूलन आदि शामिल हैं। भूमि पर पुश्तैनी अधिकार के कारण यह अनेक टुकड़ों में बँटती जा रही थी, जिससे उत्पादकता में कमी हो रही थी, इसलिए प्रथम पंचवर्षीय योजना में भूमि सुधार पर मुख्य रूप से ध्यान केंद्रित किया गया।
- **प्रौद्योगिकीय सुधार** भूमि सुधार संबंधित कानूनों को लागू किया गया, लेकिन उनका कार्यान्वयन उचित रूप से नहीं हो रहा था। भारत सरकार ने 1960-70 के दशक में कृषि क्षेत्र में सुधार के लिए सफेद एवं हरित क्रांति जैसे आंदोलन शुरू किए।
- **भूमि विकास कार्यक्रम** 1980-90 के दशक में व्यापक भूमि विकास कार्यक्रम शुरू किया गया, जो संस्थागत और तकनीकी सुधारों पर आधारित था। इसमें बाढ़, सूखा, चक्रवात, बीमारी तथा आग के लिए फसल बीमा सम्मिलित हैं।

(ii) चावल की खेती के लिए उपयुक्त भौगोलिक परिस्थितियों का वर्णन कीजिए।

उत्तर चावल की खेती के लिए उपयुक्त भौगोलिक दशाएँ निम्नलिखित हैं

- **भूमि** जलोढ़ मैदानी भाग और डेल्टाई प्रदेश चावल की उपज के लिए सर्वोत्तम हैं। इसके लिए भूमि समतल एवं उपजाऊ होनी चाहिए। पहाड़ी ढालों एवं अधिक वर्षा वाले ढालों पर चावल की खेती सीढ़ीदार खेतों पर होती है। चावल की अधिक उपज के लिए रासायनिक उर्वरकों एवं खादों का उपयोग किया जाता है।
- **जलवायु** यह एक उष्णकटिबंधीय पौधा है, जो गर्म तथा आर्द्र जलवायु में उत्पन्न होता है। चावल के लिए 25° सेग्रे से अधिक तापमान और 100 सेमी से अधिक वर्षा की आवश्यकता होती है।
- **श्रम** चावल एक श्रम प्रधान फसल है। इसकी उपज के लिए बड़ी संख्या में श्रमिकों की आवश्यकता होती है, क्योंकि चावल की कृषि का अधिकांश कार्य हाथों से किया जाता है।

परीक्षा अभ्यास

वस्तुनिष्ठ प्रश्न

बहुविकल्पीय प्रश्न

1. कर्तन दहन प्रणाली को मणिपुर में कहा जाता है
(a) पामलू (b) झीमा
(c) दीपा (d) दहिया

उत्तर (a) पामलू

2. गहन जीविका कृषि के लिए जरूरी है
(a) जनसंख्या का दबाव (b) रासायनिक खाद
(c) सिंचाई (d) ये सभी

उत्तर (d) ये सभी

3. निम्नलिखित में से कौन-सी फसल रोपण कृषि है?
(a) चाय (b) कॉफी
(c) गन्ना (d) ये सभी

उत्तर (d) ये सभी

4. निम्नलिखित में से कौन-सी शस्य ऋतु भारत में पाई जाती है?
(a) रबी (b) खरीफ
(c) जायद (d) ये सभी

उत्तर (d) ये सभी

5. निम्नलिखित फ़सलों में से कौन-सी 'रबी शस्य ऋतु' का उदाहरण है? **CBSE Compartment 2020**
(a) तरबूज (b) खीरा
(c) मक्का (d) जौ

उत्तर (d) जौ

6. निम्नलिखित में से कौन-सी फसल खाद्यान्न एवं चारा दोनों में उपयोग की जाती है?
(a) ज्वार (b) बाजरा
(c) मक्का (d) सूरजमुखी

उत्तर (c) मक्का

7. विश्व में दालों का सबसे बड़ा उत्पादक देश है
(a) चीन (b) भारत
(c) यूएसए (d) दक्षिण अफ्रीका

उत्तर (b) भारत

8. जम्मू-कश्मीर के किस फल की माँग अधिक है?
(a) खुबानी (b) नाशपाती
(c) अखरोट (d) ये सभी

उत्तर (d) ये सभी

9. भारत में काजू उत्पादक राज्य है
(a) आंध्र प्रदेश (b) राजस्थान
(c) जम्मू और कश्मीर (d) इनमें से कोई नहीं

उत्तर (a) आंध्र प्रदेश

10. निम्न में से प्रमुख तिलहन है
(a) मूँगफली (b) अलसी
(c) नारियल (d) ये सभी

उत्तर (d) ये सभी

11. निम्नलिखित में से रेशेदार फसल है
(a) सन (b) जूट
(c) कपास (d) ये सभी

उत्तर (d) ये सभी

12. किस फसल के उत्पादन के लिए 210 दिन पाला रहित दिन की जरूरत होती है?
(a) जूट (b) कपास
(c) सन (d) रबड़

उत्तर (b) कपास

13. रबड़ की कृषि के लिए वर्षा की आवश्यकता है
(a) 50 सेमी से अधिक
(b) 100 सेमी से अधिक
(c) 200 सेमी से अधिक
(d) 250 सेमी से अधिक

उत्तर (c) 200 सेमी से अधिक

14. भूदान आंदोलन के प्रणेता थे
(a) महात्मा गाँधी
(b) विनोबा भावे
(c) बी आर अंबेडकर
(d) उपरोक्त में से कोई नहीं

उत्तर (b) विनोबा भावे

15. कृषि उत्पादकता बढ़ाने हेतु तकनीकी और संस्थागत परिवर्तनों के संबंध में दिए गए कथनों में से कौन-सा सही है?
(a) भारत सरकार ने 1960-70 के दशक में कृषि क्षेत्र में सुधार के लिए हरित क्रांति शुरू की।
(b) किसान क्रेडिट कार्ड के द्वारा सरकार सस्ती दरों पर ऋण की सुविधा प्रदान करती है।
(c) सरकार, किसानों को दलालों एवं बिचौलियों के शोषण से बचाने के लिए न्यूनतम सहायता मूल्यों की घोषणा करती है।
(d) उपरोक्त सभी

उत्तर (d) उपरोक्त सभी

16. निम्नलिखित कथनों पर विचार कीजिए
1. रबड़ भूमध्य रेखीय क्षेत्र की प्रमुख फसल है।
2. रबड़ एक प्रमुख कच्चा माल है, जो उद्योगों में प्रयुक्त होता है।
3. रबड़ की खेती विशेष परिस्थितियों में उष्ण तथा उपोष्ण क्षेत्रों में की जाती है।

उपरोक्त में से कौन-सा/से कथन सही है/हैं?

(a) केवल 1 (b) केवल 2
(c) 1 और 2 (d) 1, 2 और 3

उत्तर (d) 1, 2 और 3

17. भू-दान-ग्रामदान के संबंध में दिए गए कथनों पर विचार कीजिए

1. भू-दान के अंतर्गत श्री रामचंद्र रेड्डी ने 80 भूमिहीन ग्रामीणों को 80 एकड़ भूमि बाँटने की घोषणा की थी।
2. ग्रामदान के अंतर्गत जमींदारों ने भूमि सीमा से बचने के लिए अपनी भूमि का एक हिस्सा दान दिया था।
3. विनोबा भावे के द्वारा शुरू की गई भू-दान-ग्रामदान आंदोलन को रक्तहीन क्रांति के नाम से जाना जाता है।

उपरोक्त में से कौन-सा/से कथन सही है/हैं?

(a) केवल 2 (b) 1 और 2
(c) 2 और 3 (d) ये सभी

उत्तर (d) ये सभी

18. भारत की फसलों के संबंध में दी गई विशेषताओं का अध्ययन कीजिए तथा सही फसल की पहचान कीजिए

- इनमें पोषक तत्त्वों की मात्रा अधिक पाई जाती है।
- भारत में उगायी जाने वाली प्रमुख फसलें ज्वार, बाजरा और रागी इसके अंतर्गत आने वाली प्रमुख फसलें हैं।
- इनकी खेती के लिए अधिक सिंचाई की आवश्यकता नहीं होती है।

(a) मोटे अनाज
(b) रबी फसल
(c) तिलहन
(d) दलहन

उत्तर (a) मोटे अनाज

19. कृषि के विभिन्न प्रकार के संबंध में दी गई विशेषताओं का अध्ययन कीजिए तथा सही कृषि के प्रकार को विकल्प से पहचान कीजिए

- इसमें अच्छी आय की प्राप्ति हेतु आधुनिक तकनीकों का उपयोग किया जाता है।
- यह कृषि एक स्थान से दूसरे स्थान पर सिंचाई सुविधा और जलवायु आदि के आधार पर किया जाता है।
- रासायनिक उर्वरकों और कीटनाशकों के प्रयोग से विस्तृत भूमि पर उच्च पैदावार प्राप्त किया जाता है।
- पंजाब एवं हरियाणा में चावल की खेती उच्च आय प्रदान करने वाली प्रमुख फसल है।

(a) गहन जीविका कृषि
(b) वाणिज्यिक कृषि
(c) रोपण कृषि
(d) कर्तन-दहन कृषि

उत्तर (b) वाणिज्यिक कृषि

20. नीचे दिए गए अनाज तथा उत्पादक से संबंधित सही युग्मों की पहचान कीजिए **CBSE SQP Term I 2021**

(a) मूँगफली – असम (b) चाय – गुजरात
(c) कॉफी – कर्नाटक (d) गन्ना – छत्तीसगढ़

उत्तर (c) कॉफी – कर्नाटक

21. नीचे दिए गए युग्मों में से कौन-सा युग्म गलत है? उसकी पहचान कीजिए

(a) प्राथमिक क्रिया – कृषि
(b) प्रारंभिक जीविका निर्वाह कृषि – आदिवासी
(c) गहन जीविका कृषि – श्रम प्रधान कृषि
(d) रोपण कृषि – बहुफसली कृषि

उत्तर (d) रोपण कृषि – बहुफसली कृषि

22. बागवानी फसलों के समूह के संबंध में दिए गए समूह में से कौन-सा भिन्न है?

(a) आम, संतरा, केला तथा चावल।
(b) गेहूँ, बाजरा, चाय तथा अंगूर।
(c) अनन्नास, सेब, नाशपाती तथा आम।
(d) कॉफी, जौ, बाजरा तथा चावल।

उत्तर (c) अनन्नास, सेब, नाशपाती तथा आम।

सुमेलित करें

23. सुमेलित कीजिए

सूची I (फसल)	सूची II (फसल के प्रकार)
A. खीरा	1. खरीफ
B. नारियल	2. रबी
C. गेहूँ	3. तिलहन
D. कपास	4. जायद

कूट

	A	B	C	D		A	B	C	D
(a)	1	2	4	3	(b)	2	1	4	3
(c)	4	3	2	1	(d)	1	3	4	2

उत्तर (c) 4 3 2 1

24. सुमेलित कीजिए

सूची I (झूम खेती)	सूची II (राज्य)
A. कुमारी	1. पश्चिमी घाट
B. दहिया	2. मध्य प्रदेश
C. पेंडा	3. आंध्र प्रदेश
D. कुरुवा	4. झारखंड

कूट

	A	B	C	D		A	B	C	D
(a)	1	2	4	3	(b)	1	2	3	4
(c)	2	1	3	4	(d)	4	3	2	1

उत्तर (b) 1 2 3 4

चित्र आधारित प्रश्न

25. दिए गए चित्र में किस कृषि को दर्शाया गया है?

(a) सूरजमुखी (b) कपास
(c) केला (d) गेहूँ

उत्तर (c) केला

26. दिए गए चित्र में किस कृषि को दर्शाया गया है?

(a) मक्का (b) कपास
(c) गन्ना (d) गेहूँ

उत्तर (c) गन्ना

रिक्त स्थान भरें

27. ब्राजील के बाद भारत ……… का दूसरा सबसे बड़ा उत्पादक देश है।

उत्तर गन्ने

28. भारत में अरेबिका किस्म की कॉफी……… से लाई गई थी।

उत्तर यमन

29. भारत को ……… का मूल स्थान माना जाता है।

उत्तर कपास

30. निम्नलिखित रिक्त स्थान को भरें

कृषि के प्रकार	विशेषता
गहन जीविका कृषि	अधिक उत्पादन हेतु अधिक मात्रा में जैव रसायनों एवं सिंचाई का प्रयोग
रोपण कृषि	?

कूट

(a) कृषि आधारित उद्योगों के लिए कच्चे माल का उत्पादन।
(b) अधिक उत्पादन हेतु अत्यधिक पूँजी एवं आधुनिक मशीनों का प्रयोग।
(c) अधिक उत्पादन हेतु परंपरागत उर्वरकों का प्रयोग।
(d) परंपरागत तकनीकों का उत्पादन में बड़े पैमाने का प्रयोग।

उत्तर (b) अधिक उत्पादन हेतु अत्यधिक पूँजी एवं आधुनिक मशीनों का प्रयोग।

सही और पुनः लिखें

31. भारत केवल उष्णकटिबंधीय प्रकार के फलों का ही उत्पादन करता है।

उत्तर भारत उष्ण एवं शीतोष्ण कटिबंधीय दोनों ही प्रकार के फलों का उत्पादक है।

32. रबी फसलों को ग्रीष्म ऋतु में अप्रैल में बो कर जून में काट लिया जाता है।

उत्तर रबी फसलों को शीत ऋतु में अक्टूबर से दिसंबर तक बोया जाता है और ग्रीष्म ऋतु में अप्रैल से जून के मध्य काट लिया जाता है।

33. बाजरा जलोढ़ मृदा में उगाई जाने वाली प्रमुख फसल है।

उत्तर बाजरा बलुआ और उथली काली मिट्टी पर उगाया जाता है।

कथन/कारण

34. **कथन** (A) जूट को सुनहरा रेशा कहा जाता है।

कारण (R) जूट की फसल बाढ़ के मैदानों में जल निकास वाली उर्वरक मिट्टी में उगाई जाती है, जहाँ हर वर्ष बाढ़ से आई नई मिट्टी जमा होती रहती है।

कूट

(a) A और R दोनों सत्य हैं तथा R, A की सही व्याख्या है
(b) A और R दोनों सत्य हैं, परंतु R, A की सही व्याख्या नहीं है
(c) A सही है, किंतु R गलत है
(d) A गलत है, किंतु R सही है

उत्तर *(b)* A और R दोनों सत्य हैं, परंतु R, A की सही व्याख्या नहीं है

35. **कथन** (A) सूरजमुखी एक रोपण कृषि है।

कारण (R) सूरजमुखी भारत में उगाई जाने वाली मुख्य फसल है।

कूट

(a) A और R दोनों सत्य हैं तथा R, A की सही व्याख्या है
(b) A और R दोनों सत्य हैं, परंतु R, A की सही व्याख्या नहीं है
(c) A सही है, किंतु R गलत है
(d) A गलत है, किंतु R सही है

उत्तर *(d)* A गलत है, किंतु R सही है

36. **कथन** (A) भारतीय किसानों को अनाज के उच्च मूल्य वाली फसलों से अपनी फसल पैटर्न में विविधता लानी चाहिए।

कारण (R) इससे आय में वृद्धि होगी और साथ-ही-साथ पर्यावरण क्षरण में भी कमी आएगी। **CBSE Term I 2021**

कूट
(a) A और R दोनों सही हैं तथा R, A की सही व्याख्या है
(b) A और R दोनों सही हैं, परंतु R, A की सही व्याख्या नहीं है
(c) A सही है, किंतु R गलत है
(d) A गलत है, किंतु R सही है

उत्तर (a) A और R दोनों सही हैं तथा R, A की सही व्याख्या है

अतिलघु उत्तरीय प्रश्न

1. भारत में अपनाए जाने वाले कृषि के दो प्रकार बताइए।

उत्तर भारत में अपनाए जाने वाले कृषि के दो प्रकार निम्नलिखित हैं
(i) प्रारंभिक जीविका निर्वाह कृषि
(ii) वाणिज्यिक कृषि

2. भारत के दो राज्यों के नाम बताइए, जहाँ वाणिज्यिक कृषि की जाती है।

उत्तर पंजाब और हरियाणा में वाणिज्यिक कृषि की जाती है।

3. वाणिज्यिक कृषि क्या है? **CBSE 2016**

उत्तर कृषि का वह प्रकार, जो किसी उद्योग में अगले चरण के उत्पादन के लिए प्राथमिक संसाधन का काम करे, वाणिज्यिक कृषि कहलाती है।

4. कर्तन दहन कृषि को अन्य किस नाम से भी जाना जाता है?

उत्तर कर्तन दहन कृषि को स्थानांतरित कृषि भी कहा जाता है।

5. रबी फसल की चार फसलों के नाम बताइए।

अथवा 'रबी' की किसी एक फ़सल का नाम लिखिए। **CBSE Compartment 2021**

उत्तर गेहूँ, जौ, चना और मटर आदि रबी की फसलें हैं।

6. खरीफ फसलों का समय कौन-सा होता है? **CBSE 2014**

उत्तर खरीफ की फसलें जून-जुलाई में बोई जाती हैं और अक्टूबर-नवंबर में काट ली जाती हैं।

7. किन्हीं दो खरीफ फसलों के नाम बताइए। **CBSE 2019, 14**

उत्तर चावल और मक्का खरीफ फसलें हैं।

8. जायद फसल के अंतर्गत आने वाली फसलों के नाम बताइए। **CBSE 2019**

उत्तर तरबूज, खरबूजा, खीरा, चारा आदि जायद की फसलें हैं।
जायद फसल—तरबूज, ककड़ी, चारा

9. भारत में अधिकतर लोगों की खाद्यान्न फसल क्या है?

उत्तर भारत में अधिकतर लोगों की खाद्यान्न फसल चावल है।

10. भारत में दो महत्त्वपूर्ण गेहूँ उगाने वाले क्षेत्र कौन-से हैं?

उत्तर उत्तर-पश्चिम में गंगा-सतलुज का मैदान और दक्कन का काली मिट्टी वाला प्रदेश भारत में दो महत्त्वपूर्ण गेहूँ उत्पादक क्षेत्र हैं।

11. गेहूँ की कृषि के लिए आवश्यक वार्षिक वर्षा की मात्रा लिखिए। **CBSE 2020**

उत्तर गेहूँ की कृषि के लिए वार्षिक वर्षा 50 से 75 सेमी की आवश्यकता होती है।

12. भारत के महत्त्वपूर्ण मोटे अनाजों का नाम लिखिए।

उत्तर ज्वार, बाजरा, रागी और मक्का मोटे अनाज हैं।

13. मक्का फसल के लिए आवश्यक तापमान लिखिए। **CBSE 2020**

उत्तर मक्का फसल के लिए 21-27° सेंटीग्रेड तापमान की आवश्यकता होती है।

14. भारत में ज्वार और बाजरा के दो अग्रणी राज्यों के नाम बताइए।

उत्तर महाराष्ट्र और राजस्थान क्रमशः ज्वार और बाजरा के अग्रणी राज्य हैं।

15. भारत में ज्वार व बाजरा की फसलें किस 'शस्य ऋतु' में उगाई जाती हैं? **CBSE Compartment 2021**

उत्तर भारत में ज्वार व बाजरा की फसलें खरीफ 'शस्य' ऋतु में उगाई जाती हैं।

16. रागी का सर्वाधिक उत्पादक राज्य कौन-सा है?

उत्तर रागी का सर्वाधिक उत्पादक राज्य कर्नाटक है।

17. उस मोटे अनाज का नाम बताइए, जो खाद्यान्न एवं चारा दोनों के लिए उपयोग होता है।

उत्तर मक्का खाद्यान्न और चारा दोनों के लिए उपयोग होता है।

18. भारत के सबसे महत्त्वपूर्ण दाल उत्पादक राज्यों के नाम लिखिए।

उत्तर मध्य प्रदेश, उत्तर प्रदेश, राजस्थान एवं महाराष्ट्र दाल उत्पादक राज्य हैं।

19. गन्ना उत्पादन में भारत का विश्व में कौन-सा स्थान है? **CBSE 2015**

उत्तर ब्राजील के बाद भारत विश्व में दूसरा सबसे बड़ा गन्ना उत्पादक देश है।

20. गन्ने का प्रमुख उत्पादक राज्य कौन-सा है?

उत्तर गन्ने का प्रमुख उत्पादक राज्य उत्तर प्रदेश है।

21. गन्ने का क्या उपयोग होता है?

उत्तर गन्ने का उपयोग चीनी, गुड़ व खांडसारी बनाने में होता है।

22. भारत की कुछ प्रमुख तिलहन फसलों के नाम बताइए।

उत्तर तिल, सरसों, अलसी और मूँगफली प्रमुख तिलहन फसलें हैं।

23. रेशम उत्पादन क्या है? **CBSE 2014**

उत्तर रेशम उत्पादन के लिए रेशम के कीड़ों का पालन करना रेशम उत्पादन कहलाता है।

24. भारत में उत्पादित कॉफी की कौन-सी किस्म है?

उत्तर भारत में उत्तम किस्म की कहवा अरेबिका कॉफी को उगाया जाता है।

25. चाय के प्रमुख उत्पादक राज्य कौन-से हैं?

उत्तर असम, पश्चिम बंगाल, तमिलनाडु और केरल चाय के प्रमुख उत्पादक राज्य हैं।

26. **कृषि का ऐसा तंत्र, जो किसी विस्तृत क्षेत्र में केवल एक फसल की खेती के लिए चर्चित हो, कहलाता है** **CBSE 2019**

उत्तर कृषि का ऐसा तंत्र, जो विस्तृत क्षेत्र में केवल एक फसल की खेती के लिए चर्चित हो, उसे रोपण विधि कहते हैं।

27. **भारत में सर्वाधिक मसाले कहाँ उत्पादित किए जाते हैं?**

उत्तर भारत में सर्वाधिक मसाले कर्नाटक, केरल और तमिलनाडु में उत्पादित होते हैं।

28. **भारत के रबड़ उत्पादक राज्यों के नाम बताइए।** **CBSE 2015**

उत्तर भारत के रबड़ उत्पादक राज्य केरल, तमिलनाडु, कर्नाटक और अंडमान-निकोबार हैं।

29. **आदिम कृषि औजारों का प्रयोग करके किस प्रकार की कृषि की जाती है?** **CBSE 2015**

उत्तर प्रारंभिक जीविका निर्वाह कृषि परिवार के सदस्यों द्वारा छोटी कृषि भूमि पर आदिम कृषि औजारों; जैसे–लकड़ी के हल, डाओ और खुदाई करने वाली छड़ी की सहायता से होती है।

30. **रबी शस्य ऋतु की किन्हीं दो विशेषताओं की व्याख्या कीजिए।** **CBSE 2023**

उत्तर रबी शस्य ऋतु की दो विशेषताएँ निम्नलिखित हैं

1. रबी फसलों की बुआई अक्टूबर-नवंबर महीने में की जाती है।
2. इसके लिए औसतन 50 से 75 सेमी वर्षा की आवश्यकता होती है।

31. **किन्हीं चार राज्यों के नाम लिखिए, जहाँ खरीफ की फसलों की प्रमुखता है।**

उत्तर पश्चिम बंगाल, असम, तमिलनाडु और आंध्र प्रदेश में खरीफ की फसलों की प्रमुखता है।

32. **कृषि के आधुनिकीकरण के लिए भारत सरकार द्वारा किए गए किन्हीं दो प्रयासों की व्याख्या कीजिए।** **CBSE 2023**

उत्तर कृषि के आधुनिकीकरण के लिए भारत सरकार द्वारा किए गए दो प्रयास निम्न हैं

1. कृषि के आधुनिकीकरण हेतु व्यापक पैमाने पर आधुनिक कृषि प्रणाली का उपयोग किया गया।
2. अधिक मात्रा में कृत्रिम एवं प्राकृतिक (जैविक) उर्वरकों का उपयोग किया जाने लगा।

लघु उत्तरीय प्रश्न

1. **कर्तन दहन प्रणाली किसे कहा जाता है?**

उत्तर भारत में प्रारंभिक जीविका निर्वाह कृषि छोटे किसानों (विशेषकर आदिवासी) द्वारा अपने परिवार एवं मजदूरों की सहायता से भूमि के छोटे टुकड़े पर की जाती है। इसमें मुख्यत: आदिम उपकरणों; जैसे– लकड़ी के हल, डाओ, खुदाई करने वाली छड़ी आदि की सहायता से कृषि की जाती है। इस प्रकार की कृषि प्रायः मानसून, मृदा की प्राकृतिक उर्वरता और फसल उगाने के लिए पर्यावरणीय परिस्थितियों की उपयुक्तता पर निर्भर करती है, इसलिए इस प्रकार की कृषि को कर्तन दहन प्रणाली कृषि कहा जाता है। इस कृषि के अंतर्गत आदिवासी या किसान जंगल की भूमि का एक टुकड़ा जलाकर कृषि के लिए साफ कर देते हैं और इसके पश्चात् इस भाग को कुछ वर्षों के लिए खाली छोड़ देते हैं, जिससे प्रकृति मिट्टी को उपजाऊ बना देती है।

2. **भारत की सबसे महत्त्वपूर्ण पेय फसलों के नाम बताएँ। इनके वर्द्धन के लिए आवश्यक उपयुक्त जलवायुविक दशाओं का वर्णन कीजिए। इस फसल को उत्पादित करने वाले प्रमुख राज्यों के नाम बताइए।** **CBSE 2015, 10**

अथवा **चाय की खेती के लिए आवश्यक किन्हीं तीन भौगोलिक दशाओं का उल्लेख कीजिए। चाय के दो प्रमुख उत्पादक राज्यों के नाम बताइए।** **CBSE 2012, 10**

अथवा **चाय की उत्पत्ति के लिए आवश्यक भौगोलिक दशाओं में से किन्हीं चार का वर्णन कीजिए। दक्षिण भारत के दो मुख्य चाय उत्पादक राज्यों के नाम लिखिए।** **CBSE 2012**

उत्तर भारत की प्रमुख पेय फसल चाय है। इसकी उपयुक्त भौगोलिक दशाओं का वर्णन निम्न प्रकार है

- **तापमान** चाय की फसल को उगाने के लिए संपूर्ण वर्षभर कोष्ण, नम और पाला रहित जलवायु की आवश्यकता होती है। चाय की झाड़ियों के लिए 25° सेल्सियस से अधिक तापमान की आवश्यकता होती है।
- **वर्षा** इसके लिए 150-250 सेमी औसत वार्षिक वर्षा की आवश्यकता होती है।
- **मृदा** इसकी उपज के लिए लौह युक्त और ह्यूमस मृदा की आवश्यकता होती है। चाय झाड़ियाँ मृदा की उर्वरता को कम कर देती हैं, इसलिए रासायनिक उर्वरकों का इसमें अत्यधिक उपयोग होता है।
- **उत्पादक** असम, पश्चिम बंगाल, तमिलनाडु और केरल इसके प्रमुख राज्य हैं। इसके अतिरिक्त हिमाचल प्रदेश, उत्तराखंड, मेघालय आदि में भी इसकी खेती होती है।

3. **रोपण विधि की प्रमुख विशेषताओं को बताइए।**

उत्तर रोपण विधि की मुख्य विशेषताएँ निम्नलिखित हैं

- यह वाणिज्यिक कृषि का ही एक प्रकार है। रोपण कृषि विभिन्न कृषि आधारित उद्योगों के लिए कच्चे माल का उत्पादन करती है।
- इस प्रकार की खेती में केवल एक ही फसल को बड़े पैमाने पर उगाया जाता है। इस प्रकार की खेती में अत्यधिक पूँजी और प्रवासी श्रमिकों की आवश्यकता होती है।
- रोपण कृषि की प्रक्रिया को बढ़ाने के लिए परिवहन, संचार साधन और उचित बाजार की आवश्यकता होती है। रोपण कृषि के लिए बड़ी संख्या में मजदूरों की आवश्यकता होती है, जो विभिन्न क्षेत्रों से काम करने के लिए आते हैं। असम और उत्तरी बंगाल में चाय तथा कर्नाटक में कॉफी वहाँ की मुख्य रोपण फसलें हैं।

परीक्षा अभ्यास

4. भारत में कितने प्रकार की फसल ऋतुएँ हैं? किसी एक फसल को स्पष्ट कीजिए।

अथवा रबी शस्य ऋतु की किन्हीं तीन विशेषताओं का वर्णन कीजिए। **CBSE 2019**

उत्तर भारत में तीन शस्य ऋतुएँ हैं–रबी, खरीफ और जायद।

रबी फसल रबी फसलों को शीत ऋतु में अक्टूबर से दिसंबर के मध्य बोया जाता है और ग्रीष्म ऋतु में अप्रैल से जून के मध्य काटा जाता है। गेहूँ, जौ, मटर, चना और सरसों कुछ प्रमुख रबी फसलें हैं। पंजाब, हरियाणा, हिमाचल प्रदेश, उत्तर प्रदेश, जम्मू-कश्मीर और उत्तराखंड में रबी फसलों को उगाया जाता है।

शीत ऋतु में शीतोष्ण पश्चिमी विक्षोभों से होने वाली वर्षा इन फसलों के अधिक उत्पादन में सहायक होती हैं।

हरित क्रांति के कारण पंजाब, हरियाणा, पश्चिमी उत्तर प्रदेश और राजस्थान के कुछ भागों में गेहूँ के उत्पादन में वृद्धि हुई है।

5. खरीफ फसल एवं जायद फसल पर संक्षिप्त टिप्पणी लिखिए।

उत्तर **खरीफ फसल** खरीफ फसलें मानसून के आगमन (मई-जुलाई) के साथ बोई जाती हैं और सितंबर-अक्टूबर में काट ली जाती हैं। इस ऋतु में बोई जाने वाली मुख्य फसलें चावल, मक्का, ज्वार, बाजरा, तुर, मूँग, उड़द, कपास, जूट, मूँगफली और सोयाबीन हैं।

धान की खेती मुख्यतया पश्चिम बंगाल, ओडिशा, असम, बिहार, उत्तर प्रदेश, आंध्र प्रदेश, केरल, तमिलनाडु, महाराष्ट्र (कोंकण तटीय), पंजाब और हरियाणा के भागों में की जाती है। पश्चिम बंगाल, ओडिशा और असम की अच्छे सिंचित क्षेत्रों में धान की तीन फसलें *ऑस, अमन* और *बोरो* उगाई जाती हैं।

जायद फसल रबी और खरीफ के मध्य ग्रीष्म ऋतु (मार्च-जून) में बोई जाने वाली फसल को जायद कहा जाता है। इस ऋतु की मुख्य फसलें खीरे, खरबूजे, तरबूज, सब्जियाँ और चारा फसलें हैं।

6. चावल एवं गेहूँ की फसल पर संक्षिप्त टिप्पणी लिखिए।

उत्तर **चावल** भारत के अधिकांश लोगों का खाद्यान्न चावल है। चावल खरीफ की फसल है, जिसे उगाने के लिए उच्च तापमान तथा अधिक आर्द्रता की आवश्यकता होती है। इसे अधिक वर्षा वाले क्षेत्रों में उगाया जाता है। कम वर्षा वाले क्षेत्रों–पंजाब, हरियाणा, पश्चिमी उत्तर प्रदेश एवं राजस्थान के कुछ भागों में इसे नहरों और कुओं द्वारा सिंचाई करके उगाया जाता है।

गेहूँ गेहूँ भारत की दूसरी सबसे महत्त्वपूर्ण खाद्य फसल है। गेहूँ को उगाने के समय शीत ऋतु तथा पकने के समय धूप एवं समान रूप से वितरित 50-75 सेमी वर्षा की आवश्यकता होती है। उत्तर-पश्चिम में गंगा-सतलुज का मैदान और दक्कन का काली मिट्टी वाला प्रदेश गेहूँ उगाने वाले दो मुख्य क्षेत्र हैं।

7. कौन-कौन सी फसलें तिलहन फसलें हैं? इनकी मुख्य विशेषताओं को बताइए।

उत्तर भारत के कुल बोये गए क्षेत्र के 12% भू-भाग पर तिलहन फसलें उगाई जाती हैं। मूँगफली, सरसों, नारियल, तिल, सोयाबीन, अलसी, अरंडी, बिनौला और सूरजमुखी प्रमुख तिलहन फसलें हैं। अधिकतर तिलहन फसलें खाद्य हैं। इनकी प्रमुख विशेषता निम्नलिखित है

- इस फसल का प्रयोग खाना बनाने में किया जाता है।
- कुछ तेल के बीजों को साबुन, शृंगार के सामान और उबटन उद्योग में कच्चे माल के रूप में भी उपयोग किया जाता है।
- तिलहन की मुख्य फसल मूँगफली है और यह एक खरीफ की फसल है।
- देश के मुख्य तिलहनों के कुल उत्पादन का आधा भाग इसी से प्राप्त होता है। वर्ष 2019-20 के आँकड़ों के अनुसार राजस्थान मूँगफली का सबसे बड़ा उत्पादन राज्य है।
- अलसी और सरसों, रबी की तथा तिल उत्तरी भारत में खरीफ और दक्षिण भारत में रबी की फसल है।

8. भारत की कौन-सी दो प्रमुख रेशेदार फसलें हैं? प्रत्येक फसल के उत्पादक क्षेत्र बताइए। **CBSE 2019, 12**

उत्तर कपास और जूट भारत की दो प्रमुख रेशेदार फसलें हैं। इसके उत्पादक राज्यों का विवरण निम्नलिखित है

कपास भारत को कपास के पौधे का मूल स्थान माना जाता है। सूती कपड़ा उद्योगों में कपास एक मुख्य कच्चा माल है। दक्कन पठार के शुष्कतर भागों में काली मिट्टी को कपास के उत्पादन के लिए उपयोगी माना जाता है। इस फसल को उगाने में उच्च तापमान, हल्की वर्षा, 210 पाला रहित दिन और खिली धूप की आवश्यकता होती है। यह खरीफ की फसल है, जिसे पककर तैयार होने में 6 से 8 महीने लगते हैं।

जूट जूट को सुनहरा रेशा कहा जाता है। इसका प्रयोग बोरियाँ, चटाई, रस्सी, तंतु व धागे, गलीचे और दूसरी दस्तकारी वस्तुएँ बनाने में किया जाता है। जूट के उत्पादन की उच्च लागत के कारण और कृत्रिम रेशों एवं पैकिंग सामग्री विशेष रूप से नायलॉन की कम कीमत होने के कारण जूट की माँग में कमी आई है।

9. क्या भारतीय किसानों को दालों का उत्पादन अधिक किए जाने की आवश्यकता है? टिप्पणी कीजिए।

उत्तर हाँ, भारतीय किसानों को दाल का अत्यधिक उत्पादन करना चाहिए। इसके लिए निम्न कारक उत्तरदायी हैं

- भारत दालों का सबसे बड़ा उपभोक्ता है और दालें शाकाहारी भोजन में प्रोटीन का प्रमुख स्रोत होती हैं।
- दालों की कृषि आसान है, क्योंकि इसको कम नमी की आवश्यकता होती और इन्हें शुष्क दशाओं में भी उगाया जा सकता है।

- दालें फलीदार फसलें होती हैं, जो वायुमंडल से नाइट्रोजन लेकर भूमि में स्थिरीकरण करती हैं, जिससे भूमि में उर्वरता बनी रहती है। दालें शस्यावर्तन की सबसे प्रमुख फसल है, इसलिए किसानों को चक्रीय रूप में दालों की खेती अनिवार्य रूप से करनी चाहिए।

10. फलों और सब्जियों की खेती के लिए किस कृषि शब्दावली का प्रयोग होता है? भारत के संदर्भ में इसकी तीन प्रमुख विशेषताएँ बताइए। **CBSE 2014**

उत्तर भारत में फलों और सब्जियों की खेती को बागवानी कहा जाता है। इसकी तीन प्रमुख विशेषताएँ निम्न हैं

(i) भारत विश्व में सबसे अधिक फलों और सब्जियों का उत्पादन करता है।

(ii) यह उष्ण और शीतोष्ण दोनों ही प्रकार के फलों को उत्पादित करता है।

(iii) भारत विश्व की कुल सब्जी उत्पादन का लगभग 13% भाग उत्पादित करता है।

11. उन कारणों का उल्लेख कीजिए जो भारत में कृषि विकास के लिए बाधक हैं।

उत्तर भारत के कृषि विकास में बाधक कारकों का विवरण निम्न है

- **कृषि पर जनसंख्या का भारी दबाव** भारत में कृषि पर निर्भर रहने वाले लोगों की संख्या बहुत अधिक है। वर्तमान में 63% जनसंख्या प्रत्यक्ष और अप्रत्यक्ष रूप से कृषि पर निर्भर है।
- **निवेश का अभाव** बीजों, उर्वरकों, बाजार, वित्त, परिवहन आदि की कमी के कारण भारतीय कृषि का विकास प्रभावित होता है।
- **छोटी जोतें** भारत में जोतों का औसत आकार बहुत ही कम है, जोकि 2 से 5 एकड़ के बीच है। देश के कई भागों में कृषि भूमि का आकार इतना छोटा है कि आधुनिक मशीनरी का प्रयोग नहीं हो पाता है।
- **मानसून पर निर्भरता** भारत में सिंचाई की सुविधाओं का व्यापक विकास हुआ है, फिर भी देश के अधिकांश भागों के किसान अभी भी मानसून तथा प्राकृतिक उर्वरता पर निर्भर हैं।

12. हरित क्रांति के बाद भारतीय कृषि में आए तीन परिवर्तन क्या हैं? उल्लेख करें।

उत्तर हरित क्रांति के बाद भारतीय कृषि में आए तीन परिवर्तन निम्नलिखित हैं

(i) अधिक उत्पादन के लिए उच्च उत्पादकता वाले बीज उपयोग किए जाते हैं, जैसे चावल और गेहूँ के लिए।

(ii) रासायनिक खाद, कीटनाशक आदि के प्रयोग से उत्पादन में वृद्धि हुई है।

(iii) सिंचाई के लिए नहरों का जाल बिछाया गया है, जिससे शुष्क राज्यों को पानी की आपूर्ति की जा सके।

13. सिंचाई ने भारत में कई क्षेत्रों के फसल पैटर्न को बदल दिया है।'' इस कथन का विश्लेषण कीजिए।

उत्तर सिंचाई प्रणाली ने भारत में कई क्षेत्रों के फसल प्रारूप (पैटर्न) को बदल दिया है। भारत में हुई हरित क्रांति के फलस्वरूप सिंचाई के लिए नहरों का जाल बिछाया गया है, जिससे शुष्क राज्यों को पानी की आपूर्ति की जा रही है। इसके परिणामस्वरूप सिंचाई सुविधा की उपलब्धता होने के कारण आज उन फसलों की खेती भी की जाती है, जो पहले कुछ निश्चित क्षेत्रों तक ही सीमित थीं। उदाहरण के लिए, चावल की फसल को 100 सेमी से अधिक वर्षा वाले क्षेत्रों में उगाया जाता है, किंतु कम वर्षा वाले क्षेत्रों; जैसे–पंजाब, हरियाणा, पश्चिमी उत्तर प्रदेश एवं राजस्थान के कुछ भागों में नहरों एवं नलकूपों द्वारा सिंचाई करके इसे उगाया जाने लगा है।

14. भारतीय कृषि के कोई तीन प्रमुख लक्षण लिखिए। **CBSE 2013**

अथवा भारत में कृषि की कोई चार विशेषताएँ लिखिए। **CBSE 2010**

उत्तर भारतीय कृषि की विशेषताएँ निम्नलिखित हैं

- भारत के अधिकतर भाग सिंचाई के लिए मानसून पर निर्भर करते हैं। भारत के जोतें गए क्षेत्र के केवल एक-तिहाई क्षेत्र में सिंचाई सुनिश्चित है।
- भारतीय कृषि की प्रवृत्ति अधिकांशतया जीविका निर्वाह कृषि की है।
- छोटी तथा बिखरी हुई जोतें–लगातार बढ़ती हुई जनसंख्या के कारण भूमि की प्रति हेक्टेयर उपलब्धता कम होती है तथा जोतें बिखरी हुई होती हैं।
- साधनों की कमी–भारत में अधिकांशतः किसान गरीब हैं, इसलिए वे उर्वरक तथा अधिक फसल देने वाले बीजों का प्रयोग नहीं करते हैं।

15. वाणिज्यिक कृषि तथा रोपण कृषि में अंतर बताइए।

उत्तर वाणिज्यिक कृषि तथा रोपण कृषि में निम्नलिखित अंतर हैं

वाणिज्यिक कृषि	रोपण कृषि
यह व्यापारिक दृष्टिकोण से बोई जाती है।	यह वैज्ञानिक और व्यापारिक स्तर पर या कारखाने में किए जाने वाले विनिर्माण की दृष्टि से उगाई जाती है।
अधिक उपज की प्राप्ति के लिए वैज्ञानिक विधि एवं तकनीकी का प्रयोग किया जाता है।	इसमें बड़े क्षेत्रों पर अधिक पूँजी निवेश के द्वारा कृषि कार्य किया जाता है।
चावल, गेहूँ, कपास, मसाले आदि इसकी प्रमुख फसलें हैं।	रबड़, चाय, कहवा आदि इसकी प्रमुख फसलें हैं।

16. शुष्क कृषि और आर्द्र कृषि में अंतर स्पष्ट कीजिए।

उत्तर शुष्क कृषि और आर्द्र कृषि में निम्नलिखित अंतर हैं

शुष्क कृषि	आर्द्र कृषि
शुष्क कृषि उस प्रकार की भूमि में की जाती है, जिसमें मृदा में आर्द्रता बनी रहती है।	आर्द्र कृषि में कृषि कार्य वर्षा पर निर्भर होता है या बाहरी सिंचाई साधन पर निर्भर रहते हैं।
यह देश के शुष्क भागों में की जाती है।	इस प्रकार की खेती उत्तरी-पूर्वी भारत में की जाती है।
इसमें अतिरिक्त सिंचाई की आवश्यकता नहीं होती है।	इसमें सिंचाई की आवश्यकता होती है।
चना, ज्वार, बाजरा इसमें पैदा की जाती है।	इसमें चावल, जूट, सरसों आदि पैदा की जाती हैं।

17. रबी और खरीफ फसलों में अंतर स्पष्ट कीजिए।

अथवा खरीफ फसल के मौसम और रबी फसल के मौसम के बीच किन्हीं दो अंतरों को उजागर कीजिए। **CBSE 2019**

उत्तर रबी और खरीफ फसलों में अंतर निम्नलिखित हैं

रबी फसलें	खरीफ फसलें
इसकी शुरुआत मानसून की समाप्ति पर अक्टूबर-नवंबर में होती है।	यह मानसून के प्रारंभ में जून-जुलाई में प्रारंभ होती है।
ये फसलें अप्रैल-मई में काट ली जाती हैं।	ये फसलें अक्टूबर-नवंबर में काट ली जाती हैं।
ये फसलें मृदा की नमी पर निर्भर करती हैं।	ये फसलें मानसून पर निर्भर करती हैं।
गेहूँ, चना तथा तिलहन; जैसे-सरसों आदि इसी ऋतु की प्रमुख फसलें हैं।	मोटा अनाज, चावल, मूँगफली, कपास आदि इस ऋतु की प्रमुख फसलें हैं।

18. चाय और कहवा में अंतर बताइए।

उत्तर चाय और कहवा में निम्नलिखित अंतर हैं

चाय	कहवा
इसके लिए उपजाऊ मृदा की आवश्यकता होती है।	इसके लिए लाल व लैटेराइट मृदा उपयोगी होती है।
चाय के उत्पादन के लिए 20° से 30° सेल्सियस तापमान की आवश्यकता होती है।	कहवा के पौधों के लिए 15° से 28° सेल्सियस तापमान की आवश्यकता होती है।
इसके लिए 150 से 300 सेमी वार्षिक वर्षा की आवश्यकता होती है।	इसके लिए 150 से 200 सेमी वार्षिक वर्षा की आवश्यकता होती है।
इसके प्रमुख उत्पादक राज्य हैं—असम, पश्चिम बंगाल, केरल, तमिलनाडु।	तमिलनाडु, केरल और कर्नाटक इसके प्रमुख उत्पादक राज्य हैं।

19. गहन कृषि तथा विस्तृत कृषि में दो अंतर लिखिए। **CBSE 2014**

उत्तर गहन कृषि तथा विस्तृत कृषि में दो अंतर निम्नलिखित हैं

गहन कृषि	विस्तृत कृषि
अधिक निवेश तथा नई तकनीक का प्रयोग करके भारी मात्रा में उत्पादन को बढ़ाया जाता है।	अधिक-से-अधिक भू-भाग पर निवेश व मशीनीकरण से बड़े पैमाने पर कृषि उपज को प्राप्त किया जाता है।
ऐसी कृषि सघन जनसंख्या वाले क्षेत्रों में की जाती है, जहाँ पर अधिक भूमि उपलब्ध नहीं होती और जहाँ भूमि पर जनसंख्या का दबाव अधिक होता है।	ऐसी कृषि कम जनसंख्या वाले क्षेत्रों में की जाती है, जहाँ भूमि पर जनसंख्या का दबाव कम होता है।

दीर्घ उत्तरीय प्रश्न

1. श्रम गहन खेती क्या है? श्रम गहन खेती की कुछ विशेषताएँ लिखिए। **CBSE 2013**

अथवा जीविका कृषि में भूमि पर अत्यधिक दबाव क्यों होता है? **CBSE 2013**

अथवा भारत में प्रचलित 'गहन जीविका कृषि और वाणिज्यिक कृषि' की तुलना कीजिए। **CBSE 2019,18**

उत्तर अच्छे कृषि साधनों तथा वैज्ञानिक तकनीक को अपनाकर कृषि उत्पादन में वृद्धि को बढ़ाने की प्रवृत्ति गहन कृषि के अंतर्गत आती है।

इस प्रकार की कृषि की विशेषताएँ निम्नलिखित हैं

(i) भारत में यह कृषि उन क्षेत्रों में की जाती है, जहाँ पर जनसंख्या का भूमि पर अत्यधिक दबाव होता है।

(ii) यह श्रम प्रधान कृषि है, इसमें उत्पादकता बढ़ाने के लिए भारी मात्रा में सिंचाई की जाती है और उर्वरकों का उपयोग किया जाता है।

(iii) इस कृषि में एक वर्ष में एक से अधिक फसलें उगाई जाती हैं।

(iv) ऐसी कृषि सघन जनसंख्या वाले क्षेत्रों में की जाती है।

(v) प्रति हेक्टेयर उत्पादन बहुत अधिक होता है।

(vi) किसान वैकल्पिक रोजगार न होने के कारण सीमित भूमि से अधिकतम पैदावार लेने की कोशिश करते हैं।

कृषि से अच्छी आय प्राप्त करने के लिए आधुनिक तकनीकों का बड़े पैमाने पर उपयोग करना वाणिज्यिक कृषि कहलाता है।

इसकी प्रमुख विशेषताएँ निम्नलिखित हैं

(i) इस प्रकार की कृषि के मुख्य लक्षण आधुनिक निवेशों; जैसे–अधिक पैदावार देने वाले बीजों, रासायनिक उर्वरकों और कीटनाशकों के प्रयोग से विस्तृत भूमि पर उच्च पैदावार प्राप्त करना है।

(ii) कृषि का वाणिज्यीकरण एक स्थान से दूसरे स्थान पर सिंचाई सुविधा और जलवायु आदि के आधार पर भिन्न होता है। उदाहरण के लिए, हरियाणा और पंजाब में चावल वाणिज्य फसल है, परंतु ओडिशा में यह एक जीविका फसल है।

2. भारत में उगाई जाने वाली मुख्य अनाज और दलहन फसलों का वर्णन कीजिए।

उत्तर इस प्रश्न के उत्तर के लिए पृष्ठ संख्या 166 पर शीर्षक 'मुख्य फसलें' देखें।

3. भारत में उगाई जाने वाली दो पेय फसलों के नाम एवं उनके उत्पादक क्षेत्रों का वर्णन कीजिए। **CBSE 2019**

उत्तर भारत की मुख्य दो पेय फसल चाय और कॉफी हैं। इनका विस्तृत विवरण निम्न प्रकार है

चाय

- चाय एक रोपण फसल एवं महत्त्वपूर्ण पेय पदार्थ है। चाय का पौधा उष्ण और उपोष्ण कटिबंधीय जलवायु प्रदेशों में उगाया जाता है। इसके लिए ह्यूमस एवं जीवाश्म युक्त गहरी मिट्टी और सुगम जल निकास वाले ढलवाँ क्षेत्र उपयुक्त होते हैं।
- वर्षभर समान रूप से होने वाली बौछारें इसकी कोमल पत्तियों के विकास में सहायक होती हैं। चाय एक श्रम सघन उद्योग है, जिसके लिए सस्ते एवं कुशल श्रम की आवश्यकता होती है।

- चाय के मुख्य उत्पादक क्षेत्रों में असम, पश्चिम बंगाल (दार्जिलिंग एवं जलपाईगुड़ी की पहाड़ियाँ), तमिलनाडु एवं केरल हैं। इनके अतिरिक्त हिमाचल प्रदेश, उत्तराखंड, मेघालय, आंध्र प्रदेश एवं त्रिपुरा आदि राज्यों में भी चाय उगाई जाती है।

कॉफी
- कॉफी भारत का दूसरा मुख्य पेय पदार्थ है, जो अपनी गुणवत्ता के लिए विश्वविख्यात है। भारत में अरेबिका किस्म की कॉफी उगाई जाती है, जो यमन से लाई गई थी। इस कॉफी की विश्व में भारी माँग है।
- इसकी कृषि की शुरुआत बाबा बूदन की पहाड़ियों से हुई थी। इसकी खेती नीलगिरि की पहाड़ियों के आस-पास कर्नाटक, केरल और तमिलनाडु में की जाती है।

4. स्वतंत्रता प्राप्ति के बाद भारत सरकार के प्रयत्नों द्वारा भारतीय कृषि में लाए गए किन्हीं चार सुधारों का वर्णन कीजिए। **CBSE 2015, 10**

अथवा **कृषि उत्पादन में वृद्धि लाने के लिए सरकार द्वारा क्या कदम उठाए गए हैं?** **CBSE 2011**

उत्तर सरकार द्वारा उठाए गए कदमों का विवरण निम्नलिखित है

(i) प्रमुख संस्थागत सुधारों में सामूहिकता भूमि का एकत्रीकरण (चकबंदी), सहकारी समितियों के विकास, जमींदारी का उन्मूलन आदि शामिल हैं।

(ii) भूमि पर पुश्तैनी अधिकार के कारण यह अनेक टुकड़ों में बँटती जा रही थी, जिससे उत्पादकता में कमी हो रही थी, इसलिए प्रथम पंचवर्षीय योजनाओं में भूमि सुधार पर मुख्य रूप से ध्यान केंद्रित किया गया।

(iii) प्रौद्योगिकीय सुधार के अंतर्गत भूमि सुधार संबंधित कानूनों को लागू किया गया, लेकिन उनका कार्यान्वयन उचित रूप से नहीं हो रहा था। भारत सरकार ने 1960-70 के दशक में कृषि क्षेत्र में सुधार के लिए सफेद एवं हरित क्रांति जैसे आंदोलन शुरू किए।

(iv) 1980-90 के दशक में व्यापक भूमि विकास कार्यक्रम शुरू किया गया, जो संस्थागत और तकनीकी सुधारों पर आधारित था। इसमें बाढ़, सूखा, चक्रवात, बीमारी तथा आग के लिए फसल बीमा सम्मिलित हैं।

5. 'वाणिज्यिक कृषि' की किन्हीं पाँच विशेषताओं का विश्लेषण कीजिए। **CBSE 2020**

उत्तर वाणिज्यिक कृषि की पाँच विशेषताओं का वर्णन निम्न है
- इस कृषि को एक फसली कृषि भी कहा जाता है, जैसे रोपण कृषि के अंतर्गत एक प्रकार की फसलों की खेती का होना।
- कृषि के वाणिज्यीकरण का स्तर विभिन्न प्रदेशों में अलग-अलग पाया जाता है, जैसे हरियाणा और पंजाब में चावल वाणिज्य की फसल है, किंतु ओडिशा में एक जीविका फसल है।
- इसमें उच्च पैदावार के लिए अधिक निवेशों की आवश्यकता होती हैं; जैसे–अधिक पैदावार देने वाले बीजों, रासायनिक उर्वरकों तथा कीटनाशकों का प्रयोग आदि।
- इसमें अधिक पूँजी तथा सस्ते व अधिक श्रमिकों की आवश्यकता होती है। इसके उत्पाद का उपयोग, उद्योगों में कच्चे माल के रूप में की जाती है।
- इस कृषि के विकास में परिवहन और संचार साधन से संबंधित उद्योग और बाजार महत्त्वपूर्ण भूमिका निभाते हैं।
- यह कृषि व्यापक स्तर पर किया जाता है, जिसका मुख्य उद्देश्य पूँजी प्राप्त करना होता है।

6. "1980 व 1990 के दशक में भारत सरकार ने कृषि सुधार के लिए अनेक संस्थागत तथा प्रौद्योगिकीय सुधारों की शुरुआत की।" इस कथन की उदाहरण सहित पुष्टि कीजिए। **CBSE 2018**

अथवा **भारतीय कृषि में किन्हीं पाँच प्रौद्योगिकीय और संस्थागत सुधारों को स्पष्ट कीजिए।** **CBSE 2020**

उत्तर 1980 व 1990 के दशक में भारत सरकार ने कृषि सुधार के लिए व्यापक भूमि विकास कार्यक्रम शुरू किए, जो संस्थागत तथा तकनीकी सुधारों पर आधारित थे। इनका विवरण निम्न प्रकार है
- भूमि सुधार, कृषि सुधार, जैसे कार्यों पर विशेष बल दिया गया तथा कुछ रणनीतियाँ शुरू की गईं।
- सूखा, बाढ़, चक्रवात तथा बीमारी जैसी आपातकालीन परिस्थितियों के लिए फसल बीमा के प्रावधान किए गए। साथ ही किसानों को कम दर पर ऋण सुविधाएँ प्रदान करने के लिए ग्रामीण बैंकों, सहकारी समितियाँ एवं बैंकों की स्थापना की गई।
- किसानों के लिए भारत सरकार ने किसान क्रेडिट कार्ड (के सी सी) एवं व्यक्तिगत दुर्घटना बीमा योजना जैसे कार्यक्रम शुरू किए। छोटे किसान केसीसी द्वारा सस्ती दरों पर ऋण प्राप्त कर सकते हैं।
- आकाशवाणी एवं दूरदर्शन पर किसानों के लिए मौसम की जानकारी से संबंधित समाचार तथा कृषि कार्यक्रम प्रसारित किए जाते हैं।
- किसानों को बिचौलियों एवं दलालों के शोषण से बचाने के लिए न्यूनतम सहायता मूल्य एवं कुछ मुख्य फसलों के लिए लाभदायक खरीद मूल्यों की घोषणा करती है।

स्रोत आधारित प्रश्न

निम्नलिखित स्रोतों को ध्यानपूर्वक पढ़कर उन पर आधारित प्रश्नों के उत्तर दीजिए

1. 'कर्तन दहन प्रणाली' कृषि को मैक्सिको और मध्य अमेरिका में 'मिल्पा', वेनेजुएला में 'कोनुको', ब्राजील में 'रोका', मध्य अफ्रीका में 'मसोले', इंडोनेशिया में 'लदांग' और वियतनाम में 'रे' के नाम से जाना जाता है। भारत में भी यह प्रारंभिक किस्म की खेती अनेक नामों से जानी जाती है; जैसे—मध्य प्रदेश में 'बेबर या दहिया', 'आंध्र प्रदेश में 'पोडु' अथवा 'पेंडा', ओडिशा में 'पामाडाबी' या 'कोमान' या 'बरीगाँ', पश्चिम घाट में 'कुमारी', दक्षिण-पूर्वी राजस्थान में 'वालरे' या 'वाल्टरे', हिमालयन क्षेत्र में 'खिल', झारखंड में 'कुरुवा' और उत्तर पूर्वी प्रदेशों में 'झूम' आदि। **CBSE Term I 2021**

(i) आदिम निर्वाह कृषि किस प्रकार झूमिंग कृषि से संबंधित पाया जाता है?
(a) यह स्थानांतरित कृषि पर आधारित पाया जाता है
(b) यह प्रकृति में गहन होती है
(c) यह वृक्षारोपण खेती पर आधारित है
(d) यह नकदी फसल पर निर्भर करता है

उत्तर (a) यह स्थानांतरित कृषि पर आधारित पाया जाता है

(ii) निम्नलिखित में से कौन-से देश में कर्तन दहन प्रणाली कृषि को 'कोनुको' के नाम से जाना जाता है?
(a) वेनेजुएला (b) ब्राजील
(c) इंडोनेशिया (d) मैक्सिको

उत्तर (a) वेनेजुएला

(iii) निम्नलिखित में से किस देश में 'कर्तन दहन प्रणाली कृषि' को 'रोका' के नाम से जाना जाता है?
(a) मैक्सिको (b) ब्राजील
(c) वेनेजुएला (d) इंडोनेशिया

उत्तर (b) ब्राजील

(iv) झूम कृषि की प्रमुख समस्याओं की पहचान कीजिए
(a) एकल फसल प्रभुत्व (b) आधुनिक आगतें
(c) अधिक खर्च (d) निम्न उत्पादन

उत्तर (d) निम्न उत्पादन

(v) भारत के किस राज्य में कर्तन दहन प्रणाली कृषि को 'बेबर' के नाम से जाना जाता है?
(a) आंध्र प्रदेश (b) मध्य प्रदेश
(c) राजस्थान (d) झारखंड

उत्तर (b) मध्य प्रदेश

(vi) दिए गए सूची I तथा सूची II का सही सुमेलन कीजिए

सूची I	सूची II
A. आंध्र प्रदेश	1. कुरुवा
B. उड़ीसा	2. वालरे
C. राजस्थान	3. पेंडा
D. झारखंड	4. पामाडाबी

कूट

	A	B	C	D
(a)	1	2	3	4
(b)	4	2	3	1
(c)	3	4	2	1
(d)	1	3	2	4

उत्तर (c) 3 4 2 1

2. स्वंतत्रता के पश्चात् देश में संस्थागत सुधार करने के लिए जोतों की चकबंदी, सहकारिता तथा जमींदारी आदि समाप्त करने को प्राथकिता दी गई। प्रथम पंचवर्षीय योजना में भूमि सुधार मुख्य लक्ष्य था। भूमि पर पुश्तैनी अधिकार के कारण यह टुकड़ों में बँटती जा रही थी, जिसकी चकबंदी करना अनिवार्य था। भूमि सुधार के कानून तो बने, परंतु इनके लागू करने में ढील की गई। 1960 और 1970 के दशकों में भारत सरकार ने कई प्रकार के कृषि सुधारों की शुरुआत की। पैकेज टेक्नोलॉजी पर आधारित हरित क्रांति तथा श्वेत क्रांति (ऑपरेशन फ्लड) जैसी कृषि सुधार के लिए कुछ रणनीतियाँ आरंभ की गई थीं, परंतु इसके कारण विकास कुछ क्षेत्रों तक ही सीमित रह गया। इसलिए 1980 तथा 1990 के दशकों में व्यापक भूमि विकास कार्यक्रम शुरू किया गया, जो संस्थागत और तकनीकी सुधारों पर आधारित था। इस दिशा में उठाए गए कुछ महत्त्वपूर्ण कदमों में सूखा, बाढ़, चक्रवात, आग तथा बीमारी के लिए फसल बीमा के प्रावधान और किसानों को कम दर पर ऋण सुविधाएँ प्रदान करने के लिए ग्रामीण बैंकों, सहकारी समितियों और बैंकों की स्थापना सम्मिलित थे।

(i) स्वंतत्रता प्राप्ति के पश्चात् देश में कृषि क्षेत्र में संस्थागत सुधार करने के लिए ··· तथा ··· आदि की समाप्ति पर विशेष बल दिया गया।
(a) हरित क्रांति, चकबंदी
(b) श्वेत क्रांति, जीन क्रांति
(c) जोतों की चकबंदी, जमींदारी
(d) ऑपरेशन फ्लड, पैकेज तकनीकी

उत्तर (c) जोतों की चकबंदी, जमींदारी

(ii) स्वतंत्रता के बाद अपनाई जाने वाली प्रथम पंचवर्षीय योजना के मुख्य लक्ष्यों में क्या शामिल था?
(a) ग्रामीण विद्युतीकरण (b) भूमि सुधार
(c) औद्योगिकीकरण (d) शहरीकरण

उत्तर (b) भूमि सुधार

(iii) 1980 तथा 1990 के दशकों में कौन-सा कार्यक्रम शुरू किया गया, जो मुख्य रूप से संस्थागत और तकनीकों सुधारों पर आधारित था?
(a) भूमि सुधार कार्यक्रम (b) व्यापक भूमि सुधार
(c) व्यापक भूमि विकास कार्यक्रम (d) ऑपरेशन फ्लड

उत्तर (c) व्यापक भूमि विकास कार्यक्रम

(iv) कृषि क्षेत्र में किए गए संस्थागत सुधार तथा तकनीकी सुधारों के संबंध में कौन-सा कथन सही है?
(a) सूखा, बाढ़, चक्रवात, आग तथा बीमारी के लिए फसल बीमा का प्रावधान किया गया
(b) किसानों को कम दर पर ऋण की सुविधा प्रदान करने के लिए बैंकों तथा सहकारी समितियों की स्थापना की गई
(c) किसानों को आवास की सुविधा उपलब्ध कराने के लिए भारत सरकार द्वारा किसान क्रेडिट कार्ड योजना की शुरूआत की गई
(d) किसानों को दलालों तथा बिचौलियों के शोषण से बचाने के लिए भारत सरकार न्यूनतम सहायता मूल्य की घोषणा करती है

उत्तर (c) किसानों को आवास की सुविधा उपलब्ध कराने के लिए भारत सरकार द्वारा किसान क्रेडिट कार्ड योजना की शुरूआत की गई

(v) भारत सरकार ने भारतीय किसानों को सस्ते दरों पर ऋण प्रदान करने के लिए कौन-से बैंक अथवा समितियों की स्थापना की?

(a) ग्रामीण बैंक (b) सहकारी समितियाँ
(c) व्यावसायिक व व्यापारिक बैंक (d) ये सभी

उत्तर (d) ये सभी

(vi) **कथन** (A) 1960-70 के दशकों में भारत सरकार ने कृषि सुधारों की शुरुआत की जिसमें पैकेज टेक्नोलॉजी पर आधारित ऑपरेशन फ्लड जैसी कृषि सुधार की रणनीतियाँ शामिल थीं।

कारण (R) विकास कुछ क्षेत्रों तक सीमित होने के कारण 1980-90 के दशक में व्यापक भूमि विकास कार्यक्रम को शुरू किया गया।

कूट

(a) A और R दोनों सही हैं तथा R, A की सही व्याख्या है
(b) A और R दोनों सही हैं, परंतु R, A की सही व्याख्या नहीं है
(c) A सही है, किंतु R गलत है
(d) A गलत है, किंतु कारण R सही है

उत्तर (b) A और R दोनों सही हैं, परंतु R, A की सही व्याख्या नहीं है

3. कृषि एक प्राथमिक क्रिया है, जो हमारे लिए अधिकांश खाद्यान्न उत्पन्न करती है। खाद्यान्नों के अतिरिक्त यह विभिन्न उद्योगों के लिए कच्चा माल भी पैदा करती है।

इसके अतिरिक्त कुछ उत्पादों; जैसे—चाय, कॉफी, मसाले इत्यादि का भी निर्यात किया जाता है। कृषि हमारे देश की प्राचीन आर्थिक क्रिया है। पिछले हजारों वर्षों के दौरान भौतिक पर्यावरण, प्रौद्योगिकी और सामाजिक-सांस्कृतिक रीति-रिवाजों के अनुसार खेती करने की विधियों में सार्थक परिवर्तन हुआ है। जीवन-निर्वाह खेती से लेकर वाणिज्य खेती तक कृषि के अनेक प्रकार हैं। वर्तमान समय में भारत के विभिन्न भागों में विभिन्न प्रकार के कृषि तंत्र अपनाए गए हैं। इस प्रकार की कृषि भारत के कुछ भागों में अभी भी की जाती है। प्रारंभिक जीवन-निर्वाह कृषि भूमि के छोटे टुकड़ों पर आदिम कृषि औजारों; जैसे—लकड़ी के हल, डाओ और खुदाई करने वाली छड़ी तथा परिवार अथवा समुदाय श्रम की मदद से की जाती है।

(i) भारत को एक कृषि प्रधान देश क्योंकि कहा जाता है? स्पष्ट करें।

उत्तर भारत में कृषि क्षेत्र का सर्वाधिक विस्तार पाया जाता है। इसमें देश के दो-तिहाई लोग संलग्न पाए जाते हैं। भारतीय कृषि खाद्यान्न उत्पादन के अलावा विभिन्न उद्योगों के लिए कच्चे माल का भी उत्पादन करती है।

(ii) भारतीय कृषि की प्रमुख विशेषताओं को उजागर कीजिए।

उत्तर भारतीय कृषि मानसून पर निर्भर है। यहाँ प्रति हेक्टेयर उत्पादन एवं उत्पादकता अधिक पाई जाती है। यह प्राचीन आर्थिक क्रिया है।

(iii) प्रारंभिक जीवन-निर्वाह कृषि की प्रमुख विशेषताओं को स्पष्ट कीजिए।

उत्तर प्रारंभिक जीवन-निर्वाह कृषि भूमि के छोटे टुकड़ों पर की जाती है। इसमें आदिम कृषि औजारों; जैसे—लकड़ी के हल, डाओ और खुदाई करने वाली छड़ी का प्रयोग किया जाता है।

4. स्रोत 'अ' चाय की रोपण कृषि

चाय की खेती रोपण कृषि का एक उदाहरण है। यह एक महत्त्वपूर्ण पेय पदार्थ की फसल है, जिसे शुरुआत में अंग्रेज भारत में लाए थे। आज अधिकतर चाय बागानों के मालिक भारतीय हैं।

स्रोत 'ब' चाय की खेती हेतु आवश्यक दशाएँ

चाय का पौधा उष्ण और उपोष्ण कटिबंधीय जलवायु, ह्यूमस और जीवांश युक्त गहरी मिट्टी तथा सुगम जल निकास वाले ढलवाँ क्षेत्रों में भली-भाँति उगाया जाता है। चाय की झाड़ियों को उगाने के लिए वर्ष भर कोष्ण, नम और पालारहित जलवायु की आवश्यकता होती है। वर्ष भर समान रूप से होने वाली वर्षा की बौछारें इसकी कोमल पत्तियों के विकास में सहायक होती हैं।

स्रोत 'स' चाय के प्रमुख उत्पादक क्षेत्र

चाय के मुख्य उत्पादक क्षेत्रों में असम, पश्चिम बंगाल में दार्जिलिंग और जलपाईगुड़ी जिलों की पहाड़ियाँ, तमिलनाडु और केरल हैं। इनके अतिरिक्त हिमाचल प्रदेश, उत्तराखंड, मेघालय, आंध्र प्रदेश और त्रिपुरा आदि राज्यों में भी चाय उगाई जाती है। वर्ष 2020 में भारत विश्व में चीन के बाद दूसरा बड़ा चाय उत्पादक देश है।

स्रोत 'अ' चाय की रोपण कृषि

(i) चाय की खेती किस प्रकार एक रोपण कृषि है?

उत्तर चाय की खेती ढाल वाली भूमि पर बागानों के रूप में वाणिज्यिक उद्देश्य से की जाती है। यह प्रायः बड़े क्षेत्रों में की जाती है, इसलिए इसे रोपण कृषि कहा जाता है। यह एक महत्त्वपूर्ण पेय पदार्थ है, जिसे औपनिवेशिक काल में अंग्रेजों द्वारा भारत में लाए गए थे।

स्रोत 'ब' चाय की खेती हेतु आवश्यक दशाएँ

(ii) चाय की खेती के लिए कौन-सी आवश्यक दशाएँ महत्त्वपूर्ण होती हैं? उल्लेख कीजिए।

उत्तर चाय की खेती के लिए अनुकूल जलवायु, ह्यूमस युक्त मिट्टी तथा सुगम जल निकास वाली ढलवाँ भूमि आवश्यक होती है। इसके लिए वर्षभर कोष्ण, नम और पालारहित जलवायु की आवश्यकता होती है।

स्रोत 'स' चाय के प्रमुख उत्पादक क्षेत्र

(iii) भारत के किन क्षेत्रों में चाय की खेती बड़े स्तर पर की जाती है? विवरण दीजिए।

उत्तर भारत में मुख्य रूप से चाय की खेती पूर्वोत्तर राज्यों तथा दक्षिण भारत की पहाड़ियों पर की जाती है। भारत में चाय के मुख्य उत्पादक क्षेत्र असम, पश्चिम बंगाल में दार्जिलिंग और जलपाईगुड़ी जिलों की पहाड़ियाँ, तमिलनाडु तथा केरल है।

मानचित्र आधारित प्रश्न

1. नीचे दिए गए भारत के मानचित्र पर पाँच बिंदुओं को दर्शाया गया है। दी गई सूचनाओं के आधार पर इन बिंदुओं का नाम लिखिए

(i) गेहूँ का एक प्रमुख उत्पादक राज्य
(ii) सर्वाधिक जूट उत्पादक राज्य
(iii) चावल का एक प्रमुख उत्पादक राज्य
(iv) कपास उत्पादक राज्य

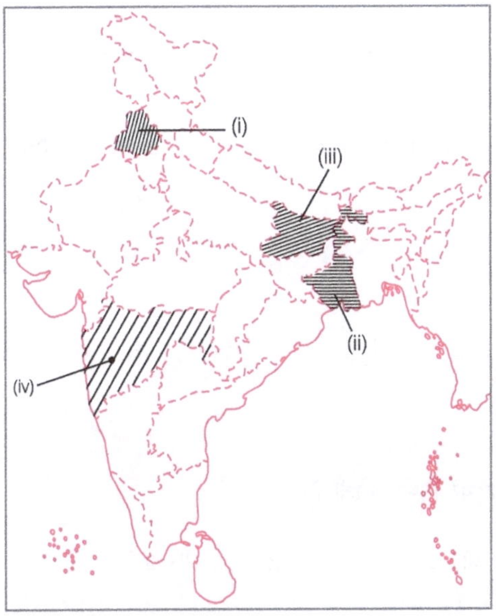

उत्तर

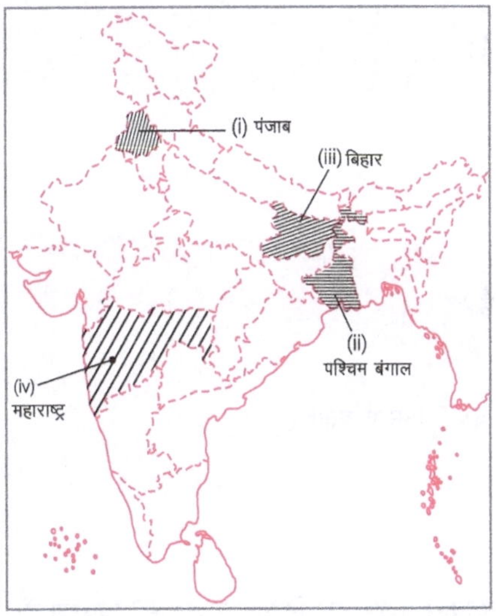

2. नीचे दिए मानचित्र पर पाँच बिंदुओं को दर्शाया गया है। दी गई सूचनाओं के आधार पर इनका नाम लिखिए

(i) गन्ने का उत्पादक राज्य
(ii) कॉफी उत्पादक क्षेत्र
(iii) चाय उत्पादक क्षेत्र
(iv) रबड़ उत्पादक राज्य

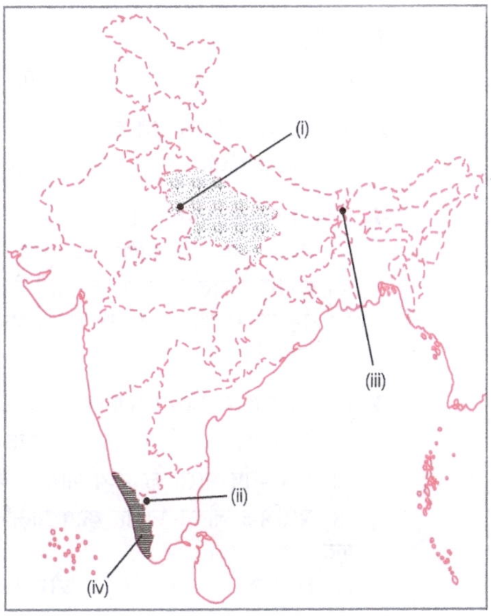

उत्तर

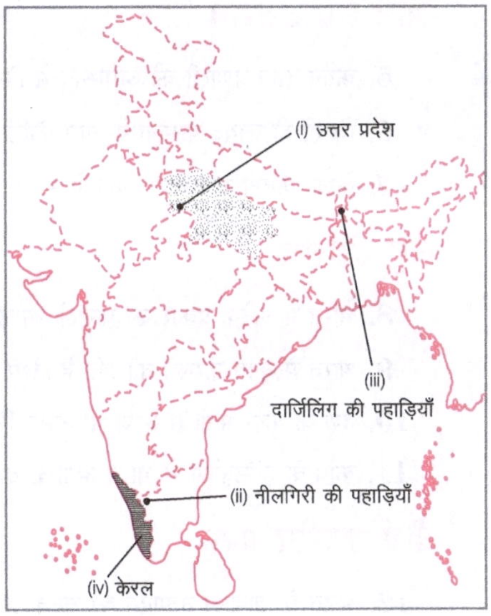

स्वयं को जाँचें

वस्तुनिष्ठ प्रश्न

1. ऑस, अमन, बोरो है

(a) धान (b) गेहूँ (c) मक्का (d) बाजरा

2. भू-दान आंदोलन से जुड़े हैं

(a) महात्मा गाँधी (b) गोपालकृष्ण गोखले (c) विनोबा भावे (d) रामचंद्र सिंह

3. सत्य कथन को पहचानिए

(a) रोपण कृषि एक वाणिज्यिक कृषि है

(b) खरीफ फसलें मानसून के जाने के बाद बोई जाती हैं

(c) गेहूँ भारत की पहली महत्त्वपूर्ण फसल है

(d) मूँगफली रबी की फसल है

4. निम्न कथनों पर विचार कीजिए

1. कृषि कार्य प्राथमिक क्रिया के अंतर्गत आती है।
2. झूम कृषि भारत के मध्य भाग में की जाती है।
3. प्रारंभिक जीवन-निर्वाह कृषि प्राकृतिक मृदा की उर्वरता पर निर्भर करती है।

कूट

(a) केवल 2 (b) 1 और 3 (c) 2 और 3 (d) 1, 2 और 3

अति लघु उत्तरीय प्रश्न

5. कर्तन दहन प्रणाली को अमेरिका में किस नाम से जाना जाता है?

6. किन्हीं दो जायद फसलों के नाम लिखिए।

7. केला कितनी वर्षा वाले भागों में उगाया जाता है?

लघु उत्तरीय प्रश्न

8. भारत में अनेक प्रकार की फसलों के उत्पादन के क्या कारण हैं?

9. भारत में कृषि फसलों की प्रति हेक्टेयर उपज कम क्यों है?

10. देश के कुछ भागों में आज भी आत्म निर्वाह कृषि प्रचलित है, क्यों? कारण बताइए।

11. कृषि के दृष्टिकोण से भारत अनोखा देश है। कैसे? स्पष्ट करें।

दीर्घ उत्तरीय प्रश्न

12. भारत में खाद्यान्न उत्पादन की घटती प्रवृत्ति की समस्या का हम किस प्रकार हल निकाल सकते हैं? विवरण दें।

13. भारतीय कृषि की चार समस्याओं का वर्णन करें।

अध्याय
05

खनिज तथा ऊर्जा संसाधन

खनिज क्या है?

भू-वैज्ञानिकों के अनुसार, खनिज एक प्राकृतिक रूप से विद्यमान समरूप (Homogeneous) तत्त्व है, जिसकी एक निश्चित आंतरिक संरचना (Internal Structure) होती है। खनिज प्रकृति में अनेक रूपों में पाए जाते हैं। खनिजों का उपयुक्त शोधन करके ही धातुएँ निकाली जाती हैं। चट्टानें खनिजों का संयोजन हैं। कुछ चट्टानें केवल एक ही खनिज से निर्मित होती हैं, परंतु अधिकांश चट्टानें विभिन्न अनुपातों के अनेक खनिजों का योग होती हैं।

खनिजों के तत्त्वों के निर्माण में उस समय की भौतिक और रासायनिक परिस्थितियों का प्रभाव देखने को मिलता है, जिसके परिणामस्वरूप खनिजों में विविध रंग, कठोरता, चमक, घनत्व (Density) तथा विविध क्रिस्टल पाए जाते हैं। खनिज प्रकृति में विभिन्न रूपों में पाए जाते हैं; जैसे—कठोर हीरे से लेकर कोमल पाउडर (Talc) तक।

भूगोलविद् स्थलाकृतियों की उचित जानकारी हेतु खनिजों का अध्ययन भू-पृष्ठ (Earth-Crust) के एक अंश के रूप में करते हैं। भूगोलवेत्ता खनिज संसाधनों के वितरण व खनिजों से संबंधित आर्थिक क्रियाओं में अधिक रुचि रखते हैं। ये खनिजों की निर्माण प्रक्रिया व आयु तथा खनिजों के भौतिक व रासायनिक संगठन से संबंधित विषयों का अध्ययन करते हैं।

दैनिक जीवन में उपयोग की जाने वाली वस्तुएँ खनिज निर्मित होती हैं। उदाहरण के लिए; टूथपेस्ट में सिलिका, चूना-पत्थर, फॉस्फेट जैसे खनिजों का प्रयोग किया जाता है। हमारे शरीर के लिए खनिज महत्त्वपूर्ण व आवश्यक है। यह सभी आर्थिक क्रियाविधि का आधार है। पृथ्वी का स्वरूप, संरचना व आयु ज्ञात करने के लिए भी खनिजों का अध्ययन किया जाता है।

अध्याय एक नजर में

- *खनिज क्या है?*
- *खनिजों का वर्गीकरण*
- *खनिजों का संरक्षण*
- *ऊर्जा संसाधन*
- *ऊर्जा के परंपरागत स्रोत*
- *ऊर्जा के गैर-परंपरागत स्रोत*
- *ऊर्जा संसाधनों का संरक्षण*

खनिजों की उपलब्धता

खनिज प्राय: **अयस्कों** (Ores) में पाए जाते हैं। अयस्क शब्द का प्रयोग खनिज में अन्य अवयवों या तत्त्वों के मिश्रण या संचयन के लिए किया जाता है। खनिजों के खनन की सुविधा इनके निर्माण व संरचना पर निर्भर है। खनिज निम्न शैल समूहों में पाया जाता है

- **शिरा एवं परत** (Veins and Lodes) खनिज आग्नेय (Igneous) तथा कायांतरित (Metamorphic) चट्टानों की दरारों, जोड़ों व भ्रंशों में मिलते हैं। खनिजों का छोटा जमाव शिराओं के रूप में तथा वृहत जमाव परत के रूप में होता है। इनका निर्माण उस समय होता है, जब ये तरल अथवा गैसीय अवस्था में

दरारों के सहारे भू-पृष्ठ (Earth's Surface) की ओर धकेले जाते हैं। ऊपर आते हुए ये ठंडे होकर जम जाते हैं। मुख्य धात्विक खनिज; जैसे—जस्ता, ताँबा, जिंक और सीसा आदि इसी तरह जमाव व शिराओं में प्राप्त होते हैं।

- **परत या संस्तर** (Beds or Layers) कुछ खनिज अवसादी (Sedimentary) चट्टानों की परतों या संस्तरों में पाए जाते हैं। इनका निर्माण क्षैतिज परतों (Horizontal Layers) में निक्षेपण (Deposition), संचयन (Accumulation) एवं जमाव के कारण होता है। कोयला तथा अन्य लौह अयस्कों का निर्माण ऊष्मा व दबाव की लम्बी प्रक्रिया का परिणाम है। अवसादी चट्टानों में जिप्सम, पोटाश, नमक व सोडियम खनिज उपस्थित हैं, जिनका निर्माण वाष्पीकरण के द्वारा होता है।
- **धरातलीय चट्टानों का अपघटन** (Decomposition of Surface Rock) कुछ खनिजों का निर्माण धरातलीय चट्टानों के अपघटन से होता है, क्योंकि चट्टानों के घुलनशील तत्त्वों के अपरदन के पश्चात् अयस्क वाली अविष्ट चट्टान रह जाती है। बॉक्साइट का निर्माण इसी प्रकार होता है।
- **जलोढ़ जमाव** कुछ खनिज पहाड़ियों के आधार तथा घाटी तल के रेत में, जलोढ़ जमाव के रूप में पाए जाते हैं। इन्हें प्लेसर निक्षेप (Placer Deposits) के रूप में भी जाना जाता है। इन खनिजों में सोना, चाँदी, टिन व प्लेटिनम प्रमुख हैं।
- **महासागरीय जल** महासागरीय जल (Ocean Water) में खनिज विशाल मात्रा में पाए जाते हैं। साधारण नमक, मैग्नीशियम और ब्रोमाइन समुद्री जल से ही प्राप्त किए जाते हैं।

रैट होल खनन

जोवाई व चेरापूँजी में कोयले का खनन एक लंबी संकीर्ण सुरंग के रूप में किया जाता है, जिसे रैट होल खनन कहते हैं। नेशनल ग्रीन ट्रिब्यूनल ने इन क्रियाकलापों को अवैध घोषित किया है। भारत में अधिकांश खनिज राष्ट्रीयकृत हैं और इनका निष्कर्षण सरकारी अनुमति के पश्चात् ही संभव है। उत्तर-पूर्वी भारत के अधिकतर जनजातीय क्षेत्रों में खनिजों का स्वामित्व व्यक्तिगत व समुदायों को प्राप्त है। मेघालय में कोयला, लौह-अयस्क, चूना-पत्थर व डोलोमाइट के विशाल निक्षेप पाए जाते हैं।

भारत में खनिजों का वितरण

भारत अच्छे और विविध प्रकार के खनिज संसाधनों से परिपूर्ण है, परंतु इनका वितरण बहुत ही असमान है।

भारत में खनिजों में विभिन्नताएँ पाई जाती हैं। ये विभिन्नताएँ खनिजों की रचना में अंतरग्रस्त भू-गर्भिक संरचना, प्रक्रियाओं और समय के कारण हैं।

भारत में खनिजों का वितरण निम्न प्रकार है

- **प्रायद्वीपीय चट्टानें** (Peninsular Plateau) इनमें कोयला, धात्विक खनिज, अभ्रक व अन्य अधात्विक खनिजों के अधिकतर भंडार संचित हैं। भारत के विभिन्न हिस्सों में देखा जा सकता है; जैसे—
  (i) **गुजरात एवं असम** (Gujarat and Assam) प्रायद्वीप के पश्चिम और पूर्वी पार्श्वों पर गुजरात और असम की तलछटी चट्टानों में अधिकांश खनिज तेल निक्षेप पाए जाते हैं।
  (ii) **राजस्थान** (Rajasthan) अनेक अलौह खनिज प्रायद्वीपीय शैल क्रम के साथ राजस्थान में पाए जाते हैं।
  (iii) **उत्तरी मैदान** (Northern Plains) उत्तरी भारत के विशाल जलोढ़ मैदान में खनिज की न्यूनता अथवा अभाव पाया जाता है।

चेक प्वॉइंट 01

1. *चट्टानें किसका संयोजन हैं?*
2. *पृथ्वी का स्वरूप व संरचना ज्ञात करने के लिए किसका अध्ययन किया जाता है?*
3. *साधारण नमक, मैग्नीशियम और ब्रोमाइन कहाँ से प्राप्त किए जाते हैं?*
4. *खनिज की न्यूनता अथवा अभाव कहाँ पाया जाता है?*

खनिजों का वर्गीकरण

खनिजों को **धात्विक खनिज** (Metallic Mineral), अधात्विक खनिज (Non-metallic Mineral) तथा ऊर्जा खनिज (Energy Mineral) में वर्गीकृत किया जाता है

खनिज
- **धात्विक**
  - **लौह धातु** (Ferrous) (जिसमें लोहे का अंश हो) लौह अयस्क, मैंगनीज, निकेल व कोबाल्ट आदि।
  - **अलौह धातु** (Non-Ferrous), ताँबा, सीसा, जस्ता व बॉक्साइट आदि।
  - **बहुमूल्य खनिज** (Precious) सोना, चाँदी, प्लेटिनम आदि।
- **अधात्विक** अभ्रक, नमक, पोटाश, सल्फर, चूनाश्म/चूना-पत्थर, संगमरमर तथा बलुआ पत्थर
- **ऊर्जा खनिज** कोयला, पेट्रोलियम तथा प्राकृतिक गैस

खनिजों का वितरण

अयस्क में खनिज का सांद्रण, उत्खनन की सुगमता और बाजार की निकटता, किसी संचय की आर्थिक जीव्यता को प्रभावित करने में महत्त्वपूर्ण भूमिका निभाते हैं। अत: माँग की पूर्ति के लिए अनेक संभव विकल्पों में से चयन करना पड़ता है।

धात्विक खनिज

वे खनिज, जिनमें लौह के अंश पाए जाते हैं, धात्विक खनिज कहलाते हैं; जैसे—सोना, चाँदी, टंगस्टन आदि। ये दो प्रकार के होते हैं

(i) लौह खनिज

- लोहे के अंश वाले खनिज, लौह खनिज कहलाते हैं। लौह खनिज धात्विक खनिजों के कुल उत्पादन मूल्य का तीन-चौथाई हिस्सा है।
- भारत अपनी माँग को पूरा करने के पश्चात् बड़ी मात्रा में धात्विक खनिजों का निर्यात करता है। ये खनिज **धातु शोधन उद्योग** (Metallurgical Industry) के विकास को मजबूत आधार प्रदान करते हैं।
- लौह खनिजों को लौह-अयस्क एवं मैंगनीज में विभाजित किया जाता है

लौह-अयस्क

- लौह-अयस्क एक आधारभूत खनिज है, जो भारत के औद्योगिक विकास की रीढ़ है। भारत में उच्च कोटि के लौह-अयस्क के भंडार हैं।
- सर्वोत्तम प्रकार का लौह-अयस्क **मैग्नेटाइट** है, जिसमें 70% से अधिक लोहांश पाया जाता है। इसमें सर्वश्रेष्ठ चुंबकीय गुण होते हैं, जो विद्युत उद्योगों में विशेष उपयोगी होते हैं।
- **हेमेटाइट** में लोहांश की मात्रा 50-60% पाई जाती है। यह महत्त्वपूर्ण औद्योगिक लौह-अयस्क है, जिसका अधिकतम मात्रा में उपयोग होता है, किंतु इसमें लोहांश की मात्रा मैग्नेटाइट की अपेक्षा थोड़ी-सी कम है।
- वर्ष 2018-19 में लौह-अयस्क का लगभग 97% उत्पादन ओडिशा, छत्तीसगढ़, कर्नाटक और झारखण्ड से प्राप्त हुआ है तथा शेष 3% अन्य राज्यों से प्राप्त हुआ है।

भारत में लौह-अयस्क की पेटियाँ

भारत में लौह-अयस्क की प्रमुख पेटियों का विवरण निम्नलिखित है

- **ओडिशा-झारखंड पेटी** (Odisha-Jharkhand Belt) ओडिशा के मयूरभंज व केंदुझार जिलों के बादाम पहाड़ से उच्च कोटि का हेमेटाइट लौह-अयस्क निकाला जाता है। इसी के पास झारखंड के सिंहभूम जिले में गुआ और नोआमुंडी से हेमेटाइट का खनन किया जाता है।
- **दुर्ग-बस्तर-चंद्रपुर पेटी** (Durg-Bastar-Chandrapur Belt) इस पेटी के अंतर्गत छत्तीसगढ़ और महाराष्ट्र राज्य के क्षेत्र आते हैं। छत्तीसगढ़ के बस्तर जिले में अवस्थित **बैलाडीला पहाड़ी** में उच्च किस्म का हेमेटाइट पाया जाता है। इसमें उच्च गुणवत्ता के लौह के 14 भंडार मिलते हैं। इसमें इस्पात बनाने के लिए सर्वश्रेष्ठ भौतिक गुण विद्यमान हैं। इन खदानों का लौह-अयस्क विशाखापत्तनम पत्तन से जापान तथा दक्षिणी कोरिया को निर्यात किया जाता है।
- **बेल्लारी-चित्रदुर्ग, चिक्कमंगलुरु-तुमकुरु पेटी** (Ballari-Chitradurga, Chikkamagaluru-Tumakuru Belt) कर्नाटक की इस पेटी में लौह-अयस्क विशाल मात्रा में संचित है। कर्नाटक में पश्चिमी घाट में अवस्थित कुद्रेमुख की खानें शत-प्रतिशत लौह अयस्क की निर्यात इकाई हैं। कुद्रेमुख निक्षेप संसार के सबसे बड़े निक्षेपों में से एक है।

  इस पेटी में लौह-अयस्क कर्दम (Slurry) के रूप में पाइपलाइन द्वारा मँगलुरु पत्तन के निकट पहुँचाया जाता है।
- **महाराष्ट्र-गोवा पेटी** (Maharashtra-Goa Belt) यह महाराष्ट्र के रत्नागिरि जिले और गोवा में स्थित है। यहाँ के लौह-अयस्क की गुणवत्ता निम्न कोटि की होती है। इसका **मार्मागाओ** पत्तन से निर्यात किया जाता है।

मैंगनीज

- मैंगनीज का प्रयोग मुख्य रूप से इस्पात के विनिर्माण में किया जाता है। एक टन इस्पात बनाने में लगभग 10 किग्रा मैंगनीज की आवश्यकता होती है।
- मैंगनीज का उपयोग कीटनाशक, ब्लीचिंग पाउडर और पेंट बनाने में होता है। उड़ीसा मैंगनीज का सबसे बड़ा उत्पादक राज्य है वर्ष 2000-01 में देश के कुल उत्पादन का एक-तिहाई भाग यहाँ से प्राप्त हुआ।

(ii) अलौह खनिज

- ऐसे खनिज, जिनमें लौह तत्त्व नहीं पाए जाते हैं, अलौह खनिज कहलाते हैं। भारत में अलौह खनिज के सीमित भंडार हैं।
- इसमें ताँबा, बॉक्साइट, सीसा और सोना जैसे खनिज आते हैं। अलौह खनिजों का उपयोग धातु शोधन, इंजीनियरिंग तथा विद्युत उद्योगों में होता है। अलौह खनिज में ताँबा और बॉक्साइट का वर्णन इस प्रकार है

ताँबा

- ताँबा अपने उत्कृष्ट विद्युत चालकता (Electrical Conductivity) के गुण के कारण एक महत्त्वपूर्ण खनिज है। ताँबे का उपयोग बिजली के तार बनाने, इलेक्ट्रॉनिक्स एवं रसायन उद्योग में किया जाता है।
- मध्य प्रदेश का **बालाघाट**, झारखंड का **सिंहभूम** और राजस्थान का **खेतड़ी** भारत में इसके प्रमुख उत्पादक क्षेत्र हैं।

बॉक्साइट

- बॉक्साइट निक्षेपों की रचना एल्युमीनियम सिलिकेटों से समृद्ध व्यापक भिन्नता वाली चट्टानों के विघटन से होती है।
- बॉक्साइट एक क्ले (चिकनी मिट्टी) के समान दिखने वाला पदार्थ है, जिससे एल्यूमिना को अलग किया जाता है। बाद में यह एल्यूमिना, एल्युमीनियम के रूप में परिवर्तित हो जाता है।
- एल्युमीनियम अपनी मजबूती और कम भार के लिए जाना जाता है।
- भारत में बॉक्साइट मुख्यतः **अमरकंटक पठार**, **मैकाल की पहाड़ियाँ** तथा **बिलासपुर-कटनी** के पठारी प्रदेश में पाया जाता है।
- भारत में **ओडिशा** बॉक्साइट का सबसे बड़ा उत्पादक राज्य है।
- कोरापुट जिले के पंचपतमाली निक्षेप ओडिशा का सबसे महत्त्वपूर्ण बाक्साइट केंद्र है।

अधात्विक खनिज

अधात्विक खनिज की मुख्य विशेषता यह है कि इसके गलने के पश्चात् किसी नए उत्पाद का निर्माण नहीं होता है। ये सामान्यः परतदार चट्टानों से निर्मित होते हैं; जैसे—ग्रेनाइट, सेनस्टॉन आदि। अभ्रक एक महत्त्वपूर्ण अधात्विक खनिज है।

अभ्रक

- इसका विद्युत व इलेक्ट्रॉनिक उद्योगों में अधिक उपयोग होता है, क्योंकि यह परावैद्युत शक्ति से संपन्न व उच्च वोल्टेज का प्रतिरोधी होता है।
- अभ्रक प्लेटों अथवा पत्रण क्रम (Plate or Leaves) के रूप में पाया जाता है, जिसे चादरों (Sheets) के रूप में आसानी से विभाजित (Split) किया जा सकता है। अभ्रक मुख्यतः काला, हरा, लाल, पीला, भूरा तथा अपारदर्शी होता है।
- भारत में अभ्रक का निक्षेप **छोटानागपुर पठार** के उत्तरी पठारी किनारों विशेषकर बिहार व झारखंड की कोडरमा-गया-हजारीबाग की पेटी में पाया जाता है।
- राजस्थान में अजमेर और आंध्र प्रदेश में **नेल्लोर** अन्य अभ्रक उत्पादक क्षेत्र हैं।

खनन के खतरे

खनन एक खतरनाक उद्योग है। इसे निम्न कारणों से एक घातक उद्योग माना जाता है

- जल भराव और छतों के गिरने की समस्या के कारण खदानों में जान जाने की संभावना बनी रहती है।
- खदानों से निकलने वाले घोल/गारा (Slurry) से कृषि क्षेत्र और सड़क क्षतिग्रस्त हो जाते हैं। मृदा अपरदन (Soil Erosion) होता है और सरिताओं व नदियों का प्रदूषण बढ़ता है।
- इससे श्रमिकों में श्वास व फेफड़े संबंधी रोग की समस्या बढ़ जाती है।

चट्टानी खनिज

चूना-पत्थर अधिकांश अवसादी चट्टानों में पाया जाता है। यह कैल्शियम या कैल्शियम कार्बोनेट तथा मैग्नीशियम कार्बोनेट से बनी चट्टानों में पाया जाता है। इसका प्रयोग लौह प्रगलन की भट्टियों में भी किया जाता है। यह सीमेंट उद्योग का आधारभूत कच्चा माल होता है। भारत में राजस्थान चूना-पत्थर का सबसे बड़ा उत्पादक है, जहाँ वर्ष 2018-19 में 20% का उत्पादन हुआ था।

खनिजों का संरक्षण

खनिज निर्माण की भूगर्भिक प्रक्रियाएँ इतनी धीमी हैं कि उनके वर्तमान उपयोग की दर की तुलना में उनके पुनर्भरण की दर अपरिमित रूप से थोड़ी है। खनिज संसाधन सीमित और गैर-नवीकरणीय (Non-Renewable) हैं, इसलिए हमें खनिज संसाधनों को संरक्षित करने की आवश्यकता है। इन्हें निम्न माध्यमों द्वारा संरक्षित किया जा सकता है

- खनिज संसाधनों को सुनियोजित एवं सतत पोषणीय ढंग (Sustainable Manner) से प्रयोग करके संरक्षित कर सकते हैं।
- निम्न कोटि के अयस्कों का कम लागतों पर प्रयोग करने के लिए उन्नत तकनीकों का विकास करते रहना होगा।
- संसाधनों की उपलब्धता के लिए धातुओं के पुनर्चक्रण, व्यर्थ धातुओं के प्रयोग तथा अन्य प्रतिस्थापन उपायों पर बल देना चाहिए।

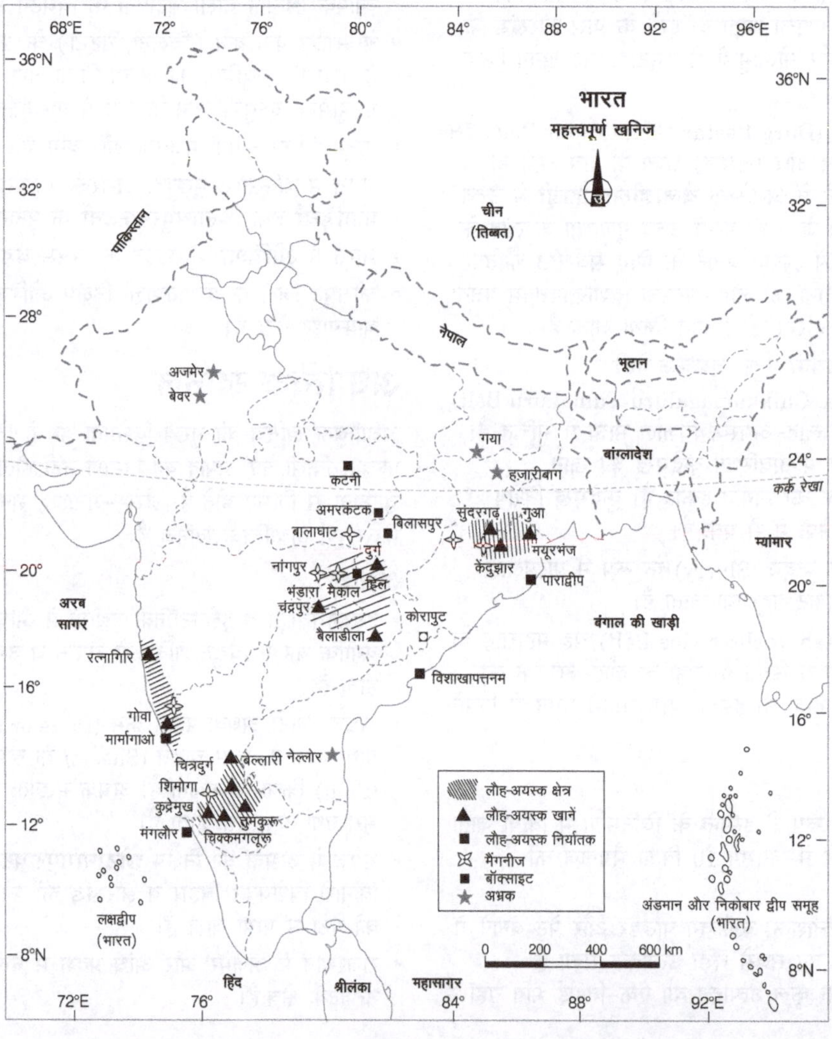

चेक प्वॉइंट 02

1. *धात्विक खनिज कितने प्रकार के होते हैं?*
2. *सर्वोत्तम प्रकार का लौह-अयस्क कौन-सा है?*
3. *ताँबे के उत्पादक क्षेत्र कौन कौन-से हैं?*
4. *चूना-पत्थर कहाँ पर पाया जाता है?*

ऊर्जा संसाधन

जिन संसाधनों का उद्योगों को चलाने के लिए शक्ति के रूप में उपयोग किया जाता है, उन्हें ऊर्जा संसाधन कहते हैं। ईंधन खनिज; जैसे—कोयला, पेट्रोलियम, प्राकृतिक गैस, यूरेनियम आदि से ऊर्जा का उत्पादन किया जाता है। ऊर्जा संसाधनों को **पारंपरिक** और **गैर-पारंपरिक** स्रोतों में वर्गीकृत किया जाता है, जिनका वर्णन निम्न प्रकार है

- **ऊर्जा के परंपरागत साधन** (Conventional Sources) इनमें ईंधन, लकड़ी, कोयला, पेट्रोलियम, प्राकृतिक गैस तथा विद्युत आदि सम्मिलित हैं। इनके पुन: निर्माण में हजारों वर्ष लग जाते हैं। अत: ये प्रकृति में सीमित और अनवीकरणीय होते हैं।
- **ऊर्जा के गैर-परंपरागत साधन** (Non-Conventional Sources) इनमें सौर ऊर्जा, पवन ऊर्जा, बायोगैस, भू-तापीय ऊर्जा, ज्वारीय ऊर्जा और परमाणु ऊर्जा आदि सम्मिलित हैं। ये स्वतंत्र रूप में पाए जाते हैं। ये प्रकृति में अटूट (Inexhaustible) और नवीकरणीय संसाधन हैं।

ऊर्जा के परंपरागत स्रोत

ऊर्जा के कुछ परंपरागत स्रोत निम्न प्रकार हैं

कोयला

भारत में कोयला अधिक मात्रा में पाया जाने वाला जीवाश्म ईंधन (Fossil fuel) है। यह देश की ऊर्जा आवश्यकताओं का महत्त्वपूर्ण भाग प्रदान करता है। भारत अपनी वाणिज्यिक ऊर्जा आवश्यकताओं की पूर्ति हेतु कोयले पर निर्भर है।

कोयला भारी उद्योगों और ताप विद्युत संयंत्रों के लिए कच्चा माल (Raw Material) है। कोयले का भार अधिक होता है, जिसके कारण भारी उद्योग तथा ताप विद्युत संयंत्र कोयला क्षेत्रों अथवा उनके निकट स्थापित किए जाते हैं। इसका उपयोग ऊर्जा उत्पादन, उद्योगों की पूर्ति और घरेलू आवश्यकताओं के लिए भी किया जाता है।

कोयले का निर्माण पादप पदार्थों के लाखों वर्षों तक संपीडन (Compression) अर्थात् दबे रहने के कारण हुआ है, इसलिए संपीडन की मात्रा, गहराई और दबने के समय के आधार पर कोयला अनेक रूपों में पाया जाता है, जो निम्न प्रकार हैं

- **पीट कोयला** इसमें कम कार्बन एवं कम ताप तथा उच्च मात्रा में नमी पाई जाती है।
- **लिग्नाइट कोयला** यह निम्न कोटि का एक भूरा एवं मुलायम कोयला होता है, जिसमें नमी की मात्रा बहुत अधिक होती है। इसका प्रयोग विद्युत उत्पादन में किया जाता है। इसके प्रमुख भंडार तमिलनाडु के नैवेली में मिलते हैं।
- **बिटुमिनस कोयला** इसका निर्माण गहराई में दबने तथा अधिक तापमान से प्रभावित होने से होता है। धातु शोधन में उच्च कोटि के बिटुमिनस कोयले का प्रयोग किया जाता है, जिसका लोहे के प्रगलन में भी विशेष महत्त्व होता है।
- **एंथ्रेसाइट कोयला** यह उच्च कोटि का कोयला है, जिसमें कठोरता पाई जाती है।

भारत में कोयले का वितरण

भारत में कोयला दो मुख्य भू-गर्भिक युगों के शैल क्रम में पाया जाता है

- **गोंडवाना कोयला** (Gondwana Coal) इसका निर्माण लगभग 200 लाख वर्ष पूर्व हुआ था। गोंडवाना कोयले के प्रमुख संसाधन दामोदर घाटी (पश्चिम बंगाल तथा झारखंड) में स्थित हैं। झरिया, रानीगंज और बोकारो इस क्षेत्र की प्रमुख कोयला खदानें हैं।
- इस प्रकार का कोयला गोदावरी, महानदी, सोन व वर्धा नदी घाटियों में भी मिलता है।
- **टर्शियरी कोयला** (Tertiary Coal) इसका निर्माण लगभग 55 लाख वर्ष पहले हुआ था। यह कोयला उत्तर-पूर्वी राज्यों मेघालय, असम, अरुणाचल प्रदेश व नागालैंड में पाया जाता है।
- कोयला स्थूल पदार्थ है, जिसका प्रयोग करने पर भार घटता है, क्योंकि यह राख में परिवर्तित हो जाता है। इसी कारण भारी उद्योग कोयला क्षेत्रों के निकट स्थापित किए जाते हैं।

पेट्रोलियम

- पेट्रोलियम को खनिज तेल और **तरल सोना** भी कहा जाता है। यह कोयले के पश्चात् भारत में उपयोग (अनेक उत्पादों; जैसे—डीजल, पेट्रोल, केरोसिन आदि में परिवर्तित करने के पश्चात्) होने वाला दूसरा प्रमुख ऊर्जा स्रोत है। यह मुख्यत: ईंधन के रूप में प्रयोग किया जाता है।
- पेट्रोलियम रिफाइनरी से वस्त्र, उर्वरक और रसायन उद्योग के लिए कच्चा माल और लुब्रिकैंट (Lubricant) प्राप्त किए जाते हैं।

भारत में पेट्रोलियम की उपस्थिति

- भारत में पेट्रोलियम की प्राकृतिक उपस्थिति से संबंधित घटनाएँ टर्शियरी युग की शैल संरचनाओं की अपनति (Anticlines) अर्थात् एक-दूसरे के विपरीत दिशा में झुकी भू-परतें व भ्रंश ट्रैपों से जुड़ी हैं।
- यह वलन, अपनति और गुंबदों वाले प्रदेशों में वहाँ पाया जाता है, जहाँ उद्‌वलन के शीर्ष में तेल ट्रैप होता है।
- तेलधारक परत, सरंध्र चूना-पत्थर या बालू पत्थर की होती है, जिसमें से तेल प्रवाहित हो सकता है। मध्यवर्ती असरंध्र परतें तेल को ऊपर उठने व नीचे गिरने से रोकती हैं।
- पेट्रोलियम सरंध्र और असरंध्र चट्टानों के बीच भ्रंश ट्रैप में भी पाया जाता है। प्राकृतिक गैस हल्की होने के कारण खनिज तेल के ऊपर पाई जाती है।
- भारत में मुख्यत: पेट्रोलियम मुंबई हाई, गुजरात और असम से प्राप्त किया जाता है। अंकलेश्वर गुजरात का सबसे महत्त्वपूर्ण तेल उत्पादक क्षेत्र है।
- असम भारत का सबसे पुराना तेल उत्पादक राज्य है। इसके प्रमुख उत्पादक क्षेत्र **डिग्बोई, नहरकटिया** व **मोरन-हुगरीजन** हैं।

प्राकृतिक गैस

- प्राकृतिक गैस एक महत्त्वपूर्ण स्वच्छ ऊर्जा संसाधन है। यह जलने पर कम कार्बन और प्रदूषक उत्पन्न करती है। यह पेट्रोलियम के साथ अथवा अलग भी पाई जाती है। कोयला और पेट्रोलियम उत्पादों की तुलना में यह हानिकारक गैसों और अन्य प्रदूषकों के कम उत्सर्जन के साथ जलती है।
- इसे ऊर्जा के एक साधन के रूप में तथा पेट्रो रसायन उद्योग के एक औद्योगिक कच्चे माल के रूप में प्रयोग किया जाता है।
- ऊर्जा और उर्वरक उद्योग प्राकृतिक गैस के प्रमुख प्रयोक्ता हैं। गाड़ियों में तरल ईंधन का संपीडित प्राकृतिक गैस (Compressed Natural Gas, CNG) से प्रतिस्थापन हो रहा है, जो बहुत लोकप्रिय है।

प्राकृतिक गैस की उपलब्धता

- भारत में वर्तमान में **कृष्णा-गोदावरी** नदी बेसिन में प्राकृतिक गैस के विशाल भंडार खोजे गए हैं।
- यह पश्चिमी तट के साथ मुंबई हाई और सन्निकट क्षेत्रों, खंभात की खाड़ी तथा अंडमान-निकोबार द्वीप समूह वाले तेल क्षेत्र में भी उपलब्ध है।

विद्युत

आधुनिक विश्व में विद्युत के प्रतिव्यक्ति उपभोग को विकास का सूचक माना जाता है। भारत में विद्युत दो प्रकार से उत्पन्न की जाती है

(i) परंपरागत रूप से **जीवाश्म ईंधन** (कोयला, पेट्रोलियम, प्राकृतिक गैस आदि) के जलने से विद्युत (तापीय ऊर्जा) का उत्पादन होता है। ताप विद्युत गृह अनवीकरण योग्य जीवाश्म ईंधन का प्रयोग कर विद्युत उत्पन्न करते हैं।

(ii) जल-विद्युत के सहयोग से गैर-परंपरागत तरीकों द्वारा बिजली का उत्पादन (Hydro Electricity) किया जाता है। यह एक प्रदूषण रहित ऊर्जा स्रोत है, जिससे संपूर्ण भारत में बिजली प्राप्त की जा रही है। भाखड़ा-नाँगल परियोजना, दामोदर घाटी परियोजना व कोयली जल-विद्युत परियोजना आदि विद्युत उत्पन्न करती हैं।

ऊर्जा के गैर-परंपरागत स्रोत

गैर-नवीकरणीय संसाधनों का अत्यधिक उपयोग नई पर्यावरणीय समस्याओं को जन्म देता है। नवीकरण योग्य ऊर्जा संसाधनों; जैसे– सौर ऊर्जा, पवन ऊर्जा, ज्वारीय ऊर्जा, जैविक ऊर्जा तथा अवशिष्ट पदार्थों जनित ऊर्जा के उपयोग की बहुत जरूरत है। अत: आवश्यक है कि नवीकरणीय ऊर्जा स्रोतों पर बल दिया जाए।

भारत में गैर-परंपरागत ऊर्जा के अपनाने के कारण निम्नलिखित हैं

परमाणु अथवा आण्विक ऊर्जा

- परमाणु अथवा आण्विक ऊर्जा अणुओं की संरचना को बदलने से प्राप्त की जाती है। जब इस प्रकार का कोई परिवर्तन किया जाता है, तो ऊष्मा के रूप में काफी ऊर्जा विमुक्त होती है।
- यूरेनियम एवं थोरियम का प्रयोग परमाणु अथवा आण्विक ऊर्जा के उत्पादन में किया जाता है। ये झारखंड और राजस्थान की अरावली पहाड़ियों में पाए जाते हैं। केरल में मिलने वाली मोनाजाइट बालू में थोरियम अत्यधिक मात्रा में पाया जाता है।

सौर ऊर्जा

- भारत एक उष्णकटिबंधीय देश है। इस कारण यहाँ सौर ऊर्जा की संभावना अत्यधिक होती है। इसका प्रयोग अनेक कार्यों में किया जाता है। सौर ऊर्जा को फोटोवोल्टाइक प्रौद्योगिकी के द्वारा सूर्य के प्रकाश को सीधे विद्युत में परिवर्तित किया जाता है।
- भारत के ग्रामीण तथा सुदूर क्षेत्रों में सौर ऊर्जा तेजी से लोकप्रिय हो रही है। इसके प्रयोग से ग्रामीण घरों में उपलों तथा लकड़ी पर निर्भरता को कम किया जा सकेगा। इससे कृषि में खाद्य की पर्याप्त आपूर्ति होगी।

पवन ऊर्जा

- भारत में पवन ऊर्जा के उत्पादन की अत्यधिक संभावनाएँ हैं। भारत में पवन ऊर्जा फार्म की विशालतम पेटी तमिलनाडु में नागरकोइल से मदुरई तक अवस्थित है। इसके अतिरिक्त आंध्र प्रदेश, कर्नाटक, गुजरात, केरल, महाराष्ट्र तथा लक्षद्वीप में भी पवन ऊर्जा फार्म हैं।
- नागरकोइल और जैसलमेर देश में पवन ऊर्जा के प्रभावी प्रयोग के अच्छे उदाहरण माने जाते हैं।

बायोगैस

- बायोगैस (Biogas) ग्रामीण क्षेत्रों में झाड़ियों, कृषि अपशिष्ट, पशुओं और मानवजनित अपशिष्ट के उपयोग से घरेलू उपभोग हेतु उत्पन्न की जाती है। इसकी तापीय क्षमता मिट्टी के तेल, उपलों व चारकोल की अपेक्षा अधिक होती है।
- यह सस्ती और पर्यावरण मित्र होती है। यह लकड़ी को जलाने से होने वाले वृक्षों के नुकसान को रोकती है। इसका प्रयोग ग्रामीण क्षेत्रों में ईंधन और रोशनी प्राप्त करने के लिए किया जाता है।
- बायोगैस संयंत्र नगरपालिका, सहकारिता तथा निजी स्तर पर लगाए जाते हैं। पशुओं का गोबर प्रयोग करने वाले संयंत्र ग्रामीण भारत में 'गोबर गैस प्लांट' के नाम से जाने जाते हैं।

ज्वारीय ऊर्जा

- महासागरीय तरंगों का प्रयोग भारी मात्रा में विद्युत उत्पादन के लिए किया जाता है। इससे विद्युत बनाने के लिए सँकरी खाड़ी के आर-पार बाढ़ द्वार बनाकर बाँध बनाते हैं। उच्च ज्वार में इस सँकरी खाड़ीनुमा प्रवेश द्वार से पानी अंदर भर जाता है और द्वार बंद होने पर बाँध में ही रह जाता है।
- बाढ़ द्वार के बाहर ज्वार उतरने पर बाँध के पानी को इसी रास्ते पाइप द्वारा समुद्र की ओर बहाया जाता है, जो इसे ऊर्जा उत्पादक टरबाइन की ओर ले जाता है।
- भारत में ज्वारीय ऊर्जा (Tidal Energy) उत्पन्न करने की आदर्श दशाएँ खंभात की खाड़ी, कच्छ की खाड़ी तथा पश्चिमी तट पर गुजरात में और पश्चिम बंगाल में गंगा के डेल्टाई प्रदेश में उपस्थित हैं।

भू-तापीय ऊर्जा

- पृथ्वी के आंतरिक भागों से ताप का उपयोग कर उत्पन्न की जाने वाली विद्युत को भू-तापीय ऊर्जा (Geo-thermal Energy) कहते हैं। जहाँ भू-तापीय प्रवणता (Gradient) अधिक होती है, उन क्षेत्रों का तापमान भी अधिक पाया जाता है।

- पृथ्वी का वह तप्त भाग, जहाँ पर भूमिगत जल उपस्थित होता है, वहाँ पर जल भाप में परिवर्तित होकर ऊपर की ओर उठता है, इसी भाप का प्रयोग करके टरबाइन को चलाया जाता है और विद्युत उत्पन्न होती है।
- भारत के दो स्थानों पर प्रायोगिक तौर पर इस प्रकार की परियोजनाएँ चलाई जा रही हैं; जैसे—लद्दाख में पूगा घाटी और हिमाचल प्रदेश में मणिकरण के निकट पार्वती घाटी।

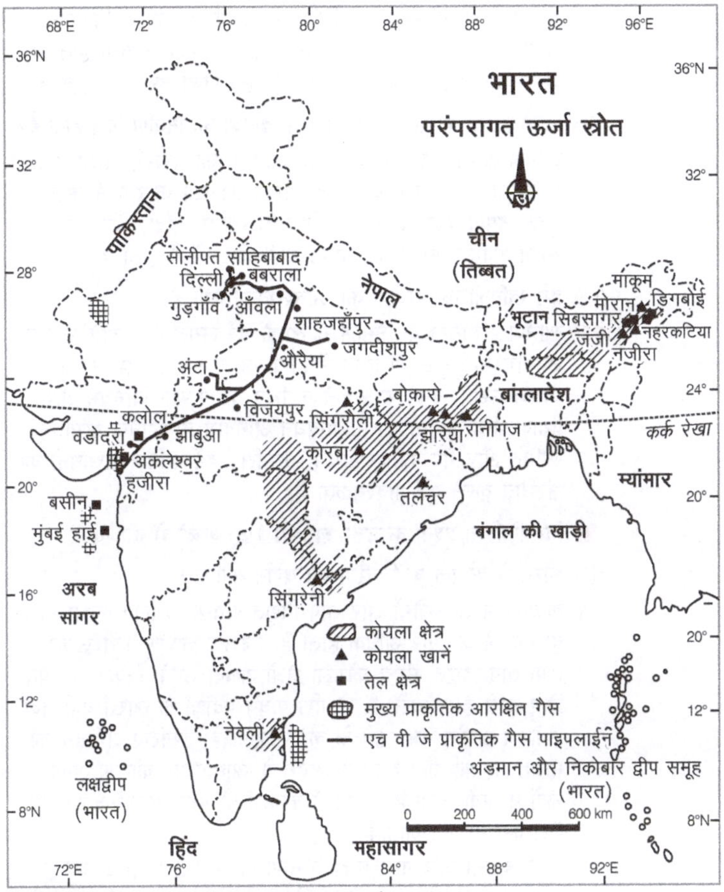

ऊर्जा संसाधनों का संरक्षण

आर्थिक विकास के लिए ऊर्जा एक मूलभूत आवश्यकता है। इसलिए इसे संरक्षित करने की आवश्यकता है। विकास के लिए ऊर्जा संरक्षण को प्रोत्साहन देना अत्यंत आवश्यक है। ऊर्जा के विकास के सतत पोषणीय मार्ग को विकसित करने की तुरंत आवश्यकता है। ऊर्जा संरक्षण की प्रोन्नति और नवीकरणीय ऊर्जा संसाधनों का बढ़ता प्रयोग सतत पोषणीय ऊर्जा के दो आधार हैं। इसके लिए नवीकरणीय ऊर्जा संसाधनों को बढ़ावा देने के साथ हमें अपव्यय से बचने की आवश्यकता है। हमें ऊर्जा संसाधनों का संरक्षण निम्न प्रकार करना चाहिए

- ऊर्जा संरक्षण के लिए हमें व्यक्तिगत वाहन की अपेक्षा सार्वजनिक परिवहन व्यवस्था का प्रयोग करना चाहिए।
- बिजली उपकरणों को प्रयोग से पूर्व बंद रखना चाहिए।
- ऊर्जा बचत नियुक्तियों और गैर-परंपरागत स्रोतों को बढ़ावा देने जैसे महत्त्वपूर्ण व्यवहार को अपने अंदर लाना चाहिए।
- ऊर्जा के गैर-परंपरागत स्रोतों का प्रयोग करना चाहिए।

चेक प्वॉइंट 03

1. *ऊर्जा संसाधन किसे कहते हैं?*
2. *भारत में कोयला कितने भू-गर्भिक युगों के शैल क्रम में पाया जाता है?*
3. *भारत का सबसे पुराना तेल उत्पादक राज्य कौन-सा है?*
4. *भारत में विद्युत कितने प्रकार से उत्पन्न की जाती है?*
5. *भू-तापीय ऊर्जा किसे कहते हैं?*

इन्हें भी जानें

- ***खनिज*** *(Mineral)* एक प्राकृतिक अकार्बनिक पदार्थ होता है, जिसमें कठोरता, रंग और एक निश्चित आकार होता है।
- ***खनिज अयस्क*** *(Mineral Ore)* भूमि को खोदकर निकाली गई धातुओं के कच्चे रूप को खनिज अयस्क कहते हैं। उदाहरणस्वरूप; लौह-अयस्क।
- ***धात्विक खनिज*** *(Metallic Mineral)* जिन खनिजों से धातु प्राप्त होती है, जिनमें चमक होती है तथा जिनको पीटकर चादरों के रूप में ढाला जा सकता है और तारों के रूप में खींचा जा सकता है, धात्विक खनिज कहलाते हैं।
- ***अधात्विक खनिज*** *(Non-Metallic Mineral)* इनसे धातु प्राप्त नहीं होती। इन खनिजों में चमक नहीं होती। ये पीटने पर टूट जाते हैं।
- **अलौह खनिज** *(Non-Ferrous Mineral)* इसमें ताँबा, बॉक्साइट, सीसा और सोना आते हैं।
- **परंपरागत स्रोत** *(Conventional Source)* इसमें लकड़ी, उपले, कोयला, पेट्रोलियम, प्राकृतिक गैस तथा विद्युत सम्मिलित है।
- **गैर-परंपरागत स्रोत** *(Non-Conventional Source)* इसमें सौर ऊर्जा, पवन ऊर्जा, ज्वारीय ऊर्जा, भू-तापीय ऊर्जा, बायोगैस तथा परमाणु ऊर्जा शामिल हैं।
- ***खनन*** *(Mining)* भू-गर्भ से व्यावसायिक स्तर पर लाभदायक खनिज पदार्थों के खनन या निष्कर्षण को खनन कहते हैं।
- ***प्लेसर निक्षेप*** *(Placer Deposit)* जो खनिज जलोढ़ जमाव में पाए जाते हैं तथा जल द्वारा घर्षित नहीं होते, उन्हें प्लेसर निक्षेप कहते हैं।

NCERT फोल्डर

1. बहुविकल्पीय प्रश्न

(i) निम्नलिखित में से कौन-सा खनिज अपक्षयित पदार्थ के अवशिष्ट भार को त्यागता हुआ चट्टानों के अपघटन से बनता है?

(a) कोयला (b) बॉक्साइट
(c) सोना (d) जस्ता

उत्तर (a) कोयला

(ii) झारखंड में स्थित कोडरमा निम्नलिखित में से किस खनिज का अग्रणी उत्पादक है?

(a) बॉक्साइट (b) अभ्रक
(c) लौह-अयस्क (d) ताँबा

उत्तर (b) अभ्रक

(iii) निम्नलिखित चट्टानों में से किस चट्टान के स्तरों में खनिजों का निक्षेपण और संचयन होता है?

(a) तलछटी चट्टानें
(b) आग्नेय चट्टानें
(c) कायांतरित चट्टानें
(d) इनमें से कोई नहीं

उत्तर (a) तलछटी चट्टानें

(iv) मोनाजाइट रेत में निम्नलिखित में से कौन-सा खनिज पाया जाता है?

(a) खनिज तेल (b) यूरेनियम
(c) थोरियम (d) कोयला

उत्तर (c) थोरियम

2. निम्नलिखित प्रश्नों के उत्तर लगभग 30 शब्दों में दीजिए

(i) निम्नलिखित में अंतर 30 शब्दों से अधिक न दें

(क) लौह और अलौह खनिज

(ख) परंपरागत तथा गैर-परंपरागत ऊर्जा साधन

उत्तर (क) लौह खनिज और अलौह खनिज में निम्नलिखित अंतर हैं

लौह खनिज	अलौह खनिज
वह खनिज, जिसमें लोहे का अंश हो, लौह खनिज कहलाता है।	वह खनिज, जिसमें लोहे का अभाव होता है, इस श्रेणी में आता है।
लौह-अयस्क, मैंगनीज, निकेल व कोबाल्ट आदि लौह खनिज हैं।	ताँबा, सीसा, जस्ता व बॉक्साइट आदि अलौह खनिज हैं।

(ख) ऊर्जा के परंपरागत और गैर-परंपरागत साधन में निम्नलिखित अंतर हैं

ऊर्जा के परंपरागत साधन	ऊर्जा के गैर-परंपरागत साधन
ऊर्जा के परंपरागत साधनों में लकड़ी, कोयला, पेट्रोलियम, प्राकृतिक गैस तथा विद्युत आदि सम्मिलित हैं।	ऊर्जा के गैर-परंपरागत साधनों में सौर ऊर्जा, पवन ऊर्जा, बायोगैस भू-तापीय ऊर्जा, ज्वारीय ऊर्जा और परमाणु ऊर्जा आदि सम्मिलित हैं।

(ii) खनिज क्या है?

उत्तर भू-वैज्ञानिकों के अनुसार खनिज एक प्राकृतिक रूप से विद्यमान समरूप तत्त्व है, जिसकी एक निश्चित आंतरिक संरचना होती है; जैसे-खनिज हीरा जैसा कठोर, तो चूना जैसा नरम भी होता है।

(iii) आग्नेय तथा कायांतरित चट्टानों में खनिजों का निर्माण कैसे होता है?

उत्तर खनिज आग्नेय तथा कायांतरित चट्टानों की दरारों, जोड़ों व भ्रंशों में मिलते हैं। खनिजों का छोटा जमाव शिराओं के रूप में तथा वृहत जमाव परत के रूप में होता है। जस्ता, ताँबा, जिंक और सीसा आदि खनिजों का जमाव इन्हीं शिराओं में होता है।

(iv) हमें खनिजों के संरक्षण की आवश्यकता क्यों है?

उत्तर खनिज संसाधनों के निर्माण में लाखों वर्ष लगते हैं, जबकि उनका उपभोग मात्र कुछ ही दिनों में किया जा सकता है। खनन को घातक उद्योग बनने से रोकने के लिए दृढ़ सुरक्षा विनियम और पर्यावरणीय कानूनों का क्रियान्वयन अनिवार्य है। खनिज संसाधन सीमित और गैर-नवीकरणीय हैं, इसलिए हमें खनिज संसाधनों को संरक्षित करने की आवश्यकता है।

3. निम्नलिखित प्रश्नों के उत्तर लगभग 120 शब्दों में दीजिए

(i) भारत में कोयले के वितरण का वर्णन कीजिए।

उत्तर कोयला भारी उद्योगों और ताप विद्युत संयंत्रों के लिए कच्चा माल है। कोयले का भार अधिक होता है, जिसके कारण भारी उद्योग तथा ताप विद्युत संयंत्र कोयला क्षेत्रों अथवा उनके निकट स्थापित किए जाते हैं। कोयले का निर्माण पादप पदार्थों के लाखों वर्षों तक संपीडन अर्थात् दबे रहने के कारण हुआ है, इसलिए संपीडन की मात्रा, गहराई और दबने के समय के आधार पर कोयला अनेक रूपों में पाया जाता है। भारत में कोयला दो मुख्य भू-गर्भिक युगों के शैल क्रम में पाया जाता है

- **गोंडवाना कोयला** इसका निर्माण लगभग 200 लाख वर्ष पूर्व हुआ था। गोंडवाना कोयले के प्रमुख संसाधन दामोदर घाटी (पश्चिम बंगाल, ओडिशा तथा झारखंड) में स्थित हैं। झरिया, रानीगंज और बोकारो इस क्षेत्र की प्रमुख कोयला खदानें हैं। इस प्रकार का कोयला गोदावरी, महानदी, सोन व वर्धा नदी घाटियों में भी मिलता है।
- **टर्शियरी कोयला** इसका निर्माण लगभग 55 लाख वर्ष पहले हुआ था। यह कोयला उत्तर-पूर्वी राज्यों मेघालय, असम, अरुणाचल प्रदेश व नागालैंड में पाया जाता है।

(ii) भारत में सौर ऊर्जा का भविष्य उज्ज्वल है। क्यों?

उत्तर भारत में सौर ऊर्जा के विकास को हम निम्न रूप में देख सकते हैं

- भारत एक उष्णकटिबंधीय देश है। इस कारण यहाँ सौर ऊर्जा की संभावना अत्यधिक होती है।
- इसका प्रयोग अनेक कार्यों में किया जाता है; जैसे-फोटोवोल्टाइक प्रौद्योगिकी के द्वारा सूर्य के प्रकाश को सीधे विद्युत में परिवर्तित किया जाता है। भारत का सबसे बड़ा सौर पावर प्लांट राजस्थान में माधोपुर के निकट भुज में स्थित है।

परीक्षा अभ्यास

वस्तुनिष्ठ प्रश्न

बहुविकल्पीय प्रश्न

1. प्लेसर निक्षेप नहीं है

(a) सोना (b) चाँदी
(c) अभ्रक (d) ताँबा

उत्तर (c) अभ्रक

2. रैट होल खनन किस राज्य में पाया जाता है?

(a) त्रिपुरा (b) मेघालय
(c) नागालैंड (d) दमन दीव

उत्तर (b) मेघालय

3. निम्न में से कौन अधात्विक खनिज नहीं है?

(a) पोटाश (b) सल्फर
(c) चूना-पत्थर (d) बॉक्साइट

उत्तर (d) बॉक्साइट

4. निम्नलिखित में से कौन-सी पेटी लौह-अयस्क पेटी है?

(a) दुर्ग बस्तर चंद्रपुर पेटी (b) बेल्लारी चंद्रपुर पेटी
(c) महाराष्ट्र गोवा पेटी (d) ये सभी

उत्तर (d) ये सभी

5. बॉक्साइट मुख्यत: पाया जाता है

(a) अमरकंटक पठार (b) मैकाल की पहाड़ी
(c) बिलासपुर कटनी पठार (d) ये सभी

उत्तर (d) ये सभी

6. निम्न में से सबसे उच्च कोटि का कोयला है

(a) बिटुमिनस (b) पीट
(c) लिग्नाइट (d) एंथ्रासाइट

उत्तर (d) एंथ्रासाइट

7. भू-तापीय ऊर्जा की पार्वती घाटी कहाँ पर अवस्थित है?

(a) अरुणाचल प्रदेश (b) त्रिपुरा
(c) हिमाचल प्रदेश (d) केरल

उत्तर (c) हिमाचल प्रदेश

8. मैंगनीज का सबसे बड़ा उत्पादक राज्य कौन-सा है?

(a) उत्तर प्रदेश (b) मध्य प्रदेश
(c) राजस्थान (d) छत्तीसगढ़

उत्तर (b) मध्य प्रदेश

9. ताँबे की महत्त्वपूर्ण खदान का नाम है

(a) खेतड़ी (राजस्थान)
(b) नेल्लोर (आंध्र प्रदेश)
(c) 'a' और 'b' दोनों
(d) उपरोक्त में से कोई नहीं

उत्तर (a) खेतड़ी (राजस्थान)

10. प्लेटों तथा पत्रण क्रम में कौन-सा खनिज पाया जाता है?

(a) ताँबा (b) बॉक्साइट
(c) अभ्रक (d) ये सभी

उत्तर (c) अभ्रक

11. निम्न में से लौह खनिज है

(a) मैंगनीज (b) ताँबा
(c) अभ्रक (d) ये सभी

उत्तर (a) मैंगनीज

12. कुद्रेमुख लौह-अयस्क खदान किस राज्य में अवस्थित है?

(a) मध्य प्रदेश (b) महाराष्ट्र
(c) उत्तर प्रदेश (d) कर्नाटक

उत्तर (d) कर्नाटक

13. भारत में बॉक्साइट का सबसे बड़ा उत्पादक राज्य है

(a) ओडिशा (b) मध्य प्रदेश
(c) आंध्र प्रदेश (d) इनमें से कोई नहीं

उत्तर (a) ओडिशा

14. नरौरा आण्विक ऊर्जा संयंत्र निम्नलिखित में से किस राज्य में स्थित है? **CBSE 2020**

(a) कर्नाटक (b) केरल
(c) तमिलनाडु (d) उत्तर प्रदेश

उत्तर (d) उत्तर प्रदेश

15. कैगा आण्विक ऊर्जा संयंत्र निम्न में से किस राज्य में स्थित है?

(a) कर्नाटक (b) केरल
(c) तमिलनाडु (d) तेलंगाना

उत्तर (a) कर्नाटक

16. कलपक्कम आण्विक ऊर्जा संयंत्र निम्न में से किस राज्य में स्थित है? **CBSE 2020**

(a) गुजरात (b) ओडिशा
(c) केरल (d) तमिलनाडु

उत्तर (d) तमिलनाडु

17. चट्टानी खनिज के संबंध में दिए गए कथनों पर विचार कीजिए तथा सही कथनों की पहचान कीजिए

(a) चूना-पत्थर को मुख्य रूप से अवसादी चट्टानों से प्राप्त किया जाता है
(b) चूना-पत्थर कैल्शियम कार्बोनेट तथा मैग्नीशियम कार्बोनेट से बनी चट्टानों में पाया जाता है
(c) चूना-पत्थर का प्रयोग लौह प्रगलन की भट्ठियों में किया जाता है

(d) चट्टानी खनिजों का उपयोग मात्र लौह-अयस्क के निर्माण में बड़े स्तर पर किया जाता है

उत्तर (d) चट्टानी खनिजों का उपयोग मात्र लौह-अयस्क के निर्माण में बड़े स्तर पर किया जाता है

18. ऊर्जा के परंपरागत स्रोत पेट्रोलियम के संबंध में दिए गए कथनों पर विचार कीजिए तथा असत्य कथनों की पहचान कीजिए

(a) पेट्रोलियम सरंध्र और असरंध्र चट्टानों के बीच भ्रंश ट्रैप में पाया जाता है

(b) तेलधारक परत सामान्यतः सरंध्र चूना-पत्थर या बालू पत्थर की होती है, जिसमें तेल प्रवाहित होती है

(c) भारत में पेट्रोलियम का उत्पादन केवल और केवल गुजरात के अंकलेश्वर से प्राप्त किया जाता है

(d) पेट्रोलियम रिफाइनरी से वस्त्र, उर्वरक और रसायन उद्योग के लिए कच्चा माल तथा लुब्रिकैंट प्राप्त किए जाते हैं

उत्तर (c) भारत में पेट्रोलियम का उत्पादन केवल और केवल गुजरात के अंकलेश्वर से प्राप्त किया जाता है

19. निम्न कथनों पर विचार कीजिए तथा कूट की सहायता से सही उत्तर का चयन कीजिए

1. खनिजों के तत्त्वों के निर्माण में उस समय की भौतिक तथा रासायनिक परिस्थितियों का प्रभाव देखा जाता है।
2. खनिजों में विविध रंग, कठोरता, चमक, घनत्व तथा विविध क्रिस्टल पाए जाते हैं।
3. टूथपेस्ट में सिलिका, चूना-पत्थर, फॉस्फेट जैसे खनिजों का प्रयोग किया जाता है।

कूट

(a) केवल 2

(b) 1 और 2

(c) 2 और 3

(d) उपरोक्त सभी

उत्तर (d) उपरोक्त सभी

20. निम्नलिखित में से कौन-सा कथन बॉक्साइट खनिज के संबंध में सही नहीं है?

1. बॉक्साइट निक्षेपों की रचना एल्युमीनियम सिलिकेट से समृद्ध व्यापक भिन्नता वाली चट्टानों के विघटन से होती है।
2. बॉक्साइट एक क्ले (चिकनी मिट्टी) के समान दिखाई देने वाला पदार्थ है, जिससे एल्युमिना को अलग किया जाता है।
3. कोरापुट जिले के पंचपतमाली निक्षेप ओडिशा का सबसे महत्त्वपूर्ण बॉक्साइट का केंद्र है।
4. भारत में बॉक्साइट मुख्यतः अमरकंटक पठार, मैकाल की पहाड़ियाँ आदि पठारी प्रदेशों में पाया जाता है।

कूट

(a) 1 और 4 (b) 1 और 2

(c) 1, 2 और 3 (d) ये सभी

उत्तर (d) ये सभी

21. निम्नलिखित कथनों पर विचार कीजिए

1. चूना-पत्थर अधिकांशतः अवसादी चट्टानों में पाया जाता है।
2. चूना-पत्थर ताँबा उद्योग के लिए आधारभूत कच्चा माल है।

कूट

(a) केवल 1 (b) केवल 2

(c) 1 और 2 दोनों (d) इनमें से कोई नहीं

उत्तर (a) केवल 1

22. नीचे दिए गए खनिज से संबंधित विशेषताओं का अध्ययन कीजिए तथा सही खनिज की पहचान कीजिए

- यह मुख्यतः काला, हरा, लाल, पीला, भूरा तथा अपारदर्शी होता है।
- इसका विद्युत व इलेक्ट्रॉनिक उद्योगों में अधिक उपयोग होता है, क्योंकि यह परावैद्युत शक्ति से संपन्न व उच्च वोल्टेज का प्रतिरोधी होता है।
- इसका निक्षेप छोटानागपुर पठार के उत्तरी पठारी किनारों विशेषकर बिहार व झारखंड की कोडरमा-गया-हजारीबाग की पेटी में पाया जाता है।

(a) ताँबा (b) बॉक्साइट

(c) अभ्रक (d) मैंगनीज

उत्तर (c) अभ्रक

23. नीचे दिए गए खनिज से संबंधित विशेषताओं का अध्ययन कीजिए तथा सही खनिज की पहचान कीजिए

- यह ग्रामीण क्षेत्रों में झाड़ियों, कृषि अपशिष्ट, पशुओं और मानवजनित अपशिष्ट के उपयोग से घरेलू उपयोग हेतु उत्पन्न की जाती है।
- इसका प्रयोग ग्रामीण क्षेत्रों में ईंधन और रोशनी प्राप्त करने के लिए किया जाता है।
- यह वृक्षों के नुकसान को रोकती है। इसके संयंत्र नगरपालिका, सहकारिता तथा निजी स्तर पर लगाए जाते हैं।
- यह सस्ती तथा पर्यावरण मित्र होती है।

(a) सौर ऊर्जा (b) बायोगैस

(c) पवन ऊर्जा (d) ज्वारीय ऊर्जा

उत्तर (b) बायोगैस

24. निम्नलिखित में से सही युग्म का चयन कीजिए **CBSE 2020**

(a) कलोल तेल क्षेत्र – गुजरात

(b) बॉक्साइट की खानें – महाराष्ट्र

(c) चंद्रपुर तापीय ऊर्जा संयंत्र – ओडिशा

(d) मयूरभंज लौह-अयस्क की खानें – झारखंड

उत्तर (a) कलोल तेल क्षेत्र–गुजरात

25. नीचे दिए गए युग्मों में से कौन-सा युग्म सही सुमेलित नहीं है?

(a) पवन ऊर्जा – नागर कोइल

(b) भू-तापीय ऊर्जा – मणिकरण

(c) अभ्रक की खानें – रत्नागिरि
(d) मैंगनीज – नागपुर

उत्तर (c) अभ्रक की खानें – रत्नागिरि

26. खनिजों के संबंध में दिए गए समूहों में से कौन-सा समूह भिन्न है?
(a) मैंगनीज, निकेल, अभ्रक तथा नमक
(b) पोटाश, सल्फर, चूना पत्थर तथा संगमरमर
(c) ताँबा, सीसा, नमक तथा चूना पत्थर
(d) बलुआ पत्थर, कोबाल्ट, चाँदी तथा नमक

उत्तर (b) पोटाश, सल्फर, चूना पत्थर तथा संगमरमर

सुमेलित करें

27. सुमेलित कीजिए

सूची I (लौह-अयस्क खान)	सूची II (राज्य)
A. चंद्रपुर	1. छत्तीसगढ़
B. बैलाडिला	2. महाराष्ट्र
C. कुद्रेमुख	3. झारखंड
D. गुआ	4. कर्नाटक

कूट

	A	B	C	D
(a)	3	1	2	4
(b)	4	3	2	1
(c)	1	4	3	2
(d)	2	1	4	3

उत्तर (d) 2 1 4 3

28. सुमेलित कीजिए **CBSE 2020**

सूची I	सूची II
A. चंद्रपुर तापीय ऊर्जा संयंत्र	1. ओडिशा
B. मयूरभंज लौह-अयस्क की खान	2. अमरकंटक
C. कलोल तेल क्षेत्र	3. गुजरात
D. बॉक्साइट खदान	4. झारखंड

कूट

	A	B	C	D
(a)	1	2	3	4
(b)	4	1	3	2
(c)	3	1	4	2
(d)	4	3	2	1

उत्तर (b) 4 1 3 2

चित्र आधारित प्रश्न

29. दिए गए चित्र में क्या दर्शाया गया है?

(a) बायोगैस संयंत्र
(b) कोयला संचल
(c) वायु संयंत्र
(d) इनमें से कोई नहीं

उत्तर (a) बायोगैस संयंत्र

30. दिए गए चित्र में किस खदान को दर्शाया गया है?

(a) लौह खदान
(b) बॉक्साइट खदान
(c) ताँबा खदान
(d) चूना-पत्थर खदान

उत्तर (b) बॉक्साइट खदान

रिक्त स्थान भरें

31. राजस्थान में स्थित ······ पवन ऊर्जा के प्रभावी प्रयोग के लिए जाना जाता है। **CBSE 2020**

उत्तर जैसलमेर

32. 'गोबर गैस प्लांट' किसानों को दो प्रकार से लाभान्वित करते हैं : एक ········ के रूप में और दूसरा ········ के रूप में। **CBSE 2020**

उत्तर ऊर्जा, उन्नत उर्वरक

33. पेट्रोलियम को ········ के नाम से भी जाना जाता है।
(a) तरल पदार्थ
(b) तरल सोना
(c) महँगा सोना
(d) वर्धनीय सोना

उत्तर (b) तरल सोना

34. निम्नलिखित रिक्त स्थान को भरें

ऊर्जा के गैर-परंपरागत स्रोत	महत्त्वपूर्ण तथ्य
ज्वारीय ऊर्जा	महासागरीय तरंगों से विद्युत उत्पादन
भू-तापीय ऊर्जा	?

कूट
(a) सूर्य के प्रकाश से ऊर्जा उत्पादन
(b) पवनों के प्रवाह से ऊर्जा उत्पादन
(c) पृथ्वी के आंतरिक भागों से प्राप्त ताप से ऊर्जा उत्पादन
(d) पशुओं के अपशिष्टों से ऊर्जा उत्पादन

उत्तर (c) पृथ्वी के आंतरिक भागों से प्राप्त ताप से ऊर्जा उत्पादन।

सही और पुनः लिखें

35. टर्शियरी कोयले का निर्माण 70 लाख वर्ष पूर्व हुआ था।

उत्तर टर्शियरी कोयले का निर्माण 55 लाख वर्ष पूर्व हुआ था।

36. भारत एक शीतोष्णकटिबंधीय देश है। इस कारण यहाँ सौर ऊर्जा की संभावना अधिक है।

उत्तर भारत एक उष्णकटिबंधीय देश है। अतः यहाँ पर सौर ऊर्जा की संभावना अत्यधिक है।

37. सर्वोत्तम किस्म का लौह-अयस्क हेमेटाइट है। इसमें 60% से अधिक लौह अंश पाया जाता है।

उत्तर सर्वोत्तम किस्म का लौह-अयस्क मैग्नेटाइट है। इसमें 70% से अधिक लोहांश पाया जाता है।

कथन/कारण

38. कथन (A) खनिज प्राकृतिक रूप से विद्यमान एक समरूप तत्त्व है।

कारण (R) अधिकांश चट्टानें विभिन्न अनुपातों के अनेक खनिजों का योग होती हैं।

कूट

(a) A और R दोनों सही हैं तथा R, A की सही व्याख्या है
(b) A और R दोनों सही हैं, परंतु R, A की सही व्याख्या नहीं है
(c) A सही है, किंतु R गलत है
(d) A गलत है, किंतु R सही है

उत्तर (b) A और R दोनों सही हैं, परंतु R, A की सही व्याख्या नहीं है

39. कथन (A) आर्थिक विकास के लिए ऊर्जा एक मूलभूत आवश्यकता है।

कारण (R) विकास के लिए ऊर्जा संरक्षण को प्रोत्साहन देना अत्यंत आवश्यक है।

कूट

(a) A और R दोनों सही हैं तथा R, A की सही व्याख्या है
(b) A और R दोनों सही है, परंतु R, A की सही व्याख्या नहीं है
(c) A सही है, किंतु R गलत है
(d) A गलत है, किंतु R सही है

उत्तर (b) A और R दोनों सही हैं, परंतु R, A की सही व्याख्या नहीं है

40. कथन (A) विश्व में कच्चे तेल के भंडार घट रहे है, इसलिए हमें एक स्थायी विकल्प खोजने की जरूरत है।

कारण (R) तेल और पेट्रोल की कीमतें दिन-प्रतिदिन बढ़ती जा रही हैं। **CBSE SQP Term I 2021**

कूट

(a) A और R दोनों सही हैं तथा R, A की सही व्याख्या है
(b) A और R दोनों सही हैं, परंतु R, A की सही व्याख्या नहीं है
(c) A सही है, किंतु R गलत है
(d) A गलत है, किंतु R सही है

उत्तर (a) A और R दोनों सही हैं, परंतु R, A की सही व्याख्या है

C अतिलघु उत्तरीय प्रश्न

1. खनिज से आप क्या समझते हैं?

अथवा खनिज की परिभाषा दीजिए। **CBSE 2011**

उत्तर भू-वैज्ञानिकों के अनुसार, खनिज एक प्राकृतिक रूप से विद्यमान समरूप तत्त्व हैं, जिसकी एक निश्चित आंतरिक संरचना होती है; जैसे–कोयला, लौह-अयस्क आदि।

2. खनिजों के विविध रंग, कठोरता, चमक, घनत्व तथा विविध क्रिस्टल क्यों पाए जाते हैं? **CBSE 2016**

उत्तर खनिजों के तत्त्व का निर्माण विभिन्न भौतिक और रासायनिक परिस्थितियों में होता है, इसलिए ये विभिन्न प्रकार के पाए जाते हैं।

3. खनिजों के वर्गीकरण के दो आधार बताइए।

उत्तर खनिजों के वर्गीकरण के दो आधार रंग व कठोरता हैं।

4. लौह खनिज क्या है? **CBSE 2011**

उत्तर लौह के अंश वाले खनिज लौह खनिज कहलाते हैं; जैसे–लौह-अयस्क, मैंगनीज, निकेल आदि।

5. दो ऊर्जा उत्पादित करने वाले खनिजों के नाम बताइए।

उत्तर कोयला और पेट्रोलियम ऊर्जा उत्पादित करने वाले खनिज हैं।

6. अयस्क क्या है? किन्हीं दो लौह-अयस्कों के नाम लिखिए। **CBSE 2014**

उत्तर प्राकृतिक रूप से मिलने वाला ठोस पदार्थ, जिससे लाभदायक धातु या खनिज निकाले जा सकते हैं, अयस्क कहलाता है; जैसे–हेमेटाइट और मैग्नेटाइट।

7. किन्हीं दो खनिजों के नाम बताइए, जो शिराओं तथा जमावों में पाए जाते हैं। **CBSE 2012**

उत्तर ताँबा व जस्ता शिराओं तथा जमावों में पाए जाते हैं।

8. उस चट्टान का नाम बताइए, जिसमें कोयला पाया जाता है।

उत्तर अवसादी चट्टानों में कोयला पाया जाता है।

9. उस खनिज का नाम बताइए, जिसका निर्माण चट्टानों के अपघटन के कारण होता है।

उत्तर बॉक्साइट का निर्माण चट्टानों के अपघटन के कारण होता है।

10. प्लेसर निक्षेप क्या है? **CBSE 2015**

उत्तर ऐसे खनिज, जो पहाड़ियों के आधार तथा घाटी तल की रेत में जलोढ़ जमाव के रूप में पाए जाते हैं, प्लेसर निक्षेप कहलाता है।

11. लौह-अयस्क की सर्वोत्तम किस्म कौन-सी है? **CBSE 2011**

उत्तर मैग्नेटाइट लौह-अयस्क की सर्वोत्तम किस्म है।

12. भारत से लौह-अयस्क आयात करने वाले दो देशों के नाम बताइए।

उत्तर भारत से लौह-अयस्क आयात करने वाले दो देश जापान और दक्षिणी कोरिया हैं।

13. भारत की किन्हीं दो अभ्रक पेटियों के नाम बताइए।

उत्तर भारत की किन्हीं दो अभ्रक पेटियों के नाम कोडरमा-गया-हजारीबागपेटी और नेल्लोर पेटी (आंध्र प्रदेश) हैं।

14. सीमेंट उद्योग के लिए मूलभूत कच्चे माल के रूप में किसका उपयोग होता है?

उत्तर सीमेंट उद्योग के लिए मूलभूत कच्चे माल के रूप में चूना का उपयोग होता है।

15. सूर्य के प्रकाश को विद्युत में परिवर्तित करने वाली तकनीक को किस नाम से जाना जाता है?

उत्तर सूर्य के प्रकाश को विद्युत में परिवर्तित करने वाली तकनीक को फोटोवोल्टाइक प्रौद्योगिकी के नाम से जाना जाता है।

16. बायोगैस से आप क्या समझते हैं? **CBSE 2017**

उत्तर बायोगैस जैविक पदार्थों के अपघटन से प्राप्त ऊर्जा होती है, जिसको एल्कोहॉल और मीथेन ईंधन के रूप में भंडारित किया जाता है।

17. किसानों के लिए गोबर गैस संयंत्र के दो लाभ बताइए। **CBSE 2016**

उत्तर गोबर गैस संयंत्र के दो लाभ निम्नलिखित हैं
- यह स्वच्छ ऊर्जा प्रदान करता है।
- यह खेत की उर्वरा शक्ति बढ़ाने के लिए कंपोस्ट प्रदान करता है।

18. किस प्रकार के खनिज शिराओं व जमाव के रूप में प्राप्त होते हैं? **CBSE 2017**

उत्तर जस्ता, ताँबा, जिंक और सीसा आदि धात्विक खनिज शिराओं व जमावों के रूप में प्राप्त होते हैं। ये खनिज आग्नेय तथा कायांतरित चट्टानों में खनिज दरारों, जोड़ों व भ्रंशों में मिलते हैं।

19. भारत में पाए जाने वाले चार अलौह खनिजों के नाम बताइए।

उत्तर भारत में पाए जाने वाले चार अलौह खनिज ताँबा, जिंक, बॉक्साइट और सोना हैं।

20. भारत में प्रचलित ऊर्जा के तीन महत्त्वपूर्ण परंपरागत स्रोत कौन-से हैं?

उत्तर कोयला, पेट्रोलियम और प्राकृतिक गैस।

21. ऊर्जा के पारंपरिक संसाधन क्या हैं? **CBSE 2015**

उत्तर ऊर्जा के पारंपरिक संसाधन वे हैं, जो समाप्त हो जाते हैं। यदि एक बार ये प्रयोग कर लिए जाएँ तो इनका दोबारा उपयोग नहीं हो सकता; जैसे—कोयला और पेट्रोलियम।

22. आग्नेय और कायांतरित चट्टानों में खनिज किस प्रकार पाए जाते हैं? **CBSE 2016**

उत्तर चट्टानों की दरारों एवं जोड़ों में

23. लौह-अयस्क मंगलुरु के निकट एक पत्तन पर कुद्रेमुख खानों से किस प्रकार भेजा जाता है?

उत्तर अयस्क कर्दम के रूप में पाइपलाइन द्वारा।

24. पश्चिमी राजस्थान और गुजरात अधिक मात्रा में पवन ऊर्जा को प्राप्त करता है, परंतु यह क्षेत्र इसका अधिकतम उपयोग नहीं कर पाया है। यह ऊर्जा किस प्रकार के संसाधन के अंतर्गत आती है? **CBSE 2019**

उत्तर यह ऊर्जा उत्पन्न करने वाले संसाधन के अंतर्गत आती है।

25. इस्पात बनाने के अतिरिक्त मैंगनीज का अन्य प्रयोग बताइए।

उत्तर ब्लीचिंग पाउडर और पेंट बनाने में।

26. भारत का सबसे बड़ा सौर ऊर्जा संयंत्र कहाँ पर स्थित है और इसका प्रयोग किस उद्देश्य से किया जाता है?

उत्तर भारत का सबसे बड़ा सौर ऊर्जा संयंत्र भुज के निकट माधोपुर में स्थित है, जहाँ सौर ऊर्जा से दूध के बड़े बर्तनों को कीटाणु मुक्त किया जाता है।

27. भारत को किस ऊर्जा में महाशक्ति का दर्जा प्राप्त है? भारत में यह ऊर्जा किस क्षेत्र में स्थापित है?

उत्तर भारत को विश्व में 'पवन महाशक्ति' का दर्जा प्राप्त है। भारत में पवन ऊर्जा फार्म की विशालतम पेटी तमिलनाडु में नागरकोइल से मदुरई तक अवस्थित है। इसके अतिरिक्त आंध्र प्रदेश, कर्नाटक, गुजरात, केरल, महाराष्ट्र तथा लक्षद्वीप में भी महत्त्वपूर्ण पवन ऊर्जा फार्म हैं।

लघु उत्तरीय प्रश्न

1. खनिज का दैनिक जीवन में होने वाले उपयोग को स्पष्ट कीजिए।

उत्तर खनिज का दैनिक जीवन में होने वाले उपयोग निम्नलिखित हैं
- दैनिक जीवन में उपयोग की जाने वाली वस्तुएँ खनिज निर्मित होती हैं। उदाहरण के लिए; टूथपेस्ट में सिलिका, चूना-पत्थर, फॉस्फेट जैसे खनिजों का प्रयोग किया जाता है।
- हमारे शरीर के लिए खनिज महत्त्वपूर्ण व आवश्यक हैं।
- यह सभी आर्थिक क्रियाविधि का आधार है।
- पृथ्वी का स्वरूप, संरचना व आयु ज्ञात करने के लिए भी खनिज का अध्ययन किया जाता है।

2. भारत में खनिजों के वितरण को स्पष्ट कीजिए।

उत्तर भारत अच्छे और विविध प्रकार के खनिज संसाधनों से परिपूर्ण है, परंतु इनका वितरण बहुत ही असमान है।
- **प्रायद्वीपीय चट्टानें** इनमें कोयला, धात्विक खनिज, अभ्रक व अन्य अनेक अधात्विक खनिजों के अधिकतर भंडार संचित हैं।
- **गुजरात एवं असम** अवसादी शैल गुजरात में तथा असम में पेट्रोलियम के निक्षेप पाए जाते हैं।
- **राजस्थान** अनेक अलौह खनिज प्रायद्वीपीय शैल क्रम के साथ पाए जाते हैं।
- **उत्तरी मैदान** उत्तरी भारत के विशाल जलोढ़ मैदान में खनिज की न्यूनता अथवा अभाव पाया जाता है।

पृथ्वी की सतह से खनिजों की निकासी की आर्थिक गतिविधि खनन कहलाती है। भारत में पाए जाने वाले लगभग सभी खनिज राष्ट्रीयकृत हैं और इनके खनन के लिए सरकारी सहमति आवश्यक है, किंतु भारत के उत्तर-पूर्वी जनजातीय क्षेत्रों में खनिज पदार्थों पर व्यक्ति विशेष या सामुदायिक स्वामित्व को स्पष्ट देखा जा सकता है।

3. "खनिज अनेक रूपों में पाए जाते हैं।" इस कथन की उदाहरणों सहित पुष्टि कीजिए। **CBSE 2020**

उत्तर भू-वैज्ञानिकों के अनुसार, खनिज एक प्राकृतिक रूप से विद्यमान समरूप तत्त्व है, जिसकी एक निश्चित आंतरिक संरचना है। यह प्रकृति में अनेक रूपों में पाए जाते हैं, जिसमें कठोर हीरा से लेकर नरम चूना तक शामिल है।

इनका वर्गीकरण इस प्रकार है

(i) **धात्विक खनिज** यह खनिज भी दो प्रकार के होते हैं, जिसमें लौह धातु तथा अलौह धातु प्रमुख हैं। लौह धातु वाले खनिज क्रमशः लौह-अयस्क, मैंगनीज, निकेल आदि हैं। वहीं अलौह धात्विक खनिज में ताँबा, सीसा, जस्ता व बॉक्साइट प्रमुख हैं।

(ii) **अधात्विक खनिज** इसमें धातु के अंश नहीं पाए जाते हैं। अभ्रक, नमक, पोटाश, सल्फर, चूना-पत्थर आदि प्रमुख अधात्विक खनिज हैं।

(iii) **ऊर्जा खनिज** इन खनिजों का उपयोग शक्ति के रूप में किया जाता है। कोयला, पेट्रोलियम, प्राकृतिक गैस, यूरेनियम आदि ऊर्जा खनिज संसाधन हैं।

4. **भारत का कौन-सा राज्य मैंगनीज का सर्वाधिक उत्पादक राज्य है? मैंगनीज के किन्हीं तीन उपयोग के बारे में बताइए।** **CBSE 2017**

उत्तर भारत में उड़ीसा मैंगनीज का सबसे बड़ा उत्पादक राज्य है। वर्ष 2000-01 में देश के कुल उत्पादन का एक-तिहाई भाग यहाँ से प्राप्त हुआ। मैंगनीज का उपयोग निम्नलिखित जगह किया जाता है

1. मैंगनीज मुख्य रूप से इस्पात के विनिर्माण में प्रयोग किया जाता है। एक टन इस्पात बनाने में लगभग 10 किग्रा मैंगनीज की आवश्यकता होती है।
2. मैंगनीज का उपयोग ब्लीचिंग पाउडर, कीटनाशक दवाएँ व पेंट बनाने में किया जाता है।
3. मैंगनीज का उपयोग बैटरीज बनाने के कारखानों में किया जाता है।

5. **अधात्विक खनिज की मुख्य विशेषता क्या है? किसी एक अधात्विक खनिज का वर्णन कीजिए।**

उत्तर अधात्विक खनिज की मुख्य विशेषता यह है कि इसके गलने के पश्चात् किसी नए उत्पाद का निर्माण नहीं होता है। ये सामान्यः परतदार चट्टानों से निर्मित होते हैं; जैसे– ग्रेनाइट, सेनस्टॉन आदि। अभ्रक और चूना-पत्थर महत्त्वपूर्ण अधात्विक खनिज हैं, जिसमें से अभ्रक का वर्णन निम्न प्रकार है

अभ्रक इसका विद्युत व इलेक्ट्रॉनिक उद्योगों में अधिक उपयोग होता है, क्योंकि यह परावैद्युत शक्ति से संपन्न व उच्च वोल्टेज का प्रतिरोधी होता है। अभ्रक प्लेटों अथवा पत्रण क्रम के रूप में पाया जाता है, जिसे चादरों के रूप में आसानी से विभाजित किया जा सकता है। अभ्रक मुख्यतया काला, हरा, लाल, पीला, भूरा तथा अपारदर्शी होता है।

6. **ऊर्जा संसाधन से क्या आशय है? इन्हें कितने स्रोतों में वर्गीकृत किया जाता है?**

उत्तर जिन संसाधनों का उद्योगों को चलाने के लिए शक्ति के रूप में उपयोग किया जाता है, उन्हें ऊर्जा संसाधन कहते हैं। कोयला, पेट्रोलियम, प्राकृतिक गैस, यूरेनियम जैसे खनिज ईंधन से ऊर्जा का उत्पादन किया जाता है। ऊर्जा संसाधनों को पारंपरिक और गैर-पारंपरिक स्रोतों में वर्गीकृत किया जाता है, जिनका वर्णन निम्न प्रकार है

- **ऊर्जा के परंपरागत साधन** इनमें लकड़ी, कोयला, पेट्रोलियम, प्राकृतिक गैस तथा विद्युत आदि सम्मिलित हैं। इनके पुनः निर्माण में हजारों वर्ष लग जाते हैं। अतः ये अपनी प्रकृति में सीमित और अनवीकरणीय होते हैं।
- **ऊर्जा के गैर-परंपरागत साधन** इनमें सौर ऊर्जा, पवन ऊर्जा, बायोगैस, भू-तापीय ऊर्जा, ज्वारीय ऊर्जा और परमाणु ऊर्जा आदि सम्मिलित हैं। ये स्वतंत्र रूप में पाए जाते हैं। ये अपनी प्रकृति में अटूट और नवीकरणीय संसाधन हैं।

7. **भारत में पेट्रोलियम की उपस्थिति को स्पष्ट कीजिए।**

उत्तर भारत पेट्रोलियम की प्राकृतिक उपस्थिति से संबंधित घटनाएँ टर्शियरी युग की शैल संरचनाओं की अपनति अर्थात् एक-दूसरे के विपरीत दिशा में झुकी भू-परतें व भ्रंश ट्रैपों से जुड़ी हैं। तेलधारक परत, सरंध्र चूना-पत्थर या बालू पत्थर की होती है, जिसमें से तेल प्रवाहित हो सकता है। भारत में कुल पेट्रोलियम का लगभग 63% भाग मुंबई हाई से, 18% भाग गुजरात से और 16% भाग असम से प्राप्त किया जाता है। अंकलेश्वर गुजरात का सबसे महत्त्वपूर्ण तेल उत्पादक क्षेत्र है और असम भारत का सबसे पुराना तेल उत्पादक राज्य है। इसके प्रमुख उत्पादक क्षेत्र डिग्बोई, नहरकटिया व मोरन-हुगरीजन हैं।

8. **भारत में विद्युत कितने प्रकार से उत्पन्न की जाती है?**

उत्तर आधुनिक विश्व में विद्युत के प्रतिव्यक्ति उपभोग को विकास का सूचक माना जाता है। भारत में विद्युत दो प्रकार से उत्पन्न की जाती है

(i) परंपरागत रूप से जीवाश्म ईंधन (कोयला, पेट्रोलियम, प्राकृतिक गैस आदि) के जलने से विद्युत (तापीय ऊर्जा) का उत्पादन होता है। भारत में 310 से अधिक तापीय ऊर्जा संयंत्र हैं।

(ii) जल-विद्युत के सहयोग से गैर-परंपरागत तरीकों द्वारा बिजली का उत्पादन किया जाता है। यह एक प्रदूषण रहित ऊर्जा स्रोत है, जिससे संपूर्ण भारत में बिजली प्राप्त की जा रही है। भाखड़ा-नाँगल परियोजना, दामोदर घाटी परियोजना व कोयली जल-विद्युत परियोजना आदि विद्युत उत्पन्न करती हैं।

9. **भारत में गैर-परंपरागत ऊर्जा के अपनाने के किन्हीं दो कारणों को बताइए।**

उत्तर भारत में गैर-परंपरागत ऊर्जा के अपनाने के दो कारण निम्नलिखित हैं

(i) **परमाणु अथवा आण्विक ऊर्जा** परमाणु अथवा आण्विक ऊर्जा अणुओं की संरचना को बदलने से प्राप्त की जाती है। जब इस प्रकार का कोई परिवर्तन किया जाता है, तो ऊष्मा के रूप में काफी ऊर्जा विमुक्त होती है। यूरेनियम एवं थोरियम का प्रयोग परमाणु अथवा आण्विक ऊर्जा के उत्पादन में किया जाता है।

(ii) **सौर ऊर्जा** भारत एक उष्णकटिबंधीय देश है। इस कारण यहाँ सौर ऊर्जा की संभावना अत्यधिक होती है। इसका प्रयोग अनेक कार्यों में किया जाता है।

10. **कोयले के लिए विभिन्न प्रकार के उत्तरदायी कारकों का उल्लेख कीजिए।**

उत्तर कोयले के विभिन्न प्रकार के लिए उत्तरदायी कारक निम्नवत् हैं

- **पीट कोयला** इसमें कम कार्बन एवं कम ताप तथा उच्च मात्रा में नमी पाई जाती है।
- **लिग्नाइट कोयला** यह निम्न कोटि का एक भूरा एवं मुलायम कोयला होता है, जिसमें नमी की मात्रा बहुत अधिक होती है।
- **बिटुमिनस कोयला** इसका निर्माण गहराई में दबने तथा अधिक तापमान से प्रभावित होने से होता है। धातु शोधन में उच्च कोटि के बिटुमिनस कोयले का प्रयोग किया जाता है, जिसका लोहे के प्रगलन में भी विशेष महत्त्व होता है।
- **एंथ्रेसाइट कोयला** यह उच्च कोटि का कोयला है, जिसमें कठोरता पाई जाती है।

11. **अभ्रक की प्रमुख विशेषताएँ क्या हैं? किन्हीं तीन का वर्णन कीजिए।** **CBSE 2014**

उत्तर अभ्रक एक ऐसा खनिज है, जो प्लेटों अथवा पत्रण क्रम में पाया जाता है। इसका चादरों में विपाटन आसानी से हो सकता है।

अभ्रक की प्रमुख विशेषताएँ निम्न प्रकार हैं

(i) इसका विद्युत व इलेक्ट्रॉनिक उद्योगों में अधिक उपयोग होता है, क्योंकि यह परावैद्युत शक्ति से संपन्न व उच्च वोल्टेज का प्रतिरोधी होता है।

(ii) अभ्रक प्लेटों अथवा पत्रण क्रम के रूप में पाया जाता है, जिसे चादरों के रूप में आसानी से विभाजित किया जा सकता है।

(iii) अभ्रक मुख्यतया काला, हरा, लाल, पीला, भूरा तथा अपारदर्शी होता है।

12. **ऊर्जा संसाधन के रूप में कोयले के महत्त्व का वर्णन कीजिए।**

उत्तर भारत में कोयला बहुतायत में पाया जाने वाला जीवाश्म ईंधन है। यह देश की ऊर्जा आवश्यकताओं का महत्त्वपूर्ण भाग प्रदान करता है। ऊर्जा संसाधन के रूप में कोयले का महत्त्व निम्न है

- कोयला भारत में प्रमुख ऊर्जा संसाधन है।
- इसका मुख्यतया उपयोग ऊर्जा उत्पन्न करने, उद्योगों तथा घरेलू जरूरतों के लिए ऊर्जा की आपूर्ति के लिए होता है।
- भारत अपनी वाणिज्यिक ऊर्जा आवश्यकताओं की पूर्ति हेतु मुख्यतः कोयले पर निर्भर है।
- लौहा तथा इस्पात उद्योगों में यह आधारभूत साधन होता है। इसका प्रयोग सीमेंट उद्योग में भी होता है।

13. **विश्व में कच्चे तेल के क्षेत्र सीमित हैं। यदि व्यक्ति वर्तमान दर से तेल का उपयोग करेगा तो हमारा तेल संरक्षित क्षेत्र 35 से 40 साल में खत्म हो जाएगा, कोई तीन सुझाव दें जिससे इस समस्या को कम किया जा सके।** **CBSE 2019**

उत्तर विश्व में कच्चे तेल के क्षेत्र सीमित होने के कारण व्यक्ति को कच्चे तेल के सीमित संसाधनों के न्यायसंगत उपयोग के लिए सावधानीपूर्वक उपागम अपनाना होगा, इसके अंतर्गत हम निम्नलिखित कार्य कर सकते हैं

1. एक जागरूक नागरिक के रूप में हम यातायात के लिए निजी वाहन की अपेक्षा सार्वजनिक वाहन का उपयोग करें।
2. यदि अधिक आवश्यक न हो तो पेट्रोलियम पदार्थों से चलने वाले उपकरणों का कम उपयोग करना चाहिए।
3. गैर-पारंपरिक साधनों के प्रयोग से हम तेल की खपत को कम कर सकते हैं।

14. **गोबर गैस अथवा बायोगैस क्या है? इसके तीन लाभ बताइए।**

उत्तर बायोगैस ग्रामीण क्षेत्रों में झाड़ियों, कृषि अपशिष्ट, पशुओं और मानव के घरेलू उपयोग से उत्पन्न अपशिष्ट से उत्पन्न की जाती है। यह सस्ती और पर्यावरण मित्र होती है। इसका उपयोग मूलतः ईंधन और रोशनी प्राप्ति के लिए किया जाता है। इसके विभिन्न लाभ हैं

- यह ऊर्जा का गैर-परंपरागत साधन है।
- यह प्रदूषण रहित होता है।
- किसानों को इससे कृषि के लिए जैविक खाद भी मिलती है।
- इसकी ताप क्षमता परंपरागत रूप से उपयोग हो रहे मिट्टी के तेल, गोबर के उपले, कोयले की तुलना में अधिक होती है। यह सस्ता साधन है।

15. **सौर ऊर्जा क्या है? इसकी तीन विशेषताएँ लिखिए।**

अथवा **सौर ऊर्जा भारत के ग्रामीण तथा दूरवर्ती क्षेत्रों में तेजी से लोकप्रिय हो रही है। व्याख्या कीजिए।** **CBSE 2014**

अथवा **सौर ऊर्जा भारत में कुछ सीमा तक ऊर्जा की समस्या को किस प्रकार दूर कर सकती है? अपने विचार लिखिए।** **CBSE 2015**

उत्तर भारत एक उष्णकटिबंधीय देश है। इस कारण यहाँ सौर ऊर्जा की संभावना अत्यधिक होती है। इसका प्रयोग अनेक कार्यों में किया जाता है; जैसे-फोटोवोल्टाइक प्रौद्योगिकी के द्वारा सूर्य के प्रकाश को सीधे विद्युत में परिवर्तित किया जाता है।

भारत का सबसे बड़ा सौर पावर प्लांट राजस्थान में माधोपुर के निकट भुज में स्थित है।

इसकी विशेषताएँ निम्नलिखित हैं

- सौर ऊर्जा मुफ्त का उपहार है।
- यह प्रदूषण नहीं फैलाता है।
- यह ऊर्जा का गैर-परंपरागत साधन है।
- इसके प्रयोग से ग्रामीण घरों में गोबर के उपले और लकड़ियों पर निर्भरता न्यूनतम होती है।

16. **खनिज भंडारों की आर्थिक जीव्यता को प्रभावित करने वाले कारकों का उल्लेख कीजिए।**

अथवा **खनिजों के भंडार की आर्थिक जीव्यता को प्रभावित करने वाले किन्हीं तीन कारकों का उल्लेख कीजिए।** **CBSE 2014**

उत्तर खनिजों की आर्थिक जीव्यता को प्रभावित करने वाले कारकों का विवरण निम्नलिखित हैं

- **खनिजों की पर्याप्त मात्रा** वाणिज्यिक रूप से खनिजों के उत्खनन के लिए आवश्यक है कि अयस्क में खनिज की मात्रा पर्याप्त हो।
- **प्रौद्योगिकी रूप से व्यवहार्यता** भंडारों की जीव्यता प्रौद्योगिकी की उपलब्धता पर भी निर्भर होती है। उदाहरण के लिए, भारत में थोरियम खनिज के विशाल भंडार हैं, परंतु हमारे पास इसको उपयोग में लाने की उपयुक्त तकनीक नहीं है।

- **उत्खनन की लागत** खनिजों का उत्खनन आर्थिक दृष्टिकोण से लाभकारी नहीं होता है, इससे भी खनिज भंडार की आर्थिक जीव्यता प्रभावित होती है।

17. पेट्रोलियम के क्या लाभ हैं? पेट्रोलियम को बचाने के लिए किन्हीं दो तरीकों के सुझाव दीजिए। **CBSE 2011**

उत्तर **पेट्रोलियम के लाभ**

- यह कोयले के बाद सबसे महत्त्वपूर्ण ऊर्जा संसाधन है।
- इसका उपयोग ताप व प्रकाश के लिए, ईंधन, मशीनों के स्नेहक तथा विनिर्माण उद्योग के कच्चे माल के रूप में होता है।
- तेल शोधन केंद्र, उर्वरक, संश्लेषित वस्त्र तथा रसायन उद्योगों के लिए एक प्रमुख केंद्रबिंदु होता है।

खनिज तेल को बचाने के उपाय/तरीके

- इसके लिए वैकल्पिक संसाधन के उपयोग पर अधिक बल देना चाहिए।
- सार्वजनिक वाहनों के उपयोग को बढ़ावा देना।
- अन्य पहल; जैसे–कम दूरी के लिए साइकिल का प्रयोग, लाल बत्ती पर वाहनों के इंजन को बंद करना चाहिए आदि।

18. ऊर्जा के गैर-परंपरागत साधन क्या हैं? ऊर्जा के इन संसाधनों के प्रयोग की इतनी जरूरत क्यों है? **CBSE 2016**

उत्तर ऊर्जा के गैर-परंपरागत साधनों में सौर ऊर्जा, पवन ऊर्जा, बायोगैस, भू-तापीय ऊर्जा, ज्वारीय ऊर्जा और परमाणु ऊर्जा आदि सम्मिलित हैं। ये स्वतंत्र रूप में पाए जाते हैं। ये प्रकृति में अटूट और नवीकरणीय संसाधन हैं।

ऊर्जा के गैर-परंपरागत साधनों के उपयोग की आवश्यकता निम्न कारणों से है

- ऊर्जा के परंपरागत साधनों; जैसे– कोयला, तेल और गैस पर अतिनिर्भरता को कम करने के लिए।
- जीवाश्म ईंधनों के माँग की तुलना में इसके निर्माण की प्रक्रिया बहुत धीमी है।
- गैस व तेल की बढ़ती कीमत का राष्ट्रीय अर्थव्यवस्था पर नकारात्मक प्रभाव।
- जीवाश्म ईंधनों के प्रयोग से भारी मात्रा में पर्यावरणीय प्रदूषण की समस्या उत्पन्न होती है।

19. "भारत जैसे ऊर्जा की कमी वाले देश में प्राकृतिक गैस एक बहुमूल्य उपहार है।" चर्चा कीजिए।

अथवा "प्राकृतिक गैस ऊर्जा का प्रमुख संसाधन है।" कथन को स्पष्ट करें। **CBSE 2017**

उत्तर प्राकृतिक गैस का उपयोग ऊर्जा के साथ-साथ पेट्रो रसायन उद्योग में कच्चे माल के रूप में होता है।

- प्राकृतिक गैस पर आधारित विद्युत संयंत्र के निर्माण कम समयावधि में होते हैं।
- प्राकृतिक गैस पर आधारित उर्वरक संयंत्रों की स्थापना से उत्पादन क्षमता को बढ़ाया जा सकता है।
- इसका उपयोग गाड़ियों में तरल ईंधन का संपीड़ित प्राकृतिक गैस से प्रतिस्थापन के रूप में हो रहा है, जो अधिक लोकप्रिय हो रहा है।
- यह ऊर्जा का प्रदूषण मुक्त संसाधन है।

20. ग्रामीण भारत के दो प्रमुख ऊर्जा संसाधन कौन-से हैं? उनके प्रयोग को क्यों हतोत्साहित किया जाना चाहिए?

उत्तर ग्रामीण भारत में जलावन वाली लकड़ी और गोबर के उपले प्रमुख ऊर्जा संसाधन हैं। इसके उपयोग को निम्नलिखित कारणों से हतोत्साहित किया जाना चाहिए

- लकड़ी को जलाने से वनों का विनाश होता है।
- उपले जलाने से बहुमूल्य खाद की कमी होती है।
- इनसे पर्यावरण प्रदूषण भी फैलता है।
- विभिन्न स्वास्थ्य संबंधी समस्याएँ उत्पन्न होती हैं।
- इससे अधिक ऊर्जा का उत्सर्जन होता है, परंतु इसका उपयोग नहीं हो पाता है।
- इसमें अधिक जैवभार का ह्रास होता है।

21. एल्युमीनियम एक महत्त्वपूर्ण धातु है। क्यों? उस अयस्क का नाम बताइए, जिससे एल्युमीनियम निकाला जाता है।

उत्तर निम्नलिखित कारणों से एल्युमीनियम महत्त्वपूर्ण है

- ये लोहे जैसी मजबूत होती है तथा यह लोहे की अपेक्षा हल्का होता है।
- यह बिजली का एक अच्छा सुचालक होता है, इसलिए इससे भारी मात्रा में तार बनाई जाती है।
- आघातवर्ध्यता इसका एक विशिष्ट गुण है, जिससे इसको पतली सीटों में बदला जाता है।

एल्युमीनियम बॉक्साइट से प्राप्त किया जाता है।

22. खनन क्रिया को प्राय: 'घातक उद्योग' क्यों कहा जाता है? तीन कारण दीजिए। **CBSE 2014**

अथवा खनन प्रक्रिया खदान मजदूरों के स्वास्थ्य तथा पर्यावरण के लिए किस प्रकार घातक है? व्याख्या कीजिए। **CBSE 2015**

उत्तर खनन को निम्नलिखित कारणों से घातक उद्योग कहा जाता है

- खनन के कारण खनन क्षेत्र के जलस्रोत संक्रमित हो जाते हैं।
- खनन के द्वारा उत्पन्न हुए अपशिष्ट पदार्थों और गारे को जमीन के नीचे दबा दिए जाने के कारण भूमि तथा मृदा का क्षरण होता है तथा जलधाराओं और नदियों के प्रदूषण स्तर में वृद्धि होती है।
- खदानों के छत गिरने, जलभराव तथा कोयला खदानों में लगने वाली आग से भी खदानों में खतरे बने रहते हैं।
- खदान श्रमिकों के शरीर में पहुँचने वाली धूल तथा हानिकारक धुआँ उन्हें फेफड़ों से संबंधित रोगों के प्रति संवेदनशील बनाते हैं।

उपरोक्त सभी कारणों से खनन प्रक्रिया खदान मजदूरों के स्वास्थ्य तथा पर्यावरण के लिए घातक है।

23. गुणवत्ता के आधार पर एंथ्रेसाइट और बिटुमिनस कोयले में अंतर स्पष्ट कीजिए। **CBSE Compartment 2020**

उत्तर गुणवत्ता के आधार पर एंथ्रेसाइट और बिटुमिनस कोयले में निम्न अंतर हैं

एंथ्रेसाइट	बिटुमिनस
इसमें कार्बन की मात्रा 90% से अधिक पाई जाती है।	इसमें कार्बन की मात्रा 75-90% तक होती है।
यह उच्च कोटि का कोयला होता है, जिसमें कठोरता पाई जाती है।	इसमें प्रति किलो ऊर्जा की मात्रा अधिक पाई जाती है।
इस कोयले का अधिक उपयोग फाइबर उद्योग में किया जाता है।	उच्च गुणवत्ता वाले बिटुमिनस कोयले का उपयोग धातु शोधन में किया जाता है।

24. **खनिज हमारे जीवन के अति अनिवार्य भाग हैं, उचित उदाहरणों की सहायता से इस कथन की पुष्टि करें।** **CBSE 2020, 16**

उत्तर यह सत्य है कि खनिज हमारे जीवन के अति अनिवार्य भाग हैं यह हम निम्नलिखित कथनों के आधार पर कह सकते हैं

(i) हमारी दैनिक आवश्यकताओं में छोटी सूई से लेकर एक बड़ी इमारत तक का निर्माण खनिज से किया जाता है।

(ii) रेलवे लाइन और सड़क के पत्थर, हमारे औजार तथा मशीनें सभी खनिजों से बने हैं।

(iii) हमारे भोजन में भी खनिज पदार्थ उपस्थित होते हैं, जो शरीर के द्वारा अवशोषित किए जाते हैं। यद्यपि हमारे कुल पौष्टिक उपभोग का केवल 0.3% भाग ही खनिज है। तथापि ये इतने महत्त्वपूर्ण और गुणकारी हैं कि इनके बिना हम 99.7% भोज्य पदार्थों का उपयोग करने में असमर्थ होंगे।

(iv) मनुष्य ने विकास की सभी अवस्थाओं; जैसे–जीविका तथा सजावट, त्योहारों व धार्मिक अनुष्ठानों के लिए खनिजों का प्रयोग किया है।

(v) यातायात साधनों; जैसे– कारें, बसें, रेलगाड़ियाँ, हवाई जहाजों का निर्माण भी खनिजों के द्वारा होता है।

25. **नाभिकीय ऊर्जा भारत के विकास में महत्त्वपूर्ण योगदान प्रदान कर सकती है। इस कथन को स्पष्ट करें।** **CBSE 2016**

उत्तर नाभिकीय ऊर्जा निम्नलिखित प्रकार से भारत के विकास में महत्त्वपूर्ण योगदान प्रदान कर सकती है

1. भारत में कोयले तथा पेट्रोलियम के सीमित संरक्षित क्षेत्र हैं। थोरियम जो नाभिकीय ऊर्जा का प्रमुख खनिज है भारत में प्रचुर मात्रा में पाया जाता है। इस प्रकार भारत कोयले तथा पेट्रोलियम पर अपनी निर्भरता को कम कर सकता है।
2. नाभिकीय संयंत्र किसी ऐसी जगह भी लगाया जा सकता है, जहाँ की भूमि में खनिज पदार्थ उपलब्ध न हों।
3. नाभिकीय संयंत्र अधिक मात्रा में ऊर्जा का निर्माण करता है, जिसका उपयोग हम बिजली बनाने तथा अन्य औद्योगिक इकाइयों को चलाने के लिए कर सकते हैं।
4. नाभिकीय ऊर्जा गैर-पारंपरिक ऊर्जा है। शुरुआत में इसके उत्पादन पर अधिक व्यय होता है, परंतु समय के साथ यह कम होता जाता है।

C दीर्घ उत्तरीय प्रश्न

1. **खनिजों को परिभाषित कीजिए। खनिज किस प्रकार आग्नेय और कायांतरित चट्टानों में बनते हैं?** **CBSE 2011**

अथवा **किन्हीं तीन विभिन्न रूपों की व्याख्या कीजिए, जिनमें सामान्यत: खनिज पाए जाते हैं?** **CBSE 2012**

उत्तर खनिज प्राय: अयस्कों के रूप में पाए जाते हैं। अयस्क शब्द का प्रयोग खनिज में अन्य अवयवों या तत्त्वों के मिश्रण या संचयन के लिए किया जाता है। खनिज निम्न शैल समूहों में पाया जाता है

- खनिज आग्नेय तथा कायांतरित चट्टानों की दरारों, जोड़ों व भ्रंशों में मिलते हैं। खनिजों का छोटा जमाव शिराओं के रूप में तथा वृहत जमाव परत के रूप में होता है। जस्ता, ताँबा, जिंक और सीसा आदि खनिजों का जमाव इन्हीं शिराओं में होता है।
- कुछ खनिज अवसादी चट्टानों की परतों या संस्तरों में पाए जाते हैं। इनका निर्माण क्षैतिज परतों में जमाव, संचयन एवं निक्षेपण के कारण होता है। कोयला, लौह-अयस्क, जिप्सम, पोटाश, नमक व सोडियम जैसे खनिज भी अवसादी चट्टानों में पाए जाते हैं।
- कुछ खनिज पहाड़ियों के आधार तथा घाटी तल के रेत में, जलोढ़ जमाव के रूप में पाए जाते हैं। इन्हें 'प्लेसर निक्षेप' के रूप में भी जाना जाता है।
- महासागरीय जल में खनिज विशाल मात्रा में पाए जाते हैं, लेकिन ये बहुत ही विसरित होते हैं, जिससे ये आर्थिक रूप से कम महत्त्वपूर्ण होते हैं।
- महासागर की तली में मैंगनीज ग्रंथिकाएँ बहुतायत मात्रा में पाई जाती हैं। ऐसे ही साधारण नमक, मैग्नीशियम और ब्रोमीन समुद्री जल से प्राप्त किए जाते हैं।

2. ऊर्जा के गैर-परंपरागत स्रोतों का विस्तारपूर्वक वर्णन करें।

उत्तर ऊर्जा के गैर-परंपरागत स्रोतों का वर्णन इस प्रकार है

- **परमाणु अथवा आण्विक ऊर्जा** परमाणु अथवा आण्विक ऊर्जा अणुओं की संरचना को बदलने से प्राप्त की जाती है। जब इस प्रकार का कोई परिवर्तन किया जाता है, तो ऊष्मा के रूप में काफी ऊर्जा विमुक्त होती है। यूरेनियम एवं थोरियम का प्रयोग परमाणु अथवा आण्विक ऊर्जा के उत्पादन में किया जाता है।
- **सौर ऊर्जा** भारत एक उष्णकटिबंधीय देश है। इस कारण यहाँ सौर ऊर्जा की संभावना अत्यधिक होती है। इसका प्रयोग अनेक कार्यों में किया जाता है।

- **पवन ऊर्जा** पवन ऊर्जा का उपयोग बिजली उत्पादन हेतु भारी पवन चक्कियों के संचालन के लिए किया जाता है।
- **बायोगैस** बायोगैस ग्रामीण क्षेत्रों में झाड़ियों, कृषि अपशिष्ट, पशुओं और मानव के घरेलू उपयोग से उत्पन्न अपशिष्ट से उत्पन्न की जाती है। यह सस्ती और पर्यावरण मित्र होती है। इसका उपयोग मूलतः ईंधन और रोशनी प्राप्ति के लिए किया जाता है।
- **ज्वारीय ऊर्जा** महासागरीय तरंगों का प्रयोग भारी मात्रा में विद्युत उत्पादन के लिए किया जाता है। भारत में ज्वारीय ऊर्जा उत्पन्न करने की आदर्श दशाएँ खंभात की खाड़ी, कच्छ की खाड़ी तथा पश्चिमी तट पर गुजरात में और पश्चिम बंगाल में गंगा के डेल्टाई प्रदेश में उपस्थित हैं।
- **भू-तापीय ऊर्जा** पृथ्वी के आंतरिक भागों से ताप का उपयोग कर उत्पन्न की जाने वाली विद्युत ऊर्जा को भू-तापीय ऊर्जा कहते हैं। जहाँ भू-तापीय प्रवणता अधिक होती है उन क्षेत्रों का तापमान भी अधिक पाया जाता है।

3. भारत में लौह-अयस्क के वितरण का वर्णन कीजिए।

अथवा कर्नाटक के पश्चिमी घाट में अवस्थित लौह-अयस्क खदानों के नाम लिखिए। **CBSE 2014**

उत्तर भारत में लौह-अयस्क के प्रमुख क्षेत्रों का विवरण निम्न है

- **ओडिशा-झारखंड पेटी** ओडिशा के मयूरभंज व केंदुझार जिलों के बादाम पहाड़ से उच्च कोटि का हेमेटाइट लौह-अयस्क निकाला जाता है। इसी के पास झारखंड के सिंहभूम जिले में गुआ और नोआमुंडी से हेमेटाइट का खनन किया जाता है।
- **दुर्ग-बस्तर-चंद्रपुर पेटी** इस पेटी के अंतर्गत छत्तीसगढ़ और महाराष्ट्र राज्य के क्षेत्र आते हैं। छत्तीसगढ़ के बस्तर जिले में अवस्थित बैलाडीला पहाड़ी में उच्च किस्म का हेमेटाइट पाया जाता है, जिसमें उच्च गुणवत्ता के लौह के 14 भंडार मिलते हैं।
- **बेल्लारी-चित्रदुर्ग, चिक्कमंगलुरु-तुमकुरु पेटी** कर्नाटक की इस पेटी में लौह-अयस्क विशाल मात्रा में संचित है। कर्नाटक में पश्चिमी घाट में अवस्थित कुद्रेमुख की खानें शत-प्रतिशत लौह अयस्क की निर्यात इकाई हैं।
- **महाराष्ट्र-गोवा पेटी** यह महाराष्ट्र के रत्नागिरि जिले और गोवा में स्थित है। यहाँ के लौह-अयस्क की गुणवत्ता निम्न कोटि की होती है। इसका मार्मागाओ पत्तन से निर्यात किया जाता है।

4. "ऊर्जा के विकास के सतत पोषणीय मार्ग को विकसित करने की तुरंत आवश्यकता है।" व्याख्या कीजिए। **CBSE 2014**

अथवा "पूरे देश में ऊर्जा के सभी प्रकारों का उपभोग धीरे-धीरे बढ़ रहा है। ऊर्जा के विकास और ऊर्जा के संरक्षण के सतत पोषणीय मार्ग को विकसित करने की तुरंत आवश्यकता है।" इस ज्वलंत समस्या का समाधान करने के लिए किन्हीं तीन उपायों का सुझाव दीजिए। **CBSE 2016**

उत्तर "पूरे देश में ऊर्जा के सभी प्रकारों का उपभोग धीरे-धीरे बढ़ रहा है। ऊर्जा के विकास और ऊर्जा के संरक्षण के सतत पोषणीय मार्ग को विकसित करने की तुरंत आवश्यकता है।" इसके लिए निम्नलिखित सुझाव अधिक उपयोगी होंगे

- **ऊर्जा के साधनों की सीमितता** हमारे प्रमुख ऊर्जा संसाधन; जैसे- कोयला, पेट्रोलियम और प्राकृतिक गैस समाप्य हैं, इसलिए इनका उपयोग समझदारी के साथ करना चाहिए।
- **ऊर्जा मानव की मूलभूत आवश्यकता है** हमारे सभी क्रियाकलाप के लिए ऊर्जा आवश्यक होती है; जैसे- घर में खाना पकाने से लेकर उद्योगों में बड़ी-बड़ी मशीनों के संचालन के लिए।
- **ऊर्जा संसाधनों के निर्माण** की गति बहुत ही धीमी होती है, जबकि उसके उपभोग बहुत ही तीव्रता से होते हैं। ऐसे में इसका उपयोग ऐसा हो कि माँग और पूर्ति का संतुलन भविष्य तक बना रहे।
- ऊर्जा को भावी पीढ़ी के लिए बचाकर रखना चाहिए, क्योंकि ये अनवीकरणीय हैं।
- पर्यावरण के प्रदूषण में ऊर्जा संसाधनों का महत्त्वपूर्ण योगदान होता है, इसलिए हमें चाहिए कि हम इसका अत्यधिक उपयोग करने से बचें।

5. खनिजों के संरक्षण और ऊर्जा के संरक्षण पर संक्षिप्त टिप्पणी कीजिए।

उत्तर
- **खनिज संरक्षण** खनिज संसाधनों को सुनियोजित एवं सतत पोषणीय ढंग से प्रयोग करके संरक्षित कर सकते हैं। निम्न कोटि के अयस्कों का कम लागतों पर प्रयोग करने के लिए उन्नत तकनीकियों का विकास करते रहना होगा। संसाधनों की उपलब्धता के लिए धातुओं के पुनर्चक्रण, व्यर्थ धातुओं के प्रयोग तथा अन्य प्रतिस्थापन उपायों पर बल देना चाहिए।
- **ऊर्जा संरक्षण** विकास के लिए ऊर्जा संरक्षण को प्रोत्साहन देना अत्यंत आवश्यक है। इसके लिए नवीकरणीय ऊर्जा संसाधनों को बढ़ावा देने के साथ हमें अपव्यय से बचने की आवश्यकता है। अतः ऊर्जा संरक्षण के लिए हमें व्यक्तिगत वाहन की अपेक्षा सार्वजनिक परिवहन व्यवस्था, बिजली उपकरणों को प्रयोग से पूर्व बंद रखना, ऊर्जा बचत नियुक्तियों और गैर-परंपरागत स्रोतों को बढ़ावा देने जैसे महत्त्वपूर्ण व्यवहार को अपने अंदर लाना चाहिए। आखिरकार ऊर्जा बचत ही ऊर्जा उत्पादन है। सतत विकास के लिए हमें नवीकरणीय ऊर्जा संसाधनों के प्रयोग के साथ-साथ ऊर्जा को अपव्यय रोककर इसके संरक्षण की आवश्यकता है।

6. अलौह खनिज किसे कहते हैं? अलौह खनिज में किन-किन खनिजों को शामिल किया जाता है? स्पष्ट कीजिए।

उत्तर ऐसे खनिज, जिनमें लौह तत्त्व नहीं पाए जाते हैं, अलौह खनिज कहलाते हैं। भारत में अलौह खनिज के सीमित भंडार हैं। इसमें ताँबा, बॉक्साइट, सीसा और सोना जैसे खनिज

आते हैं। अलौह खनिजों का उपयोग धातु शोधन, इंजीनियरिंग तथा विद्युत उद्योगों में होता है।

अलौह खनिज में ताँबा और बॉक्साइट का वर्णन इस प्रकार है

- **ताँबा** ताँबे का उपयोग बिजली के तार बनाने, इलेक्ट्रॉनिक्स एवं रसायन उद्योग में किया जाता है। मध्य प्रदेश का बालाघाट, झारखंड का सिंहभूम और राजस्थान का खेतड़ी भारत में इसके प्रमुख उत्पादक क्षेत्र हैं। ताँबा अपने उत्कृष्ट विद्युत चालकता के गुण के कारण एक महत्त्वपूर्ण खनिज है।
- **बॉक्साइट** बॉक्साइट निक्षेपों की रचना एल्युमीनियम सिलिकेटों से समृद्ध व्यापक भिन्नता वाली चट्टानों के विघटन से होती है। एल्युमीनियम अपनी मजबूती और कम वजन के लिए जाना जाता है। इसका उपयोग बर्तन, बिजली के सामान आदि के निर्माण में व्यापक रूप से किया जाता है।

  भारत में बॉक्साइट मुख्यतः अमरकंटक पठार, मैकाल की पहाड़ियाँ तथा बिलासपुर-कटनी के पठारी प्रदेश में पाया जाता है। ओडिशा में कोरापुट बॉक्साइट का सबसे अधिक उत्पादन करता है। भारत में ओडिशा बॉक्साइट का सबसे बड़ा उत्पादक राज्य है।

7. **भारत में कौन-सा जीवाश्म ईंधन अधिक मात्रा में पाया जाता है? इसके विभिन्न रूपों की विशेषताओं का वर्णन करें।** **CBSE 2015**

उत्तर भारत में कोयला अधिक मात्रा में पाया जाने वाला जीवाश्म ईंधन है। यह देश की ऊर्जा आवश्यकताओं का महत्त्वपूर्ण भाग प्रदान करता है। कोयले का निर्माण पादप पदार्थों के लाखों वर्षों तक संपीडन के कारण हुआ है इसलिए संपीडन की मात्रा गहराई और दबने के समय के आधार पर कोयला अनेक रूपों में पाया जाता है। कोयले के विभिन्न रूपों की विशेषताएँ निम्नलिखित हैं

पीट कोयला

- दलदली स्थानों में क्षय होते पादपों से पीट उत्पन्न होता है।
- इसमें कम कार्बन नमी की उच्च मात्रा व निम्न ताप क्षमता होती है।
- यह मुलायम होने के साथ अधिक नमीयुक्त होता है।

लिग्नाइट कोयला

- यह निम्न कोटि का एक भूरा एवं मुलायम कोयला होता है।
- इस कोयले में नमी की मात्रा बहुत अधिक होती है।
- इसका उपयोग विद्युत उत्पादन में किया जाता है।

बिटुमिनस कोयला

- बिटुमिनस कोयले का प्रयोग धातु शोधन में किया जाता है।
- इसमें कार्बन की मात्रा 75-90% तक होती है।
- इसमें प्रति किलो ऊर्जा की मात्रा अधिक होती है।

एंथ्रेसाइट कोयला

- इसमें कार्बन की मात्रा 90% से अधिक होती है इसलिए इसमें ऊर्जा की मात्रा सर्वोत्तम होती है।
- यह उच्च कोटि का कोयला है, जिसमें कठोरता पाई जाती है।
- फाइबर उद्योग में इसका उपयोग अधिक किया जाता है।

8. ऊर्जा के परंपरागत स्रोत कौन-कौन से हैं? सविस्तार वर्णन कीजिए।

उत्तर इस प्रश्न के उत्तर के लिए पृष्ठ संख्या 187 पर शीर्षक 'ऊर्जा के परंपरागत स्रोत' का अध्ययन करें।

स्रोत आधारित प्रश्न

नीचे दिए गए स्रोतों का सावधानीपूर्वक अध्ययन कीजिए तथा पूछे गए प्रश्नों का उत्तर दीजिए

1. **भारत अच्छे और विविध प्रकार के खनिज संसाधनों में सौभाग्यशाली है, यद्यपि इनका वितरण असमान है। मोटे तौर पर प्रायद्वीपीय चट्टानों में कोयले, धात्विक खनिज, अभ्रक व अन्य अनेक अधात्विक खनिजों के अधिकांश भंडार संचित हैं। प्रायद्वीप के पश्चिमी और पूर्वी पार्श्वों पर गुजरात और असम की तलछटी चट्टानों में अधिकांश खनिज तेल निक्षेप पाए जाते हैं। प्रायद्वीपीय शैल क्रम के साथ राजस्थान में अनेक अलौह खनिज पाए जाते हैं। उत्तरी भारत के विस्तृत जलोढ़ मैदान आर्थिक महत्त्व के खनिजों से लगभग विहीन हैं। ये विभिन्नताएँ खनिजों की रचना में अंतरग्रस्त भू-गर्भिक संरचना, प्रक्रियाओं और समय के कारण हैं।**

आइए, अब हम भारत में कुछ प्रमुख खनिजों के वितरण का अध्ययन करें। सदैव स्मरण रखें कि अयस्क में खनिज का सांद्रण उत्खनन की सुगमता और बाजार की निकटता, किसी संचय की आर्थिक जीव्यता को प्रभावित करने में महत्त्वपूर्ण भूमिका निभाते हैं। अतः माँग की पूर्ति के लिए अनेक संभव विकल्पों में से चयन करना पड़ता है। ऐसा हो जाने के बाद एक खनिज 'निक्षेप' अथवा 'भंडार' खदान में परिवर्तित हो जाता है। लौह खनिज धात्विक खनिजों के कुल उत्पादन मूल्य के तीन-चौथाई भाग का योगदान करते हैं। ये धातु शोधन उद्योगों के विकास को मजबूत आधार प्रदान करते हैं। भारत अपनी घरेलू माँग को पूरा करने के पश्चात् बड़ी मात्रा में धात्विक खनिजों का निर्यात करता है।

(i) असम की तलछटी शैलों में अधिकांश खनिज तेल पाए जाने का मुख्य कारण है

(a) इस क्षेत्र में प्लेट विवर्तनिकी का उल्लेख मिलता है
(b) इस क्षेत्र में मरुस्थलों का विकास हुआ है
(c) इस क्षेत्र की भौगोलिक संरचना मध्य एशिया के समान है
(d) उपरोक्त सभी

उत्तर (a) इस क्षेत्र में प्लेट विवर्तनिकी का उल्लेख मिलता है

(ii) उत्तर भारत के जलोढ़ निर्मित मैदानी भागों में खनिज का अभाव मिलता है, क्योंकि
(a) यहाँ प्राचीन शैलों का अभाव है
(b) यहाँ अभिनूतन शैलों का विस्तार अधिक है
(c) इस मैदानी भाग का निर्माण नदियों द्वारा लाए गए अवसादों के जमाव से हुआ है
(d) उपरोक्त सभी

उत्तर (d) उपरोक्त सभी

(iii) भारत में सर्वाधिक खनिजों का निक्षेपण ………… की शैलों में विद्यमान है।
(a) विंध्यन क्रम (b) धारवाड़ क्रम
(c) कुड़प्पा क्रम (d) गोंडवाना क्रम

उत्तर (b) धारवाड़ क्रम

(iv) भारत के किस भौगोलिक क्षेत्र को भारत का रूर प्रदेश कहते हैं?
(a) विदर्भ क्षेत्र (b) कोंकण तटीय क्षेत्र
(c) छोटानागपुर पठारी क्षेत्र (d) तेलंगाना पठारी क्षेत्र

उत्तर (c) छोटानागपुर पठारी क्षेत्र

(v) भारत में खनिजों का असमान वितरण पाया जाता है। उदाहरणस्वरूप, उत्तरी मैदान खनिजों से लगभग विहीन है। यह विभिन्नताएँ किस कारण पाई जाती हैं। निम्न में से कौन-सा कारण सही है?
(a) खनिजों की रचना में अंतरग्रस्त भू-गर्भिक संरचना
(b) खजिन निर्माण की प्रक्रियाएँ
(c) निर्माण का समय
(d) उपरोक्त सभी

उत्तर (d) उपरोक्त सभी

(vi) **कथन** (A) प्रायद्वीपीय चट्टानों में कोयले, धात्विक खनिज, अभ्रक व अन्य अनेक अधात्विक खनिजों के अधिकांश भंडार संचित पाए जाते हैं।

कारण (R) प्रायद्वीप के पश्चिमी और पूर्वी पार्श्वों पर गुजरात और असम की तलछटी चट्टानों में अधिकांश खनिज तेल के निक्षेप पाए जाते हैं।

कूट
(a) A और R दोनों सही हैं तथा R, A की सही व्याख्या है
(b) A और R दोनों सही हैं, परंतु R, A की सही व्याख्या नहीं है
(c) A सही है, किंतु R गलत है
(d) A गलत है, किंतु R सही है

उत्तर (b) A और R दोनों सही हैं, परंतु R, A की सही व्याख्या नहीं है

2. ऊर्जा सभी क्रियाकलापों के लिए आवश्यक है। खाना पकाने में, रोशनी व ताप के लिए, गाड़ियों के संचालन तथा उद्योगों में मशीनों के संचालन में ऊर्जा की आवश्यकता होती है।

ऊर्जा का उत्पादन ईंधन खनिजों; जैसे—कोयला, पेट्रोलियम, प्राकृतिक गैस, यूरेनियम तथा विद्युत से किया जाता है। ऊर्जा संसाधनों को परंपरागत तथा गैर-परंपरागत साधनों में वर्गीकृत किया जा सकता है। परंपरागत साधनों में लकड़ी, उपले, कोयला, पेट्रोलियम, प्राकृतिक गैस तथा विद्युत (दोनों जल विद्युत व ताप विद्युत) सम्मिलित हैं। गैर-परंपरागत साधनों में सौर, पवन, ज्वारीय, भू-तापीय, बायोगैस तथा परमाणु ऊर्जा शामिल किए जाते हैं। ग्रामीण भारत में लकड़ी व उपले बहुतायत में प्रयोग किए जाते हैं। एक अनुमान के अनुसार ग्रामीण घरों में आवश्यक ऊर्जा का 70% से अधिक इन दो साधनों से प्राप्त होता है, लेकिन अब घटते वन क्षेत्र के कारण इनका उपयोग करते रहना कठिन होता जा रहा है। इसके अतिरिक्त उपलों का उपभोग भी हतोत्साहित किया जा रहा है, क्योंकि इससे सर्वाधिक मूल्यवान खाद्य का उपभोग होता है, जिसे कृषि में प्रयोग किया जा सकता है।

भारत में कोयला बहुतायत में पाया जाने वाला जीवाश्म ईंधन है। यह देश की ऊर्जा आवश्यकताओं का महत्त्वपूर्ण भाग है। इसका उपयोग ऊर्जा उत्पादन तथा उद्योगों और घरेलू जरूरतों के लिए ऊर्जा की आपूर्ति के लिए किया जाता है। भारत अपनी वाणिज्यिक ऊर्जा आवश्यकताओं की पूर्ति हेतु मुख्यत: कोयले पर निर्भर है।

(i) ……… एक गैर-परंपरागत ऊर्जा स्रोत है, जिसके दहन से कार्बन मोनोऑक्साइड एवं ……… का उत्सर्जन होता है।
(a) पेट्रोलियम, नाइट्रोजन ऑक्साइड
(b) कोयला, सल्फर डाइऑक्साइड
(c) पेट्रोलियम, कार्बन डाइऑक्साइड
(d) कोयला, नाइट्रोजन ऑक्साइड

उत्तर (c) पेट्रोलियम, कार्बन डाइऑक्साइड

(ii) परंपरागत ऊर्जा संसाधनों में निम्नलिखित में से कौन-सा संसाधन शामिल नहीं पाया जाता है?
(a) यूरेनियम (b) लकड़ी
(c) उपले (d) कोयला

उत्तर (a) यूरेनियम

(iii) ऊर्जा संसाधन की उपयोगिता के संबंध में दिए गए कथनों में से कौन-सा कथन सही नहीं है?
(a) ऊर्जा मानव क्रियाकलापों के लिए महत्त्वपूर्ण होती है
(b) गाड़ियों के संचालन तथा उद्योगों में मशीनों के संचालन में ऊर्जा की आवश्यकता होती है
(c) भारत में लकड़ी व उपले बहुतायत में प्रयोग किए जाते हैं
(d) बायोगैस संयंत्र एक प्रमुख परंपरागत ऊर्जा संसाधन का रूप है

उत्तर (d) बायोगैस संयंत्र एक प्रमुख परंपरागत ऊर्जा संसाधन का रूप है

(iv) भारत के किस क्षेत्र में ज्वारीय ऊर्जा उत्पादन करने की क्षमता सबसे अधिक है?
(a) कच्छ की खाड़ी (b) खंभात की खाड़ी
(c) सुंदरवन डेल्टा (d) अंडमान निकोबार क्षेत्र

उत्तर (b) खंभात की खाड़ी

(v) निम्न कथनों पर विचार कीजिए तथा सही उत्तर का चयन कीजिए

1. भारत में ग्रामीण घरों में आवश्यक ऊर्जा का 70% से अधिक लकड़ी व उपले से प्राप्त होता है।
2. वन क्षेत्रों में कमी के कारण उपलों का उपयोग कम होता जा रहा है।
3. कृष्णा-गोदावरी नदी बेसिन में प्राकृतिक गैसों के विशाल भंडार पाए जाते हैं।

कूट

(a) केवल 2 (b) 1 और 2
(c) 2 और 3 (d) ये सभी

उत्तर (d) ये सभी

(vi) सुमेलित कीजिए

सूची I	सूची II
A. ऊर्जा का परंपरागत संसाधन	1. पेट्रोलियम
B. ऊर्जा का नवीकरणीय संसाधन	2. सौर ऊर्जा
C. कोयला	3. जीवाश्म ईंधन
D. ग्रामीण भारत की आवश्यक ऊर्जा का अधिकतम भाग प्राप्त होता है	4. लकड़ी एवं उपले

कूट

	A	B	C	D
(a)	1	2	3	4
(b)	2	3	4	1
(c)	3	4	1	2
(d)	4	1	2	3

उत्तर (a) 1 2 3 4

3. आर्थिक विकास के लिए ऊर्जा एक आधारभूत आवश्यकता है। राष्ट्रीय अर्थव्यवस्था के प्रत्येक सेक्टर—कृषि, उद्योग, परिवहन, वाणिज्य व घरेलू आवश्यकताओं की पूर्ति के लिए ऊर्जा के निवेश की आवश्यकता है। स्वतंत्रता-प्राप्ति के पश्चात् क्रियान्वित आर्थिक विकास की योजनाओं को जारी रखने के लिए ऊर्जा की बड़ी मात्रा की आवश्यकता थी। फलस्वरूप पूरे देश में ऊर्जा के सभी प्रकारों का उपभोग धीरे-धीरे बढ़ रहा है।

इस पृष्ठभूमि में ऊर्जा के विकास के सतत पोषणीय मार्ग के विकसित करने की तुरंत आवश्यकता है। ऊर्जा संरक्षण की प्रोन्नति और नवीकरणीय ऊर्जा संसाधनों का बढ़ता प्रयोग सतत पोषणीय ऊर्जा के दो आधार हैं।

वर्तमान में भारत विश्व के अल्पतम ऊर्जा दक्ष देशों में गिना जाता है। हमें ऊर्जा के सीमित संसाधनों के न्यायसंगत उपयोग के लिए सावधानीपूर्ण उपागम अपनाना होगा। उदाहरणार्थ, एक जागरूक नागरिक के रूप में हम यातायात के लिए निजी वाहन की अपेक्षा सार्वजनिक वाहन का उपयोग करके, जब प्रयोग न हो रही हो तो बिजली बंद करके, विद्युत बचत करने वाले उपकरणों के प्रयोग से तथा गैर-पारंपरिक ऊर्जा साधनों के प्रयोग से हम अपना छोटा योगदान दे सकते हैं। आखिरकार 'ऊर्जा की बचत ही ऊर्जा उत्पादन है।'

(i) किसी भी देश के आर्थिक विकास के लिए ऊर्जा संसाधन किस प्रकार महत्त्वपूर्ण होते हैं?

उत्तर ऊर्जा संसाधन मानव की आवश्यकताओं की पूर्ति के साथ-साथ देश के आर्थिक विकास में महत्त्वपूर्ण योगदान देते हैं। यह आधारभूत आवश्यकताओं की पूर्ति में सहायक होते हैं। यह अर्थव्यवस्था के प्रत्येक क्षेत्र–कृषि, उद्योग, परिवहन, वाणिज्य व घरेलू आवश्यकताओं की पूर्ति में, कार्य संचालन, शक्ति आदि के रूप में महत्त्वपूर्ण भूमिका निभाते हैं।

(ii) नवीकरणीय ऊर्जा संसाधनों का बढ़ता प्रयोग सतत पोषणीय ऊर्जा का आधार क्यों है?

उत्तर नवीकरणीय ऊर्जा संसाधन असीमित भंडार वाले संसाधन होते हैं। ऐसे संसाधनों में सौर ऊर्जा, पवन ऊर्जा, ज्वारीय ऊर्जा, जैविक ऊर्जा तथा अवशिष्ट पदार्थ जनित ऊर्जा शामिल हैं, जो आने वाली पीढ़ियों के लिए भी उपलब्ध है। इसकी उपलब्धता सभी के लिए संभव है, जो सतत विकास के लक्ष्यों के अनुरूप है। सतत विकास का लक्ष्य वैसी ऊर्जा को बढ़ावा देना होता है, जो आने वाले भविष्य की पीढ़ियों के लिए उपलब्ध हो। इस प्रकार, नवीकरणीय ऊर्जा सतत पोषणीय ऊर्जा का आधार है।

(iii) ऊर्जा संसाधनों का संरक्षण किस प्रकार किया जा सकता है?

उत्तर ऊर्जा संसाधनों का संरक्षण विभिन्न रूपों में किया जा सकता है; जैसे–निजी वाहन की अपेक्षा सार्वजनिक वाहन का उपयोग कर, आवश्यक बिजली उपकरणों का उपयोग कर, गैर-पारंपरिक ऊर्जा साधनों के प्रयोग को बढ़ावा देकर आदि। इसके अतिरिक्त लोगों को स्थानीय स्तर पर जागरूक कर ऊर्जा संसाधनों का संरक्षण किया जा सकता है।

4. स्रोत 'अ' खनिज संसाधनों का निर्माण एवं उपलब्धता

हम सभी को उद्योग और कृषि की खनिजों और उनसे निर्मित पदार्थों पर भारी निर्भरता पाई जाती है। खनन योग्य निक्षेप की कुल मात्रा बहुत कम है अर्थात् भू-पर्पटी का एक प्रतिशत ही उपलब्ध है। जिन खनिज संसाधनों के निर्माण व सांद्रण में लाखों वर्ष लगते हैं, हम उनका तेजी से उपभोग कर रहे हैं। खनिज निर्माण की भू-गर्भिक प्रक्रियाएँ इतनी धीमी हैं कि उनके वर्तमान उपभोग की दर की तुलना में उनके पुन: प्राप्ति की दर बहुत ही कम है।

स्रोत 'ब' खनिजों का उत्खनन एवं गुणवत्ता ह्रास

खनिज संसाधन-सीमित तथा अनवीकरण योग्य हैं। समृद्ध खनिज निक्षेप हमारे देश की अत्यधिक मूल्यवान संपत्ति हैं, लेकिन ये बहुत कम मात्रा में हैं। अयस्कों के लगातार खनन से लागत बढ़ती है, क्योंकि खनिजों के उत्खनन (खनन) की गहराई बढ़ने के साथ उनकी गुणवत्ता भी घटती जाती है।

स्रोत 'स' खनिजों का संरक्षण

आपने खनिज संसाधनों को सुनियोजन एवं सतत पोषणीय ढंग से प्रयोग करने के लिए एक तालमेल युक्त प्रयास करना होगा। निम्न कोटि के अयस्कों का कम लागतों पर प्रयोग करने के लिए उन्नत प्रौद्योगिकियों का सतत विकास करते

रहना होगा। धातुओं का पुनः चक्रण, धातुओं के अवशेषों का प्रयोग तथा अन्य उपायों का उपयोग भविष्य में हमारे खनिज संसाधनों के संरक्षण के उपाय हैं।

स्रोत 'अ' खनिज संसाधनों का निर्माण एवं उपलब्धता

(i) खनिज संसाधनों की उपलब्धता का विवरण उपभोग के संबंध में दीजिए।

उत्तर पृथ्वी पर खनिज संसाधनों की उपलब्धता बहुत ही कम पाई जाती है। इसके साथ ही इसके निर्माण में लाखों वर्ष लगते हैं, क्योंकि खनिज निर्माण की भू-गर्भिक प्रक्रियाएँ बहुत ही धीमी होती हैं। इसके उपभोग की दर उपलब्धता की तुलना में अधिक पाई जाती है। इसके पुनर्भरण की दर बहुत ही कम पाई जाती है। इसलिए इसके उपभोग पर नियंत्रण करना आवश्यक है।

स्रोत 'ब' खनिजों का उत्खनन एवं गुणवत्ता ह्रास

(ii) आधुनिक समय में खनिजों का क्षरण किस प्रकार बड़े स्तर पर किया जाता है?

उत्तर खनिज संसाधन किसी भी देश की मूल्यवान संपत्ति होती है। वर्तमान में उत्खनन का कार्य बड़े स्तर पर हो रहा है, जिससे लागत में भी वृद्धि हो रही है। इसके साथ ही खनिजों के उत्खनन व खनन की गहराई बढ़ने के साथ-साथ उनकी गुणवत्ता घटती जा रही है।

वहीं खनन के दौरान कुछ संसाधनों की बर्बादी भी होती है। इस प्रकार से खनिज संसाधनों का लगातार क्षरण व विनाश हो रहा है।

स्रोत 'स' खनिजों का संरक्षण

(iii) खनिजों का संरक्षण किस प्रकार किया जा सकता है?

उत्तर खनिजों को सुनियोजित एवं सतत पोषणीय ढंग से प्रयोग कर संरक्षित किया जा सकता है। खनिजों को आवश्यकता अनुसार ही उपयोग करना चाहिए। इसके साथ ही धातुओं के पुनः चक्रण, अवशिष्टों के पुनः प्रयोग तथा अन्य उपायों के प्रयोग को अपनाकर इसको संरक्षित किया जा सकता है, जिससे कि यह आने वाली पीढ़ियों को भी उपलब्ध हो सके।

मानचित्र आधारित प्रश्न

1. भारत के दिए गए मानचित्र पर अंकित निम्नलिखित की पहचान करके नाम लिखिए

(i) छत्तीसगढ़ में लौह-अयस्क खान

(ii) ओडिशा में कोयला खदान

(iii) असम में एक तेल क्षेत्र

(iv) मुंबई हाई के पास एक अपतटीय तेल क्षेत्र

(v) गुजरात में एक तेल क्षेत्र

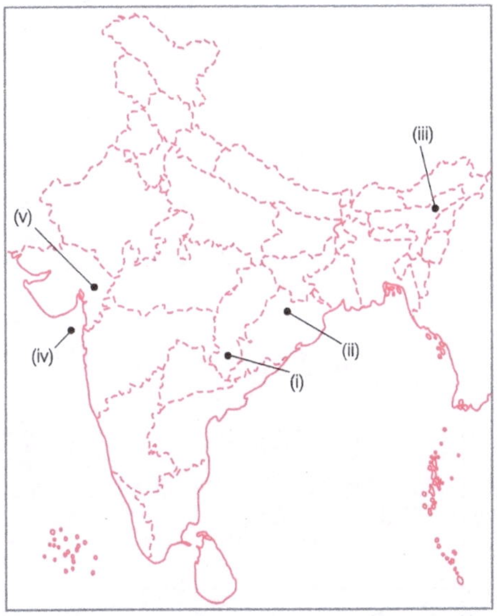

उत्तर निम्न मानचित्र को देखें

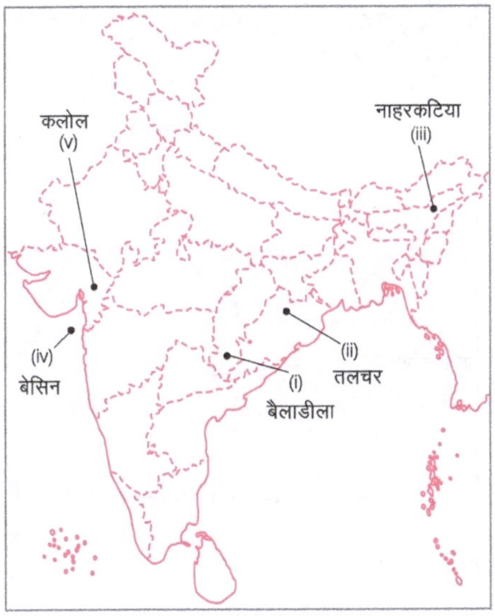

2. भारत के दिए गए मानचित्र पर अंकित निम्नलिखित की पहचान करके नाम लिखिए

(i) असम में एक तेल क्षेत्र

(ii) झारखंड में कोयला खदान

(iii) गुजरात में एक तेल क्षेत्र

(iv) कर्नाटक में लौह-अयस्क की खान

(v) छत्तीसगढ़ में लौह-अयस्क की खान

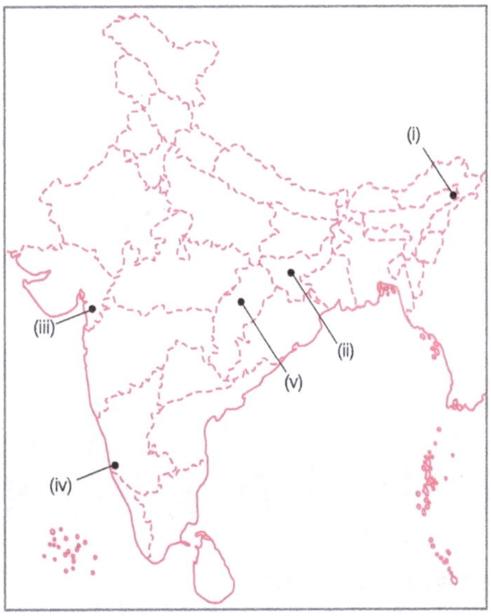

उत्तर निम्न मानचित्र को देखें

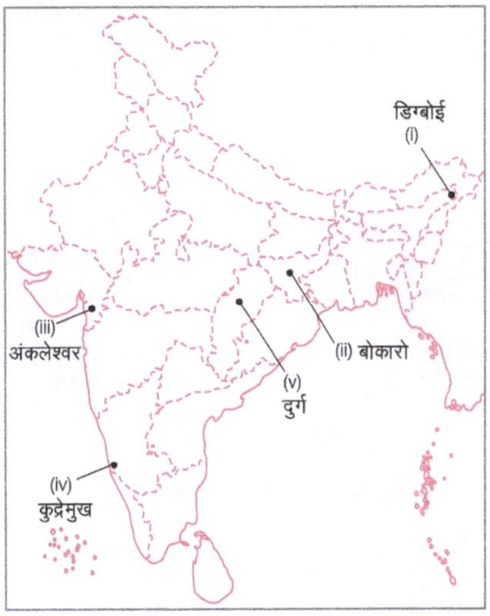

3. भारत के दिए गए मानचित्र पर अंकित निम्नलिखित की पहचान करके नाम लिखिए
(i) लौह-अयस्क खान
(ii) तेल क्षेत्र
(iii) कोयला खान
(iv) ओडिशा में लौह-अयस्क खान
(v) कोयला खान

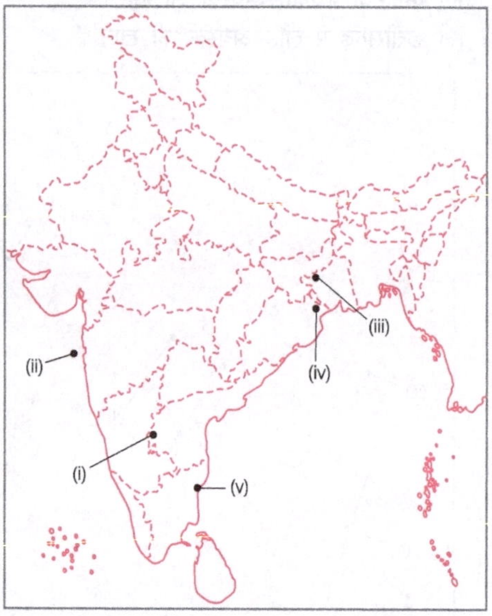

उत्तर निम्न मानचित्र को देखें

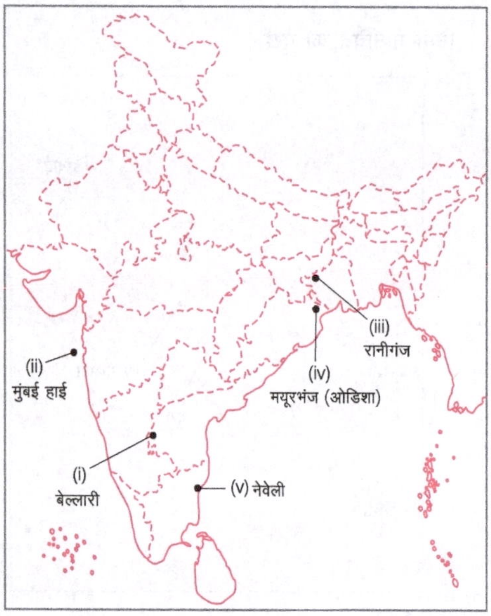

4. भारत के राजनीतिक मानचित्र पर निम्नलिखित को दर्शाइए तथा नाम लिखिए
(i) तारापुर—आण्विक ऊर्जा संयंत्र **CBSE Compartment 2021, 20**
(ii) नरौरा—आण्विक ऊर्जा संयंत्र **CBSE Term II 2022, CBSE 2020**
(iii) काकरापारा—आण्विक ऊर्जा संयंत्र **CBSE 2020**
(iv) कलपक्कम—आण्विक ऊर्जा संयंत्र

उत्तर निम्न मानचित्र को देखें

5. भारत के राजनीतिक मानचित्र पर निम्नलिखित को दर्शाइए तथा नाम लिखिए

(i) नामरूप थर्मल पावर प्लांट

(ii) रामागुंडम थर्मल पावर प्लांट (तापीय ऊर्जा संयंत्र) **CBSE Term II 2022**

(iii) सिंगरौली थर्मल पावर प्लांट (सिंगरौली तापीय ऊर्जा संयंत्र) **CBSE Term II 2022**

उत्तर निम्न मानचित्र को देखें

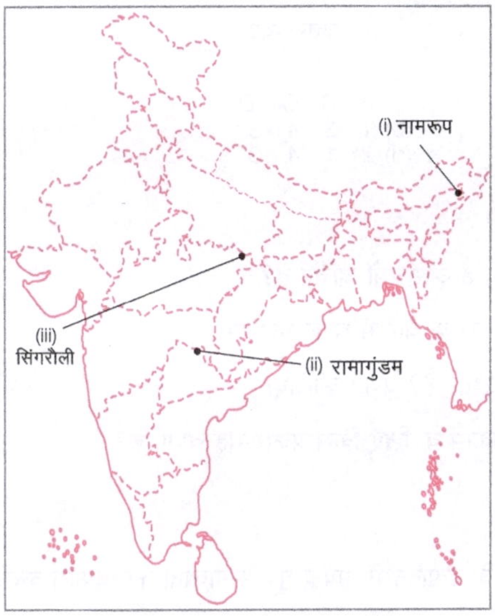

स्वयं को जाँचें

वस्तुनिष्ठ प्रश्न

1. इसमें कम कार्बन एवं कम ताप तथा उच्च मात्रा में नमी पाई जाती है।

(a) पीट (b) लिग्नाइट (c) बिटुमिनस (d) एंथ्रेसाइट

2. निम्न में से कौन जीवाश्म ईंधन नहीं है?

(a) कोयला (b) सूर्य ऊर्जा (c) पेट्रोलियम (d) प्राकृतिक गैस

3. भारत का पहला तेल क्षेत्र कहाँ खोजा गया था?

(a) मुंबई (b) असम (c) मणिपुर (d) केरल

4. सुमेलित कीजिए

सूची I (तेल क्षेत्र/गैस पाइपलाइन)	**सूची II** (राज्य)
A. कलोल	1. गुजरात
B. सुबनसिटी	2. असम
C. मुंबई हाई	3. महाराष्ट्र
D. जगदीशपुर	4. उत्तर प्रदेश

कूट

	A	B	C	D		A	B	C	D
(a)	1	2	3	4	(b)	1	2	4	3
(c)	2	1	3	4	(d)	2	1	4	3

अति लघु उत्तरीय प्रश्न

5. पूगा घाटी कहाँ अवस्थित है और क्यों चर्चित है?

6. भारत के अधात्विक खनिजों के बारे में वर्णन कीजिए।

7. खनन के कौन-कौन से खतरे हैं? वर्णन कीजिए।

8. धारणीयता का मुद्दा विकास के लिए किस प्रकार महत्त्वपूर्ण है?

लघु उत्तरीय प्रश्न

9. भारत लौह और इस्पात के उत्पादन में अपनी पूर्ण संभाव्यता का विकास करने में समर्थ क्यों नहीं है? कोई तीन कारण स्पष्ट कीजिए।

10. भारत में कोयले के पश्चात् ऊर्जा का प्रमुख स्रोत क्या है? इसके तीन लाभ लिखिए।

दीर्घ उत्तरीय प्रश्न

11. खनिज संसाधनों का संरक्षण परमावश्यक क्यों है? उनके संरक्षण के लिए कोई तीन विधियाँ स्पष्ट कीजिए।

12. ''परमाणु ऊर्जा भविष्य की आशा है।'' इस कथन का पाँच बिंदुओं में वर्णन कीजिए।

अध्याय

06

विनिर्माण उद्योग

कच्चे पदार्थ को मूल्यवान उत्पाद में परिवर्तित कर अधिक मात्रा में वस्तुओं का उत्पादन करना **विनिर्माण** (Manufacturing) या **वस्तु निर्माण** कहलाता है। विनिर्माण उद्योग द्वितीय क्षेत्र (Secondary Sector) के अंतर्गत आता है। द्वितीय गतिविधियों में कार्यरत लोग कच्चे माल से अंतिम उत्पाद का निर्माण करते हैं। किसी देश की आर्थिक उन्नति विनिर्माण उद्योगों के विकास से मापी जाती है।

अध्याय एक नजर में

- *विनिर्माण का महत्त्व*
- *प्रयोग की गई सामग्री के आधार पर उद्योगों के प्रकार*
- *औद्योगिक प्रदूषण एवं पर्यावरणीय निम्नीकरण*

विनिर्माण का महत्त्व

विनिर्माण उद्योग बहुत महत्त्वपूर्ण उद्योग है, इसे आर्थिक विकास का आधार स्तंभ माना जाता है, क्योंकि

- विनिर्माण उद्योग कृषि के आधुनिकीकरण में सहायक है, जो हमारी अर्थव्यवस्था का आधार स्तंभ है।
- विनिर्माण उद्योग द्वितीयक व तृतीयक क्षेत्रों में रोजगार उपलब्ध कराकर लोगों की कृषि पर आधारित आय की निर्भरता को कम करता है।
- औद्योगिक विकास बेरोजगारी और निर्धनता के उन्मूलन में सहायक है। इसका उद्देश्य पिछड़े क्षेत्रों में उद्योगों की स्थापना करके क्षेत्रीय असमानताओं को कम करना भी है।
- निर्मित माल का निर्यात करने से व्यापार व वाणिज्य में वृद्धि होती है, जिससे अपेक्षित विदेशी मुद्रा की प्राप्ति होती है।
- वे देश ही विकसित हैं, जो कच्चे माल को विभिन्न तथा अधिक मूल्यवान तैयार माल में विनिर्मित करते हैं।
- भारत का विकास विविध व शीघ्र औद्योगिक विकास में निहित है।

कृषि एवं उद्योग

कृषि और उद्योग एक-दूसरे पर निर्भर हैं। एक ओर, बहुत-से उद्योग; जैसे—चीनी मिल, वस्त्र मिल आदि कृषि संबंधित उत्पादों पर निर्भर रहते हैं। उदाहरणार्थ; सूती वस्त्र मिलों के लिए कपास महत्त्वपूर्ण कच्चा माल है। दूसरी ओर, बहुत-से औद्योगिक उत्पाद; जैसे—उर्वरक, सिंचाई के लिए पंप, पी वी सी पाइप, ट्रैक्टर आदि उपकरण कृषि उत्पादकता को बढ़ाने में सहायक होते हैं। वैश्वीकरण के युग में उद्योगों को अधिक प्रतिस्पर्द्धी तथा सक्षम होने की आवश्यकता है।

उद्योगों का वर्गीकरण

उद्योगों का वर्गीकरण निम्न आधारों पर किया जा सकता है

(i) प्रयोग किए गए कच्चे माल के आधार पर
 - **कृषि आधारित उद्योग** (Agro-based Industries) सूती वस्त्र, ऊनी वस्त्र, पटसन, रेशमी वस्त्र, रबड़, चीनी, चाय, कॉफी, खाद्य तेल।
 - **खनिज आधारित उद्योग** (Mineral-based Industries) लोहा एवं इस्पात उद्योग, सीमेंट, एल्युमीनियम, यांत्रिक उपकरण, पेट्रो-रसायन।

(ii) कच्चे माल द्वारा निभाई गई भूमिका के आधार पर
- **आधारभूत उद्योग** (Basic or Key Industries) वे उद्योग जो अपने तैयार उत्पादों की आपूर्ति दूसरे उद्योगों को कच्चे माल के रूप में करते है, आधारभूत उद्योग कहलाते है; जैसे—लौह-इस्पात, प्रगलित ताँबा, प्रगलित एल्युमीनियम।
- **उपभोक्ता उद्योग** (Consumer Industries) वे उद्योग, जो सीधे उपभोक्ताओं के उपयोग हेतु उत्पादन करते हैं, उपभोक्ता उद्योग कहलाते हैं; जैसे—चीनी, कागज, टूथपेस्ट, सिलाई मशीन, पंखे आदि।

(iii) पूँजी निवेश के आधार पर
- **लघु उद्योग** (Small Scale Industry) इन उद्योगों का अधिकतम निवेश एक करोड़ रुपये तक होता है। एक लघु उद्योग को परिसम्पत्ति की एक इकाई पर अधिकतम निवेश मूल्य के सन्दर्भ में परिभाषित किया जाता है। यह समय के साथ बदलती रहती है।
- **दीर्घ उद्योग** (Large Scale Industry) इन उद्योगों में निवेश की सीमा ₹ 1 करोड़ से अधिक है।

(iv) स्वामित्व के आधार पर
- **सार्वजनिक क्षेत्र के उद्योग** (Public Sector) वे उद्योग, जिनका संचालन व स्वामित्व सरकारी एजेंसियों द्वारा किया जाता है; जैसे—भारत हैवी इलेक्ट्रिकल्स (BHEL) व स्टील अथॉरिटी ऑफ इंडिया लिमिटेड (SAIL) आदि।
- **निजी क्षेत्र के उद्योग** (Private Sector) वे उद्योग जिनका संचालन व स्वामित्व किसी विशिष्ट व्यक्ति या व्यक्तियों के समूह द्वारा किया जाता है, निजी क्षेत्र के उद्योग कहलाते हैं। जैसे—टिस्को (TISCO), बजाज ऑटो लिमिटेड व डाबर उद्योग आदि।
- **संयुक्त उद्योग** (Joint Sector Venture) ऐसे उद्योग, जो राज्य सरकार और विशिष्ट व्यक्तियों या उनके समूह के संयुक्त प्रयास से चलाए जाते हैं; जैसे—ऑयल इंडिया लिमिटेड (OIL) आदि।
- **सहकारी उद्योग** (Cooperative Sector) ये वे उद्योग हैं, जिनका स्वामित्व और संचालन कच्चे माल की पूर्ति करने वाले उत्पादकों, श्रमिकों या दोनों के हाथों से होता है। इन उद्योगों मे संसाधनों का कोष संयुक्त होता है तथा लाभ-हानि का विभाजन भी समानुपातिक होता है; जैसे—महाराष्ट्र में चीनी उद्योग व केरल में नारियल पर आधारित उद्योग आदि।

(v) कच्चे एवं तैयार माल की मात्रा तथा भार के आधार पर
- **भारी उद्योग** (Heavy Industries) वे उद्योग, जिनमें विशाल मशीनों और भारी कच्चे माल का उपयोग भारी उत्पादों के उत्पादन में किया जाता है, भारी उद्योग कहलाते हैं। इनमें पूँजीगत उत्पाद शामिल होते हैं; जैसे—ऑटोमोबाइल्स और निर्माणक यंत्रक (Construction Machinery) संबंधी।

हल्के उद्योग (Light Industries) वे उद्योग, जो हल्की उपयोगी सामग्री का उत्पादन करते हैं, हल्के उद्योग कहलाते हैं; जैसे—इलेक्ट्रिकल उद्योग व खिलौना उद्योग आदि।

प्रयोग की गई सामग्री के आधार पर उद्योगों के प्रकार

पाठ्यक्रम के अनुसार, यहाँ केवल उद्योगों में प्रयोग की गई सामग्री के आधार पर उद्योगों का वर्णन किया जा रहा है, जिसके अंतर्गत कृषि आधारित उद्योगों और खनिज आधारित उद्योगों का वर्णन किया जा रहा है।

कृषि आधारित उद्योग

वे उद्योग जो कच्चे माल के लिए कृषि पर आश्रित हैं, इस उद्योग के अंतर्गत सम्मिलित किए जाते हैं। सूती वस्त्र, पटसन (Jute), रेशम (Silk), ऊनी वस्त्र, चीनी तथा खाद्य तेल आदि उद्योग कृषि से प्राप्त कच्चे माल पर आधारित हैं। औद्योगिक उत्पादन में वस्त्र उद्योग की अलग पहचान है। यह देश में एकमात्र उद्योग है, जो आत्मनिर्भर और मूल्य श्रृंखला में पूर्ण है अर्थात् कच्चे माल से लेकर उच्चतम अतिरिक्त मूल्य उत्पाद तक प्रत्येक वस्तु भारत में ही उत्पन्न की जाती है।

वस्त्र उद्योग

औद्योगिक उत्पादन में इस उद्योग का योगदान 14% है। यह देश में एकमात्र उद्योग है, जो आत्मनिर्भर और मूल्य श्रृंखला में पूर्ण है अर्थात् कच्चे माल से लेकर उच्चतम अतिरिक्त मूल्य उत्पाद तक प्रत्येक वस्तु भारत में ही उत्पन्न की जाती है।

सूती वस्त्र उद्योग

- भारत में पहली सूती वस्त्र मिल की स्थापना 1854 ई. में मुंबई में हुई थी। वर्तमान में हथकरघों (Handloom) का स्थान विद्युतीय करघों (Powerlooms) ने ले लिया और मिलों का 80% निजी क्षेत्र में हैं। मुख्यत: यह उद्योग गुजरात, महाराष्ट्र और तमिलनाडु में स्थित है।
- यह बुनाई करने वालों, कपास का उत्पादन करने वाले किसानों और मिल श्रमिकों को रोजगार प्रदान करता है तथा रसायन मिलों, रँगाई उद्योगों और अभियांत्रिकी कारखानों (Engineering Works) को सहायता प्रदान करता है।
- प्राचीन भारत में सूती वस्त्र हाथ से कताई और हथकरघा बुनाई तकनीकों से बनाए जाते थे। 18वीं सदी के बाद विद्युतीय करघों का उपयोग होने लगा। प्रारंभ में यह उद्योग महाराष्ट्र तथा गुजरात के कपास उत्पादन क्षेत्रों तक सीमित थे।
- कपास की उपलब्धता, बाजार, परिवहन, पत्तनों की निकटता, श्रम, नमीयुक्त जलवायु आदि कारकों ने इसके स्थानीयकरण को बढ़ावा दिया। इस उद्योग का कृषि से निकटतम संबंध है, क्योंकि यह किसानों, कपास चुनने वालों, गाँठ बनाने वालों, कटाई करने वालों, रंगाई करने वालों, डिजाइन बनाने वालों, पैकेट बनाने वालों तथा सिलाई करने वालों को यह जीविका प्रदान करता है।
- यह उद्योग रसायन रंजक मिल-स्टोर तथा पैकेजिंग सामग्री तथा इंजीनियरिंग उद्योग की माँग बढ़ाता है, जिससे इनका विकास होता है।
- कताई कार्य महाराष्ट्र, गुजरात तथा तमिलनाडु में केंद्रित है तथा रेशम, जरी कशीदाकारी आदि में बुनाई के परंपरागत कौशल एवं डिजाइन आदि का कार्य विकेंद्रीकृत (स्थानीय स्तर पर) फैला है।

- भारत में कताई उत्पादन विश्व स्तर का है, किंतु बुना वस्त्र कम गुणवत्ता वाला पाया जाता है, क्योंकि इसमें उच्च स्तरीय धागों का कम प्रयोग होता है। बुनाई का कार्य हथकरघों, विद्युतकरघों व मिलों में होता है।

पटसन/जूट उद्योग

- भारत कच्ची पटसन (Raw Jute) व पटसन निर्मित सामान का सबसे बड़ा उत्पादक है तथा बांग्लादेश के बाद विश्व का दूसरा बड़ा निर्यातक भी है। पटसन उद्योग पश्चिम बंगाल में हुगली नदी के तट पर स्थित है। पहली पटसन मिल कोलकाता के निकट रिशरा में 1859 ई. में लगाई गई थी।
- वर्ष 2010-11 में भारत में लगभग 80 पटसन उद्योग थे। इसमें अधिकांश पश्चिम बंगाल में हुगली नदी तट पर 98 किमी लंबी तथा 3 किमी चौड़ी एक संकरी मेखला में स्थित हैं।
- राष्ट्रीय पटसन नीति (2005) भारतीय जूट की गुणवत्ता में सुधार करने तथा उत्पादकता पर केंद्रित है।
- हुगली बेसिन के समीप पटसन मिलों की अवस्थिति के लिए उत्तरदायी कारक निम्नलिखित हैं
  - पटसन उत्पादक क्षेत्रों के समीप मिल स्थापित करने में परिवहन लागत कम हो जाती है।
  - रेलवे नेटवर्क और सड़क परिवहन द्वारा कच्चे माल को मिलों तक आसानी से सुगमतापूर्वक पहुँचाया जा सकता है।
  - कच्चे पटसन को संसाधित करने के लिए नदी के जल की भारी मात्रा में आवश्यकता होती है।
  - पश्चिम बंगाल और आस-पास के क्षेत्रों; जैसे—बिहार, ओडिशा, पूर्वी उत्तर प्रदेश आदि से सस्ते श्रम की प्राप्ति हो जाती है।
  - कोलकाता विशाल नगरीय केंद्र है, जो बैंकिंग, बीमा और हुगली नदी से पटसन उत्पादों के निर्यात के लिए पत्तन सुविधाएँ (Port Facilities) आदि प्रदान करता है।

चीनी उद्योग

- भारत का चीनी उत्पादन में विश्व में दूसरा स्थान है और गुड़ व खांडसारी के उत्पादन में प्रथम स्थान है। प्रमुख चीनी मिलें उत्तर प्रदेश, बिहार, महाराष्ट्र और तमिलनाडु में स्थित हैं।
- इस उद्योग में प्रयोग किया जाने वाला कच्चा माल भारी होता है तथा ढुलाई में इसके सुक्रोस की मात्रा घट जाती है। चीनी मिलों का 60% उत्तर प्रदेश तथा बिहार में स्थित है। यह उद्योग मौसमी है तथा इसके लिए सहकारी क्षेत्र उपयुक्त है।
- हाल ही के वर्षों में दक्षिणी और पश्चिमी राज्यों में विशेष रूप से महाराष्ट्र में चीनी मिलों की संख्या में बढ़ोतरी हुई है। ऐसा इसलिए है, क्योंकि यहाँ पैदा होने वाले गन्ने में सूक्रोज की उच्च मात्रा उपस्थित है और अपेक्षाकृत ठंडी जलवायु भी एक लंबे पेराई सत्र (Crushing Season) को सुनिश्चित करती है।

चेक प्वॉइंट 01

1. *विनिर्माण उद्योग किसे कहते हैं?*
2. *समूहन बचत किसे कहते हैं?*
3. *संयुक्त उद्योग से क्या आशय है?*
4. *कृषि आधारित दो उद्योगों के नाम लिखिए।*

खनिज आधारित उद्योग

वे उद्योग, जो खनिज व धातुओं का कच्चे माल के रूप में प्रयोग करते हैं, खनिज आधारित उद्योग (Mineral Based Industries) कहलाते हैं।

लोहा एवं इस्पात उद्योग

- यह एक आधारभूत उद्योग है, क्योंकि भारी, मध्यम और हल्के उद्योग इनसे बनी मशीनरी और इलेक्ट्रॉनिक सामानों के लिए इस पर निर्भर रहते हैं। यह एक भारी उद्योग भी माना जाता है, क्योंकि कच्चा माल और तैयार माल दोनों भारयुक्त और आकार में बड़े होते हैं। यह एक सार्वजनिक क्षेत्र का उद्योग है।
- यह उद्योग बड़ी संख्या में खनिज प्रधान क्षेत्रों में स्थापित होता है; जैसे—छोटानागपुर, पश्चिम बंगाल के पठारी क्षेत्र में, झारखंड, ओडिशा, कर्नाटक और तमिलनाडु आदि।
- इस्पात के उत्पादन तथा खपत को प्राय: एक देश के विकास का पैमाना माना जाता है। इस उद्योग के लिए लौह अयस्क, कोकिंग कोल तथा चूना पत्थर का अनुपात लगभग 4: 2:1 आवश्यक होता है। इस्पात को कठोर बनाने के लिए इसमें मैंगनीज की कुछ मात्रा की आवश्यकता होती है।

लौह-इस्पात उद्योग की अवस्थिति के लिए उत्तरदायी कारक

- परिवहन लागत को कम करने के लिए इन उद्योगों को उन क्षेत्रों के निकट स्थित किया जाता है, जहाँ कच्चा माल पाया जाता है।
- सस्ते श्रम की उपलब्धता है।
- जल और विद्युत की नियमित आपूर्ति है।
- उन बाजारों के निकट, जहाँ तैयार माल बेचा जा सके।
- निर्यात की सुविधाओं के लिए समुद्री पत्तनों के निकट।

इस्पात के निर्माण की प्रक्रिया

इस्पात के निर्माण की प्रक्रिया नीचे दिखाई गई है

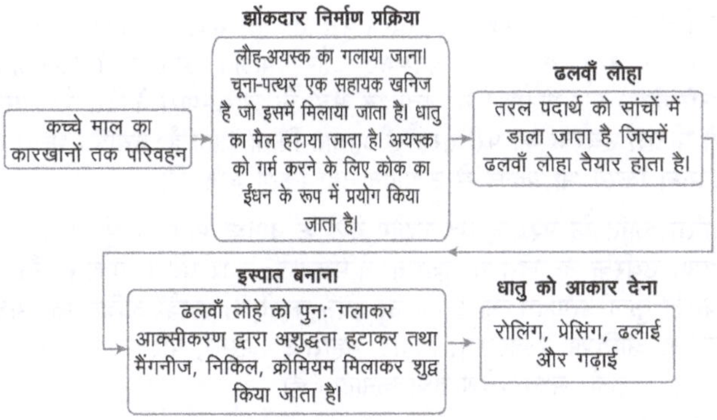

इस्पात निर्माण प्रक्रिया

एल्युमीनियम प्रगलन

यह उद्योग भारत में धातुकर्म उद्योग के अंतर्गत लोहे के बाद दूसरा सबसे बड़ा उद्योग है। बॉक्साइट इस उद्योग का मूलभूत कच्चा पदार्थ

है जोकि भारी, गहरे लाल रंग की चट्टान जैसा होता है। इसके अतिरिक्त यह जंग अवरोधी, ऊष्मा का सुचालक, लचीला तथा अन्य धातुओं के मिश्रण से अधिक कठोर बनाया जा सकता है। इसका प्रयोग हवाई जहाज तथा तार बनाने में किया जाता है। कई उद्योगों में इसका महत्त्व इस्पात, जस्ता, ताँबा एवं सीसे के विकल्प के रूप में प्रयुक्त होने से बढ़ा है। इस उद्योग की स्थापना के दो कारण हैं

- नियमित ऊर्जा की पूर्ति
- कम कीमत पर कच्चे माल की सुनिश्चित उपलब्धता।

भारत में एल्युमीनियम प्रगलन संयंत्र ओडिशा, पश्चिम बंगाल, केरल, उत्तर प्रदेश, छत्तीसगढ़, महाराष्ट्र व तमिलनाडु राज्यों में स्थित हैं।

रसायन उद्योग

भारत में रसायन उद्योग तेजी से विकसित एवं विस्तृत हो रहा है। वर्तमान में देश के सकल घरेलू उत्पाद में इसकी भागीदारी लगभग 3% है। यह उद्योग आकार की दृष्टि से विश्व में 12वाँ एवं एशिया में तीसरा सबसे बड़ा उद्योग है। इसके अंतर्गत लघु तथा वृहद् दोनों प्रकार की विनिर्माण इकाइयाँ सम्मिलित की जाती हैं। इसमें कार्बनिक एवं अकार्बनिक दोनों क्षेत्रों में तीव्र वृद्धि दर्ज की गई है।

कार्बनिक रसायनों में पेट्रो-रसायन शामिल हैं, जो कृत्रिम वस्त्र, कृत्रिम रबर, प्लास्टिक, रंजक पदार्थ, दवाइयाँ, औषध रसायनों के बनाने में प्रयोग किए जाते हैं। ये उद्योग तेल शोधन शालाओं या पेट्रो-रसायन संयंत्रों के समीप स्थापित हैं। अकार्बनिक रसायनों में सल्फ्यूरिक अम्ल (उर्वरक, कृत्रिम वस्त्र, प्लास्टिक, गोंद, रंग-रोगन डाई आदि के निर्माण में प्रयुक्त), नाइट्रिक अम्ल, क्षार, सोडा ऐश (साबुन, शोधक या अपमार्जक, कागज में प्रयुक्त होने वाले रसायन) तथा कास्टिक सोडा आदि शामिल हैं। इन उद्योगों का देश में विस्तृत फैलाव है। रसायन उद्योग स्वयं में एक बड़ा उपभोक्ता भी है। आधारभूत रसायन एक प्रक्रिया द्वारा अन्य रसायन उत्पन्न करते हैं, जिसका उपयोग औद्योगिक अनुप्रयोग, कृषि अथवा उपभोक्ता बाजारों के लिए किया जाता है।

उर्वरक उद्योग

उर्वरक उद्योग, नाइट्रोजनी उर्वरक (मुख्यत: यूरिया), फॉस्फेटिक उर्वरक (DAP) तथा अमोनियम फॉस्फेट और मिश्रित उर्वरक, (नाइट्रोजन, फॉस्फोरस एवं पोटाश) के उत्पादन क्षेत्रों के आस-पास केंद्रित हैं। भारत में पोटाश उर्वरक का पूरी तरह से आयात किया जाता है, क्योंकि भारत में इसका किसी भी प्रकार से उत्पादन नहीं किया जाता है।

हरित क्रांति के पश्चात् यह उद्योग देश के अनेक भागों में भी फैल गया। उर्वरक उत्पादन में गुजरात, तमिलनाडु, उत्तर प्रदेश, पंजाब और केरल कुल उत्पादन का 50% उत्पादित करते हैं। इसके अतिरिक्त आंध्र प्रदेश, ओडिशा, राजस्थान, बिहार, महाराष्ट्र, असम, पश्चिम बंगाल, गोवा, दिल्ली, मध्य प्रदेश तथा कर्नाटक हैं।

सीमेंट उद्योग

इस उद्योग को भारी व स्थूल कच्चे माल; जैसे— चूना-पत्थर, सिलिका और जिप्सम की आवश्यकता होती है। रेल परिवहन के अतिरिक्त इसमें कोयला तथा विद्युत ऊर्जा भी आवश्यक है। इस उद्योग की इकाइयाँ गुजरात में लगाई गई हैं। यहाँ से इसे खाड़ी देशों के बाजार की उपलब्धता है। वर्ष 1914 में भारत में संगठित रूप से सीमेंट तैयार करने का प्रयास किया गया। निर्माण कार्यों; जैसे—घर, कारखाने, पुल, सड़कें, हवाई अड्डा, बाँध तथा अन्य व्यापारिक प्रतिष्ठानों के निर्माण आदि में सीमेंट का उपयोग किया जाता है।

मोटरगाड़ी उद्योग

यह उद्योग यात्रियों और सामान का तीव्र परिवहन उपलब्ध कराता है। भारत में विभिन्न केंद्रों पर ट्रक, बस, कार, मोटर साइकिल, स्कूटर, तिपहिया व बहुउपयोगी वाहन बनाए जाते हैं। यह उद्योग गुड़गाँव (गुरुग्राम), मुंबई, पुणे, चेन्नई, कोलकाता, लखनऊ, इंदौर, हैदराबाद, जमशेदपुर, दिल्ली और बंगलुरु के आस-पास स्थित है।

सूचना प्रौद्योगिकी एवं इलेक्ट्रॉनिक उद्योग

इस उद्योग के अंतर्गत ट्रांजिस्टर सेटों से लेकर टेलीविजन, सेलफोन, टेलीफोन एक्सचेंज, राडार, कंप्यूटर और दूरसंचार तथा कंप्यूटर उद्योग के लिए आवश्यक अन्य उपकरण आदि आते हैं। **बंगलुरु भारत की इलेक्ट्रॉनिक राजधानी** के रूप में उभरा है।

इलेक्ट्रॉनिक सामानों के अन्य महत्त्वपूर्ण केंद्र मुंबई, दिल्ली, हैदराबाद, पुणे, चेन्नई, कोलकाता, लखनऊ और कोयंबटूर हैं। भारत में सूचना प्रौद्योगिकी उद्योग के सफल होने का कारण हार्डवेयर व सॉफ्टवेयर का निरंतर विकास है।

औद्योगिक प्रदूषण एवं पर्यावरणीय निम्नीकरण

यद्यपि उद्योगों का भारत की आर्थिक वृद्धि और विकास में महत्त्वपूर्ण योगदान है, लेकिन उनके अपशिष्ट उत्पाद पर्यावरणीय निम्नीकरण के कारक हैं। उद्योग मुख्यत: चार प्रकार के प्रदूषण के लिए उत्तरदायी हैं—वायु, जल, भूमि और ध्वनि प्रदूषण। प्रदूषण के अन्य कारकों में ताप विद्युत गृह भी सम्मिलित हैं। इनका वर्णन निम्न प्रकार है

वायु प्रदूषण

यह प्रदूषण वायु में सल्फर डाइऑक्साइड, कार्बन मोनोक्साइड की उच्च अनुपात में उपस्थिति के कारण होता है। वायु में निलंबित कणनुमा पदार्थों में ठोस व द्रवीय दोनों ही प्रकार के कण होते हैं; जैसे—धूलि स्प्रे, कुहासा तथा धुआँ। रसायन और पेपर उद्योग, ईंट भट्ठे, रिफाइनरी, प्रगलित संयंत्रों (Smelting Plants) और बड़े व छोटे कारखानों में जीवाश्म ईंधनों को जलाने से धुआँ (Smoke) उत्सर्जित होता है। वायु प्रदूषण मानव स्वास्थ्य, पशुओं, पौधों, इमारतों तथा पूरे पर्यावरण पर दुष्प्रभाव डालता है।

जल प्रदूषण

उद्योगों द्वारा कार्बनिक और अकार्बनिक अपशिष्ट पदार्थों के नदियों में छोड़ने से जल प्रदूषण फैलता है। जल प्रदूषण के प्रमुख कारक-कागज, लुगदी, रसायन, वस्त्र तथा रंगाई उद्योग, तेल शोधन शालाएँ, चमड़ा उद्योग तथा इलैक्ट्रोप्लेटिंग उद्योग हैं, जो रंग अपमार्जक अम्ल, लवण तथा भारी धातुएँ; जैसे—सीसा, पारा, कीटनाशक उर्वरक, कार्बन, प्लास्टिक और रबर सहित कृत्रिम रसायन आदि जल में वाहित करते हैं। भारत के मुख्य अपशिष्ट पदार्थों में फ्लाई ऐश, फोस्फो-जिप्सम तथा लोहा-इस्पात की अशुद्धियाँ हैं।

तापीय प्रदूषण

यह प्रदूषण तब होता है, जब शीतलन (Cooling) से पहले कारखानों और तापीय संयंत्रों (Thermal Plants) से गर्म पानी को नदियों और तालाबों में छोड़ दिया जाता है। नाभिकीय तथा अस्त्र उत्पादक कारखानों से निकले अपशिष्ट कैंसर, जन्मजात विकार, अकाल प्रसव आदि बीमारियों के कारण बनते हैं। मृदा व जल प्रदूषण आपस में संबंधित हैं। मलबे का ढेर विशेषकर काँच, हानिकारक रसायन, औद्योगिक बहाव, पैकिंग, लवण तथा कूड़ा-करकट मृदा को अनुपजाऊ बनाते हैं। ये प्रदूषक मृदा में मिलकर उसे प्रदूषित कर देते हैं।

राष्ट्रीय ताप विद्युतगृह (NTPC)

भारत में राष्ट्रीय ताप विद्युतगृह कॉर्पोरेशन विद्युत प्रदान करने वाला मुख्य निगम है। इसके पास पर्यावरण प्रबंधन तंत्र (Environment Management System, EMS) 14001 के लिए आई एस ओ (ISO) प्रमाण पत्र है। यह निगम प्राकृतिक पर्यावरण और संसाधन; जैसे–जल, खनिज तेल, गैस तथा ईंधन संरक्षण नीति का पक्षधर है तथा इन्हें ध्यान में रखकर ही विद्युत संयंत्रों की स्थापना करता है। ऐसा निम्न उपायों द्वारा संभव है

- आधुनिक तकनीकों पर आधारित उपकरणों का सही उपयोग करके तथा विद्यमान उपकरणों में सुधार करके।
- अधिकतम राख का इस्तेमाल कर अपशिष्ट पदार्थों का न्यून उत्पादन।
- पारिस्थितिकी संतुलन बनाए रखने के लिए हरित क्षेत्र की सुरक्षा तथा वृक्षारोपण के लिए प्रेरित करना।
- तरल अपशिष्ट प्रबंधन, राख युक्त जलीय पुनर्चक्रण तथा राख-संग्रह (Ash pond) प्रबंधन द्वारा पर्यावरण प्रदूषण को कम करना।
- सभी ऊर्जा संयंत्रों का पारिस्थितिकीय रूप से मॉनीटर तथा समीक्षा करना एवं ऑनलाइन आँकड़ों का प्रबंधन करना।

ध्वनि प्रदूषण

औद्योगिक और निर्माण कार्यों, जनरेटर, विद्युत ड्रिल, मशीनरी व उपकरणों आदि से निकले शोर से ध्वनि प्रदूषण होता है। इस प्रकार का प्रदूषण बहरापन, हृदय गति में वृद्धि, रक्तचाप तथा विभिन्न शारीरिक प्रभावों का कारण बनता है। अनचाही ध्वनि उत्तेजना व मानसिक चिंता का स्रोत है।

पर्यावरण निम्नीकरण की रोकथाम के उपाय

कारखानों द्वारा निष्कासित एक लीटर अपशिष्ट से लगभग आठ गुना स्वच्छ जल प्रदूषित होता है। औद्योगिक प्रदूषण से स्वच्छ जल को कैसे बचाया जा सकता है, इसके कुछ सुझाव निम्न हैं

- विभिन्न प्रक्रियाओं में जल का न्यूनतम उपयोग कर तथा व्यर्थ जल का दो स्तरों पर पुनर्चक्रण (Recycling) द्वारा पुनः प्रयोग (Reuse) करके।
- जल की आवश्यकता पूर्ति हेतु वर्षा जल संग्रहण।
- नदियों व तालाबों में गर्म जल व अपशिष्ट पदार्थों को प्रवाहित करने से पहले उसका शोधन किया जाए।
- औद्योगिक अपशिष्ट का शोधन तीन चरणों में किया जा सकता है
  (i) **प्राथमिक शोधन** (Primary Treatment) इसमें अपशिष्ट पदार्थों की छँटाई व उनके छोटे-छोटे टुकड़े करना, ढकना तथा तलछट जमाव आदि सम्मिलित हैं।
  (ii) **द्वितीयक शोधन** (Secondary Treatment) इसमें वृक्षारोपण, वर्षा जल संग्रहण आदि सम्मिलित हैं।
  (iii) **तृतीयक शोधन** (Tertiary Treatment) इसमें अपशिष्ट जल को पुनर्चक्रण द्वारा पुनः प्रयोग योग्य बनाया जाता है।

पर्यावरणीय प्रदूषण को कम करने के कुछ सामान्य बिंदु निम्नलिखित हैं

- उद्योगों द्वारा भूमिगत जल की निकासी को कानूनी रूप से नियमित किए जाने की आवश्यकता है।
- जनरेटर और अन्य मशीनरी व उपकरणों में उनकी ध्वनि को कम करने के लिए साइलेंसर लगाना चाहिए।
- कारखानों की धूम्र चिमनियों पर स्थिर विद्युत अवक्षेपण, कपड़े के फिल्टर, कसबी (Scrubbers) तथा जड़त्वीय पृथक्कारक (Inertial Separators) लगाकर हवा में छोटे-छोटे कणों को कम किया जा सकता है।
- कारखानों में कोयले की अपेक्षा तेल व गैस के प्रयोग से धुएँ के निष्कासन में कमी की जा सकती है।
- ऐसी मशीनरी का प्रयोग करना चाहिए, जो ऊर्जा सक्षम हो तथा कम ध्वनि प्रदूषण करे।
- सतत पोषणीय विकास की चुनौतियों के लिए पर्यावरणीय संचेतना से युक्त आर्थिक विकास की आवश्यकता है।

चेक प्वॉइंट 02

1. *खनिज आधारित उद्योग किसे कहते हैं?*
2. *भारतीय रसायन उद्योग का विश्व में कौन-सा स्थान है?*
3. *भारत के दो उर्वरक उद्योगों के नाम लिखिए।*
4. *उद्योग मुख्यतः कितने प्रकार के प्रदूषण के लिए उत्तरदायी हैं?*
5. *औद्योगिक अपशिष्ट का शोधन कितने चरणों में किया जा सकता है?*

इन्हें भी जानें

- ***विनिर्माण** (Manufacturing)* कच्चे पदार्थों को मूल्यवान उत्पाद में परिवर्तित कर अधिक मात्रा में वस्तुओं के उत्पादन को विनिर्माण कहा जाता है।
- ***समूहन बचत** (Grouped Saving)* नगरीकरण की स्थिति में, नगर केंद्रों द्वारा दी गई सुविधाओं से लाभान्वित, कई बार बहुत-से उद्योग नगरों के आस-पास केंद्रित हो जाते हैं, जिसे 'समूहन बचत' कहा जाता है।
- ***कृषि आधारित उद्योग** (Agro Based Industries)* ऐसे उद्योग, जो कृषि उत्पादों पर आधारित होते हैं; जैसे–चीनी उद्योग, गन्ने पर आधारित होता है। गन्ना एक कृषि उत्पाद है।
- ***खनिज आधारित उद्योग** (Mineral Based Industries)* वे उद्योग जो खनिज उत्पादों को तैयार माल में परिवर्तित करते हैं, खनिज आधारित उद्योग कहलाते हैं।

NCERT फोल्डर

1. *बहुविकल्पीय प्रश्न*

(i) निम्न में से कौन-सा उद्योग चूना पत्थर को कच्चे माल के रूप में प्रयुक्त करता है?

(a) एल्युमीनियम (b) सीमेंट
(c) चीनी (d) पटसन

उत्तर (b) सीमेंट

(ii) निम्न में से कौन-सा उद्योग बॉक्साइट को कच्चे माल के रूप में प्रयोग करता है?

(a) एल्युमीनियम प्रगलन (b) कागज
(c) सीमेंट (d) स्टील

उत्तर (a) एल्युमीनियम प्रगलन

(iii) निम्न में से कौन-सा उद्योग दूरभाष, कंप्यूटर आदि संयंत्र निर्मित करता है?

(a) स्टील
(b) इलेक्ट्रॉनिक
(c) एल्युमीनियम प्रगलन
(d) सूचना प्रौद्योगिकी

उत्तर (b) इलेक्ट्रॉनिक

2. *निम्नलिखित प्रश्नों के उत्तर लगभग 30 शब्दों में दीजिए*

(i) विनिर्माण क्या है?

उत्तर कच्चे पदार्थ को मूल्यवान उत्पाद में परिवर्तित कर अधिक मात्रा में वस्तुओं का उत्पादन करना विनिर्माण या वस्तु निर्माण कहलाता है। विनिर्माण उद्योग द्वितीयक क्षेत्र के अंतर्गत आता है। द्वितीयक गतिविधियों में कार्यरत लोग कच्चे माल से अंतिम उत्पाद का निर्माण करते हैं।

(ii) आधारभूत उद्योग क्या है? उदाहरण देकर बताइए।

उत्तर वे उद्योग, जो अपने तैयार उत्पादों की आपूर्ति दूसरे उद्योगों को कच्चे माल के रूप में करते हैं, आधारभूत उद्योग कहलाते हैं; जैसे—लौह-इस्पात, प्रगलित ताँबा, प्रगलित एल्युमीनियम।

3. *निम्नलिखित प्रश्नों के उत्तर लगभग 120 शब्दों में दीजिए*

(i) उद्योग पर्यावरण को कैसे प्रदूषित करते हैं?

उत्तर उद्योगों का भारतीय अर्थव्यवस्था में महत्त्वपूर्ण योगदान रहा है, फिर भी इनके द्वारा बढ़ते पर्यावरण प्रदूषण को भी नहीं नकारा जा सकता। उद्योग मुख्यतः चार प्रकार से पर्यावरण को प्रदूषित करते हैं, जो निम्न हैं

(i) **वायु प्रदूषण** यह प्रदूषण वायु में सल्फर डाइ ऑक्साइड, कार्बन मोनोक्साइड की उच्च अनुपात में उपस्थिति के कारण होता है। रसायन और पेपर उद्योग, ईंट-भट्ठे, रिफाइनरी, प्रगलित संयंत्रों और बड़े व छोटे कारखानों में जीवाश्म ईंधनों को जलाने से धुआँ उत्सर्जित होता है। वायु प्रदूषण मानव स्वास्थ्य, पशुओं, पौधों, इमारतों तथा पूरे पर्यावरण पर दुष्प्रभाव डालता है।

(ii) **जल प्रदूषण** उद्योगों द्वारा कार्बनिक और अकार्बनिक अपशिष्ट पदार्थों के नदियों में छोड़ने से जल प्रदूषण फैलता है। जल प्रदूषण के प्रमुख कारक-कागज, लुग्दी, रसायन, वस्त्र तथा रँगाई उद्योग, तेल शोधन शालाएँ, चमड़ा उद्योग तथा इलैक्ट्रोप्लेटिंग उद्योग हैं।

(iii) **तापीय प्रदूषण** यह प्रदूषण तब होता है, जब शीतलन (Cooling) से पहले कारखानों और तापीय संयंत्रों से गर्म पानी को नदियों और तालाबों में छोड़ दिया जाता है। नाभिकीय तथा अस्त्र उत्पादक कारखानों से निकले अपशिष्ट कैंसर, जन्मजात विकार, अकाल प्रसव आदि बीमारियों के कारण बनते हैं। मलबे का ढेर विशेषकर काँच, हानिकारक रसायन, औद्योगिक बहाव, पैकिंग, लवण तथा कूड़ा-करकट मृदा को अनुपजाऊ बनाते हैं। ये प्रदूषक मृदा में मिलकर उसे प्रदूषित कर देते हैं।

(iv) **ध्वनि प्रदूषण** औद्योगिक और निर्माण कार्यों, जनरेटर, विद्युत ड्रिल, मशीनरी व उपकरणों आदि से निकले शोर से ध्वनि प्रदूषण होता है। इस प्रकार का प्रदूषण बहरापन, हृदय गति में वृद्धि, रक्तचाप तथा विभिन्न शारीरिक प्रभावों का कारण बनता है।

(ii) उद्योगों द्वारा पर्यावरण निम्नीकरण को कम करने के लिए उठाए गए विभिन्न उपायों की चर्चा कीजिए।

उत्तर उद्योगों द्वारा पर्यावरण निम्नीकरण को कम करने के लिए किए गए प्रयास निम्नलिखित हैं

- विभिन्न प्रक्रियाओं में जल का न्यूनतम उपयोग तथा जल का दो या अधिक उत्तरोत्तर अवस्थाओं में पुनर्चक्रण द्वारा पुनः उपयोग।
- जल की आवश्यकता पूर्ति हेतु वर्षा जल संग्रहण।
- नदियों व तालाबों में गर्म जल को प्रवाहित करने से पहले उसका शोधन किया जाए।

औद्योगिक अपशिष्ट का शोधन तीन चरणों में किया जा सकता है

(i) **यांत्रिक साधनों द्वारा प्राथमिक शोधन** इसमें अपशिष्ट पदार्थों की छँटाई व उनके छोटे-छोटे टुकड़े करना, ढकना तथा तलछट जमाव आदि सम्मिलित हैं।

(ii) **जैविक प्रक्रियाओं द्वारा द्वितीयक शोधन** इसमें वृक्षारोपण, वर्षा जल संग्रहण आदि सम्मिलित हैं।

(iii) **रासायनिक, जैविक तथा भौतिक प्रक्रियाओं द्वारा तृतीयक शोधन** इसमें अपशिष्ट जल को पुनर्चक्रण द्वारा पुनः प्रयोग योग्य बनाया जाता है।

- उद्योगों द्वारा भूमिगत जल की अधिकतम निकासी को कानूनी रूप से नियमित किए जाने की आवश्यकता है।
- जनरेटर और अन्य मशीनरी व उपकरणों में उनकी ध्वनि को कम करने के लिए साइलेंसर लगाना चाहिए।
- कारखानों की धूम्र चिमनियों पर स्थिर विद्युत अवक्षेपण, कपड़े के फिल्टर, कसबी तथा जड़त्वीय पृथक्कारक लगाकर हवा में छोटे-छोटे कणों को कम किया जा सकता है।

परीक्षा अभ्यास

वस्तुनिष्ठ प्रश्न

बहुविकल्पीय प्रश्न

1. विनिर्माण उद्योग किस क्षेत्रक के अंतर्गत आता है?
(a) प्राथमिक क्षेत्रक (b) द्वितीयक क्षेत्रक
(c) तृतीयक क्षेत्रक (d) 'a' और 'c' दोनों

उत्तर (b) द्वितीयक क्षेत्रक

2. विनिर्माण उद्योग निम्न में से किसमें सहायक होता है?
(a) रोजगार सृजन (b) औद्योगिक विकास
(c) निर्धनता उन्मूलन (d) ये सभी

उत्तर (d) ये सभी

3. कृषि आधारित उद्योग है
(a) सीमेंट (b) पेट्रो रसायन
(c) रबड़ (d) ताँबा

उत्तर (c) रबड़

4. प्रयोग की गई सामग्री के आधार पर उद्योगों के कितने प्रकार हैं?
(a) चार (b) तीन
(c) दो (d) पाँच

उत्तर (c) दो

5. एल्युमीनियम किससे निर्मित होता है?
(a) बॉक्साइट (b) एण्डूलसाइट
(c) मैग्नेटाइट (d) एजूराइट

उत्तर (a) बॉक्साइट

6. बॉक्साइट किस उद्योग का कच्चा माल है?
(a) पटसन उद्योग (b) लोहा एवं इस्पात उद्योग
(c) एल्युमीनियम उद्योग (d) सीमेंट उद्योग

उत्तर (c) एल्युमीनियम उद्योग

7. निम्नलिखित में से कौन-सा उद्योग बॉक्साइट का उपयोग कच्चे माल के रूप में करता है? **CBSE Compartment 2020**
(a) सीमेंट
(b) एल्युमीनियम प्रगलन
(c) लोहा और इस्पात
(d) रसायन

उत्तर (b) एल्युमीनियम प्रगलन

8. वर्तमान में देश के सकल घरेलू उत्पाद में रसायन उद्योग की भागीदारी कितनी है?
(a) 2% (b) 3%
(c) 4% (d) 5%

उत्तर (b) 3%

9. किस शहर को भारत की इलेक्ट्रॉनिक राजधानी कहा जाता है?
(a) दिल्ली (b) बंगलुरु
(c) सूरत (d) मेरठ

उत्तर (b) बंगलुरु

10. कलपक्कम परमाणु ऊर्जा संयंत्र किस राज्य में स्थित है?
(a) गुजरात (b) ओडिशा
(c) केरल (d) तमिलनाडु

उत्तर (d) तमिलनाडु

11. विनिर्माण उद्योग के संबंध में दिए गए कथनों पर विचार कीजिए तथा असत्य कथनों की पहचान कीजिए
(a) यह सामान्यतः विकास तथा आर्थिक विकास की रीढ़ समझे जाते हैं
(b) यह न केवल कृषि के आधुनिकीकरण में योगदान देता है, बल्कि द्वितीयक तथा तृतीयक सेवाओं में रोजगार उपलब्ध कराते हैं
(c) किसी देश की आर्थिक उन्नति को विनिर्माण उद्योगों की प्रगति व योगदान के संबंध में देखी जाती है
(d) विनिर्माण को मुख्य रूप से तृतीयक आर्थिक क्रियाओं के अंतर्गत शामिल किया जाता है

उत्तर (d) विनिर्माण को मुख्य रूप से तृतीयक आर्थिक क्रियाओं के अंतर्गत शामिल किया जाता है

12. निम्नलिखित में से कौन-सा कथन रसायन उद्योग के संबंध में सही नहीं है?
(a) रसायन उद्योग विनिर्माण इकाइयों के साथ-साथ एक उपभोक्ता भी होता है
(b) इस उद्योग द्वारा उत्पादित रसायनों का उपयोग औद्योगिक अनुप्रयोग, कृषि अथवा उपभोक्ता बाजारों के लिए किया जाता है
(c) कार्बनिक रसायनों में सल्फ्यूरिक अम्ल, नाइट्रिक अम्ल, क्षार, सोडा ऐश तथा कास्टिक सोडा आदि शामिल होते हैं
(d) रसायन उद्योगों का निर्माण तेल शोधनशालाओं या पेट्रो रसायन संयंत्रों के निकट किया जाता है

उत्तर (c) कार्बनिक रसायनों में सल्फ्यूरिक अम्ल, नाइट्रिक अम्ल, क्षार, सोडा ऐश तथा कास्टिक सोडा आदि शामिल होते हैं।

13. निम्नलिखित में से कौन-सा कथन औद्योगिक प्रदूषण के संबंध में सही है?
1. उद्योगों के द्वारा कार्बनिक तथा अकार्बनिक अपशिष्ट पदार्थों के नदी में छोड़ने से जल प्रदूषण होता है।
2. औद्योगिक अवशिष्ट के रूप में उत्सर्जित सल्फर डाइऑक्साइड तथा कार्बन मोनो ऑक्साइड गैस से वायु प्रदूषण होता है।

3. परमाणु शस्त्र उत्पादक कारखानों से कैंसर, जन्मजात विकार तथा अकाल प्रसव जैसी बिमारियाँ फैलती हैं।

कूट

(a) केवल 1 (b) 1 और 2

(c) 2 और 3 (d) ये सभी

उत्तर (d) ये सभी

14. नीचे दी गई विशेषताओं का ध्यानपूर्वक अध्ययन कीजिए तथा इससे संबंधित औद्योगिक प्रदूषण की पहचान कीजिए

- यह प्रदूषण तब होता है, जब शीतलन से गर्म पानी को नदियों व तालाबों में छोड़ दिया जाता है।
- नाभिकीय तथा उत्पादक कारखानों से निकलने वाले विषैले अपशिष्ट से कैंसर, अकाल प्रसव जैसे रोग होते हैं।
- हानिकारक रसाव, औद्योगिक बहाव मृदा को अनुपजाऊ बनाते हैं।

(a) जल प्रदूषण (b) ध्वनि प्रदूषण

(c) तापीय प्रदूषण (d) वायु प्रदूषण

उत्तर (c) तापीय प्रदूषण

15. औद्योगिक प्रदूषण एवं पर्यावरणीय निम्नीकरण के संबंध में दिए गए युग्मों में कौन-सा युग्म सही सुमेलित नहीं है?

(a) वायु प्रदूषण – कुहासा तथा धुआँ

(b) जल प्रदूषण – सीसा, पारा

(c) तापीय प्रदूषण – जनरेटर, विद्युत ड्रिल

(d) ध्वनि प्रदूषण – रक्तचाप का बढ़ना, हृदय गति में वृद्धि

उत्तर (c) तापीय प्रदूषण–जनरेटर, विद्युत ड्रिल

16. नीचे दिए गए उद्योगों के समूह में कौन-सा समूह भिन्न है?

(a) सूती वस्त्र, सीमेंट उद्योग, कॉफी उद्योग, ताँबा प्रगलन।

(b) लोहा इस्पात, ताँबा प्रगलन, एल्युमीनियम प्रगलन, चाय उद्योग।

(c) एल्युमीनियम, पेट्रोरसायन, सीमेंट उद्योग, लोहा तथा इस्पात उद्योग।

(d) रबड़ उद्योग, रेशम वस्त्र, एल्युमीनियम, कागज उद्योग।

उत्तर (c) एल्युमीनियम, पेट्रोरसायन, सीमेंट उद्योग, लोहा तथा इस्पात उद्योग।

रिक्त स्थान भरें

17. .... उद्योग वायुयान, बर्तन तथा तार के निर्माण के लिए आवश्यक होते हैं। **CBSE 2020**

उत्तर खनिज आधारित

18. निम्नलिखित रिक्त स्थान को भरें

प्रदूषण	प्रभाव
तापीय प्रदूषण	कैंसर, जन्मजात विकार, अकाल प्रसव।
ध्वनि प्रदूषण	?

कूट

(a) रक्तचाप में वृद्धि, बहरापन, हृदय गति में वृद्धि।

(b) आँखों में जलन, कैंसर, अतिसार।

(c) जन्मजात विकार, कैंसर, रक्तचाप बढ़ना।

(d) बहरापन, बुखार, आँखों में जलन।

उत्तर (a) रक्तचाप में वृद्धि, बहरापन, हृदय गति में वृद्धि।

चित्र आधारित प्रश्न

19. नीचे दिए गए चित्र में किस संयंत्र को दर्शाया गया है? इसे पहचानकर नाम बताइए।

(a) रामागुंडम संयंत्र

(b) विजयनगर लौह एवं इस्पात संयंत्र

(c) बेलगाँव रेशम वस्त्र उद्योग

(d) जमशेदपुर लोहा और इस्पात उद्योग

उत्तर (a) रामागुंडम संयंत्र

सही और पुनः लिखें

20. तापीय प्रदूषण तब होता है, जब शीतलन के बाद कारखानों और तापीय संयंत्रों से गर्म पानी को नदियों और तालाबों में छोड़ दिया जाता है।

उत्तर तापीय प्रदूषण तब होता है, जब शीतलन के पहले कारखानों और तापीय संयंत्रों से गर्म पानी को नदियों और तालाबों में छोड़ दिया जाता है।

21. **कथन** (A) उद्योगों की स्थापना स्वभावतः जटिल होती है।
कारण (R) उद्योगों की स्थापना कच्चे माल की उपलब्धता, श्रमिक, पूँजी, शक्ति के साधन तथा बाजार आदि की उपलब्धता से प्रभावित होती है।

कूट

(a) A और R दोनों सही हैं तथा R, A की सही व्याख्या है

(b) A और R दोनों सही हैं, परंतु R, A की सही व्याख्या नहीं है

(c) A गलत है, किंतु R सही है

(d) A सही है, किंतु R गलत है

उत्तर (a) A और R दोनों सही हैं तथा R, A की सही व्याख्या है

अतिलघु उत्तरीय प्रश्न

1. कृषि और उद्योग किस प्रकार एक-दूसरे से संबंधित हैं?

उत्तर कृषि और उद्योग में अंतःसंबंध पाया जाता है, जैसे एक ओर बहुत-से उद्योग; जैसे–चीनी मिल, वस्त्र मिल आदि कृषि संबंधित उत्पादों पर निर्भर रहते हैं। वहीं दूसरी ओर बहुत-से औद्योगिक उत्पाद जैसे उर्वरक, सिंचाई के लिए पंप, ट्रैक्टर आदि उपकरण कृषि उत्पादन को बढ़ाने में सहायक होते हैं।

परीक्षा अभ्यास

2. **पूर्वी एशियाई देशों के सकल घरेलू उत्पाद में विनिर्माण का कितना प्रतिशत योगदान है?**

उत्तर पूर्वी एशियाई अर्थव्यवस्था में विनिर्माण क्षेत्र का सकल घरेलू उत्पाद में योगदान 25-35% रहता है, जिसकी अपेक्षा हमारे देश में यह बहुत कम है।

3. **कच्चे माल के आधार पर उद्योगों का वर्गीकरण कीजिए।** **CBSE Term II 2022**

उत्तर कच्चे माल के आधार पर उद्योगों को निम्नलिखित दो वर्गों में वर्गीकृत किया जाता है

(i) कृषि आधारित उद्योग; जैसे—सूती वस्त्र, ऊनी वस्त्र, चीनी, चाय तथा वनस्पति उद्योग आदि।

(ii) खनिज आधारित उद्योग; जैसे—लोहा तथा इस्पात उद्योग, सीमेंट उद्योग, एल्युमीनियम तथा पेट्रोरसायन उद्योग आदि।

4. **हल्के उद्योग से आप क्या समझते हैं?**

उत्तर वे उद्योग, जो हल्की उपयोगी सामग्री का उत्पादन करते हैं, हल्के उद्योग कहलाते हैं; जैसे—इलेक्ट्रिकल उद्योग व खिलौना उद्योग आदि।

5. **भारत के किन राज्यों में एल्युमीनियम प्रगलन उद्योग स्थित है?**

उत्तर भारत के ओडिशा, पश्चिम बंगाल, केरल, उत्तर प्रदेश, छत्तीसगढ़, महाराष्ट्र व तमिलनाडु आदि राज्यों में एल्युमीनियम प्रगलन उद्योग स्थित है।

6. **रसायन उद्योग का भारत में विस्तृत फैलाव किस प्रकार है? स्पष्ट कीजिए।** **CBSE Term II 2022**

उत्तर भारत में रसायन उद्योग तेजी से विकसित एवं विस्तृत हो रहा है। वर्तमान में देश के सकल घरेलू उत्पाद में इसकी भागीदारी लगभग 3% है।

यह उद्योग आकार की दृष्टि से विश्व में 12वाँ एवं एशिया का तीसरा सबसे बड़ा उद्योग है। इसके अंतर्गत लघु एवं वृहद दोनों प्रकार के उद्योग शामिल है।

7. **सूचना प्रौद्योगिकी एवं इलेक्ट्रॉनिक उद्योग के अंतर्गत किसको सम्मिलित किया जाता है?**

उत्तर सूचना प्रौद्योगिकी एवं इलेक्ट्रॉनिक उद्योग के अंतर्गत टेलीविजन, सेलफोन, टेलीफोन, एक्सचेंज राडार कंप्यूटर और दूरसंचार तथा कंप्यूटर आदि को सम्मिलित किया जाता है।

8. **उद्योग कितने प्रकार के प्रदूषण के लिए उत्तरदायी हैं?**

उत्तर उद्योग मुख्यतः चार प्रकार के प्रदूषण के लिए उत्तरदायी हैं वायु, जल, भूमि और ध्वनि प्रदूषण।

9. **तापीय प्रदूषण कब होता है?**

उत्तर यह प्रदूषण तब होता है, जब शीतलन से पहले कारखानों और तापीय संयंत्रों से गर्म पानी को नदियों और तालाबों में छोड़ दिया जाता है।

लघु उत्तरीय प्रश्न

1. **विनिर्माण उद्योग किसे कहा जाता है? इसके महत्त्व को स्पष्ट कीजिए।**

अथवा **देश के आर्थिक विकास की रीढ़ के रूप में विनिर्माण उद्योग के महत्त्व का वर्णन कीजिए।** **CBSE 2019**

अथवा **विनिर्माण उद्योग किसी देश के आर्थिक विकास की रीढ़ क्यों समझे जाते हैं? स्पष्ट कीजिए।** **CBSE Compartment 2021**

उत्तर कच्चे पदार्थ को मूल्यवान उत्पाद में परिवर्तित कर अधिक मात्रा में वस्तुओं का उत्पादन करना विनिर्माण या वस्तु निर्माण कहलाता है। विनिर्माण उद्योग द्वितीयक क्षेत्र के अंतर्गत आता है। द्वितीयक गतिविधियों में कार्यरत लोग कच्चे माल से अंतिम उत्पाद का निर्माण करते हैं। विनिर्माण उद्योग बहुत महत्त्वपूर्ण उद्योग है, जिसे आर्थिक विकास का आधार स्तंभ माना जाता है, क्योंकि

- विनिर्माण उद्योग कृषि के आधुनिकीकरण में सहायक है, जो हमारी अर्थव्यवस्था का आधार स्तंभ है।
- विनिर्माण उद्योग द्वितीयक व तृतीयक क्षेत्रों में रोजगार उपलब्ध कराकर लोगों की कृषि पर आधारित आय की निर्भरता को कम करता है। औद्योगिक विकास बेरोजगारी और निर्धनता के उन्मूलन में सहायक है।

2. **"कृषि तथा उद्योग एक-दूसरे के पूरक हैं।" उदाहरण द्वारा स्पष्ट कीजिए।**

अथवा **कृषि की वृद्धि में उद्योग अपना योगदान किस प्रकार करते हैं?** **CBSE 2019**

उत्तर कृषि तथा उद्योग एक-दूसरे से पृथक् नहीं हैं, ये एक-दूसरे के पूरक हैं। उदाहरणार्थ, भारत में कृषि पर आधारित उद्योगों ने कृषि पैदावार बढ़ोतरी को प्रोत्साहित किया है। ये उद्योग कच्चे माल के लिए कृषि पर निर्भर हैं तथा इनके द्वारा निर्मित उत्पाद; जैसे— सिंचाई के लिए पंप, उर्वरक, कीटनाशक दवाएँ, प्लास्टिक पाइप, मशीनों व कृषि औजार आदि पर किसान निर्भर हैं, इसलिए विनिर्माण उद्योग के विकास तथा स्पर्द्धा से न केवल कृषि उत्पादन को बढ़ावा मिला है, अपितु उत्पादन प्रक्रिया भी सक्षम हुई है। आज वैश्वीकरण के युग में हमारे उद्योगों को अधिक प्रतिस्पर्द्धी तथा सक्षम होने की आवश्यकता है। केवल आत्मनिर्भरता ही काफी नहीं है। हमारी वस्तुएँ गुणवत्ता में अंतर्राष्ट्रीय स्तर की हों, तभी हम अंतर्राष्ट्रीय बाजार में प्रतिस्पर्द्धा कर पाएँगे।

3. **पर्यावरणीय प्रदूषण को कम करने के महत्त्वपूर्ण बिंदुओं को बताइए।** **CBSE 2016, 14, 13**

उत्तर पर्यावरणीय प्रदूषण को कम करने के महत्त्वपूर्ण बिंदु निम्नलिखित हैं

- उद्योगों द्वारा भूमिगत जल की अधिकतम निकासी को कानूनी रूप से नियमित किए जाने की आवश्यकता है।
- जनरेटर और अन्य मशीनरी व उपकरणों में उनकी ध्वनि को कम करने के लिए साइलेंसर लगाना चाहिए।

- कारखानों की धूम्र चिमनियों पर स्थिर विद्युत अवक्षेपण, कपड़े के फिल्टर, कसबी तथा जड़त्वीय पृथक्कारक लगाकर हवा में छोटे-छोटे कणों को कम किया जा सकता है।
- कारखानों में कोयले की अपेक्षा तेल व गैस के प्रयोग से धुएँ के निष्कासन में कमी की जा सकती है।
- ऐसी मशीनरी का प्रयोग करना चाहिए, जो ऊर्जा सक्षम हो तथा कम ध्वनि प्रदूषण करे।

4. भारत में सूचना प्रौद्योगिकी उद्योग के महत्त्व का संक्षेप में वर्णन कीजिए।

उत्तर ऐसे उद्योग को फूट लूज उद्योग कहा जाता है, क्योंकि इनकी स्थापना किसी भी क्षेत्र में आसानी से की जा सकती। इसके लिए विशेष कच्चे माल की आवश्यकता नहीं होती है। इस उद्योग के अंतर्गत ट्रांजिस्टर सेटों से लेकर टेलीविजन, सैलफोन, टेलीफोन एक्सचेंज, रडार, कंप्यूटर और दूरसंचार तथा कंप्यूटर उद्योग के लिए आवश्यक अन्य उपकरण आदि आते हैं।

बंगलुरु भारत की इलेक्ट्रॉनिक राजधानी के रूप में उभरा है। इलेक्ट्रॉनिक सामानों के अन्य महत्त्वपूर्ण केंद्र-मुंबई, दिल्ली, हैदराबाद, पुणे, चेन्नई, कोलकाता, लखनऊ और कोयंबटूर हैं। वर्तमान में भारत में 46 सॉफ्टवेयर प्रौद्योगिकी पार्क हैं, जिनमें 30% महिला कर्मचारी हैं। तीव्र गति से वृद्धि के कारण बी पी ओ क्षेत्र देश के लिए विदेशी मुद्रा अर्जित करने का प्रमुख स्रोत बना है। महत्त्वपूर्ण आई टी केंद्र बंगलुरु, नोएडा, मुंबई, चेन्नई, हैदराबाद तथा पुणे हैं।

5. इलेक्ट्रॉनिक उद्योग ने भारत के आम लोगों के जीवन और देश की अर्थव्यवस्था में क्रांतिकारी परिवर्तन ला दिया है। क्या आप इस कथन से सहमत हैं? अपने विचार व्यक्त कीजिए।

उत्तर हाँ, हम इस कथन से सहमत हैं। निम्न बिंदु इस कथन की पुष्टि करते हैं

(i) इस उद्योग के अंतर्गत विभिन्न प्रकार के उत्पाद व्यापक रूप से तैयार किए जाते हैं, जो मानव जीवन को प्रभावित करते हैं; जैसे–ट्रांजिस्टर, टेलीविजन, टेलीफोन, सेल्युलर फोन, पेजर, कंप्यूटर, रडार आदि।

(ii) यह उद्योग डाकघरों, तारघरों, रक्षा, रेलवे, बैंक, वायु परिवहन और मौसम विभाग के लिए उनकी आवश्यकतानुसार अनेक प्रकार के उपकरण तैयार करता है।

(iii) संचार के साधनों में करोड़ों लोग मोबाइल फोन का उपयोग कर रहे हैं, जिसने मानव को सबसे ज्यादा प्रभावित किया है।

(iv) सूचना प्रौद्योगिकी उद्योग से करोड़ों लोगों को रोजगार मिला है।

6. औद्योगिक अपशिष्ट का शोधन कितने चरणों में किया जाता है?

उत्तर औद्योगिक अपशिष्ट का शोधन तीन चरणों में किया जा सकता है

(i) **यांत्रिक साधनों द्वारा प्राथमिक शोधन** इसमें अपशिष्ट पदार्थों की छँटाई व उनके छोटे-छोटे टुकड़े करना, ढकना तथा तलछट जमाव आदि सम्मिलित हैं।

(ii) **जैविक प्रक्रियाओं द्वारा द्वितीयक शोधन** इसमें वृक्षारोपण, वर्षा जल संग्रहण आदि सम्मिलित हैं।

(iii) **रासायनिक, जैविक तथा भौतिक प्रक्रियाओं द्वारा तृतीयक शोधन** इसमें अपशिष्ट जल को पुनर्चक्रण द्वारा पुनः प्रयोग योग्य बनाया जाता है।

7. कच्चे माल के स्रोत के आधार पर उद्योगों का वर्गीकरण करें। ये किस प्रकार एक-दूसरे से अलग हैं? **CBSE 2016**

उत्तर कच्चे माल के स्रोत के आधार पर उद्योग कृषि तथा खनिज आधारित उद्योगों में वर्गीकृत हैं।

कृषि तथा खनिज आधारित उद्योग में निम्नलिखित अंतर हैं

कृषि आधारित उद्योग	खनिज आधारित उद्योग
1. जो उद्योग कच्चे माल के लिए कृषि पर आधारित होते हैं, कृषि आधारित उद्योग कहलाते हैं।	जो उद्योग कच्चे माल के लिए खनिजों पर आधारित होते हैं, खनिज आधारित उद्योग कहलाते हैं।
2. कृषि आधारित उद्योग गाँवों में रोजगार सृजन करते हैं।	खनिज आधारित उद्योग गाँव तथा शहरों में रोजगार सृजन करते हैं।
3. इनके उत्पाद उपभोक्ता के लिए होते हैं।	इनके उत्पाद उपभोक्ता तथा अन्य उद्योगों के लिए कच्चे माल के लिए होते हैं।
4. इसके अंतर्गत सूती वस्त्र, रेशम वस्त्र, चीनी, कॉफी आदि उद्योग आते हैं।	इसके अंतर्गत लोहा तथा इस्पात, एल्युमीनियम औजार तथा पेट्रोलियम उद्योग आते हैं।

C दीर्घ उत्तरीय प्रश्न

1. खनिज आधारित उद्योगों के आधार पर किन्हीं दो उद्योगों का वर्णन कीजिए।

उत्तर खनिज आधारित दो उद्योग निम्नलिखित हैं

एल्युमीनियम प्रगलन यह उद्योग भारत में धातुकर्म उद्योग के अंतर्गत लोहे के बाद दूसरा सबसे बड़ा उद्योग है। बॉक्साइट इस उद्योग का मूलभूत कच्चा पदार्थ है जोकि भारी, गहरे लाल रंग की चट्टान जैसा होता है। इसके अतिरिक्त यह जंग अवरोधी, ऊष्मा का सुचालक, लचीला तथा अन्य धातुओं के मिश्रण से अधिक कठोर बनाया जा सकता है। इसका प्रयोग हवाई जहाज तथा तार बनाने में किया जाता है। कई उद्योगों में इसका महत्त्व इस्पात, जस्ता, ताँबा एवं सीसे के विकल्प के रूप में प्रयुक्त होने से बढ़ा है। इस उद्योग की स्थापना के दो कारण हैं

- नियमित ऊर्जा की पूर्ति
- कम कीमत पर कच्चे माल की सुनिश्चित उपलब्धता।

भारत में एल्युमीनियम प्रगलन संयंत्र ओडिशा, पश्चिम बंगाल, केरल, उत्तर प्रदेश, छत्तीसगढ़, महाराष्ट्र व तमिलनाडु राज्यों में स्थित हैं।

रसायन उद्योग भारत में रसायन उद्योग तेजी से विकसित एवं विस्तृत हो रहा है। वर्तमान में देश के सकल घरेलू उत्पाद में इसकी भागीदारी लगभग 3% है। यह उद्योग आकार की दृष्टि से विश्व में 12वाँ एवं एशिया में तीसरा सबसे बड़ा उद्योग है। इसके अंतर्गत लघु तथा वृहद् दोनों प्रकार की विनिर्माण इकाइयाँ सम्मिलित की जाती हैं। इसमें कार्बनिक एवं अकार्बनिक दोनों क्षेत्रों में तीव्र वृद्धि दर्ज की गई है। कार्बनिक रसायनों में पेट्रो-रसायन शामिल हैं, जो कृत्रिम वस्त्र, कृत्रिम रबर, प्लास्टिक, रंजक पदार्थ, दवाइयाँ, औषध रसायनों के बनाने में प्रयोग किए जाते हैं। ये उद्योग तेल शोधन शालाओं या पेट्रो-रसायन संयंत्रों के समीप स्थापित हैं।

अकार्बनिक रसायनों में सल्फ्यूरिक अम्ल (उर्वरक, कृत्रिम वस्त्र, प्लास्टिक, गोंद, रंग-रोगन डाई आदि के निर्माण में प्रयुक्त), नाइट्रिक अम्ल, क्षार, सोडा ऐश (साबुन, शोधक या अपमार्जक, कागज में प्रयुक्त होने वाले रसायन) तथा कास्टिक सोडा आदि शामिल हैं। इन उद्योगों का देश में विस्तृत फैलाव है।

रसायन उद्योग स्वयं में एक बड़ा उपभोक्ता भी है। आधारभूत रसायन एक प्रक्रिया द्वारा अन्य रसायन उत्पन्न करते हैं, जिसका उपयोग औद्योगिक अनुप्रयोग, कृषि अथवा उपभोक्ता बाजारों के लिए किया जाता है।

2. औद्योगिक प्रदूषण किस प्रकार पर्यावरण निम्नीकरण के लिए उत्तरदायी है? सविस्तार उल्लेख करें।

उत्तर उद्योगों द्वारा उत्पादित अपशिष्ट उत्पाद पर्यावरणीय निम्नीकरण के कारक हैं। उद्योग मुख्यतः चार प्रकार के प्रदूषण के लिए उत्तरदायी हैं– वायु, जल, भूमि और ध्वनि प्रदूषण। प्रदूषण के अन्य कारकों में ताप विद्युत गृह भी सम्मिलित है।

औद्योगिक इकाई के द्वारा किए जाने वाले प्रदूषण निम्नलिखित हैं

1. **वायु प्रदूषण** उद्योगों से निकलने वाली सल्फर डाइऑक्साइड तथा कार्बन मोनोऑक्साइड वायु प्रदूषण के प्रमुख कारक हैं। उद्योगों के द्वारा निलंबित कणों को वायुमंडल में छोड़ा जाता है। वायु में निलंबित कणनुमा पदार्थों में ठोस व द्रवीय दोनों ही प्रकार के कण होते हैं, जो पर्यावरण प्रदूषण को बढ़ाते हैं। वायु प्रदूषण, मानव स्वास्थ्य, पशुओं, पौधों, इमारतों तथा पर्यावरण पर दुष्प्रभाव डालते हैं।
2. **जल प्रदूषण** उद्योगों द्वारा कार्बनिक तथा अकार्बनिक अपशिष्ट पदार्थों के नदी में छोड़ने से जल प्रदूषण फैलता है। जल प्रदूषण के प्रमुख कारक-कागज, लुग्दी, रसायन, वस्त्र तथा रँगाई उद्योग, तेल शोधन शालाएँ, चमड़ा उद्योग तथा इलैक्ट्रोप्लेटिंग उद्योग हैं।
3. **ध्वनि प्रदूषण** औद्योगिक तथा निर्माण कार्य, कारखानों के उपकरण, जेनरेटर, लकड़ी चीरने के कारखाने, गैस यांत्रिकी तथा विद्युत ड्रिल आदि ध्वनि प्रदूषण के प्रमुख कारक हैं। ध्वनि प्रदूषण से खिन्नता तथा उत्तेजना ही नहीं, वरन् श्रवण असक्षमता, हृदय गति, रक्तचाप तथा अन्य कायिक व्यथाएँ भी बढ़ती हैं।
4. **तापीय प्रदूषण** जब कारखानों तथा तापघरों से गर्म जल को बिना ठंडा किए ही नदियों तथा तालाबों में छोड़ दिया जाता है तो जल में तापीय प्रदूषण होता है।
5. **मृदा प्रदूषण** मलबे का ढेर विशेषकर काँच, हानिकारक रसायन, औद्योगिक बहाव, पैकिंग लवण तथा कूड़ा करकट मृदा को अनुपजाऊ बनाते हैं।

स्रोत आधारित प्रश्न

निम्नलिखित स्रोतों को ध्यानपूर्वक पढ़कर उन पर आधारित प्रश्नों के उत्तर दीजिए

1. भारत में रसायन उद्योग तेजी से विकसित हो रहा तथा फैल रहा है। इसकी भागीदारी सकल घरेलू उत्पाद में लगभग 3% है। यह उद्योग एशिया का तीसरा बड़ा तथा विश्व में आकार की दृष्टि से 12वें स्थान पर है। इसमें लघु तथा वृहत् दोनों प्रकार की विनिर्माण इकाइयाँ सम्मिलित हैं। अकार्बनिक और कार्बनिक दोनों क्षेत्रों में तीव्र वृद्धि दर्ज की गई है।

अकार्बनिक रसायनों में सल्फ्यूरिक अम्ल (उर्वरक, कृत्रिम वस्त्र, प्लास्टिक, गोंद, रंग-रोगन, डाई आदि के निर्माण में प्रयुक्त), नाइट्रिक अम्ल, क्षार, सोडा ऐश, (काँच, साबुन, शोधक या अपमार्जक कागज में प्रयुक्त होने वाले रसायन) तथा कास्टिक सोडा आदि शामिल हैं। इन उद्योगों का देश में विस्तृत फैलाव है। क्या आप बता सकते हैं ऐसा क्यों है? कार्बनिक रसायनों में पेट्रो रसायन शामिल हैं, जो कृत्रिम वस्त्र, कृत्रिम रबर, प्लास्टिक, रंजक पदार्थ, दवाइयाँ, औषध रसायनों के बनाने में प्रयोग किए जाते हैं।

ये उद्योग तेल शोधनशालाओं या पेट्रो रसायन संयंत्रों के समीप स्थापित हैं। रसायन उद्योग अपने आप में एक बड़ा उपभोक्ता भी है। आधारभूत रसायन एक प्रक्रिया द्वारा अन्य रसायन उत्पन्न करते हैं, जिनका उपयोग औद्योगिक अनुप्रयोग, कृषि अथवा उपभोक्ता बाजारों के लिए किया जाता है।

(i) स्वतंत्रता के बाद भारत में रसायन उद्योग के विकसित होने के पीछे मुख्य कारण कौन-सा था?

(a) कृषि क्षेत्र को व्यापक पैमाने पर बढ़ावा देना
(b) औद्योगिक इकाइयों की माँग की पूर्ति करने के लिए
(c) व्यापक पैमाने पर रसायनों का निर्यात करने के लिए
(d) उपरोक्त सभी

उत्तर (b) औद्योगिक इकाइयों की माँग की पूर्ति करने के लिए

(ii) अकार्बनिक रसायन सल्फ्यूरिक अम्ल का उपयोग किसके साथ-साथ कृत्रिम वस्त्र, रंग-रोगन इत्यादि में किया जाता है?

(a) उर्वरक (b) प्लास्टिक
(c) डाई (d) ये सभी

उत्तर (d) ये सभी

(iii) कार्बनिक रसायनों में पेट्रो रसायन विद्यमान पाए जाते हैं, इनका उपयोग किसके निर्माण में किया जाता है?

(a) कृत्रिम वस्त्र (b) कृत्रिम रबर
(c) रंजक पदार्थ (d) ये सभी

उत्तर (d) ये सभी

(iv) पेट्रो रसायन संबंधित उद्योगों की स्थापना तेलशोधन संयंत्रों के समीप क्यों की गई?

(a) कुशल श्रमिकों की उपलब्धता के कारण
(b) कच्चे मालों की उपलब्धता के कारण
(c) परिवहन सुविधाओं के कारण
(d) उपरोक्त सभी

उत्तर (b) कच्चे मालों की उपलब्धता के कारण

(v) निम्न कथनों पर विचार कीजिए तथा रसायन उद्योग के संबंध में कौन-सा/से कथन सही है?

1. रसायन उद्योगों में प्रयुक्त अकार्बनिक रसायनों में सल्फ्यूरिक अम्ल, नाइट्रिक अम्ल, क्षार, सोड़ा ऐश, कास्टिक सोडा आदि शामिल पाए जाते हैं।
2. रसायन उद्योग एक उत्पादन इकाई होने के साथ-साथ एक बड़ा उपभोक्ता भी होता है।
3. रसायन उद्योगों के तहत उत्पादित उर्वरकों का उपयोग कृषि कार्यों में, औद्योगिक अनुप्रयोग तथा घरेलू कार्यों (पेंटिंग) के लिए किया जाता है।

कूट

(a) केवल 3
(b) 1 और 2
(c) 2 और 3
(d) उपरोक्त सभी

उत्तर (d) उपरोक्त सभी

(vi) रासायनिक उद्योग के संबंध में सूची I को सूची II से सही सुमेलित कीजिए

सूची I	सूची II
A. एल्युमीनियम धातु प्रगलन उद्योग का भारत में क्रम	1. दूसरा
B. भारत के रसायन उद्योग का एशिया में क्रम	2. तीसरा
C. रसायन उद्योग का विश्व में आकार की दृष्टि से स्थान	3. 12वाँ
D. सकल घरेलू उत्पाद में रसायन उद्योग की भागीदारी	4. लगभग 3%

कूट

	A	B	C	D		A	B	C	D
(a)	1	2	3	4	(b)	2	3	1	4
(c)	3	2	1	4	(d)	1	3	2	4

उत्तर (a) 1 2 3 4

2. भारत में राष्ट्रीय ताप विद्युतगृह कॉरपोरेशन विद्युत प्रदान करने वाला मुख्य निगम है। इसके पास पर्यावरण प्रबंधन तंत्र (EMS) 14001 के लिए आई एस ओ (ISO) प्रमाण पत्र है। यह निगम प्राकृतिक पर्यावरण और संसाधन; जैसे-जल, खनिज तेल, गैस तथा ईंधन संरक्षण नीति का हिमायती है तथा इन्हें ध्यान में रखकर ही विद्युत संयंत्रों की स्थापना करता है।

ऐसा निम्न उपायों द्वारा संभव है

- आधुनिकतम तकनीकों पर आधारित उपकरणों का सही उपयोग करके तथा विद्यमान उपकरणों में सुधार करके।
- अधिकतम राख का इस्तेमाल कर अपशिष्ट पदार्थों का न्यून उत्पादन करना।
- पारिस्थितिकी संतुलन बनाए रखने के लिए हरित क्षेत्र की सुरक्षा तथा वृक्षारोपण के लिए प्रेरित करना।
- तरल अपशिष्ट प्रबंधन, राखयुक्त जलीय पुनर्चक्रण तथा राख-संग्रह प्रबंधन द्वारा पर्यावरण प्रदूषण को कम करना।
- सभी ऊर्जा संयंत्रों का पारिस्थितिकीय रूप से मॉनीटर तथा समीक्षा करना एवं ऑनलाइन आँकड़ों का प्रबंधन करना। **CBSE Term II 2022**

(i) 'सतत पोषणीय विकास' को परिभाषित कीजिए।

उत्तर सतत पोषणीय विकास वह विकास होता है, जिसमें भविष्य में आने वाली पीढ़ियों की आवश्यकता की पूर्ति को प्रभावित किए बिना वर्तमान की आवश्यकता को पूरा करना शामिल होता है। यह संसाधनों के उचित प्रयोग से संबंधित होता है।

(ii) आई. एस. ओ. (ISO) प्रमाणन के पीछे क्या विचार है?

उत्तर आई. एस. ओ. (ISO) प्रमाणन के पीछे विचार यह है कि जो संयंत्र संचालित है और उनके पास पर्यावरण तंत्र विद्यमान है। इसका मुख्य विचार पर्यावरण का संरक्षण करना है, जिससे पर्यावरण को दूषित होने से बचाया जा सके।

(iii) राष्ट्रीय ताप विद्युतगृह कॉरपोरेशन (NTPC) के सक्रिय दृष्टिकोण की परख कीजिए।

उत्तर यह निगम (NTPC) प्राकृतिक पर्यावरण और संसाधन; जैसे- जल, खनिज तेल, गैस तथा ईंधन संरक्षण नीति का हिमायती है तथा इन्हें ध्यान में रखकर ही विद्युत संयंत्रों की स्थापना करता है। इसमें यह आधुनिकतम तकनीकों पर आधारित उपकरणों के सही उपयोग, अपशिष्ट पदार्थों का न्यून उत्पादन, पारिस्थितिकी संतुलन बनाए रखने के हरित क्षेत्र की सुरक्षा आदि उपायों को अपनाने पर बल दिया जाता है। अपशिष्टों के पुनर्चक्रण संयंत्रों का पारिस्थितिकीय रूप से मॉनीटरिंग आदि को ध्यान रखा जाता है।

3. यद्यपि उद्योगों की भारतीय अर्थव्यवस्था की वृद्धि व विकास में महत्त्वपूर्ण भूमिका है, तथापि इनके द्वारा बढ़ते भूमि, वायु, जल तथा पर्यावरण प्रदूषण को भी नकारा नहीं जा सकता। उद्योग चार प्रकार के प्रदूषण के लिए उत्तरदायी हैं (क) वायु (ख) जल (ग) भूमि (घ) ध्वनि।

प्रदूषण करने वाले उद्योगों में ताप विद्युतगृह भी सम्मिलित हैं।

वायु प्रदूषण अधिक अनुपात में अनचाही गैसों की उपस्थिति जैसे—सल्फर डाइऑक्साइड तथा कार्बन मानोऑक्साइड वायु प्रदूषण का कारण है। वायु में निलंबित कणनुमा पदार्थों

में ठोस व द्रवीय दोनों ही प्रकार के कण होते हैं; जैसे-धूलि स्प्रे, कुहासा तथा धुआँ। उद्योगों द्वारा कार्बनिक तथा अकार्बनिक अपशिष्ट पदार्थों के नदी में छोड़ने से जल प्रदूषण फैलता है। जल प्रदूषण के प्रमुख कारक - कागज, लुग्दी, रसायन, वस्त्र तथा रंगाई उद्योग, तेल शोधन शालाएँ, चमड़ा उद्योग तथा इलैक्ट्रोप्लेटिंग उद्योग हैं। जब कारखानों तथा तापघरों से गर्म जल को बिना ठंडा किए ही नदियों तथा तालाबों में छोड़ दिया जाता है, तो जल में तापीय प्रदूषण होता है।

ध्वनि प्रदूषण ध्वनि प्रदूषण से खिन्नता तथा उत्तेजना ही नहीं वरन् श्रवण असक्षमता, हृदय गति, रक्तचाप तथा अन्य कायिक व्यथाएँ भी बढ़ती हैं। अनचाही ध्वनि, उत्तेजना व मानसिक चिंता का स्रोत है। औद्योगिक तथा निर्माण कार्य, कारखानों के उपकरण, जेनरेटर, लकड़ी चीरने के कारखाने, गैस यांत्रिकी तथा विद्युत ड्रिल (Drill) भी अधिक ध्वनि उत्पन्न करते हैं।

(i) **किस प्रकार के उद्योग वायु प्रदूषण के लिए उत्तरदायी हैं?**

उत्तर रसायन व कागज उद्योग, ईंटों के भट्ठे, तेल शोधन शालाएँ, प्रगलन उद्योग व जीवाश्म ईंधन उद्योग वायु प्रदूषण के लिए उत्तरदायी हैं।

(ii) **विभिन्न उद्योग किस प्रकार जल को प्रदूषित करते हैं?**

उत्तर विभिन्न उद्योग रंग, अपमार्जक, अम्ल, लवण तथा भारी धातुएँ; जैसे–सीसा, पारा, कीटनाशक उर्वरक, कार्बन प्लास्टिक और रबर सहित कृत्रिम रसायनों को जल में प्रवाहित कर जल को प्रदूषित करते हैं। भारत में वायु प्रदूषण के मुख्य अपशिष्ट पदार्थों में फ्लाई ऐश, फोस्फो-जिप्सन तथा लोहा-इस्पात की अशुद्धियाँ हैं।

(iii) **किस प्रकार के प्रदूषक मृदा को अनुपजाऊ बनाते हैं?**

उत्तर मलबे का ढेर विशेषकर काँच, हानिकारक रसायन, औद्योगिक बहाव, पैकिंग, लवण तथा कूड़ा-करकट मृदा को अनुपजाऊ बनाते हैं। वर्षा जल के साथ ये प्रदूषक जमीन से रिसते हुए भूमिगत जल तक पहुँच कर उसे प्रदूषित कर देते हैं।

मानचित्र आधारित प्रश्न

1. भारत के दिए गए राजनीतिक मानचित्र पर निम्नलिखित को दर्शाइए तथा उनके नाम लिखिए

(i) गाँधीनगर—सॉफ्टवेयर टेक्नोलॉजी पार्क **CBSE Compartment 2020, 21**

(ii) नोएडा—सॉफ्टवेयर टेक्नोलॉजी पार्क

(iii) बंगलुरु—सॉफ्टवेयर टेक्नोलॉजी पार्क **CBSE Term II 2022**

(iv) तिरुवनंतपुरम—सॉफ्टवेयर टेक्नोलॉजी पार्क

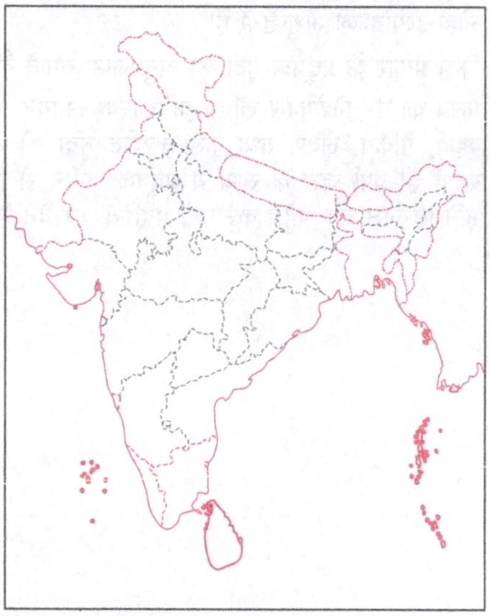

उत्तर निम्न मानचित्र देखें

2. भारत के दिए गए राजनीतिक मानचित्र पर निम्नलिखित को दर्शाइए तथा नाम लिखिए

(i) मुंबई—सॉफ्टवेयर टेक्नोलॉजी पार्क **CBSE Term II 2022**

(ii) चेन्नई—सॉफ्टवेयर टेक्नोलॉजी पार्क **CBSE 2019**

(iii) हैदराबाद—सॉफ्टवेयर टेक्नोलॉजी पार्क **CBSE 2020, 19**

(iv) पुणे—सॉफ्टवेयर टेक्नोलॉजी पार्क **CBSE Term II 2022, CBSE 2020**

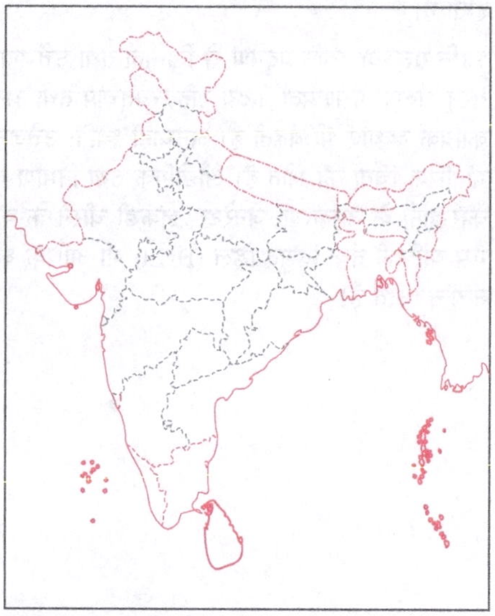

उत्तर निम्न मानचित्र देखें

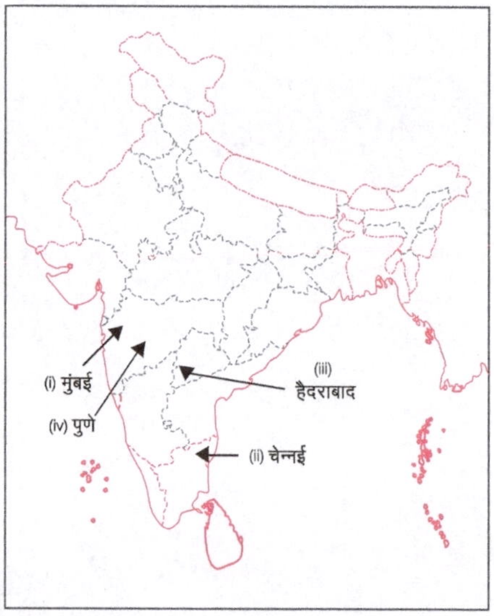

3. भारत के दिए गए राजनीतिक मानचित्र पर निम्नलिखित को दर्शाइए तथा उनके नाम लिखिए
   (i) मुंबई सूती वस्त्र उद्योग
   (ii) इंदौर सूती वस्त्र उद्योग
   (iii) सूरत सूती वस्त्र उद्योग
   (iv) कानपुर सूती वस्त्र उद्योग
   (v) कोयंबटूर वस्त्र उद्योग

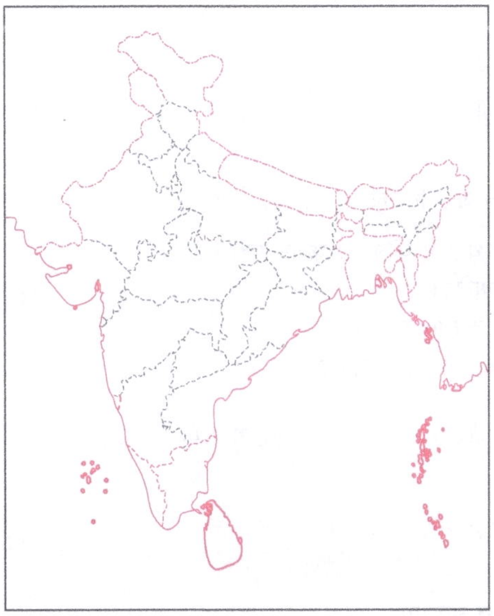

उत्तर निम्न मानचित्र देखें

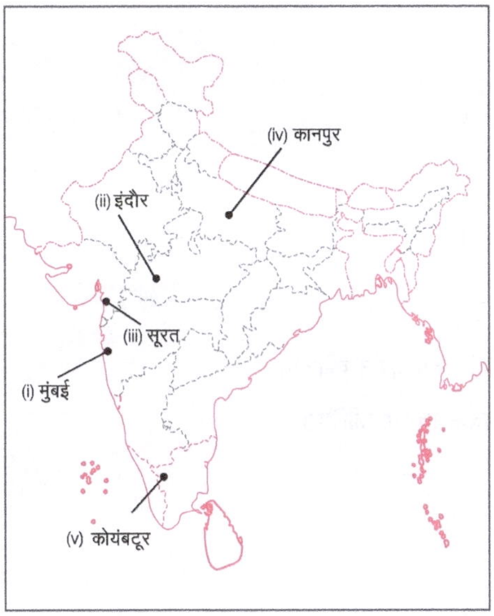

4. भारत के दिए गए राजनीतिक मानचित्र पर निम्नलिखित को दर्शाइए तथा नाम लिखिए
   (i) दुर्गापुर लौह-इस्पात संयंत्र
   (ii) बोकारो लौह-इस्पात संयंत्र
   (iii) जमशेदपुर लौह-इस्पात संयंत्र
   (iv) भिलाई लौह-इस्पात संयंत्र
   (v) विजयनगर-लौह-इस्पात संयंत्र
   (vi) सलेम लौह-इस्पात संयंत्र

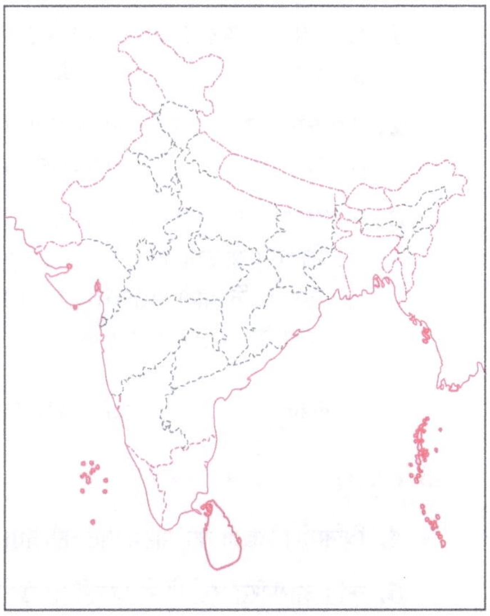

उत्तर निम्न मानचित्र देखें

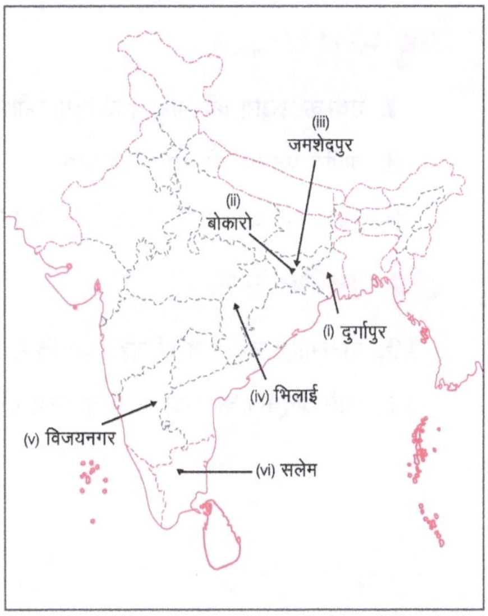

स्वयं को जाँचें

वस्तुनिष्ठ प्रश्न

1. भारत का रसायन उद्योग के क्षेत्र में विश्व में कौन-सा स्थान है?

(a) 11वाँ (b) 12वाँ (c) 13वाँ (d) 14वाँ

2. नाभिकीय अस्त्र निर्माण कौन-से रोग का कारण बनते हैं?

(a) कैंसर (b) अकाल प्रसव (c) जन्मजात विकार (d) ये सभी

3. पर्यावरणीय निम्नीकरण की रोकथाम के संबंध में दिए गए कथनों में कौन-सा कथन सही है?

1. विभिन्न प्रक्रियाओं में जल का न्यूनतम उपयोग करना चाहिए।
2. कम ध्वनि वाले मशीनरी का अधिक-से-अधिक प्रयोग करना चाहिए।
3. अपशिष्ट जल को पुनः चक्रण के द्वारा उपयोग योग्य बनाया जाना चाहिए।

कूट

(a) केवल 2 (b) 1 और 2 (c) 2 और 3 (d) ये सभी

अतिलघु उत्तरीय प्रश्न

4. विनिर्माण उद्योग को परिभाषित कीजिए।

5. कृषि आधारित उद्योगों में किन्हीं दो उद्योगों के नाम एवं महत्त्व बताइए।

6. पर्यावरण निम्नीकरण के तीन कारण लिखिए।

लघु उत्तरीय प्रश्न

7. उर्वरक उद्योग की संक्षिप्त व्याख्या कीजिए।

8. तापीय प्रदूषण को स्पष्ट कीजिए।

9. औद्योगिक अपशिष्टों के शोधन के प्रमुख चरणों का उल्लेख कीजिए।

दीर्घ उत्तरीय प्रश्न

10. मोटरगाड़ी उद्योग ने परिवहन को किस प्रकार प्रभावित किया? विस्तृत वर्णन कीजिए।

11. ध्वनि प्रदूषण को कम करने के लिए दो युक्तियों पर विस्तारपूर्वक विचार कीजिए।

अध्याय
07

राष्ट्रीय अर्थव्यवस्था की जीवन रेखाएँ

परिवहन और संचार के साधन; जैसे—रेल परिवहन, वायु परिवहन, जल परिवहन, समाचार-पत्र, रेडियो, टेलीविजन, सिनेमा, इंटरनेट आदि विश्व से भारत को जोड़कर उसकी सामाजिक-आर्थिक उन्नति में योगदान कर रहे हैं।

अध्याय एक नजर में

- *परिवहन—स्थल परिवहन, रेल परिवहन, पाइपलाइन, जल परिवहन, वायु परिवहन*
- *संचार सेवाएँ*
- *अंतर्राष्ट्रीय व्यापार*
- *पर्यटन : एक व्यापार के रूप में*

परिवहन

वस्तुओं और सेवाओं को आपूर्ति स्थानों से माँग स्थानों तक पहुँचाने के लिए परिवहन संसाधनों की आवश्यकता होती है, इसलिए एक देश की विकास की गति वस्तुओं तथा सेवाओं के उत्पादन के साथ-साथ परिवहन की सुविधाओं पर भी निर्भर करती है। वस्तुओं तथा सेवाओं का आवागमन पृथ्वी के तीन महत्त्वपूर्ण क्षेत्रों पर किया जाता है—स्थल, जल व वायु। इन्हीं के आधार पर परिवहन को वर्गीकृत किया जाता है

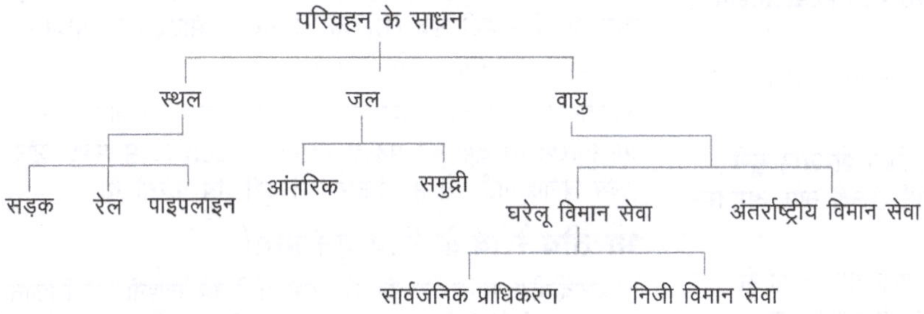

भारत में परिवहन

स्थल परिवहन

भारत विश्व के उन देशों में शामिल है, जहाँ सड़कों का जाल सर्वाधिक है। भारत में सड़कों का जाल लगभग 62.16 लाख किमी है। भारत में सड़क परिवहन का बढ़ता महत्त्व निम्न कारणों से है

- रेलवे लाइन की अपेक्षा सड़कों की निर्माण लागत बहुत कम है।
- सड़कों को ऊबड़-खाबड़ व विच्छिन्न भागों में भी बनाया जा सकता है।
- अधिक ढाल प्रवणता (Gradient slope) तथा पहाड़ी क्षेत्रों में भी सड़कें निर्मित की जा सकती हैं; जैसे—हिमालय।

- कम व्यक्तियों, कम दूरी व कम वस्तुओं के परिवहन में सड़क मितव्ययी है।
- यह घर-घर सेवाएँ उपलब्ध करवाती है तथा इसमें सामान चढ़ाने व उतारने की लागत भी अपेक्षाकृत कम है।
- सड़क परिवहन, अन्य परिवहन साधनों के उपयोग में एक कड़ी के रूप में भी कार्य करता है, जैसे—सड़कें, रेलवे स्टेशन, वायु व समुद्री पत्तनों को जोड़ती हैं।

क्षमता के आधार पर सड़कों का वर्गीकरण

भारत में सड़कों की क्षमता के आधार पर इन्हें छ: वर्गों में विभाजित किया गया है

(i) **स्वर्णिम चतुर्भुज महाराजमार्ग** (Golden Quadrilateral Super Highways) यह सड़क विकास की एक महत्त्वपूर्ण परियोजना है, जिसे भारत सरकार द्वारा शुरू किया गया है। यह दिल्ली-कोलकाता, चेन्नई-मुंबई और दिल्ली को जोड़ने वाली 6 लेन वाली महाराजमार्गों की परियोजना है। इस परियोजना में दो गलियारे प्रस्तावित हैं

- **उत्तर-दक्षिण गलियारा** यह श्रीनगर को कन्याकुमारी से जोड़ता है।
- **पूर्व-पश्चिम गलियारा** यह सिलचर (असम) से पोरबंदर (गुजरात) को जोड़ता है।

इस महाराजमार्ग का प्रमुख उद्देश्य भारत के मेगासिटी (Mega cities) के मध्य परिवहन दूरी व समय को कम करना है। यह राजमार्ग परियोजना **भारत के राष्ट्रीय राजमार्ग प्राधिकरण** (National Highway Authority of India, NHAI) के अधिकार क्षेत्र में है।

(ii) **राष्ट्रीय राजमार्ग** राष्ट्रीय राजमार्ग (National Highways) देश के दूरस्थ भागों को आपस में जोड़ते हैं। यह देश का प्राथमिक सड़क तंत्र है। इसके निर्माण एवं रख-रखाव की जिम्मेदारी केंद्रीय लोक निर्माण विभाग (Central Public Works Department, CPWD) की है।

भारत में अनेक राष्ट्रीय राजमार्ग हैं, जो देश के उत्तर-दक्षिण और पूर्व-पश्चिम भाग को जोड़ते हैं।

राष्ट्रीय राजमार्ग-1 ऐतिहासिक राजमार्ग है, जिसे **शेरशाह सूरी मार्ग** के नाम से जाना जाता है। यह राजमार्ग दिल्ली और अमृतसर को जोड़ता है।

(iii) **राज्य राजमार्ग** राज्यों की राजधानियों को जिला मुख्यालयों से जोड़ने वाली सड़कें राज्य राजमार्ग कहलाती हैं। राज्यों एवं केंद्रशासित क्षेत्रों में इन सड़कों के निर्माण एवं रख-रखाव की जिम्मेदारी राज्य सरकार के अधीन राज्य के सार्वजनिक निर्माण विभाग (Public Works Department) की होती है।

(iv) **जिला सड़कें** ये सड़कें जिले के विभिन्न प्रशासनिक केंद्रों को जिला मुख्यालय से जोड़ती हैं। इन सड़कों की व्यवस्था का उत्तरदायित्व जिला परिषद् का होता है।

(v) **अन्य सड़कें** इसके अंतर्गत वे सड़कें आती हैं, जो गाँवों को शहरों से जोड़ती हैं। इनका निर्माण 'प्रधानमंत्री ग्राम सड़क योजना' (PMGSY) के अंतर्गत किया जाता है। इस परियोजना के अंतर्गत विशेष प्रावधान हैं, जिनमें देश के प्रत्येक गाँव को प्रमुख शहरों से उन पक्की सड़कों द्वारा जोड़ना प्रस्तावित है, जिन पर वर्षभर वाहन चल सकें।

(vi) **सीमावर्ती सड़कें** (Border Roads) **या सीमांत सड़कें** देश के सीमावर्ती क्षेत्रों में सड़कों का निर्माण एवं प्रबंधन सीमा सड़क संगठन (Border Road Organisation, BRO) द्वारा किया जाता है। इस संगठन की स्थापना वर्ष 1960 में हुई थी।

इस संगठन का उद्देश्य उत्तर तथा उत्तर-पूर्वी क्षेत्रों में सामरिक महत्त्व की सड़कों का विकास करना है। इन सड़कों का विकास होने से दुर्गम क्षेत्रों में अभिगम्यता में वृद्धि हुई है, जिससे ये इन क्षेत्रों के आर्थिक विकास (Economic Development) में भी सहायक सिद्ध हुई हैं।

सड़क निर्माण में प्रयुक्त पदार्थ के आधार पर सड़कों का वर्गीकरण

इस आधार पर सड़कें दो प्रकार की होती हैं

(i) **पक्की सड़कें** ये सड़कें सीमेंट, कंक्रीट या कोयले की कोलतार से बनाई जाती हैं, इसीलिए ये सड़कें बारहमासी अर्थात् सभी मौसम के लिए उपयुक्त हैं।

(ii) **कच्ची सड़कें** ये सड़कें मिट्टी और टूटी हुई चट्टान से बनी होती हैं और इन सड़कों का उपयोग सूखे मौसम में किया जाता है। ये सड़कें वर्षा ऋतु में अनुपयोगी होती हैं।

रेल परिवहन

भारत में रेल परिवहन वस्तुओं तथा यात्रियों के परिवहन का प्रमुख साधन है। यह भारी वजन उठाने और लंबी दूरी के लिए उत्कृष्ट है। भारतीय रेल परिवहन की मार्गीय लंबाई 67,956 किमी है। रेल परिवहन लोगों को अनेक प्रकार की गतिविधियाँ प्रदान करता है; जैसे—व्यापार, भ्रमण, तीर्थ यात्राएँ व लंबी दूरी तक सामान का परिवहन आदि।

भारतीय रेल परिवहन को 16 जोनों में विभाजित किया गया है। इसकी तीन गेज हैं—बड़ी गेज (Broad Gauge), मीटर गेज (Meter Gauge) एवं छोटी गेज (Narrow Gauge)।

भारतीय रेल परिवहन देश का सर्वाधिक बड़ा सार्वजनिक क्षेत्र का प्राधिकरण है। देश की पहली रेलगाड़ी 1853 ई. में मुंबई और थाणे के मध्य चलाई गई, जो 34 किमी की दूरी तय करती थी।

भारतीय रेलवे के लिए चुनौतियाँ

- प्रायद्वीपीय भारत के पहाड़ी क्षेत्रों में रेलवे लाइनों को बिछाना कठिन है। इन क्षेत्रों में रेलवे ट्रैक छोटी पहाड़ियों और सुरंगों आदि से होकर गुजरते हैं।
- हिमालय पर्वतीय क्षेत्र भी दुर्लभ उच्चावच, विरल जनसंख्या तथा आर्थिक अवसरों की कमी के कारण रेलवे लाइन के निर्माण के लिए प्रतिकूल परिस्थितियाँ उत्पन्न करता है।
- पश्चिमी राजस्थान का रेतीला मैदान, गुजरात का दलदली भाग, मध्य प्रदेश, छत्तीसगढ़, ओडिशा व झारखंड का वन क्षेत्र में रेलवे लाइन का निर्माण करना कठिन है।
- बाढ़ प्रभावित क्षेत्रों में अकसर बारिश के दिनों में रेलवे ट्रैक के डूबने की समस्या रहती है।
- रेलवे ट्रैक को बिछाने की प्रारंभिक लागत बहुत अधिक है।

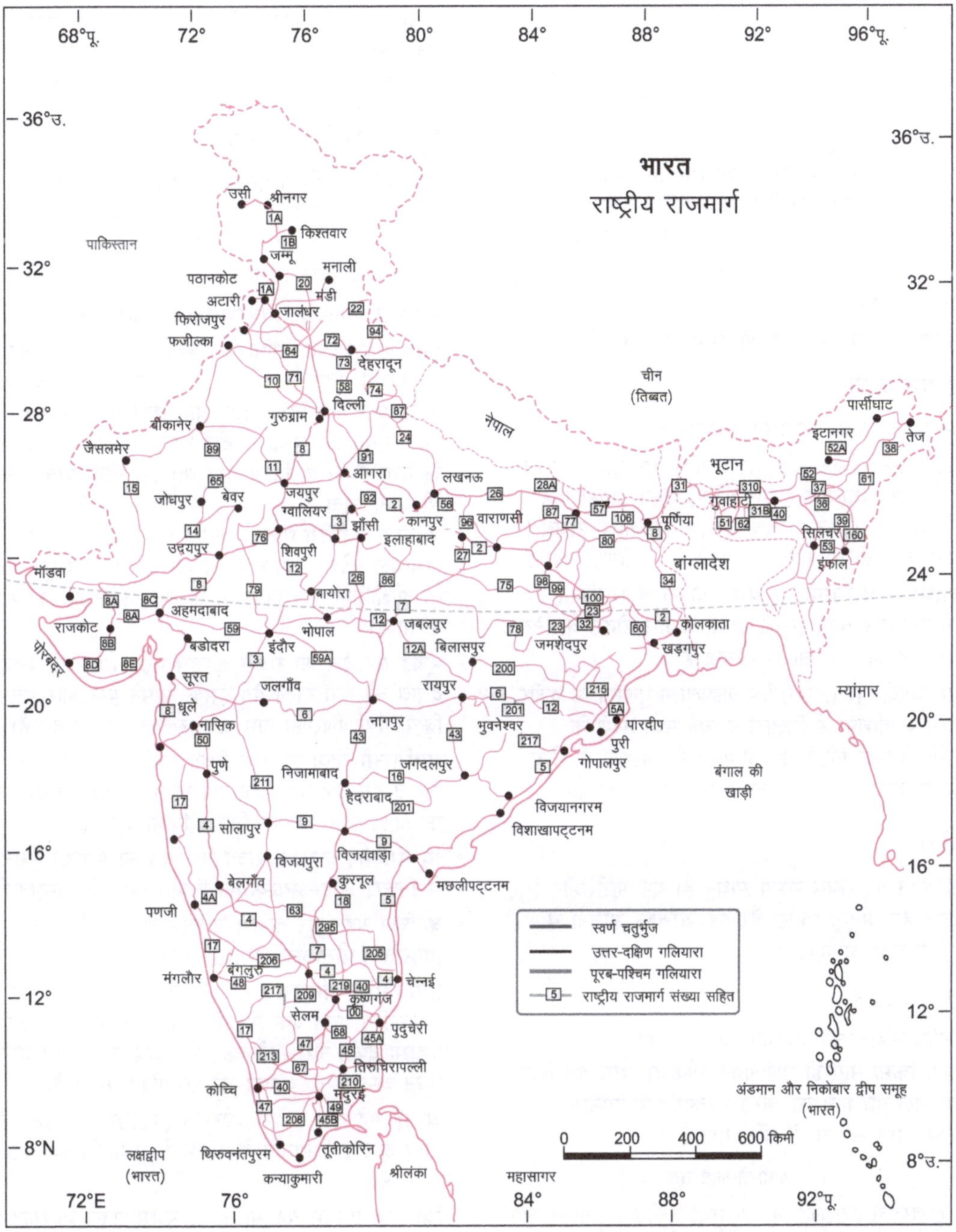

भारतीय रेलवे की समस्याएँ

रेल परिवहन की कुछ प्रमुख समस्याएँ निम्नलिखित हैं

- बहुत-से यात्री बिना टिकट यात्रा करते हैं।
- रेल संपत्ति की हानि तथा चोरी जैसी समस्याएँ भी पूर्णतया समाप्त नहीं हुई हैं।
- जंजीर खींचकर यात्री कहीं भी अनावश्यक रूप से गाड़ी रोकते हैं, जिससे रेलवे को हानि उठानी पड़ती है।

चेक प्वॉइंट 01

1. *क्षमता के आधार पर सड़कें कितने भागों में वर्गीकृत हैं?*
2. *महाराजमार्ग कितने लेन के होते हैं?*
3. *गाँवों को शहर से जोड़ने वाली सड़कें किस योजना के अंतर्गत बनती हैं?*
4. *देश में पहली रेलगाड़ी .... किमी चली थी।*

पाइपलाइन

- पाइपलाइन का प्रयोग कच्चा तेल, पेट्रोल उत्पाद व प्राकृतिक गैस तथा ठोस पदार्थों को तरल अवस्था (Slurry) में परिवर्तित करके ले जाने के लिए किया जाता है।
- सुदूर आंतरिक भागों में स्थित शोधनशालाएँ (Refineries); जैसे—बरौनी, मथुरा, पानीपत तथा गैस पर आधारित उर्वरक कारखानों की स्थापना पाइपलाइनों के कारण ही संभव हो पाई है।
- पाइपलाइन बिछाने की प्रारंभिक लागत अधिक है, लेकिन इसको चलाने की लागत न्यूनतम है।
- सामानों के परिवहन में देरी तथा हानियाँ इसमें बहुत कम होती हैं।

प्रमुख पाइपलाइन जाल

भारत के कुछ प्रमुख पाइपलाइन जाल निम्न प्रकार हैं

- **ऊपरी असम** (Upper Assam) के तेल क्षेत्रों से **गुवाहाटी**, **बरौनी** व **इलाहाबाद** के रास्ते **कानपुर** (उत्तर प्रदेश) तक। इसकी एक शाखा बरौनी से राजबंध होकर हल्दिया तक, दूसरी शाखा राजबंध से मौरी ग्राम तक तथा तीसरी शाखा गुवाहाटी से सिलीगुड़ी तक है।
- गुजरात में **सलाया** से **वीरमगाँव**, **मथुरा**, **दिल्ली** व **सोनीपत** के रास्ते **पंजाब** में **जालंधर** तक। इसकी अन्य शाखा वडोदरा के निकट कोयली को चक्शु व अन्य स्थानों से जोड़ती है।
- हजीरा-विजयपुर-जगदीशपुर (HBJ) गैस पाइपलाइन गुजरात के हजीरा को उत्तर प्रदेश में जगदीशपुर से मिलाती है। यह मध्य प्रदेश के विजयपुर के रास्ते से निकलती है। इसकी शाखाएँ राजस्थान में कोटा तथा उत्तर प्रदेश के शाहजहाँपुर, बबराला व अन्य स्थानों पर हैं।

जल परिवहन

जल परिवहन, परिवहन का सबसे सस्ता साधन है। यह भारी और स्थूल वस्तुओं के संचालन हेतु अनुकूल होता है। यह परिवहन साधनों में ऊर्जा सक्षम तथा पर्यावरण अनुकूल है।

आंतरिक जल परिवहन

भारत में अंत:स्थलीय नौसंचालन जलमार्ग 14,500 किमी लंबा है। इसमें केवल 5,685 किमी मार्ग ही मशीनीकृत नौकाओं द्वारा तय किया जाता है। आंतरिक जल परिवहन को भारत सरकार द्वारा राष्ट्रीय जलमार्ग घोषित कर निम्न श्रेणियों में बाँटा गया है

जलमार्ग	कहाँ-से-कहाँ तक
जलमार्ग संख्या-1	हल्दिया से इलाहाबाद के मध्य 1620 किमी लंबा गंगा जलमार्ग।
जलमार्ग संख्या-2	सादिया व धुबरी के मध्य 891 किमी लंबा ब्रह्मपुत्र नदी जलमार्ग।
जलमार्ग संख्या-3	केरल में पश्चिम तटीय नहर (कोट्टापुरम से कोल्लम तक, उद्योगमंडल तथा चंपक्कारा नहरें) जिसकी लंबाई 205 किमी है।
जलमार्ग संख्या-4	काकीनाडा और पुदुचेरी नहर स्ट्रेच के साथ-साथ गोदावरी और कृष्णा नदी का विशेष विस्तार, जिसकी लंबाई 1078 किमी है।
जलमार्ग संख्या-5	मातई नदी, महानदी के डेल्टा चैनल, ब्राह्मणी नदी और पूर्वी तटीय नहर के साथ ब्राह्मणी नदी का विशेष विस्तार, जिसकी लंबाई 588 किमी है।

कुछ अन्य आंतरिक जलमार्ग भी हैं, जिन पर परिवहन होता है। इनमें मांडवी, जुआरी और कंबरजुआ, सुंदरवन, बराक, केरल का पश्चजल शामिल हैं।

प्रमुख समुद्री पत्तन

भारतीय तटों पर स्थित प्रमुख पत्तनों (Ports) द्वारा देश का 95% विदेशी व्यापार संचालित होता है, जिसमें 68% मुद्रा रूप में होता है। देश की 7516.6 किमी लंबी समुद्री तटरेखा पर 12 बड़े और 200 मध्यम व छोटे पत्तन स्थित हैं।

कुछ प्रमुख पत्तनों का विवरण निम्न प्रकार से है

- **कांडला** स्वतंत्रता प्राप्ति के पश्चात् देश का विभाजन होने के साथ ही कराची पत्तन के पाकिस्तान में चले जाने के कारण गुजरात के कच्छ प्रांत में कांडला पत्तन को पहले पत्तन के रूप में विकसित किया गया। इसे मुंबई से होने वाले व्यापारिक दबाव को कम करने के लिए विकसित किया गया था। इसे **दीनदयाल पत्तन** के नाम से भी जाना जाता है।
  यह एक **ज्वारीय पत्तन** (Tidal Port) है। यह जम्मू-कश्मीर, हिमाचल प्रदेश, पंजाब, हरियाणा, राजस्थान व गुजरात के औद्योगिक तथा खाद्यान्नों के आयात-निर्यात को संचालित करता है।
- **मुंबई** यह देश का सबसे वृहत्तम पत्तन है। मुंबई पत्तन के अत्यधिक दबाव को कम करने हेतु इसके सामने एक और पत्तन विकसित किया गया, जिसका नाम जवाहरलाल नेहरू पत्तन है।
- **मर्मागाओ** गोवा राज्य में स्थित मर्मागाओ पत्तन लौह-अयस्क के निर्यात हेतु देश का महत्त्वपूर्ण पत्तन है। यहाँ से देश के कुल निर्यात का 50% लौह-अयस्क निर्यात किया जाता है।
- **न्यू मंगलौर** कर्नाटक राज्य में स्थित न्यू मंगलौर पत्तन कुद्रेमुख खानों से निकले लौह-अयस्क का निर्यात करने हेतु प्रमुख है।
- **कोच्चि** यह सुदूर दक्षिण-पश्चिम में एक लैगून के मुहाने पर स्थित **प्राकृतिक पोताश्रय** (Natural Harbour) है।
- **तूतीकोरिन** तमिलनाडु राज्य के दक्षिण-पूर्वी छोर पर स्थित तूतीकोरिन पत्तन एक प्राकृतिक पोताश्रय है। यह पत्तन भारत के पड़ोसी देशों; जैसे—श्रीलंका, मालदीव तथा भारत के तटीय क्षेत्रों की भिन्न वस्तुओं के व्यापार को संचालित करता है।
- **चेन्नई** यह एक कृत्रिम बंदरगाह (Artificial Port) है। व्यापार की मात्रा और लदे सामान के संदर्भ में मुंबई के बाद इसका दूसरा स्थान है।
- **विशाखापत्तनम** यह भारत का सबसे गहरा बंदरगाह है। यह पत्तन मुख्यत: लौह-अयस्क के निर्यात हेतु विकसित किया गया था।
- **पारादीप** उड़ीसा में स्थित यह पत्तन मुख्यत: लौह-अयस्क का निर्यात करता है।
- **कोलकाता** पश्चिम बंगाल में स्थित कोलकाता पत्तन एक ज्वारीय व अंत:स्थलीय नदीय पत्तन है। यह पत्तन गंगा-ब्रह्मपुत्र बेसिन की वृहत व समृद्ध पृष्ठभूमि को सेवाएँ प्रदान करता है।
- **हल्दिया** कोलकाता पत्तन पर बढ़ते व्यापार को कम करने हेतु 'हल्दिया' को सहायक पत्तन के रूप में विकसित किया गया है।

वायु परिवहन

वायु परिवहन तीव्रतम, आरामदायक व प्रतिष्ठित परिवहन का साधन है। इसके द्वारा अति दुर्गम स्थानों; जैसे—ऊँचे पर्वत, मरुस्थलों, घने जंगलों व लंबे समुद्री रास्तों को सुगमता से पार किया जा सकता है। वर्ष 1953 में वायु परिवहन का राष्ट्रीयकरण किया गया। एयर इंडिया घरेलू (Domestic) व अंतर्राष्ट्रीय वायु सेवाएँ प्रदान करती है।

पवनहंस हेलीकॉप्टर लिमिटेड तेल व प्राकृतिक गैस आयोग को इसकी अपतटीय संक्रिया में तथा अगम्य व दुर्लभ भू-भागों; जैसे—उत्तर-पूर्वी राज्यों तथा जम्मू-कश्मीर, हिमाचल प्रदेश व उत्तराखंड के आंतरिक क्षेत्रों में हेलीकॉप्टर सेवाएँ उपलब्ध कराता है।

चेक प्वॉइंट 02

1. *पाइपलाइन से किसका परिवहन किया जाता है?*
2. *जल परिवहन, परिवहन का कैसा साधन है?*
3. *जलमार्ग संख्या-1 कहाँ से कहाँ तक जाती है?*
4. *सबसे गहरा बंदरगाह ········ है।*

संचार सेवाएँ

संचार, सूचना का आदान-प्रदान करने का एक कार्य है। निजी संचार और जनसंचार में दूरदर्शन, रेडियो, समाचार-पत्र, प्रेस, सिनेमा आदि देश के प्रमुख संचार साधन हैं।

निजी संचार

यह दो लोगों के मध्य संदेश हस्तांतरण या प्रेषण की प्रक्रिया है। मोबाइल फोन व डाक-पत्र निजी संचार के उदाहरण हैं।

भारतीय डाक संचार

भारत का डाक संचार तंत्र विश्व का वृहत्तम तंत्र है। यह पार्सल, निजी पत्र व्यवहार आदि को संचालित करता है। डाक संचार को प्रथम श्रेणी व द्वितीय श्रेणी में बाँटा जाता है। कार्ड व लिफाफा बंद चिट्ठी **पहली श्रेणी** की डाक समझी जाती है। इन्हें विभिन्न स्थानों पर वायुयान द्वारा पहुँचाया जाता है।

रजिस्टर्ड पैकेट, किताबें, समाचार-पत्र तथा मैगजीन **द्वितीय श्रेणी** की डाक में आते हैं। इन्हें पहुँचाने के लिए धरातलीय डाक तथा स्थल व जल परिवहन का प्रयोग किया जाता है।

मेल चैनल

बड़े शहरों व नगरों में डाक संचार में तीव्रता हेतु राजधानी मार्ग, मेट्रो चैनल, ग्रीन चैनल, व्यापार चैनल, भारी चैनल व दस्तावेज चैनल मार्ग अपनाए गए हैं।

दूरसंचार नेटवर्क

दूरसंचार तंत्र में भारत एशिया महाद्वीप में अग्रणी है। टेलीफोनिक संचार को आधार स्तर से उच्च स्तर तक समृद्ध बनाने के लिए सरकार ने देश के प्रत्येक गाँव में सब्सक्राइबर ट्रंक डायलिंग (Subscriber Trunk Dialling, STD) की सुविधा का 24 घंटे विस्तार करने के लिए विशेष प्रावधान किया है। तेजी से व्यक्तिगत संचार सुनिश्चित करने के लिए इसी तरह स्थिर लैंडलाइन और मोबाइल सेवाएँ बेहतर हुई हैं।

नगरीय क्षेत्रों के अतिरिक्त भारत के दो-तिहाई से अधिक गाँव एसटीडी सेवा से जुड़े हुए हैं।

पूरे भारत में एसटीडी सुविधा की दरों को नियमित किया है। यह सूचना, संचार व अंतरिक्ष प्रौद्योगिकी के समन्वित विकास से ही संभव हुआ है।

डिजिटल भारत

डिजिटल भारत एक ज्ञान आधारित परिवर्तन के लिए, भारत को तैयार करने के लिए एक विशाल कार्यक्रम है। डिजिटल भारत कार्यक्रम का मुख्य उद्देश्य IT (भारतीय प्रतिभा) + IT (सूचना प्रौद्योगिकी) = IT (कल का भारत) में होने वाले परिवर्तन को समझना और तकनीक को केन्द्र में रखकर बदलाव लाना है।

जनसंचार

जनसंचार (Mass Communication) लोगों के बड़े समूह को, एक संदेश को हस्तांतरित या प्रसारित करने की प्रक्रिया है, जिसके लिए मीडिया का उपयोग करना आवश्यक है। यह मनोरंजन प्रदान करता है और विभिन्न राष्ट्रीय कार्यक्रमों और नीतियों के बारे में लोगों में जागरूकता पैदा करता है। इसमें रेडियो, टेलीविजन, समाचार-पत्र, पत्रिकाएँ, किताबें और फिल्म शामिल हैं।

टेलीविजन और रेडियो

दूरदर्शन भारत का राष्ट्रीय टेलीविजन चैनल है तथा विश्व के वृहत्तम संचार तंत्र में से एक है। यह विभिन्न आयु वर्ग के व्यक्तियों के लिए मनोरंजक, ज्ञानवर्द्धक व खेल संबंधी कार्यक्रम प्रसारित करता है।

ऑल इंडिया रेडियो (आकाशवाणी) राष्ट्रीय, क्षेत्रीय तथा स्थानीय भाषा में देश के विभिन्न भागों में व्यक्तियों के लिए कार्यक्रम प्रसारित करता है।

समाचार-पत्र और सामयिक पत्रिकाएँ

संपूर्ण भारतवर्ष में अनेक समाचार-पत्र व सामयिक पत्रिकाएँ प्रकाशित की जाती हैं। ये पत्रिकाएँ सामयिक होने के साथ ही अनेक प्रकार की होती हैं। समाचार-पत्र लगभग 100 भाषाओं तथा बोलियों में प्रकाशित किए जाते हैं। भारत में हिंदी भाषा में सर्वाधिक समाचार-पत्र प्रकाशित होते हैं। इसके बाद क्रमश: अंग्रेजी और उर्दू के समाचार-पत्र आते हैं।

चलचित्र

भारत विश्व में सर्वाधिक चलचित्र (Films) उत्पादक के रूप में भी जाना जाता है। यह कम अवधि वाली फिल्में, वीडियो फीचर फिल्म तथा छोटी वीडियो फिल्में बनाता है। भारतीय व विदेशी सभी फिल्मों को प्रमाणित करने का अधिकार 'केंद्रीय फिल्म प्रमाणन बोर्ड' को है।

अंतर्राष्ट्रीय व्यापार

राज्यों व देशों में व्यक्तियों के मध्य वस्तुओं का आदान-प्रदान **व्यापार** (Trade) कहलाता है। दो देशों के मध्य वस्तुओं का आदान-प्रदान अंतर्राष्ट्रीय व्यापार (International Trade) कहलाता है। बाजार एक ऐसा स्थान है, जहाँ इसका विनिमय (Exchange) होता है। अंतर्राष्ट्रीय व्यापार समुद्री, हवाई व स्थलीय मार्गों द्वारा होता है।

स्थानीय व्यापार शहरों, कस्बों व गाँवों में होता है। राज्यस्तरीय व्यापार दो या दो से अधिक राज्यों के मध्य होता है।

अंतर्राष्ट्रीय व्यापार बहुत आवश्यक है और कोई भी देश इसके बिना जीवित नहीं रह सकता है। इसका कारण यह है कि संसाधन पृथ्वी की सतह पर असमान रूप से वितरित किए जाते हैं और कोई भी देश सभी संसाधनों में आत्मनिर्भर नहीं है।

संतुलित व्यापार

आयात (Import) व निर्यात (Export) व्यापार के घटक हैं। आयात व निर्यात का अंतर ही देश के व्यापार संतुलन (Balance of Trade) को निर्धारित करता है।

निर्यात मूल्य, आयात मूल्य से अधिक हो, तो उसे **अनुकूलन व्यापार संतुलन** (Favourable Balance of Trade) कहा जाता है। यदि निर्यात मूल्य की अपेक्षा आयात मूल्य अधिक हो, तो उसे **असंतुलित व्यापार** (Unfavourable Balance of Trade) कहा जाता है। विश्व के सभी भौगोलिक प्रदेशों तथा व्यापारिक खंडों के साथ भारत के व्यापारिक संबंध हैं।

निर्यात और आयात की जाने वाली वस्तुएँ

भारत में अन्य देशों से निर्यात होने वाली प्रमुख वस्तुओं में रत्न व जवाहरात, रसायन व संबंधित उत्पाद तथा कृषि व संबंधित उत्पाद हैं।

भारत अंतर्राष्ट्रीय स्तर पर एक सॉफ्टवेयर महाशक्ति के रूप में उभरा है तथा सूचना प्रौद्योगिकी के माध्यम से अत्यधिक विदेशी मुद्रा अर्जित कर रहा है। भारत में अन्य देशों से आयातित होने वाली वस्तुओं में कच्चा पेट्रोलियम तथा रत्न व जवाहरात, आधार वस्तुएँ, मशीनें, कृषि व अन्य उत्पाद शामिल हैं।

पर्यटन : एक व्यापार के रूप में

पिछले तीन दशकों में भारत में पर्यटन उद्योग में महत्त्वपूर्ण वृद्धि हुई है। भारत में 150 लाख से अधिक व्यक्ति पर्यटन उद्योग में प्रत्यक्ष रूप से रोजगार प्राप्त कर रहे हैं। यह उद्योग राष्ट्रीय एकता को प्रोत्साहित करता है तथा स्थानीय हस्तकला व सांस्कृतिक उद्यमों को प्रश्रय देता है।

अंतर्राष्ट्रीय स्तर पर यह हमें संस्कृति तथा विरासत की समझ विकसित करने में सहायक है।

विदेशी पर्यटक भारत में विरासत पर्यटन, पारि-पर्यटन (Eco-tourism), रोमांचकारी पर्यटन, सांस्कृतिक पर्यटन, चिकित्सा पर्यटन तथा व्यापारिक पर्यटन के लिए आते हैं।

चेक प्वॉइंट 03

1. वायु परिवहन का राष्ट्रीयकरण कब किया गया?
2. डाक संचार को कितनी श्रेणी में बाँटा गया है?
3. STD का विस्तार रूप क्या है?
4. ऑल इंडिया रेडियो को ·······नाम से भी जाना जाता है।

इन्हें भी जानें

- ***राज्य राजमार्ग*** *(State Highway)* वे महत्त्वपूर्ण सड़कें, जो राज्यों की राजधानियों को जिला मुख्यालयों से जोड़ती हैं।
- ***जिला मार्ग*** *(District way)* वे सड़कें, जो जिले के विभिन्न प्रशासनिक केंद्रों को जिला मुख्यालय से जोड़ती हैं, जिला मार्ग या जिला सड़क कहलाती हैं।
- ***सड़क घनत्व*** *(Density of Roads)* प्रति 100 वर्ग किमी क्षेत्र में सड़कों की लंबाई को सड़क घनत्व कहा जाता है।
- ***व्यापार*** *(Trade)* राज्यों व देशों में व्यक्तियों के मध्य वस्तुओं का आदान-प्रदान व्यापार कहलाता है।
- ***बाजार*** *(Market)* वस्तुओं के विनिमय हेतु उचित स्थान बाजार कहलाता है।
- ***अंतर्राष्ट्रीय व्यापार*** *(International Trade)* दो देशों के मध्य वस्तुओं एवं सेवाओं का उचित बाजार के माध्यम से विनिमय अंतर्राष्ट्रीय व्यापार कहलाता है।
- ***उत्तर-दक्षिण गलियारा*** *(North-South Corridor)* यह गलियारा, श्रीनगर से कन्याकुमारी से होकर गुजरता है, जिसके परिणामस्वरूप शहर में बुनियादी ढाँचे और अचल संपत्ति के विकास में अत्यधिक वृद्धि हुई है।
- ***पूर्व-पश्चिम गलियारा*** *(East-West Corridor)* यह गलियारा सिलचर को पोरबंदर से जोड़ता है।
- ***राष्ट्रीय राजमार्ग*** *(National Highway)* यह राजमार्ग देश के दूरस्थ मार्गों को आपस में जोड़ता हैं। यह देश का प्राथमिक सड़क तंत्र है। इसके निर्माण एवं रख-रखाव की जिम्मेदारी केंद्रीय लोक निर्माण विभाग की है।
- ***दर्रा*** *(Pass)* पर्वतों के आर-पार विस्तृत, संकरा और प्राकृतिक मार्ग, जिससे होकर पर्वतों को पार किया जा सकता है, दर्रा कहलाता है।
- ***निर्यात*** *(Export)* जब कोई सामान किसी एक देश से दूसरे देश को भेजा जाता है, तो उसे निर्यात कहते हैं।
- ***आयात*** *(Import)* जब कोई सामान किसी एक देश द्वारा दूसरे देश से मँगाया जाता है, तो उसे आयात कहते हैं।
- ***प्राकृतिक पोताश्रय*** *(Natural Harbour)* समुद्र के किनारे का वह प्राकृतिक स्थान, जहाँ किसी भी प्रकार की कृत्रिम सुविधाएँ उपलब्ध नहीं होती हैं और जहाज वहाँ पहुँचकर ठहरते तथा माल आदि उतारते-चढ़ाते हैं, प्राकृतिक पोताश्रय कहलाते हैं।
- ***हिंटरलैंड*** *(Hinterland)* नदी तट या बंदरगाहों से दूर किसी क्षेत्र को हिंटरलैंड की संज्ञा दी जाती है।
- ***अंतःस्थलीय बंदरगाह*** *(Inland Port)* ऐसे बंदरगाह, जहाँ पर सामानों को उतारने और चढ़ाने की सुविधा होती है, अंतःस्थलीय बंदरगाह कहलाते हैं।

NCERT फोल्डर

1. बहुविकल्पीय प्रश्न

(i) निम्न में से कौन-से दो दूरस्थ स्थान पूर्वी-पश्चिमी गलियारे से जुड़े हैं?

(a) मुंबई तथा नागपुर (b) मुंबई तथा कोलकाता
(c) सिलचर तथा पोरबंदर (d) नागपुर तथा सिलिगुड़ी

उत्तर (c) सिलचर तथा पोरबंदर

(ii) निम्नलिखित में से परिवहन का कौन-सा साधन वहनांतरण हानियों तथा देरी को घटाता है?

(a) रेल परिवहन (b) पाइपलाइन
(c) सड़क परिवहन (d) जल परिवहन

उत्तर (b) पाइपलाइन

(iii) निम्न में से कौन-सा राज्य हजीरा-विजयपुर-जगदीशपुर पाइपलाइन से नहीं जुड़ा है?

(a) मध्य प्रदेश (b) गुजरात
(c) महाराष्ट्र (d) उत्तर प्रदेश

उत्तर (c) महाराष्ट्र

(iv) इनमें से कौन-सा पत्तन पूर्वी तट पर स्थित है, जो अंत:स्थलीय तथा अधिकतम गहराई का पत्तन है तथा पूर्ण सुरक्षित है?

(a) चेन्नई (b) तूतीकोरिन
(c) पारादीप (d) विशाखापत्तनम

उत्तर (d) विशाखापत्तनम

(v) निम्न में से कौन-सा परिवहन साधन भारत में प्रमुख साधन है?

(a) पाइपलाइन (b) सड़क परिवहन
(c) रेल परिवहन (d) वायु परिवहन

उत्तर (b) सड़क परिवहन

(vi) निम्न में से कौन-सा शब्द दो या अधिक देशों के व्यापार को दर्शाता है?

(a) आंतरिक व्यापार (b) बाहरी व्यापार
(c) अंतर्राष्ट्रीय व्यापार (d) स्थानीय व्यापार

उत्तर (c) अंतर्राष्ट्रीय व्यापार

2. निम्नलिखित प्रश्नों के उत्तर लगभग 30 शब्दों में दीजिए

(i) सड़क परिवहन के तीन गुण बताएँ।

उत्तर सड़क परिवहन के तीन गुण निम्नलिखित हैं

(i) सड़क परिवहन की निर्माण लागत बहुत कम है।
(ii) अपेक्षाकृत ऊबड़-खाबड़ व विच्छिन्न भू-भागों पर सड़कें बनाई जा सकती हैं।
(iii) सड़क परिवहन घर-घर सेवाएँ उपलब्ध कराता है तथा सामानों की ढुलाई में लागत भी अपेक्षाकृत कम होती है।

(ii) रेल परिवहन कहाँ पर अत्यधिक सुविधाजनक परिवहन साधन है तथा क्यों?

उत्तर रेल परिवहन मैदानी क्षेत्रों में अत्यधिक सुविधाजनक साधन है, क्योंकि

(i) यह क्षेत्र घनी आबादी वाले क्षेत्र होते हैं। अतः रेल परिवहन का उपभोग यहाँ पर अधिक होता है।
(ii) उद्योगों को कच्चा माल कृषि से प्राप्त होता है। कृषि कार्य मुख्य व्यवसाय होने से इसकी ढुलाई हेतु रेल परिवहन सुविधाजनक साधन है।

(iii) सीमांत सड़कों का महत्त्व बताएँ।

उत्तर सीमांत सड़कों का महत्त्व निम्न रूप में है

(i) इन सड़कों ने दुर्गम क्षेत्रों में अभिगम्यता बढ़ाई है।
(ii) उत्तरी तथा उत्तर-पूर्वी क्षेत्रों में सामरिक कार्यों को संपन्न करने में सहायता प्रदान करती हैं।
(iii) इन सड़कों ने आर्थिक विकास में अत्यधिक सहायता पहुँचाई है।

(iv) व्यापार से आप क्या समझते हैं? स्थानीय व अंतर्राष्ट्रीय व्यापार में अंतर स्पष्ट कीजिए।

उत्तर व्यक्तियों, क्षेत्रों, दो या दो से अधिक देशों के मध्य वस्तुओं और सेवाओं का आदान-प्रदान व्यापार कहलाता है।

स्थानीय व्यापार	अंतर्राष्ट्रीय व्यापार
एक देश के गाँवों, शहरों, नगरों व राज्यों के बीच होने वाले व्यापार को स्थानीय व्यापार कहते हैं।	दो या अधिक देशों के बीच होने वाले व्यापार को अंतर्राष्ट्रीय व्यापार कहते हैं।
स्थानीय व्यापार में राष्ट्रीय मुद्रा का विनिमय होता है।	अंतर्राष्ट्रीय व्यापार में विदेशी मुद्रा का विनिमय होता है।

3. निम्नलिखित प्रश्नों के उत्तर लगभग 120 शब्दों में दीजिए

(i) परिवहन तथा संचार के साधन किसी देश की जीवन रेखा तथा अर्थव्यवस्था क्यों कहे जाते हैं?

उत्तर प्राचीन समय में व्यापार तथा परिवहन सुविधा एक सीमित क्षेत्र तक ही संचालित की जाती थी, किंतु विज्ञान तथा प्रौद्योगिकी के विकास के साथ व्यापार व परिवहन के प्रभाव क्षेत्र में आशातीत वृद्धि हुई है।

परिवहन का यह विकास संचार साधनों के विकास से संभव हो सका है। इसलिए परिवहन व संचार एक-दूसरे के पूरक हैं। आज भारत अपने विशाल आकार, विविधताओं, भाषायी तथा सामाजिक व सांस्कृतिक बहुलताओं के बावजूद संसार के सभी क्षेत्रों से सुचारु रूप से जुड़ा हुआ है। रेल, वायु एवं जल परिवहन, समाचार-पत्र, रेडियो, दूरदर्शन, सिनेमा तथा इंटरनेट आदि इसके सामाजिक-आर्थिक विकास में अनेक प्रकार से सहायक हैं।

स्थानिक से अंतर्राष्ट्रीय स्तरीय व्यापार ने अर्थव्यवस्था को जीवन शक्ति प्रदान की है। इसने हमारे जीवन को समृद्ध किया है तथा आरामदायक जीवन के लिए सुविधाओं व साधनों में बढ़ोतरी की है। आधुनिक संचार तथा परिवहन के साधन हमारे देश और इसकी आधुनिक अर्थव्यवस्था को संचालित करते हैं। अतः यह स्पष्ट है कि सघन व सक्षम परिवहन का जाल तथा संचार के साधन किसी देश की अर्थव्यवस्था की जीवन रेखा होते हैं।

(ii) पिछले पंद्रह वर्षों में अंतर्राष्ट्रीय व्यापार की बदलती प्रवृत्ति पर एक लेख लिखिए।

उत्तर पिछले पंद्रह वर्षों में अंतर्राष्ट्रीय व्यापार की बदलती प्रवृत्ति को निम्न रूपों में देखा जा सकता है

(i) 90 के दशक तक भारत के द्वारा निर्यात की जाने वाली वस्तुओं में प्रमुखतः कृषि उत्पाद थे, परंतु अब भारत ने सेवाओं के निर्यात में भी उच्च स्तर की वृद्धि कर ली है। वस्तुओं के आदान-प्रदान की अपेक्षा सूचनाओं, विज्ञान तथा प्रौद्योगिकी का महत्त्व बढ़ा है।

भारत अंतर्राष्ट्रीय स्तर पर एक सॉफ्टवेयर महाशक्ति के रूप में उभरा है। सूचना प्रौद्योगिकी के माध्यम से भारत अत्यधिक विदेशी मुद्रा अर्जित कर रहा है।

(ii) पिछले कुछ दशकों से भारत में पर्यटन उद्योग में महत्त्वपूर्ण वृद्धि हुई है।

(iii) अब भारत में निर्मित वस्तुएँ अन्य देशों को भी निर्यात की जाने लगी हैं। हमारे व्यापारिक संबंध इंग्लैंड की अपेक्षा अमेरिका, रूस, जापान, कनाडा, ऑस्ट्रेलिया, यूरोप के अन्य देशों व तेल उत्पादक क्षेत्रों से भी बढ़ रहे हैं।

(iv) सार्क देशों के साथ भी भारत के व्यापारिक संबंध बढ़ रहे हैं।

(v) अमेरिका तथा अरब देशों के बाद अब चीन भारत का प्रमुख व्यापारिक सहयोगी बन गया है।

परीक्षा अभ्यास

वस्तुनिष्ठ प्रश्न

बहुविकल्पीय प्रश्न

1. भारत में सड़कों की सक्षमता के आधार पर यह कितने वर्गों में वर्गीकृत है?
(a) चार (b) छः
(c) आठ (d) दो

उत्तर (b) छः

2. स्वर्णिम चतुर्भुज योजना किन महानगरों को आपस में जोड़ती है?
(a) दिल्ली, मुंबई, लखनऊ, कोलकाता
(b) दिल्ली, गुजरात, महाराष्ट्र, लखनऊ
(c) चेन्नई, मुंबई, वाराणसी, पटना
(d) मुंबई, कोलकाता, दिल्ली, चेन्नई

उत्तर (d) मुंबई, कोलकाता, दिल्ली, चेन्नई

3. स्वर्णिम चतुर्भुज महाराजमार्ग की देखभाल करता है
(a) NHAI (b) CPWD
(c) PWD (d) राष्ट्रीय परिषद्

उत्तर (a) NHAI

4. राष्ट्रीय राजमार्गों की देखभाल कौन-सा संस्थान करता है?
(a) CPWD (b) PWD
(c) जिला परिषद् (d) इनमें से कोई नहीं

उत्तर (a) CPWD

5. ग्रांड ट्रंक रोड का निर्माण किसने करवाया?
(a) लॉर्ड कैनिंग (b) हुमायूँ
(c) शेरशाह सूरी (d) लॉर्ड डलहौजी

उत्तर (c) शेरशाह सूरी

6. सीमा सड़क संगठन की स्थापना हुई थी
(a) वर्ष 1953 (b) वर्ष 1960
(c) वर्ष 1963 (d) वर्ष 1964

उत्तर (b) वर्ष 1960

7. 1853 ई. में पहली बार मुंबई से थाणे के मध्य कितने किमी तक रेल चलाई गई थी?
(a) 50 किमी (b) 32 किमी
(c) 34 किमी (d) 45 किमी

उत्तर (c) 34 किमी

8. ठोस पदार्थ को तरल अवस्था में परिवर्तित करके ले जाने के लिए किसका प्रयोग किया जाता है?
(a) जलमार्ग (b) स्थल मार्ग
(c) पाइपलाइन (d) ये सभी

उत्तर (c) पाइपलाइन

9. ऊपरी असम तेल पाइपलाइन में आने वाला केंद्र है
(a) गुवाहाटी (b) बरौनी
(c) इलाहाबाद (d) ये सभी

उत्तर (d) ये सभी

10. सबसे बड़ा राष्ट्रीय जलमार्ग कौन-सा है?
(a) राष्ट्रीय जलमार्ग संख्या-1 (इलाहाबाद से हल्दिया)
(b) राष्ट्रीय जलमार्ग संख्या-2 (सादिया से धुबरी)
(c) राष्ट्रीय जलमार्ग संख्या-4 (काकीनाडा से पुदुचेरी)
(d) राष्ट्रीय जलमार्ग संख्या-5 (दिल्ली से आगरा)

उत्तर (a) राष्ट्रीय जलमार्ग संख्या-1 (इलाहाबाद से हल्दिया)

11. भारत का सबसे गहरा बंदरगाह है
(a) पारादीप (b) चेन्नई
(c) हल्दिया (d) विशाखापत्तनम

उत्तर (d) विशाखापत्तनम

12. पारादीप बंदरगाह अवस्थित है
(a) ओडिशा (b) गुजरात
(c) आंध्र प्रदेश (d) कर्नाटक

उत्तर (a) ओडिशा

13. भारत में अंत:स्थलीय नदीय पत्तन कौन-सा है?
(a) कोलकाता पत्तन (b) मुंबई पत्तन
(c) वाराणसी पत्तन (d) गुजरात पत्तन

उत्तर (a) कोलकाता पत्तन

14. दीनदयाल बंदरगाह स्थित है
(a) चेन्नई (b) कर्नाटक
(c) कांदला (d) विशाखापत्तनम

उत्तर (c) कांदला

15. वायु परिवहन का राष्ट्रीयकरण कब हुआ?
(a) वर्ष 1950 (b) वर्ष 1953
(c) वर्ष 1954 (d) वर्ष 1956

उत्तर (b) वर्ष 1953

16. घरेलू व अंतर्राष्ट्रीय सेवाएँ कौन प्रदान करता है?
(a) एयर इंडिया (b) सहारा एयरलाइन
(c) जेट एयरवेज (d) ये सभी

उत्तर (a) एयर इंडिया

17. निम्नलिखित में से किसे द्वितीय श्रेणी का डाक संचार कहा जाता है?
(a) किताब (b) कार्ड
(c) लिफाफा (d) ये सभी

उत्तर (a) किताब

18. निम्नलिखित में से कौन-सा 'जनसंचार' का एक साधन है? **CBSE Compartment 2021**

(a) किताब (b) दूरभाष
(c) निजी पत्र (d) पार्सल

उत्तर (a) किताब

19. वस्तु के बदले वस्तु के विनिमय को कहते हैं **CBSE Compartment 2021**

(a) आवश्यकताओं का दोहरा संयोग
(b) स्थानीय व्यापार
(c) घरेलू व्यापार
(d) विदेशी व्यापार

उत्तर (a) आवश्यकाओं का दोहरा संयोग

20. निम्नलिखित में से विनिमय का कौन-सा माध्यम सुविधाजनक है? **CBSE Compartment 2021**

(a) मुद्रा (b) वस्तु
(c) सोना (d) चाँदी

उत्तर (a) मुद्रा

21. भारत का सबसे बड़ा व्यापारिक भागीदार है

(a) चीन (b) यूएई
(c) सऊदी अरब (d) यूएसए

उत्तर (d) यूएसए

22. पाइपलाइन परिवहन के संबंध में किए गए कथनों में कौन-सा कथन सही नहीं है?

(a) इस परिवहन का प्रयोग प्रारंभ में शहरों व उद्योगों में पानी पहुँचाने के लिए किया जाता था
(b) इसके द्वारा ठोस पदार्थों को तरल अवस्था में परिवर्तित करके एक स्थान से दूसरे स्थान तक पहुँचाया जाता है
(c) वर्तमान में पाइपलाइन का उपयोग केवल कच्चे तेल को कारखानों व बड़े ताप विद्युत गृहों तक पहुँचाने में किया जाता है
(d) देश में बरौनी, मथुरा तथा पानीपत के गैस आधारित उर्वरक कारखानों की स्थापना पाइपलाइनों के कारण ही संभव हो पाई है

उत्तर (c) वर्तमान में पाइपलाइन का उपयोग केवल कच्चे तेल को कारखानों व बड़े ताप विद्युत गृहों तक पहुँचाने में किया जाता है

23. पर्यटन उद्योग के संबंध में दिए गए कथनों पर विचार कीजिए तथा इनमें से असत्य कथन की पहचान कीजिए

(a) पर्यटन राष्ट्रीय एकता को बढ़ावा देता है, जिससे सांस्कृतिक समझ को भी बढ़ावा मिलता है
(b) यह उद्योग स्थानीय हस्तकला व सांस्कृतिक उद्यमों को बढ़ावा देता है
(c) यह अंतर्राष्ट्रीय स्तर पर संस्कृति तथा विरासत की समझ विकसित करने में सहायक होता है
(d) विदेशी पर्यटक भारत में मुख्य रूप से चिकित्सा पर्यटन तथा व्यापारिक पर्यटन के लिए आते हैं

उत्तर (d) विदेशी पर्यटक भारत में मुख्य रूप से चिकित्सा पर्यटन तथा व्यापारिक पर्यटन के लिए आते हैं

24. निम्नलिखित कथनों पर विचार कीजिए

1. भारत में सबसे बड़ा अंतर्देशीय जलमार्ग-2 है।
2. अंतर्देशीय जलमार्ग-2 की लंबाई 251 किमी है।

उपरोक्त में से कौन-सा/से कथन सही है/हैं?

(a) केवल 1 (b) केवल 2
(c) 1 और 2 दोनों (d) इनमें से कोई नहीं

उत्तर (d) इनमें से कोई नहीं

25. निम्नलिखित कथनों पर विचार कीजिए

1. किसी देश के अंतर्राष्ट्रीय व्यापार की प्रगति उसकी आर्थिक संवृद्धि का सूचक होती है।
2. भारत अंतर्राष्ट्रीय स्तर पर एक सॉफ्टवेयर महाशक्ति के रूप में उभरा है।
3. सूचना प्रौद्योगिकी के माध्यम से भारत अत्यधिक विदेशी मुद्रा को प्राप्त कर रहा है।
4. संचार के साधनों ने विश्व के देशों को आपस में जोड़ा है।

उपरोक्त में से कौन-सा कथन अंतर्राष्ट्रीय व्यापार के संबंध में सही है?

(a) 1 और 4 (b) 1 और 2
(c) 2 और 3 (d) ये सभी

उत्तर (d) ये सभी

26. निम्नलिखित कथनों पर विचार कीजिए

1. वस्तुओं तथा सेवाओं की आपूर्ति स्थानों से माँग स्थानों तक ले जाने हेतु परिवहन की आवश्यकता होती है।
2. एक देश की विकास की गति वस्तुओं तथा सेवाओं के उत्पादन के साथ-साथ परिवहन की सुविधाओं पर निर्भर करती है।
3. निर्माण तथा व्यवस्था में रेल परिवहन सड़क परिवहन की अपेक्षा अधिक सुविधाजनक होता है।

उपरोक्त में से कौन-सा कथन सही है?

(a) केवल 1 (b) 1 और 2
(c) 2 और 3 (d) ये सभी

उत्तर (b) ये सभी

27. लंबाई के अनुसार अवरोही क्रम में जलमार्गों को चिह्नित कीजिए।

(a) NH 1 >NH4 >NH3 >NH2
(b) NH 1 >NH4 >NH2 >NH3
(c) NH 2 >NH3 >NH4 >NH1
(d) NH 3 >NH2 >NH1 >NH4

उत्तर (b) NH 1 >NH4 >NH2 >NH3

28. नीचे दी गई परिवहन से संबंधित विशेषताओं का ध्यानपूर्वक अध्ययन कीजिए तथा सही विकल्प की पहचान कीजिए

- यह परिवहन व्यापार, भ्रमण, तीर्थ यात्राएँ व लंबी दूरी तक सामान को पहुँचाने में महत्त्वपूर्ण भूमिका निभाते हैं।

- यह परिवहन देश का सर्वाधिक बड़ा सार्वजनिक क्षेत्र का प्राधिकरण है।
- यह देश की अर्थव्यवस्था, उद्योगों व कृषि के तीव्र गति से विकास के लिए उत्तरदायी होते हैं।
- यह परिवहन अधिक उन्नत होने के बावजूद समस्याओं से मुक्त नहीं है।

(a) सड़क परिवहन
(b) रेल परिवहन
(c) आंतरिक जल परिवहन
(d) सुमद्री परिवहन

उत्तर (b) रेल परिवहन

29. नीचे दी गई समुद्री पत्तन से संबंधित विशेषताओं का ध्यानपूर्वक अध्ययन कीजिए तथा सही विकल्प की पहचान कीजिए

- इस समुद्री पत्तन का विकास मुंबई से होने वाले व्यापारिक दबाव को कम करने के लिए किया गया था।
- यह जम्मू-कश्मीर, हिमाचल प्रदेश, पंजाब, हरियाणा, राजस्थान व गुजरात के खाद्यान्नों व औद्योगिक सामानों को आयात-निर्यात करता है।
- यह एक प्रमुख ज्वारीय पत्तन है, जो गुजरात में अवस्थित है।

(a) कांडला समुद्री पत्तन (b) मार्मागाओ समुद्री पत्तन
(c) न्यू मंगलौर पत्तन (d) हल्दिया पत्तन

उत्तर (a) कांडला समुद्री पत्तन

30. सड़क परिवहन के संबंध में दिए गए युग्मों में कौन-सा युग्म सही सुमेलित नहीं है?

(a) राष्ट्रीय राजमार्ग — देश के दूरस्थ भागों को जोड़ना
(b) राज्य राजमार्ग — जिला मुख्यालयों को जोड़ना
(c) जिला मार्ग — प्रशासनिक केंद्रों को जिला मुख्यालय से जोड़ना
(d) सीमांत सड़कें — गाँवों को शहरों से जोड़ना

उत्तर (d) सीमांत सड़कें—गाँवों को शहरों से जोड़ना

31. नीचे दिए गए समुद्री पत्तन के संबंध में कौन-सा युग्म सही सुमेलित है?

(a) न्यू-मंगलौर पत्तन — गुजरात
(b) तूतीकोरिन समुद्री पत्तन — कर्नाटक
(c) मार्मागाओ समुद्री पत्तन — मुंबई
(d) पारादीप समुद्री पत्तन — आंध्र प्रदेश

उत्तर (c) मार्मागाओ समुद्री पत्तन—मुंबई

32. समुद्री पत्तनों के दिए गए समूहों में कौन-सा समूह भिन्न है?

(a) कांडला, मुंबई, कोच्चि, न्यू मंगलौर
(b) मुंबई, विशाखापत्तनम, पाराद्वीप, हल्दिया
(c) पाराद्वीप, न्यू मंगलौर, तूतीकोरिन, कोलकाता
(d) चेन्नई, कोच्चि, विशाखापत्तनम, कांडला

उत्तर (a) कांडला, मुंबई, कोच्चि, न्यू मंगलौर

सुमेलित करें

33. सुमेलित कीजिए

सूची I (उत्तर-दक्षिण गलियारा)	**सूची II** (अवस्थिति)
A. उत्तरी	1. कन्याकुमारी
B. दक्षिणी	2. श्रीनगर
C. पूर्वी	3. सिलचर
D. पश्चिमी	4. पोरबंदर

कूट

	A	B	C	D
(a)	1	2	4	3
(b)	2	1	3	4
(c)	2	1	4	3
(d)	1	2	3	4

उत्तर *(b)* 2 1 3 4

34. सुमेलित कीजिए

सूची I (बंदरगाह)	**सूची II** (विशेषता)
A. कांडला	1. लैगून बंदरगाह
B. कोच्चि	2. कृत्रिम बंदरगाह
C. तूतीकोरिन	3. प्राकृतिक बंदरगाह
D. चेन्नई	4. ज्वारीय बंदरगाह

कूट

	A	B	C	D
(a)	2	1	3	4
(b)	3	1	4	2
(c)	1	4	3	2
(d)	4	1	3	2

उत्तर *(d)* 4 1 3 2

35. सुमेलित कीजिए **CBSE Comportment 2021**

सूची I (समुद्री पत्तन)	**सूची II** (राज्य)
A. कांडला	1. पश्चिम बंगाल
B. तूतीकोरिन	2. ओडिशा
C. पारादीप	3. तमिलनाडु
D. हल्दिया	4. गुजरात

कूट

	A	B	C	D
(a)	1	2	3	4
(b)	2	3	1	4
(c)	4	3	2	1
(d)	4	3	1	2

उत्तर (c) 4 3 2 1

चित्र आधारित प्रश्न

36.

(a) अहमदाबाद-वड़ोदरा मार्ग
(b) मुंबई-चेन्नई मार्ग
(c) कोलकाता-मुंबई मार्ग
(d) आगरा-मुंबई मार्ग

उत्तर (*a*) अहमदाबाद-वड़ोदरा मार्ग

37. निम्नलिखित चित्र किस सड़क यातायात को दर्शाता है?

(a) उत्तर-पश्चिमी सीमा सड़क
(b) उत्तर-पूर्वी सीमा सड़क
(c) दक्षिण-पूर्वी सीमा सड़क
(d) दक्षिण-पश्चिमी सीमा सड़क

उत्तर (*b*) उत्तर-पूर्वी सीमा सड़क

रिक्त स्थान भरें

38. भारत की .... किमी लंबी समुद्री तट रेखा है।

उत्तर 7516

39. तूतीकोरिन बंदरगाह .... पोताश्रय है।

उत्तर प्राकृतिक

40. भारतीय तटों पर स्थित पत्तनों द्वारा भारत का .... व्यापार संचालित होता है।

उत्तर 95%

41. मुंबई पत्तन देश का सबसे .... पत्तन है।

उत्तर वृहत्तम

42. निम्नलिखित रिक्त स्थान को भरें

परिवहन के साधन	विशेषता
रेल परिवहन	भारी वजन उठाने तथा लंबी दूरी के लिए उत्कृष्ट
पाइपलाइन	?

कूट
(a) ठोस वस्तुओं के परिवहन के लिए उत्कृष्ट
(b) सामानों के परिवहन में देरी के लिए उत्कृष्ट
(c) सामानों की कम हानियों के मामलों में सर्वोत्तम साधन
(d) इसको चलाने की लागत बहुत अधिक होना

उत्तर (*c*) सामानों की कम हानियों के मामलों में सर्वोत्तम साधन

सही और पुनः लिखें

43. केंद्रीय फिल्म प्रमाणन बोर्ड, स्थानीय भाषा में देश के विभिन्न भागों में कार्यक्रम प्रसारित करता है।

उत्तर ऑल इंडिया रेडियो क्षेत्रीय तथा स्थानीय भाषा में देश के विभिन्न भागों में कार्यक्रमों को प्रसारित करता है।

44. भारत में वायु परिवहन वस्तुओं तथा यात्रियों के परिवहन का प्रमुख साधन है।

उत्तर भारत में रेल परिवहन वस्तुओं तथा यात्रियों के परिवहन का प्रमुख साधन है।

45. राज्यों की राजधानियों को जिला मुख्यालयों से जोड़ने वाली सड़कें राष्ट्रीय राजमार्ग कहलाती हैं।

उत्तर राज्यों की राजधानियों को जिला मुख्यालयों से जोड़ने वाली सड़कें राज्य राजमार्ग कहलाती हैं।

कथन/कारण

46. **कथन** (A) भारत में रेल परिवहन वस्तुओं तथा यात्रियों के परिवहन का प्रमुख साधन है।

कारण (R) भारत में पहली रेल कलकत्ता में चलाई गई थी।

कूट
(a) A और R दोनों सही हैं तथा R, A की सही व्याख्या है
(b) A और R दोनों सही हैं, परंतु R, A की सही व्याख्या नहीं है
(c) A सही है, किंतु R गलत है
(d) A गलत है, किंतु R सही है

उत्तर (*c*) A सही है, किंतु R गलत है

47. **कथन** (A) उड़ीसा में स्थित पारादीप बंदरगाह मुख्यत: लौह-अयस्क का निर्यात करता है।

कारण (R) पारादीप बंदरगाह एक ज्वारीय बंदरगाह है।

कूट
(a) A और R दोनों सही हैं तथा R, A की सही व्याख्या है
(b) A और R दोनों सही हैं, परंतु R, A की सही व्याख्या नहीं है
(c) A सही है, किंतु R गलत है
(d) A गलत है, किंतु R गलत है

उत्तर (*c*) A सही है, किंतु R गलत है

अतिलघु उत्तरीय प्रश्न

1. भारत में मुख्यत: कितने प्रकार के परिवहन के साधन हैं?

उत्तर भारत में मुख्यत: तीन प्रकार के परिवहन के साधन हैं–स्थल, जल एवं वायु।

2. उन स्थानों के नाम बताइए, जो पूर्व-पश्चिम गलियारे से जुड़े हैं।

उत्तर सिलचर एवं पोरबंदर पूर्व-पश्चिम गलियारे से जुड़े हैं।

3. उत्तर-दक्षिण गलियारे से जुड़े स्थानों के नाम बताइए।

उत्तर उत्तर-दक्षिण गलियारे से जुड़े स्थान श्रीनगर एवं कन्याकुमारी हैं।

4. राज्य राजमार्ग के निर्माण व व्यवस्था का दायित्व किस पर होता है?

अथवा भारत में कौन-सा संगठन राज्य महामार्गों को बनाने और रखरखाव के लिए उत्तरदायी है? **CBSE Compartment 2020**

उत्तर राज्य सरकार के अधीन सार्वजनिक निर्माण विभाग पर राज्य राजमार्ग के निर्माण व व्यवस्था का दायित्व होता है।

5. जिला मार्ग (जिला सड़क) की व्यवस्था का उत्तरदायित्व किसका होता है?

अथवा उस संगठन का नाम लिखिए, जो जिला सड़कों का निर्माण करता है और रखरखाव करता है। **CBSE Compartment 2020**

उत्तर जिला मार्ग (जिला सड़क) की व्यवस्था का उत्तरदायित्व जिला परिषद् का होता है।

6. 'प्रधानमंत्री ग्रामीण सड़क परियोजना' के अंतर्गत किन सड़कों के विकास को विशेष प्रोत्साहन मिला है?

उत्तर 'प्रधानमंत्री ग्रामीण सड़क परियोजना' से ग्रामीण क्षेत्रों तथा गाँवों को शहरों से जोड़ने वाली सड़कों के विकास को विशेष प्रोत्साहन मिला है।

7. विश्व की दूसरी बड़ी रेल व्यवस्था कौन-सी है?

उत्तर विश्व की दूसरी बड़ी रेल व्यवस्था भारतीय रेल है।

8. भारत में रेल लाइनें कितने प्रकार की हैं?

उत्तर भारत में रेल लाइनें तीन प्रकार (ब्रॉड गेज, मीटर गेज, नैरो गेज) की हैं।

9. भारतीय रेल प्रशासन तथा प्रबंधन की जिम्मेदारी किसकी होती है?

उत्तर भारतीय रेल प्रशासन तथा प्रबंधन की जिम्मेदारी भारतीय रेलवे बोर्ड की होती है।

10. भारतीय रेल के माध्यम से तीर्थ पर्यटन को बढ़ाने का कोई एक तरीका सुझाइए। **CBSE 2020**

उत्तर भारतीय रेल एक जाल के रूप में पूरे भारत में फैला है। इसलिए इससे दूर तक कम खर्चों में तीर्थ स्थलों का दर्शन किया जा सकता है। वर्तमान में सरकारी योजनाएँ तीर्थ पर्यटन को बढ़ावा दे रही हैं।

11. देश की सबसे बड़ी गैस पाइपलाइन कौन-सी है?

उत्तर देश की सबसे बड़ी गैस पाइपलाइन हजीरा-विजयपुर-जगदीशपुर (1730 किमी) है।

12. देश में परिवहन के साधन के रूप में पाइपलाइन के महत्त्व की परख कीजिए। **CBSE Term II 2022**

उत्तर पाइपलाइन, परिवहन का एक महत्त्वपूर्ण साधन है, जिसका प्रयोग कच्चा तेल, पेट्रोल उत्पाद व प्राकृतिक गैस तथा अन्य तरल पदार्थों के परिवहन में किया जाता है। इसकी लागत न्यूनतम पाई जाती है। सामानों के परिवहन में देरी तथा हानियाँ इसमें बहुत कम होती हैं। यह बहुत ही महत्त्वपूर्ण व उपयोगी साधन है।

13. कुद्रेमुख खान से निकले लौह-अयस्क का निर्यात किस पत्तन द्वारा किस देश में किया जाता है?

उत्तर कुद्रेमुख खान से निकले लौह-अयस्क का निर्यात न्यू मंगलौर (कर्नाटक) से ईरान को किया जाता है।

14. भारत का सबसे प्राचीनतम कृत्रिम समुद्री पत्तन कौन-सा है? **CBSE 2020**

उत्तर भारत का सबसे प्राचीनतम कृत्रिम समुद्री पत्तन चेन्नई है। व्यापार की मात्रा तथा लदे सामान के संदर्भ में मुंबई के बाद इसका दूसरा स्थान है।

15. स्वतंत्रता प्राप्ति के तुरंत बाद पश्चिम तट पर विकसित किए गए प्रमुख सुमद्री पत्तन का नाम लिखिए। **CBSE 2020**

उत्तर स्वतंत्रता प्राप्ति के तुरंत बाद पश्चिमी तट पर कांडला पत्तन को विकसित किया गया, जिसे वर्तमान में पं. दीनदयाल उपाध्याय पत्तन के नाम से जाना जाता है। इसे कराची पत्तन की कमी को पूरा करने के उद्देश्य से विकसित किया गया था।

16. भारत का सबसे गहरा, स्थल से घिरा व सुरक्षित समुद्री पत्तन कौन-सा है?

उत्तर भारत का सबसे गहरा, स्थल से घिरा व सुरक्षित समुद्री पत्तन का नाम विशाखापत्तनम है। यह आंध्र प्रदेश राज्य में अवस्थित है।

17. भारत के अंत:स्थलीय नदीय प्रमुख समुद्री पत्तन का नाम लिखिए। **CBSE 2020**

उत्तर भारत के अंत:स्थलीय नदीय प्रमुख समुद्री पत्तन का नाम कोलकाता पत्तन है। यह हुगली नदी के किनारे अवस्थित है। यह गंगा-ब्रह्मपुत्र बेसिन के वृहत व समृद्ध पृष्ठभूमि को सेवाएँ प्रदान करता है।

18. उस समुद्री पत्तन का नाम लिखिए, जिसका विकास कोलकाता पत्तन के बढ़ते भार से छुटकारा पाने के लिए किया गया है?

उत्तर हल्दिया पत्तन का विकास कोलकाता पत्तन के बढ़ते भार से छुटकारा पाने के लिए किया गया है। इसके विकास से कोलकाता पत्तन पर दबाव कम हुआ है।

19. जो व्यक्ति उत्पाद को परिवहन द्वारा उपभोक्ताओं तक पहुँचाते हैं, वे क्या कहलाते हैं?

उत्तर उत्पाद को परिवहन द्वारा उपभोक्ताओं तक पहुँचाने वाला व्यापारी कहलाता है।

20. वैश्वीकरण में तीव्र परिवहन में योगदानों का विश्लेषण करें। **CBSE 2019**

उत्तर परिवहन नेटवर्क में तेजी से किए गए सुधारों से वैश्वीकरण प्रक्रिया को गति मिली है। परिवहन के तीव्र साधन समय की बचत करते हैं तथा स्रोत क्षेत्रों से बाजारों तक सामानों को पहुँचाते हैं; जैसे—जहाज, रेलवे, वायुयान एवं पाइपलाइन के माध्यम से सामान को सरलता से कम समय में एक स्थान से दूसरे स्थान पर पहुँचाया जा सकता है।

21. पर्यटन किस प्रकार का व्यापार है? **CBSE SQP Term II 2022**

उत्तर पर्यटन उद्योग, एक ऐसा उद्योग है, जिसमें लोग विभिन्न स्थानों पर जाते हैं। इससे उस क्षेत्र को आर्थिक लाभ होता है। पर्यटन विभिन्न उद्देश्यों को पूरा करता है।
उदाहरणस्वरूप, विदेशी पर्यटक भारत में विरासत पर्यटन, आर्थिक पर्यटन, सांस्कृतिक पर्यटन तथा व्यापारिक पर्यटन के लिए आते हैं। इस प्रकार पर्यटन एक व्यापार भी है।

22. निम्नलिखित तालिका को पढ़िए और उसके नीचे दिए गए प्रश्नों के उत्तर लिखिए। **CBSE Term II 2022**

भारतीय रेल नेटवर्क

गेज मीटर में	रूट (किमी)	वहन मार्ग (किमी)	कुल मार्ग (किमी)
बड़ी लाइन (1.676)	63,491	89,521	1,17,560
मीटर लाइन (1.000)	3,200	3,462	3,775
छोटी लाइन (0.762 तथा 0.610)	1,751	1,752	1,901
कुल	**68,442**	**94,735**	**1,23,236**

(i) भारत में पहाड़ी क्षेत्रों में किस गेज मार्ग की लंबाई अधिकतम है?

(ii) भारत में किस लाइन की लंबाई सर्वाधिक है?

उत्तर (i) भारत में पहाड़ी क्षेत्रों में बड़ी गेज मार्ग की लंबाई (1,17,560 किमी) अधिकतम है।
(ii) भारत में बड़ी लाइन की लंबाई सर्वाधिक है।

लघु उत्तरीय प्रश्न

1. भारत में सड़क परिवहन के बढ़ते महत्त्व को बताइए।

उत्तर भारत में सड़क परिवहन का बढ़ता महत्त्व निम्न कारणों से है
- रेलवे लाइन की अपेक्षा सड़कों की निर्माण लागत बहुत कम है। सड़कों को ऊबड़-खाबड़ व विच्छिन्न भागों में भी बनाया जा सकता है।
- अधिक ढाल प्रवणता तथा पहाड़ी क्षेत्रों में भी सड़कें निर्मित की जा सकती हैं; जैसे–हिमालय।
- कम व्यक्तियों, कम दूरी व कम वस्तुओं के परिवहन में सड़क मितव्ययी है।
- यह घर-घर सेवाएँ उपलब्ध करवाती है तथा सामान चढ़ाने व उतारने की लागत भी अपेक्षाकृत कम है।
- सड़क परिवहन, अन्य परिवहन साधनों के उपयोग में एक कड़ी के रूप में भी कार्य करता है; जैसे–सड़कें, रेलवे स्टेशन, वायु व समुद्री पत्तनों को जोड़ती हैं।

2. जिला सड़कें एवं सीमावर्ती सड़कों पर संक्षिप्त टिप्पणी लिखिए।

उत्तर **जिला सड़क** ये सड़कें जिले के विभिन्न प्रशासनिक केंद्रों को जिला मुख्यालय से जोड़ती हैं। इन सड़कों की व्यवस्था का उत्तरदायित्व जिला परिषद् का होता है।

सीमावर्ती सड़कें या सीमांत सड़कें देश के सीमावर्ती क्षेत्रों में सड़कों का निर्माण एवं प्रबंधन सीमा सड़क संगठन द्वारा किया जाता है। इस संगठन की स्थापना वर्ष 1960 में हुई थी। इस संगठन का उद्देश्य उत्तर तथा उत्तर-पूर्वी क्षेत्रों में सामरिक महत्त्व की सड़कों का विकास करना है। इन सड़कों का विकास होने से दुर्गम क्षेत्रों में अभिगम्यता में वृद्धि हुई है और ये इन क्षेत्रों के आर्थिक विकास में भी सहायक हुई है।

3. "भारत में सड़कों का वितरण समान नहीं है।" इस कथन की उदाहरणों सहित पुष्टि कीजिए। **CBSE 2020**

उत्तर सड़क परिवहन, अन्य परिवहन साधनों के उपयोग में एक कड़ी के रूप में कार्य करता है। इसे राष्ट्रीय राजमार्ग, राज्य राजमार्ग, जिला सड़कें, अन्य सड़कें तथा सीमावर्ती सड़कों के रूप में बाँटा जाता है। जिसमें राष्ट्रीय राजमार्ग देश के दूरस्थ भागों को आपस में जोड़ता है। राज्य राजमार्ग राज्यों की राजधानियों तथा जिला मुख्यालयों और जिला सड़कें, जिले के विभिन्न प्रशासनिक केंद्रों को जोड़ती हैं। इसी प्रकार अन्य सड़कें गाँवों को शहरों से जोड़ती हैं तथा सीमांत अथवा सीमावर्ती सड़कें सामरिक महत्त्व की दृष्टि से महत्त्वपूर्ण होती हैं। वहीं सड़क निर्माण में प्रयुक्त पदार्थों के आधार पर सड़कों को क्रमशः पक्की तथा कच्ची सड़कों में बाँटा जाता है। इन सभी सड़कों की लंबाई में काफी अंतर पाया जाता है। इनमें जिला सड़कें तथा अन्य सड़कों की लंबाई अधिक पाई जाती है। इतना ही नहीं कच्ची तथा पक्की सड़कों की लंबाई में भी असमान वितरण पाया जाता है। इस प्रकार कहा जा सकता है कि भारत में सड़कों का असमान वितरण है।

4. रेल परिवहन पर संक्षिप्त टिप्पणी लिखिए।

उत्तर भारत में रेल परिवहन वस्तुओं तथा यात्रियों के परिवहन का प्रमुख साधन है। यह भारी वजन उठाने और लंबी दूरी के लिए उत्कृष्ट है। भारतीय रेल परिवहन की मार्गीय लंबाई 67,956 किमी है। रेल परिवहन लोगों को अनेक प्रकार की गतिविधियाँ प्रदान करता है; जैसे–व्यापार, भ्रमण, तीर्थ यात्राएँ व लंबी दूरी तक सामान का परिवहन आदि। भारतीय रेल परिवहन को 18 जोनों में विभाजित किया गया है। इसके तीन गेज हैं–बड़ी गेज, मीटर गेज एवं छोटी गेज।
भारतीय रेल परिवहन देश का सर्वाधिक बड़ा सार्वजनिक क्षेत्र का प्राधिकरण है। देश की पहली रेलगाड़ी 1853 ई. में मुंबई और थाणे के मध्य चलाई गई, जो 34 किमी की दूरी तय करती थी। भारत में रेल परिवहन को एकता का प्रतीक माना जाता है।

5. "भारत में रेल परिवहन समस्याओं से मुक्त नहीं है।" उदाहरणों सहित इस कथन की पुष्टि कीजिए। **CBSE 2020**

उत्तर रेल परिवहन को परिवहन के अन्य साधनों की तुलना में सबसे उपयुक्त माना जाता है, जो देश की अर्थव्यवस्था में महत्त्वपूर्ण योगदान देते हैं। इसके बावजूद रेल परिवहन कई समस्याओं से घिरा पाया जाता है। उदाहरणस्वरूप, रेलवे की विकास संबंधी समस्याओं में वित्तीय उपलब्धता का कम होना एक प्रमुख समस्या है। इसके अलावा कुछ अन्य प्रकार की

क्षति का भी रेलवे को सामना करना पड़ता है; जैसे—बहुत-से यात्रियों का बिना टिकट के यात्रा करना, रेलवे संपत्ति की चोरी करना तथा हानि पहुँचाना, जंजीर को खींचकर रेल को अनावश्यक रूप से रोकना आदि। इससे रेलवे को आर्थिक क्षति तो होती ही है साथ ही रेलवे का समय भी प्रभावित होता है। वर्तमान में इन कार्यों में पहले से सुधार हुआ है, किंतु पूर्णतः सफलता नहीं मिल पाई है। इस प्रकार कहा जा सकता है कि भारत में रेल परिवहन समस्याओं से मुक्त नहीं है।

6. तूतीकोरिन, चेन्नई एवं पारादीप पत्तनों के विषय में व्याख्या कीजिए।

उत्तर
- **तूतीकोरिन** तमिलनाडु राज्य के दक्षिण-पूर्वी छोर पर स्थित तूतीकोरिन पत्तन एक प्राकृतिक पोताश्रय है। यह पत्तन भारत के पड़ोसी देशों; जैसे—श्रीलंका, मालदीव तथा भारत के तटीय क्षेत्रों की भिन्न वस्तुओं के व्यापार को संचालित करता है।
- **चेन्नई** तमिलनाडु राज्य में स्थित चेन्नई बंदरगाह भारत का सबसे प्राचीन बंदरगाह है। यह एक कृत्रिम बंदरगाह है। व्यापार की मात्रा और लदे सामान के संदर्भ में मुंबई के बाद इसका दूसरा स्थान है।
- **पारादीप** ओडिसा में स्थित यह पत्तन मुख्यतः लौह-अयस्क का निर्यात करता है। इस पत्तन से लौह-अयस्क जापान को निर्यात किया जाता है।

7. वायु परिवहन पर संक्षिप्त लेख लिखिए।

उत्तर वायु परिवहन तीव्रतम, आरामदायक व प्रतिष्ठित परिवहन का साधन है। इसके द्वारा अति दुर्गम स्थानों; जैसे—ऊँचे पर्वत, मरुस्थलों, घने जंगलों व लंबे समुद्री रास्तों को सुगमता से पार किया जा सकता है। वर्ष 1953 में वायु परिवहन का राष्ट्रीयकरण किया गया। एयर इंडिया घरेलू व अंतर्राष्ट्रीय वायु सेवाएँ प्रदान करती है।

पवनहंस हेलीकॉप्टर लिमिटेड तेल व प्राकृतिक गैस आयोग को इसकी अपतटीय संक्रिया में तथा अगम्य व दुर्लभ भू-भागों; जैसे—उत्तर-पूर्वी राज्यों तथा जम्मू-कश्मीर, हिमाचल प्रदेश व उत्तराखंड के आंतरिक क्षेत्रों में हेलीकॉप्टर सेवाएँ उपलब्ध कराता है। भारत के वायु परिवहन को आज भी महँगी मानी जाती है। हालाँकि उच्च-मध्यम वर्ग के लिए अनेक सुविधाएँ प्रदान की गई हैं।

8. डाक संचार क्या है? डाक संचार को कितनी श्रेणी में बाँटा गया है? बताइए।

उत्तर **डाक संचार** भारत का डाक संचार तंत्र विश्व का वृहत्तम तंत्र है। यह पार्सल, निजी पत्र व्यवहार आदि को संचालित करता है। डाक संचार को प्रथम श्रेणी व द्वितीय श्रेणी में बाँटा जाता है

(i) **प्रथम श्रेणी** कार्ड व लिफाफा बंद चिट्ठी, पहली श्रेणी की डाक समझी जाती है।

(ii) **द्वितीय श्रेणी** रजिस्टर्ड पैकेट, किताबें, समाचार-पत्र तथा मैगजीन द्वितीय श्रेणी की डाक में आते हैं।

9. "जनसंचार लोगों को मनोरंजन प्रदान करने तथा जागरूकता पैदा करने का एक माध्यम है।" मूल्यांकन कीजिए।

अथवा **हमारे देश में जनसंचार के प्रभावी साधनों के रूप में 'रेडियो' तथा 'टेलीविजन' के महत्त्व का उल्लेख कीजिए।**

उत्तर रेडियो तथा टेलीविजन जनसंचार के प्रमुख साधन हैं और इस क्षेत्र में इनकी उपयोगिता निम्न प्रकार प्रदर्शित होती है
- रेडियो के माध्यम से किसानों के लिए अनेक कार्यक्रम, जिसमें कृषि से संबंधित अनेक तथ्य आदि का प्रसारण होता है, जो किसानों में कृषि के प्रति नवीन प्रौद्योगिकी के माध्यम को उनके बीच पहुँचाता है तथा इन्हें जागरूक करने का प्रयास करता है।
- टेलीविजन देश-विदेश की खबरें, स्वास्थ्य संबंधी सलाह व अनेक मनोरंजक कार्यक्रमों का प्रसारण कर लोगों को मनोरंजन प्रदान करने के साथ-साथ जनचेतना का विकास भी करता है।

अतः जनसंचार लोगों को मनोरंजन प्रदान करने तथा जागरूकता उत्पन्न करने का माध्यम है।

10. "आधुनिक समय में संचार के क्षेत्र में बदलाव की गति तीव्र रही है।" इस कथन की पुष्टि उदाहरणसहित कीजिए। **CBSE 2020**

उत्तर आधुनिक समय में दूरसंचार को विभिन्न साधनों; जैसे—मोबाइल, टेलीफोन, रेडियो, दूरदर्शन, चलचित्रों ने संदेशों को दूर-दूर तक पहुँचाने में, लोगों को जागरूक करने में महत्त्वपूर्ण भूमिका निभाई है। इनके विकास से देश व विदेशों में बात करने तथा घटनाओं को जानने में आसानी हुई है। इसमें निजी दूरसंचार कंपनियों ने भी महत्त्वपूर्ण योगदान दिया है। डिजिटल भारत कार्यक्रम ने प्रौद्योगिकी को बढ़ावा दिया है।

यह सब सूचना, संचार व अंतरिक्ष प्रौद्योगिकी के समंवित विकास के कारण ही संभव हो पाया है। इतना ही नहीं विभिन्न भाषाओं में पत्र-पत्रिकाओं की उपलब्धता, प्रति मिनट व घटे की देश-विदेश की घटनाओं की जानकारियों की उपलब्धता का होना, ग्रीन चैनल, मेट्रो चैनल से सूचनाओं का जल्दी पहुँचना आदि ने संचार के क्षेत्र में बदलाव की गति को तीव्र कर दिया है।

11. अंतर्राष्ट्रीय व्यापार पर संक्षिप्त टिप्पणी लिखिए।

उत्तर राज्यों व देशों में व्यक्तियों के मध्य वस्तुओं का आदान-प्रदान व्यापार कहलाता है। दो देशों के मध्य वस्तुओं का आदान-प्रदान अंतर्राष्ट्रीय व्यापार कहलाता है।

बाजार एक ऐसा स्थान है, जहाँ इसका विनिमय होता है। अंतर्राष्ट्रीय व्यापार समुद्री, हवाई व स्थलीय मार्गों द्वारा होता है। स्थानीय व्यापार शहरों, कस्बों व गाँवों में होता है। इसमें समुद्री भाग सर्वाधिक उपयुक्त एवं सरल माना जाता है।

राज्य स्तरीय व्यापार दो या दो से अधिक राज्यों के मध्य होता है। सभी देशों के लिए अंतर्राष्ट्रीय व्यापार बहुत आवश्यक है, क्योंकि संसाधन पृथ्वी की सतह पर असमान रूप से वितरित किए जाते हैं और कोई भी देश सभी संसाधनों में आत्मनिर्भर नहीं है।

12. ''अंतर्राष्ट्रीय व्यापार को देश का आर्थिक बैरोमीटर माना जाता है।'' इस कथन का समर्थन करते हुए तर्क दीजिए। **CBSE 2018**

उत्तर ''अंतर्राष्ट्रीय व्यापार को देश का आर्थिक बैरोमीटर माना जाता है।'' इस कथन को निम्नलिखित तर्क के माध्यम से उचित ठहराया जा सकता है

- सभी देश अंतर्राष्ट्रीय व्यापार पर निर्भर करते हैं, क्योंकि संसाधन पृथ्वी की सतह पर असमान रूप से वितरित होते हैं। अतः कोई भी देश सभी संसाधनों में आत्मनिर्भर नहीं हो सकता।
- विदेशी व्यापार ने भारत को विनिर्माण वस्तुओं की उत्पादकता सुधारने में मदद की है। भारत के आर्थिक विकास में भी अंतर्राष्ट्रीय व्यापार का योगदान रहा है। इससे लोगों की आय का स्तर बढ़ा है।
- हाल के वर्षों में सूचना और ज्ञान के आदान-प्रदान से राज्यों और देशों के माल के अधिक से अधिक आदान-प्रदान में लाभ हुआ है।
- भारत अंतर्राष्ट्रीय स्तर पर एक सॉफ्टवेयर महाशक्ति के रूप में उभरा है तथा सूचना प्रौद्योगिकी के माध्यम से अत्यधिक विदेशी मुद्रा अर्जित कर रहा है।

13. भारत में पर्यटन उद्योग के महत्त्व को बताइए।

उत्तर पिछले तीन दशकों में भारत में पर्यटन उद्योग में महत्त्वपूर्ण वृद्धि हुई है। भारत में 150 लाख से अधिक व्यक्ति पर्यटन उद्योग में प्रत्यक्ष रूप से रोजगार प्राप्त कर रहे हैं।
यह उद्योग राष्ट्रीय एकता को प्रोत्साहित करता है तथा स्थानीय हस्तकला व सांस्कृतिक उद्यमों को प्रश्रय देता है। अंतर्राष्ट्रीय स्तर पर यह हमें संस्कृति तथा विरासत की समझ विकसित करने में सहायक है। विदेशी पर्यटक भारत में विरासत पर्यटन, पारि-पर्यटन, रोमांचकारी पर्यटन, सांस्कृतिक पर्यटन, चिकित्सा पर्यटन तथा व्यापारिक पर्यटन के लिए आते हैं।
भारत के कई राज्यों में पर्यटन उद्योग आय का मुख्य साधन माने जाते हैं। उत्तराखंड, हिमाचल प्रदेश, राजस्थान, जम्मू-कश्मीर ऐसे राज्य हैं, जहाँ पर्यटन उद्योग अधिक विकसित है। पर्यटन उद्योग को बढ़ावा देने के लिए इंडियन टूरिज्म विकास निगम की स्थापना की गई है।

C दीर्घ उत्तरीय प्रश्न

1. रेल परिवहन की अपेक्षा सड़क परिवहन अधिक महत्त्वपूर्ण है। क्यों?

अथवा ''भारत में सड़क परिवहन, रेल परिवहन की अपेक्षा अधिक सुविधाजनक है।'' कथन की उदाहरणों सहित पुष्टि कीजिए। **CBSE 2019**

अथवा परिवहन के साधन के रूप में सड़क परिवहन के महत्त्व को स्पष्ट कीजिए। **CBSE 2019**

अथवा ''सड़क परिवहन रेल परिवहन की अपेक्षा बेहतर है।'' इस कथन को न्यायसंगत ठहराइए।

अथवा सड़क परिवहन की बढ़ती महत्ता का वर्णन कीजिए। **CBSE 2020**

उत्तर भारत विश्व के उन देशों में शामिल है, जहाँ सड़कों का जाल सर्वाधिक है। भारत में सड़कों का जाल लगभग 56.7 लाख किमी है। भारत में सड़क परिवहन का विकास रेल परिवहन से भी पहले हुआ है अर्थात् निर्माण एवं रख-रखाव व व्यवस्था के अनुरूप सड़क परिवहन, रेल परिवहन की अपेक्षा अधिक सुविधाजनक है।
भारत में सड़क परिवहन की बढ़ती महत्ता निम्न कारणों से है

- रेलवे लाइन की अपेक्षा सड़कों की निर्माण लागत बहुत कम है। इन्हें अधिक दूरी तक ले जाया जा सकता है।
- सड़कों को ऊबड़-खाबड़ व विच्छिन्न भागों में भी बनाया जा सकता है। आधुनिक तकनीक के माध्यम से इसे पहाड़ी व पठारी प्रदेशों में सड़कों का निर्माण किया जा रहा है।
- अधिक ढाल प्रवणता तथा पहाड़ी क्षेत्रों में भी सड़कें निर्मित की जा सकती हैं; जैसे–हिमालय।
- कम व्यक्तियों, दूरी व वस्तुओं के परिवहन में सड़क मितव्ययी है।
- रेलमार्ग द्वारा दूरस्थ स्थानों को आसानी से जोड़ा जा सकता है। अतः मालों को आसानी से एक स्थान से दूसरे स्थान पर आसानी से पहुँचाया जा सकता है।
- यह घर-घर सेवाएँ उपलब्ध करवाती है तथा सामान चढ़ाने व उतारने की लागत भी अपेक्षाकृत कम है।
- सड़क परिवहन, अन्य परिवहन साधनों के उपयोग में एक कड़ी के रूप में भी कार्य करता है; जैसे–सड़कें, रेलवे स्टेशन, वायु व समुद्री पत्तनों को जोड़ती हैं।

अतः भारत में सड़क परिवहन, रेल परिवहन की अपेक्षा अधिक सुविधाजनक है।

2. क्षमता के आधार पर सड़कों का वर्गीकरण प्रस्तुत कीजिए। **CBSE 2015**

उत्तर भारत में सड़कों की क्षमता के आधार पर इन्हें छः वर्गों में वर्गीकृत किया गया है

(i) **स्वर्णिम चतुर्भुज महाराजमार्ग** यह राजमार्ग परियोजना भारत के राष्ट्रीय राजमार्ग प्राधिकरण के अधिकार क्षेत्र में है। भारत सरकार ने दिल्ली, कोलकाता, चेन्नई व मुंबई को जोड़ने वाली 6 लाइन वाली महाराजमार्गों की योजना प्रारंभ की। इन महाराजमार्गों का प्रमुख उद्देश्य भारत की मेगासिटी के मध्य परिवहन दूरी व समय को कम करना है।

(ii) **राष्ट्रीय राजमार्ग** राष्ट्रीय राजमार्ग देश के दूरस्थ भागों को आपस में जोड़ते हैं। यह देश का प्राथमिक सड़क तंत्र है। इसके निर्माण एवं रख-रखाव की जिम्मेदारी भारत सरकार की है। इनका नियंत्रण केंद्रीय लोक निर्माण विभाग द्वारा किया जाता है।

(iii) **राज्य राजमार्ग** राज्यों की राजधानियों को जिला मुख्यालयों से जोड़ने वाली सड़कें, राज्य राजमार्ग कहलाती हैं। राज्यों एवं केंद्रशासित क्षेत्रों में इन सड़कों के निर्माण एवं रख-रखाव की जिम्मेदारी राज्य सरकार के अधीन राज्य के सार्वजनिक निर्माण विभाग की होती है।

(iv) **जिला सड़क** ये सड़कें जिले के विभिन्न प्रशासनिक केंद्रों को जिला मुख्यालय से जोड़ती हैं। इन सड़कों की व्यवस्था का उत्तरदायित्व जिला परिषद् का होता है।

(v) **अन्य सड़कें** इसके अंतर्गत वे सड़कें आती हैं, जो गाँवों को शहरों से जोड़ती हैं। इनका निर्माण 'प्रधानमंत्री ग्राम सड़क योजना' के अंतर्गत किया जाता है।

(vi) **सीमावर्ती सड़कें या सीमांत सड़कें** सीमावर्ती सड़कों का निर्माण एवं प्रबंधन सीमा सड़क विकास बोर्ड द्वारा किया जाता है। सीमा सड़क संगठन की स्थापना वर्ष 1960 में हुई थी। इनकी स्थापना का मुख्य उद्देश्य उत्तर-पूर्वी राज्यों में सामरिक महत्त्व हेतु सड़कों का विकास करना था।

3. रेल परिवहन के वितरण को प्रभावित करने वाले कारकों को बताइए।

अथवा भारतीय रेल जाल के वितरण प्रतिरूप को प्रभावित करने वाले भू-आकृतिक और आर्थिक कारकों का वर्णन कीजिए। **CBSE 2020**

उत्तर भारत में रेल परिवहन के वितरण को प्रभावित करने वाले कारकों में मुख्यतः भू-आकृतिक पृष्ठभूमि, आर्थिक क्षेत्र व प्रशासकीय कारक प्रमुख हैं। इनमें भू-आकृतिक तथा आर्थिक कारकों का विवरण इस प्रकार है

भू-आकृतिक करक

- भारत में असंख्य नदियों के विस्तृत जलमार्गों पर पुलों के निर्माण में बाधाएँ दृष्टिगोचर होती हैं। प्रायद्वीप भारत में, रेलमार्ग ऊबड़-खाबड़ पहाड़ी क्षेत्रों, छोटी पहाड़ियों और सुरंगों आदि से होकर जाता है।
- हिमालय पर्वतीय क्षेत्र भी दुर्लभ उच्चावच, विरल जनसंख्या तथा आर्थिक अवसरों की कमी के कारण रेलवे लाइन के निर्माण में प्रतिकूल परिस्थितियाँ उत्पन्न करता है। पश्चिमी राजस्थान, गुजरात के दलदली भाग, मध्य प्रदेश के वन क्षेत्र, छत्तीसगढ़, ओडिशा व झारखंड में रेल निर्माण करना कठिन होता है।
- सह्याद्रि तथा उससे सटे क्षेत्रों को भी घाट या दर्रों द्वारा ही पार कर पाना संभव है। कुछ वर्ष पहले, भारत के महत्त्वपूर्ण आर्थिक क्षेत्र में पश्चिमी तट के साथ कोंकण रेलवे के विकास ने यात्री व वस्तुओं के आवागमन को सुविधाजनक बनाया है। इसके अलावा भारत में असंख्य समस्याएँ भी हैं; जैसे—भूस्खलन तथा किसी-किसी भाग में रेलवे ट्रैक का धँसना आदि।

आर्थिक कारक

- पहाड़ी व दुर्गम क्षेत्रों में रेलवे के विकास में मैदानी क्षेत्रों की तुलना में अधिक खर्च करना पड़ता है, जिससे आर्थिक दबाव बढ़ता है।
- पहाड़ी क्षेत्रों में भूस्खलन की घटना से भी आर्थिक क्षति होती है।
- नदी के मार्ग में पड़ने वाले रेल मार्गों पर भी अधिक खर्च करना पड़ता है।
- रेलवे सामानों की चोरी, बिना टिकट के यात्रा करना, आदि से भी रेलवे को आर्थिक क्षति पहुँचती है।

4. भारत में पाइपलाइन की बढ़ती उपयोगिता के साथ देश में इसके वितरण क्षेत्र को बताइए। **CBSE 2016**

उत्तर आधुनिक समय में परिवहन के साधनों में पाइपलाइन की महत्ता दिन-प्रतिदिन बढ़ती जा रही है। पहले पाइपलाइन का उपयोग शहरों एवं उद्योगों में पानी पहुँचाने के लिए होता था, परंतु आधुनिक परिदृश्य में इसकी उपयोगिता और बढ़ गई है; जैसे—

- इसका प्रयोग कच्चा तेल, पेट्रोल उत्पाद तथा तेल से प्राप्त प्राकृतिक तथा गैस क्षेत्र से उपलब्ध गैस शोधनशालाओं, उर्वरक कारखानों व बड़े ताप विद्युत गृहों तक पहुँचाने में किया जाता है।
- ठोस पदार्थों को तरल अवस्था में परिवर्तित कर पाइपलाइनों के माध्यम से गंतव्य स्थान तक पहुँचाया जाता है।
- सुदूर आंतरिक भागों में स्थित शोधनशालाएँ; जैसे—बरौनी, मथुरा, पानीपत तथा गैस पर आधारित उर्वरक कारखानों की स्थापना पाइपलाइनों के कारण ही संभव हो पाई है।
- पाइपलाइन बिछाने की प्रारंभिक लागत अधिक है, लेकिन इसको चलाने की लागत न्यूनतम है। सामानों के परिवहन में देरी तथा हानियाँ इसमें बहुत कम होती हैं।

भारत में पाइपलाइन परिवहन का वितरण निम्न प्रकार है

- ऊपरी असम के तेल क्षेत्रों से गुवाहाटी, बरौनी व इलाहाबाद के रास्ते कानपुर (उत्तर प्रदेश) तक है। इसकी एक शाखा बरौनी से राजबंध होकर हल्दिया तक, दूसरी शाखा राजबंध से मौरी ग्राम तक तथा तीसरी शाखा गुवाहाटी से सिलिगुड़ी तक है।
- गुजरात में सलाया से वीरमगाँव, मथुरा, दिल्ली व सोनीपत के रास्ते पंजाब में जालंधर तक है। इसकी अन्य शाखा वडोदरा के निकट कोयली को चक्शु व अन्य स्थानों से जोड़ती है।
- गैस पाइपलाइन गुजरात में हजीरा को उत्तर प्रदेश में जगदीशपुर से मिलाती है। यह मध्य प्रदेश के विजयपुर के रास्ते होकर जाती है। इसकी शाखाएँ राजस्थान में कोटा तथा उत्तर प्रदेश के शाहजहाँपुर, बबराला व अन्य स्थानों पर हैं।

5. भारत में विभिन्न जनसंचार साधनों पर विस्तृत विवरण प्रस्तुत कीजिए। **CBSE 2016**

उत्तर जनसंचार के साधनों से मानव मनोरंजन के साथ-साथ बहुत से राष्ट्रीय कार्यक्रमों व नीतियों के विषय में जागरूक हो पाता है। इसमें रेडियो, दूरदर्शन, समाचार-पत्र पत्रिकाएँ, किताबें तथा चलचित्र सम्मिलित हैं।

आकाशवाणी (ऑल इंडिया रेडियो) यह राष्ट्रीय, क्षेत्रीय तथा स्थानीय भाषा में देश के विभिन्न भागों में अनेक वर्गों के व्यक्तियों के लिए विविध कार्यक्रम प्रसारित करता है।

दूरदर्शन यह देश का राष्ट्रीय समाचार व संदेश माध्यम है तथा विश्व के वृहत्तम संचार तंत्र में से एक है। यह विभिन्न आयु वर्ग के व्यक्तियों हेतु मनोरंजक, ज्ञानवर्द्धक व खेल-जगत संबंधी कार्यक्रम प्रसारित करता है।

समाचार-पत्र/पत्रिकाएँ भारत में वर्षभर में अनेक समाचार-पत्र व सामयिक पत्रिकाएँ प्रकाशित की जाती हैं। ये पत्रिकाएँ सामयिक होने के साथ ही अनेक प्रकार की होती हैं–मासिक, साप्ताहिक, वार्षिक आदि। समाचार-पत्र लगभग 100 भाषाओं तथा बोलियों में प्रकाशित होते हैं। भारत में हिंदी भाषा में सर्वाधिक समाचार-पत्र प्रकाशित होते हैं। उसके बाद क्रमशः अंग्रेजी और उर्दू के समाचार-पत्र आते हैं।

चलचित्र भारत विश्व में सर्वाधिक चलचित्र उत्पादक के रूप में भी जाना जाता है। यहाँ कम अवधि वाली फिल्में, वीडियो फीचर फिल्म तथा छोटी वीडियो फिल्में भी बनती हैं। भारतीय व विदेशी सभी फिल्मों को प्रमाणित करने का अधिकार 'केंद्रीय फिल्म प्रमाणन बोर्ड' को है।

6. **भारत में पर्यटन के किन्हीं पाँच लाभों का वर्णन कीजिए।** **CBSE 2019**

उत्तर पिछले कुछ वर्षों में भारत के पर्यटन उद्योग में महत्त्वपूर्ण वृद्धि हुई है, जिसके द्वारा भारत को निम्नलिखित लाभ हुआ है

(i) पर्यटन देश में रोजगार को बढ़ाता है। वर्तमान में अधिक संख्या में व्यक्ति पर्यटन उद्योग में प्रत्यक्ष रूप से संलग्न हैं। इसे आर्थिक आय का साधन भी माना जाता है। भारत में कई ऐसे राज्य हैं, जहाँ पर्यटन को उद्योग का दर्जा प्रदान किया गया है। यहाँ के प्राकृतिक एवं ऐतिहासिक दृश्य इतने मनोरम हैं कि विश्व के अनेक देशों से पर्यटक यहाँ आते हैं।

(ii) पर्यटन राष्ट्रीय एकता को प्रोत्साहित करता है। विश्व के विभिन्न देशों के निवासी पर्यटक के तौर पर भारत आते हैं, इससे वैश्विक स्तर पर बंधुत्व एवं एकता की भावना जागृत होती है।

(iii) पर्यटन स्थानीय हस्तकला व सांस्कृतिक उद्यमों को प्रश्रय देता है, जिससे स्थानीय स्तर पर रोजगार सृजन होता है।

(iv) पर्यटन अंतर्राष्ट्रीय स्तर पर हमें सांस्कृतिक तथा विरासत की समझ विकसित करने में सहायक है।

(v) देश के विभिन्न भागों में पर्यटन की अपार संभावनाएँ हैं। पर्यटन उद्योग के विकास हेतु विभिन्न प्रकार के पर्यटन को बढ़ावा देने के प्रयास किए जा रहे हैं, जिससे देश को लाभ हो सके।

7. **"परिवहन, व्यापार व संचार एक-दूसरे के पूरक हैं।" व्याख्या कीजिए।**

अथवा **परिवहन की आवश्यकता क्यो है? क्या यह कहना सही है कि परिवहन के कुशल साधन तेजी से विकास के लिए आवश्यक हैं?** **CBSE 2020**

उत्तर वस्तुओं एवं सेवाओं को लाने तथा ले जाने के लिए परिवहन की आवश्यकता होती है। कुछ समय पूर्व तक व्यापार एवं परिवहन सुविधा एक सीमित क्षेत्र तक ही होती थी। विज्ञान एवं प्रौद्योगिकी के विकास के साथ व्यापार एवं परिवहन के प्रभाव क्षेत्र में विस्तृत वृद्धि हुई है। सक्षम व तीव्र गति वाले परिवहन से आज विश्व एक बड़े गाँव में परिवर्तित हो गया है। परिवहन का यह विकास संचार साधनों के विकास की सहायता से संभव हो सका है। संचार, परिवहन के विकास व विस्तार के कारण भारत में पर्यटन विकास की संभावना बढ़ रही है।

आज भारत अपने विशाल आकार, विविधताओं, भाषायी, सामाजिक व सांस्कृतिक बहुलताओं के बावजूद संसार के सभी क्षेत्रों से सुचारु रूप से जुड़ा हुआ है। नवीन विकास के साथ भारत आज विश्व के मानचित्र पर एक उभरती हुई आर्थिक शक्ति है। भारत की वैश्विक स्थिति इसलिए अधिक मजबूत नहीं है कि अधिक जनसंख्या के कारण भारत एक मजबूत बाजार है, बल्कि सामरिक पर्यटन, कूटनीतिक दृष्टिकोण से भारत एक सुदृढ़ देश की श्रेणी में आता है। रेल, वायु एवं जल परिवहन, समाचार-पत्र, रेडियो, दूरदर्शन, सिनेमा तथा इंटरनेट आदि इसके सामाजिक-आर्थिक विकास में अनेक प्रकार से सहायक हैं। स्थानिक से अंतर्राष्ट्रीय स्तरीय व्यापार ने अर्थव्यवस्था को जीवन-शक्ति प्रदान की है। इसने हमारे जीवन को समृद्ध किया है तथा आरामदायक जीवन के लिए सुविधाओं व साधनों में बढ़ोतरी की है। आधुनिक संचार तथा परिवहन के साधन हमारे देश और इसकी आधुनिक अर्थव्यवस्था को संचालित करते हैं। संचार, परिवहन के विकास व विस्तार के कारण भारत में पर्यटन विकास की संभावना बढ़ रही है।

अतः यह स्पष्ट है कि परिवहन के कुशल साधन तेजी से विकास के लिए आवश्यक हैं। इसलिए परिवहन, व्यापार व संचार एक-दूसरे के पूरक हैं।

स्रोत आधारित प्रश्न

नीचे दिए गए स्रोतों का सावधानीपूर्वक अध्ययन कीजिए तथा पूछे गए प्रश्नों का उत्तर दीजिए।

1. भारत के लोग प्राचीनकाल से समुद्री यात्राएँ करते रहे हैं। इसके नाविकों ने दूर तथा पास के क्षेत्रों में भारतीय संस्कृति व व्यापार को फैलाया है। जल परिवहन, परिवहन का सबसे सस्ता साधन है। यह भारी व स्थूलकाय वस्तुएँ ढोने में अनुकूल है। यह परिवहन साधनों में ऊर्जा सक्षम तथा पर्यावरण अनुकूल है। भारत में अंत:स्थलीय नौसंचालन जलमार्ग 14,500 किमी लंबा है। इसमें केवल 5,685 किमी मार्ग ही मशीनीकृत नौकाओं द्वारा तय किया जाता है। भारत की 7,516.6 किमी लंबी समुद्री तट रेखा के साथ 12 प्रमुख तथा 200 मध्यम व छोटे पत्तन हैं। ये प्रमुख पत्तन देश का 95% विदेशी व्यापार संचालित करते हैं।

स्वतंत्रता प्राप्ति के बाद कच्छ में कांडला पत्तन पहले पत्तन के रूप में विकसित किया गया। ऐसा देश विभाजन से कराची पत्तन की कमी को पूरा करने तथा मुंबई से होने वाले व्यापारिक दबाव को कम करने के लिए था।

कांडला, जिसे दीनदयाल पत्तन के नाम से भी जाना जाता है, एक ज्वारीय पत्तन है। यह जम्मू-कश्मीर, हिमाचल प्रदेश, पंजाब, हरियाणा, राजस्थान व गुजरात के औद्योगिक तथा खाद्यान्नों के आयात-निर्यात को संचालित करता है। मुंबई वृहत्तम पत्तन है, जिसके प्राकृतिक खुले, विस्तृत व सुचारु पोताश्रय हैं। मुंबई पत्तन के अधिक परिवहन को ध्यान में रखकर इसके सामने जवाहरलाल नेहरू पत्तन विकसित किया गया, जो इस पूरे क्षेत्र को एक समूह में स्थापित करता है।

(i) भारत से 95 प्रतिशत विदेशी व्यापार (मुद्रा रूप में 68 प्रतिशत) परिवहन के ·········· साधन से संपन्न अथवा संचालित होता है।

(a) रेल परिवहन (b) सड़क परिवहन
(c) समुद्री परिवहन (d) वायु परिवहन

उत्तर (c) समुद्री परिवहन

(ii) स्वतंत्रता प्राप्ति के पश्चात् कांडला बंदरगाह को क्यों विकसित किया गया था?

(a) भारत का अंतर्राष्ट्रीय व्यापार बढ़ने के कारण
(b) विभाजन के बाद कराची बंदरगाह का पाकिस्तान के हिस्से में चले जाने के कारण
(c) पश्चिमी तट पर बंदरगाहों की संख्या कम हो जाने के कारण
(d) उपरोक्त सभी

उत्तर (d) उपरोक्त सभी

(iii) ज्वारीय बंदरगाह पश्चिमी तट पर ही क्यों विकसित है?

(a) पश्चिमी तट अधिक कटा-छँटा है
(b) पश्चिमी तट के सहारे ज्वार अधिक आते हैं
(c) यह बंदरगाह कच्छ की खाड़ी में स्थित है, जहाँ ज्वार आने के समय जलापूर्ति अधिक हो जाती है
(d) पश्चिमी तट सूर्य एवं चंद्रमा के प्रभाव से सबसे अधिक प्रभावित होता है

उत्तर (b) पश्चिमी तट के सहारे ज्वार अधिक आते हैं

(iv) न्यू मंगलौर बंदरगाह को लौह-अयस्क पत्तन भी कहा जाता है, क्योंकि

(a) यहाँ लौह-अयस्क के पर्याप्त भंडार उपलब्ध हैं
(b) यहाँ से लौह-अयस्क का निर्यात किया जाता है
(c) यह भारत का एकमात्र ऐसा पत्तन है, जहाँ से लौह-अयस्क का निर्यात होता है
(d) यहाँ से पर्याप्त मात्रा में लौह-अयस्क का आयात किया जाता है

उत्तर (b) यहाँ से लौह-अयस्क का निर्यात किया जाता है

(v) जवाहरलाल नेहरू पत्तन का निर्माण किन उद्देश्यों को ध्यान में रखकर किया गया?

(a) अंतर्राष्ट्रीय व्यापार को प्रोत्साहित करने के उद्देश्य से
(b) मुंबई बंदरगाह पर से भार कम करने के उद्देश्य से
(c) दक्षिण-पश्चिम एशियाई देशों के साथ व्यापारिक संबंधों को जोड़ने के लिए
(d) उपरोक्त सभी

उत्तर (b) मुंबई बंदरगाह पर से भार कम करने के उद्देश्य से

(vi) **कथन** (A) जल परिवहन, परिवहन का सबसे सस्ता साधन पाया जाता है, जो भारी तथा विशाल वस्तुओं के परिवहन के अनुकूल होता है।

कारण (R) यह परिवहन साधनों में ऊर्जा सक्षम तथा पर्यावरण अनुकूल होता है। शायद इसलिए भारत के लोग प्राचीनकाल से समुद्री यात्राएँ करते रहे हैं।

कूट

(a) A और R दोनों सही हैं तथा R, A की सही व्याख्या है
(b) A और R दोनों सही हैं, परंतु R, A की सही व्याख्या नहीं है
(c) A सही है, किंतु R गलत है
(d) A गलत है, किंतु R गलत है

उत्तर (b) A और R दोनों सही हैं, परंतु R, A की सही व्याख्या नहीं है

2. लौह-अयस्क के निर्यात के संदर्भ में मार्मागाओ पत्तन देश का महत्त्वपूर्ण पत्तन है। यहाँ से देश के कुल निर्यात का आधा (50%) लौह-अयस्क निर्यात किया जाता है। कर्नाटक में स्थित न्यू-मंगलौर पत्तन कुद्रेमुख खानों से निकले लौह-अयस्क का निर्यात करता है। सुदूर दक्षिण-पश्चिम में कोच्चि पत्तन है। यह लैगून के मुहाने पर स्थित एक प्राकृतिक पोताश्रय है।

पूर्वी तट के साथ तमिलनाडु में दक्षिण-पूर्वी छोर पर तूतीकोरिन पत्तन है। यह एक प्राकृतिक पोताश्रय है तथा इसकी पृष्ठभूमि भी अत्यंत समृद्ध है। अत: यह पत्तन हमारे पड़ोसी देशों; जैसे—श्रीलंका, मालदीव आदि तथा भारत के तटीय क्षेत्रों की भिन्न वस्तुओं के व्यापार को संचालित करता है। चेन्नई हमारे देश का प्राचीनतम कृत्रिम पत्तन है। व्यापार की मात्रा तथा लदे सामान के संदर्भ में इसका मुंबई के बाद दूसरा स्थान है। विशाखापट्टनम स्थल से घिरा, गहरा व सुरक्षित पत्तन है।

प्रारंभ में यह पत्तन लौह-अयस्क निर्यातक के रूप में विकसित किया गया था। ओडिशा में स्थित पारादीप पत्तन विशेषत: लौह-अयस्क का निर्यात करता है। कोलकाता एक अंत:स्थलीय नदीय पत्तन है। यह पत्तन गंगा-ब्रह्मपुत्र बेसिन की वृहत व समृद्ध पृष्ठभूमि को सेवाएँ प्रदान करता है। ज्वारीय पत्तन होने के कारण तथा हुगली के तलछट जमाव से इसे नियमित रूप से साफ करना पड़ता है। कोलकाता पत्तन पर बढ़ते व्यापार को कम करने हेतु हल्दिया सहायक पत्तन के रूप में विकसित किया गया है।

(i) मार्मागाओ पत्तन से देश के कुल निर्यात का ·········· निर्यात किया जाता है।

(a) 20% लौह-अयस्क (b) 30% लौह-अयस्क
(c) 40% लौह-अयस्क (d) 50% लौह-अयस्क

उत्तर (d) 50% लौह-अयस्क

(ii) भारत के पूर्वी भाग में हल्दिया बंदरगाह को विकसित करने का मुख्य कारण था

(a) कोलकाता के सहायक पत्तन के रूप में विकसित करना
(b) बांग्लादेश के साथ व्यापारिक संबंधों को मजबूत बनाना
(c) तेल निर्यात को प्रोत्साहित करने के उद्देश्य से
(d) उपरोक्त सभी

उत्तर (a) कोलकाता के सहायक पत्तन के रूप में विकसित करना

(iii) सुमेलित कीजिए

सूची I (पत्तन)		सूची II (राज्य)	
A.	मार्मागाओ	1.	केरल
B.	दीनदयाल उपाध्याय	2.	गुजरात
C.	कोच्चि	3.	ओडिशा
D.	पारादीप	4.	गोवा

कूट

	A	B	C	D		A	B	C	D
(a)	1	2	4	3	(b)	4	2	1	3
(c)	4	2	3	1	(d)	2	4	1	3

उत्तर (b) 4 2 1 3

(iv) बैलाडिला स्थित लौह-अयस्क खनन क्षेत्रों से लौह-अयस्क का निर्यात सबसे अधिक किस बंदरगाह से किया जाता है?

(a) विशाखापत्तनम बंदरगाह से (b) कोलकाता बंदरगाह से
(c) पारादीप बंदरगाह से (d) गोपालपुर बंदरगाह से

उत्तर (c) पारादीप बंदरगाह से

(v) निम्नलिखित में से कौन अंत:स्थलीय नदीय पत्तन है, जो गंगा-ब्रह्मपुत्र बेसिन की वृहत व समृद्ध पृष्ठभूमि को सेवाएँ प्रदान करता है?

(a) विशाखापत्तनम समुद्री पत्तन
(b) कांडला समुद्री पत्तन
(c) कोलकाता समुद्री पत्तन
(d) चेन्नई समुद्री पत्तन

उत्तर (c) कोलकाता समुद्री पत्तन

(vi) निम्नलिखित में से कौन-सा कथन समुद्री पत्तन के संबंध में सही कथन है?

1. भारत के सुदूर दक्षिण-पश्चिम में कोच्चि समुद्री पतन अवस्थित है, जो प्राकृतिक पोताश्रय है।
2. भारत के दक्षिण-पूर्वी छोर पर अवस्थित तूतीकोरिन समुद्री पत्तन केरल में स्थित है।
3. तूतीकोरिन प्राकृतिक पोताश्रय श्रीलंका, मालदीव आदि तथा भारत के तटीय क्षेत्रों की भिन्न वस्तुओं के व्यापार को संचालित करता है।

कूट

(a) केवल 1 (b) 1 और 2
(c) 1 और 3 (d) 1, 2 और 3

उत्तर (c) 1 और 3

3. जब से मानव पृथ्वी पर अवतरित हुआ है, उसने विभिन्न संचार माध्यमों का प्रयोग किया है, लेकिन आधुनिक समय में बदलाव की गति तीव्र है। संदेश प्राप्तकर्ता या संदेश भेजने वाले के गतिविहीन रहते हुए भी लंबी दूरी का संचार बहुत आसान है। निजी दूरसंचार तथा जनसंचार में दूरदर्शन, रेडियो, समाचार-पत्र समूह, प्रेस तथा सिनेमा आदि देश के प्रमुख संचार साधन हैं। भारत का डाक-संचार तंत्र विश्व का वृहत्तम नेटवर्क है। यह पार्सल, निजी पत्र व्यवहार तथा तार आदि को संचालित करता है। कार्ड व लिफाफा बंद चिट्ठी, पहली श्रेणी की डाक समझी जाती है तथा विभिन्न स्थानों पर वायुयान द्वारा पहुँचाए जाते हैं। द्वितीय श्रेणी की डाक में रजिस्टर्ड पैकेट, किताबें, अखबार तथा मैगजीन शामिल हैं। ये धरातलीय डाक द्वारा पहुँचाए जाते हैं तथा इनके लिए स्थल व जल परिवहन का प्रयोग किया जाता है।

बड़े शहरों व नगरों में डाक-संचार में शीघ्रता हेतु, हाल ही में छः डाक मार्ग बनाए गए हैं। इन्हें राजधानी मार्ग, मेट्रो चैनल, ग्रीन चैनल, व्यापार चैनल, भारी चैनल तथा दस्तावेज चैनल के नाम से जाना जाता है।

CBSE SQP Term II 2021

(i) भारतीय डाक नेटवर्क की भूमिका का परीक्षण कीजिए।

उत्तर भारत का डाक संचार तंत्र विश्व का वृहतम नेटवर्क है। यह पार्सल, निजी पत्र व्यवहार, तार आदि को संचालित करता है। वर्तमान में वायुयान मेल भी बड़े स्तर पर कार्य रहे हैं। आधुनिक समय में इसकी कार्यप्रणाली में भी बदलाव आया है।

(ii) जनसंचार और अंतर-वैयक्तिक संचार के बीच अंतर बताइए।

उत्तर जनसंचार से आशय समूह का बोध होता है; जैसे—पुस्तक एक जनसंचार का साधन है। व्यक्तिगत संचार का संबंध दो व्यक्तियों के संचार से होता है। निजी पत्र, पार्सल, दूरभाष आदि व्यक्तिगत संचार के साधन हैं। इस प्रकार दोनों संचार में अपना महत्त्व पाया जाता है, किंतु उद्देश्य समान होता है।

(iii) एक राष्ट्र के लिए जनसंचार के महत्त्व का विश्लेषण कीजिए।

उत्तर जनसंचार लोगों के बड़े समूह को एक संदेश को प्रसारित करने की प्रक्रिया है। इसमें विभिन्न साधनों का उपयोग किया जाता है। यह मानव को मनोरंजन के साथ-साथ राष्ट्रीय कार्यक्रमों व नीतियों के प्रति जागरूक करता है। यह लोगों की अपनी संदेश को पहुँचाने महत्त्वपूर्ण भूमिका निभाते हैं। यह विदेशी सूचनाओं को जल्दी उपलब्ध कराने तथा देश की सूचनाओं को गाँवों, शहरों तथा विदेशों में फैलाने में सहायता करता है।

4. बहुत समय तक व्यापार तथा परिवहन सुविधा एक सीमित क्षेत्र तक ही किया जाता था। विज्ञान तथा प्रौद्योगिकी के विकास के साथ व्यापार व परिवहन के प्रभाव क्षेत्र में विस्तृत वृद्धि हुई है। सक्षम व तीव्र गति वाले परिवहन से आज संसार एक बड़े गाँव में परिवर्तित हो गया है। परिवहन का यह विकास संचार साधनों के विकास की सहायता से ही संभव हो सका है। इसीलिए परिवहन, संचार व व्यापार एक दूसरे के पूरक हैं।

आज भारत अपने विशाल आकार, विविधताओं, भाषायी तथा सामाजिक व सांस्कृतिक बहुलताओं के बावजूद संसार के सभी क्षेत्रों से सुचारु रूप से जुड़ा हुआ है। रेल, वायु एवं

जल परिवहन, समाचार-पत्र, रेडियो, दूरदर्शन, सिनेमा तथा इंटरनेट आदि इसके सामाजिक-आर्थिक विकास में अनेक प्रकार से सहायक हैं। स्थानिक से अंतर्राष्ट्रीय स्तरीय व्यापार ने अर्थव्यवस्था को जीवन शक्ति दी है। इसने हमारे जीवन को समृद्ध किया है तथा आरामदायक जीवन के लिए सुविधाओं व साधनों में बढ़ोतरी की है।

CBSE Term II 2022

(i) **परिवहन के विकास में विज्ञान किस प्रकार एक महत्त्वपूर्ण कारक है?**

उत्तर परिवहन के विकास में विज्ञान काफी महत्त्वपूर्ण कारक है, क्योंकि विज्ञान एवं प्रौद्योगिकी के कारण ही आज विश्व के सक्षम एवं तीव्र गति वाले परिवहन से एक गाँव के रूप में परिवर्तित हो गया है।

(ii) **सामाजिक व सांस्कृतिक बहुलता को परिवहन किस प्रकार एकीकृत करता है? स्पष्ट कीजिए।**

उत्तर परिवहन साधनों के विकास के कारण ही आज भारत अपने विशाल आकार, विविधताओं, भाषायी तथा सामाजिक व सांस्कृतिक बहुलताओं के बावजूद संसार के सभी क्षेत्रों से सुचारु रूप से जुड़ा हुआ है। इस प्रकार परिवहन, संचार व व्यापार एक-दूसरे के पूरक हैं।

(iii) **किसी राष्ट्र के लिए संचार के महत्त्व का विश्लेषण कीजिए।**

उत्तर परिवहन के विकास व संचार ने पूरक रूप से काम किया है। संचार के साधनों के रूप में समाचार-पत्र, रेडियो, दूरदर्शन, सिनेमा तथा इंटरनेट आदि सामाजिक-आर्थिक विकास में सहायक सिद्ध हुए हैं। इसने स्थानिक से अंतर्राष्ट्रीय स्तरीय व्यापार को बढ़ावा दिया है तथा जीवन को समृद्ध बनाया है। इसने विश्व के देशों को आपस में जोड़कर व्यापार एवं वाणिज्य को बढ़ाया है, जिससे देशों को अपने विकास को बढ़ावा देने का अवसर भी प्रदान किया है। इतना है नहीं आरामदायक जीवन के लिए सुविधाओं व साधनों की बढ़ोतरी भी की है। इस प्रकार किसी राष्ट्र के संचार का बहुत ही व्यापक महत्त्व है।

5. पिछले तीन दशकों में भारत में पर्यटन उद्योग में महत्त्वपूर्ण वृद्धि हुई है। 150 लाख से अधिक व्यक्ति पर्यटन उद्योग में प्रत्यक्ष रूप से संलग्न हैं। पर्यटन राष्ट्रीय एकता को प्रोत्साहित करता है तथा स्थानीय हस्तकला व सांस्कृतिक उद्यमों को प्रश्रय देता है। अंतर्राष्ट्रीय स्तर पर यह हमें संस्कृति तथा विरासत की समझ विकसित करने में सहायक है।

विदेशी पर्यटक भारत में विरासत पर्यटन, पारि-पर्यटन (Eco-tourism), रोमांचकारी पर्यटन, सांस्कृतिक पर्यटन, चिकित्सा पर्यटन तथा व्यापारिक पर्यटन के लिए आते हैं। देश के विभिन्न भागों में पर्यटन की अपार संभावनाएँ हैं। पर्यटन उद्योग के विकास हेतु विभिन्न प्रकार के पर्यटन को बढ़ावा देने के प्रयास किए जा रहे हैं। **CBSE Term II 2022**

(i) **पर्यटन के महत्त्व को स्पष्ट कीजिए।**

उत्तर पर्यटन राष्ट्रीय एकता को प्रोत्साहित करता है तथा स्थानीय हस्तकला व सांस्कृतिक उद्यमों को प्रश्रय देता है। साथ ही यह विदेशी पर्यटकों को आकर्षित कर विरासत को संरक्षण प्रदान करते हैं।

(ii) **'विरासत-पर्यटन' का कोई एक उदाहरण दीजिए।**

उत्तर विरासत-पर्यटन के उदाहरण क्रमशः दिल्ली का लाल किला, आगरा का ताजमहल आदि हैं। यह देश की विरासत के संरक्षण को बढ़ावा देता है।

(iii) **भारत में पर्यटन में सुधार के लाभों का आकलन कीजिए।**

उत्तर भारत में विदेशी पर्यटक विरासत पर्यटन, पारि-पर्यटन, रोमांचकारी पर्यटन, सांस्कृतिक पर्यटन, चिकित्सा पर्यटन तथा व्यापारिक पर्यटन के लिए आते हैं। देश में पर्यटन उद्योग के क्षेत्र में सुधार किए जा रहे हैं। इससे बड़ी संख्या में विदेशी पर्यटक आकर्षित हुए हैं। वर्तमान में इको पर्यटन को बढ़ावा दिया जा रहा है। लाभ के रूप में इससे विदेशी मुद्रा की प्राप्ति होती है, जो आर्थिक विकास में योगदान देती है। संस्कृति को संरक्षण मिलता है तथा व्यापार, चिकित्सा आदि के रूप में एक बाजार के रूप में उभरने का अवसर प्राप्त होता है। इस प्रकार, पर्यटन के सुधार में कई लाभ हैं।

6. **स्रोत 'अ' व्यापार तथा अंतर्राष्ट्रीय व्यापार**

राज्यों व देशों में व्यक्तियों के बीच वस्तुओं का आदान-प्रदान व्यापार कहलाता है। बाजार एक ऐसी जगह है जहाँ इसका विनिमय होता है। दो देशों के मध्य यह व्यापार अंतर्राष्ट्रीय व्यापार कहलाता है। यह समुद्री, हवाई व स्थलीय मार्गों द्वारा हो सकता है। यद्यपि स्थानीय व्यापार शहरों, कस्बों व गाँवों में होता है। राज्य स्तरीय व्यापार दो या अधिक राज्यों के मध्य होता है।

स्रोत 'ब' व्यापार संतुलन तथा अंतर्राष्ट्रीय व्यापार पर निर्भरता

सभी देश अंतर्राष्ट्रीय व्यापार पर निर्भर हैं, क्योंकि संसाधनों की उपलब्धता क्षेत्रीय है अर्थात् इनका वितरण असमान है। आयात तथा निर्यात व्यापार के घटक हैं। आयात व निर्यात का अंतर ही देश के व्यापार संतुलन को निर्धारित करता है। अगर निर्यात मूल्य आयात मूल्य से अधिक हो तो उसे अनुकूल व्यापार संतुलन कहते हैं। इसके विपरीत निर्यात की अपेक्षा अधिक आयात असंतुलित व्यापार कहलाता है।

स्रोत 'स' अंतर्राष्ट्रीय स्तर पर भारत की स्थिति

विश्व के सभी भौगोलिक प्रदेशों तथा सभी व्यापारिक खंडों के साथ भारत के व्यापारिक संबंध हैं। भारत में निर्यात होने वाली प्रमुख वस्तुएँ रत्न व जवाहरात, रसायन एवं संबंधित उत्पाद तथा कृषि एवं संबंधित उत्पाद हैं। भारत में आयातित वस्तुओं में कच्चा पेट्रोलियम तथा उत्पाद, रत्न व जवाहरात, आधार धातुएँ, मशीनें, कृषि व अन्य उत्पाद शामिल हैं।

स्रोत 'अ' व्यापार तथा अंतर्राष्ट्रीय व्यापार

(i) किस प्रकार किसी देश के अंतर्राष्ट्रीय व्यापार की प्रगति आर्थिक वैभव का सूचक होती है?

उत्तर अंतर्राष्ट्रीय व्यापार दो देशों के बीच होता है। यह व्यापार समुद्री, हवाई व स्थलीय मार्गों से होता है। इसके माध्यम से देश अपने औद्योगिक तथा खाद्यान्नों को दूसरे देश में भेजते हैं। जिससे विदेशी मुद्रा प्राप्त होती है। इससे देश की आर्थिक प्रगति में वृद्धि होती है।

स्रोत 'ब' व्यापार संतुलन तथा अंतर्राष्ट्रीय व्यापार पर निर्भरता

(ii) विश्व के देश किस प्रकार अंतर्राष्ट्रीय व्यापार पर निर्भर पाए जाते हैं?

उत्तर विश्व के सभी देश अंतर्राष्ट्रीय व्यापार पर निर्भर पाए जाते हैं, क्योंकि संसाधनों की उपलब्धता सभी देशों में एकसमान नहीं पाई जाती है। इसकी असमानता के कारण ही अंतर्राष्ट्रीय व्यापार को बढ़ावा मिलता है और विश्व के देश मिलकर अपनी आवश्यकताओं को पूरा करते हैं। इसमें व्यापार संतुलन को भी देखा जा सकता है। यह महत्त्वपूर्ण भूमिका निभाते हैं।

स्रोत 'स' अंतर्राष्ट्रीय स्तर पर भारत की स्थिति

(iii) वर्तमान में भारत किस रूप में महाशक्ति के रूप में अंतर्राष्ट्रीय पटल पर उभरा है?

उत्तर भारत वर्तमान में अंतर्राष्ट्रीय व्यापार के क्षेत्र में आयात-निर्यात में लगभग महत्त्वपूर्ण भूमिका निभा रहा है, किंतु सॉफ्टवेयर प्रौद्योगिकी के क्षेत्र में महाशक्ति के रूप में उभरा है और सूचना प्रौद्योगिकी के माध्यम से अच्छी विदेशी मुद्रा भी प्राप्त कर रहा है। इस प्रकार भारत की शक्ति वैश्विक पटल पर मजबूत हुई है।

मानचित्र आधारित प्रश्न

1. दिए गए भारत के राजनीतिक मानचित्र पर निम्नलिखित को दर्शाइए तथा नाम उनके नाम लिखिए

(i) मुंबई बंदरगाह—व्यापार का भार कम करने हेतु विकसित किया गया बंदरगाह (जवाहरलाल नेहरू पत्तन) **CBSE 2014, 12, 10, 11**

(ii) पंजाब—(राजा सनसी अमृतसर)—अंतर्राष्ट्रीय हवाई पत्तन **CBSE 2020, 19, 18**

(iii) विशाखापत्तनम पत्तन—समुद्री पत्तन

(iv) इंदिरा गाँधी अंतर्राष्ट्रीय हवाई अड्डा—अंतर्राष्ट्रीय हवाई पत्तन **CBSE Term II 2022, CBSE 2020**

(v) चेन्नई पत्तन—प्रमुख समुद्री पत्तन **CBSE 2020**

(vi) राजीव गाँधी अंतर्राष्ट्रीय हवाई अड्डा—अंतर्राष्ट्रीय वायु पत्तन

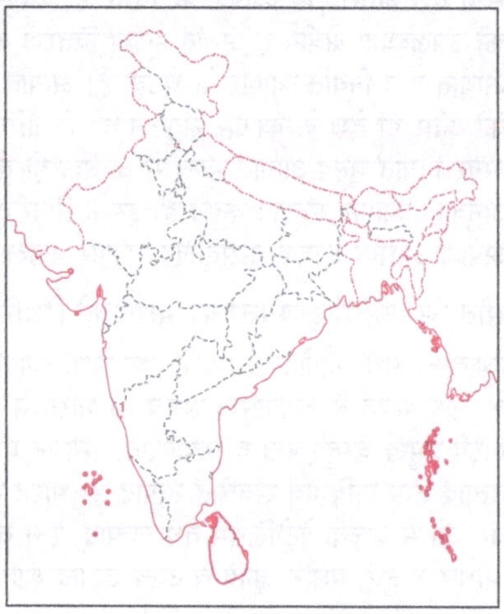

उत्तर निम्न मानचित्र देखें

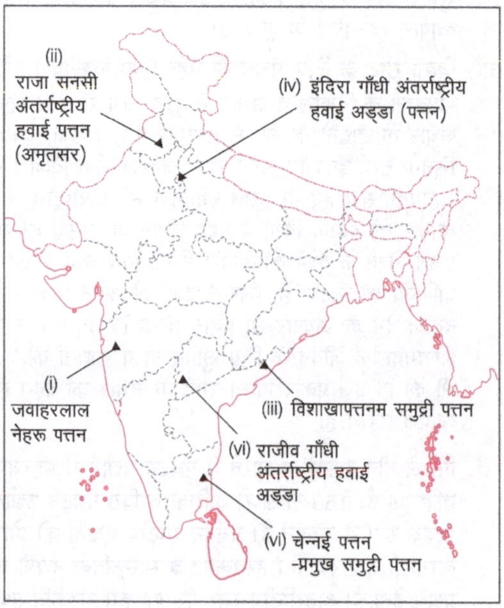

2. दिए गए भारत के राजनीतिक रेखा मानचित्र पर निम्नलिखित को दर्शाइए तथा उनके नाम लिखिए

(i) चेन्नई (मीनमबक्कम)—अंतर्राष्ट्रीय हवाई अड्डा **CBSE Term II 2022, CBSE 2020**

(ii) तूतीकोरिन पत्तन—समुद्री पत्तन **CBSE 2019**

(iii) नेताजी सुभाषचंद्र बोस अंतर्राष्ट्रीय हवाई अड्डा (कोलकाता) **CBSE Term II 2022, CBSE Compartment 2019**

(iv) छत्रपति शिवाजी अंतर्राष्ट्रीय हवाई अड्डा (मुंबई)
(v) मार्मागाओ पत्तन—समुद्री पत्तन

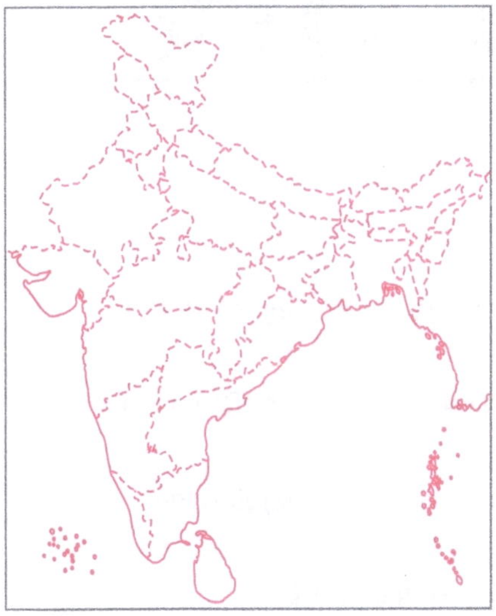

उत्तर निम्न मानचित्र देखें

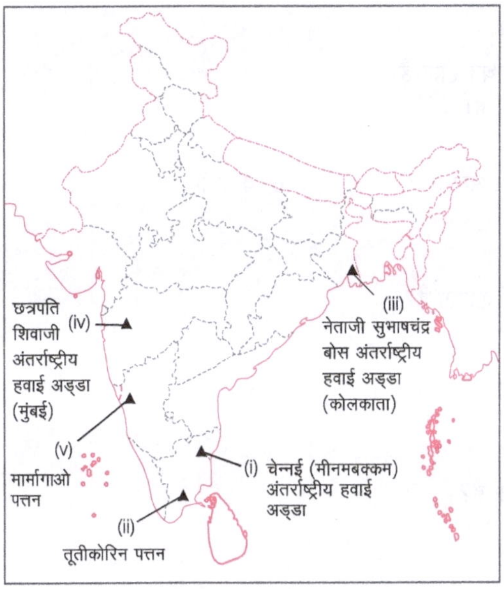

3. दिए गए भारत के राजनीतिक मानचित्र पर अंकित चिन्हों की पहचान करके नाम लिखिए

उत्तर निम्न मानचित्र देखें

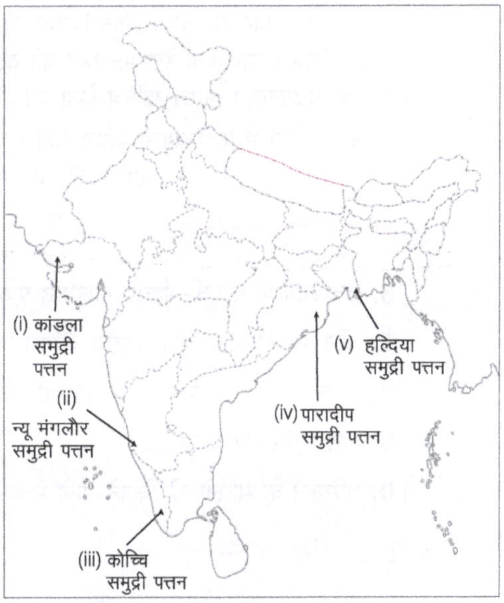

स्वयं को जाँचें

वस्तुनिष्ठ प्रश्न

1. सीमावर्ती सड़कों को अन्य किस नाम से जाना जाता है?
(a) ग्रामीण सड़कें (b) सीमांत सड़कें (c) अनुवर्ती सड़कें (d) कनिष्ट सड़कें

2. ऑल इंडिया रेडियो को अन्य किस नाम से जाना जाता है?
(a) दूरदर्शन (b) राष्ट्रीय टीवी चैनल (c) आकाशवाणी (d) रेडियो इंडिया

3. दो देशों के मध्य किया जाने वाला व्यापार ……… कहलाता है।
(a) राष्ट्रीय (b) देशीय (c) क्षेत्रीय (d) अंतर्राष्ट्रीय

4. भारत में फिल्मों को प्रमाणित करने का अधिकार ……… है।
(a) राष्ट्रीय फिल्म संगठन (b) केंद्रीय फिल्म प्रमाणन बोर्ड
(c) केंद्रीय फिल्म संगठन (d) राष्ट्रीय फिल्म बोर्ड

5. निम्न कथनों पर विचार कीजिए
1. जनसंचार देश के आर्थिक विकास में सहायक होते हैं।
2. सड़क परिवहन, रेल परिवहन की तुलना में सस्ता साधन होता है।
3. पाइपलाइन केवल खनिज तेलों का ही परिवहन करती है।

उपरोक्त में से कौन-सा/से कथन सही है/हैं?
(a) केवल 1 (b) 1 और 2 (c) 2 और 3 (d) ये सभी

अतिलघु उत्तरीय प्रश्न

6. उत्तर-दक्षिण व पूर्व-पश्चिम गलियारा एक-दूसरे को कहाँ काटता है?

7. कौन-सा बंदरगाह अन्त:स्थलीय बंदरगाह है?

8. परिवहन की आवश्यकता क्यों होती है?

9. अंतर्राष्ट्रीय व्यापार क्या है?

10. परिवहन के साधनों को कितने भागों में वर्गीकृत किया जाता है?

लघु उत्तरीय प्रश्न

11. राष्ट्रीय राजमार्ग पर एक लघु निबंध लिखिए।

12. सड़क निर्माण में प्रयुक्त पदार्थों के आधार पर सड़कों का वर्गीकरण कीजिए।

13. सीमांत सड़कों ने किस प्रकार जनजीवन को प्रभावित किया है?

दीर्घ उत्तरीय प्रश्न

14. 'विज्ञान एवं प्रौद्योगिकी के विकास ने व्यापार एवं परिवहन को प्रभावित किया है।' अपने शब्दों में उत्तर दीजिए।

15. व्यापार और बाजार, अंतर्राष्ट्रीय व्यापार से किस प्रकार संबंधित है? बताइए।

16. पर्यटन को बढ़ावा देने हेतु सरकार को किस तरह के प्रयास करने चाहिए?

अध्याय 01

राजनीति विज्ञान

सत्ता की साझेदारी

लोकतंत्र की उचित कार्यप्रणाली के लिए राज्य के तीन अंगों **विधायिका** (Legislature), **कार्यपालिका** (Executive) और **न्यायपालिका** (Judiciary) के मध्य सत्ता की साझेदारी आवश्यक है। सत्ता की साझेदारी का विचार अविभाजित राजनीतिक शक्ति के विरोध के समय उभरा था। लोकतंत्र किस प्रकार सत्ता की साझेदारी की माँग करता है, यह समझने के लिए यहाँ **बेल्जियम** और **श्रीलंका** में सत्ता की साझेदारी को समझाया गया है। ये दोनों लोकतांत्रिक शासन पद्धति सत्ता के बँटवारे को विधिवत समझाती हैं।

अध्याय एक नजर में

- *बेल्जियम*
- *श्रीलंका*
- *सत्ता की साझेदारी क्यों आवश्यक है?*
- *सत्ता की साझेदारी के रूप*

बेल्जियम

बेल्जियम यूरोप का एक छोटा-सा देश है। यह क्षेत्रफल के आधार पर भारत के हरियाणा राज्य से भी छोटा है। इसकी आबादी भारतीय राज्य हरियाणा से भी आधी है। इसकी सीमाएँ फ्रांस, नीदरलैंड, जर्मनी और लक्जमबर्ग से लगती हैं। बेल्जियम की जातीय बनावट (Ethnic Composition) बहुत जटिल है, देश की आबादी के कुल 59% लोग **फ्लेमिश क्षेत्र** (Flemish Region) में रहते हैं और डच भाषा (Dutch Language) बोलते हैं तथा 40% लोग **वेलोनिया क्षेत्र** (Wallonia Region) में रहते हैं और फ्रेंच भाषा (French Language) बोलते हैं। इस देश के शेष 1% लोग जर्मन भाषा बोलते हैं। बेल्जियम की राजधानी **ब्रूसेल्स** है, जहाँ 80% लोग फ्रेंच बोलते हैं और 20% लोग डच भाषा बोलते हैं। अल्पसंख्यक फ्रेंच-भाषी लोग डच-भाषी लोगों की तुलना में अधिक समृद्ध और शक्तिशाली थे, जिससे डच-भाषी लोग क्रोधित थे, इसलिए इन्हें आर्थिक विकास और शिक्षा का उचित अधिकार कुछ समय बाद मिल पाया था।

डच और फ्रेंच समुदाय के मध्य तनाव

1950 और 1960 के दशक में सामाजिक असमानता (Social Disparity) के कारण फ्रेंच और डच भाषा बोलने वाले समूहों के मध्य तनाव बढ़ने लगा। इन दोनों समुदायों के मध्य की यह समस्या ब्रूसेल्स में अत्यधिक तीव्र थी, क्योंकि यहाँ डच बोलने वाले समूहों की संख्या अधिक थी, परंतु ये धन के मामले में कमजोर और अल्पमत थे।

बेल्जियम की समझदारी

बेल्जियम के नेताओं ने क्षेत्रीय अंतरों और सांस्कृतिक विविधता को स्वीकार कर अलग मार्ग अपनाने का निर्णय लिया। वर्ष 1970 और 1993 के बीच बेल्जियम के संविधान में चार संशोधन हुए। बेल्जियम द्वारा किए गए संशोधन बड़े कल्पनाशील थे, जिसे किसी अन्य देश ने नहीं अपनाया। इन संशोधनों का वर्णन इस प्रकार है

(i) बेल्जियम के संविधान में इस बात का स्पष्ट प्रावधान है कि केंद्रीय सरकार में डच और फ्रेंच-भाषी मंत्रियों की संख्या समान रहेगी कुछ विशेष कानून तभी बन सकते हैं, जब दोनों भाषायी समूह के सांसदों का बहुमत उनके पक्ष में हो। इस प्रकार कोई भी एक समुदाय **एकतरफा** (Unilaterally) निर्णय नहीं ले सकता।

(ii) राज्य सरकारें केंद्रीय सरकार के अधीन नहीं हैं। केंद्र सरकार की अनेक शक्तियाँ देश के दो क्षेत्रों की क्षेत्रीय सरकारों अर्थात् राज्य सरकारों को दे दी गई हैं।

(iii) ब्रूसेल्स में अलग सरकार है, जिसमें फ्रेंच-भाषी और डच-भाषी लोगों का समान प्रतिनिधित्व है। फ्रेंच-भाषी लोगों ने ब्रूसेल्स में समान प्रतिनिधित्व को स्वीकार किया, क्योंकि डच-भाषी लोगों ने केंद्रीय सरकार में समान प्रतिनिधित्व स्वीकार किया था।

(iv) केंद्रीय सरकार और राज्य सरकारों के अतिरिक्त बेल्जियम में एक तीसरी सरकार भी कार्य करती है, जिसे **सामुदायिक सरकार** (Community Government) कहते हैं। सामुदायिक सरकार का चुनाव एक ही भाषा बोलने वाले लोग करते हैं। डच, फ्रेंच और जर्मन भाषा बोलने वाले लोग चाहे वे किसी भी क्षेत्र में रहते हों, इस सरकार का चुनाव करते हैं। बेल्जियम में सामुदायिक सरकार को संस्कृति, शिक्षा और भाषा जैसे मुद्दों पर निर्णय लेने का अधिकार प्राप्त है।

बेल्जियम मॉडल व्यवस्था अत्यधिक सफल रही है। हालाँकि यह जटिल थी फिर भी इसने देश में गृहयुद्ध की आशंकाओं पर विराम लगाया तथा दो प्रमुख समुदायों और वंश के बीच नागरिक संघर्ष को होने से भी रोका, जिसके फलस्वरूप यह देश एकजुट बना रहा है। जब अनेक यूरोपीय देशों ने साथ मिलकर यूरोपीय संघ बनाने का निर्णय लिया, तब ब्रूसेल्स को उसका मुख्यालय चुना गया।

श्रीलंका

श्रीलंका एक द्वीपीय देश (Island Country) है, जो तमिलनाडु के दक्षिण तट से कुछ किलोमीटर की दूरी पर स्थित है। इसकी आबादी लगभग दो करोड़ है। इस देश का सबसे प्रमुख सामाजिक समूह **सिंहली भाषी** (Sinhala Speakers) लोगों का है, जिसकी आबादी कुल जनसंख्या की 74% है। दूसरा प्रमुख समूह **तमिल भाषी** (Tamil Speakers) लोगों का है, जो कुल जनसंख्या का 18% है।

श्रीलंका में तमिलों के उप-समूह

श्रीलंका में तमिलों के दो उप-समूह हैं

(i) **श्रीलंकाई तमिल** (Sri Lankan Tamils) श्रीलंका के तमिल मूल निवासियों को श्रीलंकाई तमिल कहते हैं। इनकी संख्या 13% है तथा ये मुख्य रूप से श्रीलंका के उत्तर और पूर्वी प्रांतों में निवास करते हैं। श्रीलंका में सिंहली-भाषी लोग बौद्ध हैं, जबकि तमिल-भाषी लोगों में कुछ हिंदू और मुसलमान हैं।

(ii) **भारतीय तमिल** (Indian Tamil) औपनिवेशिक शासनकाल के समय कुछ तमिलों के वंशज यहाँ बागान मजदूरों के रूप में आए थे और बाद में वे यहीं बस गए। इन्हीं लोगों को भारतीय तमिल कहा जाता है। जनसंख्या के 7% भाग में ईसाई हैं, जो तमिल और सिंहली दोनों हैं।

श्रीलंका में बहुसंख्यकवाद

- बहुसंख्यकवाद (Majoritarianism) से तात्पर्य है कि यदि कोई समुदाय बहुसंख्यक है, तो वह अपने तरीके से देश पर शासन कर सकता है और इसके लिए वह अल्पसंख्यक समुदाय की आवश्यकताओं या इच्छाओं की अवहेलना भी कर सकता है।
- वर्ष 1948 में जब श्रीलंका स्वतंत्र राष्ट्र (Independent Nation) बना, तब सिंहली समुदायों के नेताओं ने श्रीलंका में सरकार पर अपने बहुमत (अथवा अधिक सदस्यों के कारण) से वर्चस्व स्थापित करने का प्रयास किया। परिणामस्वरूप लोकतांत्रिक रूप से निर्वाचित सरकार ने सिंहली समुदाय की प्रभुता स्थापित करने के लिए अनेक बहुसंख्यक उपायों को अपनाया, जो इस प्रकार थे
  - वर्ष 1956 में कानून पारित किया, जिसके अंतर्गत तमिल भाषा की उपेक्षा कर श्रीलंका ने **सिंहली भाषा** को एकमात्र **राजभाषा** (Official Language) घोषित किया।
  - विश्वविद्यालयों में नियुक्तियों एवं सरकारी नौकरियों में सिंहलियों को ही प्राथमिकता देने की नीति चलाई गई।
  - नए संविधान में यह घोषणा की गई कि सरकार केवल बौद्ध मत को संरक्षण और बढ़ावा देगी।
- इन सभी सरकारी फैसलों ने श्रीलंकाई तमिलों की नाराजगी और शासन को लेकर उनमें अलगाव (Alienation) की भावना को बढ़ाया। उन्हें लगा कि बौद्ध धर्मावलंबी सिंहलियों के नेतृत्व वाली सभी राजनीतिक पार्टियाँ उनकी भाषा और संस्कृति को लेकर असंवेदनशील हैं। साथ ही उनके साथ नौकरियों और लाभ के अन्य कार्यों में भी भेदभाव किया गया, जिसके परिणामस्वरूप तमिल और सिंहली समुदायों के सम्बन्ध बिगड़ते चले गए।

श्रीलंकाई तमिलों के संघर्ष

- श्रीलंकाई तमिलों ने अपनी राजनीतिक पार्टियाँ बनाईं और तमिल को राजभाषा बनाने के लिए संघर्ष किया। इन्होंने क्षेत्रीय स्वायत्तता (Regional Autonomy) प्राप्त करने तथा शिक्षा और रोजगारों में समान अवसरों की माँग की, परंतु इनकी माँग को अनदेखा कर दिया गया।
- वर्ष 1980 में **लिट्टे** (Liberation Tigers of Tamil Eelam, LTTE) नामक संगठन बनाकर तमिलों द्वारा उत्तर-पूर्वी श्रीलंका में **स्वतंत्र तमिल ईलम** (सरकार) बनाने की माँग की गई, जिसके परिणामस्वरूप दोनों समुदायों में पारस्परिक अविश्वास ने संघर्ष का रूप ले लिया। यह संघर्ष धीरे-धीरे बढ़कर **गृहयुद्ध** (Civil War) में परिवर्तित हो गया।
- गृहयुद्ध में दोनों समुदायों के हजारों लोग मारे गए। गृहयुद्ध से देश के सामाजिक, सांस्कृतिक और आर्थिक जीवन में अनेक परेशानियाँ उत्पन्न हुईं।
- अनेक परिवार अपने देश को छोड़कर शरणार्थी (Refugees) बन गए और उनकी जीविका के साधन खत्म हो गए। वर्ष 2009 में इस गृहयुद्ध का अंत हुआ।

श्रीलंका और बेल्जियम के संघर्ष से सीख

श्रीलंका और बेल्जियम दोनों ही लोकतांत्रिक देश हैं, परंतु दोनों देशों ने सत्ता की भागीदारी के लिए विभिन्न तरीके अपनाए।

बेल्जियम के नेताओं ने विभिन्न समुदायों और क्षेत्रों की भावना का आदर करते हुए देश की एकता को सुनिश्चित किया। इस एहसास के चलते दोनों पक्ष सत्ता में साझेदारी करने पर सहमत हुए।

श्रीलंका ने बेल्जियम के सत्ता विभाजन के विपरीत रास्ता अपनाया। इसके अंतर्गत बहुसंख्यक समुदाय ने राजनीति में प्रभुत्व हासिल किया और अल्पसंख्यक को अलग किया। इससे देश की एकता को हानि हुई।

चेक प्वॉइंट 01

1. *बेज्जियम में डच भाषा कितने प्रतिशत लोग बोलते थे?*
2. *बेल्जियम के संविधान में 1970 से 1993 के बीच कितने संशोधन हुए?*
3. *श्रीलंका कैसा देश है?*
4. *लिट्टे नामक संगठन किस वर्ष स्थापित हुआ?*
5. *श्रीलंका में वर्ष ······· के बाद गृहयुद्ध की समाप्ति हुई।*

सत्ता की साझेदारी क्यों आवश्यक है?

सत्ता की साझेदारी की जरूरत के विषय में दो विभिन्न तर्क दिए जा सकते हैं

पहला तर्क : युक्तिपरक

- युक्तिपरक (Prudential) तर्क समझाता है कि सत्ता की साझेदारी (Power Sharing) से अच्छे परिणाम निकलते हैं। सत्ता की साझेदारी अच्छी होती है, क्योंकि यह सामाजिक समूहों के बीच संघर्ष की संभाव्यता (Possibility) को कम करती है। सामाजिक संघर्ष प्राय: हिंसा और राजनैतिक अस्थिरता उत्पन्न करते हैं।
- सत्ता की साझेदारी राजनीतिक व्यवस्था की स्थिरता सुनिश्चित करने का अच्छा माध्यम है। बहुसंख्यक लोगों की इच्छाओं को अन्य लोगों पर थोपना एक निश्चित समय तक अच्छा विकल्प हो सकता है, परंतु यह लंबे समय तक चलाए जाने पर राष्ट्रीय एकता को कमजोर कर सकता है।
- बहुसंख्यकों का निम्न समुदाय पर उत्पीड़न (Tyranny) उनके लिए न केवल दमनकारी है, बल्कि यह कभी-कभी स्वयं बहुसंख्यक वर्ग के लिए समस्या उत्पन्न कर सकता है।
- युक्तिपरक या समझदारी का तर्क लाभदायक परिणामों पर जोर देता है।

दूसरा तर्क : नैतिक

- नैतिक (Moral) तर्क इस बात पर बल देता है कि सत्ता की साझेदारी का कार्य मूल्यवान होता है और सत्ता की साझेदारी लोकतंत्र की आत्मा होती है। लोगों को आपस में या किसी अन्य से यह सलाह लेने का अधिकार है कि उन्हें किस प्रकार नियंत्रित किया जाए। एक वैध सरकार (Legitimate Government) वह है, जहाँ भागीदारी के माध्यम से नागरिक, शासन व्यवस्था से जुड़ते हैं।
- नैतिक तर्क सत्ता के बँटवारे के अंतर्भूत महत्त्व को बताता है।

सत्ता की साझेदारी के रूप

लोकतंत्र में लोग संपूर्ण राजनीतिक शक्ति के स्रोत होते हैं। लोग स्व-शासन के संस्थानों के माध्यम से स्वयं शासन करते हैं तथा प्रत्येक वर्ग, जिसमें निम्न समुदाय भी शामिल हैं, सार्वजनिक नीतियों को तय करने में शामिल होता है। अत: लोकतंत्र में राजनीतिक सत्ता को अधिक-से-अधिक नागरिकों के बीच विभाजित किया जाना चाहिए। आधुनिक लोकतंत्र में सत्ता की साझेदारी व्यवस्था निम्न रूप ले सकती है

सत्ता का क्षैतिज वितरण

- सत्ता सरकार के विभिन्न अंगों के बीच बाँटी जाती है; जैसे—विधायिका, कार्यपालिका और न्यायपालिका। यह व्यवस्था सत्ता का क्षैतिज वितरण (Horizontal Distribution of Power) कहलाती है, क्योंकि यह सरकार के समान स्तर के अंगों को विभिन्न शक्तियों का उपयोग करने की अनुमति देती है।
- यह वितरण सत्ता का ऐसा पृथक्करण सुनिश्चित करता है कि कोई भी अंग सत्ता का असीमित उपयोग नहीं कर सकता। प्रत्येक अंग अन्य अंग पर नियंत्रण रखता है। इससे विभिन्न संस्थाओं के बीच सत्ता का संतुलन बना रहता है। यह व्यवस्था **नियंत्रण और संतुलन की व्यवस्था** (System of Checks and Balances) कहलाती है।
  उदाहरण के लिए, न्यायाधीशों की नियुक्ति कार्यपालिका द्वारा की जाती है, परंतु न्यायाधीश कार्यपालिका के कार्यों तथा विधायिका द्वारा बनाए गए कानूनों की जाँच कर सकता है।

संघीय सरकार और सत्ता का ऊर्ध्वाधर विभाजन

- सरकारों के बीच सत्ता का बँटवारा विभिन्न स्तरों पर किया जा सकता है; जैसे—संपूर्ण देश के लिए एक सामान्य सरकार और क्षेत्रीय या प्रांतीय स्तर पर भिन्न-भिन्न सरकार।
- संपूर्ण देश के लिए ऐसी सामान्य सरकार प्राय: संघीय सरकार (Federal Government) कहलाती है। भारत में, हम इसे केंद्रीय सरकार कहते हैं। प्रांतीय या क्षेत्रीय स्तर की सरकार विभिन्न देशों में भिन्न-भिन्न नामों से पुकारी जाती है।
- ऐसे बहुत से देश हैं, जहाँ प्रांतीय या राज्य सरकारें नहीं होतीं। वे देश जहाँ हमारे देश की तरह सरकार के विभिन्न स्तर हैं, वहाँ सरकार के विभिन्न स्तरों की शक्तियों का निर्धारण स्पष्ट रूप से संविधान करता है। इसे **सत्ता या शक्ति का ऊर्ध्वाधर विभाजन** (Federal Government and Vertical Division of Power) कहा जाता है।

- यह बेल्जियम में पाया जाता है, श्रीलंका में नहीं। इसे **शक्ति का संघीय विभाजन** (Federal Division of Power) भी कहा जाता है। राज्य सरकारों के नीचे के स्तर की सरकारों के लिए भी ऐसी व्यवस्था हो सकती है; जैसे—नगरपालिका एवं पंचायत आदि। इस प्रकार का विभाजन सत्ता का निम्न स्तर पर बँटवारे के लिए किया जाता है।

सामुदायिक सरकार

- सत्ता को विभिन्न सामाजिक समूहों के बीच भी बाँटा जा सकता है; जैसे—धार्मिक और भाषायी समूह। बेल्जियम में 'सामुदायिक सरकार' (Community Government) इस व्यवस्था का एक अच्छा उदाहरण है।
- कुछ देशों में, संवैधानिक और कानूनी रूप से ऐसी व्यवस्थाएँ होती हैं, जिनके द्वारा सामाजिक रूप से कमजोर वर्गों और महिलाओं का विधानमंडलों और प्रशासन में प्रतिनिधित्व किया जाता है। इस विधि को निम्नतर समुदायों को सत्ता में एक उचित साझेदारी देने के लिए प्रयोग किया जाता है।

गठबंधन सरकार

- सत्ता की साझेदारी की व्यवस्थाएँ राजनीतिक दलों, दबाव समूहों और आंदोलनों द्वारा शासन को प्रभावित और नियंत्रित करने के तरीके में भी लक्षित हो सकती हैं।
- लोकतंत्र में नागरिकों को सत्ता के लिए विभिन्न राजनीतिक दलों के विभिन्न प्रत्याशियों के बीच उनके चुनाव की स्वतंत्रता होनी चाहिए।
- लोकतंत्र में सत्ता बारी-बारी से अलग-अलग विचारधारा (Ideologies) और सामाजिक समूहों वाली पार्टियों के पक्ष में आती रहती है।
- लोकतंत्र में यह विकल्प विभिन्न पार्टियों के रूप में उपलब्ध होता है। पार्टियों के बीच प्रतिस्पर्द्धा इस बात को सुनिश्चित करती है कि सत्ता किसी एक व्यक्ति या समूह में केंद्रित न रहे।
- कई बार सत्ता की भागीदारी का यह स्वरूप स्पष्ट दिखाई देता है जब दो या अधिक पार्टियाँ मिलकर चुनाव लड़ती हैं और सरकार का गठन करती हैं। यह गठबंधन सरकार का स्वरूप है।

दबाव समूह

लोकतंत्र में हम अनेक दबाव समूह को भी सक्रिय देखते हैं; जैसे—व्यापारी, व्यवसायी, उद्योगपति, किसान और औद्योगिक कर्मचारी। ये भी सरकारी समितियों में भागीदारी करके या निर्णय करने की प्रक्रिया में प्रभाव लाकर सरकारी सत्ता में साझेदारी रखते हैं।

चेक प्वॉइंट 02

1. *सत्ता की साझेदारी की आवश्यकता के विषय में ········ तर्क दिए गए हैं।*
2. *सत्ता सरकार के कितने अंगों के बीच बाँटी जाती है?*
3. *नियंत्रण और संतुलन की व्यवस्था किसे कहते हैं?*
4. *ऊर्ध्वाधर विभाजन किसे कहते हैं?*
5. *लोकतंत्र में हम ········ हित समूहों को भी देखते हैं।*

इन्हें भी जानें

- ***एथनीक या जातीय*** *(Ethnic)* साझी संस्कृति पर आधारित सामाजिक विभाजन एथनीक या जातीय कहलाता है।
- ***सामुदायिक सरकार*** *(Community Government)* ऐसी सरकार जो किसी एक भाषायी समुदाय के लोगों द्वारा चुनी जाए, उसे सामुदायिक सरकार कहते हैं।
- ***सत्ता की साझेदारी*** *(Power Sharing)* किसी भी प्रणाली के उचित संचालन के लिए अलग-अलग स्तरों तथा समूहों में सत्ता का बँटवारा सत्ता की साझेदारी कहलाता है।
- ***बहुसंख्यकवाद*** *(Majoritarianism)* वह राजनैतिक विचारधारा, जिसमें बहुसंख्यक जाति सत्ता पर अमर्यादित ढंग से शासन करे, तो उसे बहुसंख्यकवाद कहते हैं।
- ***गृहयुद्ध*** *(Civil War)* किसी भी देश में सरकार विरोधी समूहों की हिंसक लड़ाई जो युद्ध का रूप ले ले उसे गृहयुद्ध कहते हैं।
- ***युक्तिपरक*** *(Prudential)* हानि-लाभ का सावधानीपूर्वक हिसाब लगाकर किया गया फैसला युक्तिपरक कहलाता है।
- ***दबाव समूह*** *(Pressure Group)* जब विभिन्न आर्थिक हितों के संगठन अपने हितों की पूर्ति के लिए सरकार पर दबाव डालते हैं, तो ये हित समूह दबाव समूह कहलाते हैं।
- ***संघ राज्य क्षेत्र*** *(Union Territories)* शासन का वह क्षेत्र जो प्रत्यक्ष रूप से केंद्रीय सरकार के अधीन रहता है, संघ राज्य क्षेत्र कहलाता है।
- ***ऊर्ध्वाधर वितरण*** *(Vertical Distribution)* उच्चतर और निम्नतर स्तर की सरकारों के बीच सत्ता के बँटवारे को ऊर्ध्वाधर वितरण कहा जाता है।
- ***क्षैतिज वितरण*** *(Horizontal Distribution)* शासन के विभिन्न अंगों; जैसे— विधायिका, कार्यपालिका और न्यायपालिका के बीच सत्ता का बँटवारा क्षैतिज वितरण कहलाता है।
- ***राजनीतिक समानता*** *(Political Equality)* राज्य के समस्त मामलों में सभी व्यक्तियों को समान प्रतिभागिता का अधिकार रहना राजनीतिक समानता कहलाता है।
- ***अवशिष्ट शक्तियाँ*** *(Residual Power)* शासनाधिकार की तीन सूचियों (संघ सूची, राज्य सूची, समवर्ती सूची) में आवंटन के उपरांत शेष बचे रहने वाले विषयों पर प्राधिकारिता जो अन्य रूप से केंद्र सरकार की रहती है।
- ***संघ सरकार*** *(Federal Government)* पूरे देश के लिए बनने वाली सामान्य सरकार को संघ या केंद्र सरकार कहते हैं।
- ***पंचायती राज*** *(Panchayati Raj)* यह तीन अंगों; जैसे— ग्राम पंचायत, खंड या ब्लॉक समिति और जिला परिषद् वाली स्थानीय स्वशासन प्रणाली है।
- ***सामाजिक समानता*** *(Social Equality)* राष्ट्र के सभी नागरिकों के व्यक्तित्व के सर्वांगीण विकास का समान अवसर रहना, प्रथा, लिंग, जाति, धर्म आदि के विभेदों को दूर करना सामाजिक समानता कहलाती है।

NCERT फोल्डर

1. आधुनिक लोकतांत्रिक व्यवस्थाओं में सत्ता की साझेदारी के अलग-अलग तरीके क्या हैं? इनमें से प्रत्येक का एक उदाहरण भी दीजिए। **CBSE 2015**

उत्तर आधुनिक लोकतंत्र में सत्ता की साझेदारी व्यवस्था अनेक रूप ले सकती है; जैसे–

सत्ता का क्षैतिज वितरण

- सत्ता सरकार के विभिन्न अंगों के बीच बाँटी जाती है; जैसे– विधायिका, कार्यपालिका और न्यायपालिका। यह व्यवस्था सत्ता का क्षैतिज वितरण कहलाती है, क्योंकि यह सरकार के समान स्तर के अंगों को विभिन्न शक्तियों का उपयोग करने की अनुमति देती है।
- यह वितरण सत्ता का ऐसा पृथक्करण सुनिश्चित करता है जिसमें कोई भी अंग सत्ता का असीमित उपयोग नहीं कर सकता। प्रत्येक अंग अन्य अंग पर नियंत्रण रखता है। इससे विभिन्न संस्थाओं के बीच सत्ता का संतुलन बना रहता है। यह व्यवस्था 'नियंत्रण और संतुलन की व्यवस्था' कहलाती है। उदाहरण के लिए, न्यायाधीशों की नियुक्ति कार्यपालिका द्वारा की जाती है, परंतु कार्यपालिका के कार्यों तथा विधायिका द्वारा बनाए गए कानूनों पर नियंत्रण न्यायाधीश ही रखते हैं। इस प्रकार की व्यवस्था अमेरिका तथा भारत में उपस्थित है।

संघीय सरकार और सत्ता का ऊर्ध्वाधर विभाजन

- सरकारों के बीच सत्ता का बँटवारा विभिन्न स्तरों पर किया जा सकता है; जैसे–संपूर्ण देश के लिए सामान्य सरकार और क्षेत्रीय या प्रांतीय स्तर पर भिन्न-भिन्न सरकार।
- संपूर्ण देश के लिए ऐसी सामान्य सरकार प्रायः संघीय सरकार कहलाती है। भारत में, हम इसे केंद्रीय सरकार कहते हैं। प्रांतीय या क्षेत्रीय स्तर की सरकार विभिन्न देशों में भिन्न-भिन्न नामों से पुकारी जाती है।
- ऐसे बहुत से देश हैं, जहाँ प्रांतीय या राज्य सरकारें नहीं होतीं। वे देश जहाँ हमारे देश की तरह सरकार के विभिन्न स्तर हैं, वहाँ सरकार के विभिन्न स्तरों की शक्तियों का निर्धारण स्पष्ट रूप से संविधान करता है। इसे 'सत्ता या शक्ति का ऊर्ध्वाधर विभाजन' कहा जाता है।
- यह बेल्जियम में पाया जाता है, श्रीलंका में नहीं। इसे 'शक्ति का संघीय विभाजन' भी कहा जाता है। राज्य सरकारों के नीचे के स्तर की सरकारों के लिए भी ऐसी व्यवस्था हो सकती है; जैसे–नगरपालिका एवं पंचायत आदि। इस प्रकार का विभाजन सत्ता का निम्न स्तर पर बँटवारे के लिए किया जाता है।

सामुदायिक सरकार

- सत्ता को विभिन्न सामाजिक समूहों के बीच भी बाँटा जा सकता है; जैसे–धार्मिक और भाषायी समूह। बेल्जियम में सामुदायिक सरकार इस व्यवस्था का एक अच्छा उदाहरण है। कुछ देशों में, संवैधानिक और कानूनी रूप से ऐसी व्यवस्थाएँ होती हैं, जिनके द्वारा सामाजिक रूप से कमजोर वर्गों और महिलाओं का विधानमंडलों और प्रशासन में प्रतिनिधित्व होता है।
  इस विधि को निम्नतर समुदायों को सत्ता में एक उचित साझेदारी देने के लिए प्रयोग किया जाता है।

गठबंधन सरकार

- सत्ता की साझेदारी की व्यवस्थाएँ राजनीतिक दलों, दबाव समूहों और आंदोलनों द्वारा शासन को प्रभावित और नियंत्रित करने के तरीके में भी लक्षित हो सकती हैं।
- लोकतंत्र में नागरिकों को सत्ता के लिए विभिन्न राजनीतिक दलों के विभिन्न प्रत्याशियों के बीच उनके चुनाव की स्वतंत्रता होनी चाहिए। सत्ता अलग-अलग विचारधारा और सामाजिक समूहों वाली पार्टियों के हाथ आती रहती है।

विभिन्न हित समूह

- लोकतंत्र में हम अनेक हित समूहों को भी सक्रिय देखते हैं; जैसे–व्यापारी, व्यवसायी, उद्योगपति, किसान और औद्योगिक कर्मचारी।
- ये भी सरकारी समितियों में भागीदारी करके या निर्णय करने की प्रक्रिया में प्रभाव लाकर सरकारी सत्ता में साझेदारी रखते हैं। इस प्रकार की व्यवस्था अमेरिका में स्पष्ट रूप से देखी जा सकती है।

2. भारतीय संदर्भ में सत्ता की हिस्सेदारी का एक उदाहरण देते हुए इसका एक युक्तिपरक और एक नैतिक कारण बताइए। CBSE 2012

उत्तर भारतीय संदर्भ में सत्ता की भागीदारी के प्रमुख दो कारण हैं पहला युक्तिपरक कारण और दूसरा नैतिक कारण।

पहला तर्क : युक्तिपरक

- यह तर्क दबाव देता है कि सत्ता की साझेदारी से बेहतर परिणाम निकलते हैं। सत्ता की साझेदारी अच्छी होती है, क्योंकि यह सामाजिक समूहों के बीच संघर्ष की संभाव्यता को कम करती है, क्योंकि सामाजिक संघर्ष प्रायः हिंसा और राजनैतिक अस्थिरता उत्पन्न करते हैं।
- सत्ता की साझेदारी राजनीतिक व्यवस्था की स्थिरता सुनिश्चित करने का अच्छा माध्यम है। बहुसंख्यक लोगों की इच्छाओं को अन्य लोगों पर थोपना एक अच्छा विकल्प हो सकता है, परंतु यह लंबे समय तक चलाए जाने पर राष्ट्रीय एकता को कमजोर कर सकता है।
- बहुसंख्यकों का निम्न समुदाय पर उत्पीड़न उनके लिए न केवल दमनकारी है, बल्कि यह कभी-कभी स्वयं बहुसंख्यक वर्ग के लिए समस्या उत्पन्न कर सकता है।

उदाहरण भारत में अनुसूचित जाति (SC) और अनुसूचित जनजाति के लिए संसद और विभिन्न विधानमंडलों (प्रांतीय स्तर पर) में सीटों को आरक्षित किया गया है। यह पिछड़े/वंचित वर्ग को सत्ता में भागीदारी का अवसर प्रदान करता है।

दूसरा तर्क : नैतिक

- नैतिक तर्क इस बात पर बल देता है कि सत्ता की साझेदारी का कार्य मूल्यवान होता है और सत्ता की साझेदारी लोकतंत्र की आत्मा होती है। लोगों को यह परामर्श करने का अधिकार है कि उन्हें किस प्रकार नियंत्रित किया जाए। एक वैध सरकार वह है, जहाँ भागीदारी के माध्यम से नागरिक, शासन व्यवस्था से जुड़ते हैं।

  उदाहरण भारत में नागरिकों को सरकारी योजनाओं और नीतियों की आलोचना करने का अधिकार है। यह लोकतांत्रिक प्रणाली में संभव है और जन दबाव की यह स्थिति सरकार को अपने निर्णयों पर पुनः विचार का अवसर उपलब्ध कराती है।

3. इस अध्याय को पढ़ने के बाद तीन छात्रों ने अलग-अलग निष्कर्ष निकाले। आप इनमें से किससे सहमत हैं और क्यों? अपना जवाब लगभग 50 शब्दों में दीजिए।

थम्मन जिन समाजों में क्षेत्रीय, भाषायी और जातीय आधार पर विभाजन हो सिर्फ वहीं सत्ता की साझेदारी जरूरी है।

मथाई सत्ता की साझेदारी सिर्फ ऐसे बड़े देशों के लिए उपयुक्त है जहाँ क्षेत्रीय विभाजन मौजूद होते हैं।

औसेफ प्रत्येक समाज में सत्ता की साझेदारी की जरूरत होती है भले ही वह छोटा हो या उसमें सामाजिक विभाजन न हो।

उत्तर इस अध्याय को पढ़ने के बाद थम्मन, मथाई एवं औसेफ द्वारा अलग-अलग निकाले गए निष्कर्षों में से हम औसेफ के निष्कर्ष से सहमत हैं, क्योंकि सभी समाजों में शांतिपूर्ण सह-अस्तित्व के लिए सत्ता की साझेदारी आवश्यक होती है।

इसके अभाव में समाज के विभिन्न समूहों एवं संस्थाओं के बीच तनाव उत्पन्न हो सकता है। इसलिए समाज के विकास हेतु विभिन्न संस्थाओं एवं सामाजिक समूहों के बीच सत्ता की हिस्सेदारी आवश्यक होती है।

4. बेल्जियम में ब्रूसेल्स के निकट स्थित शहर मर्चटेम के मेयर ने अपने यहाँ के स्कूलों में फ्रेंच बोलने पर लगी रोक को सही बताया है। उन्होंने कहा कि इससे डच भाषा न बोलने वाले लोगों को इस फ्लेमिश शहर के लोगों से जुड़ने में मदद मिलेगी। क्या आपको लगता है कि यह फैसला बेल्जियम की सत्ता की साझेदारी की व्यवस्था की मूल भावना से मेल खाता है? अपना जवाब लगभग 50 शब्दों में लिखें।

उत्तर बेल्जियम में ब्रूसेल्स के निकट स्थित शहर मर्चटेम के मेयर ने अपने यहाँ के स्कूलों में फ्रेंच बोलने पर लगी पाबंदी को सही बताया। यह बेल्जियम के संविधान की भावना के विरुद्ध है, क्योंकि बेल्जियम ने 1970 और 1933 के बीच अपने संविधान में चार संशोधन केवल इस बात के लिए किए कि देश में रहने वाला कोई भी आदमी अपनी भाषा के कारण बेगानेपन का अहसास न करे और देश में विभिन्न भाषा बोलने वाले लोग मिलजुलकर रह सकें।

5. नीचे दिए गए उद्धरण को ध्यानपूर्वक पढ़ें और इसमें सत्ता की साझेदारी के जो युक्तिपरक कारण बताए गए हैं, उसमें से किसी एक का चयन करें।

"महात्मा गाँधी के सपनों को साकार करने और अपने संविधान निर्माताओं की उम्मीदों को पूरा करने के लिए हमें पंचायतों को अधिकार देने की जरूरत है। पंचायती राज ही वास्तविक लोकतंत्र की स्थापना करता है। यह सत्ता उन लोगों के हाथों में सौंपता है, जिनके हाथों में इसे होना चाहिए। भ्रष्टाचार कम करने और प्रशासनिक कुशलता को बढ़ाने का एक उपाय पंचायतों को अधिकार देना भी है। जब विकास की योजनाओं को बनाने और लागू करने में लोगों की भागीदारी होगी, तो इन योजनाओं पर उनका नियंत्रण बढ़ेगा। इससे भ्रष्ट बिचौलियों को खत्म किया जा सकेगा। इस प्रकार पंचायती राज लोकतंत्र की नींव को मजबूत करेगा।"

उत्तर उपरोक्त उद्धरण के अनुसार पंचायत स्तर पर सत्ता का बराबर बँटवारा अति आवश्यक है, क्योंकि इससे ग्राम स्तर पर लोकतंत्र की भावना मजबूत होगी तथा कार्यकुशलता में वृद्धि होगी। पंचायत स्तर पर स्थानीय स्तर के लोग ही अपने विकास से संबंधित योजना स्वयं बनाएँगे जिससे भ्रष्ट बिचौलियों का कार्य समाप्त होगा।

पंचायत स्तर पर यदि स्थानीय लोग अपनी विकास योजनाएँ स्वयं बनाएँगे तो विकास सतत तथा धारणीय बना रहेगा, जो ग्राम के विकास को निरंतरता प्रदान करेगा। लोकतंत्र तभी मजबूत होगा जब स्थानीय स्तर पर लोग अपनी जरूरत के अनुसार अपनी विकास योजना स्वयं बनाएँगे।

6. सत्ता के बँटवारे के पक्ष और विपक्ष में कई तरह के तर्क दिए जाते हैं। इनमें से जो तर्क सत्ता के बँटवारे के पक्ष में हैं, उनकी पहचान करें और नीचे दिए गए कूट से अपने उत्तर का चयन करें। सत्ता की साझेदारी

(a) विभिन्न समुदायों के बीच टकराव को कम करती है।
(b) पक्षपात का अंदेशा कम करती है।
(c) निर्णय लेने की प्रक्रिया को अटका देती है।
(d) विविधताओं को अपने में समेट लेती है।
(e) अस्थिरता और आपसी फूट को बढ़ाती है।
(f) सत्ता में लोगों की भागीदारी बढ़ाती है।
(g) देश की एकता को कमजोर करती है।

कूट

(i)	a	b	d	f
(ii)	a	c	e	f
(iii)	a	b	d	g
(iv)	b	c	d	g

उत्तर (i) a b d f

7. बेल्जियम और श्रीलंका की सत्ता में साझेदारी की व्याख्या के बारे में निम्नलिखित बयानों पर विचार करें

(a) बेल्जियम में डच भाषी बहुसंख्यकों ने फ्रेंच भाषी अल्पसंख्यकों पर अपना प्रभुत्व जमाने का प्रयास किया।

(b) सरकार की नीतियों ने सिंहली-भाषी बहुसंख्यकों का प्रभुत्व बनाए रखने का प्रयास किया।

(c) अपनी संस्कृति और भाषा को बचाने तथा शिक्षा तथा रोजगार में समानता के अवसर के लिए श्रीलंका के तमिलों ने सत्ता को संघीय ढाँचे पर बाँटने की माँग की।

(d) बेल्जियम में एकात्मक सरकार की जगह संघीय शासन व्यवस्था लाकर मुल्क को भाषा के आधार पर टूटने से बचा लिया गया।

ऊपर दिए गए बयानों में से कौन-से सही हैं?

(i) a, b, c, d (ii) d, b, d
(iii) c, d (iv) b, c, d

उत्तर (iv) b, c, d

8. सूची I (सत्ता के बँटवारे के स्वरूप) और सूची II (शासन के स्वरूप) में मेल कराएँ और नीचे दिए गए कूट का उपयोग करते हुए सही जवाब दें

सूची I	सूची II
1. सरकार के विभिन्न अंगों के बीच सत्ता का बँटवारा	(a) सामुदायिक सरकार
2. विभिन्न स्तर की सरकारों के बीच अधिकारों का बँटवारा	(b) अधिकारों का वितरण
3. विभिन्न सामाजिक समूहों के बीच सत्ता की साझेदारी	(c) गठबंधन सरकार
4. दो या दो से अधिक दलों के बीच सत्ता की साझेदारी	(d) संघीय सरकार

कूट

	1	2	3	4
(i)	d	a	b	c
(ii)	b	c	d	a
(iii)	b	d	a	c
(iv)	c	d	a	b

उत्तर (iii) b d a c

9. सत्ता की साझेदारी के विषय में निम्नलिखित दो बयानों पर गौर करें और नीचे दिए गए कोड के आधार पर जवाब दें

(a) सत्ता की साझेदारी लोकतंत्र के लिए लाभकर है।

(b) इससे सामाजिक समूहों में टकराव का अंदेशा घटता है।

इन बयानों में कौन सही हैं और कौन गलत?

(i) a सही है, लेकिन b गलत है।

(ii) a और b दोनों सही हैं।

(iii) a और b दोनों गलत हैं।

(iv) a गलत है, लेकिन b सही है।

उत्तर (ii) a और b दोनों सही हैं।

परीक्षा अभ्यास

वस्तुनिष्ठ प्रश्न

बहुविकल्पीय प्रश्न

1. निम्न में से कौन-सा देश बेल्जियम देश के साथ सीमा साझा नहीं करता है?

(a) फ्रांस (b) नीदरलैंड
(c) स्वीडन (d) लक्जमबर्ग

उत्तर (c) स्वीडन

2. बेल्जियम में मुख्यत: कौन-सी भाषा बोली जाती है?

(a) डच (b) स्पेनिश
(c) फ्रेंच (d) इटैलियन

उत्तर (a) डच

3. निम्न में से कौन-सा शहर बेल्जियम की राजधानी है?

(a) ब्रुग (b) ब्रूसेल्स
(c) यास्ट्रिच (d) एंटर्वथ

उत्तर (b) ब्रूसेल्स

4. जब किसी देश में विरोधी समूह के बीच युद्ध जैसी स्थिति बन जाती है, तो उसे कहते हैं

(a) शीतयुद्ध (b) गृहयुद्ध
(c) नृजातीय युद्ध (d) इनमें से कोई नहीं

उत्तर (b) गृहयुद्ध

5. श्रीलंका एकद्वीपीय देश है। वह किस दक्षिण भारतीय राज्य के तट के सबसे निकट है?

(a) गोवा (b) केरल
(c) तमिलनाडु (d) लक्षद्वीप

उत्तर (c) तमिलनाडु

6. सत्ता की साझेदारी उपयोगी है, क्योंकि

(a) यह विभिन्न समूहों को त्योहार मनाने की स्वतंत्रता देती है
(b) यह अल्पसंख्यकों पर बहुसंख्यकों का नियंत्रण स्थापित करती है
(c) विभिन्न समूहों के बीच विरोधाभास को कम करती है
(d) राजनीतिक संस्थाओं को स्थिरीकरण प्रदान करती है

उत्तर (c) विभिन्न समूहों के बीच विरोधाभास को कम करती है

7. लोकतंत्र की उचित कार्यवाही के लिए किनके बीच सत्ता की साझेदारी आवश्यक है?

(a) विधायिका और केंद्र सरकार
(b) कार्यपालिका और न्यायपालिका
(c) विधायिका और न्यायपालिका
(d) विधायिका, कार्यपालिका एवं न्यायपालिका

उत्तर (d) विधायिका, कार्यपालिका एवं न्यायपालिका

8. जब सत्ता की साझेदारी सरकार के विभिन्न अंगों में बाँट दी जाती है, तो उसे क्या कहते हैं?

(a) सत्ता का क्षैतिज बँटवारा
(b) सत्ता का सामुदायिक बँटवारा
(c) सत्ता का केंद्रीकरण
(d) सत्ता का संघीय बँटवारा

उत्तर (a) सत्ता का क्षैतिज बँटवारा

9. निम्नलिखित में से कौन श्रीलंका का मुख्य धार्मिक वर्ग है? **CBSE 2020**

(a) ईसाई और तमिल (b) बौद्ध और हिंदू
(c) सिंहली और तमिल (d) सिंहली और ईसाई

उत्तर (c) सिंहली और तमिल

10. निम्नलिखित में से कौन-सा जातीय समुदाय श्रीलंका में बहुसंख्यक है? **CBSE Term 1 2021**

(a) श्रीलंकाई तमिल (b) भारतीय तमिल
(c) मुस्लिम (d) सिंहली

उत्तर (d) सिंहली

11. निम्नलिखित में से किस देश में अपने संविधान में बहुसंख्यकवाद को अपनाया?

(a) नेपाल (b) भारत
(c) श्रीलंका (d) बांग्लादेश

उत्तर (c) श्रीलंका

12. केंद्र एवं राज्य सरकार के अलावा बेल्जियम में तीसरी तरह की सरकार भी है। निम्नलिखित विकल्पों में से इस तीसरे प्रकार की सरकार को पहचानिए **CBSE Term 1 2021**

(a) लोकतांत्रिक सरकार (b) समाजवादी सरकार
(c) सामुदायिक सरकार (d) उदारवादी सरकार

उत्तर (c) सामुदायिक सरकार

13. बेल्जियम की 'सामुदायिक सरकार' में निम्नलिखित में से किसके मध्य सत्ता में साझेदारी है?

(a) विभिन्न सामाजिक समूहों के मध्य
(b) शासन के विभिन्न अंगों के मध्य
(c) केंद्र और राज्य सरकार के मध्य
(d) राज्य सरकार और सामुदायिक सरकार के मध्य

उत्तर (a) विभिन्न सामाजिक समूहों के मध्य

14. बेल्जियम के निवासी प्रमुख रूप से निम्नलिखित में से कौन-सी दो भाषाएँ बोलते हैं? **CBSE 2020**

(a) फ्रेंच व अंग्रेजी (b) डच व फ्रेंच
(c) रूसी व डच (d) रूसी व फ्रेंच

उत्तर (b) डच व फ्रेंच

15. निम्नलिखित विकल्पों में से सत्ता के बँटवारे के महत्त्वपूर्ण कारणों की पहचान कीजिए **CBSE Term 1 2021**

(a) सामाजिक-आर्थिक संघर्षों को कम करता है
(b) जातीय-सांस्कृतिक विकास प्रदान करता है
(c) लोगों को विशिष्ट अधिकारों को आनंदित करता है
(d) एक दल के वर्चस्व को प्रतिबंधित करता है

उत्तर (b) जातीय-सांस्कृतिक विकास प्रदान करता है

16. निम्न में से कौन-सा कथन सत्ता के बँटवारे में उपयोगी नहीं है?

(a) यह लोकतंत्र की भावना को प्रेरित करता है
(b) राजनीतिक पार्टियों के निजी स्वार्थ होते हैं
(c) यह राजनीतिक स्थिरता को लंबे समय तक बनाए रखती है
(d) यह विभिन्न समूहों के बीच विरोधाभास को कम करती है

उत्तर (b) राजनीतिक पार्टियों के निजी स्वार्थ होते हैं

17. सत्ता के बँटवारे पर निम्नलिखित कथनों पर विचार कीजिए और सही विकल्प का चयन कीजिए **CBSE 2023**

1. बहुसंख्यक समुदाय की इच्छा को सभी पर थोपना।
2. सामाजिक समूहों के बीच संघर्ष की संभावना को कम करना।
3. राजनीतिक व्यवस्था की स्थिरता सुनिश्चित करने के लिए सत्ता का बँटवारा।
4. दलों के बीच सामाजिक-राजनीतिक विरोध की संभावना बढ़ाना।

कूट

(a) 1 और 3 (b) 2 और 3
(c) 1 और 4 (d) 1 और 2

उत्तर (b) 2 और 3

18. श्रीलंका में बहुसंख्यकवाद के संबंध में दिए गए कथनों को ध्यानपूर्वक पढ़कर कूट के माध्यम से असत्य कथन की पहचान कीजिए

1. वर्ष 1950 में श्रीलंका एक स्वतंत्र राष्ट्र बना।
2. श्रीलंका में सिंहली समुदाय के नेताओं द्वारा बहुसंख्या को आधार बनाकर शासन पर आधिपत्य स्थापित करने की कोशिश की गई।
3. वर्ष 1955 में निर्मित एक कानून के द्वारा सिंहली को श्रीलंका की एकमात्र राजभाषा घोषित कर दिया गया।

कूट

(a) केवल 1 (b) 2 और 3
(c) 1 और 2 (d) 1 और 3

उत्तर (d) 1 और 3

19. नीचे दिए गए कथनों को पढ़कर उपयुक्त देश की पहचान कीजिए

- यह क्षेत्रफल में हरियाणा राज्य से भी छोटा है।
- यह एक यूरोपीय देश है, जिसकी जातीय बुनावट अत्यंत जटिल है।
- यहाँ के 40 फीसदी लोग वेलोनिया क्षेत्र में रहते हैं और फ्रेंच बोलते हैं।

(a) फ्रांस (b) जर्मनी
(c) बेल्जियम (d) नीदरलैंड

उत्तर (c) बेल्जियम

20. यह एक द्वीपीय देश है, जो तमिलनाडु के दक्षिणी तट से कुछ किलोमीटर दूर स्थित है। इस देश की प्रमुख जातीय समूह की आबादी देश के समस्त जातीय आबादी का 74 फीसदी है। इस देश की आबादी में तमिलों का अनुपात 18 फीसदी है।

उपरोक्त वक्तव्यों को ध्यानपूर्वक पढ़कर उचित विकल्प का चयन कीजिए

(a) फिजी (b) मॉरिशस
(c) श्रीलंका (d) गुयाना

उत्तर (c) श्रीलंका

21. निम्न युग्मों में से सही युग्म की पहचान कीजिए

(a) श्रीलंका एक स्वतंत्र राष्ट्र बना – वर्ष 1949
(b) श्रीलंका की एकमात्र राजभाषा – तमिल
(c) श्रीलंका में तमिल आबादी – 74 फीसदी
(d) श्रीलंका में गृहयुद्ध की समाप्ति – वर्ष 2009

उत्तर (d) श्रीलंका में गृहयुद्ध की समाप्ति–वर्ष 2009

22. नीचे दिए गए युग्मों को ध्यानपूर्वक पढ़कर गलत युग्म की पहचान कीजिए

(a) बेल्जियम की राजधानी – ब्रूसेल्स
(b) 'सामुदायिक सरकार' की व्यवस्था – बेल्जियम
(c) बेल्जियम की आबादी के 59% भाग का निवास स्थान – फ्लेमिश
(d) बेल्जियम में जर्मन बोलने वाले लोगों का प्रतिशत – 60 प्रतिशत

उत्तर (d) बेल्जियम में जर्मन बोलने वाले लोगों का प्रतिशत – 60 प्रतिशत

सुमेलित करें

23. सुमेलित कीजिए

सूची I		सूची II
A. श्रीलंका स्वतंत्र राष्ट्र बना	1.	1956
B. सिंहली भाषा को राजभाषा घोषित किया गया	2.	2009
C. श्रीलंका में गृहयुद्ध की समाप्ति	3.	1948

कूट

	A	B	C		A	B	C
(a)	2	1	3	(b)	3	1	2
(c)	2	3	1	(d)	1	2	3

उत्तर (b) 3 1 2

रिक्त स्थान भरें

24. ब्रूसेल्स में .... प्रतिशत लोग फ्रेंच बोलते हैं, जबकि .... प्रतिशत लोग डच बोलते हैं।

उत्तर 80, 20

25. श्रीलंका में .... प्रतिशत ईसाई हैं, जो सिंहली और तमिल दोनों हैं।

उत्तर 7

26. नियंत्रण और संतुलन की व्यवस्था .... के अंतर्गत की गई है।

उत्तर सत्ता के क्षैतिज वितरण

27. बेल्जियम में .... व्यवस्था साझेदारी का एक अच्छा उदाहरण है।

उत्तर सामुदायिक सरकार

28. बेल्जिय की कुल आबादी का 59% हिस्सा .... इलाके में रहता है। **CBSE Compartment 2020**

उत्तर फ्लेमिश

सही और पुनः लिखें

29. श्रीलंकाई ईसाइयों ने अपनी राजनीतिक पार्टियाँ बनाईं और तमिल भाषा को राजभाषा बनाने के लिए संघर्ष किया। इन्होंने क्षेत्रीय स्वायत्तता प्राप्त करने तथा शिक्षा और रोजगार में समान अवसर की माँग को नकारा।

उत्तर श्रीलंकाई तमिलों ने अपनी राजनीतिक पार्टियाँ बनाईं और तमिल भाषा को राजभाषा बनाने के लिए संघर्ष किया। इन्होंने क्षेत्रीय स्वायत्तता प्राप्त करने तथा शिक्षा और रोजगार में समान अवसर की माँग की।

30. सत्ता के ऊर्ध्वाधर वितरण में सत्ता का बँटवारा नीचे से ऊपर की ओर होता है; जैसे—केंद्र सरकारें → राज्य सरकार → पंचायत → नगरपालिका।

उत्तर सत्ता के ऊर्ध्वाधर वितरण में सत्ता का बँटवारा ऊपर से नीचे की ओर होता है; जैसे—केंद्र सरकारें → राज्य सरकार → पंचायत → नगरपालिका।

कथन/कारण

31. कथन (A) बेल्जियम में स्वैच्छिक रूप से सत्ता की साझेदारी की गई।

कारण (R) बेल्जियम के राजनेताओं ने यह सोचा कि देश की एकता तभी बनी रह सकती है, जब विभिन्न वर्गों के बीच सत्ता की साझेदारी हो।

कूट

(a) A और R दोनों सही हैं तथा R, A का सही स्पष्टीकरण करता है

(b) A और R दोनों सही हैं, परंतु R, A का सही स्पष्टीकरण नहीं करता है

(c) A सही है, किंतु R गलत है

(d) A गलत है, किंतु R सही है

उत्तर (a) A और R दोनों सही हैं तथा R, A का सही स्पष्टीकरण करता है

32. कथन (A) बेल्जियम में विभिन्न सामुदायिक वर्ग के बीच सत्ता की साझेदारी की गई।

कारण (R) बेल्जियम में सामुदायिक सरकार, संस्कृति, शिक्षा और भाषा के अंतर्गत सत्ता में आई।

कूट

(a) A और R दोनों सही हैं तथा R, A का सही स्पष्टीकरण करता है

(b) A और R दोनों सही हैं, परंतु R, A का सही स्पष्टीकरण नहीं करता है

(c) A सही है, किंतु R गलत है

(d) A गलत है, किंतु R सही है

उत्तर (b) A और R दोनों सही हैं, परंतु R, A का सही स्पष्टीकरण नहीं करता है

33. कथन (A) वर्ष 1956 में श्रीलंका में एक कानून बना, जिसके अंतर्गत सिंहली को एकमात्र राजभाषा घोषित किया गया।

कारण (R) इसके कारण बौद्ध मत के संरक्षण में कमी आई।

कूट

(a) A और R दोनों सही हैं तथा R, A का सही स्पष्टीकरण करता है

(b) A और R दोनों सही हैं, परंतु R, A का सही स्पष्टीकरण नहीं करता है

(c) A सही है, किंतु R गलत है

(d) A गलत है, किंतु R सही है

उत्तर (b) A और R दोनों सही हैं तथा R, A का सही स्पष्टीकरण करता है

अतिलघु उत्तरीय प्रश्न

1. किन्हीं दो देशों के नाम बताएँ, जिनकी सीमा बेल्जियम की सीमा को साझा करती है।

उत्तर बेल्जियम, फ्रांस और लक्जमबर्ग के साथ सीमा साझा करता है।

2. बेल्जियम का कौन-सा अल्पसंख्यक समूह अधिक समृद्ध और शक्तिशाली है?

उत्तर फ्रेंच अल्पसंख्यक समूह बेल्जियम में अधिक समृद्ध और शक्तिशाली है।

3. बेल्जियम ने किस वर्ष स्वतंत्रता प्राप्त की थी?

उत्तर बेल्जियम ने वर्ष 1930 में स्वतंत्रता प्राप्त की थी।

4. कौन-सा सामाजिक समूह श्रीलंका की जनसंख्या में सबसे अधिक है?

उत्तर सिंहली सामाजिक समूह श्रीलंका की जनसंख्या में सबसे अधिक है।

5. भारतीय तमिलों का संबंध किस देश से है?

उत्तर भारतीय तमिलों का संबंध श्रीलंका से है।

6. **श्रीलंका के बहुसंख्यकों के द्वारा कौन-सी भाषा बोली जाती थी?** **CBSE 2015**

अथवा **श्रीलंका में कौन-सा जातीय समूह बहुसंख्यक था?**

उत्तर श्रीलंका के बहुसंख्यकों के द्वारा सिंहली भाषा बोली जाती थी तथा सिंहली जाति के लोग बहुसंख्यक थे।

7. **बेल्जियम में कौन-सा समुदाय तुलनात्मक रूप से समृद्ध और ताकतवर था?** **CBSE 2015**

उत्तर बेल्जियम में अल्पसंख्यक फ्रेंच-भाषी समुदाय तुलनात्मक रूप से समृद्ध और ताकतवर था।

8. **सत्ता की साझेदारी में नियंत्रण तथा संतुलन की व्याख्या क्या है?** **CBSE 2014**

उत्तर सत्ता की साझेदारी में सरकार का एक अंग दूसरे अंग पर नियंत्रण रखता है, ताकि कोई भी अंग सत्ता का असीमित उपयोग न कर सके।

9. **नियंत्रण तथा संतुलन की व्यवस्था साझेदारी की किस संरचना के अधीन आती है?** **CBSE 2014**

उत्तर नियंत्रण तथा संतुलन की व्यवस्था क्षैतिज सत्ता की साझेदारी के अधीन आती है।

10. **श्रीलंका स्वतंत्र राष्ट्र कब बना?** **CBSE 2011, 10**

उत्तर वर्ष 1948 में श्रीलंका स्वतंत्र राष्ट्र बना।

11. **उस देश का नाम लिखिए जहाँ वर्ष 1956 के बाद जातीय संघर्ष और विद्रोह का रूप ले लिया?** **CBSE 2018**

उत्तर श्रीलंका में वर्ष 1956 में कुछ कानून ऐसे पारित हुए, जिसके अंतर्गत तामिल भाषा की उपेक्षा कर, सिंहली भाषा को राजभाषा बनाया गया, इस कारण वर्ष 1956 के बाद श्रीलंका में जातीय संघर्ष और विद्रोह हुए।

12. **क्षेत्रीय मतभेदों और सांस्कृतिक गतिविधियों की समस्या को दूर करने के लिए बेल्जियम में उठाए गए किसी एक कदम का उल्लेख करें।**

उत्तर क्षेत्रीय मतभेदों और सांस्कृतिक गतिविधियों की समस्या को दूर करने के लिए बेल्जियम ने एक केंद्रीय और राज्य सरकार के अतिरिक्त एक तीसरे स्तर की सरकार सामुदायिक सरकार का गठन किया। जिसका कार्य क्षेत्रीय मतभेदों और सांस्कृतिक गतिविधियों पर निर्णय लेना है।

13. **बहुसंख्यकवाद को श्रीलंका के संदर्भ में समझाइए।** **CBSE 2019**

उत्तर बहुसंख्यकवाद के अंतर्गत श्रीलंका में बहुसंख्यक समुदाय ने सरकार पर अपना प्रभुत्व जमाया था। इसके अंतर्गत इन्होंने वंचित वर्ग के साथ भेदभावपूर्ण व्यवहार किया, जिसके परिणामस्वरूप तमिल और सिंहली समुदायों के संघर्ष बिगड़ते चले गए।

14. **सत्ता की साझेदारी क्यों आवश्यक है?** **CBSE 2019**

उत्तर सत्ता की साझेदारी इसलिए आवश्यक है, क्योंकि इससे विभिन्न सामाजिक समूहों के बीच टकराव का अंदेशा कम हो जाता है। चूँकि, सामाजिक टकराव आगे बढ़कर अक्सर हिंसा और राजनीतिक अस्थिरता का रूप ले लेता है।

15. **श्रीलंका के किन्हीं दो धार्मिक वर्गों के नाम बताइए।** **CBSE 2018**

उत्तर श्रीलंका के मुख्य धार्मिक वर्ग सिंघली तथा श्रीलंका तमिल हैं।

16. **बेल्जियम में सामान्य रूप से कौन-सी दो भाषाएँ बोली जाती हैं?** **CBSE 2011, 10**

उत्तर बेल्जियम में सामान्य रूप से दो भाषा फ्रेंच और डच बोली जाती हैं।

17. **बेल्जियम के वेलोनिया में रहने वाले लोगों द्वारा कौन-सी भाषा बोली जाती है?** **CBSE 2015**

उत्तर बेल्जियम के वेलोनिया में रहने वाले लोगों द्वारा फ्रेंच भाषा बोली जाती है।

18. **श्रीलंका में तमिलों के दो उप-समूहों का नाम बताइए।** **CBSE 2014**

उत्तर श्रीलंका में तमिलों के दो उप-समूह श्रीलंकाई तमिल और भारतीय तमिल हैं।

19. **क्षैतिज सत्ता की साझेदारी का एक उदाहरण दीजिए।** **CBSE 2011, 10**

उत्तर क्षैतिज सत्ता की साझेदारी विधायिका, कार्यपालिका और न्यायपालिका के बीच होती है।

20. **बेल्जियम में सामुदायिक सरकार का निर्वाचन कौन लोग करते हैं?** **CBSE 2010**

उत्तर बेल्जियम में सामुदायिक सरकार का निर्वाचन एक ही भाषा बोलने वाले लोग करते हैं।

21. **श्रीलंका में लोकतांत्रिक रूप से निर्वाचित सरकार ने सिंहली समुदाय की प्रभुता कायम करने के लिए कौन-से कदम उठाए?** **CBSE 2010**

उत्तर श्रीलंका में लोकतांत्रिक रूप से निर्वाचित सरकार ने सिंहली समुदाय की प्रभुता कायम करने के लिए बहुसंख्यकवाद सरकार की स्थापना की।

22. **किस देश ने बोधिसत्व को अपना राजकीय धर्म माना?**

उत्तर श्रीलंका ने बोधिसत्व को अपना राजकीय धर्म माना।

23. **वर्ष 1970 से 1993 के बीच बेल्जियम का संविधान कितनी बार संशोधित हुआ?**

उत्तर वर्ष 1970 से 1993 के बीच बेल्जियम का संविधान चार बार संशोधित हुआ।

24. **बेल्जियम में किसने सामुदायिक सरकार का गठन किया?**

उत्तर बेल्जियम में सामुदायिक सरकार का गठन एक भाषा बोलने वाले डच, फ्रेंच तथा जर्मन लोगों के द्वारा किया गया।

25. **यूरोपीय यूनियन बनने के बाद किस शहर को इसका मुख्यालय बनाया गया?**

उत्तर यूरोपीय यूनियन बनने के बाद ब्रूसेल्स को इसका मुख्यालय बनाया गया था।

26. **सत्ता की साझेदारी क्यों लाभदायक है?**

उत्तर सत्ता की साझेदारी से देश के विभिन्न समूहों के बीच विरोधाभास नहीं होता है। इस कारण सत्ता की साझेदारी लाभदायक है।

27. श्रीलंका में तमिलों के अलगाव का प्रमुख कारण स्पष्ट कीजिए। **CBSE 2020**

उत्तर श्रीलंका में तमिलों के अलगाव का प्रमुख कारण वर्ष 1956 में सिंहली को राजभाषा बनाना, सरकारी नौकरियों में सिंघली को प्राथमिकता देना तथा संविधान में बौद्ध मत को संरक्षण देना आदि थे।

28. बेल्जियम में क्षेत्रीय अंतर एवं सांस्कृतिक विविधता की समस्या के समाधान हेतु उठाए गए किसी एक कदम का उल्लेख कीजिए। **CBSE 2020**

उत्तर बेल्जियम में क्षेत्रीय अंतर एवं सांस्कृतिक विविधता की समस्या के समाधान हेतु संविधान में इस बात का स्पष्ट प्रावधान किया गया कि केंद्रीय सरकार में डच और फ्रेंच भाषी मंत्रियों की संख्या समान रहेगी तथा कुछ विशेष कानून तभी बन सकते हैं जब दोनों भाषायी समूह के सांसदों का बहुमत उसके पक्ष में हो। इस प्रकार, किसी एक समुदाय के लोग एकतरफा फैसला नहीं कर सकते।

लघु उत्तरीय प्रश्न

1. वर्ष 1970 और 1993 के मध्य बेल्जियम के संविधान में कितने संशोधन हुए? किन्हीं तीन संशोधनों का वर्णन कीजिए।

उत्तर वर्ष 1970 और 1993 के बीच बेल्जियम के संविधान में चार संशोधन हुए। इनमें से तीन संशोधनों का वर्णन इस प्रकार है

(i) बेल्जियम के संविधान में इस बात का स्पष्ट प्रावधान है कि केंद्रीय सरकार में डच और फ्रेंच-भाषी मंत्रियों की संख्या समान रहेगी, कुछ विशेष कानून तभी बन सकते हैं, जब दोनों भाषायी समूह के सांसदों का बहुमत उनके पक्ष में हो। इस प्रकार, कोई भी एक समुदाय एकतरफा निर्णय नहीं ले सकता है।

(ii) राज्य सरकारें केंद्रीय सरकार के अधीन नहीं हैं। केंद्र सरकार की अनेक शक्तियाँ देश के दो क्षेत्रों की क्षेत्रीय सरकारों अर्थात् राज्य सरकारों को दे दी गई हैं।

(iii) ब्रूसेल्स में अलग सरकार है और इसमें फ्रेंच-भाषी और डच-भाषी लोगों का समान प्रतिनिधित्व है। फ्रेंच भाषी लोगों ने ब्रूसेल्स में समान प्रतिनिधित्व को स्वीकार किया, क्योंकि डच भाषी लोगों ने केंद्रीय सरकार में समान प्रतिनिधित्व स्वीकार किया था।

2. श्रीलंका कैसा देश है, श्रीलंका में तमिलों के उपसमूह को बताइए।

उत्तर श्रीलंका एकद्वीपीय देश है। श्रीलंका में तमिलों के दो उपसमूह हैं, जिनका वर्णन इस प्रकार है

(i) **श्रीलंकाई तमिल** श्रीलंका के तमिल मूल निवासियों को श्रीलंकाई तमिल कहते हैं। इनकी संख्या 13% है तथा यह मुख्य रूप से उत्तर और पूर्वी प्रांतों में निवास करते हैं। श्रीलंका में सिंहली-भाषी लोग बौद्ध हैं, जबकि तमिल-भाषी लोगों में कुछ हिंदू और मुसलमान हैं।

(ii) **भारतीय तमिल** औपनिवेशिक शासनकाल के समय कुछ तमिलों के वंशज यहाँ बागान मजदूरों के रूप में आए थे और बाद में वे यहीं बस गए। इन्हीं लोगों को भारतीय तमिल कहा जाता है। ये कुल जनसंख्या के केवल 5% हैं। जनसंख्या के 7% भाग में ईसाई हैं, जो तमिल और सिंहली दोनों भाषाएँ बोलते हैं।

3. बहुसंख्यकवाद किसे कहते हैं? बहुसंख्यकवाद को कायम करने के लिए श्रीलंकाई सरकार द्वारा उठाए गए कदमों का उल्लेख कीजिए। **CBSE 2015, 12, 10**

उत्तर बहुसंख्यकवाद से तात्पर्य है कि यदि कोई समुदाय बहुसंख्यक है, तो वह अपने तरीके से देश पर शासन कर सकता है और इसके लिए वह अल्पसंख्यक समुदाय की आवश्यकताओं या इच्छाओं की अवहेलना भी कर सकता है। बहुसंख्यकवाद को कायम करने के लिए श्रीलंकाई सरकार द्वारा उठाए गए कदम निम्न हैं

- वर्ष 1948 में जब श्रीलंका स्वतंत्र राष्ट्र बना, तब सिंहली समुदायों के नेताओं ने श्रीलंका में सरकार पर अपने बहुमत से वर्चस्व स्थापित करना चाहा। वर्ष 1956 में कानून पारित किया, जिसके अंतर्गत तमिल को छोड़कर श्रीलंका ने सिंहली भाषा को राजभाषा घोषित किया।
- विश्वविद्यालयों में नियुक्तियों एवं सरकारी नौकरियों में सिंहलियों को ही प्राथमिकता देने की नीति भी शुरु की गई।
- नए संविधान में यह घोषणा की गई कि सरकार केवल बौद्ध मत को संरक्षण एवं बढ़ावा देगी।

4. बेल्जियम में सभी समूहों को व्यवस्थित रूप में रखने के लिए क्या-क्या व्यवस्थाएँ की गई हैं?

उत्तर बेल्जियम में सभी समूहों को व्यवस्थित रूप में रखने के लिए निम्न व्यवस्थाएँ की गई थीं

(i) केंद्रीय सरकार में दोनों भाषायी समूहों को एकसमान प्रभुत्व देने का प्रबंध किया गया।

(ii) किसी भी समूह को स्वतंत्र निर्णय लेने की अनुमति नहीं थी।

(iii) राज्य सरकारों को केंद्रीय सरकार की कुछ शक्तियाँ सौंप दी गईं।

(iv) राज्य सरकारों को अब केंद्रीय सरकार की तरह एक समान शक्तियाँ दी गईं।

(v) सामुदायिक सरकार की स्थापना की गई, जिसको भाषायी, शैक्षिक इत्यादि बहुत सारे मुद्दे तथा संवैधानिक अधिकार सौंपे गए।

5. सत्ता के क्षैतिज बँटवारे को नियंत्रण तथा संतुलन की व्यवस्था क्यों कहते हैं? इसके किन्हीं तीन कारणों को बताइए।

अथवा सत्ता की साझेदारी में क्षैतिज प्रचलित स्वरूप का वर्णन कीजिए। **CBSE 2020**

उत्तर सत्ता के क्षैतिज बँटवारे में शासनाधिकार सरकार के विभिन्न अंगों; जैसे–कार्यपालिका, विधायिका और न्यायपालिका के बीच विभाजित किया जाता है, इसलिए इसे नियंत्रण तथा संतुलन की व्यवस्था कहते हैं। उदाहरण के लिए, न्यायाधीशों की नियुक्त कार्यपालिका द्वारा की जाती है, परंतु न्यायाधीश

कार्यपालिका के कार्यों तथा विधायिका द्वारा बनाए गए कानूनों की जाँच कर सकता है।

सत्ता के क्षैतिज बँटवारे के तीन कारण निम्न हैं

(i) सरकार के तीनों अंगों को समान स्तर पर रखा जाता है।

(ii) सत्ता की बनावट यह सुनिश्चित करती है कि किसी भी अंग को अधिक शक्तियाँ न दी जाएँ।

(iii) इस व्यवस्था के अंतर्गत प्रत्येक अंग एक-दूसरे पर नियंत्रण रखता है ताकि संतुलन बना रहे।

6. श्रीलंका में वर्ष 1956 में पारित अधिनियम में जो व्यवस्थाएँ की गई थीं, उनमें से किन्हीं तीन का वर्णन कीजिए।

उत्तर श्रीलंका में वर्ष 1956 में पारित अधिनियम में निम्नलिखित तीन व्यवस्थाएँ की गई थीं

(i) श्रीलंका में वर्ष 1956 में पारित कानून के अनुसार श्रीलंकाई सरकार ने सिंहली को एकमात्र राजभाषा घोषित कर दिया था।

(ii) विश्वविद्यालय तथा सरकारी नौकरियों में सिंहलियों को प्राथमिकता दी जाने लगी।

(iii) सिंहली बौद्ध धर्मावलंबी थे, जबकि तमिल लोग अधिकांशतः हिंदू थे। श्रीलंका सरकार ने बौद्ध धर्म को राजकीय धर्म घोषित कर दिया।

7. सत्ता के ऊर्ध्वाधर वितरण तथा क्षैतिज वितरण में क्या अंतर है?

उत्तर सत्ता के ऊर्ध्वाधर वितरण तथा क्षैतिज वितरण में निम्नलिखित अंतर हैं

ऊर्ध्वाधर वितरण	क्षैतिज वितरण
ऊर्ध्वाधर वितरण के अंतर्गत सरकार के विभिन्न स्तरों में सत्ता का बँटवारा होता है।	क्षैतिज वितरण के अंतर्गत सरकार के विभिन्न अंगों; जैसे—कार्यपालिका, विधायिका और न्यायपालिका में सत्ता का बँटवारा होता है।
इसमें उच्चतर तथा निम्नतर स्तर की सरकारें होती हैं।	इसमें सरकार के विभिन्न अंग एक ही स्तर पर रहकर अपनी-अपनी शक्ति का उपयोग करते हैं।
इसमें निम्नतर स्तर के अंग उच्चतर स्तर के अंगों के अधीन काम करते हैं।	इसमें प्रत्येक अंग दूसरे पर नियंत्रण रखता है।

8. बेल्जियम सरकार द्वारा क्षेत्रीय विभिन्नताओं में सामंजस्य स्थापित करने के लिए किए गए किन्हीं तीन उपायों की व्याख्या कीजिए। CBSE 2023

उत्तर **बेल्जियम की समझदारी** बेल्जियम के नेताओं ने क्षेत्रीय अंतरों और सांस्कृतिक विविधता को स्वीकार कर अलग मार्ग अपनाने का निर्णय लिया। वर्ष 1970 और 1993 के बीच बेल्जियम के संविधान में चार संशोधन हुए। बेल्जियम द्वारा किए गए संशोधन बड़े कल्पनाशील थे, जिसे किसी अन्य देश ने नहीं अपनाया। इन संशोधनों का वर्णन इस प्रकार है

(i) बेल्जियम के संविधान में इस बात का स्पष्ट प्रावधान है कि केंद्रीय सरकार में डच और फ्रेंच-भाषी मंत्रियों की संख्या समान रहेगी। कुछ विशेष कानून तभी बन सकते हैं, जब दोनों भाषायी समूह के सांसदों का बहुमत उनके पक्ष में हो। इस प्रकार कोई भी एक समुदाय एकतरफा निर्णय नहीं ले सकता।

(ii) ब्रूसेल्स में अलग सरकार है, जिसमें फ्रेंच-भाषी और डच-भाषी लोगों का समान प्रतिनिधित्व है। फ्रेंच-भाषी लोगों ने ब्रूसेल्स में समान प्रतिनिधित्व को स्वीकार किया, क्योंकि डच-भाषी लोगों ने केंद्रीय सरकार में समान प्रतिनिधित्व स्वीकार किया था।

(iii) केंद्रीय सरकार और राज्य सरकारों के अतिरिक्त बेल्जियम में एक तीसरी सरकार भी कार्य करती है, जिसे सामुदायिक सरकार कहते हैं। सामुदायिक सरकार का चुनाव एक ही भाषा बोलने वाले लोग करते हैं। डच, फ्रेंच और जर्मन भाषा बोलने वाले लोग चाहे वे किसी भी क्षेत्र में रहते हों, इस सरकार का चुनाव करते हैं। बेल्जियम में सामुदायिक सरकार को संस्कृति, शिक्षा और भाषा जैसे मुद्दों पर निर्णय लेने का अधिकार प्राप्त है।

9. बेल्जियम तथा श्रीलंका सरकार ने जातीय संघर्ष को किस प्रकार सुलझाया? CBSE 2013

उत्तर बेल्जियम तथा श्रीलंका सरकार ने जातीय संघर्ष को निम्न प्रकार से सुलझाया

- बेल्जियम के नेताओं ने विभिन्न समुदायों तथा क्षेत्रों के हितों तथा भावनाओं को स्वीकार किया, जबकि श्रीलंका की सरकार बहुसंख्यकवाद के माध्यम से समस्या को सुलझाना चाहती थी।
- बेल्जियम के नेताओं ने संघीय ढाँचा स्थापित किया, जिसके अंतर्गत संघ सरकार तथा इसके अन्य अंगों के बीच शक्तियों को बाँटा गया था, जबकि श्रीलंका के नेताओं ने एकात्मक सरकार का ढाँचा स्वीकार किया था।
- बेल्जियम के समाधान ने देश में गृहयुद्ध की आशंकाओं पर विराम लगा दिया, जबकि श्रीलंका में बहुसंख्यकवाद गृहयुद्ध का कारण बना।

10. बेल्जियम तथा श्रीलंका में लोकतंत्र है, परंतु वे सत्ता की साझेदारी की भिन्न-भिन्न प्रणाली अपनाते हैं। कोई तीन अंतर स्पष्ट करके कथन को सही सिद्ध कीजिए। CBSE 2012

उत्तर **सरकार का प्रकार** श्रीलंका में व्यावहारिक उद्देश्य के कारण एकात्मक शासन प्रणाली प्रचलित है, जिसमें राष्ट्रीय सरकार के पास सभी शक्तियाँ होती हैं।

धर्म तथा सरकार श्रीलंका की सरकार ने बौद्ध धर्म को सुरक्षा तथा प्रोत्साहित करने के लिए कानून का निर्माण किया था, जबकि बेल्जियम में विभिन्न जातीय समूहों से संबंधित लोगों को समाहित करने के लिए सामुदायिक सरकार का गठन किया गया था।

भाषा तथा सरकार श्रीलंका में सरकार ने वर्ष 1956 में कानून पारित कर सिंहली को एकमात्र सरकारी भाषा घोषित किया, जबकि बेल्जियम में सरकार ने लोगों के द्वारा बोली जाने वाली सभी भाषाओं; जैसे—डच एवं फ्रेंच को राष्ट्रभाषा के रूप में स्वीकार किया।

11. **बेल्जियम और श्रीलंका में किस प्रकार सत्ता की साझेदारी की गई?**

उत्तर बेल्जियम और श्रीलंका दोनों ही लोकतांत्रिक देश हैं, परंतु दोनों देशों ने सत्ता की भागीदारी के विभिन्न तरीके अपनाए

(i) बेल्जियम के नेताओं ने विभिन्न समुदायों और क्षेत्रों की भावना का आदर करते हुए देश की एकता को सुनिश्चित किया इसी के चलते दोनों पक्ष सत्ता में साझेदारी करने पर सहमत हुए।

(ii) श्रीलंका में बेल्जियम के सत्ता विभाजन के विपरीत मार्ग अपनाया गया। इसके अंतर्गत बहुसंख्यक समुदाय ने राजनीति में प्रभुत्व हासिल किया और अल्पसंख्यक को अलग किया। इससे देश की एकता को हानि हुई।

12. **सत्ता की साझेदारी के लिए युक्तिपरक और नैतिकपरक कारणों में अंतर बताइए।**

उत्तर सत्ता की साझेदारी के लिए युक्तिपरक और नैतिकपरक कारणों में निम्नलिखित अंतर हैं

युक्तिपरक कारण	नैतिकपरक कारण
ये कारण सामाजिक समूहों के बीच टकराव की संभावना को कम करने में मदद करते हैं।	इन कारणों को लोकतंत्र की मूलभूत आत्मा समझा जाता है।
भारत में अल्पसंख्यकों और महिलाओं के लिए निर्वाचन क्षेत्रों का आरक्षण युक्तिपरक कारण है।	भारत में सत्ता का विकेंद्रीकरण नैतिक कारण का उदाहरण है।
युक्तिपरक कारण लाभों और हानियों के विचार-विमर्श पर आधारित होते हैं।	नैतिक कारण पूर्णरूप से नैतिकता पर आधारित होता है।

13. **परोक्ष लोकतंत्र और प्रत्यक्ष लोकतंत्र में अंतर स्पष्ट करें।**

उत्तर परोक्ष लोकतंत्र और प्रत्यक्ष लोकतंत्र में निम्नलिखित प्रकार से अंतर स्पष्ट किए जा सकते हैं

परोक्ष लोकतंत्र	प्रत्यक्ष लोकतंत्र
परोक्ष लोकतंत्र में जनता के प्रतिनिधि सरकार का निर्माण करते हैं।	प्रत्यक्ष लोकतंत्र में जनता और सरकार में कोई अंतर नहीं होता।
परोक्ष लोकतंत्र में नागरिकों के प्रतिनिधि कानून बनाते हैं; जैसे– भारत।	प्रत्यक्ष लोकतंत्र में स्वयं नागरिक के निर्णय के अनुसार कानून बनते हैं; जैसे– स्विट्जरलैंड या प्राचीन यूनान में एथेंस नगर राज्य।
परोक्ष लोकतंत्र में एक निश्चित अवधि के बाद चुनाव कराना जरूरी है और इसकी एक जटिल प्रक्रिया है।	प्रत्यक्ष लोकतंत्र में चुनाव कराने की कोई आवश्यकता नहीं होती अथवा इसके आयोजन में किसी तरह की जटिल प्रक्रिया नहीं होती है।
बड़े राज्यों के लिए परोक्ष लोकतंत्र ही उपयुक्त तथा संभव है।	प्रत्यक्ष लोकतंत्र बहुत छोटे राज्यों के लिए उपयुक्त तथा संभव होते हैं।

14. **स्थिति, आकार और सांस्कृतिक पहलुओं के आधार पर बेल्जियम और श्रीलंका की स्थिति की तुलना करें।** **CBSE 2019**

उत्तर **स्थिति और आकार के आधार पर बेल्जियम और श्रीलंका की तुलना** बेल्जियम यूरोप का एक छोटा-सा देश है। यह क्षेत्रफल के आधार पर भारतीय राज्य हरियाणा से भी छोटा है। इसकी सीमाएँ फ्रांस, नीदरलैंड, जर्मनी और लक्जमबर्ग से लगती हैं। श्रीलंका एकद्वीपीय देश है, जो तमिलनाडु के दक्षिण तट से कुछ किलोमीटर की दूरी पर स्थित है। इसकी आबादी लगभग दो करोड़ है।

सांस्कृतिक पहलुओं के आधार पर बेल्जियम और श्रीलंका की तुलना बेल्जियम की जातीय बनावट बहुत जटिल है। देश की आबादी के कुल 59% लोग फ्लेमिश क्षेत्र में रहते हैं और डच भाषा बोलते हैं तथा 40% लोग वेलोनिया क्षेत्र में रहते हैं और फ्रेंच भाषा बोलते हैं। इस देश के शेष 1% लोग जर्मन भाषा बोलते हैं। बेल्जियम की राजधानी ब्रूसेल्स है जहाँ 80% लोग फ्रेंच बोलते हैं और 20% डच भाषा बोलते हैं।

श्रीलंका देश का सबसे प्रमुख सामाजिक समूह सिंहली भाषी लोगों का है, जिसकी आबादी कुल जनसंख्या का 74% है। दूसरा प्रमुख समूह तमिल भाषी लोगों का है, जो कुल जनसंख्या का 18% हैं।

15. **भारत में सत्ता की साझेदारी पद्धति का मूल्यांकन करें।** **CBSE 2019**

उत्तर भारत में सत्ता की साझेदारी पद्धति का मूल्यांकन निम्नलिखित प्रकार से किया जा सकता है

(i) भारत में शासन के विभिन्न अंग; जैसे–विधायिका, कार्यपालिका और न्यायपालिका के बीच बँटवारा किया गया है जिसके कारण शक्ति का केंद्रीकरण नहीं होता है। जो लोकतंत्र की भावना को मजबूत करता है।

(ii) भारत में केंद्र सरकार तथा राज्य सरकार के स्तर पर शक्तियों का बँटवारा किया गया है, जो कार्य में हस्तक्षेप की नीति को खत्म करता है, जिससे कार्य में गतिशीलता आती है। भारत में स्थानीय स्तर पर नगरपालिका तथा पंचायतों पर भी सत्ता की साझेदारी होती है, जो स्थानीय कार्य को सुचारु बनाते हैं।

(iii) भारत में कुछ हद तक सामाजिक समूहों जैसे भाषायी और धार्मिक समूहों से भी सत्ता की साझेदारी की जाती है। भारत में इस तरह की व्यवस्था विधायिका और प्रशासन में अलग-अलग सामाजिक समूहों को हिस्सेदारी देने के लिए की जाती है ताकि लोग खुद को शासन से अलग न समझें।

दीर्घ उत्तरीय प्रश्न

1. **बेल्जियम में राजनैतिक प्रणाली विश्व के अन्य देशों से अलग कैसे है? संक्षेप में बताइए।**

उत्तर बेल्जियम में विश्व के अन्य देशों की अपेक्षा राजनैतिक प्रणाली निम्नलिखित विशेषताओं के कारण प्रायः अलग मानी जाती है

(i) **दोनों राजनीतिक दलों के लिए मंत्रियों की समान संख्या** बेल्जियम संविधान में इस बात का स्पष्ट प्रावधान है कि केंद्रीय सरकार में डच और फ्रेंच भाषी मंत्रियों की संख्या समान रहेगी। कुछ विशेष कानून तभी बन सकते हैं, जब दोनों भाषायी समूह के सांसदों का बहुमत उसके पक्ष में हो। इस प्रकार किसी एक समुदाय के लोग एकतरफा फैसला नहीं कर सकते।

(ii) **राज्य सरकारों को अधिक शक्तियाँ** केंद्र सरकार की अनेक शक्तियाँ देश के दो इलाकों की क्षेत्रीय सरकारों को सुपुर्द कर दी गई हैं, यानि राज्य सरकारें केंद्रीय सरकार के अधीन नहीं हैं।

(iii) **राज्य तथा केंद्रीय स्तर पर समान प्रतिनिधित्व** ब्रूसेल्स में अलग सरकार है और इसमें दोनों समुदायों का समान प्रतिनिधित्व है।

(iv) **सामुदायिक सरकार का गठन** केंद्रीय और राज्य सरकारों के अतिरिक्त यहाँ एक तीसरे स्तर की सरकार भी काम करती है अर्थात् सामुदायिक सरकार।

इस सरकार का चुनाव एक ही भाषा बोलने वाले लोग करते हैं। डच, फ्रेंच और जर्मन बोलने वाले समुदायों के लोग चाहे वे जहाँ भी रहते हैं, इस सामुदायिक सरकार को चुनते हैं। इस सरकार को संस्कृति, शिक्षा और भाषा जैसे मसलों पर फैसला लेने का अधिकार है।

2. बेल्जियम में सत्ता के साझेदारी की विशेषताओं का उल्लेख कीजिए।

उत्तर बेल्जियम में सत्ता के साझेदारी की प्रमुख विशेषताएँ निम्नलिखित हैं

- बेल्जियम में यह प्रावधान किया गया है कि केंद्रीय सरकार में डच और फ्रेंच भाषी मंत्रियों की संख्या समान रहेगी। कुछ विशेष कानूनों में दोनों भाषायी समूहों के सांसदों के बहुमत को आवश्यक कर दिया गया। इस प्रकार, किसी एक समुदाय के लोग एकतरफा निर्णय नहीं कर सकते।
- बेल्जियम में केंद्रीय सरकार की अनेक शक्तियाँ राज्य सरकारों को दी गई हैं।
- बेल्जियम की राजधानी ब्रूसेल्स में अलग सरकार बनाने का प्रावधान किया गया है।
- एक सामुदायिक सरकार बनाने का प्रावधान किया गया है, जिसका चुनाव डच, फ्रेंच और जर्मन भाषा बोलने वाले समुदाय के लोग करते हैं चाहे वह जहाँ भी रहते हों।
- सामुदायिक सरकार को संस्कृति, शिक्षा और भाषा जैसे विषयों पर निर्णय लेने का अधिकार है।

बेल्जियम का यह मॉडल जटिल था, परंतु यह व्यवस्था बेहद सफल रही है। इससे देश में गृहयुद्ध की आशंकाओं पर विराम लग गया है। यदि ऐसा नहीं होता तो गृहयुद्ध की स्थिति में बेल्जियम भाषा के आधार पर दो टुकड़ों में बँट गया होता। जब अनेक यूरोपीय देशों ने साथ मिलकर यूरोपीय संघ बनाने का फैसला किया, तो ब्रूसेल्स को उसका मुख्यालय चुना गया।

3. सामुदायिक सरकार एवं गठबंधन सरकार पर टिप्पणी लिखिए।

उत्तर **सामुदायिक सरकार**

- सत्ता को विभिन्न सामाजिक समूहों के बीच भी बाँटा जा सकता है; जैसे-धार्मिक और भाषायी समूह। बेल्जियम में सामुदायिक सरकार इस व्यवस्था का एक अच्छा उदाहरण है।
- कुछ देशों में, संवैधानिक और कानूनी रूप से ऐसी व्यवस्थाएँ होती हैं, जिनके द्वारा सामाजिक रूप से कमजोर वर्गों और महिलाओं का विधानमंडलों और प्रशासन में प्रतिनिधित्व किया जाता है। इस विधि को निम्नतर समुदायों को सत्ता में एक उचित साझेदारी देने के लिए प्रयोग किया जाता है।

गठबंधन सरकार

- सत्ता की साझेदारी की व्यवस्थाएँ राजनीतिक दलों, दबाव समूहों और आंदोलनों द्वारा शासन को प्रभावित और नियंत्रित करने के तरीके में भी लक्षित हो सकती हैं। लोकतंत्र में नागरिकों को सत्ता के लिए विभिन्न राजनीतिक दलों के विभिन्न प्रत्याशियों के बीच उनके चुनाव की स्वतंत्रता होनी चाहिए।
- लोकतंत्र में सत्ता बारी-बारी से अलग-अलग विचारधारा और सामाजिक समूहों वाली पार्टियों के पक्ष में आती रहती है।
- लोकतंत्र में यह विकल्प विभिन्न पार्टियों के रूप में उपलब्ध होता है। पार्टियों के बीच प्रतिस्पर्द्धा इस बात को सुनिश्चित करती है कि सत्ता किसी एक व्यक्ति या समूह में केंद्रित न रहे।
- कई बार सत्ता की भागीदारी का यह स्वरूप स्पष्ट दिखाई देता है। जब दो या दो से अधिक पार्टियाँ मिलकर चुनाव लड़ती हैं और सरकार का गठन करती हैं।

4. साझेदारी का विचार कैसे सामने आया? सामान्य रूप से प्रचलित सत्ता की साझेदारी के विभिन्न स्वरूपों की व्याख्या कीजिए। **CBSE 2019**

उत्तर राजनीतिक सत्ता का बँटवारा नहीं किया जा सकता। इसी धारणा के विरुद्ध सत्ता की साझेदारी का विचार सामने आया था। लोकतंत्र का एक बुनियादी सिद्धांत है कि यह जनता ही राजनीतिक शक्ति का स्रोत है। इसमें लोग स्वशासन की संस्थाओं के माध्यम से अपना शासन चलाते हैं। एक अच्छे लोकतांत्रिक शासन में समाज के विभिन्न समूहों और उनके विचारों को उचित सम्मान दिया जाता है और सार्वजनिक नीतियाँ तय करने में सबकी बातें शामिल होती हैं। इसलिए उसी लोकतांत्रिक शासन को अच्छा माना जाता है, जिसमें ज्यादा से ज्यादा नागरिकों को राजनीतिक सत्ता में हिस्सेदार बनाए जाए।

सत्ता की साझेदारी के विभिन्न स्वरूप

सत्ता की साझेदारी के विभिन्न स्वरूप निम्न हैं

- शासन के विभिन्न अंग; जैसे–विधायिका, कार्यपालिका और न्यायपालिका के बीच सत्ता का बँटवारा किया गया है। इसे हम सत्ता का क्षैतिज वितरण कहेंगे, क्योंकि इसमें सरकार के विभिन्न अंग एक ही स्तर पर रहकर अपनी-अपनी शक्ति का उपयोग करते हैं।
- सरकार के बीच भी विभिन्न स्तरों पर सत्ता का बँटवारा हो सकता है, जैसे–पूरे देश के लिए एक सामान्य सरकार हो और फिर प्रांत या क्षेत्रीय स्तर पर अलग-अलग सरकार राज्य सरकारों से नीचे के स्तर

की सरकारों के लिए भी ऐसी ही व्यवस्था हो सकती है। नगरपालिका और पंचायतें ऐसी ही इकाइयाँ हैं। उच्चतर और निम्नतर स्तर की सरकारों के बीच सत्ता के ऐसे बँटवारे को ऊर्ध्वाधर वितरण कहा जाता है।

- सत्ता का बँटवारा विभिन्न सामाजिक समूहों मसलन भाषायी और धार्मिक समूहों के बीच भी हो सकता है। इस तरह की व्यवस्था विधायिका और प्रशासन में अलग-अलग सामाजिक समूहों को हिस्सेदारी देने के लिए की जाती है।

स्रोत आधारित प्रश्न

निम्नलिखित स्रोतों को ध्यानपूर्वक पढ़कर उन पर आधारित प्रश्नों के उत्तर दीजिए

1. वर्ष 1948 में श्रीलंका स्वतंत्र राष्ट्र बना। सिंहली समुदाय के नेताओं ने अपनी बहुसंख्या के बल पर शासन पर प्रभुत्व जमाना चाहा। इस कारण से लोकतांत्रिक रूप से निर्वाचित सरकार ने सिंहली समुदाय की प्रभुता कायम करने के लिए अपनी बहुसंख्यक-परस्ती के तहत कई कदम उठाए।

वर्ष 1956 में एक कानून बनाया गया जिसके तहत तमिल को दरकिनार करके सिंहली को एकमात्र राजभाषा घोषित कर दिया गया। विश्वविद्यालयों और सरकारी नौकरियों में सिंहलियों को प्राथमिकता देने की नीति भी चली। नए संविधान में यह प्रावधान भी किया गया कि सरकार बौद्ध मत को संरक्षण और बढ़ावा देगी।

एक-एक करके आए इन सरकारी फैसलों ने श्रीलंकाई तमिलों की नाराज़गी और शासन को लेकर उनमें बेगानापन बढ़ाया। उन्हें लगा कि बौद्ध धर्मावलंबी सिंहलियों के नेतृत्व वाली सारी राजनीतिक पार्टियाँ उनकी भाषा और संस्कृति को लेकर असंवेदनशील हैं। उन्हें लगा कि संविधान और सरकार की नीतियाँ उन्हें समान अधिकार देने के पक्ष में नहीं हैं।

(i) श्रीलंका में बहुसंख्यकवाद से संबंधित समुदाय की पहचान कीजिए, जिन्होंने अपने बहुसंख्या (बल) के आधार पर प्रभुत्व स्थापित करने का प्रयास किया?

(a) तमिल समुदाय (b) सिंहली समुदाय
(c) ईसाई समुदाय (d) मुस्लिम समुदाय

उत्तर (b) सिंहली समुदाय

(ii) श्रीलंका में बहुसंख्यकवाद द्वारा सत्ता हासिल करने के पश्चात् अल्पसंख्यक समुदायों का किस प्रकार दमन किया गया?

(a) अल्पसंख्यकों के अधिकारों को सीमित कर दिया गया
(b) सरकारी नौकरियों में उन्हें कम अवसर प्रदान किए गए
(c) अल्पसंख्यकों के राजनीतिक उद्देश्यों को पूरी तरह समाप्त कर दिया गया
(d) उपरोक्त सभी

उत्तर (d) उपरोक्त सभी

(iii) श्रीलंका में बहुसंख्यकों द्वारा अल्पसंख्यकों को नजरअंदाज किए जाने से किस प्रकार की परिस्थिति उत्पन्न हो गई?

(a) अल्पसंख्यक समुदायों में अलगाववाद की भावना उत्पन्न होने लगी
(b) अल्पसंख्यक समुदाय राजनीतिक रूप से समझौता करने लगे
(c) अल्पसंख्यक समुदाय बौद्ध धर्म अपनाने के लिए विवश हो गए
(d) अल्पसंख्यक समुदाय के लोगों ने वैश्विक स्तर पर इस विषय को उठाया

उत्तर (a) अल्पसंख्यक समुदायों में अलगाववाद की भावना उत्पन्न होने लगी

(iv) श्रीलंका की सरकार द्वारा सिंहली भाषा को राजभाषा घोषित किए जाने के पश्चात् अल्पसंख्यकों पर क्या प्रभाव पड़ा?

(a) अल्पसंख्यकों को सरकारी नौकरी में मिलने वाले अवसर समाप्त हो गए
(b) अल्पसंख्यकों को सिंहली भाषा सीखने के लिए मजबूर किया जाने लगा
(c) अल्पसंख्यक समुदाय श्रीलंका से पलायन करने लगे
(d) अल्पसंख्यकों को व्यापक स्तर पर राजनीतिक लाभ मिलने लगा

उत्तर (a) अल्पसंख्यकों को सरकारी नौकरी में मिलने वाले अवसर समाप्त हो गए

(v) श्रीलंका की सरकार अल्पसंख्यकों को अधिक अधिकार दिए जाने के पक्ष में क्यों नहीं थी?

(a) सरकार अलगाववादियों को कुचलना चाहती थी
(b) सरकार बहुसंख्यकों को खुश करना चाहती थी
(c) सरकार अल्पसंख्यकों को देश से निकालना चाहती थी
(d) सरकारी अल्पसंख्यकों को सिर्फ राजनीतिक अधिकार देना चाहती थी

उत्तर (b) सरकार बहुसंख्यकों को खुश करना चाहती थी

(vi) नीचे दिए गए कथनों पर विचार कर कूट के माध्यम से सही उत्तर का चयन कीजिए

1. वर्ष 1948 में श्रीलंका एक स्वतंत्र राष्ट्र बना।
2. वर्ष 1956 में बनाए गए एक कानून के तहत तमिल भाषा को श्रीलंका की राजभाषा घोषित किया गया।
3. सिंहली समुदाय के लोगों को वर्ष 1956 में बनाए गए कानून के द्वारा यह प्रतीत होने लगा कि संविधान और सरकार दोनों ही उन्हें समान अधिकार देने के पक्षधर नहीं हैं।

कूट

(a) केवल 1 (b) 1 और 2
(c) 1 और 3 (d) 2 और 3

उत्तर (a) केवल 1

परीक्षा अभ्यास

2. बेल्जियम के नेताओं ने श्रीलंका से अलग रास्ता अपनाने का फ़ैसला किया। उन्होंने क्षेत्रीय अंतरों और सांस्कृतिक विविधता को स्वीकार किया। वर्ष 1970 और 1993 के बीच उन्होंने अपने संविधान में चार संशोधन सिर्फ़ इस बात के लिए किए कि देश में रहने वाले किसी भी आदमी को बेगानेपन का अहसास न हो और सभी मिल-जुलकर रह सकें। उन्होंने इसके लिए जो व्यवस्था की वह बहुत ही कल्पनाशील है तथा कोई और देश ऐसा नहीं कर पाया। संविधान में इस बात का स्पष्ट प्रावधान है कि केंद्रीय सरकार में डच और फ्रेंच भाषी मंत्रियों की संख्या समान रहेगी। कुछ विशेष कानून तभी बन सकते हैं जब दोनों भाषायी समूह के सांसदों का बहुमत उसके पक्ष में हो। इस प्रकार, किसी एक समुदाय के लोग एकतरफ़ा फ़ैसला नहीं कर सकते। केंद्र सरकार की अनेक शक्तियाँ देश के दो इलाकों की क्षेत्रीय सरकारों को सुपुर्द कर दी गईं हैं यानी राज्य सरकारें केंद्रीय सरकार के अधीन नहीं हैं। ब्रूसेल्स में अलग सरकार है और इसमें दोनों समुदायों का समान प्रतिनिधित्व है। फ्रेंच-भाषी लोगों ने ब्रूसेल्स में समान प्रतिनिधित्व के इस प्रस्ताव को स्वीकार किया, क्योंकि डच-भाषी लोगों ने केंद्रीय सरकार में बराबरी का प्रतिनिधित्व स्वीकार किया था।

(i) श्रीलंका के समान बेल्जियम की सरकार ने अल्पसंख्यकों के विरुद्ध कोई कड़ा रुख नहीं अपनाया, बेल्जियम की सरकार ने ....और ....को स्वीकार कर अल्पसंख्यकों के हितों की व्यापक रक्षा की।
(a) अखंडता, क्षेत्रीय विभिन्नता
(b) समानता, सांस्कृतिक विविधता
(c) क्षेत्रीय अंतर, सांस्कृतिक विविधता
(d) पंथनिरपेक्षता, सांस्कृतिक विविधता

उत्तर (c) क्षेत्रीय अंतर, सांस्कृतिक विविधता

(ii) बेल्जियम के नेताओं ने किन वर्षों के दौरान सामाजिक और सांस्कृतिक अंतरों को दूर करने हेतु संविधान में महत्त्वपूर्ण चार संशोधन किए?
(a) 1950 और 1970 के दौरान
(b) 1960 और 1980 के दौरान
(c) 1970 और 1993 के दौरान
(d) 1980 और 1998 के दौरान

उत्तर (c) 1970 और 1993 के दौरान

(iii) बेल्जियम की सरकार ने सत्ता की साझेदारी में देश के सभी समुदायों के हित में काम किया। इसके पीछे यह तर्क दिया गया कि
(a) अलगाववादी विचारधारा से राजनीतिक अवरोध उत्पन्न होता है
(b) एकतरफा निर्णय से असंतोष की भावना उत्पन्न होती है
(c) गृहयुद्ध उत्पन्न होने की संभावना नहीं रहती है
(d) उपरोक्त सभी

उत्तर (d) उपरोक्त सभी

(iv) बेल्जियम की सरकार ने नागरिक संघर्ष को समाप्त करने हेतु कौन-सा कदम उठाया?
(a) सभी समुदायों को एकसमान अधिकार दिया
(b) कानून बनाने की प्रक्रिया में अल्पसंख्यक समुदाय को भी शामिल किया
(c) सभी यूरोपीय देशों के साथ व्यावहारिक संबंध स्थापित किया
(d) उपरोक्त सभी

उत्तर (d) उपरोक्त सभी

(v) श्रीलंका और बेल्जियम की सत्ता की साझेदारी प्रणाली में मूल अंतर क्या था?
(a) बेल्जियम ने अल्पसंख्यकों को समान अधिकार दिए, जबकि श्रीलंका ने वंचित रखा
(b) बेल्जियम में कभी नागरिक संघर्ष नहीं हुए, जबकि श्रीलंका में नागरिक संघर्ष एक चुनौती बन गई
(c) बेल्जियम में कानून के निर्माण के दौरान अल्पसंख्यक हितों का ध्यान रखा गया, जबकि श्रीलंका में इसे नजरअंदाज किया गया
(d) उपरोक्त सभी

उत्तर (d) उपरोक्त सभी

(vi) **कथन** (A) बेल्जियम मॉडल सामाजिक और सांस्कृतिक समरसता का एक उत्तम प्रयास रहा।
कारण (R) ब्रूसेल्स में फ्रेंच भाषी लोगों ने समान प्रतिनिधित्व के प्रस्ताव को अस्वीकार कर दिया।
कूट
(a) A और R दोनों सही हैं तथा R, A का सही स्पष्टीकरण करता है
(b) A और R दोनों सही हैं, परंतु R, A का सही स्पष्टीकरण नहीं करता है
(c) A सही है, किंतु R गलत है
(d) A गलत है, किंतु R सही है

उत्तर (c) A सही है, किंतु R गलत है

3. स्रोत 'अ' बेल्जियम : एक परिचय

बेल्जियम यूरोप का एक छोटा-सा देश है, क्षेत्रफल में हमारे हरियाणा राज्य से भी छोटा। इसकी सीमाएँ फ्रांस, नीदरलैंड, जर्मनी और लक्जमबर्ग से लगती हैं। इसकी आबादी एक करोड़ से थोड़ी अधिक है यानी हरियाणा की आबादी से करीब आधी। इस छोटे से देश के समाज की जातीय बुनावट बहुत जटिल है।

स्रोत 'ब' बेल्जियम का जनसांख्यिकी वितरण

देश की कुल आबादी का 59 फीसदी हिस्सा फ्लेमिश इलाके में रहता है और डच बोलता है। शेष 40 फ़ीसदी लोग वेलोनिया क्षेत्र में रहते हैं और फ्रेंच बोलते हैं। शेष एक फ़ीसदी लोग जर्मन बोलते हैं। राजधानी ब्रूसेल्स के 80 फीसदी लोग फ्रेंच बोलते हैं और 20 फीसदी लोग डच भाषा।

स्रोत 'स' बेल्जियम की भाषायी विविधता

अल्पसंख्यक फ्रेंच-भाषी लोग तुलनात्मक रूप से ज्यादा समृद्ध और ताकतवर रहे हैं। बहुत बाद में जाकर आर्थिक विकास और शिक्षा का लाभ पाने वाले डच-भाषी लोगों को इस स्थिति से नाराजगी थी। इसके चलते 1950 और 1960 के दशक में फ्रेंच और डच बोलने वाले समूहों के बीच तनाव बढ़ने लगा। इन दोनों समुदायों के टकराव का सबसे तीखा रूप ब्रूसेल्स में दिखा।

स्रोत 'अ' बेल्जियम : एक परिचय

(i) बेल्जियम की सीमाएँ किन देशों से लगती हैं?

उत्तर बेल्जियम की सीमाएँ फ्रांस, नीदरलैंड, जर्मनी और लक्जमबर्ग से लगती हैं।

स्रोत 'ब' बेल्जियम का जनसांख्यिकी वितरण

(ii) बेल्जियम के फ्लेमिश और वेलोनिया क्षेत्र में निवासित जनसंख्या के वितरण को समझाइए।

उत्तर बेल्यिजम की कुल आबादी का 59% हिस्सा फ्लेमिश क्षेत्र में निवास करता है और उनकी भाषा डच है तथा शेष 40% लोग वेलोनिया क्षेत्र में निवास करते हैं, जिनकी भाषा फ्रेंच है।

स्रोत 'स' बेल्जियम की भाषायी विविधता

(iii) 1950 से 1960 के दशक में बेल्जियम में फ्रेंच और डच भाषी लोगों के बीच तनावपूर्ण स्थिति का क्या कारण था?

उत्तर बेल्जियम में डच भाषी लोग जनसंख्या की दृष्टि से फ्रेंच भाषी की अपेक्षा अधिक निवास करते हैं, लेकिन आर्थिक समृद्धि तथा शिक्षा की दृष्टि से डच भाषी, फ्रेंच भाषी की अपेक्षा निम्नतर स्थिति में हैं और 1950 से 1960 के दशक में इन दोनों भाषायी समुदायों के बीच तनाव की स्थिति का प्रमुख कारण यही रहा।

4. श्रीलंका एक द्वीपीय देश है, जो तमिलनाडु के दक्षिणी तट से कुछ किलोमीटर की दूरी पर स्थित है। इसकी आबादी करीब दो करोड़ है यानी हरियाणा के बराबर। दक्षिण एशिया के अन्य देशों की तरह श्रीलंका की आबादी में भी कई जातीय समूहों के लोग हैं। सबसे प्रमुख सामाजिक समूह सिंहलियों का है, जिनकी आबादी कुल जनसंख्या की 74 फीसदी है। फिर तमिलों का नंबर आता है, जिनकी आबादी कुल जनसंख्या में 18 फीसदी है।

तमिलों में भी दो समूह हैं श्रीलंकाई मूल के तमिल 13 (फीसदी) और हिंदुस्तानी तमिल, जो औपनिवेशिक शासनकाल में बागानों में काम करने के लिए भारत से लाए गए लोगों की संतान हैं। मौजूदा श्रीलंका के नक्शे पर गौर करें, तो पाएँगे कि तमिल मुख्य रूप से उत्तर और पूर्वी प्रांतों में आबाद हैं। अधिकतर सिंहली-भाषी लोग बौद्ध हैं, जबकि तमिल-भाषी लोगों में कुछ हिंदू हैं और कुछ मुसलमान। श्रीलंका की आबादी में ईसाई लोगों का हिस्सा 7 फीसदी है और वे सिंहली और तमिल दोनों भाषाएँ बोलते हैं।

(i) श्रीलंका की भौगोलिक अवस्थिति का परिचय दें।

उत्तर श्रीलंका एक दक्षिण एशियाई द्वीपीय देश है, जो तमिलनाडु के दक्षिणी तट से कुछ किलोमीटर की दूरी पर स्थित है।

(ii) श्रीलंका की कुल आबादी में सबसे प्रमुख जातीय समूहों को समझाए।

उत्तर दक्षिण एशिया के अन्य देशों की भाँति श्रीलंका में भी जातीय समूहों की विविधता है। इस जातीय समूह में सिंहली सर्वप्रमुख हैं, जिसका श्रीलंका की कुल आबादी में हिस्सा 74% है।

(iii) श्रीलंका में जातीय विविधता को संक्षेप में स्पष्ट करें।

उत्तर श्रीलंका में सिंहली समुदाय के अतिरिक्त तमिल, मुसलमान और ईसाई भी निवास करते हैं। तमिलों का श्रीलंका की आबादी में हिस्सा 18% है, जिसमें दो श्रेणी आते हैं— श्रीलंकाई मूल के तमिल (13%) और हिंदुस्तानी तमिल, जो औपनिवेशिक काल के दौरान श्रीलंका के बागानों में काम करने हेतु लाए गए श्रमिकों की संतान हैं। यहाँ की आबादी में ईसाई समुदाय का हिस्सा 7% है, जो सिंहली व तमिल दोनों ही भाषाएँ बोलते हैं। श्रीलंका में अधिकतर सिंहली भाषायी लोग बौद्ध हैं, जबकि तमिल भाषी में कुछ हिंदू हैं और कुछ मुसलमान।

स्वयं को जाँचें

वस्तुनिष्ठ प्रश्न

1. निम्न में से किस देश में बहुसंख्यकवाद को अपनाया गया था?
(a) बेल्जियम (b) श्रीलंका (c) रसिया (d) भारत

2. निम्न में से कौन-सा प्रावधान श्रीलंका के 1956 के अधिनियम से संबंधित नहीं है?
(a) बौद्ध को राज्य के द्वारा संरक्षण दिया गया
(b) केवल सिंहली को राजभाषा के रूप में अपनाया गया
(c) सरकारी नौकरियाँ सिंहली के लिए संरक्षित की गईं
(d) अधिनियम स्वायत्तता से संबंधित था

3. निम्न में से कौन-सी भाषा बेल्जियम में नहीं बोली जाती है?
(a) डच (b) फ्रेंच (c) स्पेनिश (d) जर्मन

अतिलघु उत्तरीय प्रश्न

4. गृहयुद्ध क्या है?

5. श्रीलंकाई जनसंख्या में कितने प्रतिशत लोग ईसाई हैं?

6. LTTE क्या था?

लघु उत्तरीय प्रश्न

7. सत्ता में साझेदारी के संबंध में बेल्जियम तथा श्रीलंका की नीतियों की व्याख्या कीजिए।

8. श्रीलंका में तमिलों की क्या माँगें थीं तथा उनकी किन माँगों को पूरा किया गया था?

9. बेल्जियम के दो जातीय समूहों की व्याख्या कीजिए।

10. बेल्जियम में सत्ता की साझेदारी के लिए की गई व्यवस्था पर एक संक्षिप्त निबंध लिखिए।

11. गृहयुद्ध से आप क्या समझते हैं? श्रीलंका के संदर्भ में व्याख्या कीजिए।

दीर्घ उत्तरीय प्रश्न

12. बेल्जियम में सामाजिक विविधता के कारण उत्पन्न समस्याओं का समाधान कैसे किया गया? विस्तार से समझाइए।

13. सत्ता की साझेदारी के लिए युक्तिपरक तथा नैतिकपरक कारणों की विस्तार से व्याख्या कीजिए।

14. सामुदायिक सरकार का क्या अभिप्राय है? बेल्जियम के संदर्भ में सामुदायिक सरकार की व्याख्या कीजिए।

15. बहुसंख्यकवाद क्या है? बहुसंख्यकवाद को श्रीलंका में किस प्रकार अपनाया गया?

अध्याय

02

संघवाद

संघवाद क्या है?

संघवाद (Federalism) एक ऐसी व्यवस्था है, जिसमें शासन की सभी शक्तियों का केंद्रीय सरकार तथा प्रांतीय सरकारों के बीच बँटवारा कर दिया जाता है। संघीय शासन व्यवस्था में दो स्तरों पर सरकारें होती हैं

(i) प्रथम स्तर की सरकार पूरे देश के लिए होती है, जिसके अधीन राष्ट्रीय महत्त्व के विषय होते हैं, इसे **संघ सरकार** (Union Government) कहते हैं।

(ii) दूसरे स्तर की सरकार को **राज्य या प्रांतों की सरकार** (State Government) कहते हैं, जो शासन के दैनिक कार्य को देखती है।

संघवाद की विशेषताएँ

संघवाद की विशेषताएँ निम्नलिखित हैं

(i) यहाँ सरकार दो या दो से अधिक स्तरों वाली होती है।

(ii) विभिन्न स्तर की सरकारें एक ही नागरिक समूह पर शासन करती हैं, परंतु कानून बनाने (Law Makeing), कर वसूलने (Tax Collection) एवं प्रशासनिक (Administrative) कार्यों पर दोनों का अपना-अपना अधिकार क्षेत्र (Jurisdiction) होता है।

(iii) विभिन्न स्तरों की सरकारों के अधिकार-क्षेत्र संविधान में स्पष्ट रूप से वर्णित होते हैं। इसलिए संविधान सरकार के प्रत्येक स्तर के अस्तित्व (Existence) और प्राधिकार (Authorisation) की गारंटी और सुरक्षा (Security) देता है।

(iv) संविधान के मौलिक प्रावधानों (Fundamental Provisions) को किसी एक स्तर की सरकार अकेले परिवर्तित नहीं कर सकती। ऐसे परिवर्तनों के लिए संघ एवं राज्य दोनों स्तर की सरकारों की सहमति की आवश्यकता होती है।

(v) अदालतों को संविधान और विभिन्न स्तर की सरकारों के अधिकारों की व्याख्या करने का अधिकार होता है। विभिन्न स्तर की सरकारों के मध्य अधिकारों के विवाद की स्थिति में सर्वोच्च न्यायालय (Supreme Court) निर्णायक की भूमिका निभाता है।

(vi) वित्तीय स्वायत्तता (Financial Autonomy) निश्चित करने के लिए विभिन्न स्तर की सरकारों के लिए राजस्व (Revenue) के अलग-अलग स्रोत निर्धारित हैं।

(vii) संघीय शासन व्यवस्था के दो प्रमुख उद्देश्य देश की एकता (Unity) की सुरक्षा करना और उसे बढ़ावा देना तथा क्षेत्रीय विविधता (Regional Diversity) का सम्मान करना है।

(viii) आदर्श संघीय व्यवस्था में विभिन्न स्तरों की सरकारों के बीच सत्ता के बँटवारे के नियम पर सहमति होनी चाहिए और इनका एक-दूसरे पर भरोसा होना चाहिए।

राज्य और केंद्र सरकारों के मध्य सत्ता का बँटवारा

राज्य और केंद्र सरकारों के बीच सत्ता का बँटवारा प्रत्येक संघीय सरकार में अलग-अलग माध्यमों से होता है। यह इस बात पर भी निर्भर करता है कि संघ की स्थापना किन ऐतिहासिक संदर्भों में हुई है। संघीय शासन व्यवस्था प्रमुख रूप से दो माध्यमों से गठित होती है

(i) पहले माध्यम में दो या दो से अधिक स्वतंत्र राष्ट्र साथ मिलकर एक बड़ी इकाई का निर्माण करते हैं तथा दोनों अपनी संप्रभुता (Sovereignty) को साथ रखते हैं। साथ ही ये अपनी अलग-अलग पहचान को भी बनाए रखते हैं और अपनी सुरक्षा तथा खुशहाली को बढ़ावा देते हैं; जैसे—संयुक्त राज्य अमेरिका, स्विट्जरलैंड और ऑस्ट्रेलिया। इस तरह की संघीय व्यवस्था वाले देशों में प्रांत, केंद्र से अधिक शक्तिशाली होते हैं।

(ii) दूसरे माध्यम में राज्यों की अपेक्षा केंद्र सरकार अधिक शक्तिशाली होती है। यदि कोई बड़ा देश अपनी आंतरिक विविधता के कारण राज्यों का गठन करता है और फिर राज्य और संघ सरकार के बीच सत्ता का बँटवारा होता है, तो संघीय शासन का गठन होता है; जैसे—**भारत, बेल्जियम** तथा **स्पेन**। इस व्यवस्था में राज्यों के पास समान अधिकार होते हैं, परंतु विशेष स्थिति में किसी-किसी प्रांत को विशेष अधिकार भी दिए जाते हैं।

संघीय व्यवस्था बनाम एकात्मक शासन

- संघीय शासन (Federal System) में सरकारें अपने-अपने स्तर पर स्वतंत्र होकर अपना कार्य करती हैं। इस अर्थ में संघीय शासन व्यवस्था, एकात्मक शासन (Unitary System) से विपरीत है।
- संघीय शासन व्यवस्था में केंद्रीय सरकार, राज्य सरकार को कुछ विशेष करने का आदेश नहीं दे सकती। राज्य सरकारों के पास अपनी शक्तियाँ होती हैं और इसके लिए वह केंद्रीय सरकार को जवाबदेह नहीं होती हैं।
- एकात्मक शासन व्यवस्था में शासन का एक ही स्तर होता है और शेष इकाइयाँ इसके अधीन होकर कार्य करती हैं।
- संघीय शासन व्यवस्था में केंद्रीय सरकार, **प्रांतीय या स्थानीय सरकारों** (Provincial or Local Governments) को आदेश दे सकती है। ये दोनों ही सरकारें अपने-अपने स्तर पर लोगों को जवाबदेह (Answerable) होती हैं।

भारत में संघीय व्यवस्था

विभाजन के बाद भारत एक स्वतंत्र राष्ट्र बनकर उभरा था। भारतीय संविधान ने भारत को राज्यों का संघ (Union of States) घोषित किया। भारतीय संघ का गठन संघीय शासन व्यवस्था के सिद्धांत के आधार पर हुआ है।

दो स्तरीय शासन व्यवस्था

भारतीय संविधान ने मौलिक रूप से **दो स्तरीय शासन व्यवस्था** (Two-Tier System) का प्रावधान किया है

(i) संघ सरकार या केंद्र सरकार (ii) राज्य सरकार

त्रि-स्तरीय शासन व्यवस्था

भारत की संघीय शासन व्यवस्था में कुछ समय पश्चात् **पंचायतों** (Panchayats) और **नगरपालिकाओं** (Municipalities) के रूप में तीसरे स्तर के शासन को जोड़ा गया। भारतीय संविधान में स्पष्ट रूप से केंद्र और राज्य सरकारों के बीच शक्तियों को तीन भागों में बाँटा गया है, जिसे हम तीन सूचियाँ भी कहते हैं—**संघ या केंद्र सूची** (Union List), **राज्य सूची** (State List) तथा **समवर्ती सूची** (Concurrent List), जिनका वर्णन इस प्रकार है

(i) **संघ सूची** (Union List) इस सूची के अन्तर्गत प्रतिरक्षा (Defence), विदेशी मामले (Foreign Affairs), बैंकिंग, संचार (Communication) और मुद्रा (Currency) जैसे राष्ट्रीय महत्त्व के विषय आते हैं। इन मामलों में पूरे देश को एक तरह की नीतियों की आवश्यकता होती है। संघ सूची के विषयों पर कानून बनाने का अधिकार केवल केंद्र सरकार को होता है।

(ii) **राज्य सूची** (State List) इस सूची में पुलिस, व्यापार (Trade), वाणिज्य (Commerce), कृषि और सिंचाई (Irrigation) जैसे प्रांतीय और स्थानीय महत्त्व के विषय आते हैं। राज्य सूची के विषयों पर कानून बनाने का अधिकार केवल राज्य सरकारों को होता है।

(iii) **समवर्ती सूची** (Concurrent List) इस सूची में शिक्षा (Education), वन (Forest), मजदूर संघ (Trade Unions), विवाह (Marriage), गोद लेना (Adoption) और उत्तराधिकार (Succession) जैसे विषय रखे गए हैं। समवर्ती सूची के विषयों पर कानून बनाने का अधिकार केंद्र और राज्य दोनों सरकारों को है। जब दोनों सरकार द्वारा बनाए गए कानूनों में मतभेद होता है, तब केंद्र सरकार द्वारा बनाया गया कानून ही मान्य होता है।

ऐसे विषय जो इन तीनों सूचियों के अंतर्गत नहीं आते तथा ऐसे विषय जो संविधान बनने के पश्चात् आए हैं; जैसे—कंप्यूटर सॉफ्टवेयर 'बाकी बचे विषय' (Residuary Subjects) के रूप में जाने जाते हैं। इन विषयों पर कानून बनाने की शक्ति केंद्र सरकार के पास होती है।

केंद्रशासित प्रदेशों की स्थिति

- भारतीय संघ की कई इकाइयाँ (Units) ऐसी हैं, जिनको बहुत ही कम अधिकार प्राप्त हैं। ये ऐसे छोटे-छोटे क्षेत्र हैं, जो अपने आकार के आधार पर स्वतंत्र प्रांत नहीं बन सकते तथा इन्हें किसी मौजूदा प्रांत में विलीन करना भी संभव नहीं है; जैसे—चंडीगढ़, लक्षद्वीप और राजधानी दिल्ली, इन्हें **केंद्रशासित प्रदेश** (Union Territories) कहते हैं।
- इन क्षेत्रों को राज्य वाले अधिकार प्राप्त नहीं हैं। इन क्षेत्रों का शासन चलाने का विशेष अधिकार केंद्र सरकार को प्राप्त होता है।

केंद्र और राज्य सरकारों के मध्य सत्ता का बँटवारा

- हमारा संविधान संघ और राज्य सरकार के मध्य सत्ता को साझा करने की सीमा को निर्धारित करता है तथा अधिकारों के इस बँटवारे या साझेदारी में परिवर्तन आसान नहीं है। केवल संसद (Parliament) इस व्यवस्था में बदलाव नहीं कर सकती।

ऐसे किसी भी परिवर्तन के लिए संसद के दोनों सदनों में **दो-तिहाई बहुमत** (Two-third Majority) की मंजूरी होना आवश्यक है और फिर कम-से-कम आधे राज्यों की विधानसभाओं की मंजूरी होना भी आवश्यक है।

- केंद्र और राज्य सरकारों के बीच शक्तियों के बँटवारे से संबंधित कोई भी विवाद होने पर उन विवादों का फैसला (High Court) सर्वोच्च न्यायालय करता है।
- सरकार चलाने और अपनी जिम्मेदारियों का निर्वाह करने के लिए राजस्व की उगाही के संबंध में केंद्र और राज्य सरकारों को कर (Tax) लगाने और संसाधन जमा करने के अधिकार हैं।

चेक प्वॉइंट 01

1. संघवाद किसे कहते हैं?

2. संघीय शासन व्यवस्था .... तरीकों से गठित की जा सकती है।

3. भारतीय संविधान ने केंद्र और राज्य सरकारों के बीच शक्तियों को कितने भागों में बाँटा है?

4. संघ सूची के विषयों पर कानून बनाने का अधिकार कौन-सी सरकार को प्राप्त है?

5. केंद्र और राज्य सरकारों के बीच शक्तियों के बँटवारे से संबंधित विवादों की सुनवाई करता है।

संघीय व्यवस्था कैसे चलती है?

संघीय व्यवस्था के सफल कार्य के लिए केवल संवैधानिक प्रावधान (Constitutional Provision) पर्याप्त नहीं है। भारत में संघीय व्यवस्था की सफलता का श्रेय (Credit) हमारे देश की लोकतांत्रिक राजनीति की प्रकृति को दिया जा सकता है।

यही कारण है कि संघवाद की भावना, विविधता का आदर और साथ-साथ रहने की इच्छा का हमारे देश के साझा आदर्श के रूप में स्थापित होना सुनिश्चित हुआ।

भाषायी राज्य

- भाषा के आधार पर प्रांतों का गठन (Creation of Linguistic State) हमारे देश की लोकतांत्रिक राजनीति के लिए पहली और एक कठिन परीक्षा थी।
- भारत ने वर्ष 1947 में लोकतंत्र की राह पर अपनी जीवन यात्रा शुरू की। स्वतंत्रता के पश्चात् भारत में नए राज्यों को बनाने के लिए कई पुराने राज्यों की सीमाएँ बदली गईं। यह इसलिए किया गया, जिससे एक भाषा को बोलने वाले व्यक्ति एक राज्य में ही रहें।
- कुछ राज्यों का गठन भाषा के आधार पर नहीं, बल्कि संस्कृति (Culture), भूगोल (Geography) और जातीयताओं (Ethnicity) के आधार पर किया गया। ऐसे राज्यों में **नागालैंड, उत्तराखंड** और **झारखंड** जैसे राज्य शामिल हैं।
- भाषा के आधार पर जब प्रांतों के गठन की माँग उठने लगी तो राष्ट्रीय नेताओं को भय था कि इससे कहीं देश की एकता एवं अखंडता न टूट जाए, परंतु कुछ समय पश्चात् उनका यह भय गलत सिद्ध हुआ, क्योंकि भाषावार राज्य बनने से देश अधिक एकीकृत और मजबूत हुआ, जिसके परिणामस्वरूप प्रशासन पहले की अपेक्षा कहीं अधिक सुविधाजनक हो गया।

भाषा नीति

- भारत के संघीय ढाँचे की दूसरी परीक्षा भाषा नीति (Language Policy) थी। हमारे संविधान में किसी एक भाषा को राष्ट्रभाषा (National Language) का दर्जा नहीं दिया गया।
- **हिंदी** को राजभाषा माना गया परंतु भारत में केवल 40% लोगों की मातृभाषा (Mother Language) हिंदी है। केंद्र सरकार ने उन राज्यों पर हिंदी नहीं थोपी जो अलग भाषा बोलते हैं।
- भारतीय संविधान में हिंदी के अतिरिक्त अन्य 21 भाषाओं को **अनुसूचित भाषा** (Scheduled Language) का दर्जा दिया गया है। केंद्र सरकार के किसी पद का उम्मीदवार इनमें से किसी भी भाषा में परीक्षा दे सकता है।
- राज्यों की भी अपनी राजभाषाएँ होती हैं तथा इनका अधिकांश कार्य अपनी राजभाषा में ही होता है। संविधान के अनुसार सरकारी कार्यों की भाषा के रूप में अंग्रेजी का प्रयोग वर्ष 1965 से बंद होना प्रस्तावित था, परंतु विभिन्न गैर-हिन्दी भाषायी राज्यों के विरोध प्रदर्शन के कारण केन्द्र सरकार ने हिन्दी के साथ-साथ अंग्रेजी भाषा को भी राजकीय कार्यों में प्रयोग करने की अनुमति दे दी।

भारत में भाषायी विविधता

वर्ष 2011 की जनगणना के अनुसार, भारत में लोगों की 1300 से अधिक अलग-अलग भाषाओं को मातृभाषा (Mother Language) के रूप में दर्ज किया गया था। भोजपुरी, मगही, बुंदेलखंडी, छत्तीसगढ़ी, राजस्थानी, भीली और इन भाषाओं से संबंधित दूसरी भाषाओं को भी हिंदी भाषा के अंदर जोड़ दिया गया है।

समूहबद्धता के बाद भी जनगणना में 121 प्रमुख भाषाएँ पाई गईं, जिनमें से 22 भाषाओं को भारतीय संविधान की आठवीं अनुसूची में रखा गया है और इसी कारण इन्हें अनुसूचित भाषा (Scheduled Language) और शेष को गैर-अनुसूचित भाषा (Non-Scheduled Language) कहते हैं।

केंद्र-राज्य संबंध

- संघवाद को केन्द्र-राज्य संबंधों के पुनर्गठन के माध्यम से मजबूत किया जा सकता है। सत्ता की साझेदारी की संवैधानिक व्यवस्था वास्तविकता में कैसा रूप लेगी यह ज्यादातर इस बात पर निर्भर करता है कि शासन दल और नेता किस प्रकार इस व्यवस्था का अनुसरण करते हैं।
- भारत में लंबे समय तक केन्द्र और राज्य में एक ही पार्टी की सरकार होने से राज्य सरकारों ने **स्वायत्त संघीय इकाई** (Autonomous Federal Units) के रूप में अपने अधिकारों का प्रयोग नहीं किया, परंतु जब केंद्र और राज्य में अलग-अलग पार्टियों की सरकार बनी तो केंद्र सरकार ने राज्यों के अधिकारों की अनदेखी करने की कोशिश की। यह संघवाद की भावना के प्रतिकूल काम था।

- वर्ष 1990 के बाद यह स्थिति परिवर्तित हुई और इसी समय केंद्र में **गठबंधन सरकार** (Coalition Government) की शुरुआत भी हुई।
- जब किसी एक दल को लोकसभा में स्पष्ट बहुमत नहीं मिला तो प्रमुख राजनीतिक दलों को क्षेत्रीय दलों सहित अनेक पार्टियों से गठबंधन बनाकर सरकार बनानी पड़ी।
- इससे सत्ता में साझेदारी और राज्य सरकारों की स्वायत्तता का आदर करने की नई संस्कृति का उदय हुआ। इस प्रवृत्ति को सर्वोच्च न्यायालय के एक बड़े फैसले से भी बल मिला। इस फैसले के कारण राज्य सरकार को मनमाने ढंग (Arbitrary Manner) से भंग करना केंद्र सरकार के लिए मुश्किल हो गया।

भारत की अनुसूचित भाषाएँ

भाषा	बोलने वालों का अनुपात (%)	भाषा	बोलने वालों का अनुपात (%)
असमिया	1.26	मणिपुरी	0.15
बांग्ला	8.03	मराठी	6.86
बोडो	0.12	नेपाली	0.24
डोगरी	0.21	ओड़िया	3.10
गुजराती	4.58	पंजाबी	2.74
हिंदी	43.63	संस्कृत	नगण्य
कन्नड़	3.61	संथाली	0.61
कश्मीरी	0.56	सिंधी	0.23
कोंकणी	0.19	तमिल	5.70
मैथिली	1.12	तेलुगू	6.70
मलयालम	2.88	उर्दू	4.19

स्रोतः http://www.censusindia.gov.in

चेक प्वॉइंट 02

1. *भारत में किस भाषा को राजभाषा माना गया है?*
2. *भारत में ········भाषाओं को अनुसूचित भाषा का दर्जा दिया गया है।*
3. *कितनी भाषाओं को भारतीय संविधान की आठवीं अनुसूची में रखा गया है?*
4. *भारत में ···········वर्ष के बाद गठबंधन सरकार की शुरुआत हुई।*
5. *भारत में कितने प्रतिशत लोगों की मातृभाषा हिंदी है?*

भारत में विकेंद्रीकरण

भारत एक विशाल देश है, इसलिए यहाँ दो स्तर वाली शासन व्यवस्था से अच्छा शासन नहीं चल सकता। भारत के अनेक राज्य यूरोप के स्वतंत्र देशों (Independence Country of Europe) से भी बड़े हैं। भारत के राज्य बड़े होने के साथ-साथ ये स्वयं भी आंतरिक स्तर पर विविधताओं (Diversities) से पूर्ण हैं।

भारत में संघीय सत्ता की साझेदारी तीन स्तरों पर करने की आवश्यकता है, जिसमें तीसरे स्तर की सरकार स्थानीय स्तर की हो। जब केंद्र और राज्य सरकार से शक्तियाँ लेकर स्थानीय सरकारों को दी जाती हैं, तो इसे **सत्ता का विकेंद्रीकरण** (Decentralisation of Power) कहते हैं।

सत्ता के विकेंद्रीकरण के पीछे यह अवधारणा है कि अनेक मुद्दों और समस्याओं को स्थानीय स्तर पर सुलझाया जा सके। स्थानीय सरकारों की स्थापना स्वशासन के लोकतांत्रिक सिद्धांतों को वास्तविक बनाने का सबसे अच्छा तरीका है।

स्थानीय सरकार

- तीसरे स्तर की सरकार (Third-Tier Government) को स्थानीय सरकार (Local Government) कहा जाता है। इस स्तर की सरकार के अंतर्गत गाँव में **ग्राम पंचायत** (Gram Panchayat) और शहरों में **नगरपालिका** (Municipalties) जैसी संस्थाओं की स्थापना की गई थी, परंतु इन्हें राज्य सरकारों के सीधे नियंत्रण में रखा गया था।
- स्वतंत्रता बाद स्थानीय सरकारों के लिए नियमित रूप से चुनाव भी नहीं कराए जाते थे। इस स्तर की सरकारों के पास अपना कोई अधिकार और संसाधन नहीं था।
- विकेंद्रीकरण की दिशा में एक बड़ा कदम वर्ष 1992 में उठाया गया, जिसमें संविधान में संशोधन कर स्थानीय शासन व्यवस्था को अधिक शक्तिशाली और प्रभावी बनाया गया। स्थानीय शासन व्यवस्था को संवैधानिक दर्जा देने के बाद निम्नलिखित प्रावधान किए गए थे
  - (i) स्थानीय स्वशासन निकायों (Local Government Bodies) के चुनाव नियमित रूप से कराना संवैधानिक बाध्यता हो गई।
  - (ii) स्वशासन निकायों के निर्वाचित सदस्य तथा पदाधिकारियों के पदों में **अनुसूचित जातियों** (Scheduled Castes), **अनुसूचित जनजातियों** (Scheduled Tribes) और **पिछड़ी जातियों** (Other Backward Castes) के लिए सीटें आरक्षित की गईं।
  - (iii) महिलाओं के लिए भी **एक-तिहाई** पद आरक्षित किए गए हैं।
  - (iv) प्रत्येक राज्य में स्थानीय पंचायत और नगरपालिका (Municipal) चुनाव कराने के लिए **राज्य चुनाव आयोग** (State Election Commission, SEC) जैसी स्वतंत्र संस्था का गठन किया गया है।
  - (v) राज्य सरकारों को अपने राजस्व और अधिकारों का कुछ हिस्सा इन स्थानीय स्वशासी निकायों (Local Government Bodies) को देना पड़ता है। सत्ता में भागीदारी की प्रकृति प्रत्येक राज्य में अलग-अलग है।

पंचायती राज व्यवस्था

- गाँवों के स्तर पर उपस्थित स्थानीय शासन व्यवस्था को **पंचायती राज** (Panchayati Raj) के नाम से जाना जाता है। प्रत्येक गाँव में एक ग्राम पंचायत (Gram Panchayat) होती है, जो एक तरह की परिषद् होती है।
- ग्राम पंचायत में कई सदस्य तथा एक अध्यक्ष होता है। सदस्य वार्डों से चुने जाते हैं, जिन्हें 'पंच' कहा जाता है तथा पंचायत अध्यक्ष को प्रधान या सरपंच कहते हैं। पंच तथा सरपंच का चुनाव गाँव अथवा वार्ड में रहने वाले सभी वयस्क लोग मतदान के द्वारा करते हैं। ग्राम पंचायतों का सभी काम **ग्राम सभा** (Gram Sabha) की देख-रेख में चलता है।

- ग्राम पंचायत का बजट पास करने और पंचायतों के सभी कामकाज की समीक्षा (Review) करने के लिए पंचायतों में साल में कम-से-कम दो या तीन बार बैठक करनी होती है।
- कई ग्राम पंचायतों को मिलाकर **पंचायत समिति** (Panchayat Samiti) का गठन होता है, जिसे मंडल या प्रखंड स्तरीय पंचायत भी कहते हैं। मंडल या प्रखंड स्तरीय पंचायत के सदस्यों का चुनाव उस क्षेत्र के पंचायत सदस्य करते हैं।

जिला परिषद्

- जिले (District) की सभी पंचायत समितियों को मिलाकर जिला परिषद् का गठन किया जाता है। जिला परिषद् के अधिकतर सदस्यों का चुनाव होता है।
- जिला परिषद् में उस जिले से चुने गए लोकसभा और विधानसभा के सांसद और विधायक तथा जिला स्तर की संस्थाओं के कुछ अधिकारी भी सदस्य होते हैं। जिला परिषद् का प्रमुख, जिला परिषद् का राजनीतिक प्रधान (Political Head) होता है।

नगरपालिका/नगर निगम

- शहरों में स्थानीय स्वशासन को नगरपालिका कहते हैं। इसी प्रकार बड़े शहरों में नगर निगम (Municipal Corporations) होता है।
- नगरपालिका और नगर निगम दोनों स्तरों के कामकाज जनता द्वारा चुने गए प्रतिनिधि करते हैं। नगरपालिका प्रमुख नगरपालिका के राजनीतिक प्रधान होते हैं।
- नगर निगम के पदाधिकारी को **मेयर** (Mayor) कहते हैं। भारत में नगरपालिकाओं और ग्राम पंचायतों के लिए करीब 36 लाख लोगों का चुनाव होता है, जिनमें से एक-तिहाई भाग महिलाओं का होता है।

ब्राजील का एक प्रयोग

ब्राजील के शहर पोर्तो एलग्रे (Porto Alegre) ने विकेंद्रीकरण और नागरिकों की सक्रिय भागीदारी वाले लोकतंत्र के मेल का एक महत्त्वपूर्ण प्रयोग किया है। ब्राजील के शहर पोर्तो एलग्रे के नगर-परिषद् के समांतर एक संगठन खड़ा किया गया और अपने शहर के विषय में वास्तविक फैसले करने का अधिकार स्थानीय निवासियों को दिया गया है। शहर को अनेक क्षेत्र और वार्ड में विभाजित किया गया।

प्रत्येक उप-क्षेत्र की अपनी-अपनी बैठक होती है, जिसका स्वरूप ग्राम सभा की तरह है और इसमें उस क्षेत्र के सभी नागरिक भाग ले सकते हैं। कुछ बैठकें पूरे शहर को प्रभावित करने वाले मुद्दों पर होती हैं और उनमें शहर का कोई भी नागरिक भाग ले सकता है।

स्थानीय सरकारों को संवैधानिक दर्जा

- स्थानीय सरकारों को संवैधानिक दर्जा देने से भारतीय लोकतंत्र की जड़ें और मजबूत हुई हैं। इसमें भारतीय लोकतंत्र में महिलाओं का प्रतिनिधित्व बढ़ा है।
- पंचायतों के चुनाव तो नियमित रूप से होते हैं, लेकिन ग्राम सभा की बैठकें नियमित रूप से नहीं होती हैं। अधिकांश राज्य सरकारों ने स्थानीय सरकारों को पर्याप्त अधिकार एवं पर्याप्त साधन नहीं दिए हैं। इस प्रकार हम स्वशासन की आदर्श स्थिति से अधिक दूर हैं।

चेक प्वॉइंट 03

1. भारत में संघीय सत्ता की साझेदारी ········स्तरों पर करने की आवश्यकता है।
2. स्थानीय सरकार में महिलाओं के लिए कितनी सीटें आरक्षित की गई हैं?
3. पंचायती राज के नाम से किसे जाना जाता है?
4. पंच किसे कहते हैं?
5. नगर निगम द्वारा चुने गए प्रतिनिधि को ············कहा जाता है।

इन्हें भी जानें

- ***क्षेत्राधिकार** (Jurisdiction)* भौगोलिक सीमाओं में विभाजित प्रशासनिक, न्यायिक एवं आधिकारिक कार्य क्षेत्र को क्षेत्राधिकार कहते हैं।
- ***संघीय सरकार** (Federal Government)* संविधान द्वारा स्पष्ट रूप से विभाजित शक्तियों के आधार पर स्थापित संघीय इकाइयों; जैसे—केंद्र और राज्य सरकार को संघीय सरकार कहते हैं।
- ***एकतंत्रीय सरकार** (Unitary Government)* सरकार का एकल स्तर या संघीय इकाइयों; जैसे– राज्यों पर केंद्र का नियंत्रण।
- ***पंचायती राज** (Panchayati Raj)* ग्रामीण स्थानीय सरकार को पंचायती राज कहते हैं।
- ***संघवाद** (Federalism)* सरकार की ऐसी व्यवस्था, जिसमें केंद्रीय सत्ता राज्यों में विभाजित है।
- ***ग्राम सभा** (Gram Sabha)* ऐसी संवैधानिक इकाई, जिसका गाँव के सभी लोगों द्वारा निर्माण किया जाता हो तथा जो ग्राम पंचायत के चुनाव में भाग लेती है।
- ***गठबंधन सरकार** (Coalition Government)* एक से अधिक राजनीतिक पार्टियों द्वारा मिलकर बनाई गई सरकार को गठबंधन सरकार कहते हैं।
- ***स्थानीय शासन** (Local Government)* सत्ता के तीन स्तरीय ढाँचे का तीसरा स्तर स्थानीय शासन कहलाता है, जिसमें एक स्थान विशेष के लोग अपने लिए स्वयं कानून बनाते हैं।
- ***संघ सूची** (Union List)* विषयों की वह सूची, जिस पर केंद्र सरकार कानून बनाए, संघ सूची कहलाती है। इस सूची में ऐसे महत्त्वपूर्ण विषय होते हैं जो पूरे देश पर प्रभाव डालते हैं।
- ***राज्य सूची** (State List)* विषयों की वह सूची, जिस पर कानून बनाने का अधिकार सिर्फ राज्य सरकारों को है, राज्य सूची कहलाती है। इसमें कृषि, सिंचाई, व्यापार जैसे विषय आते हैं।
- ***समवर्ती सूची** (Concurrent List)* विषयों की वह सूची जिस पर कानून बनाने का अधिकार राज्य और केंद्र दोनों सरकारों को होता है। समवर्ती सूची में शिक्षा, वन, मजदूर संघ, विवाह, गोद लेना और उत्तराधिकारी आदि से संबंधित विषय आते हैं।
- ***जिला परिषद्** (District Council)* किसी जिले की सभी पंचायत समितियों को मिलाकर जिला परिषद् का गठन किया जाता है।

NCERT फोल्डर

1. भारत के खाली राजनीतिक नक्शे पर इन राज्यों की उपस्थिति दर्शाएँ: मणिपुर, सिक्किम, छत्तीसगढ़ और गोवा।

उत्तर

2. विश्व के खाली राजनीतिक मानचित्र पर भारत के अतिरिक्त संघीय शासन वाले तीन देशों की अवस्थिति बताइए और उनके नक्शे को रंग से भरिए।

उत्तर (i) ब्राजील (ii) दक्षिण अफ्रीका (iii) रूस

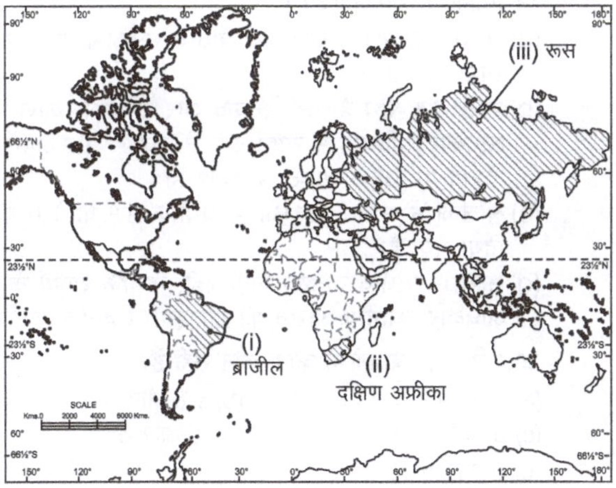

3. भारत की संघीय व्यवस्था में बेल्जियम से मिलती-जुलती एक विशेषता और उससे अलग एक विशेषता को बताइए।

उत्तर **भारत तथा बेल्जियम के बीच मिलती-जुलती विशेषता** भारत और बेल्जियम दोनों में समानता के अनुसार अर्थात् सबको साथ लेकर चलने वाली नीति के अनुसार शासन किया जाता है।

भारत तथा बेल्जियम के बीच संघवाद की अलग विशेषता बेल्जियम की शासन व्यवस्था में तीन प्रकार की सरकारें पाई जाती हैं—केंद्र सरकार, राज्य सरकार तथा सामुदायिक सरकार (धार्मिक और भाषायी समूह के आधार पर), परंतु भारत में केवल दो प्रकार की सत्ता होती है—केंद्र सरकार और राज्य सरकार। भारत में बेल्जियम की तरह तीसरे प्रकार की सामुदायिक सरकार तो नहीं है, किंतु तीसरे स्तर की शासन व्यवस्था 'पंचायत/नगरपालिका' (स्थानीय शासन) को अवश्य जोड़ा गया है, जो स्थानीय मामलों की देख-रेख करती है।

4. **शासन के संघीय और एकात्मक स्वरूपों में क्या-क्या मुख्य अंतर है? इसे उदाहरणों के माध्यम से स्पष्ट कीजिए। CBSE 2011, 10**

उत्तर शासन के संघीय और एकात्मक स्वरूपों में मुख्य अंतर निम्नलिखित हैं

संघीय सरकार	एकात्मक सरकार
संघीय सरकार दो स्तर वाली होती है।	एकात्मक सरकार में विषयों का विभाजन नहीं होता है।
संघीय सरकार में सत्ता केंद्रीय प्राधिकरण तथा इसके विभिन्न अंगों के बीच बँटी रहती है।	एकात्मक सरकार में एक ही सरकार होती है, जिसके नियंत्रण में पूरी सत्ता होती है।
भारत, में शासन की संघीय व्यवस्था को अपनाया गया है।	श्रीलंका ने एकात्मक सरकार की व्यवस्था को अपनाया है।
संघीय सरकार में स्थानीय स्तर के शासन के पास भी सत्ता तथा स्वतंत्रता होती है।	एकात्मक सरकार में स्थानीय स्तर पर न तो सत्ता होती है और न ही आजादी।

5. **वर्ष 1992 के संविधान संशोधन के पहले और बाद के स्थानीय शासन के दो महत्त्वपूर्ण अंतरों को बताइए।**

उत्तर वर्ष 1992 के संविधान संशोधन के पहले और पश्चात् के स्थानीय शासन के दो महत्त्वपूर्ण अंतर निम्नलिखित हैं

वर्ष 1992 से पहले की स्थानीय सरकार	वर्ष 1992 के पश्चात् की स्थानीय सरकार
स्थानीय सरकारें राज्य सरकारों के सीधे नियंत्रण में थीं।	स्थानीय सरकारों को अपने कुछ अधिकार मिल गए।
चुनाव नियमित रूप से नहीं होते थे।	चुनाव नियमित रूप से होने लगे।
चुनावों पर राज्य सरकारों का नियंत्रण था।	चुनाव कराने के लिए राज्य चुनाव आयोग नामक स्वतंत्र संस्था का गठन किया गया।

6. रिक्त स्थानों को भरिए

चूँकि अमेरिका ······ तरह का संघ है इसलिए वहाँ सभी इकाइयों को समान अधिकार है। संघीय सरकार के मुकाबले प्रांत ······ है, लेकिन भारत की संघीय प्रणाली ······ की है और यहाँ कुछ राज्यों को औरों से अधिक शक्तियाँ प्राप्त हैं।

उत्तर (i) साथ आकर संघ बनाने
(ii) शक्तिशाली
(iii) सबको साथ लेकर चलने

7. भारत की भाषा नीति पर नीचे तीन प्रतिक्रियाएँ दी गई हैं। इनमें से आप जिसे ठीक समझते हैं, उसके पक्ष में तर्क और उदाहरण दीजिए।

संगीता प्रमुख भाषाओं को समाहित करने की नीति ने राष्ट्रीय एकता को मजबूत किया है।

अरमान भाषा के आधार पर राज्यों के गठन ने हमें बाँट दिया है। हम इसी कारण अपनी भाषा के प्रति सचेत हो गए हैं।

हरीश इस नीति ने अन्य भाषाओं के ऊपर अंग्रेजी के प्रभुत्व को मजबूत करने भर का काम किया है।

उत्तर हम संगीता की बात से सहमत हैं, जो यह कहती है कि भारत की भाषा नीति ने देश की सभी भाषाओं को आदर तथा सम्मान दिया है, जिससे राष्ट्रीय एकता मजबूत हुई है। भारत के लोग इस भाषा नीति से संतुष्ट हैं, क्योंकि हिंदी को राष्ट्रभाषा के रूप में घोषित किया गया है और साथ ही अन्य 21 भाषाओं को भी संविधान द्वारा मान्यता प्रदान की गई है।

इसके साथ ही राज्यों की भी अपनी भाषाएँ हैं और इन्हीं राज्य की भाषाओं में राज्य सरकार का काम-काज चलता है तथा राज्य के लोगों द्वारा बोला जाता है। दूसरी बात यह है कि हिंदी का विकास करना संघीय सरकार की नीति है, परंतु इसे किसी राज्य पर जबरदस्ती नहीं थोपा जा सकता।

8. संघीय सरकार की एक विशिष्टता है

(a) राष्ट्रीय सरकार अपने कुछ अधिकार प्रांतीय सरकारों को देती है।
(b) अधिकार विधायिका, कार्यपालिका और न्यायपालिका के बीच बँट जाते हैं।
(c) निर्वाचित पदाधिकारी ही सरकार में सर्वोच्च ताकत का उपयोग करते हैं।
(d) सरकार की शक्ति शासन के विभिन्न स्तरों के बीच बँट जाती है।

उत्तर (d) सरकार की शक्ति शासन के विभिन्न स्तरों के बीच बँट जाती है।

9. भारतीय संविधान की विभिन्न सूचियों में दर्ज कुछ विषय यहाँ दिए गए हैं। इन्हें नीचे दी गई तालिका में संघीय सूची, राज्य सूची और समवर्ती सूची वाले समूहों में लिखिए।

(a) रक्षा (b) पुलिस (c) कृषि
(d) शिक्षा (e) बैंकिंग (f) वन
(g) संचार (h) व्यापार (i) विवाह

संघीय सूची	
राज्य सूची	
समवर्ती सूची	

उत्तर

संघीय सूची	रक्षा, बैंकिंग, संचार
राज्य सूची	पुलिस, कृषि, व्यापार
समवर्ती सूची	शिक्षा, वन, विवाह

10. नीचे भारत में शासन के विभिन्न स्तरों और उनके कानून बनाने के अधिकार क्षेत्र के जोड़े दिए गए हैं। इनमें से कौन-सा जोड़ा सही मेल वाला नहीं है?

(a) राज्य सरकार	राज्य सूची
(b) केंद्र सरकार	संघीय सूची
(c) केंद्र और राज्य सरकार	समवर्ती सूची
(d) स्थानीय सरकार	अवशिष्ट सूची

उत्तर (d) स्थानीय सरकार – अवशिष्ट सूची

11. सूची I और सूची II में मेल ढूँढें और नीचे दिए गए कोड के आधार पर सही उत्तर चुनिए

सूची I	सूची II
1. भारतीय संघ	(a) प्रधानमंत्री
2. राज्य	(b) सरपंच
3. नगर निगम	(c) राज्यपाल
4. ग्राम पंचायत	(d) मेयर

कूट

	1	2	3	4		1	2	3	4
(a)	d	a	b	c	(b)	b	c	d	a
(c)	a	c	d	b	(d)	c	d	a	b

उत्तर (c) a c d b

12. इन बयानों पर गौर कीजिए :

(a) संघीय व्यवस्था में संघ और प्रांतीय सरकारों के अधिकार स्पष्ट रूप से तय होते हैं।
(b) भारत एक संघ है, क्योंकि केंद्र और राज्य सरकारों के अधिकार संविधान में स्पष्ट रूप से दर्ज हैं और अपने-अपने विषयों पर उनका स्पष्ट अधिकार है।
(c) श्रीलंका में संघीय व्यवस्था है, क्योंकि उसे प्रांतों में बाँट दिया गया है।
(d) भारत में संघीय व्यवस्था नहीं रही, क्योंकि राज्यों के कुछ अधिकार स्थानीय शासन की इकाइयों में बाँट दिए गए हैं।

ऊपर दिए गए बयानों में कौन-कौन सही हैं?

(a) a, b और c (b) a, c और d
(c) a और b (d) b और c

उत्तर (c) a और b

परीक्षा अभ्यास

वस्तुनिष्ठ प्रश्न

बहुविकल्पीय प्रश्न

1. बेल्जियम में किस प्रकार की सरकार है?
(a) संघीय सरकार
(b) मार्क्सवादी सरकार
(c) एकात्मक सरकार
(d) केंद्र सरकार

उत्तर (a) संघीय सरकार

2. एकात्मक शासन में सारे अधिकार किसके पास होते हैं?
(a) केंद्र सरकार के पास
(b) राज्य सरकार के पास
(c) नगरपालिका और पंचायतों के पास
(d) उपरोक्त में से कोई नहीं

उत्तर (a) केंद्र सरकार के पास

3. उस व्यवस्था को क्या कहते हैं, जिसमें शक्तियाँ केन्द्र सरकार तथा विभिन्न वर्गों में बँटी हुई होती हैं?
(a) संघीय सरकार (b) मार्क्सवादी सरकार
(c) एकात्मक सरकार (d) केंद्र सरकार

उत्तर (a) संघीय सरकार

4. कौन-सा देश संघीय सरकार के साथ अस्तित्व में आया था?
(a) बेल्जियम (b) संयुक्त राज्य अमेरिका
(c) श्रीलंका (d) भारत

उत्तर (b) संयुक्त राज्य अमेरिका

5. भारतीय संविधान ने स्पष्ट रूप से केंद्र और राज्य सरकारों के बीच शक्तियों को कितने भागों में बाँटा है?
(a) दो (b) तीन
(b) चार (d) पाँच

उत्तर (b) तीन

6. किस भाषा को भारत की राष्ट्रभाषा का दर्जा प्राप्त है?
(a) तमिल
(b) हिंदी
(c) अंग्रेजी
(d) उपरोक्त में से कोई नहीं

उत्तर (d) उपरोक्त में से कोई नहीं

7. समवर्ती सूची से संबंधित विषयों पर कौन कानून बना सकती है?
(a) राज्य सरकार (b) केंद्र सरकार
(c) 'a' और 'b' दोनों (d) इनमें से कोई नहीं

उत्तर (c) 'a' और 'b' दोनों

8. भारत के किस राज्य ने उग्र रूप से अंग्रेजी भाषा को सरकारी कामकाज की भाषा के रूप में सुचारु रखने की माँग की थी?
(a) केरल (b) कर्नाटक
(c) तमिलनाडु (d) आंध्र प्रदेश

उत्तर (c) तमिलनाडु

9. भारत ने विकेंद्रीकरण के लिए किस वर्ष कदम उठाए?
(a) 1992 (b) 1993
(c) 1994 (d) 1995

उत्तर (a) 1992

10. भारत में किसको केंद्रशासित प्रदेशों में प्रशासन चलाने के विशेष अधिकार प्राप्त हैं?
(a) केंद्र सरकार (b) मुख्यमंत्री
(c) राष्ट्रपति (d) गवर्नर

उत्तर (a) केंद्र सरकार

11. जब राज्य सरकार की कुछ शक्तियाँ स्थानीय सरकार को दे दी जाती हैं, तो उसे क्या कहते हैं?
(a) विकेंद्रीकरण (b) केंद्रीकरण
(c) पंचायत समिति (d) संघवाद

उत्तर (a) विकेंद्रीकरण

12. निम्नलिखित में से कौन-सा संघ सूची का विषय है?
CBSE Compartment 2021
(a) रक्षा (b) कृषि
(c) व्यापार (d) शिक्षा

उत्तर (a) रक्षा

13. निम्नलिखित में से कौन-सा राज्य सूची का विषय है?
(a) मुद्रा (b) विदेशी मामले
(c) बैंकिंग (d) वाणिज्य

उत्तर (d) वाणिज्य

14. निम्नलिखित में से कौन-सा संघ सूची का विषय है?
CBSE Term I 2021
(a) संचार (b) व्यापार
(c) वाणिज्य (d) सिंचाई

उत्तर (a) संचार

15. निम्नलिखित में से कौन-सा देश 'संघ को साथ रखना' का उदाहरण है?
CBSE Term I 2021
(a) ऑस्ट्रेलिया (b) भारत
(c) यू एस ए (d) स्विट्ज़रलैंड

उत्तर (b) भारत

16. निम्नलिखित कथनों में से गलत कथन का चयन करें

(a) संघवाद में भी संविधान का गलत प्रयोग हो सकता है

(b) पुनर्गठन में केंद्र सरकार राज्य सरकार के साथ शक्तियों का बँटवारा करती है

(c) संघवाद में आए सभी राज्यों को समान अधिकार प्राप्त होते हैं

(d) पंचायती राज व्यवस्था में लोग प्रत्यक्ष रूप से नीति निर्माण में भाग ले सकते हैं

उत्तर (b) पुनर्गठन में केंद्र सरकार राज्य सरकार के साथ शक्तियों का बँटवारा करती है

17. निम्नलिखित कथनों पर विचार कीजिए तथा सही कूट का चयन करें

1. भारत के सभी चुनावों में महिलाओं के लिए 113 सीटें आरक्षित हैं।
2. भारत में त्रिस्तरीय सरकार काम करती है, परंतु इनमें शक्ति का बँटवारा असमान रूप से किया गया है।
3. भारत का संविधान किसी एक भाषा को राजकीय भाषा का दर्जा नहीं देता है।

कूट

(a) 1 और 3 (b) 2 और 3

(c) 1 और 2 (d) ये सभी

उत्तर (b) 2 और 3

18. भारतीय संघीय व्यवस्था की भाषा नीति के संबंध में निम्नलिखित कथनों पर विचार कीजिए तथा कूट के माध्यम से सत्य कथन का चयन कीजिए **CBSE 2020**

1. हिंदी को राजभाषा माना गया।
2. हिंदी के अलावा अन्य 21 भाषाओं को अनुसूचित भाषा का दर्जा दिया गया है।
3. हिंदी के साथ-साथ अंग्रेजी राजकीय कामों में उपयोग की जा सकती है।

कूट

(a) 1 और 3 (b) 1 और 2

(c) केवल 1 (d) ये सभी

उत्तर (d) ये सभी

19. संघीय व्यवस्था की कुल महत्त्वपूर्ण विशेषताओं में शामिल तत्त्वों पर विचार कीजिए तथा कूट के माध्यम से असत्य कथन का चयन कीजिए

1. संघीय व्यवस्था में सरकार सिर्फ दो स्तरों वाली होती है।
2. वित्तीय स्वायत्तता निश्चित करने के लिए विभिन्न स्तर की सरकारों के लिए राजस्व के अलग-अलग स्रोत निर्धारित होते हैं।
3. संघीय शासन व्यवस्था का एकमात्र उद्देश्य देश की एकता की सुरक्षा करना है।

कूट

(a) केवल 1 (b) 1 और 2

(c) 1 और 3 (d) 2 और 3

उत्तर (c) 1 और 3

20. विभिन्न कार्यों को उनके होने के क्रम में लगाएँ

1. भाषा के आधार पर राज्य का गठन।
2. क्षेत्रीय सरकार का गठबंधन के रूप में कार्य करना।
3. भारत में लोकतंत्र का पुनः आरंभ।
4. केंद्र सरकार द्वारा अंग्रेजी भाषा को सरकारी भाषा के रूप में कार्य करने के लिए सुचारु करना।

कूट

(a) 3, 2, 1, 4

(b) 3, 1, 4, 2

(c) 1, 3, 4, 2

(d) 4, 1, 3, 2

उत्तर (a) 3, 2, 1, 4

21. कम्प्यूटर सॉफ्टवेयर जैसे विषय इसके अंतर्गत सम्मिलित हैं। ये विषय संविधान निर्माण के पश्चात् आए हैं। हमारे संविधान के अनुसार 'बाकी बचे' विषय केंद्र सरकार के अधिकार क्षेत्र में समाहित हैं।

उपरोक्त के आधार विकल्प के माध्यम से उचित विषय की पहचान कीजिए

(a) संघ सूची

(b) राज्य सूची

(c) समवर्ती सूची

(d) अवशिष्ट सूची में सम्मिलित विषय

उत्तर (d) अवशिष्ट सूची में सम्मिलित विषय

22. निम्न वक्तव्यों को ध्यानपूर्वक पढ़कर उचित विकल्प की पहचान कीजिए

- यह भारत की सर्वाधिक बोली जाने वाली भाषा है।
- संविधान में वर्णित 22 भाषाओं में इसका उल्लेख है।
- यह सिर्फ 40 फीसदी भारतीयों की मातृभाषा है।

(a) हिंदी (b) उर्दू

(c) बांग्ला (d) मराठी

उत्तर (a) हिंदी

23. निम्न युग्मों में से सही युग्म की पहचान कीजिए **CBSE Term I 2021**

	देश		प्रशासन व्यवस्था
(a)	रूस	–	एकात्मक
(b)	चीन	–	संघात्मक
(c)	कनाडा	–	संघात्मक
(d)	अर्जेंटीना	–	संघात्मक

उत्तर (d) अर्जेंटीना–संघात्मक

24. निम्न युग्मों में से गलत युग्म की पहचान कीजिए

	सूची		विषय
(a)	संघ	–	संचार
(b)	राज्य	–	व्यापार
(c)	समवर्ती	–	सिंचाई
(d)	अवशिष्ट	–	कंप्यूटर संबंधित विषय

उत्तर (c) समवर्ती–सिंचाई

सुमेलित करें

25. सुमेलित कीजिए

सूची I		सूची II
A.	राजकीय भाषा के रूप में अंग्रेजी भाषा पर रोक	1. 2011
B.	1300 से अधिक मातृभाषा	2. 1990
C.	भारत में क्षेत्रीय पार्टियों का उदय	3. 1965

कूट

	A	B	C		A	B	C
(a)	3	1	2	(b)	2	1	3
(c)	1	2	3	(d)	1	3	2

उत्तर (a) 3 1 2

26. सुमेलित कीजिए **CBSE 2023**

	सूची I (विषय)		सूची II (सूची)
A.	ई-प्रोग्रामिंग	1.	समवर्ती सूची
B.	पुलिस	2.	संघ सूची
C.	शिक्षा	3.	राज्य सूची
D.	रक्षा	4.	अवशिष्ट सूची

कूट

	A	B	C	D		A	B	C	D
(a)	4	3	1	2	(b)	3	4	1	2
(c)	4	1	3	2	(d)	4	2	1	3

उत्तर (a) 4 3 1 2

27. सुमेलित कीजिए **CBSE Term I 2021**

सूची I	सूची II
A. संघ सूची	1. कंप्यूटर संबंधित विषय
B. राज्य सूची	2. वन
C. समवर्ती सूची	3. पुलिस
D. अवशिष्ट शक्तियाँ	4. प्रतिरक्षा

कूट

	A	B	C	D		A	B	C	D
(a)	4	2	3	1	(b)	1	2	3	4
(c)	4	3	2	1	(d)	2	1	3	4

उत्तर (c) 4 3 2 1

चित्र आधारित प्रश्न

28. भारत के प्रधानमंत्री और उनके नेतृत्व वाले गठबंधन के नाम की पहचान करें।

(a) अटल बिहारी वाजपेयी, एन डी ए
(b) पी वी नरसिम्हा राव, यू पी ए
(c) एच डी देवगौड़ा, एन डी ए
(d) अटल बिहारी वाजपेयी, यू पी ए

उत्तर (a) अटल बिहारी वाजपेयी, एन डी ए

रिक्त स्थान भरें

29. पुलिस, व्यापार, कृषि ……… सरकार के अंतर्गत आते हैं।
उत्तर राज्य

30. पोखरण ……… राज्य में स्थित है।
उत्तर राजस्थान

31. संविधान के अनुसार ……… के बाद अंग्रेजी भाषा को राजकीय भाषा के रूप में कार्य करने से रोकना था।
उत्तर वर्ष 1965

सही और पुनः लिखें

32. भारत के गैर-हिंदी भाषायी राज्यों ने डोगरी को सुचारु से राजकीय भाषा में प्रयोग करने के लिए उग्र प्रदर्शन करे।
उत्तर भारत के गैर-हिंदी भाषायी राज्यों ने अंग्रेजी भाषा को सुचारु रूप से राजकीय भाषा के रूप में प्रयोग करने के लिए उग्र प्रदर्शन करे।

33. भारत में 1980 के बाद बहुत सी क्षेत्रीय पार्टियों का स्थानीय स्वशासन के लिए उदय हुआ।
उत्तर 1990 के बाद भारत के विभिन्न राज्यों में क्षेत्रीय राजनीतिक पार्टियों का उदय हुआ।

34. भारत, स्पेन और बेल्जियम 'साथ आकर संघ' बनाने के उदाहरण है। **CBSE 2020**
उत्तर भारत, स्पेन और बेल्जियम संघीय व्यवस्था के गठन का उदाहरण है।

35. संघ सरकार के साथ-साथ राज्य सरकारें राज्य सूची के विषयों; जैसे—वन, व्यापार संघ, विवाह इत्यादि पर कानून बना सकती हैं। **CBSE Compartment 2020**
उत्तर संघ सरकार के साथ-साथ राज्य सरकारें समवर्ती सूची के विषयों; जैसे–वन, मजदूर संघ, विवाह इत्यादि पर कानून बना सकती हैं।

कथन और कारण

36. **कथन** (A) छोटे शहरों में स्थानीय स्वशासन के लिए नगर परिषद् का गठन किया जाता है।
कारण (R) नगरपालिका के पदाधिकारी को मेयर कहते हैं।
कूट
(a) A और R दोनों सही हैं तथा R, A की सही व्याख्या है
(b) A और R दोनों सही हैं, परंतु R, A की सही व्याख्या नहीं है
(c) A सही है, किंतु R गलत है
(d) A गलत है, किंतु R सही है

उत्तर (b) A और R दोनों सही हैं, परंतु R, A की सही व्याख्या नहीं है

37. **कथन** (A) जब केंद्र और राज्य सरकार से शक्तियाँ लेकर स्थानीय सरकारों को दी जाती हैं, तो इसे सत्ता का विकेंद्रीकरण कहते हैं।

कारण (R) विकेंद्रीकरण के पीछे बुनियादी सोच यह थी कि अनेक मुद्दों और समस्याओं का निपटारा स्थानीय स्तर पर ही अच्छे ढंग से हो सकता है।

कूट

(a) A और R दोनों सही हैं तथा R, A की सही व्याख्या है

(b) A और R दोनों सही हैं, परंतु R, A की सही व्याख्या नहीं है

(c) A सही है, किंतु R गलत है

(d) A गलत है, किंतु R सही है

उत्तर (a) A और R दोनों सही हैं तथा R, A की सही व्याख्या है

अतिलघु उत्तरीय प्रश्न

1. संघवाद क्या है? **CBSE 2014**

उत्तर संघवाद एक ऐसी शासन व्यवस्था है, जिसमें शासन की सभी शक्तियों का केंद्रीय सरकार तथा प्रांतीय सरकारों के बीच बँटवारा कर दिया जाता है।

2. सरकार के अस्तित्व और गारंटी की सुरक्षा कौन देता है?

उत्तर विभिन्न स्तरों की सरकारों के अधिकार क्षेत्र संविधान में स्पष्ट रूप से वर्णित होते हैं, इसलिए संविधान, सरकार के प्रत्येक स्तर के अस्तित्व और प्राधिकार की गारंटी और सुरक्षा देता है।

3. साथ आकर संघ बनाने के दो उदाहरण लिखिए। **CBSE 2014**

उत्तर साथ आकर संघ बनाने के दो उदाहरण अमेरिका और ऑस्ट्रेलिया हैं।

4. अधिकार क्षेत्र किसे कहते हैं?

उत्तर ऐसा दायरा जिस पर किसी का वैधानिक अधिकार हो या भौगोलिक सीमा के अंतर्गत परिभाषित हो, उसे अधिकार क्षेत्र कहते हैं।

5. साथ लेकर चलने वाले संघ के कोई दो उदाहरण दीजिए। **CBSE 2014**

उत्तर साथ लेकर चलने वाले संघ भारत और स्पेन हैं।

6. भारतीय संघ का गठन किस सिद्धांत पर हुआ है?

उत्तर भारतीय संघ का गठन संघीय शासन व्यवस्था के सिद्धांत पर हुआ है।

7. संघीय शासन व्यवस्था में तीसरे स्तर के शासन को क्या कहते हैं?

उत्तर संघीय शासन व्यवस्था में तीसरे स्तर के शासन को स्थानीय शासन कहते हैं।

8. संघ सूची में किन विषयों को शामिल किया गया है?

उत्तर संघ सूची में प्रतिरक्षा, विदेशी मामले, बैंकिंग, संचार और मुद्रा को शामिल किया गया है।

9. राज्य सूची में किन विषयों को शामिल किया गया है?

उत्तर राज्य सूची में पुलिस, व्यापार, वाणिज्य, कृषि और सिंचाई को शामिल किया गया है।

10. राज्य सूची के विषयों पर कानून कौन बनाता है?

उत्तर राज्य सूची के विषयों पर कानून बनाने का अधिकार सिर्फ राज्य सरकार को है।

11. समवर्ती सूची में किन विषयों को शामिल किया गया है?

उत्तर समवर्ती सूची में शिक्षा, वन, मजदूर संघ, विवाह, गोद लेना, और उत्तराधिकार जैसे विषयों को शामिल किया गया है।

12. समवर्ती सूची पर कानून बनाने का अधिकार किसको दिया गया है।

उत्तर समवर्ती सूची पर कानून बनाने का अधिकार केंद्र और राज्य दोनों सरकारों को दिया गया है।

13. भारत के कोई तीन केंद्रशासित प्रदेशों के नाम बताइए।

उत्तर चंडीगढ़, लक्षद्वीप और राष्ट्रीय राजधानी दिल्ली केंद्रशासित प्रदेश हैं।

14. केंद्रशासित प्रदेशों का शासन किसके द्वारा चलाया जाता है?

उत्तर केंद्रशासित प्रदेशों का शासन केंद्र सरकार द्वारा चलाया जाता है।

15. गठबंधन सरकार किसे कहते हैं?

उत्तर एक से अधिक राजनीतिक पार्टियों द्वारा एकसाथ मिलकर बनाई गई सरकार को गठबंधन सरकार कहते हैं।

16. वर्ष 2011 की जनगणना के अनुसार भारत में कितनी भाषाएँ पाई गईं थीं?

उत्तर वर्ष 2011 की जनगणना के अनुसार भारत में 121 भाषाएँ पाई गई थीं।

17. सत्ता के विकेंद्रीकरण के पीछे क्या सोच है?

उत्तर सत्ता के विकेंद्रीकरण के पीछे यह सोच है कि अनेक मुद्दों और समस्याओं का निपटारा स्थानीय स्तर पर सही ढंग से हो सके।

18. राज्यों में स्थानीय पंचायत और नगरपालिका का चुनाव कौन कराता है?

उत्तर राज्यों में स्थानीय पंचायत और नगरपालिका का चुनाव राज्य चुनाव आयोग कराता है।

19. पंच तथा सरपंच का चुनाव किस प्रकार होता है?

उत्तर पंच तथा सरपंच का चुनाव गाँव अथवा वार्ड में रहने वाले सभी वयस्क लोग मतदान के माध्यम से करते हैं।

20. पंचायत समिति क्या है? **CBSE 2015**

उत्तर कई ग्राम पंचायतों को मिलाकर पंचायत समिति का गठन किया जाता है, जिसे मंडल या प्रखंड स्तरीय पंचायत भी कहते हैं।

21. मंडल या प्रखंड स्तरीय पंचायत के सदस्यों का चुनाव कौन करता है?

उत्तर मंडल या प्रखंड स्तरीय पंचायत के सदस्यों का चुनाव पंचायत सदस्य करता है।

22. जिला परिषद् का गठन कैसे किया जाता है?

उत्तर जिले की सभी पंचायत समितियों को मिलाकर जिला परिषद् का गठन किया जाता है।

23. कौन-सी दो भाषाएँ राज्य भाषा के रूप में जानी जाती हैं? **CBSE 2014**

उत्तर हिंदी और अंग्रेजी भाषाएँ राज्य भाषा के रूप में जानी जाती हैं।

24. नगरपालिका तथा नगर निगम किसे कहते हैं?

उत्तर छोटे शहरों में स्थानीय शासन वाली संस्था को नगरपालिका तथा बड़े शहरों में स्थानीय शासन वाली संस्था को नगर निगम कहते हैं।

25. भारत में वर्ष 1992 में संविधान में किए गए संशोधन का मुख्य उद्देश्य क्या था? **CBSE 2015**

उत्तर पंचायती राज संस्थाओं और नगरपालिकाओं के अंतर्गत तीसरे स्तर की शासन व्यवस्था को अधिक शक्तिशाली और प्रभावी बनाया जाए।

26. हिंदी के अतिरिक्त और कितनी भाषाओं को अनुसूचित भाषा का दर्जा दिया गया है?

उत्तर हिंदी के अतिरिक्त अन्य 21 भाषाओं को संविधान की आठवीं अनुसूची में रखा गया है।

27. भारत में नगरपालिकाओं और ग्राम पंचायतों के लिए करीब कितने लोगों का चुनाव होता है?

उत्तर भारत में नगरपालिकाओं और ग्राम पंचायतों के लिए करीब 36 लाख लोगों का चुनाव होता है।

C लघु उत्तरीय प्रश्न

1. संघीय शासन व्यवस्था प्रमुख रूप से कितने माध्यमों से गठित होती है? स्पष्ट कीजिए।

उत्तर संघीय शासन व्यवस्था प्रमुख रूप से दो माध्यमों से गठित होती है

(i) पहले माध्यम में दो या दो से अधिक स्वतंत्र राष्ट्र साथ मिलकर एक बड़ी इकाई का निर्माण करते हैं।
दोनों स्वतंत्र राष्ट्र अपनी संप्रभुता को साथ रखते हैं एवं अपनी अलग-अलग पहचान को भी बनाए रखते हैं और अपनी सुरक्षा तथा खुशहाली को बढ़ावा देते हैं; जैसे–संयुक्त राज्य अमेरिका, स्विट्जरलैंड और ऑस्ट्रेलिया।

(ii) दूसरे माध्यम के अंतर्गत यदि कोई बड़े देश द्वारा अपनी आंतरिक विविधता के कारण राज्यों का गठन करता है और फिर राज्य और संघ सरकार के बीच सत्ता का बँटवारा होता है, तो संघीय शासन का गठन होता है; जैसे–भारत, बेल्जियम तथा स्पेन।

2. संघीय व्यवस्था बनाम एकात्मक शासन पर संक्षिप्त टिप्पणी लिखिए।

उत्तर संघीय शासन में सरकारें अपने-अपने स्तर पर स्वतंत्र होकर अपना कार्य करती हैं। इस अर्थ में संघीय शासन व्यवस्था एकात्मक शासन से ठीक विपरीत है। इस शासन व्यवस्था में शासन का एक ही स्तर होता है और शेष इकाइयाँ उसके अधीन होकर कार्य करती हैं। संघीय व्यवस्था में केंद्रीय सरकार प्रांतीय या स्थानीय सरकारों को आदेश दे सकती है, परंतु केंद्रीय सरकार, राज्य सरकार को कुछ महत्त्वपूर्ण कार्य करने का आदेश नहीं दे सकती। राज्य सरकारों के पास अपनी शक्तियाँ होती हैं और इसके लिए वह केंद्रीय सरकार को जवाबदेह नहीं होती हैं। ये दोनों ही सरकारें अपने-अपने स्तर पर लोगों को जवाबदेह होती हैं।

3. संघीय व्यवस्था में तीन सूचियाँ किसे कहा जाता है? किसी एक सूची का वर्णन कीजिए।

अथवा भारतीय संविधान में वर्णित 'संघ सूची' की किन्हीं तीन विशेषताओं का वर्णन कीजिए।

उत्तर भारतीय संविधान में स्पष्ट रूप से केंद्र और राज्य सरकारों के बीच शक्तियों को तीन भागों में बाँटा गया है, जिसे हम तीन सूचियाँ भी कहते हैं– संघ या केंद्र सूची, राज्य सूची तथा समवर्ती सूची। इनमें से संघ सूची का वर्णन इस प्रकार है

संघ सूची इस सूची के अंतर्गत प्रतिरक्षा, विदेशी मामले, बैंकिंग, संचार और मुद्रा जैसे राष्ट्रीय महत्त्व के विषय आते हैं। संघ सूची के विषयों पर कानून बनाने का अधिकार केवल केंद्र सरकार को होता है।

4. केंद्र और राज्य सरकारों के मध्य सत्ता के बँटवारे को संक्षेप में स्पष्ट कीजिए।

उत्तर भारत का संविधान संघ और राज्य सरकार के मध्य सत्ता को साझा करने की सीमा को निर्धारित करता है। अधिकारों के इस बँटवारे या साझेदारी में परिवर्तन आसान नहीं है। अकेले संसद इस व्यवस्था में परिवर्तन नहीं कर सकती। ऐसे किसी भी परिवर्तन के लिए संसद के दोनों सदनों में दो-तिहाई बहुमत की मंजूरी होना आवश्यक है और फिर कम-से-कम आधे राज्यों की विधानसभाओं की मंजूरी होना भी आवश्यक है।

केंद्र और राज्य सरकारों के बीच शक्तियों के बँटवारे से संबंधित कोई भी विवाद होने पर उन विवादों की सुनवाई सर्वोच्च न्यायालय करता है। सरकार चलाने और अपनी जिम्मेदारियों का निर्वाह करने के लिए राजस्व की उगाही के संबंध में केंद्र और राज्य सरकारों को कर लगाने और संसाधन जमा करने के अधिकार हैं।

5. भाषा नीति की प्रमुख विशेषताओं को बताइए।

उत्तर भाषा नीति की प्रमुख विशेषताएँ निम्न प्रकार हैं

- हमारे संविधान में किसी एक भाषा को राष्ट्रभाषा का दर्जा नहीं दिया गया।
- हिंदी को राजभाषा माना गया पर भारत में लगभग 43.63% लोगों की मातृभाषा हिंदी है। केंद्र सरकार ने उन राज्यों पर हिंदी नहीं थोपी जो अलग भाषा बोलते हैं।
- भारतीय संविधान में हिंदी के अतिरिक्त अन्य 21 भाषाओं को अनुसूचित भाषा का दर्जा दिया गया है। केंद्र सरकार के किसी पद का उम्मीदवार इनमें से किसी भी भाषा में परीक्षा दे सकता है।

- राज्यों की भी अपनी राजभाषाएँ होती हैं तथा इनका अधिकांश कार्य अपनी राजभाषा में ही होता है। संविधान के अनुसार, सरकारी कार्यों में अंग्रेजी भाषा का प्रयोग वर्ष 1965 में बंद हो जाना चाहिए था, परंतु गैर-हिंदी भाषीय राज्यों के विरोध प्रदर्शन के कारण अंग्रेजी भाषा को आगे भी सुचारु रखा गया।

6. भारत में भाषायी विविधता पर संक्षिप्त टिप्पणी लिखिए।

उत्तर वर्ष 2011 की जनगणना के अनुसार, भारत में 1300 से अधिक अलग-अलग भाषाओं को मातृभाषा के रूप में दर्ज किया गया था। भोजपुरी, मगही, बुंदेलखंडी, छत्तीसगढ़ी, राजस्थानी, भीली और इन भाषाओं से संबंधित दूसरी भाषाओं को भी हिंदी भाषा के अंदर जोड़ दिया गया है। समूहबद्धता के बाद भी जनगणना में 121 प्रमुख भाषाएँ पाई गईं, जिनमें से 22 भाषाओं को भारतीय संविधान की आठवीं अनुसूची में रखा गया है और इसी कारण इन्हें अनुसूचित भाषा कहते हैं और शेष को गैर-अनुसूचित भाषा कहते हैं।

7. जिला परिषद् एवं नगर निगम पर संक्षिप्त टिप्पणी लिखो।

उत्तर **जिला परिषद्** जिले की सभी पंचायत समितियों को मिलाकर जिला परिषद् का गठन किया जाता है। जिला परिषद् के अधिकतर सदस्यों का चुनाव होता है।

जिला परिषद् में उस जिले से चुने गए लोकसभा और विधानसभा के सांसद और विधायक तथा जिला स्तर की संस्थाओं के कुछ अधिकारी भी सदस्य होते हैं। जिला परिषद् का प्रधान, जिला परिषद् का राजनीतिक प्रधान होता है।

नगरपालिका/नगर निगम शहरों में स्थानीय स्वशासन को नगरपालिका कहते हैं। इसी प्रकार बड़े शहरों में नगर निगम होता है।

दोनों स्तरों के कामकाज जनता द्वारा चुने गए प्रतिनिधि करते हैं। नगरपालिका प्रमुख, नगरपालिका के राजनीतिक प्रधान होते हैं। नगर निगम के चुने गए प्रतिनिधि को मेयर कहते हैं। भारत में नगरपालिकाओं और ग्राम पंचायतों के लिए करीब 36 लाख लोगों का चुनाव होता है।

8. पंचायती राज के नाम से किसे जाना जाता है? इसकी विशेषताओं को बताइए।

अथवा **भारत में पंचायती राज व्यवस्था की प्रकृति का वर्णन कीजिए।** **CBSE 2020**

उत्तर गाँवों के स्तर पर उपस्थित स्थानीय शासन व्यवस्था को पंचायती राज के नाम से जाना जाता है। प्रत्येक गाँव में एक ग्राम पंचायत होती है, जो एक तरह की परिषद् होती है। ग्राम पंचायत में कई सदस्य तथा एक अध्यक्ष होता है। सदस्य वार्डों से चुने जाते हैं, जिन्हें 'पंच' कहा जाता है तथा पंचायत अध्यक्ष को प्रधान या सरपंच कहते हैं। पंच तथा सरपंच का चुनाव गाँव अथवा वार्ड में रहने वाले सभी वयस्क लोग मतदान के द्वारा करते हैं। ग्राम पंचायतों का सभी काम ग्राम-सभा की देख-रेख में चलता है। ग्राम पंचायत का बजट पास करने और पंचायतों के सभी कामकाज की समीक्षा करने के लिए पंचायतों में साल में कम-से-कम दो या तीन बार बैठक करनी होती है।

9. वर्ष 1992 में स्थानीय शासन व्यवस्था को संवैधानिक दर्जा देने के बाद कौन-कौन से प्रावधान किए गए थे? स्पष्ट कीजिए।

उत्तर वर्ष 1992 में स्थानीय शासन व्यवस्था को संवैधानिक दर्जा देने के बाद निम्नलिखित प्रावधान किए गए थे

- स्थानीय स्वशासी निकायों के चुनाव नियमित रूप से कराना संवैधानिक बाध्यता हो गई।
- स्वशासन निकायों के निर्वाचित सदस्य तथा पदाधिकारियों के पदों में अनुसूचित जातियों, अनुसूचित जनजातियों और पिछड़ी जातियों के लिए सीटें आरक्षित की गईं।
- महिलाओं के लिए भी एक-तिहाई पद आरक्षित किए गए हैं।
- प्रत्येक राज्य में स्थानीय पंचायत और नगरपालिका चुनाव कराने के लिए राज्य चुनाव आयोग जैसी स्वतंत्र संस्था का गठन किया गया है।

10. एकात्मक शासन व्यवस्था की किन्हीं तीन विशेषताओं के बारे में बताइए। **CBSE 2020**

उत्तर एकात्मक शासन व्यवस्था की विशेषताएँ निम्नलिखित हैं

(i) एकात्मक व्यवस्था में शासन का एक ही स्तर होता है और शेष इकाइयाँ उसके अधीन होकर काम करती हैं। इसमें केंद्रीय सरकार प्रांतीय या स्थानीय सरकारों को आदेश दे सकती है।

(ii) एकात्मक व्यवस्था के अंतर्गत पूरे देश के लिए संघ सरकार ही कानून बनाती है।

(iii) एकात्मक व्यवस्था के अंतर्गत राजा निरंकुश बन जाता है, जब राजा सभी शक्तियों का प्रयोग बिना किसी रोकथाम के करता है।

11. लोकतंत्र के अंतर्गत स्थानीय सरकारों की शक्ति तथा कमजोरी का मूल्यांकन करें। **CBSE 2019**

उत्तर लोकतंत्र के अंतर्गत स्थानीय सरकारों की शक्ति निम्न प्रकार है

(i) स्थानीय सरकारों के अंतर्गत स्थानीय स्तर पर लोगों को फैसलों में सीधे भागीदार बनाना संभव हो जाता है, जो लोकतंत्र को मजबूत बनाता है।

(ii) स्थानीय सरकारों में महिलाओं के प्रतिनिधित्व में बढ़ावा मिला, जिसने महिला सशक्तीकरण को मजबूत बनाया है।

लोकतंत्र के अंतर्गत स्थानीय सरकारें निम्न परेशानियों का भी सामना कर रही हैं

(i) स्थानीय सरकार के चुनाव तो नियमित रूप से होते हैं, लेकिन इनकी बैठकें नियमित रूप से नहीं होती हैं।

(ii) अधिकांश राज्य सरकार ने स्थानीय सरकारों को पर्याप्त अधिकार नहीं दिए हैं।

दीर्घ उत्तरीय प्रश्न

1. संघवाद की प्रमुख प्रवृत्तियों को संक्षेप रूप में स्पष्ट कीजिए। **CBSE 2014, 11**

अथवा संघवाद की किन्हीं तीन मुख्य विशेषताओं का वर्णन कीजिए। **CBSE Compartment 2020**

उत्तर संघवाद की प्रमुख प्रवृत्तियाँ निम्नलिखित हैं

(i) यहाँ सरकार दो या दो से अधिक स्तरों वाली होती है।

(ii) विभिन्न स्तर की सरकारें एक ही नागरिक समूह पर शासन करती हैं, परंतु कानून बनाने, कर वसूलने एवं प्रशासनिक कार्यों पर दोनों का अपना-अपना अधिकार क्षेत्र होता है।

(iii) संविधान, सरकार के प्रत्येक स्तर के अस्तित्व और प्राधिकार की गारंटी और सुरक्षा देता है।

(iv) संविधान में संशोधन पर मौलिक प्रावधानों को केवल संघ परिवर्तित नहीं कर सकता, ऐसे परिवर्तन करने के लिए संघ एवं राज्य दोनों स्तर की सरकारों की सहमति की आवश्यकता होती है।

(v) अदालतों को संविधान और विभिन्न स्तर की सरकारों के अधिकारों की व्याख्या करने का अधिकार होता है। सर्वोच्च न्यायालय विवादों को सुलझाने के लिए महत्त्वपूर्ण भूमिका निभाता है।

(vi) वित्तीय स्वायत्तता निश्चित करने के लिए विभिन्न स्तर की सरकारों के लिए राजस्व के अलग-अलग स्रोत निर्धारित हैं।

(vii) संघीय शासन व्यवस्था के प्रमुख उद्देश्य देश की एकता की सुरक्षा करना और उसे बढ़ावा देना है।

(viii) क्षेत्रीय विविधता का सम्मान करना चाहिए। आदर्श संघीय व्यवस्था में भरोसा और साथ रहने पर सहमति होनी चाहिए।

2. स्थानीय सरकारों के लिए सत्ता के विकेंद्रीकरण के समर्थन में दो तर्क दीजिए। 1992 के संशोधन के अधीन दो प्रावधान लिखिए, जो भारत में स्थानीय सरकारों का सशक्तीकरण करते हैं। **CBSE 2015, 11**

उत्तर स्थानीय स्तर की सरकार के अंतर्गत गाँव में ग्राम पंचायतों और शहरों में नगरपालिकाओं की स्थापना की गई थी, वर्ष 1992 से पहले इन्हें राज्य सरकारों के सीधे नियंत्रण में रखा गया था। स्थानीय सरकारों के लिए नियमित रूप से चुनाव भी नहीं कराए जाते थे। इस स्तर की सरकारों के पास अपना कोई अधिकार नहीं था। वर्ष 1992 में संविधान संशोधन कर स्थानीय शासन व्यवस्था को अधिक शक्तिशाली और प्रभावी बनाया गया।

स्थानीय शासन व्यवस्था को संवैधानिक दर्जा देने के बाद निम्नलिखित प्रावधान किए गए थे

(i) स्थानीय स्वशासी निकायों के चुनाव नियमित रूप से कराना संवैधानिक बाध्यता हो गई।

(ii) स्वशासन निकायों के निर्वाचित सदस्य तथा पदाधिकारियों के पदों में अनुसूचित जातियों, अनुसूचित जनजातियों और पिछड़ी जातियों के लिए सीटें आरक्षित की गईं।

(iii) महिलाओं के लिए भी एक-तिहाई पद आरक्षित किए गए हैं।

(iv) प्रत्येक राज्य में स्थानीय पंचायत और नगरपालिका चुनाव कराने के लिए राज्य चुनाव आयोग जैसी स्वतंत्र संस्था का गठन किया गया है।

3. भारत एक संघीय देश है। उदाहरण देकर समझाइए। **CBSE 2013, 12**

अथवा केंद्रीय सरकार और राज्य सरकार के बीच विधायकी शक्तियों का तीन हिस्सों में वर्गीकरण कीजिए। **CBSE 2015**

अथवा किन्हीं पाँच विशेषताओं का वर्णन कीजिए, जो भारत को एक संघीय देश बनाती हैं। **CBSE 2015, 13**

उत्तर भारत की संघीय व्यवस्था निम्नलिखित है

(i) **सत्ता का बँटवारा** संविधान स्पष्ट रूप से शक्तियों को तीन स्तर पर बाँटता है– केंद्र या संघ सूची, राज्य सूची तथा समवर्ती सूची।

(ii) **शासन की तीन स्तरीय व्यवस्था** संघीय व्यवस्था के अंतर्गत अलग-अलग स्तर की सरकारें एक ही स्तर के नागरिकों पर शासन करती हैं। इस प्रकार शासन के तीन स्वरूप होते हैं-केंद्र सरकार, राज्य सरकार तथा स्थानीय सरकार।

(iii) **असमान अधिकारों का वितरण** सभी प्रशासनिक इकाइयों को समान अधिकार प्राप्त नहीं होते हैं। संघीय व्यवस्था में सबको साथ लेकर चलना होती हैं, परंतु सभी साथी इकाइयों को बराबर का अधिकार नहीं होता।

(iv) **सरकार की दोनों स्तरों की सहमति** संघीय शासन व्यवस्था में संविधान के मौलिक प्रावधानों को कोई एक स्तर की सरकार अकेले नहीं बदल सकती। यह व्यवस्था भारत में भी है। यहाँ भी संसद अकेले व्यवस्था में बदलाव नहीं कर सकती।

(v) **क्षेत्र अधिकार** संघीय व्यवस्था में संवैधानिक प्रावधानों और कानूनों के क्रियान्वयन की देख-रेख में न्यायपालिका महत्त्वपूर्ण भूमिका निभाती है। केंद्र और राज्य के बीच शक्तियों के बँटवारे के संबंध में कोई विवाद होने पर फैसला उच्च न्यायालय तथा सर्वोच्च न्यायालय में ही होता है। उपरोक्त सभी विशेषताएँ भारत को एक संघीय देश बनाती हैं।

4. स्वतंत्रता के बाद से वर्तमान तक किस प्रकार केंद्र-राज्य संबंधों में परिवर्तन आया था?

उत्तर देश के स्वतंत्र होने के बाद काफी समय तक भारत में एक ही पार्टी का केंद्र और अधिकांश राज्यों में शासन रहा, जिसके अंतर्गत राज्य सरकारों ने स्वायत्त संघीय इकाई के रूप में अपने अधिकारों का प्रयोग नहीं किया, उन दिनों केंद्र सरकार अकसर संवैधानिक प्रावधानों का दुरुपयोग करके विपक्षी दलों की राज्य सरकारों को भंग कर देती थी, जिससे संघवाद की भावना को ठेस पहुँची।

1990 के दशक में स्थिति काफी परिवर्तित हुई। इस अवधि में देश के अनेक राज्यों में क्षेत्रीय दलों का उदय हुआ था। इसी समय केंद्र में भी गठबंधन सरकारों का उदय हुआ था, क्योंकि किसी एक दल को लोकसभा में स्पष्ट बहुमत नहीं मिला इसलिए प्रमुख राष्ट्रीय पार्टियों को क्षेत्रीय दलों सहित अनेक पार्टियों का गठबंधन बनाकर सरकार बनानी पड़ी।

इससे सत्ता में साझेदारी और राज्य सरकारों की स्वायत्तता का आदर करने की नई संस्कृति पनपी। इस प्रवृत्ति को सुप्रीम कोर्ट के एक बड़े फैसले से भी बल मिला। इस फैसले के कारण राज्य सरकार को मनमाने ढंग से भंग करना केंद्र सरकार के लिए मुश्किल हो गया। इस प्रकार वर्तमान में संघीय व्यवस्था के तहत सत्ता की साझेदारी संविधान लागू होने के तत्काल बाद वाले दौर की तुलना में अधिक प्रगतिशील है।

5. ''भाषा के आधार पर प्रांतों का गठन भारत की लोकतांत्रिक राजनीति के लिए पहली और कठिन परीक्षा थी।'' इस कथन की पुष्टि करें। **CBSE 2019**

उत्तर ''भाषा के आधार पर प्रांतों का गठन भारत की लोकतांत्रिक राजनीति के लिए पहली और कठिन परीक्षा थी।'' इस कथन की पुष्टि निम्नलिखित कथनों के आधार पर की जा सकती है

(i) 1947 में नए राज्यों के बनाने के लिए कुछ पुराने राज्य की सीमा में परिवर्तन हुआ, इस प्रकार राज्य का निर्माण भाषीय आधार पर किया जाना था। इससे कई राष्ट्रीय नेताओं को डर था कि इससे देश टूट जाएगा।

(ii) भारत में कुछ राज्यों का गठन भाषा के आधार पर नहीं बल्कि संस्कृति, भूगोल अथवा जातीयताओं की विभिन्नता को रेखांकित करने और उन्हें आदर देने के लिए भी किया गया। इनमें नागालैंड, उत्तराखंड और झारखंड जैसे राज्य शामिल हैं।

(iii) भाषावार राज्य बनाने से देश ज्यादा एकीकृत और मजबूत हुआ।

(iv) भाषीय आधार पर बने राज्य के प्रशासनिक कार्य स्थानीय लोगों के लिए आसान बने। वहाँ के लोगों को स्थानीय भाषा में काम करने में आसानी हुई। इससे प्रशासन भी पहले की अपेक्षा कहीं ज्यादा सुविधाजनक हो गया।

स्रोत आधारित प्रश्न

निम्नलिखित स्रोतों को ध्यानपूर्वक पढ़कर उन पर आधारित प्रश्नों के उत्तर दीजिए

1. संघीय शासन व्यवस्था में सर्वोच्च सत्ता केंद्रीय प्राधिकार और उसकी विभिन्न आनुषंगिक इकाइयों के बीच बँट जाती है। आमतौर पर संघीय व्यवस्था में दो स्तर पर सरकारें होती हैं। इसमें एक सरकार पूरे देश के लिए होती है जिसके अंतर्गत राष्ट्रीय महत्त्व के विषय होते हैं। फिर, राज्य या प्रांतों के स्तर की सरकारें होती हैं, जो शासन के दैनंदिन कामकाज को देखती हैं। सत्ता के इन दोनों स्तर की सरकारें अपने-अपने स्तर पर स्वतंत्र होकर अपना काम करती हैं।

इस अर्थ में संघीय शासन व्यवस्था एकात्मक शासन व्यवस्था से ठीक उलट है। एकात्मक व्यवस्था में शासन का एक ही स्तर होता है और बाकी इकाइयाँ उसके अधीन होकर काम करती हैं। इसमें केंद्रीय सरकार प्रांतीय या स्थानीय सरकारों को आदेश दे सकती है। पर संघीय व्यवस्था में केंद्रीय सरकार राज्य सरकार को कुछ खास करने का आदेश नहीं दे सकती। राज्य सरकारों के पास अपनी शक्तियाँ होती हैं और इसके लिए वह केंद्रीय सरकार को जवाबदेह नहीं होती हैं। ये दोनों ही सरकारें अपने-अपने स्तर पर लोगों को जवाबदेह होती हैं।

(i) निम्नलिखित में से किस व्यवस्था के अंतर्गत सर्वोच्च सत्ता केंद्रीय प्राधिकार और उसकी आनुषंगिक इकाइयों के बीच बँट जाती है?
(a) एकात्मक शासन व्यवस्था
(b) संघात्मक शासन व्यवस्था
(c) संस्थात्मक शासन व्यवस्था
(d) कुलीन तंत्रात्मक शासन व्यवस्था

उत्तर (b) संघात्मक शासन व्यवस्था

(ii) संघीय व्यवस्था शासन प्रणाली की एक ऐसी व्यवस्था होती है, जिसमें
(a) केंद्र सरकार अधिक प्रभावशाली होती है
(b) शक्तियों का केंद्रीकरण केवल केंद्र सरकार के पास निहित होता है
(c) केंद्र के समान प्रांतीय सरकार को भी समान अधिकार प्राप्त होते हैं
(d) संविधान के मौलिक प्रावधानों को केवल केंद्र सरकार बदल सकती है

उत्तर (c) केंद्र के समान प्रांतीय सरकार को भी समान अधिकार प्राप्त होते हैं

(iii) संघीय शासन प्रणाली में राष्ट्रीय महत्त्व के विषयों पर कानून बनाने का अधिकार किसे प्राप्त होता है?
(a) संघीय या केंद्र सरकार को
(b) प्रांत स्तरीय सरकार को
(c) केंद्र एवं प्रांत दोनों सरकारों को
(d) उच्चतम न्यायालय को

उत्तर (a) संघीय या केंद्र सरकार को

(iv) संघीय व्यवस्था में अवशिष्ट शक्तियों का तात्पर्य है .... ।
(a) वैसी शक्तियाँ जो संघ सूची में शामिल हों
(b) वैसी शक्तियाँ जो राज्य सूची में शामिल हों
(c) वैसी शक्तियाँ जो समवर्ती सूची में शामिल नहीं हों
(d) वैसी शक्तियाँ जो किसी भी सूची में शामिल हों

उत्तर (d) वैसी शक्तियाँ जो किसी भी सूची में शामिल हों

(v) भारतीय संविधान के संदर्भ में कहा जाता है कि इसका स्वरूप भले ही संघीय है, परंतु इसमें एकात्मकता की झलक दिखाई देती है, जिसका तात्पर्य है
(a) प्रांतों की अपेक्षा केंद्र सरकार अधिक मजबूत है
(b) संविधान संशोधन के मामले में केंद्र को अधिक शक्तियाँ प्राप्त हैं
(c) राज्यों में राष्ट्रपति शासन लगाने की शक्ति केंद्र के पास निहित है
(d) उपरोक्त सभी

उत्तर (d) उपरोक्त सभी

(vi) निम्न कथनों पर विचार कीजिए

1. सामान्य तौर पर संघीय व्यवस्था में दो स्तर पर सरकारें होती हैं।
2. राज्य सरकारों के पास अपनी शक्तियाँ होती हैं और इसके लिए वह केंद्रीय सरकार को जवाबदेह नहीं होती है।
3. केंद्र व राज्य सरकारें अपने-अपने स्तर पर लोगों के प्रति जवाबदेह होती हैं।

कूट की सहायता से सही उत्तर का चयन कीजिए

(a) केवल 1 (b) केवल 3
(c) 1 और 2 (d) ये सभी

उत्तर (d) ये सभी

2. भाषा के आधार पर प्रांतों का गठन हमारे देश की लोकतांत्रिक राजनीति के लिए पहेली और एक कठिन परीक्षा थी। भारत ने वर्ष 1947 में लोकतंत्र की राह पर अपनी जीवन-यात्रा शुरू की। उस वक्त से लेकर वर्ष 2006 तक का यदि आप राजनीतिक मानचित्र देखें तो इस अवधि में आए बदलावों को देखकर एकबारगी आप आश्चर्यचकित रह जाएँगे। अनेक पुराने प्रांत गायब हो गए और कई नए प्रांत बनाए गए। कई प्रांतों की सीमाएँ, क्षेत्र और नाम बदल गए।

नए राज्यों को बनाने के लिए 1950 के दशक में भारत के कई पुराने राज्यों की सीमाएँ बदलीं। ऐसा यह सुनिश्चित करने के लिए किया गया कि एक भाषा बोलने वाले लोग एक राज्य में आ जाएँ। इसके बाद कुछ अन्य राज्यों का गठन भाषा के आधार पर नहीं बल्कि संस्कृति, भूगोल अथवा जातीयताओं (एथनीसिटी) की विभिन्नता को रेखांकित करने और उन्हें आदर देने के लिए भी किया गया। इनमें नागालैंड, उत्तराखंड और झारखंड जैसे राज्य शामिल हैं।

जब एक भाषा के आधार पर राज्यों के गठन की बात उठी तो कई राष्ट्रीय नेताओं को डर था कि इससे देश टूट जाएगा। केंद्र सरकार ने इसी के चलते राज्यों का पुनर्गठन कुछ समय के लिए टाल दिया था। परंतु हमारा अनुभव बताता है कि भाषावार राज्य बनाने से देश ज़्यादा एकीकृत और मज़बूत हुआ। इससे प्रशासन भी पहले की अपेक्षा कहीं ज़्यादा सुविधाजनक हो गया है।

(i) नए राज्यों के निर्माण की प्रक्रिया किस दशक में बहुतायत से प्रारंभ हुआ?

(a) 1950 के दशक से (b) 1960 के दशक से
(c) 1970 के दशक से (d) 1940 के दशक से

उत्तर (a) 1950 के दशक से

(ii) स्वतंत्रता के पश्चात् .... आधार पर निर्मित राज्यों के गठन के पश्चात् भारत की भौगोलिक सीमाएँ बदल गईं, इस आधार पर बनने वाला पहला भारतीय राज्य .... था।

(a) क्षेत्रीय, तेलंगाना (b) भाषायी, राजस्थान
(c) भाषायी, आंध्र प्रदेश (d) सांस्कृतिक, झारखंड

उत्तर (c) भाषायी, आंध्र प्रदेश

(iii) भारत में नए राज्यों का गठन किस आधार पर किया गया?

(a) भाषायी आधार पर
(b) सांस्कृतिक आधार पर
(c) भौगोलिक अथवा जातीयता की विभिन्नता के आधार पर
(d) उपरोक्त सभी

उत्तर (d) उपरोक्त सभी

(iv) भारत के किस एक राज्य का गठन जनजातीय आधार पर नहीं किया गया है?

(a) उत्तराखंड का गठन (b) झारखंड का गठन
(c) तेलंगाना का गठन (d) छत्तीसगढ़ का गठन

उत्तर (c) तेलंगाना का गठन

(v) निम्नलिखित कथनों में से कौन-सा एक कथन असत्य है?

(a) भारत में हिंदी भाषा को एक राजकीय भाषा का दर्जा प्राप्त है
(b) संथाली एवं मैथिली भाषा संविधान की अनुसूचित भाषा में शामिल नहीं हैं
(c) भारत के पूर्वोत्तर राज्यों में भाषायी अलगाववादियों का बोलबाला है
(d) दक्षिण भारत के राज्यों में हिंदी विरोधी आंदोलन चलाया गया था

उत्तर (b) संथाली एवं मैथिली भाषा संविधान की अनुसूचित भाषा में शामिल नहीं हैं

(vi) **कथन** (A) भाषा के आधार पर प्रांतों का गठनें हमारे देश की लोकतांत्रिक राजनीति की एक अहम परीक्षा थी।

कारण (R) राज्य पुनर्गठन आयोग 1980 के दशक में गठित हुई।

कूट

(a) A और R दोनों सही हैं तथा R, A का सही स्पष्टीकरण है
(b) A और R दोनों सही हैं, परंतु R, A का सही स्पष्टीकरण नहीं है
(c) A सही है, किंतु R गलत है
(d) A गलत है, किंतु R सही है

उत्तर (c) A सही है, किंतु R गलत है

3. स्रोत 'अ' सत्ता का विकेंद्रीकरण

विकेंद्रीकरण के पीछे बुनियादी सोच यह है कि अनेक मुद्दों और समस्याओं का निपटारा स्थानीय स्तर पर ही बढ़िया ढंग से हो सकता है। लोगों को अपने इलाके की समस्याओं की बेहतर समझ होती है। लोगों को इस बात की भी अच्छी जानकारी होती है कि पैसा कहाँ खर्च किया जाए और चीजों का अधिक कुशलता से उपयोग किस तरह किया जा सकता है।

स्रोत 'ब' विकेंद्रीकरण की आवश्यकता

विकेंद्रीकरण की जरूरत हमारे संविधान में भी स्वीकार की गई। इसके बाद से गाँव और शहर के स्तर पर सत्ता के विकेंद्रीकरण की कई कोशिशें हुई हैं। सभी राज्यों में गाँव के स्तर पर ग्राम पंचायतों और शहरों में नगरपालिकाओं की

स्थापना की गई थी। पर इन्हें राज्य सरकारों के सीधे नियंत्रण में रखा गया था। इन स्थानीय सरकारों के लिए नियमित ढंग से चुनाव भी कहीं कराए जाते थे।

स्रोत 'स' विकेंद्रीकरण की दिशा में प्रयास

वास्तविक विकेंद्रीकरण की दिशा में एक बड़ा कदम वर्ष 1992 में उठाया गया। संविधान में संशोधन करके लोकतांत्रिक शासन व्यवस्था के इस तीसरे स्तर को ज्यादा शक्तिशाली और प्रभावी बनाया गया। अब स्थानीय स्वशासी निकायों के चुनाव नियमित रूप से कराना संवैधानिक बाध्यता है।

स्रोत 'अ' सत्ता का विकेंद्रीकरण

(i) सत्ता का विकेंद्रीकरण किसे कहते हैं?

उत्तर जब केंद्र और राज्य सरकार से शक्तियाँ लेकर स्थानीय सरकारों को दी जाती हैं, तो इसे सत्ता का विकेंद्रीकरण कहते है।

स्रोत 'ब' विकेंद्रीकरण की आवश्यकता

(ii) शहरी और ग्रामीण स्तरों पर सत्ता के विकेंद्रीकरण को समझाइए।

उत्तर विकेंद्रीकरण की आवश्यकता हमारे संविधान में स्वीकार की गई है। इसके पश्चात् से ग्राम और शहर के स्तर पर सत्ता के विकेंद्रीकरण की कई कोशिशें की गईं। सभी राज्यों में ग्रामीण स्तर पर ग्राम पंचायतों और शहरों में नगरपालिकाओं की स्थापना की गई थी।

स्रोत 'स' विकेंद्रीकरण की दिशा में प्रयास

(iii) विकेंद्रीकरण की दिशा में किस वर्ष एक सार्थक कदम उठाया गया?

उत्तर वास्तविक विकेंद्रीकरण की दिशा में सबसे बड़ा कदम वर्ष 1992 में उठाया गया। संविधान में इस वर्ष संशोधन करके लोकतांत्रिक शासन व्यवस्था के त्रिस्तरीय को अधिक शक्तिशाली और प्रभावी बनाया गया।

4. दिए गए स्रोत को पढ़िए और उसके नीचे दिए गए प्रश्नों का उत्तर लिखिए। **CBSE 2023**

भारत में विकेंद्रीकरण

स्थानीय सरकारों की यह नई व्यवस्था दुनिया में लोकतंत्र का अब तक का सबसे बड़ा प्रयोग है। पूरे देश में नगरपालिकाओं और ग्राम पंचायतों के लिए लगभग 36 लाख लोगों का चुनाव होता है। यह संख्या ही अपने आप में दुनिया के कई देशों की कुल आबादी से ज्यादा है। स्थानीय सरकारों को संवैधानिक दर्जा दिए जाने से हमारे यहाँ लोकतंत्र की जड़ें और मजबूत हुई हैं। इसने महिलाओं का प्रतिनिधित्व बढ़ाने के साथ ही हमारे लोकतंत्र में उनकी आवाज को मजबूत किया है। बहरहाल, इन सबके बावजूद अभी भी अनेक परेशानियाँ कायम हैं। पंचायतों के चुनाव तो नियमित रूप से होते हैं और लोग बड़े उत्साह से इनमें हिस्सा भी लेते हैं, लेकिन ग्राम सभाओं की बैठकें नियमित रूप से नहीं होतीं।

(i) भारतीय विकेंद्रीकरण को लोकतंत्र में सबसे बड़ा प्रयास क्यों माना जाता है?

उत्तर भारतीय विकेंद्रीकरण को लोकतंत्र में सबसे बड़ा प्रयास इसलिए माना जाता है, क्योंकि विकेंद्रीकरण प्रणाली में स्थानीय जनों की पहुँच, अधिक गम्य होती है, साथ ही महिलाओं के साथ-साथ समाज के वंचित वर्गों को भी विशेष भागीदारी मिलती है।

(ii) भारत में स्थानीय सरकार की संवैधानिक स्थिति ने किस प्रकार लोकतंत्र की जड़ों को और गहरा करने में सहायता की है? विश्लेषण कीजिए।

उत्तर वर्ष 1992 में 73वें संविधान संशोधन अधिनियम के अंतर्गत भारत में स्थानीय सरकार को संवैधानिक दर्जा प्रदान किया गया। इससे पंचायती राज व्यवस्था को काफी बल मिला है। वर्ष 1986 में गठित एल.एम. सिंधवी कमेटी ने पंचायती राज प्रणाली को संवैधानिक दर्जा देने की सिफारिश दी थी। संवैधानिक संस्था घोषित किए जाने के बाद स्थानीय शासन व्यवस्था नियमित रूप से कार्य करने लगी। महिलाओं की भागीदारी बढ़ी। समाज के वंचित समूहों को भी आरक्षण के माध्यम से इसमें शामिल किया गया।

(iii) भारत सरकार द्वारा विकेंद्रीकरण के लिए उठाए गए किन्हीं दो उपायों की व्याख्या कीजिए।

उत्तर भारत सरकार द्वारा विकेंद्रीकरण के लिए निम्नलिखित दो महत्त्वपूर्ण उपाय अपनाए गए हैं

(i) स्थानीय सरकारों का गठन किया गया है अर्थात् ग्रामीण क्षेत्रों में पंचायती राज एवं शहरी क्षेत्र में नगरपालिका का गठन किया गया।

(ii) संविधान में संशोधन करके लोकतांत्रिक शासन व्यवस्था के इस तीसरे स्तर को ज्यादा शक्तिशाली और प्रभावी बनाया गया।

स्वयं को जाँचें

वस्तुनिष्ठ प्रश्न

1. 1993 से पहले बेल्जियम में किस प्रकार की सरकार थी?

(a) संघीय सरकार
(b) एकात्मक सरकार
(c) समाजवादी सरकार
(d) मार्क्सवादी सरकार

2. संघीय व्यवस्था में कितने स्तरों वाली सरकार होती है?

(a) दो या दो से अधिक स्तरों वाली सरकार
(b) तीन या तीन से अधिक स्तरों वाली सरकार
(c) चार या चार से अधिक स्तरों वाली सरकार
(d) पाँच या पाँच से अधिक स्तरों वाली सरकार

3. निम्न में से कौन-सी भाषा राजभाषा के रूप में जानी जाती है?

(a) हिंदी
(b) अंग्रेजी
(c) 'a' और 'b' दोनों
(d) तमिल

अतिलघु उत्तरीय प्रश्न

4. भारत में स्थानीय स्वशासन को संवैधानिक दर्जा कब प्रदान किया गया था?

5. सत्ता के विकेंद्रीकरण से आप क्या समझते हैं?

6. संघात्मक शासन व्यवस्था की किन्हीं दो विशेषताओं का वर्णन कीजिए।

लघु उत्तरीय प्रश्न

7. स्थानीय स्वशासन की दो विशेषताओं तथा दो मुश्किलों का वर्णन कीजिए।

8. सत्ता के विकेंद्रीकरण से आप क्या समझते हैं? लोकतंत्र के लिए यह क्यों आवश्यक है?

9. केंद्र एवं राज्य सरकारों के बीच विवाद होने पर उन विवादों की सुनवाई कौन करता है?

10. ग्राम सभा से आप क्या समझते हैं? संक्षिप्त में वर्णन कीजिए।

दीर्घ उत्तरीय प्रश्न

11. संघात्मक तथा एकात्मक शासन व्यवस्था में अंतर स्पष्ट कीजिए।

12. वर्ष 1965 के पश्चात् भी अंग्रेजी भाषा का प्रयोग क्यों जारी रखा गया? विस्तार से समझाइए।

13. वर्ष 1992 में संविधान संशोधन के अंतर्गत विकेंद्रीकरण की दिशा में उठाए गए किन्हीं पाँच संवैधानिक कदमों की व्याख्या कीजिए।

अध्याय

03

जाति, धर्म और लैंगिक मसले

लैंगिक मसले और राजनीति

लैंगिक असमानता (Gender Inequality) श्रेणीबद्ध (Hierarchical) सामाजिक विभाजन का एक रूप है, जो प्रत्येक जगह उपस्थित होती है, लेकिन राजनीति के अध्ययन में इस असमानता को महत्त्व नहीं दिया जाता है। लैंगिक असमानता को स्वाभाविक या प्राकृतिक और अपरिवर्तनीय (Unchangeable) मान लिया जाता है।

लैंगिक असमानता का आधार स्त्री और पुरुष की जैविक बनावट नहीं, बल्कि इन दोनों के विषय में प्रचलित **रूढ़ छवियाँ** (Stereotypes) और सामाजिक भूमिकाएँ हैं।

श्रम का विभाजन (निजी व सार्वजनिक विभाजन)

श्रम का लैंगिक विभाजन (Sexual Division of Labour) अधिकांश परिवारों में दिखाई देता है। उदाहरण के लिए, घर के अंदर के सभी कार्य परिवार की महिलाएँ करती हैं; जैसे—खाना बनाना, सफाई करना, कपड़े धोना और बच्चों की देख-रेख करना आदि, जबकि पुरुष घर के बाहर के कार्य करते हैं।

ऐसा नहीं है कि पुरुष घर के कार्य नहीं कर सकते, बल्कि वे सोचते हैं कि घर के कार्य करना महिलाओं की जिम्मेदारी है। जब इन कार्यों के लिए पुरुषों को भुगतान किया जाता है, तब पुरुष इन्हें व्यवसाय (Profession) के रूप में स्वीकार कर लेते हैं। अधिकांश दर्जी (Tailors) या होटल के रसोइए (Chefs) पुरुष होते हैं। दूसरी ओर, ऐसा नहीं है कि महिलाएँ बाहर का कार्य नहीं करती हैं। महिलाएँ खेतों में, कार्यालयों में प्रत्येक स्थान पर कार्य करती हैं। वे घरेलू श्रम के रूप में भी कार्य करती हैं, लेकिन उनके काम को ज्यादा मूल्यवान नहीं माना जाता है।

श्रम विभाजन का परिणाम

श्रम विभाजन का परिणाम यह है कि अधिकांश समाजों में सार्वजनिक जीवन (विशेषकर राजनीति) में महिलाओं की भूमिका नगण्य (Minimal) है।

पहले केवल पुरुषों को ही राजनीति में भागीदारी करने की अनुमति थी, लेकिन धीरे-धीरे राजनीति में लैंगिक मुद्दे उठाए गए। विश्व के विभिन्न भागों में औरतों ने संगठन बनाए और समान अधिकार प्राप्त करने के लिए आंदोलन किए।

इन आंदोलनों में महिलाओं के राजनीतिक और वैधानिक दर्जे को उच्च करने और उनके लिए शिक्षा तथा रोजगार के अवसर बढ़ाने की माँग की गई।

अध्याय एक नजर में

- *लैंगिक मसले और राजनीति*
- *धर्म, सांप्रदायिकता और राजनीति*
- *जाति और राजनीति*

आधारभूत बदलाव की माँग करने वाली महिलाओं ने व्यक्तिगत और पारिवारिक जीवन में समानता के उद्देश्य से आंदोलन किया, जिसे **नारीवादी आंदोलन** (Feminist Movement) कहा गया। नव-विकसित राजनीति ने समाज में महिलाओं की भूमिका को उचित रूप से बढ़ाने में सहायता की।

अब अधिकांश महिलाएँ वैज्ञानिक, डॉक्टर, इंजीनियर, प्रबंधक, कॉलेज और विश्वविद्यालय में शिक्षक जैसे कार्यों में संलग्न पाई जाती हैं, जबकि पहले इन कार्यों को महिलाओं के लिए नहीं माना जाता था।

स्कैंडिनेवियाई देशों; जैसे—स्वीडन, नॉर्वे और फिनलैंड में सार्वजनिक जीवन में महिलाओं की भागीदारी का स्तर बहुत ऊँचा है।

भारत में महिलाओं की स्थिति

भारत में स्वतंत्रता के पश्चात् होने वाले सुधारों के पश्चात् भी महिलाएँ अब भी पुरुषों से पीछे हैं। भारतीय समाज अभी भी **पितृप्रधान समाज** (Patriarchal Society) है। भारत में महिलाएँ विभिन्न तरीकों से भेदभाव का सामना कर रही हैं

(i) **साक्षरता दर** (Literacy Rate) पुरुषों की तुलना में महिलाओं की साक्षरता दर कम है। वर्तमान में भी महिलाओं में साक्षरता की दर 54% है, जबकि पुरुषों में 76% है।

स्कूलों और कॉलेजों में लड़कियों का बीच में पढ़ाई छोड़ने का प्रतिशत (Dropout Rate) अधिक है, क्योंकि माता-पिता लड़कों की पढ़ाई में व्यय करने को प्राथमिकता देते हैं।

(ii) **बिना पैसे के कार्य** (Unpaid works) भारत में औसतन एक महिला एक पुरुष की तुलना में प्रतिदिन एक घंटा अधिक कार्य करती है, लेकिन उसे घर के काम के लिए पैसे नहीं मिलते।

(iii) **मजदूरी में अंतर** (Difference in Wages) समान पारिश्रमिक अधिनियम (Equal Remuneration Act), 1976 में यह प्रावधान किया गया है कि समान कार्य के लिए समान मजदूरी दी जाएगी। इस अधिनियम के पश्चात् भी महिलाओं को पुरुषों की तुलना में कम मजदूरी मिलती है, **चाहे उन दोनों ने समान** कार्य किया हो।

(iv) **शिशु लिंगानुपात** (Child Sex Ratio) भारत के अनेक हिस्सों में माँ-बाप लड़कों को प्राथमिकता देते हैं और जन्म देने से पहले लड़की का गर्भपात कराने के माध्यम ढूंढते हैं। इस लिंग चयनात्मक गर्भपात के कारण बाल यौन अनुपात में कमी आई है (प्रति हजार लड़कों पर लड़कियों की संख्या)। देश में शिशु लिंग अनुपात प्रति 1,000 लड़कों पर 919 लड़कियाँ हैं, जो कम हैं।

महिलाओं के विरुद्ध क्रूरता

भारत में महिलाओं के खिलाफ होने वाले विभिन्न प्रकार के उत्पीड़न (Harassment), शोषण (Exploitation) और हिंसा (Violence) सामान्य हैं। हाल के वर्षों में शहरी क्षेत्रों में महिलाओं के विरुद्ध हिंसा बढ़ी है। घरेलू हिंसा (Domestic Voilence) से महिलाएँ घर में भी सुरक्षित नहीं हैं।

महिलाओं का राजनीतिक प्रतिनिधित्व

नारीवादी आंदोलन से स्पष्ट है कि महिलाओं की समस्याओं का समाधान तब तक नहीं हो सकता, जब तक उनका सत्ता पर नियंत्रण नहीं होगा। इसके लिए आवश्यक है कि निर्वाचित प्रतिनिधियों (Elected Representative) में महिलाओं की भागीदारी हो।

भारत की विधायिका (Legislature) में महिला प्रतिनिधियों का अनुपात बहुत कम है। लोकसभा में महिला सांसदों की संख्या पहली बार वर्ष 2019 में 14.36% के ऊपर पहुँची थी।

राज्यों की विधानसभाओं (State Assemblies) में महिला प्रतिनिधियों की संख्या 5% से भी कम थी। इस संबंध में, भारत में अफ्रीका और लैटिन अमेरिका के कई विकासशील देशों से भी पीछे है। यदि कभी कोई महिला मुख्यमंत्री या प्रधानमंत्री बन जाती है, तब भी मंत्रिमंडलों में बड़े पैमाने पर पुरुषों का वर्चस्व रहता है। भारत ने स्थानीय सरकार निकायों; जैसे—पंचायत और नगरपालिकाओं में महिलाओं के लिए एक-तिहाई सीटें आरक्षित की हैं, जिसके परिणामस्वरूप अब ग्रामीण और शहरी स्थानीय निकायों में 10 लाख से अधिक निर्वाचित महिला प्रतिनिधियों की संख्या है।

महिला संगठनों और कार्यकर्ताओं की माँग है कि लोकसभा और राज्य विधानसभाओं में भी महिलाओं के लिए एक-तिहाई सीटें आरक्षित कर देनी चाहिए।

संसद में इस आशय का एक विधेयक पेश भी किया गया था, पर दस वर्षों से ज्यादा अवधि से वह लटका पड़ा है, क्योंकि सभी राजनीतिक दलों की इस पर कोई आम सहमति नहीं है। सामाजिक विभाजन के रूप में लिंग विभाजन एक राजनीतिक मुद्दा बन गया है। वर्ष 2010 में राज्यसभा ने महिला आरक्षण बिल (Women Reservation Bill) पारित किया था, परंतु लोकसभा ने इस बिल को अभी पारित नहीं किया है, क्योंकि अभी इस बिल पर सभी राजनीतिक पार्टियों की सहमति नहीं है।

लैंगिक विभाजन एक ऐसा उदाहरण है, जिससे यह ज्ञात होता है कि कुछ विशेष सामाजिक विभाजनों को राजनीतिक रूप देने की आवश्यकता है। यदि सामाजिक विभाजन राजनीतिक मुद्दा बन जाता है, तो वंचित समूहों (Disadvantaged Groups) को भी लाभ मिलता है।

धर्म, सांप्रदायिकता और राजनीति

धार्मिक विभाजन, लैंगिक विभाजन जैसा सार्वभौमिक मुद्दा नहीं है, लेकिन आज विश्व में धार्मिक विरोधाभास अत्यधिक व्यापक है। भारत सहित अनेक देशों में अलग-अलग धर्मों को मानने वाले लोगों की जनसंख्या अधिक है। लैंगिक विभाजन के विपरीत धार्मिक विभाजन हमेशा राजनीति के क्षेत्र में अभिव्यक्त होता है। ऐसे अनेक उदाहरण हैं, जिनमें धर्म और राजनीति के बीच संबंध शामिल हैं। वे हैं

- गाँधीजी के अनुसार, धर्म को राजनीति से अलग नहीं किया जा सकता। उनके अनुसार, धर्म का अर्थ हिंदू या इस्लाम धर्म नहीं, बल्कि नैतिक मूल्य (Moral Value) था, जो सभी धर्मों से जुड़े हैं।
- मानवाधिकार समूहों (Human Right Groups) की माँग है कि सरकार द्वारा अल्पसंख्यकों (Minorities) की सुरक्षा के लिए विशेष प्रयास किए जाने चाहिए, क्योंकि सांप्रदायिक दंगों में अधिकांश मरने वाले अल्पसंख्यक समुदाय के लोग ही होते हैं।

- महिला आंदोलन की माँग है कि सरकार को सभी धर्मों के **पारिवारिक कानूनों** (Family Law) को बदलना चाहिए, जो महिलाओं के खिलाफ भेदभाव रखते हैं।
- एक धार्मिक समुदाय के रूप में सभी को अपनी आवश्यकताओं, हितों और माँगों को व्यक्त करने में सक्षम होना चाहिए। विभिन्न धर्मों से निकले विचार (Ideas), आदर्श (Ideals) एवं मूल्य (Values) राजनीति में महत्त्वपूर्ण भूमिका निभाते हैं। राजनीतिक कामकाज तब तक गलत नहीं हो सकते, जब तक वे प्रत्येक धर्म को समान रूप से देखते हैं।

सांप्रदायिकता

यह एक ऐसी स्थिति है जब धर्म को राष्ट्र का आधार मान लिया जाता है। यह समस्या तब अधिक महत्त्वपूर्ण हो जाती है, जब

- राजनीति में धर्म की अभिव्यक्ति एक समुदाय की विशिष्टता और पक्षपोषण का रूप लेती है।
- एक धर्म और उसके अनुयायी दूसरों के विरुद्ध हों।
- एक धर्म के विचारों को दूसरों से श्रेष्ठ माना जाने लगता है।
- एक धार्मिक समूह की माँग दूसरे समूहों के विरोध में है।
- राज्य सत्ता का प्रयोग शेष हिस्सों पर एक धार्मिक समूह के वर्चस्व को स्थापित करने के लिए करता है।

राजनीति में धर्म का प्रयोग करने का यह तरीका **सांप्रदायिक राजनीति** (Communal Politics) है। सांप्रदायिक राजनीति इस विचार पर आधारित है कि धर्म ही सामाजिक समुदाय का मुख्य आधार है।

सांप्रदायिकता में निम्नलिखित सम्मिलित हैं

- एक विशेष धर्म में आस्था रखने वाले लोग एक ही समुदाय के होते हैं। उनके मौलिक हित (Fundamental Interest) एकसमान होते हैं।
- समुदाय के लोगों के आपसी मतभेद सामुदायिक जीवन में कोई महत्त्व नहीं रखते।
- विभिन्न धर्मों का पालन करने वाले लोग एक ही सामाजिक समुदाय से संबंधित नहीं हो सकते हैं।
- यदि अलग-अलग धर्म के अनुयायियों के मध्य कुछ समानताएँ हैं, तो ये सतही (Superficial) और अनियमित हैं। अलग-अलग धर्मों के लोगों के हित अलग-अलग होते हैं और उनमें सामान्यतः संघर्ष (Conflict) की स्थिति भी उत्पन्न होती है।

सांप्रदायिकता इस धारणा को जन्म देती है कि विभिन्न धर्मों के लोग एक राष्ट्र के अंदर समान नागरिक बनकर नहीं रह सकते हैं। इस मानसिकता के अनुसार या तो एक समुदाय के लोगों को दूसरे समुदाय के वर्चस्व में रहना होगा या फिर उनके लिए अलग राष्ट्र बनाना होगा।

यह मान्यता बुनियादी रूप से गलत है कि एक धर्म के लोगों के हित और उनकी आकांक्षाएँ हर मामले में एक जैसी हों। एक धर्म से जुड़े सभी लोगों को किसी गैर-धार्मिक संदर्भ में एक करके देखना उस समुदाय की विभिन्न आवाजों को दबाना है।

राजनीति में सांप्रदायिकता के रूप

सांप्रदायिकता, राजनीति में अनेक रूप धारण करती है; जैसे–

(i) सांप्रदायिकता की सबसे सामान्य अभिव्यक्ति हमारे दैनिक जीवन में दिखाई देती है। इसमें धार्मिक पूर्वाग्रह, धार्मिक समुदायों के विषय में बनी हुई धारणाएँ और एक धर्म को दूसरे धर्म से श्रेष्ठ मानने की मान्यताएँ शामिल हैं।

(ii) सांप्रदायिक सोच हमेशा अपने धार्मिक समुदाय का राजनीतिक प्रभुत्व स्थापित करने की कोशिश में रहती है। इस प्रकार समाज के जो लोग बहुसंख्यक समुदाय के होते हैं, उनकी यह कोशिश बहुसंख्यकवाद का रूप ले लेती है और जो अल्पसंख्यक समुदाय के होते हैं, उनमें यह विश्वास अलग राजनीतिक इकाई बनाने की इच्छा का रूप ले लेता है।

(iii) सांप्रदायिक आधार पर राजनैतिक गठबंधन भी सांप्रदायिकता का एक रूप है। एक धर्म के अनुयायियों को एकसाथ राजनैतिक दायरे में लाने के लिए पवित्र चिह्नों, धार्मिक गुरुओं, भावनात्मक अपील आदि का प्रयोग किया जाता है। चुनावी राजनीति में एक धर्म के मतदाताओं की भावनाओं या हितों की बात उठाने जैसे माध्यम हमेशा अपनाए जाते हैं।

(iv) कई बार सांप्रदायिकता सबसे भद्दा रूप लेकर संप्रदाय के आधार पर हिंसा, दंगा और नरसंहार कराती है। विभाजन के समय भारत और पाकिस्तान में भयानक सांप्रदायिक दंगे हुए थे तथा आजादी के बाद भी बड़े स्तर पर सांप्रदायिक हिंसा हुई थी।

धर्मनिरपेक्ष राज्य

यह एक ऐसा राज्य है, जिसका अपना कोई आधिकारिक धर्म नहीं है। धर्मनिरपेक्ष राज्य सभी धर्मों को धार्मिक समानता और बराबरी का दर्जा प्रदान करते हैं।

हमारे संविधान के निर्माता सांप्रदायिकता की चुनौती से अवगत थे। इस प्रकार हमारे संविधान निर्माताओं ने धर्मनिरपेक्ष राज्य के मॉडल को अपनाया। इसके प्रावधान हैं

(i) भारतीय राज्य के लिए कोई आधिकारिक धर्म नहीं है; जैसे— श्रीलंका (बौद्ध धर्म), पाकिस्तान (इस्लाम) और इंग्लैंड (ईसाई) में है।

(ii) संविधान सभी व्यक्तियों और समुदायों को **किसी भी धर्म का प्रचार** और पालन करने की आजादी देता है।

(iii) यह धर्म के आधार पर भेदभाव पर प्रतिबंध लगाता है।

(iv) संविधान धार्मिक समुदायों में समानता सुनिश्चित करने के लिए शासन को धार्मिक मामलों में दखल देने का अधिकार देता है; जैसे—इससे अस्पृश्यता (Untouchability) पर रोक लगाई गई है।

धर्मनिरपेक्षता कुछ पार्टियों या व्यक्तियों की एक विचारधारा ही नहीं है, बल्कि यह विचारधारा हमारे संविधान की बुनियाद है। सांप्रदायिकता भारत में सिर्फ कुछ लोगों के लिए ही एक खतरा नहीं है, बल्कि यह भारत की बुनियादी अवधारणा के लिए भी एक चुनौती है।

चेक प्वॉइंट 01

1. *लैंगिक असमानता ······· का एक रूप है।*
2. *नारीवादी आंदोलन किसे कहा जाता है?*
3. *जनगणना 2011 के अनुसार कुल साक्षरता दर कितनी प्रतिशत है?*
4. *किस अधिनियम में समान कार्यों के लिए समान मजदूरी दी जाएगी?*
5. *धर्मनिरपेक्ष राज्य का कोई ······· धर्म नहीं होता है।*

जाति और राजनीति

जाति और राजनीति को निम्न पहलुओं द्वारा स्पष्ट किया जा सकता है

जातिगत असमानताएँ

भारत का सामाजिक ढाँचा (Social Structure) मुख्यत: जाति व्यवस्था पर आधारित है। जाति व्यवस्था में पेशे के वंशानुगत विभाजन को रीति-रिवाजों की मान्यता प्राप्त है। जाति व्यवस्था पदानुक्रमित (Hierarchical) और खंडित (Segmented) दोनों हैं।

इस प्रणाली में एक ही जाति समूह के सभी सदस्य एक सामाजिक समुदाय के रूप में रहते थे। किसी को भी अन्य रीति-रिवाजों और परंपराओं को अपनाने की अनुमति नहीं थी।

लोगों को एकसमान व्यवसाय चुनने और अपनी जाति के समुदाय में ही विवाह करने की अनुमति दी गई थी। इन्हें अन्य समुदाय या जाति के साथ भोजन करने की अनुमति नहीं थी।

वर्ण या जाति व्यवस्था अन्य जाति-समूहों से भेदभाव और उन्हें अपने से अलग मानने पर आधारित थी।

भारत की सामाजिक और धार्मिक विविधता

जनगणना में प्रत्येक दस साल बाद सभी नागरिकों के धर्म को भी दर्ज किया जाता है। वर्ष 1961 के बाद से हिंदू, जैन और ईसाई समुदाय की संख्या मामूली रूप से घटी है, जबकि मुसलमान, सिख और बौद्धों की संख्या का अनुपात बढ़ा है। व्यापक रूप में, भविष्य में विभिन्न धार्मिक समूहों की आबादी का संतुलन बड़े पैमाने पर बदलने की संभावना नहीं है।

भारत की जनगणना में दो सामाजिक समूहों; जैसे-अनुसूचित जाति और अनुसूचित जनजातियों का उल्लेख है। जनगणना 2011 के अनुसार, अनुसूचित जाति 16.6% है और अनुसूचित जनजातियाँ देश की आबादी का 8.6% हैं। अनुसूचित जातियों को आमतौर पर दलितों और अनुसूचित जनजातियों के रूप में जाना जाता है।

वर्ष 2011 की जनगणना के अनुसार, भारत में 79.8% हिंदू, 14.2% मुसलमान, 2.3% ईसाई, 1.7% सिख व 2% अन्य (बौद्ध, जैन आदि) धर्म के लोग निवास करते हैं।

अस्पृश्यता

अस्पृश्यता (Untouchability) ऐसी स्थिति है, जिसमें कुछ पिछड़ी और निम्न जातियों के लोगों को निर्वासित लोगों या अछूतों के रूप में माना जाता है। उन्हें उच्च जातियों के साथ मिलने की अनुमति नहीं है। जाति असमानता का सबसे महत्त्वपूर्ण पहलू अस्पृश्यता है।

इस प्रकार, **ज्योतिबा फुले, महात्मा गाँधी, डॉ. भीमराव अंबेडकर** और **पेरियार रामास्वामी नायकर** जैसे समाज सुधारकों ने समाज में जाति असमानता को समाप्त करने के लिए वकालत की और काम किया। सामाजिक सुधारकों और अन्य सामाजिक-आर्थिक परिवर्तनों के प्रयासों के कारण आधुनिक भारत में जाति और जाति व्यवस्था में बड़े बदलाव हुए हैं।

जातिवाद के पुराने विचार समाप्त करना

आर्थिक विकास, बड़े पैमाने पर **शहरीकरण**, साक्षरता और शिक्षा का विकास, **व्यावसायिक गतिशीलता** और गाँवों में जमींदारी व्यवस्था कमजोर पड़ने से जाति व्यवस्था के पुराने स्वरूप और वर्ण व्यवस्था पर आधारित मानसिकता में परिवर्तन आ रहा है।

भारत के संविधान ने किसी भी **जाति आधारित भेदभाव** पर रोक लगा दी और जाति व्यवस्था से उत्पन्न अन्याय को दूर करने के लिए नीतियों की नींव रखी, फिर भी आधुनिक भारत में जाति के कुछ पुराने पहलुओं ने निरंतरता बनाए रखी है; जैसे— अब भी अधिकांश लोग अपनी जाति या समुदाय में ही शादी करते हैं। अस्पृश्यता पूरी तरह समाप्त नहीं हुई है।

राजनीति में जाति

सांप्रदायिकता की तरह **जातिवाद** (Casteism) भी इस मान्यता पर आधारित है कि जाति ही सामाजिक समुदाय के गठन का एकमात्र आधार है। राजनीति में जाति के नकारात्मक और सकारात्मक दोनों रूप हैं।

नकारात्मक पहलू

(i) उम्मीदवारों का चयन करते समय पार्टियाँ मतदाताओं की जाति को ध्यान में रखती हैं।

(ii) जब सरकारें बनती हैं, तो राजनीतिक दलों को यह ध्यान रखना पड़ता है कि विभिन्न जातियों और जनजातियों के प्रतिनिधियों को उचित स्थान दिया जाए।

(iii) दलों के लिए प्रचार करते समय राजनीतिक नेता अपने समुदाय से समर्थन प्राप्त करने के लिए जातिगत भावनाओं को उभारते हैं।

(iv) कुछ राजनीतिक दलों को कुछ जातियों के मददगार और उनके प्रतिनिधियों के रूप में देखा जाता है।

सकारात्मक पहलू

(i) **सार्वभौमिक वयस्क मताधिकार** (Universal Adult Franchise) और एक व्यक्ति-एक मत की व्यवस्था ने राजनीतिक दलों को विवश किया कि वे राजनीतिक समर्थन पाने के लिए सक्रिय हों।

(ii) देश के किसी भी संसदीय निर्वाचन क्षेत्र में एक ही जाति का स्पष्ट बहुमत नहीं है। प्रत्येक पार्टी को चुनाव जीतने के लिए एक से अधिक जाति और एक से अधिक समुदाय के लोगों का विश्वास जीतने की आवश्यकता है।

(iii) कोई भी पार्टी किसी एक जाति या समुदाय के सभी लोगों की वोट प्राप्त नहीं कर सकती। जब लोग किसी जाति विशेष को किसी एक पार्टी का **वोट बैंक** (Vote Bank) कहते हैं, तो इसका अर्थ यह है कि उस जाति के अधिकतर लोग उसी पार्टी को वोट देते हैं।

(iv) अनेक राजनीतिक पार्टियाँ एक ही जाति के उम्मीदवारों को चुनाव के लिए खड़ा कर सकती हैं। कुछ मतदाताओं के सामने उनकी जाति के एक से अधिक उम्मीदवार होते हैं, तो किसी-किसी जाति के मतदाताओं के सामने उनकी जाति का एक भी उम्मीदवार नहीं होता है।

(v) सत्तारूढ़ दल (Ruling Party) और मौजूदा सांसद या विधायक अकसर हमारे देश में चुनाव हारते हैं। यदि जातियों और समुदायों की राजनीतिक पसंद एक ही होती, तो ऐसा संभव नहीं हो पाता।

जातिगत असमानता

आर्थिक असमानता का एक महत्त्वपूर्ण आधार जाति भी है, क्योंकि इससे विभिन्न संसाधनों तक लोगों की पहुँच निर्धारित होती है; जैस-पद, भूमि आदि। वर्ष 1999 के राष्ट्रीय नमूना सर्वेक्षण से स्पष्ट है कि जाति महत्त्वपूर्ण तरीके से आर्थिक स्थिति से मजबूती से जुड़ी हुई है। सर्वेक्षण के परिणाम बताते हैं कि

- जाति समूहों की औसत आर्थिक स्थिति (मासिक खपत व्यय जैसे मापदंडों द्वारा मापी जाती है) अभी भी पुराने पदानुक्रम का अनुसरण करती है; जैसे–ऊपरी जाति सबसे अच्छी है, दलित और आदिवासी सबसे बुरी है तथा पिछड़ी जाति मध्य में है।
- प्रत्येक जाति के कुछ गरीब लोग हैं। आधिकारिक गरीबी रेखा से नीचे रहने वाले अनुपात में निम्न जातियों के लोगों की संख्या बहुत अधिक है, उच्च जातियों की बहुत कम है तथा पिछड़ी जाति के लोग बीच में हैं।
- यद्यपि प्रत्येक जाति में अमीर लोग हैं, पर यहाँ भी ऊँची जाति वालों का अनुपात अधिक है, जबकि निचली जाति का बहुत कम है।
- गरीबी रेखा के नीचे जीवन निर्वाह करने वालों का प्रतिशत अनुपात (1999-2000) नीचे दिया गया है

नोट *यहाँ ऊपरी जाति का अर्थ उन सभी लोगों से है, जो अनुसूचित जाति और जनजाति या पिछड़ी जातियों के अंतर्गत नहीं आते। गरीबी रेखा से नीचे का अर्थ है–प्रतिव्यक्ति प्रतिमाह ग्रामीण क्षेत्र में ₹ 327 और शहरी क्षेत्र में ₹ 455 से कम खर्च करने वाले लोग।*

जाति में राजनीति

जाति और राजनीति के मध्य एकसमान संबंध नहीं होता है। राजनीति भी जातियों को राजनीतिक क्षेत्र में लाकर जाति व्यवस्था और जातिगत पहचान को प्रभावित करती है। इस प्रकार सिर्फ राजनीति ही जातिग्रस्त नहीं होती, बल्कि जाति भी राजनीतिग्रस्त हो जाती है। यह अनेक रूप लेती है

(i) प्रत्येक जाति अन्य उप-जातियों को शामिल करके बड़ा बनने का प्रयत्न करती है।

(ii) एक जाति राजनीतिक शक्ति पाने के लिए दूसरी जातियों या समुदायों से गठबंधन करती है।

(iii) राजनीतिक क्षेत्र में 'पिछड़ा' और 'अगड़ा' समूहों की तरह नए प्रकार के जाति समूहों का गठन हुआ है।

चेक प्वॉइंट 02

1. *भारत में सामाजिक ढाँचा किस व्यवस्था पर आधारित है?*
2. *आर्थिक असमानता का महत्त्वपूर्ण आधार क्या है?*
3. *जनगणना अभी तक किस वर्ग की गणना नहीं करती है?*
4. *भारत की जनगणना में कितने प्रतिशत जनजातीय समूहों का उल्लेख है?*
5. *जाति असमानता का सबसे महत्त्वपूर्ण पहलू .... है।*

इन्हें भी जानें

- ***लैंगिक विभाजन** (Sexual Division)* काम के बँटवारे का वह तरीका, जिसमें घर के अंदर के सारे काम परिवार की औरतें करती हैं, उसे लैंगिक विभाजन कहते हैं।
- ***नारीवादी आंदोलन** (Feminist Movement)* वह राजनैतिक विचारधारा, जो सभी क्षेत्रों में महिलाओं को पुरुषों के समकक्ष रखने की भावना से प्रेरित रहती है।
- ***पितृप्रधान समाज** (Patriarchal Society)* समाज में पितृ सत्ता को पितृप्रधान समाज कहते हैं।
- ***समान मजदूरी** (Equal Wages)* समान काम के लिए स्त्री और पुरुषों के लिए बराबर पारिश्रमिक देना समान मजदूरी कहलाता है।
- ***पारिवारिक कानून** (Family Laws)* विवाह, तलाक, गोद लेना और उत्तराधिकार जैसे परिवार से जुड़े मुद्दों से संबंधित कानून पारिवारिक कानून कहलाता है।
- ***पेशागत बदलाव** (Occupational Mobility)* पैतृक कार्य आवंटन प्रणाली का अंत और स्वेच्छा से रोजगार या व्यवसाय करना ही पेशागत बदलाव कहलाता है।
- ***जातिवाद** (Casteism)* वह राजनीतिक धारणा, जो वर्ग या जाति विशेष के प्रति अंधविश्वास रखती है और राष्ट्र तथा समाज हित की उपेक्षा करती है।
- ***वर्ण व्यवस्था** (Caste Hierarchy)* समाज का चारों वर्णों; जैसे—ब्राह्मण, क्षत्रिय, वैश्य और शूद्र में विभाजन, वर्ण व्यवस्था कहलाता है।

NCERT फोल्डर

1. जीवन के उन विभिन्न पहलुओं का जिक्र कीजिए, जिनमें भारत में स्त्रियों के साथ भेदभाव होता है या वे कमजोर स्थिति में होती हैं। **CBSE 2018, 12**

अथवा "भारत में आजादी के बाद से महिलाओं की स्थिति में कुछ सुधार हुआ है, परंतु अभी भी पुरुषों से काफी पीछे हैं"। इस कथन का विश्लेषण कीजिए। **CBSE 2019**

अथवा भारत में महिलाओं के प्रति भेदभाव के तरीकों का वर्णन कीजिए। **CBSE 2020**

उत्तर भारत में महिलाएँ विभिन्न तरीकों से भेदभाव का सामना कर रही हैं

(i) **साक्षरता दर** पुरुषों की तुलना में महिलाओं की साक्षरता दर कम है। वर्तमान में भी महिलाओं में साक्षरता की दर 54% है, जबकि पुरुषों में 76% है।
स्कूलों और कॉलेजों में लड़कियों का बीच में पढ़ाई छोड़ने का प्रतिशत अधिक है, क्योंकि माता-पिता लड़कों की पढ़ाई में व्यय करने को प्राथमिकता देते हैं।

(ii) **बिना पैसे के कार्य** भारत में औसतन एक महिला एक पुरुष की तुलना में प्रतिदिन एक घंटा अधिक कार्य करती है, लेकिन उसे घर के काम के लिए पैसे नहीं मिलते।

(iii) **मजदूरी में अंतर** समान पारिश्रमिक अधिनियम 1976 में यह प्रावधान किया गया है कि समान कार्य के लिए समान मजदूरी दी जाएगी। इस अधिनियम के पश्चात् भी महिलाओं को पुरुषों की तुलना में कम मजदूरी मिलती है, चाहे उन दोनों ने समान कार्य किया हो।

(iv) **शिशु लिंगानुपात** भारत के अनेक हिस्सों में माँ-बाप लड़कों को प्राथमिकता देते हैं और जन्म देने से पहले लड़की का गर्भपात कराने के माध्यम ढूँढते हैं। इस लिंग चयनात्मक गर्भपात के कारण बाल यौन अनुपात में कमी आई है (प्रति हजार लड़कों पर लड़कियों की संख्या)। देश में शिशु लिंग अनुपात प्रति 1,000 लड़कों पर 919 लड़कियाँ हैं, जो कम हैं।

2. विभिन्न प्रकार की सांप्रदायिक राजनीति का ब्यौरा दें और सबके साथ एक-एक उदाहरण भी दें।

उत्तर विभिन्न तरह की सांप्रदायिक राजनीति का विवरण इस प्रकार है

(i) सांप्रदायिकता की सबसे आम अभिव्यक्ति दैनिक जीवन में देखने को मिलती है। इसमें धार्मिक पूर्वाग्रह, धार्मिक समुदायों के बारे में बनी हुई धारणाएँ और एक धर्म को दूसरे धर्म से श्रेष्ठ मानने की मान्यताएँ शामिल हैं। इसका उदाहरण हिंदू-मुस्लिम दंगा है।

(ii) गाँव, जिला, शहर या प्रदेश आदि में संख्या के आधार पर अधिसंख्यक और अल्पसंख्यक की धारणा की यह भ्रांति कि अधिसंख्यक हमेशा अल्पसंख्यक पर अत्याचार करते हैं, जिसके कारण सांप्रदायिकता होती है। इसका उदाहरण क्षेत्र विशेष में होने वाला दंगा है।

(iii) सांप्रदायिक आधार पर राजनीतिक दलों द्वारा अधिक वोट प्राप्त करने के लिए लोगों की धार्मिक भावनाओं को भड़काया जाता है, जिसके कारण सांप्रदायिकता होती है।

3. बताइए कि भारत में किस प्रकार अभी भी जातिगत असमानताएँ जारी हैं?

उत्तर भारतीय समाज में आज भी अधिकतर लोग अपनी जाति में ही शादी करते हैं। भारत में संवैधानिक प्रावधान के बावजूद छुआछूत की प्रथा अभी पूरी तरह समाप्त नहीं हुई है। जाति व्यवस्था के अंतर्गत सदियों से कुछ समूहों को लाभ की स्थिति में, तो कुछ समूहों को दबाकर रखा गया है।

4. दो कारण बताइए कि क्यों सिर्फ जाति के आधार पर भारत में चुनावी नतीजे तय नहीं हो सकते?

उत्तर सिर्फ जाति के आधार पर भारत में चुनावी नतीजे तय नहीं हो सकते, जिसके निम्नलिखित कारण हैं

(i) भारत में किसी भी संसदीय चुनाव क्षेत्र में किसी एक जाति के आधार पर लोगों का पूर्ण बहुमत नहीं है। चुनाव जीतने के लिए प्रत्येक उम्मीदवार के लिए अपनी जाति के मतदाताओं के अतिरिक्त अन्य जातियों के लोगों के मत हासिल करना भी आवश्यक होता है।

(ii) चुनाव क्षेत्र से कोई भी उम्मीदवार अपनी जाति के सभी मत प्राप्त नहीं कर सकता। इस प्रकार उसे अन्य जातियों के मतों का सहारा लेना पड़ता है।

5. भारत की विधायिकाओं में महिलाओं के प्रतिनिधित्व की स्थिति क्या है?

अथवा भारत की विधायिका में महिलाओं के कम प्रतिनिधित्व की समस्या का वर्णन कीजिए। **CBSE 2020**

उत्तर भारत की विधायिकाओं में महिला प्रतिनिधियों का अनुपात बहुत ही कम है; जैसे–लोकसभा में महिला सांसदों की संख्या कुल सांसदों की संख्या का मात्र 14.36% है और यही स्थिति राज्यों की विधानसभाओं में है, विधानसभाओं में उनका प्रतिनिधित्व मात्र 5% से भी कम है। इस मामले में भारत विश्व के अन्य देशों; जैसे– अफ्रीका और लैटिन अमेरिका से बहुत नीचे है, परंतु कभी-कभी ऐसा भी देखा गया है कि यदि महिला प्रधानमंत्री या मुख्यमंत्री बन भी जाए, तो भी मंत्रिमंडलों में पुरुषों का वर्चस्व देखा गया है।

6. किन्हीं दो प्रावधानों का जिक्र कीजिए, जो भारत को धर्मनिरपेक्ष देश बनाते हैं।

उत्तर भारत के संविधान में किए गए निम्न दो प्रावधान भारत को धर्मनिरपेक्ष देश बनाते हैं। ये प्रावधान निम्न हैं

(i) भारतीय संविधान की प्रस्तावना में भारत की एक धर्मनिरपेक्ष राज्य के रूप में घोषणा की है।

(ii) देश के प्रत्येक नागरिक को उसकी इच्छानुसार किसी भी धर्म को मानने तथा उसका प्रचार करने का अधिकार दिया है। इस प्रकार देश का कोई अपना धर्म नहीं है और धर्म के आधार पर देश में किसी भी नागरिक के साथ भेदभाव नहीं किया जा सकता।

7. जब हम लैंगिक विभाजन की बात करते हैं, तो हमारा अभिप्राय होता है

(a) स्त्री और पुरुष के बीच जैविक अंतर
(b) समाज द्वारा स्त्री और पुरुष को दी गई असमान भूमिकाएँ
(c) बालक और बालिकाओं की संख्या का अनुपात
(d) लोकतांत्रिक व्यवस्थाओं में महिलाओं को मतदान का अधिकार न मिलना

उत्तर (b) समाज द्वारा स्त्री और पुरुष को दी गई असमान भूमिकाएँ

8. भारत में यहाँ महिलाओं के लिए आरक्षण की व्यवस्था है

(a) लोकसभा (b) विधानसभा
(c) मंत्रिमंडल (d) पंचायती राज की संस्थाएँ

उत्तर (d) पंचायती राज की संस्थाएँ

9. सांप्रदायिक राजनीति के अर्थ संबंधी निम्नलिखित कथनों पर ध्यान दीजिए। सांप्रदायिक राजनीति इस धारणा पर आधारित है कि

(a) एक धर्म दूसरों से श्रेष्ठ है
(b) विभिन्न धर्मों के लोग नागरिक के रूप में खुशी-खुशी साथ रह सकते हैं
(c) एक धर्म के अनुयायी एक समुदाय बनाते हैं
(d) एक धार्मिक समूह का प्रभुत्व बाकी सभी धर्मों पर कायम करने में शासन की शक्ति का प्रयोग नहीं किया जा सकता

इनमें से कौन-से कथन सही हैं?

(i) a b c और d (ii) a, b और d
(iii) a और c (iv) b और d

उत्तर (iii) a और c

10. भारतीय संविधान के बारे में इनमें से कौन-सा कथन गलत है?

(a) यह धर्म के आधार पर भेदभाव की मनाही करता है
(b) यह एक धर्म को राजकीय धर्म बताता है
(c) सभी लोगों को कोई भी धर्म मानने की आजादी देता है
(d) किसी धार्मिक समुदाय में सभी नागरिकों को बराबरी का अधिकार देता है

उत्तर (b) यह एक धर्म को राजकीय धर्म बताता है

11. .... पर आधारित सामाजिक विभाजन सिर्फ भारत में ही है।

उत्तर जातिवाद।

12. सूची I और सूची II का मेल कराइए और नीचे दिए गए कोड के आधार पर सही जवाब खोजिए

सूची I	सूची II
A. अधिकारों और अवसरों के मामले में स्त्री और पुरुष की बराबरी मानने वाला व्यक्ति	1. सांप्रदायिक
B. धर्म को समुदाय का मुख्य आधार मानने वाला व्यक्ति	2. नारीवादी
C. जाति को समुदाय का मुख्य आधार मानने वाला व्यक्ति	3. धर्मनिरपेक्ष
D. व्यक्तियों के बीच धार्मिक आस्था के आधार पर भेदभाव न कराने वाला व्यक्ति	4. जातिवादी

कूट

	A	B	C	D
(a)	2	3	1	4
(b)	2	1	4	3
(c)	4	3	1	2
(d)	3	1	2	4

उत्तर (b) 2 1 4 3

परीक्षा अभ्यास

वस्तुनिष्ठ प्रश्न

बहुविकल्पीय प्रश्न

1. श्रम का लैंगिक विभाजन अधिकांश कहाँ दिखाई देता है?
(a) परिवार में (b) समाज में
(c) व्यवसाय में (d) ये सभी

उत्तर (a) परिवार में

2. निम्न में से क्या लोकतंत्र के लिए हानि नहीं है?
(a) निम्न लिंग अनुपात (b) जाति व्यवस्था
(c) सांप्रदायिकता (d) ये सभी

उत्तर (a) निम्न लिंग अनुपात

3. जिस समाज में पुरुषों और महिलाओं के लिए अलग-अलग नियम होते हैं, उसे कहते हैं
(a) लिंग अनुपात समाज
(b) समान भुगतान प्राप्त करने वाले समाज
(c) लैंगिक विभाजन (d) ये सभी

उत्तर (c) लैंगिक विभाजन

4. किसने कहा था कि धर्म को राजनीति से अलग नहीं किया जा सकता है?
(a) बी आर अंबेडकर (b) गोपालकृष्ण गोखले
(c) महात्मा गाँधी (d) स्वामी विवेकानंद

उत्तर (c) महात्मा गाँधी

5. निम्नलिखित में से किस देश की राष्ट्रीय संसद में महिलाओं का प्रतिनिधित्व सबसे अधिक है? **CBSE 2023**
(a) रूस (b) ऑस्ट्रेलिया
(c) स्वीडन (d) भारत

उत्तर (c) स्वीडन

6. नारीवादी आंदोलन की मुख्य मुद्दे थे
(a) वोट के अधिकार की प्राप्ति
(b) व्यक्तिगत जीवन में समानता
(c) पारिवारिक जीवन में समानता
(d) उपरोक्त सभी

उत्तर (d) उपरोक्त सभी

7. सांप्रदायिकता का मुख्य कारण क्या है?
(a) धर्म (b) जाति
(c) धर्मनिरपेक्षता (d) असमानता

उत्तर (a) धर्म

8. भारत का कौन-सा सामाजिक विभाजन अन्य देशों से अलग है?
(a) आर्थिक असमानता (b) जातीय असमानता
(c) नस्ल असमानता (d) धार्मिक असमानता

उत्तर (b) जातीय असमानता

9. आनुवंशिकता, संस्कार, जन्म किसका आधार हैं?
(a) आर्थिक व्यवस्था
(b) जाति व्यवस्था
(c) नस्ल व्यवस्था
(d) वर्ग व्यवस्था

उत्तर (b) जाति व्यवस्था

10. जाति असमानता को कौन-सा तत्त्व कमजोर नहीं करता है?
(a) शहरीकरण (b) शिक्षा
(c) शैक्षिक उभार (d) राजनीति

उत्तर (d) राजनीति

11. शैक्षिक दर से क्या अभिप्राय है
(a) देश में शिक्षित लोग (b) देश में अशिक्षित लोग
(c) देश में शिक्षित महिला (d) ये सभी

उत्तर (a) देश में शिक्षित लोग

12. वर्ष 2011 में भारत का शिशु लिंग अनुपात कितना था?
(a) 919 (b) 900
(c) 850 (d) 950

उत्तर (a) 919

13. सांप्रदायिक पार्टियाँ किस विचार पर आधारित होती हैं?
(a) जाति सामाजिक समूह को आधार प्रदान करती है
(b) जाति और धर्म सामाजिक समूह के आधार होते हैं
(c) धर्म सामाजिक समूह को आधार प्रदान करता है
(d) उपरोक्त में से कोई नहीं

उत्तर (c) धर्म सामाजिक समूह को आधार प्रदान करता है

14. निम्न कथनों को ध्यानपूर्वक पढ़कर सही कथन को पहचानिए
(a) लैंगिक असमानता श्रेणीबद्ध सामाजिक विभाजन का एक रूप है
(b) लैंगिक असमानता को अस्वाभाविक और परिवर्तनीय माना जाता है
(c) लैंगिक असमानता का आधार स्त्री और पुरुष की जैविक बनावट होती है
(d) श्रम का लैंगिक विभाजन कुछ सीमित परिवारों में ही प्रचलित है

उत्तर (a) लैंगिक असमानता श्रेणीबद्ध सामाजिक विभाजन का एक रूप है

15. श्रम विभाजन के परिणाम के संबंध में कौन-सा कथन असत्य है?
(a) श्रम विभाजन का परिणाम यह हुआ कि अधिकांश समाजों में महिलाओं की भूमिका उभरकर सामने आई
(b) श्रम विभाजन के परिणामस्वरूप राजनीति में लैंगिक मुद्दे उभरकर सामने आए

(c) विश्व के विभिन्न भागों में महिला संगठन का गठन हुआ और समान अधिकार प्राप्ति हेतु कई आंदोलन भी किए गए

(d) महिलाओं के राजनीतिक और वैधानिक दर्जे को उच्च करने और उनके लिए शिक्षा तथा रोजगार के अवसर बढ़ाने की माँग की गई।

उत्तर (a) श्रम विभाजन का परिणाम यह हुआ कि अधिकांश समाजों में महिलाओं की भूमिका उभरकर सामने आई

16. निम्नलिखित कथनों को पढ़िए और सही विकल्प का चयन कीजिए। **CBSE 2023**

1. भारत में कोई आधिकारिक धर्म नहीं है।
2. समुदायों को अपने धर्म को मानने, प्रचार और अभ्यास करने की स्वतंत्रता है।
3. राज्य समुदायों को उनके द्वारा चलाई जा रही शिक्षण संस्थानों को सहायता देकर मदद करता है।
4. भारत धर्मतंत्र में विश्वास करता है।

कूट

(a) 1, 2 और 3 (b) 1, 2 और 4
(c) 2, 3 और 4 (d) 1, 3 और 4

उत्तर (a) 1, 2 और 3

17. निम्न कथनों को ध्यानपूर्वक पढ़कर असत्य कथन की पहचान कीजिए

1. नारीवादी आंदोलन का उद्देश्य महिलाओं की व्यक्तिगत और पारिवारिक जीवन में समानता थी।
2. ग्रामीण महिलाओं की अपेक्षा शहरी क्षेत्रों की महिलाओं में घरेलू हिंसा की दर कम है।
3. नारीवादी आंदोलन से स्पष्ट है कि महिलाओं की समस्याओं का समाधान तब तक नहीं हो सकता, जब तक उनका सत्ता पर नियंत्रण नहीं होगा।

कूट

(a) केवल 1 (b) 1 और 3
(c) केवल 2 (d) ये सभी

उत्तर (c) केवल 2

18. नीचे दिए वक्तव्यों को ध्यानपूर्वक पढ़कर विकल्प के माध्यम से उचित देश की पहचान कीजिए

- यह एक स्कैंडिनेवियाई समूह का देश है।
- यहाँ सार्वजनिक जीवन में महिलाओं की भागीदारी का स्तर बहुत ऊँचा है।
- इसकी राजधानी स्टॉकहोम है।

(a) फिनलैंड (b) स्वीडन
(c) नार्वे (d) डेनमार्क

उत्तर (b) स्वीडन

19. नीचे दिए गए वक्तव्यों/रिपोर्ट को ध्यानपूर्वक पढ़कर विकल्प के माध्यम से सही उत्तर की पहचान कीजिए

- इस सर्वेक्षण में इस बात की पुष्टि की गई है कि मासिक खपत व्यय जैसे मापदंडों द्वारा जाति समूहों की औसत आर्थिक स्थिति मापी जाती है।
- इस सर्वेक्षण के परिणाम के अनुसार, आधिकारिक गरीबी रेखा से नीचे रहने वाले अनुपात में निम्न जातियों के लोगों की संख्या बहुत अधिक है।
- इस सर्वेक्षण के अनुसार दलित और आदिवासियों को सबसे बुरी स्थिति में बताया गया है।

(a) राष्ट्रीय सर्वेक्षण, 2002
(b) राष्ट्रीय नमूना सर्वेक्षण, 2001
(c) राष्ट्रीय सर्वेक्षण रिपोर्ट, 1995
(d) राष्ट्रीय नमूना सर्वेक्षण, 1999

उत्तर (d) राष्ट्रीय नमूना सर्वेक्षण, 1999

20. नीचे दिए गए युग्मों में से गलत युग्म की पहचान कीजिए (2011 के अनुसार)

(a) हिंदू – 79.8%
(b) मुस्लिम – 65.65%
(c) ईसाई – 2.3%
(d) सिख – 1.7%

उत्तर (b) मुस्लिम – 65.65%

21. नीचे दिए गए युग्मों में से सही युग्म की पहचान कीजिए

(a) स्कैंडिनेवियाई देश – फ्रांस
(b) समान पारिश्रमिक अधिनियम – वर्ष 1978
(c) वर्ष 2019 में लोकसभा में महिला सांसदों की संख्या – 14.36%
(d) राज्यसभा में महिला आरक्षण बिल का पास होना – वर्ष 2012

उत्तर (c) वर्ष 2019 में लोकसभा में महिला सांसदों की संख्या – 14.36%

चित्र आधारित प्रश्न

22. दिए गया कार्टून निम्न में से क्या दर्शाता है

(a) राजनेता विभिन्न जातियों को अपना वोट बैंक देखते हैं
(b) एक दूसरे की निगरानी कर रहे हैं
(c) जाति की शक्ति
(d) इनमें से कोई नहीं

उत्तर (a) राजनेता विभिन्न जातियों को अपना वोट बैंक देखते हैं

सुमेलित करें

23. सुमेलित कीजिए

सूची I		सूची II	
A.	ऐसी व्यवस्था, जहाँ पुरुषों के अधिकारों को महिलाओं के अधिकारों से अधिक वरीयता दी जाती है	1.	शहरीकरण
B.	ऐसा कानून, जो शादी और तलाक से संबंधित हो	2.	उपजीविकावाद
C.	नई पीढ़ी का अपनी पुरानी पीढ़ी से भिन्न रोजगार अपनाना कहलाता है	3.	परिवारवाद कानून
D.	जनसमुदायों का गाँवों से शहरों की ओर पलायन	4.	पितृसत्तात्मक

कूट

	A	B	C	D		A	B	C	D
(a)	4	3	2	1	(b)	4	2	3	1
(c)	3	4	2	1	(d)	2	4	1	3

उत्तर (a) 4 3 2 1

रिक्त स्थान भरें

24. ऐसी महिला और पुरुष जो महिलाओं के अधिकारों की बात करते हैं, कहलाते हैं ....।

उत्तर स्त्री अधिकारवादी

25. ऐसा कानून, जो शादी, तलाक, गोद लेना को नियमित करता है, ... कहलाता है।

उत्तर पारिवारिक कानून

26. सांप्रदायिक राजनीतिक पार्टी .... के आधार पर स्थापित होती है।

उत्तर धर्म

27. आधुनिक भारत में जाति की संरचना और जाति व्यवस्था में भारी बदलाव आया है, क्योंकि ....। **CBSE 2020**

उत्तर भारत में श्रम का विभाजन मौजूद है।

28. भारतीय संविधान सभी नागरिकों और समुदायों को किसी भी धर्म का पालन करने और प्रचार करने की आज़ादी देता है, क्योंकि ....। **CBSE 2020**

उत्तर भारत एक धर्मनिरपेक्ष राज्य है।

सही और पुनः लिखें

29. अर्थ पर आधारित विभाजन सिर्फ भारत में ही देखने को नहीं मिलता है।

उत्तर जाति पर आधारित विभाजन सिर्फ भारत में देखने को मिलता है।

30. समान मजदूरी से संबंधित अधिनियम, 1970 में कहा गया कि समान काम के लिए समान मजदूरी दी जाएगी।

उत्तर समान मजदूरी से संबंधित अधिनियम, 1976 में कहा गया कि समान काम के लिए पुरुष तथा महिला को समान मजदूरी दी जाएगी।

कथन/कारण

31. **कथन** (A) पंथनिरपेक्ष शब्द भारतीय संविधान को आधार प्रदान करता है।

कारण (R) भारतीय संविधान किसी भी प्रकार के भेदभाव को रोकने का काम करता है।

कूट

(a) A और R दोनों सही हैं तथा R, A की सही व्याख्या है
(b) A और R दोनों सही हैं, परंतु R, A की सही व्याख्या नहीं है
(c) A सही है, किंतु R गलत है
(d) A गलत हैं, किंतु R सही है

उत्तर (a) A और R दोनों सही हैं तथा R, A की सही व्याख्या है

32. **कथन** (A) भारत राज्य का कोई आधिकारिक धर्म नहीं है।

कारण (R) सांप्रदायिकता लोकतंत्र के लिए सबसे बड़ी चुनौती है।

कूट

(a) A और R दोनों सही हैं तथा R, A की सही व्याख्या है
(b) A और R दोनों सही हैं, परंतु R, A की सही व्याख्या नहीं है
(c) A सही है, किंतु R गलत है
(d) A गलत हैं, किंतु R सही है

उत्तर (a) A और R दोनों सही हैं तथा R, A की सही व्याख्या है

अतिलघु उत्तरीय प्रश्न

1. किन्हीं दो देशों के नाम बताइए, जिनमें सार्वजनिक जीवन में महिलाओं की भागीदारी का स्तर बहुत ऊँचा है? **CBSE 2015**

उत्तर स्कैंडिनेवियाई देशों; जैसे–स्वीडन, नॉर्वे और फिनलैंड में सार्वजनिक जीवन में महिलाओं की भागीदारी का स्तर बहुत ऊँचा है।

2. भारत में महिलाओं की साक्षरता दर कितनी है?

उत्तर भारत में महिलाओं की साक्षरता दर 65.46% है।

3. भारत में पुरुषों की साक्षरता दर कितनी है?

उत्तर भारत में पुरुषों की साक्षरता दर 82.14% है।

4. लिंग आधारित श्रम का विभाजन क्या है?

उत्तर भारत में औसतन एक महिला एक पुरुष की तुलना में प्रतिदिन एक घंटा अधिक कार्य करती है, लेकिन उन्हें घर पर कार्य करने के लिए भुगतान नहीं किया जाता है। ऐसी स्थिति को लिंग आधारित श्रम का विभाजन कहते हैं।

5. भारत में लिंग अनुपात गिरने का क्या कारण है?

उत्तर भारत में लड़कों के प्रति सकारात्मक सोच तथा लड़कियों के प्रति नकारात्मक सोच लिंगानुपात गिरने का कारण है।

6. वर्ष 2001 की तुलना में वर्ष 1991 में लड़कियों की स्थिति क्या थी?

उत्तर वर्ष 2001 के आँकड़ों के अनुसार, प्रति हजार लड़कों पर 950 से अधिक लड़कियों की संख्या वाले जिलों की संख्या वर्ष 1991 की तुलना में कम थी।

7. भारत में महिला प्रतिनिधियों की संख्या किन देशों की तुलना में कम है?

उत्तर भारत में महिला प्रतिनिधियों की संख्या अफ्रीका और अमेरिका देशों की तुलना में कम है।

8. भारत के ग्रामीण और शहरी निकायों में निर्वाचित महिलाओं की संख्या कितनी है?

उत्तर भारत के ग्रामीण और शहरी निकायों में निर्वाचित महिलाओं की संख्या 10 लाख से अधिक है।

9. सामाजिक विभाजन कब राजनीतिक मुद्दा बन जाता है?

उत्तर लैंगिक विभाजन स्त्रियों और पुरुषों के सामाजिक विभाजनों को राजनीतिक रूप देता है, जिसके कारण समाज में सामाजिक विभाजन एक राजनीतिक मुद्दा बन जाता है।

10. पारिवारिक कानून क्या है? **CBSE 2014**

उत्तर विवाह, तलाक, गोद लेना और उत्तराधिकार जैसे परिवारों से जुड़ी घटनाओं से संबंधित कानून को पारिवारिक कानून कहा जाता है।

11. सांप्रदायिकता किसे कहते हैं?

उत्तर सांप्रदायिकता ऐसी स्थिति है, जब एक विशेष समुदाय अन्य समुदायों पर अपने हितों को बढ़ावा देने की कोशिश करता है, ऐसी स्थिति सांप्रदायिकता कहलाती है।

12. धार्मिक भेदभाव किसे कहते हैं?

उत्तर भारतीय संविधान में धर्म के आधार पर किए जाने वाले भेदभाव को धार्मिक भेदभाव कहते हैं, जिसे असंवैधानिक घोषित किया गया है।

13. वर्ष 2011 की जनगणना के अनुसार अनुसूचित जातियों की जनसंख्या का प्रतिशत क्या है? **CBSE 2012**

उत्तर वर्ष 2011 की जनगणना के अनुसार, अनुसूचित जातियों की जनसंख्या 16.6% है।

14. गरीबी रेखा से नीचे के लोग किसे कहते हैं?

उत्तर प्रतिव्यक्ति प्रतिमाह ग्रामीण क्षेत्र में ₹ 327 और शहरी क्षेत्र में ₹ 455 से कम खर्च करने वाले लोगों को गरीबी रेखा से नीचे के लोग कहते हैं।

15. लोकतंत्र में जातिगत राजनीति को क्यों अच्छा नहीं माना जाता?

उत्तर लोकतंत्र में जातिगत राजनीति को अच्छा नहीं माना जाता, क्योंकि कभी-कभी यह जातिवाद, तनाव, टकराव और हिंसा को भी बढ़ावा देती है।

16. भारत में सामाजिक विभाजन के दो आधार बताइए।

उत्तर भारत में सामाजिक विभाजन के दो आधार धर्म और जाति हैं।

17. लैंगिक विभाजन किसे कहते हैं?

उत्तर काम के बँटवारे का वह तरीका, जिससे घर के अंदर के सारे काम परिवार की औरतें करती हैं या अपनी देखरेख में घरेलू नौकरों या नौकरानियों से कराती हैं, उसे श्रम का लैंगिक विभाजन कहते हैं।

18. वर्ग व्यवस्था किसे कहते हैं?

उत्तर जाति समूह का वह पदानुक्रम, जिसमें एक जाति के लोग सामाजिक पायदान में सबसे ऊपर और किसी अन्य जाति समूह के लोग क्रमागत रूप में उनके नीचे हों, उसे वर्ग व्यवस्था कहते हैं।

19. संविधान के अनुसार धार्मिक समुदायों में समानता सुनिश्चित करने के लिए कौन-से उपाय किए गए हैं?

उत्तर संविधान धार्मिक समुदायों में समानता सुनिश्चित करने के लिए शासन को धार्मिक मामलों में दखल देने का अधिकार देता है, जिससे छुआछूत का अंत हो।

20. राजनीतिक पार्टियाँ चुनाव के लिए उम्मीदवारों के नाम तय करते समय किन बातों का ध्यान रखती हैं?

उत्तर राजनीतिक पार्टियाँ चुनाव के लिए उम्मीदवारों के नाम निर्धारित करते समय चुनाव क्षेत्र के मतदाताओं की जातियों के अनुसार रखती हैं, जिससे उन्हें चुनाव जीतने के लिए जरूरी वोट मिल सकें।

21. सरकार के गठन के समय राजनीतिक दल किन बातों को ध्यान में रखते हैं?

उत्तर सरकार के गठन के समय राजनीतिक दल इस बात का ध्यान रखते हैं कि उसमें विभिन्न जातियों और समुदाय के लोगों को उचित स्थान दिया जाए।

22. महिलाओं को किस प्रकार घरेलू उत्पीड़न से बचाया जा सकता है? **CBSE 2020**

उत्तर महिलाओं को घरेलू उत्पीड़न से बचाने के लिए उन्हें उनके अधिकारों से परिचित कराना होगा।

23. भारत के विधायी क्षेत्र में महिलाओं की सहभागिता बढ़ाने के लिए कोई एक उपाय सुझाइए।

उत्तर भारत के विधायी क्षेत्र में महिलाओं की सहभागिता बढ़ाने हेतु आरक्षण की व्यवस्था एक महत्त्वपूर्ण उपाय है।

24. "भारतीय समाज में जाति प्रथा अभी भी प्रचलित है।" इसे समाप्त करने के लिए कोई एक उपाय सुझाइए। **CBSE 2020**

उत्तर भारतीय समाज में जाति प्रथा की समाप्ति हेतु साक्षरता और शिक्षा का विकास एक महत्त्वपूर्ण और कारगर उपाय है।

25. भारत में विभिन्न समुदायों के बीच सांप्रदायिक सद्भाव बनाने का कोई एक उपाय सुझाएँ।

उत्तर भारत में विभिन्न समुदायों के बीच सांप्रदायिक सद्भाव को बनाने हेतु धर्म और राजनीति के बीच सामंजस्य को स्थापित करना आवश्यक है।

लघु उत्तरीय प्रश्न

1. लिंग विभाजन किसे कहते हैं? उदाहरण सहित स्पष्ट कीजिए।

उत्तर लिंग विभाजन समाज के पुरुषों और महिलाओं के लिए असमान भूमिकाएँ निरूपित करता है। श्रम का लैंगिक विभाजन अधिकांश परिवारों में दिखाई देता है। उदाहरण के

लिए, घर के अंदर के सभी कार्य परिवार की महिलाएँ करती हैं; जैसे–खाना बनाना, सफाई करना, कपड़े धोना और बच्चों की देख-रेख करना आदि, जबकि पुरुष घर के बाहर के कार्य करते हैं। ऐसा नहीं है कि पुरुष घर के कार्य नहीं कर सकते, बल्कि वे सोचते हैं कि घर के कार्य करना महिलाओं की जिम्मेदारी है। जब इन कार्यों के लिए पुरुषों को भुगतान किया जाता है, तब पुरुष इन्हें व्यवसाय के रूप में स्वीकार कर लेते हैं। अधिकांश दर्जी या होटल के रसोइए पुरुष होते हैं। दूसरी ओर, ऐसा नहीं है कि महिलाएँ बाहर का कार्य नहीं करती हैं। महिलाएँ खेतों में, कार्यालयों में प्रत्येक स्थान पर कार्य करती हैं। वे घरेलू श्रम के रूप में भी कार्य करती हैं, जो मान्यता प्राप्त नहीं है।

2. श्रम विभाजन के परिणामों को संक्षेप रूप से स्पष्ट कीजिए।

उत्तर श्रम विभाजन के कारण अधिकांश समाजों में सार्वजनिक जीवन (विशेषकर राजनीति) में महिलाओं की भूमिका नगण्य सी हो गई है। पहले केवल पुरुषों को ही राजनीति में भागीदारी करने की अनुमति थी, लेकिन धीरे-धीरे राजनीति में लैंगिक मुद्दे उठाए गए। विश्व के विभिन्न भागों में औरतों ने संगठन बनाए और समान अधिकार प्राप्त करने के लिए आंदोलन किए। इन आंदोलनों में महिलाओं के राजनीतिक और वैधानिक दर्जे को उच्च करने और उनके लिए शिक्षा तथा रोजगार के अवसर बढ़ाने की माँग की गई। मूलगामी बदलाव की माँग करने वाली महिलाओं ने व्यक्तिगत और पारिवारिक जीवन में समानता के उद्देश्य से आंदोलन किया, जिसे नारीवादी आंदोलन कहा गया। नव-विकसित राजनीति ने समाज में महिलाओं की भूमिका को उचित रूप से बढ़ाने में मदद की। अब अधिकांश महिलाएँ वैज्ञानिक, डॉक्टर, इंजीनियर, प्रबंधक, कॉलेज और विश्वविद्यालय में शिक्षक जैसे कार्यों में संलग्न पाई जाती हैं, जबकि पहले इन कार्यों को महिलाओं के लिए नहीं माना जाता था। स्कैंडिनेवियाई देशों; जैसे–स्वीडन, नॉर्वे और फिनलैंड में सार्वजनिक जीवन में महिलाओं की भागीदारी का स्तर बहुत ऊँचा है।

3. सांप्रदायिकता किसे कहते हैं? यह समस्या कब महत्त्वपूर्ण होती है?

उत्तर सांप्रदायिकता ऐसी स्थिति है, जब एक विशेष समुदाय अन्य समुदायों पर अपने हितों को बढ़ावा देने की कोशिश करता है। यह समस्या तब अधिक महत्त्वपूर्ण हो जाती है, जब

- राजनीति में धर्म की अभिव्यक्ति एक समुदाय की विशिष्टता और पक्षपोषण का रूप लेती है।
- एक धर्म और उसके अनुयायी दूसरों के विरुद्ध हों।
- एक धर्म के विचारों को दूसरों से श्रेष्ठ माना जाने लगता है।
- एक धार्मिक समूह की माँग दूसरे समूहों के विरोध में है।
- राज्य सत्ता का प्रयोग शेष हिस्सों पर एक धार्मिक समूह के वर्चस्व को स्थापित करने के लिए करता है।

4. राजनीति में सांप्रदायिकता के रूपों को संक्षेप में स्पष्ट कीजिए।

अथवा भारतीय राजनीति में सांप्रदायिकता की किन्हीं तीन समस्याओं का वर्णन कीजिए। **CBSE 2020**

उत्तर सांप्रदायिकता, राजनीति में अनेक रूप धारण करती है; जैसे–

- सांप्रदायिकता की सबसे सामान्य अभिव्यक्ति हमारे दैनिक जीवन में दिखाई देती है। इसमें धार्मिक पूर्वाग्रह, धार्मिक समुदायों के विषय में बनी हुई धारणाएँ और एक धर्म को दूसरे धर्म से श्रेष्ठ मानने की मान्यताएँ शामिल हैं।
- सांप्रदायिक सोच हमेशा अपने धार्मिक समुदाय का राजनीतिक प्रभुत्व स्थापित करने की कोशिश में रहती है। इस प्रकार समाज के जो लोग बहुसंख्यक समुदाय के होते हैं, उनकी यह कोशिश बहुसंख्यकवाद का रूप ले लेती है और जो अल्पसंख्यक समुदाय के होते हैं, उनमें यह विश्वास अलग राजनीतिक इकाई बनाने की इच्छा का रूप ले लेता है।
- सांप्रदायिक आधार पर राजनैतिक गठबंधन भी सांप्रदायिकता का एक रूप है। एक धर्म के अनुयायियों को एकसाथ राजनैतिक दायरे में लाने के लिए पवित्र चिह्नों, धार्मिक गुरुओं, भावनात्मक अपील आदि का प्रयोग किया जाता है।

5. राजनीति में जाति के नकारात्मक पहलू के महत्त्वपूर्ण बिंदुओं को स्पष्ट कीजिए।

उत्तर राजनीति में जाति के नकारात्मक पहलू निम्नलिखित हैं

- उम्मीदवारों का चयन करते समय पार्टियाँ मतदाताओं की जाति को ध्यान में रखती हैं।
- जब सरकारें बनती हैं, तो राजनीतिक दलों को यह ध्यान रखना पड़ता है कि विभिन्न जातियों और जनजातियों के प्रतिनिधियों को उचित जगह दी जाए।
- दलों के लिए प्रचार करते समय राजनीतिक नेता अपने समुदाय से समर्थन प्राप्त करने के लिए जातिगत भावनाओं को उभारते हैं।
- कुछ राजनीतिक दलों को कुछ जातियों के मददगार और उनके प्रतिनिधियों के रूप में देखा जाता है।

6. राजनीति में जाति के सकारात्मक पहलू को महत्त्वपूर्ण बिंदुओं द्वारा स्पष्ट कीजिए।

उत्तर राजनीति में जाति के सकारात्मक पहलू निम्नलिखित हैं

- सार्वभौमिक वयस्क मताधिकार और एक व्यक्ति-एक मत की व्यवस्था ने राजनीतिक दलों को विवश किया कि वे राजनीतिक समर्थन पाने के लिए सक्रिय हों।
- देश के किसी भी संसदीय निर्वाचन क्षेत्र में एक ही जाति का स्पष्ट बहुमत नहीं है। प्रत्येक पार्टी को चुनाव जीतने के लिए एक से अधिक जाति और एक से अधिक समुदाय के लोगों का विश्वास जीतने की जरूरत है।
- कोई भी पार्टी किसी एक जाति या समुदाय के सभी लोगों का वोट प्राप्त नहीं कर सकती।
- कई राजनीतिक पार्टियाँ एक ही जाति के उम्मीदवारों को प्रस्तुत कर सकती हैं।

7. ''धर्मनिरपेक्षता कुछ व्यक्तियों या पार्टियों की एक विचारधारा नहीं है, परंतु यह हमारे देश की नींवों में से एक है।'' कथन की परख कीजिए। **CBSE 2020, 18**

उत्तर धर्मनिरपेक्ष राज्य एक ऐसा राज्य है जिसका अपना कोई आधिकारिक धर्म नहीं है। धर्मनिरपेक्ष राज्य सभी धर्मों को धार्मिक समानता और बराबरी का दर्जा प्रदान करता है। भारतीय संविधान निर्माताओं ने धर्मनिरपेक्ष राज्य के मॉडल को अपनाया। इसके निम्नलिखित प्रावधान हैं

(i) भारत में किसी भी धर्म को राजकीय धर्म के रूप में अंगीकार नहीं किया गया है।

(ii) संविधान सभी नागरिकों और समुदायों को किसी भी धर्म का पालन करने और प्रचार करने की आजादी देता है।

(iii) संविधान धर्म के आधार पर किए जाने वाले किसी तरह के भेदभाव को असंवैधानिक घोषित करता है।

(iv) संविधान धार्मिक समुदायों में समानता सुनिश्चित करने के लिए शासन को धार्मिक मामलों में दखल देने का अधिकार देता है।

इससे सिद्ध होता है कि ''धर्मनिरपेक्षता कुछ व्यक्तियों या पार्टियों की एक विचारधारा नहीं है, परंतु यह हमारे देश की नींवों में से एक है।''

8. विभिन्न धार्मिक समूहों को एकसाथ लाने के लिए किन्हीं दो उपायों का उल्लेख करें। **CBSE 2016**

उत्तर विभिन्न धार्मिक समूहों को निम्नलिखित प्रकार से एकसाथ लाया जा सकता है

(i) प्रत्येक समूह (राजनीतिक पार्टी, सामाजिक समूह तथा सामान्य जनता) को जाति व्यवस्था को नकारना चाहिए, प्रत्येक समूह को सामाजिक तथा राजनीतिक सफलता के लिए कार्य करना चाहिए।

(ii) धर्म के आधार पर बनी राजनीतिक पार्टी को खत्म करना चाहिए।

(iii) शैक्षिक संस्थानों के जाति के आधार पर रखे गए नामों तथा उद्देश्यों को खत्म करना चाहिए।

9. भारत में जातिवाद की किन्हीं पाँच विशेषताओं का वर्णन करें। **CBSE 2016**

उत्तर भारत में जातिवाद की निम्नलिखित विशेषताएँ हैं

- भारत के अधिकतर समाजों में पेशा परिवार की एक पीढ़ी से दूसरी पीढ़ी में जाता है।
- भारत में जातिवाद पैतृक तथा वर्ग आधारित है।
- भारत के कुछ हिस्सों से छुआछूत को देखा जा सकता है।
- जातिवाद के अंतर्गत विभिन्न जाति एक अलग सामाजिक समुदाय के रूप में अपना निर्माण करती हैं। उनके आपस में ही बेटी-रोटी अर्थात् शादी और खानपान का संबंध रहता है।
- भारत में वर्ण-व्यवस्था अन्य जाति समूहों से भेदभाव और उन्हें अपने से अलग मानने की धारणा पर आधारित है।

10. भारतीय राजनीति में जातिवाद की समस्या का वर्णन करें। **CBSE 2020**

उत्तर भारतीय राजनीति में जातिवाद की समस्या को इस प्रकार देखा जा सकता है

- जब पार्टियाँ चुनाव के लिए उम्मीदवारों के नाम तय करती हैं, तो चुनाव क्षेत्र के मतदाताओं की जातियों का हिसाब ध्यान में रखती हैं ताकि उन्हें चुनाव जीतने के लिए जरूरी वोट मिल जाए।
- राजनीतिक पार्टियाँ और उम्मीदवार समर्थन हासिल करने के लिए जातिगत भावनाओं को उकसाते हैं। कुछ दलों को कुछ जातियों के मददगार और प्रतिनिधि के रूप में देखा जाता है।
- सार्वभौम वयस्क मताधिकार और एक व्यक्ति एक वोट की व्यवस्था ने राजनीतिक दलों को विवश किया कि वे राजनीतिक समर्थन पाने और लोगों को गोलबंद करने के लिए सक्रिय हो। इससे उन जातियों के लोगों में नई चेतना पैदा हुई, जिन्हें अभी तक छोटा माना जाता था।

दीर्घ उत्तरीय प्रश्न

1. जातिवाद क्या है? भारतीय समाज में जातिवाद अन्य समाजों की तुलना में किस प्रकार भिन्न है?

उत्तर वह राजनीतिक धारणा, जो वर्ग या जाति विशेष के प्रति अंधविश्वास रखती है और राष्ट्र तथा समाज हित की उपेक्षा करती है, उसे जातिवाद कहते हैं। भारत में जातिवाद की प्रबलता की पाँच विशेषताएँ निम्नलिखित हैं

(i) शादी-विवाह, काम-काज तथा खान-पान के उद्देश्यों के लिए सामाजिक समूहों में एक जाति के लोगों का संगठन जातिवाद कहलाता है।

(ii) भारत का सामाजिक ढाँचा जातिवाद पर आधारित है। सभी समाजों में कुछ सामाजिक असमानताएँ और किसी-न-किसी तरह का श्रम विभाजन मौजूद होता है। अधिकतर समाजों में पेशा परिवार की एक पीढ़ी से दूसरी पीढ़ी में जाता है, लेकिन जाति व्यवस्था उसका एक अतिवादी और स्थायी रूप है।

(iii) एक जाति समूह के लोग एक या मिलते-जुलते पेशों के तो होते ही हैं, साथ ही उन्हें एक अलग सामाजिक समुदाय के रूप में भी देखा जाता है। अन्य जाति समूहों में उनके बच्चों की न तो शादी हो सकती है और न ही महत्त्वपूर्ण पारिवारिक और सामुदायिक आयोजनों में उनकी पंक्ति में बैठकर दूसरी जाति के लोग भोजन कर सकते हैं।

(iv) अन्य समाजों में मौजूद असमानताओं से यह एक विशेष अर्थ में भिन्न है। इसमें पेशों के वंशानुगत विभाजन को रीति-रिवाजों की मान्यता प्राप्त है।

(v) भारतीय जाति प्रथा और आर्थिक स्थिति में भी बहुत निकट संबंध है।

2. उन कारणों का वर्णन कीजिए, जो समाज में लैंगिक असमानता को बढ़ावा देते हैं।

अथवा विभिन्न तरीकों का वर्णन कीजिए जिनके माध्यम से भारत में महिलाओं के साथ भेदभाव और उनका दमन होता है। **CBSE 2019**

उत्तर हमारे समाज में लैंगिक असमानता को बढ़ावा देने वाले निम्नलिखित कारण हैं

- भारत में श्रम का लैंगिक विभाजन कर दिया गया है। लैंगिक विभाजन द्वारा तय किया गया कि महिलाएँ केवल

घर का काम-काज करेंगी और पुरुष घर के बाहर सार्वजनिक क्षेत्र में कार्य करेंगे। ऐसे में महिलाओं के श्रम का कोई मूल्य नहीं होता। सरकार ने बाल विवाह के विरुद्ध कानून पास कर रखे हैं, किंतु ग्रामीण क्षेत्रों में बाल विवाह की घटनाएँ अभी भी सुनने को मिलती हैं।

- आज भी समाज में बालिकाओं की अनेक प्रकार से अवहेलना की जाती है। लड़के के जन्म पर खुशियाँ मनाई जाती हैं, वहीं लड़की का जन्म लेना परिवार के लिए दुःख का कारण बन जाता है। आज भी भारत के बहुत से भागों में यदि कोई महिला विधवा होती है, तो उसे पुनः विवाह करने की आज्ञा नहीं दी जाती है।
- भारत की विधायिकाओं में महिला प्रतिनिधियों का अनुपात बहुत कम है। भारत इस मामले में अफ्रीका और लैटिन अमेरिका के कई विकासशील देशों से पीछे है। इस प्रकार सार्वजनिक जीवन विशेषकर राजनीति में उनकी भूमिका नगण्य है।

3. भारतीय संविधान के किन्हीं चार प्रावधानों का उल्लेख कीजिए, जिनके कारण भारत एक धर्मनिरपेक्ष राज्य बना है।

अथवा भारत में धर्मनिरपेक्षवाद के प्रावधानों का वर्णन कीजिए।

CBSE Compartment 2020

उत्तर भारतीय संविधान के चार प्रावधान निम्नलिखित हैं, जिनके कारण भारत एक धर्मनिरपेक्ष राज्य बना है

- **राज्य का कोई धर्म नहीं** भारतीय राज्य ने किसी भी धर्म को राजकीय धर्म के रूप में स्वीकार नहीं किया है, जबकि श्रीलंका में बौद्ध धर्म, पाकिस्तान में इस्लाम धर्म तथा इंग्लैंड में ईसाई धर्म को राजकीय धर्म के रूप में मान्यता प्राप्त है।
- **नागरिकों को मौलिक अधिकार** भारतीय संविधान देश के सभी नागरिकों को किसी भी धर्म का पालन करने और प्रचार करने की आजादी प्रदान करता है।
- **नागरिक समानता** भारतीय संविधान नागरिकों को धार्मिक समानता सुनिश्चित करने के लिए शासन को धार्मिक मामलों में दखल देने का अधिकार देता है, समाज में छुआछूत की अनुमति नहीं देता।
- **धर्म में राज्य का दखल** भारतीय संविधान धार्मिक समुदायों में समानता सुनिश्चित करने के लिए शासन को धार्मिक मामलों में दखल देने का अधिकार देता है।

4. सांप्रदायिक राजनीति किस सोच पर आधारित है और यह किन कारणों से बुनियादी रूप से गलत है?

अथवा "सांप्रदायिकता राजनीति में अनेक रूप धारण कर सकती है।" स्पष्ट कीजिए। **CBSE 2020**

उत्तर सांप्रदायिक राजनीति इस सोच पर आधारित होती है कि धर्म ही सामाजिक समुदाय का निर्माण करता है। इस सोच के अनुसार एक विशेष धर्म में आस्था रखने वाले लोग एक ही समुदाय के होते हैं। उनके मौलिक हित एक जैसे होते हैं तथा समुदाय के लोगों के आपसी मतभेद सामुदायिक जीवन में कोई अहमियत नहीं रखते। इस सोच के अंतर्गत यह बात भी शामिल है कि किसी अलग धर्म को मानने वाले लोग दूसरे सामाजिक समुदाय का हिस्सा नहीं हो सकते। विभिन्न धर्मों के लोगों के मध्य जो समानता दिखाई देती है वह केवल दिखावा होती है, क्योंकि अलग-अलग धर्मों के लोगों के हित तो अलग-अलग होते हैं, जिसके कारण उनमें टकराव भी होता है। सांप्रदायिक सोच जब शीर्ष पर होती है तो उसमें यह विचार जुड़ने लगता है, कि दूसरे धर्मों के अनुयायी एक ही राष्ट्र में समान नागरिक के रूप में नहीं रह सकते हैं।

उपरोक्त सांप्रदायिक राजनीति की यह सोच बुनियादी रूप से गलत है, क्योंकि एक धर्म के लोगों की आकांक्षाएँ प्रत्येक मामले में एक जैसी नहीं हो सकती हैं। प्रत्येक व्यक्ति कई तरह की भूमिका निभाता है। प्रत्येक समुदाय में तरह-तरह के विचारों के लोग रहते हैं। इन सभी को अपनी बात कहने का अधिकार है। इसलिए एक धर्म से जुड़े सभी लोगों को किसी गैर-धार्मिक संदर्भ में एक करके देखना उस समुदाय की विभिन्न आवाजों को दबाना है।

C स्रोत आधारित प्रश्न

निम्नलिखित स्रोतों को ध्यानपूर्वक पढ़कर उन पर आधारित प्रश्नों के उत्तर दीजिए

1. लड़के और लड़कियों के पालन-पोषण के क्रम में यह मान्यता उनके मन में बैठा दी जाती है कि औरतों की मुख्य जिम्मेदारी गृहस्थी चलाने और बच्चों का पालन-पोषण करने की है। यह चीज अधिकतर परिवारों के श्रम के लैंगिक विभाजन से झलकती है। औरतें घर के अंदर का सारा काम-काज; जैसे—खाना बनाना, सफ़ाई करना, कपड़े धोना और बच्चों की देखरेख करना आदि करती हैं, जबकि पुरुष घर के बाहर का काम करते हैं। ऐसा नहीं है कि पुरुष ये सारे काम नहीं कर सकते। दरअसल वे सोचते हैं कि ऐसे कामों को करना औरतों के जिम्मे है। पर जब सिलाई-कटाई से लेकर इन्हीं सारे कामों के लिए पैसे मिलते हैं, तो पुरुष खुशी-खुशी यही काम घर के बाहर करते हैं। अधिकांश दर्जी या होटल के रसोइए पुरुष होते हैं।

इसी प्रकार औरतें घर के बाहर का काम न करती हों—ऐसा भी नहीं है। गाँवों में स्त्रियाँ पानी और जलावन जुटाने से लेकर खेत में खटने तक का काम करती हैं। शहरों में भी हम देखते हैं कि कोई गरीब स्त्री किसी मध्यवर्गीय परिवार में नौकरानी का काम कर रही है और मध्यवर्गीय स्त्री काम करने के लिए दफ़्तर जा रही है। सच्चाई यह है कि अधिकतर महिलाएँ अपने घरेलू काम के अतिरिक्त अपनी आमदनी के लिए कुछ-न-कुछ काम करती हैं, लेकिन उनके काम को ज़्यादा मूल्यवान नहीं माना जाता और उन्हें दिन-रात काम करके भी उसका श्रेय नहीं मिलता।

(i) अनुच्छेद के आधार पर, परिवारों के श्रम के लैंगिक विभाजन से क्या तात्पर्य है?

(a) लड़के और लड़कियों के पालन-पोषण के क्रम में महिलाओं को यह मुख्य जिम्मेदारी सौंपी गई है

(b) महिलाओं की मुख्य जिम्मेदारी गृहस्थी के सुचारु रूप से संचालन की होती है

(c) 'a' और 'b' दोनों
(d) महिलाओं और पुरुषों के श्रम में समान भागीदारी

उत्तर (c) 'a' और 'b' दोनों

(ii) स्वतंत्रता के 75 वर्ष बाद भी भारत में महिलाओं को वह अधिकार नहीं मिला जिसकी वे हकदार थीं, इसके पीछे कौन-सी नीति प्रभावी रही?
(a) सामाजिक दृष्टिकोण का अपरिवर्तनीय होना
(b) पारिवारिक दृष्टिकोण संबंधित नीति
(c) राजनीतिक दृष्टिकोण संबंधित नीति
(d) उपरोक्त सभी

उत्तर (d) उपरोक्त सभी

(iii) पंचायती स्तर पर कई भारतीय राज्यों ने महिलाओं को 50% सीटें आरक्षित की हैं, इसके बावजूद महिलाएँ पूर्णत: अधिकारों का उपयोग नहीं कर पा रही हैं, क्योंकि
(a) उन पर पारिवारिक बंदिशें हैं
(b) अशिक्षा एक बहुत बड़ा कारण है
(c) महिलाएँ सूचनाओं से अनभिज्ञ हैं
(d) उपरोक्त सभी

उत्तर (d) उपरोक्त सभी

(iv) वर्ष 2001 में प्रारंभ महिला सशक्तीकरण योजना को सफल बनाने में सबसे बड़ा बाधक है
(a) आर्थिक असमानता (b) लैंगिक असमानता
(c) राजनीतिक असमानता (d) ये सभी

उत्तर (d) ये सभी

(v) लैंगिक विभाजन समाज एवं परिवार दोनों के लिए अभिशाप है, इसे समाप्त करने हेतु किन उपायों पर ध्यान देना अनिवार्य है?
(a) महिलाओं को आर्थिक रूप से संपन्न करना
(b) लड़कियों का अविलंब विवाह कर देना
(c) लड़कियों को घरेलू कार्यों में निपुण करना
(d) महिलाओं को रक्षा सेवा करने से रोकना

उत्तर (a) महिलाओं को आर्थिक रूप से संपन्न करना

(vi) निम्नलिखित कथनों में से कौन-सा कथन सत्य है?
1. पुरुषों और महिलाओं के बीच श्रम का समान विभाजन भारत के अधिकांश परिवारों की विशेषता है।
2. भारत में सामान्यत: मध्यवर्गीय महिलाएँ दफ्तर का कार्य करती हैं और साथ ही घरेलू कार्य भी करती हैं।
3. भारत में महिलाओं के द्वारा किए जाने वाले कार्यों को अन्य लोगों की अपेक्षा अधिक श्रेय प्राप्त नहीं है।

कूट
(a) केवल 1 (b) 1 और 2
(c) 2 और 3 (d) ये सभी

उत्तर (c) 2 और 3

2. भारत की विधायिका में महिला प्रतिनिधियों का अनुपात बहुत ही कम है। जैसे, लोकसभा में महिला सांसदों की संख्या पहली बार वर्ष 2019 में 14.36 फ़ीसदी पार कर सकी है। राज्यों की विधानसभाओं में उनका प्रतिनिधित्व 5 फीसदी से भी कम है। इस मामले में भारत का नंबर दुनिया के देशों में काफ़ी नीचे है। भारत इस मामले में अफ्रीका और लातिन अमेरिका के कई विकासशील देशों से भी पीछे है।

कभी-कभार कोई महिला प्रधानमंत्री या मुख्यमंत्री की कुर्सी तक आ गई है पर मंत्रिमंडलों में पुरुषों का ही वर्चस्व रहा है। इस समस्या को सुलझाने का एक तरीका तो निर्वाचित संस्थाओं में महिलाओं के लिए कानूनी रूप से एक उचित हिस्सा तय कर देना है।

भारत में पंचायती राज के अंतर्गत कुछ ऐसी ही व्यवस्था की गई है। स्थानीय सरकारों यानी पंचायतों और नगरपालिकाओं में एक-तिहाई पद महिलाओं के लिए आरक्षित कर दिए गए हैं। आज भारत के ग्रामीण और शहरी स्थानीय निकायों में निर्वाचित महिलाओं की संख्या 10 लाख से ज़्यादा है।

महिला संगठनों और कार्यकर्ताओं की माँग है कि लोकसभा और राज्य विधानसभाओं की भी एक-तिहाई सीटें महिलाओं के लिए आरक्षित कर देनी चाहिए। संसद में इस आशय का एक विधेयक पेश भी किया गया था। दस वर्षों से ज्यादा अवधि से वह लटका पड़ा है। सभी राजनीतिक पार्टियाँ इस विधेयक को लेकर एकमत नहीं हैं, इसलिए यह पास नहीं हो सका है।

(i) नीचे दिए गए कथनों में से कौन-सा सही है?
(a) भारत की विधायिका में महिला प्रतिनिधियों का अनुपात पुरुषों के समकक्ष है
(b) वर्ष 2009 में महिला विधायकों की संख्या 20 फीसदी के पार हो चुकी थी
(c) राज्य की विधानसभाओं में महिलाओं का प्रतिनिधित्व 10 फीसदी से अधिक है
(d) स्थानीय सरकारों में महिलाओं हेतु एक-तिहाई पद आरक्षित कर दिए गए हैं

उत्तर (d) स्थानीय सरकारों में महिलाओं हेतु एक-तिहाई पद आरक्षित कर दिए गए हैं

(ii) संसद एवं विधानसभाओं में महिलाओं के लिए सीटों को आरक्षित करने हेतु विधेयक सर्वप्रथम वर्ष .... में पारित किया गया था, इसके तहत महिलाओं के लिए .... सीटें आरक्षित करने का प्रावधान था।
(a) 1996, 50% (b) 1996, 33%
(c) 1999, 33% (d) 2001, 50%

उत्तर (b) 1996, 33%

(iii) लैंगिक विभाजन के कारण परिवार की महिलाओं को किस समस्याओं का शिकार होना पड़ता है?
(a) घरेलू हिंसा
(b) शिक्षा से वंचित
(c) आत्मनिर्णय के अधिकार से वंचित
(d) उपरोक्त सभी

उत्तर (d) उपरोक्त सभी

(iv) महिलाओं के संदर्भ में दी गई सूचियों को सुमेलित कीजिए

सूची I	सूची II
A. लैंगिक असमानता	1. राजनीतिक असमानता
B. राजनीतिक गतिविधियों से वंचित रखना	2. सामाजिक असमानता
C. पारिवारिक स्तर पर महिलाओं के साथ भेदभाव	3. पितृप्रधानता
C. महिलाओं के साथ घरेलू हिंसात्मक गतिविधियाँ	4. पारिवारिक असमानता

कूट

	A	B	C	D		A	B	C	D
(a)	2	4	3	1	(b)	1	2	3	4
(c)	4	3	2	1	(d)	1	2	4	3

उत्तर (b) 1 2 3 4

(v) अधिकतर विकासशील देशों में महिलाओं की स्थिति गंभीर है। इन परिस्थितियों के लिए किन कारणों को जिम्मेदार ठहराया जाता है?

(a) अशिक्षा का प्रसार
(b) उच्च प्रजनन दर
(c) आर्थिक असमानता
(d) उपरोक्त सभी

उत्तर (d) उपरोक्त सभी

(vi) **कथन** (A) वर्तमान समय में भारत के ग्रामीण और शहरी निकायों में निर्वाचित महिलाओं की संख्या 10 लाख से अधिक है।

कारण (R) महिलाओं के निर्वाचन संबंधी निर्णय को वर्ष 1960 में संसद द्वारा मान्यता प्रदान कर दी गई थी।

कूट

(a) A और R दोनों सही हैं तथा R, A की सही व्याख्या है
(b) A और R दोनों सही हैं, परंतु R, A की सही व्याख्या नहीं है
(c) A सही है, किंतु R गलत है
(d) A गलत हैं, किंतु R सही है

उत्तर (c) A सही है, किंतु R गलत है

3. स्रोत 'अ' धर्म और राजनीति

गाँधीजी कहा करते थे कि धर्म को कभी भी राजनीति से अलग नहीं किया जा सकता। धर्म से उनका मतलब हिंदू या इस्लाम जैसे धर्म से न होकर नैतिक मूल्यों से था, जो सभी धर्मों से जुड़े हैं। उनका मानना था कि राजनीति धर्म द्वारा स्थापित मूल्यों से निर्देशित होनी चाहिए।

स्रोत 'ब' मानवाधिकार समूह के कार्य

अपने देश के मानवाधिकार समूहों का कहना है कि इस देश में सांप्रदायिक दंगों में मरने वाले अधिकतर लोग अल्पसंख्यक समुदायों के हैं। उनकी माँग है कि सरकार अल्पसंख्यकों की रक्षा के लिए विशेष कदम उठाए।

स्रोत 'स' महिला आंदोलन

महिला आंदोलन का कहना है कि सभी धर्मों में वर्णित पारिवारिक कानून महिलाओं से भेदभाव करते हैं। इस आंदोलन की माँग है कि सरकार को इन कानूनों को समतामूलक बनाने के लिए उनमें बदलाव करने चाहिए।

स्रोत 'अ' धर्म और राजनीति

(i) किस महापुरुष ने कहा था कि "धर्म को कभी भी राजनीति से अलग नहीं किया जा सकता।"

उत्तर महात्मा गाँधी का कथन था कि "धर्म को राजनीति से अलग नहीं किया जा सकता", क्योंकि दोनों के बीच अन्योन्याश्रय संबंध है।

स्रोत 'ब' मानवाधिकार समूह के कार्य

(ii) मानवाधिकार समूह के महत्त्वपूर्ण कार्य क्या हैं?

उत्तर मानवाधिकार समूह देश में सरकार से अल्पसंख्यक या कोई भी ऐसा वर्ग या समुदाय जिसके अधिकारों का हनन होता है, उसकी रक्षा हेतु कदम उठाने की माँग करता है।

स्रोत 'स' महिला आंदोलन

(iii) महिला आंदोलन की प्रमुख माँग को बताइए।

उत्तर महिला आंदोलन की प्रमुख माँग यह है कि वह सरकार से पारिवारिक कानूनों को समतामूलक बनाने के लिए उनमें बदलाव की इच्छा प्रकट करता है।

4. सांप्रदायिकता की सबसे आम अभिव्यक्ति दैनंदिन जीवन में ही दिखती है। इनमें धार्मिक पूर्वाग्रह, धार्मिक समुदायों के बारे में बनी बनाई धारणाएँ और एक धर्म को दूसरे धर्म से श्रेष्ठ मानने की मान्यताएँ शामिल हैं। ये चीजें इतनी आम हैं कि अकसर हम उन पर ध्यान तक नहीं देते, जबकि ये हमारे अंदर ही बैठी होती हैं।

सांप्रदायिक सोच अकसर अपने धार्मिक समुदाय का राजनीतिक प्रभुत्व स्थापित करने की फिराक में रहती है, जो लोग बहुसंख्यक समुदाय के होते हैं उनकी यह कोशिश बहुसंख्यकवाद का रूप ले लेती है। जो अल्पसंख्यक समुदाय के होते हैं उनमें यह विश्वास अलग राजनीतिक इकाई बनाने की इच्छा का रूप ले लेता है।

(i) सांप्रदायिकता में शामिल मान्यताओं को लिखिए।

उत्तर सांप्रदायिकता में धार्मिक पूर्वाग्रह, धार्मिक समुदायों के संबंध में निर्मित धारणाएँ और एक धर्म को दूसरे धर्म से श्रेष्ठतर बनाने की मान्यताएँ शामिल होती हैं।

(ii) सांप्रदायिक सोच को परिभाषित कीजिए।

उत्तर सांप्रदायिक सोच से तात्पर्य व्यक्ति या व्यक्ति समूहों द्वारा अपने धार्मिक समुदाय का राजनीतिक प्रभुत्व स्थापित करने हेतु निरंतर प्रयासरत होना है।

(iii) सांप्रदायिक राजनीतिक किस सोच पर आधारित है?

उत्तर सांप्रदायिक राजनीतिक इस सोच पर आधारित है कि धर्म ही सामाजिक समुदाय का निर्माण करता है। इस मान्यता के अनुकूल सोचना सांप्रदायिकता है।

स्वयं को जाँचें

वस्तुनिष्ठ प्रश्न

1. भारतीय राज्यों की विधानसभाओं में महिलाओं का प्रतिनिधित्व कितना है?

(a) 5 प्रतिशत से कम (b) 5 प्रतिशत से अधिक (c) 6 प्रतिशत से कम (d) 6 प्रतिशत से अधिक

2. निम्न में से किस देश समूह में रोजगार के क्षेत्र में महिलाओं की भागीदारी सबसे अधिक है?

(a) इंग्लैंड, जर्मनी, फ्रांस (b) श्रीलंका, यूगोस्लाविया और हॉलैंड

(c) सऊदी अरब, भारत और पाकिस्तान (d) स्वीडन, नॉर्वे और फिनलैंड

3. सुमेलित करें

सूची I (जनगणना 2011)	सूची II (जनसंख्या का हिस्सा % में)
A. मुस्लिम	1. 8.6
B. ईसाई	2. 2.3
C. अनुसूचित जनजाति	3. 1.7

कूट

	A	B	C
(a)	3	2	1
(b)	2	1	3
(c)	1	2	3
(d)	1	3	2

अतिलघु उत्तरीय प्रश्न

4. लिंगानुपात से आप क्या समझते हैं?

5. भारत के उन राज्यों का नाम बताइए, जहाँ लिंगानुपात 800 से भी कम है?

6. नारीवादी आंदोलन क्या है? वर्णन कीजिए।

लघु उत्तरीय प्रश्न

7. धर्म और राजनीति के संबंध में गाँधीजी के विचारों का वर्णन कीजिए।

8. भारत में सांप्रदायिक दंगों के क्या कारण हैं? वर्णन कीजिए।

9. भारत में जातिवादी असमानताएँ आज भी प्रचलित हैं? इसके प्रमुख कारणों की व्याख्या कीजिए।

10. जाति किस प्रकार राजनीति को प्रभावित करती है? वर्णन कीजिए।

दीर्घ उत्तरीय प्रश्न

11. जाति व्यवस्था के पुराने स्वरूप में बदलाव कैसे लाया जा सकता है? किन्हीं चार कारणों का वर्णन कीजिए।

12. जाति राजनीति को किस प्रकार प्रभावित करती है? वर्णन कीजिए।

13. भारतीय संविधान ने धर्मनिरपेक्ष राज्य का मॉडल क्यों चुना? वर्णन कीजिए।

अध्याय

04

राजनीतिक दल

राजनीतिक दलों की जरूरत क्यों?

राजनीतिक दल (Political Parties) लोकतंत्र में दिखाई देने वाली सबसे महत्त्वपूर्ण संस्था (Institute) है। साधारण नागरिकों के लिए लोकतंत्र का अर्थ राजनीतिक दल ही है। इसलिए यह आवश्यक है कि प्रत्येक नागरिक राजनीतिक दल की प्रकृति और उसके कार्य को समझे।

अध्याय एक नजर में

- *राजनीतिक दलों की जरूरत क्यों?*
- *कितने राजनीतिक दल?*
- *राजनीतिक दलों के प्रकार*
- *राष्ट्रीय दल*
- *क्षेत्रीय दल*
- *राजनीतिक दलों के लिए चुनौतियाँ*
- *राजनीतिक दलों में सुधार*

राजनीतिक दल का अर्थ

राजनीतिक दल लोगों का ऐसा **संगठित समूह** (Organised Group) है, जो चुनाव लड़ने और सरकार में राजनीतिक सत्ता प्राप्त करने के उद्देश्य से कार्य करता है।

सभी राजनीतिक दल समाज के सामूहिक हित को ध्यान में रखकर कुछ नीतियाँ और कार्यक्रम निर्धारित करते हैं। राजनीतिक दल, लोगों को यह समझाने का प्रयास करते हैं कि उनकी नीतियाँ (Policies) दूसरों की तुलना में उचित हैं। ये लोगों का समर्थन पाकर चुनाव जीतने के बाद उन नीतियों को लागू करने का प्रयास करते हैं।

राजनीतिक दल किसी समाज के बुनियादी **राजनीतिक विभाजन** (Political Division) को दर्शाते हैं। सभी दल समाज के किसी एक हिस्से से संबंधित होते हैं और इस प्रकार वे **पक्षपातपूर्ण** (Partisanship) हो सकते हैं।

किसी दल की पहचान उसकी नीतियों और उसके सामाजिक आधार से तय होती है। किसी भी राजनीतिक दल में तीन मुख्य तत्त्व होते हैं— नेता (Leader), सक्रिय सदस्य (Active Member) एवं अनुयायी या समर्थक (Followers or Supporter)।

राजनीतिक दल के कार्य

राजनीतिक दल के कार्य निम्नलिखित हैं

(i) अधिकांश लोकतांत्रिक देशों (Democratic Countries) में चुनाव राजनीतिक दलों द्वारा खड़े किए गए उम्मीदवारों (Candidates) के मध्य संपन्न होते हैं। ये उम्मीदवार पार्टी के सबसे वरिष्ठ नेता (Senior Leader) या पार्टी के सदस्यों द्वारा चुने जाते हैं। अमेरिका जैसे कुछ देशों में उम्मीदवार का चुनाव दल के सदस्य और समर्थक करते हैं, परंतु भारत जैसे देश में दलों के नेता ही उम्मीदवार चुनते हैं।

(ii) राजनीतिक दल नीतियों और कार्यक्रमों को मतदाताओं (Voters) के सामने रखते हैं और मतदाता अपनी पसंद की नीतियाँ और कार्यक्रम चुनते हैं।

(iii) राजनीतिक दल देश के लिए कानून बनाने में महत्त्वपूर्ण भूमिका निभाते हैं। कानूनों पर औपचारिक बहस होती है और प्रत्येक कानून को पास कराने के लिए विधायिका की सर्वसम्मति आवश्यक होती है।

(iv) राजनीतिक दल सरकार बनाते और चलाते हैं, साथ ही नीतियों और बड़े फैसलों के मामले में निर्णय नेता ही लेते हैं और ये नेता विभिन्न दलों के होते हैं। पार्टियाँ नेता को चुनती हैं, उसको प्रशिक्षित करती हैं और पार्टी के सिद्धांत (Principle) और कार्यक्रम के अनुसार काम करने के लिए उन्हें मंत्री बनाती हैं।

(v) चुनाव में हारने वाले राजनीतिक दल शासक दल के विरोधी पक्ष (Opposition) की भूमिका निभाते हैं। ये सरकार की गलत नीतियों और असफलताओं की आलोचना करते हैं और अपनी अलग राय रखते हैं।

(vi) जनमत-निर्माण (Poll Creation) में राजनीतिक दल महत्त्वपूर्ण भूमिका निभाते हैं। ये मुद्दों को उठाकर उन्हें लोगों के सामने स्पष्ट करते हैं। विभिन्न दलों के बड़ी संख्या में कार्यकर्ता देशभर में फैले हुए होते हैं। समाज के विभिन्न वर्गों में राजनीतिक दलों के दबाव समूह (Pressure Group) भी काम करते हैं। ये दल लोगों की समस्याओं को लेकर आंदोलन भी करते हैं।

(vii) राजनीतिक दल सरकार द्वारा चलाए जाने वाले कल्याणकारी कार्यक्रमों तथा योजनाओं को लोगों तक पहुँचाते हैं। एक साधारण नागरिक के लिए किसी सरकारी अधिकारी की तुलना में किसी राजनीतिक कार्यकर्ता से संपर्क करना आसान होता है। दलों को भी अपने लोगों की माँगों और जरूरतों पर ध्यान देना होता है, अन्यथा अगले चुनाव में लोग उन्हें हरा सकते हैं।

राजनीतिक दलों की आवश्यकता

राजनीतिक दलों की आवश्यकता इसलिए होती है, क्योंकि ये अनेक कार्य करते हैं। राजनीतिक दलों के बिना आधुनिक लोकतंत्र (Modern Democracy) का अस्तित्व संभव नहीं है। राजनीतिक दलों के अस्तित्व के बिना निम्न स्थितियाँ उत्पन्न हो सकती हैं

- चुनाव में प्रत्येक उम्मीदवार स्वतंत्र होगा और किसी भी बड़े नीति परिवर्तन के बारे में लोगों को कोई भी चुनावी वादा करने में सक्षम नहीं होगा।
- सरकार का गठन किया जा सकता है, लेकिन इसकी उपयोगिता संदिग्ध (Doubtful) रहेगी। निर्वाचित प्रतिनिधि अपने निर्वाचन क्षेत्र के लिए जवाबदेह हो सकते हैं, लेकिन देश किस प्रकार चलाया जाएगा, इसके लिए कोई भी उत्तरदायी नहीं होगा।
- पंचायती चुनाव भारत के कई राज्यों में पंचायत के लिए गैर-दलीय आधारित चुनाव हैं। हालाँकि पार्टियाँ औपचारिक रूप (Formal Form) से चुनाव नहीं करती हैं। सामान्यत: यह देखा जाता है कि गाँव एक से अधिक समूहों में विभाजित हो जाता है और प्रत्येक समूह सभी पदों के लिए अपने उम्मीदवारों का **पैनल** (Panel) उतारता है। यह राजनीतिक दल की उपस्थिति को आवश्यक बनाता है।
- राजनीतिक दलों का उदय प्रतिनिधित्व पर आधारित लोकतांत्रिक व्यवस्था के साथ जुड़ा है। जब समाज बड़े और जटिल हो जाते हैं, तब उन्हें विभिन्न मुद्दों पर अलग-अलग विचारों को सरकार की नजर में लाने के लिए किसी एजेंसी की आवश्यकता होती है।
- समाज को एक ऐसे तंत्र की आवश्यकता है, जो सरकार का समर्थन करे या उस पर अंकुश रखे, नीतियाँ बनाए और उनका समर्थन करे। राजनीतिक दल प्रत्येक प्रतिनिधि सरकार की जरूरतों को पूरा करते हैं।

चेक प्वॉइंट 01

1. राजनीतिक दल कैसी संस्था है?
2. राजनीतिक दल किसी समाज के बुनियादी .... को दर्शाते हैं।
3. अमेरिका जैसे कुछ देशों में उम्मीदवार का चुनाव कौन करते हैं?
4. जनमत निर्माण में कौन महत्त्वपूर्ण भूमिका निभाते हैं?
5. राजनीतिक दलों के बिना .... मौजूद नहीं हो सकता।

कितने राजनीतिक दल?

विश्व के विभिन्न देशों की पार्टी व्यवस्था अलग-अलग है। राजनीतिक पार्टी प्रणाली को निम्नलिखित तीन श्रेणियों में विभाजित किया जा सकता है

(i) **एकदलीय शासन व्यवस्था** (One-Party System) इस व्यवस्था में केवल एक पार्टी को सरकार नियंत्रित करने की अनुमति है। उदाहरण के लिए, चीन में एकदलीय शासन व्यवस्था है। लोकतंत्र के लिए यह प्रणाली एक अच्छा विकल्प नहीं है, क्योंकि यह प्रतिस्पर्द्धी पार्टियों को सत्ता हासिल करने का एक उचित अवसर प्रदान नहीं करती है।

(ii) **दो दलीय शासन व्यवस्था** (Two-Party System) इस व्यवस्था में दो पार्टियों को बहुमत हासिल करने और सरकार बनाने का अवसर मिलता है। सामान्यत: दो मुख्य पार्टियों के मध्य शक्ति विभाजन होता है। संयुक्त राज्य अमेरिका और यूनाइटेड किंगडम में दो दलीय शासन व्यवस्था है।

(iii) **बहुदलीय शासन व्यवस्था** (Multi-Party System) इस प्रणाली में दो से अधिक राजनैतिक दलों में सत्ता हासिल करने के लिए चुनाव लड़ा जाता है। भारत में चुनाव आयोग द्वारा लगभग 750 से अधिक पार्टियाँ बहुपक्षीय प्रणाली के अंतर्गत पंजीकृत (Registered) हैं। यह विभिन्न प्रकार के हितों और विचारों को राजनीतिक प्रतिनिधित्व प्रदान करने की अनुमति देती हैं।

दलों का गठबंधन

भारत में गठबंधन (Coalition) में एकसाथ आने वाले विभिन्न दलों द्वारा सरकार का गठन होता है। जब बहुदलीय व्यवस्था में अनेक पार्टियाँ चुनाव लड़ने और सत्ता में आने के उद्देश्य से हाथ मिलाती हैं, तो इसे गठबंधन या मोर्चा की सरकार (Alliance) कहा जाता है।

उदाहरण के लिए, भारत में राष्ट्रीय जनतांत्रिक गठबंधन (National Democratic Alliance, NDA) और संयुक्त प्रगतिशील गठबंधन (United Progressive Alliance, UPA)।

आदर्श पार्टी प्रणाली

एक आदर्श पार्टी प्रणाली (Ideal Party System) एक लंबे समय की कार्यप्रणाली के बाद स्वयं विकसित होती है। इसमें समाज की प्रकृति, राजनीतिक विभाजन, राजनीति का इतिहास और चुनाव प्रणाली सभी अपनी महत्त्वपूर्ण भूमिका निभाते हैं।

भारत में बहुदलीय शासन व्यवस्था है, जिसका मुख्य कारण यह है कि दो या तीन पार्टियाँ इतने बड़े देश की भौगोलिक और सामाजिक विविधताओं (Social Diversities) को कम करने में अक्षम हैं, इसलिए सभी देशों में एक ही प्रकार की आदर्श पार्टी प्रणाली चलना संभव नहीं है।

राजनीतिक दलों में लोकप्रिय भागीदारी

राजनीतिक दल नागरिकों के बीच अलोकप्रियता और उदासीनता के संकट का सामना कर रहे हैं। अनेक दशकों में किए गए सर्वेक्षणों की श्रृंखला के आधार पर साक्ष्य यह दर्शाते हैं कि

- दक्षिणी एशिया की जनता राजनीतिक दलों पर भरोसा नहीं करती।
- राजनीतिक दलों के कामकाज में लोगों की भागीदारी का स्तर काफी ऊँचा है।
- कनाडा, जापान, स्पेन और दक्षिणी कोरिया जैसे कई उन्नत देशों की तुलना में कुछ राजनीतिक दल के सदस्यों का अनुपात भारत में उच्च है।
- पिछले तीन दशकों में भारत में राजनीतिक दलों की सदस्यता के अनुपात में लगातार वृद्धि हुई है।

राजनीतिक दलों के प्रकार

संपूर्ण विश्व में संघीय व्यवस्था का पालन करने वाले लोकतंत्र में दो प्रकार के राजनीतिक दल हैं

(i) राज्य दल, जो केवल संघीय इकाइयों में से एक में मौजूद हैं।

(ii) राष्ट्रीय दल, जो संघ की कई या सभी इकाइयों में मौजूद हैं।

भारत में **राष्ट्रीय दल** और **राज्य दल** दोनों हैं। देश में प्रत्येक पार्टी को चुनाव आयोग से पंजीकरण कराना अनिवार्य है।

राष्ट्रीय दल

जब कोई दल लोकसभा चुनाव में पड़े कुल वोट का अथवा चार राज्यों के विधानसभा चुनाव में पड़े कुल वोटों का 6% प्राप्त करता है और लोकसभा के चुनाव में कम से कम चार सीटों पर जीत दर्ज करता है, तो उसे राष्ट्रीय दल की मान्यता मिलती है।

आयोग सभी पार्टियों को समान रूप से मानता है, लेकिन यह बड़ी और स्थापित पार्टियों के लिए कुछ विशेष सुविधाएँ प्रदान करता है। इन दलों को एक अनूठा प्रतीक (Unique Symbol) दिया जाता है, केवल उस पार्टी के आधिकारिक उम्मीदवार (Official Candidates) ही चुनाव प्रतीक का उपयोग कर सकते हैं।

इस उद्देश्य के लिए चुनाव आयोग द्वारा इस विशेषाधिकार और कुछ अन्य विशेष सुविधाएँ प्राप्त करने वाली पार्टियाँ मान्यता प्राप्त हैं। यही कारण है कि इन पार्टियों को **मान्यता प्राप्त राजनीतिक दल** (Recognised Political Parties) कहा जाता है।

भारत के कुछ महत्त्वपूर्ण राजनीतिक दल

(i) **भारतीय राष्ट्रीय कांग्रेस** (Indian National Congress, INC) इसे कांग्रेस पार्टी के रूप में जाना जाता है, जो 1885 ई. में स्थापित विश्व के सबसे पुराने दलों में से एक है। यह धर्मनिरपेक्षता और कमजोर वर्गों तथा अल्पसंख्यक समुदायों की समर्थक है।

(ii) **भारतीय कम्युनिस्ट पार्टी*** (Communist Party of India, CPI) इसकी स्थापना वर्ष 1925 में हुई थी। यह मार्क्सवाद-लेनिनवाद, धर्मनिरपेक्षता और लोकतंत्र में विश्वास करती है। यह अलगाववाद और सांप्रदायिकता की शक्तियों का विरोध करती है। इस पार्टी का आधार केरल, पश्चिम बंगाल, पंजाब और आंध्र प्रदेश में है।

(iii) **भारतीय कम्युनिस्ट पार्टी-मार्क्सवादी** (Communist Party of India-Marxist, CPI-M) इसकी स्थापना वर्ष 1964 में हुई थी। यह मार्क्सवाद-लेनिनवाद (Marxism-Laninvad) में विश्वास करती है। यह समाजवाद, धर्मनिरपेक्षता और लोकतंत्र का समर्थन तथा साम्राज्यवाद और सांप्रदायिकता का विरोध करती है। इस पार्टी का आधार पश्चिम बंगाल, केरल और त्रिपुरा में बहुत मजबूत है।

(iv) **भारतीय जनता पार्टी** (Bharatiya Janata Party, BJP) इस पार्टी की स्थापना वर्ष 1980 में भारतीय जनसंघ को पुनर्जीवित करके की गई थी। इस पार्टी का उद्देश्य भारत की प्राचीन संस्कृति और मूल्यों से प्रेरणा लेकर एक मजबूत और आधुनिक भारत का निर्माण करना है। यह वर्ष 1998 में अनेक राज्य और क्षेत्रीय दलों सहित राष्ट्रीय जनतांत्रिक गठबंधन के नेता के रूप में सत्ता में आई थी।

(v) **बहुजन समाज पार्टी** (Bahujan Samaj Party, BSP) यह वर्ष 1984 में कांशीराम के नेतृत्व में स्थापित की गई थी। यह पार्टी बहुजन समाज के लिए शक्ति का प्रतिनिधित्व करने और सुरक्षित करने की माँग करती है, जिसमें दलित, आदिवासी, अन्य पिछड़ा वर्ग और धार्मिक अल्पसंख्यक (Religious Minority) शामिल हैं। इस पार्टी का मुख्य आधार उत्तर प्रदेश है परंतु मध्य प्रदेश, छत्तीसगढ़, दिल्ली और पंजाब में भी इस पार्टी का अस्तित्व है।

(vi) **ऑल इण्डिया तृणमूल कांग्रेस** * (All India Trinamol Congress, AITC) इसकी स्थापना 1 जनवरी, 1998 को ममता बनर्जी के नेतृत्व में हुई। इसे 2016 में राष्ट्रीय दल के रूप में मान्यता प्राप्त हुई। इस पार्टी का प्रतीक पुष्प और तृण (घास) है। यह पश्चिम बंगाल, अरुणाचल प्रदेश, मणिपुर और त्रिपुरा में उपस्थित है।

(vii) **नेशनलिस्ट कांग्रेस पार्टी** * (Nationalist Congress Party, NCP) कांग्रेस पार्टी में विभाजन के बाद वर्ष 1999 में यह पार्टी स्थापित हुई थी। यह लोकतंत्र, गाँधीवादी धर्मनिरपेक्षता, समता, सामाजिक न्याय और संघवाद का समर्थन करती है।

नोट *वर्तमान में CPI, TMC और NCP का राष्ट्रीय राजनीतिक दल का दर्जा समाप्त किया जा चुका है। आप तथा नेशन पीपल्स पार्टी नवगठित राष्ट्रीय राजनीतिक दल हैं।

भारत में क्षेत्रीय पार्टियाँ
(13 अप्रैल, 2018 की स्थिति)

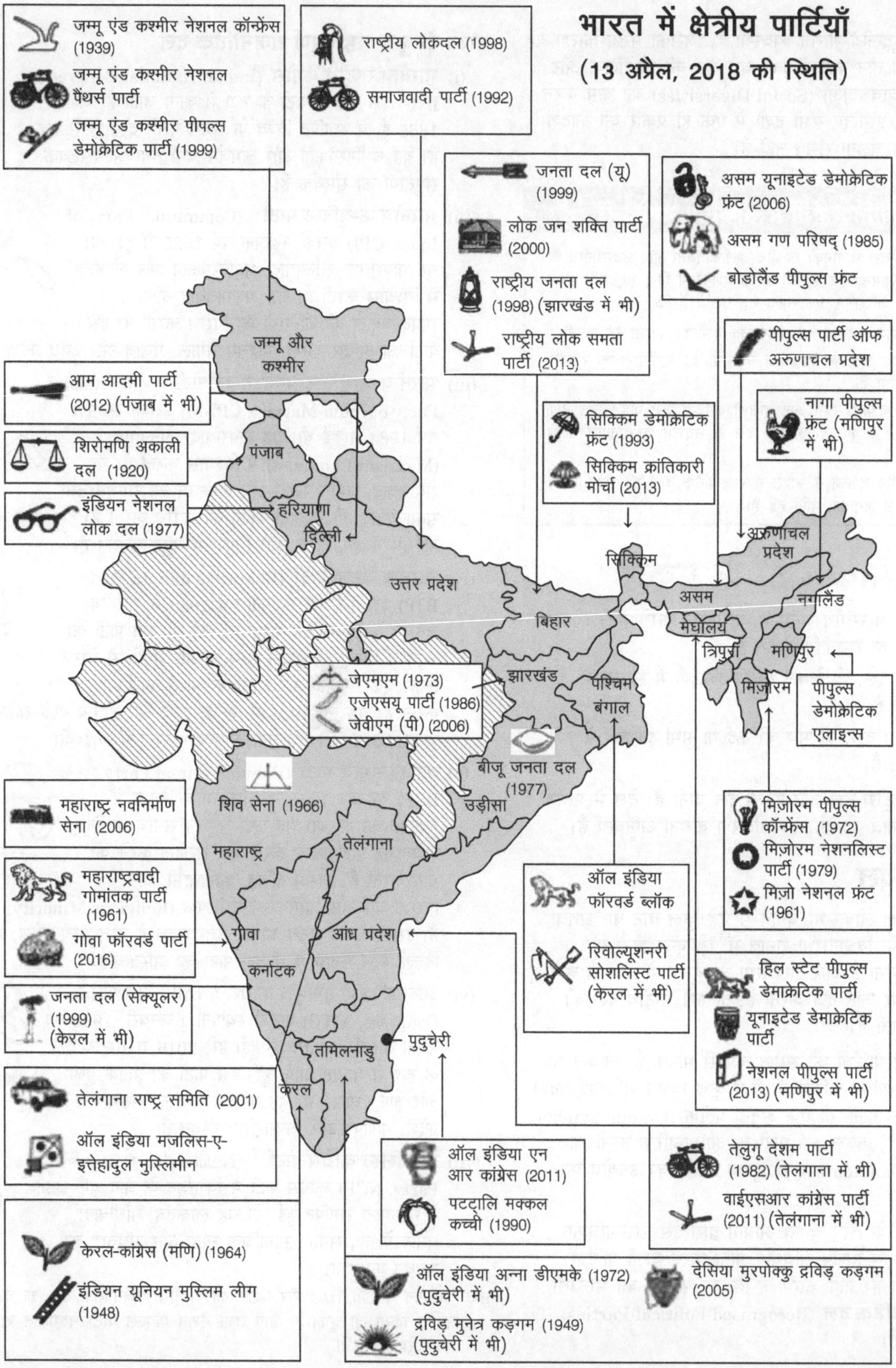

क्षेत्रीय दल

एक पार्टी जो एक राज्य की विधानसभा के चुनाव में कुल वोट का कम-से-कम 6% प्राप्त करती है और कम-से-कम 2 सीटें जीतती है, उसे राज्य दल (State Party) के रूप में मान्यता दी जाती है। इन्हें सामान्यत: **क्षेत्रीय पार्टियों** (Regional Parties) के रूप में जाना जाता है, लेकिन यह आवश्यक नहीं है कि पार्टियों को उनकी विचारधारा या दृष्टिकोण में क्षेत्रीय ही होना चाहिए।

राष्ट्रीय स्तर पर संगठन के साथ राज्य दल

कुछ क्षेत्रीय दल ऐसे दल हैं, जो कुछ राज्यों में ही सफल हुए हैं। समाजवादी पार्टी, समता पार्टी और राष्ट्रीय जनता दल जैसे दलों के कई राज्यों में इकाइयों के साथ राष्ट्रीय स्तर के राजनीतिक संगठन हैं।

इनमें से कुछ पार्टियाँ; जैसे–**बीजू जनता दल**, **सिक्किम लोकतांत्रिक मोर्चा** और **मिजो नेशनल फ्रंट** अपनी क्षेत्रीय पहचान के प्रति सचेत हैं।

क्षेत्रीय दलों की स्थिति

पिछले तीन दशकों में क्षेत्रीय पार्टियों की संख्या और शक्ति का विस्तार हुआ है, जिसने भारत की संसद को राजनीतिक रूप से अधिक से अधिक विविध बनाया। लोकसभा में कोई भी राष्ट्रीय पार्टी अपने आप में बहुमत (Majority) हासिल करने में सक्षम नहीं है, जिसके परिणामस्वरूप राष्ट्रीय पार्टियों को राज्य पार्टियों के साथ गठबंधन करने के लिए विवश होना पड़ता है।

वर्ष 1996 से लगभग सभी राज्य दलों को एक या अन्य राष्ट्रीय स्तर की गठबंधन सरकार का एक हिस्सा बनने का अवसर मिला है। इसने हमारे देश में संघवाद और लोकतंत्र को सुदृढ़ बनाने में योगदान दिया है।

चेक प्वॉइंट 02

1. *चीन में ······· की पार्टी व्यवस्था है।*
2. *राजनीतिक दल के कितने प्रकार होते हैं?*
3. *राजनीतिक पार्टी को कितनी श्रेणियों में विभाजित किया जाता है?*
4. *भारतीय कम्युनिस्ट पार्टी की स्थापना ········· में हुई।*
5. *किसी एक क्षेत्रीय दल का नाम बताइए।*

राजनीतिक दलों के लिए चुनौतियाँ

संपूर्ण विश्व में लोग राजनीतिक दलों के प्रदर्शन से असंतुष्ट हैं। असंतोष और आलोचना राजनीतिक दलों के कार्य के चार पहलुओं पर केंद्रित रही है। राजनीतिक पार्टियों को इन चुनौतियों का सामना करने और उन पर नियंत्रण करने की जरूरत है, जो इस प्रकार है

दलों में आंतरिक लोकतंत्र की कमी

अधिकांश राजनीतिक दलों में सत्ता एक या कुछ नेताओं के हाथों में केंद्रित है। पार्टियों के पास न तो सदस्यों की सूची होती है, न ही नियमित रूप से सांगठनिक बैठकें होतीं और न ही इसके आंतरिक चुनाव (Internal Election) होते हैं। पार्टी के साधारण सदस्यों को पार्टी के अंदर की घटनाओं के विषय में पर्याप्त जानकारी नहीं मिलती। नेता पार्टी के नाम पर निर्णय लेने के लिए अधिक शक्ति ग्रहण करते हैं।

वंशवादी उत्तराधिकार

अनेक राजनीतिक दलों के शीर्ष पदों पर सामान्यत: एक परिवार के सदस्यों का नियंत्रण रहता है। जो लोग नेता होते हैं, वे अनुचित लाभ लेकर अपने नजदीकी और परिवार के लोगों को आगे बढ़ाते हैं। यह लोकतंत्र के लिए उचित नहीं है, क्योंकि इससे जिन लोगों के पास पर्याप्त अनुभव या लोकप्रिय समर्थन नहीं है, वे सत्ता के पदों पर कब्जा कर लेते हैं।

पैसा और बाहुबल की शक्ति

यह चुनावों के दौरान राजनीतिक दलों के लिए एक प्रमुख चुनौती है। चूँकि पार्टियाँ केवल चुनाव जीतने पर केंद्रित हैं, इसलिए वे चुनाव जीतने के लिए किसी भी उचित या अनुचित विधि का उपयोग कर सकती हैं। इस तरह की विधियों में निम्न शामिल हैं

- वे उन उम्मीदवारों को नामांकित करती हैं, जो पैसों को एकत्र या बढ़ा सकते हैं। पार्टियों को धन देने वाली संस्थाएँ और समृद्ध लोग पार्टी की नीतियों और निर्णयों पर प्रभाव डालते हैं।
- कुछ मामलों में पार्टियाँ चुनाव जीतने के लिए अपराधियों का समर्थन करती हैं।

मतदाताओं को सार्थक विकल्प

पार्टियाँ हमेशा मतदाताओं को एक सार्थक विकल्प (Meaning Choice) प्रदान करने में समर्थ नहीं होती हैं। सार्थक विकल्प देने के लिए, पार्टियों को काफी भिन्न होना चाहिए।

उदाहरण के लिए; भारत में सभी बड़ी पार्टियों के मध्य आर्थिक मामलों पर अंतर कम रह गया है। जो इससे अलग नीतियाँ चाहते हैं उनके लिए कोई विकल्प उपलब्ध नहीं है। कभी-कभी लोगों के पास नया नेता चुनने का भी विकल्प नहीं होता क्योंकि वही थोड़े से नेता प्रत्येक दल में आते-जाते रहते हैं।

राजनीतिक दलों में सुधार

चुनौतियों का सामना करने के लिए राजनीतिक दलों को सुधारने की आवश्यकता है। हमारे देश में राजनीतिक दलों और इसके नेताओं को सुधारने के लिए जो प्रयास किए गए हैं या जो सुझाव दिए गए हैं, वे निम्न प्रकार हैं

- **दल-बदल विरोधी कानून** (Anti-Defection Law) इस कानून के अनुसार, विधायक या सांसद चुनाव के बाद पार्टी को बदल नहीं सकते अर्थात् दल-बदल की नीति नहीं अपना सकते हैं। यदि कोई विधायक या सांसद पार्टी को बदलता है, तो वो विधानसभा या लोकसभा में अपनी सीट खो देगा। ऐसा इसलिए किया गया, क्योंकि अनेक निर्वाचित प्रतिनिधि, मंत्रिमंडल में शामिल होने के लिए या नगदी पुरस्कार के लिए विपक्षी दल (Opposition Party) में शामिल हो गए थे।
- **संपत्ति और आपराधिक मामलों का विवरण** (Details of Property and Criminal Cases) धन और अपराधियों के प्रभाव को कम करने के लिए सर्वोच्च न्यायालय (Supreme Court) ने एक आदेश पारित किया है। अब सभी उम्मीदवारों के लिए अपनी संपत्ति का विवरण और उनके खिलाफ लंबित आपराधिक मामलों (Criminal Cases) की जानकारी एक **शपथपत्र** (Affidavit) के

माध्यम से देना अनिवार्य कर दिया है, लेकिन जाँच करने के लिए कोई प्रणाली नहीं है कि उम्मीदवार द्वारा दी गई जानकारी सही है या नहीं।

- **आयकर रिटर्न दाखिल करें** (File and Income Tax Return) चुनाव आयोग ने एक आदेश पारित किया है, जिससे राजनीतिक दलों को अपने संगठनात्मक चुनाव कराना और आयकर रिटर्न (Income Tax Return) दाखिल करना आवश्यक हो गया है। दलों ने ऐसा करना शुरू कर दिया है, लेकिन कभी-कभी यह मात्र औपचारिकता है।

इन सुझावों के अतिरिक्ति कई अन्य सुझाव अकसर राजनीतिक दलों को सुधारने के लिए दिए जाते हैं। ये निम्नानुसार है

- राजनीतिक दलों के आंतरिक मामलों को विनियमित करने के लिए एक कानून बनाया जाना चाहिए, जो पार्टी के विवादों के मामले में न्यायाधीश के रूप में कार्य करने और उच्चतम पदों के लिए खुले चुनाव कराने के लिए, एक स्वतंत्र अधिकार रखने के लिए, अपने संविधान का पालन करने, राजनैतिक दलों के सदस्यों को रजिस्टर करने के लिए अनिवार्य किया जाना चाहिए।
- महिला उम्मीदवारों के लिए विशेष न्यूनतम अनुपात में टिकट (लगभग एक-तिहाई) देने के लिए राजनीतिक दलों को अनिवार्य बनाया जाना चाहिए। इसी तरह पार्टी के निर्णय लेने वाले निकायों में महिलाओं के लिए आरक्षण होना चाहिए।
- चुनाव की राज्य निधि (State Fund) होनी चाहिए। सरकार को चुनाव में होने वाले व्यय के लिए दलों को धन के रूप में सहायता देनी चाहिए। यह सहायता विभिन्न प्रकार से की जा सकती है; जैसे—पेट्रोल, कागज, फोन आदि या पिछले चुनाव में मिले मतों के अनुपात के आधार पर।
- राजनीतिक समस्या के लिए कानूनी समाधान (Legal solutions) की बात करते समय सावधान रहना आवश्यक है। राजनीतिक दलों को आवश्यकता से अधिक नियमों में बाँधना हानिकारक भी हो सकता है।

ऐसे दो माध्यम और हैं, जिनसे राजनीतिक दलों में सुधार किया जा सकता है

(i) लोग याचिकाओं (Petitions), प्रचार और आंदोलन के माध्यम से राजनीतिक दलों पर दबाव डाल सकते हैं। यदि राजनैतिक दलों को लगता है कि सुधार न करने से जनता का समर्थन नहीं मिलेगा, तो ये सुधारों के विषय में अधिक गंभीर हो जाएँगे।

(ii) राजनीतिक दलों में स्वयं नागरिक भागीदारी देकर दलों की स्थिति को सुधार सकते हैं। यदि आम नागरिक स्वयं राजनीति में हिस्सा न लें और बाहर से ही बातें करते रहें, तो सुधार मुश्किल है।

चेक प्वॉइंट 03

1. *संपूर्ण विश्व में लोग राजनीतिक दलों के प्रदर्शन से.........हैं।*
2. *अनेक राजनीतिक दलों के शीर्ष पदों पर सामान्यतः किसका नियंत्रण रहता है?*
3. *किस कानून के अनुसार विधायक या सांसद दल-बदल की नीति नहीं अपना सकते?*
4. *राजनीतिक दलों के आंतरिक मामलों को विनियमित करने के लिए एक.........बनाया जाना चाहिए।*

इन्हें भी जानें

- ***राजनीति** (Politics)* राष्ट्र तथा व्यापक समाज के संगठन को स्वस्थ, असंदिग्ध तथा जन-विश्वसनीय बनाए रखने में सक्षम जन प्रतिनिधियों तथा विभाजनों की व्यवस्था का किसी समय विशेष पर राष्ट्र के भीतर और बाहर दिखाई देने वाला रूप।
- ***राष्ट्रीय दल** (National Party)* पिछले आम चुनावों में कम-से-कम चार राज्यों के कुल वैध मतों का 6% मत प्राप्त करने वाले दल को राष्ट्रीय दल कहते हैं।
- ***क्षेत्रीय दल** (Regional Party)* वह राजनीतिक दल, जिसका प्रभाव केवल विशेष क्षेत्र तक ही सीमित होता है।
- ***दल-बदल** (Defection)* विधायिका के लिए किसी दल विशेष से निर्वाचित होने वाले प्रतिनिधि का उस दल को छोड़कर किसी अन्य दल में चले जाना।
- ***शासक दल** (Ruling party)* किसी वर्ग विशेष में जनमत से संकेतित जनादेश प्राप्त राजनीतिक दल।
- ***दल या पार्टी** (Party)* जन-समूह, जो अलग-अलग धारणाओं, मान्यताओं व संकल्पनाओं के कारण किसी दूसरे जन-समूह से अपने को भिन्न समझता है।
- ***विरोधी दल** (Opposition Party)* वह राजनीतिक दल या अनेक दलों का समूह, जो विधायिका के एक हिस्से का निर्माण तो करता है, लेकिन पर्याप्त बहुमत के अभाव में सरकार गठित नहीं करता है।
- ***शपथ पत्र** (Affidavit)* किसी व्यक्ति के द्वारा अपनी निजी सूचनाएँ, जिस पत्र के द्वारा अधिकारी को सौंपी जाती हैं। जिस पर सूचना देने वाले के हस्ताक्षर होते हैं।
- ***गठबंधन** (Alliance)* बहुदलीय व्यवस्था के अंतर्गत जब विभिन्न दल एक साथ मिलकर सत्ता में आने के लिए चुनाव लड़ते हैं, तो इसे गठबंधन सरकार कहते हैं।
- ***दलबदल** (Defection)* जब कोई सांसद या विधायक चुनाव के बाद अपना दल बदल लेता है, तो उसे दलबदल कहा जाता है।

NCERT फोल्डर

1. लोकतंत्र में राजनीतिक दलों की विभिन्न भूमिकाओं की चर्चा कीजिए। **CBSE 2018**

अथवा राजनीतिक दल के किन्हीं पाँच कार्यों का वर्णन करें। **CBSE 2020**

अथवा "एक लोकतंत्र के लिए राजनीतिक दल आवश्यक है।" इस कथन के आधार पर भारत में राजनीतिक दलों के प्रमुख कार्यों का उल्लेख कीजिए। **CBSE 2019**

अथवा लोकतांत्रिक देशों में राजनीतिक दलों की आवश्यकता का वर्णन कीजिए। **CBSE 2020**

उत्तर "एक लोकतंत्र के लिए राजनीतिक दल आवश्यक है।" राजनीतिक दल के कार्य निम्नलिखित हैं

(i) अधिकांश लोकतांत्रिक देशों में चुनाव राजनीतिक दलों द्वारा खड़े किए गए उम्मीदवारों के मध्य संपन्न होते हैं। ये उम्मीदवार पार्टी के सबसे वरिष्ठ नेता या पार्टी के सदस्यों द्वारा चुने जाते हैं। अमेरिका जैसे कुछ देशों में उम्मीदवार का चुनाव दल के सदस्य और समर्थक करते हैं, परंतु भारत जैसे देश में दलों के नेता ही उम्मीदवार चुनते हैं।

(ii) राजनीतिक दल नीतियों और कार्यक्रमों को मतदाताओं के सामने रखते हैं और मतदाता अपनी पसंद की नीतियाँ और कार्यक्रम चुनते हैं।

(iii) राजनीतिक दल देश के लिए कानून बनाने में महत्त्वपूर्ण भूमिका निभाते हैं। कोई भी कानून तब तक बिल नहीं बन सकता, जब तक कि बहुसंख्यक दल इसका समर्थन नहीं करते। प्रत्येक कानून को औपचारिक बहस के बाद विधायिका से पास करवाना पड़ता है।

(iv) राजनीतिक दल सरकार बनाते और चलाते हैं, साथ ही नीतियों और बड़े फैसलों के मामले में निर्णय नेता ही लेते हैं और ये नेता विभिन्न दलों के होते हैं। पार्टियाँ नेता को चुनती हैं, उसको प्रशिक्षित करती हैं और पार्टी के सिद्धांत और कार्यक्रम के अनुसार काम करने के लिए उन्हें मंत्री बनाती हैं।

(v) चुनाव में हारने वाले राजनीतिक दल शासक दल के विरोधी पक्ष की भूमिका निभाते हैं। ये सरकार की गलत नीतियों और असफलताओं की आलोचना करते हैं और अपनी अलग राय रखते हैं।

(vi) जनमत-निर्माण में राजनीतिक दल महत्त्वपूर्ण भूमिका निभाते हैं। ये मुद्दों को उठाकर उन्हें लोगों के सामने स्पष्ट करते हैं। विभिन्न दलों के बड़ी संख्या में कार्यकर्ता देशभर में फैले हुए होते हैं। समाज के विभिन्न वर्गों में राजनीतिक दलों के दबाव समूह भी काम करते हैं। ये दल लोगों की समस्याओं को लेकर आंदोलन भी करते हैं।

2. राजनैतिक दलों के सामने क्या चुनौतियाँ हैं? **CBSE 2019, 16**

उत्तर राजनीतिक दलों के सामने आने वाली चुनौतियाँ निम्नलिखित हैं

(i) अधिकांश राजनीतिक दलों में सत्ता एक या कुछ नेताओं के हाथों में केंद्रित है। पार्टियों के पास न तो सदस्यों की सूची होती है, न ही नियमित रूप से सांगठनिक बैठकें होतीं और न ही इसके आंतरिक चुनाव होते हैं।

(ii) अनेक राजनीतिक दलों के शीर्ष पदों पर सामान्यतः एक परिवार के सदस्यों का नियंत्रण रहता है। जो लोग नेता होते हैं, वे अनुचित लाभ लेकर अपने नजदीकी और परिवार के लोगों को आगे बढ़ाते हैं।

(iii) यह चुनावों के दौरान राजनीतिक दलों के लिए एक प्रमुख चुनौती है। चूँकि पार्टियाँ केवल चुनाव जीतने पर केंद्रित हैं, इसलिए वे चुनाव जीतने के लिए किसी भी उचित या अनुचित विधि का उपयोग कर सकती हैं।

(iv) अकसर पार्टियाँ मतदाताओं को एक सार्थक विकल्प प्रदान करने में समर्थ नहीं होती हैं। सार्थक विकल्प देने के लिए, पार्टियों को काफी भिन्न होना चाहिए।

3. राजनीतिक दल अपना कामकाज बेहतर ढंग से करें, इसके लिए उन्हें मजबूत बनाने के कुछ सुझाव दें।

उत्तर राजनीतिक दल के कामकाज को सुधारने के लिए निम्नलिखित उपाय किए जा सकते हैं

(i) दल-बदल कानून विधायकों तथा सांसदों को पार्टी बदलने से रोकता है, जिसके कारण राजनीतिक दल मजबूती से काम कर सकते हैं।

(ii) प्रत्येक चुनाव लड़ने वाले व्यक्ति को अपनी आर्थिक स्थिति का तथा आपराधिक स्थिति का ब्यौरा चुनाव से पहले अवश्य देना चाहिए।

(iii) राजनीतिक दलों के आंतरिक कामकाज को व्यवस्थित करने के लिए कानून बनाया जाना चाहिए। सभी दल अपने सदस्यों की सूची रखें तथा अपने संविधान का पालन करें।

4. राजनीतिक दल का क्या अर्थ होता है? **CBSE 2019, 16**

उत्तर राजनीतिक दल लोगों का ऐसा संगठित समूह है, जो चुनाव लड़ने और सरकार में राजनीतिक सत्ता प्राप्त करने के उद्देश्य से कार्य करता है। सभी राजनीतिक दल समाज के सामूहिक हित को ध्यान में रखकर कुछ नीतियाँ और कार्यक्रम निर्धारित करते हैं।

5. किसी भी राजनीतिक दल के क्या गुण होते हैं? **CBSE 2019**

उत्तर राजनीतिक दल के निम्नलिखित गुण होते हैं

(i) राजनीतिक दल समाज के सामूहिक हित को ध्यान में रखकर कुछ महत्त्वपूर्ण नीतियाँ एवं कार्यक्रम तय करते हैं।

(ii) राजनीतिक दल समाज में लोगों का समर्थन पाकर चुनाव जीतने के बाद उन नीतियों को लागू करने का प्रयास करते हैं।

(iii) राजनीतिक दल किसी समाज के बुनियादी राजनीतिक विभाजन को भी दर्शाते हैं।

(iv) राजनीतिक दल समाज का एक हिस्सा होता है, इसलिए इसका झुकाव समाज के उस वर्ग या समुदाय विशेष की तरफ होता है।

(v) राजनीतिक दल के प्रमुख तीन हिस्से होते हैं–नेता, सक्रिय सदस्य, अनुयायी या समर्थक।

6. चुनाव लड़ने और सरकार में सत्ता सँभालने के लिए एकजुट हुए लोगों के समूह को ·········· कहते हैं।

उत्तर राजनीतिक पार्टी

7. पहली सूची (संगठन/दल) और दूसरी सूची (गठबंधन/मोर्चा) के नामों का मिलान कीजिए और नीचे दिए गए कुछ नामों के आधार पर सही उत्तर ढूँढें

सूची I	सूची II
A. कांग्रेस पार्टी	1 राष्ट्रीय जनतांत्रिक गठबंधन
B. भारतीय जनता पार्टी	2 प्रांतीय दल
C. भारतीय कम्युनिस्ट पार्टी (मार्क्सवादी)	3 संयुक्त प्रगतिशील गठबंधन
D. तेलुगू देशम पार्टी	4 वाम मोर्चा

कूट

	A	B	C	D		A	B	C	D
(a)	3	1	2	4	(b)	3	4	1	2
(c)	3	1	4	2	(d)	4	3	1	2

उत्तर (c) 3 1 4 2

8. इनमें से कौन बहुजन समाज पार्टी का संस्थापक है?

(a) कांशीराम (b) साहू महाराज
(c) डॉ. बी. आर. अंबेडकर (d) ज्योतिबा फुले

उत्तर (a) कांशीराम

9. भारतीय जनता पार्टी का मुख्य प्रेरक सिद्धांत क्या है?

(a) बहुजन समाज (b) क्रांतिकारी लोकतंत्र
(c) समग्र मानवतावाद (d) आधुनिकता

उत्तर (d) आधुनिकता

10. पार्टियों के बारे में निम्नलिखित कथनों पर ध्यान दीजिए

1. राजनीतिक दलों पर लोगों का अधिक विश्वास नहीं है।
2. दलों में अकसर बड़े नेताओं के घोटालों की गूँज सुनाई देती है।
3. सरकार चलाने के लिए पार्टियों का होना आवश्यक नहीं।

इन कथनों में से कौन सही हैं?

(a) 1, 2 और 3 (b) 1 और 2
(c) 2 और 3 (d) 1 और 3

उत्तर (b) 1 और 2

11. निम्नलिखित उद्धरण को पढ़ें और नीचे दिए गए प्रश्नों का जवाब दीजिए

मोहम्मद यूनुस बांग्लादेश के प्रसिद्ध अर्थशास्त्री हैं। गरीबों के आर्थिक और सामाजिक विकास के प्रयासों के लिए उन्हें अनेक अंतर्राष्ट्रीय पुरस्कार मिले हैं। उन्हें और उनके द्वारा स्थापित ग्रामीण बैंक को संयुक्त रूप से वर्ष 2006 का नोबेल शांति पुरस्कार दिया गया। फरवरी, 2007 में उन्होंने एक राजनीतिक दल बनाने और संसदीय चुनाव लड़ने का फैसला किया। उनका उद्देश्य सही नेतृत्व को उभारना, अच्छा शासन देना और नए बांग्लादेश का निर्माण करना है। उन्हें लगता है कि पारंपरिक दलों से अलग एक नए राजनीतिक दल से ही नई राजनीतिक संस्कृति पैदा हो सकती है। उनका दल निचले स्तर से लेकर ऊपर तक लोकतांत्रिक होगा। नागरिक शक्ति नामक इस नए दल के गठन से बांग्लादेश में हलचल मच गई है। उनके फैसले को बहुत लोगों ने पसंद किया तो अनेक लोगों को यह अच्छा नहीं लगा। एक सरकारी अधिकारी शाहेदुल इस्लाम ने कहा, "मुझे लगता है कि अब बंग्लादेश में अच्छे और बुरे के बीच चुनाव करना संभव हो गया है। अब एक अच्छी सरकार की उम्मीद की जा सकती है। यह सरकार न केवल भ्रष्टाचार से दूर रहेगी, बल्कि भ्रष्टाचार और काले धन की समाप्ति को भी अपनी प्राथमिकता बनाएगी।"

परंतु दशकों से देश की राजनीति में रुतबा रखने वाले पुराने दलों के नेताओं में संशय है। बांग्लादेश नेशनलिस्ट पार्टी के एक बड़े नेता का कहना है : "नोबेल पुरस्कार जीतने पर क्या बहस हो सकती है, परंतु राजनीति एकदम अलग चीज है। एकदम चुनौती भरी और अकसर विवादास्पद"। कुछ अन्य लोगों का स्वर और कड़ा था। वे उनके राजनीति में आने पर सवाल उठाने लगे। एक राजनीतिक प्रेक्षक ने कहा, "देश से बाहर की ताकतें उन्हें राजनीति पर थोप रही हैं।"

(i) क्या अपको लगता है कि यूनुस ने नई राजनीतिक पार्टी बनाकर ठीक किया?

(ii) क्या आप विभिन्न लोगों द्वारा जारी बयानों और अंदेशों से सहमत हैं?

(iii) इस पार्टी को दूसरों से अलग काम करने के लिए स्वयं को किस तरह संगठित करना चाहिए?

(iv) अगर आप इस राजनीतिक दल के संस्थापकों में से एक होते, तो इसके पक्ष में क्या दलील देते।

उत्तर (i) मेरे विचार से यूनुस ने नई राजनीतिक पार्टी बनाकर ठीक किया। जनहित की इच्छा रखने वालों को अवश्य ही आगे आना चाहिए और समाज के लिए अच्छे-अच्छे काम करने चाहिए।

(ii) मोहम्मद यूनुस का उद्देश्य सही नेतृत्व को उभारना, अच्छा शासन और नए बांग्लादेश का निर्माण करना था, जिससे नई राजनीतिक संस्कृति पैदा हो सकती है। इस कारण विभिन्न लोगों द्वारा जारी किए गए बयान उनके बारे में सही साबित नहीं हो सकते हैं।

(iii) यूनुस द्वारा निर्मित यह पार्टी निस्संदेह निष्पक्ष तथा जनकल्याण के सिद्धांतों पर आधारित होगी। इस पार्टी में ईमानदार लोगों का समावेश होना चाहिए, क्योंकि तभी यह एक मिसाल बन पाएगी और दूसरों से अलग काम कर पाएगी।

(iv) यदि मैं इस राजनीतिक दल के संस्थापकों में से एक होता तो मैं आम जनता को यह विश्वास दिलाने की कोशिश करता कि मोहम्मद यूनुस द्वारा निर्मित पार्टी आदर्शों पर आधारित है और वह उनका कल्याण अवश्य करेगी।

परीक्षा अभ्यास

वस्तुनिष्ठ प्रश्न

बहुविकल्पीय प्रश्न

1. निम्न में क्या राजनीतिक पार्टी के लिए आवश्यक तत्त्व है?
(a) संगठन (b) राष्ट्रीय मुद्दों में रुचि
(c) नीति निर्धारक सिद्धांत (d) ये सभी

उत्तर (d) ये सभी

2. निम्न में से क्या राजनैतिक पार्टी का कार्य नहीं है?
(a) चुनाव में भागीदार बनना
(b) उग्र सिद्धांतों में विश्वास रखना
(c) लोगों को राजनीति के बारे में बताना
(d) लोगों की आवश्यकता के अनुसार कार्य करना

उत्तर (b) उग्र सिद्धांतों में विश्वास रखना

3. किस शासन दल में केवल एक पार्टी की व्यवस्था होती है?
(a) एकदलीय शासन व्यवस्था
(b) दो दलीय शासन व्यवस्था
(c) बहुदलीय शासन व्यवस्था
(d) उपरोक्त में से कोई नहीं

उत्तर (a) एकदलीय शासन व्यवस्था

4. निम्नलिखित देशों में से किसमें एक दलीय व्यवस्था है? **CBSE 2023**
(a) चीन (b) भारत
(c) पाकिस्तान (d) अमेरिका

उत्तर (a) चीन

5. राजनीतिक पार्टी में किस प्रकार सुधार किया जा सकता है?
(a) धन का प्रयोग करके
(b) आपराधिक व्यक्ति को चुनाव से रोक करके
(c) राजनैतिक पार्टी को नियत पैसे उपलब्ध कराकर के
(d) उपरोक्त सभी

उत्तर (d) उपरोक्त सभी

6. बहुजन समाज पार्टी मुख्यत: किनकी माँगों के प्रति सचेत है?
(a) दलित समूह
(b) अन्य पिछड़ा वर्ग
(c) आदिवासी समूह
(d) उपरोक्त सभी

उत्तर (d) उपरोक्त सभी

7. निम्न में से किसमें आंतरिक लोकतंत्र की कमी मुख्य मुद्दा है?
(a) राष्ट्रीय पार्टी
(b) क्षेत्रीय पार्टी
(c) राजनैतिक पार्टी
(d) उपरोक्त में से कोई नहीं

उत्तर (d) उपरोक्त में से कोई नहीं

8. बहुजन समाज पार्टी की स्थापना कब हुई?
(a) वर्ष 1964 (b) वर्ष 1974
(c) वर्ष 1984 (d) वर्ष 1994

उत्तर (c) वर्ष 1984

9. भारतीय कम्युनिस्ट पार्टी मार्क्सवादी की स्थापना कब हुई थी?
(a) वर्ष 1974 (b) वर्ष 1964
(c) वर्ष 1984 (d) वर्ष 1999

उत्तर (b) वर्ष 1964

10. ऑल इंडिया तृणमूल कांग्रेस को राष्ट्रीय दल के रूप में मान्यता कब प्राप्त हुई?
(a) वर्ष 2016 (b) वर्ष 2018
(c) वर्ष 2000 (d) वर्ष 2010

उत्तर (c) वर्ष 2016

11. राष्ट्रवादी कांग्रेस पार्टी किस पार्टी में विभाजन से स्थापित की गई है?
(a) भारतीय जनता पार्टी (b) भारतीय कम्युनिस्ट पार्टी
(c) बहुजन समाज पार्टी (d) भारतीय राष्ट्रीय कांग्रेस

उत्तर (d) भारतीय राष्ट्रीय कांग्रेस

12. नीचे दिए गए कथनों को ध्यानपूर्वक पढ़ें और सही कथन को चुनें
(a) राजनीतिक दल लोकतंत्र में सदृश सबसे महत्त्वपूर्ण संस्था है
(b) राजनीतिक दल लोगों का ऐसा संगठित समूह है, जो चुनाव लड़ने और सरकार में राजनीतिक सत्ता प्राप्त करने के उद्देश्य से कार्य करता है
(c) राजनीतिक दल किसी समाज के बुनियादी राजनीतिक विभाजन को दर्शाता है
(d) उपरोक्त सभी

उत्तर (d) उपरोक्त सभी

13. राजनीतिक दलों के कार्यों में शामिल प्रमुख कथनों में कौन-सा असत्य है?
(a) अधिकांश लोकतांत्रिक देशों में चुनाव राजनीतिक दलों द्वारा खड़े किए गए उम्मीदवारों के बीच लड़ा जाता है
(b) अमेरिका में, दलों के नेता ही उम्मीदवारों का चयन करते हैं
(c) राजनीतिक दल अलग-अलग नीतियों और कार्यक्रमों को मतदाताओं के सामने रखते हैं और मतदाता अपनी पसंद की नीति और कार्यक्रमों का चयन करते हैं
(d) उपरोक्त सभी

उत्तर (d) उपरोक्त सभी

14. राजनीतिक दलों के संबंध में दिए गए कथनों पर विचार कीजिए और कूट की सहायता से सही कथन का चयन करे।

1. राजनीतिक दल सरकार का निर्माण करते हैं और उनका क्रियान्वयन करते हैं।
2. राजनीतिक दल नेता को चुनते हैं और उन्हें प्रशिक्षित करते हैं और पार्टी के सिद्धांतों और कार्यक्रम के अनुसार फैसले लेने के लिए उन्हें मंत्री बनाती है, ताकि वे पार्टी की इच्छा के अनुसार सरकार चला सकें।
3. राजनीतिक दल ही सरकारी मशीनरी और सरकार द्वारा चलाए जाने वाले कल्याण कार्यक्रमों तक लोगों की पहुँच बनाते हैं।

कूट

(a) केवल 1 (b) 1 और 3
(c) केवल 2 (d) ये सभी

उत्तर (d) ये सभी

15. नेशनलिस्ट कांग्रेस पार्टी के संबंध में दिए गए कथनों पर विचार कीजिए तथा कूट की सहायता से असत्य कथन की पहचान कीजिए

1. यह पार्टी कांग्रेस में विभाजन के पश्चात् अस्तित्व में आई।
2. इसकी स्थापना वर्ष 2002 में हुई।
3. यह लोकतंत्र व गाँधीवादी धर्मनिरपेक्षता का समर्थन नहीं करती है।

कूट

(a) केवल 1 (b) 1 और 2
(c) 2 और 3 (d) 1 और 3

उत्तर (c) 2 और 3

16. निम्न वक्तव्यों को ध्यानपूर्वक पढ़कर विकल्प के माध्यम से सही उत्तर की पहचान कीजिए

- इस पार्टी की स्थापना वर्ष 1964 में हुई थी।
- इस पार्टी का आधार पश्चिम बंगाल, केरल और त्रिपुरा में काफी मजबूत है।
- यह पार्टी साम्राज्यवाद और सांप्रदायिकता का विरोध करती है।

(a) ऑल इंडिया तृणमूल कांग्रेस
(b) भारतीय कम्युनिस्ट पार्टी
(c) भारतीय कम्युनिस्ट पार्टी-मार्क्सवादी
(d) रिवोल्यूशनरी सोशलिस्ट पार्टी

उत्तर (c) भारतीय कम्युनिस्ट पार्टी-मार्क्सवादी

17. नीचे दिए गए वक्तव्यों को पढ़कर विकल्प के माध्यम से सही राज्य की पहचान कीजिए

- इस राज्य के क्षेत्रीय दलों में जेएमएम, एजेएसयू पार्टी, जेवीएम (पी) आदि शामिल हैं।
- इस राज्य की प्रमुख क्षेत्रीय पार्टी जेएसएम है, जिसकी स्थापना वर्ष 1973 में हुई थी।

(a) ओडिशा (b) उत्तर प्रदेश
(c) झारखंड (d) असम

उत्तर (c) झारखंड

18. नीचे दिए गए विकल्पों में से सही युग्म की पहचान कीजिए

दल		स्थापना वर्ष
(a) भारतीय राष्ट्रीय कांग्रेस	–	1884
(b) भारतीय कम्युनिस्ट पार्टी	–	1920
(c) भारतीय जनता पार्टी	–	1980
(d) ऑल इंडिया तृणमूल कांग्रेस	–	1996

उत्तर (c) भारतीय जनता पार्टी–1980

19. नीचे दिए गए विकल्पों में से गलत युग्म की पहचान कीजिए

क्षेत्रीय दल		संबंधित राज्य
(a) इंडियन यूनियन मुस्लिम लीग	–	केरल
(b) इंडियन नेशनल लोक दल	–	हरियाणा
(c) पट्टालि मक्कल कच्वी	–	आंध्र प्रदेश
(d) ऑल इंडिया फॉरवर्ड ब्लॉक	–	पश्चिम बंगाल

उत्तर (c) पट्टालि मक्कल कच्वी–आंध्र प्रदेश

सुमेलित करें

20. सुमेलित कीजिए

सूची I	सूची II
A. ऑल इंडिया तृणमूल कांग्रेस	1. मेघालय
B. बहुजन समाज पार्टी	2. पश्चिम बंगाल
C. राष्ट्रीय लोक पार्टी	3. उत्तर प्रदेश

कूट

	A	B	C		A	B	C
(a)	2	3	1	(b)	3	2	1
(c)	2	1	3	(d)	1	2	3

उत्तर (a) 2 3 1

21. सुमेलित कीजिए

सूची I	सूची II
A. राष्ट्रीय लोक समता पार्टी	1. कर्नाटक
B. जनता दल (सेक्यूलर)	2. बिहार
C. बोडोलैंड पीपुल्स फ्रंट	3. असम

कूट

	A	B	C		A	B	C
(a)	2	3	1	(b)	1	2	3
(c)	2	1	3	(d)	3	1	2

उत्तर (c) 2 1 3

चित्र आधारित प्रश्न

22. संयुक्त राज्य अमेरिका में जॉर्ज बुश के कार्यकाल के दौरान बनाया गया यह कार्टून संकेत करता है

(a) दो पार्टी प्रणाली को अनदेखा किया जाता है
(b) रिपब्लिकन पार्टी एकमात्र पार्टी है
(c) सभी प्रमुख संस्थानों पर कॉर्पोरेट अमेरिका का नियंत्रण होने का संकेत करता है
(d) रिपब्लिकन पार्टी को कई समस्याओं का सामना करना पड़ रहा है

उत्तर (c) सभी प्रमुख संस्थानों पर कॉर्पोरेट अमेरिका का नियंत्रण होने का संकेत करता है

रिक्त स्थान भरें

23. .... समाज के किसी एक हिस्से से संबंधित होती है।

उत्तर राजनैतिक पार्टी

24. बहुजन समाज पार्टी का चुनाव चिह्न .... है।

उत्तर हाथी

25. भारतीय जन संघ .... की मातृ पार्टी है।

उत्तर भारतीय जनता पार्टी

26. निम्नलिखित रिक्त स्थान को भरें

राजनैतिक दलों से संबंधित राज्य	राजनैतिक दल/पार्टियाँ
असम	असम यूनाइटेड डेमोक्रेटिक, असम गण परिषद्, बोडोलैंड पीपल्स
बिहार	?

कूट
(a) राष्ट्रीय लोकदल, समाजवादी पार्टी, राष्ट्रीय लोक समता पार्टी एवं आम आदमी पार्टी
(b) जनता दल (यू), राष्ट्रीय जनता दल, लोकजनशक्ति पार्टी एवं राष्ट्रीय लोक समता पार्टी
(c) इंडियन यूनियन मुस्लिम लीग, बिहार यूनियन संघ, जनता दल (यू) एवं राष्ट्रीय लोकदल
(d) समाजवादी पार्टी, राष्ट्रीय लोक समता पार्टी, राष्ट्रीय जनता दल और इंडियन नेशनल लोकदल

उत्तर (b) जनता दल (यू), राष्ट्रीय जनता दल, लोकजनशक्ति पार्टी एवं राष्ट्रीय लोक समता पार्टी

सही और पुनः लिखें

27. इंडियन नेशनल कांग्रेस की स्थापना 1899 ई. में हुई। इस दल में कभी विभाजन नहीं हुआ था।

उत्तर इंडिया नेशनल कांग्रेस की स्थापना 1885 ई. में हुई। इस दल में कई बार विभाजन हुए हैं।

28. नेशनलिस्ट कांग्रेस पार्टी का चुनाव चिह्न हाथ का पंजा है।

उत्तर नेशनलिस्ट कांग्रेस पार्टी का चुनाव चिह्न घड़ी है।

29. बहुजन समाज पार्टी (बी एस पी) का गठन मायावती के नेतृत्व में हुआ। **CBSE 2020**

उत्तर बहुजन समाज पार्टी (बी एस पी) का गठन स्व. कांशीराम के नेतृत्व में हुआ।

कथन/कारण

30. **कथन** (A) कम्युनिस्ट पार्टी ऑफ इंडिया की स्थापना वर्ष 1925 में हुई थी।

कारण (R) यह पार्टी मार्क्सवाद-लेनिनवाद, धर्मनिरपेक्षता और लोकतंत्र में आस्था रखती है।

कूट
(a) A और R दोनों सही हैं तथा R, A का सही स्पष्टीकरण करता है
(b) A और R दोनों सही हैं, परंतु R, A का सही स्पष्टीकरण नहीं करता है
(c) A सही है, किंतु R गलत है
(d) A गलत है, किंतु R सही है

उत्तर (a) A और R दोनों सही हैं तथा R, A का सही स्पष्टीकरण करता है

31. नीचे दिए गए प्रश्न में दो कथन, अभिकथन (A) और कारण (R) हैं। कथनों को पढ़िए और सही विकल्प का चयन कीजिए। **CBSE 2023**

अभिकथन (A) लोकतंत्र में कामकाज के लिए राजनीतिक दल महत्त्वपूर्ण है।

कारण (R) राजनीतिक दलों को बनाने में मीडिया एक महत्त्वपूर्ण भूमिका निभाती है।

कूट
(a) A और R दोनों सही हैं तथा R, A की सही व्याख्या है।
(b) A और R दोनों सही हैं, परंतु R, A की सही व्याख्या नहीं है।
(c) A सही है, लेकिन R गलत है।
(d) A गलत है, लेकिन R सही है।

उत्तर (d) A गलत है, लेकिन R सही है।

C अतिलघु उत्तरीय प्रश्न

1. राजनीतिक दलों के प्रमुख कितने हिस्से होते हैं?

अथवा राजनीतिक दलों के तीन अंगों के नाम बताइए। **CBSE 2015**

उत्तर राजनीतिक दलों के तीन हिस्से या अंग निम्नलिखित हैं
(i) नेता (ii) सक्रिय सदस्य
(iii) अनुयायी या समर्थक

2. शासक दल किसे कहते हैं?

उत्तर जिस दल का शासन हो या जिसकी सरकार बनी हो, उसे शासक दल कहते हैं।

3. अमेरिका और भारत की दल व्यवस्था में अंतर बताइए। **CBSE 2014**

उत्तर अमेरिका और भारत की दल व्यवस्था में निम्न अंतर हैं
(i) अमेरिका में दो दलीय व्यवस्था है, जबकि भारत में बहुदलीय व्यवस्था।
(ii) अमेरिका में दल के सदस्य तथा समर्थक प्रत्याशी का चुनाव करते हैं, जबकि भारत में दल के प्रमुख नेता चुनाव लड़ने के लिए प्रत्याशी का चुनाव करते हैं।

4. भारत ने बहुदलीय व्यवस्था क्यों अपनाई? स्पष्ट कीजिए। **CBSE Term II 2022**

उत्तर भारत ने एक बहुदलीय प्रणाली को अपनाया है, क्योंकि बहुदलीय प्रणाली विभिन्न प्रकार के हितों और विचारों को राजनीतिक प्रतिनिधित्व प्रदान करने की अनुमति देती है। इस शासन व्यवस्था में दो से अधिक राजनैतिक दलों में सत्ता हासिल करने के लिए चुनाव लड़ा जाता है।

5. लोकतांत्रिक देशों में अधिक राजनीतिक दल होने के प्रमुख कारण क्या हैं?

उत्तर लोकतंत्र में नागरिकों का कोई भी समूह राजनीतिक दल बना सकता है। यही कारण है कि लोकतांत्रिक देशों में अधिक राजनीतिक दल होते हैं।

6. एकदलीय शासन व्यवस्था क्या है? एक उदाहरण दीजिए।

उत्तर विश्व के कई देशों में सिर्फ एक ही राजनीतिक दल की सरकार बनाने और चलाने की अनुमति है। इस प्रकार से उन्हें एकदलीय शासन व्यवस्था कहा जाता है। उदाहरण, चीन में सिर्फ कम्युनिस्ट पार्टी को शासन करने की अनुमति है।

7. द्वि-दलीय व्यवस्था की किन्हीं दो विशेषताओं की परख कीजिए। **CBSE 2023**

उत्तर द्वि-दलीय व्यवस्था की दो विशेषताएँ निम्नलिखित हैं

(i) द्वि-दलीय व्यवस्था के कारण लोकतांत्रिक प्रणाली मजबूत होती है।

(ii) ऐसे लोकतंत्र में स्थायित्व सरकार बनती है, साथ ही सरकार की छवि तानाशाही की नहीं हो पाती है।

8. राजनीतिक दल को राष्ट्रीय या राज्य स्तर की पार्टी के रूप में मान्यता कैसे प्राप्त होती है?

उत्तर राजनीतिक दल जितना अधिक प्रतिशत वोट और सीट जीतता है, उसे उसी के अनुसार राष्ट्रीय या राज्य स्तर की पार्टी के रूप में मान्यता प्राप्त होती है।

9. हमारे देश में संघवाद और लोकतंत्र के मजबूत होने के प्रमुख कारण बताइए।

उत्तर वर्ष 1996 के पश्चात् लगभग प्रत्येक प्रांतीय दल को एक या दूसरी राष्ट्रीय स्तर की गठबंधन सरकार का हिस्सा बनने का अवसर मिला है, जिसके कारण हमारे देश में संघवाद और लोकतंत्र मजबूत हुआ है।

10. गठबंधन से आप क्या समझते हैं?

उत्तर बहुदलीय व्यवस्था में जब कई राजनीतिक दल एक-दूसरे से हाथ मिलाकर सत्ता प्राप्ति के लिए संघर्ष करते हैं, तो इसे गठबंधन कहते हैं।

11. भारतीय जनता पार्टी का मुख्य प्रेरक सिद्धांत क्या है? **CBSE 2015**

उत्तर भारतीय जनता पार्टी का मुख्य प्रेरक सिद्धांत हिंदुत्व है।

12. बंगाल के किन्हीं दो क्षेत्रीय दलों के नाम बताएँ।

उत्तर बंगाल के दो क्षेत्रीय दल हैं

(i) फॉरवर्ड ब्लॉक (ii) तृणमूल कांग्रेस

परीक्षा अभ्यास

13. बिहार की क्षेत्रीय पार्टियों के नाम बताइए।

उत्तर राष्ट्रीय जनता दल, जनता दल एवं लोक जनशक्ति पार्टी।

14. राष्ट्रीय दल की मान्यता कब मिलती है?

उत्तर जब कोई दल लोकसभा चुनाव में पड़े कुल वोट का अथवा चार राज्यों के विधानसभा चुनाव में पड़े कुल वोटों का 6% प्राप्त करता है और लोकसभा के चुनाव में कम से कम चार सीटों पर जीत दर्ज करता है, तो उसे राष्ट्रीय दल की मान्यता मिलती है।

15. भारतीय कम्युनिस्ट पार्टी की स्थापना कब हुई थी?

उत्तर भारतीय कम्युनिस्ट पार्टी की स्थापना वर्ष 1925 में हुई थी।

16. विरोधी दल से आप क्या समझते हैं?

उत्तर वह राजनीतिक दल या अनेक दलों का समूह, जो विधायिका के एक हिस्से का निर्माण तो करते हैं, लेकिन पर्याप्त बहुमत के अभाव में सरकार गठित नहीं कर पाते, उसे विरोधी दल कहते हैं।

17. एक दलीय राजनीतिक व्यवस्था को एक अच्छी लोकतांत्रिक व्यवस्था क्यों नहीं समझा जाता? **CBSE 2016**

उत्तर एक दलीय व्यवस्था लोकतांत्रिक विकल्प नहीं है।

18. वह कौन-सी संस्था है, जो राजनीतिक दलों को पंजीकृत करती है?

उत्तर चुनाव आयोग राजनीतिक दलों को पंजीकृत करता है।

19. असम की प्रमुख क्षेत्रीय पार्टियों का नाम बताइए।

उत्तर असम की प्रमुख क्षेत्रीय पार्टियों के नाम असमगण परिषद् और असम यूनाइटेड डेमोक्रेटिक फ्रंट हैं।

20. उस राजनीतिक दल का नाम बताइए, जिसका राष्ट्रीय स्तर का राजनीतिक संगठन है, परंतु उसे राष्ट्रीय पार्टी के रूप में मान्यता नहीं मिली हैं।

उत्तर ऑल इंडिया अन्ना द्रविड़ मुनेत्र कड़गम।

21. यदि सभी निर्णय एक ही परिवार द्वारा लिए जाते हैं तथा अन्य सभी सदस्यों की अवहेलना की जाती है, उस दल को किस चुनौती का सामना करना पड़ेगा?

उत्तर वंशवाद की चुनौती का सामना करना पड़ेगा।

22. जनता की आवश्यकता और माँग के प्रति राजनीतिक दलों को अधिक उत्तरदायी बनाने के लिए कोई एक उपाय सुझाइए। **CBSE 2020**

उत्तर जनता की आवश्यकता और माँग के प्रति राजनीतिक दलों को अधिक उत्तरदायी बनाने के लिए एक उपाय मानव कल्याण व विकास से संबंधित बुनियादी नीतियों व कार्यक्रमों को राजनीतिक दलों द्वारा अपने घोषणा पत्र में शामिल करना व उस पर अमल करना है।

लघु उत्तरीय प्रश्न

1. राजनीतिक दलों की आवश्यकता क्यों होती है? कोई तीन महत्त्वपूर्ण बिंदुओं को स्पष्ट कीजिए। **CBSE 2019, 14**

उत्तर राजनीतिक दलों की आवश्यकता इसलिए होती है, क्योंकि ये अनेक कार्य करते हैं। राजनीतिक दलों के बिना आधुनिक लोकतंत्र मौजूद नहीं हो सकता। दलों के अस्तित्व के बिना निम्न स्थितियाँ हो सकती हैं

- चुनाव में प्रत्येक उम्मीदवार स्वतंत्र होगा और किसी भी बड़े नीति परिवर्तन के बारे में लोगों को कोई भी वादा करने में सक्षम नहीं होगा।
- सरकार का गठन तो हो सकता है, लेकिन इसकी उपयोगिता संदिग्ध रहेगी। निर्वाचित प्रतिनिधि अपने निर्वाचन क्षेत्र के लिए उत्तरदायी हो सकते हैं, लेकिन देश कैसे चलाया जाएगा, इसके लिए कोई भी उत्तरदायी नहीं होगा।
- पंचायती चुनाव भारत के कई राज्यों में पंचायत के लिए गैर-दलीय आधारित चुनाव हैं। हालाँकि पार्टियाँ औपचारिक रूप से चुनाव नहीं करती हैं। सामान्यतः यह देखा जाता है कि गाँव एक से अधिक समूहों में विभाजित हो जाता है और प्रत्येक समूह सभी पदों के लिए अपने उम्मीदवारों का 'पैनल' उतारता है। यह राजनीतिक दल की उपस्थिति को आवश्यक बनाता है।

2. राजनीतिक पार्टी प्रणाली को कितनी श्रेणियों में विभाजित किया जाता है? उल्लेख कीजिए।

उत्तर विश्व के विभिन्न देशों की पार्टी व्यवस्था अलग-अलग है। राजनीतिक पार्टी प्रणाली को निम्नलिखित तीन श्रेणियों में विभाजित किया जा सकता है

(i) **एकदलीय शासन व्यवस्था** इस व्यवस्था में केवल एक पार्टी को सरकार नियंत्रित करने की अनुमति है। उदाहरण के लिए, चीन में एकदलीय शासन व्यवस्था है। लोकतंत्र के लिए यह प्रणाली एक अच्छा विकल्प नहीं है, क्योंकि यह प्रतिस्पर्द्धी पार्टियों को सत्ता हासिल करने का एक उचित अवसर प्रदान नहीं करती है।

(ii) **दो दलीय शासन व्यवस्था** इस व्यवस्था में दो पार्टियों को बहुमत हासिल करने और सरकार बनाने का अवसर मिलता है। सामान्यतः दो मुख्य पार्टियों के मध्य शक्ति विभाजन होता है। संयुक्त राज्य अमेरिका और यूनाइटेड किंगडम में दो दलीय शासन व्यवस्था है।

(iii) **बहुदलीय शासन व्यवस्था** इस प्रणाली में दो से अधिक राजनैतिक दलों में सत्ता हासिल करने के लिए चुनाव लड़ा जाता है। भारत में चुनाव आयोग द्वारा लगभग 750 से अधिक पार्टियाँ बहुपक्षीय प्रणाली के अंतर्गत पंजीकृत हैं। यह विभिन्न प्रकार के हितों और विचारों को राजनीतिक प्रतिनिधित्व प्रदान करने की अनुमति देती हैं।

3. राजनीतिक दलों में लोकप्रिय भागीदारी के किन्हीं चार महत्त्वपूर्ण बिंदुओं को स्पष्ट कीजिए।

उत्तर राजनीतिक दलों में लोकप्रिय भागीदारी के महत्त्वपूर्ण बिंदु निम्न प्रकार हैं

(i) दक्षिणी एशिया की जनता राजनीतिक दलों पर भरोसा नहीं करती।

(ii) राजनीतिक दलों के कामकाज में लोगों की भागीदारी का स्तर काफी ऊँचा है।

(iii) कनाडा, जापान, स्पेन और दक्षिणी कोरिया जैसे कई उन्नत देशों की तुलना में कुछ राजनीतिक दल के सदस्यों का अनुपात भारत में उच्च है।

(iv) पिछले तीन दशकों में भारत में राजनीतिक दलों की सदस्यता अनुपात में लगातार वृद्धि हुई है।

4. भारत के किन्हीं दो महत्त्वपूर्ण राष्ट्रीय राजनीतिक दलों को स्पष्ट कीजिए।

उत्तर भारत के दो महत्त्वपूर्ण राजनीतिक दल निम्नलिखित हैं

(i) **भारतीय राष्ट्रीय कांग्रेस** इसे कांग्रेस पार्टी के रूप में जाना जाता है, जो 1885 ई. में स्थापित विश्व के सबसे पुराने दलों में से एक है। यह पार्टी कमजोर वर्गों और अल्पसंख्यकों की धर्मनिरपेक्षता तथा कल्याण को समर्थन करती है।

(ii) **भारतीय जनता पार्टी** इस पार्टी की स्थापना वर्ष 1980 में भारतीय जनसंघ को पुनर्जीवित करके की गई थी। इस पार्टी का उद्देश्य भारत की प्राचीन संस्कृति और मूल्यों से प्रेरणा लेकर एक मजबूत और आधुनिक भारत का निर्माण करना है। यह वर्ष 1998 में अनेक राज्य और क्षेत्रीय दलों सहित राष्ट्रीय जनतांत्रिक गठबंधन के नेता के रूप में सत्ता में आई थी।

5. राष्ट्रीय दल एवं राज्य दल पर संक्षिप्त टिप्पणी लिखिए। **CBSE 2019**

उत्तर **राष्ट्रीय दल** एक पार्टी जो चार राज्यों में लोकसभा चुनावों में चुनाव वोटों का अथवा चार राज्यों के विधानसभा चुनाव में कुल वोटों का कम-से-कम 6% प्राप्त करती है और लोकसभा चुनाव में कम-से-कम 4 सीटें जीतती है, उसे राष्ट्रीय दल के रूप में मान्यता दी जाती है। आयोग सभी पार्टियों को समान रूप से मानता है, लेकिन यह बड़ी और स्थापित पार्टियों के लिए कुछ विशेष सुविधाएँ प्रदान करता है। इन दलों को एक अनूठा प्रतीक दिया जाता है, केवल उस पार्टी के आधिकारिक उम्मीदवार ही चुनाव प्रतीक का उपयोग कर सकते हैं। इस उद्देश्य के लिए चुनाव आयोग द्वारा इस विशेषाधिकार और कुछ अन्य विशेष सुविधाएँ प्राप्त करने वाली पार्टियाँ मान्यता प्राप्त हैं। यही कारण है कि इन पार्टियों को मान्यता प्राप्त राजनीतिक दल कहा जाता है।

राज्य दल एक पार्टी जो एक राज्य की विधानसभा के चुनाव में कुल वोट का कम-से-कम 6% प्राप्त करती है और कम-से-कम 2 सीटें जीतती है, उसे राज्य दल के रूप में मान्यता दी जाती है। इन्हें सामान्यतः क्षेत्रीय पार्टियों के रूप में जाना जाता है, फिर भी ऐसी पार्टियों को उनकी विचारधारा या दृष्टिकोण में क्षेत्रीय नहीं होना चाहिए।

6. जनमत बनाने में राजनीतिक दल किस प्रकार मदद करते हैं?

उत्तर जनमत बनाने में राजनीतिक दल निम्नलिखित रूप से मदद करते हैं

- राजनीतिक दल जनसंचार के द्वारा जनता के विभिन्न मसलों को उठाते हैं और महत्ता प्रदान करते हैं।
- देशभर में राजनीतिक दलों के लाखों सदस्य तथा कार्यकर्ता होते हैं।
- समाज के विभिन्न भागों में कई दबाव समूह राजनीतिक पार्टियों की शाखा के रूप में कार्य करते हैं।

7. ''लगभग प्रत्येक प्रांतीय दल एक या दूसरे राष्ट्रीय स्तर की गठबंधन सरकार का हिस्सा बनने का अवसर चाहता है।'' तर्क देकर कथन का समर्थन करें। **CBSE 2016**

उत्तर प्रांतीय दल प्रांत स्तर पर अपना कार्य करते हैं। सामान्यतः इन्हें क्षेत्रीय दल कहा जाता है पर यह जरूरी नहीं है कि अपनी विचारधारा या नजरिए में ये पार्टियाँ क्षेत्रीय ही हों वर्ष 1996 के बाद से लगभग प्रत्येक क्षेत्रीय दल को एक या दूसरी राष्ट्रीय स्तर की गठबंधन सरकार का हिस्सा बनने का अवसर मिला है। विगत तीन दशकों में प्रांतीय दलों की संख्या तथा ताकत में वृद्धि हुई है। इससे भारतीय संसद विविधताओं से और भी ज्यादा संपन्न हुई है।

8. **उस राष्ट्रीय राजनीतिक पार्टी का नाम बताइए, जिसने धर्मनिरपेक्षता और कमजोर वर्गों तथा अल्पसंख्यक समुदाय के हितों को अपना एजेंडा बनाया है। इस पार्टी की विशेषताएँ लिखिए।** **CBSE 2014, 13**

उत्तर कांग्रेस पार्टी का गठन स्वाधीनता से पहले 1885 ई. में हुआ। इस पार्टी को भारत की सबसे पुरानी राजनीतिक पार्टी कहते हैं।

कांग्रेस पार्टी की विशेषताएँ निम्नलिखित हैं
- यह पार्टी नए आर्थिक सुधारों का समर्थन करती है।
- इस पार्टी का धर्मनिरपेक्षता पर पूरा विश्वास है।
- यह पार्टी कमजोर वर्गों तथा अल्पसंख्यक समुदायों के हितों को अपना मुख्य मुद्दा बनाती है।

9. **भारतीय जनता पार्टी का गठन कब हुआ? इसके प्रमुख सिद्धांत क्या हैं?**

अथवा **उस राष्ट्रीय राजनीतिक पार्टी का नाम बताइए, जिसने भारत की प्राचीन संस्कृति और मूल्यों से प्रेरणा ली। इस पार्टी की चार विशेषताएँ लिखिए।** **CBSE 2013**

उत्तर भारतीय जनसंघ पार्टी को पुनर्जीवित करके वर्ष 1980 में भारतीय जनता पार्टी बनाई गई थी।

इसकी चार विशेषताएँ निम्नलिखित हैं

(i) इस पार्टी का मुख्य लक्ष्य भारत की प्राचीन संस्कृति और मूल्यों से प्रेरणा लेकर मजबूत और आधुनिक भारत बनाना है।

(ii) भारतीय राष्ट्रवाद और सांस्कृतिक राष्ट्रवाद या हिंदुत्वाद एक प्रमुख तत्त्व है।

(iii) यह पार्टी जम्मू और कश्मीर के क्षेत्रीय और राजनीतिक स्तर पर विशेष दर्जा देने की विरोधी है।

(iv) यह देश में रहने वाले सभी धर्म के लोगों के लिए समान नागरिक संहिता बनाने और धर्मांतरण पर रोक लगाने के पक्ष में है।

10. **क्षेत्रीय तथा राष्ट्रीय दलों में अंतर स्पष्ट कीजिए।** **CBSE 2020, 12**

उत्तर क्षेत्रीय तथा राष्ट्रीय दलों में निम्नलिखित अंतर हैं

क्षेत्रीय दल	राष्ट्रीय दल
जब कोई पार्टी राज्य विधान सभा के चुनाव में पड़े कुल मतों का 6% या उससे अधिक प्राप्त करती है, तो उसे राज्य स्तर के दल या क्षेत्रीय दल की मान्यता प्राप्त होती है।	अगर कोई दल लोकसभा में पड़े कुल वोट का अथवा चार राज्यों के विधानसभा चुनाव में पड़े कुल वोटों का 6% वोट प्राप्त करता है और लोकसभा के चुनाव में कम-से-कम चार सीटों पर जीत हासिल करता है, तो उसे राष्ट्रीय दल की मान्यता दी जाती है।
क्षेत्रीय पार्टियाँ क्षेत्रीय स्तर पर काम करती हैं तथा इनका अस्तित्व भी क्षेत्रीय स्तर तक ही होता है।	राष्ट्रीय पार्टियाँ पूरे देश में कार्य करती हैं तथा उनका अस्तित्व भी पूरे राष्ट्र में फैला होता है।
क्षेत्रीय पार्टियाँ क्षेत्रीय स्तर के मुद्दे उठाती हैं।	राष्ट्रीय पार्टियाँ राष्ट्रीय स्तर के मुद्दे उठाती हैं।
क्षेत्रीय स्तर की प्रमुख पार्टियाँ राष्ट्रीय जनता दल, झारखंड मुक्ति मोर्चा, ए. डी. एम. के., डी.एम.के. आदि।	राष्ट्रीय स्तर की प्रमुख पार्टियाँ इंडियन नेशनल कांग्रेस, भारतीय जनता पार्टी, भारतीय कम्युनिस्ट पार्टी आदि।

11. **क्षेत्रीय राजनीतिक पार्टी से आप क्या समझते हैं? क्षेत्रीय राजनीतिक पार्टी का दर्जा प्राप्त करने के लिए क्या आवश्यक है?** **CBSE 2019**

उत्तर क्षेत्रीय राजनीतिक पार्टी क्षेत्रीय स्तर पर ही रहकर अपना कार्य करती है।

यह पार्टी केवल क्षेत्रीय स्तर के मुद्दों पर कार्य करती है। यह क्षेत्रीय स्तर पर संस्कृति को संरक्षित रखने के लिए भी कार्य करती है।

क्षेत्रीय राजनैतिक पार्टी का दर्जा प्राप्त करने के लिए निम्नलिखित शर्तें अनिवार्य हैं

(i) एक राज्य की विधानसभा के चुनाव में कुल वोट का कम से कम 6% प्राप्त किया हो।

(ii) राज्य की विधानसभा में कम से कम 2 सीटें अवश्य प्राप्त की हों।

(iii) कम से कम तीन राज्यों की विधानसभाओं में चुनाव लड़ा हो।

12. **भारत में राजनीतिक दलों के पंजीकरण एवं मान्यता में चुनाव आयोग की भूमिका को स्पष्ट कीजिए।** **CBSE Term II 2022**

उत्तर भारत निर्वाचन आयोग एक स्वायत्त संवैधानिक प्राधिकरण है, जो भारत में संघ एवं राज्य निर्वाचन प्रक्रियाओं का संचालन करने के लिए उत्तरदायी है।

भारत में किसी भी राजनैतिक पार्टियों/दलों को देश के किसी भी हिस्से में चुनाव लड़ने के लिए भारतीय निर्वाचन/चुनाव आयोग में पंजीकृत कराना होता है, जिससे उन्हें सदन या राष्ट्रीय रूप में राजनीतिक दल की मान्यता मिलती है। राजनैतिक दलों के अधिकर क्षेत्र, उनके कार्य, विवरणों इत्यादि गतिविधियों की चुनाव आयोग द्वारा समय-समय पर निगरानी की जाती है।

किसी दो राजनैतिक दलों के विवाद, किसी राजनैतिक दलों में दो गुटों के विवाद इत्यादि का चुनाव आयोग द्वारा ही निराकरण किया जाता है। अतः यह कहा जा सकता है कि चुनाव आयोग के दिशा-निर्देश पर ही राजनीतिक दल देश में चुनाव लड़ते हैं तथा अपनी सरकार बनाते हैं।

दीर्घ उत्तरीय प्रश्न

1. **राजनीतिक दल से आप क्या समझते हो? इसके तीन मुख्य घटकों के बारे में बताइए।** **CBSE 2016**

अथवा **राजनीतिक दलों का उदय सीधे तौर पर प्रतिनिधि लोकतंत्र के उद्‌भव से किस प्रकार जुड़ा है? स्पष्ट कीजिए।** **CBSE Term II 2022**

उत्तर राजनीतिक दल को लोगों के एक ऐसे संगठित समूह के रूप में समझा जा सकता है, जो चुनाव लड़ने और सरकार में राजनीतिक सत्ता प्राप्त करने के उद्‌देश्य से काम करता है। समाज के सामूहिक हित को ध्यान में रखकर यह समूह कुछ नीतियाँ और कार्यक्रम तय करता है। राजनीतिक दल लोगों को यह समझाने का प्रयास करते हैं कि उनकी नीतियाँ औरों से बेहतर हैं। वे लोगों का समर्थन पाकर चुनाव जीतने के बाद उन नीतियों को लागू करने का प्रयास करते हैं। इस प्रकार दल किसी समाज के बुनियादी राजनीतिक विभाजन को भी दर्शाते हैं। किसी दल की पहचान उसकी नीतियों और उसके सामाजिक आधार से तय होती है।

राजनीतिक दल के मुख्य घटक निम्नलिखित हैं

- **नेता** प्रत्येक राजनीतिक पार्टी में कुछ प्रतिष्ठित नेता होते हैं, जो पार्टी के कार्यों की योजना बनाते हैं तथा चुनाव में पार्टी के लिए व्यक्तियों का चुनाव करते हैं।
- **सक्रिय सदस्य** ये विभिन्न समितियों के माध्यम से सक्रिय होते हैं। ये पार्टी से कार्य के अंतर्गत सीधे रूप से जुड़े हुए होते हैं।
- **समर्थक** ये पार्टी की नीतियों का समर्थन करते हैं तथा चुनाव के समय अपनी पसंदीदा पार्टी के सदस्य को अपना मत प्रदान करते हैं।

2. **"विश्वभर की लोकतांत्रिक व्यवस्थाओं में राजनीतिक दल सर्वव्यापी हो गए हैं।" उदाहरणों सहित कथन की व्याख्या कीजिए।** **CBSE Term II 2022**

उत्तर इस प्रश्न के उत्तर के लिए पृष्ठ संख्या 303 एवं 304 के शीर्षक 'राजनीतिक दल का अर्थ व कार्य' एवं 'राजनीतिक दलों की आवश्यकता' देखें।

3. **भारत में वंशवाद राजनीतिक दलों के लिए किस प्रकार चुनौती है? स्पष्ट कीजिए।** **CBSE 2015**

उत्तर भारत में वंशवाद राजनीतिक दलों के लिए निम्नलिखित रूप से चुनौती है

(i) वंशवाद के कारण निचले स्तर के कार्यकर्ता शीर्ष पद पर नहीं पहुँच पाते हैं। यदि संसद में सभी संसद के सदस्यों के आधारभूत आँकड़ों को देखा जाए, तो पता चलता है। कि 50% से भी कम संसद के सदस्य निचले स्तर से राजनीति में आए हैं, जबकि अधिकतर सांसद महिलाएँ अपने पारिवारिक संबंधों के कारण ही राजनीति में आती हैं।

(ii) राजनीति में वंशवाद के कारण अनेक पार्टियाँ शीर्ष नेता के लिए नियमित चुनाव कराने में भी असमर्थ रहती हैं।

(iii) अधिकांश राजनीतिक दल अपना कामकाज पारदर्शी तरीके से नहीं करते, इसलिए सामान्य कार्यकर्ता के नेता बनने और ऊपर आने की गुजांइश काफी कम होती है।

(iv) राजनीतिक दल में आंतरिक लोकतंत्र की कमी के लिए उत्तरदायी प्रमुख कारण वंशवाद है। आंतरिक लोकतंत्र की कमी के कारण कुछ नेता पार्टी के नाम पर निर्णय लेने का अधिकार ले लेते हैं।

(v) जो लोग नेता होते हैं वे अनुचित लाभ लेते हुए अपने नजदीकी लोगों और यहाँ तक कि अपने ही परिवार के लोगों को आगे बढ़ाते हैं। अनेक दलों में शीर्ष पद पर हमेशा एक ही परिवार के लोग आते हैं।

4. **भारत में राजनीतिक दलों को सुधारने के लिए प्रयासों का वर्णन कीजिए।** **CBSE 2020**

अथवा **"भारत में राजनीतिक दलों को मजबूत करने के लिए कई सुधार किए गए हैं ताकि वे अपने कार्यों को अच्छी तरह से कर सकें।" उदाहरणों सहित कथन की व्याख्या कीजिए।** **CBSE Term II 2022**

उत्तर भारत में राजनीतिक दलों में सुधार निम्नलिखित प्रकार से किया जा सकता है

(i) चुनाव का खर्च सरकार द्वारा उठाए जाने का प्रावधान होना चाहिए। देश में बहुत सारे लोगों का विचार है कि धन सत्ता के दुरुपयोग को रोकने के उद्‌देश्य से चुनावों का खर्च सरकार को वहन करना चाहिए।

(ii) राजनीतिक दलों के आंतरिक कामकाज को व्यवस्थित करने के लिए कानून बनाया जाना चाहिए। सभी राजनीतिक दल अपने सदस्यों की सूची रखें, अपने संविधान का पालन करें, पार्टी में विवाद की स्थिति में एक स्वतंत्र अधिकारी को पंच बनाएँ। सबसे बड़े पदों के लिए खुला चुनाव कराएँ।

(iii) यह देखा जाता है कि देश में बड़ी संख्या में प्रत्याशी चुनाव लड़ते हैं तथा कभी-कभी इसकी संख्या अधिक हो जाती है, जोकि चुनाव अधिकारी के लिए एक समस्या बन जाती है। इसलिए गैर-संजीदा प्रत्याशियों को चुनाव लड़ने से रोकने के लिए हतोत्साहित करना चाहिए।

(iv) राजनीतिक दलों में सुधार के लिए आम नागरिक दबाव समूह आंदोलन और मीडिया की महत्त्वपूर्ण भूमिका होती है। अगर दलों को लगे कि सुधार न करने से उनका जनाधार गिरने लगेगा या उनकी छवि खराब हो जाएगी, तो इसे लेकर राजनीतिक पार्टियाँ गंभीर होने लगती हैं। इस प्रकार, लोकतंत्र की गुणवत्ता लोगों की भागीदारी से तय होती है। अगर आम नागरिक स्वयं राजनीति में हिस्सा न लें और बाहर से ही बातें करते रहें, तो सुधार संभव नहीं है।

5. **"प्रत्येक देश और प्रत्येक स्थिति में कोई एक ही आदर्श प्रणाली चले, यह संभव नहीं है।" चार तर्कों के साथ की पुष्टि करें।** **CBSE 2016, 13**

उत्तर "प्रत्येक देश और प्रत्येक स्थिति में कोई एक ही आदर्श प्रणाली चले, यह संभव नहीं है।" इसके तथ्य को निम्नलिखित तर्कों के साथ समझा जा सकता है

(i) विश्व का प्रत्येक देश अपनी विशेष परिस्थितियों के अनुरूप दलीय व्यवस्था विकसित करता है, जैसे–भारत में बहुदलीय व्यवस्था है, तो उसका प्रमुख कारण यह है कि दो-तीन पार्टियाँ इतने बड़े देश की सारी सामाजिक और भौगोलिक विविधताओं को नहीं समेट सकती हैं।

(ii) दलीय व्यवस्था का चुनाव करना किसी मनुष्य के हाथ में नहीं है। यह एक लंबे दौर के कामकाज के बाद स्वयं विकसित होती है और इसमें समाज की प्रकृति, इसके राजनीतिक विभाजन, राजनीति का इतिहास और इसकी चुनाव प्रणाली सभी चीजें अपनी भूमिका निभाती हैं। इसे बहुत जल्दी बदला नहीं जा सकता।

(iii) विश्व के कुछ देशों में केवल एक पार्टी को सरकार नियंत्रित करने और चलाने की अनुमति है, जबकि वहाँ छोटी पार्टियों का गठन हो सकता है, परंतु कानूनी रूप से उन्हें प्रभुता संपन्न पार्टी के नेतृत्व को स्वीकार करना पड़ता है। इसे एकदलीय शासन व्यवस्था कहा जाता है; जैसे-कम्युनिस्ट देश चीन में एकदलीय व्यवस्था है।

(iv) विश्व के कुछ ऐसे भी देश हैं, जहाँ दो दलीय व्यवस्था है; जैसे–अमेरिका एवं ब्रिटेन।

6. निम्नलिखित राजनीतिक दलों के चुनाव चिह्न एवं उनसे संबंधित राज्यों की सूची बनाइए **CBSE 2019**

1. शिरोमणि अकाली दल
2. समाजवादी पार्टी
3. एआईएडीएमके
4. तृणमूल कांग्रेस
5. राष्ट्रीय जनता दल

उत्तर

राजनीतिक दल का नाम	चुनाव चिह्न	राज्यों का विवरण
1. शिरोमणि अकाली दल		यह पार्टी पंजाब राज्य में सबसे अधिक सक्रिय है। इसकी स्थापना वर्ष 1920 में हुई थी। इसका चुनाव चिह्न तराजू है।
2. समाजवादी पार्टी		यह पार्टी उत्तर प्रदेश में सबसे अधिक सक्रिय है। इसकी स्थापना वर्ष 1992 में हुई थी। इसका चुनाव चिह्न साइकिल है।
3. एआईएडीएमके		यह पार्टी तमिलनाडु राज्य में सबसे अधिक सक्रिय है। इस पार्टी का पूरा नाम अखिल भारतीय अन्ना द्रविड़ मुनेत्र कड़गम है। इसकी स्थापना वर्ष 1972 में हुई थी। इसका चुनाव चिह्न दो पत्तियाँ हैं।
4. तृणमूल कांग्रेस		यह पार्टी पश्चिम बंगाल राज्य में सबसे अधिक सक्रिय है। इसकी स्थापना वर्ष 1998 में हुई थी। इसका चुनाव चिह्न फूल और घास है।
5. राष्ट्रीय जनता दल		यह पार्टी बिहार राज्य में सबसे अधिक सक्रिय है। इसकी स्थापना वर्ष 1990 में हुई थी। इसका चुनाव चिह्न लालटेन है।

स्रोत आधारित प्रश्न

निम्नलिखित स्रोतों को ध्यानपूर्वक पढ़कर उन पर आधारित प्रश्नों के उत्तर दीजिए

1. राजनीतिक दल को लोगों के एक ऐसे संगठित समूह के रूप में समझा जा सकता है, जोकि चुनाव लड़ने और सरकार में राजनीतिक सत्ता हासिल करने के उद्देश्य से काम करता है। समाज के सामूहिक हित को ध्यान में रखकर यह समूह कुछ नीतियाँ और कार्यक्रम तय करता है। सामूहिक हित एक विवादास्पद विचार है। इसे लेकर सबकी राय अलग-अलग होती है। इसी आधार पर दल लोगों को यह समझाने का प्रयास करते हैं कि उनकी नीतियाँ औरों से बेहतर हैं। वे लोगों का समर्थन पाकर चुनाव जीतने के बाद उन नीतियों को लागू करने का प्रयास करते हैं।

इस प्रकार दल किसी समाज के बुनियादी राजनीतिक विभाजन को भी दर्शाते हैं। पार्टी समाज के किसी एक हिस्से से संबंधित होती है, इसलिए उसका नज़रिया समाज के उस वर्ग/समुदाय विशेष की तरफ़ झुका होता है। किसी दल की पहचान उसकी नीतियों और उसके सामाजिक आधार से तय होती है। राजनीतिक दल के तीन प्रमुख हिस्से हैं—नेता, सक्रिय सदस्य और अनुयायी या समर्थक।

(i) लोकतंत्र में राजनीतिक दलों का क्या महत्त्व होता है?
(a) राजनीतिक दल के नेता चुनाव में भाग लेते हैं
(b) नेता जनता का प्रतिनिधित्व करते हैं
(c) प्रतिनिधि चुन जाने के पश्चात् जनहित में काम करते हैं
(d) उपरोक्त सभी

उत्तर (d) उपरोक्त सभी

(ii) निम्न कथनों में से कौन-सा एक सही है?
(a) राजनीतिक दल आपसी हितों को ध्यान में रखकर नीतियों का निर्माण करते हैं
(b) राजनीतिक दल समाज के सामूहिक हित को ध्यान में रखकर नीतियाँ और कार्यक्रम निर्मित करते हैं
(c) 'a' और 'b' दोनों
(d) सामूहिक हित विवादास्पद न होकर एक सर्वमान्य विचार है, क्योंकि राजनीतिक दल में सबके विचार एकसमान होते हैं

उत्तर (b) राजनीतिक दल समाज के सामूहिक हित को ध्यान में रखकर नीतियाँ और कार्यक्रम निर्मित करते हैं

(iii) भारत जैसे लोकतांत्रिक देश में दलीय व्यवस्था के अंतर्गत किस प्रकार की स्थिति कायम है?
(a) एक दलीय व्यवस्था की स्थिति
(b) द्वि-दलीय व्यवस्था की स्थिति

(c) त्रि-दलीय व्यवस्था की स्थिति
(d) बहुदलीय व्यवस्था की स्थिति

उत्तर (d) बहुदलीय व्यवस्था की स्थिति

(iv) संवैधानिक प्रावधानों के अंतर्गत राजनीतिक दलों को मान्यता ....प्रदान की जाती है।

(a) भारत सरकार द्वारा
(b) चुनाव आयोग द्वारा
(c) नीति आयोग द्वारा
(d) विनिवेश आयोग द्वारा

उत्तर (b) चुनाव आयोग द्वारा

(v) किसी भी राजनीतिक दल में किसे दल का एक महत्त्वपूर्ण हिस्सा समझा जाता है?

(a) नेता, जो संचालक होता है
(b) सक्रिय सदस्य, जो सक्रिय भूमिका निभाता है
(c) कार्यकर्ता/अनुयायी, जो पार्टी के पक्ष में प्रचार करता है
(d) उपरोक्त सभी

उत्तर (d) उपरोक्त सभी

(vi) नीचे दिए गए वक्तव्यों कथन (A) और कारण (R) को ध्यानपूर्वक पढ़ें और कूट के माध्यम से सही उत्तर का चयन कीजिए

कथन (A) राजनीतिक दल की पहचान उसकी नीतियों और उसके सामाजिक आधार से तय होती है।

कारण (R) राजनीतिक दल के तीन प्रमुख तत्त्व नेता, सक्रिय सदस्य और अनुयायी या समर्थक होते हैं।

कूट

(a) A और R दोनों सही हैं तथा R, A की सही व्याख्या है
(b) A और R दोनों सही हैं, लेकिन R, A की सही व्याख्या नहीं है
(c) A सही है, लेकिन R गलत है
(d) A गलत है, लेकिन R गलत है

उत्तर (b) A और R दोनों सही हैं, लेकिन R, A की सही व्याख्या नहीं है

2. विश्व के संघीय व्यवस्था वाले लोकतंत्रों में दो तरह के राजनीतिक दल हैं—संघीय इकाइयों में से सिर्फ एक इकाई में अस्तित्व रखने वाले दल और अनेक या संघ की सभी इकाइयों में अस्तित्व रखने वाले दल। भारत में भी यही स्थिति है। कई पार्टियाँ पूरे देश में फैली हुई हैं और उन्हें राष्ट्रीय पार्टी कहा जाता है। इन दलों की विभिन्न राज्यों में इकाइयाँ हैं। पर कुल मिलाकर देखें तो ये सारी इकाइयाँ राष्ट्रीय स्तर पर तय होने वाली नीतियों, कार्यक्रमों और रणनीतियों को ही मानती हैं।

देश की हर पार्टी को चुनाव आयोग में अपना पंजीकरण कराना पड़ता है। आयोग सभी दलों को समान मानता है पर यह बड़े और स्थापित दलों को कुछ विशेष सुविधाएँ देता है। इन्हें अलग चुनाव चिह्न दिया जाता है, जिसका प्रयोग पार्टी का अधिकृत उम्मीदवार ही कर सकता है। इस विशेषाधिकार और कुछ अन्य लाभ पाने वाली पार्टियों को 'मान्यता प्राप्त' दल कहते हैं। चुनाव आयोग ने स्पष्ट नियम बनाए हैं कि कोई दल कितने प्रतिशत वोट और सीट जीतकर 'मान्यता प्राप्त' दल बन सकता है। जब कोई पार्टी राज्य विधानसभा के चुनाव में पड़े कुल मतों का 6 फीसदी या उससे अधिक हासिल करती है और कम-से-कम दो सीटों पर जीत दर्ज करती है, तो उसे अपने राज्य के राजनीतिक दल के रूप में मान्यता मिल जाती है। अगर कोई दल लोकसभा चुनाव में पड़े कुल वोट का अथवा चार राज्यों के विधानसभा चुनाव में पड़े कुल वोटों का 6 प्रतिशत हासिल करता है और लोकसभा के चुनाव में कम-से-कम चार सीटों पर जीत दर्ज करता है, तो उसे राष्ट्रीय दल की मान्यता मिलती है।

(i) निम्नलिखित में से कौन-सा राष्ट्रीय दल है?

(a) भारतीय जनता पार्टी
(b) समाजवादी पार्टी
(c) शिव सेना
(d) शिरोमणि अकाली दल

उत्तर (a) भारतीय जनता पार्टी

(ii) निम्नलिखित में से कौन-सा क्षेत्रीय दल नहीं है?

(a) झारखंड मुक्ति मोर्चा
(b) असम गण परिषद्
(c) भारतीय राष्ट्रीय कांग्रेस
(d) द्रविड़ मुनेत्र कड़गम

उत्तर (c) भारतीय राष्ट्रीय कांग्रेस

(iii) भारत में सभी राजनीतिक दलों को कहाँ पंजीकरण कराना पड़ता है?

(a) भारत सरकार
(b) नीति आयोग
(c) चुनाव आयोग
(d) विधि आयोग

उत्तर (c) चुनाव आयोग

(iv) जब कोई दल लोकसभा चुनावों में पड़े कुल वोटों का अथवा चार राज्यों के विधानसभा चुनावों में पड़े कुल वोटों का कम-से-कम 6 प्रतिशत हासिल करता है और लोकसभा की कम-से-कम चार सीटों पर जीत दर्ज करता है, तो उस दल को मान्यता मिलती है

(a) क्षेत्रीय दल
(b) राष्ट्रीय दल
(c) दबाव समूह
(d) व्यावसायिक संगठन

उत्तर (b) राष्ट्रीय दल

(v) सुमेलित कीजिए

सूची I	सूची II
A. राष्ट्रीय पार्टी	1. राज्य में पड़े कुल मतों का 6 फीसदी मत प्राप्त करता है
B. मान्यता प्राप्त दल	2. लोकसभा चुनाव में कोई दल कम-से-कम चार सीटें जीतता है
C. राष्ट्रीय दल को मान्यता प्राप्त होती है, जब	3. जिनका संपूर्ण देश में फैलाव हो
D. राज्य के राजनीतिक दल के रूप में मान्यता मिलती है, जब कोई दल	4. चुनाव आयोग के स्पष्ट नियमानुसार स्पष्ट वोट और सीटें जीतकर बनने वाला दल

कूट

	A	B	C	D
(a)	1	2	3	4
(b)	2	1	4	3
(c)	3	4	2	1
(d)	4	3	1	2

उत्तर (c) 3 4 2 1

(vi) निम्न कथनों पर विचार कीजिए तथा कूट की सहायता से असत्य कथन की पहचान कीजिए
1. विश्व के संघीय व्यवस्था वाले लोकतंत्र में तीन श्रेणी में राजनीतिक दल वर्गीकृत होते हैं।
2. राष्ट्रीय दल की विभिन्न राज्यों में जो इकाइयाँ हैं। वह राष्ट्रीय स्तर पर तय होने वाली नीतियों से संचालित नहीं होती।
3. चुनाव आयोग सभी दलों को समान मानता है और सभी दलों को समान विशेष सुविधाएँ देता हैं।

कूट
(a) केवल 1 (b) 1 और 2
(c) 2 और 3 (d) ये सभी

उत्तर (d) ये सभी

3. स्रोत 'अ' इंडियन नेशनल कांग्रेस

आजादी के बाद राष्ट्रीय और क्षेत्रीय स्तर पर अनेक दशकों तक इसने प्रमुख भूमिका निभाई है। जवाहरलाल नेहरू की अगुवाई में इस दल ने भारत को एक आधुनिक धर्मनिरपेक्ष लोकतांत्रिक गणराज्य बनाने का प्रयास किया। वर्ष 1971 तक लगातार और फिर 1980 से 1989 तक इसने देश पर शासन किया। वर्ष 1989 के बाद से इस दल के जन-समर्थन में कमी आई।

स्रोत 'ब' भारतीय जनता पार्टी

भारत की प्राचीन संस्कृति और मूल्य; दीनदयाल उपाध्याय के विचार—समग्र मानवतावाद एवं अंत्योदय से प्रेरणा लेकर मजबूत और आधुनिक भारत बनाने का लक्ष्य; भारतीय राष्ट्रवाद और राजनीति की इसकी अवधारणा में सांस्कृतिक राष्ट्रवाद (या हिंदुत्व) एक प्रमुख तत्त्व है।

स्रोत 'स' बहुजन समाज पार्टी

स्व. कांशीराम के नेतृत्व में वर्ष 1984 में गठन। बहुजन समाज जिसमें दलित, आदिवासी, पिछड़ी जातियाँ और धार्मिक अल्पसंख्यक शामिल हैं, के लिए राजनीतिक सत्ता पाने का प्रयास और उनका प्रतिनिधित्व करने का दावा। पार्टी साहू जी महाराज, महात्मा फुले, पेरियार रामास्वामी नायकर और बाबा साहब अंबेडकर के विचारों और शिक्षाओं से प्रेरणा लेती है।

स्रोत 'अ' इंडियन नेशनल कांग्रेस

(i) भारतीय राष्ट्रीय कांग्रेस की स्थापना कब हुई थी और किसकी अगुवाई में इस दल ने भारत को एक आधुनिक धर्मनिरपेक्ष लोकतांत्रिक गणराज्य बनाने का प्रयास किया?

उत्तर भारतीय राष्ट्रीय कांग्रेस की स्थापना 1885 ई. में हुई थी और पंडित जवाहरलाल नेहरू की अगुवाई में इस दल ने भारत को एक आधुनिक धर्मनिरपेक्ष लोकतांत्रिक गणराज्य बनाने का प्रयास किया।

स्रोत 'ब' भारतीय जनता पार्टी

(ii) भारतीय जनता पार्टी के गठन की क्रमिकता को स्पष्ट कीजिए।

उत्तर भारतीय जनता पार्टी, भारतीय जन संघ का परिवर्तित रूप है। भारतीय जन संघ को वर्ष 1951 में श्यामाप्रसाद मुखर्जी द्वारा गठित किया गया था और वर्ष 1980 में इसका परिवर्तित नाम भारतीय जनता पार्टी रखा गया।

स्रोत 'स' बहुजन समाज पार्टी

(iii) बहुजन समाज पार्टी का गठन किसके नेतृत्व में किया गया था और इसके गठन का क्या उद्देश्य था?

उत्तर बहुजन समाज पार्टी का गठन स्व. कांशीराम के नेतृत्व में वर्ष 1984 में किया गया था। यह पार्टी दलित, आदिवासी, पिछड़ी जातियों और आर्थिक अल्पसंख्यकों के लिए राजनीतिक सत्ता प्राप्त करने के प्रयास तथा उनका प्रतिनिधित्व करने के दावों के साथ गठित की गई थी।

4. सात पार्टियों के अलावा अन्य सभी प्रमुख दलों को निर्वाचन आयोग ने 'राज्यीय दल' के रूप में मान्यता दी है। आमतौर पर इन्हें क्षेत्रीय दल कहा जाता है पर यह जरूरी नहीं है कि अपनी विचारधारा या नजरिए में ये पार्टियाँ क्षेत्रीय ही हों। इनमें से कुछ अखिल भारतीय दल हैं पर उन्हें कुछ क्षेत्रों में ही सफलता मिल पाई है। समाजवादी पार्टी और राष्ट्रीय जनता दल का राष्ट्रीय स्तर पर राजनीतिक संगठन है और उनकी कई राज्यों में इकाइयाँ हैं। बीजू जनता दल, सिक्किम लोकतांत्रिक मोर्चा, मिज़ो नेशनल फ्रंट और तेलंगाना राष्ट्र समिति जैसी पार्टियाँ अपनी क्षेत्रीय पहचान को लेकर सचेत हैं। पिछले तीन दशकों में क्षेत्रीय दलों की संख्या और ताकत में वृद्धि हुई है, इससे भारतीय संसद विविधताओं से और भी ज्यादा संपन्न हुई है। वर्ष 2014 तक, किसी एक राष्ट्रीय दल का लोकसभा में बहुमत नहीं रहा। परिणामस्वरूप राष्ट्रीय दल क्षेत्रीय दलों के साथ गठबंधन करने को मजबूर हुए हैं। वर्ष 1996 के बाद से लगभग प्रत्येक क्षेत्रीय दल को एक या दूसरी राष्ट्रीय स्तर की गठबंधन सरकार का हिस्सा बनने का अवसर मिला है। इससे हमारे देश में संघवाद और लोकतंत्र मजबूत हुए हैं।

(i) भारत के राज्यों में विद्यमान दलों को 'राज्यीय दल' या 'क्षेत्रीय दल' के रूप में किसने मान्यता प्रदान की है?

उत्तर भारत के निर्वाचन आयोग ने राज्यों में विद्यमान दलों को 'राज्यीय दल' या 'क्षेत्रीय दल' के रूप में मान्यता प्रदान की है।

(ii) भारत के कुछ प्रमुख क्षेत्रीय दलों के नाम बताएँ।

उत्तर बीजू जनता दल और सिक्किम लोकतांत्रिक मोर्चा भारत के दो क्षेत्रीय दल हैं, जो ओडिशा और सिक्किम राज्य से संबंधित हैं।

(iii) "भारत में संघवाद और लोकतंत्र मजबूत हुए हैं।" स्पष्ट कीजिए।

उत्तर वर्ष 1996 के पश्चात् से लगभग प्रत्येक क्षेत्रीय दल को एक या दूसरी राष्ट्रीय स्तर की गठबंधन सरकार का हिस्सा बनने का अवसर मिला है, जिससे राष्ट्रीय स्तर की सरकार को क्षेत्रीय समस्याओं से अवगत होने का अवसर मिला है। वस्तुतः यही कारण है कि भारत में संघवाद और लोकतंत्र मजबूत हुए हैं।

स्वयं को जाँचें

वस्तुनिष्ठ प्रश्न

1. राष्ट्रवादी कांग्रेस पार्टी की स्थापना किस वर्ष हुई थी?

(a) 1885 (b) 1985 (c) 1999 (d) 2001

2. संयुक्त राज्य अमेरिका तथा यूनाइटेड किंगडम में किस प्रकार की राजनैतिक पार्टी व्यवस्था है?

(a) एकदलीय शासन व्यवस्था (b) द्विदलीय शासन व्यवस्था
(c) बहुदलीय शासन व्यवस्था (d) इनमें से कोई नहीं

3. ऑल इंडिया तृणमूल कांग्रेस को राष्ट्रीय दल के रूप में मान्यता मिली

(a) वर्ष 2016 (b) वर्ष 2017
(c) वर्ष 2018 (d) वर्ष 2019

अतिलघु उत्तरीय प्रश्न

4. भारत में कितने राष्ट्रीय दल हैं?

5. विश्व में वह कौन-सा देश है, जहाँ द्विदलीय व्यवस्था है?

6. भारतीय राष्ट्रीय कांग्रेस की स्थापना कब हुई?

7. भारतीय जनता पार्टी का गठन किस पार्टी को पुनर्जीवित करके किया गया था?

लघु उत्तरीय प्रश्न

8. राजनीतिक दल की परिभाषा बताइए।

9. भारत में राजनीतिक दलों के मध्य आंतरिक लोकतंत्र के कमी का प्रमुख कारण बताइए।

10. बहुदलीय प्रणाली के लाभ एवं हानियों का वर्णन कीजिए।

11. भारतीय जनता पार्टी की प्रमुख नीतियों की व्याख्या कीजिए।

12. कानून बनाकर राजनीतिक सुधार करना कहाँ तक संभव है? वर्णन कीजिए।

13. लोकतांत्रिक शासन व्यवस्था में राजनीतिक सुधार कैसे किए जा सकते हैं? अपने शब्दों में वर्णन करें।

दीर्घ उत्तरीय प्रश्न

14. राष्ट्रीय तथा क्षेत्रीय दलों में अंतर बताइए।

15. राजनीतिक दलों के किन्हीं चार कार्यों का वर्णन कीजिए।

16. भारतीय राजनीति में वंशवाद से आप क्या समझते हैं? उदाहरण देकर इसकी व्याख्या कीजिए।

17. भारत में राजनीतिक दलों को किस प्रकार सुधारा जा सकता है? विस्तार से समझाइए।

अध्याय

05

लोकतंत्र के परिणाम

लोकतंत्र (Democracy) की सबसे प्रमुख विशेषता यह है कि वह अपने नागरिकों को राजनीतिक और सामाजिक गुणवत्ता प्रदान करता है, साथ ही लोकतांत्रिक शासन व्यवस्था से भी यह उम्मीद की जाती है कि वह ऐसी सरकार बनाए, जो नागरिकों की आवश्यकताओं और अपेक्षाओं (Expectations) के अनुसार कार्य करे।

अध्याय एक नजर में

- *लोकतंत्र के परिणामों का मूल्यांकन*
- *राजनीतिक परिणाम*
- *आर्थिक परिणाम*
- *सामाजिक परिणाम*

लोकतंत्र के परिणामों का मूल्यांकन

लोकतंत्र की उम्मीद और वास्तविक परिणामों का आकलन सरकार की गुणवत्ता, आर्थिक कल्याण, असमानता, सामाजिक मतभेद (Social Differences), स्वतंत्रता और गरिमा (Dignity) के आधार पर किया जा सकता है। लोकतंत्र के परिणामों का आकलन करने के बाद इसे मान्यता दी जा सकती है कि लोकतंत्र, सरकार का एक रूप है, जो इसके लक्ष्यों को प्राप्त करने के लिए उचित स्थिति बना सकता है। लोकतंत्र में नागरिक अपने लक्ष्यों को प्राप्त कर सकते हैं। लोकतंत्र को अन्य विकल्पों की तुलना में सरकार का एक अच्छा रूप माना जाता है, क्योंकि यह

- नागरिकों में समानता को बढ़ावा देता है।
- व्यक्ति की गरिमा को बढ़ाता है।
- निर्णय लेने की गुणवत्ता में सुधार करता है।
- संघर्ष को हल करने के लिए एक विधि प्रदान करता है।
- इसमें गलतियों को सुधारने की गुंजाइश होती है।

राजनीतिक परिणाम

लोकतंत्र के राजनीतिक परिणाम उत्तरदायी (Accountable), जिम्मेदार (Responsive) और वैध सरकार (Legitimate Government) बनाना है।

उत्तरदायी, जिम्मेदार और वैध सरकार

लोकतंत्र में उत्तरदायी और जिम्मेदार सरकार वह है, जो अपने नागरिकों के प्रति जवाबदेह है। यह अपने नागरिकों की ओर से और उनकी आवश्यकताओं एवं अपेक्षाओं के अनुसार सभी निर्णय लेने के लिए जिम्मेदार है।

किसी भी निर्णय को लेने से पहले, प्रक्रियाओं का उचित पालन करना सरकार की जिम्मेदारी (Responsibility) है। यदि सरकार ने गलत निर्णय किया है, तो उसे स्वीकार करना होगा और इसे तत्काल (Immediately) सुधारना होगा। इसके विपरीत गैर-लोकतांत्रिक सरकारें (Non-democratic Governments) नागरिकों की शिकायत के बारे में नहीं सोचती हैं। वे जनता के विचारों के बारे में चिंतित नहीं होती।

ये निर्णय बहुत तेज़ी से लेती हैं, जो नागरिकों को स्वीकार्य नहीं होते हैं, इसलिए लोकतंत्र का उद्देश्य एक ऐसी सरकार का गठन करना है, जो नियमों का पालन करे और लोगों के प्रति जवाबदेह हो।

पारदर्शिता और निर्णय निर्माण

पारदर्शिता (Transparency) का अर्थ सरकार के खुलेपन (Openness), संचार और जवाबदेही से है, इसका अर्थ है कि सरकार को इस प्रकार से संचालित किया जाना चाहिए कि नागरिकों के लिए यह समझना आसान रहे कि निर्णय लेते समय क्या कार्य किए गए हैं। लोकतांत्रिक सरकार नागरिकों को निर्णय प्रक्रिया में भागीदार बनाने और स्वयं को उनके प्रति जवाबदेह बनाने वाली कार्यविधि भी विकसित कर लेती है।

गैर-लोकतांत्रिक सरकार में पारदर्शिता को अदृश्य माना जाता है। नियमित एवं निष्पक्ष चुनाव कराने और खुली सार्वजनिक चर्चा के लिए उपयुक्त स्थितियाँ बनाने के संबंध में लोकतांत्रिक व्यवस्थाएँ (Democratic Systems) अधिक सफल हुई हैं, पर ऐसे चुनाव कराने में जिसमें सभी को अवसर मिले या प्रत्येक फैसले पर सार्वजनिक बहस कराने के संबंध में उनका रिकॉर्ड ज्यादा अच्छा नहीं रहा है।

लोकतंत्र से यह अपेक्षा की जाती है कि वह लोगों की आवश्यकताओं और माँगों का ध्यान रखने वाली हो और भ्रष्टाचार (Corruption) से मुक्त शासन प्रदान करे, परंतु भ्रष्टाचार के आम किस्से यह भी बताते हैं कि लोकतांत्रिक व्यवस्था इस बुराई से मुक्त नहीं है।

वैध सरकार

लोकतांत्रिक सरकार एक वैध सरकार है, जहाँ देश के सभी कानून नागरिकों के प्रति समान रूप से लागू होते हैं। लोकतांत्रिक सरकार में लोगों को डर या पक्षपात के बिना शासित किया जाता है। एक वैध सरकार को लोगों की जरूरतों और माँगों पर ध्यान देना चाहिए। एक लोकतांत्रिक सरकार धीमी गति वाली हो सकती है, लेकिन यह लोगों की अपनी सरकार होती है। इसी कारण विश्व में लोकतंत्र के विचार के प्रति जबरदस्त समर्थन का भाव है। इस प्रकार यह निश्चित रूप से सरकार का एक अच्छा और अधिक वैध रूप है।

आर्थिक परिणाम

आर्थिक संवृद्धि, विकास, गरीबी और असमानता में कमी लोकतंत्र के प्रमुख आर्थिक परिणाम हैं।

आर्थिक संवृद्धि और विकास

सरकार से यह अपेक्षा की जाती है कि वह आर्थिक संवृद्धि और विकास की ओर अग्रसर हो। हालाँकि विश्व के अनेक लोकतंत्र इसे पूरा करने में असमर्थ हैं, क्योंकि आर्थिक विकास अनेक मामलों में देश की जनसंख्या के आकार, वैश्विक स्थिति, अन्य देशों से सहयोग तथा आर्थिक प्राथमिकताओं पर भी निर्भर करता है।

लोकतांत्रिक और तानाशाही (Dictatorship) वाले देशों के आर्थिक विकास में अंतर के पश्चात् भी लोकतांत्रिक व्यवस्था का चुनाव ही उचित है, क्योंकि इसके अनेक सकारात्मक (Affirmative) लाभ हैं।

असमानता और गरीबी में कमी

लोकतंत्र राजनीतिक समानता पर आधारित है और सभी व्यक्तियों को उनके प्रतिनिधि (Representative) का चयन करने का समान अधिकार है, लेकिन राजनीतिक समानता के साथ हम व्यक्तियों के बीच बढ़ती आर्थिक असमानता भी देख सकते हैं।

कुछ अत्यंत धनी लोग आय और संपत्ति में अपने अनुपात से बहुत अधिक हिस्सा पाते हैं, जिसके कारण देश की कुल आय में उनका हिस्सा भी बढ़ता गया है। दूसरी ओर, गरीबों की आय में गिरावट आई है। वे (गरीब) भोजन, कपड़े, घर, शिक्षा और स्वास्थ्य जैसी अपनी बुनियादी जरूरतों को पूरा करने में असफल होते हैं।

गरीब लोग, मतदाताओं का एक बड़ा हिस्सा है, परंतु लोकतांत्रिक सरकारें इनकी स्थिति में सुधार करने के लिए गंभीर नहीं हैं। कुछ देशों में यह स्थिति अत्यंत दयनीय है। बांग्लादेश में आबादी का आधा हिस्सा गरीबी में जीवन निर्वाह करता है। गरीब देशों के लोग अब भी अमीर देशों पर खाद्य आपूर्ति के लिए निर्भर हैं।

चेक प्वॉइंट 01

1. *............के परिणामों का आकलन करने के बाद इसे मान्यता दी जा सकती है।*
2. *राजनीतिक परिणाम क्या हैं?*
3. *लोकतंत्र में नागरिक किसको प्राप्त कर सकते हैं?*
4. *लोकतांत्रिक व्यवस्था किस बुराई से मुक्त नहीं है?*
5. *तानाशाही की अपेक्षा किस व्यवस्था का चुनाव बेहतर है?*

सामाजिक परिणाम

एक लोकतंत्र के सामाजिक परिणामों को सामाजिक विविधता के अनुरूप होना चाहिए और नागरिकों को गरिमा एवं स्वतंत्रता प्रदान करनी चाहिए।

सामाजिक विविधताओं में सामंजस्य

लोकतंत्र विभिन्न सामाजिक विभेदों को समायोजित (Adjust) करने के लिए एक प्रक्रिया विकसित करता है। इससे सामाजिक तनाव के विस्फोटक या हिंसक होने की संभावना कम हो जाती है।

कोई भी समाज अलग-अलग समूहों के बीच संघर्ष को पूरी तरह से और स्थायी रूप से हल नहीं कर सकता है, लेकिन सामाजिक मतभेद, विभाजन और संघर्षों को नियंत्रित करने के लिए लोकतंत्र सबसे अच्छा है। लक्ष्य को हासिल करने के लिए एक लोकतंत्र को निम्न शर्तों को पूरा करना होगा

(i) यह समझना आवश्यक है कि बहुमत की सहमति द्वारा लोकतंत्र में शासन नहीं किया जा सकता है। बहुमत को हमेशा अल्पसंख्यक (Minority) के हितों की रक्षा करने की आवश्यकता होती है। इस प्रकार सरकार का कार्य सामान्य हित के प्रतिनिधित्व के रूप में माना जाता है।

(ii) यह समझना भी आवश्यक है कि बहुमत के शासन का अर्थ धर्म, जाति अथवा भाषायी आधार के बहुसंख्यक का शासन नहीं होता। बहुमत के शासन से तात्पर्य यह है कि प्रत्येक चुनाव या फैसले में अलग-अलग लोग और समूह बहुमत का निर्माण कर सकते हैं या बहुमत में भाग ले सकते हैं।

इस प्रकार, लोकतंत्र में ही प्रत्येक नागरिक को बहुमत प्राप्त करने का अवसर मिलता है। यदि किसी को जन्म के आधार पर बहुमत से वंचित किया जाता है, तो लोकतांत्रिक शासन उस व्यक्ति या समूह के लिए समावेशी नहीं रहता है। गैर-लोकतांत्रिक शासन अकसर आंतरिक सामाजिक मतभेदों को नजरअंदाज या उनका दमन करता है।

नागरिकों की गरिमा और आजादी

व्यक्ति की गरिमा (Dignity) और आजादी के संबंध में लोकतांत्रिक व्यवस्था किसी भी अन्य शासन प्रणाली से भिन्न है। प्रत्येक व्यक्ति अपने साथ के लोगों से सम्मान प्राप्त करना चाहता है। संघर्ष हमेशा तभी उत्पन्न होते हैं, जब कुछ लोगों को यह महसूस होता है कि उनके साथ सम्मान का व्यवहार नहीं किया जा रहा है।

अलग-अलग लोकतांत्रिक व्यवस्थाओं ने विभिन्न आचरणों के माध्यम से नागरिकों के सम्मान और आजादी को प्राप्त कर लिया है, लेकिन यह पहचानना एक साधारण बात नहीं है कि सभी व्यक्ति समान हैं।

महिलाओं की गरिमा और आजादी

यदि हम महिलाओं के सम्मान की बात करते हैं, तो हम देख सकते हैं कि महिलाओं द्वारा लंबे संघर्षों ने आज कुछ संवेदना उत्पन्न की है, जिससे महिलाओं का सम्मान और समान व्यवहार लोकतांत्रिक समाज के लिए आवश्यक बन गया है। इसका अर्थ यह नहीं है कि महिलाओं के साथ हमेशा सम्मान का ही व्यवहार किया जाता है, लेकिन इनके पक्ष में किसी कानून को मान्यता मिल जाने के बाद महिलाओं के अपने अधिकार के लिए संघर्ष (Conflict) करना आसान हो गया है।

गैर-लोकतांत्रिक व्यवस्था में इस अस्वीकार्यता का कानूनी आधार नहीं होगा, क्योंकि व्यक्तिगत स्वतंत्रता और गरिमा का सिद्धांत (Principle) कानूनी बल नहीं है।

वंचित समूहों की गरिमा और आजादी

भारत में लोकतंत्र ने समान स्थिति और समान अवसर के लिए वंचित और भेदभाव वाली जातियों के दावों को मजबूत किया है। आज भी जाति आधारित भेदभाव और अत्याचारों के उदाहरण देखने को मिलते हैं, लेकिन इनके पक्ष में नैतिक और कानूनी बल नहीं होता है। इसी अहसास के कारण सामान्य नागरिक अपने लोकतांत्रिक अधिकारों को मानते हैं।

निष्कर्ष

लोकतंत्र की सबसे विशिष्ट विशेषता यह है कि इसकी परीक्षा कभी समाप्त नहीं होती है। जैसे-जैसे लोगों को कुछ लाभ मिलते हैं, वे अधिक माँग करने लगते हैं और लोकतंत्र को और भी बेहतर बनाना चाहते हैं। इस प्रकार लोग हमेशा अधिक अपेक्षाओं (Exceptations) और अनेक शिकायतों के साथ आते हैं।

इससे पता चलता है कि लोगों में जागरूकता बढ़ी है और उन्होंने सरकार से अपनी अपेक्षा से अधिक विकास की आशा की है। लोकतंत्र एक विषय की स्थिति से लोगों को एक नागरिक के रूप में परिवर्तित करता है। आज अधिकांश लोग मानते हैं कि सरकार की कार्यविधि पर उनके वोट से असर पड़ता है और यह उनके अपने हितों को भी प्रभावित करता है।

चेक प्वॉइंट 02

1. *व्यक्तिगत स्वतंत्रता और गरिमा का सिद्धांत ········ बल नहीं है।*
2. *सामाजिक परिणाम किसके अनुरूप होना चाहिए?*
3. *बहुसंख्यकों को किससे हितों की रक्षा करने की आवश्यकता है?*
4. *लोकतांत्रिक सरकार एक ········· है।*

इन्हें भी जानें

- ***उत्तरदायी सरकार*** *(Accountable Government)* वह सरकार, जो लोगों के प्रति उत्तरदायी होती है।
- ***कानून का शासन*** *(Rule of law)* एक देश के संविधान के प्रति अटूट विश्वास के साथ शासन करना कानून का शासन कहलाता है।
- ***मानव अधिकार*** *(Human Rights)* एक देश की सरकार का उस देश के प्रत्येक नागरिक के साथ समान व्यवहार और ऐसा समतापूर्ण वातावरण तैयार किया जाना, जो इन मौलिक अधिकारों को प्रदान करे।
- ***नागरिक स्वतंत्रता*** *(Civil Liberties)* कानून की मर्यादा में रहकर तथा दूसरों को सम्मान देते हुए लोगों की अभिव्यक्ति और कार्य की स्वतंत्रता सुनिश्चित करने वाले अधिकार को ही नागरिक स्वतंत्रता कहते हैं।
- ***निरंकुशतावाद*** *(Autocracy)* तानाशाही का समर्थन करने वाली राजनैतिक विचारधारा।
- ***तानाशाही*** *(Dictatorship)* एक ऐसी शासन व्यवस्था, जिसमें एक व्यक्ति या एक दल का शासन हो, उसी का आदेश कानून माना जाए तथा लोगों को अपने विचार व्यक्त करने व अपने प्रतिनिधि चुनने का अधिकार न हो, तानाशाही कहलाती है।
- ***आर्थिक समानता*** *(Economic Equality)* किसी भी देश में होने वाली आय का वितरण इस प्रकार हो, जिससे सभी को उसका बराबर लाभ मिले और सभी लोग बेहतर जीवन गुजार सकें, इस स्थिति को आर्थिक समानता कहते हैं।
- ***आर्थिक असमानता*** *(Economic Unequality)* किसी देश की कुल आय का अधिकांश भाग कुछ ही लोगों के पास हो तथा समाज के अन्य लोग जीवन निवाह करने के लिए काफी कम साधन प्राप्त कर सकें और उनकी आमदनी भी कम हो, यह स्थिति आर्थिक असमानता कहलाती है।

NCERT फोल्डर

1. लोकतंत्र किस प्रकार उत्तरदायी, जिम्मेदार और वैध सरकार का गठन करता है? **CBSE 2016, 14, 12, 11**

अथवा लोग लोकतंत्र को क्यों पसंद करते हैं? कारण देकर समझाएँ। **CBSE 2010**

अथवा लोकतांत्रिक सरकार को वैध सरकार क्यों माना जाता है? व्याख्या कीजिए। **CBSE 2023, 14**

उत्तर **उत्तरदायी सरकार** उत्तरदायी सरकार एक ऐसी सरकार होती है, जो जिम्मेदार हो अथवा जो अपने कार्यों अथवा निर्णयों को सिद्ध कर सके। लोकतांत्रिक सरकार लोगों अथवा संसद के प्रति उत्तरदायी होती है। लोकतंत्र में लोग अपने प्रतिनिधि चुनते हैं, जो सरकार का गठन करते हैं तथा यदि वे लोगों की इच्छाओं के अनुसार कार्य न करें तो लोगों को उसे बदलने का अधिकार होता है।

जिम्मेदार सरकार जिम्मेदार सरकार एक ऐसी सरकार होती है, जो लोगों की आवश्यकताओं तथा उम्मीदों की तरफ सकारात्मक रूप से ध्यान देता है। सरकार ऐसे निर्णय लेती है, नीतियाँ बनाती है जो लोगों को मंजूर हों। इसके अंतर्गत जब भी आवश्यकता पड़े लोग निर्णय लेने में भाग ले सकते हैं।

वैध सरकार वैध सरकार निश्चित नियमों के अनुसार कार्य करती है अर्थात् प्रतिमानों तथा सही कार्यप्रणाली को अपनाकर ही निर्णय लेती है। कहने का तात्पर्य यह कि प्रतिमानों तथा सही कार्यप्रणाली को अपनाकर ही निर्णय लेती है। नागरिकों को यह जानने की स्वतंत्रता होती है कि क्या निर्णय सही कार्यप्रणाली के द्वारा लिए गए हैं, इसे पारदर्शिता कहते हैं।

2. लोकतंत्र किन स्थितियों में सामाजिक विविधता को सँभालता है और उनके बीच सामंजस्य बैठाता है?

उत्तर लोकतांत्रिक व्यवस्थाएँ सामान्यत: अपने अंदर की प्रतिद्वंद्विताओं को सँभालने की प्रक्रिया विकसित कर लेती हैं, इससे टकरावों के विस्फोटक या हिंसक रूप लेने का अंदेशा कम हो जाता है। कोई भी समाज अपने विभिन्न समूहों के बीच के टकरावों को पूरी तरह और स्थायी रूप से खत्म नहीं कर सकता, पर इन अंतरों और विभेदों का आदर करना सीख सकते हैं और इनके बीच बातचीत से सामंजस्य बैठाने का तरीका विकसित कर सकते हैं। इस काम के लिए लोकतंत्र सबसे सही माध्यम है।

3. निम्नलिखित कथनों के पक्ष या विपक्ष में तर्क दीजिए

(i) औद्योगिक देश ही लोकतांत्रिक व्यवस्था का भार उठा सकते हैं, पर गरीब देशों को आर्थिक विकास करने के लिए तानाशाही चाहिए।

(ii) लोकतंत्र अपने नागरिकों के बीच असमानता को कम नहीं कर सकता।

(iii) गरीब देशों की सरकार को अपने अधिक संसाधन गरीबी को कम करने और आहार, कपड़ा, स्वास्थ्य तथा शिक्षा पर लगाने की जगह उद्योगों और बुनियादी आर्थिक ढाँचे पर खर्च करने चाहिए।

(iv) नागरिकों के बीच आर्थिक समानता अमीर और गरीब दोनों तरह के लोकतांत्रिक देशों में है।

(v) लोकतंत्र में सभी को एक ही वोट का अधिकार है। इसका तात्पर्य है कि लोकतंत्र में किसी तरह का प्रभुत्व और टकराव नहीं होता।

उत्तर (i) यह सत्य है कि तानाशाही या अधिनायक तंत्र वाले निर्धन देशों की आर्थिक विकास दर लोकतंत्र से शासित देशों की तुलना में कुछ अधिक है, लेकिन जहाँ तक व्यक्ति के गरिमा तथा सम्मान से जीवन बिताने का प्रश्न हो, तो लोकतंत्र के अधीन निर्धन रहना अधिनायक तंत्र या तानाशाही तंत्र के अधीन धनी बनने से कई गुना अधिक अच्छा है।

(ii) लोकतंत्र अपने नागरिकों के बीच की असमानता को कम कर सकता है, क्योंकि लोकतंत्र में नागरिकों को राजनीतिक, सामाजिक तथा आर्थिक अधिकार प्राप्त होते हैं। इसके साथ लोकतंत्र समानता लाने के लिए कानून भी बना सकता है; जैसे—भारत में बहुत सारे कानून बनाकर सामाजिक-आर्थिक असमानता को कम करने का प्रयास किया गया है।

(iii) यह कथन सही नहीं है कि गरीब देशों को अपने संसाधन उद्योगों और बुनियादी ढाँचे पर खर्च करने चाहिए। गरीब देश का लक्ष्य तो सबसे पहले यह होना चाहिए कि वह अपने देश के लोगों की शिक्षा, स्वास्थ्य, भोजन तथा बुनियादी सुविधाओं को पूरा करे। इसके बाद ही उद्योगों और बुनियादी ढाँचे पर खर्च करना चाहिए।

(iv) नागरिकों के बीच आर्थिक समानता अमीर और गरीब दोनों तरह के लोकतांत्रिक देशों में है। यह सही नहीं है, क्योंकि आर्थिक समानता अमीर और गरीब किसी देश में पूरी तरह से नहीं है। दोनों प्रकार के देशों में देश की कुल आय कुछ ही लोगों के हाथों में है। अमीर और गरीब के बीच एक बड़ा अंतर देखने को मिलता है। गरीब देशों में गरीबों की संख्या बहुत अधिक होती है, जबकि अमीर देशों में यह संख्या कुछ कम होती है।

(v) लोकतंत्र में सभी को एक ही वोट का अधिकार है, किंतु इसका यह अर्थ नहीं कि किसी तरह का प्रभुत्व और टकराव नहीं होता है। सभी लोग एक ही वोट देते हैं, किंतु जो लोग आर्थिक रूप से समर्थ हैं वे राजनीति में भी प्रभुत्व रखते हैं तथा समाज के विभिन्न वर्गों के बीच टकराव की स्थिति बनी रहती है।

4. नीचे दिए गए ब्यौरों में लोकतंत्र की चुनौतियों की पहचान करें। ये स्थितियाँ किस तरह नागरिकों के गरिमापूर्ण, सुरक्षित और शांतिपूर्ण जीवन के लिए चुनौती पेश करती हैं। लोकतंत्र को मजबूत बनाने के लिए नीतिगत-संस्थागत उपाय भी सुझाएँ—

(i) उच्च न्यायालय के निर्देश के बाद ओडिशा में दलितों और गैर-दलितों के प्रवेश के लिए अलग-अलग दरवाजा रखने वाले एक मंदिर को एक ही दरवाजे में सबको प्रवेश की अनुमति देनी पड़ी।

(ii) भारत के विभिन्न राज्यों में बड़ी संख्या में किसान आत्महत्या कर रहे हैं।

(iii) जम्मू-कश्मीर के गंडवारा में मुठभेड़ बताकर जम्मू-कश्मीर पुलिस द्वारा तीन नागरिकों की हत्या करने के आरोप को देखते हुए इस घटना के जाँच के आदेश दिए गए।

उत्तर (i) **चुनौतियाँ** सामाजिक असमानता और छुआछूत

उपाय चुनौतियों को जानने के साथ एक कानून पारित करना चाहिए, जिससे छुआछूत को कानूनी अपराध के रूप में चिह्नित करना चाहिए। सामाजिक असमानता को कम करने के लिए कार्य करना चाहिए, केंद्र सरकार के अनुसार छुआछूत, 1955 छुआछूत एक्ट के अंतर्गत एक दंडनीय अपराध है।

(ii) **चुनौतियाँ** गरीबी तथा आर्थिक असमानता

उपाय किसानों को आसान तरीके से कर्ज की प्राप्ति होनी चाहिए तथा उनके द्वारा कर्ज की वापसी का तरीका भी आसान होना चाहिए तथा कर्ज पर ब्याज भी कम होना चाहिए।

आर्थिक असमानता को खत्म करने के लिए सहकारी समितियों का गठन करना चाहिए तथा किसानों की फसलों का बीमा भी होना चाहिए।

(iii) **चुनौतियाँ** नागरिकों की सरकारी एजेंसियों पर अविश्वसनीयता

उपाय विषय की लोकतांत्रिक प्रक्रिया से जाँच करनी चाहिए तथा कुछ नियमों को संशोधित किया जाना चाहिए ताकि पुलिस कानून को अपने हाथ में न ले सके।

5. लोकतांत्रिक व्यवस्थाओं के संदर्भ में इनमें से कौन-सा विचार सही है—लोकतांत्रिक व्यवस्थाओ ने सफलतापूर्वक

(i) लोगों के बीच टकराव को समाप्त कर दिया है।
(ii) लोगों के बीच की आर्थिक असमानताएँ समाप्त कर दी हैं।
(iii) हाशिए के समूहों से कैसा व्यवहार हो, इस बारे में सारे मतभेद मिटा दिए हैं।
(iv) राजनीतिक गैर-बराबरी के विचार को समाप्त कर दिया है।

उत्तर (i) गलत (ii) गलत (iii) सही (iv) सही

6. लोकतंत्र के मूल्यांकन के लिहाज से इनमें कोई एक चीज लोकतांत्रिक व्यवस्थाओं के अनुरूप नहीं है। उसे चुनें

(i) स्वतंत्र और निष्पक्ष चुनाव (ii) व्यक्ति की गरिमा
(iii) बहुसंख्यकों का शासन (iv) कानून के समक्ष समानता

उत्तर (iii) बहुसंख्यकों का शासन

7. लोकतांत्रिक व्यवस्था के राजनीतिक और सामाजिक असमानताओं के बारे में किए गए अध्ययन बताते हैं कि

(i) लोकतंत्र और विकास साथ ही चलते हैं।
(ii) लोकतांत्रिक व्यवस्थाओं में असमानताएँ बनी रहती हैं।
(iii) तानाशाही में असमानताएँ नहीं होतीं।
(iv) तानाशाहियाँ लोकतंत्र से बेहतर साबित हुई हैं।

उत्तर (ii) लोकतांत्रिक व्यवस्थाओं में असमानताएँ बनी रहती हैं।

8. नीचे दिए गए अनुच्छेद को पढ़ें

नन्नू एक दिहाड़ी मजदूर है। वह पूर्वी दिल्ली की एक झुग्गी बस्ती वेलकम मजदूर कॉलोनी में रहता है। उसका राशन कार्ड गुम हो गया और जनवरी, 2006 में उसने डुप्लिकेट राशन कार्ड बनाने के लिए अर्जी दी।

अगले तीन महीनों तक उसने राशन विभाग के दफ्तर के कई चक्कर लगाए, लेकिन वहाँ तैनात किरानी और अधिकारी उसका काम करने या उसकी अर्जी की स्थिति बताने की कौन कहे, उसको देखने तक के लिए तैयार न थे। आखिरकार उसने सूचना के अधिकार का उपयोग करते हुए अपनी अर्जी की दैनिक प्रगति का ब्यौरा देने का आवेदन किया। इसके साथ ही उसने इस अर्जी पर काम करने वाले अधिकारियों के नाम और काम न करने की स्थिति में उनके खिलाफ होने वाली कार्यवाही का ब्यौरा भी माँगा।

सूचना के अधिकार वाला आवेदन देने के हफ्ते भर के अंदर खाद्य विभाग का एक इंस्पेक्टर उसके घर आया और उसने नन्नू को बताया कि तुम्हारा राशन कार्ड तैयार है और तुम दफ्तर आकर उसे ले जा सकते हो। अगले दिन नन्नू राशन कार्ड लेने गया, तो उस इलाके के खाद्य और आपूर्ति विभाग के सबसे बड़े अधिकारी ने गर्मजोशी से उसका स्वागत किया। इस अधिकारी ने उसे चाय की पेशकश की और कहा कि अब आपका काम हो गया है, इसलिए सूचना के अधिकार वाला अपना आवेदन आप वापस ले लें।

नन्नू का उदाहरण क्या बताता है? नन्नू के इस आवेदन का अधिकारियों पर क्या असर हुआ? अपने माँ-पिताजी से पूछिए कि अपनी समस्याओं के लिए सरकारी कर्मचारियों के पास जाने का उनका अनुभव कैसा रहा है?

उत्तर नन्नू के उदाहरण से हमें यह पता चलता है कि सूचना के अधिकार संबंधी अधिनियम ने नागरिकों को बहुत ही सशक्त बना दिया है। वे सरकारी अधिकारी, जो पहले नन्नू का काम करना तो दूर उससे बात तक करने के लिए तैयार न थे, नन्नू द्वारा इस अधिकार के प्रयोग के पश्चात् तुरंत ही उसका काम करने के लिए तैयार हो गए। नन्नू के काम करने के साथ-साथ अधिकारियों के व्यवहार में भी अंतर आ गया। अतः लोकतंत्र नागरिकों को सशक्त बनाने का पक्षधर है।

परीक्षा अभ्यास

वस्तुनिष्ठ प्रश्न

बहुविकल्पीय प्रश्न

1. कानून का शासन किस प्रकार की शासन व्यवस्था का मुख्य तत्त्व है?
(a) तानाशाही शासन व्यवस्था
(b) लोकतांत्रिक शासन व्यवस्था
(c) एकात्मक शासन व्यवस्था
(d) उपरोक्त सभी

उत्तर (b) लोकतांत्रिक शासन व्यवस्था

2. सरकार के किस स्वरूप में बातचीत और सामंजस्य की बात नहीं देखी जा सकती है?
(a) लोकतांत्रिक सरकार
(b) गैर-लोकतांत्रिक सरकार
(c) तानाशाही सरकार
(d) एकात्मक सरकार

उत्तर (b) गैर-लोकतांत्रिक सरकार

3. लोकतंत्र किस क्षेत्र में अधिक सफलता नहीं प्राप्त कर सका है?
(a) भ्रष्टाचार (b) आर्थिक असमानता
(c) साक्षरता दर (d) ये सभी

उत्तर (d) ये सभी

4. लोकतंत्र की उम्मीद और वास्तविक परिणाम का आकलन होता है
(a) गुणवत्ता से (b) आर्थिक कल्याण से
(c) असमानता से (d) ये सभी

उत्तर (d) ये सभी

5. आर्थिक विकास किस पर निर्भर करता है?
(a) जनसंख्या का आकार (b) वैश्विक स्थिति
(c) 'a' और 'b' दोनों (d) इनमें से कोई नहीं

उत्तर (c) 'a' और 'b' दोनों

6. गरीब देश के लोग खाद्य आपूर्ति के लिए किस पर निर्भर हैं?
(a) अमीर देश
(b) विकासशील देश
(c) 'a' और 'b' दोनों
(d) उपरोक्त में से कोई नहीं

उत्तर (a) अमीर देश

7. सरकार की कार्यविधि पर किसका असर पड़ता है?
(a) अपेक्षा (b) वोट
(c) माँग (d) ये सभी

उत्तर (b) वोट

8. निम्न में से कौन-सा कथन लोकतंत्र के संबंध में सही नहीं है?
(a) लोकतंत्र लोगों में समानता को बढ़ाता है
(b) लोगों की प्रतिष्ठा में वृद्धि करता है
(c) लोकतंत्र लोगों के बीच हुए मतभेदों को कम करता है
(d) लोकतंत्र में गलती को सुधारने की कोई गुंजाइश नहीं होती है

उत्तर (d) लोकतंत्र में गलती को सुधारने की कोई गुंजाइश नहीं होती है

9. लोकतंत्र शासन की अन्य व्यवस्थाओं से किस प्रकार उत्तम है?
(a) यह नागरिकों के बीच समानता को बढ़ावा देता है
(b) यह आर्थिक समृद्धि को सुनिश्चित करता है
(c) यह मतभेदों को सुलझाने के लिए विभिन्न नियम बनाता है
(d) 'a' और 'c' दोनों

उत्तर (d) 'a' और 'c' दोनों

10. निम्नलिखित में से किस शासन व्यवस्था में नागरिकों में समानता को बढ़ावा मिलता है?
CBSE Compartment 2021
(a) लोकतंत्र (b) तानाशाही
(c) एकतंत्र (d) कुलीनतंत्र

उत्तर (a) लोकतंत्र

11. लोकतंत्र शासन की अन्य व्यवस्थाओं से बेहतर है, क्योंकि
(a) यह नागरिकों में समानता को बढ़ावा देता है
(b) यह व्यक्ति की गरिमा को बढ़ाता है
(c) इसमें गलतियों को सुधारने की गुंजाइश होती है
(d) उपरोक्त सभी

उत्तर (d) उपरोक्त सभी

12. निम्न कथनों पर विचार कर सही उत्तर का चयन कीजिए
1. लोकतंत्र में सबसे बड़ी चिंता यह होती है कि लोगों को अपना शासक चुनने का अधिकार और शासकों पर नियंत्रण बरकरार हो।
2. लोगों को निर्णय प्रक्रिया में भागीदारी करने में सक्षम होना चाहिए, ताकि लोगों के प्रति जिम्मेदार सरकार का निर्माण हो सके।
3. सरकार से यह अपेक्षा की जाती है कि वह लोगों की उम्मीदों पर ध्यान दे।

कूट
(a) केवल 2 (b) 1 और 2
(c) 2 और 3 (d) ये सभी

उत्तर (d) ये सभी

13. लोकतांत्रिक व्यवस्था की जवाबदेहिता के संबंध में जिन संस्थाओं और व्यवहारों पर गौर किया जाता है, उन पर विचार कीजिए

1. नियमित और निष्पक्ष चुनाव।
2. प्रमुख नीतियों और नए कानूनों पर खुली सार्वजनिक चर्चा।
3. सरकार तथा इसके कामकाज के संबंध में जानकारी प्राप्त करने का नागरिकों का सूचना का अधिकार।

कूट

(a) केवल 3 (b) 1 और 3
(c) केवल 2 (d) ये सभी

उत्तर (d) ये सभी

14. नीचे दिए गए वक्तव्यों के आधार पर उचित विकल्प/शब्दावली की पहचान कीजिए

- यह राजनीतिक समानता पर आधारित होती है।
- इस व्यवस्था में प्रतिनिधियों के चुनाव में प्रत्येक व्यक्ति का मत मूल्य बराबर होता है।
- वास्तविक जीवन में यह व्यवस्था आर्थिक असमानताओं को कम करने में ज्यादा सफल नहीं हो पाई है।

(a) राजशाही व्यवस्था (b) लोकतांत्रिक व्यवस्था
(c) तानाशाही व्यवस्था (d) अध्यक्षात्मक व्यवस्था

उत्तर (b) लोकतांत्रिक व्यवस्था

15. नीचे दिए गए वक्तव्यों को ध्यानपूर्वक पढ़िए और उचित विकल्प की पहचान कीजिए

- आवास सुविधाएँ मुहैया कराना।
- स्वास्थ्य सुविधाएँ उपलब्ध कराना।
- शिक्षा की उपलब्धता।

(a) लोकतंत्र की सामाजिक उपलब्धियाँ
(b) लोकतंत्र की सांस्कृतिक उपलब्धियाँ
(c) लोकतंत्र की राजनीतिक उपलब्धियाँ
(d) लोकतंत्र की आर्थिक उपलब्धियाँ

उत्तर (d) लोकतंत्र की आर्थिक उपलब्धियाँ

16. निम्न युग्मों में से सही युग्म की पहचान कीजिए

देश		शासन पद्धति
(a) भारत	–	राजतंत्रीय
(b) पाकिस्तान	–	पूर्ण तानाशाह
(c) बांग्लादेश	–	लोकतंत्रीय
(d) श्रीलंका	–	तानाशाह

उत्तर (c) बांग्लादेश – लोकतंत्रीय

17. निम्न युग्मों में से गलत युग्म की पहचान कीजिए

(a) लोकतंत्र	–	नागरिकों में समानता को बढ़ावा
(b) पारदर्शिता	–	लोकतांत्रिक व्यवस्था में निर्णय लेने में नियमों का पालन हुआ है या नहीं, यह जानने का अधिकार
(c) 1930-1960 का दशक	–	तानाशाहियों द्वारा आर्थिक संवृद्धि के रिकॉर्ड को बेहतर बनाना
(d) आर्थिक उपलब्धि	–	आवास, स्वास्थ्य सुविधाएँ आदि की समुचित व्यवस्था

उत्तर (c) 1930-1960 का दशक–तानाशाहियों द्वारा आर्थिक संवृद्धि के रिकॉर्ड को बेहतर बनाना

सुमेलित करें

18. सुमेलित कीजिए

सूची I		सूची II
A. लोकतंत्र एक बेहतर व्यवस्था है	1.	पाकिस्तान
B. कभी-कभी तानाशाही उत्तम होती है	2.	ब्राजील
C. उच्च आर्थिक असमानता	3.	भारत

कूट

	A	B	C		A	B	C
(a)	3	1	2	(b)	2	1	3
(c)	3	2	1	(d)	1	3	2

उत्तर (c) 3 2 1

चित्र आधारित प्रश्न

19. लोकतंत्र में कौन-सा विकल्प अधिक उपयुक्त है?

(a) लोकतंत्र से आर्थिक विषमताओं को कम करने की उम्मीद करना उचित है
(b) लोकतंत्र में सभी नागरिकों के पास धन होता है और वे बेहतर जीवन व्यतीत करते हैं
(c) लोकतंत्र सामानों और अवसरों का उचित वितरण करता है
(d) आर्थिक असमानताओं को कम करने के लिए लोकतंत्र बहुत सफल नहीं दिखाई देता है

उत्तर (d) आर्थिक असमानताओं को कम करने के लिए लोकतंत्र बहुत सफल नहीं दिखाई देता है

रिक्त स्थान भरें

20. पारदर्शिता का अर्थ सरकार की ……… से है।

उत्तर जवाबदेही

21. लोकतंत्र……… पर आधारित है।

उत्तर राजनीतिक समानता

22. ……… व्यवस्था किसी अन्य व्यवस्था से अधिक भरोसेमंद व्यवस्था है।

उत्तर लोकतांत्रिक

सही और पुनः लिखें

23. राजतंत्र सरकार एक वैधानिक सरकार है।

उत्तर लोकतांत्रिक सरकार एक वैधानिक सरकार है।

24. लोकतंत्र आमतौर पर विभिन्न सामाजिक विभेदों को समायोजित करने के लिए एक न्यायसंगत प्रक्रिया को विकसित नहीं करता है।

उत्तर लोकतंत्र आमतौर पर विभिन्न सामाजिक विभेदों को समायोजित करने के लिए एक प्रक्रिया विकसित करता है।

25. तानाशाही प्रत्येक व्यक्ति को आत्मगौरव प्रदान करती है।

उत्तर लोकतंत्र प्रत्येक व्यक्ति को आत्मगौरव प्रदान करती है।

कथन/कारण

26. **कथन** (A) लोकतंत्र समानता पर अधिक जोर देता है।
कारण (R) भारत में लोकतंत्र ने समान स्थिति और समान अवसर के लिए वंचित और भेदभाव वाली जातियों के दावों को मजबूत किया है।

कूट
(a) A और R दोनों सही हैं तथा R, A का सही स्पष्टीकरण करता है
(b) A और R दोनों सही है, परंतु R, A का सही स्पष्टीकरण नहीं करता है
(c) A सही है, किंतु R गलत है
(d) A गलत है, किंतु R सही है

उत्तर (b) A और R दोनों सही हैं तथा R, A का सही स्पष्टीकरण करता है

27. **कथन** (A) लोकतंत्र एक वैध शासन है।
कारण (R) नियमित, स्वतंत्र और स्वच्छ चुनावों का होना लोकतंत्र की भावना है। **CBSE 2020**

कूट
(a) A और R दोनों सही हैं तथा R, A का सही स्पष्टीकरण करता है
(b) A और R दोनों सही है, परंतु R, A का सही स्पष्टीकरण नहीं करता है
(c) A सही है, किंतु R गलत है
(d) A गलत है, किंतु R सही है

उत्तर (a) A और R दोनों सही हैं तथा R, A का सही स्पष्टीकरण करता है

अतिलघु उत्तरीय प्रश्न

1. लोकतंत्र में सबसे बड़ी चिंता क्या होती है?

उत्तर लोकतंत्र में सबसे बड़ी चिंता यह होती है कि लोगों को अपना शासक चुनने का अधिकार और शासकों पर नियंत्रण बरकरार रहे।

2. अलोकतांत्रिक या गैर-लोकतांत्रिक सरकारों को किन बातों का सामना नहीं करना पड़ता है?

उत्तर अलोकतांत्रिक या गैर-लोकतांत्रिक सरकारों को विधायिका का सामना नहीं करना होता है। उन्हें बहुसंख्यक का अल्पसंख्यक नजरिए का भी ख्याल नहीं रखना पड़ता है।

3. लोकतांत्रिक शासन व्यवस्था की विशेषता क्या है?

उत्तर लोकतांत्रिक शासन व्यवस्था में ऐसी सरकार का गठन होता है, जो कायदे-कानून को मानेगी और लोगों के प्रति जवाबदेह होगी।

4. लोकतांत्रिक सरकार से लोगों को क्या उम्मीद होती है?

उत्तर लोकतांत्रिक सरकार से लोगों की निम्न उम्मीदें होती हैं
(i) लोकतांत्रिक सरकार लोगों की जरूरतों और माँगों का ध्यान रखने वाली हो।
(ii) भ्रष्टाचार से मुक्त शासन चलाए।

5. आर्थिक संवृद्धि में किस शासन व्यवस्था का रिकॉर्ड अच्छा है?

उत्तर यदि वर्ष 1950 से 2000 के बीच के सभी लोकतांत्रिक शासकों और तानाशाहियों के कामकाज की तुलना करें, तो पाते हैं कि आर्थिक संवृद्धि के मामले में तानाशाहियों का रिकॉर्ड थोड़ा अच्छा रहा है।

6. वैध सरकार किसे कहते हैं? **CBSE 2019**

उत्तर वह सरकार, जो कानूनों और अपनी कार्यप्रणालियों को सार्वजनिक ढंग से लोगों को बताए, उसे वैध सरकार कहते हैं।

7. राजनीतिक समानता से आप क्या समझते हैं?

उत्तर राजनीतिक समानता में प्रतिनिधियों को चुनने में प्रत्येक व्यक्ति का मत बराबर होता है।

8. लोकतांत्रिक व्यवस्था में टकराव कब उत्पन्न होता है?

उत्तर लोकतांत्रिक व्यवस्था में टकराव तभी उत्पन्न होता है, जब समाज के कुछ लोगों को लगता है कि उनके साथ सम्मान का व्यवहार नहीं किया गया है।

9. भारतीय लोकतांत्रिक व्यवस्था की विशेषता बताएँ।

उत्तर भारत में लोकतांत्रिक व्यवस्था ने कमजोर और भेदभाव का शिकार हुई जातियों के लोगों के समान दर्जे और समान अवसर के दावे को बल दिया है।

10. आर्थिक असमानता से आप क्या समझते हैं?

उत्तर आर्थिक असमानता एक ऐसी स्थिति है, जिसमें कुछ ही धनी लोग आय और संपत्ति में अपने अनुपात से अधिक हिस्सा पाते हैं।

11. किसी भी देश का आर्थिक विकास किन कारकों पर निर्भर करता है?

उत्तर किसी भी देश का आर्थिक विकास निम्न कारकों पर निर्भर करता है
(i) वैश्विक स्थिति
(ii) देश की जनसंख्या का आकार
(iii) अन्य देशों से सहयोग

12. लोकतंत्र में निर्णय लेने में देरी क्यों होती है?

उत्तर लोकतंत्र में निर्णय लेने में इसलिए देरी होती है, क्योंकि लोकतंत्र में विचार-विमर्श तथा सोच-समझकर निर्णय लिए जाते हैं।

13. विश्व में कितने प्रकार की सरकारें पाई जाती हैं?

उत्तर विश्व में तीन प्रकार–लोकतंत्र, राजतंत्र और तानाशाही सरकारें पाई जाती हैं।

14. लोकतांत्रिक व्यवस्था में नागरिकों को किस प्रकार का सूचना का अधिकार प्राप्त होता है?

उत्तर लोकतांत्रिक व्यवस्था में नागरिकों को नियमित और निष्पक्ष चुनाव, प्रमुख नीतियों और नए कानूनों पर खुली सार्वजनिक चर्चा तथा सरकार और इसके कामकाज के बारे में जानकारी पाने का सूचना का अधिकार प्राप्त होता है।

15. कौन-सी शासन व्यवस्था समाज के विभिन्न वर्गों के मध्य असंतोष की भावना को कम करती है?

उत्तर लोकतांत्रिक व्यवस्था निम्नलिखित प्रकार से समाज के विभिन्न वर्गों के मध्य असंतोष को कम करती है

(i) नागरिकों में समानता को बढ़ावा देती है।

(ii) टकरावों का निवारण व नियंत्रण करने का तरीका देती है।

16. ऐसा क्यों कहा जाता है कि लोकतांत्रिक व्यवस्था में लोगों को निर्णय प्रक्रिया में भागीदारी करने में सक्षम होना चाहिए?

उत्तर लोकतांत्रिक शासन व्यवस्था में लोगों को निर्णय प्रक्रिया में भागीदारी करने में सक्षम होना चाहिए, ताकि लोगों के प्रति जिम्मेदार सरकार बन सके और सरकार लोगों की जरूरतों एवं उम्मीदों पर ध्यान दे।

17. किन कारणों से लोकतांत्रिक व्यवस्था अन्य शासन प्रणाली से बहुत आगे है?

उत्तर व्यक्ति की गरिमा और आजादी के मामले में लोकतांत्रिक व्यवस्था अन्य शासन प्रणाली से बहुत आगे है, क्योंकि लोकतांत्रिक व्यवस्था में प्रत्येक व्यक्ति अपने साथ के लोगों से बराबर सम्मान पाना चाहता है।

18. लोकतांत्रिक शासन व्यवस्था में शिकायतों का बने रहना क्यों आवश्यक है?

उत्तर लोकतांत्रिक व्यवस्था में शिकायतों का बने रहना इसलिए आवश्यक है, क्योंकि इससे पता चलता है कि लोग सचेत हो गए हैं और वे सत्ता में बैठे लोगों के कामकाज का आलोचनात्मक मूल्यांकन कर सकें।

19. एक सामंजस्यपूर्ण सामाजिक जीवन प्राप्त करने के लिए लोकतंत्र को किन दो शर्तों को पूरा करना चाहिए? उल्लेख कीजिए। **CBSE Term II 2022**

उत्तर लोकतंत्र की सबसे प्रमुख विशेषता यह है कि वह अपने नागरिकों को राजनीतिक और सामाजिक गुणवत्ता प्रदान करता है। लोकतंत्र को उत्तरदायी, जिम्मेदार एवं वैध सरकार तथा पारदर्शिता व निर्णय निर्माण इत्यादि की शर्तों को पूरा करना चाहिए।

लघु उत्तरीय प्रश्न

1. लोकतंत्र के आर्थिक परिणाम कौन-कौन से हैं? संक्षेप में स्पष्ट कीजिए।

उत्तर आर्थिक संवृद्धि, विकास, गरीबी और असमानता में कमी लोकतंत्र के प्रमुख आर्थिक परिणाम हैं।

- **आर्थिक परिणाम** उच्चतर आर्थिक संवृद्धि प्राप्त करने में लोकतांत्रिक शासन की यह अक्षमता चिंता का कारण है, पर सिर्फ इसी कारण से लोकतंत्र को छोड़ा नहीं जा सकता। हालाँकि आर्थिक विकास कई मामलों में देश की जनसंख्या के आकार, वैश्विक स्थिति, अन्य देशों से सहयोग तथा आर्थिक प्राथमिकताओं पर भी निर्भर करता है। लोकतांत्रिक और तानाशाही वाले देशों के आर्थिक विकास में अंतर के बावजूद लोकतांत्रिक व्यवस्था का चुनाव ही बेहतर है, क्योंकि इसके अनेक सकारात्मक लाभ हैं।
- **असमानता और गरीबी में कमी** लोकतंत्र राजनीतिक समानता पर आधारित है और सभी व्यक्तियों को उनके प्रतिनिधि का चयन करने का समान अधिकार है, लेकिन राजनीतिक समानता के साथ हम व्यक्तियों के बीच बढ़ती आर्थिक असमानता भी देख सकते हैं।

2. "लोकतंत्र नागरिकों की गरिमा और आजादी को बढ़ावा देता है।" कथन की परख कीजिए। **CBSE 2020**

अथवा लोकतंत्र में किस प्रकार नागरिकों की गरिमा और आजादी की सुरक्षा होती है? स्पष्ट कीजिए। **CBSE Compartment 2021**

उत्तर गरिमा और आजादी की कामना ही लोकतंत्र का आधार है। व्यक्ति की गरिमा और आजादी के मामले में लोकतांत्रिक व्यवस्था किसी भी अन्य शासन प्रणाली से बेहतर है। लोकतांत्रिक व्यवस्था में यह संवैधानिक और नैतिक, दोनों रूपों से मान्य है। भारतीय लोकतांत्रिक व्यवस्था ने कमजोर और भेदभाव की शिकार हुई जातियों के लोगों के समान दर्जे और समान अवसर पर बल दिया है। इसके अलावा लोकतंत्र में महिलाओं की स्थिति का भी ध्यान रखा गया है। विश्व का अधिकांश समाज पुरुष प्रधान रहा है, लेकिन महिलाओं के लंबे संघर्ष के पश्चात् लोकतांत्रिक व्यवस्था में उन्हें गरिमा और समानता का आधार प्रदान किया गया है, जो लोकतंत्र की एक विशेषता है।

अतः उपरोक्त दोनों उदाहरणों ने भारतीय लोकतांत्रिक व्यवस्था में व्यक्ति की गरिमा और आजादी को दर्शाया है, जिसे संवैधानिक रूप से मान्यता प्रदान की गई है।

3. संपूर्ण विश्व में लोकतंत्र के विचार के प्रति जबरदस्त समर्थन के कारण बताएँ। **CBSE 2015, 12**

उत्तर लोकतंत्र के विचार के प्रति जबरदस्त समर्थन के भाव की निम्नलिखित प्रकार से पुष्टि की जा सकती है

- **लोकतंत्र जनमत पर आधारित** लोकतंत्र शासन की एक व्यवस्था यह है कि यह जनमत पर आधारित होता है तथा जिसमें शासन को जनता की इच्छा के अनुसार चलाया जाता है।

- **लोकतंत्र समानता के सिद्धांत पर आधारित** लोकतंत्र में सभी व्यक्तियों को समान समझा जाता है। किसी को भी जन्म, जाति, धर्म, लिंग, संपदा के आधार पर कोई विशेषाधिकार प्राप्त नहीं होता है।
- **उत्तरदायी सरकार होती** लोकतंत्र में सरकार जनता तथा संसद के प्रति जबावदेह होती है। सरकार को जनमत के अनुसार कार्य करना पड़ता है।

4. लोकतांत्रिक व्यवस्था को मजबूत बनाने के किन्हीं तीन तथ्यों का वर्णन कीजिए।

उत्तर लोकतांत्रिक व्यवस्था को मजबूत बनाने के निम्नलिखित तीन तथ्य निम्नलिखित हैं

(i) लोकतांत्रिक सरकार अधिकांश नीतियाँ जनता के हित में ही बनाती हैं, परंतु इन नीतियों को लागू करने वाली संस्थाएँ इन्हें लागू करने में तत्पर दिखाई नहीं देती हैं। परिणामस्वरूप नीतियों का संपूर्ण लाभ जनसाधारण को नहीं मिल पाता, इसलिए सरकार को अपने तंत्र को सुधार कर इन्हें सख्ती से लागू करवाना चाहिए।

(ii) लोकतंत्र तभी सफल होता है, जब वह जनता की समस्याओं का कारगर उपाय ढूँढता है। यही कारण है कि सरकार को लोकतंत्र की मजबूती के लिए कारगर शासन व्यवस्था लागू करनी चाहिए।

(iii) देश की जागरूकता जनता ने सदैव ही शासन को बदला है। जनता तभी तक लोकतंत्र को मानती है जब तक वह उनके हित में कार्य करता है। जनता को जागरूक होने से लोकतांत्रिक सरकारों को समय-समय पर उनके गुण-दोष पता चलते रहते हैं, जो लोकतंत्र को एक मजबूत आधार प्रदान करता है।

5. महिलाओं एवं वंचित समूहों की गरिमा और आजादी पर संक्षिप्त टिप्पणी लिखिए।

उत्तर
- **महिलाओं की गरिमा और आजादी** यदि हम महिलाओं के सम्मान की बात करते हैं, तो हम देख सकते हैं कि महिलाओं द्वारा लंबे संघर्षों ने आज कुछ संवेदना उत्पन्न की है, जिससे महिलाओं का सम्मान और समान व्यवहार लोकतांत्रिक समाज के लिए आवश्यक बन गया है। इसका अर्थ यह नहीं है कि महिलाओं के साथ हमेशा सम्मान का ही व्यवहार किया जाता है, लेकिन इनके पक्ष में किसी कानून को मान्यता मिल जाने के बाद महिलाओं के अपने अधिकार के विरुद्ध संघर्ष करना आसान हो गया है।
- **वंचित समूहों की गरिमा और आजादी** भारत में लोकतंत्र ने समान स्थिति और समान अवसर के लिए वंचित और भेदभाव वाली जातियों के दावों को मजबूत किया है। आज भी जाति आधारित असमानताओं और अत्याचारों के उदाहरण देखने को मिलते हैं, लेकिन इनके पक्ष में नैतिक और कानूनी बल नहीं होता है। इसी अहसास के कारण सामान्य नागरिक अपने लोकतांत्रिक अधिकारों को मानते हैं।

6. सामाजिक अंतरों को कैसे नियंत्रित किया जा सकता है? संक्षेप में बताइए।

उत्तर लोकतांत्रिक शासन व्यवस्था में विभिन्न सामाजिक अंतरों को निम्नलिखित दो शर्तों को पूरा करके सँभाला जा सकता है

(i) लोकतंत्र का सीधे-सीधे अर्थ बहुमत की राय में शासन करना नहीं है। बहुमत को सदा ही अल्पमत का ध्यान रखना होता है। उसके साथ काम करने की जरूरत होती है तभी लोकतांत्रिक शासन व्यवस्था जन-सामान्य की इच्छा का प्रतिनिधित्व कर पाती है। बहुमत और अल्पमत की राय कोई स्थायी वस्तु नहीं होती है।

(ii) बहुमत के शासन का अर्थ धर्म, नस्ल अथवा भाषायी आधार के बहुसंख्यक समूह का शासन नहीं होता। बहुमत के शासन का अर्थ है कि प्रत्येक फैसले या चुनाव में अलग-अलग लोग और समूह बहुमत का निर्णय करें। बहुमत में लोकतंत्र तभी तक लोकतंत्र रह सकता है जब तक प्रत्येक नागरिक को किसी-न- किसी अवसर पर बहुमत का हिस्सा बनने का मौका मिलता है।

7. निर्णय लेने की प्रक्रिया में लोकतांत्रिक तथा गैर-लोकतांत्रिक सरकारों में क्या अंतर है?

उत्तर निर्णय लेने की प्रक्रिया में लोकतांत्रिक तथा गैर-लोकतांत्रिक सरकारों में निम्नलिखित अंतर है

लोकतांत्रिक सरकारें	गैर-लोकतांत्रिक सरकारें
(i) लोकतंत्र विचार-विमर्श तथा समझौते के विचार पर आधारित होता है।	इसमें कोई विचार-विमर्श या समझौते नहीं होते।
(ii) किसी भी निर्णय पर पहुँचने से पहले लोकतांत्रिक सरकारें जनता के विचारों पर जरूर विचार करती हैं।	गैर-लोकतांत्रिक सरकार जनता के विचारों पर ध्यान नहीं देती।
(iii) विचार-विमर्श तथा समझौते के कारण निर्णय लेने में कुछ देरी हो सकती है, परंतु ये निर्णय प्रभावी होते हैं।	यह शीघ्र निर्णय ले सकते हैं, परंतु ये कभी-कभी कम प्रभावी होते हैं और लोगों पर जबरदस्ती थोपे जाते हैं।

8. "लोकतंत्र व्यवस्था की बड़ी सफलता नियमित और निष्पक्ष चुनावों में है।" इस कथन का विश्लेषण कीजिए। **CBSE 2019**

उत्तर इस कथन को निम्न कथनों के द्वारा स्पष्ट किया जा सकता है

(i) लोकतंत्र प्रणाली चुनाव के अंतर्गत विभिन्न पार्टियों को सम्मिलित करती है। यह लोगों को वोट देने का अधिकार भी प्रदान करती है।

(ii) लोकतंत्र प्रणाली में प्रत्येक व्यक्ति को अपना नेता चुनने तथा उस पर नियंत्रण रखने का अधिकार होता है।

(iii) लोकतंत्र प्रणाली में व्यक्तियों को सरकार की नीतियों पर अपना मत देने का अधिकार होता है, जो सरकार के निर्णयों को प्रभावित भी करते हैं।

9. लोकतंत्र किस प्रकार से नागरिकों की आवश्यकताओं के प्रति उत्तरदायी है? स्पष्ट करें। **CBSE 2015**

उत्तर लोकतांत्रिक सरकार निम्नलिखित प्रकार से नागरिकों की आवश्यकताओं के प्रति उत्तरदायी होती है

(i) लोकतंत्र में लोगों के पास यह शक्ति होती है कि वह अपने पसंद के लोगों को चुन सकें तथा उन पर अपना नियंत्रण स्थापित कर सकें।

(ii) लोकतंत्र में फैसले कुछ नियमों के अंतर्गत रहकर लिए जाते हैं। यदि कोई नागरिक यह जानना चाहे कि फैसले लेने में नियमों का पालन हुआ है या नहीं तो वह इसका पता कर सकता है।

(iii) लोकतांत्रिक सरकार नागरिकों को निर्णय प्रक्रिया में हिस्सेदार बनाने तथा खुद को उनके प्रति जवाबदेह बनाने वाली कार्यविधि भी विकसित कर लेती है।

(iv) लोकतंत्र में सरकार नागरिकों के अधिकारों को सुरक्षित रखने के लिए प्रत्येक निर्णय में अधिक समय लेती है ताकि नागरिकों के अधिकारों का उल्लंघन न हो।

10. ''लोकतांत्रिक सरकार एक न्यायसंगत सरकार है।'' कथन की पुष्टि करें। **CBSE 2016**

उत्तर लोकतांत्रिक सरकार की निम्नलिखित विशेषताएँ उसे न्यायसंगत बनाती हैं

(i) लोकतांत्रिक सरकार में कानून सभी लोगों पर समान रूप से लागू होता है।

(ii) लोकतंत्र में सभी व्यक्तियों के वोट का बराबर मूल्य होता है।

(iii) लोकतंत्र में नागरिक सरकार के द्वारा बनाए गए नियमों को चुनौती दे सकते हैं।

(iv) लोकतंत्र में नागरिकों को यदि सरकार के कार्यों से संतुष्टि नहीं है तो वह सरकार को बदल भी सकती है।

C दीर्घ उत्तरीय प्रश्न

1. किन्हीं चार परिणामों का उल्लेख कीजिए जहाँ लोकतंत्र असफल रहा। **CBSE 2011**

उत्तर लोकतंत्र असफल होने के चार परिणाम निम्न हैं

(i) **भ्रष्टाचार** भ्रष्टाचार के सामान्य मुद्दे यह प्रस्तुत करते हैं कि लोकतांत्रिक व्यवस्था भ्रष्टाचार से मुक्त नहीं है। भारत जो विश्व का सबसे बड़ा लोकतांत्रिक देश है, यहाँ भी भ्रष्टाचार रोकने में असफल रहे हैं।

(ii) **लोगों की आवश्यकताओं की ओर कम ध्यान देना** लोकतांत्रिक व्यवस्था में लोगों की आवश्यकताओं और माँगों की ओर ध्यान देना चाहिए, लेकिन इस मामले में लोकतंत्र का रिकॉर्ड अच्छा नहीं रहा है। लोकतांत्रिक व्यवस्था अकसर लोगों को उनकी जरूरतों के लिए तरसाती है और आबादी के एक बड़े हिस्से की माँगों की उपेक्षा करती है।

(iii) **आर्थिक विकास** लोकतांत्रिक सरकार में आर्थिक विकास की अपेक्षा की जाती है, लेकिन दुर्भाग्यवश लोकतंत्र इस मामले में भी असफल रहा है। यदि आर्थिक विकास के दृष्टि से लोकतंत्र और तानाशाही सरकार के कामकाजों की तुलना करते हैं, तो पाते हैं कि तानाशाही सरकार की स्थिति लोकतंत्र से बेहतर रही है।

(iv) **सामाजिक असमानता में कमी** विश्व के अधिकांश देशों में असमानता तथा गरीबी सबसे महत्त्वपूर्ण आर्थिक समस्या है। लोकतंत्र लोगों की सरकार होती है, इसलिए इससे आर्थिक असमानता को कम करने की अपेक्षा की जाती है।

2. ''लोकतंत्र शासन, अन्य व्यवस्थाओं (विकल्पों) से बेहतर है।'' इस कथन का विश्लेषण कीजिए। **CBSE Term II 2022**

अथवा सारी दुनिया में लोकतंत्र के विचार के लिए भारी समर्थन के कारणों का विश्लेषण कीजिए। **CBSE Term II 2022**

उत्तर इस प्रश्न के उत्तर के लिए पृष्ठ संख्या 322 के शीर्षक 'लोकतंत्र के परिणामों का मूल्यांकन' एवं 'राजनीतिक परिणाम' देखें।

3. किन्हीं तीन शर्तों का उल्लेख करें, जिन्हें विविधताओं तथा विभाजनों में सामंजस्य लाने के लिए लोकतंत्र को पूरा करना होता है? **CBSE 2013, 12**

अथवा उदाहरण देते हुए बताएँ कि लोकतंत्र सामाजिक विविधताओं में सामंजस्य कैसे लाता है? **CBSE 2016, 14, 12 11**

उत्तर लोकतंत्र विभिन्न सामाजिक विभागों को समायोजित करने के लिए एक प्रक्रिया विकसित करता है। इससे सामाजिक तनाव विस्फोटक या हिंसक होने की संभावना कम हो जाती है। कोई भी समाज अलग-अलग समूहों के बीच संघर्ष को पूरी तरह से और स्थायी रूप से हल नहीं कर सकता है, लेकिन सामाजिक मतभेद, विभाजन और संघर्षों को नियंत्रित करने के लिए लोकतंत्र सबसे अच्छा है। सामाजिक विविधताओं तथा विभाजनों में सामंजस्य लाने के लिए लोकतंत्र को निम्न शर्तों को पूरा करना होगा

(i) बहुमत की सहमति द्वारा लोकतंत्र में शासन नहीं किया जा सकता है। बहुमत को हमेशा अल्पसंख्यक के हितों की रक्षा करने की आवश्यकता होती है। इस प्रकार सरकार का कार्य सामान्य हित के प्रतिनिधित्व के रूप में माना जाता है।

(ii) बहुमत के शासन का अर्थ धर्म, जाति अथवा भाषायी आधार के बहुसंख्यक का शासन नहीं होता। बहुमत के शासन से तात्पर्य यह है कि प्रत्येक चुनाव या फैसले में अलग-अलग लोग और समूह बहुमत का निर्माण कर सकते हैं या बहुमत में भाग ले सकते हैं।

इस प्रकार लोकतंत्र में ही प्रत्येक नागरिक को बहुमत प्राप्त करने का अवसर मिलता है। यदि किसी को जन्म के आधार पर बहुमत से वंचित किया जाता है, तो लोकतांत्रिक शासन उस व्यक्ति या समूह के लिए अनुकूल होना बंद नहीं करता है। गैर-लोकतांत्रिक शासन अकसर आंतरिक सामाजिक मतभेदों को नजरअंदाज या उनका दमन करता है।

4. ''लोकतांत्रिक व्यवस्थाएँ आर्थिक असमानताओं को कम करने में ज्यादा सफल नहीं हो पाई हैं।'' इस कथन को न्यायसंगत ठहराएँ। **CBSE 2019**

उत्तर यह कथन सत्य है कि ''लोकतांत्रिक व्यवस्थाएँ आर्थिक असमानताओं को कम करने में ज्यादा सफल नहीं हो पाई हैं''। लोकतंत्र आर्थिक समृद्धि को आश्वासन प्रदान नहीं करता है। लोकतंत्र में कुछ ही धनी लोग आय और संपत्ति में अपने अनुपात से बहुत ज्यादा हिस्सा पाते हैं। लोकतंत्र में

समाज के सबसे निचले हिस्से के लोगों को जीवनयापन करने के लिए काफी कम साधन मिलते हैं। उदाहरण के लिए,

- दक्षिण अफ्रीका और ब्राजील जैसे देशों में ऊपरी 20 फीसदी लोगों का ही कुल राष्ट्रीय आय के 60 फीसदी हिस्से पर कब्जा है जबकि सबसे नीचे के 20 फीसदी लोग राष्ट्रीय आय के मात्र 3 फीसदी हिस्से पर जीवन बसर करते हैं।
- भारत जैसे लोकतांत्रिक देश में भी सरकार गरीब वर्ग के उत्थान के लिए कोई महत्त्वपूर्ण कदम उठाते नहीं दिख रही है।
- बांग्लादेश में आधी से ज्यादा आबादी गरीबी में जीवन गुजारती है। अनेक गरीब देशों के लोग अपनी खाद्य आपूर्ति के लिए भी अब अमीर देशों पर निर्भर हो गए हैं।

5. "लोकतंत्र लोगों की जरूरतों और माँगों का ध्यान रखता है।" इस कथन को न्यायसंगत ठहराइए। **CBSE Term II 2022**

अथवा "लोकतंत्र सामाजिक विविधताओं को समायोजित करता है और नागरिकों को गरिमा और स्वतंत्रता प्रदान करता है।" इस कथन को न्यायसंगत ठहराइए। **CBSE Term II 2022**

उत्तर इस प्रश्न के उत्तर के लिए पृष्ठ संख्या 323 एवं 324 के शीर्षक 'सामाजिक परिणाम' एवं 'नागरिकों की गरिमा और आजादी' देखें।

स्रोत आधारित प्रश्न

निम्नलिखित स्रोतों को ध्यानपूर्वक पढ़कर उन पर आधारित प्रश्नों के उत्तर दीजिए

1. लोकतांत्रिक व्यवस्था राजनीतिक समानता पर आधारित होती है। प्रतिनिधियों के चुनाव में प्रत्येक व्यक्ति का वज़न बराबर होता है। व्यक्तियों को राजनीतिक क्षेत्र में परस्पर बराबरी का दर्जा तो मिल जाता है, लेकिन इसके साथ-साथ हम आर्थिक असमानता को भी बढ़ता हुआ पाते हैं। मुट्ठी भर धनकुबेर आय और संपत्ति में अपने अनुपात से बहुत ज्यादा हिस्सा पाते हैं। इतना ही नहीं, देश की कुल आय में उनका हिस्सा भी बढ़ता गया है। समाज के सबसे निचले हिस्से के लोगों को जीवन बसर करने के लिए काफ़ी कम साधन मिलते हैं। उनकी आमदनी गिरती गई है। कई बार उन्हें भोजन, कपड़ा, मकान, शिक्षा और इलाज जैसी बुनियादी जरूरतें पूरी करने में मुश्किलें आती हैं।

भारत की गरीबी के बारे में पढ़ा है। हमारे मतदाताओं में गरीबों की संख्या काफ़ी बड़ी है, इसलिए कोई भी पार्टी उनके मतों से हाथ धोना नहीं चाहेगी। फिर भी लोकतांत्रिक ढंग से निर्वाचित सरकारें गरीबी के सवाल पर उतना ध्यान देने को तत्पर नहीं जान पड़तीं जितने कि आप उनसे उम्मीद करते हैं। कुछ अन्य देशों में हालत इससे भी ज़्यादा खराब हैं। बांग्लादेश में आधी से ज़्यादा आबादी गरीबी में जीवन गुज़ारती है। अनेक गरीब देशों के लोग अपनी खाद्य-आपूर्ति के लिए भी अब अमीर देशों पर निर्भर हो गए हैं।

(i) लोकतांत्रिक व्यवस्था के अंतर्गत सभी लोगों के मतों का मूल एकसमान होता है, जिसके द्वारा वे अपने जनप्रतिनिधि का चुनाव करते हैं। मतों के इस मूल का तात्पर्य है

(a) लोकतांत्रिक समानता (b) राजनीतिक समानता
(c) जनप्रतिनिधित्व समानता (d) जनमत समानता

उत्तर (b) राजनीतिक समानता

(ii) लोकतांत्रिक मूल्यों पर गठित सरकार भले ही जनकल्याण के लिए महत्त्वपूर्ण कदम उठाती है, परंतु भारत जैसे देश में .... बढ़ती जाती है।

(a) मनोवैज्ञानिक असमानता (b) राजनीतिक असमानता
(c) आर्थिक असमानता (d) धार्मिक असमानता

उत्तर (c) आर्थिक असमानता

(iii) विकासशील देशों में जहाँ लोकतांत्रिक व्यवस्था स्थापित है, ऐसे देशों में क्या कारण है कि आर्थिक असमानता कम नहीं हुई?

(a) स्थानीय सरकारों में इच्छा-शक्ति का अभाव
(b) तीव्र गति से बढ़ती जनसंख्या
(c) बेरोजगारी एवं अशिक्षा की समस्या
(d) उपरोक्त सभी

उत्तर (d) उपरोक्त सभी

(iv) सूची I में दिए गए देशों को सूची II में दिए गए राष्ट्रीय आय में हिस्से (प्रतिशत में) को सुमेलित कीजिए

सूची I	सूची II
A. दक्षिण अफ्रीका	1. 50.0
B. ब्राजील	2. 53.7
C. रूस	3. 63.0
C. अमेरिका	4. 64.8

कूट

	A	B	C	D
(a)	1	2	3	4
(b)	3	4	2	1
(c)	4	3	2	1
(d)	2	1	3	4

उत्तर (c) 4 3 2 1

(v) लोकतांत्रिक व्यवस्था से ये उम्मीद की जाती है कि वह तर्कसंगत रूप से कम करेगी

(a) आर्थिक संवृद्धि को (b) आर्थिक विकास को
(c) आर्थिक असमानता को (d) राजनीतिक विकास को

उत्तर (c) आर्थिक असमानता को

(vi) निम्न कथनों पर विचार कीजिए तथा कूट के माध्यम से सही उत्तर का चयन कीजिए

1. लोकतांत्रिक व्यवस्था मुख्यत: आर्थिक समानता पर आधारित होती है।

2. लोकतांत्रिक व्यवस्था में व्यक्तियों को आर्थिक क्षेत्र में परस्पर बराबरी का दर्जा तो मिल जाता है, लेकिन इसके साथ-साथ राजनीतिक असमानता भी बढ़ती है।
3. आर्थिक असमानता में व्यक्तियों का एक छोटा वर्ग आय और संपत्ति को अपने पास संचित रखता है।

कूट
(a) केवल 3 (b) 1 और 3
(c) 2 और 3 (d) ये सभी

उत्तर (a) केवल 3

2. भारत में लोकतांत्रिक व्यवस्था ने कमज़ोर और भेदभाव का शिकार हुई जातियों के लोगों को समान दर्जे और समान अवसर के दावे को बल दिया है। आज भी जातिगत भेदभाव और दमन के उदाहरण देखने को मिलते हैं, पर इनके पक्ष में कानूनी या नैतिक बल नहीं होता। संभवत: इसी अहसास के चलते आम लोग अपने लोकतांत्रिक अधिकारों के प्रति ज़्यादा चौकस हुए हैं। लोकतंत्र से लगाई गई उम्मीदों को किसी लोकतांत्रिक देश के मूल्यांकन का आधार भी बनाया जा सकता है। लोकतंत्र की एक खासियत है कि इसकी जाँच-परख और परीक्षा कभी खत्म नहीं होती। वह एक जाँच पर खरा उतरे तो अगली जाँच आ जाती है। लोगों को जब लोकतंत्र से थोड़ा लाभ मिल जाता है तो वे और लाभों की माँग करने लगते हैं। वे लोकतंत्र से और अच्छा काम चाहते हैं। यही कारण है कि जब हम उनसे लोकतंत्र के कामकाज के बारे में पूछते हैं, तो वे हमेशा लोकतंत्र से जुड़ी अपनी अन्य अपेक्षाओं का पुलिंदा खोल देते हैं और शिकायतों का अंबार लगा देते हैं। शिकायतों का बने रहना भी लोकतंत्र की सफलता की गवाही देता है।

(i) भारत एक ………… वाला देश है।
(a) कुलीन तंत्रीय (b) अभिजातवर्गीय
(c) लोकतांत्रिक व्यवस्था (d) राजतंत्रात्मक

उत्तर (c) लोकतांत्रिक व्यवस्था

(ii) भारतीय लोकतांत्रिक व्यवस्था के अंतर्गत समाज के किन वर्गों को समान अवसर के दावे पर विशेष बल दिया जाता है?
(a) समाज के पूँजीपति वर्गों पर
(b) समाज के मध्यम वर्गों पर
(c) समाज के भेदभाव से पीड़ित वर्गों पर
(d) उपरोक्त सभी

उत्तर (d) उपरोक्त सभी

(iii) लोकतांत्रिक प्रणाली में जाँच-परख एवं परीक्षा की प्रक्रिया
(a) निरंतर चलती रहती है
(b) सरकार के नियमों के अनुसार आगे बढ़ती है
(c) उच्चतम न्यायालय के निर्देशानुसार होती है
(d) उपरोक्त सभी

उत्तर (a) निरंतर चलती रहती है

(iv) लोकतांत्रिक व्यवस्था के अंतर्गत लोग सरकारी कामकाज का किस प्रकार मूल्यांकन करते हैं?
(a) समेकित मूल्यांकन
(b) आलोचनात्मक मूल्यांकन
(c) औपचारिक मूल्यांकन
(d) अनौपचारिक मूल्यांकन

उत्तर (b) आलोचनात्मक मूल्यांकन

(v) लोकतंत्र में कामकाज के प्रति नाराजगी जताना क्या दर्शाता है?
(a) सफलता की पहचान
(b) असफलता की पहचान
(c) निरर्थकता की पहचान
(d) सामर्थरता की पहचान

उत्तर (a) सफलता की पहचान

(vi) **कथन** (A) लोकतंत्रात्मक देश के मूल्यांकन का आधार लोकतंत्र से संबंधित सारतत्त्व है, जिसमें व्यक्तियों के हित निहित होते हैं।
कारण (R) लोकतंत्र की एक कमी है कि इसकी जाँच-परख और परीक्षा कभी खत्म नहीं होती।

कूट
(a) A और R दोनों सही हैं तथा R, A का सही स्पष्टीकरण करता है
(b) A और R दोनों सही है, परंतु R, A का सही स्पष्टीकरण नहीं करता है
(c) A सही है, किंतु R गलत है
(d) A गलत है, किंतु R सही है

उत्तर (c) A सही है, किंतु R गलत है

3. स्रोत 'अ' उत्तरदायी, जिम्मेदार और वैध शासन

लोकतंत्र में सबसे बड़ी चिंता यह होती है कि लोगों का अपना शासक चुनने का अधिकार और शासकों पर नियंत्रण बरकरार रहे। वक्त-जरूरत और यथासंभव इन चीजों के लिए लोगों को निर्णय प्रक्रिया में भागीदारी करने में सक्षम होना चाहिए, ताकि लोगों के प्रति जिम्मेवार सरकार बन सके और सरकार लोगों की जरूरतों और उम्मीदों पर ध्यान दे।

स्रोत 'ब' आर्थिक संवृद्धि और विकास

तानाशाही वाले कम विकसित देशों और लोकतांत्रिक व्यवस्था वाले कम विकसित देशों के बीच का अंतर नगण्य सा है, पर हम उम्मीद कर सकते हैं कि इस मामले में लोकतांत्रिक व्यवस्था तानाशाही से नहीं पिछड़े।

स्रोत 'स' नागरिकों की गरिमा और आज़ादी

भारत में लोकतांत्रिक व्यवस्था ने कमजोर और भेदभाव का शिकार हुई जातियों के लोगों को समान दर्जे और समान अवसर के दावे को बल दिया है। आज भी जातिगत भेदभाव और दमन के उदाहरण देखने को मिलते हैं, पर इनके पक्ष में कानूनी या नैतिक बल नहीं होता। संभवत: इसी अहसास के चलते आम लोग अपने लोकतांत्रिक अधिकारों के प्रति ज्यादा चौकस हुए हैं। **CBSE 2020**

परीक्षा अभ्यास

स्रोत 'अ' उत्तरदायी, जिम्मेदार और वैध शासन

(i) लोकतांत्रिक सरकार नागरिकों को राजनीतिक निर्णय लेने का हिस्सा कैसे बनाती है?

उत्तर लोकतांत्रिक सरकार नागरिकों को मतदान का अधिकार देकर राजनीतिक निर्णय लेने का हिस्सा बनाती है।

स्रोत 'ब' आर्थिक संवृद्धि और विकास

(ii) किस हद तक हम कह सकते हैं कि लोकतंत्र आर्थिक विकास के लिए काम करता है? अपने उत्तर को दो बिंदुओं से स्पष्ट कीजिए।

उत्तर आवास, स्वास्थ्य सुविधाएँ आदि को आम नागरिकों के लिए उपलब्ध कराना लोकतंत्र में आर्थिक विकास का सूचक है।

स्रोत 'स' नागरिकों की गरिमा और आज़ादी

(iii) **किस हद तक लोकतंत्र व्यक्ति की गरिमा और स्वतंत्रता को बढ़ावा देता है? एक उदाहरण के साथ स्पष्ट कीजिए।**

उत्तर लोकतांत्रिक व्यवस्था जातिगत भेदभाव को दूर करने का प्रयास करती है, जिससे यह व्यक्ति की गरिमा और स्वतंत्रता को बढ़ावा देती है।

भारत में कमजोर और भेदभाव का शिकार हुई जातियों के लोगों को समान दर्जे और समान अवसर पर बल दिया गया है, जो भारतीय लोकतंत्र की सफलता है।

4. **व्यक्ति की गरिमा और आजादी के मामले में लोकतांत्रिक व्यवस्था किसी भी अन्य शासन प्रणाली से काफ़ी आगे है।** प्रत्येक व्यक्ति अपने साथ के लोगों से सम्मान पाना चाहता है। अकसर, टकराव तभी पैदा होते हैं जब कुछ लोगों को लगता है कि उनके साथ सम्मान का व्यवहार नहीं किया गया। गरिमा और आज़ादी की चाह ही लोकतंत्र का आधार है। दुनियाभर की लोकतांत्रिक व्यवस्थाएँ इस चीज को मानती हैं कम से कम सिद्धांत के तौर पर तो जरूर अलग-अलग लोकतांत्रिक व्यवस्थाओं में इन बातों पर अलग-अलग स्तर का आचरण होता है। **CBSE Compartment 2020**

(i) लोकतंत्र, शासन की अन्य व्यवस्थाओं से क्यों बेहतर है? स्पष्ट कीजिए।

उत्तर लोकतंत्र में सभी व्यक्तियों को समान अवसर व अधिकार प्राप्त हैं, जो इसे अन्य शासन व्यवस्था (तानाशाही, कुलीनतंत्र आदि) से बेहतर बनाता है।

(ii) **गरिमा और आजादी की चाह ही लोकतंत्र का आधार क्यों है? उदाहरणों सहित स्पष्ट कीजिए।**

उत्तर गरिमा और आजादी प्रत्येक व्यक्ति का अधिकार है, जिसे लोकतांत्रिक व्यवस्था के माध्यम से प्राप्त किया जा सकता है। प्रत्येक व्यक्ति अपने साथ के लोगों से सहभागिता और सम्मान पाना चाहता है।

विवाद की स्थिति तब उत्पन्न होती है, जब कुछ लोगों को लगता है कि उनके साथ सम्मान का व्यवहार नहीं किया गया और लोकतंत्र ऐसे ही व्यक्तियों के लिए उनकी गरिमा और आजादी का एक माध्यम है।

स्वयं को जाँचें

वस्तुनिष्ठ प्रश्न

1. लोकतंत्र के वास्तविक परिणामों का आकलन किसके आधार पर किया जा सकता है?
(a) सरकार की गुणवत्ता
(b) असमानता
(c) सामाजिक मतभेद
(d) ये सभी

2. उत्तरदायी सरकार से क्या अभिप्राय है?
(a) सरकार लोगों के समक्ष उत्तरदायी हो
(b) सरकार संवैधानिक संस्थाओं के प्रति उत्तरदायी हो
(c) सरकार संविधान के प्रति उत्तरदायी हो
(d) इनमें से कोई नहीं

3. आर्थिक संवृद्धि के लिए कौन-से कारक जिम्मेदार हैं?
(a) अन्य देशों के साथ संबंध
(b) सरकार के द्वारा अपनाई गई शासन व्यवस्था
(c) देश में रहने वाले अमीर व्यक्तियों की संख्या
(d) ये सभी

अतिलघु उत्तरीय प्रश्न

4. किस सरकार को सबसे अच्छी सरकार कहा जाता है?

5. आर्थिक असमानता से आप क्या समझते हैं?

6. लोकतंत्र के मुख्य आधार क्या हैं?

लघु उत्तरीय प्रश्न

7. भारत में जातिगत असमानता को दूर करने के लिए कौन-से कदम उठाए गए हैं?

8. किसी भी लोकतांत्रिक देश का आर्थिक विकास किन-किन बातों पर निर्भर करता है? व्याख्या कीजिए।

9. आपके विचार से क्या लोकतांत्रिक सरकार कार्यकुशल होती है? वर्णन कीजिए।

10. लोकतांत्रिक व्यवस्था को कैसे मजबूत बनाया जा सकता है? किन्हीं तीन उपायों का वर्णन कीजिए।

11. लोकतंत्र के तीन गुणों और तीन दोषों का वर्णन कीजिए।

दीर्घ उत्तरीय प्रश्न

12. लोकतांत्रिक सरकार एवं गैर-लोकतांत्रिक सरकारों में अंतर बताइए।

13. क्या लोकतंत्र नागरिकों की गरिमा और आजादी को बढ़ावा देता है?

14. लोकतंत्र शासन व्यवस्था अन्य शासन व्यवस्था से बेहतर है? अपने शब्दों में उत्तर दीजिए।

15. लोकतंत्र मानव समाज की गरिमा और स्वतंत्रता में वृद्धि करने का कार्य करता है? भारत के संदर्भ में उदाहरण देकर समझाइए।

विकास

अध्याय एक नजर में

- विकास का अर्थ
- राष्ट्रीय विकास
- देश या राज्यों की तुलना
- आय एवं अन्य मापदंड
- सार्वजनिक सुविधाएँ
- विकास की धारणीयता

हम सभी विकास की इच्छा रखते हैं, लेकिन विकास के परिप्रेक्ष्य में हमारी आकांक्षाएँ एवं इच्छाएँ व्यक्ति, क्षेत्र और राज्य के अनुसार भिन्न-भिन्न होती हैं। हम इस अध्याय में विकास की प्रक्रिया को समझना प्रारंभ करेंगे।

विकास का अर्थ

विकास किसी देश के सर्वांगीण विकास पर निर्भर करता है। स्वतंत्रता, सुरक्षा, दूसरों से सम्मान मिलने की इच्छा, आर्थिक समानता और जीवन जीने का उच्च स्तर आदि सभी विकास के महत्त्वपूर्ण भाग हैं।

विभिन्न व्यक्ति, विभिन्न लक्ष्य

विकास का क्षेत्र अत्यंत व्यापक और विस्तारित है। कई बार दो व्यक्ति या दो गुट ऐसी चीजें चाह सकते हैं, जिनमें परस्पर विरोध हो सकता है। उदाहरण के लिए, उद्योगपति बिजली की पूर्ति के लिए अधिक बाँध चाहते हैं, परंतु ऐसा होने से जमीन जलमग्न हो सकती है और उन लोगों का जीवन अस्त-व्यस्त हो सकता है, जो बेघर हैं; जैसे कि आदिवासी। इसलिए स्थानीय लोग अपने खेतों की सिंचाई के लिए छोटे चैक बाँध (Small Check Dams) या तालाब (Tanks) पसंद करते हैं। यह विकास के दो पहलुओं को दर्शाता है

(i) अलग-अलग लोगों के विकास के लक्ष्य भिन्न हो सकते हैं।

(ii) एक व्यक्ति के लिए जो विकास है, यह आवश्यक नहीं है कि वह किसी दूसरे के लिए भी विकास हो। वह दूसरे व्यक्ति के लिए विकास न होकर विनाशकारी (Destructive) हो सकता है।

आय तथा अन्य लक्ष्य

आय (Income) विकास का महत्त्वपूर्ण घटक है, जिससे भौतिक वस्तुओं और सेवाओं को खरीदा जा सकता है। आय के अतिरिक्त लोग बराबरी का व्यवहार, स्वतंत्रता, सुरक्षा और दूसरों से आदर मिलने की इच्छा भी रखते हैं। ये सभी महत्त्वपूर्ण लक्ष्य हैं। कुछ मामलों में ये अधिक आय और अधिक उपभोग से महत्त्वपूर्ण हो सकते हैं, क्योंकि जीवन जीने के लिए भौतिक वस्तुएँ (Material Things); जैसे—मुद्रा, सुविधाएँ तथा अभौतिक वस्तुएँ (Non-Material Things); जैसे—अच्छा पर्यावरण, सीखने के अवसर, रोजगार, सुरक्षा दोनों की आवश्यकता होती है।

राष्ट्रीय विकास

यदि लोगों के लक्ष्य भिन्न हैं, तो राष्ट्रीय विकास के बारे में उनकी धारणाएँ भी अलग-अलग होंगी। उनके लक्ष्यों में भी आपस में मतभेद हो सकता है। राष्ट्रीय विकास के तहत उन लक्ष्यों को प्राथमिकता दी जाती है, जो बड़े पैमाने पर लोगों को लाभ पहुँचाते हैं। राष्ट्रीय विकास के लिए उचित और न्यायपूर्ण मार्ग चुनने की आवश्यकता है, जिससे बड़ी संख्या में लोगों को लाभ हो।

देश या राज्यों की तुलना

विकास के आधार पर देशों को विकसित (Developed), अविकसित (Under-developed) और विकासशील देशों (Developing Countries) में वर्गीकृत किया गया है।

राष्ट्रीय आय के माध्यम से तुलना

- एक निश्चित समयावधि में देश के सभी मूल निवासियों की कुल आय को राष्ट्रीय आय (National Income) कहा जाता है।
- ऐसे देश, जिनकी कुल आय उच्च है, उन्हें विकसित देश कहा जाता है; जैसे—संयुक्त राज्य अमेरिका, ब्रिटेन एवं जापान। हालाँकि यह एक उपयोगी उपाय नहीं है, क्योंकि देश की आबादी अलग-अलग है और कुल आय की तुलना किसी व्यक्ति द्वारा अर्जित औसत राशि को नहीं बताएगी।

प्रतिव्यक्ति आय के माध्यम से तुलना

- प्रतिव्यक्ति आय (Per Capita Income) किसी देश या राज्य की तुलना करने में सहायक होती है। इसकी गणना देश की कुल आय को कुल जनसंख्या से भाग देकर की जाती है। इसे **औसत आय** (Average Income) भी कहा जाता है।
- इस माध्यम द्वारा आय की तुलना करने में कुछ कमियाँ रह जाती हैं, क्योंकि इसमें असमानताएँ छिप जाती हैं; जैसे—जब लोगों के एक छोटे से समूह में बहुत अधिक आय होती है, तो औसत आय भी उच्च हो जाती है, परंतु यह प्रत्येक व्यक्ति की वास्तविक आय की स्थिति बताने में असमर्थ रहेगा, क्योंकि इससे यह पता ही नहीं चलता है कि आय लोगों में किस प्रकार वितरित है।

प्रतिव्यक्ति आय पर विश्व बैंक की रिपोर्ट

- प्रतिव्यक्ति आय (Per Capita Income, PCI) के आधार पर विश्व बैंक तुलना करने के लिए प्रत्येक वर्ष **विश्व विकास रिपोर्ट** (World Development Report) प्रकाशित करता है। बैंक ने निम्नानुसार देशों को वर्गीकृत किया है
  (i) वर्ष 2019 के अनुसार ऐसे देश, जिनकी प्रतिव्यक्ति आय US $ 49,300 प्रतिवर्ष या उससे अधिक है, उन्हें समृद्ध देश कहा जाता है।
  (ii) ऐसे देश, जिनकी प्रतिव्यक्ति आय US $ 2,500 प्रतिवर्ष या उससे कम है, उन्हें निम्न आय वाला देश कहा जाता है।
- भारत मध्य आय वर्ग के देशों में आता है, क्योंकि उसकी प्रतिव्यक्ति आय वर्ष 2019 में केवल US $ 6,700 प्रतिवर्ष थी।

आय एवं अन्य मापदंड

राष्ट्रों या क्षेत्रों के विकास का स्तर आय के अतिरिक्त अन्य विशेषताओं के आधार पर होना चाहिए। इसे समझने के लिए तीन राज्यों (हरियाणा, केरल व बिहार) के विभिन्न पहलुओं का तुलनात्मक विश्लेषण करते हैं, जो इस प्रकार हैं

राज्य	शिशु मृत्यु दर प्रति 1,000 व्यक्ति (2018)	साक्षरता दर % (2017-18)	निवल उपस्थिति अनुपात (प्रति 100 व्यक्ति) उच्चतर (आयु 14 तथा 15 वर्ष) 2017-18	2018-19 के लिए प्रति व्यक्ति आय (₹)
हरियाणा	30	80	67	2,36,147
केरल	7	96	77	2,04,105
बिहार	32	71	55	40,982

तुलनात्मक सारणी से विकास के निम्न पहलुओं का अध्ययन किया जा सकता है

(i) हरियाणा की **प्रतिव्यक्ति आय** सबसे अधिक है और बिहार की सबसे कम है, जो यह दर्शाता है कि बिहार में रोजगार और आय के स्रोत काफी कम हैं।

(ii) केरल में **शिशु मृत्यु दर** (Infant Mortality Rate, IMR) सबसे कम तथा बिहार में सबसे अधिक है। शिशु मृत्यु दर किसी वर्ष में पैदा हुए 1000 जीवित बच्चों में से एक वर्ष की आयु से पहले मर जाने वाले बच्चों का अनुपात दर्शाती है। केरल में साक्षरता अधिक होने से शिशु मृत्यु दर निम्न है।

(iii) केरल की **साक्षरता दर** (Literacy Rate) सबसे अधिक और बिहार की सबसे कम है। किसी देश या राज्य में 7 वर्ष या उससे अधिक पढ़े-लिखे व्यक्तियों की औसत दर साक्षरता दर कहलाती है। जहाँ साक्षरता दर कम होती है, वहाँ मृत्यु दर व गरीबी अधिक तथा प्रतिव्यक्ति आय निम्न होती है।

(iv) **निवल उपस्थिति अनुपात** (Net Attendance Ratio) सबसे अधिक केरल में है, जबकि बिहार में सबसे कम है। निवल उपस्थिति अनुपात 14 तथा 15 वर्ष की आयु के स्कूल जाने वाले कुल बच्चों का उस आयु वर्ग के कुल बच्चों के साथ प्रतिशत है।

इन पहलुओं से स्पष्ट है कि प्रतिव्यक्ति आय विकास के विषय में फैसला करने के लिए सर्वोत्तम मापदंड नहीं है। अन्य मूलभूत सुविधाएँ और रहन-सहन की गुणवत्ता के आधार पर भी विकास के आँकड़ों को ज्ञात किया जा सकता है।

चेक प्वॉइंट 01

1. विकास का अर्थ बताइए।
2. विकास का महत्त्वपूर्ण घटक क्या है?
3. प्रतिव्यक्ति आय किसकी तुलना करने में सहायक है?
4. विश्व विकास रिपोर्ट कौन प्रकाशित करता है?
5. निवल उपस्थिति अनुपात सबसे अधिक ······ राज्य का है।

सार्वजनिक सुविधाएँ

अधिक औसत आय या मुद्रा से जीवन के लिए उचित आवश्यक वस्तुएँ खरीदी जा सकती हैं, परंतु जीवन जीने के लिए अन्य वस्तुओं; जैसे—प्रदूषण मुक्त वातावरण, बिना मिलावट की दवाइयाँ या बीमारियों से सुरक्षा आदि की आवश्यकता भी होती है।

ऐसे राज्य, जिनमें पर्याप्त सार्वजनिक सुविधाएँ उपलब्ध हैं, वहाँ उन्नति अधिक है। स्वास्थ्य और शिक्षा की मौलिक सुविधाएँ पर्याप्त मात्रा में उपलब्ध होने के कारण केरल में शिशु मृत्यु दर कम और साक्षरता दर अधिक है।

ऐसे राज्य जहाँ **सार्वजनिक वितरण प्रणाली** (Public Distribution System, PDS) उचित प्रकार से कार्य करती है, वहाँ के लोगों का स्वास्थ्य और पोषण स्तर निश्चित रूप से अच्छा होने की संभावना रहती है।

शरीर द्रव्यमान सूचकांक

- पोषण (Nutrition) भी विकास का एक महत्त्वपूर्ण पहलू है। अंतर्राष्ट्रीय स्तर पर कोई वयस्क व्यक्ति अल्पपोषित (Undernourished) है या नहीं, यह निर्धारित करने के लिए शरीर द्रव्यमान सूचकांक (Body Mass Index, BMI) का प्रयोग किया जाता है।
- एक व्यक्ति के वजन को उसकी ऊँचाई के वर्ग के द्वारा भाग देने पर जो अनुपात मिलता है, उसे शरीर द्रव्यमान सूचकांक कहा जाता है।

अर्थात् $\text{BMI} = \dfrac{\text{व्यक्ति का भार (किग्रा)}}{\text{ऊँचाई (मी)}^2}$

उदाहरण के लिए, यदि एक लड़की की आयु 14 वर्ष 8 माह है और उसका शरीर द्रव्यमान सूचकांक 15.2 है, तो वह अल्पपोषित है। इसी प्रकार, यदि एक लड़के की आयु 15 वर्ष 6 महीने है और उसका शरीर द्रव्यमान सूचकांक 28 है, तो वह न्यूनभारित (Overweight) होगा।

मानव विकास रिपोर्ट

- संयुक्त राष्ट्र विकास कार्यक्रम (United Nation Development Programme, UNDP) द्वारा प्रकाशित मानव विकास रिपोर्ट विकास को मापने के सर्वोत्तम तरीकों में से एक है। यह रिपोर्ट तीन मानदंडों के आधार पर देशों की तुलना करती है
  (i) जीवित मानक (प्रतिव्यक्ति आय)
  (ii) स्वास्थ्य की स्थिति (जीवन प्रत्याशा)
  (iii) लोगों का शैक्षिक स्तर (साक्षरता दर और नामांकन अनुपात)
- मानव विकास रिपोर्ट, 2019 के अनुसार भारत की रैंकिंग 129 थी, जिसमें मापने के लिए सार्वजनिक स्वास्थ्य, शिक्षा, गरीबी, पर्यावरण आदि पहलुओं को समझने का प्रयास किया गया। मानव विकास रिपोर्ट 2020 के अनुसार, भारत का स्थान विश्व में 130वाँ (189 देशों में) है।

विकास की धारणीयता

विकास का तात्पर्य केवल वर्तमान को खुशहाल बनाने से नहीं है, बल्कि आने वाली पीढ़ियों के लिए एक बेहतर भविष्य बनाना भी है। धारणीयता का अर्थ होता है—ऐसा विकास करना जो आने वाले कई वर्षों तक सतत चलता रहे, लेकिन यह तभी संभव है जब हम संसाधनों का दोहन करने के बजाए उनका विवेकपूर्ण प्रयोग करते हैं। पिछली सदी में दुनिया में औद्योगीकरण एवं स्थायी विकास का मुद्दा तेजी से उभरा है। यह महसूस किया जाता है कि आर्थिक विकास और औद्योगीकरण ने प्राकृतिक संसाधनों का बहुत शोषण किया है। स्थिरता प्राकृतिक संसाधनों के तर्कसंगत उपयोग को बढ़ावा देती है, लेकिन यदि हम तेजी से आर्थिक विकास के लालच में उनका उपयोग करते हैं, तो यह धारणीय विकास के प्रतिकूल होगा।

उदाहरण के लिए, लोहा, सोना, चाँदी या कोयले के अत्यधिक खनन और कच्चे तेल की निकासी से इन संसाधनों के शेयरों में कमी आ जाती है। कारखानों से निकलने वाला धुआँ और अन्य जहरीली गैसें पर्यावरण प्रदूषण का कारण हैं। पानी और वायु प्रदूषण की समस्या लोगों को प्रभावित कर रही है तथा इससे भविष्य की पीढ़ियों का जीवन भी प्रभावित होगा।

पर्यावरण गिरावट और सतत विकास

प्राकृतिक संसाधनों के प्रबंधन या अनुचित ढंग से दोहन से पर्यावरण में गिरावट परिलक्षित होती है। यह गिरावट राज्य या राष्ट्र की सीमा से परे अर्थात् वैश्विक होती है। वर्तमान भौतिकवादी युग में मनुष्य अपने लोभ के कारण प्रकृति को नुकसान पहुँचा रहा है। अत: प्राकृतिक प्रकोप को देखते हुए अब धारणीय विकास की चर्चा शुरू हो गई है। धारणीय या सतत विकास से तात्पर्य प्राकृतिक संसाधनों का नियोजित एवं विवेकपूर्ण ढंग से उपयोग करते हुए अपनी भावी पीढ़ियों के लिए भी संसाधनों को बचाकर रखना है जिससे भावी पीढ़ियाँ उसका उपयोग कर सकें। पर्यावरणीय गिरावट को निम्न रूपों में देखा जा सकता है

(i) **भारत में भू-जल** (Groundwater in India) देश का लगभग एक-तिहाई भाग, भूमिगत जल भंडारों का अति उपयोग कर रहा है। भूमिगत जल का अति उपयोग विशेष रूप से पंजाब और पश्चिमी उत्तर प्रदेश के कृषि की दृष्टि से समृद्ध क्षेत्रों, मध्य और दक्षिणी भारत के चट्टानी पठारी क्षेत्रों, कुछ तटवर्ती क्षेत्रों तथा तेजी से विकसित होती शहरी बस्तियों में किया जाता है।

(ii) **प्राकृतिक संसाधनों का ह्रास** (Exhaustion of Natural Resource) वैश्विक ऊर्जा की जून, 2018 की रिपोर्ट के अनुसार यदि कच्चे तेल का उपयोग वर्तमान दर पर जारी रहा, तो इसके भंडार अगले 50 वर्षों में समाप्त हो जाएँगे।

संपूर्ण विश्व पर्यावरण में गिरावट के परिणाम का सामना कर रहा है, क्योंकि यह परिणाम राष्ट्रीय और राज्य सीमाओं द्वारा निर्धारित नहीं होता। वैज्ञानिक, अर्थशास्त्री, दार्शनिक और अन्य सामाजिक वैज्ञानिक मिलकर सतत विकास के लिए कार्य कर रहे हैं।

चेक प्वॉइंट 02

1. *शरीर द्रव्यमान सूचकांक से क्या तात्पर्य है?*
2. *मानव विकास रिपोर्ट किसके द्वारा प्रकाशित की जाती है?*
3. *मानव विकास रिपोर्ट देशों की तुलना ········ के आधार पर करती है।*
4. *भू-जल का अति दोहन भारत के किन राज्यों में सबसे अधिक हुआ है?*

इन्हें भी जानें

- ***आर्थिक विकास** (Economic Development)* आर्थिक विकास एक प्रक्रिया है, जिसके द्वारा किसी अर्थव्यवस्था की 'वास्तविक राष्ट्रीय आय' में दीर्घकालिक वृद्धि होती है।
- ***राष्ट्रीय आय** (National Income)* एक निश्चित समयावधि में देश के सभी मूल निवासियों की कुल आय को राष्ट्रीय आय (National Income) कहा जाता है।
- ***औसत आय या प्रतिव्यक्ति आय** (Average Income or Per Capita Income)* किसी देश की कुल राष्ट्रीय आय को कुल जनसंख्या से विभाजित करने पर प्राप्त आय 'औसत आय' या 'प्रतिव्यक्ति आय' कहलाती है।
- ***राष्ट्रीय विकास** (National Development)* व्यक्तियों के विभिन्न लक्ष्यों को विशेष नीतियों तथा कार्यक्रमों द्वारा न्यायपूर्ण तरीके से संपन्न कराने की कोशिश ही 'राष्ट्रीय विकास' कहलाती है।
- ***जीवन प्रत्याशा** (Life Expectancy)* किसी देश या राज्य में लोगों की औसत आयु 'जीवन प्रत्याशा' कहलाती है।
- ***शिशु मृत्यु दर** (Infant Mortality Rate)* किसी देश या राज्य में प्रतिवर्ष प्रति 1,000 जीवित बच्चों में से एक वर्ष की आयु से पहले मृत्यु को प्राप्त बच्चों का अनुपात 'शिशु मृत्यु दर' कहलाता है।
- ***सकल नामांकन अनुपात** (Gross Enrollment Ratio)* स्कूली शिक्षा के तीन स्तरों (प्राथमिक, माध्यमिक व उच्च) के लिए नामांकन अनुपात का कुल योग उस देश या राज्य का 'सकल नामांकन अनुपात' कहलाता है।
- ***नवीकरणीय संसाधन** (Renewable Resource)* वे संसाधन, जिनका एक बार प्रयोग करने पर वे समाप्त नहीं होते, बल्कि उनका प्रयोग दोबारा किया जा सकता है।
- ***अनवीकरणीय संसाधन** (Non-Renewable Resource)* वे सीमित संसाधन, जिनका एक बार प्रयोग करने पर वे स्वतः समाप्त हो जाते हैं तथा उनकी पुनः पूर्ति संभव नहीं है।
- ***मानव विकास** (Human Development)* मानव विकास से तात्पर्य व्यक्ति के सृजनात्मक विकास से है, जिसमें व्यक्ति अपनी आवश्यकताओं की पूर्ति हेतु अग्रसर दिखाई देता है।
- ***संयुक्त राष्ट्र विकास कार्यक्रम** (United Nation Development Programme, UNDP)* यह कार्यक्रम वर्ष 1990 से प्रतिवर्ष मानव विकास सूचकांक के विभिन्न प्रतिमानों सहित उनका मूल्यांकन कर उनके प्रस्तुतीकरण का कार्य कर रहा है।

NCERT फोल्डर

1. सामान्यतः किसी देश का विकास किस आधार पर निर्धारित किया जा सकता है?

(a) प्रतिव्यक्ति आय (b) औसत साक्षरता दर
(c) लोगों की स्वास्थ्य स्थिति (d) ये सभी

उत्तर (d) ये सभी

2. निम्नलिखित पड़ोसी देशों में से मानव विकास की दृष्टि से किस देश की स्थिति भारत से बेहतर है?

(a) बांग्लादेश (b) श्रीलंका
(c) नेपाल (d) पाकिस्तान

उत्तर (b) श्रीलंका

3. मान लीजिए कि एक देश में चार परिवार हैं। इन परिवारों की प्रतिव्यक्ति आय ₹ 5,000 है। अगर तीन परिवारों की आय क्रमशः ₹ 4,000, 7,000 और 3,000 है, तो चौथे परिवार की आय क्या है?

(a) ₹ 7,500 (b) ₹ 3,000
(c) ₹ 2,000 (d) ₹ 6,000

उत्तर (d) कुल परिवार 4

∵ प्रत्येक परिवार की प्रतिव्यक्ति आय = 5,000

∴ 4 परिवार की कुल प्रतिव्यक्ति आय = 5,000 × 4 = 20,000

∴ तीनों परिवार की कुल आय = 4000 + 7000 + 3000 = 14000

∴ चौथे परिवार की प्रतिव्यक्ति आय

4 परिवार की प्रतिव्यक्ति आय − 3 परिवार की प्रतिव्यक्ति आय

= 20,000 − 14,000 = 6000

∴ चौथे परिवार की प्रतिव्यक्ति आय = ₹ 6,000

4. विश्व बैंक विभिन्न वर्गों का वर्गीकरण करने के लिए किस प्रमुख मापदंड का प्रयोग करता है? इस मापदंड की सीमाएँ क्या हैं?

उत्तर विश्व बैंक विभिन्न वर्गों का वर्गीकरण करने के लिए सकल राष्ट्रीय आय या प्रतिव्यक्ति आय मापदंड का प्रयोग करता है। विश्व बैंक की विश्व विकास रिपोर्ट, 2019 के अनुसार, विश्व की अर्थव्यवस्था (देश) को दो प्रमुख वर्गों में विभाजित किया गया है

(i) वर्ष 2019 के अनुसार ऐसे देश, जिनकी प्रतिव्यक्ति आय US $ 49,300 प्रतिवर्ष या उससे अधिक है, उन्हें समृद्ध देश कहा जाता है।

(ii) ऐसे देश, जिनकी प्रतिव्यक्ति आय US $ 2,500 प्रतिवर्ष या उससे कम है, उन्हें निम्न आय वाला देश कहा जाता है।

मापदंड की सीमाएँ इस प्रकार हैं

- विभिन्न देशों के वर्गीकरण का आधार, राष्ट्रीय आय को एक उपयोगी मापदंड नहीं माना जा सकता, क्योंकि विभिन्न देशों की जनसंख्या भिन्न होती है।

- कुछ व्यक्ति अत्यंत समृद्ध होते हैं और कुछ अत्यंत वंचित वर्ग। इस तरह व्यक्तियों के बीच असमान आय के वितरण से औसत व्यक्ति की आय का पता नहीं चल पाता।
- इस प्रकार यह विधि किसी देश की उचित स्थिति बताने में असक्षम है।
- यह मापदंड लोगों के बीच की असमानताओं को छुपाता है, इसलिए इसे एक बेहतर मापदंड नहीं माना जा सकता।

5. विकास मापने का संयुक्त राष्ट्र विकास कार्यक्रम का मापदंड किन पहलुओं में विश्व बैंक के मापदंड से अलग है?

अथवा **विकास मापने का संयुक्त राष्ट्रीय विकास कार्यक्रम (यूएनडीपी) का मापदंड किन आधारों पर विश्व बैंक मापदंड से भिन्न है? स्पष्ट कीजिए।** **CBSE 2020**

उत्तर संयुक्त राष्ट्र विकास कार्यक्रम देशों की तुलना उस देश के लोगों के शैक्षिक स्तर, जीवन प्रत्याशा (स्वास्थ्य) और प्रतिव्यक्ति आय (प्रतिवर्ष) के आधार पर करता है अर्थात् किसी देश को विकसित देश की श्रेणी में तभी माना जाएगा, जब वह इन तीनों स्तरों पर स्वयं को विकसित पाएगा, किंतु विकास को मापने के लिए विश्व बैंक द्वारा उपयोग किया जाने वाला मापदंड केवल प्रतिव्यक्ति अथवा औसत आय है। संक्षेप में संयुक्त राष्ट्र विकास कार्यक्रम द्वारा विकास मापने के लिए मानव विकास के विभिन्न प्रतिमानों को उपयोग में लाया जाता है, जबकि विश्व बैंक द्वारा केवल आर्थिक विकास का मापन किया जाता है।

6. हम औसत का प्रयोग क्यों करते हैं? इनके प्रयोग करने की क्या कोई सीमाएँ हैं? विकास से जुड़े अपने उदाहरण देकर स्पष्ट कीजिए। **CBSE 2018**

उत्तर हम औसत का प्रयोग इसलिए करते हैं, क्योंकि यह दो देशों की आर्थिक स्थिति को जानने का सबसे सरल मापदंड है। किसी देश की कुल आय को यदि उसकी कुल जनसंख्या से भाग दिया जाए, तो हमें उसकी औसत आय प्राप्त हो जाती है। उदाहरण के लिए, दो देश 'क' और 'ख' लेते हैं। सरलता के लिए दोनों देशों में 5 निवासियों की मासिक आय को लेते हैं।

देश 'क' में, इसके 5 नागरिकों द्वारा अर्जित आय 9500, 10,500, 9800, 10,000 और 10,200 है। देश 'ख' में, इसके 5 नागरिकों द्वारा अर्जित आय 500, 500, 500, 500 और 48,000 है। दोनों देशों की औसत आय 10,000 है, लेकिन यह स्पष्ट रूप से देखा जा सकता है कि देश 'ख' में आय समान रूप से विभाजित नहीं है। केवल एक व्यक्ति अमीर है, जबकि बाकी 4 गरीब हैं, इसलिए औसत आय यह नहीं बताती कि आय कैसे वितरित की जाती है।

7. प्रतिव्यक्ति आय कम होने पर भी केरल का मानव विकास क्रमांक महाराष्ट्र से ऊँचा है, इसलिए प्रतिव्यक्ति आय एक उपयोगी मापदंड बिल्कुल नहीं है और राज्यों की तुलना के लिए इसका उपयोग नहीं करना चाहिए। क्या आप सहमत हैं? चर्चा कीजिए।

उत्तर किसी भी राज्य के विकास हेतु प्रतिव्यक्ति आय एक उचित मापदंड नहीं है। मानव विकास क्रमांक का आधार प्रतिव्यक्ति आय बिल्कुल भी नहीं होना चाहिए। मानव विकास मापन हेतु कई आधारभूत स्तंभ हैं। उस राज्य में शिशु मृत्यु दर की स्थिति क्या है? उस राज्य की साक्षरता दर कैसी है? तथा उस राज्य में बच्चों की प्राथमिक व माध्यमिक स्तर पर कक्षा में उपस्थिति का मूल्यांकन आदि।

8. भारत के लोगों द्वारा ऊर्जा के किन स्रोतों का प्रयोग किया जाता है? ज्ञात कीजिए। अब से 50 वर्ष पश्चात् क्या संभावनाएँ हो सकती हैं?

उत्तर भारत में ऊर्जा के निम्नलिखित स्रोतों का प्रयोग किया जाता है–मानव संसाधन, पशु संसाधन, कोयला, विद्युत (ताप और जल), पेट्रोल, डीजल, मिट्टी का तेल, सौर ऊर्जा, प्राकृतिक ऊर्जा और परमाणु शक्ति ऊर्जा।

अब से 50 वर्षों के पश्चात् संभावनाएँ यह हैं कि पेट्रोलियम और पेट्रोलियम उत्पादों जैसे ऊर्जा के कुछ स्रोतों की कमी के संकट का सामना भारत को करना होगा। आज भी भारत विदेशों से आयातित तेल पर निर्भर है, क्योंकि आज तक उसके पास पर्याप्त भंडार नहीं हैं। तेल और उससे संबंधित वस्तुओं की बढ़ती कीमतें प्रत्येक के लिए बोझ बन रही हैं। भारत को सौर ऊर्जा का उपयोग ऊर्जा के एक प्रमुख स्रोत के रूप में करना होगा या नए विकल्प ढूँढने होंगे।

9. धारणीयता का विषय विकास के लिए क्यों महत्त्वपूर्ण है?

अथवा **धारणीयता का मुद्दा विकास के लिए किस प्रकार महत्त्वपूर्ण है? उदाहरण सहित व्याख्या कीजिए।** **CBSE 2023, 18**

अथवा **विकास के लिए धारणीयता (सतत पोषणीय) महत्त्वपूर्ण क्यों है? स्पष्ट कीजिए।** **CBSE 2020**

अथवा **''वर्तमान समय में विकास की धारणीयता एक निर्णायक पहलू है।'' इस कथन की उदाहरण सहित पुष्टि कीजिए।**
CBSE Compartment 2020

उत्तर धारणीयता से तात्पर्य ऐसे विकास से होता है, जो सतत चलता रहे। धारणीयता का विषय विकास के लिए इसलिए महत्त्वपूर्ण है, क्योंकि धारणीयता के अभाव में विकास का कोई मूल्य नहीं रह जाएगा। जब हम धारणीयता का ध्यान किए बगैर प्राकृतिक संसाधनों का अविवेकपूर्ण ढंग से प्रयोग करेंगे, तो यह हमारी आने वाली पीढ़ियों के लिए एक समस्याप्रद स्थिति पैदा कर देगा। अतः हमें अपने विकास के साथ-साथ भावी पीढ़ियों के लिए संसाधनों को बनाए रखना है।

धारणीयता का विषय वर्तमान पीढ़ी के विकास के साथ-साथ भावी पीढ़ियों के विकास का ध्यान रखता है।

उदाहरण, यदि हम अपने उपयोग हेतु अंधाधुंध वृक्षों की कटाई करें और वृक्षारोपण न करें, तो यह हमारी भावी पीढ़ियों के लिए हानिकारक होगा और धारणीय विकास के विरुद्ध होगा।

10. ''धरती के पास सब लोगों की आवश्यकताओं को पूरा करने के लिए पर्याप्त संसाधन हैं, लेकिन एक भी व्यक्ति के लालच को पूरा करने के लिए पर्याप्त संसाधन नहीं हैं।'' यह कथन विकास की चर्चा में कैसे प्रासंगिक है? चर्चा कीजिए।

उत्तर पृथ्वी पर पर्याप्त संसाधन उपलब्ध हैं, जिन्हें मनुष्य अपनी आवश्यकताओं के अनुसार प्रयोग में लाता है, लेकिन ये पर्याप्त संसाधन सीमित मात्रा में उपलब्ध हैं। अतएव मनुष्य को इनका प्रयोग एक सीमा तक करना चाहिए। यदि इन संसाधनों का प्रयोग निजी लाभ हेतु किया गया, तो हो सकता है कि यह एक व्यक्ति के निजी स्वार्थ तक ही सीमित रह जाएँ।

अतः उपरोक्त कथन इसी प्रासंगिकता की ओर ध्यान आकर्षित करता है। निजी स्वार्थ की पूर्ति से ये संसाधन शीघ्र समाप्त हो जाएँगे और विकास की रफ्तार धीमी पड़ जाएगी।

11. पर्यावरण में गिरावट के कुछ ऐसे उदाहरणों की सूची बनाइए, जो आपने अपने आस-पास देखे हों।

उत्तर पर्यावरण में गिरावट के कुछ उदाहरण निम्नलिखित हैं

- मृदा अपरदन।
- रासायनिक उर्वरकों और कीटनाशकों के उपयोग से जल प्रदूषण।
- भू-जल के स्तर में गिरावट।
- गाड़ियों और कारखानों से निकलने वाले धुएँ के द्वारा ध्वनि प्रदूषण और वायु प्रदूषण।
- वनों का कटाव किया जा रहा है, जिससे जंगली जानवरों का आवास भी छिन रहा है और साथ ही इनका शिकार भी किया जा रहा है।

12. दी गई तालिका में प्रत्येक मद के लिए ज्ञात कीजिए कि कौन-सा देश सबसे ऊपर है और कौन-सा सबसे नीचे?

देश	सकल राष्ट्रीय आय प्रतिव्यक्ति अमेरिकी डॉलर में (2017 क्रयशक्ति क्षमता)	जन्म के समय संभावित आयु	विद्यालयी औसत आयु 25 वर्ष या उससे अधिक	विश्व में मानव विकास सूचकांक (HDI) का क्रमांक (2018)
श्रीलंका	12,707	75.5	10.6	73
भारत	6,681	68.8	6.5	130
म्यांमार	4,961	66.7	5.0	148
पाकिस्तान	5,005	66.6	5.2	154
नेपाल	3,457	70.6	5.0	143
बांग्लादेश	4,976	72.8	6.2	134

उत्तर

मापदंड	सबसे ऊपर	सबसे नीचे
1. सकल राष्ट्रीय आय प्रतिव्यक्ति अमेरिकी डॉलर में (2017 पीपीपी)	श्रीलंका	नेपाल
2. जन्म के समय संभावित आयु	श्रीलंका	पाकिस्तान
3. विद्यालयी औसत आयु 25 वर्ष या उससे अधिक	श्रीलंका	म्यांमार व नेपाल
4. मानव विकास सूचकांक (2018)	श्रीलंका	पाकिस्तान

13. नीचे दी गई तालिका में भारत में वयस्कों (15-49 वर्ष आयु वाले) जिनका बी एम आई सामान्य से कम है। (बी एम आई $< 18.5\ kg/m^2$) का अनुपात दिखाया गया है। यह वर्ष 2015-16 में देश के विभिन्न राज्यों के एक सर्वेक्षण पर आधारित है। तालिका का अध्ययन करके निम्न प्रश्नों का उत्तर दीजिए

राज्य	पुरुष (%)	महिला (%)
केरल	8.5	10
कर्नाटक	17	21
मध्य प्रदेश	28	28
सभी राज्य	20	23

(a) केरल और मध्य प्रदेश के लोगों के पोषण स्तरों की तुलना कीजिए।

(b) क्या आप अंदाजा लगा सकते हैं कि देश में लगभग हर पाँच में से एक व्यक्ति अल्पपोषित क्यों है? यद्यपि यह तर्क दिया जाता है कि देश में पर्याप्त खाद्य है? अपने शब्दों में विवरण दीजिए।

उत्तर (a) मध्य प्रदेश की तुलना में केरल के लोगों का पोषण स्तर बेहतर है। इसका तात्पर्य यह है कि केरल की अधिकांश आबादी मध्य प्रदेश की तुलना में अपनी भोजन आवश्यकताओं को पूरा करने में अधिक समर्थ है। केरल में पौष्टिक आहार के अभाव में पुरुष एवं महिला का प्रतिशत जहाँ क्रमशः 8.5% और 10% है, वहीं मध्य प्रदेश में यह पुरुष एवं महिलाओं दोनों में बढ़कर 28% हो गया है।

(b) यहाँ सरलतापूर्वक अंदाजा लगाया जा सकता है कि देश के लगभग हर पाँच में से एक व्यक्ति अल्पपोषित है, क्योंकि देश में गरीबी अधिक है। देश में पर्याप्त खाद्य की उपलब्धता के होते हुए भी इसके कुछ निम्न कारण हैं

(i) अकुशल वितरण प्रबंधन

(ii) जन वितरण प्रणाली की खराब स्थिति।

(iii) स्वास्थ्य सुविधाओं की कमी

(iv) खाद्य उत्पादन का असमान वितरण

परीक्षा अभ्यास

वस्तुनिष्ठ प्रश्न

बहुविकल्पीय प्रश्न

1. विकास का पहलू निम्न में से कौन-सा है?
(a) स्वतंत्रता
(b) लोगों के लिए विकास लक्ष्य भिन्न
(c) सतत आर्थिक विकास
(d) औसत आय

उत्तर (b) लोगों के लिए विकास लक्ष्य भिन्न

2. विभिन्न देशों की प्रतिव्यक्ति आय को किस मुद्रा में मापा जाता है?
(a) पौंड (b) दिनार
(c) यू एस डॉलर (d) रुपया

उत्तर (c) यू एस डॉलर

3. प्रतिव्यक्ति आय को अन्य किस नाम से जाना जाता है?
(a) सीमांत आय (b) व्यय आय
(c) मानव विकास (d) औसत आय

उत्तर (d) औसत आय

4. निम्नलिखित संस्थाओं में से कौन-सी विश्व विकास रिपोर्ट तैयार करती है? **CBSE 2023**
(a) विश्व बैंक (b) अंतर्राष्ट्रीय मुद्रा कोष
(c) विश्व स्वास्थ्य संगठन (d) अंतर्राष्ट्रीय श्रम संगठन

उत्तर (a) विश्व बैंक

5. किस राज्य की प्रतिव्यक्ति आय सर्वाधिक है?
(a) केरल (b) हरियाणा
(c) बिहार (d) उत्तर प्रदेश

उत्तर (b) हरियाणा

6. मानव विकास सूचकांक के मापदंड में सम्मिलित है
(a) जीवित मानक (b) जीवन प्रत्याशा
(c) साक्षरता (d) ये सभी

उत्तर (d) ये सभी

7. निवल उपस्थिति अनुपात सबसे कम किस राज्य का है?
(a) केरल (b) बिहार
(c) उत्तर प्रदेश (d) पंजाब

उत्तर (b) बिहार

8. मानव विकास रिपोर्ट किस संस्था द्वारा जारी की जाती है?
(a) विश्व बैंक (b) आईएमएफ
(c) यूएनडीपी (d) डब्ल्यूटीओ

उत्तर (c) यूएनडीपी

9. निम्नलिखित में से कौन-सा कारक मुख्य रूप से भारत में भूमिगत जल स्तर के निम्न (कम) होने के लिए उत्तरदायी पाया जाता है? **CBSE Term I 2021**
(a) सिंचाई (b) औद्योगीकरण
(c) शहरीकरण (d) अति-उपयोग

उत्तर (d) अति-उपयोग

10. निम्नलिखित में से कौन-सी एक विशेषता मानव विकास सूचकांक (एच डी आई) के संबंध में सही व्याख्या करती है? **CBSE Term I 2021**
(a) विज्ञान तथा सूचना एवं प्रौद्योगिकी के क्षेत्र में प्रगति
(b) शिक्षा, स्वास्थ्य तथा राष्ट्रीय आय में प्रगति
(c) सूचना तथा जनसंचार के क्षेत्र में प्रगति
(d) निवेश, वित्तीय व्यवस्था तथा तकनीकी के क्षेत्र में प्रगति

उत्तर (b) शिक्षा, स्वास्थ्य तथा राष्ट्रीय आय में प्रगति

11. पर्यावरण गिरावट तथा सतत विकास के संबंध में निम्नलिखित में से कौन-सा कथन सही नहीं है?
(a) प्राकृतिक संसाधनों के प्रबंधन या अनुचित ढंग से दोहन से पर्यावरण में गिरावट परिलक्षित होती है
(b) वर्तमान भौतिकवादी युग में मनुष्य अपने लोभ के कारण प्रकृति का बड़े स्तर पर नुकसान पहुँचा रहा है
(c) भूमिगत जल का अधिक उपयोग विशेष रूप से बिहार जैसे पिछड़े राज्यों में होता है
(d) सतत विकास से आशय होता है–प्राकृतिक संसाधनों का विवेकपूर्ण उपयोग तथा नियोजित प्रबंधन करना

उत्तर (c) भूमिगत जल का अधिक उपयोग विशेष रूप से बिहार जैसे पिछड़े राज्यों में होता है

12. निम्न कथनों पर विचार कीजिए
1. अलग-अलग लोगों के लिए विकास के लक्ष्य भिन्न-भिन्न हो सकते हैं।
2 भौतिक वस्तुएँ एक कारक होती हैं, जिस पर हमारा जीवन निर्भर होता है।

उपर्युक्त कथन/कथनों में से कौन-सा/से सही है/हैं?
(a) केवल 1 (b) केवल 2
(c) 1 और 2 दोनों (d) इनमें से कोई नहीं

उत्तर (c) 1 और 2 दोनों

13. निम्नलिखित कथनों पर विचार कीजिए
1. विकास को मानकों के आधार पर विश्व के देशों को विकसित, अविकसित तथा विकासशील देशों में वर्गीकृत किया जाता है।

2. जापान एशिया का एकमात्र ऐसा देश है, जिसे विकासशील देश के वर्ग में रखा जाता है।
3. एक निश्चित समयावधि में देश के सभी मूल निवासियों की कुल आय राष्ट्रीय आय कहलाती है।
4. विकासशील देशों की प्रतिव्यक्ति आय सामान्यत: उच्च होती है।

उपरोक्त में से कौन-सा कथन सही है?

(a) केवल 2 (b) 1 और 2
(c) 1 और 3 (d) ये सभी

उत्तर (c) 1 और 3

14. निम्नलिखित कथनों पर विचार कीजिए
1. विकास की अवधारणा किसी देश के सर्वांगीण विकास पर निर्भर करती है।
2. विकास के लक्ष्य सभी लोगों के लिए एक न होकर अलग-अलग हो सकते हैं।
3. एक व्यक्ति के लिए किया गया विकास दूसरे व्यक्ति के लिए विनाशकारी भी हो सकता है।

उपरोक्त में से कौन-सा/से कथन विकास की अवधारणा के संबंध में सही है/हैं?

कूट

(a) केवल 1 (b) 1 और 2
(c) 2 और 3 (d) ये सभी

उत्तर (d) ये सभी

15. नीचे दी गई विशेषताओं (तथ्यों) का अध्ययन कीजिए तथा सही विकल्प की पहचान कीजिए।
- यह किसी भी देश अथवा राज्य की तुलना में सहायक है।
- इसकी गणना देश की कुल आय को कुल जनसंख्या से भाग देकर की जाती है।
- इससे यह ज्ञात करना कठिन होता है कि आय लोगों में किस प्रकार वितरित है।

(a) प्रतिव्यक्ति आय (b) राष्ट्रीय आय
(c) सकल घरेलू उत्पाद (d) निवल राष्ट्रीय आय

उत्तर (a) प्रतिव्यक्ति आय

16. नीचे दी गई विशेषताओं (तथ्यों) का अध्ययन कीजिए तथा सही विकल्प की पहचान कीजिए।
- विकास का तात्पर्य केवल वर्तमान को खुशहाल बनाना नहीं, बल्कि आने वाली पीढ़ियों के लिए एक बेहतर भविष्य बनाना होता है।
- धारणीयता का अर्थ होता है—ऐसा विकास करना, जो आने वाले कई वर्षों तक सतत चलता रहे।
- यह विकास तभी संभव होता है, जब हम संसाधनों का दोहन करने के बजाए उनका विवेकपूर्ण प्रयोग करते हैं।

(a) मानव विकास (b) आर्थिक विकास
(c) विकास की धारणीयता (d) राष्ट्रीय विकास

उत्तर (c) विकास की धारणीयता

17. निम्न में से सही युग्म की पहचान कीजिए **CBSE 2020**

(a) पंजाब के समृद्ध किसान — काम करने के अधिक दिन तथा बेहतर मजदूरी
(b) भूमिहीन ग्रामीण मजदूर — सिंचाई के लिए अतिरिक्त साधनों की उपलब्धता
(c) किसान जो खेती के लिए केवल वर्षा पर निर्भर हैं। — किसानों को उनकी उपज के लिए अधिक समर्थन मूल्य
(d) शहर के अमीर परिवार की एक लड़की — उसे अपने भाई के समान आजादी मिलती है।

उत्तर (d) शहर के अमीर परिवार की एक लड़की — उसे अपने भाई के समान आजादी मिलती है।

18. मानव विकास के मानदंडों के आधारों के संबंध में दिए गए समूहों में कौन-सा समूह भिन्न है?

(a) प्रतिव्यक्ति आय, जीवन प्रत्याशा, शैक्षिक स्तर
(b) नामांकन अनुपात, सकल घरेलू उत्पाद, जीवन प्रत्याशा
(c) संसाधनों की उपलब्धता, स्वास्थ्य, प्रतिव्यक्ति आय
(d) जीवन स्तर, उपभोग स्तर, शैक्षिक स्तर

उत्तर (a) प्रतिव्यक्ति आय, जीवन प्रत्याशा, शैक्षिक स्तर

सुमेलित करें

19. सुमेलित कीजिए

सूची I	सूची II
A. प्रतिव्यक्ति आय	1. संयुक्त राष्ट्र विकास कार्यक्रम
B. राष्ट्रीय आय	2. औसत आय
C. शरीर द्रव्यमान सूचकांक	3. कुल आय
D. मानव विकास सूचकांक	4. व्यक्तिभार

कूट

	A	B	C	D		A	B	C	D
(a)	1	2	3	4	(b)	1	3	4	2
(c)	3	4	1	2	(d)	2	3	4	1

उत्तर (d) 2 3 4 1

रिक्त स्थान भरें

20. राज्य में गरीब लोगों को बेहतर पोषण स्तर सुनिश्चित करने के लिए कम कीमत पर ………… के माध्यम से खाद्य सामग्री उपलब्ध कराई जाती है।

उत्तर सार्वजनिक वितरण प्रणाली

21. प्राकृतिक संसाधनों का संतुलित उपयोग, जिससे भविष्य की पीढ़ियाँ उनका उपयोग कर सकें ……… को परिभाषित करता है।

उत्तर धारणीय विकास

22. सरकार द्वारा जो सुविधाएँ उपलब्ध कराई जाती हैं, उसे ………… कहते हैं।

उत्तर सार्वजनिक सुविधाएँ

23. मानव विकास सूचकांक रिपोर्ट .... द्वारा प्रकाशित की जाती है।

उत्तर संयुक्त राष्ट्र विकास कार्यक्रम (UNDP)

24. भारत में मानव विकास सूचकांक (एच डी आई) का स्तर .... के माध्यम से सुधारा जा सकता है। **CBSE 2020**

उत्तर शिक्षा, स्वास्थ्य तथा आय के स्तर में वृद्धि

चित्र आधारित प्रश्न

25. नीचे दिए गए चित्र में कैसे व्यक्तियों के देशों को दर्शाया गया है? उनकी पहचान कीजिए।

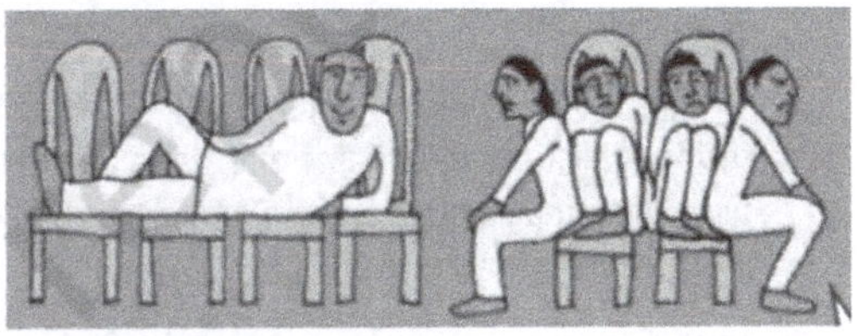

(a) गरीब व्यक्तियों का देश
(b) अमीर व्यक्तियों का देश
(c) अमीर तथा गरीब व्यक्तियों का देश
(d) कमजोर व्यक्तियों का देश

उत्तर (c) अमीर तथा गरीब व्यक्तियों का देश

केस आधारित प्रश्न

26. एक बिजली कंपनी अधिक-से-अधिक बिजली उत्पादन के लिए बाँध बनाना चाहती है, जबकि दूसरी तरफ बाँध के निर्माण से लोगों का जीवन अस्त-व्यस्त हो सकता है एवं उनकी आजीविका नष्ट हो सकती है। इस कथन के आधार पर निम्न में कौन-सा उपयुक्त है?

(a) विकास के लक्ष्य अलग-अलग हैं
(b) विकास समान रूप से होना चाहिए
(c) कुल आय की तुलना होनी चाहिए
(d) मानव विकास सूचकांक निम्न है

उत्तर (a) विकास के लक्ष्य अलग-अलग हैं

डेटा आधारित प्रश्न

27. नीचे दी गई तालिका का अध्ययन कीजिए तथा बताइए कि शिशु मृत्यु दर सबसे अधिक किस राज्य में पाई जाती है?

राज्य	शिशु मृत्यु दर प्रति 1,000 व्यक्ति (2018)	साक्षरता दर % (2017-18)	निवल उपस्थिति अनुपात (प्रति 100 व्यक्ति) उच्चतर (आयु 14 तथा 15 वर्ष) 2017-18
हरियाणा	30	80	67
केरल	7	96	77
बिहार	32	71	55

कूट

(a) हरियाणा (b) केरल
(c) बिहार (d) बिहार तथा केरल दोनों

उत्तर (a) हरियाणा

28. नीचे दी गई तालिका का अध्ययन कीजिए तथा पूछे गए प्रश्नों का उत्तर दीजिए

श्रेणी	पुरुष	महिला
ग्रामीण जनसंख्या की साक्षरता दर	76%	54%
10-14 वर्ष के ग्रामीण बच्चों में साक्षरता दर	90%	87%
10-14 वर्ष की आयु के स्कूल जाने वाले		
ग्रामीण बच्चों का प्रतिशत	85%	82%

उत्तर प्रदेश की ग्रामीण जनसंख्या में 10-14 वर्ष के ग्रामीण बच्चों के पुरुष वर्ग में साक्षरता दर कितनी है?

(a) 76% (b) 87%
(c) 90% (d) 82%

उत्तर (c) 90%

सही और पुनः लिखें

29. मानव विकास रिपोर्ट यू एन डी पी द्वारा प्रकाशित होती है, जिसमें अलग-अलग देशों के लोगों की आय, नौकरी आदि के आधार पर निर्धारित होती है।

उत्तर मानव विकास रिपोर्ट संयुक्त राष्ट्र विकास कार्यक्रम द्वारा प्रकाशित की जाती है। यह रिपोर्ट तीन मानदंडों के आधार पर देशों की तुलना करती है–प्रतिव्यक्ति आय, जीवन प्रत्याशा व साक्षरता दर।

30. विश्व बैंक ने भारत को प्रतिव्यक्ति आय के आधार पर उच्च आय वर्ग में सम्मिलित किया है तथा 995 अमेरिकी डॉलर से कम वाले देश को निम्न आय वर्ग माना है।

उत्तर विश्व बैंक रिपोर्ट के अनुसार भारत मध्य वर्ग के देशों में आता है, क्योंकि उसकी प्रतिव्यक्ति आय वर्ष 2017 में केवल 1820 अमेरिकी डॉलर प्रतिवर्ष है, जबकि 995 अमेरिकी डॉलर से कम वाले देश निम्न आय में सम्मिलित हैं।

कथन/कारण

31. कथन (A) तमिलनाडु जैसे कुछ राज्यों में ग्रामीण क्षेत्रों में गरीबों को खाद्यान्न की आपूर्ति के लिए सार्वजनिक वितरण प्रणाली कार्यरत है।

कारण (R) तमिलनाडु में ग्रामीण क्षेत्रों में रहने वाले 75% लोग राशन की दुकान का प्रयोग करते हैं।

कूट

(a) A और R दोनों सत्य हैं तथा R, A की सही व्याख्या है
(b) A और R दोनों सत्य हैं, परंतु R, A की सही व्याख्या नहीं है
(c) A सत्य है, किंतु R असत्य है
(d) A असत्य है, किंतु R सत्य है

उत्तर (c) A सत्य है, किंतु R असत्य है

32. **कथन** (A) विकसित और विकासशील देशों में आर्थिक विकास प्राकृतिक संसाधनों और पर्यावरण के आधार पर किया जाता है।

कारण (R) भूमिगत जल का अति उपयोग पूर्वोत्तर राज्यों में हुआ है।

कूट

(a) A और R दोनों सत्य हैं तथा R, A की सही व्याख्या है
(b) A और R दोनों सत्य हैं, परंतु R, A की सही व्याख्या नहीं है
(c) A सत्य है, किंतु R असत्य है
(d) A असत्य है, किंतु R सत्य है

उत्तर (c) A सत्य है, किंतु R असत्य है

33. **कथन** (A) आर्थिक समानता, जीवन जीने का उच्च स्तर आदि सभी विकास के महत्त्वपूर्ण भाग हैं।

कारण (R) एक के लिए विकास दूसरे के लिए विनाशकारी हो सकता है।

कूट

(a) A और R दोनों सत्य हैं तथा R, A की सही व्याख्या है
(b) A और R दोनों सत्य हैं, परंतु R, A की सही व्याख्या नहीं है
(c) A सत्य है, किंतु R असत्य है
(d) A असत्य है, किंतु R सत्य है

उत्तर (b) A और R दोनों सत्य हैं, परंतु R, A की सही व्याख्या नहीं है

34. **कथन** (A) केरल में शिशु मृत्युदर निम्न पाई जाती है।

कारण (R) राज्य में आधारभूत शिक्षा तथा स्वास्थ्य सुविधाओं की पर्याप्त व्यवस्था की गई है।

CBSE Term I 2021

कूट

(a) A और R दोनों सही हैं तथा R, A की सही व्याख्या है
(b) A और R दोनों सही हैं, परंतु R, A की सही व्याख्या नहीं है
(c) A सही है, किंतु R गलत है
(d) A गलत है, किंतु R सही है

उत्तर (a) A और R दोनों सही हैं तथा R, A की सही व्याख्या है

अतिलघु उत्तरीय प्रश्न

1. विकास से क्या तात्पर्य है?

उत्तर विकास किसी देश की सर्वांगीण उन्नति पर निर्भर करता है। स्वतंत्रता, सुरक्षा, दूसरों से सम्मान मिलने की इच्छा, आर्थिक समानता और जीवन जीने का उच्च स्तर आदि सभी विकास के महत्त्वपूर्ण भाग हैं।

2. प्रतिव्यक्ति आय से क्या तात्पर्य है?

उत्तर प्रतिव्यक्ति आय किसी देश या राज्य की तुलना करने में सहायक है। इसकी गणना कुल आबादी द्वारा देश की कुल आय को विभाजित करके की जाती है।

3. आर्थिक विकास से क्या तात्पर्य है?

उत्तर आर्थिक विकास वह परिस्थिति है, जिसमें कोई देश अर्थव्यवस्था के क्षेत्र में इतनी प्रगति करे जो कि उसकी जनसंख्या वृद्धि दर से अधिक हो।

4. राष्ट्रीय आय से क्या तात्पर्य है?

उत्तर एक निश्चित समयावधि में देश के सभी मूल निवासियों की आय को राष्ट्रीय आय कहते हैं।

5. मानव विकास रिपोर्ट विभिन्न देशों की तुलना किस आधार पर करती है?

उत्तर मानव विकास रिपोर्ट देशों की तुलना लोगों के शैक्षिक स्तर, उनकी स्वास्थ्य स्थिति, जीवन प्रत्याशा और प्रतिव्यक्ति आय के आधार पर करती है।

6. मानव विकास से क्या तात्पर्य है?

उत्तर मानव विकास का अर्थ है—एक व्यक्ति का इस प्रकार से विकास किया जाए कि वह अपनी प्रतिभा के अनुसार सृजनात्मक जीवन बिता सके।

7. तीनों स्तरों के लिए सकल नामांकन अनुपात का क्या अर्थ है?

उत्तर प्राथमिक स्कूल, माध्यमिक स्कूल और उससे आगे उच्च शिक्षा के नामांकन अनुपात का कुल योग तीनों स्तरों के लिए सकल नामांकन अनुपात होता है।

8. मानव विकास सूचकांक के प्रमुख मापदंड में क्या सम्मिलित है?

उत्तर मानव विकास सूचकांक के प्रमुख मापदंड में शिशु मृत्यु दर, प्रतिव्यक्ति आय, जीवन-प्रत्याशा तथा निवल उपस्थिति अनुपात सम्मिलित हैं।

9. भारत के किस राज्य में शिशु मृत्यु दर सबसे कम है?

उत्तर भारत के केरल राज्य में शिशु मृत्यु दर सबसे कम है। उच्च महिला शिक्षा का होना इसका मुख्य कारण है।

10. वर्ष 2011 की जनगणना के अनुसार, भारत का साक्षरता प्रतिशत क्या है?

उत्तर वर्ष 2011 की जनगणना के अनुसार, भारत का साक्षरता प्रतिशत 74.04% है।

11. मानव विकास रिपोर्ट कौन तैयार करता है?

उत्तर मानव विकास रिपोर्ट संयुक्त राष्ट्र विकास कार्यक्रम तैयार करता है। इसका मुख्यालय न्यूयॉर्क में स्थित है।

12. मानव विकास सूचकांक में कौन-सा दक्षिण एशियाई देश प्रथम स्थान पर है?

उत्तर मानव विकास सूचकांक में श्रीलंका (73वाँ स्थान विश्व में) दक्षिणी एशियाई देश में प्रथम स्थान पर है।

13. BMI का पूर्ण रूप लिखिए।

उत्तर BMI–Body Mass Index (शरीर द्रव्यमान सूचकांक)।

14. मानव विकास सूचकांक की अवधारणा का प्रतिपादन किसने किया?

उत्तर मानव विकास सूचकांक की अवधारणा का प्रतिपादन महबूब-उल-हक (पाकिस्तानी अर्थशास्त्री) ने किया।

15. भारत में किस राज्य में साक्षरता दर सबसे कम और सबसे अधिक है?

उत्तर सबसे कम–बिहार (62), सबसे अधिक–केरल (94)।

16. **मानव विकास सूचकांक (2020) में भारत का स्थान क्या है?**
उत्तर मानव विकास सूचकांक (2020) में भारत का स्थान 130वाँ है।

17. **प्रतिव्यक्ति आय को और किस नाम से जाना जाता है?**
उत्तर प्रतिव्यक्ति आय को औसत आय के नाम से जाना जाता है।

18. **विश्व विकास रिपोर्ट को कौन प्रकाशित करता है?**
उत्तर विश्व विकास रिपोर्ट विश्व बैंक प्रकाशित करता है।

19. **विभिन्न देशों या राज्यों की तुलना का आधार क्या है?**
उत्तर विभिन्न देशों या राज्यों की तुलना का आधार आय है।

20. **किसी देश के लोग आय के अतिरिक्त और क्या इच्छा रखते हैं?**
उत्तर किसी देश के लोग आय के अतिरिक्त बराबरी का व्यवहार, स्वतंत्रता, सुरक्षा और दूसरों से आदर मिलने की इच्छा भी रखते हैं।

21. **केरल में शिशु मृत्यु दर कम होने का कोई एक महत्त्वपूर्ण कारण बताइए।**
उत्तर केरल में शिशु मृत्यु दर कम होने का कोई एक महत्त्वपूर्ण कारण स्वास्थ्य सुविधाएँ व शैक्षिक सुविधाओं की पर्याप्तता है।

22. **देश में उत्पादित वस्तुओं तथा सेवाओं का कुल मूल्य तथा विदेशों से प्राप्त आय के जोड़ को क्या कहा जाता है?**
उत्तर देश में उत्पादित वस्तुओं तथा सेवाओं का कुल मूल्य तथा विदेशों से प्राप्त आय के जोड़ को राष्ट्रीय आय कहते हैं।

23. **काम करने वाली महिलाओं के लिए किस प्रकार का वातावरण महत्त्वपूर्ण होता है?**
उत्तर काम करने वाली महिलाओं के लिए सुरक्षित और संरक्षित वातावरण महत्त्वपूर्ण है।

24. **वे संसाधन जिनका एक बार प्रयोग करने के पश्चात् वे स्वत: समाप्त हो जाते हैं, उन्हें क्या कहते हैं?**
उत्तर वे संसाधन जिनका एक बार प्रयोग करने के पश्चात् वे स्वत: समाप्त हो जाते हैं, अनवीकरणीय संसाधन कहलाते हैं।

लघु उत्तरीय प्रश्न

1. **प्रतिव्यक्ति आय पर विश्व बैंक की रिपोर्ट का संक्षेप में वर्णन कीजिए।**
उत्तर प्रतिव्यक्ति आय के आधार पर विश्व बैंक की तुलना करने के लिए विश्व बैंक प्रत्येक वर्ष विश्व विकास रिपोर्ट प्रकाशित करता है।
बैंक ने निम्नानुसार देशों को वर्गीकृत किया है
(i) वर्ष 2019 के अनुसार ऐसे देश, जिनकी प्रतिव्यक्ति आय US $ 49,300 प्रतिवर्ष या उससे अधिक है, उन्हें समृद्ध देश कहा जाता है।
(ii) ऐसे देश, जिनकी प्रतिव्यक्ति आय US $ 2,500 प्रतिवर्ष या उससे कम है, उन्हें निम्न आय वाला देश कहा जाता है।
भारत मध्य आय वर्ग के देशों में आता है, क्योंकि उसकी प्रतिव्यक्ति आय वर्ष 2019 में केवल US $ 6,700 प्रतिवर्ष थी।

2. **शरीर द्रव्यमान सूचकांक किसे कहा जाता है? उदाहरण सहित स्पष्ट कीजिए।**
उत्तर एक व्यक्ति के वजन को उसकी ऊँचाई के वर्ग के द्वारा भाग देने पर जो अनुपात मिलता है, उसे शरीर द्रव्यमान सूचकांक कहा जाता है।
अर्थात्, $\text{BMI} = \dfrac{\text{व्यक्ति का भार (किग्रा)}}{\text{ऊँचाई (मी)}^2}$
उदाहरण के लिए, यदि एक लड़की की आयु 14 वर्ष 8 माह है और उसका शरीर द्रव्यमान सूचकांक 15.2 है तो वह अल्पपोषित है। इसी प्रकार यदि एक लड़के की आयु 15 वर्ष 6 महीने है और उसका शरीर द्रव्यमान सूचकांक 28 है तो वह न्यूनभारित होगा।
सरकार द्वारा सार्वजनिक सुविधाएँ समुदायों के लाभ के लिए अथवा सामूहिक लाभ के लिए उपलब्ध कराई जाती हैं।

3. **राष्ट्रीय विकास की प्रमुख विशेषताओं को बताइए।**
उत्तर राष्ट्रीय विकास के अंतर्गत उन लक्ष्यों को प्राथमिकता दी जाती है, जो बड़े पैमाने पर लोगों को लाभ पहुँचाते हैं। इसकी प्रमुख विशेषताएँ इस प्रकार हैं
- राष्ट्रीय विकास के अंतर्गत वह कार्यक्रम तथा नीतियाँ ही कार्यान्वित की जाती हैं, जो लोगों की अधिक संख्या के लिए उत्तरदायी होती हैं।
- राष्ट्रीय विकास का स्वरूप अधिक व्यापक होता है। इसमें सभी के हितों का विशेष ध्यान रखा जाता है।

4. **निम्नलिखित को परिभाषित कीजिए** **CBSE 2015**
(i) प्रतिव्यक्ति आय
(ii) निवल उपस्थिति अनुपात

अथवा **प्रतिव्यक्ति आय को परिभाषित करें।** **CBSE 2020**
उत्तर (i) **प्रतिव्यक्ति आय** राष्ट्रीय आय को देश की कुल जनसंख्या से भाग देने पर प्रतिव्यक्ति आय प्राप्त होती है। प्रतिव्यक्ति आय को 'औसत आय' भी कहा जाता है।
(ii) **निवल उपस्थिति अनुपात** 14 तथा 15 वर्ष की आयु के स्कूल जाने वाले कुल बच्चों का उस आयु वर्ग के कुल बच्चों के साथ प्रतिशत है।

5. **मानव विकास हेतु कौन-कौन से मापदंडों का प्रयोग किया जाता है? स्पष्ट कीजिए।**
उत्तर मानव विकास हेतु उपयुक्त तीन मापदंड, जिसे संयुक्त राष्ट्र विकास कार्यक्रम ने महत्त्वपूर्ण माना है, निम्नलिखित हैं
(i) **जीवन प्रत्याशा** देश के अंदर लोगों की जीवन प्रत्याशा जितनी अधिक होगी, मानव विकास हेतु वह देश उतना ही विकसित माना जाएगा।
(ii) **साक्षरता दर** साक्षरता किसी भी देश की रीढ़ है और जिस देश में शिक्षा का स्तर जितना ऊँचा होगा, वहाँ मानव विकास का क्रम तीव्र होगा और देश विकसित होगा।
(iii) **प्रतिव्यक्ति आय** प्रतिव्यक्ति आय विभिन्न देश के लोगों के जीवन स्तर के मापन व उन्नत जीवन हेतु उपयुक्त मापदंड है। ऐसा जिसमें होगा वहाँ मानव विकास बेहतर होगा, देश विकसित होगा।

6. तालिका के आधार पर निम्न प्रश्नों का उत्तर दीजिए

राज्य	2018-19 में प्रतिव्यक्ति आय
हरियाणा	₹ 2,36,147
केरल	₹ 2,04,105
बिहार	₹ 40,982

(a) प्रतिव्यक्ति आय क्या है?
(b) किस राज्य की प्रतिव्यक्ति आय सबसे अधिक है?
(c) किस राज्य की प्रतिव्यक्ति आय सबसे कम है?

उत्तर (a) किसी देश की कुल राष्ट्रीय आय को उस देश की कुल जनसंख्या से भाग देने पर प्राप्त राशि, प्रतिव्यक्ति आय कहलाती है।
(b) हरियाणा
(c) बिहार

Ⓒ दीर्घ उत्तरीय प्रश्न

1. विभिन्न देशों या राज्यों की तुलना कैसे की जाती है?

उत्तर देशों या राज्यों की तुलना निम्न प्रकार की जाती है

राष्ट्रीय आय के माध्यम से तुलना

- एक निश्चित समयावधि में देश के सभी मूल निवासियों की कुल आय को राष्ट्रीय आय कहा जाता है।
- ऐसे देश, जिनकी कुल आय उच्च है, उन्हें विकसित देश कहा जाता है; जैसे–संयुक्त राज्य अमेरिका, ब्रिटेन एवं जापान। हालाँकि यह एक उपयोगी उपाय नहीं है, क्योंकि देश की आबादी अलग-अलग है और कुल आय की तुलना किसी व्यक्ति द्वारा अर्जित औसत राशि को नहीं बताएगी।

प्रतिव्यक्ति आय के माध्यम से तुलना

- प्रतिव्यक्ति आय किसी देश या राज्य की तुलना करने में सहायक है। इसकी गणना देश की कुल आय को कुल जनसंख्या से भाग देकर की जाती है। इसे औसत आय भी कहा जाता है। इस माध्यम द्वारा आय की तुलना करने में कुछ कमियाँ आती हैं, क्योंकि यह असमानताओं को छुपाता है; जैसे–जब लोगों के एक छोटे से हिस्से में बहुत अधिक आय होती है, तो औसत आय भी उच्च हो जाती है, परंतु यह प्रत्येक व्यक्ति की वास्तविक स्थिति बताने में असमर्थ रहेगा।

प्रतिव्यक्ति आय पर विश्व बैंक की रिपोर्ट

- प्रतिव्यक्ति आय के आधार पर विश्व बैंक तुलना करने के लिए प्रत्येक वर्ष विश्व विकास रिपोर्ट प्रकाशित करता है। बैंक ने निम्नानुसार देशों को वर्गीकृत किया है
  (i) वर्ष 2019 के अनुसार ऐसे देश, जिनकी प्रतिव्यक्ति आय US $ 49,300 प्रतिवर्ष या उससे अधिक है, उन्हें समृद्ध देश कहा जाता है।
  (ii) ऐसे देश जिनकी प्रतिव्यक्ति आय US $ 2,500 प्रतिवर्ष या उससे कम है, उन्हें निम्न आय वाला देश कहा जाता है।
- भारत मध्य आय वर्ग के देशों में आता है, क्योंकि उसकी प्रतिव्यक्ति आय वर्ष 2019 में केवल US $ 6,700 प्रतिवर्ष थी।

2. पर्यावरणीय गिरावट किसके परिणामस्वरूप आई है? इसे किन रूपों में देखा जा सकता है?

उत्तर प्राकृतिक संसाधनों के कुप्रबंधन के परिणामस्वरूप पर्यावरणीय गिरावट आई है, जो केवल राष्ट्रीय या राज्य सीमा तक ही सीमित नहीं है। अब सभी का ध्यान सतत विकास की ओर है, जो हमें संसाधनों का सावधानीपूर्वक उपयोग करने के लिए प्रेरित करता है।

सतत विकास एक नया शब्द है, जो प्राकृतिक संसाधनों के संतुलित उपयोग के साथ न्यूनतम स्तर पर संसाधनों का उपयोग करने पर बल देता है, जिससे भविष्य की पीढ़ियाँ इसका उपयोग कर सकें। पर्यावरणीय गिरावट को निम्न के द्वारा समझ सकते हैं

(i) **भारत में भू-जल** भूमिगत जल का अति-उपयोग विशेष रूप से पंजाब और पश्चिमी उत्तर प्रदेश के कृषि की दृष्टि से समृद्ध क्षेत्रों, मध्य और दक्षिणी भारत के चट्टानी पठारी क्षेत्रों, कुछ तटवर्ती क्षेत्रों तथा तेजी से विकसित होती शहरी बस्तियों में किया जाता है।

(ii) **प्राकृतिक संसाधनों का ह्रास** आधुनिक वर्तमान स्थितियों के अनुसार यदि कच्चे तेल का प्रयोग वर्तमान दर पर चालू रहा, तो इसके भंडार अगले 50 वर्षों में समाप्त हो जाएँगे।

3. विकास का अर्थ स्पष्ट करते हुए यह समझाइए कि किस प्रकार अलग-अलग व्यक्तियों के लक्ष्य अलग-अलग हो सकते हैं?

उत्तर विकास किसी देश के सर्वांगीण विकास पर निर्भर करता है। स्वतंत्रता, सुरक्षा, दूसरों से सम्मान मिलने की इच्छा, आर्थिक समानता और जीवन जीने का उच्च स्तर आदि सभी विकास के महत्त्वपूर्ण भाग हैं।

विकास का क्षेत्र अत्यंत व्यापक एवं विस्तारित होता है। कई बार दो व्यक्तियों या दो गुटों में किसी एक चीज को लेकर परस्पर विरोध हो जाता है। उदाहरण के लिए, उद्योगपति विद्युत की आपूर्ति हेतु ज्यादा बाँध चाहते हैं, परंतु ऐसा होने से जमीन जलमग्न हो सकती है और इससे लोगों का जीवन अस्त-व्यस्त हो सकता है, फसलों को नुकसान हो सकता है, इसलिए स्थानीय लोग अपने खेतों की सिंचाई के लिए छोटे चैक डैम या तालाब पसंद करते हैं। इसी प्रकार ग्रामीण भूमिहीन मजदूर का लक्ष्य होता है कि उसे काम करने के अधिक दिन तथा अधिक मजदूरी मिले, जिससे वह अपने बच्चों को उत्तम शिक्षा प्रदान कर सके। इसी प्रकार शहर के एक अमीर परिवार की लड़की का अलग लक्ष्य होता है कि उसे अपने भाई जैसे ही अपनी पढ़ाई विदेश में करने का अवसर मिले, उसे भाई की तरह आजादी मिले। इस प्रकार स्पष्ट है कि अलग-अलग लोगों की सामाजिक एवं आर्थिक पृष्ठभूमि में अंतर के कारण लक्ष्य अलग-अलग होते हैं। यह भिन्न-भिन्न लक्ष्य विकास के दो पहलुओं को दर्शाते हैं

(i) अलग-अलग लोगों के विकास के लक्ष्य भिन्न-भिन्न हो सकते हैं।

(ii) एक व्यक्ति के लिए जो विकास है, यह आवश्यक नहीं कि वह किसी दूसरे के लिए भी विकास हो। वह दूसरे व्यक्ति के लिए विकास न होकर विनाशकारी हो सकता है।

स्रोत आधारित प्रश्न

नीचे दिए गए स्रोतों का सावधानीपूर्वक अध्ययन कीजिए तथा पूछे गए प्रश्नों का उत्तर दीजिए

1. जब हमने व्यक्तिगत आकांक्षाओं और लक्ष्यों को देखा, तो पाया कि लोग केवल बेहतर आय के बारे में ही नहीं सोचते, बल्कि वे अपनी सुरक्षा, दूसरों से आदर और समानता का व्यवहार पाना, आज़ादी इत्यादि जैसे लक्ष्यों के बारे में भी सोचते हैं। इसी प्रकार जब हम किसी देश या क्षेत्र के बारे में सोचते हैं तो हम औसत आय के अतिरिक्त अन्य महत्त्वपूर्ण लक्षणों के विषय में भी सोचते हैं।

ये विशेषताएँ क्या हो सकती हैं? इसका निरीक्षण हम एक उदाहरण के द्वारा कर सकते हैं। हरियाणा, केरल और बिहार की प्रतिव्यक्ति आय में अंतर पाया जाता है। वास्तव में, ये आँकड़े वर्ष 2018-19 की वर्तमान कीमतों पर प्रतिव्यक्ति निवल राज्य घरेलू उत्पाद के हैं। अभी हम इस जटिल शब्द का क्या वास्तविक अर्थ है, उसे छोड़ देते हैं। मोटे तौर पर, हम इसे राज्य की प्रतिव्यक्ति आय मान सकते हैं।

हम देखते हैं कि इन तीनों राज्यों में हरियाणा की प्रतिव्यक्ति आय सबसे अधिक है और बिहार सबसे पीछे है। इसका अर्थ है कि औसतन, हरियाणा में एक व्यक्ति एक वर्ष में 2,36,147 रुपए कमाता है, जबकि बिहार में औसतन वह केवल 40,982 रुपए कमाता है, इसलिए अगर विकास को मापने के लिए प्रतिव्यक्ति आय का प्रयोग किया जाए तो तीनों राज्यों में हरियाणा सबसे अधिक और बिहार सबसे कम विकसित राज्य माना जाएगा।

(i) आर्थिक विकास के मापदंड पर बिहार को एक पिछड़ा राज्य माना जाता है, इसका मुख्य कारण है
(a) बिहार एक कृषि संपन्न राज्य है
(b) बिहार में प्रतिव्यक्ति आय कम है
(c) बिहार में औद्योगिक विकास निम्नतम है
(d) 'b' और 'c' दोनों

उत्तर (d) 'b' और 'c' दोनों

(ii) हरियाणा की विकास दर को आगे बढ़ाने में .... अधिक सकारात्मक रही।
(a) विदेशी वित्तीय सहायता
(b) नई आर्थिक नीति, 1991
(c) हरित क्रांति
(d) हरियाणा राज्य सरकार की नीतियाँ

उत्तर (c) हरित क्रांति

(iii) विकास के मापदंड में किसे शामिल नहीं किया जाता है?
(a) सामाजिक सुरक्षा की भावना
(b) प्रतिव्यक्ति आय का उच्च स्तर
(c) आर्थिक समानता
(d) नकद आरक्षण अनुपात

उत्तर (d) नकद आरक्षण अनुपात

(iv) केरल की अपेक्षा बिहार राज्य में शिशु मृत्यु दर अधिक होने के पीछे कौन-से कारण मुख्य रूप से जिम्मेदार हैं?
(a) केरल की अपेक्षा बिहार में प्रतिव्यक्ति आय कम है
(b) केरल की अपेक्षा बिहार में साक्षरता दर कम है
(c) केरल में प्राथमिक स्वास्थ्य सेवाएँ अधिक हैं तथा बिहार में स्थिति बेहद चिंताजनक है
(d) उपरोक्त सभी

उत्तर (d) उपरोक्त सभी

(v) प्रतिव्यक्ति आय किसी राज्य या देश के विकास में किस प्रकार सहायक होती है?
(a) लोगों के रहन-सहन में
(b) आवश्यकताओं की पूर्ति में
(c) लक्ष्य की प्राप्ति में सहायक
(d) उपरोक्त सभी

उत्तर (d) उपरोक्त सभी

(vi) **कथन** (A) लोगों का लक्ष्य केवल बेहतर आय प्राप्त करना ही नहीं होता है, बल्कि अपनी सुरक्षा, आदर और समानता का व्यवहार पाना, स्वतंत्रता आदि प्राप्त करना होता है।

कारण (R) लोगों की व्यक्तिगत आकांक्षाओं तथा लक्ष्यों की प्राप्ति में प्रतिव्यक्ति आय ही सबसे महत्त्वपूर्ण घटक होता है।

कूट
(a) A और R दोनों सही हैं तथा R, A की सही व्याख्या है
(b) A और R दोनों सही हैं, परंतु R, A की सही व्याख्या नहीं है
(c) A सही है, किंतु R गलत है
(d) A गलत है, किंतु R सही है

उत्तर (c) A सही है, किंतु R गलत है

2. भूमिगत जल नवीकरणीय साधन का उदाहरण है। फसल और पौधों की तरह इन साधनों की पुन: पूर्ति प्रकृति करती है, लेकिन यहाँ भी हम इन साधनों का अति-उपयोग कर सकते हैं। उदाहरण के लिए, भूमिगत जल का यदि बरसात द्वारा हो रही पुन: पूर्ति से अधिक उपयोग करते हैं, तो हम इस साधन का अति-उपयोग कर रहे होंगे। गैर-नवीकरणीय साधन वे हैं, जो वर्षों से प्रयोग के पश्चात् समाप्त हो जाते हैं। इन संसाधनों का धरती पर निश्चित भंडार है और इनकी पुन: पूर्ति नहीं हो सकती। कभी-कभी हमें ऐसे नए साधन मिल जाते हैं, जिनके बारे में हमें पहले कोई जानकारी नहीं थी। नए स्रोत भंडार में वृद्धि करते हैं, लेकिन समय के साथ ये भी समाप्त हो जाएँगे।

(i) भारत जैसे देशों में जहाँ .... उत्पन्न करने की संभावना अधिक है, ऐसी ऊर्जा को .... के अनुकूल माना जाता है, क्योंकि यह प्रदूषण उत्पन्न नहीं करती है।
(a) सौर ऊर्जा, मानवता
(b) पवन ऊर्जा, विकास
(c) सौर ऊर्जा, पर्यावरण
(d) ज्वारीय ऊर्जा, जलमंडल

उत्तर (c) सौर ऊर्जा, पर्यावरण

(ii) गैर-नवीकरणीय ऊर्जा के संदर्भ में दिए गए कथनों में से कौन-सा असत्य है?

(a) गैर-नवीकरणीय ऊर्जा स्रोतों को पर्यावरण के अनुकूल माना जाता है
(b) गैर-नवीकरणीय ऊर्जा स्रोतों का उपयोग केवल एक बार किया जाता है
(c) गैर-नवीकरणीय ऊर्जा स्रोतों का भंडार सीमित है
(d) गैर-नवीकरणीय ऊर्जा स्रोतों के निर्माण में लाखों वर्ष लग जाते हैं

उत्तर (a) गैर-नवीकरणीय ऊर्जा स्रोतों को पर्यावरण के अनुकूल माना जाता है

(iii) धारणीय विकास का संबंध निम्नलिखित में से किससे माना जाता है?

(a) तीव्र औद्योगीकरण से
(b) संसाधनों के नियोजित प्रयोग से
(c) पर्यावरणीय सुरक्षा से
(d) वैश्विक तापन के उन्मूलन से

उत्तर (b) संसाधनों के नियोजित प्रयोग से

(iv) वर्तमान समय में मनुष्य भूमिगत जल संसाधनों का अधिक दोहन किस प्रकार कर रहा है?

(a) सिंचाई का प्रयोग करके (b) पीने के कार्य में लाकर
(c) घरेलू कार्यों में उपयोग कर (d) अति-उपयोग को बढ़ाकर

उत्तर (d) अति-उपयोग को बढ़ाकर

(v) निम्नलिखित कथनों पर विचार कीजिए तथा कूट की सहायता से सही उत्तर की पहचान कीजिए

1. फसल व पौधों की तरह भूमिगत जल की पूर्ति प्रकृति करती रहती है।
2. धरातल पर अथवा इसके गर्भ में कुछ ऐसे संसाधन भी हैं, जिनकी प्रकृति जल्दी पुनः पूर्ति नहीं कर पाती है।
3. वर्तमान में वैकल्पिक संसाधनों के उपयोग को बढ़ाकर सीमित संसाधनों को संरक्षित किया जा सकता है।

कूट

(a) केवल 1 (b) 1 और 2
(c) 2 और 3 (d) ये सभी

उत्तर (d) ये सभी

(vi) सुमेलित कीजिए

सूची I		सूची II	
A.	भूमिगत जल	1.	नवीकरणीय संसाधन
B.	खनिज तेल	2.	सीमित भंडार
C.	निश्चित भंडार वाले संसाधन	3.	गैर-नवीकरणीय संसाधन
D.	संसाधनों का बचत करना	4.	अति-उपयोग को रोकना

कूट

	A	B	C	D
(a)	1	2	3	4
(b)	2	1	4	3
(c)	4	3	2	1
(d)	3	2	1	4

उत्तर (a) 1 2 3 4

3. प्राकृतिक संसाधनों के प्रबंधन या अनुचित ढंग से दोहन से पर्यावरण में गिरावट परिलक्षित होती है। यह गिरावट राज्य या राष्ट्र की सीमा से परे अर्थात् वैश्विक होती है। भौतिक वादी युग में मनुष्य अपने लोभ के कारण प्रकृति को नुकसान पहुँचा रहा है। धारणीय या सतत विकास का लक्ष्य प्राकृतिक संसाधनों का नियोजित एवं विवेकपूर्ण ढंग से उपयोग करते हुए भावी पीढ़ियों के लिए संसाधनों को बचाकर रखना होता है। पर्यावरण में गिरावट के परिणाम राष्ट्रीय और राज्य सीमाओं का ख्याल नहीं करते, यह एक क्षेत्र या देशगत विषय नहीं रह गया है। हम सबका भविष्य परस्पर जुड़ा हुआ है। विकास की धारणीयता तुलनात्मक स्तर पर ज्ञान का नया क्षेत्र है, जिसमें वैज्ञानिक, अर्थशास्त्री, दार्शनिक और अन्य सामाजिक-वैज्ञानिक मिल-जुलकर काम कर रहे हैं।

विकास या प्रगति का प्रश्न हमेशा चलने वाला प्रश्न है। हर वक्त में, हमें व्यक्तिगत स्तर पर और समाज का सदस्य होने के नाते यह प्रश्न पूछने की आवश्यकता है कि हम कहाँ जाना चाहते हैं, हम क्या बनना चाहते हैं और हमारे लक्ष्य क्या हैं? इसलिए विकास पर बहस जारी है।

(i) धारणीय या सतत विकास का लक्ष्य किस प्रकार प्राकृतिक संसाधनों के संरक्षण के लिए महत्त्वपूर्ण अवधारणा है?

उत्तर वर्तमान भौतिकवादी युग में प्राकृतिक संसाधनों का दोहन बड़े स्तर पर हो रहा है। लोगों के रहन-सहन में काफी बदलाव आया है। सुख-सुविधा की वस्तुओं को बढ़ावा देकर संसाधनों का दोहन तथा प्रकृति के निम्नीकरण को बढ़ावा दिया जा रहा है। इस दिशा में धारणीय या सतत विकास प्राकृतिक संसाधनों का भावी पीढ़ियों के लिए उपलब्धता को सुनिश्चित करने के लिए लोगों को प्रेरित करता है। इस प्रकार यह संसाधनों के संरक्षण के लिए महत्त्वपूर्ण है।

(ii) विकास की धारणीयता तुलनात्मक स्तर पर ज्ञान का नया क्षेत्र है। स्पष्ट करें।

उत्तर विकास की धारणीयता संसाधनों के उपयोग के संबंध में वर्तमान तथा भावी दोनों पीढ़ियों के लिए चिंता व्यक्त करता है। यह ज्ञान के एक नए अध्ययन को भी बढ़ावा देता है, जिसमें वैज्ञानिक, अर्थशास्त्री, दार्शनिक तथा अन्य सामाजिक-वैज्ञानिक सभी को मिलकर काम करने पर बल दिया गया है। इस प्रकार, यह सभी की भागीदारी से पर्यावरण व संसाधनों के संरक्षण को सुनिश्चित करता है।

(iii) विकास या प्रगति के लक्ष्यों का निर्धारण किस प्रकार होना चाहिए?

उत्तर विकास या प्रगति सतत चलने वाली प्रक्रिया है। लोगों के विकास के लक्ष्य भिन्न-भिन्न होते हैं। एक व्यक्ति के लिए विकास, दूसरे व्यक्ति के लिए विनाशकारी भी हो सकता है, इसलिए लक्ष्यों के निर्धारण में मतभेद हो सकता है। यही कारण है कि इस पर हमेशा तर्क जारी पाया जाता है। अतः विकास के लिए एक उचित तथा न्यायपूर्ण लक्ष्य का निर्धारण करना चाहिए, जिससे बड़ी संख्या में लोगों को लाभ हो।

4. स्रोत 'अ' सार्वजनिक सुविधाएँ तथा प्रतिव्यक्ति आय

हरियाणा में औसत व्यक्ति की आय केरल के औसत व्यक्ति की आय से अधिक है, लेकिन इन महत्त्वपूर्ण क्षेत्रों में वह केरल से पीछे है। इसका कारण यह है कि यह आवश्यक नहीं है कि जेब में रखा रुपया वे सब वस्तुएँ और सेवाएँ खरीद सके, जिनकी आपको एक बेहतर जीवन के लिए आवश्यकता हो सकती है।

स्रोत 'ब' भौतिक आवश्यकताओं की पूर्ति में आय का महत्त्व

लोग कितनी भी भौतिक वस्तुएँ और सेवाएँ प्रयोग कर सकते हैं, इसके लिए आय अपने आपमें संपूर्ण रूप से पर्याप्त सूचक नहीं है। उदाहरण के लिए, द्रव्य (आय) आपके लिए प्रदूषण मुक्त वातावरण नहीं खरीद सकता या बिना मिलावट की दवाएँ आपको नहीं दिला सकता। जब तक आप ऐसे समुदाय में ही जाकर नहीं रहने लग जाते, जहाँ ये सुविधाएँ पहले से उपलब्ध हैं।

स्रोत 'स' आधारभूत सुविधाओं की उपलब्धता

केरल में शिशु मृत्युदर कम है, क्योंकि यहाँ स्वास्थ्य और शिक्षा की मौलिक सुविधाएँ पर्याप्त मात्रा में उपलब्ध हैं। इसी प्रकार कुछ राज्यों में सार्वजनिक वितरण प्रणाली (PDS) ठीक प्रकार कार्य करती है। ऐसे राज्यों में लोगों के स्वास्थ्य और पोषण स्तर निश्चित रूप से बेहतर होने की संभावना है।

स्रोत 'अ' सार्वजनिक सुविधाएँ तथा प्रतिव्यक्ति आय

(i) हरियाणा की औसत आय केरल से अधिक है। इसके बावजूद वह मूलभूत आवश्यकताओं में पिछड़ा है। स्पष्ट करें।

उत्तर केरल राज्य में शिक्षा का स्तर उच्च है तथा स्वास्थ्य की मूलभूत आवश्यकताएँ पर्याप्त मात्रा में उपलब्ध हैं, जबकि हरियाणा राज्य में प्रतिव्यक्ति आय अधिक है, किंतु सुविधाओं की उपलब्धता अपेक्षाकृत कम है। अतः हरियाणा में प्रतिव्यक्ति आय अधिक होने के बावजूद वह मूलभूत आवश्यकताओं की पूर्ति में पिछड़ा है।

स्रोत 'ब' भौतिक आवश्यकताओं की पूर्ति में आय का महत्त्व

(ii) भौतिक आवश्यकताओं की पूर्ति में आय पूर्ण रूप से पर्याप्त सूचक क्यों नहीं होती है?

उत्तर लोगों की आय में वृद्धि उसकी केवल स्थिति या स्तर को व्यक्त करती है, किंतु भौतिक वस्तुओं तथा सेवाओं की पूर्ति में पूर्ण रूप से पर्याप्त नहीं मानी जा सकती; जैसे–प्रदूषण मुक्त वातावरण, बिना मिलावट की दवाएँ तथा संक्रामक बीमारियों से बचाव आदि केवल मुद्रा की उपलब्धता से नहीं हो सकता है। इसके लिए आधारभूत सुविधाओं की उपलब्धता तथा समुदाय की भागीदारी आवश्यक होती है।

स्रोत 'स' आधारभूत सुविधाओं की उपलब्धता

(iii) सार्वजनिक वितरण प्रणाली किस प्रकार स्वास्थ्य एवं पोषण स्तर को बेहतर बनाने में सहायक होती है?

उत्तर सार्वजनिक वितरण प्रणाली के अंतर्गत खाद्यान्नों को सस्ती दरों पर गरीब परिवारों को उपलब्ध कराया जाता है, जिससे पोषण स्तर तथा स्वास्थ्य को बेहतर बनाने में मदद मिलती है। इस प्रकार, जिन राज्यों में यह ठीक प्रकार से कार्य करती है, उन राज्यों में लोगों के स्वास्थ्य और पोषण स्तर का निश्चित रूप से अच्छा होने की संभावना पाई जाती है।

स्वयं को जाँचें

वस्तुनिष्ठ प्रश्न

1. मानव विकास में सर्वाधिक योगदान निम्न में से किसका है?

(a) आय (b) आर्थिक विकास (c) समानता (d) शांति

2. संयुक्त राष्ट्र द्वारा मानव विकास सूचकांक सर्वप्रथम कब तैयार एवं प्रकाशित किया गया?

(a) वर्ष 1947 (b) वर्ष 1995 (c) वर्ष 1990 (d) वर्ष 1970

3. प्रतिव्यक्ति आय लोगों की है

(a) कुल आय (b) औसत आय (c) आंशिक आय (d) ये सभी

4. निम्नलिखित कथनों पर विचार कीजिए

1. प्रतिव्यक्ति आय को औसत आय के नाम से भी जाना जाता है।
2. लोगों का बेहतर आय मानव की आकांक्षाओं को पूरा करने में महत्त्वपूर्ण भूमिका निभाती है।
3. केरल राज्य में शिक्षा तथा स्वास्थ्य जैसी मौलिक सुविधाएँ पर्याप्त मात्रा में उपलब्ध हैं।

उपरोक्त में से कौन-सा/से कथन सही है/हैं?

कूट

(a) केवल 1 (b) 1 और 2 (c) 2 और 3 (d) ये सभी

अतिलघु उत्तरीय प्रश्न

5. मानव विकास के प्रमुख मापदंडों का उल्लेख कीजिए।

6. विकास की धारणीयता से क्या अभिप्राय है?

7. ऊर्जा के नवीकरणीय स्रोत और अनवीकरणीय स्रोतों के विषय में बताइए।

लघु उत्तरीय प्रश्न

8. आय के अतिरिक्त व्यक्तियों के विभिन्न लक्ष्यों का उल्लेख कीजिए।

9. विकास एवं आर्थिक विकास को परिभाषित कीजिए।

10. कामकाजी महिलाओं की समाज में स्थिति व उनके लक्ष्यों का उदाहरण प्रस्तुत कीजिए।

11. मानव विकास सूचकांक की दृष्टि से भारत की अन्य दक्षिण एशियायी देशों के साथ तुलना कीजिए।

दीर्घ उत्तरीय प्रश्न

12. किसी दूर स्थान पर नौकरी को स्वीकार करने से पहले आप किन-किन बातों पर विचार करेंगे?

13. नर्मदा नदी घाटी में आदिवासियों के विकास से संबंधित दो लक्ष्यों को बताइए।

अध्याय 02

भारतीय अर्थव्यवस्था के क्षेत्रक

आर्थिक गतिविधियों के क्षेत्र

धन कमाने के उद्देश्य से की जाने वाली गतिविधियों को आर्थिक गतिविधियाँ (Economic Activities) कहा जाता है। इनमें से कुछ गतिविधियाँ वस्तुओं का उत्पादन करती हैं और कुछ दूसरों को सेवाएँ प्रदान करती हैं। गतिविधियों को उनके सामान्य गुणों के अनुसार विभिन्न समूहों में वर्गीकृत किया जाता है, जिन्हें क्षेत्रों के रूप में जाना जाता है। आर्थिक गतिविधियों को तीन अलग-अलग तरीकों से वर्गीकृत किया जा सकता है

1. प्राथमिक, द्वितीयक और तृतीयक क्षेत्र (Primary, Secondary and Tertiary Sector)
2. संगठित और असंगठित क्षेत्र (Organised and Unorganised Sector)
3. सार्वजनिक और निजी क्षेत्र (Public and Private Sector)

प्राथमिक, द्वितीयक और तृतीयक क्षेत्र

प्राथमिक क्षेत्र

अर्थव्यवस्था के प्राथमिक क्षेत्र में प्राकृतिक संसाधनों (Natural Resources) को प्राथमिक उत्पादों में परिवर्तित करना शामिल है। इस प्रकार यह क्षेत्र सीधे प्रकृति के साथ जुड़ा हुआ है। इसमें कृषि (Agriculture), वन (Forest), मत्स्यन (Fishing), खनन (Mining) और तेल एवं गैस (Oil and Gas) की निकासी शामिल हैं। चूँकि अधिकतर प्राकृतिक उत्पाद कृषि, डेयरी, मत्स्यन, वानिकी आदि से प्राप्त होते हैं, इसलिए इसे **कृषि एवं सहायक क्षेत्रक** (Agricultural and Related Sector) भी कहा जाता है।

द्वितीयक क्षेत्र

अर्थव्यवस्था के द्वितीयक क्षेत्र में प्राकृतिक उत्पादों को विनिर्माण प्रणाली (Manufacturing System) के माध्यम से अन्य रूपों में परिवर्तित किया जाता है। इस क्षेत्र में वस्तुएँ सीधे प्रकृति से उत्पादित नहीं होतीं, बल्कि निर्मित की जाती हैं, इसलिए विनिर्माण की प्रक्रिया आवश्यक होती है।

यह प्रक्रिया कारखाने, कार्यशाला (Workshop) या घर में पूर्ण की जा सकती है। उदाहरण के लिए, गन्ने से चीनी या गुड़ और कपास से रेशा या कपड़ा आदि बनाते हैं। द्वितीयक क्षेत्र में विकास विभिन्न प्रकार के उद्योगों से जुड़ा हुआ है, जिन्हें **औद्योगिक क्षेत्र** (Industrial Sector) कहा जाता है।

अध्याय एक नजर में

- आर्थिक गतिविधियों के क्षेत्र
- तीनों क्षेत्रों की तुलना
- भारत में प्राथमिक, माध्यमिक और तृतीयक क्षेत्र
- अधिक रोजगार विकसित करना
- संगठित और असंगठित क्षेत्र का विभाजन
- स्वामित्व के आधार पर क्षेत्रक

तृतीयक क्षेत्र

प्राथमिक और द्वितीयक क्षेत्रों के विकास में मदद करने वाली गतिविधियों को तृतीयक क्षेत्र (Tertiary Sector) में शामिल किया गया है।
ये गतिविधियाँ स्वत: वस्तुओं का उत्पादन नहीं करती हैं, बल्कि उत्पादन प्रक्रिया में सहयोग प्रदान करती हैं; जैसे—परिवहन, भंडारण, संचार एवं बैंकिंग तृतीयक गतिविधियों के कुछ उदाहरण हैं। चूँकि ये गतिविधियाँ वस्तुओं के अतिरिक्त सेवाओं का सृजन करती हैं, इसलिए तृतीयक क्षेत्रक को **सेवा क्षेत्रक** (Service Sector) भी कहा जाता है।

तृतीयक क्षेत्र में कुछ आवश्यक सेवाएँ भी शामिल हैं, जो प्रत्यक्ष (Direct) रूप से वस्तुओं के उत्पादन में सहायता नहीं करती हैं; जैसे—डॉक्टर, वकील, शिक्षक, धोबी, नाई। वर्तमान समय में सूचना प्रौद्योगिकी (Information Technology) पर आधारित कुछ नवीन सेवाएँ; जैसे—इंटरनेट कैफे, बूथ, कॉल सेंटर, सॉफ्टवेयर कंपनी इत्यादि भी महत्त्वपूर्ण हो गई हैं।

तीनों क्षेत्रों की तुलना

प्राथमिक, द्वितीयक और तृतीयक क्षेत्रों की तुलना उनमें काम करने वाले लोगों तथा उत्पादित वस्तुओं और सेवाओं की मात्रा के आधार पर की जाती है। वस्तु और सेवाएँ दो प्रकार की हैं

- **अंतिम सामान और सेवाएँ** (Final Goods and Services) ये वस्तुएँ उपभोक्ताओं द्वारा सीधे प्रयोग में लाई जाती हैं। ये अंतिम वस्तुएँ होती हैं और इस स्थिति में आने के पश्चात् इनमें किसी भी प्रकार की कोई उत्पादन संबंधित गतिविधि नहीं होती है।
- **मध्यवर्ती वस्तुएँ एवं सेवाएँ** मध्यवर्ती वस्तुएँ अंतिम वस्तुओं और सेवाओं के निर्माण में प्रयोग की जाती हैं। अंतिम वस्तुओं के मूल्य में मध्यवर्ती वस्तुओं का मूल्य पहले से ही शामिल होता है।

सकल घरेलू उत्पाद

किसी विशेष वर्ष में इन तीनों क्षेत्रों में उत्पादित सभी अंतिम वस्तुओं और सेवाओं के मूल्य को देश का **सकल घरेलू उत्पाद** (Gross Domestic Product, GDP) कहा जाता है। यह एक देश में कुल उत्पादन को दर्शाता है।

भारत में GDP का आकलन करने का कार्य भारत सरकार के अंतर्गत कार्य कर रहे केंद्रीय सांख्यिकी कार्यालय (Central Statistical Office, CSO) द्वारा किया जाता है।

क्षेत्रों में ऐतिहासिक परिवर्तन

विकसित देशों (Development Countries) के इतिहास में विकास की प्रारंभिक अवस्थाओं में प्राथमिक क्षेत्रक ही आर्थिक सक्रियता (Economic Activity) का सबसे महत्त्वपूर्ण क्षेत्रक रहा है। कृषि प्रणाली के परिवर्तित और कृषि क्षेत्रक समृद्ध होने के कारण पहले की तुलना में अधिक उत्पादन होने लगा।

लोगों ने द्वितीयक एवं उद्योग क्षेत्र को महत्त्व देना शुरू किया। इसके अतिरिक्त अनेक लोग परिवहन, प्रशासक और सैनिक कार्य इत्यादि से जुड़े थे। वर्तमान समय में तृतीयक क्षेत्र का रोजगार के उत्पादन में विशेष महत्त्व है।

चेक प्वॉइंट 01

1. *आर्थिक गतिविधियों से क्या तात्पर्य है?*
2. *कृषि एवं सहायक क्षेत्रक किस क्षेत्रक को कहा जाता है?*
3. *औद्योगिक क्षेत्र किसे कहते हैं?*
4. *सेवा क्षेत्रक किस क्षेत्रक को कहा जाता है?*
5. *लोगों ने ……… एवं ………को महत्त्व देना शुरू किया।*

भारत में प्राथमिक, माध्यमिक और तृतीयक क्षेत्र

तृतीयक क्षेत्र का बढ़ता महत्त्व

तृतीयक क्षेत्र को सेवा क्षेत्र भी कहा जाता है। तृतीयक क्षेत्र ने प्राथमिक क्षेत्र को सबसे बड़े उत्पादक क्षेत्र के रूप में प्रतिस्थापित किया है। इसके कारण हैं

- अस्पतालों, शैक्षणिक संस्थानों, डाक सेवाओं, पुलिस स्टेशन, बैंकों, बीमा कंपनियों, प्रशासनिक कार्यालयों, रक्षा आदि जैसी **बुनियादी सेवाओं** (Basic Services) की माँग बढ़ गई है।
- प्राथमिक और माध्यमिक क्षेत्र में अच्छे विकास ने परिवहन, व्यापार, भंडारण जैसे आदि सेवा क्षेत्र के विकास की माँग को प्रेरित किया है। जैसे-जैसे आय बढ़ती है कुछ लोग अन्य कई सेवाओं; जैसे—रेस्तराँ, पर्यटन, शॉपिंग, व्यावसायिक प्रशिक्षण इत्यादि की माँग शुरू कर देते हैं।
- विगत दशकों में सूचना और संचार प्रौद्योगिकी (Information and Communication Technology) पर आधारित कुछ नवीन सेवाएँ महत्त्वपूर्ण एवं अनिवार्य हो गई हैं। इन सेवाओं के उत्पादन में तीव्र वृद्धि हो रही है।

सेवा क्षेत्रक की सभी सेवाओं में समान रूप से संवृद्धि नहीं हो रही है। भारत में सेवा क्षेत्रक अनेक लोगों को नियंत्रित करते हैं। एक ओर अत्यंत कुशल (Highly Skilled) और शिक्षित लोगों (Educated People) को रोजगार मिलता है, तो दूसरी ओर बहुत अधिक संख्या में लोग छोटी दुकानों (Small Shopkeeper), मरम्मत कार्यों (Repairing Work), परिवहन (Transport) जैसी सेवाओं में लगे हुए हैं।

विभिन्न क्षेत्रों में लोगों के रोजगार

देश में अधिकतर श्रमिक प्राथमिक क्षेत्र मुख्यत: कृषि में कार्यरत हैं, जिसका सकल घरेलू उत्पाद में योगदान केवल एक-छठा है। सभी लोग प्रत्यक्ष रूप से कार्य कर रहे हैं, लेकिन सभी अपनी क्षमता (Capacity) से कम कार्य करते हैं। इसे **अल्प बेरोजगारी** (Underemployment) या **प्रच्छन्न बेरोजगारी** (Disguised Unemployment) कहते हैं। अल्प बेरोजगारी शहरी क्षेत्रों में भी होती है। ऐसे हजारों श्रमिक हैं; जैसे—प्लंबर, पेंटर्स, मरम्मत श्रमिक आदि, जो कस्बों और शहरों में दैनिक रोजगार (Daily Employment) की खोज करते हैं।

नरेगा-2005

वर्ष 2005 में राष्ट्रीय रोजगार गारंटी अधिनियम (National Rural Employment Guarantee Act, NREGA) तैयार किया गया, जिसे प्रधानमंत्री द्वारा 2 फरवरी, 2006 को शुरू किया गया था।
बाद में वर्ष 2009 में इसका नाम महात्मा गाँधी राष्ट्रीय ग्रामीण रोजगार गारंटी अधिनियम (Mahatma Gandhi National Rural Employment Guarantee Act, MGNREGA) कर दिया गया। इस योजना की मुख्य विशेषताएँ निम्न हैं

- यह योजना ग्रामीण क्षेत्रों में गरीबी से पीड़ित व्यक्तियों को लक्षित करती है।
- यह योजना देश के 625 जिलों में प्रत्येक ग्रामीण परिवार को एक वर्ष में रोजगार के 100 दिन की गारंटी देती है।
- इस योजना के अंतर्गत ग्राम पंचायत उचित सत्यापन के बाद परिवारों का पंजीकरण कराएगी और उन्हें रोजगार कार्ड जारी करेगी।
- इस अधिनियम को **अधिकार का काम** (Right to Work) भी कहा जाता है, क्योंकि यदि सरकार रोजगार प्रदान करने के अपने कर्त्तव्य में विफल हो जाती है, तो वह लोगों को बेरोजगारी भत्ता देगी।

अधिक रोजगार विकसित करना

अधिक रोजगार विकसित करने के विभिन्न माध्यम इस प्रकार हैं

- **बैंक साख** द्वारा खेती करने के लिए किसान को बीजों, उर्वरकों, कृषिगत उपकरणों और पानी निकालने के लिए पंप सेटों की भी जरूरत है। यदि स्थानीय बैंक उचित ब्याज दर पर किसान को साख (Loan) प्रदान करता है, तो वह इन सभी वस्तुओं को उचित समय पर खरीदने और खेती करने में सक्षम होगा।
- **लघु उद्योग** का सृजन करके अर्द्ध ग्रामीण क्षेत्रों में लघु उद्योग; जैसे—चावल मिल, दाल मिल, शहद संग्रह केंद्र, खाद्य प्रसंस्करण, शीत भंडारण आदि स्थापित करके रोजगार विकसित हो सकता है।
- **रोजगार** विकसित करके खेतों की सिंचाई के लिए बाँध और नहरों (Canals) का निर्माण, ग्रामीण सड़कों का निर्माण, भंडारण सुविधा आदि के द्वारा रोजगार विकसित किया जा सकता है।
- **शिक्षा, स्वास्थ्य और पर्यटन में सुधार** गाँवों में स्वास्थ्य की स्थिति में सुधार करने के लिए अतिरिक्त रोजगारों का सृजन किया जाए तथा अधिक विद्यालय खोले जाएँ जिससे शिक्षा तक सभी की पहुँच सुनिश्चित हो एवं रोजगार उत्पन्न हो सके। **नीति आयोग** (National Institution for Transforming India, NITI) द्वारा किए गए एक अध्ययन के अनुसार शिक्षा क्षेत्र (Education Sector) में लगभग 20 लाख और पर्यटन क्षेत्र (Tourism Sector) में 35 लाख से अधिक रोजगार सृजन (Generate) किया जा सकता है।

संगठित और असंगठित क्षेत्र का विभाजन

आर्थिक कार्यों को विभाजित करने के एक अन्य तरीके का परीक्षण करते हैं। इसे लोगों के नियोजित होने के आधार पर संगठित एवं असंगठित क्षेत्रों में बाँटा गया है

संगठित क्षेत्र

- वे उद्यम या कार्य स्थान, जहाँ रोजगार की अवधि नियमित व सुनिश्चित होती है, संगठित क्षेत्र (Organised Sector) कहलाते हैं। इस क्षेत्र में कुछ औपचारिक प्रक्रियाएँ होती हैं।
- इन उद्यमों को सरकार द्वारा पंजीकृत किया जाता है और इन्हें कारखाना अधिनियम (Factory Act), न्यूनतम मजदूरी अधिनियम (Minimum Wages Act), ग्रेच्युटी अधिनियम के भुगतान (Payment of Gratuity Act) आदि जैसे विभिन्न कानूनों के तहत बनाए गए नियमों का पालन करना पड़ता है।
- संगठित क्षेत्र के श्रमिकों को रोजगार की सुरक्षा के लाभ मिलते हैं। यदि उनसे निश्चित समय से अधिक कार्य कराया जाता है, तो घंटे की संख्या के आधार पर अतिरिक्त वेतन (Overtime) मिलता है। उन्हें चिकित्सा, सवेतन अवकाश, अवकाश काल में भुगतान, भविष्य निधि, सेवानुदान आदि लाभ भी मिलता है।
- इनके लिए प्रबंधन को स्वच्छ पेयजल एवं एक सुरक्षित कामकाजी वातावरण जैसी सुविधाएँ सुनिश्चित करानी पड़ती हैं।

असंगठित क्षेत्र

असंगठित क्षेत्र (Unorganised Sector) के उद्यम सरकार के साथ पंजीकृत (Registered) नहीं हैं। छोटी-छोटी और बिखरी इकाइयाँ, जो सरकारी नियंत्रण से बाहर होती हैं, असंगठित क्षेत्रक कहलाती हैं। इस क्षेत्र में श्रमिकों को कम मजदूरी मिलती है और अतिरिक्त वेतन भुगतान, सवेतन अवकाश या बीमारी के कारण अवकाश आदि के लिए कोई प्रावधान नहीं है। रोजगार सुरक्षित नहीं है। श्रमिकों को बिना किसी कारण के हटाया जा सकता है।

असंगठित क्षेत्र में श्रमिकों की सुरक्षा

बहुत से ऐसे श्रमिक हैं, जिन्हें असंगठित क्षेत्रक में काम करने के लिए विवश होना पड़ा है, जहाँ बहुत कम वेतन मिलता है। उनका प्रायः शोषण (Exploit) किया जाता है और उन्हें उचित मजदूरी नहीं दी जाती है।

इन्हें निम्न तरीके से संरक्षण दिया जा सकता है

- किसानों को समय से बीज, कृषि उपकरणों, साख, भंडारण सुविधा और विपणन केंद्र की पर्याप्त सुविधा उपलब्ध कराने की जरूरत है।

- शहरी क्षेत्रों में लघु उद्योगों (Small Industries) को कच्चे माल (Raw Materials) की प्राप्ति और उत्पाद के विपणन (Marketing) के लिए सरकारी मदद की आवश्यकता होती है।

अत: आर्थिक एवं सामाजिक विकास के लिए असंगठित क्षेत्रक के श्रमिकों को संरक्षण और सहायता अनिवार्य है।

स्वामित्व के आधार पर क्षेत्रक

आर्थिक गतिविधियों को स्वामित्व के आधार पर भी वर्गीकृत किया जा सकता है, जिसका अर्थ है कि संपत्ति का मालिक कौन है और सेवाओं के वितरण के लिए कौन जिम्मेदार है। स्वामित्व के आधार पर अर्थव्यवस्था के दो क्षेत्र सार्वजनिक क्षेत्र और निजी क्षेत्र हैं।

सार्वजनिक क्षेत्र

सार्वजनिक क्षेत्र (Public Sector) में अधिकांश परिसंपत्तियों (Assets) पर सरकार का अधिकार होता है और सभी सेवाएँ प्रदान करती हैं, इसलिए इसे राज्य क्षेत्र या सरकारी क्षेत्र कहा जाता है; जैसे—भारतीय रेलवे, भारत हैवी इलेक्ट्रिकल्स लिमिटेड आदि।

निजी क्षेत्र

निजी क्षेत्र (Private Sector) में व्यक्तियों या निजी कंपनियों के हाथों में संपत्ति और सेवाओं के हस्तांतरण का स्वामित्व होता है; जैसे—टाटा आयरन एंड स्टील कंपनी लिमिटेड अथवा रिलायंस इंडस्ट्रीज। निजी क्षेत्र लाभ के उद्देश्य के लिए कार्य करते हैं।

निजी/सार्वजनिक क्षेत्र की भूमिका

- परिवहन, बिजली, संचार, भारी उद्योग, पुलों का निर्माण, सड़कों और रेलवे के साधनों का विकास करना। लघु उद्योगों को खोलने और रोजगार पैदा करने के लिए निजी क्षेत्र को प्रोत्साहित करना।
- खाद्यान्न खरीदकर किसानों का समर्थन करना और राशन की दुकान पर कम कीमत पर अनाज की आपूर्ति करके गरीब लोगों का समर्थन करना।
- पिछड़े और ग्रामीण क्षेत्रों में स्वास्थ्य देखभाल सुविधाएँ और शिक्षा प्रदान करना।
- निजी क्षेत्र में नए उद्योग खोलकर रोजगार सृजन करने के लिए बढ़ावा देना।
- कुपोषण (Malnutrition), उच्च शिशु मृत्युदर (High Infant Mortality Rate), असुरक्षित पेयजल, आवास की कमी, भोजन, पोषण आदि सभी समस्याओं से निपटना।

चेक प्वॉइंट 02

1. तृतीयक क्षेत्र को अन्य किस नाम से जाना जाता है?
2. देश में अधिकतर श्रमिक किस क्षेत्र में कार्यरत हैं?
3. नरेगा को प्रधानमंत्री द्वारा कब शुरू किया गया?
4. किस क्षेत्र में श्रमिकों को कम मजदूरी मिलती है?
5. निजी क्षेत्र की परिभाषा दीजिए।

इन्हें भी जानें

- ***आर्थिक गतिविधियाँ (Economic Activities)*** वे गतिविधियाँ, जो अर्थव्यवस्था में वस्तुओं और सेवाओं के प्रवाह में महत्त्वपूर्ण भूमिका निभाती हैं।
- ***प्राथमिक क्षेत्रक (Primary Sector)*** जब आर्थिक क्रियाओं में मुख्य रूप से प्राकृतिक संसाधनों के प्रयोगों से उत्पादन किया जाता है, प्राथमिक क्षेत्रक कहलाते है; जैसे—कपास, गन्ना, दूध आदि।
- ***द्वितीयक क्षेत्रक (Secondary Sector)*** जब प्राकृतिक उत्पादों को विनिर्माण प्रणाली के द्वारा अन्य रूपों में बदला जाता है, द्वितीयक क्षेत्रक कहलाते हैं; जैसे—कपास से रेशा, गन्ने से चीनी आदि।
- ***तृतीयक क्षेत्रक (Tertiary Sector)*** जब आर्थिक क्रियाओं के द्वारा सेवाएँ प्रदान की जाती हैं; तृतीयक क्षेत्रक कहलाते हैं; जैसे— परिवहन, संचार, व्यापार, भंडारण आदि।
- ***सकल घरेलू उत्पाद (Gross Domestic Product)*** यह किसी देश के अंदर किसी विशेष वर्ष में उत्पादित सभी अंतिम वस्तुओं और सेवाओं का मूल्य है।
- ***संगठित क्षेत्रक (Organised Sector)*** संगठित क्षेत्रक में रोजगार की अवधि नियमित होती है और लोगों के पास सुनिश्चित काम होता है।
- ***असंगठित क्षेत्रक (Unorganised Sector)*** असंगठित क्षेत्रक छोटी-छोटी और बिखरी इकाइयों से निर्मित होता है और यह क्षेत्रक सरकार के नियंत्रण से बाहर होता है।
- ***सार्वजनिक क्षेत्रक (Public Sector)*** जिस क्षेत्रक पर सरकार का पूर्ण स्वामित्व, नियंत्रण एवं प्रबंधन होता है; जैसे—भारतीय रेलवे।
- ***निजी क्षेत्रक (Private Sector)*** निजी क्षेत्रक की संपत्तियों पर अधिकार व स्वामित्व सरकार का न होकर एकल व्यक्तियों के हाथों में होता है; जैसे—रिलायंस इंडस्ट्रीज।

NCERT फोल्डर

1. कोष्ठक में दिए गए सही विकल्प का प्रयोग कर रिक्त स्थानों की पूर्ति कीजिए

(a) सेवा क्षेत्रक में रोजगार में उत्पादन के समान अनुपात में वृद्धि ………. । (हुई है/नहीं हुई है)

(b) …………… क्षेत्रक के श्रमिक वस्तुओं का उत्पादन नहीं करते हैं। (तृतीयक/कृषि)

(c) ………. क्षेत्रक के अधिकांश श्रमिकों को रोजगार सुरक्षा प्राप्त होती है। (संगठित/असंगठित)

(d) भारत में ………. अनुपात में श्रमिक असंगठित क्षेत्रक में काम कर रहे हैं। (बड़े/छोटे)

(e) कपास एक ………. उत्पाद है और कपड़ा एक ………. उत्पाद है। (प्राकृतिक/विनिर्मित)

(f) प्राथमिक, द्वितीयक और तृतीयक क्षेत्रक की गतिविधियाँ ………. हैं। (स्वतंत्र/परस्पर निर्भर)

उत्तर (a) नहीं हुई है (b) तृतीयक
(c) संगठित (d) बड़े
(e) प्राकृतिक, विनिर्मित (f) परस्पर निर्भर

2. सही उत्तर का चयन कीजिए

(i) सार्वजनिक और निजी क्षेत्रक के आधार पर विभाजित हैं
(a) रोजगार की शर्तों (b) आर्थिक गतिविधि के स्वभाव
(c) उद्यमों के स्वामित्व
(d) उद्यम में नियोजित श्रमिकों की संख्या

उत्तर (c) उद्यमों के स्वामित्व

(ii) एक वस्तु का अधिकांशत: प्राकृतिक प्रक्रिया से उत्पादन ………. क्षेत्रक की गतिविधि है।
(a) प्राथमिक (b) द्वितीयक
(c) तृतीयक (d) सूचना प्रौद्योगिकी

उत्तर (a) प्राथमिक

(iii) किसी वर्ष में उत्पादित ………. कुल मूल्य को सकल घरेलू उत्पाद कहते हैं।
(a) सभी वस्तुओं और सेवाओं
(b) सभी अंतिम वस्तुओं और सेवाओं
(c) सभी मध्यवर्ती वस्तुओं और सेवाओं
(d) सभी मध्यवर्ती एवं अंतिम वस्तुओं और सेवाओं

उत्तर (b) सभी अंतिम वस्तुओं और सेवाओं

(iv) सकल घरेलू उत्पाद के पदों में वर्ष 2013-14 तृतीयक क्षेत्रक की हिस्सेदारी ………. प्रतिशत है।
(a) 20 से 30 (b) 30 से 40
(c) 50 से 60 (d) 60 से 70

उत्तर (d) 60 से 70

3. निम्नलिखित का मेल कीजिए

कृषि क्षेत्रक की समस्याएँ	कुछ संभावित उपाय
1. असिंचित भूमि	A. कृषि आधारित मिलों की स्थापना
2. फसलों का कम मूल्य	B. सहकारी विपणन समितियाँ
3. कर्ज भार	C. सरकार द्वारा खाद्यान्नों की वसूली
4. मंदी काल में रोजगार का अभाव	D. सरकार द्वारा नहरों का निर्माण
5. कटाई के तुरंत बाद स्थानीय व्यापारियों को अपना अनाज बेचने की विवशता	E कम ब्याज पर बैंकों द्वारा साख उपलब्ध कराना

उत्तर 1. (D) 2. (C) 3. (E) 4. (A) 5. (B)

4. विषम की पहचान कीजिए और बताइए क्यों?

(i) पर्यटन-निर्देशक, धोबी, दर्जी, कुम्हार

उत्तर पर्यटन-निर्देशक असंगत है, क्योंकि वह तृतीयक क्षेत्रक में काम करता है, जबकि अन्य प्राथमिक क्षेत्रक में।

(ii) शिक्षक, डॉक्टर, सब्जी विक्रेता, वकील

उत्तर सब्जी विक्रेता प्राथमिक क्षेत्रक में काम करता है, जबकि अन्य तृतीयक क्षेत्रक में।

(iii) डाकिया, मोची, सैनिक, पुलिस कॉन्सटेबल

उत्तर मोची द्वितीयक क्षेत्रक में काम करता है, जबकि अन्य तृतीयक क्षेत्रक में।

(iv) एम टी एन एल, भारतीय रेल, एयर इंडिया, जेट एयरवेज, ऑल इंडिया रेडियो

उत्तर जेट एयरवेज निजी क्षेत्रक का उपक्रम है, जबकि अन्य सार्वजनिक क्षेत्रक के उपक्रम हैं।

5. एक शोध छात्र ने सूरत शहर में काम करने वाले लोगों का अध्ययन करके निम्न आँकड़े जुटाए

कार्य स्थान	रोजगार की प्रकृति	श्रमिकों का प्रतिशत
सरकार द्वारा पंजीकृत कार्यालयों और कारखानों में	संगठित	15
औपचारिक अधिकार पत्र सहित बाजारों में अपनी दुकान, कार्यालय और क्लीनिक		15
सड़कों पर काम करते लोग, निर्माण श्रमिक, घरेलू श्रमिक		20
छोटी कार्यशालाओं में काम करते लोग जो प्रायः सरकार द्वारा पंजीकृत नहीं हैं		

तालिका को पूरा कीजिए। इस शहर में असंगठित क्षेत्रक में श्रमिकों की प्रतिशतता क्या है?

उत्तर

कार्य स्थान	रोजगार की प्रकृति	श्रमिकों का प्रतिशत
सरकार द्वारा पंजीकृत कार्यालयों और कारखानों में	संगठित	15
औपचारिक अधिकार पत्र सहित बाजारों में अपनी दुकान, कार्यालय और क्लीनिक	संगठित	15
सड़कों पर काम करते लोग, निर्माण श्रमिक, घरेलू श्रमिक	असंगठित	20
छोटी कार्यशालाओं में काम करते लोग जो प्रायः सरकार द्वारा पंजीकृत नहीं हैं	असंगठित	50

असंगठित क्षेत्रक में श्रमिकों का प्रतिशत 70% है।

6. **क्या आप मानते हैं कि आर्थिक गतिविधियों का प्राथमिक, द्वितीयक एवं तृतीयक क्षेत्र में विभाजन की उपयोगिता है? व्याख्या कीजिए कैसे?**

उत्तर आर्थिक गतिविधियों का प्राथमिक, द्वितीयक एवं तृतीयक क्षेत्र में विभाजन कई दृष्टिकोण से उपयोगी है। इससे अर्थशास्त्रियों को किसी भी अर्थव्यवस्था में उपस्थित समस्याओं और अवसरों को समझने में मदद मिलती है। इससे मिली सूचना के आधार पर सरकार समाज कल्याण हेतु कार्यक्रम का क्रियान्वयन कर सकती है तथा सुधारों को लागू कर सकती है, जिससे अर्थव्यवस्था में वृद्धि हो और रोजगार के नए अवसर तैयार हों।

7. **इस अध्याय में आए प्रत्येक क्षेत्रक को रोजगार और सकल घरेलू उत्पाद पर ही क्यों केंद्रित करना चाहिए? क्या अन्य वाद-पदों का परीक्षण किया जा सकता है? चर्चा करें।**

उत्तर उल्लिखित प्रत्येक क्षेत्र के लिए हमने मुख्य रूप से रोजगार और सकल घरेलू उत्पाद पर ध्यान केंद्रित किया है। ऐसा इसलिए है, क्योंकि सकल घरेलू उत्पाद और रोजगार में वृद्धि पंचवर्षीय योजनाओं के सामान्य लक्ष्य हैं और वे देश की अर्थव्यवस्था के आकार को भी निर्धारित करते हैं। रोजगार और सकल घरेलू उत्पाद पर ध्यान देने से हमें अर्थव्यवस्था के तीन क्षेत्रों द्वारा प्रतिव्यक्ति आय, उत्पादकता, रोजगार दर में बदलाव और सकल घरेलू उत्पाद में योगदान जैसे महत्त्वपूर्ण कारकों की गणना और निगरानी करने में मदद मिलती है और इस प्रकार देश की अर्थव्यवस्था में सुधार के लिए आवश्यक कदम उठाने में मदद मिलती है

हाँ, जिन अन्य मुद्दों की जाँच की जानी चाहिए वे हैं

(i) संतुलित क्षेत्रीय विकास
(ii) देश के लोगों के बीच आय और धन में समानता
(iii) गरीबी उन्मूलन
(iv) प्रौद्योगिकी का आधुनिकीकरण
(v) देश की आत्मनिर्भरता

8. **जीविका के लिए काम करने वाले अपने आस-पास के वयस्कों के सभी कार्यों की लंबी सूची बनाइए। उन्हें आप किस तरीके से वर्गीकृत कर सकते हैं? अपने चयन की व्याख्या कीजिए।**

उत्तर व्यक्ति एवं उनके द्वारा किए गए कार्यों का विवरण निम्नलिखित है

कार्य की प्रकृति	गतिविधि	क्षेत्र
बैंक क्लर्क	तृतीयक	संगठित
फ्रीलांसिंग कार्टूनिस्ट	तृतीयक	असंगठित
कंस्ट्रक्शन वर्कर	द्वितीयक	असंगठित
एम्स के डॉक्टर	तृतीयक	संगठित
DTC बस ड्राइवर	तृतीयक	संगठित
फार्मर	प्राथमिक	असंगठित
गेस्ट हाउस रिसेप्सनिस्ट	तृतीयक	असंगठित
माइन वर्कर	प्राथमिक	असंगठित
टेलरिंग शॉप	तृतीयक	असंगठित
पब्लिक सेक्टर फैक्ट्री सुपरवाइजर	द्वितीयक	संगठित

हम इन्हें गतिविधि की प्रकृति और संगठित तथा असंगठित क्षेत्रक के आधार पर वर्गीकृत करते हैं। यह सूचना के लिए उपयोगी होता है तथा इससे यह जानकारी प्राप्त होती है कि कितने व्यक्ति कहाँ पर कार्य में संलग्न हैं।

9. **तृतीयक क्षेत्रक अन्य क्षेत्रकों से भिन्न कैसे है? सोदाहरण व्याख्या कीजिए।**

उत्तर तृतीयक क्षेत्रक को निम्न आधार पर अन्य क्षेत्रकों से भिन्न किया जाता है

- प्राथमिक व द्वितीयक क्षेत्रकों में भौतिक वस्तुओं का उत्पादन किया जाता है, जबकि तृतीयक क्षेत्रक में सेवाएँ प्रदान की जाती हैं। उदाहरणस्वरूप, कपास का उत्पादन प्राथमिक क्षेत्रक में और कपास के रेशे से वस्त्र तैयार करना द्वितीयक क्षेत्रक में, लेकिन तृतीयक क्षेत्रक में इन्हें बाजार में बेचा जाता है। इन्हें ट्रकों व अन्य परिवहन माध्यमों से थोक बाजार तथा खुदरा दुकानों तक पहुँचाया जाता है।
- तृतीयक क्षेत्रक की गतिविधियाँ प्राथमिक व द्वितीयक क्षेत्रक के विकास में मदद करती हैं।
- तृतीयक क्षेत्रक में श्रमिकों को मानसिक क्षमता की अधिक जरूरत पड़ती है। उदाहरण के लिए, डिजाइनर, शेफ, शिक्षक, वकील आदि लेकिन प्राथमिक व द्वितीयक क्षेत्रक में श्रमिकों को शारीरिक परिश्रम की जरूरत पड़ती है। उदाहरण के लिए, बढ़ई, किसान, राजमिस्त्री आदि।

10. **प्रच्छन्न बेरोजगारी से आप क्या समझते हैं? शहरी एवं ग्रामीण क्षेत्रों से उदाहरण देकर व्याख्या कीजिए।**

अथवा 'प्रच्छन्न बेरोजगारी' के अर्थ को स्पष्ट कीजिए। **CBSE 2020**

उत्तर जब एक श्रमिक काम तो कर रहा होता है, लेकिन उसकी क्षमता का पूरा उपयोग नहीं हो पाता है, तो ऐसी स्थिति को 'प्रच्छन्न बेरोजगारी' कहते हैं। ऐसी स्थिति में एक श्रमिक किसी विशेष काम में इसलिए लगा रहता है, क्योंकि उसके पास उससे बेहतर करने को कुछ नहीं होता। इस स्थिति में श्रमिक के पास कोई विकल्प नहीं होता, बल्कि किसी विशेष काम को करने की मजबूरी होती है।

ग्रामीण क्षेत्रों में ऐसा अकसर देखने को मिलता है कि जिस खेत में काम करने के लिए एक-दो लोग पर्याप्त होते हैं, उसी खेत में कई लोग काम कर रहे होते हैं। अतिरिक्त लोग उस खेत में इसलिए काम कर रहे होते हैं कि उनके पास करने को कोई दूसरा बेहतर विकल्प नहीं होता। यह छुपी हुई बेरोजगारी का एक जीवंत उदाहरण है।

इसे अपने देश में देखा जा सकता है। शहरी क्षेत्रों में किसी दुकान पर एकसाथ कई लोग काम करते नजर आ सकते हैं। वास्तव में, उनको अलग-अलग दुकान चलानी चाहिए, लेकिन सही अवसर के अभाव में उन्हें एक ही दुकान में काम करने को बाध्य होना पड़ता है। यह भी प्रच्छन्न बेरोजगारी का एक ज्वलंत उदाहरण है।

11. **खुली बेरोजगारी और प्रच्छन्न बेरोजगारी के बीच विभेद कीजिए।**

उत्तर **खुली बेरोजगारी** यह वह परिस्थिति है, जिसमें किसी देश में श्रम शक्ति तो अधिक होती है, किंतु औद्योगिक ढाँचा छोटा होता है। वह सारी श्रम शक्ति को समान अवसर प्रदान नहीं कर पाता अर्थात् श्रमिक काम करना चाहता है, किंतु उसे काम नहीं मिलता। यह बेरोजगारी भारत के अधिकतर औद्योगिक क्षेत्रों में पाई जाती है।

प्रच्छन्न बेरोजगारी वह परिस्थिति, जिसमें व्यक्ति काम में लगे हुए दिखाई देते हैं, किंतु वास्तव में वे बेरोजगार होते हैं; जैसे–भूमि के छोटे टुकड़े पर छः लोग काम कर रहे हैं, किंतु उत्पादन उतना ही हो रहा है जितना तीन लोगों के काम करने से होता है।

ऐसे में तीन अतिरिक्त लोग, जो काम में लगे हुए हैं, वह प्रच्छन्न रूप से बेरोजगार हैं, क्योंकि उनके काम करने से उत्पादन पर कोई प्रभाव नहीं पड़ता है।

12. **''भारतीय अर्थव्यवस्था के विकास में तृतीयक क्षेत्रक कोई महत्त्वपूर्ण भूमिका नहीं निभा रहा है।'' क्या आप इससे सहमत हैं? अपने उत्तर के समर्थन में कारण दीजिए।**

उत्तर नहीं, मैं इससे सहमत नहीं हूँ। इसके कारण हैं

(i) GDP के संदर्भ में वर्ष 2013-14 में भारत में प्राथमिक और द्वितीयक क्षेत्रक को प्रतिस्थापित करते हुए तृतीयक क्षेत्रक सबसे बड़े उत्पादक क्षेत्रक के रूप में उभरा।

(ii) रोजगार के संदर्भ में भी तृतीयक क्षेत्रक के रोजगार की वृद्धि दर बढ़ी है। यह वर्ष 1972-73 में 15% और वर्ष 2011-12 में 27% थी। इसी प्रकार यह वर्ष 1977-78 में 18% थी, जो बढ़कर वर्ष 2017-18 में 31% हो गई है। सूचना प्रौद्योगिकी क्षेत्र शिक्षित लोगों को रोजगार प्रदान कर रहा है।

13. **''भारत में सेवा क्षेत्रक दो विभिन्न प्रकार के लोग नियोजित करता है।'' ये लोग कौन हैं?**

उत्तर भारत में सेवा क्षेत्रक दो प्रकार के लोग नियोजित करता है, जो निम्न हैं

(i) नियमित, कुशल एवं शिक्षित श्रमिक।

(ii) अनियमित, अकुशल एवं अशिक्षित श्रमिक

जो श्रमिक अपनी कला व मानसिक क्षमताओं का प्रयोग करते हैं और सामान्यतः सीधे रूप में नियोजित हैं, वे पढ़े-लिखे व बुद्धिजीवी हैं और सेवा क्षेत्रक में उनकी आवश्यकता भी अधिकाधिक है। दूसरी ओर, ऐसे श्रमिक भी हैं, जो अनियोजित हैं, अशिक्षित हैं तथा शारीरिक क्षमता का उपयोग कर अपनी आजीविका चला रहे हैं। वे सामान्यतः छोटी दुकानों, मरम्मत कार्यों, परिवहन इत्यादि में लगे हुए हैं। वे बड़ी मुश्किल से अपना जीवन निर्वाह कर पाते हैं, वह भी इसलिए, क्योंकि उनके पास दूसरा कोई बेहतर विकल्प नहीं है।

14. **''असंगठित क्षेत्रक में श्रमिकों का शोषण किया जाता है।'' क्या आप इस विचार से सहमत हैं? अपने उत्तर के समर्थन में कारण दीजिए।**

उत्तर यह सही है कि असंगठित क्षेत्रक में श्रमिकों का शोषण किया जाता है, क्योंकि यह छोटी-छोटी और बिखरी इकाइयों से निर्मित होता है। यहाँ किसी भी नियम का पालन नहीं किया जाता। कम परिश्रम और अतिरिक्त काम करने पर कोई अधिक वेतन जैसा प्रावधान नहीं है। सामाजिक सुरक्षा की भी कोई गारंटी नहीं दी जाती है। श्रमिकों को बिना कारण बताए काम से हटाया जा सकता है। सामाजिक, आर्थिक व शारीरिक शोषण ही आज के समय में आधुनिक असंगठित क्षेत्रक का मूल आधार दिखाई देता है।

15. **अर्थव्यवस्था में गतिविधियाँ रोजगार की परिस्थितियों के आधार पर कैसे वर्गीकृत की जाती हैं?**

उत्तर रोजगार की परिस्थितियों के आधार पर अर्थव्यवस्था में गतिविधियों को दो वर्गों में बाँटा जा सकता है

(i) **संगठित क्षेत्रक** इस क्षेत्रक में सभी गतिविधियाँ एक पद्धति के अंतर्गत होती हैं अर्थात् संगठित क्षेत्रक में वे उद्यम अथवा कार्य स्थान आते हैं, जहाँ रोजगार की अवधि नियमित होती है और लोगों के पास सुनिश्चित रोजगार होता है।

(ii) **असंगठित क्षेत्रक** असंगठित क्षेत्रक छोटी और बिखरी इकाइयों से निर्मित होती है। यहाँ नियम-कानून की अवहेलना होती है। इसमें कोई पद्धति नहीं होती।

16. **संगठित और असंगठित क्षेत्रकों में विद्यमान रोजगार परिस्थितियों की तुलना करें।**

अथवा **संगठित क्षेत्रक तथा असंगठित क्षेत्रक में अंतर स्पष्ट कीजिए।**

CBSE 2015, 12, 10

अथवा **संगठित एवं असंगठित क्षेत्र की सेवा शर्तों में अंतर स्पष्ट कीजिए।**

CBSE 2020

उत्तर संगठित और असंगठित क्षेत्रकों की रोजगार परिस्थितियों में अंतर निम्नलिखित हैं

संगठित क्षेत्रक	असंगठित क्षेत्रक
इस क्षेत्रक में काम एक पद्धति और नियमों की सीमा-रेखा के अंदर होता है।	इस क्षेत्रक में कोई पद्धति नहीं होती है और अधिकांश नियमों का उल्लंघन होता है।
इस क्षेत्रक में रोजगार की अवधि नियमित होती है।	यहाँ रोजगार की अवधि नियमित नहीं होती है।
इस क्षेत्रक में रोजगार सुरक्षा के लाभ मिलते हैं। श्रमिकों को सवेतन छुट्टी, भविष्य निधि व सेवानुदान आदि की सुविधा प्राप्त होती है।	इस क्षेत्रक में रोजगार सुरक्षा नहीं मिलती है। यहाँ सवेतन छुट्टी, भविष्य निधि व सेवानुदान आदि का कोई प्रावधान नहीं है।
यह क्षेत्रक सरकार द्वारा पंजीकृत होता है।	यह क्षेत्रक सरकार द्वारा पंजीकृत नहीं होता है।

17. **मनरेगा, 2005 (MGNREGA 2005) के उद्देश्यों की व्याख्या कीजिए।**

उत्तर 'काम का अधिकार' के लक्ष्यों को पूरा करने के उद्देश्य से नरेगा 2005 को लागू किया गया था। इस कार्यक्रम के अंतर्गत भारत के 625 जिलों के ग्रामीण क्षेत्र के प्रत्येक परिवार के एक व्यक्ति को पूरे वर्ष में 100 दिन के रोजगार की गारंटी दी जाती है।

यह कार्यक्रम ग्रामीण क्षेत्रों में गरीबी उन्मूलन के लिए प्रतिबद्ध है। इसमें यह भी प्रावधान है कि यदि सरकार रोजगार उपलब्ध कराने में असफल रहती है, तो वह लोगों को बेरोजगारी भत्ता

देगी। अधिनियम के अंतर्गत उस तरह के कामों को वरीयता दी जाएगी, जिनसे भविष्य में भूमि से उत्पादन बढ़ाने में मदद मिलेगी। इस कार्यक्रम का एक और प्रमुख उद्देश्य गाँवों से महानगरों की ओर रोजगार के अभाव में हो रहे पलायन को रोकना है।

18. अपने क्षेत्र से उदाहरण लेकर सार्वजनिक और निजी क्षेत्रक की गतिविधियों एवं कार्यों की तुलना तथा वैषम्य कीजिए।

उत्तर इसे समझने के लिए अपने क्षेत्र के परिवहन निगम की बात करते हैं। इसे भारत के अन्य क्षेत्रों या राज्यों के संदर्भ में भी समझा जा सकता है। अधिकांश राज्यों में लंबी दूरी की बसों का परिचालन स्टेट ट्रांसपोर्ट कॉर्पोरेशन द्वारा किया जाता है। यह सार्वजनिक क्षेत्रक के द्वारा संचालित है। इसके अतिरिक्त कई निजी क्षेत्रक की निजी स्वामित्व वाली बसें भी चलती हैं। यदि हम तुलना करें, तो स्टेट ट्रांसपोर्ट के श्रमिकों को सही वेतन और अन्य सुविधाएँ मिलती हैं, लेकिन निजी ट्रांसपोर्ट के श्रमिकों को किसी भी तरह की कोई भी सुविधा नहीं मिलती है और उनका वेतन भी कम होता है। दूसरी ओर, कई राज्यों में सार्वजनिक क्षेत्रक की बसों की स्थिति और उनकी सेवाएँ बहुत ही खराब हैं, इसलिए लोग निजी क्षेत्रक की बसों में यात्रा करना पसंद करते हैं।

19. अपने-अपने क्षेत्रक से एक-एक उदाहरण देकर निम्न तालिका को पूरा कीजिए और चर्चा कीजिए

	सुव्यवस्थित प्रबंध वाले संगठन	**कुव्यवस्थित प्रबंध वाले संगठन**
सार्वजनिक क्षेत्रक		
निजी क्षेत्रक		

उत्तर

	सुव्यवस्थित प्रबंध वाले संगठन	**कुव्यवस्थित प्रबंध वाले संगठन**
सार्वजनिक क्षेत्रक	रेलवे	बी एस एन एल
निजी क्षेत्रक	टिस्को	ब्रेड कंपनी

20. सार्वजनिक क्षेत्रक की गतिविधियों के कुछ उदाहरण दीजिए और व्याख्या कीजिए कि सरकार द्वारा इन गतिविधियों का कार्यान्वयन क्यों किया जाता है?

उत्तर सार्वजनिक क्षेत्रक की गतिविधियाँ एवं सरकारी नियंत्रण निम्न प्रकार हैं

गतिविधियाँ	**सरकारी नियंत्रण के कारण**
जल आपूर्ति	जल एक मूलभूत आवश्यकता है और जल की आपूर्ति के लिए भारी पूँजी की आवश्यकता होती है। लोगों को पीने का पानी कम-से-कम कीमत पर उपलब्ध कराने के लिए जल आपूर्ति पर सरकार का नियंत्रण होता है।
रेल परिचालन	रेल लाइन बिछाने और डिब्बों की खरीदारी, रख-रखाव, पटरियों की मरम्मत आदि में बहुत अधिक धन व्यय करना पड़ता है। इस वजह से रेलवे पर सरकारी नियंत्रण होता है।
सड़क	भारत में रेलमार्गों की भाँति सड़क मार्ग का भी जाल है। विकास हेतु सड़क निर्माण और रख-रखाव सरकार के नियंत्रण में होता है। ग्रामीण क्षेत्रों में सड़कें बनाने में निजी कंपनियों की अरुचि भी सरकारी नियंत्रण का कारण है।

21. व्याख्या कीजिए कि एक देश के आर्थिक विकास में सार्वजनिक क्षेत्रक कैसे योगदान करता है?

अथवा देश के आर्थिक विकास में सार्वजनिक क्षेत्रक के योगदान को उजागर कीजिए। **CBSE 2019**

अथवा देश के आर्थिक विकास में सार्वजनिक क्षेत्रक की भूमिका का वर्णन कीजिए। **CBSE 2020**

उत्तर किसी देश के आर्थिक विकास में सार्वजनिक क्षेत्रक का महत्त्वपूर्ण योगदान होता है, क्योंकि सार्वजनिक क्षेत्रक का उद्देश्य अत्यधिक लाभ कमाना नहीं होता।

सभी महत्त्वपूर्ण गतिविधियों का संचालन सार्वजनिक क्षेत्रक के द्वारा किया जाता है। ऐसी गतिविधियाँ, जिनकी आवश्यकता समाज के प्रत्येक व्यक्ति को होती है; जैसे-सड़क, पुल, रेलवे, पत्तन, बिजली आदि का निर्माण और बाँध आदि से सिंचाई की सुविधा उपलब्ध कराना सार्वजनिक क्षेत्रक का काम है। सरकार ऐसे भारी व्यय स्वयं उठाती है।

सरकार किसानों को उचित मूल्य दिलाने के लिए उनसे ही चावल और गेहूँ खरीदती है और फिर सार्वजनिक वितरण प्रणाली द्वारा समाज के गरीब और वंचित वर्ग तक उस अनाज को पहुँचाती है।

सभी के लिए स्वास्थ्य और शिक्षा की सुविधाएँ उपलब्ध कराना सार्वजनिक क्षेत्रक में आता है। इस प्रकार, किसी देश के आर्थिक विकास में सार्वजनिक क्षेत्रक अपनी कार्यदक्षता को दर्शाता है।

22. असंगठित क्षेत्रक के श्रमिकों को निम्नलिखित मुद्दों पर संरक्षण की आवश्यकता है—मजदूरी, सुरक्षा और स्वास्थ्य। उदाहरण सहित व्याख्या कीजिए।

अथवा ''असंगठित क्षेत्रक में श्रमिकों के संरक्षण और सहायता की आवश्यकता है।'' इस कथन का मूल्यांकन कीजिए **CBSE 2020**

उत्तर असंगठित क्षेत्रक के मजदूरों (श्रमिकों) को मजदूरी, सुरक्षा और स्वास्थ्य के मुद्दों पर संरक्षण की आवश्यकता है। इसे निम्न प्रकार से स्पष्ट किया जा सकता है

मजदूरी असंगठित क्षेत्रक में श्रमिकों की कार्य अवधि निश्चित नहीं है अर्थात् इन्हें बहुत अधिक शोषण का शिकार होना पड़ता है। इनके रोजगार की कोई गारंटी भी नहीं है। ये श्रमिक अत्यंत गरीब होते हैं। अतः न्यूनतम मजदूरी पर भी काम करने को तैयार हो जाते हैं। इनके लिए कार्य अवधि, ओवरटाइम और एक निश्चित मजदूरी की गारंटी होनी चाहिए।

सुरक्षा असंगठित क्षेत्रक के श्रमिकों हेतु रोजगार सुरक्षा सहित अन्य प्रकार के सुरक्षा बीमा की भी व्यवस्था करनी चाहिए, क्योंकि ये अत्यंत जोखिम वाले स्थानों; जैसे-ईंट भट्ठा उद्योग, कोयले की खानों, माइनिंग आदि जगहों पर कार्य करते हैं, जिनमें जान का खतरा हमेशा बना रहता है। अतः इन्हें यहाँ संरक्षण की आवश्यकता है।

स्वास्थ्य ये श्रमिक अत्यंत गरीब होते हैं। इन्हें पौष्टिक आहार नहीं मिल पाता। ये विपरीत स्वास्थ्य परिस्थितियों में भी काम करते हैं। अतः स्वास्थ्य सुरक्षा हेतु भी संरक्षण होना चाहिए।

23. अहमदाबाद में किए गए एक अध्ययन में पाया गया कि नगर के 15,00,000 श्रमिकों में से 11,00,000 श्रमिक असंगठित क्षेत्रक में काम करते थे। वर्ष 1997-98 में नगर की कुल आय ₹ 600 करोड़ थी, जिसमें से ₹ 320 करोड़ संगठित क्षेत्रक से प्राप्त हुई थी। इस आँकड़े को सारणी में प्रदर्शित कीजिए। नगर में और अधिक रोजगार सृजन के लिए किन तरीकों पर विचार किया जाना चाहिए?

उत्तर वर्ष 1997-98 में अहमदाबाद नगर के आँकड़े

	संगठित क्षेत्रक	असंगठित क्षेत्रक	कुल योग
श्रमिकों की संख्या	4,00,000	11,00,000	15,00,000
कुल आय (करोड़ रुपये में)	320	280	600

उपरोक्त तालिका में दिए गए आँकड़ों से यह निष्कर्ष निकलता है कि संगठित क्षेत्रक में कम श्रमिक लगे हैं, फिर भी आय असंगठित क्षेत्रक से अधिक है। वहीं असंगठित क्षेत्रक में संगठित क्षेत्रक से ढाई गुना अधिक श्रमिक लगे हैं, फिर भी आय तुलनात्मक रूप में कम है। अधिक रोजगार सृजन हेतु निम्न तरीकों पर विचार किया जा सकता है

(i) शिक्षा को गुणवत्तापरक बनाने पर बल देना चाहिए, जिससे अधिक-से-अधिक लोग तकनीकी रूप से सुदृढ़ हों और रोजगार के अवसर का लाभ प्राप्त करें तथा वेतन भी अधिक पाएँ।

(ii) सरकार असंगठित क्षेत्र के मालिकों को इस बात के लिए प्रोत्साहित करे कि वे संगठित क्षेत्रक में शामिल हों। इसके लिए सरकार को कुछ प्रलोभन का रास्ता भी अपनाना चाहिए। उदाहरण के लिए, कर पर रोक।

(iii) लोगों को स्वयं के रोजगार की ओर प्रोत्साहित करने के लिए वित्तीय और तकनीकी सहायता प्रदान करनी चाहिए।

24. निम्नलिखित तालिका में तीनों क्षेत्रकों का सकल घरेलू उत्पाद (GDP) रुपये (करोड़ों) में दिया गया है

वर्ष	प्राथमिक	द्वितीयक	तृतीयक
2000	52,000	48,500	1,33,500
2013	8,00,500	10,74,000	38,68,000

(i) वर्ष 2000 से 2013 के लिए जीडीपी में तीनों क्षेत्रकों की हिस्सेदारी की गणना कीजिए।

(ii) अध्याय में दिए गए आरेख-2 के समान एक दंड आरेख प्रदर्शित कीजिए।

(iii) दंड आरेख से हम क्या निष्कर्ष प्राप्त करते हैं?

उत्तर (i) वर्ष 2000 में कुल जीडीपी = (52,000 + 48,500 + 1,33,500)

= 2,34,000 करोड़

प्राथमिक क्षेत्र की हिस्सेदारी $= \frac{52,000}{2,34,000} \times 100 = 22.22\%$

द्वितीयक क्षेत्र की हिस्सेदारी $= \frac{48,500}{2,34,000} \times 100 = 20.72\%$

तृतीयक क्षेत्र की हिस्सेदारी $= \frac{1,33,500}{2,34,000} \times 100 = 57.00\%$

वर्ष 2013 में तीनों क्षेत्रक की कुल जीडीपी

= ₹ (8,00,500 + 10,74,000 + 38,68,000)

= ₹ 57,42,500 करोड़

प्राथमिक क्षेत्र की हिस्सेदारी

$= \frac{8,00,500}{57,42,500} \times 100 = 13.93\%$

द्वितीयक क्षेत्र की हिस्सेदारी

$= \frac{10,74,000}{57,42,500} \times 100 = 18.70\%$

तृतीयक क्षेत्र की हिस्सेदारी

$= \frac{38,68,000}{57,42,500} \times 100 = 67.35\%$

(ii) **दंड आरेख में आँकड़ों का प्रदर्शन**

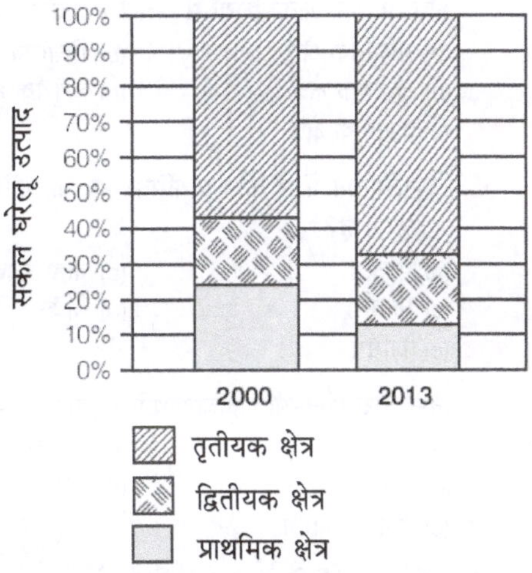

(iii) दंड आरेख से निम्न निष्कर्ष प्राप्त होते हैं

- प्राथमिक क्षेत्र की जीडीपी में हिस्सेदारी घट रही है।
- द्वितीयक क्षेत्र की भी जीडीपी में हिस्सेदारी घट रही है।
- जीडीपी में तृतीयक क्षेत्र की हिस्सेदारी बढ़ रही है।

परीक्षा अभ्यास

वस्तुनिष्ठ प्रश्न

बहुविकल्पीय प्रश्न

1. प्राकृतिक संसाधनों के दोहन से प्राप्त उत्पाद निम्नलिखित में से किस क्षेत्र के अंतर्गत आते हैं? **CBSE Term I 2021**

(a) प्राथमिक क्षेत्र (b) द्वितीयक क्षेत्र
(c) तृतीयक क्षेत्र (d) सरकारी क्षेत्र

उत्तर (a) प्राथमिक क्षेत्र

2. निम्नलिखित में से कौन-सा क्रियाकलाप 'प्राथमिक क्षेत्रक' के अंतर्गत आता है? **CBSE Compartment 2021**

(a) खनन (b) परिवहन
(c) शिक्षा (d) भंडारण

उत्तर (a) खनन

3. विकास के प्रारंभिक चरणों में निम्नलिखित में से कौन-सा क्षेत्र आर्थिक गतिविधियों में सबसे महत्त्वपूर्ण था?

(a) प्राथमिक क्षेत्र (b) द्वितीयक क्षेत्र
(c) तृतीयक क्षेत्र (d) चतुर्थक क्षेत्र

उत्तर (a) प्राथमिक क्षेत्र

4. निम्नलिखित में से कौन प्राथमिक क्षेत्र की गतिविधियों का उदाहरण है?

(a) पकाना (b) बाह्य स्रोतन
(c) फार्मिंग (d) बैंकिंग

उत्तर (c) फार्मिंग

5. निम्न में से कौन-सी प्रक्रिया प्राथमिक क्षेत्र में सम्मिलित नहीं है?

(a) मत्स्य (b) प्राकृतिक गैस
(c) चीनी उत्पादन (d) खनन

उत्तर (c) चीनी उत्पादन

6. आर्थिक गतिविधियों का वह क्षेत्र कौन-सा है, जिसमें प्रकृति से प्राप्त उत्पादों को दूसरे रूप में परिवर्तित किया जाता है? **CBSE Term I 2021**

(a) प्राथमिक क्षेत्र (b) द्वितीयक क्षेत्र
(c) तृतीयक क्षेत्र (d) चतुर्थक क्षेत्र

उत्तर (b) द्वितीयक क्षेत्र

7. द्वितीयक क्षेत्र में प्राकृतिक उत्पादों को .... के माध्यम से अन्य रूपों में परिवर्तित किया जाता है।

(a) विनिर्माण
(b) बाजार
(c) उत्पादित वस्तुएँ
(d) व्यापार

उत्तर (a) विनिर्माण

8. निम्नलिखित में से कौन-सा क्षेत्र भारत के सकल घरेलू उत्पाद (जीडीपी) में सबसे अधिक योगदान देता है? **CBSE Term I 2021**

(a) प्राथमिक क्षेत्र
(b) द्वितीयक क्षेत्र
(c) तृतीयक क्षेत्र
(d) चतुर्थक क्षेत्र

उत्तर (c) तृतीयक क्षेत्र

9. किसी वर्ष में उत्पादित अंतिम वस्तुओं और सेवाओं के मूल्य होते हैं

(a) राष्ट्रीय आय (b) सकल घरेलू उत्पाद
(c) उद्यमों के स्वामित्व (d) व्यापार

उत्तर (b) सकल घरेलू उत्पाद

10. सकल घरेलू उत्पाद का आकलन निम्न में से कौन करता है?

(a) आर्थिक सर्वेक्षण
(b) केंद्रीय सांख्यिकी कार्यालय
(c) श्रम विकास
(d) वित्त मंत्रालय

उत्तर (b) केंद्रीय सांख्यिकी कार्यालय

11. आरंभिक अवस्था में कौन-सा क्षेत्रक आर्थिक सक्रियता का सबसे महत्त्वपूर्ण क्षेत्रक रहा था?

(a) प्राथमिक (b) द्वितीयक
(c) तृतीयक (d) इनमें से कोई नहीं

उत्तर (a) प्राथमिक

12. देश के अधिकतर श्रमिक मुख्यत: किस क्षेत्र में कार्यरत हैं?

(a) तृतीयक क्षेत्र (b) द्वितीयक क्षेत्र
(c) प्राथमिक क्षेत्र (d) संगठित क्षेत्र

उत्तर (c) प्राथमिक क्षेत्र

13. वे उद्यम या कार्य स्थान, जहाँ रोजगार की अवधि नियमित व सुनिश्चित होती है, उसे क्या कहते हैं?

(a) निजी क्षेत्र (b) सार्वजनिक क्षेत्र
(c) संगठित क्षेत्र (d) असंगठित क्षेत्र

उत्तर (c) संगठित क्षेत्र

14. राष्ट्रीय ग्रामीण रोजगार गारंटी अधिनियम को कब शुरू किया गया?

(a) फरवरी, 2006 (b) फरवरी, 2007
(c) अप्रैल, 2006 (d) अप्रैल, 2007

उत्तर (a) फरवरी, 2006

15. तृतीयक क्षेत्रक में निम्नलिखित में से कौन-सा सम्मिलित है?
(a) मत्स्य (b) गन्ने से चीनी
(c) व्यापार (d) कपास

उत्तर (c) व्यापार

16. निम्नलिखित में से कौन-सा उदाहरण एक संगठित क्षेत्र के अंतर्गत आता है?
CBSE SQP Term I 2021, CBSE Term I 2021
(a) एक ठेकेदार के लिए काम करने वाला दिहाड़ी मजदूर
(b) रोजगार के सभी लाभ प्राप्त करने वाला एक इंजीनियर
(c) एक निजी स्कूल में काम करने वाला सफाई कर्मचारी
(d) अपने घर पर कपड़े की सिलाई करने वाला एक दर्जी

उत्तर (b) रोजगार के सभी लाभ प्राप्त करने वाला एक इंजीनियर

17. निम्नलिखित में से कौन-सी एक असंगठित क्षेत्र की गतिविधि है? **CBSE 2023**
(a) स्कूल में पढ़ाने वाला एक शिक्षक।
(b) बड़े कारखाने में काम करने वाला एक कर्मचारी।
(c) अस्पताल में इलाज करने वाला एक डॉक्टर।
(d) ठेकेदार के अधीन काम करने वाला एक दिहाड़ी मजदूर।

उत्तर (d) ठेकेदार के अधीन काम करने वाला एक दिहाड़ी मजदूर।

18. अधिक रोजगार विकसित करने के संबंध में कौन-सा विकल्प भिन्न है?
(a) रोजगार, शिक्षा में सुधार, परामर्श, कुटीर व्यवसाय
(b) बैंक साख, लघु उद्योग, पर्यटन में सुधार, स्वास्थ्य में सुधार
(c) शिक्षा में सुधार, बैंक साख, लघु उद्योग, पर्यटन में सुधार
(d) रोजगार, लघु उद्योग, बैंक साख, शिक्षा में सुधार

उत्तर (a) रोजगार, शिक्षा में सुधार, परामर्श, कुटीर व्यवसाय

19. निम्नलिखित कथनों पर विचार कीजिए
1. सेवा क्षेत्रक में कुछ ऐसी सेवाएँ भी होती हैं, जो प्रत्यक्ष रूप से वस्तुओं के उत्पादन में सहायता नहीं करती हैं।
2. कृषि एवं उद्योग के विकास से परिवहन, व्यापार परिवहन जैसी सेवाओं का विकास होता है।
3. लोगों की जैसे-जैसे आय बढ़ती है, वैसे-वैसे पर्यटन, शॉपिंग, निजी अस्पताल जैसी सेवाओं की माँग होने लगती है।
4. तृतीयक क्षेत्रक ने प्राथमिक क्षेत्रक को सबसे बड़े उत्पादक क्षेत्र के रूप में प्रतिस्थापित किया है।

उपरोक्त में से कौन-सा/से कथन सेवा क्षेत्रक के संबंध में सही है/हैं?
(a) 1 और 4
(b) 1 और 2
(c) 2 और 3
(d) उपरोक्त सभी

उत्तर (d) उपरोक्त सभी

20. निम्नलिखित कथनों पर विचार कीजिए
1. कृषि क्षेत्र में अल्प बेरोजगारी की स्थिति पाई जाती है, क्योंकि इसमें लोगों की संख्या से उत्पादन प्रभावित नहीं होता है।
2. अल्प बेरोजगारी को छिपी हुई बेरोजगारी कहते हैं, क्योंकि इसमें लोग कम क्षमता के साथ संलग्न होते हैं।
3. अल्प बेरोजगारी की स्थिति शहरों की अपेक्षा केवल ग्रामीण क्षेत्रों में ही देखी जाती है।

उपरोक्त में से कौन-सा/से कथन अल्प बेरोजगारी के संबंध में सही नहीं है/हैं?
(a) केवल 2 (b) 1 और 2
(c) 1 और 3 (d) ये सभी

उत्तर (b) 1 और 2

21. सकल घरेलू उत्पाद के संदर्भ में कौन-सा/से कथन सत्य है/हैं?
1. उत्पादित अंतिम सभी वस्तुएँ शामिल।
2. सकल घरेलू उत्पाद का आकलन केंद्रीय सांख्यिकी द्वारा।
3. मात्रात्मक वृद्धि।
4. मध्यवर्ती उत्पादित वस्तुएँ।

कूट
(a) केवल 1 (b) 1 और 2 (c) केवल 3 (d) 2 और 4

उत्तर (b) 1 और 2

22. नीचे दी गई विशेषताओं का सावधानीपूर्वक अध्ययन कीजिए तथा इससे संबंधित सही विकल्प की पहचान कीजिए
- अर्थव्यवस्था के प्राथमिक क्षेत्र में प्राकृतिक संसाधनों को प्राथमिक उत्पादों में परिवर्तित करना शामिल होता है।
- इसमें वन, मत्स्यन, खनन और तेल एवं गैस की निकासी शामिल होती है।
- भारत जैसे देश में अधिकतर श्रमिक कृषि एवं संबद्ध क्षेत्रों में मुख्य रूप से संलग्न होते हैं।
- यह क्षेत्र सीधे प्रकृति के साथ जुड़ा हुआ है।

(a) प्राथमिक क्षेत्र (b) द्वितीयक क्षेत्र
(c) तृतीयक क्षेत्र (d) चतुर्थक क्षेत्र

उत्तर (a) प्राथमिक क्षेत्र

23. नीचे दी गई विशेषताओं का सावधानीपूर्वक अध्ययन कीजिए तथा इससे संबंधित सही विकल्प की पहचान कीजिए
- इसमें उद्यमों को सरकार द्वारा पंजीकृत किया जाता है।
- इसमें विभिन्न कानूनों के तहत बनाए गए नियमों का पालन करना पड़ता है।
- इसमें रोजगार को सुरक्षा के लाभ मिलते हैं, उन्हें चिकित्सा, सवेतन अवकाश, सेवानुदान आदि का लाभ भी मिलता है।
- इसमें रोजगार की अवधि नियमित व सुनिश्चित होती है तथा कुछ औपचारिक प्रक्रियाएँ शामिल होती हैं।

(a) संगठित क्षेत्र (b) असंगठित क्षेत्र
(c) सार्वजनिक क्षेत्र (d) निजी क्षेत्र

उत्तर (a) संगठित क्षेत्र

24. निम्नलिखित युग्मों में से कौन-सा सही सुमेलित है? **CBSE Term I 2021**

उदाहरण		क्षेत्र
(a) कुरियर	–	तृतीयक क्षेत्र
(b) मछुआरा	–	द्वितीयक क्षेत्र
(c) बढ़ई	–	प्राथमिक क्षेत्र
(d) मालवाहक	–	द्वितीयक क्षेत्र

उत्तर (a) कुरियर – तृतीयक क्षेत्र

25. निम्नलिखित में से कौन-सा जोड़ा सुमेलित है? **CBSE 2023**

(a) प्राथमिक क्षेत्रक	–	साहूकार
(b) द्वितीयक क्षेत्रक	–	पुजारी
(c) तृतीयक क्षेत्रक	–	बैंक
(d) विनिर्माण क्षेत्रक	–	माली

उत्तर (c) तृतीयक क्षेत्रक – बैंक

सुमेलित करें

26. सुमेलित कीजिए

सूची I	सूची II
A. द्वितीयक क्षेत्रक	1. निजी स्वामित्व
B. असंगठित क्षेत्रक	2. कपास
C. प्राथमिक क्षेत्रक	3. सरकार नियंत्रण से बाहर
D. निजी क्षेत्रक	4. गन्ने से चीनी

कूट

	A	B	C	D		A	B	C	D
(a)	4	3	2	1	(b)	1	2	3	4
(c)	3	2	1	4	(d)	2	4	3	1

उत्तर (a) 4 3 2 1

27. सुमेलित कीजिए

सूची I	सूची II
A. अंतिम वस्तु एवं सेवाएँ	1. वस्तुओं एवं सेवाओं के निर्माण में प्रयोग
B. मध्यवर्ती वस्तु एवं सेवाएँ	2. सीएसओ
C. जीडीपी का आकलन	3. प्रच्छन्न बेरोजगारी
D. क्षमता से कम काम	4. उपभोक्ताओं द्वारा सीधा प्रयोग

कूट

	A	B	C	D		A	B	C	D
(a)	1	2	3	4	(b)	2	1	3	4
(c)	4	1	2	3	(d)	4	3	2	1

उत्तर (c) 4 1 2 3

28. सुमेलित कीजिए

सूची I	सूची II
A. प्राथमिक क्षेत्र	1. औद्योगिक क्षेत्र
B. द्वितीयक क्षेत्र	2. सेवा क्षेत्र
C. तृतीयक क्षेत्र	3. तेल एवं गैस निकासी
D. निजी क्षेत्र	4. निजी स्वामित्व

कूट

	A	B	C	D		A	B	C	D
(a)	1	2	3	4	(b)	2	3	4	1
(c)	4	3	2	1	(d)	3	1	2	4

उत्तर (d) 3 1 2 4

चित्र आधारित प्रश्न

29. निम्न चित्र में दिखाए गए व्यक्ति को देखकर बताइए कि यह किससे संबंधित है?

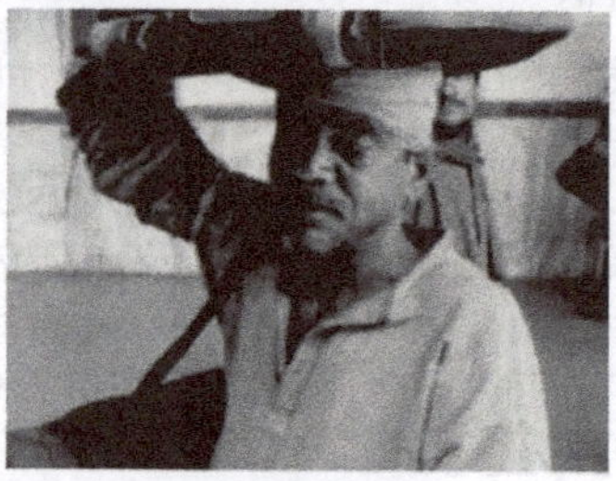

(a) दैनिक मजदूर-असंगठित क्षेत्र
(b) कुशल व्यवसायी-असंगठित क्षेत्र
(c) कुशल हस्तशिल्पी-असंगठित क्षेत्र
(d) दुकानदार-असंगठित क्षेत्र

उत्तर (a) दैनिक मजदूर-असंगठित क्षेत्र

30. नीचे दिए गए चित्र को ध्यानपूर्वक देखकर बताइए कि यह अर्थव्यवस्था के किस क्षेत्र से संबंधित है?

(a) असंगठित क्षेत्र
(b) प्राथमिक क्षेत्र
(c) 'a' और 'b' दोनों
(d) इनमें से कोई नहीं

उत्तर (c) 'a' और 'b' दोनों

रिक्त स्थान भरें

31. भारत का ...... क्षेत्रक सबसे अधिक रोजगार उत्पन्न करता है, जबकि ...... क्षेत्रक सबसे अधिक पैसे का सृजन करता है।

उत्तर प्राथमिक, तृतीयक

32. असंगठित रोजगार क्षेत्र में ...... रोजगार की प्राप्ति नहीं होती है।

उत्तर सुरक्षा

33. निम्नलिखित रिक्त स्थान को भरें

आर्थिक क्षेत्रक	विशेषता
संगठित क्षेत्र	रोजगार की अवधि नियमित एवं सुरक्षित
असंगठित क्षेत्र	?

कूट

(a) रोजगार की अवधि अनियमित एवं सुरक्षित
(b) कम मजदूरी एवं अधिक सुविधा

(c) रोजगार की अवधि अनियमित एवं असुरक्षित
(d) सवेतन अवकाश एवं अतिरिक्त सुविधा

उत्तर (c) रोजगार की अवधि अनियमित एवं असुरक्षित

सही और पुनः लिखें

34. विभिन्न देशों ने विकसित अर्थव्यवस्था बनाने के लिए विशेष मार्ग अपनाया है; जैसे-द्वितीयक से प्राथमिक क्षेत्र एवं तृतीयक क्षेत्र की ओर अग्रसर होना है।

उत्तर विभिन्न देशों ने विकसित अर्थव्यवस्था बनाने के लिए विशेष मार्ग अपनाया है; जैसे-प्राथमिक क्षेत्र से द्वितीयक क्षेत्र, फिर तृतीयक क्षेत्र की ओर अग्रसर होना है।

35. सहकारी संस्था का दुग्ध उत्पादक किसान असंगठित क्षेत्र के रोजगार में सम्मिलित होता है।

उत्तर सहकारी संस्था का दुग्ध उत्पादक किसान संगठित क्षेत्र के रोजगार में सम्मिलित होता है।

डेटा आधारित प्रश्न

36. नीचे दिए गए रोजगार संबंधी आलेख का अध्ययन कीजिए तथा पूछे गए प्रश्न के उत्तर दीजिए।

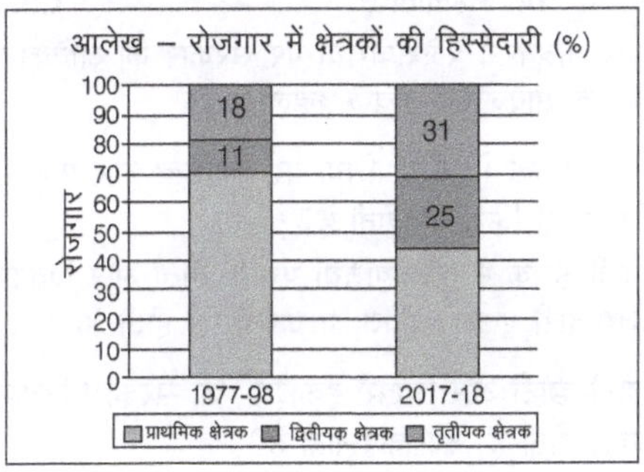

आलेख के अनुसार वर्ष 2017-18 में तृतीयक क्षेत्रक में रोजगार की भागीदारी कितनी (%) पाई गई है?

(a) 18%
(b) 31%
(c) 25%
(d) 71%

उत्तर (b) 31%

केस आधारित प्रश्न

37. एक फूल की खेती करने वाला ट्यूलिप (फूल) का उत्पादन करके उसे एक व्यापारी को बेचता है। वह व्यापारी उसको निर्यात कर अच्छा लाभ प्राप्त करता है। यह सकल घरेलू उत्पाद को बढ़ाता है, किंतु किसान को अधिक आमदनी नहीं हुई, क्यों?

(a) व्यापारी द्वारा अधिकतम लाभ प्राप्त किया गया।
(b) किसान की प्रच्छन्न बेरोजगारी के तहत।
(c) किसान, व्यापारी एवं निर्यातक तीनों असंगठित क्षेत्र से हैं।
(d) उपरोक्त सभी

उत्तर (d) उपरोक्त सभी

38. हरी एक किसान का बेटा है, जो कृषि विश्वविद्यालय में अध्ययन के उपरांत शोध वैज्ञानिक बन गया और उसने वर्णसंकर ऑयल बीज का विकास किया। विश्लेषण के द्वारा ज्ञात कीजिए कि उसने किस प्रकार अपने क्षेत्र को पास्ट से प्रजेंट में प्रतिस्थापित किया?

(a) तृतीयक से प्राथमिक क्षेत्र में
(b) द्वितीयक से प्राथमिक क्षेत्र में
(c) प्राथमिक से तृतीयक क्षेत्र में
(d) प्राथमिक से द्वितीयक क्षेत्र में

उत्तर (c) प्राथमिक से तृतीयक क्षेत्र में

39. एक महिला अपने गाँव में एक मिठाई की दुकान पर ठेके पर काम करती है और पूरे दिन काम करने के बाद उसे कम वेतन मिलता है। उसे कोई अवकाश या सवैतनिक अवकाश नहीं मिलता है, बल्कि जब भी वह काम से अनुपस्थित रहती है, तो उसका नियोक्ता उसका वेतन काट लेता है। ज्ञात कीजिए कि वह किस क्षेत्र में काम कर रही है? **CBSE Term I 2021**

(a) प्राथमिक क्षेत्र
(b) सेवा क्षेत्र
(c) संगठित क्षेत्र
(d) असंगठित क्षेत्र

उत्तर (d) असंगठित क्षेत्र

कथन/कारण

40. **कथन** (A) जब एक श्रमिक काम तो कर रहा होता है, लेकिन उसकी क्षमता का पूरा उपयोग नहीं हो पाता है, तो उसे प्रच्छन्न बेरोजगारी कहते हैं।

कारण (R) असंगठित क्षेत्र में सामाजिक सुरक्षा की कोई गारंटी नहीं होती है।

कूट

(a) A और R दोनों सत्य हैं तथा R, A की सही व्याख्या है
(b) A और R दोनों सत्य हैं, परंतु R, A की सही व्याख्या नहीं है
(c) A सत्य है, किंतु R असत्य है
(d) A असत्य है, किंतु R सत्य है

उत्तर (b) A और R दोनों सत्य हैं, परंतु R, A की सही व्याख्या नहीं है

C अतिलघु उत्तरीय प्रश्न

1. प्राथमिक क्षेत्रक किसे कहते हैं?

उत्तर जब आर्थिक क्रियाओं में मुख्य रूप से प्राकृतिक संसाधनों के प्रयोग से उत्पादन किया जाता है, प्राथमिक क्षेत्रक कहलाते हैं; जैसे—कपास, गन्ना, दूध आदि।

2. प्राथमिक क्षेत्रक को और किस नाम से जाना जाता है?

उत्तर प्राथमिक क्षेत्रक को कृषि और सहायक क्षेत्रक के नाम से जाना जाता है।

3. प्राथमिक क्षेत्रक के कोई दो उदाहरण दीजिए।

उत्तर प्राथमिक क्षेत्रक के दो उदाहरण मछुआरा एवं माली हैं।

4. द्वितीयक क्षेत्रक किसे कहते हैं? **CBSE 2016**

उत्तर जब प्राकृतिक उत्पादों को विनिर्माण प्रणाली के द्वारा अन्य रूपों में परिवर्तित किया जाता है, द्वितीयक क्षेत्रक कहलाते हैं; जैसे–कपास से रेशा, गन्ने से चीनी आदि।

5. द्वितीयक क्षेत्रक को और किस नाम से जाना जाता है?

उत्तर द्वितीयक क्षेत्रक को औद्योगिक क्षेत्रक के नाम से जाना जाता है।

6. द्वितीयक क्षेत्रक के कोई दो उदाहरण दीजिए।

उत्तर द्वितीयक क्षेत्रक के दो उदाहरण दर्जी और टोकरी बुनकर हैं।

7. मिट्टी से ईंट का निर्माण और फिर ईंट से घरों का निर्माण किस क्षेत्रक का उदाहरण है? **CBSE 2016**

उत्तर मिट्टी से ईंट का निर्माण और फिर ईंट से घरों का निर्माण द्वितीयक क्षेत्रक या औद्योगिक क्षेत्रक का उदाहरण है।

8. तृतीयक क्षेत्रक को किस उपनाम से जाना जाता है?

उत्तर तृतीयक क्षेत्रक सेवा क्षेत्रक के नाम से भी जाना जाता है।

9. वस्तुओं के बजाय सेवाओं का सृजन किस क्षेत्रक के अंतर्गत होता है?

उत्तर वस्तुओं के बजाय सेवाओं का सृजन तृतीयक क्षेत्रक या सेवा क्षेत्रक के अंतर्गत होता है।

10. सॉफ्टवेयर कंपनी, इंटरनेट कैफे व कॉल सेंटर किसके उदाहरण हैं?

उत्तर सॉफ्टवेयर कंपनी, इंटरनेट कैफे व कॉल सेंटर तृतीयक क्षेत्रक या सेवा क्षेत्रक के उदाहरण हैं।

11. गन्ने से चीनी और गुड़ का निर्माण किस क्षेत्रक के अंतर्गत होता है?

उत्तर गन्ने से चीनी और गुड़ का निर्माण द्वितीयक क्षेत्रक के अंतर्गत होता है।

12. मत्स्य, डेयरी, वन और कृषि से प्राप्त प्राकृतिक उत्पाद किसके उदाहरण हैं?

उत्तर मत्स्य, डेयरी, वन और कृषि से प्राप्त प्राकृतिक उत्पाद प्राथमिक क्षेत्रक या कृषि एवं सहायक क्षेत्रक के उदाहरण हैं।

13. अंतिम वस्तुओं एवं सेवाओं की गणना द्वारा क्या प्राप्त किया जाता है? **CBSE 2015**

उत्तर अंतिम वस्तुओं एवं सेवाओं की गणना द्वारा सकल घरेलू उत्पाद प्राप्त किया जाता है।

14. नरेगा किस वर्ष अधिनियमित किया गया था?

उत्तर नरेगा वर्ष 2005 में अधिनियमित किया गया था।

15. नरेगा में कितने दिन के रोजगार की बात कही गई है?

उत्तर नरेगा में 100 दिन के रोजगार की बात कही गई थी।

16. नरेगा को अब किस नाम से जाना जाता है?

उत्तर नरेगा को अब मनरेगा (महात्मा गाँधी राष्ट्रीय ग्रामीण रोजगार गारंटी योजना) के नाम से जाना जाता है।

17. संगठित क्षेत्रक की विशेषता बताइए।

उत्तर रोजगार की नियमित अवधि एवं लोगों के पास सुनिश्चित काम संगठित क्षेत्रक की विशेषताएँ हैं।

18. भारतीय औद्योगिक कर्मचारियों की आय बढ़ाने के लिए कोई एक तरीका सुझाइए। **CBSE 2020**

उत्तर भारतीय औद्योगिक कर्मचारियों की आय बढ़ाने का एक प्रमुख तरीका है–बढ़ती महँगाई के अनुसार समय-समय पर वेतन में वृद्धि करना।

19. रोजगार सुरक्षा की गारंटी किस क्षेत्रक के कर्मचारियों को मिलती है?

उत्तर रोजगार सुरक्षा की गारंटी संगठित क्षेत्रक के कर्मचारियों को मिलती है।

20. स्वामित्व आधारित क्षेत्रक को कितनी श्रेणियों में वर्गीकृत किया गया है? **CBSE 2014**

उत्तर स्वामित्व आधारित क्षेत्रक को दो श्रेणियों (सार्वजनिक और निजी) में वर्गीकृत किया गया है।

21. रेलवे किस क्षेत्रक का उदाहरण है?

उत्तर रेलवे सार्वजनिक क्षेत्रक का उदाहरण है।

22. जिस क्षेत्रक में परिसंपत्तियों पर सरकार का अधिकार होता है, वह क्या कहलाता है? **CBSE 2016**

उत्तर जिस क्षेत्रक में परिसंपत्तियों पर सरकार का अधिकार होता है, वह सार्वजनिक क्षेत्रक कहलाता है।

23. निजी क्षेत्रक में परिसंपत्तियों पर स्वामित्व और वितरण की जिम्मेदारी किस पर होती है?

उत्तर निजी क्षेत्रक में परिसंपत्तियों पर स्वामित्व और वितरण की जिम्मेदारी एकल व्यक्ति या कंपनी पर होती है।

24. छोटी-छोटी और बिखरी इकाइयाँ, जो सरकारी नियंत्रण से बाहर होती हैं, क्या कहलाती हैं?

उत्तर छोटी-छोटी और बिखरी इकाइयाँ, जो सरकारी नियंत्रण से बाहर होती हैं, असंगठित क्षेत्रक कहलाती हैं।

25. जब हम प्राकृतिक संसाधनों का उपयोग करके वस्तुओं का उत्पादन करते हैं, तो इस प्रकार की गतिविधियाँ किस क्षेत्रक के अंतर्गत आती हैं?

उत्तर द्वितीयक क्षेत्र के अंतर्गत आती हैं। द्वितीयक क्षेत्र को विनिर्माण क्षेत्र भी कहते हैं।

26. द्वितीयक एवं तृतीयक क्षेत्र के बीच अंतर स्पष्ट कीजिए। **CBSE 2019**

अथवा **'द्वितीयक क्षेत्रक' की किसी एक गतिविधि के विकास के लिए कोई एक उपाय सुझाइए।** **CBSE 2020**

उत्तर द्वितीयक क्षेत्र को औद्योगिक क्षेत्र या विनिर्माण क्षेत्र के नाम से जानते हैं, जबकि तृतीयक क्षेत्र को 'सेवा क्षेत्र' के नाम से जानते हैं। द्वितीयक क्षेत्र की गतिविधियों के अंतर्गत प्राकृतिक उत्पादों को विनिर्माण प्रणाली के जरिए अन्य रूपों में परिवर्तित किया जाता है; जैसे–गन्ने से चीनी बनाना, जबकि तृतीयक क्षेत्र वस्तुओं का उत्पादन नहीं करता, बल्कि उत्पादन की प्रक्रिया में सहयोग करता है।

27. भारतीय औद्योगिक कर्मचारियों की आय बढ़ाने के लिए कोई एक तरीका सुझाइए।

उत्तर भारतीय औद्योगिक कर्मचारियों की आय को बढ़ाने का एक प्रमुख तरीका है—बढ़ती महँगाई के अनुसार समय-समय पर वेतन में वृद्धि करना तथा अन्य सुविधाओं को भी इसी के अनुरूप बढ़ावा देना।

लघु उत्तरीय प्रश्न

1. आर्थिक गतिविधियाँ किसे कहा जाता है? आर्थिक गतिविधि को कितने तरीकों से विभाजित किया जाता है?

उत्तर धन कमाने के उद्‌देश्य से की जाने वाली गतिविधियों को आर्थिक गतिविधियाँ कहा जाता है। इनमें से कुछ गतिविधियाँ आवश्यक वस्तुओं का उत्पादन करती हैं और कुछ दूसरों को सेवाएँ प्रदान करती हैं। आर्थिक गतिविधियों को तीन अलग-अलग तरीकों से वर्गीकृत किया जा सकता है

(i) प्राथमिक, द्वितीयक और तृतीयक क्षेत्र
(ii) संगठित और असंगठित क्षेत्र
(iii) सार्वजनिक और निजी क्षेत्र

2. प्राथमिक क्षेत्रक किसे कहते हैं? इसकी प्रमुख गतिविधियों को बताइए। **CBSE 2010**

उत्तर अर्थव्यवस्था के प्राथमिक क्षेत्र में प्राकृतिक संसाधनों को प्राथमिक उत्पादों में परिवर्तित करना शामिल है। इस प्रकार यह क्षेत्र सीधे प्रकृति के साथ जुड़ा हुआ है। इसकी प्रमुख गतिविधियाँ निम्नवत् है

- इसमें कृषि, वन, मछली पकड़ना, खनन और तेल एवं गैस की निकासी शामिल हैं।
- अधिकांश प्राकृतिक उत्पाद कृषि, डेयरी, मछली पकड़ने, वानिकी आदि से प्राप्त होते हैं, इसलिए इसे कृषि एवं सहायक क्षेत्रक भी कहा जाता है।

3. "विकास की प्रारंभिक अवस्थाओं में 'प्राथमिक क्षेत्रक' ही आर्थिक सक्रियता का सबसे महत्त्वपूर्ण क्षेत्रक रहा है।" इस कथन का मूल्यांकन कीजिए। **CBSE 2020**

उत्तर विकसित देशों के इतिहास से यह ज्ञात होता है कि प्रारंभ में लोग कृषि जैसी प्राथमिक क्रिया में बड़ी संख्या में लगे हुए थे। इसके प्रारूप में समय के अनुसार बदलाव आया और उत्पादन में अधिक वृद्धि हुई और कृषि क्षेत्र समृद्ध होता गया। इसके पश्चात् लोग अब दूसरे कार्य में लग गए; जैसे—शिल्प कार्य तथा व्यापार कार्य में वृद्धि हुई। इस दौरान क्रय-विक्रय की गतिविधियाँ कई गुना बढ़ गईं। इसके अतिरिक्त अनेक लोग परिवहन, प्रशासक तथा सैन्य (सैनिक) कार्य आदि से जुड़ गए। इसके बावजूद अधिकांश उत्पादित वस्तुएँ प्राकृतिक उत्पाद ही थीं, जो प्राथमिक क्षेत्र के अंतर्गत आती थीं तथा अधिकांश लोग इसी क्षेत्र के अंतर्गत रोजगार प्राप्त करते थे। इसे वर्तमान में भी देखा जा सकता है कि इस क्षेत्र पर ही प्रत्यक्ष अथवा अप्रत्यक्ष रूप से अधिकांश लोग अपनी आजीविका के लिए निर्भर हैं। इस प्रकार, विकास की प्रारंभिक अवस्थाओं में 'प्राथमिक क्षेत्रक' ही आर्थिक सक्रियता का सबसे महत्त्वपूर्ण क्षेत्रक रहा है।

4. द्वितीयक क्षेत्रक किसे कहते हैं? इसकी प्रमुख विशेषताओं को बताइए।

उत्तर जब प्राकृतिक उत्पादों को विनिर्माण प्रणाली के द्वारा अन्य रूपों में बदला जाता है, द्वितीयक क्षेत्रक कहलाते हैं। इसमें निम्न गतिविधियों को शामिल किया गया है

- इसमें विनिर्माण और निर्माण शामिल हैं।
- यह प्रक्रिया कारखाने, कार्यशाला या घर में पूर्ण की जा सकती है। उदाहरण के लिए; गन्ने से चीनी या गुड़ और कपास से रेशा या कपड़ा आदि बनाते हैं।
- द्वितीयक क्षेत्र में विकास विभिन्न प्रकार के उद्योगों से जुड़ा हुआ है, जिन्हें औद्योगिक क्षेत्र कहा जाता है।

5. अंतिम वस्तु एवं सेवाओं तथा मध्यवर्ती वस्तु एवं सेवाओं में अंतर बताइए।

उत्तर

अंतिम वस्तु एवं सेवाएँ	मध्यवर्ती वस्तु एवं सेवाएँ
ये वस्तुएँ उपभोक्ताओं द्वारा सीधे प्रयोग में लाई जाती हैं।	ये वस्तुएँ सीधे उपभोक्ताओं द्वारा प्रयोग नहीं की जाती हैं, बल्कि ये वस्तुएँ एवं सेवाएँ अंतिम वस्तुएँ एवं सेवा के निर्माण में प्रयोग की जाती हैं।
अंतिम वस्तु एवं सेवा में कोई उत्पादन संबंधी गतिविधि शामिल नहीं होती है। उदाहरण, आटा खरीदने पर उसमें गेहूँ के उत्पादन से लेकर उसके उपभोक्ता द्वारा सीधा प्रयोग में लाए जाने तक उसमें सभी मूल्य जुड़ा होता है, न कि इसके उत्पादन का अलग-अलग मूल्य जोड़ा जाता है।	अंतिम वस्तु एवं सेवा के मूल्य में मध्यवर्ती वस्तु का मूल्य पहले ही शामिल होता है। उदाहरण, आटा बनने से पूर्व गेहूँ एक मध्यवर्ती वस्तु थी, क्योंकि आटा वह अंतिम वस्तु है, जो उपभोक्ता द्वारा सीधे प्रयोग में लाया जाता है।

6. तृतीयक क्षेत्रक की प्रमुख गतिविधियों को बताइए।

उत्तर प्राथमिक और द्वितीयक क्षेत्रों के विकास में मदद करने वाली गतिविधियों को तृतीयक क्षेत्र में शामिल किया गया है। ये गतिविधियाँ स्वतः वस्तुओं का उत्पादन नहीं करती हैं, बल्कि उत्पादन प्रक्रिया में सहयोग प्रदान करती हैं; जैसे—परिवहन, भंडारण, संचार, बैंकिंग तृतीयक गतिविधियों के कुछ उदाहरण हैं। चूँकि ये गतिविधियाँ वस्तुओं के अतिरिक्त सेवाओं का सृजन करती हैं, इसलिए तृतीयक क्षेत्रक को सेवा क्षेत्रक कहा जाता है। तृतीयक क्षेत्र में कुछ आवश्यक सेवाएँ भी शामिल हैं, जो प्रत्यक्ष रूप से वस्तुओं के उत्पादन में सहायता नहीं करती हैं; जैसे—डॉक्टर, वकील, शिक्षक और सूचना प्रौद्योगिकी; जैसे—सॉफ्टवेयर उद्योग, इंटरनेट कैफे, ए टी एम बूथ, बिजनेस प्रोसेस आउटसोर्सिंग, ज्ञान प्रक्रिया आउटसोर्सिंग और कॉल सेंटर आदि।

7. संसाधनों के स्वामित्व के आधार पर आर्थिक गतिविधियों के क्षेत्रकों का वर्णन कीजिए।

अथवा सार्वजनिक क्षेत्रक, निजी क्षेत्रक से किस प्रकार भिन्न हैं? **CBSE 2020**

उत्तर संसाधनों के स्वामित्व के आधार पर आर्थिक गतिविधियों के क्षेत्रकों को दो वर्गों में वर्गीकृत किया जाता है

(i) **सार्वजनिक क्षेत्रक** सार्वजनिक क्षेत्रक के अंतर्गत उस क्षेत्रक को शामिल किया जाता है, जिस पर सरकार का स्वामित्व, नियंत्रण एवं प्रबंधन होता है। उदाहरण के लिए, भारतीय रेलवे, भारतीय डाक।

(ii) **निजी क्षेत्रक** निजी क्षेत्रक की परिसंपत्तियों पर स्वामित्व और सेवाओं की वितरण की जिम्मेदारी सरकार पर न होकर एकल व्यक्ति या कंपनी के हाथों में होती है। निजी क्षेत्रक की कंपनियों का मुख्य उद्देश्य लाभ कमाना होता है। इन कंपनियों की सेवाओं का लाभ उठाने के लिए हमें निजी स्वामित्व का भुगतान करना पड़ता है। उदाहरण, टाटा आयरन एंड स्टील कंपनी लिमिटेड और रिलायंस इंडस्ट्रीज आदि।

8. भारतीय अर्थव्यवस्था में द्वितीयक क्षेत्रक के महत्त्व के किन्हीं चार सूत्रों का उल्लेख कीजिए। **CBSE 2013, 10**

उत्तर भारतीय अर्थव्यवस्था में द्वितीयक क्षेत्रक का महत्त्व निम्न बातों से पता चलता है

(i) भारत के सकल घरेलू उत्पाद में द्वितीयक क्षेत्रक लगभग 31% (वर्ष 2018) से अधिक का योगदान देता है।

(ii) यह लोगों को रोजगार प्रदान करने में भी सहायक है।

(iii) यह लोगों तक विनिर्माण की प्रक्रिया द्वारा विभिन्न मूलभूत वस्तुओं की पहुँच का एक माध्यम बनता है; जैसे–कपास से कपड़ा, गन्ना से चीनी व गुड़, दूध से विभिन्न प्रकार की मिठाइयाँ आदि।

(iv) द्वितीयक क्षेत्रक, प्राथमिक व तृतीयक क्षेत्रक के बीच विकास का एक माध्यम है, जो इनके महत्त्व को दर्शाता है।

9. तृतीयक क्षेत्र के बढ़ते हुए महत्त्व को स्पष्ट कीजिए।

अथवा **भारत में तृतीयक क्षेत्र के महत्त्व के कारणों पर प्रकाश डालिए।** **CBSE 2019**

अथवा **भारत में तृतीयक क्षेत्र अधिक महत्त्वपूर्ण क्यों है? व्याख्या कीजिए।** **CBSE 2020**

उत्तर तृतीयक क्षेत्र के बढ़ते हुए महत्त्व का वर्णन इस प्रकार है

- अस्पतालों, शैक्षणिक संस्थानों, डाक सेवाओं, पुलिस स्टेशन, बैंकों, बीमा कंपनियों के प्रशासनिक कार्यालयों, रक्षा आदि जैसी बुनियादी सेवाओं की माँग बढ़ गई है।
- प्राथमिक और माध्यमिक क्षेत्र में अच्छे विकास ने परिवहन, व्यापार, भंडारण आदि जैसे सेवा क्षेत्र के विकास की माँग को प्रेरित किया है।
- विगत दशकों में सूचना और संचार प्रौद्योगिकी पर आधारित कुछ नवीन सेवाएँ महत्त्वपूर्ण एवं अनिवार्य हो गई हैं। इन सेवाओं के उत्पादन में तीव्र वृद्धि हो रही है।
- सेवा क्षेत्रक की सभी सेवाओं में समान रूप से संवृद्धि नहीं हो रही है। भारत में सेवा क्षेत्रक कई तरह के लोगों को नियंत्रित करते हैं। एक ओर अत्यंत कुशल और शिक्षित लोगों को रोजगार मिलता है। दूसरी ओर बहुत अधिक संख्या में लोग छोटी दुकानों, मरम्मत कार्यों, परिवहन जैसी सेवाओं में लगे हुए हैं।

10. भारतीय अर्थव्यवस्था के विभिन्न क्षेत्रों में लोगों के रोजगारों की विशेषताओं को बताइए।

उत्तर भारतीय अर्थव्यवस्था के विभिन्न क्षेत्रों में लोगों के रोजगार निम्नलिखित हैं

- देश में आधे से अधिक श्रमिक प्राथमिक क्षेत्रक मुख्यतः कृषि क्षेत्र में काम कर रहे हैं, जिसका सकल घरेलू उत्पाद में योगदान केवल एक-चौथाई है।
- माध्यमिक और तृतीयक क्षेत्रों ने पर्याप्त रोजगार उत्पन्न नहीं किए हैं, ताकि पर्याप्त संख्या में लोगों को कृषि से इन क्षेत्रों में स्थानांतरित कर सकें।
- औद्योगिक क्षेत्र में रोजगार 3 गुना तथा सेवाओं में 5 गुना बढ़ा है। प्राथमिक क्षेत्र में कई मजदूर बेरोजगार या प्रच्छन्न बेरोजगार हैं।
- प्रच्छन्न बेरोजगारी शहरी क्षेत्रों में भी होती है। ऐसे हजारों श्रमिक हैं; जैसे–प्लंबर, पेंटर्स, रिपेयर श्रमिक आदि, जो कस्बों और शहरों में रोजगार की तलाश करते हैं।

11. असंगठित क्षेत्र किसे कहा जाता है? संक्षेप में स्पष्ट कीजिए।

उत्तर असंगठित क्षेत्र के उद्यम सरकार के साथ पंजीकृत नहीं हैं। छोटी-छोटी और बिखरी इकाइयाँ, जो सरकारी नियंत्रण से बाहर होती हैं, असंगठित क्षेत्रक कहलाती हैं। इस क्षेत्र में श्रमिकों को कम मजदूरी मिलती है और अतिरिक्त वेतन भुगतान, सवेतन छुट्टियाँ या बीमारी के कारण भुगतान की छूट आदि के लिए कोई प्रावधान नहीं है।

मरम्मत कार्यकर्ता, घरेलू नौकर और इसी तरह के अन्य कार्यकर्ता बड़ी संख्या में असंगठित क्षेत्र में कार्य करने के लिए शहरी क्षेत्रों में आते हैं। ग्रामीण क्षेत्रों में असंगठित क्षेत्र के अंतर्गत भूमि रहित कृषि मजदूर, छोटे एवं सीमांत किसान और कारीगर (बुनकर, लोहार, बढ़ई और सुनार आदि) शामिल हैं। इस क्षेत्र में किसी भी कारण के बिना कामगार को किसी भी समय नौकरी छोड़ने के लिए कहा जा सकता है। इस प्रकार असंगठित क्षेत्र में रोजगार असुरक्षित है। ग्रामीण क्षेत्रों में अनौपचारिक श्रमिक और भूमिहीन मजदूर भी इस श्रेणी में आते हैं।

12. यह कहाँ तक सत्य है कि प्रच्छन्न बेरोजगारी को अल्प रोजगारी भी कहा जा सकता है? व्याख्या कीजिए। **CBSE 2012**

उत्तर यह एक परिस्थिति है, जिसमें एक प्रक्रिया में आवश्यकता से अधिक श्रमिक काम कर रहे होते हैं, परंतु किसी को पूर्ण रोजगार प्राप्त नहीं है। ऐसी अवस्था में यदि कुछ श्रमिकों को हटा भी दिया जाए, तो उत्पादन प्रभावित नहीं होगा। यह बेरोजगारी मुख्यतः कृषि में पाई जाती है। इस प्रकार की बेरोजगारी को अल्प-रोजगार भी कहा जा सकता है, क्योंकि श्रमिक अपनी उत्पादकता से नीचे रहकर कार्य करते हैं।

उदाहरणस्वरूप; एक भूमि के खंड पर 20 मजदूर काम कर रहे हैं, लेकिन जरूरत सिर्फ 15 मजदूर की है, तो ऐसी अवस्था में 5 मजदूर छिपे हुए बेरोजगार हैं, क्योंकि अगर उनको काम से हटा भी दिया जाए तो उत्पाद पर कोई प्रभाव नहीं पड़ेगा।

13. **क्या असंगठित क्षेत्रक के श्रमिकों को संरक्षण दिया जाना चाहिए? कारण बताइए।**

उत्तर असंगठित क्षेत्रक छोटी-छोटी बिखरी इकाइयों से मिलकर बनता है, जो सरकारी नियंत्रण से मुक्त होता हैं। यहाँ कम वेतन वाले रोजगार हैं जो अनियमित हैं। संगठित क्षेत्रक में रोजगार के अवसरों की धीमी गति के कारण बहुत अधिक श्रमिक असंगठित क्षेत्रक में कम वेतन पर काम करने लगे हैं। इनमें प्रायः उनका शोषण होता है। अतः आर्थिक विकास के लिए असंगठित क्षेत्रक के श्रमिकों को संरक्षण और सहायता देना अनिवार्य है।

14. **'असंगठित क्षेत्रक के श्रमिक सामाजिक भेदभाव के भी शिकार हैं?' क्या आप सहमत हैं?**

उत्तर यह कथन सही है कि असंगठित क्षेत्रक के श्रमिक सामाजिक भेदभाव के भी शिकार हैं। असंगठित क्षेत्रक में बहुसंख्यक श्रमिक अनुसूचित जाति, जनजाति और पिछड़ी जातियों से हैं। ये श्रमिक अनियमित व कम मजदूरी में काम करते हैं। इनके साथ सामाजिक भेदभाव भी किया जाता है। इस कारण जातिगत व आर्थिक कारणों से समाज के उच्च वर्ग के लोग इनके साथ सामाजिक भेदभाव का व्यवहार करते हैं। इस कारण यह वर्ग आर्थिक विकास नहीं कर पाता है।

15. **भारत के आर्थिक विकास में विनिर्माण उद्योग की भूमिका का विश्लेषण कीजिए।** **CBSE 2017**

उत्तर विनिर्माण क्षेत्रक को औद्योगिक क्षेत्र भी कहा जाता है। किसी भी देश के विकास की रीढ़ औद्योगिक क्षेत्र ही होता है। विनिर्माण क्षेत्रक के अंतर्गत प्राकृतिक उत्पादों को विनिर्माण प्रणाली के जरिए अन्य रूपों में परिवर्तित किया जाता है। यहाँ वस्तुएँ सीधे प्रकृति द्वारा उत्पादित नहीं होतीं, बल्कि निर्मित की जाती हैं। इसलिए विनिर्माण की प्रक्रिया अपरिहार्य है; जैसे–कपास के पौधे से प्राप्त रेशे का उपयोग कर हम सूत कातते और कपड़ा बुनते हैं। मिट्टी से ईंट बनाना, गन्ने से चीनी और गुड़ बनाना आदि विनिर्माण के क्षेत्र में आते हैं। भारत में कुल सकल घरेलू उत्पाद में लगभग 20% से अधिक का योगदान विनिर्माण क्षेत्र का है जो इसके महत्त्व को दर्शाता है। विकसित देश अपने विनिर्माण क्षेत्र में विकसित होने के कारण ही विकसित देश की श्रेणी में आते हैं।

16. **किसी देश के सकल घरेलू उत्पाद (जी डी पी) ज्ञात करने के लिए विविध वस्तुओं एवं सेवाओं की गणना हम कैसे करते हैं? उदाहरण सहित स्पष्ट कीजिए।** **CBSE 2019**

उत्तर किसी वित्तीय वर्ष में उत्पादित सभी अंतिम वस्तुओं और सेवाओं के मूल्य को सकल घरेलू उत्पाद कहा जाता है। इसमें केवल देश की घरेलू सीमाओं में उत्पादित वस्तुओं और सेवाओं को ही शामिल किया जाता है। जीडीपी में केवल वित्तीय वर्ष में उत्पादित वस्तुओं एवं सेवाओं का मूल्य शामिल किया जाता है, पिछले वर्ष का नहीं। यदि वर्ष 2019 में उत्पादित वस्तुओं का जीडीपी ज्ञात करना है तो केवल वर्ष 2019 में ही उत्पादित वस्तुओं को शामिल किया जाएगा, वर्ष 2018 में उत्पादित वस्तुओं का नहीं।

जीडीपी = कुल उत्पादित वस्तुओं एवं सेवाओं का मूल्य – मध्यवर्ती वस्तुओं एवं सेवाओं का मूल्य।

17. **प्राथमिक एवं तृतीयक क्षेत्र में अंतर स्पष्ट कीजिए।** **CBSE 2019**

उत्तर

प्राथमिक क्षेत्र	तृतीयक क्षेत्र
अर्थव्यवस्था के प्राथमिक क्षेत्र में प्राकृतिक संसाधनों को प्राकृतिक उत्पादों में परिवर्तित करना शामिल है। अर्थात् प्राथमिक क्षेत्र में भौतिक वस्तुओं का उत्पादन किया जाता है।	तृतीयक क्षेत्र में सेवाएँ प्रदान की जाती हैं। इसमें भौतिक वस्तुओं का उत्पादन नहीं किया जाता, बल्कि भौतिक वस्तुओं के लिए बाजार उपलब्ध कराया जाता है।
यह क्षेत्र सीधे प्रकृति के साथ जुड़ा होता है। इसमें कृषि, वन, मत्स्यन, खनन, तेल और गैस की निकासी शामिल है।	यह क्षेत्र उत्पादन की प्रक्रिया में सहयोग करता है; जैसे–परिवहन, भंडारण, संचार एवं बैंकिंग तृतीयक गतिविधियों के उदाहरण हैं।
प्राथमिक क्षेत्र में श्रमिकों को शारीरिक श्रम की जरूरत पड़ती है; जैसे–बढ़ई, किसान, राजमिस्त्री आदि।	तृतीयक क्षेत्र में श्रमिकों को मानसिक क्षमता की अधिक जरूरत पड़ती है; जैसे–डिजाइनर, शेफ, शिक्षक, वकील आदि।

C दीर्घ उत्तरीय प्रश्न

1. **कुछ तरीके सुझाएँ जो ग्रामीण क्षेत्रों में रोजगार बढ़ाने में सहायक हों।** **CBSE 2011, 10**

अथवा **ग्रामीण क्षेत्रों में रोजगार किस प्रकार बढ़ाए जा सकते हैं? उदाहरण सहित समझाइए।** **CBSE 2020, 12, 11**

अथवा **भारत में रोजगार बढ़ाने के कुछ तरीकों को बताइए।** **CBSE 2019**

उत्तर ग्रामीण क्षेत्रों में रोजगार को बढ़ावा देने हेतु सरकार द्वारा समय-समय पर विभिन्न योजनाओं का विकास किया जाता है, साथ ही मूलभूत सुविधाओं में भी सुधार होते हैं; जैसे–सड़क, कृषि, बिजली आदि। इसके अतिरिक्त ग्रामीण क्षेत्रों में रोजगार को बढ़ाने हेतु निम्नलिखित कारकों पर विचार किया जा सकता है

(i) **कृषि का आधुनिकीकरण** भारत की लगभग आधे से अधिक आबादी कृषि में लगी हुई है। ग्रामीण क्षेत्रों का मुख्य व्यवसाय ही कृषि है, लेकिन ग्रामीण क्षेत्रों में हो रही कृषि उन्नत किस्म की न होकर पुराने ढाँचे पर ही आधारित है।

अतः सरकार को कुछ नई योजना का सृजन कर उन्नत बीज, खाद आदि का विस्तार ग्रामीणों के बीच करना चाहिए। इसके अतिरिक्त कृषि में विविधता भी लानी चाहिए। सरकार को कृषि के साथ-साथ मत्स्य, बागवानी, पशु-पालन आदि अपनाने के लिए ग्रामीणों को प्रोत्साहित करना चाहिए।

(ii) **सस्ते ऋण** अधिकांश ग्रामीण किसान ऋण हेतु साहूकार, व्यापारी, बिचौलियों आदि पर आश्रित होते हैं, जो इनका मनचाहे तरीके से शोषण करते हैं। अतः सरकार को आसान किस्तों पर ऋण की व्यवस्था करनी चाहिए।

(iii) **स्थानीय उद्योगों को प्रोत्साहन एवं मूलभूत सुविधाओं का विकास** सरकार को ग्रामीण क्षेत्र में कार्यरत उद्योगों पर समुचित ध्यान देना चाहिए। उनके लिए सस्ते ऋण, बाजार की उपलब्धता और अच्छी मूल्य दर की भी व्यवस्था करनी चाहिए। साथ ही अन्य उद्योगपतियों को ग्रामीण क्षेत्रों में उद्योग की स्थापना हेतु प्रोत्साहित करना चाहिए, जिससे ग्रामीणों के रोजगार में वृद्धि हो। इसके लिए सड़क, बिजली, स्वच्छ पानी आदि मूलभूत सुविधाओं का समुचित प्रबंध सरकार की जिम्मेदारी है।

(iv) **कृषि आधारित उद्योगों का विकास** इससे भी ग्रामीण क्षेत्रों में रोजगार में वृद्धि होती है। उदाहरण के लिए, ग्रामीण क्षेत्रों में चीनी मिल की स्थापना से बहुत से लोगों को रोजगार मिल सकता है।

2. भारतीय अर्थव्यवस्था में तीनों क्षेत्रों की तुलना को स्पष्ट कीजिए।

उत्तर प्राथमिक, द्वितीयक और तृतीयक क्षेत्रों की तुलना उनमें काम करने वाले लोगों तथा उत्पादित वस्तुओं और सेवाओं की मात्रा के आधार पर की जाती है।

वस्तु और सेवाएँ दो प्रकार की हैं

अंतिम सामान और सेवाएँ ये वस्तुएँ उपभोक्ताओं द्वारा सीधे प्रयोग में लाई जाती हैं। ये अंतिम वस्तुएँ होती हैं और इस स्थिति में आने के पश्चात् इनमें किसी भी प्रकार की कोई उत्पादन संबंधित गतिविधि नहीं होती है।

मध्यवर्ती वस्तुएँ एवं सेवाएँ मध्यवर्ती वस्तुएँ अंतिम वस्तुओं और सेवाओं के निर्माण में प्रयोग की जाती हैं। अंतिम वस्तुओं के मूल्य में मध्यवर्ती वस्तुओं का मूल्य पहले से ही शामिल होता है। उदाहरण के लिए, एक किसान किसी आटा मिल को ₹ 8 प्रति किग्रा की दर से गेहूँ बेचता है। मिल में गेहूँ की पिसाई होती है और बिस्किट कंपनी को आटा ₹ 10 प्रति किग्रा की दर से बेचा जाता है। बिस्किट कंपनी आटे के साथ चीनी एवं तेल जैसी वस्तुओं का उपयोग करती है और बिस्किट के चार पैकेट बनाती है। वह बाजार में उपभोक्ताओं को ₹60 (₹15 प्रति किग्रा) में बिस्किट बेचती है। अतः बिस्किट ही अंतिम उत्पाद है अर्थात् वह वस्तु जो उपभोक्ताओं तक पहुँचती है। इसके विपरीत गेहूँ और आटा जैसी वस्तुएँ मध्यवर्ती वस्तुएँ हैं।

3. भारतीय अर्थव्यवस्था में अत्यधिक रोजगार विकसित करने के माध्यमों को स्पष्ट कीजिए।

उत्तर अधिक रोजगार विकसित करने के विभिन्न माध्यम इस प्रकार हैं

- **तकनीकी और संस्थागत उपाय** तकनीकी सुविधाएँ; जैसे—सिंचाई, संकर बीज की उपलब्धता, कृषि की आधुनिक तकनीक के बारे में जागरूकता, कृषि योग्य भूमि की उत्पादकता में वृद्धि और कृषि में मानव बल की आवश्यकता को बढ़ाती हैं। बाजार, परिवहन, भंडारण की सुविधा और अन्य प्रसंस्करण इकाइयों जैसे संस्थागत समर्थन से उप-शहरी क्षेत्र अन्य क्षेत्रों में किसानों के रोजगार में वृद्धि करेगा।
- **संबद्ध-कृषि का संवर्द्धन** कृषि क्षेत्र में विविधता लाने की आवश्यकता है, क्योंकि इसमें 60% से अधिक लोग कार्यरत हैं। किसानों को फसलों की कृषि के साथ-साथ संबद्ध कृषि गतिविधियों; जैसे—मत्स्यपालन, बागवानी सिल्क के लिए पशुपालन, शहद के लिए मधुमक्खी पालन आदि करने के लिए प्रोत्साहित करना आवश्यक है।
- **लघु उद्योगों और बैंक ऋण की ओर ध्यान केंद्रित करना** अधिकांश किसान रिश्तेदारों और मित्रों, व्यापारियों, साहूकारों जैसे ऋण के अनौपचारिक स्रोतों पर निर्भर करते हैं, जो बहुत अधिक ब्याज दर लेते हैं, इसलिए वाणिज्यिक बैंकों को सस्ती दरों पर किसानों को ऋण प्रदान करने के लिए उन्हें स्थापित करने में मदद मिलेगी। ग्रामीण और अर्द्ध-ग्रामीण क्षेत्रों में कुटीर और छोटे उद्योगों को बढ़ावा देने से बड़ी संख्या में लोगों के लिए रोजगार उत्पन्न हो सकता है। उदाहरण के लिए, चावल और दाल मिलों की स्थापना, जिससे कुछ किसान उन मिलों में काम कर सकें। कृषि उत्पादों; जैसे-आलू, टमाटर, चावल, गेहूँ और अन्य के लिए शीत भंडार गृह और खाद्य प्रसंस्करण उद्योग की स्थापना की जा सकती है।

4. असंगठित क्षेत्र से आप क्या समझते हैं? इस क्षेत्र में श्रमिकों को किस प्रकार से संरक्षण दिया जा सकता है?

उत्तर वह सेक्टर जो सरकार के साथ पंजीकृत नहीं है और जिसके रोजगार की शर्तें तय नहीं हैं, वह असंगठित क्षेत्र माना जाता है। इस क्षेत्र में श्रमिकों को कम मजदूरी मिलती है और अतिरिक्त वेतन भुगतान, सवेतन छुट्टियाँ या बीमारी के कारण छुट्टी आदि के लिए कोई प्रावधान नहीं है। रोजगार भी सुरक्षित नहीं है। श्रमिकों को कभी भी बिना किसी कारण के हटाया जा सकता है।

बहुत से श्रमिक ऐसे हैं, जिन्हें अपने जीविकोपार्जन हेतु असंगठित क्षेत्र में काम करने के लिए विवश होना पड़ता है, जहाँ वेतन अत्यंत न्यूनतम होता है। उनका प्रायः शोषण किया जाता है। अतिरिक्त कार्य का उन्हें ठीक से भुगतान भी नहीं मिल पाता है। इस प्रकार असंगठित क्षेत्र में श्रमिकों की स्थिति अत्यंत दयनीय होती है। इस दयनीयता की स्थिति से निकालकर श्रमिकों को निम्न प्रकार से संरक्षण दिया जा सकता है

- कृषकों को समय से बीज, कृषि उपकरण, साख, भंडारण सुविधा और विपणन केंद्र की पर्याप्त सुविधा उपलब्ध कराने की जरूरत है।
- शहरी क्षेत्रों में लघु उद्योगों को कच्चे माल की प्राप्ति और उत्पाद के विपणन के लिए सरकारी सहायता की आवश्यकता होती है।
- कृषि एक असंगठित क्षेत्र है, जिसमें देश की कुल आबादी के लगभग 60% लोग रोजगार हेतु निर्भर हैं, किंतु कृषि क्षेत्र में हमेशा कार्य न मिल पाने के कारण किसानों को श्रमिकों के रूप में कार्य करने को मजबूर होना पड़ता है। अतः कृषि एवं औद्योगिक क्षेत्र में ढाँचागत विकास को बढ़ावा दिया जाना चाहिए।

इस प्रकार, आर्थिक एवं सामाजिक विकास के लिए असंगठित क्षेत्रक के श्रमिकों को संरक्षण एवं सहायता अनिवार्य है।

5. **स्वामित्व के आधार पर क्षेत्रकों का उल्लेख करते हुए उनकी भूमिका को स्पष्ट कीजिए।**

उत्तर आर्थिक गतिविधियों को स्वामित्व के आधार पर वर्गीकृत किया जा सकता है, जिसका अर्थ है कि संपत्ति का मालिक कौन है और सेवाओं के वितरण के लिए कौन जिम्मेदार है? स्वामित्व के आधार पर अर्थव्यवस्था को दो क्षेत्रों में वर्गीकृत किया जा सकता है

सार्वजनिक क्षेत्र सार्वजनिक क्षेत्र में अधिकांश परिसंपत्तियों पर सरकार का अधिकार होता है और वह सभी सेवाएँ प्रदान करती है, इसलिए इसे राज्य क्षेत्र या सरकारी क्षेत्र कहा जाता है; जैसे–भारतीय रेलवे, भारत हैवी इलेक्ट्रिकल्स लिमिटेड।

निजी क्षेत्र निजी क्षेत्र में व्यक्तियों या निजी कंपनियों के हाथों में संपत्ति और सेवाओं के हस्तांतरण का स्वामित्व होता है; जैसे–टाटा आयरन एंड स्टील कंपनी लिमिटेड अथवा रिलायंस इंडस्ट्रीज लिमिटेड। निजी क्षेत्र लाभ के उद्देश्य से कार्य करते हैं।

निजी/सार्वजनिक क्षेत्र की भूमिका

- परिवहन, बिजली, संचार, भारी उद्योग, पुलों का निर्माण, सड़क एवं रेलवे का विकास करना। लघु उद्योगों को खोलने और रोजगार पैदा करने के लिए निजी क्षेत्र को प्रोत्साहित करना।
- खाद्यान्न कम कर किसानों को समर्थन करना और राशन की दुकानों पर कम कीमत पर अनाज की आपूर्ति करके गरीब लोगों का समर्थन करना।
- पिछड़े एवं ग्रामीण क्षेत्रों में स्वास्थ्य देखभाल सुविधाएँ और शिक्षा प्रदान करना। निजी क्षेत्र में नए उद्योगों का सृजन कर रोजगार को बढ़ावा देना।
- कुपोषण, उच्च शिशु मृत्यु दर, असुरक्षित पेयजल, आवास की कमी, भोजन, पोषण आदि सभी समस्याओं से निपटना।

6. **भारतीय अर्थव्यवस्था में रसायन उद्योगों की भूमिका का विश्लेषण कीजिए।** **CBSE 2017**

उत्तर भारतीय अर्थव्यवस्था में रसायन उद्योग का महत्त्वपूर्ण स्थान है। यह उद्योग मानव क्रियाकलाप के लगभग सभी क्षेत्रों को प्रभावित करता है। रसायन उद्योग बढ़ती भारतीय अर्थव्यवस्था का एक बहुत ही महत्त्वपूर्ण घटक है और यह देश के औद्योगिक एवं कृषि विकास का मुख्य आधार है, जो कपड़ा, कागज, पेंट, साबुन और डिटर्जेंट फार्मास्युटिकल्स, कृषि रसायन इत्यादि समेत कई उद्योगों के लिए कई बिल्डिंग ब्लॉक और कच्चा माल प्रदान करता है। रसायनों की प्रति व्यक्ति खपत विश्व औसत का लगभग दसवाँ हिस्सा है, जो दर्शाती है कि संभावित माँग अभी उत्पन्न होना शेष है।

प्राकृतिक गैस, बेंजीन, टोलुइन, नेफ्थालेन, एथिलीन, प्रोपेलीन, फास्फोरस, सल्फर आदि रसायनों के निर्माण के लिए मुख्य कच्चे माल हैं। वर्ष 2017 में विश्व के रसायन बाजार का आकार लगभग 5 ट्रिलियन था। वर्तमान में भारतीय रसायन उद्योग का विश्व रसायन बाजार में लगभग 3% हिस्सा है।

7. **किसी देश की आर्थिक उन्नति विनिर्माण उद्योगों के विकास से क्यों मापी जाती है? उदाहरण सहित व्याख्या कीजिए।** **CBSE 2018**

उत्तर मशीनों, औजारों और श्रम का उपयोग करके सामान बनाने की क्रिया को विनिर्माण कहते हैं। विनिर्माण के अंतर्गत हस्तकला से लेकर उच्च तकनीकी तक बहुत सी मानवीय गतिविधियाँ आ जाती हैं, किंतु इस शब्द का उपयोग प्रायः औद्योगिक उत्पादन के अर्थ में किया जाता है, जिसमें कच्चा माल बड़े पैमाने पर तैयार माल में बदला जाता है।

किसी देश की आर्थिक उन्नति विनिर्माण उद्योगों के विकास से इसलिए मापी जाती है, क्योंकि

- विनिर्माण क्षेत्र आर्थिक विकास की रीढ़ माने जाते हैं।
- विनिर्माण उद्योग कृषि के आधुनिकीकरण में सहायक हैं।
- विनिर्माण उद्योग रोजगार उपलब्ध कराकर कृषि पर हमारी निर्भरता को कम करते हैं।
- देश में औद्योगिक विकास बेरोजगारी तथा गरीबी उन्मूलन की एक आवश्यक शर्त है।
- विनिर्माण उद्योग औद्योगिक विकास से संबंधित है और औद्योगिक विकास, राष्ट्रीय विकास से संबंधित हैं। उदाहरण, किसी देश को विकसित तभी माना जाता है, जब वहाँ उद्योगों का पूर्ण विकास हो चुका होता है; जैसे–अमेरिका, ब्रिटेन, फ्रांस। जिन देशों में औद्योगिक विकास की प्रक्रिया गतिमान होती है, उन्हें विकासशील देश कहते हैं; जैसे–भारत, ब्राजील, चीन आदि।

8. **संगठित क्षेत्र के किसी भी पाँच लाभ पर प्रकाश डालें।** **CBSE 2019**

अथवा **संगठित क्षेत्र को कर्मचारियों द्वारा क्यों पसंद किया जाता है? बताइए।** **CBSE 2020**

अथवा **रोजगार के संदर्भ में संगठित क्षेत्रक की प्रमुख सुविधा को स्पष्ट कीजिए।** **CBSE 2020**

अथवा **संगठित क्षेत्रक के कर्मचारियों को रोजगार सुरक्षा के लाभ कैसे मिलते हैं? उदाहरणों सहित स्पष्ट कीजिए।** **CBSE Compartment 2021**

उत्तर संगठित क्षेत्र उन सभी उद्यमों को प्रेरित करता है, जो या तो पंजीकृत हैं या किसी भी संबंधित सरकारी नियम के दायरे में हैं; जैसे–फैक्टरी अधिनियम। कर्मचारी संगठित क्षेत्रक में काम करने में रुचि इसलिए लेते हैं, क्योंकि इसमें कर्मचारियों से काम लेने का एक उचित और व्यवस्थित तरीका होता है। संगठित क्षेत्र में काम करने के लाभ निम्नलिखित हैं

(i) कर्मचारी रोजगार की सुरक्षा का लाभ लेते हैं। उन्हें उचित परिश्रम के बिना रोजगार से नहीं हटाया जा सकता है।

(ii) इन उद्यमों को सरकार द्वारा पंजीकृत किया जाता है और इन्हें कारखाना अधिनियम, न्यूनतम मजदूरी अधिनियम, ग्रेच्युटी अधिनियम के भुगतान आदि जैसे विभिन्न कानूनों के अंतर्गत बनाए गए नियमों का पालन करना पड़ता है।

(iii) संगठित क्षेत्र के श्रमिकों को रोजगार की सुरक्षा के लाभ मिलते हैं, यदि उनसे निश्चित समय से अधिक कार्य कराया जाता है, तो घंटे की संख्या के आधार पर अतिरिक्त ओवरटाइम मिलता है।

(iv) उन्हें अवकाश, भविष्य निधि व चिकित्सा लाभ आदि मिलता है।

(v) कानूनों के अंतर्गत उद्यम के प्रबंधन को स्वच्छ पेयजल एवं सुरक्षित कामकाजी वातावरण जैसी सुविधाएँ सुनिश्चित करनी पड़ती हैं।

अतः उपरोक्त सभी लाभों के कारण संगठित क्षेत्र कर्मचारियों द्वारा पसंद किया जाता है।

स्रोत आधारित प्रश्न

नीचे दिए गए स्रोतों का अध्ययन कीजिए तथा पूछे गए प्रश्नों के उत्तर दीजिए

1. हम लक्ष्मी और उसके दो हेक्टेयर असिंचित भूखंड का उदाहरण लेते हैं। उसके परिवार की भूमि की सिंचाई हेतु एक कुएँ का निर्माण करने के लिए सरकार कुछ मुद्रा व्यय कर सकती है या बैंक ऋण प्रदान कर सकता है। तब लक्ष्मी अपनी भूमि की सिंचाई करने में सक्षम होगी और रबी मौसम में एक दूसरी फसल गेहूँ उपजाती है। हम मान लेते हैं कि एक हेक्टेयर गेहूँ की फसल दो लोगों को 50 दिनों (बीज डालने, पानी देने, खाद डालने और कटाई में) तक रोजगार प्रदान कर सकती है। अतः परिवार के दो अन्य सदस्यों को अपनी जमीन में रोजगार मिल सकता है। अब मान लेते हैं कि ऐसे कई खेतों की सिंचाई के लिए एक नए बाँध का निर्माण किया जाता है अथवा एक नहर खोदी जाती है। इससे कृषि क्षेत्र में रोजगार के अनेक अवसर सृजित हो सकेंगे और अल्प बेरोजगारी की समस्या अपने-आप कम हो जाएगी।

CBSE Term I 2021

(i) लक्ष्मी का संबंध किस प्रकार की आर्थिक गतिविधियों से पाया जाता है?

(a) प्राथमिक क्षेत्र (b) द्वितीयक क्षेत्र
(c) तृतीयक क्षेत्र (d) चतुर्थक क्षेत्र

उत्तर (a) प्राथमिक क्षेत्र

(ii) निम्नलिखित में से किसानों के किस वर्ग या श्रेणी से लक्ष्मी का संबंध है?

(a) वृहत (b) मध्यम
(c) सीमांत (d) कृषक श्रमिक

उत्तर (b) मध्यम

(iii) निम्नलिखित में से किस एक क्षेत्र में बेरोजगारी बड़े स्तर पर देखी जाती है?

(a) उद्योग (b) कृषि
(c) व्यापार (d) वाणिज्य

उत्तर (b) कृषि

(iv) ग्रामीण क्षेत्रों में बाँधों तथा नहरों के निर्माण कार्य से किस प्रकार बड़े स्तर पर रोजगार पैदा होता है?

(a) इंजीनियरों की बड़ी संख्या में आवश्यकता होती है
(b) तकनीशियनों की बड़े स्तर पर आवश्यकता पड़ती है
(c) बड़ी संख्या में अकुशल श्रमिकों का समायोजन होता है
(d) कार्यपालकों और प्रशासकों को आसानी से समायोजित किया जा सकता है

उत्तर (c) बड़ी संख्या में अकुशल श्रमिकों का समयोजन होता है

(v) निम्नलिखित में से कौन-सा कृषि के क्षेत्र में सिंचाई सुविधाओं में वृद्धि का मुख्य परिणाम है?

(a) उत्पादन में वृद्धि
(b) उत्पादकता में वृद्धि
(c) फसलों के पैटर्न में बदलाव
(d) फसलों की उच्च उपज को बढ़ावा देना

उत्तर (d) फसलों की उच्च उपज को बढ़ावा देना

(vi) निम्नलिखित में से सिंचाई का कौन-सा साधन सामान्यतः सार्वजनिक क्षेत्र के अंतर्गत आता है?

(a) कुआँ (b) ट्यूबवेल
(c) टैंक (d) नहर

उत्तर (d) नहर

2. अधिकतर आर्थिक गतिविधियाँ ऐसी हैं, जिनकी प्राथमिक जिम्मेदारी सरकार पर है। इन पर व्यय करना सरकार की अनिवार्यता है; जैसे—सभी के लिए स्वास्थ्य और शिक्षा सुविधाएँ उपलब्ध कराना। हमने पहले अध्याय में कुछ गतिविधियों पर विचार किया है। समुचित ढंग से विद्यालय चलाना और गुणात्मक शिक्षा, विशेषकर प्राथमिक शिक्षा उपलब्ध कराना सरकार का कर्त्तव्य है। भारत में निरक्षरों की संख्या विश्व में सबसे अधिक है।

इसी प्रकार, हम जानते हैं कि भारत के लगभग आधे बच्चे कुपोषण के शिकार हैं और उनमें से एक-चौथाई गंभीर रूप से बीमार हैं। हमने शिशु मृत्यु दर के बारे में पढ़ा है। ओडिशा (44) अथवा मध्य प्रदेश (47) का शिशु मृत्यु दर विश्व के कुछ निर्धनतम भागों से अधिक है।

सरकार को भी मानव विकास के पक्षों; जैसे—सुरक्षित पेयजल की उपलब्धता, निर्धनों के लिए आवासीय सुविधाएँ और भोजन एवं पोषण पर ध्यान देने की जरूरत है। सरकार का यह भी कर्त्तव्य है कि वह बजट बढ़ाकर अत्यंत निर्धनों की ओर देश के पूर्णतया उपेक्षित भागों की देखभाल करे।

(i) भारत जैसे विकासशील देश में आर्थिक गतिविधियों का संचालन ………द्वारा किया जाता है। बुनियादी विकास के साथ-साथ सरकार ………विकास पर जोर देती है।

(a) सरकार, संगठनात्मक
(b) गैर-सरकारी संगठन, असंगठनात्मक
(c) सरकार, औपचारिक
(d) सरकार, अनौपचारिक

उत्तर (a) सरकार, संगठनात्मक

(ii) सरकार द्वारा संचालित प्राथमिक शिक्षा का स्वरूप सामान्य तौर पर किस प्रकार का होना चाहिए?

(a) औपचारिक प्रतिरूप वाला
(b) गुणात्मक प्रतिरूप वाला
(c) संख्यात्मक प्रतिरूप वाला
(d) अनौपचारिक प्रतिरूप वाला

उत्तर (b) गुणात्मक प्रतिरूप वाला

(iii) सुमेलित कीजिए

सूची I	सूची II
A. प्राथमिक क्षेत्रक	1. कृषि व सहायक क्षेत्रक
B. द्वितीयक क्षेत्रक	2. औद्योगिक क्षेत्रक
C. तृतीयक क्षेत्रक	3. सेवा क्षेत्रक

कूट

	A	B	C		A	B	C
(a)	1	2	3	(b)	2	1	3
(c)	3	2	1	(d)	1	3	2

उत्तर (a) 1 2 3

(iv) भोजन एवं पोषण उपलब्ध करवाना लोकतांत्रिक सरकार की जिम्मेदारी है, जो कुपोषण उन्मूलन के लिए प्रासंगिक है। इसके बावजूद भारत में कुपोषण की समस्या गंभीर क्यों है?

(a) सरकारी योजनाओं का प्रभावी तरीके से क्रियान्वयन नहीं हो रहा है
(b) सामाजिक स्तर पर लोगों में फैली अज्ञानता
(c) अशिक्षा एवं गरीबी की मनोदशा
(d) उपरोक्त सभी

उत्तर (d) उपरोक्त सभी

(v) भारत जैसे देशों द्वारा मानव विकास के किन पक्षों पर विशेष रूप से ध्यान दिया जाना चाहिए?

(a) सुरक्षित पेयजल की उपलब्धता
(b) आवासीय सुविधाएँ
(c) भोजन एवं पोषण स्तर
(d) उपरोक्त सभी

उत्तर (d) उपरोक्त सभी

(vi) भारत जैसे विकासशील देशों द्वारा निम्न में से कौन-सी सुविधाओं व सेवाओं के क्षेत्र में विशेष कदम उठाया जा सकता है?

1. शिक्षा तथा स्वास्थ्य के क्षेत्र में गुणात्मक विकास तथा उसके सफल कार्यान्वयन पर ध्यान देना चाहिए।
2. बजटीय प्रावधान में राशि को बढ़ावा देकर उपेक्षित तथा गरीबों की देखभाल करनी चाहिए।
3. कुछ आर्थिक गतिविधियों को सरकार के समर्थन मात्र से चलाया जा सकता है।

कूट

(a) केवल 1 (b) केवल 2
(c) 1 और 3 (d) ये सभी

उत्तर (d) ये सभी

3. एक छोटे किसान लक्ष्मी का उदाहरण लेते हैं, जिसके पास दो हेक्टेयर असिंचित भूमि है, जो सिंचाई के लिए केवल वर्षा पर निर्भर है और ज्वार एवं अरहर जैसी फसलें उगती हैं। उसके परिवार के सभी पाँच सदस्य उस भूमि पर वर्षभर काम करते हैं। क्यों? क्योंकि उन्हें कहीं और रोजगार उपलब्ध नहीं है। आप देखेंगे कि प्रत्येक व्यक्ति काम कर रहा है, कोई बेकार नहीं है, परंतु वास्तव में उनका श्रम-प्रयास विभाजित है। प्रत्येक व्यक्ति कुछ काम कर रहा है, परंतु किसी को भी पूर्ण रोजगार प्राप्त नहीं है। यह अल्प बेरोजगारी की स्थिति है, जहाँ लोग प्रत्यक्ष रूप से काम कर रहे हैं, लेकिन सभी अपनी क्षमता से कम काम करते हैं। इस प्रकार की अल्प बेरोजगारी को छिपी हुई बेरोजगारी कहते हैं, क्योंकि यह उन लोगों की बेरोजगारी, जिनके पास कोई रोजगार नहीं है और बेकार बैठे हुए हैं, से अलग है (खुली बेरोजगारी)। इसलिए इसे प्रच्छन्न बेरोजगारी भी कहा जाता है। अल्प बेरोजगारी दूसरे क्षेत्रकों में भी हो सकती है। उदाहरण के लिए, शहरों में सेवा क्षेत्रक में हजारों अनियत श्रमिक हैं, जो दैनिक रोजगार की तलाश करते हैं। वे प्लंबर, पेंटर, मरम्मत कार्य जैसे रोजगार करते हैं और अन्य लोग असुविधाजनक विषम काम करते हैं। उनमें से कई रोजाना काम नहीं पाते हैं। इसी प्रकार हम सेवा क्षेत्रक के कुछ लोगों को सड़कों पर ठेला खींचते अथवा कुछ चीजें बेचते हुए देखते हैं, जहाँ वे पूरा दिन बिता देते हैं, परंतु बहुत कम कमा पाते हैं। वे यह काम इसलिए कर रहे हैं, क्योंकि उनके पास कोई बेहतर अवसर नहीं है।

(i) कृषि क्षेत्र में अल्प बेरोजगारी की स्थिति पाई जाती है? स्पष्ट करें।

उत्तर कृषि क्षेत्र में लगे लोगों में श्रम-प्रयास विभाजित पाया जाता है। इसमें कोई व्यक्ति बेकार नहीं होता है। प्रत्येक व्यक्ति कुछ-न-कुछ काम करता रहता है, परंतु वास्तव में लोगों को पूर्ण रोजगार प्राप्त नहीं होता है। ऐसी स्थिति को ही अल्प बेरोजगारी की स्थिति कहा जाता है।

(ii) अल्प बेरोजगारी को छिपी हुई बेरोजगारी क्यों कहा जाता है?

उत्तर अल्प बेरोजगारी में संलग्न लोग बेकार लोगों से अलग होते हैं, क्योंकि ये पूर्ण रूप से बेरोजगारी का सामना नहीं करते हैं। इसमें लोगों के कम होने पर भी उत्पादकता पर कोई प्रभाव नहीं पड़ता है। फलतः इसे छिपी हुई बेरोजगारी कहा जाता है।

(iii) शहरों के संबंध में अल्प बेरोजगारी की स्थिति को स्पष्ट करें।

उत्तर शहरों में सड़कों पर ठेला खींचते अथवा पेंटर, मरम्मत कार्य में लगे लोगों को पूर्ण रोजगार की गारंटी नहीं होती है। वे कभी-कभी पूरा दिन बिताने के पश्चात् भी बहुत कम कमा पाते हैं। ऐसा मुख्यतः बेहतर अवसर की कमी के कारण पाया जाता है। इस प्रकार ग्रामीण की तरह शहरों में भी अल्प बेरोजगारी की स्थिति पाई जाती है।

4. स्रोत 'अ' तृतीयक क्षेत्रक (सेवाक्षेत्र) का बढ़ता महत्त्व

किसी भी देश में अनेक सेवाओं; जैसे—अस्पताल, शैक्षिक संस्थाएँ, डाक एवं तार सेवा, थाना, कचहरी, ग्रामीण प्रशासनिक कार्यालय, नगर निगम, रक्षा, परिवहन, बैंक, बीमा कंपनी इत्यादि की आवश्यकता होती है। इन्हें बुनियादी सेवाएँ माना जाता है। किसी विकासशील देश में इन सेवाओं के प्रबंध की जिम्मेदारी सरकार उठाती है।

स्रोत 'ब' सेवाओं की माँग में वृद्धि

प्राथमिक और द्वितीयक क्षेत्रक का विकास जितना अधिक होगा, ऐसी सेवाओं की माँग उतनी ही अधिक होगी। जैसे-जैसे आय बढ़ती है, कुछ लोग अन्य कई सेवाओं; जैसे—रेस्तरां, पर्यटन, शॉपिंग, निजी अस्पताल, निजी विद्यालय, व्यावसायिक

प्रशिक्षण इत्यादि की माँग शुरू कर देते हैं। आप नगरों में, विशेषकर बड़े नगरों में इस द्रुत परिवर्तन को देख सकते हैं।

स्रोत 'स' सेवा क्षेत्रकों में असमान संवृद्धि

भारत में सेवा क्षेत्रक कई तरह के लोगों को नियोजित करते हैं। एक ओर, उन सेवाओं की संख्या सीमित है, जिसमें अत्यंत कुशल और शिक्षित श्रमिकों को रोजगार मिलता है। दूसरी ओर, बहुत अधिक संख्या में लोग छोटी दुकानों, मरम्मत कार्यों, परिवहन जैसी सेवाओं में लगे हुए हैं। वे लोग बड़ी कठिनाई से जीविका निर्वाह कर पाते हैं और वे इन सेवाओं में इसलिए लगे हुए हैं, क्योंकि उनके पास कोई अन्य वैकल्पिक अवसर नहीं है।

स्रोत 'अ' तृतीयक क्षेत्रक (सेवाक्षेत्र) का बढ़ता महत्त्व

(i) प्राथमिक क्षेत्रकों का प्रतिस्थापन किस प्रकार तृतीयक क्षेत्रकों के रूप में हुआ है?

उत्तर किसी भी देश में अनेक सेवाएँ; जैसे—डाक एवं तार सेवा, थाना, कचहरी, परिवहन, बैंक, बीमा आदि की आवश्यकता होती है, जो वर्तमान समय में बुनियादी सेवा हो गई है। ऐसा प्राथमिक क्षेत्र की प्रगति व इसके प्रारूप में बदलाव से ही संभव हुआ है। इस प्रकार प्राथमिक क्षेत्रकों का प्रतिस्थापन तृतीयक क्षेत्रकों के रूप में हुआ है।

स्रोत 'ब' सेवाओं की माँग में वृद्धि

(ii) प्राथमिक एवं द्वितीयक क्षेत्रकों के विकास ने किस प्रकार सेवाओं की माँग को बढ़ावा दिया है?

उत्तर कृषि एवं उद्योगों के विकास ने परिवहन, व्यापार व भंडारण जैसी सेवाओं के विकास की माँग को बढ़ाया। इतना ही नहीं शहरों में लोगों की बढ़ती आय ने पर्यटन, शॉपिंग, व्यावसायिक प्रशिक्षण जैसी माँगों को बढ़ाया। इस प्रकार, प्राथमिक एवं द्वितीयक क्षेत्रक के विकास ने सेवाओं की माँग में वृद्धि की है।

स्रोत 'स' सेवा क्षेत्रकों में असमान संवृद्धि

(iii) भारत में सेवा क्षेत्रकों में किस प्रकार की असमान संवृद्धि देखी जाती है? उल्लेख कीजिए।

उत्तर भारत में सेवा क्षेत्रकों में कुशल व शिक्षित तथा अकुशल दोनों रूपों में रोजगार की उपलब्धता पाई जाती है। इसमें कुशल व शिक्षित लोगों के लिए सीमित मात्रा में रोजगार उपलब्ध होते हैं, जबकि अकुशल लोगों की संख्या अधिक पाई जाती है तथा इनकी स्थिति दयनीय पाई जाती है और इनके पास रोजगार के कोई अन्य अवसर भी उपलब्ध नहीं होते हैं। इस प्रकार, सेवा क्षेत्रकों में असमान संवृद्धि पाई जाती है।

स्वयं को जाँचें

वस्तुनिष्ठ प्रश्न

1. सार्वजनिक और निजी क्षेत्रक किस आधार पर विभाजित हैं?

(a) रोजगार की शर्तों
(b) आर्थिक गतिविधि के स्वभाव
(c) उद्यमों के स्थायित्व
(d) नियोजित श्रमिकों की संस्था

2. सकल घरेलू उत्पाद 2013-14 में द्वितीयक क्षेत्रक का कितना प्रतिशत योगदान है?

(a) 20% (b) 18% (c) 4% (d) 34%

3. निम्न में से कौन-सा सेवा क्षेत्र से संबंधित है?

(a) मत्स्य पालन (b) विनिर्माण (c) परिवहन (d) खनन

4. निम्नलिखित कथनों पर विचार कीजिए

1. विगत कुछ दशकों में सूचना एवं संचार प्रौद्योगिकी पर आधारित सेवाएँ महत्त्वपूर्ण हो गई हैं।
2. भारत में सेवा क्षेत्रकों की सभी सेवाओं में समान संवृद्धि देखी जाती है।
3. कृषि एवं उद्योग के विकास से परिवहन, भंडारण जैसी सेवाओं का विकास बड़े स्तर पर हुआ है।

उपरोक्त में से कौन-सा कथन सही है?

कूट

(a) केवल 1 (b) 1 और 2 (c) 2 और 3 (d) ये सभी

अतिलघु उत्तरीय प्रश्न

5. अल्प बेरोजगारी से क्या तात्पर्य है?

6. प्राथमिक, द्वितीयक और तृतीयक क्षेत्रक के दो-दो उदाहरण दीजिए।

7. मध्यवर्ती वस्तुएँ क्या हैं?

8. विभिन्न क्षेत्रकों की तुलना कीजिए।

लघु उत्तरीय प्रश्न

9. विकसित देशों में क्षेत्रकों में परिवर्तन किस प्रकार हुआ? वर्णन कीजिए।

10. सार्वजनिक क्षेत्रक और निजी क्षेत्रकों के मध्य अंतर स्पष्ट कीजिए।

11. क्या कृषि, भारत में एक असंगठित क्षेत्रक की गतिविधि है? अपने विचार प्रस्तुत कीजिए।

दीर्घ उत्तरीय प्रश्न

12. अपने क्षेत्र में बेरोजगारी से उत्पन्न समस्याओं की सूची तैयार कीजिए।

13. विनिर्माण की प्रक्रिया का संबंध किस क्षेत्रक से है? उदाहरण सहित समझाइए।

अध्याय

03

मुद्रा और साख

मुद्रा विनिमय का एक माध्यम

मुद्रा का उपयोग अनेक प्रकार के लेन-देन (Several Transaction) में किया जाता है। मुद्रा के द्वारा वस्तुएँ खरीदी और बेची जाती हैं। जिस व्यक्ति के पास मुद्रा है, वह इसका विनिमय (Exchange) किसी भी वस्तु या सेवा खरीदने के लिए आसानी से कर सकता है।

वस्तु विनिमय प्रणाली

मुद्रा के आगमन से पहले लोग वस्तु विनिमय प्रणाली (Barter System of Exchange) का पालन करते थे। वस्तु विनिमय प्रणाली के अंतर्गत दो या दो से अधिक पार्टियाँ आपसी सहमति के आधार पर वस्तुओं का प्रत्यक्ष रूप से आदान-प्रदान करती हैं (बिना मुद्रा के)। उदाहरण के लिए, एक जूता निर्माता बाजार में जूते बेचकर गेहूँ खरीदना चाहता है और एक किसान बाजार में गेहूँ बेचकर जूते खरीदना चाहता है। इस स्थिति में दोनों पक्ष (किसान और जूता निर्माता) एक-दूसरे की वस्तु खरीदकर व बेचकर अपनी आवश्यकताओं की पूर्ति कर सकते हैं। इसे **आवश्यकताओं के दोहरे संयोग** (Double Coincidence of Wants) के रूप में जाना जाता है।

वस्तु विनिमय प्रणाली का सबसे बड़ा दोष आवश्यकताओं का दोहरा संयोग था, क्योंकि विनिमय के लिए कोई सामान्य मूल्य निश्चित नहीं था। मुद्रा के उपयोग ने माँग के दोहरे संयोग की आवश्यकता को समाप्त कर दिया। इसे **विनिमय के माध्यम** (Medium of Exchange) के रूप में स्वीकार किया गया।

मुद्रा के आधुनिक रूप

मुद्रा ऐसी वस्तु है, जो विनिमय के माध्यम के रूप में कार्य कर सकती है। मुद्रा के आधुनिक स्वरूप (Modern Form) में कागजी मुद्रा (Paper Money) और सिक्के (Coins) शामिल हैं। सिक्कों की शुरुआत से पहले अनाज और पशुओं जैसी विभिन्न वस्तुओं को धन के रूप में प्रयोग किया जाता था। उसके बाद सोने (Gold), चाँदी (Silver), ताँबे (Copper) आदि धातु (Metalic) के सिक्कों का प्रयोग शुरू हुआ।

मुद्रा (करेंसी)

- यह सामान्यत: धन के रूप में स्वीकार की जाती है, जिसमें सिक्के और कागज के नोट शामिल हैं।
- इसे सरकार द्वारा जारी किया जाता है और अर्थव्यवस्था के अंदर परिचालित किया जाता है।
- आधुनिक मुद्रा का विनिमय के अतिरिक्त कोई और अन्य उपयोग नहीं है।
- भारत में **भारतीय रिज़र्व बैंक** (Reserve Bank of India) भारत सरकार की ओर से करेंसी नोट (Currency Notes) जारी करता है।
- विनिमय के माध्यम के रूप में रुपये को व्यापक रूप से स्वीकार किया जाता है।

अध्याय एक नजर में

- *मुद्रा विनिमय का एक माध्यम*
- *मुद्रा के आधुनिक रूप*
- *साख*
- *साख की शर्तें*
- *भारत में औपचारिक क्षेत्रक में साख*
- *निर्धनों के लिए स्वयं सहायता समूह*

बैंकों में निक्षेप (जमा)

- मुद्रा को एकत्रित या जमा करने का यह अन्य रूप है।
- लोग अपने नाम पर एक बैंक खाता खोलकर बैंकों में अपना अतिरिक्त पैसा जमा करते हैं।
- बैंक जमा राशि स्वीकार करते हैं और इस पर ब्याज (Interest) भी देते हैं।
- बैंक में जमा किए गए धन को जमाकर्ता अपनी आवश्यकतानुसार निकाल सकते हैं। बैंकों के साथ जमा राशि को **माँग जमा** (Demand Deposit) कहते हैं।

चेक की सुविधा

- चेक (Cheque) एक ऐसा कागज है, जो बैंक को किसी व्यक्ति के खाते से चेक पर लिखे नाम के किसी दूसरे व्यक्ति को एक विशेष रकम का भुगतान (Payment) करने का आदेश देता है।
- यह नकदी के प्रयोग के बिना भुगतानों को हल करता है।

आधुनिक बैंकिंग प्रणाली

मुद्रा और जमा का आधुनिक रूप आधुनिक बैंकिंग प्रणाली से जुड़ा हुआ है।

बैंकों की ऋण संबंधी क्रियाएँ

- बैंक लोगों की जमा राशि स्वीकार करते हैं और इस प्रकार बैंक जमा के रूप में बड़ी राशि एकत्र करते हैं।
- भारत में बैंक जमा का केवल 15% हिस्सा नकद (Cash) के रूप में अपने पास रखते हैं। ऐसा प्रावधान जमाकर्ताओं द्वारा किसी एक दिन में धन निकालने की संभावना को देखते हुए किया गया है।
- बैंक उधारकर्ताओं को अग्रिम ऋण देते हैं और इस पर उच्च ब्याज (High Interest) लेते हैं।
- कर्जदारों से लिए गए ब्याज और जमाकर्ताओं को दिए गए ब्याज के बीच का अंतर बैंकों की आय का प्रमुख स्रोत है।

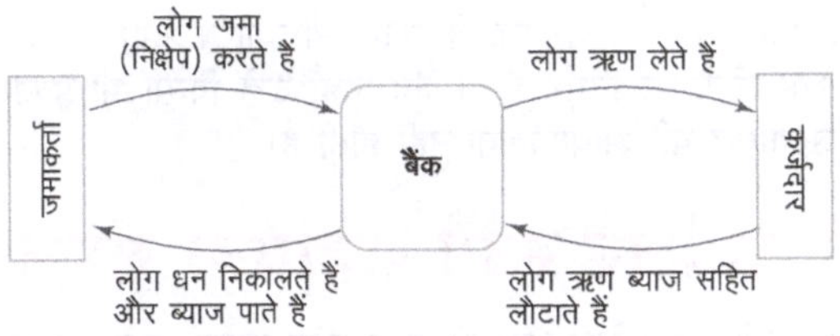

चेक प्वॉइंट 01

1. *मुद्रा के आगमन से पहले लोग किस प्रणाली का पालन करते थे?*
2. *मुद्रा के आधुनिक स्वरूप में क्या शामिल है?*
3. *चेक क्या है?*
4. *बैंक के साथ जमा राशि को .... कहते हैं।*

साख

साख (Credit) या ऋण से तात्पर्य एक सहमति से है, जहाँ ऋणदाता, कर्जदार (Borrower) को धन, आवश्यक वस्तुएँ एवं सेवाएँ उपलब्ध कराता है और बदले में भविष्य में कर्जदार से भुगतान करने का वादा (Agreement) लेता है। हमारी प्रतिदिन की गतिविधियों में ऐसे बहुत-से लेन-देन होते हैं, जहाँ किसी-न-किसी रूप में ऋण का प्रयोग होता है।

साख की दो विभिन्न स्थितियाँ

(i) **पहली स्थिति** इसमें उत्पादन खर्च को पूरा करने के लिए ऋण का उपयोग किया जाता है। जब उत्पादन पूरा हो जाता है, तब यह आय को बढ़ाता है। इस स्थिति में ऋण एक महत्त्वपूर्ण और सकारात्मक भूमिका (Positive Role) निभाता है।

उदाहरण—जैसे कोई व्यवसायी अपने व्यवसाय के लिए ऋण लेता है। आगे चलकर व्यवसाय में लाभ होने पर वह अपने ऋण चुका देता है। इससे ऋण के माध्यम से वह अपनी स्थिति में सुधार कर पाता है।

(ii) **दूसरी स्थिति** इस स्थिति में ऋण कर्जदार को उस स्थिति में ले जाता है, जहाँ वह ऋण चुकाने में असफल हो जाता है। ऐसा अधिकांशत: ग्रामीण क्षेत्रों में होता है।

उदाहरण—जैसे किसान फसल उगाने के लिए ऋण लेता है। उसका यह विचार होता है कि अच्छी फसल होने पर वह ऋण चुका देगा, किंतु सूखा, अतिवृष्टि या अन्य रोग एवं महामारी से फसल खराब होने पर वह ऋण चुकाने में असमर्थ हो जाता है। अत: यह ऋण उसकी स्थिति में सुधार के बजाय समस्या पैदा कर देता है।

साख की शर्तें

- साख की शर्तें उन परिस्थितियों या दशाओं का एक समूह है, जिसके अंतर्गत ऋण दिया जाता है। इसमें ऋण भुगतान के तरीके, ब्याज की दर, ऋण की अवधि (Duration) और अन्य संबंधित दशाएँ शामिल हो सकती हैं।
- साख की शर्तों में **समर्थक ऋणाधार** (Collateral) अर्थात् गिरवी रखने के लिए कोई वस्तु एवं **आवश्यक दस्तावेज** (Documents Requirement) शामिल हैं। साख की शर्तें ऋणदाता और उधारकर्ता की प्रकृति के अनुसार अलग-अलग हो सकती हैं।

समर्थक ऋणाधार

- ब्याज के अतिरिक्त ऋणदाता समर्थक ऋणाधार की भी माँग कर सकते हैं। समर्थक ऋणाधार ऐसी संपत्ति (Assets) है, जिसका मालिक ऋण लेने वाला होता है; जैसे—भूमि, गाड़ी, इमारत, पशु, बैंकों में पूँजी आदि।
- इस संपत्ति का प्रयोग वह ऋणदाता को गारंटी देने के रूप में करता है। जब ऋण लेने वाला व्यक्ति ऋण चुकाने में असमर्थ हो, तो ऋणदाता समर्थक ऋणाधार को बेचकर अपना भुगतान प्राप्त कर सकता है।

विविध प्रकार की साख व्यवस्था

ग्रामीण क्षेत्रों में ऋण की मुख्य माँग फसल उत्पादन के लिए होती है, जिसमें बीज, उर्वरक, कीटनाशक, पानी, बिजली, उपकरणों की मरम्मत आदि पर काफी खर्च होता है। एक गाँव में विभिन्न श्रेणियों के उधारकर्ताओं के लिए अलग-अलग साख या ऋण व्यवस्था हो सकती है; जैसे—

- **साहूकारों से ऋण** (Loan from Moneylenders) छोटे किसान (Small Farmer) गाँव के साहूकारों से ब्याज की उच्च दर पर पैसे उधार लेते हैं। उच्च ब्याज दर के कारण वे कर्ज-जाल में फँस जाते हैं।
- **व्यापारियों से ऋण** (Loan from Traders) किसानों को कम ब्याज दर पर कृषि व्यापारियों (Agricultural Traders) से ऋण मिलता है। व्यापारियों को भी किसानों से उनकी फसल को बेचने का वादा मिलता है। इस तरीके से व्यापारी सुनिश्चित करता है कि धन लाभ कमाने के अतिरिक्त अदा भी किया जाता है। वह कम कीमत पर किसानों से फसल (Crops) खरीदता है और जब कीमतें उच्च होती हैं, तो उसे बेचता है।
- **बैंकों से ऋण** (Loan from Banks) मध्यम और बड़े किसान बहुत कम ब्याज दर पर खेती के लिए बैंक से ऋण लेते हैं। बैंक ऐसे उधारकर्ताओं को अन्य सुविधाएँ भी प्रदान करते हैं।
- **नियोक्ता से ऋण** (Loan from Employers) भूमिहीन (Landless) कृषि मजदूर और अन्य मजदूर ऋण के लिए अपने नियोक्ताओं पर निर्भर करते हैं। जमींदार (Landowner) प्रत्येक माह 5% की ब्याज दर पर मजदूरों को ऋण देते हैं और ऋण के बदले वे जमीन मालिकों के लिए काम करते हैं।
- **सहकारी समितियों से ऋण** (Loan from Cooperatives) यह ग्रामीण क्षेत्रों में सस्ते ऋण का प्रमुख स्रोत है। सहकारी समितियों के सदस्यों को कृषि उपकरण, खेती और कृषि व्यापार, मत्स्यपालन (Fisheries), घरों के निर्माण और अन्य खर्चों की खरीद के लिए ऋण प्रदान किया जाता है।

भारत में औपचारिक क्षेत्रक में साख

भारत में ऋणों को दो वर्गों **औपचारिक** (Formal) एवं **अनौपचारिक** (Informal) ऋण क्षेत्रों में बाँटा गया है। औपचारिक क्षेत्र में बैंक और सहकारी समितियाँ शामिल हैं। अनौपचारिक क्षेत्र में मित्र, रिश्तेदार, व्यापारी, साहूकार, जमींदार, बड़े किसान आदि शामिल थे। वर्ष 2012 में भारत में 1000 ग्रामीण परिवारों के साख के स्रोत इस प्रकार थे

- व्यावसायिक बैंक 25%
- सहकारी समितियाँ/बैंक 25%
- अन्य औपचारिक स्रोत 5%
- रिश्तेदार एवं मित्र 8%
- सरकारी 1%
- जमींदार 1%
- साहूकार 33%
- अन्य अनौपचारिक स्रोत 2%

औपचारिक क्षेत्र में ऋण की विशेषताएँ

यह अपेक्षाकृत कम दरों में ऋण प्रदान करता है तथा समर्थक ऋणाधार ऋण प्राप्त करने के लिए आवश्यक होता है। यह क्षेत्र मुख्यत: भारतीय रिजर्व बैंक (Reserve Bank of India, RBI) के द्वारा पर्यवेक्षित (Supervised) होता है। इसमें बैंक और सहकारी समितियाँ शामिल हैं।

औपचारिक क्षेत्र में भारतीय रिज़र्व बैंक की भूमिका

औपचारिक क्षेत्र में ऋण प्रदान करने में भारतीय रिज़र्व बैंक की प्रमुख भूमिका है। इसकी भूमिका निम्न बिंदुओं में वर्णित है

- भारतीय रिज़र्व बैंक यह सुनिश्चित करता है कि बैंक न केवल लाभकारी व्यवसायों और व्यापारियों के लिए ऋण प्रदान करते हैं, बल्कि छोटे किसानों, लघु उद्योगों, छोटे उधारकर्ताओं आदि के लिए भी ऋण देते हैं।
- समय-समय पर बैंकों को भारतीय रिज़र्व बैंक को यह रिपोर्ट देनी होगी कि वे कितना ऋण और किस ब्याज दर पर उधारकर्ताओं (Borrowers) को उधार दे रहे हैं।
- बैंक जो जमा प्राप्त करता है उसमें से न्यूनतम नकद शेष (Minimum Cash Balance) को बनाए रखता है। भारतीय रिज़र्व बैंक वास्तव में नकद शेष बनाए रखने में बैंकों की निगरानी (Monitor) करता है।

अनौपचारिक क्षेत्र में ऋण की विशेषताएँ

- यह क्षेत्र अपने ऋणों पर उच्च ब्याज दरें लगाता है, क्योंकि इस क्षेत्र की निगरानी के लिए कोई संगठन (Organisation) नहीं है और इन अनौपचारिक क्षेत्रों (Informal Sectors) से ऋण प्राप्त करने के लिए समर्थक ऋणाधार सुरक्षा की आवश्यकता नहीं है।
- यह उधारकर्ताओं के ऋण को बढ़ा सकता है और उन्हें कर्ज के जाल में फँसा सकता है अर्थात् इससे उन पर ऋण का बोझ अधिक हो सकता है।
- इसके अतिरिक्त जो लोग अनौपचारिक क्षेत्र से उधार लेकर उद्यम शुरू करना चाहते हैं, वे उधार की ब्याज दर ऊँची होने के कारण ऐसा नहीं कर पाते हैं। हालाँकि शहरी और ग्रामीण क्षेत्रों में अभी भी गरीब परिवार अपनी उधार की जरूरतों के लिए औपचारिक और अनौपचारिक स्रोतों पर निर्भर हैं, क्योंकि यहाँ उन्हें किसी भी प्रकार के समर्थक ऋणाधार की आवश्यकता नहीं होती है।

निर्धनों के लिए स्वयं सहायता समूह

अनौपचारिक स्रोतों की अपेक्षा बैंक से ऋण प्राप्त करना बहुत कठिन है। समर्थक ऋणाधार सुरक्षा और आवश्यक दस्तावेजों का न होना गरीबों को बैंक से ऋण प्राप्त करने में बाधा उत्पन्न करता है। स्वयं सहायता समूह (Self Help Groups, SHGs) सामान्यत: ऐसे लोगों का समूह होता है, जो समान सामाजिक और आर्थिक पृष्ठभूमि (Economic Background) वाले होते हैं। वे एकत्रित होकर अपनी क्षमता के अनुसार नियमित रूप से पैसे बचाते हैं।

स्वयं सहायता समूह में एक-दूसरे के पड़ोसी 15-20 सदस्य होते हैं। सदस्य अपनी जरूरतों को पूरा करने के लिए छोटे कर्ज समूह (Small Loan Group) से ही कर्ज ले सकते हैं। समूह इन कर्जों पर ब्याज लेता है, लेकिन यह साहूकार (Moneylenders) द्वारा लिए जाने वाले ब्याज से कम होता है। एक या दो वर्षों के बाद यदि समूह नियमित रूप से बचत में है, तो वह बैंक से ऋण प्राप्त करने के योग्य हो जाता है।

ऋण समूह के नाम पर दिए जाते हैं और इसका उद्देश्य सदस्यों के लिए स्वरोजगार के अवसर (Opportunities) का सृजन करना है। उदाहरण के लिए, सदस्यों को छोटे-छोटे कर्ज अपनी गिरवी जमीन छुड़वाने व घर बनाने के लिए तथा सिलाई की मशीन, हथकरघा, पशु इत्यादि संपत्ति खरीदने के लिए दिए जाते हैं।

स्वयं सहायता समूह ग्रामीण क्षेत्र के गरीबों को संगठित करने में मदद करते हैं। इससे न केवल महिलाएँ स्वावलंबी हो जाती हैं, बल्कि समूह की बैठकों में विभिन्न सामाजिक विषयों; जैसे—स्वास्थ्य, पोषण, घरेलू हिंसा आदि के संबंध में जानकारी भी प्राप्त होती है।

ग्रामीण बैंक ऑफ बांग्लादेश

'ग्रामीण बैंक ऑफ बांग्लादेश' गरीबों को उचित दरों पर ऋण देने की सुविधा प्रदान करने वाला एक सफलतम बैंक है। **प्रोफेसर मोहम्मद यूनुस**, ग्रामीण बैंक के संस्थापक और शांति के लिए वर्ष 2006 के नोबेल पुरस्कार के प्राप्तकर्ता ने 1970 के दशक में एक छोटी परियोजना के रूप में इसे शुरू किया।

उन्होंने इस सिद्धांत पर काम किया कि अगर उचित शर्तों पर ऋणदाताओं को ऋण उपलब्ध कराया जा सकता है, तो विभिन्न व्यवसाय वाले लाखों लोग राष्ट्र को विकसित कर सकते हैं।

चेक प्वॉइंट 02

1. *साख से क्या तात्पर्य है?*
2. *भारत में ऋणों को कितने वर्गों में विभाजित किया जाता है?*
3. *स्वयं सहायता समूह की नियमित बैठकों में किन सामाजिक मुद्दों पर चर्चा होती है?*
4. *ग्रामीण बैंक ऑफ बांग्लादेश को किसने और कब शुरू किया?*
5. *स्वयं सहायता समूह में ………… सदस्य सम्मिलित होते हैं।*

इन्हें भी जानें

- ***वस्तु विनिमय प्रणाली** (Barter System of Exchange)* वह प्रणाली, जिसमें वस्तुओं का लेन-देन हो, वस्तु विनिमय प्रणाली कहलाती है।
- ***आवश्यकताओं का दोहरा संयोग** (Double Coincidence of Wants)* इसका अर्थ है कि व्यापारी और खरीदार एक-दूसरे को माल बेचने पर सहमति रखते हैं अर्थात् यहाँ मुद्रा का उपयोग किए बिना वस्तुओं का विनिमय होता है।
- ***चेक** (Cheque)* चेक एक ऐसा कागज है, जो बैंक को किसी व्यक्ति के खाते से चेक पर लिखे नाम के किसी दूसरे व्यक्ति को एक खास रकम का भुगतान करने का आदेश देता है।
- ***नकद जमा अनुपात** (Cash Deposit Ratio)* कुल निक्षेप (जमा) का भाग, जो बैंक स्वयं नकद के रूप में रखता है, नकद जमा अनुपात कहलाता है।
- ***साख** (Credit)* एक दस्तावेज, जिसमें ऋणदाता कर्जदार को पैसा, माल अथवा सेवाएँ भविष्य में वायदे के अनुसार लौटाने के लिए देता है।
- ***औपचारिक ऋणदाता संसाधन** (Formal Source of Credit)* इसमें वे संसाधन हैं, जो सरकार द्वारा नियंत्रित होते हैं; जैसे—बैंक तथा सहकारी समिति।
- ***अनौपचारिक ऋणदाता संसाधन** (Informal Source of Credit)* वे संसाधन, जो सरकार द्वारा नियंत्रित नहीं होते है; जैसे—साहूकार, व्यापारी, दोस्त तथा रिश्तेदार।

NCERT फोल्डर

1. जोखिम वाली परिस्थितियों में ऋण कर्जदार के लिए और समस्याएँ खड़ी कर सकता है। स्पष्ट कीजिए।

अथवा "साख कभी-कभी नकारात्मक भूमिका भी अदा करता है।" इस कथन की पुष्टि कीजिए। **CBSE 2019, 16**

अथवा ऋण कभी-कभी उधारकर्ता को एक स्थिति में धकेल देता है, जिससे पुनर्भुगतान बहुत कठिन होता है। उदाहरण के साथ इस कथन की पुष्टि करें। **CBSE 2020**

अथवा "ऋण कभी-कभी कर्ज़दार को ऐसी परिस्थितियों में धकेल देता है, जहाँ से बाहर निकलना बहुत कष्टदायक होता है।" कथन की उदाहरणों सहित पुष्टि कीजिए। **CBSE 2020**

उत्तर ग्रामीण क्षेत्र में किसानों द्वारा फसल उत्पादन हेतु ऋण लिया जाता है और यह आशा की जाती है कि फसल अच्छी होने पर वह ऋण चुका देगा, किंतु सूखा, अतिवृष्टि या अन्य किसी महामारी के कारण फसल खराब हो जाने पर वह ऋण चुकाने में असमर्थ होता है। अतः उसे पुनः ऋण लेने की आवश्यकता पड़ती है, किंतु अगली बार भी फसलोत्पादन सामान्य रहने पर वह पुनः ऋण चुकाने में असमर्थ हो जाता है। इस प्रकार उस पर ऋणों का बोझ लगातार बढ़ता है, जिसे ऋणजाल कहा जाता है। ऋणजाल के लगातार बढ़ते रहने से किसान को अपनी जमीन का कुछ हिस्सा बेचकर ऋण चुकाना पड़ता है। अतः जोखिमपूर्ण स्थिति में ऋण लेना उसके लिए अत्यंत घातक हो जाता है, जो उसकी स्थिति में सुधार के बजाय गिरावट लाता है। ग्रामीण क्षेत्रों में इसके अधिक अनियंत्रित होने के कारण हैं–ब्याज दर का अधिक होना तथा साहूकार एवं महाजनी व्यवस्था। ये दोनों चीजें किसानों की स्थिति में ह्रास पैदा करती हैं।

इस प्रकार, साख कभी-कभी नकारात्मक भूमिका भी अदा करता है। साथ ही यह कभी-कभी उधारकर्ता को एक स्थिति में धकेल देता है, जिससे पुनर्भुगतान कठिन होता है।

2. मुद्रा आवश्यकताओं के दोहरे संयोग की समस्या को किस प्रकार सुलझाती है? अपनी ओर से उदाहरण देकर समझाइए।

उत्तर यदि किसी व्यक्ति के पास मुद्रा है तो वह इसका विनिमय किसी भी वस्तु या सेवा को खरीदने के लिए आसानी से कर सकता है। आवश्यकताओं का दोहरा संयोग विनिमय प्रणाली की एक अनिवार्य विशेषता है जहाँ मुद्रा का उपयोग किए बिना वस्तुओं का विनिमय होता है। इसकी तुलना में ऐसी अर्थव्यवस्था जहाँ मुद्रा का प्रयोग होता है, मुद्रा महत्त्वपूर्ण मध्यवर्ती भूमिका प्रदान करके आवश्यकताओं के दोहरे संयोग को खत्म कर देती है। उदाहरण के लिए, आप वस्तु विनिमय प्रणाली के आधार पर अपनी पुरानी किताबों को बेचकर उसके बदले एक गिटार लेना चाहते हैं, तो इस स्थिति में आपको ऐसे व्यक्ति को तलाशना होगा जो अपने गिटार के बदले पुरानी किताबें लेने को तैयार हो। ऐसे व्यक्ति को ढूँढ पाना बहुत मुश्किल हो जाता है, लेकिन यदि वह छात्र अपनी किताबों को बेचकर धन अर्जित कर लेता है, तो वह उस धन से गिटार खरीद सकता है। इससे यह स्पष्ट होता है कि मुद्रा आवश्यकताओं के दोहरे संयोग की समस्या को सुलझाती है।

3. अतिरिक्त मुद्रा वाले लोगों और जरूरतमंद लोगों के बीच बैंक किस प्रकार मध्यस्थता करते हैं?

उत्तर बैंक विभिन्न लोगों के पैसे अपने यहाँ जमा रखता है। जिन लोगों के पास अतिरिक्त मुद्रा होती है, वे बैंक में अच्छी धनराशि जमा करके रखते हैं। बैंक उन्हें उन पैसों पर ब्याज भी देता है। कुछ लोग ऐसे होते हैं, जिन्हें ऋण की आवश्यकता होती है और वे ऋण के लिए बैंक जाते हैं। बैंक अपने पास जमा धनराशि से इन जरूरतमंद लोगों को ऋण उपलब्ध कराता है। इस तरह, बैंक अतिरिक्त मुद्रा वाले लोगों और जरूरतमंद लोगों के बीच मध्यस्थता का काम करता है।

4. 10 रुपये के नोट को देखिए। इसके ऊपर क्या लिखा है? क्या आप इस कथन की व्याख्या कर सकते हैं?

उत्तर 10 रुपये के नोट पर निम्न पंक्तियाँ लिखी होती हैं,
"मैं धारक को दस रुपये अदा करने का वचन देता हूँ।"
इस कथन के बाद रिज़र्व बैंक के गवर्नर का हस्ताक्षर होता है। यह कथन दर्शाता है कि रिज़र्व बैंक ने उस करेंसी पर एक मूल्य निर्धारित किया है, जो देश के प्रत्येक व्यक्ति और प्रत्येक स्थान के लिए एक समान है।

5. हमें भारत में ऋण के औपचारिक स्रोतों को बढ़ाने की आवश्यकता क्यों है?

उत्तर भारत में औपचारिक स्रोतों की तुलना में अनौपचारिक स्रोतों से अधिक ऋण लिया जाता है। कुछ लोग ऐसे हैं, जिनकी पहुँच औपचारिक स्रोतों तक नहीं है। ऐसे लोग साहूकारों के चक्कर में फँस जाते हैं, जो गरीबों से उच्च दर पर ब्याज लेते हैं। ऐसे लोगों को गरीबी के कुचक्र से निकालने के लिए उन तक ऋण के औपचारिक स्रोतों को पहुँचाना आवश्यक होता है। इससे गाँवों और दूर-दराज के इलाकों में बसे ग्रामीणों की सामाजिक और आर्थिक स्थिति को सुधारने में मदद मिलेगी। इसके अतिरिक्त बैंकों को अपने ऋण के आधारभूत ढाँचे में कुछ मूलभूत परिवर्तन की ओर ध्यान देना होगा, जिससे अधिक से अधिक लोगों की पहुँच बैंकों तक बन पाए।

6. गरीबों के लिए स्वयं सहायता समूहों के संगठनों के पीछे मूल विचार क्या हैं? अपने शब्दों में व्याख्या कीजिए।

अथवा ग्रामीण अर्थव्यवस्था में स्वयं सहायता समूहों की भूमिका स्पष्ट करें। **CBSE 2020**

अथवा "स्वयं सहायता समूह ग्रामीण क्षेत्रों के गरीबों को संगठित करने में मदद करते हैं।" उदाहरणों सहित कथन की पुष्टि कीजिए। **CBSE 2020**

उत्तर स्वयं सहायता समूहों का गठन ऐसे गरीबों के लिए किया जाता है, जिनकी पहुँच ऋण के औपचारिक स्रोतों तक नहीं है। इनके द्वारा लिए गए ऋण की राशि इतनी कम होती है कि ऋण देने में आने वाले खर्चे की वसूली भी नहीं हो पाती। अशिक्षा और जागरूकता के अभाव से उनकी समस्या और बढ़ जाती है। स्वयं सहायता समूह ऐसे लोगों को छोटा ऋण देते हैं, ताकि उनकी आजीविका चलती रहे। इसके अतिरिक्त स्वयं सहायता समूह ऐसे लोगों में ऋण अदायगी का विचार भी विकसित करता है। उदाहरणस्वरूप, एक

स्वयं सहायता समूह में 15-20 सदस्य होते हैं, जो नियमित मिलते रहते हैं और बचत करते हैं, यह परिवार की बचत क्षमता पर निर्भर करती है। समूह के सदस्य अपनी जरूरतों को पूरा करने के लिए समूह से ही कर्ज लेते हैं। इस दिशा में बांग्लादेश ग्रामीण बैंक का उचित ब्याज दरों पर गरीबों की ऋण जरूरतों को पूरा करने का बड़ा सफल इतिहास रहा है।

7. **क्या कारण है कि बैंक कुछ कर्जदारों को कर्ज देने के लिए तैयार नहीं होते?**

उत्तर कोई भी बैंक किसी व्यक्ति की ऋण अदायगी की क्षमता के आधार पर ऋण देता है। साख के अभाव वाले व्यक्तियों को भी बैंक से ऋण प्राप्त नहीं हो पाता है। बैंक किसी भी जोखिम वाले काम के लिए ऋण नहीं देते, इसलिए बैंक कुछ चुनिंदा लोगों को ही ऋण देते हैं।

8. **भारतीय रिज़र्व बैंक अन्य बैंकों की गतिविधियों पर किस तरह नजर रखता है? यह जरूरी क्यों है?**

अथवा **भारतीय रिज़र्व बैंक के कार्यों का उल्लेख कीजिए।** **CBSE 2019**

अथवा **भारतीय रिज़र्व बैंक के महत्त्व का उल्लेख कीजिए।** **CBSE 2020**

उत्तर बैंकों की कार्य प्रणाली को नियंत्रित करके रिज़र्व बैंक न केवल बैंकिंग और फाइनेंस को सही दिशा में ले जाता है, बल्कि पूरी अर्थव्यवस्था को भी सुचारु ढंग से चलाने में मदद करता है। इसके अतिरिक्त भारतीय रिज़र्व बैंक ऋणों के औपचारिक स्रोतों की कार्यप्रणाली पर नजर रखता है, जो निम्नलिखित हैं

- भारतीय रिजर्व बैंक ध्यान रखता है कि बैंक वास्तव में नकद शेष बनाए हुए है कि नहीं।
- भारतीय रिज़र्व बैंक इस बात पर भी नजर रखता है कि बैंक केवल लाभ अर्जित करने वाले व्यवसायियों और व्यापारियों को ही ऋण उपलब्ध तो नहीं करा रहे, बल्कि छोटे किसानों, छोटे उद्योगों, छोटे कर्जदारों इत्यादि को भी ऋण का लाभ मिल रहा है या नहीं।
- समय-समय पर, बैंकों द्वारा भारतीय रिज़र्व बैंक को यह जानकारी देनी पड़ती है कि वे कितना और किनको ऋण दे रहे हैं और ब्याज की दरें क्या हैं?

यह पर्यवेक्षण यह सुनिश्चित करने के लिए आवश्यक है कि छोटे व्यवसाय भी विकसित हों। इसके अतिरिक्त यह पर्यवेक्षण यह सुनिश्चित करता है कि बैंक अपनी अपेक्षा के अधिक धन उधार न दें, क्योंकि इस प्रकार की कार्रवाई से संकट की स्थिति उत्पन्न हो सकती है।

9. **विकास में ऋण की भूमिका का विश्लेषण कीजिए।**

अथवा **आर्थिक विकास में ऋण के औपचारिक स्रोतों के महत्त्व का वर्णन करें।** **CBSE 2019**

अथवा **आर्थिक विकास में ऋण की भूमिका स्पष्ट करें।** **CBSE 2020**

उत्तर विकास में ऋण की अहम भूमिका होती है, जो निम्नलिखित है

- किसान ऋण से उर्वरक, बीज, कीटनाशक व मशीनों जैसे साधन खरीद सकते हैं।
- व्यापारी तथा व्यवसायी अपने व्यापार को ऋण के माध्यम से बढ़ा सकते हैं।
- औपचारिक रूप से लिए गए ऋण का सकारात्मक प्रभाव होता है।

10. **मानव को एक छोटा व्यवसाय करने के लिए ऋण की आवश्यकता है। मानव किस आधार पर यह निश्चित करेगा कि उसे यह ऋण बैंक से लेना चाहिए या साहूकार से? चर्चा कीजिए।**

उत्तर मानव का व्यवसाय हेतु विभिन्न स्रोतों से लिया गया ऋण निम्न आधारों पर दृष्टिगोचर होता है

- ब्याज की दर
- धन की मात्रा की आवश्यकता
- समय अवधि
- कर्ज लेने की विधि
- कर्ज की शर्तें
- समर्थक ऋणाधार

11. **भारत में 80% किसान छोटे किसान हैं, जिन्हें खेती करने के लिए ऋण की आवश्यकता होती है।**

(i) **बैंक छोटे किसानों को ऋण देने से क्यों हिचकिचा सकते हैं?**
(ii) **वे दूसरे स्रोत कौन-से हैं, जिनसे छोटे किसान कर्ज ले सकते हैं?**
(iii) **उदाहरण देकर स्पष्ट कीजिए कि किस तरह ऋण की शर्तें छोटे किसानों के प्रतिकूल हो सकती हैं?**
(iv) **सुझाव दीजिए कि किस तरह छोटे किसानों को सस्ता ऋण उपलब्ध कराया जा सकता है?**

उत्तर (i) छोटे किसानों की साख कम होती है और उनके पास आवश्यक कागजातों का अभाव होता है।

(ii) जमींदार, व्यापारी, साहूकार।

(iii) यदि कोई छोटा किसान कृषि कार्य हेतु ऋण लेता है, तो उसके खेत की उपज इतनी नहीं होती कि वह फसल बेचकर परिवार का भी भरण-पोषण कर ले और ऋण भी चुकता कर पाए। इसके बाद, यदि कोई विपत्ति आई और उसकी फसल बर्बाद हो जाती है, तो परेशानियाँ और अधिक बढ़ जाती हैं। ऐसे में किसान कर्ज (ऋण) के जाल में ही फँसकर रह जाता है।

(iv) स्वयं सहायता समूहों का गठन करके छोटे किसानों को सस्ता ऋण उपलब्ध कराया जा सकता है।

12. **रिक्त स्थानों की पूर्ति कीजिए**

(i) ...... **परिवारों की ऋण की अधिकांश आवश्यकताएँ अनौपचारिक स्रोतों से पूरी होती हैं।**
(ii) ...... **ऋण की लागत ऋण का बोझ बढ़ाती है।**
(iii) ...... **केंद्रीय सरकार की ओर से करेंसी नोट जारी करता है।**
(iv) **बैंक ...... पर देने वाले ब्याज से ऋण पर अधिक ब्याज लेते हैं।**
(v) ...... **संपत्ति है, जिसका मालिक कर्जदार होता है जिसे वह ऋण लेने के लिए गारंटी के रूप में प्रयोग करता है, जब तक ऋण चुकता नहीं हो जाता।**

उत्तर (i) निर्धन (ii) ऊँची
(iii) भारतीय रिज़र्व बैंक (iv) जमा राशि
(v) समर्थक ऋणाधार

13. **सही उत्तर का चयन कीजिए**

(i) **स्वयं सहायता समूह में बचत और ऋण संबंधित अधिकतर निर्णय लिए जाते हैं**
(a) बैंक द्वारा (b) सदस्यों द्वारा
(c) गैर-सरकारी संस्था द्वारा

(ii) **ऋण के औपचारिक स्रोतों में शामिल नहीं है**
(a) बैंक (b) सहकारी समिति (c) नियोक्ता

उत्तर (i) (b) सदस्यों द्वारा (ii) (c) नियोक्ता

परीक्षा अभ्यास

वस्तुनिष्ठ प्रश्न

बहुविकल्पीय प्रश्न

1. आपसी सहमति के आधार पर वस्तुओं का प्रत्यक्ष रूप से आदान-प्रदान किसके अंतर्गत होता है?

(a) वस्तु प्रणाली (b) विनिमय प्रणाली
(c) वस्तु विनिमय प्रणाली (d) गैर-मुद्रा प्रणाली

उत्तर (c) वस्तु विनिमय प्रणाली

2. आवश्यकताओं के दोहरे संयोग से क्या क्या समझते हैं?

(a) दो या दो से अधिक पार्टियों की सहमति
(b) विनिमय प्रणाली
(c) साहूकार द्वारा वस्तुओं का भंडारण
(d) उपरोक्त में से कोई नहीं

उत्तर (a) दो या दो से अधिक पार्टियों की सहमति

3. वस्तु विनिमय प्रणाली का दोष निम्नलिखित में से कौन-सा है?

(a) विनिमय का माध्यम
(b) स्टॉक बाजार
(c) ऋण देता
(d) आवश्यकताओं का दोहरा संयोग

उत्तर (d) आवश्यकताओं का दोहरा संयोग

4. धन एक माप है

(a) मुद्रा का (b) मूल्य का
(c) हस्तांतरण का (d) ये सभी

उत्तर (b) मूल्य का

5. भारत का निम्नलिखित में से कौन-सा प्राधिकरण केंद्र सरकार की और से करेंसी नोट जारी करता है?

CBSE Compartment 2021, CBSE 2020

(a) भारतीय स्टेट बैंक
(b) भारतीय रिजर्व बैंक
(c) इलाहाबाद बैंक
(d) पंजाब नेशनल बैंक

उत्तर (b) भारतीय रिजर्व बैंक

6. बैंक का मुख्य कार्य निम्न में से कौन-सा है?

(a) मात्र जमा एवं ऋण (b) सरकार को ऋण
(c) बैंक खाता खोलना (d) व्यापारी को ऋण

उत्तर (a) मात्र जमा एवं ऋण

7. बैंकों के अतिरिक्त ग्रामीण क्षेत्रों में सस्ते ऋण का स्रोत निम्न में से क्या है?

(a) साहूकार (b) व्यापारी
(c) ग्रामीण बैंक (d) सहकारी समितियाँ

उत्तर (d) सहकारी समितियाँ

8. अनौपचारिक ऋणदाता में सम्मिलित है

(a) बैंक (b) समितियाँ
(c) साहूकार (d) भारत सरकार

उत्तर (c) साहूकार

9. निम्नलिखित में से कौन-सा विकल्प अदायगी सुनिश्चित करता है?

CBSE Compartment 2020

(a) वाउचर (b) माँग जमा
(c) चेक (d) सार्थक ऋणाधार

उत्तर (b) माँग जमा

10. प्रोफेसर मोहम्मद यूनुस को शांति का नोबेल पुरस्कार किस वर्ष प्राप्त हुआ?

(a) वर्ष 1970 (b) वर्ष 2006
(c) वर्ष 2008 (d) वर्ष 2000

उत्तर (b) वर्ष 2006

11. एक व्यक्ति खेती के खर्चों के लिए साहूकार से ऋण लेता है, फसल पर कीटनाशकों के हमले से फसल बर्बाद हो जाती है। वह फिर अगले साल साहूकार से दोबारा ऋण लेता है। इस बार वह साहूकार के ऋण चुकाने में सफल रहता है। यह निम्न में से किसका उदाहरण है?

(a) कर्ज में फँसे रहना (b) व्यापार को बढ़ावा
(c) ऋण की सार्थकता (d) साहूकार की भूमिका

उत्तर (a) कर्ज में फँसे रहना

12. वस्तु-विनियम प्रणाली के संबंध में दिए गए कथनों पर विचार कीजिए तथा असत्य कथनों की पहचान कीजिए

(a) इसमें आपसी सहमति के आधार पर वस्तुओं का प्रयत्क्ष रूप से आदान-प्रदान होता है
(b) मुद्रा के प्रचलन से पहले वस्तु-विनिमय प्रणाली का पालन किया जाता था
(c) मुद्रा के उपयोग ने माँग के दोहरे संयोग की आवश्यकता को बढ़ावा दिया है
(d) वस्तु-विनिमय प्रणाली का सबसे बड़ा दोष आवश्यकताओं का दोहरा संयोग था

उत्तर (c) मुद्रा के उपयोग ने माँग के दोहरे संयोग की आवश्यकता को बढ़ावा दिया है

13. निम्नलिखित में से कौन-सा कथन बैंकों में निक्षेप (जमा) के संबंध में सही नहीं है?

(a) माँग जमा, मुद्रा को एकत्रित या जमा करने का एक अन्य रूप पाया जाता है
(b) बैंक जमा राशि स्वीकार करते हैं और इस पर ब्याज भी देते हैं

(c) बैंकों में जमा राशि को जब निकाला जाता है, तो उसे माँग जमा कहा जाता है
(d) माँग जमाओं को करेंसी के साथ-साथ भुगतान के रूप में स्वीकार नहीं किया जाता है

उत्तर (d) माँग जमाओं को करेंसी के साथ-साथ भुगतान के रूप में स्वीकार नहीं किया जाता है

14. निम्न कथनों को क्रम में व्यवस्थित कीजिए
1. ऋण के ब्याज की दर प्रतिवर्ष 8.5% है।
2. श्याम ने ऋण के लिए आवेदन किया।
3. बैंक द्वारा समर्थक ऋणाधार के रूप में भंडारण गृह की रसीद रखी गई।
4. श्याम ने नियम एवं शर्तों पर हस्ताक्षर किया।

कूट
(a) 1, 2, 3, 4 (b) 2, 1, 3, 4
(c) 3, 2, 1, 4 (d) 2, 3, 1, 4

उत्तर (b) 2, 1, 3, 4

15. निम्न कथनों पर विचार कीजिए
1. औपचारिक क्षेत्र में ऋण प्रदान करने में भारतीय रिज़र्व बैंक की प्रमुख भूमिका होती है।
2. अनौपचारिक क्षेत्रक में ऋणदाताओं की गतिविधियों की देख-रेख करने वाली कोई संस्था नहीं होती है।
3. औपचारिक ऋणदाताओं की तुलना में अनौपचारिक क्षेत्रक कम ब्याज की दरों पर ऋण प्रदान करते हैं।
4. औपचारिक क्षेत्र अनौपचारिक क्षेत्र की तुलना में अधिक दर पर ऋण देते हैं।

उपरोक्त में से कौन-सा कथन सही है?
(a) केवल 1 (b) 1 और 2
(c) केवल 3 (d) ये सभी

उत्तर (b) 1 और 2

16. निम्नलिखित कथनों पर विचार कीजिए
1. साख की शर्तें उन परिस्थितियों या दशाओं का समूह है, जिनके अंतर्गत ऋण दिया जाता है।
2. इसमें ऋण भुगतान के तरीके, ब्याज की दर, ऋण की अवधि और अन्य संबंधित दशाएँ शामिल हो सकती हैं।
3. साख की शर्तें ऋणदाता और उधारकर्ता की प्रकृति के अनुसार अलग-अलग हो सकती हैं।

कूट
(a) केवल 1 (b) 1 और 2
(c) केवल 3 (d) ये सभी

उत्तर (d) ये सभी

17. नीचे दी गई विशेषताओं का सावधानीपूर्वक अध्ययन कीजिए तथा इससे संबद्ध सही विकल्प की पहचान कीजिए।
- इसे मुद्रा के एकत्रित या जमा करने के एक अन्य रूप में जाना जाता है।
- बैंक जमाराशि स्वीकार करते हैं। इसके साथ ही इस पर ब्याज भी देते हैं।
- इसके माध्यम से व्यक्ति बैंक में जमा किए गए धन को अपनी आवश्यकतानुसार निकालने में सक्षम होते हैं।

(a) बैंकों में निक्षेप (जमा) (b) चेक की सुविधा
(c) समर्थक ऋणाधार (d) आवश्यक दस्तावेज

उत्तर (a) बैंकों में निक्षेप (जमा)

18. नीचे दी गई विशेषताओं का सावधानीपूर्वक अध्ययन कीजिए तथा संबंधित सही विकल्प की पहचान कीजिए।
- इसे ऋण समूह के नाम दिए जाते हैं, जिसका उद्देश्य सदस्यों के लिए स्वरोजगार के अवसर का सृजन करना होता है।
- इसके द्वारा ऋण गिरवी जमीन को छुड़वाने व घर बनाने के लिए, हथकरघा, पशु इत्यादि संपत्ति खरीदने के लिए दिए जाते हैं।
- यह गरीब समूहों को संगठित करता है। इसके माध्यम से विभिन्न सामाजिक विषयों; जैसे—स्वास्थ्य, पोषण, घरेलू हिंसा आदि के संबंध में जानकारी भी प्राप्त होती है।

(a) ग्रामीण बैंक ऑफ बांग्लादेश
(b) अनौपचारिक ऋणदाता समूह
(c) स्वयं सहायता समूह
(d) समर्थक ऋणाधार

उत्तर (c) स्वयं सहायता समूह

19. नीचे दिए गए युग्मों में से कौन-सा युग्म सही सुमेलित है?
(a) समर्थक ऋणाधार – भारतीय रिजर्व बैंक
(b) माँग जमा – मुद्रा का रूप
(c) विनिमय – उच्च ब्याज दर
(d) मुद्रा (करेंसी) – केवल कागजी मुद्रा

उत्तर (b) माँग जमा – मुद्रा का रूप

20. नीचे दिए गए युग्मों में से कौन-सा युग्म सही सुमेलित नहीं है?
(a) औपचारिक क्षेत्र – सहकारी समितियाँ
(b) अनौपचारिक क्षेत्र – साहूकार व रिश्तेदार
(c) स्वयं सहायता समूह – उच्चतम ब्याज दर
(d) ग्रामीण बैंक ऑफ बांग्लादेश – गरीबों को उचित दरों पर ऋण

उत्तर (c) स्वयं सहायता समूह–उच्चतम ब्याज दर

21. निम्नलिखित में से कौन स्वयं सहायता समूहों में बचत और ऋण गतिविधियों के संबंध में निर्णय लेता है? **CBSE 2023**
(a) किसी बैंक का प्रबंधक
(b) गैर-सरकारी संस्था के सदस्य
(c) स्थानीय साहूकार
(d) स्वयं सहायता समूह के सदस्य

उत्तर (d) स्वयं सहायता समूह के सदस्य

सुमेलित करें

22. सुमेलित कीजिए

सूची I	सूची II
A. मुद्रा के स्वरूप	1. आर. बी. आई
B. करेंसी नोट जारीकर्ता	2. चेक
C. माँग जमा	3. कागजी मुद्रा और सिक्के
D. नकदी के प्रयोग के बिना भुगतान	4. बैंकों में निक्षेप

कूट

	A	B	C	D		A	B	C	D
(a)	1	2	3	4	(b)	2	1	3	4
(c)	3	1	4	2	(d)	4	3	2	1

उत्तर (c) 3 1 4 2

23. सुमेलित कीजिए

सूची I	सूची II
A. साहूकार	1. ग्रामीण क्षेत्रों में सस्ते ऋण का प्रमुख स्रोत
B. व्यापारी	2. ब्याज की उच्च दर
C. बैंक	3. ब्याज की मध्यम दर
D. सहकारी समितियाँ	4. ब्याज की निम्न दर

कूट

	A	B	C	D		A	B	C	D
(a)	1	2	3	4	(b)	2	3	4	1
(c)	3	4	1	2	(d)	4	2	1	3

उत्तर (b) 2 3 4 1

24. सुमेलित कीजिए

सूची I	सूची II
A. समर्थक ऋणाधार	1. दुकान के दस्तावेज
B. ब्याज की दर	2. ब्याज भुगतान चेक द्वारा
C. ऋण भुगतान	3. 10.5% 5 वर्ष के लिए
D. ऋण की शर्तें	4. 3% प्रत्येक महीने

कूट

	A	B	C	D		A	B	C	D
(a)	1	4	2	3	(b)	3	2	1	4
(c)	1	2	3	4	(d)	3	4	2	1

उत्तर (a) 1 4 2 3

रिक्त स्थान भरें

25. बैंक खातों में जमा धन को ······ के जरिए निकाला जा सकता है।

उत्तर माँग

26. कर्जदारों से लिए गए ब्याज और जमाकर्ताओं को दिए गए ब्याज के बीच का अंतर बैंक की ······ का प्रमुख स्रोत है।

उत्तर आय

27. ब्याज दर, समर्थक, ऋणाधार, आवश्यक कागजात और भुगतान के तरीकों को सम्मिलित रूप से ······ कहा जाता है।

उत्तर ऋण की शर्तें

28. निम्नलिखित रिक्त स्थान को भरें

साख के क्षेत्रक	विशेषता
औपचारिक क्षेत्र	कम ब्याज पर अधिक ऋण
अनौपचारिक क्षेत्र	?

कूट

(a) कम ब्याज पर कम ऋण

(b) अधिक ब्याज पर अधिक ऋण

(c) अधिक ब्याज पर कम ऋण

(d) अधिक ऋण कम ब्याज

उत्तर (c) अधिक ब्याज पर कम ऋण

सही और पुन: लिखें

29. समर्थक ऋणाधार ऐसी संपत्ति है, जिसका मालिक कर्जदार है और इसका प्रयोग वह बैंक को गारंटी देने के रूप में करता है।

उत्तर समर्थक ऋणाधार ऐसी संपत्ति है, जिसका मालिक कर्जदार है और इसका प्रयोग वह बैंक को गारंटी देने के रूप में करता है।

30. कर्ज की शर्तें किसान और कर्ज की प्रकृति पर भी निर्भर करती हैं।

उत्तर कर्ज की शर्तें उधारदाता और कर्जदार की प्रकृति पर भी निर्भर करती हैं।

डेटा आधारित प्रश्न

31. नीचे दिए गए आलेख का अध्ययन कीजिए तथा पूछे गए प्रश्नों का उत्तर दीजिए।

आलेख – वर्ष 2012 में भारत में 1000 ग्रामीण परिवारों के साख के स्रोत

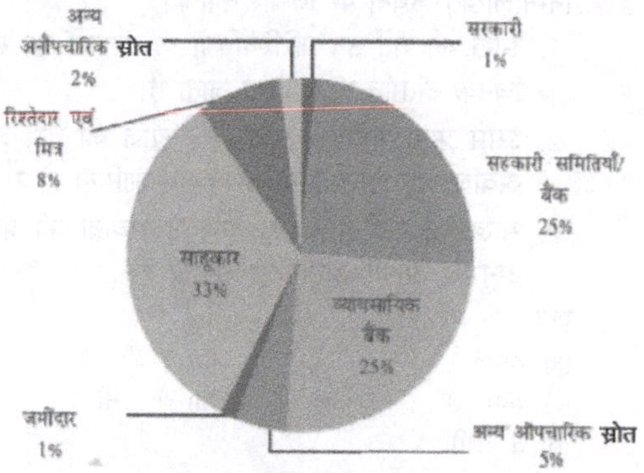

आलेख के अनुसार भारत में 1000 ग्रामीण परिवारों के साख के स्रोतों में व्यावसायिक बैंक की भागीदारी कितनी (%) पाई जाती है?

(a) 33%

(b) 25%

(c) 8%

(d) 18%

उत्तर (b) 25%

केस आधारित प्रश्न

32. राम और श्याम दोनों लघु किसान हैं, जिन्होंने ₹ 20,000 का ऋण दो अलग-अलग लोगों से ब्याज पर लिया। राम ने 1.5% मासिक ब्याज की दर से व्यापारी से ऋण लिया, जबकि श्याम ने 8% वार्षिक ब्याज की दर से सहकारी संख्या से ऋण लिया। अपने विश्लेषण अध्ययन के आधार पर यह बताएँ कि निम्न में से उपयुक्त उत्तर कौन-सा है?

(a) श्याम को ज्यादा ब्याज देना है
(b) राम को कम ब्याज देना है
(c) राम की तुलना में श्याम को कम ब्याज देना है
(d) राम को कम ब्याज देना है, श्याम की तुलना में

उत्तर (c) राम की तुलना में श्याम को कम ब्याज देना है

33. कृष्णा निकट के खेत में कृषि मजदूर के रूप में बहुत कम मजदूरी पर काम करती है। अचानक बीमार पड़ने पर या परिवार में किसी समारोह पर खर्च करने के लिए भी उसे कर्ज लेना पड़ता है। भू-स्वामी उसे 5 प्रतिशत मासिक ब्याज की दर पर ऋण देता है। वर्तमान में उसे भू-स्वामी के ₹ 5,000 देने हैं। **CBSE 2020**

ऊपर दी गई ऋण व्यवस्था का विश्लेषण कीजिए।

उत्तर दी गई ऋण व्यवस्था अनौपचारिक क्षेत्र से संबंधित है, इसमें ब्याज की दर ऊँची है तथा ब्याज की मासिक आधार पर गणना की जा रही है, जिसमें मूलधन स्थिर है, जिसका भुगतान दोनों को जोड़कर देना है।

कथन/कारण

34. **कथन** (A) मुद्रा के आधुनिक रूपों में करेंसी-कागज के नोट और सिक्के शामिल हैं।

कारण (R) बेचने पर सहमति हो, इसे आवश्यकताओं का दोहरा संयोग कहा जाता है।

कूट

(a) A और R दोनों सही हैं तथा R, A की सही व्याख्या है
(b) A और R दोनों सही हैं, परंतु R, A की सही व्याख्या नहीं है
(c) A सही है, किंतु R गलत है
(d) A गलत है, किंतु R सही है

उत्तर (b) A और R दोनों सही हैं, परंतु R, A की सही व्याख्या नहीं है

अतिलघु उत्तरीय प्रश्न

1. प्राचीन समय में धातु के सिक्कों के रूप में क्या प्रचलित था?

उत्तर प्राचीन समय में सोना, चाँदी और ताँबे के सिक्के प्रचलित थे।

2. मुद्रा के आधुनिक रूप में क्या शामिल है?

उत्तर मुद्रा के आधुनिक रूप में करेंसी-कागज के नोट व सिक्के शामिल हैं।

3. भारत में व्यापक स्तर पर विनिमय का माध्यम किसे स्वीकार किया गया है?

उत्तर भारत में व्यापक स्तर पर विनिमय का माध्यम रुपये को स्वीकार किया गया है।

4. व्यक्तियों द्वारा बैंकों में निक्षेप के रूप में किसे रखा जाता है?

उत्तर व्यक्तियों द्वारा बैंकों में निक्षेप के रूप में मुद्रा को रखा जाता है।

5. बैंक खातों में जमा धन को माँग के द्वारा निकालने को क्या कहते हैं?

उत्तर बैंक खातों में जमा धन को माँग के द्वारा निकालने को माँग जमा कहते हैं।

6. कोलैटरल लोन से आप क्या समझते हैं?

उत्तर कोलैटरल लोन ऐसा लोन होता है, जिसमें लोन लेने वाले को लोन लेते समय कोई-न-कोई सिक्योरिटी (जैसे-भूमि, इमारत, गाड़ी) जमा करनी पड़ती है।

7. बैंकों के पास पड़ी जमा राशि आय का साधन किस प्रकार बन जाती है?

उत्तर बैंक जमा राशि का उपयोग ऋण देने के लिए करते हैं और इससे वे ब्याज अर्जित करते हैं।

8. उस स्थिति का विश्लेषण कीजिए जिसमें ऋण, ऋणकर्ता को ऐसी स्थिति में धकेलता है जिससे निकलना बहुत कष्टदायक होता है। **CBSE Term II 2022**

उत्तर हमारी प्रतिदिन की गतिविधियों में ऐसे बहुत से लेन-देन होते हैं, जहाँ किसी-न-किसी रूप में ऋण का प्रयोग होता है, परंतु कभी-कभी ऋण, कर्जदार को उस स्थिति में ले जाता है, जहाँ वह ऋण चुकाने में असफल हो जाता है और ऋण पूरा न करने की स्थिति में चला जाता है, जिसके परिणामस्वरूप आत्महत्या करना इत्यादि की स्थिति उत्पन्न हो जाती है।

9. अधिकांश निर्धन परिवार ऋण के औपचारिक स्रोतों से वंचित क्यों रह जाते हैं?

उत्तर समर्थन ऋणाधार की कमी एवं जटिल प्रक्रिया के कारण अधिकांश निर्धन परिवार ऋण के औपचारिक स्रोतों से वंचित रह जाते हैं।

10. किन्हीं दो मदों का उल्लेख कीजिए, जिनका प्रयोग समर्थक ऋणाधार के रूप में हो सकता है?

उत्तर भूमि तथा इमारत जिनका प्रयोग समर्थक ऋणाधार के रूप में हो सकता है।

11. ऋण के औपचारिक स्रोत में कौन शामिल हैं?

उत्तर ऋण के औपचारिक स्रोत में बैंक और सहकारी समितियाँ शामिल हैं।

12. जमाकर्ता और कर्जदार के बीच मध्यस्थता का काम कौन करता है?

उत्तर जमाकर्ता और कर्जदार के बीच मध्यस्थता का काम बैंक करता है।

13. निर्धन परिवारों के लिए ऋण के किन्हीं दो प्रमुख साधनों को बताइए।

उत्तर निर्धन परिवारों के लिए ऋण के प्रमुख दो साधन हैं

(i) सहकारी और व्यावसायिक बैंक।
(ii) कृषि साहूकार।

14. बांग्लादेश में ग्रामीण बैंक की स्थापना कब और किसके द्वारा की गई?

उत्तर बांग्लादेश में ग्रामीण बैंक की स्थापना वर्ष 1970 में मोहम्मद यूनुस द्वारा की गई।

15. भारत में बैंक जमा का कितने प्रतिशत नकद के रूप में अपने पास रखते हैं?

उत्तर भारत में बैंक जमा का 15% नकद के रूप में अपने पास रखते हैं।

16. बैंक कुछ एक उधार लेने वालों को ऋण क्यों नहीं देते हैं? स्पष्ट कीजिए। **CBSE Term II 2022**

उत्तर बैंक जमा राशि के एक बड़े भाग को ऋण देने के लिए इस्तेमाल करते हैं। विभिन्न आर्थिक गतिविधियों के लिए ऋण की बहुत माँग रहती है, इस कारण बैंक अधिकतर कुछ एक उधार लेने वालों को ऋण देने से बचने का प्रयास करता है।

17. मुद्रा के प्रयोग ने वस्तु विनिमय को किस प्रकार आसान बना दिया? एक उदाहरण दीजिए। **CBSE 2017**

उत्तर मुद्रा के प्रयोग से किसी भी वस्तु या सेवा को खरीदा या बेचा जा सकता है। आवश्यकताओं के दोहरे संयोग को समाप्त करके इसने वस्तु विनिमय को आसान बना दिया। उदाहरण, यदि हमें कोई वस्तु खरीदनी है, तो उसके लिए हमें दूसरे को कोई वस्तु नहीं देनी, बल्कि मुद्रा के द्वारा खरीद सकते हैं।

18. ऋण के अनौपचारिक क्षेत्रक के कोई दो उदाहरण दीजिए। **CBSE 2018**

उत्तर साहूकार तथा व्यापारी ऋण के अनौपचारिक क्षेत्र से संबंधित हैं।

19. भारतीय रिज़र्व बैंक द्वारा ऋणों के औपचारिक स्रोतों के निरीक्षण की आवश्यकता का कारण स्पष्ट कीजिए। **CBSE 2019**

उत्तर भारतीय रिजर्व बैंक द्वारा ऋणों के औपचारिक स्रोतों के निरीक्षण की आवश्यकता के निम्न कारण हैं

(i) भारतीय रिजर्व बैंक निगरानी करता है कि बैंक वास्तव में नकदी संतुलन बनाए हुए हैं कि नहीं।

(ii) भारतीय रिजर्व बैंक यह भी देखता है कि बैंक न केवल लाभ कमाने वाले व्यवसायों एवं व्यापारियों को, बल्कि छोटे काश्तकारों, लघु उद्योगों तथा छोटे उधारकर्ताओं आदि को भी ऋण देते हैं।

20. करेंसी का अर्थ स्पष्ट कीजिए। **CBSE 2019**

उत्तर करेंसी (मुद्रा) पैसे या धन के उस रूप को कहते हैं, जिससे दैनिक जीवन में क्रय और विक्रय होता है। इसमें सिक्के तथा कागज के नोट दोनों आते हैं।

21. 'वस्तु विनिमय प्रणाली' का क्या अर्थ है?

उत्तर वस्तुओं के बदले वस्तुओं की लेन-देन की प्रणाली को वस्तु विनिमय प्रणाली कहते हैं।

22. मुद्रा आवश्यकताओं के दोहरे संयोग को किस प्रकार समाप्त करती है?

उत्तर विनिमय के माध्यम के रूप में कार्य करके मुद्रा आवश्यकताओं के दोहरे संयोग को समाप्त करती है।

23. उस संगठन का नाम बताइए, जो उधार के औपचारिक स्रोतों की कार्यप्रणाली का निरीक्षण करता है।

उत्तर भारतीय रिज़र्व बैंक उधार के औपचारिक स्रोतों की कार्य प्रणाली का निरीक्षण करता है।

24. उस प्रणाली का नाम बताइए, जिसमें आवश्यकताओं का दोहरा संयोग एक महत्त्वपूर्ण लक्षण है।

उत्तर विनिमय प्रणाली में आवश्यकताओं का दोहरा संयोग एक महत्त्वपूर्ण लक्षण है।

25. मुद्रा विनिमय के माध्यम के रूप में कैसे कार्य करती है?

उत्तर मुद्रा विनिमय के माध्यम के रूप में लेन-देन की प्रक्रिया में मध्यवर्ती भूमिका निभाने का कार्य करती है।

लघु उत्तरीय प्रश्न

1. वस्तु विनिमय प्रणाली क्या है? इसकी कुछ सीमाओं का उल्लेख कीजिए।

उत्तर वस्तुओं के बदले वस्तुओं के आदान-प्रदान की प्रणाली को वस्तु-विनिमय प्रणाली कहते हैं। वस्तु विनिमय प्रणाली में लेन-देन का माध्यम मुद्रा पर केंद्रित न होकर वस्तुओं पर केंद्रित होता है। विनिमय प्रणाली की कुछ सीमाएँ निम्न हैं

(i) दोनों पक्ष एक-दूसरे से वस्तुएँ खरीदने और बेचने पर सहमति रखते हैं।

(ii) वस्तुओं का मूल्य निर्धारण करना अति कठिन है।

(iii) इसमें बहुत अधिक समय लगता है। पक्षकारों के मध्य सहमति बनने में अधिक देरी हो जाती है। सहमति एक सामान्य स्थिति में ही बन पाती है।

(iv) अत्यधिक वस्तुओं को विभाजित नहीं किया जा सकता।

(v) ग्रामीण क्षेत्रों में ही यह अधिक प्रचलित है, परंतु यहाँ भी अब समाप्त होने लगी है।

2. मुद्रा के आधुनिक रूप को स्पष्ट कीजिए। मुद्रा की प्रमुख विशेषताओं को बताइए।

उत्तर मुद्रा ऐसी वस्तु है, जो विनिमय के माध्यम के रूप में कार्य कर सकती है। मुद्रा के आधुनिक स्वरूप में कागजी मुद्रा और सिक्के शामिल हैं। सिक्कों की शुरुआत से पहले अनाज और पशुओं जैसी विभिन्न वस्तुओं को धन के रूप में प्रयोग किया जाता था। उसके बाद सोने, चाँदी, ताँबे आदि के धातु के सिक्कों का प्रयोग शुरू हुआ।

मुद्रा की प्रमुख विशेषताएँ निम्न हैं

- यह सामान्यतः धन के रूप में स्वीकार की जाती है, जिसमें सिक्के और कागज के नोट शामिल हैं।
- इसे सरकार द्वारा जारी किया जाता है और एक अर्थव्यवस्था के अंदर परिचालित किया जाता है।
- आधुनिक मुद्रा का विनिमय के अतिरिक्त कोई और अन्य उपयोग नहीं है। भारत में भारतीय रिज़र्व बैंक भारत सरकार की ओर से मुद्रा नोट जारी करता है।
- विनिमय के माध्यम के रूप में रुपये को व्यापक रूप से स्वीकार किया जाता है।

3. **बैंकों में निक्षेप (जमा) की विशेषताओं को स्पष्ट कीजिए।**

उत्तर बैंकों में निक्षेप (जमा) की विशेषताएँ निम्न हैं

- मुद्रा को एकत्रित या जमा करने का यह अन्य रूप है। बैंक निक्षेप कर सकता है।
- लोग अपने नाम पर एक बैंक खाता खोलकर बैंकों में अपना अतिरिक्त पैसा जमा करते हैं। इससे पैसा सुरक्षित रहता है।
- बैंक जमा राशि स्वीकार करते हैं और इस पर ब्याज भी देते हैं। इससे बचत क्षमता बढ़ती है।
- बैंक में जमा किए गए धन को जमाकर्ता अपनी आवश्यकतानुसार निकाल सकते हैं। जमाकर्ता की सहमति के बिना अन्य व्यक्ति धन नहीं निकाल सकता है।
- बैंकों के साथ जमा राशि को माँग जमा कहते हैं।

4. **बैंक वित्तीय प्रणाली के एक मूल घटक के रूप में किस प्रकार कार्य करता है? स्पष्ट कीजिए।** **CBSE Term II 2022**

उत्तर इस प्रश्न के उत्तर के लिए पृष्ठ संख्या 377 के शीर्षक 'बैंकों में निक्षेप (जमा)' एवं 'बैंकों की ऋण संबंधी क्रियाएँ' देखें।

5. **उधारदाता उधार देते समय समर्थक ऋणाधार की माँग क्यों करते हैं? स्पष्ट कीजिए।** **CBSE 2020**

उत्तर उधारदाता उधार देते समय समर्थक ऋणाधार की माँग करता है, जिसमें गिरवी रखने के लिए कहा जाता है। इसमें भूमि, इमारत, गाड़ी, पशु, बैंकों की पूँजी आदि का उपयोग किया जाता है। इसे रखकर कर्जदार कर्ज देता है, इसका प्रयोग गारंटी के तौर पर किया जाता है। यह कर्ज लेने में सहायक होता है।

जब तक ऋण का भुगतान कर्जदार नहीं करता है, तब तक यह कर्जदार के पास रखा रहता है। उधार दी गई राशि का भुगतान न होने पर कर्जदार गिरवी रखी गई संपत्ति को बेचकर अपना भुगतान प्राप्त करने में सफल हो जाता है। इस प्रकार, उधारदाता अपने कर्ज की सुरक्षा व भुगतान की प्राप्ति के उद्देश्य से समर्थक ऋणाधार की माँग करता है। इसे ऋण की शर्तों के अंतर्गत शामिल किया जाता है। बैंकों के हजारों करोड़ रुपये प्रतिवर्ष इसी तरह डूब जाते हैं, जिसे गैर-निष्पादित संपत्ति भी कहा जाता है।

6. **साख की प्रथम स्थिति : ऋण एक महत्त्वपूर्ण एवं सकारात्मक भूमिका निभाता है, पर संक्षिप्त टिप्पणी लिखिए।**

उत्तर साख की प्रथम स्थिति में उत्पादन खर्च को पूरा करने के लिए ऋण का उपयोग किया जाता है, जब उत्पादन पूरा हो जाता है, तो यह आय को बढ़ाता है। इस स्थिति में ऋण एक महत्त्वपूर्ण और सकारात्मक भूमिका निभाता है।

उदाहरण के लिए, सलीम (एक निर्माता) अपने व्यवसाय के लिए ऋण लेता है। त्योहार के मौसम के समय वह व्यापारियों से बड़े ऑर्डर प्राप्त करता है। समय पर उत्पादन पूरा करने के लिए वह कच्चे माल के आपूर्तिकर्ता से ऋण पर सामग्री की आपूर्ति करने के लिए कहता है। वह व्यवसाय में उपयोग आने वाले अन्य सामानों के लिए अग्रिम भुगतान के रूप में व्यापारी से नकद ऋण भी प्राप्त करता है।

निर्माण चक्र के अंत में, सलीम ऑर्डर देने में सफल होता है। वह अच्छा लाभ कमाता है और उस धन का भुगतान करता है, जो उसने ऋण के रूप में लिया था। यह आय में वृद्धि करने में सहायता करता है। इस प्रकार यह कहा जा सकता है कि ऋण एक महत्त्वपूर्ण एवं सकारात्मक भूमिका निभाता है।

7. **ऋण के औपचारिक एवं अनौपचारिक स्रोतों में अंतर स्पष्ट कीजिए।** **CBSE Term II 2022**

उत्तर ऋण के औपचारिक एवं अनौपचारिक स्रोतों के अन्तर निम्न प्रकार से हैं

औपचारिक ऋण	अनौपचारिक ऋण
यह अपेक्षाकृत कम दरों में ऋण प्रदान करता है।	यह क्षेत्र अपने ऋणों पर उच्च ब्याज दरें लगाता है।
इस क्षेत्र में समर्थक ऋणाधार ऋण प्राप्त करने के लिए आवश्यक होता है।	इस क्षेत्र में ऋण प्राप्त करने के लिए समर्थक ऋणाधार की आवश्यकता नहीं होती है।
यह क्षेत्र मुख्यतः भारतीय रिजर्व बैंक के द्वारा पर्यवेक्षित होता है।	यह क्षेत्र भारतीय रिजर्व बैंक के द्वारा पर्यवेक्षित नहीं होता है।
यह ऋणदाता को एक सीमित आवश्यकता के अनुसार ऋण देता है।	यह ऋणदाता के ऋण को बढ़ा सकता है तथा उन्हें कर्ज के जाल में फँसा सकता है।

8. **औपचारिक क्षेत्र में भारतीय रिज़र्व बैंक की भूमिका को स्पष्ट कीजिए।**

अथवा **"भारतीय रिजर्व बैंक ऋणों के औपचारिक स्रोतों की कार्यप्रणाली पर नजर रखता है।" इस कथन की उदाहरणों सहित पुष्टि कीजिए।** **CBSE 2020**

उत्तर औपचारिक क्षेत्र में ऋण प्रदान करने में भारतीय रिज़र्व बैंक की प्रमुख भूमिका है। इसकी भूमिका निम्न बिंदुओं में वर्णित है

- भारतीय रिज़र्व बैंक यह सुनिश्चित करता है कि बैंक न केवल लाभकारी व्यवसायों और व्यापारियों के लिए ऋण प्रदान करते हैं, बल्कि छोटे किसानों, लघु उद्योगों, छोटे उधारकर्ताओं आदि के लिए भी ऋण देते हैं।
- समय-समय पर बैंकों को भारतीय रिज़र्व बैंक को यह रिपोर्ट देनी होगी कि वे कितना ऋण और किस ब्याज दर पर उधारकर्ताओं को उधार दे रहे हैं।
- बैंक, उन जमाओं में से, जिन्हें वह प्राप्त करता है, न्यूनतम नकद शेष को बनाए रखता है। भारतीय रिज़र्व बैंक वास्तव में नकद शेष बनाए रखने में बैंकों की निगरानी करता है।

9. **ऋण सकारात्मक भूमिका कैसे निभाते हैं? उदाहरण सहित कथन की पुष्टि कीजिए।** **CBSE 2019**

अथवा **"बैंक लोन हमेशा लोगों की अर्जन क्षमता को बढ़ाने में मदद करते हैं।" उचित उदाहरण के द्वारा इस कथन की पुष्टि कीजिए।** **CBSE 2019**

उत्तर ऋण सकारात्मक भूमिका निम्न प्रकार निभाते हैं

- ऋण जीवन के सभी क्षेत्रों में लोगों को अपना व्यवसाय स्थापित करने, अपनी आय बढ़ाने और अपने परिवारों का समर्थन करने में मदद करता है।

- ऋण से लोग मशीनरी और अन्य ऐसे उपकरण खरीद सकते हैं, जो उत्पादन की गतिविधियों एवं विनिर्माण के क्षेत्र में सहायक हो सकते हैं।
- ऋण के द्वारा लोग कच्चे माल को खरीदकर उनसे वस्तुएँ तैयार कर अपनी आय क्षमता में वृद्धि कर सकते हैं।
- ऋण की सहायता से लोग कौशल विकास की स्थापना कर सकते हैं, जो बाद में उनकी आय बढ़ाने में मदद कर सकता है। ग्रामीण क्षेत्रों में ऋण कृषि उत्पादन एवं विकास में सहायक होते हैं। उदाहरण, कृषि के विकास हेतु किसान औपचारिक या अनौपचारिक क्षेत्रों से ऋण लेकर उत्पादक गतिविधियों को बढ़ावा देते हैं। इस प्रकार उपरोक्त बिंदु यह पुष्टि करते हैं कि ''बैंक लोन हमेशा लोगो की अर्जन क्षमता को बढ़ाने में मदद करते हैं।''

10. **अनौपचारिक ऋण के स्रोतों का कर्जदारों पर पड़ने वाले बुरे प्रभावों का वर्णन कीजिए।** **CBSE 2019**

उत्तर अनौपचारिक ऋण के स्रोतों द्वारा कर्जदारों पर निम्न बुरे प्रभाव पड़ते हैं

- अनौपचारिक क्षेत्र में ऋणदाताओं की गतिविधियों को नियंत्रित करने वाली कोई संस्था या संगठन नहीं है। इसलिए वे ऐच्छिक दरों पर ऋण देते हैं, जिससे कर्जदारों पर बुरा प्रभाव पड़ता है।
- औपचारिक ऋणदाताओं की तुलना में अनौपचारिक क्षेत्रक के ऋणदाता कहीं अधिक ब्याज वसूलते हैं, इसलिए अनौपचारिक ऋण कर्जदाता को अधिक महँगा लगता है।
- कर्जदार की आय का अधिकतर हिस्सा ऋण की अदायगी में ही खर्च हो जाता है इसलिए कर्जदारों के पास अपने लिए कम आय बचती है।
- कुछ मामलों में ऋण की ऊँची ब्याज दरों के कारण कर्ज वापस करने की रकम कर्जदार की आय से भी अधिक हो जाती है। इसके कारण ऋण का बोझ बढ़ जाता है।

11. **बैंकों और सहकारी समितियों को अपनी ऋण देने की गतिविधियों को ग्रामीण क्षेत्र में बढ़ाने के किन्हीं तीन कारणों की व्याख्या कीजिए।** **CBSE 2019**

अथवा **बैंकों और सहकारी समितियों के लिए ग्रामीण क्षेत्रों में ऋण देने की सुविधाएँ बढ़ाना क्यों आवश्यक है?** **CBSE 2019**

उत्तर बैंकों और सहकारी समितियों को अपनी ऋण देने की गतिविधियों को ग्रामीण क्षेत्र में बढ़ाने के कुछ निम्न कारण हैं

- अनौपचारिक क्षेत्र (जैसे-जमींदार,साहूकार तथा व्यापारी) ग्रामीण क्षेत्रों में उच्च ब्याज दर पर ऋण देते हैं, इसलिए उधारकर्ता के लिए लागत बहुत अधिक होती है।
- अधिक मात्रा में उधार लेने पर आय का बड़ा हिस्सा निवेश करने के बजाय ऋण चुकाने में चला जाता है।
- इस प्रकार यह आवश्यक है कि बैंक और सहकारी समितियाँ विशेष रूप से ग्रामीण क्षेत्रों में अपने ऋण में वृद्धि करें, ताकि ऋण के अनौपचारिक स्रोतों पर निर्भरता कम हो जाए।

12. **'स्वयं सहायता समूहों' के कार्यों को स्पष्ट कीजिए।**

अथवा **'स्वयं सहायता समूह' ग्रामीण गरीबों को किस प्रकार संगठित करने में मदद करते हैं? उदाहरणों सहित व्याख्या कीजिए।** **CBSE Term II 2022**

उत्तर इस प्रश्न के उत्तर के लिए पृष्ठ संख्या 378 के शीर्षक 'निर्धनों के लिए स्वयं सहायता समूह' देखें।

C दीर्घ उत्तरीय प्रश्न

1. **ग्रामीण क्षेत्रों में साख व्यवस्था की विविधता का उल्लेख कीजिए।**

उत्तर ग्रामीण क्षेत्रों में ऋण (साख) की मुख्य माँग फसल उत्पादन के लिए होती है, जिसमें बीज, उर्वरक, कीटनाशक, पानी, बिजली, उपकरणों की मरम्मत आदि पर काफी खर्च होता है। एक गाँव में विभिन्न श्रेणियों के उधारकर्ताओं के लिए अलग-अलग साख या ऋण व्यवस्था हो सकती है; जैसे–

- **साहूकारों से ऋण** छोटे किसान गाँव के साहूकारों से ब्याज की उच्च दर पर पैसे उधार लेते हैं। उच्च ब्याज दर के कारण वे कर्ज-जाल में फँस जाते हैं।
- **व्यापारियों से ऋण** किसानों को कम ब्याज दर पर कृषि व्यापारियों से ऋण मिलता है। व्यापारियों को भी किसानों से उनकी फसल को बेचने का वादा मिलता है। इस तरीके से व्यापारी सुनिश्चित करता है कि धन लाभ कमाने के अतिरिक्त अदा भी किया जाता है। वह कम कीमत पर किसानों से फसल खरीदता है और जब कीमतें उच्च होती हैं, तो उसे बेचता है।
- **बैंकों से ऋण** मध्यम और बड़े किसान बहुत कम ब्याज दर पर खेती के लिए बैंक से ऋण लेते हैं। बैंक ऐसे उधारकर्ताओं को अन्य सुविधाएँ भी प्रदान करते हैं।
- **नियोक्ता से ऋण** भूमिहीन कृषि मजदूर और अन्य मजदूर ऋण के लिए अपने नियोक्ताओं पर निर्भर करते हैं। जमींदार प्रत्येक माह 5% की ब्याज दर पर मजदूरों को ऋण देते हैं और ऋण के बदले वे जमीन मालिकों के लिए काम करते हैं।
- **सहकारी समितियों से ऋण** सहकारी समितियों के सदस्यों को कृषि उपकरण, खेती और कृषि व्यापार, मत्स्यपालन, घरों के निर्माण और अन्य खर्चों की खरीद के लिए ऋण प्रदान किया जाता है।

2. **मुद्रा के आधुनिक रूप कौन-से होते हैं? उन सभी रूपों का संक्षेप में वर्णन कीजिए।**

उत्तर मुद्रा के आधुनिक रूप निम्नलिखित हैं

(i) **करेंसी** मुद्रा के आधुनिक रूपों में करेंसी-कागज के नोट और सिक्के शामिल हैं। धीरे-धीरे कागज के नोटों ने प्राचीन सिक्कों की जगह ले ली। ये और बात है कि कम मूल्य वाले सिक्के अभी भी प्रयोग किए जा रहे हैं। सिक्कों और नोटों को सरकार द्वारा अधिकृत एजेंसी जारी करती है। भारत में इन नोटों को 'रिज़र्व बैंक ऑफ इंडिया' के द्वारा जारी किया जाता है। भारत के करेंसी नोट पर आपको एक वाक्य लिखा हुआ मिलेगा, जो उस करेंसी नोट के धारक को उस नोट पर लिखी राशि देने का वायदा करता है।

(ii) **बैंकों में निक्षेप या जमा** अपनी दैनिक आवश्यकताओं के लिए अधिकांश लोगों को बहुत ही कम करेंसी की आवश्यकता होती है। शेष बची राशि को लोग सामान्यतया बैंकों में निक्षेप या जमा के रूप में रखते हैं। बैंक में रखा हुआ रुपया सुरक्षित रहता है और उस पर ब्याज भी मिलता है। आप अपनी आवश्यकता के अनुसार अपने खाते से रुपये निकाल सकते हैं, चूँकि बैंक खातों में जमा धन को माँग के रूप में निकाला जा सकता है, इसलिए इस जमा को 'माँग जमा' कहा जाता है।

(iii) **चेक द्वारा भुगतान** बकाया राशि के भुगतान हेतु चेक का प्रयोग किया जाता है। चेक पर भुगतान पाने वाले व्यक्ति या संस्था का नाम और भुगतान की जाने वाली राशि लिखी होती है। चेक जारी करने वाले व्यक्ति को चेक के नीचे हस्ताक्षर करने होते हैं। इसके अतिरिक्त भुगतान हेतु डिमांड ड्राफ्ट भी प्रयोग में लाया जाता है। दिखने में यह चेक की तरह ही होता है, लेकिन इस पर बैंक के अधिकारी के हस्ताक्षर होते हैं।

3. साख की शर्तें, समर्थक ऋणाधार एवं साख व्यवस्था की विविधता पर संक्षिप्त टिप्पणी लिखिए।

उत्तर **साख की शर्तें** साख की शर्तें उन परिस्थितियों या दशाओं का एक समूह है, जिनके अंतर्गत ऋण दिया जाता है। इसमें ऋण भुगतान के तरीके, ब्याज की दर, ऋण की अवधि और अन्य संबंधित दशाएँ शामिल हो सकती हैं।

साख की शर्तों में समर्थक ऋणाधार अर्थात् गिरवी रखने के लिए कोई वस्तु एवं आवश्यक दस्तावेज शामिल हैं। साख की शर्तें ऋणदाता और उधारकर्ता की प्रकृति के अनुसार अलग-अलग हो सकती हैं।

समर्थक ऋणाधार ब्याज के अतिरिक्त ऋणदाता समर्थक ऋणाधार की भी माँग कर सकते हैं। समर्थक ऋणाधार ऐसी संपत्ति है, जिसका मालिक ऋण लेने वाला होता है; जैसे–भूमि, गाड़ी, इमारत, पशु, बैंकों में पूँजी आदि। इस संपत्ति का ऋणदाता इस स्थिति में प्रयोग कर सकता है, जब ऋण लेने वाला व्यक्ति ऋण चुकाने में असमर्थ हो। ऋणदाता समर्थक ऋणाधार को बेचकर अपना भुगतान प्राप्त कर सकता है।

साख व्यवस्था की विविधता ग्रामीण क्षेत्रों में ऋण की मुख्य माँग फसल उत्पादन के लिए होती है, जिसमें बीज, उर्वरक, कीटनाशक, पानी, बिजली, उपकरणों की मरम्मत आदि पर काफी खर्च होता है। एक गाँव में विभिन्न श्रेणियों के उधारकर्ताओं के लिए अलग-अलग साख या ऋण व्यवस्था हो सकती है।

4. भारत की अर्थव्यवस्था में बैंक कैसे महत्त्वपूर्ण भूमिका निभाते हैं? स्पष्ट कीजिए। **CBSE 2019**

अथवा बैंक देश के आर्थिक विकास में किस प्रकार महत्त्वपूर्ण भूमिका अदा करते हैं? कथन को उदाहरण सहित समझाइए। **CBSE 2020, 19**

उत्तर देश के आर्थिक विकास में बैंकों की निम्न भूमिका है

जमा राशि बैंक जमा राशि को स्वीकार करते हैं और जमा पर ब्याज के रूप में एक निश्चित राशि का भुगतान भी करते हैं। इस प्रकार, लोगों का पैसा बैंकों के पास सुरक्षित है और यह ब्याज के रूप में एक राशि कमाता है। लोगों को आवश्यकत्ता पड़ने पर धन वापस लेने का भी प्रावधान है। चूँकि बैंक खातों में जमा राशि को माँग पर वापस लिया जा सकता है, इसलिए इन जमाओं को माँग जमा भी कहा जाता है।

ऋण बैंक अपनी जमा राशि का केवल एक छोटा हिस्सा अपने पास नकदी के रूप में रखते हैं। बैंक ऋण का विस्तार करने के लिए जमा के प्रमुख हिस्से का उपयोग करते हैं। विभिन्न आर्थिक गतिविधियों के लिए ऋण की भारी माँग है। बैंक लोगों की ऋण आवश्यकताओं को पूरा करने के लिए जमा का उपयोग करते हैं। इसके अतिरिक्त बैंक हमें उद्योगों की स्थापना तथा कृषि के विकास के लिए साख उपलब्ध कराते हैं। जो रोजगार उत्पन्न करने और हमारी आय में वृद्धि के द्वारा आर्थिक विकास को प्रोत्साहित करते हैं। बैंक द्वारा दिए गए ऋण से किसानों को बड़े स्तर पर मदद मिलती है, जो कृषि उत्पादन के साथ-साथ देश की अर्थव्यवस्था में मददगार साबित होता है।

स्रोत आधारित प्रश्न

नीचे दिए गए स्रोतों का सावधानीपूर्वक अध्ययन कीजिए तथा पूछे गए प्रश्नों का उत्तर दीजिए।

1. **मुद्रा के आधुनिक रूपों में करेंसी–कागज़ के नोट और सिक्के शामिल हैं। वे वस्तुएँ, जो पहले मुद्रा के रूप में प्रयोग की जाती थीं, उनके विपरीत आधुनिक मुद्रा बहुमूल्य धातुओं; जैसे—सोना-चाँदी और ताँबे के बने सिक्कों से नहीं बनी है। अनाज और पशुओं की तरह वे रोज़मर्रा की वस्तुएँ नहीं हैं। आधुनिक मुद्रा का इस प्रकार का अपना कोई प्रयोग नहीं है। फिर, इसे विनिमय का माध्यम क्यों स्वीकार किया जाता है? इसे विनिमय का माध्यम इसलिए स्वीकार किया जाता है, क्योंकि किसी देश की सरकार इसे प्राधिकृत करती है। भारत में भारतीय रिज़र्व बैंक केंद्रीय सरकार की तरफ से करेंसी नोट जारी करता है। भारतीय कानून के अनुसार, किसी व्यक्ति या संस्था को मुद्रा जारी करने की इजाज़त नहीं है। इसके अतिरिक्त कानून विनिमय के माध्यम के रूप में रुपए का प्रयोग करने की वैधता प्रदान करता है, जिसे भारत में, सौदों में अदायगी के लिए मना नहीं किया जा सकता। भारत में कोई व्यक्ति कानूनी तौर पर रुपयों में अदायगी को अस्वीकार नहीं कर सकता, इसलिए रुपया व्यापक स्तर पर विनिमय का माध्यम स्वीकार किया गया है।**

लोग मुद्रा को बैंकों में निक्षेप के रूप में भी रखते हैं। किसी समय पर, लोगों को रोज़मर्रा की आवश्यकताओं के लिए कुछ ही करेंसी की जरूरत होती है। उदाहरण के लिए, हर महीने के अंत में वेतन पाने वाले मजदूरों के पास अतिरिक्त नकद होता है। लोग इस अतिरिक्त नकद का क्या करते हैं? वे इसे बैंकों में अपने नाम से खाता खोलकर जमा कर देते हैं। बैंक ये जमा स्वीकार करते हैं और इस पर सूद भी देते हैं। इस तरह लोगों का धन बैंकों के पास सुरक्षित रहता है और इस पर सूद भी मिलता है।

(i) आधुनिक समय में मुद्रा को किस रूप में स्वीकार किया गया है?

(a) विनिमय साधन के रूप में (b) साख साधन के रूप में
(c) मौद्रिक साधन के रूप में (d) उपरोक्त सभी

उत्तर (a) विनिमय साधन के रूप में

(ii) विनिमय प्रणाली को प्रभावी बनाने हेतु प्राचीनकाल से पृथक् कौन-सी नीति अपनाई गई है?

(a) वस्तु-विनिमय प्रणाली नीति (b) मुद्रा-मुद्रण प्रणाली नीति
(c) विमुद्रीकरण नीति (d) मौद्रिक घोषणा नीति

उत्तर (b) मुद्रा-मुद्रण प्रणाली नीति

(iii) केंद्रीय बैंक द्वारा जारी कागज़ी मुद्राओं पर, जिसे केंद्र सरकार की ओर से जारी किया जाती है, पर किसका हस्ताक्षर निहित होता है?

(a) भारत के राष्ट्रपति का
(b) केंद्रीय वित्त मंत्रालय के सचिव का
(c) केंद्रीय रिज़र्व बैंक के गवर्नर का
(d) केंद्रीय वित्त मंत्री का

उत्तर (c) केंद्रीय रिज़र्व बैंक के गवर्नर का

(iv) केंद्रीय रिज़र्व बैंक द्वारा जारी कागजी मुद्राओं की वैधानिकता किन गतिविधियों से ज़ाहिर होती है?

(a) यह केंद्र सरकार की ओर से जारी की जाती है
(b) कोई भी व्यक्ति रुपए की अदायगी को अस्वीकार नहीं कर सकता है
(c) रुपए को विनष्ट करने या फेर-बदल करने पर सजा का प्रावधान है
(d) 'b' और 'c' दोनों

उत्तर (d) 'b' और 'c' दोनों

(v) माँग जमा के बदले चेक लिखने की सुविधा से बिना नकद का प्रयोग किए सीधा .... करना संभव होता है।

(a) भुगतान (b) खरीदना
(c) जाँचना (d) लौटाना

उत्तर (a) भुगतान

(vi) **कथन** (A) मुद्रा चाहे वह सोना, चाँदी, ताँबे के रूप में हो अथवा करेंसी या कागजी नोट के रूप में हो। उसे विनिमय के माध्यम के रूप में स्वीकार किया जाता है।

कारण (R) किसी भी देश की सरकार अथवा केंद्रीय बैंक अथवा संस्था द्वारा इसे मान्यता प्रदान की जाती है।

कूट

(a) A और R दोनों सही हैं तथा R, A की सही व्याख्या है
(b) A और R दोनों सही हैं, परंतु R, A की सही व्याख्या नहीं है
(c) A सही है, किंतु R गलत है
(d) A गलत है, किंतु R सही है

उत्तर (a) A और R दोनों सही हैं तथा R, A की सही व्याख्या है

2. अनौपचारिक क्षेत्रक में ऋणदाताओं की गतिविधियों की देखरेख करने वाली कोई संस्था नहीं है। वे ऐच्छिक दरों पर ऋण दे सकते हैं। उन्हें नाजायज़ तरीकों से अपने पैसे वापस लेने से रोकने वाला कोई नहीं है। औपचारिक ऋणदाताओं की तुलना में अनौपचारिक क्षेत्रक के ज्यादातर ऋणदाता कहीं अधिक ब्याज वसूल करते हैं, इसलिए अनौपचारिक ऋण कर्ज़दाता को अधिक महँगा पड़ता है।

ऋण की ऊँची लागत पर अर्थ है—कर्ज़दार की आय का अधिकतर हिस्सा ऋण की अदायगी में ही खर्च हो जाता है। इसलिए कर्ज़दारों के पास अपने लिए कम आय बचती है (जैसा कि हमने सोनपुर के श्यामल के मामले में देखा)। कुछ मामलों में ऋण की ऊँची ब्याज दरों के कारण कर्ज वापस करने की रकम कर्ज़दार की आय से भी अधिक हो जाती है। इसके कारण ऋण का बोझ बढ़ जाता है (जैसा कि हमने सोनपुर की रमा के मामले में देखा) और व्यक्ति ऋण जाल में फँस जाता है। ऐसा भी संभव है कि जो लोग कर्ज लेकर अपना उद्यम शुरू करना चाहते हैं, वे ऋण की अधिक लागत को देखकर पीछे हट जाएँ।

(i) आज भी भारत के ग्रामीण क्षेत्रों में .... ऋणदाताओं का प्रचलन अधिक है। औपचारिक ऋणदाताओं पर .... का नियंत्रण होता है।

(a) औपचारिक, भारत सरकार
(b) अनौपचारिक, सहकारी संघों
(c) अनौपचारिक, केंद्रीय रिजर्व बैंक
(d) क्षेत्रीय, वित्त मंत्रालय

उत्तर (c) अनौपचारिक, केंद्रीय रिजर्व बैंक

(ii) भारतीय किसानों को किन कारणों से अनौपचारिक ऋणदाताओं के ऊपर निर्भर रहना पड़ता है?

(a) ग्रामीण किसान की अनभिज्ञता
(b) आसानी से ऋण उपलब्ध हो जाना
(c) किसानों को तत्काल पैसे की आवश्यकता
(d) उपरोक्त सभी

उत्तर (d) उपरोक्त सभी

(iii) आर्थिक संपन्नता के बावजूद भारतीय किसान किन परिस्थितियों में ऋण जाल के चंगुल में फँस जाते हैं?

(a) भारतीय किसान ऊँची ब्याज दर पर औपचारिक ऋणदाताओं से ऋण लेते हैं
(b) भारतीय किसान ऊँची ब्याज दर पर अनौपचारिक ऋणदाताओं से ऋण लेते हैं
(c) भारतीय किसान नाबार्ड से ऋण प्राप्त करते हैं
(d) उपरोक्त सभी

उत्तर (b) भारतीय किसान ऊँची ब्याज दर पर अनौपचारिक ऋणदाताओं से ऋण लेते हैं

(iv) किसानों की आर्थिक उन्नति के लिए कौन-सा/से कदम सबसे अधिक प्रभावी हो सकता है/सकते हैं?

(a) कृषि के साथ-साथ किसान कुटीर उद्योग में संलग्न हों
(b) किसानों को सहकारी संघों द्वारा कृषि कार्य के लिए कर्ज मिले
(c) किसानों को अनौपचारिक ऋणदाताओं से मुक्त करवाया जाए
(d) उपरोक्त सभी

उत्तर (d) उपरोक्त सभी

(v) निम्न कथनों पर विचार कीजिए
1. औपचारिक स्रोत आधुनिक समय में भी ग्रामीण परिवार की लगभग 90% ऋण जरूरतों को पूरा करते हैं।
2. अनौपचारिक स्रोत समय के अनुकूल सरलता से ग्रामीणों को ऋण प्रदान करते हैं।
3. शहरी क्षेत्रों के निर्धन परिवार भी अनौपचारिक स्रोतों पर ऋण के लिए निर्भर होते हैं।

उपरोक्त में से कौन-सा कथन सही है?

(a) केवल 1 (b) 1 और 2
(c) 2 और 3 (d) ये सभी

उत्तर (c) 2 और 3

(vi) सुमेलित कीजिए

सूची I	सूची II
A. औपचारिक स्रोत	1. सस्ता ब्याज दर
B. अनौपचारिक स्रोत	2. उच्च ब्याज दर
C. सरकारी बैंक	3. औपचारिक तंत्र
D. जमींदार	4. अनौपचारिक तंत्र

कूट

	A	B	C	D		A	B	C	D
(a)	1	2	3	4	(b)	2	3	1	4
(c)	3	1	4	2	(d)	2	1	4	3

उत्तर (a) 1 2 3 4

3. स्रोत 'अ' साख के स्रोत

ग्रामीण क्षेत्रों में लोग विभिन्न स्रोतों से ऋण प्राप्त करते हैं। विभिन्न प्रकार के ऋणों को दो वर्गों में बाँटा जा सकता है—औपचारिक तथा अनौपचारिक क्षेत्रक ऋण। पहले वर्ग में बैंकों और सहकारी समितियों से लिए कर्ज आते हैं। अनौपचारिक उधारदाता में साहूकार, व्यापारी, मालिक, रिश्तेदार, दोस्त इत्यादि आते हैं।

स्रोत 'ब' साख के स्रोतों पर नियंत्रण

भारतीय रिजर्व बैंक ऋणों के औपचारिक स्रोतों की कार्यप्रणाली पर नजर रखता है। उदाहरण के लिए, हमने देखा कि बैंक अपनी जमा का एक न्यूनतम नकद हिस्सा अपने पास रखते हैं। आर बी आई इस पर भी नजर रखता है कि बैंक वास्तव में नकद शेष बनाए हुए हैं।

आर बी आई इस पर भी नजर रखता है कि बैंक केवल लाभ अर्जित करने वाले व्यावसायियों और व्यापारियों को ही ऋण मुहैया नहीं करा रहे, बल्कि छोटे किसानों, छोटे उद्योगों, छोटे कर्जदारों इत्यादि को भी ऋण दे रहे हैं।

स्रोत 'स' साख के स्रोतों की तुलना

औपचारिक ऋण स्रोत व अनौपचारिक ऋण स्रोतों में अंतर पाया जाता है। साख के लिए अनौपचारिक स्रोत महँगा पड़ता है, क्योंकि उसकी ऋण शर्तें महँगी तथा उच्च ब्याज दरें होती हैं। यह अपनी इच्छा पर कर्ज देते हैं, जिस पर नियंत्रण का अभाव होता है।

स्रोत 'अ' साख के स्रोत

(i) ग्रामीण क्षेत्रों में लोग अधिकतर अपनी साख की आवश्यकताओं को किसके माध्यम से पूरा करते हैं?

उत्तर ग्रामीण क्षेत्रों में लोग अधिकतर साख (ऋण) की आवश्यकताओं को गाँवों के साहूकारों व महाजनों के माध्यम से पूरा करते हैं। इनकी ब्याज दरें व शर्तें शोषण भरी होती हैं, इसके बावजूद ये समय के अनुसार जल्दी ऋण दे देते हैं। इस प्रकार के ऋण स्रोतों से ग्रामीण निवासियों का आर्थिक, मानसिक व शारीरिक शोषण होता है और कभी-कभी इन्हें भूमिहीन भी होना पड़ता है।

स्रोत 'ब' साख के स्रोतों पर नियंत्रण

(ii) औपचारिक स्रोत किस प्रकार ऋण लेने वाले का शोषण नहीं कर पाते हैं?

उत्तर औपचारिक स्रोतों पर भारत के केंद्रीय बैंक 'भारतीय रिजर्व बैंक' का नियंत्रण होता है। बैंकों को इन्हें ऋण की समय अवधि, ऋण की दरें तथा किसे ऋण दे रहे हैं आदि का विवरण देना होता है। इस प्रकार, औपचारिक स्रोत ऋण लेने वाले का यह शोषण नहीं कर पाते हैं।

स्रोत 'स' साख के स्रोतों की तुलना

(iii) किस प्रकार अनौपचारिक क्षेत्रक के साख स्रोत कर्जदाताओं का शोषण करते हैं?

उत्तर अनौपचारिक क्षेत्रक के अंतर्गत व्यापारी, साहूकार, रिश्तेदार आदि आते हैं। इन पर किसी संस्था का नियंत्रण नहीं होता है। ये स्रोत अपनी मनमानी ऋण शर्तें; जैसे–उच्च ब्याज दरें, सामानों को गिरवी रखने की अपनी शर्तें आदि का निर्धारण करते हैं। साथ ही ब्याज की गणना में गड़बड़ी भी करते हैं। इससे ऋण लेने वाला ब्याज के अधिक भार के कारण इसके जाल में फँस जाता है। इस प्रकार से कर्जदाता, इनका शोषण करते हैं और व्यक्ति इससे बाहर नहीं निकल पाता है।

4. हाल के वर्षों में, लोगों ने गरीबों को उधार देने के कुछ नए तरीके अपनाने की कोशिश की है। इनमें से एक विचार ग्रामीण क्षेत्रों के गरीबों विशेषकर महिलाओं को छोटे-छोटे स्वयं सहायता समूहों में संगठित करने और उनकी बचत पूँजी को एकत्रित करने पर आधारित है। एक विशेष स्वयं सहायता समूह में एक-दूसरे के पड़ोसी 15-20 सदस्य होते हैं, जो नियमित रूप से मिलते हैं और बचत करते हैं। प्रति व्यक्ति बचत 25 रुपए से लेकर 100 रुपए या उससे अधिक हो सकती है। यह परिवारों की बचत करने की क्षमता पर निर्भर करता है और गतिविधियों से संबंधी महत्त्वपूर्ण निर्णय समूह के सदस्य स्वयं लेते हैं।

समूह दिए जाने वाले ऋण, उसका लक्ष्य, उसकी रकम, ब्याज दर, वापस लौटाने की अवधि आदि के बारे में निर्णय करता है। इस ऋण को लौटाने की जिम्मेदारी भी समूह की होती है। एक भी सदस्य अगर ऋण वापस नहीं लौटाता, तो समूह के अन्य सदस्य इस मामले को गंभीरता से लेते हैं।

इसी कारण बैंक निर्धन महिलाओं को ऋण देने के लिए तैयार हो जाते हैं। जब वे अपने को स्वयं सहायता समूहों में संगठित कर लेती हैं, यद्यपि उनके पास कोई ऋणाधार नहीं होता। इस तरह, स्वयं सहायता समूह कर्जदारों को ऋणाधार की कमी की समस्या से उबारने में मदद करते हैं।

(i) ग्रामीण क्षेत्रों में स्वयं सहायता समूहों का गठन किन उद्देश्यों की पूर्ति हेतु किया जाता है?

उत्तर ग्रामीण क्षेत्रों में स्वयं सहायता समूहों का गठन विशेषकर महिलाओं को समूहों में गठित करने तथा उनकी बचत पूँजी को एकत्रित करने के उद्देश्य से किया जाता है। इसमें शामिल सदस्यों की बचत को बढ़ावा दिया जाता है, जो उनकी बचत क्षमता पर निर्भर करती है।

(ii) स्वयं सहायता समूह किस प्रकार गाँवों में आर्थिक रूप से महत्त्वपूर्ण है?

उत्तर स्वयं सहायता समूह गाँवों में लोगों को ऋणाधार की कमी की समस्या से बाहर निकालने में मदद करते हैं। इतना ही नहीं वह सस्ती ब्याज दरों पर सदस्यों को ऋण भी उपलब्ध कराते हैं, जिसमें ऋण की राशि, ब्याज दर, लौटाने की अवधि आदि का पूरा ध्यान रखा जाता है, जिससे कर्जदार पर अधिक भार न पड़े तथा आसानी से ऋण को चुका सके।

(iii) सामाजिक रूप से किस प्रकार स्वयं सहायता समूह महत्त्वपूर्ण पाया जाता है?

उत्तर स्वयं सहायता समूह महिलाओं को आर्थिक रूप से स्वावलंबी बनाने के साथ ही एक समूह के रूप में मंच प्रदान करते हैं। इससे गरीब समुदायों को संगठित होने का अवसर मिलता है।

साथ ही महिलाएँ विभिन्न प्रकार के सामाजिक विषयों; जैसे–पोषण, स्वास्थ्य, घरेलू हिंसा आदि पर चर्चा करके, उसे दूर करने का प्रयास करती हैं। इसे सामाजिक बदलाव की एक पहल के रूप में देखा जा सकता है। इस प्रकार, यह सामाजिक व आर्थिक दोनों दृष्टि से महत्त्वपूर्ण है।

स्वयं को जाँचें

वस्तुनिष्ठ प्रश्न

1. सहकारी समितियाँ किस क्षेत्र के स्रोत हैं?
(a) औपचारिक (b) अनौपचारिक (c) प्राथमिक (d) द्वितीयक

2. निम्न में से कौन-सा मुद्रा का कार्य है?
(a) ऋणदाता (b) विनिमय का माध्यम (c) बजट निर्माण (d) ब्याज दर

3. मुद्रा नोट कौन जारी करता है?
(a) भारत सरकार (b) वित्त मंत्रालय (c) रिजर्व बैंक (d) विदेशी विभाग

4. निम्न कथनों पर विचार कीजिए
1. मुद्रा का प्रयोग हमारे प्रतिदिन के जीवन का एक बहुत बड़ा भाग है।
2. मुद्रा विनिमय प्रक्रिया में मध्यस्थता का काम करती है, जिसे विनिमय का माध्यम कहते हैं।
3. मुद्रा महत्त्वपूर्ण मध्यवर्ती भूमिका प्रदान करके आवश्यकताओं के दोहरे संयोग की आवश्यकता को समाप्त कर देती है।

कूट
(a) केवल 1 (b) 1 और 2 (c) 2 और 3 (d) ये सभी

अतिलघु उत्तरीय प्रश्न

5. "मुद्रा विनिमय का एक माध्यम है।" स्पष्ट कीजिए।

6. ऋण के औपचारिक व अनौपचारिक स्रोतों का उदाहरण दीजिए।

7. सहकारी समिति पर टिप्पणी कीजिए।

8. मुद्रा के लाभ बताइए।

लघु उत्तरीय प्रश्न

9. मुद्रा के आधुनिक रूपों को बताइए।

10. स्वयं सहायता समूह का महिलाओं पर प्रभाव को स्पष्ट कीजिए।

11. "अधिकांश निर्धन परिवारों को ऋण के अनौपचारिक स्रोतों पर निर्भर रहना पड़ता है।" व्याख्या कीजिए।

12. ग्रामीण बैंक की स्थापना का उद्देश्य बताइए।

दीर्घ उत्तरीय प्रश्न

13. भारतीय रिज़र्व बैंक के कार्यों को विस्तारपूर्वक समझाइए।

14. ऋण-जाल शब्द की व्याख्या ग्रामीण परिप्रेक्ष्य में उदाहरण सहित कीजिए।

15. 'स्वयं सहायता समूह' ग्रामीण क्षेत्रों में निर्धनों की सहायता किस प्रकार करता है? व्याख्या कीजिए।

अध्याय

04

वैश्वीकरण और भारतीय अर्थव्यवस्था

वैश्वीकरण (Globalisation), विदेशी व्यापार (Foreign Trade), बहुराष्ट्रीय कंपनियों (Multinational Companies, MNCs) और विदेशी निवेश (Foreign Investment) के माध्यम से विभिन्न देशों के मध्य एकीकरण है। हाल के वर्षों में वैश्वीकरण के कारण भारतीय बाजार पूर्णतः परिवर्तित हो गए हैं।

अध्याय एक नजर में

- *अंतर्देशीय उत्पादन*
- *देशों के उत्पादन को एक-दूसरे से जोड़ना*
- *विदेशी व्यापार और बाजारों का एकीकरण*
- *वैश्वीकरण*
- *विश्व व्यापार संगठन*
- *भारत में वैश्वीकरण का प्रभाव*
- *न्यायसंगत वैश्वीकरण के लिए संघर्ष*

अंतर्देशीय उत्पादन

वैश्वीकरण के आरंभिक दौर (Early Phase) में भारत जैसे औपनिवेशिक देशों (Colonial Countries) से कच्चे माल का निर्यात (Export) और औद्योगिक रूप से विकसित यूरोपीय देशों एवं संयुक्त राज्य अमेरिका से तैयार उत्पादों का आयात (Import) सम्मिलित था, लेकिन 20वीं सदी के मध्य से वस्तुओं का बदलना प्रारंभ हुआ। कुछ कंपनियाँ बहुराष्ट्रीय कंपनियाँ बन गईं, क्योंकि उन्होंने दुनिया के विभिन्न हिस्सों में अपनी आर्थिक गतिविधियों का विस्तार किया था।

बहुराष्ट्रीय कंपनियाँ

बहुराष्ट्रीय कंपनी एक से अधिक देशों में उत्पादन पर नियंत्रण व स्वामित्व रखती हैं। यह उन प्रदेशों में कार्यालय एवं उत्पादन के लिए कारखाने स्थापित करती हैं, जहाँ उसे सस्ते श्रमिक (Cheap Labour) एवं अन्य संसाधन प्राप्त होते हैं। वे अपने अंतिम उत्पादों (Finished Products) को विश्व स्तर पर बेचती हैं और वैश्विक रूप से ही माल एवं सेवाओं का उत्पादन भी करती हैं। उत्पादन की प्रक्रिया छोटे भागों में बाँटी जाती है तथा विश्वभर में फैला दी जाती है।

बहुराष्ट्रीय कंपनियों के विस्तार से लाभ

विभिन्न देशों में उत्पादन का विस्तार होने से बहुराष्ट्रीय कंपनियों को सस्ती कीमतों पर सर्वोत्तम गुणवत्ता वाले संसाधन प्राप्त होते हैं, जिससे उनका लाभ अत्यधिक बढ़ जाता है। उत्पादन के विस्तार से बहुराष्ट्रीय कंपनियाँ **अविकसित देशों** (Underdeveloped Countries) में रोजगार के अवसर उत्पन्न करती हैं।

देशों के उत्पादन को एक-दूसरे से जोड़ना

देशों को उत्पादन द्वारा जोड़ने के कुछ महत्त्वपूर्ण माध्यम नीचे दिए गए हैं

- **विदेशी निवेश** (Foreign Investment) इसका अर्थ है कि एक देश में आधारित कंपनी (सामान्यत: एक बहुराष्ट्रीय कंपनी) किसी दूसरे देश में स्थित कंपनी में निवेश करती है। बहुराष्ट्रीय कंपनियों ने विदेशी इकाइयों में कारखानों या कार्यालयों की स्थापना करके उत्पादन इकाइयाँ स्थापित की हैं।
- **साझेदारी/संयुक्त उद्यम** (Partnership/Joint Venture) कभी-कभी बहुराष्ट्रीय कंपनियाँ स्थानीय कंपनियों के साथ मिल जाती हैं और संयुक्त रूप से उत्पादन करती हैं। इस तरह बहुराष्ट्रीय कंपनियाँ अतिरिक्त निवेश के लिए धन प्रदान करती हैं, जैसे कि तीव्र उत्पादन के लिए नई मशीनें खरीदना और उत्पादन के लिए नवीनतम तकनीक लाना।
- **स्थानीय कंपनियाँ** (Local Companies) बहुराष्ट्रीय कंपनियाँ स्थानीय उत्पादन इकाइयाँ क्रय करती हैं या स्थानीय कंपनियों के साथ मिलकर उत्पादन बढ़ाती हैं।
- **स्थानीय कंपनियों के अनुबंध** (Contract to Local Companies) विकसित देशों की बहुराष्ट्रीय कंपनियाँ छोटे उत्पादकों को उत्पादन का ऑर्डर देती हैं, क्योंकि बहुराष्ट्रीय कंपनियाँ अपने ब्रांड नाम के अंतर्गत इनके उत्पादों को बेचती हैं। बहुराष्ट्रीय कंपनियाँ इन दूर के उत्पादकों के लिए मूल्य, गुणवत्ता, वितरण और श्रम की स्थिति निर्धारित करती हैं।

विदेशी व्यापार और बाजारों का एकीकरण

विदेशी व्यापार दुनिया के विभिन्न देशों के मध्य एक व्यापार है। इसे **अंतर्राष्ट्रीय व्यापार** (International Trade), **बाह्य व्यापार** (External Trade) या **अंतर्क्षेत्रीय व्यापार** (Inter-regional Trade) भी कहा जाता है। इसमें आयात और निर्यात होता है। विदेशी व्यापार बाजारों के एकीकरण में निम्न प्रकार से मदद करता है

- देशों के मध्य माल और सेवाओं के आवागमन की सुविधा।
- घरेलू बाजारों अर्थात् अपने देश के बाजारों से बाहर के बाजारों में पहुँचने के लिए उत्पादकों को एक अवसर प्रदान करना।
- बाजार में ग्राहकों के लिए वस्तुओं के विकल्प बढ़ जाते हैं।
- बाजार में नई प्रौद्योगिकी और विचारों को बढ़ावा मिलता है।
- उत्पादकों में बढ़ती हुई प्रतिस्पर्द्धा से ग्राहकों को वस्तुओं और सेवाओं की बेहतर गुणवत्ता प्राप्त होती है।

चेक प्वॉइंट 01

1. *बहुराष्ट्रीय कंपनी किसे कहते हैं?*
2. *किस सदी से वस्तुओं का बदलना प्रारंभ हुआ?*
3. *बहुराष्ट्रीय कंपनियों के विस्तार से ...... के अवसर उत्पन्न होते हैं।*
4. *निवेश से क्या तात्पर्य है?*
5. *अंतर्राष्ट्रीय व्यापार क्या है?*

वैश्वीकरण

वैश्वीकरण (Globalisation) विदेशी व्यापार और विदेशी निवेश के द्वारा विभिन्न देशों के मध्य परस्पर संबंध और तीव्र एकीकरण की प्रक्रिया है। इसी कारण से बाजार और उत्पादन केंद्रों का एकीकरण हुआ है।

बहुराष्ट्रीय कंपनियाँ वैश्वीकरण की प्रक्रिया में प्रमुख भूमिका निभा रही हैं। विभिन्न देशों के बीच अधिक-से-अधिक वस्तुओं एवं सेवाओं, निवेश और प्रौद्योगिकी का आदान-प्रदान हो रहा है।

वस्तुओं, सेवाओं, निवेशों और प्रौद्योगिकी के अतिरिक्त विभिन्न देशों को आपस में जोड़ने का एक माध्यम **प्रवास/आवागमन** (Migration) भी है। लोग प्राय: बेहतर आय (Income), बेहतर रोजगार एवं शिक्षा की तलाश में एक देश से दूसरे देश में आवागमन करते हैं।

पिछले कुछ वर्षों में अनेक प्रतिबंधों के कारण विभिन्न देशों के बीच लोगों के आवागमन में अधिक वृद्धि नहीं हुई है।

वैश्वीकरण में आई टी की भूमिका

विगत 50 वर्षों में परिवहन प्रौद्योगिकी में अत्यधिक उन्नति हुई है। इसने लंबी दूरियों तक वस्तुओं की तीव्र आपूर्ति को कम लागत पर संभव किया है।

सूचना और संचार प्रौद्योगिकी (Information and Communication Technology, ICT or IT) ने विश्व में सेवाओं के उत्पादन का विस्तार किया है।

दूरसंचार सुविधा (टेलीग्राफ, टेलीफोन, मोबाइल फोन, फैक्स) और उपग्रह संचार का उपयोग विश्व में एक-दूसरे से संपर्क स्थापित करने, सूचनाओं को तत्काल प्राप्त करने और दूरवर्ती क्षेत्रों से संवाद करने में किया जाता है।

विदेशी निवेश नीति

सरकार द्वारा अपनाई गई विदेश व्यापार नीति ने वैश्वीकरण को काफी प्रभावित किया। व्यापार अवरोधक (Trade Barrier) भी सरकार द्वारा अपनाई गई विदेश नीतियों में से एक है।

व्यापार अवरोधक

सरकार द्वारा माल या सेवाओं (Goods and Services) के अंतर्राष्ट्रीय आदान-प्रदान पर प्रतिबंध लगाना व्यापार अवरोधक कहलाता है। आयात पर कर (आयात शुल्क) व्यापार अवरोधक का एक उदाहरण है। इसे अवरोधक इसलिए कहा गया है, क्योंकि यह कुछ प्रतिबंध लगाता है।

सरकार व्यापार अवरोधक का प्रयोग विदेशी व्यापार में वृद्धि या कटौती करने (नियमित करने) और देश में किस प्रकार की वस्तुएँ कितनी मात्रा में आयातित होनी चाहिए, यह निर्णय करने के लिए कर सकती है।

इसी प्रकार **कोटा** (Quotas) आयात या निर्यात करने के लिए माल की मात्रा पर प्रतिबंध का एक तरीका है।

विदेश व्यापार पर प्रतिबंध

स्वतंत्रता के पश्चात् भारत सरकार ने विदेश व्यापार और विदेशी निवेश पर प्रतिबंध लगा रखा था। **देश के उत्पादकों** (Domestic Producers) को विदेशी प्रतिस्पर्द्धा से संरक्षण प्रदान करने के लिए यह अनिवार्य माना गया। 1950 और 1960 के दशकों में उद्योगों का उदय हो रहा था और इस अवस्था में आयात से प्रतिस्पर्द्धा इन उद्योगों को बढ़ने नहीं देती, इसलिए भारत ने केवल अनिवार्य वस्तुओं; जैसे—मशीनरी, उर्वरक और पेट्रोलियम के आयात की ही अनुमति दी।

नई आर्थिक नीति, 1991

- वर्ष 1991 के आस-पास यह अनुभव किया गया था कि भारतीय उत्पादकों को विश्व के निर्माताओं के साथ प्रतिस्पर्द्धा करनी चाहिए, जिससे वे अपने प्रदर्शन और वस्तुओं एवं सेवाओं की गुणवत्ता में सुधार कर सकें।
- यही कारण है कि वर्ष 1991 में भारत सरकार ने अपनी विदेशी व्यापार नीति में कुछ बड़े बदलाव किए थे। एक ऐसा बदलाव उदारीकरण था। यह निर्णय विश्व व्यापार संगठन (World Trade Organisation, WTO) जैसे शक्तिशाली अंतर्राष्ट्रीय संगठनों द्वारा समर्थित था।

उदारीकरण

सरकार द्वारा अवरोधकों अथवा प्रतिबंधों को हटाने की प्रक्रिया उदारीकरण (Liberalisation) के नाम से जानी जाती है। भारत में यह वर्ष 1991 में भारत सरकार द्वारा आयात पर प्रतिबंध को कम करने के निर्णय को संदर्भित करता है।

व्यापार के उदारीकरण से व्यवसायियों को स्वतंत्र रूप से निर्णय लेने की अनुमति मिली है कि वे क्या आयात या निर्यात करना चाहते हैं? वर्तमान में सरकार पहले की तुलना में कम प्रतिबंध लगाती है, इसलिए इसे और अधिक उदार माना जाता है।

विश्व व्यापार संगठन

विश्व व्यापार संगठन (World Trade Organisation, WTO) एक अंतर्राष्ट्रीय संगठन है, जो देशों के बीच व्यापार के वैश्विक नियमों का पालन करता है। इसका मुख्य कार्य यह सुनिश्चित करना है कि व्यापार आसानी से, अनुमानित रूप से और जितना संभव हो उतना स्वतंत्र रूप से हो। इसने भारत के विदेशी व्यापार और निवेश के उदारीकरण का समर्थन किया है।

विकसित देशों की पहल पर विश्व व्यापार संगठन ने अपना कार्य आरंभ किया था। इसका उद्देश्य अंतर्राष्ट्रीय व्यापार का उदारीकरण और यह सुनिश्चित करना है कि इसके सदस्य नियमों का पालन करते हैं। वर्तमान में विश्व व्यापार संगठन में 164 सदस्य देश हैं।

हालाँकि विश्व व्यापार संगठन द्वारा सभी देशों को स्वतंत्र व्यापार की अनुमति दी गई है। लेकिन यह पाया जाता है कि विकसित देशों ने कुछ व्यापार अवरोधकों को अनुचित ढंग से बनाए रखा है तथा विकासशील देशों को उन बाधाओं को बनाए रखने के लिए विवश किया है।

इसका एक उदाहरण कृषि उत्पादों में व्यापार है। संयुक्त राज्य अमेरिका में **कृषिविदों** (Agriculturists) को उनकी सरकार द्वारा अत्यधिक सब्सिडी दी जाती है, जिससे वे विकासशील देशों के लिए कम कीमतों पर गेहूँ और कपास जैसे उत्पादों का निर्यात कर सकें।

भारत में वैश्वीकरण का प्रभाव

- वैश्वीकरण के परिणामस्वरूप उत्पादकों (स्थानीय और विदेशी दोनों) के बीच अधिक प्रतिस्पर्द्धा से, उपभोक्ताओं विशेष रूप से शहरी क्षेत्रों में समृद्ध वर्ग को लाभ पहुँचता है। यह बेहतर गुणवत्ता वाले उत्पादों और कम कीमतों के साथ बेहतर विकल्प देता है।
- बहुराष्ट्रीय कंपनियों ने भारत में अपने निवेश में वृद्धि की है; जैसे—सेलफोन, मोटरगाड़ियाँ, इलेक्ट्रॉनिक उत्पाद, ठंडे पेय पदार्थ, जंक खाद्य पदार्थों एवं बैंकिंग जैसी सेवाओं में निवेश इत्यादि।
- उद्योगों और सेवाओं में नए रोजगार उत्पन्न हुए हैं, साथ ही इन उद्योगों को कच्चे माल इत्यादि की आपूर्ति करने वाली स्थानीय कंपनियाँ समृद्ध हुईं।
- वैश्वीकरण नई और उन्नत तकनीक को लाता है, जिसके द्वारा स्थानीय कंपनियों को भी लाभ मिलता है।
- इंफोसिस, टाटा मोटर्स, एशियन पेंट्स, सुदरम फास्नर्स, रैनबैक्सी जैसी कुछ बड़ी भारतीय कंपनियाँ बहुराष्ट्रीय कंपनियों के रूप में उभरी हैं और अन्य देशों में कंपनियों की स्थापना की है।
- वैश्वीकरण ने सूचना और संचार प्रौद्योगिकी वाली कंपनियों के लिए नए अवसरों का सृजन किया है; जैसे—कॉल सेंटर, लेखाकरण (Accounts), प्रशासनिक कार्य (Administrative) इत्यादि।
- वैश्वीकरण ने बड़ी संख्या में छोटे उत्पादकों और श्रमिकों के लिए बड़ी चुनौतियाँ खड़ी की हैं।
- बैटरी, संधारित, प्लास्टिक, खिलौने, टायरों, डेयरी उत्पाद एवं खाद्य तेल के उद्योग ऐसे उदाहरण हैं, जहाँ प्रतिस्पर्द्धा के कारण छोटे विनिर्माताओं को हानि उठानी पड़ी है।

विदेशी निवेश आकर्षित करने के लिए सरकार के कदम

वर्तमान में भारत में केंद्रीय और राज्य सरकारें विदेशी कंपनियों को भारत में निवेश करने के लिए विशेष कदम उठा रही हैं, जिनका विवरण निम्न प्रकार है

- औद्योगिक क्षेत्र (Industrial Zones), जिन्हें **विशेष आर्थिक क्षेत्र** (Special Economic Zone, SEZ) कहा जाता है, की स्थापना की गई। विशेष आर्थिक क्षेत्रों में विश्वस्तरीय सुविधाएँ बिजली, पानी, परिवहन, भंडारण, मनोरंजन और शैक्षिक सुविधाएँ उपलब्ध होनी चाहिए।
- विशेष आर्थिक क्षेत्र में उत्पादन इकाइयाँ स्थापित करने वाली कंपनियों को आरंभिक पाँच वर्षों तक कोई कर नहीं देना पड़ता है।
- सरकार ने भी श्रम कानूनों में विदेशी निवेश को आकर्षित करने के लिए लचीलेपन की अनुमति दी है।
- संगठित क्षेत्र की कंपनियों को कुछ नियमों का पालन करना पड़ता है, जो मजदूरों के अधिकारों की रक्षा करते हैं। सरकार ने अनेक नियमों से कंपनियों को छूट देने की अनुमति दी है।
- श्रमिकों को नियमित आधार पर भर्ती करने के बजाय, कंपनियाँ जब काम का अत्यधिक दबाव होता है, तब लोचदार तरीके से कम समय के लिए श्रमिकों को भर्ती करती हैं। यह कंपनी के लिए श्रम की लागत को कम करने के लिए किया जाता है।

बढ़ती प्रतिस्पर्द्धा और अनिश्चित रोजगार

वैश्वीकरण और प्रतिस्पर्द्धा के दबाव ने श्रमिकों के जीवन के स्वरूप को बदल दिया है। बढ़ती प्रतिस्पर्द्धा के कारण अधिकांश नियोक्ता इन दिनों श्रमिकों को रोजगार देने में **लचीलापन** (Flexibility) पसंद करते हैं। इसका अर्थ यह है कि श्रमिकों का रोजगार अब सुरक्षित नहीं है। इसका विशिष्ट उदाहरण वस्त्र निर्यात उद्योग है।

भारतीय वस्त्र निर्यातकों ने श्रम लागतों को कम करके अपनी लागत में कटौती करने की कोशिश की, क्योंकि कच्चे माल की लागत कम नहीं की जा सकती, इसलिए वे केवल अस्थायी आधार पर श्रमिकों को नियोजित करते हैं। श्रमिकों को बहुत कम मजदूरी मिलती है और उन्हें अपने खर्चों का प्रबंधन करने के लिए ओवरटाइम करना पड़ता है। यहाँ तक कि संगठित क्षेत्र में श्रमिकों को अब सुरक्षा और लाभ नहीं मिलेगा, जो उन्हें पहले मिलता था।

न्यायसंगत वैश्वीकरण के लिए संघर्ष

- वैश्वीकरण से मिले नए अवसरों का शिक्षित कौशल और धनी लोगों ने सर्वोत्तम उपयोग किया है। इसे अधिक 'न्यायसंगत' बनाने के लिए यह सुनिश्चित करना चाहिए कि वैश्वीकरण के लाभ बेहतर साझा किए गए हैं और सरकारी नीतियों को देश के सभी लोगों के हितों की रक्षा करनी चाहिए।
- यह छोटे उत्पादकों को उनके प्रदर्शन को बेहतर बनाने में सहायता कर सकता है, जब तक वे प्रतिस्पर्द्धा के लिए सक्षम न हो जाएँ। यदि आवश्यक हो तो सरकार व्यापार और निवेश अवरोधों का उपयोग कर सकती है।
- सरकार विश्व व्यापार संगठन (World Trade Organisation, WTO) के साथ 'न्यायपूर्ण नियम' के लिए बातचीत कर सकती है। यह अन्य विकासशील देशों के साथ संरेखित भी हो सकता है, जो विश्व व्यापार संगठन में विकसित देशों के अधिकार के खिलाफ लड़ने के लिए समान हितों के साथ मिलकर काम कर सकते हैं।

चेक प्वॉइंट 02

1. *वैश्वीकरण क्या है?*
2. *व्यापार अवरोध का क्या अर्थ है?*
3. *विदेशी व्यापार और बाजार का एकीकरण को स्पष्ट कीजिए।*
4. *उदारीकरण किसे कहते हैं?*
5. *भारत में वैश्वीकरण के प्रभाव को बताइए।*

इन्हें भी जानें

- ***अंतर्क्षेत्रीय उत्पादन** (Inter-regional Trade)* उत्पादन का मुख्यतः देश की सीमाओं के अंदर सीमित होना, जिस पर स्वामित्व और नियंत्रण सरकार का होता है।
- ***बहुराष्ट्रीय कंपनी** (Multinational Company)* बहुराष्ट्रीय कंपनी वह है, जो एक से अधिक देशों में उत्पादन पर नियंत्रण व स्वामित्व रखती है।
- ***निवेश** (Investment)* परिसंपत्तियों (भूमि, भवन, मशीन व अन्य उपकरण) की खरीद में व्यय की गई मुद्रा को निवेश कहते हैं।
- ***विदेशी निवेश** (Foreign Investment)* बहुराष्ट्रीय कंपनियों द्वारा किए गए निवेश को विदेशी निवेश कहते हैं।
- ***विदेशी व्यापार** (Foreign Trade)* विदेशी व्यापार एक माध्यम है, जो अपने देश के बाजारों से बाहर के बाजारों में पहुँचने के लिए उत्पादकों को एक अवसर प्रदान करता है।
- ***वैश्वीकरण** (Globalisation)* विभिन्न देशों के बीच परस्पर संबंध और तीव्र एकीकरण की प्रक्रिया ही वैश्वीकरण कहलाती है।
- ***व्यापार अवरोधक** (Trade Barrier)* व्यापार अवरोधक से तात्पर्य विदेश व्यापार में आयातित वस्तुओं पर लगने वाले 'कर' से है। सरकार व्यापार अवरोधक का प्रयोग विदेशी व्यापार में नियमन हेतु करती है।
- ***उदारीकरण** (Liberalisation)* सरकार द्वारा अवरोधों अथवा प्रतिबंधों को हटाने की प्रक्रिया उदारीकरण कहलाती है।
- ***विश्व व्यापार संगठन** (World Trade Organisation)* विश्व व्यापार संगठन अंतर्राष्ट्रीय व्यापार को उदार बनाने हेतु विकसित देशों की पहल पर शुरू किया गया एक संगठन है।
- ***न्यायसंगत वैश्वीकरण** (Fair Globalisation)* वैश्वीकरण का एक पहलू, जो सुअवसर निर्मित करता है और यह सुनिश्चित करता है कि सही लाभ सभी तक पहुँच सके।

NCERT फोल्डर

1. वैश्वीकरण से आप क्या समझते हैं? अपने शब्दों में स्पष्ट कीजिए।

उत्तर वैश्वीकरण विदेशी व्यापार और विदेशी निवेश के द्वारा विभिन्न देशों के मध्य परस्पर संबंध और तीव्र एकीकरण की प्रक्रिया है। इसी कारण से बाजार और उत्पादन केंद्रों का एकीकरण हुआ है। दूसरे शब्दों में, विभिन्न देशों के बीच अधिक-से-अधिक वस्तुओं और सेवाओं, निवेश और प्रौद्योगिकी का आदान-प्रदान ही वैश्वीकरण है।

उदाहरण के तौर पर हम सूचना एवं संचार प्रौद्योगिकी के विकास को ले सकते हैं। वर्तमान समय में दूरसंचार, कंप्यूटर व इंटरनेट के क्षेत्र में प्रौद्योगिकी द्रुतगति से परिवर्तित हो रही है। भारत में रहने वाला व्यक्ति लंदन में रह रहे अपने रिश्तेदार से बातें कर सकता है, जो दूरसंचार के माध्यम से संभव हुआ है अर्थात् वैश्वीकरण की प्रक्रिया के कारण यह संभव हो पाया है।

2. भारत सरकार द्वारा विदेश व्यापार एवं विदेशी निवेश पर अवरोधक लगाने के क्या कारण थे? इन अवरोधकों को सरकार क्यों हटाना चाहती थी?

उत्तर भारत सरकार द्वारा विदेश व्यापार एवं विदेशी निवेश पर अवरोधक लगाने का मुख्य कारण देश के उत्पादकों को विदेशी प्रतिस्पर्द्धा से संरक्षण प्रदान करना था। 1950 से 1960 के दशक में उद्योगों का उदय हो रहा था और इस अवस्था में आयात से प्रतिस्पर्द्धा इन उद्योगों को बढ़ने नहीं देती।

भारत में वर्ष 1991 के प्रारंभ से ही इन अवरोधकों में परिवर्तन होने शुरू हो गए।

सरकार ने यह निश्चय किया कि भारतीय उत्पादकों के लिए विश्व के उत्पादकों से प्रतिस्पर्द्धा करने का समय आ गया है।

यह महसूस किया गया कि प्रतिस्पर्द्धा से देश के उत्पादकों के प्रदर्शन में सुधार होगा। उन्हें अपनी गुणवत्ता में सुधार लाना होगा। इसका समर्थन अंतर्राष्ट्रीय संगठनों ने भी किया। इन्हीं सब कारणों से सरकार अवरोधकों को हटाना चाहती थी।

3. श्रम कानूनों में लचीलापन कंपनियों की कैसे मदद करेगा?

उत्तर श्रम कानूनों में लचीलापन कंपनियों को श्रमिकों की संख्या पर नियंत्रण रखने में मदद करेगा, फिर कोई भी कंपनी श्रमिकों को मौसमी माँग के हिसाब से नियोजित कर सकती है या उन्हें काम से हटा सकती है। कम माँग की स्थिति में किसी भी कंपनी को अतिरिक्त श्रमिकों को वहन करने की आवश्यकता नहीं पड़ेगी। इससे कंपनियों के लाभ में भी वृद्धि होगी।

4. दूसरे देशों में बहुराष्ट्रीय कंपनियाँ किस प्रकार उत्पादन या उत्पादन पर नियंत्रण स्थापित करती हैं?

अथवा **बहुराष्ट्रीय कंपनियाँ अपने उत्पादों का विभिन्न तरीकों से किस प्रकार विस्तार करती हैं? उदाहरण देकर समझाइए।**

उत्तर दूसरे देशों में बहुराष्ट्रीय कंपनियाँ कई तरीकों से उत्पादन या उत्पादन पर नियंत्रण स्थापित करती हैं, जो निम्नलिखित हैं

(i) **संयुक्त उत्पादन द्वारा** कभी-कभी बहुराष्ट्रीय कंपनियाँ कुछ देशों की स्थानीय कंपनियों के साथ संयुक्त रूप से उत्पादन करती हैं। संयुक्त उत्पादन से स्थानीय कंपनी को दोहरा लाभ होता है।

पहला, बहुराष्ट्रीय कंपनियाँ अतिरिक्त निवेश के लिए धन प्रदान कर सकती हैं, जिससे कि तीव्र उत्पादन के लिए मशीनें खरीदी जा सकें। दूसरा, बहुराष्ट्रीय कंपनियाँ उत्पादन की नवीनतम प्रौद्योगिकी अपने साथ ला सकती हैं।

(ii) **स्थानीय कंपनियाँ खरीदकर** बहुराष्ट्रीय कंपनियों के निवेश का सबसे महत्त्वपूर्ण माध्यम स्थानीय कंपनियों को खरीदना और उसके बाद उत्पादन का प्रसार करना है।

(iii) **छोटे उत्पादकों को उत्पादन का ऑर्डर** विकसित देशों की बड़ी बहुराष्ट्रीय कंपनियाँ छोटे उत्पादकों को उत्पादन का ऑर्डर देती हैं। वस्त्र, जूते-चप्पल एवं खेल के सामान ऐसे उद्योग हैं, जो विश्वभर में बड़ी संख्या में छोटे उत्पादकों द्वारा किए जाते हैं।

5. विकसित देश, विकासशील देशों से उनके व्यापार और निवेश का उदारीकरण क्यों चाहते हैं? क्या आप मानते हैं कि विकासशील देशों को भी बदले में ऐसी माँग करनी चाहिए?

उत्तर विकसित देश ऊँची दर का लाभ अर्जित करने के लिए विकासशील देशों में निवेश करते हैं। विकसित देशों के अनुसार व्यापार अवरोधक हानिकारक होते हैं, क्योंकि ये व्यापार तथा निवेश में बाधा डालते हैं।

विकसित देश चाहते हैं कि सभी विकासशील देश अपने व्यापार की नीतियों को उदार बनाएँ, लेकिन विकसित देशों ने स्वयं ही अनुचित ढंग से व्यापार अवरोधकों को बनाए रखा है।

विकासशील देश समान हित वाले अन्य विकासशील देशों के साथ मिलकर विकसित देशों के प्रभाव को समाप्त कर सकते हैं। उचित तथा सही नियमों के लिए वे विश्व व्यापार संगठन तथा अन्य संगठनों से बातचीत कर सकते हैं।

6. ''वैश्वीकरण का प्रभाव एकसमान नहीं है।'' इस कथन की अपने शब्दों में व्याख्या कीजिए।

अथवा ''वैश्वीकरण का प्रभाव समान रूप में नहीं पड़ा है।'' उदाहरणों सहित स्पष्ट कीजिए। **CBSE 2020**

उत्तर वैश्वीकरण और उत्पादकों (स्थानीय एवं विदेशी) दोनों के बीच वृहत्तर प्रतिस्पर्द्धा से भारत में व्यापार के ढंग और लोगों के दैनिक जीवन में बहुत परिवर्तन हुआ है, लेकिन अभी भी जनसंख्या का एक बहुत बड़ा भाग इस लाभ से वंचित है। बढ़ती हुई प्रतिस्पर्द्धा के कारण कई छोटे व्यवसायियों के अस्तित्व पर संकट उत्पन्न हुआ है। कड़ी प्रतिस्पर्द्धा के कारण कई लोगों को उनकी नौकरियों से हटाया गया, लेकिन ग्राहकों के पास अब बेहतर विकल्प हैं, इसलिए ऐसा कहा जा सकता है कि वैश्वीकरण का प्रभाव एकसमान नहीं है।

7. व्यापार और निवेश नीतियों का उदारीकरण वैश्वीकरण प्रक्रिया में कैसे सहायता पहुँचाता है?

उत्तर व्यापार और निवेश नीतियों का उदारीकरण वैश्वीकरण प्रक्रिया में निम्नलिखित तरीके से सहायता पहुँचाता है

(i) **व्यापार अवरोधकों को हटाकर** उदारीकरण की नीति के अंतर्गत भारत सरकार ने वस्तुओं और सेवाओं के आयात और निर्यात से विभिन्न प्रतिबंधों को हटा लिया है। अब बहुराष्ट्रीय कंपनियाँ भारत में वस्तुओं का आयात करने के लिए तथा भारतीय कंपनियाँ विदेशों में वस्तुओं तथा सेवाओं का निर्यात करने के लिए स्वतंत्र हैं।

(ii) **निवेश का उदारीकरण** इस नीति के अंतर्गत बहुराष्ट्रीय कंपनियाँ भारत में निवेश करने के लिए स्वतंत्र हैं। अनेक बहुराष्ट्रीय कंपनियों ने बैंकिंग, अधिसंरचना, ठंडे पेय पदार्थों, मोटरगाड़ियों आदि में निवेश किया है। भारत सरकार भी भारत में निवेश करने के लिए बहुराष्ट्रीय कंपनियों को उत्साहित कर रही है। इसके लिए सरकार ने विशेष आर्थिक क्षेत्र की स्थापना की है, जो बिजली, सड़कें, परिवहन तथा अन्य सुविधाएँ प्रदान करते हैं।

(iii) **नई तकनीक** उदारीकरण की प्रक्रिया के फलस्वरूप भारत में नई तकनीक का विकास हुआ है, जिससे वैश्वीकरण को बढ़ावा मिला है। सूचना तथा संचार प्रौद्योगिकी ने अन्य देशों में सेवाओं के उत्पादन के प्रसार में महत्त्वपूर्ण भूमिका निभाई है।

8. विदेश व्यापार विभिन्न देशों के बाजारों के एकीकरण में किस प्रकार मदद करता है? यहाँ दिए गए उदाहरण से भिन्न उदाहरण सहित व्याख्या कीजिए।

उत्तर विदेश व्यापार घरेलू बाजारों अर्थात् अपने देश के बाजारों से बाहर के बाजारों में पहुँचने के लिए उत्पादकों को एक अवसर प्रदान करता है। उत्पादक केवल अपने देश के बाजारों में ही अपने उत्पाद नहीं बेच सकते हैं, बल्कि विश्व के अन्य देशों के बाजारों से भी प्रतिस्पर्द्धा कर सकते हैं।

उदाहरण के लिए, मोबाइल फोन बनाने वाली मुख्य कंपनियाँ अमेरिका और यूरोप में हैं। इन देशों में उत्पाद का डिजाइन तैयार होता है। मोबाइल के अलग-अलग पार्ट (भाग) पूर्वी एशियाई देश, मलेशिया, चीन और ताइवान में बनते हैं और फिर उन्हें चीन या भारत में एसेंबल किया जाता है, फिर अंतिम उत्पाद को पूरे विश्व में बेचा जाता है। यह उदाहरण विश्व के विभिन्न देशों के बाजारों को जोड़ने या एकीकरण को दर्शाता है।

9. वैश्वीकरण भविष्य में जारी रहेगा। क्या आप कल्पना कर सकते हैं कि आज से बीस वर्ष बाद विश्व कैसा होगा? अपने उत्तर का कारण दीजिए।

उत्तर आज से बीस वर्ष बाद का विश्व आधुनिकतम सुख-सुविधाओं से परिपूर्ण होगा। रोजगार के साधनों की पहुँच गाँवों तक होगी। उद्योगों का विस्तार ग्रामीण क्षेत्रों तक होगा और बेरोजगारी की समस्या का समाधान हो चुका होगा।

इसके कारण निम्न हैं

(i) **बाजारों का एकीकरण** आज से बीस वर्ष बाद वैश्विक स्तर पर किसी भी कंपनी को अपना ऑर्डर बुक करा सकते हैं और यह बाजारों के एकीकरण व उद्योगों के वैश्वीकरण के कारण संभव हो पाएगा।

(ii) **परिवहन व संचार के तेज साधन** इंटरनेट की सुविधा के कारण हम किसी भी उत्पाद को अपने अनुसार मँगवा या भेज सकते हैं और यातायात के तीव्र साधनों के कारण कोई भी उत्पाद कहीं भी कम समय में पहुँचाया जा सकेगा। इसके अतिरिक्त सेवा क्षेत्र में सुधार व वैश्विक गाँव की भी संकल्पना की जा सकती है। वैश्वीकरण से भावी पीढ़ी बहुत हद तक लाभान्वित हो सकेगी।

10. मान लीजिए कि आप दो लोगों को तर्क करते हुए पाते हैं—एक कह रहा है कि वैश्वीकरण ने हमारे देश के विकास को क्षति पहुँचाई है, दूसरा कह रहा है कि वैश्वीकरण ने भारत के विकास में सहायता की है। इन लोगों को आप कैसे जवाब देंगे?

उत्तर इन्हें कुछ उदाहरण देकर समझाया जा सकता है

वैश्वीकरण के पहले की स्थिति	वैश्वीकरण के बाद की स्थिति
टेलीफोन विलासिता की वस्तु समझी जाती थी। बहुत कम लोगों के घरों में टेलीफोन की सुविधा हुआ करती थी।	आधुनिक समय में टेलीफोन के अतिरिक्त मोबाइल की पहुँच लोगों तक हो गई और यह सबसे बड़ी जरूरत है। औद्योगिक क्रियाकलाप व पारिवारिक कुशलता हेतु इसका प्रयोग किया जाता है।
यातायात के साधनों का द्रुतगति से विकास। प्रारंभ के दशकों में उद्योग-धंधों की कमी व रोजगार की अल्पता के कारण लोगों का आवागमन कम होता था।	वैश्वीकरण के दौर में बहुराष्ट्रीय कंपनियों सहित स्थानीय कंपनी में भी रोजगार के साधनों की अधिकता थी, जिससे आय का स्रोत लोगों के समक्ष प्रस्तुत हुआ और लोगों के आवागमन के कारण यातायात के साधनों का द्रुतगति से विकास हुआ। इन सबके अतिरिक्त कच्चे माल की ढुलाई आदि हेतु भी परिवहन के साधनों का तीव्रता से विकास हुआ।

11. रिक्त स्थानों की पूर्ति कीजिए

दो दशक पहले की तुलना में भारतीय खरीदारों के पास वस्तुओं के अधिक विकल्प हैं। यह (i)······· की प्रक्रिया से नजदीक से जुड़ा हुआ है। अनेक दूसरे देशों में उत्पादित वस्तुओं को भारत के बाजारों में बेचा जा रहा है। इसका अर्थ है कि अन्य देशों के साथ (ii)······· बढ़ रहा है। इससे भी आगे भारत में बहुराष्ट्रीय कंपनियों द्वारा उत्पादित ब्रांडों की बढ़ती संख्या हम बाजारों में देखते हैं। बहुराष्ट्रीय कंपनियाँ भारत में निवेश कर रही हैं, क्योंकि (iii)······· जबकि बाजार में उपभोक्ताओं के लिए अधिक विकल्प, इसलिए बढ़ते (iv)······· और (v)······· के प्रभाव का अर्थ है—उत्पादकों के बीच अधिकतम (vi)·······।

उत्तर (i) वैश्वीकरण (ii) पारस्परिक संबंध
(iii) उन्हें अधिक लाभ कमाने की आशा है (iv) व्यापार
(v) निवेश (vi) प्रतिस्पर्द्धा

12. निम्नलिखित को सुमेलित कीजिए

(a) बहुराष्ट्रीय कंपनियाँ छोटे उत्पादकों से सस्ती दरों पर खरीदती हैं	(i) मोटरगाड़ियाँ
(b) आयात पर कर और कोटा का उपयोग, व्यापार नियमन के लिए किया जाता है	(ii) कपड़ा, जूते-चप्पल, खेल के सामान
(c) विदेशों में निवेश करने वाली भारतीय कंपनियाँ	(iii) कॉल सेंटर
(d) आई टी ने सेवाओं के उत्पादन के प्रसार में सहायता की है	(iv) टाटा मोटर्स, इंफोसिस, रैनबैक्सी
(e) अनेक बहुराष्ट्रीय कंपनियों ने उत्पादन करने के लिए निवेश किया है	(v) व्यापार अवरोधक

उत्तर (a) (ii)
(b) (v)
(c) (iv)
(d) (iii)
(e) (i)

13. सही विकल्प का चयन कीजिए

(i) वैश्वीकरण के विगत दो दशकों में द्रुत आवागमन देखा गया है
(a) देशों के बीच वस्तुओं, सेवाओं और लोगों का
(b) देशों के बीच वस्तुओं, सेवाओं और निवेशों का
(c) देशों के बीच वस्तुओं, निवेशों और लोगों का

उत्तर (c) देशों के बीच वस्तुओं, निवेशों और लोगों का

(ii) विश्व के देशों में बहुराष्ट्रीय कंपनियों द्वारा निवेश का सबसे अधिक सामान्य मार्ग है
(a) नए कारखानों की स्थापना
(b) स्थानीय कंपनियों को खरीद लेना
(c) स्थानीय कंपनियों से साझेदारी करना

उत्तर (c) स्थानीय कंपनियों से साझेदारी करना

(iii) वैश्वीकरण ने जीवन स्तर के सुधार में सहायता पहुँचाई है
(a) सभी लोगों के
(b) विकसित देशों के लोगों के
(c) विकासशील देशों के श्रमिकों के
(d) उपरोक्त में से कोई नहीं

उत्तर (b) विकसित देशों के लोगों के

परीक्षा अभ्यास

वस्तुनिष्ठ प्रश्न

बहुविकल्पीय प्रश्न

1. एक से अधिक देशों में उत्पादन एवं नियंत्रण कौन-सी कंपनियाँ रखती हैं?
(a) अंतर्राष्ट्रीय कंपनियाँ (b) विदेशी कंपनियाँ
(c) बहुराष्ट्रीय कंपनियाँ (d) व्यापारिक कंपनियाँ

उत्तर (c) बहुराष्ट्रीय कंपनियाँ

2. निम्न में से कौन-सा व्यापार अवरोधक का उदाहरण है?
(a) सूचना बाधा (b) बहुराष्ट्रीय कंपनियाँ
(c) निवेश और प्रौद्योगिकी (d) आयात कर

उत्तर (d) आयात कर

3. बहुराष्ट्रीय कंपनियों द्वारा लिए गए निवेश को क्या कहते हैं?
(a) व्यय (b) विदेशी निवेश
(c) उत्पादन (d) वितरण

उत्तर (b) विदेशी निवेश

4. वैश्वीकरण को संभव बनाने वाले कारक कौन-से हैं?
(a) परिवहन (b) प्रौद्योगिकी
(c) सूचना एवं संचार (d) ये सभी

उत्तर (d) ये सभी

5. भारत में उदारीकरण की प्रक्रिया किस वर्ष प्रारंभ की गई?
(a) वर्ष 1995 (b) वर्ष 1990
(c) वर्ष 1970 (d) वर्ष 1991

उत्तर (d) वर्ष 1991

6. सरकार द्वारा आयात होने वाली वस्तुओं की संख्या सीमित करना कहलाता है
(a) कोटा (b) अंतर्राष्ट्रीय व्यापार
(c) प्रतिबंध (d) ये सभी

उत्तर (a) कोटा

7. भारत ने विदेशी व्यापार को स्वतंत्रता पश्चात् क्यों नियोजित किया?
(a) प्रतिस्पर्द्धा बढ़ावा (b) देशी उत्पाद का संरक्षण
(c) गुणवत्ता को बनाए रखना (d) इनमें से कोई नहीं

उत्तर (b) देशी उत्पाद का संरक्षण

8. यदि चीन की वस्तुएँ अत्यधिक मात्रा में भारतीय बाजार में प्रवेश करती हैं, तो भारत सरकार के द्वारा क्या किया जाना चाहिए?
(a) आयात कर (b) संयुक्त राष्ट्र में आवेदन
(c) चीन से समझौता (d) निर्यात कर

उत्तर (a) आयात कर

9. सरकार द्वारा व्यापार अवरोधकों तथा प्रतिबंधों को हटाने की प्रक्रिया कहलाती है
(a) वैश्वीकरण (b) निजीकरण
(c) उदारीकरण (d) अंतर्राष्ट्रीयकरण

उत्तर (c) उदारीकरण

10. निम्न में से कौन-सा परिसंपत्तियों का उदाहरण है?
(a) मुद्रा (b) भवन
(c) पूँजी (d) व्यापार

उत्तर (b) भवन

11. विश्व व्यापार संगठन देशों के बीच किन व्यापार नियमों का पालन करता है?
(a) सामाजिक नियम (b) आर्थिक नियम
(c) वैश्विक नियम (d) ये सभी

उत्तर (c) वैश्विक नियम

12. निम्नलिखित में से कौन-सा स्थानीय कंपनी के लिए एक प्रमुख लाभ है, जब वह किसी बहुराष्ट्रीय कंपनी के साथ मिलकर उत्पादन करती है? **CBSE 2023**
(a) बहुराष्ट्रीय कंपनी स्थानीय कंपनियों को धन एवं प्रौद्योगिकी प्रदान करती है।
(b) स्थानीय कंपनी के बोझ को कम करने के लिए बहुराष्ट्रीय कंपनी सभी निर्णय लेती है।
(c) बहुराष्ट्रीय कंपनी तेजी से उत्पादन के लिए स्थानीय कंपनी के सभी शेयर खरीदती है।
(d) बहुराष्ट्रीय कंपनी, स्थानीय कंपनी से श्रम और पूँजी निवेश के लिए कहती है।

उत्तर (a) बहुराष्ट्रीय कंपनी स्थानीय कंपनियों को धन एवं प्रौद्योगिकी प्रदान करती है।

13. वैश्वीकरण से विश्व में होने वाले परिवतनों के संबंध में दिए गए कथनों में से कौन-सा कथन सही नहीं है?
(a) विश्व के विभिन्न देशों के बीच परस्पर संबंध स्थापित होना तथा एकीकरण का बढ़ना वैश्वीकरण है
(b) इससे देशों के बीच वस्तुओं एवं सेवाओं तथा निवेश और प्रौद्योगिकी का आदान-प्रदान संभव हुआ
(c) इससे उत्पादन के क्षेत्र में छोटे उत्पादकों तथा श्रमिकों के बीच बड़ी चुनौती उत्पन्न हो गई है
(d) इससे केवल व्यापार क्षेत्र को बढ़ावा मिला है, जिससे सूचना प्रौद्योगिकी का विकास बाधित हुआ है

उत्तर (d) इससे केवल व्यापार क्षेत्र को बढ़ावा मिला है, जिससे सूचना प्रौद्योगिकी का विकास बाधित हुआ है।

14. निम्न में से कौन-सा विदेशी व्यापार का तात्पर्य है?

1. दो देशों के बीच आयात और निर्यात का होना।
2. अनेक देशों में किए जाने वाले व्यापारिक समझौते।
3. विभिन्न देशों के मध्य एक व्यापार।
4. दूसरे देशों द्वारा किए जाने वाले निवेश।

कूट

(a) 1 और 2 (b) 2 और 3
(c) 1 और 3 (d) केवल 4

उत्तर (c) 1 और 3

15. निम्नलिखित कथनों पर विचार कीजिए

1. देशों के बीच उत्पादन को संगठित करने में सूचना प्रौद्योगिकी ने बड़ी भूमिका निभाई है।
2. व्यापार तथा निवेश के उदारीकरण ने व्यापार और निवेश के अवरोधक को हटाकर व्यापार कार्य को सुगम बनाया है।
3. विश्व व्यापार संगठन ने व्यापार और निवेश के उदारीकरण के लिए विकासशील देशों पर दबाव डाला है।

उपरोक्त में से कौन-सा कथन सही है?

(a) केवल 1 (b) 1 और 2
(c) 2 और 3 (d) ये सभी

उत्तर (d) ये सभी

16. निम्नलिखित कथनों पर विचार कीजिए

1. वैश्वीकरण तथा प्रतिस्पर्द्धा ने श्रमिकों के जीवन को व्यापक रूप से प्रभावित किया है।
2. विश्वव्यापी नेटवर्क से युक्त बड़ी बहुराष्ट्रीय कंपनियाँ लाभ को अधिकतम करने के लिए सबसे सस्ती वस्तुएँ खोजती हैं।
3. वैश्वीकरण से बढ़ती प्रतिस्पर्द्धा के कारण अधिकांश नियोक्ता श्रमिकों को रोजगार देने में लचीलापन व्यवहार अपनाते हैं।

उपरोक्त में से कौन-सा/से कथन सही है/हैं?

(a) केवल 1 (b) 1 और 2
(c) 2 और 3 (d) ये सभी

उत्तर (d) ये सभी

17. नीचे दिए गए तथ्यों व विशेषताओं का सावधानीपूर्वक अध्ययन कीजिए तथा सही विकल्प की पहचान कीजिए।

- इसके द्वारा स्थानीय कंपनियों को खरीदकर दूरस्थ स्थानों के उत्पादन पर अपना प्रभाव स्थापित किया जाता है।
- ऐसी कुछ कंपनियों की संपत्ति कुछ विकासशील देशों की सरकारों के संपूर्ण बजट से भी अधिक होती है।
- यह अपने अंतिम उत्पादों को विश्व स्तर पर बेचने में सक्षम है।

(a) अंतर्देशीय उत्पादन (b) बहुराष्ट्रीय कंपनियाँ
(c) स्थानीय कंपनियाँ (d) संयुक्त उद्यम

उत्तर (b) बहुराष्ट्रीय कंपनियाँ

18. नीचे दिए गए तथ्यों व विशेषताओं का सावधानीपूर्वक अध्ययन कीजिए तथा सही विकल्प की पहचान कीजिए।

- इसके द्वारा सरकार माल या सेवाओं के अंतर्राष्ट्रीय आदान-प्रदान पर कर लगाती है।
- इसका प्रयोग सरकार विदेशी व्यापार में वृद्धि या कटौती करने अर्थात् नियमित करने में करती है।
- इसका प्रयोग सरकार यह निर्णय करने के लिए कर सकती है कि देश में किस प्रकार की वस्तुएँ कितनी मात्रा में आयात की जानी चाहिए?

(a) कोटा (b) व्यापार अवरोधक
(c) विदेशी व्यापार (d) विदेशी निवेश

उत्तर (b) व्यापार अवरोधक

19. नीचे दिए गए युग्मों में से कौन-सा युग्म सही सुमेलित है?

(a) वैश्वीकरण – विभिन्न देशों के बीच एकीकरण की प्रक्रिया
(b) सूचना एवं संचार प्रौद्योगिकी – फूलों का उत्पादन करना
(c) व्यापार अवरोधक – आयातों पर से नियंत्रण हटाना
(d) उदारीकरण – प्रतिबंधों को कठोर बनाना

उत्तर (a) वैश्वीकरण–विभिन्न देशों के बीच एकीकरण की प्रक्रिया

20. नीचे दिए गए युग्मों में से कौन-सा युग्म सही सुमेलित है?

(a) बहुराष्ट्रीय – एक से अधिक देशों में उत्पादन पर नियंत्रण व स्वामित्व
(b) अंतर्क्षेत्रीय उत्पादन – उत्पादन का देश की सीमाओं के अंदर सीमित होना
(c) विदेशी निवेश – बाजारों में उत्पादों को पहुँचाना
(d) न्यायसंगत वैश्वीकरण – लाभों को सभी तक पहुँचाना

उत्तर (c) विदेशी निवेश–बाजारों में उत्पादों को पहुँचाना

रिक्त स्थान भरें

21. विदेशी व्यापार दुनिया के विभिन्न देशों के मध्य ...... है, जिसे ...... कहा जाता है।

उत्तर व्यापार एवं अंतर्राष्ट्रीय व्यापार

22. विभिन्न देशों में उत्पादन का विस्तार होने से बहुराष्ट्रीय कंपनियों को सस्ती कीमतों पर सर्वोत्तम गुणवत्ता वाले .... प्राप्त होते हैं।

उत्तर संसाधन

23. विश्व व्यापार संगठन अंतर्राष्ट्रीय व्यापार के संदर्भ में नियम स्थापित करता है। विश्व व्यापार संगठन के नियमों ने देशों के व्यापार बंधनों को हटाने के लिए बल दिया। इसका कारण .... हो सकता है। **CBSE Compartment 2020**

उत्तर उदारीकरण

24. निम्नलिखित रिक्त स्थान को भरें

वैश्वीकरण/विदेशी व्यापार से संबंधित घटक	विशेषता
व्यापार अवरोधक	अंतर्राष्ट्रीय आदान-प्रदान पर प्रतिबंध लगाना
उदारीकरण	?

कूट
(a) अंतर्राष्ट्रीय व्यापार को कठोर व शक्त बनाना
(b) अंतर्राष्ट्रीय व्यापार पर लगे प्रतिबंधों को हटाना
(c) अंतर्राष्ट्रीय व्यापार पर रोक लगाना
(d) अंतर्राष्ट्रीय व्यापार को नियमित रूप से बढ़ावा देना।

उत्तर (b) अंतर्राष्ट्रीय व्यापार पर लगे प्रतिबंधों को हटाना

सही और पुन: लिखें

25. यदि सरकार चीनी वस्तुओं के निर्यात को कम करना चाहती है, तो वह व्यापार बाधाओं को कम करती है, ताकि देश में कम संख्या में वस्तुएँ आ सकें।

उत्तर यदि सरकार चीनी वस्तुओं के निर्यात को कम करना चाहती है तो वह व्यापार बाधाओं को बढ़ा देती है, ताकि देश में कम संख्या में वस्तुएँ आ सकें।

26. सरकार द्वारा अवरोधों अथवा प्रतिबंधों को हटाने की प्रक्रिया व्यापार मुक्त के नाम से जानी जाती है।

उत्तर सरकार द्वारा अवरोधों अथवा प्रतिबंधों को हटाने की प्रक्रिया उदारीकरण के नाम से जानी जाती है।

केस आधारित प्रश्न

27. 35 वर्षीय सुनील सप्ताह में प्रत्येक दिन 8 बजे पूर्वाह्न से 8 बजे अपराह्न एक कपड़े की दुकान में काम करता है। वह एक अनियमित मजदूर की तरह संविदा पर कार्य करता है। उसे किसी प्रकार की सुविधा प्राप्त नहीं होती है। वह जानता है कि वह केवल कुछ महीने के लिए काम कर रहा है, लेकिन फिर भी वह अपने काम को करता है, क्योंकि उसके पास विकल्प नहीं है।

उपरोक्त तथ्यों के विश्लेषण के आधार पर निम्न में से कौन-सा उत्तर सही है?
(a) बहुराष्ट्रीय कंपनियों में नौकरी सृजन
(b) नौकरी अनियमित
(c) लोगों को समान लाभांश प्राप्त
(d) वैश्वीकरण का प्रभाव

उत्तर (d) वैश्वीकरण का प्रभाव

कथन/कारण

28. **कथन** (A) वस्तुओं, सेवाओं और प्रौद्योगिकी के अतिरिक्त विभिन्न देशों वैश्वीकरण आपस में जोड़ने का एक माध्यम हो सकता है।

कारण (R) व्यापार के खुलने से वस्तुओं का एक बाजार से दूसरे बाजार में आवागमन होता है।

कूट
(a) A और R दोनों सत्य हैं तथा R, A की सही व्याख्या है
(b) A और R दोनों सत्य हैं, परंतु R, A की सही व्याख्या नहीं है
(c) A सत्य है, किंतु R असत्य है
(d) A असत्य है, किंतु R सत्य है

उत्तर (b) A और R दोनों सत्य हैं, परंतु R, A की सही व्याख्या नहीं है

अतिलघु उत्तरीय प्रश्न

1. जो एक से अधिक देशों में उत्पादन पर नियंत्रण अथवा स्वामित्व रखती है, क्या कहलाती है?

उत्तर जो एक से अधिक देशों में उत्पादन पर नियंत्रण अथवा स्वामित्व रखती है, बहुराष्ट्रीय कंपनी कहलाती है।

2. परिसंपत्तियों की खरीद में व्यय की गई मुद्रा क्या कहलाती है?

उत्तर परिसंपत्तियों की खरीद में व्यय की गई मुद्रा को निवेश कहते हैं।

3. बहुराष्ट्रीय कंपनियों द्वारा किए गए निवेश को क्या कहते हैं?

उत्तर बहुराष्ट्रीय कंपनियों द्वारा किए गए निवेश को विदेशी निवेश कहते हैं।

4. निवेश करने का मुख्य उद्देश्य क्या होता है?

उत्तर निवेश करने का मुख्य उद्देश्य लाभ अर्जित करना होता है।

5. विदेशी निवेश किस प्रकार निवेश से भिन्न होता है? **CBSE 2019**

उत्तर विदेशी निवेश निम्न प्रकार निवेश से भिन्न है
(i) निवेश सामान्यत: घरेलू सीमा के अंदर किया जाता है, जबकि विदेशी निवेश में पूँजी (धन) एक देश से दूसरे देश में प्रवाहित होती है।
(ii) जमीन, भवन, मशीन और अन्य उपकरण खरीदने हेतु खर्च किया जाने वाला पैसा निवेश, जबकि बहुराष्ट्रीय कंपनियों द्वारा किसी दूसरे देश में खर्च किया गया पैसा विदेशी निवेश कहलाता है।

6. किन्हीं दो भारतीय बहुराष्ट्रीय कंपनी के नाम बताइए। **CBSE 2019**

उत्तर टाटा मोटर्स और इंफोसिस

7. फोर्ड मोटर्स का भारत में आगमन कब हुआ?

उत्तर फोर्ड मोटर्स का भारत में आगमन वर्ष 1995 में हुआ।

8. फोर्ड मोटर्स ने भारत के किस स्थान पर सर्वप्रथम निवेश कर संयंत्र स्थापित किया?

उत्तर फोर्ड मोटर्स ने भारत के तमिलनाडु की राजधानी चेन्नई के निकट सर्वप्रथम निवेश कर संयंत्र स्थापित किया।

9. विभिन्न देशों को आपस में जोड़ने का मुख्य माध्यम क्या रहा है?

उत्तर विभिन्न देशों को आपस में जोड़ने का मुख्य माध्यम विदेशी व्यापार रहा है।

10. दूरसंचार सुविधाओं के चार उदाहरण दीजिए।

उत्तर दूरसंचार सुविधाओं के चार उदाहरण हैं–टेलीफोन, टेलीग्राफ, मोबाइल फोन और फैक्स।

11. भारत में किस दशक से उद्योगों का उदय हो रहा था?

उत्तर भारत में 1950 और 1960 के दशक से उद्योगों का उदय हो रहा था।

12. व्यापार अवरोध से क्या अभिप्राय है? एक उदाहरण दीजिए। **CBSE 2019**

उत्तर सरकार द्वारा माल या सेवाओं के अंतर्राष्ट्रीय आदान-प्रदान पर प्रतिबंध लगाना व्यापार अवरोध कहलाता है। आयात पर कर (आयात शुल्क) व्यापार अवरोध का एक उदाहरण है।

13. विश्व व्यापार संगठन का मुख्यालय कहाँ अवस्थित है?

उत्तर विश्व व्यापार संगठन का मुख्यालय जेनेवा, स्विट्जरलैंड में स्थित है।

14. उस संगठन का नाम बताइए, जिसका ध्येय अंतर्राष्ट्रीय व्यापार को उदार बनाना है।

उत्तर विश्व व्यापार संगठन का ध्येय अंतर्राष्ट्रीय व्यापार को उदार बनाना है।

15. सरकार द्वारा श्रम-कानूनों में लचीलापन किस उद्देश्य हेतु किया गया था?

उत्तर सरकार द्वारा श्रम-कानूनों में लचीलापन विदेशी निवेश को आकर्षित करने हेतु किया गया था।

16. वैश्वीकरण और प्रतिस्पर्द्धा से मूल रूप से सबसे अधिक कौन प्रभावित हुए हैं?

उत्तर वैश्वीकरण और प्रतिस्पर्द्धा से मूल रूप से सबसे अधिक श्रमिक प्रभावित हुए।

17. वैश्वीकरण की प्रक्रिया में मुख्य भूमिका कौन निभाता है?

उत्तर वैश्वीकरण की प्रक्रिया में मुख्य भूमिका बहुराष्ट्रीय कंपनियाँ निभाती हैं।

18. वैश्वीकरण को संभव बनाने वाले कारकों को लिखिए।

उत्तर वैश्वीकरण को संभव बनाने वाले कारक निम्न हैं

(i) प्रौद्योगिकी में तीव्र उन्नति

(ii) सूचना एवं संचार प्रौद्योगिकी (परिवहन)

19. वैश्वीकरण में संचार प्रौद्योगिकी के योगदान का विश्लेषण करें। **CBSE 2019**

उत्तर वैश्वीकरण की प्रक्रिया से वैश्विक संचार सीधे प्रभावित होता है और व्यापार के अवसरों को बढ़ाने, सांस्कृतिक बाधाओं को दूर करने और एक वैश्विक गाँव विकसित करने में मदद करता है। वैश्वीकरण के वैश्विक संचार ने दुनिया के पर्यावरण, सांस्कृतिक, राजनीतिक और आर्थिक तत्त्वों को बदल दिया है।

20. सैमसंग, नोकिया, सोनी, लक्स आदि वस्तुएँ किससे संबंधित हैं?

उत्तर सैमसंग, नोकिया, सोनी, लक्स आदि वस्तुएँ बहुराष्ट्रीय कंपनियों के उत्पाद से संबंधित हैं।

21. उदारीकरण को परिभाषित कीजिए। **CBSE 2019**

उत्तर सरकार द्वारा अवरोधकों अथवा प्रतिबंधों को हटाने की प्रक्रिया उदारीकरण के नाम से जानी जाती है। भारत में यह वर्ष 1991 में भारत सरकार द्वारा आयात पर प्रतिबंध को कम करने के निर्णय को संदर्भित करता है।

22. उस मूल कारण को बताइए, जो बहुराष्ट्रीय कंपनी को देश से बाहर उत्पादन विस्तार के लिए प्रेरित करता है।

उत्तर कम लागत बहुराष्ट्रीय कंपनी को देश से बाहर उत्पादन विस्तार के लिए प्रेरित करता है।

23. फोर्ड कंपनी ने किस भारतीय कंपनी के साथ मिलकर या किस कंपनी के सहयोग से अपना संयंत्र स्थापित किया?

उत्तर फोर्ड कंपनी ने महिंद्रा एंड महिंद्रा भारतीय कंपनी के साथ मिलकर अपना संयंत्र स्थापित किया।

24. अंतर्राष्ट्रीय स्तर पर भारत सॉफ्टवेयर शक्ति के रूप में उभरा है। सूचना प्रौद्योगिकी की निर्यात की अभिवृद्धि के लिए कोई एक उपाय सुझाइए। **CBSE 2020**

उत्तर भारत से सूचना प्रौद्योगिकी के निर्यात की अभिवृद्धि के लिए गुणवत्ता में सुधार करना, वित्तीय उपलब्धता को बढ़ावा देना तथा निर्यात को प्रोत्साहन देना आदि उपाय अपनाए जाने चाहिए।

लघु उत्तरीय प्रश्न

1. बहुराष्ट्रीय कंपनियों की किन्हीं चार विशेषताओं का वर्णन कीजिए। **CBSE 2011**

उत्तर बहुराष्ट्रीय कंपनियों की चार विशेषताएँ निम्न हैं

(i) बहुराष्ट्रीय कंपनी एक से अधिक देशों में उत्पादन पर नियंत्रण व स्वामित्व रखती हैं।

(ii) यह उन प्रदेशों में कार्यालय एवं उत्पादन के लिए कारखाने स्थापित करती हैं, जहाँ से सस्ते श्रमिक एवं अन्य संसाधन प्राप्त होते हैं।

(iii) उत्पादन लागत में कमी करने तथा अधिक लाभ कमाने के लिए बहुराष्ट्रीय कंपनियाँ प्रयास करती हैं।

(iv) वे अपने अंतिम उत्पादों को वैश्विक रूप से बेचती हैं और वैश्विक रूप से ही माल और सेवाओं का उत्पादन भी करती हैं।

2. उन कारकों को सूचीबद्ध कीजिए, जो बहुराष्ट्रीय कंपनियों को एक स्थान पर अपनी उत्पादन इकाइयाँ स्थापित करने के लिए प्रोत्साहित करते हैं। **CBSE 2019**

उत्तर बहुराष्ट्रीय कंपनियों को एक स्थान पर अपनी उत्पादन इकाइयाँ स्थापित करने के लिए निम्न कारण प्रोत्साहित करते हैं

- कुशल एवं अकुशल श्रम की उपलब्धता
- सस्ते मूल्य पर कच्चे माल की उपलब्धता
- सड़क एवं रेलवे जैसी बुनियादी सुविधाओं का उचित विकास
- सरकारी नीतियों का उदारीकरण
- बाजार की निकटता
- अनुकूल पर्यावरण

3. **वैश्वीकरण से क्या तात्पर्य है? वैश्वीकरण और प्रवास को स्पष्ट कीजिए।**

उत्तर **वैश्वीकरण से तात्पर्य** वैश्वीकरण विभिन्न देशों के बीच विदेशी व्यापार एवं निवेश में तीव्र वृद्धि की प्रक्रिया है। इन दो कारकों के कारण ही बाजार और उत्पादन केंद्रों का एकीकरण हुआ है। बहुराष्ट्रीय कंपनियाँ वैश्वीकरण की प्रक्रिया में प्रमुख भूमिका निभा रही हैं। विभिन्न देशों के बीच अधिक-से-अधिक वस्तुओं एवं सेवाओं, निवेश और प्रौद्योगिकी का आदान-प्रदान हो रहा है।

वैश्वीकरण और प्रवास वस्तुओं, सेवाओं, निवेशों और प्रौद्योगिकी के अतिरिक्त विभिन्न देशों को आपस में जोड़ने का एक माध्यम प्रवास है। लोग प्रायः बेहतर आय, बेहतर रोजगार एवं शिक्षा की तलाश में एक देश से दूसरे देश में आवागमन करते हैं। विगत कुछ दशकों में अनेक प्रतिबंधों के कारण विभिन्न देशों के बीच लोगों के आवागमन में अधिक वृद्धि नहीं हुई है।

4. **वैश्वीकरण में आई टी की भूमिका के महत्त्वपूर्ण बिंदुओं को स्पष्ट कीजिए।**

उत्तर वैश्वीकरण में आई टी की भूमिका निम्नलिखित है

- सूचना और संचार प्रौद्योगिकी ने विश्व में सेवाओं के उत्पादन का विस्तार किया है।
- दूरसंचार सुविधा (टेलीग्राफ, टेलीफोन, मोबाइल फोन, फैक्स) और उपग्रह संचार का उपयोग विश्व में एक-दूसरे से संपर्क स्थापित करने, सूचनाओं को तत्काल प्राप्त करने और दूरवर्ती क्षेत्रों से संवाद करने में प्रयोग किया जाता है।
- इसका एक उदाहरण लंदन में पाठकों के लिए प्रकाशित एक समाचार-पत्र या पत्रिका है, जिसे दिल्ली में डिजाइन और मुद्रित किया गया है। समाचार-पत्र या पत्रिका का पाठ लंदन से इंटरनेट द्वारा दिल्ली के कार्यालय तक भेजा जाता है। दिल्ली कार्यालय में डिजाइनर दूरसंचार सुविधाओं का उपयोग करके लंदन कार्यालय से पत्रिका के डिजाइन के विषय में निर्देश प्राप्त करते हैं, फिर छपाई के बाद पत्रिकाओं को लंदन भेजा जाता है।

5. **विदेशी व्यापार की पूर्व स्थिति और नई आर्थिक नीति पर संक्षिप्त टिप्पणी लिखिए।**

उत्तर **वर्ष 1991 से पहले विदेश व्यापार**

स्वतंत्रता के पश्चात् भारत सरकार ने विदेश व्यापार और विदेशी निवेश पर प्रतिबंध लगा रखा था। देश के उत्पादकों को विदेशी प्रतिस्पर्द्धा से संरक्षण प्रदान करने के लिए यह अनिवार्य माना गया। 1950 और 1960 के दशकों में उद्योगों का उदय हो रहा था और इस अवस्था में आयात से प्रतिस्पर्द्धा इन उद्योगों को बढ़ने नहीं देती, इसलिए भारत ने केवल अनिवार्य वस्तुओं; जैसे—मशीनरी, उर्वरक और पेट्रोलियम के आयात की ही अनुमति दी।

नई आर्थिक नीति, 1991

वर्ष 1991 के आस-पास यह महसूस किया गया था कि भारतीय उत्पादकों को विश्व के निर्माताओं के साथ प्रतिस्पर्द्धा करनी चाहिए, जिससे वे अपने प्रदर्शन और वस्तुओं एवं सेवाओं की गुणवत्ता में सुधार कर सकें। यही कारण है कि वर्ष 1991 में भारत सरकार ने अपनी व्यापार नीति में कुछ बड़े बदलाव किए थे। यह निर्णय विश्व व्यापार संगठन जैसे शक्तिशाली अंतर्राष्ट्रीय संगठनों द्वारा समर्थित था।

6. **भारत में वैश्वीकरण के प्रभावों को स्पष्ट कीजिए।**

उत्तर भारत में वैश्वीकरण के प्रभाव निम्नलिखित हैं

- वैश्वीकरण के परिणामस्वरूप उत्पादकों (स्थानीय और विदेशी दोनों) के बीच अधिक प्रतिस्पर्द्धा से उपभोक्ताओं, विशेष रूप से शहरी क्षेत्रों में समृद्ध वर्ग को लाभ पहुँचता है। यह बेहतर गुणवत्ता वाले उत्पादों और कम कीमतों के साथ बेहतर विकल्प देता है।
- बहुराष्ट्रीय कंपनियों ने भारत में अपने निवेश में वृद्धि की है; जैसे—सेलफोन, मोटरगाड़ियाँ, इलेक्ट्रॉनिक उत्पाद, ठंडे पेय पदार्थ, जंक खाद्य पदार्थों एवं बैंकिंग जैसी सेवाओं में निवेश इत्यादि।
- उद्योगों और सेवाओं में नए रोजगार उत्पन्न हुए हैं, साथ ही इन उद्योगों को कच्चे माल इत्यादि की आपूर्ति करने वाली स्थानीय कंपनियाँ समृद्ध हुईं।
- वैश्वीकरण नई और उन्नत तकनीक को लाता है, जिसके द्वारा स्थानीय कंपनियों को भी लाभ मिलता है।

7. **विदेशी निवेश को आकर्षित करने के लिए केंद्र एवं राज्य सरकारों द्वारा विकसित विशेष आर्थिक क्षेत्रों में उपलब्ध सुविधाओं की व्याख्या कीजिए।** **CBSE 2019**

अथवा **सरकार विदेशी निवेश को कैसे आकर्षित करती है? व्याख्या कीजिए।** **CBSE 2019**

अथवा **भारत में विदेशी कंपनियों को निवेश के लिए आकर्षित करने के लिए केन्द्र एवं राज्य सरकारों द्वारा उठाए गए कदमों का परीक्षण कीजिए।** **CBSE Term II 2022**

उत्तर सरकार विदेशी निवेश को आकर्षित करने के लिए निम्नलिखित कदम उठा रही है

- सरकार द्वारा विदेशी निवेश को आकर्षित करने के लिए विशेष आर्थिक क्षेत्रों की स्थापना की जा रही है।
- इन विशेष आर्थिक क्षेत्रों में विश्वस्तरीय सुविधाएँ; जैसे-बिजली, पानी, सड़क, परिवहन, भंडारण, मनोरंजन एवं शैक्षिक सुविधाएँ उपलब्ध कराई गई हैं।
- विशेष आर्थिक क्षेत्रों में उत्पादन इकाइयाँ स्थापित करने वाली कंपनियों को प्रारंभिक पाँच वर्षों तक कोई कर नहीं देना पड़ता।
- विदेशी निवेश को आकर्षित करने के लिए सरकार ने श्रम-कानून में लचीलापन लाने की अनुमति दी है।

8. **वैश्वीकरण को और अधिक निष्पक्ष बनाने के लिए भारत सरकार किस प्रकार मुख्य भूमिका निभा सकती है? उदाहरण के द्वारा स्पष्ट कीजिए।** **CBSE 2019**

उत्तर वैश्वीकरण को निष्पक्ष बनाने के लिए भारत सरकार निम्नलिखित कार्य कर सकती है
- सरकार न केवल अमीर एवं शक्तिशाली, बल्कि समाज के कमजोर वर्ग के हितों को ध्यान में रखते हुए नीतियों का निर्माण करे।
- छोटे उत्पादकों का समर्थन करे, ताकि वे बड़े निर्माताओं के साथ प्रतिस्पर्द्धा कर सके।
- यह सुनिश्चित करके कि मजदूरों को उनके अधिकार मिल सकें तथा सभी कंपनियों द्वारा इसका पालन हो।
- व्यापार एवं निवेश बाधाओं का उपयोग करके तथा विश्व व्यापार संगठन से निष्पक्ष नियमों के लिए बातचीत करके।
- प्रत्यक्ष पूँजी निवेश एवं विनिवेश नीति को उदार एवं पारदर्शी बनाना।
- लालफीताशाही व्यवस्था को नियंत्रित करना ताकि निवेशक पर कोई बाह्य प्रभाव नहीं डाले।

9. उदारीकरण क्या है? भारतीय अर्थव्यवस्था के उदारीकरण के लिए सरकार ने कौन-कौन से कदम उठाए? **CBSE 2012**

अथवा उदारीकरण किसे कहते हैं? भारतीय अर्थव्यवस्था पर उदारीकरण के किन्हीं चार प्रभावों का वर्णन कीजिए। **CBSE 2017**

उत्तर सरकार द्वारा अवरोधकों अथवा प्रतिबंधों को हटाने की प्रक्रिया उदारीकरण के नाम से जानी जाती है। भारत में यह वर्ष 1991 में भारत सरकार द्वारा आयात पर प्रतिबंध को कम करने के निर्णय को संदर्भित करता है। इसके लिए निम्नलिखित कदम उठाए गए

(i) उदारीकरण नीति के अंतर्गत उद्योगों को बाजार की आवश्यकताओं के अनुसार उत्पादन करने तथा विस्तार करने की छूट दी गई।

(ii) तीन उद्योगों के अतिरिक्त सभी उद्योगों को सभी प्रकार के औद्योगिक लाइसेंस से मुक्त कर दिया गया ।

(iii) अब उत्पादक विदेशों से कच्चा माल तथा मशीनरी का आयात करने के लिए स्वतंत्र हो गए।

(iv) अब भारतीय उद्योगों में विदेशी आधुनिक तकनीकों का प्रयोग होने लगा।

10. विश्व व्यापार संगठन में विकासशील देशों के लिए हुई चर्चा की परख कीजिए। **CBSE Term II 2022**

उत्तर विश्व व्यापार संगठन एक ऐसा संगठन है, जिसका ध्येय अंतर्राष्ट्रीय व्यापार को उदार बनाना है। विकसित देशों की पहल पर शुरू किया गया विश्व व्यापार संगठन अंतर्राष्ट्रीय व्यापार से संबंधित नियमों को निर्धारित करता है। विश्व व्यापार संगठन सभी देशों को मुक्त व्यापार की सुविधा देता है, परंतु व्यवहार में यह देखा गया है कि विकसित देशों ने अनुचित ढंग से व्यापार अवरोधकों को कायम रखा है, जिससे विश्व व्यापार संगठन के नियमों ने विकासशील देशों की व्यापार गतिविधियों में अवरोध की स्थिति उत्पन्न की है, परंतु वर्तमान में विकासशील देशों की अर्थव्यवस्था की गतिविधियों में सुधार होने पर विश्व व्यापार संगठन द्वारा विकासशील देशों के लिए व्यापार गतिविधियों में पारदर्शिता भी की जाने लगी है।

C दीर्घ उत्तरीय प्रश्न

1. वैश्वीकरण को संभव बनाने वाले कारकों का वर्णन कीजिए।

उत्तर वैश्वीकरण को संभव बनाने वाले निम्न कारक हैं

(i) **प्रौद्योगिकी में तीव्र उन्नति** विगत 50 वर्षों में परिवहन प्रौद्योगिकी में अत्यधिक उन्नति हुई है। इससे लंबी दूरियों तक वस्तुओं की तीव्र आपूर्ति को कम लागत पर संभव किया गया है।

(ii) **सूचना एवं संचार प्रौद्योगिकी** सूचना और संचार प्रौद्योगिकी ने विश्व में सेवाओं के उत्पादन का विस्तार किया है। दूरसंचार सुविधा (टेलीग्राफ, टेलीफोन, मोबाइल फोन, फैक्स) और उपग्रह संचार का उपयोग विश्व में एक-दूसरे से संपर्क स्थापित करने, सूचनाओं को तत्काल प्राप्त करने और दूरवर्ती क्षेत्रों से संवाद करने में प्रयोग किया जाता है।

इसका एक उदाहरण लंदन में पाठकों के लिए प्रकाशित एक समाचार-पत्र है, जिसे दिल्ली में डिजाइन और मुद्रित किया गया है। पत्रिका का पाठ लंदन से इंटरनेट द्वारा दिल्ली के कार्यालय तक भेजा जाता है। दिल्ली कार्यालय में डिजाइनर दूरसंचार सुविधाओं का उपयोग करके लंदन कार्यालय से पत्रिका के डिजाइन के विषय में निर्देश प्राप्त करते हैं, फिर छपाई के बाद पत्रिकाओं को लंदन भेजा जाता है।

(iii) **बहुराष्ट्रीय कंपनियाँ** वैश्वीकरण में बहुराष्ट्रीय कंपनियों ने महत्त्वपूर्ण भूमिका निभाई है। व्यापार के क्षेत्र में अन्य देशों से एक-दूसरे का संबंध वैश्वीकरण का परिचायक है।

2. वैश्वीकरण के परिणामों की व्याख्या प्रस्तुत कीजिए।

अथवा न्यायसंगत वैश्वीकरण के महत्त्वपूर्ण मापदंडों को बताइए।

अथवा वैश्वीकरण के किन्हीं तीन लाभों का आकलन कीजिए।

अथवा "वैश्वीकरण का प्रभाव एकसमान नहीं रहा है।" उपयुक्त उदाहरणों के साथ कथन की व्याख्या कीजिए। **CBSE Term II 2022**

अथवा "वैश्वीकरण एक बहुआयामी अवधारणा है।" कथन की परख कीजिए। **CBSE 2023**

उत्तर वैश्वीकरण के परिणाम निम्नलिखित हैं

(i) **रोजगार के बेहतर अवसर** आज भारत बी.पी.ओ. सेक्टर में एक अग्रणी देश है। बी.पी.ओ. से कई बहुराष्ट्रीय कंपनियों को सहयोग मिलता है। उदाहरणस्वरूप, अमेरिका में बैठा कोई ग्राहक जब अपनी समस्या के समाधान के लिए फोन कॉल करता है, तो शायद वह गुड़गाँव में बैठे किसी व्यक्ति से बात करता है। आर्थिक क्रियाओं के बढ़ने के कारण भारत में कई नए आर्थिक केंद्रों का विकास हुआ है; जैसे– गुड़गाँव, चंडीगढ़, बंगलुरु, हैदराबाद और मेरठ।

(ii) **जीवनशैली में बदलाव** वैश्वीकरण के परिणामस्वरूप लोगों के रहन-सहन, बोलचाल के तरीकों में बदलाव को सहजता से देखा जा सकता है। विशेषकर शहरी क्षेत्रों में रहने वाले लोगों में यह परिवर्तन देखा जा सकता है।

(iii) **विकास के असमान लाभ** वैश्वीकरण ने अधिकतर शहरी क्षेत्रों में रहने वाले लोगों को लाभ पहुँचाया है। इनके समक्ष अब पहले से अधिक विकल्प हैं और वे अब अनेक उत्पादों की उत्कृष्ट गुणवत्ता और कम कीमत से लाभान्वित हो रहे हैं। परिणामतः ये लोग पहले की तुलना में आज अपेक्षाकृत उच्चतर जीवन स्तर का आनंद ले रहे हैं। वहीं उत्पादकों और श्रमिकों पर वैश्वीकरण का एकसमान प्रभाव नहीं पड़ा है। छोटे उत्पादक या तो बड़ी कंपनियों से प्रतिस्पर्द्धा करते या नष्ट होते जा रहे हैं, वहीं वैश्वीकरण और प्रतिस्पर्द्धा के दबाव ने श्रमिकों के जीवन को व्यापक रूप से प्रभावित किया है।

(iv) **विकसित देशों द्वारा गलत तरीकों का प्रयोग** विकसित देश आज भी अपने किसानों को भारी अनुदान देते हैं और ट्रेड बैरियर लगाते हैं। बदले में विकासशील देशों को विश्व व्यापार संगठन से बहुत कुछ सुविधाएँ नहीं मिल पाती हैं।

3. व्यापार अवरोधक का आशय स्पष्ट करते हुए नई आर्थिक नीति, 1919 का वर्णन कीजिए।

उत्तर **व्यापार अवरोधक** सरकार द्वारा माल या सेवाओं के अंतर्राष्ट्रीय आदान-प्रदान पर प्रतिबंध लगाना व्यापार अवरोधक कहलाता है। आयात पर कर (आयात शुल्क) व्यापार अवरोधक का एक उदाहरण है। इससे अवरोधक इसलिए कहा गया है, क्योंकि यह कुछ प्रतिबंध लगाता है। सरकार व्यापार अवरोधक का प्रयोग विदेशी व्यापार में वृद्धि या कटौती करने तथा देश में किस प्रकार की वस्तुएँ कितनी आयात की जाएँ, यह निर्णय करने के लिए कर सकती है।

नई आर्थिक नीति, 1919

वर्ष 1919 के आस-पास यह अनुभव किया गया कि भारतीय उत्पादकों को विश्व के निर्माताओं के साथ प्रतिस्पर्द्धा करनी चाहिए, जिससे वे अपने प्रदर्शन और वस्तुओं एवं सेवाओं की गुणवत्ता में सुधार कर सकें। यही कारण है कि वर्ष 1919 में भारत सरकार ने अपनी विदेशी व्यापार नीति में कुछ बड़े परिवर्तन किए। एक ऐसा परिवर्तन उदारीकरण था। यह निर्णय विश्व व्यापार संगठन जैसे शक्तिशाली अंतर्राष्ट्रीय संगठनों द्वारा समर्थित था।

4. विश्व व्यापार संगठन पर एक टिप्पणी लिखिए। **CBSE 2012**

उत्तर विश्व व्यापार संगठन एक अंतर्राष्ट्रीय संगठन है, जो देशों के बीच व्यापार के वैश्विक नियमों का पालन करता है। इसका मुख्य कार्य यह सुनिश्चित करना है कि व्यापार आसानी से, अनुमानित रूप से और जितना संभव हो उतना स्वतंत्र रूप से हो। इसने भारत के विदेशी व्यापार और निवेश के उदारीकरण का समर्थन किया है। विकसित देशों की पहल पर विश्व व्यापार संगठन शुरू हुआ था। इसका उद्देश्य अंतर्राष्ट्रीय व्यापार का उदारीकरण करना है और यह सुनिश्चित करना है कि इसके सदस्य नियमों का पालन करते हैं। वर्तमान में विश्व व्यापार संगठन के 164 सदस्य हैं। हालाँकि विश्व व्यापार संगठन द्वारा सभी के लिए स्वतंत्र व्यापार की अनुमति दी जाती है, लेकिन यह पाया जाता है कि विकसित देशों ने कुछ व्यापार अवरोधकों को अनुचित ढंग से बनाए हुए रखा है और विकासशील देशों की बाधाओं को दूर करने के लिए मजबूर किया गया है। इसका एक उदाहरण कृषि उत्पादों में व्यापार है। संयुक्त राज्य अमेरिका में कृषिविदों को उनकी सरकार द्वारा अत्यधिक सब्सिडी दी जाती है, जिससे वे विकासशील देशों के लिए कम कीमतों पर गेहूँ और कपास जैसे उत्पादों का निर्यात कर सकें।

स्रोत आधारित प्रश्न

नीचे दिए गए स्रोतों का अध्ययन कीजिए तथा पूछे गए प्रश्नों के उत्तर दीजिए।

1. सामान्यतः बहुराष्ट्रीय कंपनियाँ उसी स्थान पर उत्पादन इकाई स्थापित करती हैं, जो बाज़ार के नज़दीक हों, जहाँ कम लागत पर कुशल और अकुशल श्रम उपलब्ध हो और जहाँ उत्पादन के अन्य कारकों की उपलब्धता सुनिश्चित हो। साथ ही बहुराष्ट्रीय कंपनियाँ सरकारी नीतियों पर भी नज़र रखती हैं, जो उनके हितों की देखभाल करती हैं।

इन परिस्थितियों को सुनिश्चित करने के बाद ही बहुराष्ट्रीय कंपनियाँ उत्पादन के लिए कार्यालयों और कारखानों की स्थापना करती हैं। परिसंपत्तियों; जैसे—भूमि, भवन, मशीन और अन्य उपकरणों की खरीद में व्यय की गई मुद्रा को निवेश कहते हैं। बहुराष्ट्रीय कंपनियों द्वारा किए गए निवेश को विदेशी निवेश कहते हैं। कोई भी निवेश इस आशा से किया जाता है कि ये परिसंपत्तियाँ लाभ अर्जित करेंगी। कभी-कभी बहुराष्ट्रीय कंपनियाँ इन देशों की स्थानीय कंपनियों के साथ संयुक्त रूप से उत्पादन करती हैं। संयुक्त उत्पादन से स्थानीय कंपनी को दोहरा लाभ होता है। पहला बहुराष्ट्रीय कंपनियाँ अतिरिक्त निवेश के लिए धन प्रदान कर सकती हैं, जैसे कि तीव्र उत्पादन के लिए मशीनें खरीदने के लिए। दूसरा, बहुराष्ट्रीय कंपनियाँ उत्पादन की नवीनतम प्रौद्योगिकी अपने साथ ला सकती हैं।

(i) भारत में बहुराष्ट्रीय कंपनियों का आगमन भारत सरकार की किस घोषणा की महत्त्वपूर्ण नीति थी?
(a) वर्ष 1956 में घोषित औद्योगिक नीति
(b) वर्ष 1972 में घोषित आर्थिक नीति
(c) वर्ष 1991 में घोषित नई आर्थिक नीति
(d) वर्ष 1999 में घोषित विनिवेश नीति

उत्तर (c) वर्ष 1991 में घोषित नई आर्थिक नीति

(ii) बहुराष्ट्रीय कंपनियाँ सरकारी नीतियों से किस प्रकार प्रभावित होती हैं?
(a) बहुराष्ट्रीय कंपनियों को प्रत्यक्ष निवेश के लिए प्रेरित करती हैं
(b) बहुराष्ट्रीय कंपनियों को अप्रत्यक्ष निवेश के लिए प्रेरित करती हैं
(c) बहुराष्ट्रीय कंपनियाँ उत्पादन कार्य में भागीदारी निभाती हैं
(d) उपरोक्त सभी

उत्तर (d) उपरोक्त सभी

(iii) बहुराष्ट्रीय कंपनियों के निवेश से लोगों के हितों पर क्या प्रभाव पड़ता है?
(a) रोजगार के अवसर उत्पन्न होते हैं
(b) वस्तु और सेवाओं की गुणवत्ता में वृद्धि होती है
(c) नवीन तकनीक के साथ-साथ उच्च प्रौद्योगिकी का विकास होता है
(d) उपरोक्त सभी

उत्तर (d) उपरोक्त सभी

(iv) विकासशील देशों में ही बहुराष्ट्रीय कंपनियों का निवेश सबसे अधिक क्यों होता है?
(a) विकासशील देश एक बहुत बड़ा बाज़ार होता है
(b) विकासशील देशों में कच्चे माल की उपलब्धता अधिक होती है
(c) 'a' और 'b' दोनों
(d) विकासशील देशों में स्थानीय कंपनियों का पूर्णत: अभाव रहता है

उत्तर (c) 'a' और 'b' दोनों

(v) बहुराष्ट्रीय कंपनियाँ .... से निकट प्रतिस्पर्द्धा करके अथवा उन्हें खरीदकर दूरस्थ स्थानों के उत्पादन पर अपना प्रभाव जमा रही हैं।
(a) बड़ी कंपनियों
(b) वित्तरहित कंपनियों
(c) महँगी कंपनियों
(d) स्थानीय कंपनियों

उत्तर (d) स्थानीय कंपनियों

(vi) **कथन** (A) बड़ी बहुराष्ट्रीय कंपनियों में दूरस्थ उत्पादकों के मूल्य, गुणवत्ता, आपूर्ति और श्रम-शर्तों का निर्धारण करने की प्रचंड क्षमता होती है।

कारण (R) विकसित देशों की बड़ी बहुराष्ट्रीय कंपनियाँ छोटे उत्पादकों को खरीदकर अपने ब्रांड से बेचती हैं।

कूट
(a) A और R दोनों सही हैं तथा R, A की सही व्याख्या है
(b) A और R दोनों सही हैं, परंतु R, A की सही व्याख्या नहीं है
(c) A सही है, किंतु R गलत है
(d) A गलत है, किंतु R सही है

उत्तर (a) A और R दोनों सही हैं तथा R, A की सही व्याख्या है

2. हमने देखा कि कुछ बहुत प्रभावशाली अंतर्राष्ट्रीय संगठनों ने भारत में विदेश व्यापार एवं विदेशी निवेश के उदारीकरण का समर्थन किया। इन संगठनों का मानना है कि विदेश व्यापार और विदेशी निवेश पर सभी अवरोधक हानिकारक हैं। कोई अवरोधक नहीं होना चाहिए। देशों के बीच मुक्त व्यापार होना चाहिए। विश्व के सभी देशों को अपनी नीतियाँ उदार बनानी चाहिए।

विश्व व्यापार संगठन एक ऐसा संगठन है, जिसका ध्येय अंतर्राष्ट्रीय व्यापार को उदार बनाना है। विकसित देशों की पहल पर शुरू किया गया विश्व व्यापार संगठन अंतर्राष्ट्रीय व्यापार से संबंधित नियमों को निर्धारित करता है और यह देखा जाता है कि इन नियमों का पालन हो। वर्तमान में विश्व के लगभग 164 देश विश्व व्यापार संगठन के सदस्य हैं।

यद्यपि विश्व व्यापार संगठन सभी देशों को मुक्त व्यापार की सुविधा देता है, परंतु व्यवहार में यह देखा गया है कि विकसित देशों ने अनुचित ढंग से व्यापार अवरोधकों को बरकरार रखा है। दूसरी ओर, विश्व व्यापार संगठन के नियमों ने विकासशील देशों के व्यापार अवरोधों को हटाने के लिए विवश किया है। इसका एक उदाहरण कृषि उत्पादों के व्यापार पर वर्तमान बहस है।

(i) विश्व व्यापार संगठन की स्थापना वर्ष .... में गैट के स्थान पर की गई थी। वर्तमान समय में इस संगठन में शामिल सदस्य देशों की संख्या .... है।
(a) 1948, 148 (b) 1972, 152
(c) 1995, 164 (d) 1998, 168

उत्तर (c) 1995, 164

(ii) किन उद्देश्यों को पूरा करने हेतु विश्व व्यापार संगठन की स्थापना की गई थी?
(a) अंतर्राष्ट्रीय व्यापार को प्रोत्साहित करने हेतु
(b) अंतर्राष्ट्रीय व्यापार को उदार बनाने के लिए
(c) 'a' और 'b' दोनों
(d) विकसित देशों के हितों की रक्षा करने हेतु

उत्तर (c) 'a' और 'b' दोनों

(iii) विश्व व्यापार संगठन डम्पिंग जैसी समस्याओं से निपटने के लिए अनिवार्य कदम उठाए। डम्पिंग का तात्पर्य है
(a) उत्पाद लागत से अधिक मूल्य पर वस्तुओं का निर्यात
(b) उत्पाद लागत से कम मूल्य पर वस्तुओं का निर्यात
(c) बलपूर्वक निर्यात शुल्क को बढ़ाना
(d) बलपूर्वक आयात शुल्क को घटाना

उत्तर (b) उत्पाद लागत से कम मूल्य पर वस्तुओं का निर्यात

(iv) विश्व व्यापार संगठन के सम्मेलन के दौरान किस विषय पर अकसर विकसित एवं विकासशील देशों के मध्य टकराव देखने को मिले हैं?
(a) कृषि सब्सिडी जैसे विषयों पर
(b) प्राथमिक सेवाओं पर दी जाने वाली सब्सिडी पर
(c) औद्योगिक उत्पादों पर दी जाने वाली सब्सिडी पर
(d) उपरोक्त सभी

उत्तर (a) कृषि सब्सिडी जैसे विषयों पर

(v) निम्नलिखित कथनों पर विचार कीजिए
1. विश्व व्यापार संगठन अंतर्राष्ट्रीय व्यापार से संबंधित नियमों का निर्धारण करता है।
2. उदारीकरण की प्रक्रिया में सरकार द्वारा आर्थिक प्रतिबंधों पर छूट दी जाती है।
3. उदारीकरण में विदेशी व्यापार तथा विदेशी निवेश दोनों पर लगाया गया अवरोधक हानिकारक होता है।

उदारीकरण के समय में अपनाई जाने वाली आर्थिक गतिविधियों से संबंधित दिए गए कौन-से कथन सही हैं?

कूट

(a) 1 और 3 (b) 1 और 2

(c) 2 और 3 (d) ये सभी

उत्तर (d) ये सभी

(vi) सुमेलित कीजिए

सूची I	सूची II
A. मुक्त व्यापार	1. कृषि उत्पादों के व्यापार
B. विदेशी व्यापार	2. अवरोध रहित व्यापार
C. विदेशी निवेश	3. विश्व के देशों के मध्य व्यापार
D. व्यापार विवाद	4. बहुराष्ट्रीय कंपनियों का निवेश

कूट

	A	B	C	D
(a)	1	2	3	4
(b)	2	3	4	1
(c)	3	1	4	2
(d)	4	3	2	1

उत्तर (b) 2 3 4 1

3. स्वतंत्रता के बाद भारत सरकार ने विदेश व्यापार एवं विदेशी निवेश पर प्रतिबंध लगा रखा था। देश के उत्पादकों को विदेशी प्रतिस्पर्द्धा से संरक्षण प्रदान करने के लिए यह अनिवार्य माना गया। 1950 और 1960 के दशकों में उद्योगों का उदय हो रहा था और इस अवस्था में आयात से प्रतिस्पर्द्धा इन उद्योगों को बढ़ने नहीं देती, इसीलिए भारत ने केवल अनिवार्य वस्तुओं; जैसे—मशीनरी, उर्वरक और पेट्रोलियम के आयात की ही अनुमति दी।

ध्यान दीजिए कि सभी विकसित देशों ने विकास के प्रारंभिक चरणों में घरेलू उत्पादकों को विभिन्न तरीकों से संरक्षण दिया है।

भारत में करीब वर्ष 1991 के प्रारंभ से नीतियों में कुछ दूरगामी परिवर्तन किए गए। सरकार ने यह निश्चय किया कि भारतीय उत्पादकों के लिए विश्व के उत्पादकों से प्रतिस्पर्द्धा करने का समय आ गया है। यह महसूस किया गया कि प्रतिस्पर्द्धा से देश में उत्पादकों के प्रदर्शन में सुधार होगा, क्योंकि उन्हें अपनी गुणवत्ता में सुधार करना होगा। इस निर्णय का प्रभावशाली अंतर्राष्ट्रीय संगठनों ने समर्थन किया।

अत: विदेश व्यापार एवं विदेशी निवेश पर से अवरोधों को काफी हद तक हटा दिया गया। इसका अर्थ है कि वस्तुओं का आयात-निर्यात सुगमता से किया जा सकता था और विदेशी कंपनियाँ यहाँ अपने कार्यालय और कारखाने स्थापित कर सकती थीं।

सरकार द्वारा अवरोधों अथवा प्रतिबंधों को हटाने की प्रक्रिया उदारीकरण के नाम से जानी जाती है। व्यापार के उदारीकरण से व्यावसायियों को मुक्त रूप से निर्णय लेने की अनुमति मिली है कि वे क्या आयात या निर्यात करना चाहते हैं। सरकार पहले की तुलना में कम नियंत्रण करती है और इसलिए उसे अधिक उदार कहा जाता है।

(i) स्वतंत्रता के बाद भारत सरकार ने विदेशी व्यापार एवं विदेशी निवेश पर प्रतिबंध क्यों लगा रखा था?

उत्तर स्वतंत्रता के बाद भारत ने अपने देश के उत्पादों का संरक्षण करने के उद्देश्य से विदेशी व्यापार एवं विदेशी निवेश पर प्रतिबंध लगा रखा था। इस समय कुछ अनिवार्य वस्तुएँ; जैसे—मशीनरी, उर्वरक तथा पेट्रोलियम के आयात की ही अनुमति दी गई थी।

(ii) वर्ष 1991 के पश्चात् भारत सरकार ने अपनी आर्थिक गतिविधियों में किस प्रकार सुधार किया है?

उत्तर वर्ष 1991 में भारत में नई आर्थिक नीतियों की घोषणा की गई। वैश्वीकरण का दौर इस समय शुरू हुआ। इस समय भारत सरकार के द्वारा अपनी आर्थिक गतिविधियों पर से नियंत्रण को कम किया गया तथा कुछ छूट दी गई। इसे भारतीय उत्पादों के प्रदर्शन में सुधार, गुणवत्ता में सुधार आदि के रूप में स्वीकार किया गया।

(iii) व्यापार के उदारीकरण से आर्थिक गतिविधियों पर क्या प्रभाव पड़ा है?

उत्तर व्यापार के उदारीकरण से व्यापारिक गतिविधियों को बढ़ावा मिला है। इसके साथ ही बाजारों की उपलब्धता स्थानीय उद्यमों के लिए आसान हुई है, वस्तुओं की कीमत कम हुई है, सामानों की पहुँच लगभग सभी स्थानों पर आसान हुई है तथा वस्तुओं की गुणवत्ता में सुधार आया है।

4. स्रोत 'क' अंतर्देशीय उत्पादन

बीसवीं शताब्दी के मध्य तक उत्पादन मुख्यत: देशों की सीमाओं के अंदर ही सीमित था। इन देशों की सीमाओं को लांघने वाली वस्तुओं में केवल कच्चा माल, खाद्य पदार्थ और तैयार उत्पाद ही थे।

भारत जैसे उपनिवेशों से कच्चा माल एवं खाद्य पदार्थ निर्यात होते थे और तैयार वस्तुओं का आयात होता था। व्यापार ही दूरस्थ देशों को आपस में जोड़ने का मुख्य जरिया था। यह बड़ी कंपनियाँ थीं, जिन्हें बहुराष्ट्रीय कंपनियाँ कहते हैं।

स्रोत 'ख' विदेशी व्यापार और बाजारों का एकीकरण

सरल शब्दों में कहा जाए, तो विदेशी व्यापार घरेलू बाजारों अर्थात् अपने देश के बाजारों से बाहर के बाजारों में पहुँचने के लिए उत्पादकों को एक अवसर प्रदान करता है। उत्पादक केवल अपने देश के बाजारों में ही अपने उत्पाद नहीं बेच सकते हैं, बल्कि विश्व के अन्य देशों के बाजारों में भी प्रतिस्पर्द्धा कर सकते हैं। इसी प्रकार, दूसरे देशों में उत्पादित वस्तुओं के आयात से खरीदारों के समक्ष उन वस्तुओं के घरेलू उत्पादन के अन्य विकल्पों का विस्तार होता है।

स्रोत 'ग' भारत में वैश्वीकरण का प्रभाव

वैश्वीकरण और उत्पादकों-स्थानीय एवं विदेशी दोनों के बीच वृहत्तर प्रतिस्पर्द्धा से उपभोक्ताओं, विशेषकर शहरी क्षेत्र में धनी वर्ग के उपभोक्ताओं को लाभ हुआ है।

इन उपभोक्ताओं के समक्ष पहले से अधिक विकल्प हैं और वे अब अनेक उत्पादों की उत्कृष्ट गुणवत्ता और कम कीमत से लाभान्वित हो रहे हैं। परिणामत: ये लोग पहले की तुलना में आज अपेक्षाकृत उच्चतर जीवन स्तर का आनंद ले रहे हैं।

उत्पादकों और श्रमिकों पर वैश्वीकरण का एकसमान प्रभाव नहीं पड़ा है। **CBSE 2020**

स्रोत 'क' अंतर्देशीय उत्पादन

(i) बहुराष्ट्रीय कंपनियाँ किस प्रकार संसार के देशों को जोड़ रही हैं?

उत्तर बहुराष्ट्रीय कंपनियाँ एक से अधिक देशों में उत्पादन पर नियंत्रण अथवा स्वामित्व रखती हैं। यह विभिन्न देशों के स्थानीय उत्पादों का क्रय तथा विक्रय करती हैं तथा लोगों को रोजगार भी देती हैं। इस प्रकार से विश्व के देशों को यह जोड़कर रखती हैं, जिसमें विस्तार होता रहता है।

स्रोत 'ख' विदेशी व्यापार और बाजारों का एकीकरण

(ii) विदेशी व्यापार किस प्रकार देशों को जोड़ने का प्रमुख मार्ग है?

उत्तर विदेशी व्यापार से घरेलू बाजारों अर्थात् देश के बाजारों से बाहर के बाजारों में उत्पादकों को पहुँचने का अवसर मिलता है। इससे विश्व के देशों के बाजारों में उत्पादकों को प्रतिस्पर्द्धा का अवसर मिलता है। इसमें आयात-निर्यात से वस्तुओं के विकल्प के रूप में दूसरे उत्पाद भी मिल जाते हैं। इस प्रकार, इससे बाजार के एकीकरण को बढ़ावा मिलता है। अतः कहा जा सकता है कि विदेशी व्यापार विश्व के देशों को जोड़ने का प्रमुख मार्ग है।

स्रोत 'ग' भारत में वैश्वीकरण का प्रभाव

(iii) वैश्वीकरण किस प्रकार उपभोक्ताओं के लिए लाभकारी है?

उत्तर वैश्वीकरण से उत्पादक के साथ-साथ उपभोक्ता भी बहुत लाभान्वित हुआ है। विशेषकर शहरी क्षेत्रों के धनी वर्ग के उपभोक्ताओं को अधिक लाभ हुआ है। इन्हें सस्ती दरों पर उत्पादों की उपलब्धता सुनिश्चित हुई है। उपभोक्ताओं को विकल्प मिले हैं। लोगों को गुणवत्तापूर्ण उत्पाद कम कीमत पर उपलब्ध हुआ है। इसका प्रभाव यह हुआ है कि लोगों के जीवन स्तर के बदलाव में महत्त्वपूर्ण भूमिका है। इस प्रकार, वैश्वीकरण उपभोक्ताओं के लिए लाभकारी है।

स्वयं को जाँचें

वस्तुनिष्ठ प्रश्न

1. निम्न में से कौन-सा निवेश का उदाहरण है?

(a) कंपनी (b) व्यापार (c) जमीन (d) फूड्स

2. उदारवादी नीतियों के अंतर्गत किसको हटा दिया गया है?

(a) प्रतिबंध (b) लाइसेंस (c) व्यापार (d) कोटा

3. परिवहन में सुधार से किसके प्रोत्साहन में मदद मिली है?

(a) वैश्वीकरण (b) उदारीकरण (c) निजीकरण (d) वाणिज्यीकरण

4. निम्नलिखित कथनों पर विचार कीजिए

1. विश्व में वैश्वीकरण की तीव्र प्रक्रिया विदेशी निवेश तथा विदेशी व्यापार के द्वारा संभव हुआ है।
2. बहुराष्ट्रीय कंपनियाँ उन स्थानों की खोज करती हैं, जहाँ उत्पादन सस्ता होता है।
3. वैश्वीकरण से धनी उपभोक्ता और कुशल, शिक्षित तथा धनी उत्पादक अधिक लाभांवित हुआ है।

उपरोक्त में से कौन-सा कथन सही है?

कूट

(a) केवल 1 (b) 1 और 2 दोनों (c) 1 और 3 दोनों (d) ये सभी

अतिलघु उत्तरीय प्रश्न

5. वैश्वीकरण की प्रक्रिया में बहुराष्ट्रीय कंपनियों के योगदान को बताइए।

6. अंतर्देशीय उत्पादन क्या है?

7. बहुराष्ट्रीय कंपनियों को एक उत्पादन इकाई के रूप में स्थापित करने के पीछे के कारकों का वर्णन कीजिए।

8. वैश्वीकरण के प्रारंभ होने से पहले की स्थितियों का भारत के संदर्भ में परिचय दीजिए।

9. कुछ बहुराष्ट्रीय कंपनियों के उदाहरण देते हुए उनके द्वारा उत्पादित कुछ वस्तुओं की सूची तैयार कीजिए।

लघु उत्तरीय प्रश्न

10. बहुराष्ट्रीय कंपनियों के निवेश के उद्देश्य व लक्ष्यों को बताइए।

11. "दूर-दूर तक विस्तृत उत्पादक इकाइयाँ परस्पर संबंधित हो रही हैं।" स्पष्ट कीजिए।

12. "विदेश व्यापार विभिन्न देशों को आपस में जोड़ने का मुख्य माध्यम रहा है।" इस कथन की पुष्टि कीजिए।

13. निम्नलिखित पर टिप्पणी कीजिए

(i) निवेश (ii) विदेशी निवेश (iii) बाजारों का एकीकरण

दीर्घ उत्तरीय प्रश्न

14. वैश्वीकरण की प्रक्रिया में प्रौद्योगिकी के योगदान को बताइए।

15. व्यापार अवरोधक और उदारीकरण को भारत के संदर्भ में स्पष्ट कीजिए।

16. विश्व व्यापार संगठन की उपयोगिता व सीमाओं को बताइए।

अध्याय

05

उपभोक्ता अधिकार

बाजार में उपभोक्ता

उपभोक्ता (Consumer) एक ऐसा व्यक्ति है, जो भुगतान करने के बाद बाजार से किसी वस्तु (Goods) या सेवा (Service) को खरीदता है और उसका उपयोग करता है। उपभोक्ताओं की भागीदारी बाजार में तब होती है, जब वे अपनी आवश्यकतानुसार अंतिम वस्तुओं या सेवाओं को खरीदते हैं। हालाँकि उपभोक्ता बाजार में शोषित (Exploited) किए जाते हैं, क्योंकि वे अपने अधिकारों पर बल नहीं देते हैं।

उपभोक्ताओं की सुरक्षा की आवश्यकता

उपभोक्ताओं के लिए सुरक्षा सुनिश्चित करने के लिए नियमों और विनियमों (Rules and Regulations) की आवश्यकता होती है, क्योंकि बाजार में शोषण विभिन्न माध्यमों से होता है। उपभोक्ता प्राय: स्वयं को कमजोर स्थिति में पाता है, क्योंकि खरीदी गई वस्तु या सेवा के बारे में जब भी कोई शिकायत होती है, तो विक्रेता सारा उत्तरदायित्व क्रेता पर डालने का प्रयास करता है। उपभोक्ताओं का शोषण करने वाले कारक इस प्रकार हैं

- गलत या अधूरी जानकारी देने वाली कंपनियाँ
- मिलावटी और अशुद्ध खाद्य पदार्थों की बिक्री
- इलेक्ट्रॉनिक सामान में उचित सुरक्षा मानदंडों की कमी
- सूचीबद्ध से अधिक मूल्य प्राप्त करना
- घटिया उत्पादों को बेचना
- अनेक व्यापारी अनुचित व्यापारिक प्रथाओं में लिप्त पाए जाते हैं; जैसे—दुकानदार उचित वजन से कम वजन तौलते हैं।
- असंतोषजनक बिक्री सेवाएँ और अशिष्ट व्यवहार
- उपभोक्ताओं को आकर्षित करने के लिए समय-समय पर मीडिया और अन्य स्रोतों; जैसे—हॉर्डिंग आदि द्वारा गलत और कृत्रिम सूचना देना।

उपभोक्ता आंदोलन

भारत में सामाजिक बल के रूप में उपभोक्ता आंदोलन (Consumer Movement) का उदय अनैतिक और अनुचित व्यवसाय कार्यों से उपभोक्ताओं के हितों की रक्षा करने और प्रोत्साहित करने की आवश्यकता के साथ हुआ। अत्यधिक खाद्य कमी, जमाखोरी, कालाबाजारी (Black Marketing), खाद्य पदार्थों एवं खाद्य तेल में मिलावट की वजह से 1960 के दशक में भारत में व्यवस्थित रूप में उपभोक्ता आंदोलन (Consumer Movement) का उदय हुआ।

अध्याय एक नजर में

- *बाजार में उपभोक्ता*
- *उपभोक्ता आंदोलन*
- *उपभोक्ता अधिकार*
- *उपभोक्ता आंदोलन आगे ले जाना*

1970 के दशक तक उपभोक्ता संस्थाएँ (Consumer Organisations) वृहत स्तर पर उपभोक्ता अधिकार से संबंधित आलेखों (Articles) के लेखन और प्रदर्शनी (Exhibition) के आयोजन का कार्य करने लगी थीं।

उपभोक्ता शिकायत केंद्र

- भारत में उपभोक्ता आंदोलनों ने विभिन्न संगठनों के निर्माण में पहल की है, जिन्हें सामान्यतया **उपभोक्ता अदालत या उपभोक्ता संरक्षण परिषद्** (Consumer Forums or Consumer Protection Councils) के नाम से जाना जाता है।
- ये उपभोक्ताओं का मार्गदर्शन करती हैं और बताती हैं कि किस प्रकार उपभोक्ता अदालत में मुकदमा (Case) दर्ज करा सकते हैं। अनेक बार ये उपभोक्ता अदालत में व्यक्ति विशेष (उपभोक्ता) का प्रतिनिधित्व भी करती हैं।
- ये स्वयंसेवी संगठन (Voluntary Organisations) जनता में जागरूकता पैदा करने के लिए सरकार से वित्तीय सहयोग भी प्राप्त करते हैं।

उपभोक्ता संरक्षण अधिनियम, 1986

उपभोक्ता संरक्षण अधिनियम, 1986 (Consumer Protection Act, 1986) COPRA के नाम से प्रसिद्ध है। यह अधिनियम **उपभोक्ता अंतर्राष्ट्रीय** (Consumer International) के गठन के बाद लागू किया गया था। उपभोक्ता संरक्षण अधिनियम (Consumer Protection Act, COPRA), 1986 संसद का एक अधिनियम है, जो भारत में उपभोक्ताओं के हितों की रक्षा के लिए अधिनियमित है। यह उपभोक्ताओं के विवादों और उनसे जुड़े मामलों के समाधान के लिए **उपभोक्ता परिषदों** (Consumer Council) और अन्य प्राधिकारियों (Other Authorities) की स्थापना के लिए प्रावधान करता है।

त्रि-स्तरीय प्रणाली

COPRA के अंतर्गत उपभोक्ता विवादों के समाधान के लिए जिला, राज्य और राष्ट्रीय स्तरों पर एक त्रि-स्तरीय (Three-tier) न्यायिक तंत्र स्थापित किया गया है। जिला स्तर न्यायालय ₹ 20 लाख तक के दावों से संबंधित मुकदमों पर विचार करता है, राज्य स्तरीय न्यायालय ₹ 20 लाख से ₹ 1 करोड़ तक और राष्ट्रीय स्तर पर न्यायालय ₹ 1 करोड़ से अधिक के मुकदमों पर विचार करता है।

यदि कोई मुकदमा जिला स्तर के न्यायालय में खारिज कर दिया जाता है, तो उपभोक्ता राज्य स्तर के न्यायालय में और उसके बाद राष्ट्रीय स्तर के न्यायालय में भी अपील कर सकता है।

20 जुलाई, 2020 को नया उपभोक्ता संरक्षण अधिनियम, 2019 को लागू कर दिया गया है। यह उपभोक्ताओं को विभिन्न नियमों व प्रावधानों के माध्यम से सुरक्षा प्रदान करता है तथा उन्हें सशक्त बनाता है। यह कानून 1986 के संरक्षण अधिनियम की तुलना में तेज गति से कम समय में कार्यों का निपटारा करता है।

उपभोक्ता संरक्षण अधिनियम, 2019

इस अधिनियम के कुछ प्रमुख प्रावधान निम्नलिखित हैं

- इसके अंतर्गत उपभोक्ता संरक्षण (ई-कॉमर्स) नियम, 2020 को अधिसूचित किया गया है।
- इसमें इंटरनेट के माध्यम से खरीद को भी शामिल किया गया है।
- यदि कोई सेवा में कमी या दोषपूर्ण उत्पाद है, तो सेवा प्रदाता और निर्माता को भी जिम्मेदार ठहराया जाएगा और दंडित किया जाएगा।
- उपभोक्ता अदालत के बाहर तटस्थ मध्यस्थ की सहायता से विवादों के निपटारे को अब उपभोक्ता न्यायालयों के सभी तीन स्तरों पर प्रोत्साहित किया गया है।
- जिला, राज्य तथा राष्ट्रीय स्तर पर उपभोक्ता विवाद निवारण आयोगों के गठन का प्रावधान है। इसमें जिला स्तर पर 1 करोड़ तक, राज्य स्तर पर 1 करोड़ से 10 करोड़ तक तथा राष्ट्रीय स्तर पर 10 करोड़ से अधिक राशि के विवादों के समाधान का प्रावधान है।

चेक प्वॉइंट 01

1. *उपभोक्ता का क्या अर्थ है?*
2. *उपभोक्ता आंदोलन का उदय कब हुआ?*
3. *उपभोक्ता आंदोलन की कोई दो समस्या बताइए।*
4. *उपभोक्ता संरक्षण कानून किस वर्ष बना?*
5. *जिला स्तर का न्यायालय .... रुपये तक के मुकदमे पर विचार करता है।*

उपभोक्ता अधिकार

उपभोक्ता के अधिकारों में शामिल हैं

1. सुरक्षा का अधिकार (Right to be Protected)
2. सूचित होने का अधिकार (Right to be Informed)
3. चुनने का अधिकार (Right to Choose)
4. निवारण का अधिकार (Right to Seek Redressal)
5. प्रतिनिधि का अधिकार (Right to Represent)

इन अधिकारों पर नीचे चर्चा की गई है

सुरक्षा का अधिकार

उपभोक्ता को वस्तुओं के बाजारीकरण (Marketing of Goods) और सेवाओं की प्राप्ति के विरुद्ध **सुरक्षित रहने का अधिकार** है, क्योंकि ये जीवन और संपत्ति के लिए खतरनाक होते हैं।

निर्माता और सेवा प्रदाताओं को आवश्यक सुरक्षा नियमों और विनियमों का पालन करने की आवश्यकता है। ऐसी बहुत-सी वस्तुएँ (जैसे—प्रेशर कुकर का सेफ्टी वाल्व, विद्युत उपकरण, गीजर, प्रेस आदि) हैं, जिनकी सुरक्षा के दृष्टिकोण से विशेष सावधानी की आवश्यकता होती है। यदि ये दोषपूर्ण हैं, तो भयंकर दुर्घटना का कारण हो सकती हैं। इसलिए इनके निर्माताओं को इनकी उच्च गुणवत्ता सुनिश्चित करनी चाहिए।

सूचित होने का अधिकार

सरकार ने उत्पाद के पैकेट पर सभी सामग्रियों और सुरक्षा सुविधाओं, निर्माण की तारीख, मूल्य, मात्रा, समाप्ति तिथि, उपयोग के लिए दिशा-निर्देश आदि का उल्लेख अनिवार्य कर दिया है। यदि उत्पाद किसी भी तरह से दोषपूर्ण सिद्ध होता है, तो उपभोक्ता शिकायत कर सकता है और मुआवजा पाने या वस्तु बदलने की माँग कर सकता है। निर्माताओं को उत्पाद के पैकेटों पर इन सूचनाओं को प्रदर्शित करना होगा, क्योंकि उपभोक्ताओं को उनके द्वारा खरीदे गए सामानों और सेवाओं के विवरण के विषय में जानकारी प्राप्त करने का अधिकार है।

उपभोक्ता के लिए RTI का उपयोग

अक्टूबर, 2005 में भारत सरकार ने एक कानून बनाया, जिसे सूचना का अधिकार (Right to Information, RTI) अधिनियम के नाम से जाना जाता है, जो अपने नागरिकों को सरकार के कामकाज के विषय में सभी जानकारी सुनिश्चित करता है। सूचना के अधिकार का उपयोग करने का एक उदाहरण नीचे दिया गया है अमृता ने सरकारी नौकरी के लिए साक्षात्कार में भाग लिया, लेकिन उसे चयन के बारे में जानकारी प्राप्त नहीं हुई। अधिकारियों ने उसके प्रश्नों का उत्तर देने से इनकार कर दिया। उसने सूचना का अधिकार कानून के अंतर्गत एक आवेदन दर्ज किया, जिसके उत्तर में उसे सूचित करने में देरी के कारणों के विषय में बताया गया था। बाद में उसे नियुक्ति के लिए बुलावा-पत्र (Call Letter) भी मिला।

चुनने का अधिकार

कोई भी उपभोक्ता, जो अपनी क्षमता के अनुसार किसी सेवा को प्राप्त करता है, चाहे वह किसी आयु या लिंग का हो, वह चुनने का अधिकार रखता है, चाहे वह सेवा उसे लगातार प्राप्त करनी हो या नहीं। उदाहरण के लिए, व्यक्ति दंतमंजन खरीदना चाहता है और दुकानदार कहता है कि वह दंतमंजन केवल तभी बेचेगा, जब आप दंतमंजन के साथ एक ब्रश भी खरीदेंगे। यदि आप ब्रश खरीदने के इच्छुक नहीं हैं, तब आपके चुनने के अधिकार का उल्लंघन हुआ है।

निवारण का अधिकार

उपभोक्ताओं को अनुचित सौदेबाजी और शोषण के विरुद्ध क्षतिपूर्ति निवारण का अधिकार है। यदि एक उपभोक्ता को कोई क्षति पहुँचाई जाती है, तो क्षति की मात्रा के आधार पर उसे क्षतिपूर्ति पाने का अधिकार होता है।

प्रतिनिधि का अधिकार

उपभोक्ता नुकसान की भरपाई को माँगने तथा निवारण करने का अधिकार रखते हैं। किसी निवारण को करते समय उपभोक्ता न्यायालय अर्थात् उपभोक्ता अदालत में प्रतिनिधित्व किए जाने का अधिकार रखते हैं। इस उद्देश्य के लिए त्रि-स्तरीय अर्द्ध-न्यायिक तंत्र की स्थापना की गई है। यदि सहायता की आवश्यकता है, तो इस दशा में उपभोक्ता, उपभोक्ता अदालत या उपभोक्ता संरक्षण परिषद् से मदद माँग सकता है।

गुणवत्ता मानक : आई एस आई और एगमार्क

आई एस आई, एगमार्क या हॉलमार्क गुणवत्ता मानकों के प्रतीक चिह्न या लोगो हैं, जो वस्तु की गुणवत्ता को सुनिश्चित करते हैं। जो संगठन इन प्रमाण-पत्रों की जाँच करते हैं और इन्हें जारी करते हैं, वे उत्पादकों को उन प्रदत्त लोगो (चिह्न) का प्रयोग करने की अनुमति देते हैं।

ये संगठन बहुत-से उत्पादों के लिए गुणवत्ता मानकों का विकास करते हैं, लेकिन ऐसे मानकों का अनुसरण करना सभी उत्पादकों के लिए आवश्यक नहीं है। कुछ उत्पाद, जो उपभोक्ताओं के स्वास्थ्य और सुरक्षा को प्रभावित करते हैं या अधिक उपभोग के उत्पाद; जैसे-एल पी जी सिलेंडर, खाद्य रंग और योजक, सीमेंट, पैक किए गए पेयजल आदि के लिए उत्पादकों को इन संगठनों द्वारा प्रमाण-पत्र प्राप्त करना अनिवार्य है।

एक जानकार उपभोक्ता होना

एक जागरूक उपभोक्ता बनने के लिए निपुणता और ज्ञान प्राप्त करने की जरूरत होती है। COPRA अधिनियम ने केंद्र और राज्य सरकारों में उपभोक्ता मामले के अलग विभागों को स्थापित करने में मुख्य भूमिका निर्वाह की है। एक उपभोक्ता को वस्तुएँ खरीदते समय निम्न बातों को ध्यान में रखना चाहिए

- आई एस आई, एगमार्क, हॉलमार्क आदि के चिह्न वाले उत्पाद खरीदना।
- अपने खरीदे हुए सभी सामान के प्रमाण के लिए नकद-पर्ची लेना।
- शिकायत की स्थिति में, उपभोक्ता शिकायत केंद्र जाना।
- सरकार विज्ञापन के माध्यम से कानूनी प्रक्रिया के बारे में नागरिकों को अवगत कराती है, जिसका उपयोग उपभोक्ता कर सके।

उपभोक्ता आंदोलन आगे ले जाना

राष्ट्रीय उपभोक्ता दिवस (National Consumer Day) 24 दिसंबर को मनाया जाता है। इस दिन भारतीय संसद ने वर्ष 1986 में उपभोक्ता सुरक्षा अधिनियम कानून पारित किया था।

आज उपभोक्ता आंदोलन के कारण भारत में 700 से भी अधिक उपभोक्ता समूह हैं, जिनमें से 20-25 समूह अपने कार्य के लिए अच्छी तरह से संगठित हैं और पहचाने जाते हैं।

उपभोक्ता आंदोलन के साथ समस्याएँ

- उपभोक्ता निवारण प्रक्रिया कठिन, खर्चीली और अधिक समय लेने वाली है। अधिकांश खरीदारियों के समय रसीद नहीं दी जाती है।
- दोषयुक्त उत्पादों से पीड़ित उपभोक्ताओं की क्षतिपूर्ति के मुद्दे पर मौजूदा कानून भी बहुत स्पष्ट नहीं है।
- असंगठित क्षेत्र में कानून प्रवर्तन कमजोर है।
- उपभोक्ता निवारण के लिए अदालत की कार्यवाही में काफी लंबा समय लगता है। बाजार के कामकाज के लिए नियम और विनियमों का अनुसरण नहीं किया जाता।

चेक प्वॉइंट 02

1. *सुरक्षा के अधिकार को बताइए।*
2. *गुणवत्ता मानक क्या है?*
3. *राष्ट्रीय उपभोक्ता दिवस कब मनाया जाता है?*
4. *उपभोक्ता से जुड़ी कोई एक समस्या बताइए।*
5. *भारत में लगभग ·········से अधिक उपभोक्ता समूह हैं।*

इन्हें भी जानें

- ***उत्पादक*** *(Producer)* ऐसा व्यक्ति, जो वस्तुओं का निर्माण या उत्पादन करता है।
- ***उपभोक्ता*** *(Consumer)* ऐसे व्यक्ति, जो अपनी आवश्यकतानुसार वस्तुओं या सेवाओं को खरीदते हैं और उनका उपभोग करते हैं।
- ***उपभोक्ता इंटरनेशनल*** *(Consumer International)* संयुक्त राष्ट्र के दिशा-निर्देशों पर उपभोक्ता सुरक्षा के लिए एक समूह का गठन हुआ, जो अंतर्राष्ट्रीय स्तर पर उपभोक्ता आंदोलन का आधार बना, समग्र रूप से यह 'उपभोक्ता इंटरनेशनल' था।
- ***कोपरा*** *(COPRA)* वर्ष 1986 में भारत सरकार द्वारा उपभोक्ता सुरक्षा हेतु एक बड़ा कदम उठाया गया, जिसे 'कोपरा' के नाम से जाना जाता है।
- ***उपभोक्ता जागरूकता*** *(Consumer Awareness)* उपभोक्ताओं का अपने अधिकारों के प्रति सचेत या जागरूक रहना ही 'उपभोक्ता जागरूकता' कहलाता है।
- ***मानकीकरण*** *(Standardisation)* उत्पादों की गुणवत्ता के आधार पर मानकों का निर्धारण ही 'मानकीकरण' कहलाता है।
- ***सूचना का अधिकार*** *(Right to Information)* अक्टूबर, 2005 में भारत सरकार के द्वारा बनाया गया ऐसा कानून, जो नागरिकों को सरकारी कार्यकलापों की सूचनाओं को पाने से संबंधित है।
- ***त्रिस्तरीय न्यायिक मंच*** *(Three-Tier Justice)* उपभोक्ता विवादों के समाधान हेतु जिला, राज्य और राष्ट्रीय स्तरों पर न्यायालयों की स्थापना को त्रिस्तरीय न्यायिक मंच कहा जाता है।

राष्ट्रीय उपभोक्ता दिवस *(National Consumer Day)*
24 दिसंबर को राष्ट्रीय उपभोक्ता दिवस के रूप में मनाया जाता है। वर्ष 1986 में इसी दिन भारत सरकार ने उपभोक्ता सुरक्षा अधिनियम पारित किया था।

NCERT फोल्डर

1. बाजार में नियमों तथा विनियमों की आवश्यकता क्यों पड़ती है? कुछ उदाहरणों के द्वारा समझाइए।

उत्तर उपभोक्ताओं के लिए सुरक्षा सुनिश्चित करने के लिए नियमों और विनियमों की आवश्यकता होती है, क्योंकि बाजार में शोषण विभिन्न तरीकों से होता है। उपभोक्ताओं का शोषण करने वाले कारक इस प्रकार हैं

- गलत या अधूरी जानकारी देने वाली कंपनियाँ
- मिलावटी और अशुद्ध खाद्य पदार्थों की बिक्री
- इलेक्ट्रॉनिक सामान में उचित सुरक्षा मानदंडों की कमी
- सूचीबद्ध से अधिक मूल्य प्राप्त करना
- घटिया उत्पादों को बेचना
- अनेक व्यापारी अनुचित व्यापारिक प्रथाओं में लिप्त पाए जाते हैं; जैसे–दुकानदार उचित वजन से कम वजन तौलते हैं।
- असंतोषजनक बिक्री सेवाएँ और अशिष्ट व्यवहार
- उपभोक्ताओं को आकर्षित करने के लिए समय-समय पर मीडिया और अन्य स्रोतों; जैसे–हॉर्डिंग आदि द्वारा गलत और कृत्रिम सूचना देना।

2. भारत में उपभोक्ता आंदोलन की शुरुआत किन कारणों से हुई? इसके विकास के बारे में पता लगाएँ।

उत्तर भारत में उपभोक्ता आंदोलन की शुरुआत निम्न कारणों से हुई

- उपभोक्ता आंदोलन की शुरुआत उपभोक्ताओं के असंतोष के कारण हुई, क्योंकि विक्रेता कई अनुचित व्यवसायों में शामिल होते थे।
- बाजार में उपभोक्ता को शोषण से बचाने के लिए कोई कानूनी व्यवस्था उपलब्ध नहीं थी। यह माना जाता था कि एक उपभोक्ता की जिम्मेदारी है कि वह एक वस्तु या सेवा को खरीदते समय सावधानी बरते।
- उपभोक्ता आंदोलन का प्रारंभ, अनैतिक और अनुचित व्यावसायिक कार्यों में उपभोक्ताओं के हितों की रक्षा करने और प्रोत्साहित करने की आवश्यकता के फलस्वरूप हुआ।
- अत्यधिक खाद्य कमी, जमाखोरी, कालाबाजारी, खाद्य पदार्थों एवं खाद्य तेल में मिलावट की वजह से 1960 के दशक में व्यवस्थित रूप में उपभोक्ता आंदोलन का उदय हुआ।

3. **दो उदाहरण देकर उपभोक्ता जागरूकता की जरूरत का वर्णन कीजिए।**

उत्तर एक जागरूक उपभोक्ता बनने के लिए निपुणता और ज्ञान प्राप्त करने की जरूरत होती है। कोपरा अधिनियम ने केंद्र और राज्य सरकारों में उपभोक्ता मामले के अलग विभागों को स्थापित करने में मुख्य भूमिका निर्वाह की है।

एक उपभोक्ता को वस्तुएँ खरीदते समय निम्न बातों को ध्यान में रखना चाहिए

- आई एस आई, एगमार्क, हॉलमार्क आदि के चिह्न वाले उत्पाद खरीदना।
- अपने खरीदे हुए सभी सामान के प्रमाण के लिए नकद-पर्ची लेना।

4. **कुछ ऐसे कारकों की चर्चा कीजिए, जिनसे उपभोक्ता का शोषण होता है?**

उत्तर उपभोक्ता का शोषण होने के कारण निम्नलिखित हैं

(i) उपभोक्ता में जागरूकता की कमी।

(ii) सीमित प्रतिस्पर्द्धा, जिसके कारण उपभोक्ता को एक निश्चित उत्पाद खरीदने के लिए विवश होना पड़ता है।

(iii) कुछ उपभोक्ता का अशिक्षित होना।

(iv) वस्तु, उत्पादों या सेवाओं की आपूर्ति में कमी करके कालाबाजारी करना।

(v) मीडिया द्वारा गलत सूचना देना।

5. **उपभोक्ता सुरक्षा अधिनियम, 1986 के निर्माण की जरूरत क्यों पड़ी?**

उत्तर बाजार में उपभोक्ता को शोषण से बचाने के लिए कोई कानूनी व्यवस्था उपलब्ध नहीं थी। लंबे समय तक उपभोक्ताओं का शोषण उत्पादकों तथा विक्रेताओं के द्वारा किया जाता रहा। इस शोषण से उपभोक्ताओं को बचाने के लिए सरकार पर उपभोक्ता आंदोलनों के द्वारा दबाव डाला गया। यह वृहत स्तर पर उपभोक्ताओं के हितों के विरुद्ध और अनुचित व्यवसाय शैली को सुधारने के लिए व्यावसायिक कंपनियों और सरकार दोनों पर दबाव डालने में सफल हुआ। वर्ष 1986 में भारत सरकार ने एक बड़ा कदम उठाकर उपभोक्ता सुरक्षा अधिनियम, 1986 बनाया, जो कोपरा के नाम से प्रसिद्ध है।

6. **अपने क्षेत्र के बाजार में जाने पर उपभोक्ता के रूप में अपने कुछ कर्त्तव्यों का वर्णन कीजिए।**

उत्तर एक उपभोक्ता के रूप में यदि हम अपने अधिकारों को सुरक्षित रखना चाहते हैं, तो हमें कुछ कर्त्तव्यों को पूरा करना होगा। ऐसे कुछ मुख्य कर्त्तव्य निम्नलिखित हैं

- उपभोक्ता के रूप में हमारा यह कर्त्तव्य है कि बाजार से सामान खरीदते समय उसकी गुणवत्ता अवश्य देखें और गारंटी कार्ड लेना न भूलें।
- हमें उन्हीं वस्तुओं को खरीदना चाहिए, जिन पर आई एस आई या एगमार्क का निशान लगा हो।
- हम जब भी कोई वस्तु खरीदें, तो उसकी पक्की रसीद अवश्य लें।
- उपभोक्ता के रूप में हमारा कर्त्तव्य है, जब कोई उत्पादक, विक्रेता या व्यापारी उचित मूल्य से अधिक वसूल करने का प्रयास करे, तो हमें उसकी उपभोक्ता अदालत में शिकायत करनी चाहिए।

7. **मान लीजिए, आप शहद की एक बोतल और बिस्किट का एक पैकेट खरीदते हैं खरीदते समय आप कौन-सा लोगो या शब्द चिह्न देखेंगे और क्यों?**

उत्तर शहद की बोतल और बिस्किट का पैकेट खरीदते समय हमें आवरण पर लिखे अक्षरों आई एस आई, एगमार्क या हॉलमार्क के शब्द चिह्न को अवश्य देखना होगा। जब उपभोक्ता कोई वस्तु खरीदता है, तो ये शब्द चिह्न और प्रमाणक चिह्न उन्हें अच्छी गुणवत्ता सुनिश्चित कराने में मदद करते हैं। लोगो या शब्द चिह्न वस्तु के अवयवों–मूल्य, बैच संख्या, निर्माण की तारीख, खराब होने की अंतिम तिथि और वस्तु बनाने वाले के पते के बारे में होता है।

8 **भारत में उपभोक्ताओं को समर्थ बनाने के लिए सरकार द्वारा किन कानूनी मानदंडों को लागू करना चाहिए?**

उत्तर भारत में उपभोक्ता को समर्थ बनाने के लिए सरकार द्वारा निम्न कानूनी मानदंडों को लागू करना चाहिए

(i) **उपभोक्ता संरक्षण परिषद् या उपभोक्ता अदालतों का सही तरीके से क्रियान्वयन** 1986 के उपभोक्ता संरक्षण अधिनियम द्वारा उपभोक्ताओं के अधिकारों के संरक्षण में कई महत्त्वपूर्ण कदम उठाए गए

- राष्ट्रीय, राज्य तथा जिला स्तर पर उपभोक्ता अदालतों का निर्माण किया गया।
- उपभोक्ताओं को समर्थ बनाने के लिए अब सरकार के लिए जरूरी है कि वह इन अदालतों में आए मुकदमों की शीघ्र सुनवाई करे और दोषी उत्पादक या व्यापारी के विरुद्ध उचित कार्यवाही करे।
- पीड़ित उपभोक्ता को उचित मुआवजा दिलवाया जाए।
- उपभोक्ताओं की शिकायतों का शीघ्र समाधान करने के लिए इन कानूनों को सख्ती से लागू करना आवश्यक है।

(ii) **मानकीकरण** सरकार यह भी कोशिश करे कि भारत में बनने वाली विभिन्न वस्तुओं की गुणवत्ता की जाँच की जाए और उन पर आई एस आई या एगमार्क की मुहर लगाकर ही बाजार में बिकने के लिए भेजा जाए। समय-समय पर सरकार बाजार में बिकने वाली विभिन्न वस्तुओं की जाँच करे कि वे सुरक्षा के मापदंड को पूरा करती हैं या नहीं।

ऐसी वस्तुओं की बिक्री पर रोक लगा देनी चाहिए, जो सुरक्षा के मापदंड को पूरा न करती हों और साथ ही उन वस्तुओं के उत्पादक या विनिर्माता कंपनी पर उचित कार्यवाही करनी चाहिए।

(iii) **अन्य कानूनी मापदंड** सरकार को कानून बनाकर जमाखोरी, कालाबाजारी आदि पर रोक लगाकर उपभोक्ता को शोषण से बचाना होगा। गरीब या वंचित वर्ग के लोगों को कम कीमत पर आवश्यक वस्तुएँ उपलब्ध कराई जानी चाहिए। इन विभिन्न कानूनी मानदंडों का प्रयोग करके सरकार उपभोक्ताओं के अधिकारों को प्राप्त कराने में समर्थ बना सकती है।

9. **उपभोक्ताओं के कुछ अधिकारों को बताइए और प्रत्येक अधिकार पर कुछ पंक्तियाँ लिखिए।**

उत्तर उपभोक्ता सुरक्षा अधिनियम, 1986 उपभोक्ताओं के अधिकारों की सुरक्षा का बहुत महत्त्वपूर्ण कानूनी उपाय है।

इसमें निहित कुछ महत्त्वपूर्ण उपभोक्ता अधिकार निम्नलिखित हैं

- **सुरक्षा का अधिकार** उपभोक्ताओं को यह अधिकार दिया गया है कि वह ऐसी सभी वस्तुओं की बिक्री से अपना बचाव कर सकें, जो उनके जीवन तथा संपत्ति आदि के लिए हानिकारक सिद्ध हो सकती हैं।
- **सूचना पाने का अधिकार** उपभोक्ताओं को यह अधिकार दिया गया है कि वे वस्तुओं एवं सेवाओं के मूल्य की मात्रा की गुणवत्ता संबंधी सूचना प्राप्त करें।
- **चुनने का अधिकार** उपभोक्ताओं को यह अधिकार है कि वह वस्तुओं तथा सेवाओं की किस्म तथा उचित मूल्य की जानकारी रखे और यदि एक ही विक्रेता है, तो उपभोक्ता को पूर्ण अधिकार है कि वह अपनी इच्छानुसार ठीक मूल्य पर सही वस्तु का चुनाव कर सके।
- **सुनवाई का अधिकार** उपभोक्ता को यह अधिकार है कि उनके हितों से जुड़ी विभिन्न संस्थाएँ उन्हें यह आश्वासन दें कि उनकी समस्याओं पर पूरा ध्यान दिया जाएगा।
- **शिकायतें निपटाने का अधिकार** प्रत्येक उपभोक्ता को यह अधिकार प्रदान किया गया है कि जब वह उत्पादकों द्वारा शोषित हो अथवा ठगा हुआ महसूस करें तो उनकी शिकायत कर उनके हक में ठीक प्रकार से निपटारा हो।

10. उपभोक्ता अपनी एकजुटता का प्रदर्शन कैसे कर सकते हैं?

उत्तर उपभोक्ताओं को अपनी एकता को बनाने के लिए तथा उसका प्रदर्शन करने के लिए उपभोक्ताओं के संगठनों के निर्माण को प्रेरित किया गया है, जिन्हें सामान्यतः उपभोक्ता अदालत या उपभोक्ता संरक्षण परिषद् के नाम से जाना जाता है। ये संस्थाएँ उपभोक्ताओं को बताती हैं कि कैसे उपभोक्ता अदालत में मुकदमा दर्ज किया जाए।

कई बार ये उपभोक्ता अदालत में उपभोक्ता का प्रतिनिधित्व भी करती हैं। ये संगठन जागरूकता पैदा करने के लिए सरकार से वित्तीय सहयोग भी प्राप्त करते हैं। भारत में उपभोक्ता आंदोलन ने संगठित समूहों की संख्या और कार्यविधि में तरक्की की है।

11. भारत में उपभोक्ता आंदोलन की प्रगति की समीक्षा कीजिए।

उत्तर भारत में उपभोक्ता आंदोलन का उदय अनैतिक और अनुचित व्यवसाय कार्यों से उपभोक्ताओं की रक्षा करने और प्रोत्साहित करने की आवश्यकता के फलस्वरूप हुआ। अत्यधिक खाद्य कमी, जमाखोरी, कालाबाजारी, खाद्य पदार्थों एवं खाद्य तेल में मिलावट की वजह से 1960 के दशक में व्यवस्थित रूप में उपभोक्ता आंदोलन का उदय हुआ। 1970 के दशक तक उपभोक्ता संस्थाएँ वृहत स्तर पर उपभोक्ता अधिकार से संबंधित आलेखों का लेखन और प्रदर्शनियों का आयोजन करने लगी थीं। यह आंदोलन वृहत स्तर पर उपभोक्ताओं के हितों के विरुद्ध और अनुचित व्यवसाय शैली को सुधारने के लिए व्यावसायिक कंपनियों और सरकार दोनों पर दबाव डालने में सफल हुआ।

12. निम्नलिखित को सुमेलित कीजिए

(i) एक उत्पाद के घटकों का विवरण	(a) सुरक्षा का अधिकार
(ii) एगमार्क	(b) उपभोक्ता मामलों में संबंध
(iii) स्कूटर में खराब इंजन के कारण हुई दुर्घटना	(c) अनाजों और खाद्य तेल का प्रमाण
(iv) जिला उपभोक्ता अदालत विकसित करने वाली एजेंसी	(d) उपभोक्ता कल्याण संगठनों की अंतर्राष्ट्रीय संस्था
(v) उपभोक्ता इंटरनेशनल	(e) सूचना का अधिकार
(vi) भारतीय मानक ब्यूरो	(f) वस्तुओं और सेवाओं के लिए मानक

उत्तर (i)—(e) (ii)—(c)
(iii)—(a) (iv)—(b)
(v)—(d) (vi)—(f)

13. सही या गलत बताइए

(a) कोपरा केवल सामानों पर लागू होता है।
(b) भारत विश्व के उन देशों में से एक है, जिसके पास उपभोक्ताओं की समस्याओं के निवारण के लिए विशिष्ट अदालतें हैं।
(c) जब उपभोक्ता को ऐसा लगे कि उसका शोषण हुआ है, तो उसे जिला उपभोक्ता अदालत में निश्चित रूप से मुकदमा दायर करना चाहिए।
(d) जब अधिक मूल्य का नुकसान हो, तभी उपभोक्ता को अदालत में जाना लाभप्रद होता है।
(e) हॉलमार्क, आभूषणों की गुणवत्ता बनाए रखने वाला प्रमाण है।
(f) उपभोक्ता समस्याओं के निवारण की प्रक्रिया अत्यंत सरल और शीघ्र होती है।
(g) उपभोक्ता को मुआवजा पाने का अधिकार है, जो क्षति की मात्रा पर निर्भर करता है।

उत्तर (a) गलत (b) सही (c) सही (d) गलत
(e) सही (f) गलत (g) सही

परीक्षा अभ्यास

वस्तुनिष्ठ प्रश्न

बहुविकल्पीय प्रश्न

1. कोपरा निम्न में से किस पर लागू होता है?
(a) वस्तुओं पर (b) दुकानों पर
(c) घरों पर (d) ये सभी
उत्तर (a) वस्तुओं पर

2. उपभोक्ताओं का शोषण करने वाले कारक निम्न में से हैं
(a) अधूरी जानकारी (b) अशुद्ध खाद्य पदार्थ
(c) अशिष्ट व्यवहार (d) ये सभी
उत्तर (d) ये सभी

3. भारत में उपभोक्ता संबंधी कानून कब पारित किया गया था?
(a) 1986 में कोपरा कानून
(b) 1989 में उपभोक्ता अधिकार
(c) 1990 में उपभोक्ता कल्याण कानून
(d) 1990 में उपभोक्ता निवारण कानून
उत्तर (a) 1986 में कोपरा कानून

4. उपभोक्ता निवारण प्रक्रिया में प्रमुख समस्या है।
(a) खर्चीली होना
(b) प्रमाण एकत्र करना आसान
(c) अधिक समय लगना
(d) उपरोक्त सभी
उत्तर (d) उपरोक्त सभी

5. उपभोक्ता आंदोलन की शुरुआत किन कारणों से हुई?
(a) अत्यधिक खाद्य की कमी
(b) जमाखोरी एवं काला बाजारी
(c) खाद्य पदार्थों एवं खाद्य तेल में गिरावट
(d) उपरोक्त सभी
उत्तर (d) उपरोक्त सभी

6. सूचना का अधिकार कानून किस वर्ष पारित हुआ?
(a) 2004 (b) 2005 (c) 2000 (d) 2008
उत्तर (b) 2005

7. आई एस आई किसका प्रमाणक चिह्न है?
(a) खाद्य पदार्थ (b) सोना
(c) विनिर्मित उत्पाद (d) मोटरगाड़ी
उत्तर (c) विनिर्मित उत्पाद

8. भारतीय संसद ने उपभोक्ता सुरक्षा अधिनियम कब पारित किया था?
(a) वर्ष 1986 (b) वर्ष 1918
(c) वर्ष 1987 (d) वर्ष 1990
उत्तर (a) वर्ष 1986

9. निम्नलिखित कथनों पर विचार कीजिए तथा इनमें सही कथनों की पहचान कीजिए
(a) वर्ष 1985 में संयुक्त राष्ट्र ने उपभोक्ता सुरक्षा के लिए संयुक्त राष्ट्र के दिशा-निर्देशों को अपनाया
(b) यह उपभोक्ता की वकालत करने वाले समूह के लिए एक हथियार के रूप में प्रकट हुआ
(c) यह दिशा-निर्देश आंदोलन के रूप में उभरा, जो अंततः उपभोक्ता आंदोलन का आधार बना
(d) उपरोक्त सभी
उत्तर (d) उपरोक्त सभी

10. उपभोक्ता शिकायत केंद्र के संबंध में दिए गए कथनों में से कौन सा कथन सही नहीं है?
(a) इस केंद्र को उपभोक्ता अदालत या उपभोक्ता संरक्षण परिषद् के नाम से जाना जाता है
(b) यह उपभोक्ताओं का मार्गदर्शन करती है और बताती है, कि किस प्रकार उपभोक्ता अदालत में मुकदमा दर्ज करा सकते हैं
(c) यह जनता में जागरूकता उत्पन्न करने के लिए किसी भी प्रकार से सरकार से वित्तीय सहयोग प्राप्त नहीं करती है
(d) यह कई बार उपभोक्ता अदालत में व्यक्ति विशेष (उपभोक्ता) का प्रतिनिधित्व करती है
उत्तर (c) यह जनता में जागरूकता उत्पन्न करने के लिए किसी भी प्रकार से सरकार से वित्तीय सहयोग प्राप्त नहीं करती है

11. सही कथन की पहचान कीजिए
1. सूचना का अधिकार कानून वर्ष 2004 में बनाया गया।
2. कोपरा के अंतर्गत जिला स्तर का न्यायालय ₹ 50 लाख के मुकदमों पर विचार करता है।
3. राष्ट्रीय उपभोक्ता दिवस 24 दिसंबर को मनाया जाता है।

कूट
(a) केवल 1 (b) केवल 3
(c) 2 और 3 (d) 1 और 3
उत्तर (b) केवल 3

12. निम्नलिखित कथनों पर विचार कीजिए
1. भारत में राष्ट्रीय उपभोक्ता दिवस 24 दिसंबर को मनाया जाता है।
2. इस दिन भारतीय संसद में उपभोक्ता संरक्षण अधिनियम पारित किया गया था।
3. भारत उन देशों में से एक है, जहाँ उपभोक्ता संबंधित समस्याओं के निवारण के लिए विशिष्ट न्यायालय की व्यवस्था है।

उपरोक्त में से कौन-सा कथन सही है?

(a) केवल 1 (b) 1 और 2
(c) 2 और 3 (d) ये सभी

उत्तर (d) ये सभी

13. निम्नलिखित कथनों पर विचार कीजिए

1. भारत में सामाजिक बल के रूप में उपभोक्ता आंदोलन का उदय उपभोक्ताओं के हितों की रक्षा करने की आवश्यकता के साथ हुआ।
2. भारत में व्यवस्थित रूप में उपभोक्ता आंदोलन का उदय खाद्य पदार्थों एवं खाद्य तेल में मिलावट आदि के कारण हुआ।
3. वर्ष 1970 के दशक तक उपभोक्ता संस्थाएँ उपभोक्ता अधिकार से संबंधित आलेखों के लेखन एवं प्रदर्शनी का आयोजन करने लगी थीं।

उपरोक्त में से कौन उपभोक्ता आंदोलन के संबंध में सही है?

कूट

(a) केवल 1 (b) 1 और 2
(c) 2 और 3 (d) ये सभी

उत्तर (d) ये सभी

14. नीचे दिए गए उपभोक्ता अधिकार की विशेषताओं का सावधानीपूर्वक अध्ययन कीजिए तथा इससे संबद्ध सही विकल्प की पहचान कीजिए।

- इसके अंतर्गत उपभोक्ता नुकसान की भरपाई की माँग तथा निवारण करने का अधिकार रखता है।
- इसके अंतर्गत उपभोक्ता न्यायालय अथवा उपभोक्ता अदालत में प्रतिनिधित्व किए जाने का अधिकार रखता है।
- इसके लिए त्रि-स्तरीय अर्द्ध-न्यायिक तंत्र की स्थापना की गई है।

(a) निवारण का अधिकार (b) प्रतिनिधि का अधिकार
(c) सुरक्षा का अधिकार (d) सूचित होने का अधिकार

उत्तर (b) प्रतिनिधि का अधिकार

15. नीचे दी गई उपभोक्ता संरक्षण से संबंधित विशेषताओं का अध्ययन कीजिए तथा सही विकल्प की पहचान कीजिए।

- इसका गठन भारत में उपभोक्ताओं के हितों की रक्षा के लिए किया गया है।
- इसके अंतर्गत उपभोक्ता विवादों के समाधान के लिए जिला, राज्य तथा राष्ट्रीय स्तर पर एक न्यायिक तंत्र स्थापित किया गया है।
- इसके अंतर्गत राज्य स्तर पर गठित न्यायालय 20 लाख से लेकर 1 करोड़ तक के विवादों का समाधान करता है।

(a) उपभोक्ता इंटरनेशनल
(b) उपभोक्ता शिकायत केंद्र
(c) उपभोक्ता संरक्षण परिषद्
(d) COPRA के अंतर्गत गठित त्रिस्तरीय प्रणाली

उत्तर (d) COPRA के अंतर्गत गठित त्रिस्तरीय प्रणाली

16. नीचे दिए गए युग्मों में से कौन-सा युग्म सही सुमेलित है?

(a) उपभोक्ता अदालत – उपभोक्ता संरक्षण परिषद्
(b) उपभोक्ता परिषद् – उपभोक्ताओं के विवादों का समाधान
(c) उपभोक्ता – बाजार में विक्रेता
(d) उपभोक्ता सुरक्षा – महँगे व मनमाने दामों पर बेचना

उत्तर (b) उपभोक्ता परिषद्–उपभोक्ताओं के विवादों का समाधान

17. नीचे दिए गए युग्मों में से गलत युग्म की पहचान कीजिए

(a) उपभोक्ता आंदोलन – सामाजिक बल के रूप में उदय
(b) उपभोक्ता शिकायत केंद्र – उपभोक्ता संरक्षण परिषद्
(c) निवारण का अधिकार – क्षमता के अनुसार सेवा प्राप्त करना
(d) एगमार्क या हॉलमार्क – सामानों को सस्ती दरों पर बेचना

उत्तर (d) एगमार्क या हॉलमार्क–सामानों को सस्ती दरों पर बेचना

सुमेलित कीजिए

18. सुमेलित कीजिए

	सूची I		सूची II
A	उपभोक्ता संरक्षण कानून	1.	24 दिसंबर
B	उपभोक्ता दिवस	2.	1986
C	सूचना अधिकार कानून	3.	भेदभाव बिना चुनने का अधिकार
D	चुनने का अधिकार	4.	2005

कूट

	A	B	C	D
(a)	2	1	4	3
(b)	2	3	1	4
(c)	1	2	3	4
(d)	3	2	1	4

उत्तर (a) 2 1 4 3

रिक्त स्थान भरें

19. 1986 में भारत सरकार द्वारा..........की शुरुआत की गई।

उत्तर उपभोक्ता संरक्षण अधिनियम

20. उपभोक्ता शोषण का मुख्य कारण..........है।

उत्तर अशिक्षा

21. उपभोक्ता शिकायत मंच को..........कहा जाता है।

उत्तर उपभोक्ता फोरम

सही और पुनः लिखें

22. राज्य स्तरीय अदालतें ₹ 20 लाख से ₹ 70 करोड़ से ऊपर की दावेदारी से संबंधित मुकदमों को देखती हैं।

उत्तर राज्य स्तरीय अदालतें ₹ 20 लाख से ₹ 1 करोड़ से ऊपर की दावेदारी से संबंधित मुकदमों को देखती हैं।

23. उपभोक्ता के रूप में बहुत-सी वस्तुओं और सेवाओं का उपयोग करते हैं, तो हमें वस्तुओं के व्यापारीकरण और सेवाओं की प्राप्ति के विरुद्ध सुरक्षित रहने का अधिकार है।

उत्तर उपभोक्ता के रूप में बहुत सी वस्तुओं और सेवाओं का उपयोग करते हैं, तो हमें वस्तुओं के बाजारीकरण और सेवाओं की प्राप्ति के विरुद्ध सुरक्षित रहने का अधिकार है।

केस आधारित प्रश्न

24. बाजार में नागरिक की सुरक्षा के लिए नियम एवं नियंत्रण की आवश्यकता होती है, क्योंकि जब उपभोक्ताओं का शोषण होता है, तो उपभोक्ता प्रायः स्वयं को कमजोर स्थिति में पाते हैं। खरीदी गई वस्तु या सेवा के बारे में जब भी कोई शिकायत होती है, तो विक्रेता सारे उत्तरदायित्व क्रेता पर डालने का प्रयास करता है। विक्रेता कई तरीकों से उपभोक्ता का शोषण कर सकता है। ऐसी स्थिति में उपभोक्ता को बचाने के लिए उपभोक्ता आंदोलन चलाए गए जिससे बाजार में सुरक्षा मिले। बाजार में शोषण कई रूपों में होता है; जैसे—कभी-कभी व्यापारी अनुचित व्यापार करने लग जाते हैं, कम तौलने लगते हैं या मिलावटी वस्तुएँ बेचने लगते हैं। उपभोक्ताओं को आकर्षित करने के लिए समय-समय पर मीडिया और अन्य स्रोतों से गलत सूचना देते हैं। अतः उपभोक्ताओं की सुरक्षा निश्चित करने के लिए नियम और नियंत्रण की आवश्यकता होती है।

(i) बाजार में किसकी सुरक्षा के लिए नियम की आवश्यकता होती है?

(a) क्रेता (b) विक्रेता
(c) व्यापार (d) उत्पाद

उत्तर (a) क्रेता

(ii) उपभोक्ता आंदोलन चलाने का उद्देश्य निम्न में से है

(a) व्यापार को बढ़ाना
(b) उपभोक्ता शोषण से संरक्षण
(c) लेन-देन बढ़ाना
(d) व्यापार में कमी

उत्तर (b) उपभोक्ता शोषण से संरक्षण

कथन/कारण

25. कथन (A) उपभोक्ताओं के विवादों के निपटारे के लिए राष्ट्रीय स्तर पर जिला न्यायालय स्थापित है।

कारण (R) 1986 को उपभोक्ता सुरक्षा अधिनियम पारित किया गया।

कूट

(a) A और R दोनों सही हैं तथा R, A की सही व्याख्या है
(b) A और R दोनों सही हैं, परंतु R, A की सही व्याख्या नहीं है
(c) A सही है, किंतु R गलत है
(d) A गलत है, किंतु R सही है

उत्तर (d) A असत्य है, किंतु R सत्य है

अतिलघु उत्तरीय प्रश्न

1. बाजार में उपभोक्ताओं की सुरक्षा सुनिश्चित करने के लिए किसकी आवश्यकता होती है?

उत्तर बाजार में उपभोक्ताओं के लिए सुरक्षा सुनिश्चित करने के लिए नियमों व विनियमों की आवश्यकता होती है।

2. भारत में उपभोक्ताओं के हितों की रक्षा करने और इसे और प्रोत्साहित करने के उद्देश्य से भारत में किसका उदय हुआ?

उत्तर भारत में उपभोक्ताओं के हितों की रक्षा करने और इसे और प्रोत्साहित करने के उद्देश्य से भारत में उपभोक्ता आंदोलन का उदय हुआ।

3. बाजार में वस्तु के पैकेट आदि पर किस प्रकार की जानकारियाँ दी जाती हैं?

उत्तर बाजार में वस्तु के पैकेट आदि पर वस्तु के अवयवों, मूल्यों, निर्माण की तिथि व प्रयोग करने की अंतिम तिथि के साथ-साथ वस्तु के उत्पादन करने वाली कंपनी का नाम, पता और मात्रा की जानकारियाँ दी जाती हैं।

4. कम माप-तौल करना किसका परिचायक है?

उत्तर कम माप-तौल करना उपभोक्ता के आर्थिक व मानसिक शोषण का परिचायक है।

5. उपभोक्ता आंदोलन की शुरुआत किन कारणों से हुई?

उत्तर उपभोक्ता आंदोलन की शुरुआत अत्यधिक खाद्यान्नों की कमी (जमाखोरी, कालाबाजारी), खाद्य पदार्थों एवं खाद्य तेल में मिलावट के कारणों से हुई।

6. वस्तुओं को खरीदते समय क्रेता को किस प्रकार के चिह्न या लोगो पर ध्यान देना चाहिए?

उत्तर वस्तुएँ खरीदते समय क्रेता को आई एस आई और एगमार्क या हॉलमार्क के चिह्न या लोगो पर ध्यान देना चाहिए।

7. भारत में उपभोक्ता संबंधित समस्याओं के निवारण के लिए किसकी उपयोगिता है?

उत्तर भारत में उपभोक्ता संबंधित समस्याओं के निवारण के लिए विशिष्ट न्यायालय की उपयोगिता है।

8. उपभोक्ता निवारण प्रक्रिया की समस्या बताइए।

उत्तर उपभोक्ता निवारण प्रक्रिया अत्यंत जटिल एवं खर्चीली होती है। इसमें प्रमाण एकत्र करना आसान नहीं होता है।

9. भारत में उपभोक्ता आंदोलनों के कारण विभिन्न संगठित समूहों का गठन हुआ, जिन्हें स्थानीय रूप से क्या कहा जाता है?

उत्तर भारत में उपभोक्ता आंदोलनों के कारण विभिन्न संगठित समूहों का गठन हुआ, जिन्हें स्थानीय रूप से उपभोक्ता संरक्षण परिषद् कहा जाता है।

10. गैस कनेक्शन लेते समय विक्रेता उपभोक्ता को चूल्हा लेने के लिए किस अधिकार के अंतर्गत विवश नहीं कर सकता? **CBSE 2015**

उत्तर गैस कनेक्शन लेते समय विक्रेता उपभोक्ता को चूल्हा लेने के लिए चुनने के अधिकार के अंतर्गत विवश नहीं कर सकता।

11. **नागरिकों को सरकारी विभागों के कार्य-कलापों की सूचनाएँ पाने का अधिकार किसको सुनिश्चित करता है?**

उत्तर सूचना पाने का अधिकार ऐसा अधिकार है, जो नागरिकों को सरकारी विभागों के कार्य-कलापों की सूचनाएँ पाने के अधिकार को सुनिश्चित करता है।

12. **यदि उपभोक्ता को अनुचित सौदेबाजी और शोषण के विरुद्ध क्षतिपूर्ति नहीं की गई है, तो उपभोक्ता के किस अधिकार का उल्लंघन होता है?**

उत्तर यदि उपभोक्ता को अनुचित सौदेबाजी और शोषण के विरुद्ध क्षतिपूर्ति नहीं की गई है, तो उपभोक्ता के क्षतिपूर्ति निवारण के अधिकार का उल्लंघन होता है।

लघु उत्तरीय प्रश्न

1. **बाजार किन स्थितियों में उचित तरीके से काम नहीं करते? उदाहरण की सहायता से समझाइए।**

उत्तर जब उत्पादक शक्तिशाली होते हैं और उपभोक्ता कम मात्रा में खरीदारी करते हैं और बिखरे हुए होते हैं, तो बाजार उचित तरीके से कार्य नहीं करता है। अधिक पूँजी वाली और समृद्ध कंपनियाँ विभिन्न प्रकार से चालाकीपूर्वक बाजार को प्रभावित कर सकती हैं; जैसे—उपभोक्ताओं को आकर्षित करने के लिए वे समय-समय पर मीडिया और अन्य स्रोतों से गलत सूचना देता हैं आदि। उदाहरण एक कंपनी ने यह दावा करते हुए कि माता के दूध से हमारा उत्पाद बेहतर है, अपने उत्पाद को शिशुओं के दूध के पाउडर के रूप में विश्व में कई वर्षों तक बेचा। सामाजिक संगठनों के विरोध के कारण कंपनी को यह स्वीकार करना पड़ा कि वह झूठे दावे करती आ रही थी। अतः उपभोक्ताओं की सुरक्षा सुनिश्चित करने के लिए नियम और विनियमों की आवश्यकता है।

2. **उपभोक्ता आंदोलन एवं उपभोक्ता शिकायत केंद्र पर संक्षिप्त टिप्पणी लिखिए।**

उत्तर **उपभोक्ता आंदोलन** भारत में सामाजिक बल के रूप में उपभोक्ता आंदोलन का उदय अनैतिक और अनुचित व्यवसाय कार्यों से उपभोक्ताओं के हितों की रक्षा करने और प्रोत्साहित करने की आवश्यकता के साथ हुआ। अत्यधिक खाद्य कमी, जमाखोरी, कालाबाजारी, खाद्य पदार्थों एवं खाद्य तेल में मिलावट की वजह से 1960 के दशक में भारत में व्यवस्थित रूप में उपभोक्ता आंदोलन का उदय हुआ। 1970 के दशक तक उपभोक्ता संस्थाएँ वृहत स्तर पर उपभोक्ता अधिकार से संबंधित आलेखों के लेखन और प्रदर्शनी का आयोजन का कार्य करने लगी थीं। **उपभोक्ता शिकायत केंद्र** भारत में उपभोक्ता आंदोलन ने विभिन्न संगठनों के निर्माण में पहल की है, जिन्हें सामान्यतया उपभोक्ता अदालत या उपभोक्ता संरक्षण परिषद् के नाम से जाना जाता है। ये उपभोक्ताओं का मार्गदर्शन करती हैं कि कैसे उपभोक्ता अदालत में मुकदमा दर्ज कराएँ। कई बार ये उपभोक्ता अदालत में व्यक्ति विशेष (उपभोक्ता) का प्रतिनिधित्व भी करती हैं। ये स्वयंसेवी संगठन जनता में जागरूकता पैदा करने के लिए सरकार से वित्तीय सहयोग भी प्राप्त करते हैं।

3. **उपभोक्ता संरक्षण अधिनियम, 1986 पर संक्षिप्त टिप्पणी लिखिए।**

उत्तर उपभोक्ता संरक्षण अधिनियम, 1986 COPRA के नाम से प्रसिद्ध है। यह अधिनियम उपभोक्ता अंतर्राष्ट्रीय के गठन के बाद लागू किया गया था।

उपभोक्ता संरक्षण अधिनियम, 1986 संसद का एक अधिनियम है, जो भारत में उपभोक्ताओं के हितों की रक्षा के लिए अधिनियमित है। यह उपभोक्ताओं के विवादों और उनसे जुड़े मामलों के समाधान के लिए उपभोक्ता परिषदों और अन्य प्राधिकारियों की स्थापना के लिए प्रावधान करता है।

यह त्रिस्तरीय प्रणाली है, जिसे सामान्यतः जिला, राज्य एवं राष्ट्रीय स्तर पर स्थापित किया गया है। यह जिला स्तर पर ₹ 20 लाख तक, राज्य स्तर पर ₹ 20 से ₹ 1 करोड़ तक एवं राष्ट्रीय स्तर पर ₹ 1 करोड़ से अधिक तक के मामले पर विचार करती है।

4. **उपभोक्ता अधिकार के रूप में 'सुरक्षा के अधिकार' का उल्लेख कीजिए।**

उत्तर उपभोक्ता को वस्तुओं के बाजारीकरण और सेवाओं की प्राप्ति के विरुद्ध सुरक्षित रहने का अधिकार होता है, क्योंकि ये जीवन और संपत्ति के लिए खतरनाक होते हैं।

निर्माता और सेवा प्रदाताओं को आवश्यक सुरक्षा नियमों और विनियमों का पालन करने की आवश्यकता है। ऐसी बहुत-सी वस्तुएँ (जैसे—प्रेशर कुकर का सेफ्टी वाल्व, विद्युत उपकरण, गीजर, प्रेस आदि) हैं, जिनकी सुरक्षा के दृष्टिकोण से विशेष सावधानी की आवश्यकता होती है। यदि ये दोषपूर्ण हैं, तो भयंकर दुर्घटना का कारण हो सकती हैं। इसलिए इनके निर्माताओं को इनकी उच्च गुणवत्ता सुनिश्चित करनी चाहिए।

5. **उपभोक्ताओं के लिए सूचना पाने के अधिकार के महत्त्व का वर्णन कीजिए।**

अथवा **उपभोक्ता अपने दैनिक जीवन में सूचना पाने के अधिकार का लाभ कैसे उठाते हैं? उदाहरण सहित व्याख्या कीजिए।**

उत्तर अक्टूबर, 2005 में भारत सरकार ने एक कानून बनाया, जिसे सूचना का अधिकार अधिनियम के नाम से जाना जाता है, जो अपने नागरिकों को सरकार के कामकाज के विषय में सभी जानकारी सुनिश्चित करता है। सूचना के अधिकार अधिनियम का प्रयोग कर हम दैनिक जीवन में लाभ उठा सकते हैं। इसे नीचे दिए गए उदाहरण के माध्यम से समझा जा सकता है अमृता ने सरकारी नौकरी के लिए साक्षात्कार में भाग लिया और लेकिन उसे चयन के बारे में जानकारी प्राप्त नहीं हुई। अधिकारियों ने उसके प्रश्नों का उत्तर देने से इनकार कर दिया।

उसने सूचना का अधिकार कानून के अंतर्गत एक आवेदन दर्ज किया, जिसके उत्तर में उसे सूचित करने में देरी के कारणों के विषय में बताया गया था। बाद में उसे नियुक्ति के लिए 'बुलावा-पत्र' भी मिला।

इस प्रकार अमृता ने सूचना का अधिकार अधिनियम का प्रयोग कर नौकरी प्राप्त की।

6. **निवारण के अधिकार एवं प्रतिनिधि के अधिकार पर संक्षिप्त टिप्पणी लिखिए।**

उत्तर **निवारण का अधिकार** उपभोक्ताओं को अनुचित सौदेबाजी और शोषण के विरुद्ध क्षतिपूर्ति निवारण का अधिकार है। यदि एक उपभोक्ता को कोई क्षति पहुँचाई जाती है, तो क्षति की मात्रा के आधार पर उसे क्षतिपूर्ति पाने का अधिकार होता है।

प्रतिनिधि का अधिकार उपभोक्ता नुकसान की भरपाई को माँगने तथा निवारण करने का अधिकार रखते हैं। किसी निवारण को करते समय उपभोक्ता न्यायालय अर्थात् उपभोक्ता अदालत में प्रतिनिधित्व किए जाने का अधिकार रखते हैं। इस उद्देश्य के लिए त्रिस्तरीय अर्द्ध न्यायिक तंत्र की स्थापना की गई है। यदि सहायता की आवश्यकता है, तो इस दशा में उपभोक्ता, उपभोक्ता अदालत या उपभोक्ता संरक्षण परिषद् से मदद माँग सकता है।

7. **उत्पादक और उपभोक्ता के रूप में बाजार में हमारी भागीदारी किस प्रकार होती है? दो उदाहरण देकर समझाइए।**

उत्तर **उत्पादक** अधिकांश बाजार में हमारी भागीदारी वस्तुओं और सेवाओं के उत्पादक के रूप में होती है। जब हम प्राकृतिक संसाधनों का उपयोग करके किसी वस्तुओं का उत्पादन करते हैं, तो हम उत्पादक की श्रेणी में आ जाते हैं; जैसे–कपास, दूध आदि का उपयोग कर अंतिम वस्तु के रूप में कपड़े और मिठाइयाँ आदि तैयार की जाती हैं। यदि एक व्यक्ति किसी कार्यालय, उद्योग या अन्य क्षेत्रों में काम करता है, तो वह सेवा का उत्पादक है।

उपभोक्ता उपभोक्ताओं की भागीदारी बाजार में तब होती है, जब वे अपनी आवश्यकतानुसार वस्तुओं या सेवाओं को खरीदते हैं। उपभोक्ता के रूप में लोगों द्वारा उपभोग किए जाने वाली ये अंतिम वस्तुएँ हैं।

दीर्घ उत्तरीय प्रश्न

1. **उपभोक्ता के किन्हीं तीन अधिकारों का वर्णन कीजिए।** **CBSE 2019**

उत्तर उपभोक्ता के तीन अधिकार निम्नलिखित हैं

सूचित होने का अधिकार सरकार ने उत्पाद के पैकेट पर सभी सामग्रियों और सुरक्षा सुविधाओं, निर्माण की तारीख, मूल्य, मात्रा, समाप्ति तिथि, उपयोग के लिए दिशा-निर्देश आदि का उल्लेख अनिवार्य कर दिया है। यदि उत्पाद किसी भी तरह से दोषपूर्ण सिद्ध होता है, तो उपभोक्ता शिकायत कर सकता है और मुआवजा पाने या वस्तु बदलने की माँग कर सकता है। निर्माताओं को उत्पाद के पैकेटों पर इन सूचनाओं को प्रदर्शित करना होगा, क्योंकि उपभोक्ताओं को उनके द्वारा खरीदे गए सामानों और सेवाओं के विवरण के विषय में जानकारी प्राप्त करने का अधिकार है।

चुनने का अधिकार कोई भी उपभोक्ता, जो अपनी क्षमता के अनुसार किसी सेवा को प्राप्त करता है, चाहे वह किसी आयु या लिंग का हो, वह चुनने का अधिकार रखता है, चाहे वह सेवा उसे लगातार प्राप्त करनी हो या नहीं। उदाहरण के लिए, व्यक्ति दंतमंजन खरीदना चाहता है और दुकानदार कहता है कि वह दंतमंजन केवल तभी बेचेगा जब आप दंतमंजन के साथ एक ब्रश भी खरीदेंगे। यदि आप ब्रश खरीदने के इच्छुक नहीं हैं, तब आपके चुनने के अधिकार का उल्लंघन हुआ है।

प्रतिनिधित्व का अधिकार उपभोक्ता नुकसान की भरपाई को माँगने तथा निवारण करने का अधिकार रखते हैं। किसी निवारण को करते समय उपभोक्ता न्यायालय अर्थात् उपभोक्ता अदालत में प्रतिनिधित्व किए जाने का अधिकार रखते हैं। इस उद्देश्य के लिए त्रिस्तरीय अर्द्ध न्यायिक तंत्र की स्थापना की गई है। यदि सहायता की आवश्यकता है, तो इस दशा में उपभोक्ता, उपभोक्ता अदालत या उपभोक्ता संरक्षण परिषद् से मदद माँग सकता है।

2. **उपभोक्ता शोषण क्या है? वे विभिन्न तरीके कौन-से हैं, जिनके द्वारा उपभोक्ता का शोषण किया जा सकता है?** **CBSE 2016**

उत्तर उपभोक्ता शोषण वह स्थिति है, जिसमें उत्पादक द्वारा उपभोक्ता का शोषण होता है। उपभोक्ता शोषण के निम्नांकित तरीके हैं

- **अधिक मूल्य** बाजार में कुछ वस्तुएँ अधिकतम खुदरा मूल्य के बिना होती हैं। इस स्थिति में व्यापारी बाजार में प्रचलित मूल्य से अधिक मूल्य लेते हैं। इसका कारण है–उपभोक्ता की अज्ञानता और आवश्यकता।
- **कम तौलना और कम मापना** बाजार में कुछ व्यापारी कम माप-तौलकर उपभोक्ताओं को धोखा देते हैं।
- **नकली उत्पाद** कुछ व्यापारी अथवा विक्रेता उपभोक्ताओं को घटिया व नकली उत्पाद बेचकर अधिक लाभ प्राप्त करना चाहते हैं।
- **मिलावटी और अशुद्ध उत्पाद** अधिक लाभ कमाने हेतु महँगे खाद्य पदार्थ घी, तेल व मसालों आदि में मिलावट की जाती है। इससे उपभोक्ता को आर्थिक व स्वास्थ्य का नुकसान होता है।

3. **वस्तुओं और सेवाओं से संबंधित जानकारियों को प्राप्त करने के तरीकों की उदाहरण सहित व्याख्या करते हुए सरकार की भूमिका को स्पष्ट कीजिए।**

उत्तर उपभोक्ता द्वारा किसी वस्तु को खरीदने पर उसके पैकेट पर उस वस्तु से संबंधित अवयवों, मूल्यों, बैच संख्या, निर्माण की तारीख, खराब होने की अंतिम तिथि और वस्तु बनाने वाली कंपनी के पते लिखे होते हैं। इसका अर्थ यह है कि उपभोक्ता वस्तु में किसी भी प्रकार की खराबी होने पर शिकायत कर सकता है, मुआवजा पाने या वस्तु बदलने की माँग कर सकता है। उदाहरण के लिए, जब हम कोई दवा खरीदते हैं, तो उस दवा के 'उचित प्रयोग के बारे में निर्देश' और उस दवा के अन्य प्रभावों और खतरों से संबंधित जानकारी प्राप्त कर सकते हैं।

इसका अर्थ यह है कि कुछ ऐसे नियम बनाए गए हैं, जिससे उपरोक्त उदाहरण में दिए गए निर्देश व जानकारियाँ वस्तु बनाने वाले को देनी पड़ती हैं। यह इसलिए कि उपभोक्ता जिन वस्तुओं और सेवाओं को खरीदता है, उसके बारे में उपभोक्ता को सूचना पाने का अधिकार होता है।

आज सरकार प्रदत्त विविध सेवाओं को उपयोगी बनाने के लिए सूचना पाने के अधिकार को बढ़ा दिया गया है। अक्टूबर, 2005 में भारत सरकार ने एक कानून लागू किया, जो 'सूचना पाने के अधिकार' के नाम से जाना जाता है और जो अपने नागरिकों को सरकारी विभागों के कार्य-कलापों की सभी सूचनाएँ पाने के अधिकार को सुनिश्चित करता है।

4. उपभोक्ता आंदोलन की पृष्ठभूमि क्या है और किस प्रकार उपभोक्ता आंदोलन के दबाव के कारण उपभोक्ता सुरक्षा अधिनियम पारित हुआ?

उत्तर उपभोक्ता आंदोलन का प्रारंभ उपभोक्ता के असंतोष के कारण हुआ, क्योंकि उस समय विक्रेता कई अनुचित व्यवहार उपभोक्ताओं के साथ करते थे तथा उस समय बाजार में उपभोक्ताओं को शोषण से बचाने के लिए कोई कानूनी उपबंध उपलब्ध नहीं था। लंबे समय तक जब एक उपभोक्ता एक विशेष ब्रांड उत्पाद या दुकान से संतुष्ट नहीं होता था, तो उसे सामान्यतः उस ब्रांड के उत्पाद को खरीदना बंद करना पड़ता था। उस समय उपभोक्ता की यह जिम्मेदारी थी कि वस्तु या सेवा को खरीदते वक्त वह सावधानी रखें। विभिन्न सामाजिक संस्थाओं को लोगों में जागरूकता लाने में काफी समय लग गया। इसने वस्तुओं और सेवाओं की गुणवत्ता सुनिश्चित करने की जिम्मेदारी विक्रेताओं पर डाल दी।

भारत में उपभोक्ता आंदोलन का प्रारंभ अनैतिक और अनुचित व्यवसाय कार्यों से उपभोक्ताओं के हितों की रक्षा करने और प्रोत्साहित करने की आवश्यकताओं के साथ हुआ। जमाखोरी, कालाबाजारी, खाद्य पदार्थों में मिलावट की वजह से 1960 के दशक में व्यवस्थित रूप में उपभोक्ता आंदोलन का प्रारंभ हुआ, कई वर्षों तक उपभोक्ता संस्थाएँ वृहत स्तर पर उपभोक्ता अधिकार से संबंधित आलेखों के लेखन और प्रदर्शनी का आयोजन करती रहीं, जिससे उपभोक्ता दलों की संख्या में भारी वृद्धि हुई।

इन सभी प्रयासों के परिणामस्वरूप उपभोक्ता आंदोलन वृहत स्तर पर उपभोक्ताओं के हितों के खिलाफ और अनुचित व्यवसाय शैली को सुधारने के लिए व्यावसायिक कंपनियों और सरकार दोनों पर दबाव डालने में सफल हुआ। इसके फलस्वरूप भारत सरकार द्वारा 1986 में उपभोक्ता सुरक्षा अधिनियम पारित किया गया, जो COPRA के नाम से प्रसिद्ध हुआ।

5. उपभोक्ताओं को किस प्रकार के अधिकार प्राप्त हैं? भारत में विभिन्न स्तर के उपभोक्ता अदालतों का भी वर्णन करें।

उत्तर उपभोक्ताओं को अनुचित सौदेबाजी और शोषण के विरुद्ध क्षतिपूर्ति निवारण का अधिकार है। यदि किसी उपभोक्ता को कोई क्षति पहुँचाई जाती है, तो वह क्षति के आधार पर क्षति पूर्ति पाने का अधिकार रखता है। इस कार्य को पूरा करने के लिए एक आसान और प्रभावी जन प्रणाली बनाने की आवश्यकता है। उपभोक्ता, उपयुक्त उपभोक्ता केंद्र के सम्मुख अपनी शिकायत स्वयं किसी वकील के साथ अथवा वकील की सेवा के बिना दर्ज करा सकता है।

भारत में उपभोक्ता आंदोलन ने विभिन्न संगठनों के निर्माण में पहल की है, जिन्हें सामान्यतः उपभोक्ता अदालत या उपभोक्ता संरक्षण परिषद् के नाम से जाना जाता है। ये संस्थाएँ मार्गदर्शन करती हैं कि कैसे उपभोक्ता अदालत में मुकदमा दर्ज कराएँ, बहुत से अवसरों पर ये उपभोक्ता अदालत में व्यक्ति विशेष का प्रतिनिधित्व भी करते हैं।

उपभोक्ता संरक्षण अधिनियम के अंतर्गत उपभोक्ता विवादों के निपटारे के लिए जिला, राज्य और राष्ट्रीय स्तरों पर एक त्रिस्तरीय न्यायिक तंत्र स्थापित किया गया है।

जिला स्तर का न्यायालय, जिसे जिला केंद्र भी कहते हैं। ₹ 20 लाख तक के दावे से संबंधित मुकदमों पर विचार करता है। राज्य स्तरीय अदालत जिसे राज्य आयोग कहते हैं, ₹ 20 लाख से एक करोड़ तक और राष्ट्रीय स्तर की अदालत राष्ट्रीय आयोग ₹ 1 करोड़ से ऊपर की दावेदारी से संबंधित मुकदमों को देखती है। यदि कोई मुकदमा जिला स्तर के न्यायालय में खारिज कर दिया जाता है, तो उपभोक्ता राज्य स्तर के न्यायालय में और उसके बाद राष्ट्रीय स्तर के न्यायालय में भी अपील कर सकता है।

स्रोत आधारित प्रश्न

नीचे दिए गए स्रोतों का अध्ययन कीजिए तथा पूछे गए प्रश्नों का उत्तर दीजिए।

1. **उपभोक्ता आंदोलन का प्रारंभ उपभोक्ताओं के असंतोष के कारण हुआ, क्योंकि विक्रेता कई अनुचित व्यावसायिक व्यवहारों में शामिल होते थे। बाज़ार में उपभोक्ता को शोषण से बचाने के लिए कोई कानूनी व्यवस्था उपलब्ध नहीं थी। लंबे समय तक, जब एक उपभोक्ता एक विशेष ब्रांड, उत्पाद या दुकान से संतुष्ट नहीं होता था तो सामान्यतः वह उस ब्रांड के उत्पाद को खरीदना बंद कर देता था या उस दुकान से खरीदारी करना बंद कर देता था।**

यह मान लिया जाता था कि यह उपभोक्ता की जिम्मेदारी है कि एक वस्तु या सेवा को खरीदते वक्त वह सावधानी बरते। संस्थाओं को लोगों में जागरूकता लाने में, भारत और पूरे विश्व में कई वर्ष लग गए। इसने वस्तुओं और सेवाओं की गुणवत्ता सुनिश्चित करने की जिम्मेदारी विक्रेताओं पर भी डाल दी।

भारत में 'सामाजिक बल' के रूप में उपभोक्ता आंदोलन का जन्म, अनैतिक और अनुचित व्यवसाय कार्यों से उपभोक्ताओं के हितों की रक्षा करने और प्रोत्साहित करने की आवश्यकता के साथ हुआ। अत्यधिक खाद्य कमी, जमाखोरी, कालाबाजारी, खाद्य पदार्थों एवं खाद्य तेल में मिलावट की वजह से 1960 के दशक में व्यवस्थित रूप में उपभोक्ता आंदोलन का उदय हुआ। 1970 के दशक तक उपभोक्ता संस्थाएँ वृहत् स्तर पर उपभोक्ता अधिकार से संबंधित आलेखों के लेखन और प्रदर्शनी के आयोजन का कार्य करने लगी थीं। उन्होंने सड़क यात्री परिवहन में अत्यधिक भीड़-भाड़ और राशन दुकानों में होने वाले अनुचित कार्यों पर नज़र रखने के लिए उपभोक्ता दल बनाया। हाल में, भारत में उपभोक्ता दलों की संख्या में भारी वृद्धि हुई है।

(i) उपभोक्ता आंदोलन का प्रारंभ उपभोक्ताओं के ………… के कारण हुआ।

(a) इच्छा (b) असंतोष
(c) आय बढ़ने (d) आय में कमी

उत्तर (b) असंतोष

(ii) भारत में उपभोक्ता आंदोलन का रूप किस आधार पर तैयार किया गया था?

(a) सामाजिक बल के रूप में
(b) राजनीतिक चेतना के रूप में
(c) पारिवारिक विश्वसनीयता के रूप में
(d) मनोविश्लेषण के रूप में

उत्तर (a) सामाजिक बल के रूप में

(iii) उपभोक्ता आंदोलन को व्यापक स्तर पर संचालित करने में किनकी भूमिका अहम मानी जाती है?

(a) गैर-सरकारी संगठन (b) उपभोक्ता संस्थान
(c) आलेखों एवं लेखन (d) ये सभी

उत्तर (d) ये सभी

(iv) सुमेलित कीजिए

सूची I		सूची II
A. उपभोक्ता आंदोलन	1.	1960 का दशक
B. सूचना का अधिकार अधिनियम	2.	2005
C. उपभोक्ता सुरक्षा अधिनियम पारित	3.	1986

कूट

	A	B	C		A	B	C
(a)	1	2	3	(b)	2	1	3
(c)	3	2	1	(d)	1	3	2

उत्तर (a) 1 2 3

(v) उपभोक्ता संरक्षण अधिनियम, 1986 किन उद्देश्यों के परिणामस्वरूप भारत में लागू किया गया?

(a) विक्रेताओं के हितों की रक्षा करने हेतु
(b) वस्तुओं के संरक्षण के लिए
(c) उपभोक्ताओं के हितों की रक्षा करने के लिए
(d) उपरोक्त सभी

उत्तर (c) उपभोक्ताओं के हितों की रक्षा करने के लिए

(vi) निम्नलिखित कथनों पर विचार कीजिए

1. सामान्य रूप से भारत में उपभोक्ता आंदोलन उपभोक्ताओं के हितों की रक्षा करने तथा प्रोत्साहन के साथ हुआ है।
2. 1970 के दशक में दुकानदारों के अनुचित कार्यों को देखने के लिए उपभोक्ता दल बनाया गया।
3. उपभोक्ता आंदोलन का ही परिणाम है कि भारत में उपभोक्ता शिकायत केंद्र स्थापित किए गए हैं।

उपरोक्त में से कौन-सा/से कथन उपभोक्ता आंदोलन के संबंध में सही है/हैं?

(a) केवल 1 (b) 1 और 2
(c) 2 और 3 (d) ये सभी

उत्तर (d) ये सभी

2. भारत में उपभोक्ता आंदोलन ने विभिन्न संगठनों के निर्माण में पहल की है, जिन्हें सामान्यतया उपभोक्ता अदालत या उपभोक्ता संरक्षण परिषद् के नाम से जाना जाता है। ये उपभोक्ताओं का मार्गदर्शन करती हैं कि कैसे उपभोक्ता अदालत में मुकदमा दर्ज कराएँ। बहुत से अवसरों पर ये उपभोक्ता अदालत में व्यक्ति विशेष (उपभोक्ता) का प्रतिनिधित्व भी करते हैं। ये स्वयंसेवी संगठन जनता में जागरूकता पैदा करने के लिए सरकार से वित्तीय सहयोग भी प्राप्त करते हैं। यदि आप एक आवासीय कॉलोनी में रहते हैं, तो आपने 'निवासी कल्याण संघ' का नामपट्ट अवश्य देखा होगा। यदि उनके किसी सदस्य के साथ कोई अनुचित व्यावसायिक कार्रवाई होती है, तो उसकी तरफ से संस्था मामले को देखती है।

कोपरा के अंतर्गत उपभोक्ता विवादों के निपटारे के लिए जिला, राज्य और राष्ट्रीय स्तरों पर एक त्रिस्तरीय न्यायिक तंत्र स्थापित किया गया है। जिला स्तर का न्यायालय जिसे जिला केंद्र भी कहते हैं। ₹ 20 लाख तक के दावों से संबंधित मुकदमों पर विचार करता है। राज्य स्तरीय अदालत जिसे राज्य आयोग कहते हैं। ₹ 20 लाख से एक करोड़ तक और राष्ट्रीय स्तर पर अदालत राष्ट्रीय आयोग, ₹ 1 करोड़ से ऊपर की दावेदारी से संबंधित मुकदमों को देखती हैं। यदि कोई मुकदमा जिला स्तर के न्यायालय में ख़ारिज कर दिया जाता है, तो उपभोक्ता राज्य स्तर के न्यायालय में और उसके बाद राष्ट्रीय स्तर के न्यायालय में भी अपील कर सकता है। इस प्रकार, अधिनियम ने उपभोक्ता के रूप में उपभोक्ता न्यायालय में प्रतिनिधित्व का अधिकार देकर हमें समर्थ बनाया है।

(i) उपभोक्ता अधिकार (सुरक्षा) अधिनियम, 1986 के अंतर्गत …………न्यायिक तंत्र स्थापित किया गया है। जिला स्तरीय न्यायालय ₹ ………… तक के दावों से संबंधित है।

(a) द्विस्तरीय, 10 लाख (b) त्रिस्तरीय, 15 लाख
(c) त्रिस्तरीय, 20 लाख (d) चार स्तरीय, 20 लाख

उत्तर (c) त्रिस्तरीय, 20 लाख

(ii) उपभोक्ता के चुनने के अधिकार के अंतर्गत, उसके अधिकारों को किस प्रकार संरक्षित किया जाता है?

(a) उपभोक्ता अपनी पसंद की वस्तुओं व सेवाओं का उपभोग कर सकता है
(b) उपभोक्ता को विशिष्ट वस्तु खरीदने के लिए विवश नहीं किया जा सकता है
(c) वह विक्रेताओं के प्रभाव से उन्मुक्त रहता है अर्थात् विक्रेता विवश नहीं कर सकता है
(d) उपरोक्त सभी

उत्तर (d) उपरोक्त सभी

(iii) उत्पादों की गुणवत्ता के आधार पर मानकों का निर्धारण करना क्या कहलाता है?

(a) उत्पादों का मानकीकरण
(b) उत्पादों का सामान्यीकरण

(c) उत्पादों की क्रयशीलता
(d) उत्पादों की परिमाणात्मकता

उत्तर (a) उत्पादों का मानकीकरण

(iv) उपभोक्ता आंदोलन की सफलता के बावजूद इसके समक्ष अनेक चुनौतियाँ हैं। इन चुनौतियों में निम्न में से किसे शामिल नहीं किया जाता है?
(a) क्षतिपूर्ति जैसे विषयों के संदर्भ में मौजूदा कानून में स्पष्ट उल्लेख नहीं है
(b) असंगठित क्षेत्र में कानून प्रवर्त्तन अधिक कमजोर है
(c) इस आंदोलन के परिणामस्वरूप उपभोक्ता में जागरूकता आई है
(d) उपभोक्ता निवारण प्रक्रिया अधिक जटिल, खर्चीली और अधिक समय लेने वाली है

उत्तर (c) इस आंदोलन के परिणामस्वरूप उपभोक्ता में जागरूकता आई है

(v) किस उपभोक्ता अधिकार के अंतर्गत उपभोक्ता निवारण के समय उपभोक्ता अदालत में प्रतिनिधित्व रखने का अधिकार पाता है?
(a) सुरक्षा का अधिकार (b) सूचित होने का अधिकार
(c) प्रतिनिधित्व का अधिकार (d) निवारण का अधिकार

उत्तर (c) प्रतिनिधित्व का अधिकार

(vi) **कथन** (A) उपभोक्ता संरक्षण परिषद् उपभोक्ताओं का मार्गदर्शन करती है कि कैसे उपभोक्ता अदालत में मुकदमा दर्ज कराएँ।

कारण (R) ये स्वयंसेवी संगठन जनता में जागरूकता उत्पन्न करने के लिए सरकार से वित्तीय सहयोग भी प्राप्त करते हैं।

कूट
(a) A और R दोनों सही हैं तथा R, A की सही व्याख्या है
(b) A और R दोनों सही हैं, परंतु R, A की सही व्याख्या नहीं है
(c) A सही है, किंतु R गलत है
(d) A गलत है, किंतु R सही है

उत्तर (b) A और R दोनों सही हैं, परंतु R, A की सही व्याख्या नहीं है

3. भारत में उपभोक्ता आंदोलन ने संगठित समूहों की संख्या और उनकी कार्य विधियों के मामले में कुछ तरक्की की है। आज देश में 700 से अधिक उपभोक्ता संगठन हैं, जिनमें से केवल 20-25 ही अपने कार्यों के लिए पूर्ण संगठित और मान्यता प्राप्त हैं। फिर भी उपभोक्ता निवारण प्रक्रिया जटिल, खर्चीली और समय साध्य साबित हो रही है। कई बार उपभोक्ताओं को वकीलों का सहारा लेना पड़ता है। ये मुकदमे अदालती कार्यवाहियों में शामिल होने और आगे बढ़ने आदि में काफी समय लेते हैं। अधिकांश खरीदारियों के समय रसीद नहीं दी जाती है, ऐसी स्थिति में प्रमाण जुटाना आसान नहीं होता है। इसके अतिरिक्त बाजार में अधिकांश खरीदारियाँ छोटी फुटकर दुकानों से होती हैं। दोषयुक्त उत्पादों से पीड़ित उपभोक्ताओं की क्षतिपूर्ति के मुद्दे पर मौजूदा कानून भी बहुत स्पष्ट नहीं है। कोपरा के अधिनियम के 30 वर्ष बाद भी भारत में उपभोक्ता ज्ञान बहुत धीरे-धीरे फैल रहा है। श्रमिकों के हितों की रक्षा के लिए कानूनों के लागू होने के बावजूद खासतौर से असंगठित क्षेत्र में ये कमजोर हैं। इस प्रकार, बाजारों के कार्य करने के लिए नियमों और विनियमों का प्राय: पालन नहीं होता। फिर भी उपभोक्ताओं को अपनी भूमिका और अपना महत्त्व समझने की जरूरत है। यह अकसर कहा जाता है कि उपभोक्ताओं की सक्रिय भागीदारी से ही उपभोक्ता आंदोलन प्रभावी हो सकता है। इसके लिए स्वैच्छिक प्रयास और सबकी साझेदारी से युक्त संघर्ष की जरूरत है।

(i) भारत ने किस प्रकार उपभोक्ता आंदोलन को सफल बनाया है?

उत्तर भारत में उपभोक्ता आंदोलन के प्रभाव से ही उपभोक्ता संरक्षण अधिनियम पारित किया गया। इस प्रकार, वर्तमान में भारत उन देशों में शामिल है, जहाँ उपभोक्ता से संबंधित समस्याओं के निवारण के लिए विशेष न्यायालय का गठन किया गया है। इतना ही नहीं त्रिस्तरीय शिकायत प्रणाली का भी गठन किया गया है। इस प्रकार से भारत ने उपभोक्ता आंदोलन को सफल बनाया है।

(ii) भारत में उपभोक्ता निवारण की प्रक्रिया किस प्रकार जटिल है?

उत्तर भारत में उपभोक्ता निवारण के लिए कई उपभोक्ताओं को वकीलों का सहारा लेना पड़ता है। इससे समय अधिक लगने के साथ ही खर्च भी अधिक बढ़ जाता है। इतना ही नहीं कभी-कभी साक्ष्य जुटाना भी कठिन होता है तथा क्षतिपूर्ति के संबंध में स्पष्ट कानून का अभाव पाया जाता है। इस प्रकार, उपभोक्ता निवारण की प्रक्रिया जटिल व खर्चीली है।

(iii) उपभोक्ता से संबंधित समस्याओं का किस प्रकार समाधान किया जा सकता है?

उत्तर उपभोक्ता से संबंधित समस्याओं के लिए उपभोक्ताओं को अपनी भूमिका व महत्त्व को समझना पड़ेगा। इसके लिए स्वैच्छिक प्रयास तथा सभी की हिस्सेदारी भी आवश्यक हो सकती है। इस प्रकार, उपभोक्ताओं को जागरूक कर समस्याओं का समाधान बड़े स्तर पर किया जा सकता है।

4. स्रोत 'अ' बाजार में उपभोक्ता

बाजार में हमारी भागीदारी उत्पादक और उपभोक्ता दोनों रूपों में होती है। वस्तुओं एवं सेवाओं के उत्पादक के रूप में, हम पहले वर्णित कृषि, उद्योग या सेवा जैसे क्षेत्रों में कार्यरत हो सकते हैं। उपभोक्ताओं की भागीदारी बाजार में तब होती है, जब वे अपनी आवश्यकतानुसार वस्तुओं या सेवाओं को खरीदते हैं। उपभोक्ता के रूप में लोगों द्वारा उपभोग किए जाने वाली ये अंतिम वस्तुएँ होती हैं।

स्रोत 'ब' उपभोक्ताओं की सुरक्षा

खरीदी गई वस्तु या सेवा के बारे में जब भी कोई शिकायत होती है, तो विक्रेता सारा उत्तरदायित्व क्रेता पर डालने का प्रयास करता है। समान्यत: उनकी प्रतिक्रिया होती है: ''आपने जो खरीदा है अगर वह पसंद नहीं है तो कहीं और जाइए।'' मानो, बिक्री हो जाने के बाद विक्रेता की कोई जिम्मेदारी नहीं रह जाती।

स्रोत 'स' उपभोक्ताओं का शोषण

जब उत्पादक थोड़े और शक्तिशाली होते हैं और उपभोक्ता कम मात्रा में खरीदारी करते हैं और बिखरे हुए होते हैं, तो बाजार उचित तरीके से कार्य नहीं करता है। विशेष रूप से यह स्थिति तब होती है, जब इन वस्तुओं का उत्पादन बड़ी कंपनियाँ कर रही हों। अधिक पूँजी वाली, शक्तिशाली और समृद्ध कंपनियाँ विभिन्न प्रकार से चालाकीपूर्वक बाजार को प्रभावित कर सकती हैं। उपभोक्ताओं को आकर्षित करने के लिए वे समय-समय पर मीडिया और अन्य स्रोतों से गलत सूचना देती हैं।

स्रोत 'अ' बाजार में उपभोक्ता

(i) व्यक्ति किस प्रकार उत्पादक तथा उपभोक्ता दोनों रूपों में अपनी भागीदारी को सुनिश्चित करता है?

उत्तर जब व्यक्ति बाजार में उपलब्ध वस्तुओं का उत्पादन करता है, तब वह उत्पादक कहलाता है; जैसे–अनाज का उत्पादन करने वाला। इसके विपरीत जब व्यक्ति इसी उत्पाद को खरीदने के लिए बाजार में जाता है, तब वह उपभोक्ता होता है। इस प्रकार, व्यक्ति दोनों रूपों में अपनी भूमिका निभाता है।

स्रोत 'ब' उपभोक्ताओं की सुरक्षा

(ii) उपभोक्ताओं की सुरक्षा क्यों आवश्यक होती है?

उत्तर बाजार में उपभोक्ता वस्तुओं की खरीदारी करते समय विक्रेता की तुलना में स्वयं को कमजोर पाता है। जब क्रेता किसी प्रकार की शिकायत करता है, तो विक्रेता सारा दायित्व खरीदार पर ही डाल देता है। इस स्थिति में उपभोक्ताओं के हितों की सुरक्षा के लिए मजबूत नियम एवं विनियमों की आवश्यकता महसूस की जाती है।

स्रोत 'स' उपभोक्ताओं का शोषण

(iii) बाजार में उपभोक्ता को किस प्रकार की कठिनाइयों का सामना करना पड़ता है?

उत्तर बाजार में उपभोक्ता को कई कठिनाइयों का सामना करना पड़ता है; जैसे–दुकानदार द्वारा कम वजन तौलना, दुकानदार द्वारा उन शुल्कों को भी जोड़ना, जिसका वर्णन पहले न किया गया हो तथा मिलावट वाली वस्तुओं को बेचना आदि। इस तरह की कई अन्य समस्याओं का सामना उपभोक्ताओं को करना पड़ता है।

स्वयं को जाँचें

वस्तुनिष्ठ प्रश्न

1. विज्ञापन बढ़ावा देता है

(a) उपभोक्ता जागरूकता को (b) उपभोक्ता अधिकार को (c) व्यापार को (d) अंतर्राष्ट्रीय व्यापार को

2. उपभोक्ता आंदोलन को किसकी सुरक्षा की दृष्टि से शुरू किया गया?

(a) उपभोक्ता (b) उत्पादक (c) व्यापारी (d) अधिकार

3. भारत में वस्तुओं और सेवाओं के लिए मानक कौन विकसित करता है?

(a) राष्ट्रीय उपभोक्ता अदालत (b) कोपरा (c) भारतीय मानक ब्यूरो (d) उपभोक्ता संरक्षण

4. निम्नलिखित में से कौन उपभोक्ता के अधिकारों में शामिल पाया जाता है?

1. वस्तुओं के बारे में सूचना पाने का अधिकार।
2. सेवा प्राप्त करते हुए चुनने का अधिकार
3. शोषण के विरुद्ध क्षतिपूर्ति निवारण का अधिकार है।

कूट

(a) केवल 1 (b) 1 और 2 (c) 2 और 3 (d) ये सभी

अतिलघु उत्तरीय प्रश्न

5. उत्पादक और उपभोक्ता को परिभाषित कीजिए।

6. 'उपभोक्ता इंटरनेशनल' पर संक्षिप्त टिप्पणी दीजिए।

7. मानकीकरण से क्या अभिप्राय है?

8. बाजार में उपभोक्ता की स्थितियों का वर्णन कीजिए।

लघु उत्तरीय प्रश्न

9. कोपरा की आवश्यकता पर एक लघु निबंध के साथ इसके महत्त्व को भी स्पष्ट कीजिए।

10. उपभोक्ता अधिकार से आप क्या समझते हैं?

11. जागरूक उपभोक्ता बनने के लिए आवश्यक बातों को बताइए।

12. उपभोक्ता आंदोलन से संबंधित प्रमुख दोषों को बताइए।

13. "उपभोक्ता आंदोलन एक सतत प्रक्रिया है।" स्पष्ट कीजिए।

दीर्घ उत्तरीय प्रश्न

14. क्षतिपूर्ति निवारण के अधिकार को उदाहरण देकर समझाइए।

15. उपभोक्ता अदालतें क्या होती हैं? इसके महत्त्व को बताइए।

16. उपभोक्ता संरक्षण परिषद् को स्पष्ट कीजिए।

अध्याय

01

आपदा प्रबंधन

परिचय.......
क्या आपको याद है?

सामाजिक विकास और मानव कल्याण का दायरा इसलिए बढ़ता रहा है, क्योंकि लोग जोखिम उठाते रहे हैं। प्राकृतिक आपदाओं के कारण समाज के कमजोर वर्ग के लोग बड़ी संख्या में हताहत हो जाते हैं। इसके परिणामस्वरूप सामाजिक,आर्थिक और पर्यावरण के प्रभाव की मात्रा में भयानक वृद्धि होती जा रही है, जिससे विकास की गति रुक रही है और समाज का स्तर कई वर्ष पीछे जा रहा है।

क्या हम इस बारे में उदासीन हैं?

इसका उत्तर है नहीं। हाल ही में तमिलनाडु के कुंबकोणम में आग लगने की एक दुःखद घटना हुई। इस घटना में लगभग 93 मासूम बच्चों को जान गँवानी पड़ी। इस घटना ने हम सबको अपने बेशकीमती जीवन के बारे में सोचने के लिए विवश कर दिया था। असम और बिहार में बार-बार आने वाली बाढ़ों, राजस्थान और गुजरात में बार-बार पड़ने वाले सूखे और गुजरात में वर्ष 2001 में आए भूकंप के कारण पूर देश में लोगों का सामान्य जीवन अस्त-व्यस्त हो गया है।

आपदाओं का इतिहास उतना ही पुराना है, जितना कि **मानव इतिहास**। मुख्यतः मानवीय दृष्टिकोण अपनाकर इनका मुकाबला किया गया है, जबकि चक्रवात, बाढ़, सूखा और भूकंप जैसे प्राकृतिक संकटों का विश्लेषण तकनीकी और वैज्ञानिक दृष्टिकोण के साथ किया गया है। इन भीषण आपदाओं को न केवल **दैवी घटना या दैवी आपदा** समझना चाहिए और न केवल वैज्ञानिकों के भरोसे छोड़ देना चाहिए। हम मिलकर एक जिम्मेदार नागरिक की तरह सोचे एवं इस क्षेत्र में कार्य करें।

इस घटना को घटे अभी एक वर्ष ही बीता है, जब दक्षिण ईरान के धूलभरे रेगिस्तानी इलाके बाम में रविवार (26 दिसंबर) **को भूकंप आया और एक वर्ष के बाद ही प्रकृति ने दुबारा अपना आतंक फैलाया। इंडोनेशिया के उत्तर-पूर्व में सुमात्रा द्वीप के समुद्र के नीचे एक तीव्र भूकंप आया, जिसे गत 40 वर्षों में विश्व का सबसे शक्तिशाली भूकंप माना गया है।** भूकंप के अधिकेंद्र (ऐपिसेंटर) से विशाल समुद्री लहरें (सूनामी) फैलने लगीं और अपने साथ मौत और विनाश लेकर दक्षिण और दक्षिण-पूर्वी एशियाई देशों के तटीय क्षेत्रों की ओर तेजी से बढ़ने लगीं।

प्रत्यक्षदर्शियों के अनुसार, इन लहरों का आकार 10 फुट से लेकर 30 फुट तक था। कुछ तटीय इलाकों में बाढ़ का पानी कई किलो मीटर अंदर तक घुस गया। सुबह-सुबह रेडियो समाचारों में इस घटना में 500 लोगों के मरने की आशंका के बारे में बताया गया, किंतु शाम ढलने तक यह संख्या 10,000 तक पहुँच गई और इसमें और भी वृद्धि होती जा रही थी। कई हजार व्यक्ति लापता अथवा घायल थे और लाखों व्यक्ति बेघर हो गए थे।

कुंबकोणम की दु:खद घटना........

कुंबकोणम, 16 जुलाई, सात और नौ वर्ष की आयु के बीच के बच्चों के लिए भरण-पोषण करने वाली आग उनकी सामूहिक चिता बन गई। सरस्वती प्राथमिक विद्यालय में घास-फूस से बनी छतों पर आग लगने से कम-से-कम 93 बच्चे धधकती आग की चपेट में आकर राख हो गए। आग भूमितल पर बनी रसोई में उस समय लगी, जब बच्चों के लिए दोपहर का भोजन बनाया जा रहा था। दमकल कर्मचारियों ने बताया कि पीड़ित बच्चों के बचने के आसार कम हैं, क्योंकि दहकती घास-फूस की छत अंदर फँसे बच्चों पर गिर गई थी। दिल दहला देने वाली इस घटना से तमिलनाडु के कुंबकोणम शहर में ही नहीं, बल्कि पूरे देश में शोक की लहर फैल गई।

क्या आपने कभी सोचा है ऐसी दु:खद घटना क्यों घटी?

घटनास्थल का मुआयना करने के बाद पता चला कि उस स्थान पर न ही अग्नि सुरक्षा के समुचित उपाय थे और न ही अध्यापकों एवं बच्चों को आपदा से निपटने की जानकारी थी। समुचित चिकित्सा व्यवस्था की कमी एवं स्कूल की इमारत में कोई विशेष ध्यान नहीं दिया गया था।

इस दु:खद घटना के लिए किसको जिम्मेदार ठहराया जाए? क्या स्कूल प्रशासन को, अध्यापकों को अथवा बच्चों को?

इसके लिए हम सब जिम्मेदार हैं। प्रत्येक की कोई-न-कोई भूमिका है। इससे बचने के लिए स्कूल के अध्यापकों एवं जिला प्रशासन के साथ मिलकर आपदा प्रबंधन योजना बनाई जानी चाहिए। आग लगने के बाद क्या करें एवं क्या न करें इस बारे में पूर्ण जागरूकता पैदा की जानी चाहिए। वर्ष 1998 के अगस्त महीने के दूसरे पखवाड़े में हिमालय के क्षेत्रों में भारी वर्षा हुई, जिसके कारण इस क्षेत्र में भारी तबाही हुई। 14 अगस्त को ऊखीमठ ब्लॉक (गुप्तकाशी के निकट) में भूस्खलन के कारण 69 व्यक्तियों की मृत्यु हो गई। एक हफ्ते बाद, माल्पा का पूरा गाँव बह गया। यह गाँव धार्चुला से लिपू लेख जाने वाले मार्ग पर काली नदी के समानांतर बसा हुआ है।

क्या माल्पा के लोगों के लिए गाँव खाली करने के लिए एक हफ्ते का समय काफी नहीं था? शायद अधिकारियों द्वारा गाँववासियों को ठीक सूचना नहीं दी गई थी।

मृतकों की संख्या 205 तक पहुँच गई थी और इनमें सड़क बनाने वाले मजदूर, कुली, सीमा पुलिस के कार्मिक और पाँच दर्जन तीर्थयात्री शमिल थे, जो तिब्बत में कैलाश पर्वत और मानसरोवर झील की यात्रा करके वापस लौट रहे थे (18 अगस्त)। अन्य दो दर्जन लोगों की उस समय मृत्यु हो गई, जब रुद्रप्रयाग जिले में मंसुणा गाँव भी अचानक लुप्त हो गया (19 अगस्त)। इसके अलावा, भारी वृष्टि के कारण सैंकड़ों मकान और बुनियादी सुविधाएँ तबाह हो गईं और तेज हवाओं के कारण भी बचाव कार्यों में बाधा पड़ी।

क्या निर्माण कार्य करने के लिए स्थान का चयन करना महत्त्वपूर्ण नहीं है?

20 अगस्त तक अधिकारियों ने ऊखीमठ ब्लॉक के 50,000 निवासियों को निकालने का काम आरंभ किया, क्योंकि मंदाकिनी नदी की सहायक नदी मदमहेश्वर में रोड़ी, मलबा और शिलाखंड गिरने से नदी का प्रवाह अवरुद्ध हो गया और वहाँ एक कृत्रिम झील बन गई।

इन असुरक्षित स्थानों पर बने अनेकों मकान बह गए। इस कृत्रिम झील में जल स्तर बढ़ने के साथ-साथ खतरे की घंटियाँ भी बजने लगीं, क्योंकि बाढ़ के पानी में दो दर्जन गाँवों के विलीन हो जाने की आशंका उत्पन्न हो गई थी।

सेना ने कृत्रिम बाँध को डाइनामाइट से न उड़ाने की सलाह दी, क्योंकि अचानक पानी बहने से नीचे बसे गाँव जलमग्न हो सकते थे। ग्रामवासियों ने सुझाव दिया कि ऐसा करने के बजाए पानी को प्राकृतिक रूप से रिसने दिया जाए। साथ ही, स्थानीय ग्रामीणों और सामाजिक कार्यकर्ताओं ने खोज एवं बचाव कार्य भी आरंभ कर दिया, जबकि विभिन्न **गैर-सरकारी संगठनों** के कार्यकर्ता जरूरतमंदों की देखभाल में जुट गए।

क्या आप जानते हैं कि विभिन्न एजेंसियों और समुदाय से प्राप्त सहायता से खोज एवं बचाव कार्य चलाने में तेजी आती है?

देहरादून और अन्य बड़े शहरों में, दानी लोगों ने एकजुटता का परिचय देते हुए भूस्खलन एवं बाढ़ पीड़ित लोगों के लिए सहायता भेजी, क्योंकि इन संकटों से मैदानी इलाके भी बुरी तरह से प्रभावित हुए थे।

आपके विचार में वे कौन-कौन से जरूरी उपाय थे, जिन्हें करने की प्रशासन और लोगों से अपेक्षा की जाती थी?

यदि मौसम के बारे में ग्रामीणों को पूर्व चेतावनी दे दी गई होती, खोज एवं बचाव कार्य तथा प्राथमिक उपचार के बारे में ग्रामीणों को विशेष प्रशिक्षण दिया गया होता और पर्वतीय क्षेत्रों में पुश्ता दीवारों का निर्माण कराया गया होता, तो अनेकों बेशकीमती जीवनों को बचा लिया गया होता।

अध्ययन के पश्चात् ज्ञात होता है कि एक खोज,बचाव कार्य चलाने और सरकारी व गैर-सरकारी एजेंसियों के साथ संपर्क स्थापित करने के लिए एक वैकल्पिक संचार व्यवस्था की आवश्यकता होती है। अधोलिखित घटनाओं के अध्ययन के पश्चात्स्पष्ट होता है कि अच्छे निर्माण कार्यों की समझ का होना कितना महत्त्वपूर्ण होता है। इसके माध्यम से स्कूलों, घरों को सुरक्षित रखा जा सकता है।

इसके लिए हमें अपने आपको **एन सी सी, एन एस एस** और **होमगार्ड** आदि जैसी सरकारी और विभिन्न एजेंसियों की सहायता के लिए तैयार रखना होगा। जिस समुदाय/मोहल्ले में हम रहते हैं, वहाँ के लोगों के जीवन की सुरक्षा और सुरक्षित भविष्य के लिए एक योजना का निर्माण कर लें।

बांग्लादेश में चक्रवात........

बांग्लादेश में वर्ष 1970 में आए चक्रवात में 50,000 व्यक्तियों की मृत्यु हो गई थी और इसके बाद बांग्लादेश सरकार ने तटीय चेतावनी और निकास कार्य प्रणाली में सुधार लाने की दिशा में काम करना आरंभ किया। इसके पीछे मुख्य उद्देश्य यह था–पूर्व चेतावनी देना, आश्रय स्थलों का निर्माण एवं परिचालन (तट के साथ-साथ 1350 हैं)। निकास, खोज एवं बचाव कार्य में सहायता देना, प्राथमिक उपचार, राहत और पुनर्वास कार्य और सामुदायिक तैयारी क्षमता का निर्माण करना। पुरुषों और महिलाओं को मिलाकर 32,000 ग्राम स्वयंसेवकों का एक **संगठन** बनाया गया और इसे 12 स्थानीय टीमों में बाँट दिया गया।

उन्हें मौसम संबंधी समाचार बुलेटिनों पर नजर रखने के लिए रेडियो सेटों, मेगाफोनों और हस्तचालित साइरनों, प्राथमिक उपचार किटों, बचाव उपकरणों और रक्षक परिधानों से लैस किया गया है। इन स्वयंसेवकों को समय-समय पर नियमित रूप से प्रशिक्षण दिया जाता था। रेडियो उपयोग, प्राथमिक उपचार और नेतृत्व के गुण पैदा करने जैसे विशेषज्ञ प्रशिक्षण अलग से दिए जाते हैं। स्वयंसेवकों ने गाँवों में नियमित रूप से अभ्यास और प्रदर्शनों का आयोजन किया और हर वर्ष लोगों को जागरूक करने के अभियान चलाए। तथापि, इस सामुदायिक तैयारी कार्यक्रम की व्यापक रूप से सराहना हुई है और सैंकड़ों हजारों लोगों को नित्यक्रम के रूप में चक्रवात क्षेत्रों से हटाकर सुरक्षित स्थानों पर पहुँचाया जा सकता है। मई, 1994 में साढ़े सात लाख लोगों को हटाकर सुरक्षित स्थानों पर पहुँचाया; गया था, केवल कुछेक लोगों की ही मृत्यु हुई थी।

एक व्यवस्थित योजना एवं जानकारी के होने से किसी भी प्राकृतिक और मानव निर्मित संकटों द्वारा व्यक्ति, समाज एवं पर्यावरण पर होने वाली क्षति से बचा जा सकता है। इससे आपदारोधी समाज का निर्माण होगा और विश्व एक सुरक्षित स्थान बन सकेगा।

अध्याय

02

सुनामी-विनाशकारी समुद्री लहरें

26 दिसंबर, 2004 को **सुनामी** लहरों की विनाशलीला ने दक्षिण-पूर्व एशिया के 11 देशों में कहर बरसाया तथा इस घटना में 1,50,000 व्यक्तियों की जानें गईं। इस आपदा के कारण भावनात्मक, आर्थिक और पारिस्थितिकी के स्तर पर जो क्षति पहुँची, उसका आकलन करना कठिन है। विगत 40 वर्ष में आया सबसे शक्तिशाली **भूकंप** था।

'सुनामी' शब्द जापानी भाषा से संबंधित है, जो दो शब्दों 'सु' यानि '**बंदरगाह**' तथा 'नामी' अर्थात् '**लहर**' से बना है। सुनामी लहरों के पैदा होने के कारण भूकंप, ज्वालामुखियों का फटना अथवा जलगत भूस्खलन हैं। 15 मी या उससे अधिक इन लहरों की ऊँचाई होती है और ये तट के आसपास की बस्तियों को तबाह कर देती हैं। निकटवर्ती भूकंपों से उत्पन्न सुनामी लहरें मिनटों में ही तट तक पहुँच जाती हैं। सुनामी की लहरें जब उथले पानी में प्रवेश करती हैं, तो शक्तिशाली होने के कारण तट से टकराकर कई फुट ऊँची उठती हैं। बड़े भूकंप के आने के बाद कई घंटों तक सुनामी का खतरा बना रहता है।

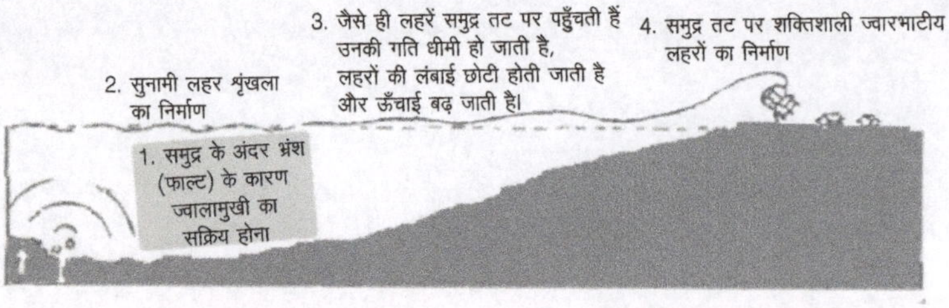

क्रकटू

1883 ई. में, इंडोनेशिया में **क्रकटू** के नाम से विख्यात ज्वालामुखी में भयानक विस्फोट हुआ और इसके कारण 40 मी ऊँची सुनामी लहरें उत्पन्न हुईं, जो जावा और सुमात्रा में कहर ढा गईं। इन सुनामी लहरों से 36,000 लोगों की मृत्यु हुई। शक्तिशाली सुनामी लहरें सागरों को पार कर सकती हैं। समुद्र तल के पास या उसके नीचे भूकंप आने पर समुद्र में हलचल पैदा होती है और यह हलचल लगभग प्रायः सुनामी का रूप धारण कर लेती है।

सुनामी उत्पन्न होने के कारण दूर गहरे समुद्र में शक्तिशाली भूकंप का आना है। इन भूकंपों के कारण उत्पन्न लहरें कई सौ किलोमीटर प्रति घंटे की गति से तट की ओर चलती हैं तथा भूकंप आने के कई घंटे बाद ही तट तक पहुँचती हैं। साधारण **ज्वार भाटे** की लहरें छोटी होती हैं और ये लहरें बार-बार आती रहती हैं एवं उनकी ऊँचाई भूमि की सतह के बराबर होती है, जबकि गहरे समुद्र में सुनामी लहरों की उत्पत्ति के समय कोई हलचल नहीं होने के कारण ये दिखाई नहीं देतीं। उत्पत्ति के समय सुनामी लहरों की लंबाई 100 किमी तक होने के बावजूद बीच समुद्र में ये लहरें बहुत ऊँची नहीं उठती हैं तथा कई सौ किलोमीटर की गति से चलती हैं।

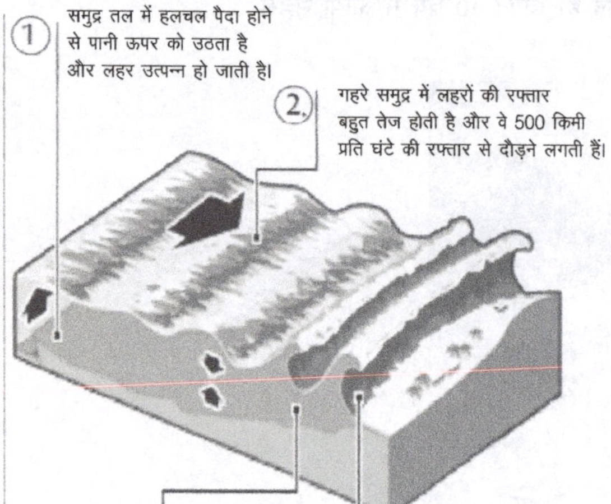

सुनामी लहरों की उत्पत्ति चित्र में समुद्र तल में हलचल दिखाई गई है और इसके कारण लहरें ऊपर की ओर उठती हैं। इस हलचल के कारण कई सौ क्यूबिक मीटर पानी अपनी जगह से विस्थापित हो जाता है, जिसके कारण भयानक सुनामी अथवा समुद्री लहर उत्पन्न हो जाती है।

सुनामी के बारे में महत्त्वपूर्ण तथ्य

- सुनामी लहरें एक के बाद एक आती रहती हैं। पहली लहर विशाल नहीं होती है। पहली लहर के आने के उपरांत कई घंटों तक बाद में आने वाली लहरों का खतरा बना रहता है।
- कुछ सुनामी लहरें आकार में वृहदाकार होती हैं। तट के आसपास इनकी ऊँचाई 10 मी अथवा उससे अधिक (चरम अवस्था में 30 मी) हो सकती है तथा मुख्य भूमि में कई सौ मीटर अंदर प्रवेश कर सकती है।
- सुनामी की चपेट में निचले तटीय क्षेत्र आ सकते हैं।
- सुनामी की गति तटवर्ती मैदानी इलाकों में 50 किमी प्रति घंटा हो सकती है यानि कि आदमी की दौड़ने की गति से भी तेज होती है।
- दिन हो या रात, किसी भी समय सुनामी लहरें आ सकती हैं।
- सुनामी के कारण कभी-कभी समुद्र तट का पानी घट जाता है तथा समुद्र तल दिखाई देने लगता है। इसे प्रकृति की ओर से सुनामी आने की चेतावनी के रूप में लें।
- सुनामी लहरें समुद्र से मिलने वाली नदियों और जलधाराओं में पहुँचकर उनमें ऊफान पैदा कर सकती हैं।
- कुछ सुनामी लहरें अत्यधिक शक्तिशली होती हैं। सुनामी लहरें अपनी भयावह शक्ति से कई टन वजन की विशाल चट्टानों, नौकाओं तथा अन्य प्रकार के मलबे को मुख्य भूमि से कई मीटर अंदर तक धकेल देती हैं। घर और अन्य इमारतें ध्वस्त हो जाती हैं। तैर रही सामग्री पानी में जबरदस्त शक्ति के साथ बहने लगती है और उनकी चपेट में आकर लोगों की मृत्यु हो सकती है अथवा वे घायल हो सकते हैं।

सुनामियों का पता लगाना

उपग्रह प्रौद्योगिकी के प्रयोग से सुनामी संभावित भूकंपों की तुरंत चेतावनी देना संभव हो गया है। चेतावनी का समय तट रेखा से अभिकेंद्र की दूरी पर निर्भर करता है। उन तटवर्ती क्षेत्रों में रहने वाले चुनिंदा समुदायों को जहाँ सुनामी कुछ घंटों में आतंक फैला सकती है, सुनामी के अनुमानित समय के बारे में चेतावनी दे दी जाती है। तटीय ज्वार जाली (कोस्टल टाइडल गेज) का निर्माण करने से सुनामियों को तट के निकट रोका जा सकता है, किंतु गहरे समुद्र में इसका उपयोग करना व्यर्थ होगा। सुनामी सतर्कता यंत्र समुद्री केबलों के जरिए भूमि से जोड़े जाते हैं और फिर उन्हें समुद्र में 50 किमी तक आड़े-तिरछे लगाया जाता है। **'सूनामीटर'** समुद्र तल में होने वाली हलचल की चेतावनी भेजते हैं, जिसे उपग्रहों के माध्यम से प्रसारित कर दिया जाता है।

सुनामी आने से पहले क्या करें

- पता लगाएँ कि समुद्र तल से आपके घर की सड़क की ऊँचाई कितनी है तथा तट से या उच्च जोखिम वाले जलक्षेत्र से उसकी दूरी कितनी है।
- यह पता करें कि क्या आपका घर, स्कूल, कार्यस्थल या वह स्थान जहाँ आपको बार-बार आना-जाना पड़ता है, सुनामी संकट की आशंका वाले क्षेत्र के अंतर्गत आता है।
- यदि आपका घर, विद्यालय, कार्यस्थल या अन्य स्थान जहाँ आप आते-जाते रहते हों, सुनामी के खतरे से आशंकित हैं, तो वहाँ से बचाव रास्तों की योजना तैयार करें।
- बचाव रास्तों से बाहर निकलने का अभ्यास करें।
- आपदा में काम आने वाले सामान को तैयार रखें।
- अपने परिवार के साथ सुनामी के बारे में चर्चा करें।
- **एक आकस्मिक संचार योजना तैयार करें।** यदि सुनामी की घटना के दौरान परिवार के लोग एक-दूसरे से अलग हो जाते हैं, तो परिवार को फिर से एकत्र करने के लिए एक योजना तैयार करें। राज्य के बाहर रहने वाले किसी रिश्तेदार अथवा दोस्त को पारिवारिक संपर्क के रूप में काम करने के लिए कहें (आपदा के बाद अकसर लंबी दूरी से बात करना ज्यादा आसान होता है)।

यदि आपको सुनामी के खतरे की आशंका हो, तो

- तट पर घरों को ऊँचे स्थान पर बनाएँ। अधिकांश सुनामी लहरें 10 फुट (3 मी) से कम ऊँची होती हैं। अपने मकान को ऊँचे स्थान पर बनाने से सुनामी लहरों से आपकी संपत्ति को कम क्षति पहुँचेगी।

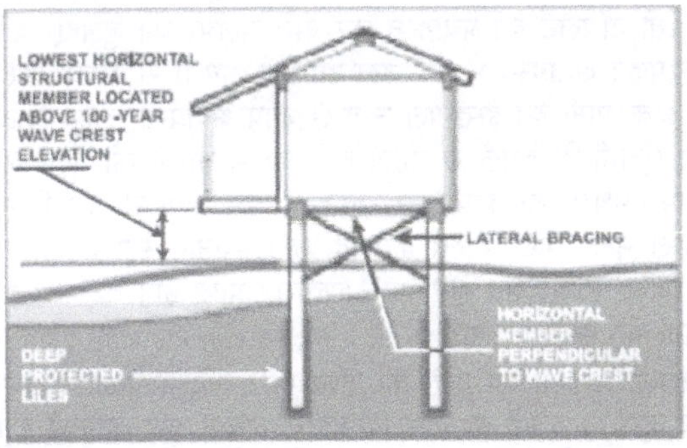

- तट रेखा से कई सौ फुट की दूरी तक न तो मकान बनवाएँ और न ही किसी मकान में रहें।
- सुनामी के आने की स्थिति में घर में लाई जाने वाली वस्तुओं की सूची बनाएँ।
- किसी इंजीनियर से अपने घर की जाँच करवा लें और घर को सुनामी रोधक बनाने के उपायों पर उसकी सलाह लें।
- बाढ़ को रोकने के लिए सतर्क रहें।
- संकट की ताजी खबर प्राप्त करने के लिए स्थानीय रेडियो अथवा दूरदर्शन केंद्रों का उपयोग करें।
- स्थानीय प्राधिकारियों द्वारा जारी हिदायतों का पालन करें।

सुनामी के दौरान क्या करें

- **अपनी आपदा सामग्री किट साथ ले जाएँ।** बचाव के दौरान आपके पास सामग्री होने से आपको सुविधा रहेगी।
- **यदि आप स्थान छोड़कर जा रहे हो, तो अपने पालतू जानवरों को भी साथ ले जाएँ।**
- यदि आप घर पर हों और सुनामी चेतावनी सुनें, तो आप यह सुनिश्चित कर लें कि आपके पूरे परिवार को चेतावनी की जानकारी है। यदि आप सुनामी की आशंका वाले क्षेत्र में रहते हैं, तो आपके परिवार को मकान खाली करके चले जाना चाहिए। किसी सुरक्षित ऊँचे स्थान पर चले जाएँ और सुव्यवस्थित ढंग से, शांत चित्त होकर सुरक्षित ढंग से बचाव स्थल की ओर बढ़ें।
- बहुत-सी ऊँची बहुमंजिला, मजबूत कंकरीट इमारतें (जैसे— होटल आदि) निचले तटीय इलाकों में बनी होती हैं। खतरे के समय इन इमारतों की ऊपरी मंजिलों का सुरक्षित स्थान के रूप में उपयोग किया जा सकता है।
- यदि आप तट पर या समुद्र के पास हों और आपको धरती के काँपने का आभास हो, तो तुरंत किसी ऊँचे स्थान पर चले जाएँ। सुनामी चेतावनी की घोषणा की प्रतीक्षा न करें। समुद्र में मिलने वाली नदियों और जलधाराओं से दूर रहें।
- तट से दूर समुद्री चट्टानों और उथले क्षेत्रों से टकराने पर सुनामी लहरों की शक्ति क्षीण हो जाती है, किंतु विशाल और भयानक लहरें इन क्षेत्रों में रहने वाले लोगों के लिए तब भी खतरा पैदा कर सकती हैं। यदि सुनामी की चेतावनी दी गई हो, तो सुरक्षा की दृष्टि से आपको सलाह दी जाती है कि आप निचले तटीय इलाकों में न जाएँ।
- स्थानीय रेडियो अथवा टेलीविजन से संकट के बारे में ताजा सूचना लेते रहें।

प्रत्यक्षदर्शी

मैंने पानी को गायब होते देखा और पानी इतनी पीछे चला गया कि हरेक को आश्चर्य होने लगा कि ऐसा कैसे हुआ। पूरा चाँद है या क्या है? इसके बाद हमने लहरों को वापस लौटते देखा और हम भागने लगे.....काटरी सेप्पनेन, फिनलैंड का पर्यटक।

यदि आप किसी नौका अथवा जहाज पर हों

- सुनामी लहर की खुले समुद्र में हलचल का पता नहीं चलता है। अगर आप समुद्र में हैं और आपके क्षेत्र के लिए सुनामी चेतावनी दे दी गई है, तो बंदरगाह पर न लौटें। जलस्तर में सुनामी के कारण तेजी से परिवर्तन होता है तथा बंदरगाहों और पत्तनों पर पानी का प्रवाह इतना भयानक हो जाता है कि इसकी कल्पना भी नहीं की जा सकती।
- यदि अपनी नौका अथवा जहाज को पत्तन से गहरे समुद्र में ले जाने के लिए पर्याप्त समय उपलब्ध हो (आपको इस बात का पता लगने के बाद कि सुनामी चेतावनी दे दी गई है), *तो आप निम्नलिखित बातों का ध्यान रखें*

- अधिकांश बड़े बंदरगाह और पत्तन **बंदरगाह/पत्तन प्राधिकरण** के नियंत्रण में आते हैं। अत्यधिक तैयारी की अवधि में ये प्राधिकारी ही संचालन संबंधी आदेश देते हैं। प्राधिकारियों से संपर्क करें और यह पता करें कि क्या जलयानों को अनिवार्य रूप से वहाँ से हटाने के आदेश दिए गए हैं।
- छोटे पत्तन शायद पत्तन प्राधिकरण के नियंत्रण में न हों। यदि आपको सुनामी चेतावनी के बारे में मालूम है और आपके पास अपने जलयान को गहरे समुद्र में ले जाने के लिए पर्याप्त समय है, तो आप सुव्यवस्थित ढंग से ऐसा कर सकते हैं। छोटी नौकाओं के मालिक अपनी नौका को पोत-घाट पर ही छोड़ने और स्वयं चलकर किसी सुरक्षित ऊँचे स्थान पर पहुँचने में ही अपनी भलाई समझें।
- तट पर सुनामी के आरंभिक हमले के बाद विकराल लहरों के प्रहार और अथाह जलराशि के कारण कुछ समय के लिए बंदरगाह का सामान्य कामकाज प्रभावित हो सकता है। पत्तन पर लौटने से पूर्व बंदरगाह प्राधिकरण से संपर्क करें।

सुनामी आने के बाद क्या करें?

सुनामी आने के बाद निम्नलिखित बातों पर ध्यान दें

- रेडियो अथवा टेलीविजन पर खतरे के बारे में प्रसारित ताजा समाचार बुलेटिनों को ध्यान से सुनें। सुनामी के कारण सड़कों, पुलों अथवा अन्य स्थानों को क्षति पहुँच सकती है और उनका प्रयोग करना असुरक्षित हो सकता है।
- घायल अथवा फँसे हुए लोगों की सहायता करने से पहले जाँच कर लें कि कहीं आपको कोई चोट तो नहीं लगी है और यदि आवश्यक हो, तो प्राथमिक **उपचार** करवा लें। यदि किसी का बचाव करना है, तो पेशेवर लोगों की सहायता लें और उन्हें आवश्यक उपकरण लाने के लिए कहें। बाढ़ग्रस्त क्षेत्रों में दूसरे लोगों को बचाने का प्रयास करते हुए बहुत से व्यक्तियों की मृत्यु हुई है अथवा घायल हुए हैं।
- विशेष सहायता की अपेक्षा करने वाले लोगों की सहायता करें—बच्चों, वृद्धों, परिवहन विहीन लोगों, संकट की स्थिति में अतिरिक्त सहायता की अपेक्षा करने वाले जरूरतमंद बड़े परिवारों, अपंग व्यक्तियों और उनकी देखभाल करने वाले व्यक्तियों।
- आपदा प्रभावित क्षेत्रों से दूर रहें। आपकी मौजूदगी से बचाव और अन्य आपत्ति कार्यों में बाँधा पैदा हो सकती है और आपको संदूषित जल, टूटी-फूटी सड़कों, भूस्खलनों, दलदलों और अन्य संकटों; जैसे— बाढ़, से उत्पन्न खतरों का सामना करना पड़ सकता है।
- बहुत जरूरी होने पर ही टेलीफोन करें। आपदा की स्थिति में टेलीफोन लाइनें व्यस्त रहती हैं। जरूरी कॉल अटेंड करने के लिए टेलीफोन लाइनों का खाली रहना जरूरी है।
- चारों ओर पानी से घिरी इमारत के अंदर न रहें। बाढ़ के पानी की तरह, सुनामी का पानी भी इमारत की नींव कमजोर बना सकता है, जिसके कारण इमारत धँस सकती है, तलों में दरार पड़ सकती है या दीवारें गिर सकती हैं।
- पैंट, पूरी बाजू वाली कमीज और मजबूत जूते पहनें। आपदा आने के बाद आमतौर पर पाँव पर चोट लगने की घटनाएँ होती हैं।
- इमारतों का मुआयना करते समय बैटरी वाली लालटेनों अथवा **फ्लैश लाइटों** का प्रयोग करें। बैटरी की रोशनी सबसे सुरक्षित होती है और इसका प्रयोग करना भी आसान होता है। इससे प्रयोक्ता, मकान मालिक और इमारत को आग लगने का खतरा नहीं होता।
- भवनों एवं घरों में पुन: प्रवेश करते समय अत्यंत सावधानी बरतें। सुनामी के कारण आई बाढ़ के पानी से भवनों के उस भाग को क्षति पहुँच सकती है, जहाँ आप इसकी आशा भी नहीं करते। ध्यान से हर कदम रखें। मोमबत्तियों का प्रयोग न करें।
- दरारों और अन्य प्रकार की क्षति का पता करने के लिए इमारत की बुनियाद की जाँच करें। बुनियाद में दरारें आने से या उसे क्षति पहुँचने से इमारत रिहाइश के काबिल नहीं रहती है।
- दीवारों, फर्श, दरवाजों, सीढ़ियों और खिड़कियों की जाँच करें और यह सुनिश्चित करें कि कहीं इमारत गिरने वाली तो नहीं है।
- आग लगने के खतरे की जाँच करें। इमारत के अंदर गैस लाइनें टूट सकती हैं या वे रिस रही हों, इलेक्ट्रिकल सर्किटों में बाढ़ का पानी प्रवेश कर सकता है अथवा भट्टियों या बिजली के उपकरणों में पानी भर सकता है। आग पकड़ने वाली अथवा विस्फोटक सामग्री नदियों में बहकर आ सकती है। बाढ़ आने के बाद आग लगने की घटनाएँ सबसे अधिक होती हैं।
- गैस रिसने की जाँच करें। यदि आपको गैस की गंध या बहने या सीटी की ध्वनि सुनाई दे, तो खिड़की खोल दें और सब लोगों को तुरंत बाहर जाने के लिए कहें। बाहरी मुख्य वाल्व का प्रयोग करके गैस को बंद कर दें और पड़ोसी के घर से गैस कंपनी को फोन करें। यदि किसी कारणवश आपने बंद कर दी हो, तो पेशेवर व्यक्ति से ही इसे खुलवाया जाए।
- जल-मल निकासी और पानी के पाइपों को पहुँची क्षति की जाँच करें। यदि आपको संदेह हो कि जल-मल निकासी पाइपें क्षतिग्रस्त हैं, तो टॉयलेट का प्रयोग न करें और पलंबर को बुलाएँ। यदि पानी के पाइप क्षतिग्रस्त हैं, तो **जल आपूर्ति कंपनी** से संपर्क करें और नल के पानी का इस्तेमाल न करें। आप क्षतिग्रस्त न हुए वाटर हीटरों या सुनामी के हमले से पहले बनी आइस क्यूबों को गलाकर साफ-सुथरा जल प्राप्त कर सकते हैं। इन स्रोतों से जल निकालने से पहले मुख्य वाटर वाल्व को बंद करें। स्थानीय स्वास्थ्य अधिकारियों से जल के सुरक्षित होने का आश्वासन प्राप्त होने के बाद ही नल के पानी का इस्तेमाल करें।
- बिजली प्रणाली की क्षति की जाँच करें। यदि आपको चिंगारियाँ या टूटे हुए या उधड़े हुए तार दिखाई दें अथवा यदि आपको इंशुलेशन के जलने की गंध आए, तो आप मुख्य फ्यूज बॉक्स या सर्किट ब्रेकर पर बिजली बंद कर दें। यदि आपको पानी में घुसकर फ्यूज बॉक्स या सर्किट ब्रेकर तक पहुँचना पड़े, तो पहले इलेक्ट्रीशियन की सलाह लें।
- बिजली के उपकरणों का पुन: इस्तेमाल करने से पहले उनकी जाँच कर लेनी चाहिए और उन्हें सुखा लेना चाहिए।

सुनामी से संबंधित ऊपर बताई गई बातों से हमें यह शिक्षा मिलती है कि हम प्रकृति की शक्तियों की अनदेखी नहीं कर सकते हैं तथा हमें इसे इस चेतावनी के रूप में लेना चाहिए कि अब भी समय है कि हम पर्यावरण के साथ संबंधों में संतुलन बनाए रखने का प्रयास करें।

विपत्तियों से हार मत मानो, बल्कि उनका डटकर मुकाबला करके आगे बढ़ो

अभ्यास प्रश्न (एन.सी.ई.आर.टी.)

1. सुनामी के तीन कारण बताइए और इसके प्रभाव का वर्णन करें?

उत्तर सुनामी के तीन कारण निम्नलिखित हैं

1. भूकंप
2. ज्वालामुखियों का फटना
3. जलगत भूस्खलन

सुनामी के कारण तटीय क्षेत्र की बस्तियाँ तबाह हो जाती हैं। इस आपदा से भावनात्मक, आर्थिक और पारिस्थितिक स्तर पर क्षति पहुँचती है।

2. सुनामी का पता लगाने के लिए दो भिन्न-भिन्न तरीकों का वर्णन करें।

उत्तर सुनामी का पता लगाने के दो भिन्न-भिन्न तरीके निम्नलिखित हैं

1. सुनामी सतर्कता यंत्र केबलों के द्वारा भूमि से जोड़ सकते हैं।
2. 'सुनामीटर' समुद्र तल में होने वाली किसी भी हलचल की चेतावनी भेजते हैं, जिसे उपग्रहों के माध्यम से प्रसारित किया जा सकता है।

3. सुनामी आने से पूर्व, दौरान और बाद की अवधि में प्रत्येक के दौरान तैयारी से संबंधित दो उपायों का उल्लेख करें।

उत्तर सुनामी पूर्व

1. यदि आपका घर, विद्यालय, कार्यस्थल या अन्य स्थान, जहाँ आप आते-जाते रहते हों, सुनामी के खतरे से आशंकित हैं, तो वहाँ से बचाव रास्तों की योजना तैयार करें।
2. आपदा में काम आने वाले सामान को तैयार रखें।

सुनामी के दौरान

1. अपनी आपदा सामग्री किट साथ ले जाएँ। बचाव के दौरान आपके पास सामग्री होने से आपको सुविधा रहेगी।
2. यदि आप स्थान छोड़कर जा रहे हो, तो अपने पालतू जानवरों को भी साथ ले जाएँ।

सुनामी के बाद

1. पैंट, पूरे बाजू वाली कमीज और मजबूत जूते पहनें। आपदा आने के बाद आमतौर पर पाँव पर चोट लगने की घटनाएँ होती हैं।
2. इमारतों का मुआयना करते समय बैटरी वाली लालटेनों अथवा फ्लैश लाइटों का प्रयोग करें। बैटरी की रोशनी सबसे सुरक्षित होती है और इसका प्रयोग करना भी आसान होता है इससे प्रयोक्ता, मकान मालिक और इमारत को आग लगने का खतरा नहीं होता।

अध्याय

03

जीवन रक्षक कौशल

वर्ष 1999 में उड़ीसा में आए भयंकर चक्रवात से आपदा प्रबंधन के क्षेत्र में बहुत कुछ सीखने को मिला। 270 से 300 किमी प्रति घंटे की गति से चलने वाली तेज हवाओं ने 29 अक्टूबर को पाराद्वीप तट के निकट लैंडफाल प्वाइंट को अपना निशाना बनाया। इस चक्रवात तथा इससे पहले 17-18 अक्टूबर को आए चक्रवात दोनों ने मिलकर 1.9 करोड़ लोगों को बेघर कर दिया। बड़े पैमाने पर खोज और बचाव कार्य आरंभ किया गया। **एन सी सी** और **सिविल डिफेंस** के स्वयंसेवकों ने शवों को जलाने, राहत सामग्री का वितरण करने और खोज एवं बचाव कार्य करने में महत्त्वपूर्ण भूमिका निभाई।

संकट की स्थिति में बड़ी संख्या में स्वयंसेवकों की आवश्यकता होती है। **आप** और **मेरे** द्वारा की जाने वाली खोज तथा बचाव कार्य एवं प्राथमिक उपचार के उपायों से कई बहुमूल्य जीवन बचाएँ जा सकते हैं। अति प्राचीनकाल से ही मानव जाति आपदाओं से जूझ रही है।

खोज एवं बचाव कार्य संबंधी कौशल

संकट को रोका नहीं जा सकता, लेकिन आपदापूर्व तैयारी करके काफी हद तक लोगों के जीवन की रक्षा की जा सकती है। अपनी बुद्धि, ज्ञान और कौशल तथा सामुदायिक संसाधनों का उपयोग करके अत्यधिक असुरक्षित क्षेत्रों में रहने वाले लोग आपदाओं का सामना करते आ रहे हैं और वे सदियों से प्रकृति का प्रकोप झेलने में सफल रहे हैं।

खोज और बचाव कार्य को परिभाषित करना

बचाव एवं खोज कार्य समुदाय के सहयोग से तथा टीम भावना से किया जाता है। *बचाव एवं खोज कार्य दो प्रकार से किए जाते हैं*

स्थानीय बचाव कर्मियों के रूप में समुदाय के लोग

आपदा आने के तुरंत बाद समुदाय के लोगों द्वारा पर्याप्त सुरक्षा उपाय, बचाव कार्य आरंभ किए जाते हैं।

समुदाय से बाहर के संसाधन

परिस्थितियाँ ऐसी हो सकती हैं, जब स्थिति काफी गंभीर हो और स्थानीय बचाव कर्मियों के पास अपेक्षित कार्यकुशलता और उपकरण उपलब्ध न हों, तो ऐसी स्थिति में समुदाय के बाहर से विशेषज्ञ सहायता लेने की आवश्यकता पड़ती है।

खोज एवं बचाव दल का मुख्य उद्देश्य

- क्षतिग्रस्त इमारतों अथवा चक्रवाती तूफानी हवाओं के कारण टूटी इमारतों के मलबे में फँसे जीवित लोगों को बचाना।
- फँसे हुए जीवित व्यक्तियों का प्राथमिक उपचार करना और उन्हें चिकित्सा के लिए भेजना।
- खतरनाक ध्वस्त इमारतों या ढाँचों को अस्थायी रूप से सहारा देने एवं उनका बचाव करने के लिए तुरंत आवश्यक कार्रवाई करना।
- मृतकों के शवों की सुपुर्दगी, बरामदगी एवं निपटान का काम करना।
- स्थानीय समुदाय के लोगों को अपने बचाव के लिए सामग्रियों का प्रयोग करने का प्रशिक्षण, प्रदर्शन एवं जानकारी देना।

टीम का गठन

बचाव टीम में उन व्यक्तियों को शामिल किया जाना चाहिए, जो ईमानदार, दिलों-दिमाग से चुस्त-दुरस्त, पेशे की दृष्टि से दृढ़ संकल्पी, जिनका शारीरिक डील-डौल अच्छा हो तथा जो किसी संकट के उत्पन्न होने पर पूरी क्षमता और तत्परता के साथ कार्य करने की इच्छा रखते हों।

बचाव दल के क्या-क्या कर्त्तव्य हैं?

बचाव दल का पहला कार्य होता है— प्रभावित क्षेत्रों का सर्वेक्षण करना ताकि समय की बचत हो सके।

पिल्लोबा

पिल्लोबा, जो कि निकोबार में अनेकों छोटे द्वीपों में से एक है की एक 18 वर्षीय युवती मैगी मछुआरा समुदाय से है और वह अपने माता-पिता की अकेली बेटी है। रविवार के दिन सुबह होते ही समुद्र की गर्जना सुनकर उसकी आँखें खुलीं। उसे लगा कि उसका मकान टूटने ही वाला है। उसने तुरंत एक बाँस के बेड़े (राफ्ट) को कसकर पकड़ लिया और अपने बीमार माता-पिता को धकेलकर उस पर बिठा दिया। उसने इसे कसकर पकड़ लिया। मैगी कहती है, ''बहुत से अन्य लोगों ने भी ऐसा ही किया''। उसने चिल्लाकर हर व्यक्ति को बताया कि उसकी तरह ही बाँस के बेड़े को कसकर पकड़े रहें। भयानक लहरों के कहर से बचने के लिए यही एकमात्र रास्ता बचा था। तट रक्षक कमांडर इससे सहमति व्यक्त करता है और बताता है, ''लहरें 10 मी से अधिक ऊँची थीं, जो कुछ भी उनके रास्ते में आया नष्ट हो गया''। वह कहते हैं कि पिल्लोबा के 44 आदमियों को उफनते समुद्र में बाँस के बेड़े पर लटके हुए देखा गया और उन्हें देखते ही तट रक्षक जलयान ने उन्हें रोका। मैगी कहती है, ''मैं अपने प्रिय ग्रामवासियों के लिए जो कुछ कर सकती थी, वह मैंने किया। मैं जानती थी कि मैं इस तरह बच जाऊँगी और यदि मैं बच सकती हूँ, तो अन्य लोग भी बच जाएँगे''।

क्षेत्र का सर्वेक्षण करते समय निम्नलिखित तीन बातों का ध्यान रखें

1. **देखना** घटनाओं पर प्रत्यक्ष नजर रखें और स्वयं पूरी जाँच करें।
2. **ध्यान दें** सूचना के सभी स्रोतों—समुदाय, सरकारी अभिलेख और मीडिया रिपोर्टों पर ध्यान दें।
3. **महसूस करें** खतरों की सच्चाई और जवाबी कार्रवाई करने की अपनी स्वयं की क्षमता के बारे में गंभीरतापूर्वक विश्लेषण करें।

योजना

टीम भावना के द्वारा बचाव कार्य किया जाता है। टीम के सदस्यों में तालमेल तथा योजनबद्ध ढंग से काम करने की भावना होनी आवश्यक है, क्योंकि परिस्थिति के अनुकूल जवाबी कार्रवाई की जा सके। खतरे के आकलन के बाद, बचाव दल *निम्नलिखित बातों को ध्यान रखकर बचाव के लिए समुचित योजना बनाने की स्थिति में होगा*

1. मानव शक्ति
2. उपकरण
3. तरीका

1. **मानव शक्ति** उपलब्ध रहने पर बचाव दल कुशल व्यक्तियों का उपयोग कर सकता है और आवश्यकता पड़ने पर स्थानीय समुदाय की सहायता ले सकता है।
2. **उपकरण** प्रभावित क्षेत्रों में पीड़ितों को बचाने के लिए रस्सियों, सीढ़ियों, बाँस अथवा छड़ों, स्ट्रेचरों, नौकाओं आदि का होना जरूरी है। कभी-कभी ये सामान संकट स्थल पर बचाव दल को उपलब्ध नहीं होते। अत: बचाव दल बैरलों, टिन के डिब्बों, ट्यूबों आदि जैसे स्थानीय रूप से उपलब्ध संसाधनों का उपयोग करते हैं।
3. **तरीका** बहुत से तरीके हैं, जो पीड़ितों को बचाने के कार्य में उपयोगी साबित होंगे। घायल व्यक्ति की हालत, उसे लगी चोट की गंभीरता और घायल व्यक्ति को किस हालत में पाया गया है, इन सब बातों के आधार पर बचाव कार्य का तरीका तय किया जाता है।

- इनफ्रै रेड कैमरों की सहायता से पीड़ित व्यक्ति के शरीर की ऊष्मा का पता लगाकर मलबे के नीचे दबे लोगों का पता लगाया जाता है।
- ध्वनि श्रवण उपकरणों की सहायता से मलबे से सुनाई देने वाली मंद आवाजों का पता लगाया जा सकता है।
- बायो राडार ऐसे उपकरण हैं, जिनका उपयोग बाढ़ प्रभावित क्षेत्रों में असहाय पीड़ित का पता लगाने के लिए किया जाता है।

सावधानियाँ

किसी इमारत से किसी व्यक्ति को बचाते समय निम्नलिखित परिस्थितियों में कुछ सावधानियाँ बरतने की आवश्यकता होती है

किसी इमारत में प्रवेश करने से पूर्व

- इमारत के निर्माण की स्थिति और ढह गए हिस्से को ध्यान से देखें।
- यह देख लें कि क्या दीवारों को किसी सहारे की जरूरत है।
- कमजोर इमारतों से उत्पन्न होने वाले संभावित खतरों से सावधान रहें।

क्षतिग्रस्त इमारत में प्रवेश करते समय

- हेल्मेट पहनें
- जोड़ा बनाकर काम करें, अकेले न जाएँ
- संभावित ध्वनियों को ध्यान से सुनें
- एक-दूसरे को पुकारते रहें
- ऐसी क्षतिग्रस्त दीवारों या अवरुद्ध दरवाजों से छेड़छाड़ न करें, जो टूटे हुए हों और या बाहर की ओर निकले हों।
- सभी नंगी तारों को करंट वाली तारें (लाइव वायर) समझें।

क्षतिग्रस्त इमारत के अंदर चलते-फिरते समय निम्नलिखित सावधानियाँ बरतें

- आग न जलाएँ
- दीवारों के पास रहें।
- चलने-फिरने के दौरान सावधान रहें
- ढह गए हिस्सों से बाहर निकल रही किसी भी चीज को न खींचें।

खोज एवं बचाव कार्यों के दौरान क्या करें

- शांत रहें।
- बचाव कार्य आरंभ करने से पूर्व खतरे का पूरी तरह से आकलन करें।
- क्षतिग्रस्त सीढ़ियों पर यथासंभव दीवार के पास ही रहें।
- घायल व्यक्ति के पास से मलबा हटाते समय सुरक्षा का ध्यान रखें।
- घायल व्यक्ति की उचित जाँच करें।
- प्राथमिक उपचार करें, जाँच करें और साँस लेने में आ रही कठिनाई को दूर करें।
- घायल व्यक्ति को कंबल या तारपुलिन आदि से ढँक दें, ताकि उसे कोई और चोट न लगे
- घायल व्यक्ति को लाते-ले जाते समय तेजधार वाले औजारों का प्रयोग सावधानी से करें।
- वस्त्रों को ढीला करके मरीज को जमीन पर लेटा दें और उसे गरमाहट देते रहें।
- यदि आवश्यक हो, तो कृत्रिम श्वास दें और रक्तस्राव को नियंत्रित करें।

क्या न करें

- भयभीत न हों।
- बचाव कार्य तब तक शुरू न करें, जब तक आपके पास समुचित सूचना उपलब्ध न हो।
- मलबे से बिना सोचे-समझे लकड़ी न खींचे। ऐसा करके इमारत और ढह सकती है।
- जब तक किसी घायल व्यक्ति का जीवन खतरे में न हो, उसे वहाँ से बेवजह न हटाएँ।
- अधिक चोटग्रस्त होने या विपरीत हालातों से बचने का प्रयास करें।
- जब तक कि ऐसा करना बिल्कुल जरूरी न हो, मलबे अथवा क्षतिग्रस्त ढाँचे के ऊपर न रेंगे।
- करंट वाली तार को न छुएँ।
- सुरक्षा उपायों की उपेक्षा न करें।

पीड़ित को बचाने के बाद, उसका प्राथमिक उपचार करें और यह सुनिश्चित करने का प्रयास करें कि उसकी हालत और न बिगड़े।

अपने मित्रों के साथ मिलकर इसका प्रयास करें

घायल व्यक्ति को बैठाने के लिए कामचलाऊ व्यवस्था करने की आवश्यकता होती है और इस काम के लिए दो व्यक्तियों की जरूरत होती है, जो अपने हाथों का उपयोग करके बैठने के लिए स्थान बना सकते हैं। ऐसा करके मरीज को किसी करीबी स्थान तक पहुँचाया जा सकता है।

(क) ऊपरी वस्त्र के उपयोग से स्ट्रेचर बनाना

छड़ों की सहायता से ऊपरी वस्त्र का स्ट्रेचर बनाया जा सकता है। सामने की खुली जगहों (बटन/जिप) को बंद कर दें और बाजुओं की अंदर वाली साइड खींच लें। बाजुओं के जरिए लगातार तीन या चार वस्त्रों में छड़ें डालें।

(ख) सीढ़ी/रस्सी के उपयोग से स्ट्रेचर बनाना

सीढ़ियाँ/रस्सियाँ आमतौर पर उपलब्ध रहती हैं। इनका स्ट्रेचर के रूप में उपयोग किया जा सकता है। यदि आपको रस्सी और दो छड़ें या केवल रस्सी ही सुलभ हो, तो भी इनका उपयोग स्ट्रेचर के रूप में किया जा सकता है।

बचाव कर्मियों के लिए निजी उपकरण

- हेल्मेट
- टॉर्च
- गम-बूट
- लाइफ जैकेट
- सीटी

बचाव दल के लिए उपकरण

- रस्सी
- सीढ़ी
- घिरनी
- काटने के छोड़ उपकरण
- प्राथमिक उपचार बॉक्स
- सब्बल
- हथौड़ा
- स्ट्रेचर

प्राथमिक उपचार

एनसाइक्लोपीडिया ब्रिटानिका में, प्राथमिक उपचार की व्याख्या की गई है। इसके अनुसार, यह किसी दुर्घटना के तुरंत बाद किया जाने वाला उपचार है, जिसका उद्देश्य पीड़ित का इलाज करना नहीं होता, बल्कि उसकी स्थिति को और बिगड़ने से रोकना होता है।

प्राथमिक उपचार के निम्नलिखित तीन मुख्य उद्देश्य हैं

1. जीवन की रक्षा करना।
2. पीड़ित व्यक्ति की हालत को बिगड़ने से रोकना।
3. स्वास्थ्य लाभ की प्रक्रिया में तेजी लाना।

प्राथमिक उपचार के निम्नलिखित उद्देश्य हैं

1. अत्यावश्यक क्रियाओं को बहाल करना और उनको बनाए रखना। जीवन की मूल आधारभूत क्रियाओं अर्थात् **वायु प्रवेश मार्ग**, **श्वसन और संचरण क्रियाओं** को हमेशा सर्वोच्च प्राथमिकता दें।
   - **वायु प्रवेश मार्ग** खुला होना चाहिए ताकि ऑक्सीजनयुक्त वायु शरीर में प्रवेश कर सके।
   - **श्वास** चलनी चाहिए ताकि ऑक्सीजन फेफड़ों से गुजरकर रक्त शिराओं में पहुँच सके।
   - दिल के जरिए ऑक्सीजनयुक्त रक्त का **संचार** होना चाहिए।
2. आगे और चोट न लगने देना अथवा हालत न बिगड़ने देना।
3. पीड़ित व्यक्ति को ढाँढस बँधाना और उसे यथासंभव दिलाशा देना।

अपना प्राथमिक उपचार किट बनाएँ

रुई, चिपकाने वाली टेप, क्रेप बैंडेज, कीटाणु रहित मरहम-पट्टी, तिकोणीय बैंडेज, थर्मामीटर, कैंची, दस्ताने, साबुन, पीड़ानाशक दवा (पेन रिलीवर), ऐनटेसिड, ओ आर एस पैकेट

कार्य योजना

यह कार्य योजना प्राथमिक उपचार के लिए इस बात का आकलन करने के लिए काफी महत्त्व रखती है कि क्या पीड़ित की हालत ऐसी है कि उसके जीवन को खतरा हो सकता है और क्या उसको तत्काल प्राथमिक उपचार की जरूरत है या नहीं। यह योजना अंग्रेजी में DRABC कहलाती है अर्थात्

D–check for Danger (**खतरे की जाँच करें**)

- आपको
- अन्यों को
- पीड़ित को

R–check for Response (**प्रति की जाँच करें**)

- क्या पीड़ित सचेत हैं?
- क्या पीड़ित अचेत है?

A–check for Airway (**वायुमार्ग की जाँच करें**)

- क्या वायुमार्ग में किसी पदार्थ से कोई रुकावट तो नहीं आ रही है?
- क्या वायुमार्ग खुला है?

B–check for Breathing (**श्वास की जाँच करें**)

- क्या छाती ऊपर नीचे हो रही है?
- क्या आप पीड़ित की श्वास लेने की क्रिया सुन सकते हैं?
- क्या आप अपने गाल पर श्वास लेने की क्रिया का अहसास कर सकते हैं?

C–check for Circulation (**संचरण की जाँच करें**)

- क्या आप नाड़ी देख सकते हैं?
- क्या आपको जीवित होने के आसार दिखाई देते हैं?

हालत में सुधार लाने की अवस्था

मूर्च्छा अथवा बेहोशी

बेहोशी मस्तिष्क के कार्य में बाँधा आने से होती है। बेहोशी के आम कारण हैं—मूर्च्छा, दिमागी चोट, दौरा, विषाक्तीकरण, मधुमेह तथा ऑक्सीजन की कमी। अगर आप किसी व्यक्ति को बेहोश होते देखें, तो

क्या करें

- पुरुष/महिला को गिरने से पहले पकड़ लो।
- उसके शरीर पर चिकोटी मारें और यह देखें कि उसने कोई हरकत की है या आँखें खोली हैं।
- चोट की जाँच करें और बेहोशी आने के कारणों का पता लगाएँ।
- सिर को पीछे झुकाएँ और भुजाओं को शरीर के समानांतर रखें।
- टाँगों को 8-12 इंच उठाएँ। इससे रक्त प्रवाह मस्तिष्क की ओर होने लगता है।
- तंग वस्त्रों को ढीला करें।
- यदि बाहर ठंडक हो तो पीड़ित को गरमाते रहें।
- घायल व्यक्ति की हाल के बारे में रिकॉर्ड रखें।

क्या न करें

- रोगी को कुछ भी खाने अथवा पीने के लिए न दें।
- अभी बेहोश हुए व्यक्ति को तब तक उठने न दें, जब तक वह पूरी तरह होश में न आ जाए।
- यदि उस स्थान में गर्मी हो, तो पीड़ित के इर्द-गिर्द भीड़ न जुटाएँ।

जलन

शुष्क ऊष्मा के संपर्क में आने से त्वचा को हुई क्षति को **जलन** कहते हैं। अग्नि, अग्नि की लपटों, भाप, गरम-तरल पदार्थ, गरम धातु, धूप, बिजली अथवा रसायनों के कारण जलने की घटनाएँ हो सकती हैं।

जलन की श्रेणियाँ निम्न प्रकार की होती हैं

1. **प्रथम श्रेणी** (ऊपरी सतह) इसमें त्वचा की ऊपरी परत जलने से वह लाल और शुष्क हो जाती है और जले हिस्से पर प्राय: पीड़ा होती है और सूजन आ जाती है। जलने की घटनाओं के अधिकांश मामले प्रथम श्रेणी के अंतर्गत आते हैं।
2. **दूसरी श्रेणी** (आंशिक परत की गहराई) इसमें बाहरी त्वचा और आंतरिक त्वचा प्रभावित होती है। प्रभावित हिस्सा लाल हो जाता है और फफोले फूटकर रिस सकते हैं, जिससे त्वचा पर गीलापन आ जाता है। इस प्रकार की जलन आमतौर पर पीड़ादायक होती है और प्रभावित हिस्से पर अकसर सूजन आ जाती है।

3. **तीसरी श्रेणी** (परत की पूरी गहराई) इसमें मांसपेशियों, अस्थियों, रक्त शिराओं और स्नायु सहित त्वचा की दोनों ही परतें नष्ट हो जाती हैं। जले हिस्से भूरे रंग के अथवा झुलसे हुए नजर आते हैं और नीचे के ऊतकों (टिसूज) का रंग कभी-कभी सफेद दिखाई देता है।

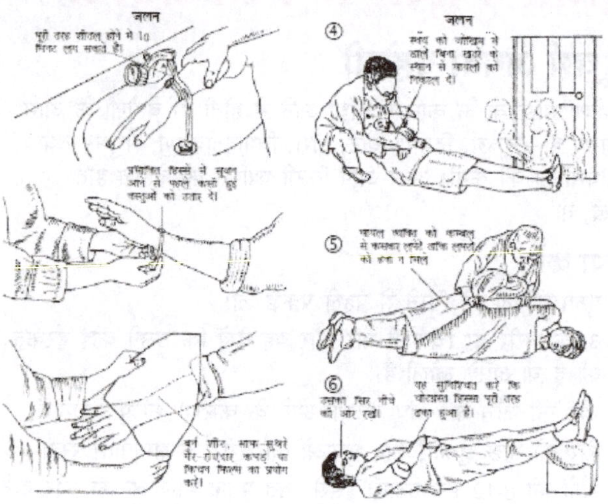

क्या करें

- तुरंत जले भाग को शीतल जल में डुबाएँ अथवा शीतल जल में कपड़े को भिगोकर उस स्थान पर लगाएँ।
- सूजन आने या फफोले बनने से पहले आभूषण और तंग वस्त्रों को उतार दें। प्रभावित भाग को शुष्क, कीटाणु रहित मरहम-पट्टी से ढँक दें और कॉटन या अन्य रोयेदार सामग्री का प्रयोग न करें।
- आग लगने पर झुकें, ढँकें और लपेटें अथवा प्रभावित व्यक्ति को तुरंत कंबल से ढँक दें।

क्या न करें

- जले हुए भाग पर पानी का अत्यधिक दबाव न पड़ने दें।
- जले हुए भाग से अटके वस्त्र को न निकालें।
- प्रभावित भाग पर मक्खन, तेल, बर्फ न लगाएँ।

पाला मारना

पाला मारने की स्थिति उत्पन्न होने का कारण शून्य से कम तापमान में रहने के बाद शरीर के **टिसूज** में अकड़न आ जाना है। इसके लक्षणों में रोगी की त्वचा का रंग सफेद और मोम जैसा दिखाई देने लगता है। त्वचा के सुन्न होने पर पीड़ा होने लगती है।

क्या करें

- पाले से प्रभावित पाँव की उंगलियों, कानों को गर्म हाथों से सेंकें।
- प्रभावित भाग पर गर्म श्वास छोड़कर सेंक करें या प्रभावित भाग को शरीर के किसी गर्म हिस्से पर रखें या प्रभावित भाग को गर्म जल में डुबाएँ (40 डिग्री सेंटीग्रेड)।
- प्रभावित भाग को ढककर रखें।

क्या न करें

- प्रभावित भाग को मलें नहीं, क्योकि टिसूज में घुसे लघु हिम क्रिस्टलों के कारण और भी क्षति हो सकती है।
- प्रभावित भाग पर कभी भी बर्फ न मलें, क्योंकि इससे और भी अकड़न आ सकती है और प्रभावित भाग को सीधे गरमाई न दें, क्योंकि इससे प्रभावित भाग शीघ्र ही गरम हो जाएगा।
- रोगी को चलने न दें। यदि फफोले पड़ गए हों, तो उन्हें न फोड़ें।

रक्तस्राव

कटने, छिलने एवं विदने के कारण रक्तस्राव हो सकता है। तीव्र रक्तस्राव होने से जीवन को खतरा हो सकता है।

रक्तस्राव रोकने के लिए निम्नलिखित उपाय करें

- सीधे दबाव डालें।
- ऊपर उठाएँ-पीड़ित व्यक्ति को नीचे लिटाएँ और चोटग्रस्त हिस्से को हृदय के ऊपर उठाएँ हड्डी टूटने का संदेह होने पर यह कार्य धीरे-धीरे करें।

रक्तस्राव होने के कुछ समय बाद रक्त गढ़ा होने लगता है। इसे **रक्त का थक्का** (क्लॉरिंग) बनना कहते हैं।

चेतावनी

- यदि किसी अंग से रक्तस्राव नहीं रुकता, तो दबाव बिंदु को हाथ से दबाएँ।
- यदि घाव के अंदर कोई चीज दिखाई देती है, तो घाव के दोनों ओर से दबाएँ और पट्टी लगाने से पहले इसके ऊपर पैड रखें।
- संक्रमण से बचने के लिए जहाँ तक संभव हो, दस्ताने पहनें।
- यदि पीड़ित व्यक्ति अचेत हो जाता है, तो **डी आर ए बी सी** नियमों पर ध्यान दें।

बिजली का करंट लगना

बिजली से संबंधित कोई दुर्घटना होने पर, प्राथमिक उपचारक को यह याद रखना चाहिए कि बिजली बंद किए बना हताहत व्यक्ति को छूना सुरक्षित नहीं है। करंट लगने के बाद व्यक्ति की त्वचा की बाहरी परत तथा अंदरुनी भाग जल जाता है। श्वास प्रणाली तथा हृदय की धड़कन रुक जाती है। डी आर ए बी सी क्रिया का पालन करें तथा प्रभावित भाग को साफ-सुथरी, मरहम—पट्टी से ढक दें और यदि जरूरी हो, तो घायल व्यक्ति को अस्पताल ले जाएँ।

याद रखें उच्च वोल्टेज जोन में हताहत व्यक्ति के पास न जाएँ, क्योंकि स्वयं प्राथमिक उपचार करने वाले के जीवन को खतरा हो सकता है।

सर्पदंश

ज्यादातर सर्प हानिकारक नहीं होते। सर्पदंश की घटनाएँ आमतौर पर शरीर के अंगों पर और अक्सर पैरों पर होती हैं। साँप कोई भी काटे, हमेशा यह मानकर चलना चाहिए कि विषैले साँप ने ही कटा है। सर्पदंश का संदेह होने पर रक्त प्रवाह संचालन रोकने के लिए पट्टी बाँधनी चाहिए।

क्या करें

- सर्पदंश से प्रभावित अंग को हृदय से नीचे की ओर रखें।
- सर्पदंश वाले हिस्से से 15-30 सेकंड तक निर्बाध रूप से रक्तस्राव होने दें।
- सर्पदंश से प्रभावित अंग पर हुए घाव से दो इंच की दूरी पर रोलर बैंडेज मजबूती से बाँधें।
- प्रभावित हिस्से को साबुन से धोएँ और उसे रोगाणु मुक्त रखें।
- पट्टी (बैंडेज) इतनी ढीली बँधी होनी चाहिए कि उसके अंदर उंगली घुस सके। वायुमार्ग, श्वसन और रक्त संचार क्रिया की निरंतर जाँच करें।
- जरूरी हो, तो पीड़ित को मुँह से श्वास दें, किंतु यह देख लें कि मुँह के अंदर कोई घाव न हो। इसे चूसकर जहर को थूक दें और निगलें नहीं। इसके बाद पानी से अच्छी तरह कुल्ला करें।
- रोगी को तुरंत अस्पताल ले जाएँ और यह सुनिश्चित करें कि प्रभावित व्यक्ति यात्रा के दौरान शांत रहे।
- पीड़ित व्यक्ति को प्रभावित अंग को हिलाने से मना करें।

अस्थिभंग एवं मोच आना

अस्थिभंग का आशय उस चोट से है, जो अस्थिपंजर को प्रभावित करती है और ऐसी चोट प्रत्यक्ष और अप्रत्यक्ष जोर डालने से लगती है। *इसके सामान्य चिह्न एवं संकेत इस प्रकार हैं*

- चोट के स्थान पर या उसके आसपास दर्द होना, जो चलने-फिरने पर बढ़ने लगता है।
- चलना-फिरना कठिना हो जाता है या बिल्कुल असंभव हो जाता है।
- चोटग्रस्त स्थान पर सूजन आना और बाद में तीव्र दर्द होना।
- अस्थिभंग होने का स्थान विकृत हो जाता है। सदमा लग सकता है।

किसी व्यक्ति को दिया जाने वाला प्राथमिक उपचार

- पीड़ित व्यक्ति के जीवन को संभावित खतरे, उसकी प्रतिक्रिया, वायुमार्ग, श्वसन और रक्त संचार क्रिया (डी आर ए बी सी) की जाँच करें।
- किसी फ्रैक्चर को स्थिर रखने से पहले तीव्र रक्तस्राव को नियंत्रित करें।
- फ्रैक्चर वाली जगह को सहारा देने के लिए उस स्थान पर पर्याप्त पैडिंग लगाए। फ्रैक्चर वाली जगहों को स्थिर रखें।
- हड्डियों को घाव में जबरदस्ती न घुसाएँ।
- रोगी को अस्पताल ले जाने से पहले उसकी अच्छी तरह से पैडिंग कर लें।
- दर्द कम करने और सूजन न आने देने के लिए प्रभावित हिस्से पर बर्फ रखें। सदमा रोकने के लिए रोगी का इलाज करें।

विषाक्तीकरण

जिस पदार्थ के सेवन से क्षति, बीमारी अथवा मृत्यु हो सकती है, उसे **विषाक्त पदार्थ** के नाम से जानते हैं। तीन प्रकार से शरीर में विष प्रवेश करता है अर्थात् खाकर, श्वास लेकर एवं सोखकर।

क्या करें

- पीड़ित व्यक्ति के जीवन को संभावित खतरा, उसकी प्रतिक्रिया, वायुमार्ग, श्वसन एवं रक्त संचार क्रिया की जाँच करें।
- विष के प्रभाव को मंद करने के लिए दूध अथवा जल दें।
- प्राणाधार संकेत चिह्नों पर नजर रखें और सदमा न पहुँचने दें।
- उलटी से निकले पदार्थ की मात्रा और रंग को ध्यान से देखें।
- पीड़ित पुरुष या महिला के मुख की जाँच करें और यदि कोई ऐसा-वैसा पदार्थ दिखाई दे, तो उसे निकाल दें ताकि श्वास लेने में कोई रुकावट न हो।
- रोगी को हवादार स्थार पर रखें और चिकित्सा सहायता की प्रतीक्षा करें। रोगी को अस्पताल भेजें।

क्या न करें

- जबरदस्ती उलटी न आने दें।

तापघात (हीट स्ट्रोक)

शरीर की शीतक प्रणाली विफल हो जाने पर शरीर का तापमान अचानक बढ़ने लगता है।

इसके लक्षण हैं—शरीर का तापमान बहुत बढ़ जाता है तथा शरीर गर्म व शुष्क हो जाता है। नाड़ी तेज गति से चलने लगती है। पुतलियाँ फैल जाती हैं। कभी-कभी रोग बेहोश भी हो सकता है।

क्या करें

- बीमार के वस्त्र उतारकर/ढीले करके अथवा उस पर पंखा करके शरीर का तापमान कम करें।
- गर्दन, बगलों और जंघाओं पर बर्फ या ठंडी गद्दियाँ रखें।
- तरल पदार्थ अधिक लें और जिन्हें पसीना अधिक आता हो, वे अधिक से अधिक पेय पदार्थों का सेवन करें।
- गर्म स्थान में न रहें।

पेय पुनर्जलीकरण घोल (ओ आर एस)

निर्जलीकरण (शरीर में लवण एवं जल की कमी) की स्थिति में **ओ आर एस** एक जीवन रक्षक घोल है। एक गिलास पानी में एक चुटकी नमक (पानी में मिलाए गए नमक की मात्रा इतनी हो कि पानी का स्वाद आँसुओं की तरह खारा लगे) और एक चम्मच चीनी मिलाकर तैयार किया जाता है। **ओ आर एस** तीव्रता से हमारे शरीर के संतुलन को बहाल करता है और शरीर में जल की कमी को दूर करता है। **शरीर में जल की कमी का अहसास होने पर आप भी इसे घर में बना सकते हैं।**

कुत्ते का काटना

कुत्ते के कटाने पर प्राथमिक उपचार का उद्देश्य है—**रैबीज** की रोकथाम करना ताकि संक्रमण का खतरा न रहे।

- साफ-सुथरे कपड़े या रुमाल से घाव पर लगी लार को पोंछ दें।
- पोंछी गई लार के संपर्क में न आएँ।
- पर्याप्त साबुन और पानी से घाव को अच्छी तरह धो लें।
- यथाशीघ्र चिकित्सा सहायता प्राप्त करें अथवा रोगी को अस्पताल भेजें।

अभ्यास प्रश्न (एन.सी.ई.आर.टी.)

1. खोज और बचाव दल के मुख्य उद्देश्य क्या हैं? यह बताएँ कि दल का गठन कैसे करना चाहिए?

उत्तर खोज और बचाव दल के मुख्य उद्देश्य हैं– क्षतिग्रस्त इमारतों अथवा चक्रवाती तूफानी हवाओं के कारण टूटी इमारतों के मलबे में फँसे जीवित लोगों को बचाना। फँसे हुए जीवित व्यक्तियों का प्राथमिक उपचार करना और उन्हें चिकित्सा के लिए भेजना। मृतकों के शवों की सुपुर्दगी, बरामदगी एवं निपटान का काम करना। स्थानीय समुदाय के लोगों को अपने बचाव के लिए सामग्रियों का प्रयोग करने का प्रशिक्षण, प्रदर्शन एवं जानकारी देना। दल का गठन करने के लिए वैसे लोगों को बचाव दल में शामिल किया जाना चाहिए, जो ईमानदार, दिलों-दिमाग से चुस्त-दुरुस्त, पेशे की दृष्टि से दृढ़ संकल्पी, जिनका शारीरिक डील-डौल अच्छा हो तथा जो किसी संकट के उत्पन्न होने पर पूरी क्षमता और तत्परता के साथ कार्य करने की इच्छा रखते हों।

2. बाढ़ से लोगों को बचाने के दो घरेलू उपायों के बारे में बताएँ।

उत्तर बाढ़ से लोगों को बचाने के दो घरेलू उपाय निम्नलिखित हैं

(i) तैरने के लिए टिन के कनस्तरों का उपयोग करना।

(ii) तैरने के लिए ट्यूबों का उपयोग करना।

3. स्थानीय रूप से उपलब्ध संसाधनों से स्ट्रेचर बनाने के तीन तरीकों के नाम बताएँ।

उत्तर स्ट्रेचर बनाने के तीन तरीके निम्नलिखित हैं

(i) छड़ों की सहायता से ऊपरी वस्त्र का स्ट्रेचर बनाया जा सकता है। सामने की खुली जगहों (बटन/जिप) को बंद कर दें और बाजुओं के अंदर वाली साइड खींच लें। बाजुओं के जरिए लगातार तीन या चार वस्त्रों में छड़ें डालें।

(ii) सीढ़ियाँ/रस्सियाँ आमतौर पर उपलब्ध रहती हैं। इनका स्ट्रेचर के रूप में उपयोग किया जा सकता है। यदि आपको रस्सी और दो छड़ें या केवल रस्सी ही सुलभ हो, तो भी इनका उपयोग स्ट्रेचर के रूप में किया जा सकता है।

(iii) घायल व्यक्ति को बैठाने के लिए कामचलाऊ व्यवस्था करने की आवश्यकता होती है और इस काम के लिए दो व्यक्तियों की जरूरत होती है, जो अपने हाथों का उपयोग करके बैठने के लिए स्थान बना सकते हैं। ऐसा करके मरीज को किसी करीबी स्थान तक पहुँचाया जा सकता है।

4. प्राथमिक उपचार के लक्ष्य क्या हैं?

उत्तर प्राथमिक उपचार का लक्ष्य पीड़ित का इलाज करना नहीं होता, बल्कि उसकी स्थिति को और बिगड़ने से रोकना होता है। *इसके निम्नलिखित मुख्य उद्देश्य हैं*

(i) जीवन की रक्षा करना

(ii) पीड़ित व्यक्ति की हालत को बिगड़ने से रोकना

(iii) स्वास्थ्य लाभ की प्रक्रिया में तेजी लाना।

5. बेहोशी आने के क्या कारण हैं और यदि आप किसी व्यक्ति को बेहोशी की हालत में देखते हैं, तो उस समय क्या करना चाहिए?

उत्तर बेहोशी आने के कारण हैं– मूर्च्छा, दिमागी चोट, दौरा, विषाक्तीकरण, मधुमेह तथा ऑक्सीजन की कमी। *यदि आप किसी व्यक्ति को बेहोशी की हालत में देखते हैं, तो उस समय आप को निम्नलिखित उपाय करने चाहिए*

- पुरुष/महिला को गिरने से पहले पकड़ लें।
- उसके शरीर पर चिकोटी मारें और यह देखें कि उसने कोई हरकत की है या आँखें खोली हैं।
- चोट की जाँच करें और बेहोशी आने के कारणों का पता लगाएँ।
- सिर को पीछे झुकाएँ और भुजाओं को शरीर के समानांतर रखें।
- टाँगों को 8-12 इंच उठाएँ। इससे रक्त प्रवाह मस्तिष्क की ओर होने लगता है।
- तंग वस्त्रों को ढीला करें।
- यदि बाहर ठंडक हो, तो पीड़ित को गरमाते रहें।
- घायल व्यक्ति की हाल के बारे में रिकॉर्ड रखें।

6. मोच और फ्रैक्चर के दो संकेत चिह्न बताएँ।

उत्तर मोच और फ्रैक्चर के दो संकेत चिह्न हैं

(i) चोट के स्थान पर या उसके आसपास दर्द होना, जो चलने-फिरने पर बढ़ने लगता है।

(ii) चोटग्रस्त स्थान पर सूजन आना और बाद में तीव्र दर्द होना।

अध्याय
04

आपदाओं के दौरान वैकल्पिक संचार प्रणालियाँ

वर्ष 2004 के मानसून में असम और बिहार में आई जबरदस्त बाढ़ के कारण व्यापक विनाश हुआ। टेलीफोन केंद्रों के जलमग्न होने अथवा तारों के क्षतिग्रस्त होने और सड़क तथा रेल संचार बाधित होने के कारण अनेक जिला मुख्यालयों का राज्य मुख्यालय एवं आसपास के जिलों के साथ संपर्क टूट गया।

सर्वाधिक प्रभावित जिलों में राहत तथा बचाव कार्य करने के बारे में राज्य मुख्यालय को सूचित नहीं किया जा सका। ऐसी स्थिति में राज्य सरकार ने भारत सरकार के राष्ट्रीय आपदा प्रबंधन प्रभाग से अनुरोध किया कि प्रभावित जिलों और राज्य मुख्यालय के बीच संचार संपर्क स्थापित करने के लिए आपात-समन्वय किट, जिनमें सेटेलाइट फोन भी हों, तुरंत भेजे जाएँ।

आपदा के दौरान संचार-संपर्क प्रभावित हो जाता है, लेकिन प्रभावित लोगों को सहायता पहुँचाने के लिए इसकी आवश्यकता होती है। प्रस्तुत अध्याय में इन सब बातों की चर्चा की गई है।

क्या आप आज दूरसंचार विहीन विश्व की कल्पना कर सकते हैं?

संचार हमारे दैनिक जीवन का महत्त्वपूर्ण अंग हैं। संचार का लोकप्रिय साधन **पब्लिक स्विच्ड टेलीफोन नेटवर्क** (पी एस टी एन) भी है। हाल में मोबाइल (सेल्यूलर) फोन का प्रचलन काफी बढ़ गया है।

बड़ी प्राकृतिक आपदा अथवा आपात स्थिति में दूरसंचार नेटवर्क में बाधा या अवरोध क्यों उत्पन्न हो जाता है?

आपदाओं के आने से सार्वजनिक तार वाले एवं बेतार (मोबाइल) फोनों का बुनियादी ढाँचा बुरी तरह क्षतिग्रस्त हो जाता है। इस कारण पुलिस तथा सिविल प्रशासन का बेतार रेडियो संचार नेटवर्क प्रभावित हो जाता है।

यदि सामान्य संचार लाइनें फेल हो जाएँ, तो क्या हमारे पास वैकल्पिक संचार प्रणालियों का होना आवश्यक है?

आपदा स्थिति के दौरान विभिन्न स्वयंसेवी संगठनों तथा सरकारी अधिकारियों से संपर्क बनाएँ रखना आवश्यक होता है, ताकि खोजबीन, बचाव और राहत सहायता के उपायों का निरीक्षण किया जा सके। ऐसे समय में विश्वसनीय वैकल्पिक संचार संपर्क उपलब्ध कराने की नितांत आवश्यकता होती है।

क्या आप जानते हैं?

सामान्यतया पूर्ण दक्षता से काम करने वाली ऐसी पी एस टी एन प्रणाली तैयार की जाती है, जिसमें इस प्रणाली से जुड़े 5इ फोन ही एक समय में बात कर सकते हैं, लेकिन संकट की स्थिति में इस प्रणाली पर बहुत अधिक भार पड़ता है, क्योंकि ''हर कोई दूसरे से बात करना चाहता है।'' इसी कारण नेटवर्क अवरुद्ध (जैम) हो जाता है।

भारत सरकार के प्रमुख संचार नेटवर्क

एन आई सी नेशनल इन्फॉरमेटिक्स सेंटर (राष्ट्रीय सूचना केंद्र), सूचना सेवाओं तथा सूचना प्रौद्योगिक (आई टी) के इस्तेमाल के क्षेत्र में भारत सरकार का एक अग्रणीय विज्ञान एवं प्रौद्योगिकी संगठन है। यह एक राष्ट्रव्यापी सूचना एवं संचार प्रौद्योगिकी (आई सी टी) नेटवर्क (निकनेट) के माध्यम से कार्य करता है।

बी एस एन एल भारत सरकार का टेलीफोन प्रचालन विभाग 1 अक्टूबर, 2000 से एक निगम बन गया है और इसे **भारत संचार निगम लिमिटेड** (बी एस एन एल) का नाम दिया गया है। भारत संचार निगम लिमिटेड (बी एस एन एल) आज एक अग्रणीय दूरसंचार कंपनी है, जो भारत का सबसे बड़ा सार्वजनिक उपक्रम है। इसका 450 लाख से अधिक लाइनों का नेटवर्क है, जो 5,000 कस्बों में फैला हुआ है तथा इसके 350 लाख से अधिक टेलीफोन कनेक्शन हैं। इसके उत्तरदायित्वों में दूरसंचार सेवाओं की गुणवत्ता में सुधार करना, दूरसंचार नेटवर्क का विस्तार करना, सभी गाँवों में नई दूरसंचार सेवाएँ शुरू करना और अपने ग्राहकों में विश्वास पैदा करना है।

आपदा संचार के साधन

रेडियो संचार

जब टेलीफोन एवं मोबाइल नेटवर्क अवरुद्ध हो जाता है, तो सूचनाओं के भेजने के लिए रेडियो संचार नेटवर्क स्थापित करने की आवश्यकता होती है। इसके लिए हमारी पहली पसंद प्रचालन क्षेत्र तक के लिए सीमित कोई बेतार रेडियो संचार नेटवर्क स्थापित करना। यह बेतार संचार रेडियो तरंगों पर आधारित होता है, ये चुंबकीय तरंगें एंटीना से जुड़ी होती हैं। हाथ वाले वायरलेस सेट (वॉकी-टॉकी) संकट की अवस्था में कम दूरी के स्थानीय क्षेत्रों में अधिक उपयुक्त माने जाते हैं।

हैम ऑपरेटर ने सुनामी पीड़ितों को अपने परिवारों के साथ संपर्क कायम करने में मदद की

नई दिल्ली, दिसंबर 28, द ट्रिब्यून

राजधानी के एक उत्साही एमेच्योर रेडियो प्रेमी ने वहाँ सफलता प्राप्त की, जहाँ अधिकांश सरकारी एजेंसियाँ विफल रहीं। लाइसेंस प्राप्त हैम ऑपरेटर संदीप बरुआ, जो दिन में किसी सरकारी संस्था में काम करते हैं और रात के समय घर पर अपना शौक पूरा करते हैं, अंडमान व निकोबार द्वीप समूह की राजधानी **पोर्ट ब्लेयर** से संपर्क कायम करने में सफल हुए और उन्होंने द्वीप समूह में फँसे लोगों और पीछे घर में उनके परिवारों के साथ संदेशों का आदान-प्रदान करने में मदद की।

एमेच्योर (हैम) रेडियो

जहाँ संचार के अन्य साधन काम नहीं कर पाए, वहाँ **एमेच्योर रेडियो** ने सफलतापूर्वक काम किया है। इसे **हैम रेडियो** के नाम से भी जाना जाता है, यह अंतर्राष्ट्रीय दूरसंचार यूनियन (आई टी यू) द्वारा परिभाषित कतिपय फ्रिक्वेंसियों पर लागू होते हैं, जिनका नियंत्रण भारत में संचार मंत्रालय के अधीन होता है। इसके लिए सीमित बिजली की आवश्यकता होती है, जिसकी पूर्ति बैटरियों और जेनरेटरों से आसानी से की जा सकती है। भारत में लगभग 15,000 लाइसेंस शुदा एमेच्योर रेडियो ऑपरेटर्स (हैम्स) हैं। ऐसे एमेच्योर स्वयंसेवकों ने वर्ष 1999 में उड़ीसा में आए भीषण चक्रवात और वर्ष 2001 में गुजरात में आए भूकंप के दौरान प्रशंसनीय सेवाएँ प्रदान की हैं।

उपग्रह (सेटेलाइट) आधारित संचार प्रणालियाँ

ऐसी प्रणाली जिसका उपयोग पृथ्वी पर रह रहे लोगों द्वारा किया जाता है एवं इसके लिए अंतरिक्ष में कोई उपकरण अर्थात् उपग्रह स्थापित किया गया है; जैसे—मौसम संबंधी चित्र लेना आदि। संचार उपग्रह निश्चित तौर पर अंतरिक्ष में स्थापित रेडियो रले स्टेशन ही हैं, जिन्हें कभी-कभी **कामसेट्स** भी कहा जाता है।

संचार उपग्रह का सर्वाधिक महत्त्वपूर्ण अंग **ट्रांसपोडर** है। यह एक रेडियो है, जो एक फ्रिक्वेंसी पर बात को पकड़ना है और उसे विस्तारित कर फ्रिक्वेंसी को पृथ्वी पर वापस भेजता है। ये ट्रांसपोडर सामान्यतया डाटा, टेलीविजन इमेज और कुछ ट्रांसमिशनों को प्राप्त करते हैं और उन्हें पुन: प्रसारित करते हैं।

यह विधि संचार की सर्वाधिक विश्वसनीय है, क्योंकि रिले स्टेशन संचार उपग्रह अंतरिक्ष में होते हैं तथा पृथ्वी पर प्राकृतिक आपदा से इन्हें कोई क्षति नहीं पहुँच सकती है।

आपदा में सर्वाधिक प्रयोग में लाया जाने वाला साधन है, **उपग्रह फोन**, जो ऐसे फोनों के लिए उपग्रह टेलीफोन एक्सचेंज के रूप में कार्य करता है। रेडियो संचार तथा उपग्रह आधारित संचार प्रणाली अत्यधिक विश्वसनीय एवं प्रभावशाली है। इसके माध्यम से सूचना एकत्रित करने में सुविधा होती है।

अभ्यास प्रश्न (एन.सी.ई.आर.टी.)

1. वैकल्पिक संचार प्रणालियाँ क्यों स्थापित की जानी चाहिए?

उत्तर आपदा के दौरान खोजबीन, बचाव एवं राहत कार्यों के लिए स्थानीय अधिकारियों, स्वयंसेवी सगठनों से संपर्क स्थापित करने के लिए एक वैकल्पिक संचार प्रणाली की आवश्यकता होती है ताकि सही संसाधनों को, सही समय पर, सही स्थान पर पहुँचाया जा सके।

2. भारत सरकार के दो प्रमुख संचार नेटवर्कों का नाम बताइए और उनके कार्यों का विस्तार से उल्लेख कीजिए।

उत्तर भारत सरकार के दो प्रमुख संचार नेटवर्क नेशनल इन्फॉरमेटिक्स सेंटर (एन आई सी) एवं **भारत संचार निगम लिमिटेड** दो प्रमुख संचार नेटवर्क हैं। एन आई सी भारत सरकार का प्रमुख विज्ञान एवं प्रौद्योगिकी संगठन है। यह एक राष्ट्रव्यापी सूचना एवं संचार प्रौद्योगिकी (आई सी टी) नेटवर्क के माध्यम से कार्य करता है। बी एस एन एल दूसरा संचार नेटवर्क है। यह भारत सरकार का टेलीफोन विभाग है, जो 1 अक्टूबर, 2000 से एक निगम बन गया है एवं इसे भारत संचार निगम लिमिटेड नाम दिया गया है। यह आज एक अग्रणी दूरसंचार कंपनी है, जो भारत का सबसे बड़ा सार्वजनिक उपक्रम है।

3. एमेच्योर रेडियो संचार सामान्य रेडियो संचार से किस तरह भिन्न है?

उत्तर सामान्य रेडियो आपात स्थिति में काम करना बंद कर देता है, लेकिन एमेच्योर रेडियो (हैम रेडियो) ऐसी स्थिति में भी सफलतापूर्वक काम करता है। सामान्य रेडियो कोई भी व्यक्ति उपयोग कर सकता है, लेकिन हैम रेडियो के लिए लाइसेंस लेना आवश्यक होता है। इसके अतिरिक्त इसका प्रयोग अनुसंधान, शिक्षा एवं व्यक्तिगत प्रयोजनों के लिए किया जाता है।

4. बड़े पैमाने पर प्राकृतिक। मानवजनित आपात स्थितियों में सेटेलाइट आधारित प्रणालियाँ किस प्रकार अधिक विश्वसनीय होती हैं?

उत्तर **प्राकृतिक आपदाओं** के कारण जमीनी स्तर पर सारा ढाँचा क्षतिग्रस्त हो जाता है, जिस कारण टेलीफोन एवं दूरसंचार के अन्य साधन सुचारु रूप से काम नहीं कर पाते हैं। ऐसी स्थिति में सेटेलाइट आधारित प्रणालियाँ कारगार सिद्ध होती हैं। आपदा से ग्रसित लोगों का संपर्क बाहर की दुनिया के साथ हो सके एवं आपदा के कारण होने वाले नुकसान से बचा जा सके, इन सबके लिए सेटेलाइट आधारित तंत्र बेहद कारगार होता है।

अध्याय

05

सुरक्षित निर्माण की कार्य विधियाँ

दक्षिणी ईरान में 26 दिसंबर, 2003 को प्रात: 5:26:52 बजे (स्थानीय समय रिएक्टर पैमाने पर 6.6 की तीव्रता वाला) जबरदस्त भूकंप का झटका आया। इससे जीवन की व्यापक क्षति हुई और संपत्ति लगभग पूरी तरह नष्ट हो गई। भूकंप के इस झटके में 30,000 लोगों की जानें गईं और अन्य 30,000 घायल हुए। स्वास्थ्य तथा शिक्षा संबंधी बुनियादी सुविधाओं को भारी नुकसान पहुँचा और 85% से अधिक मकान ढह गए।

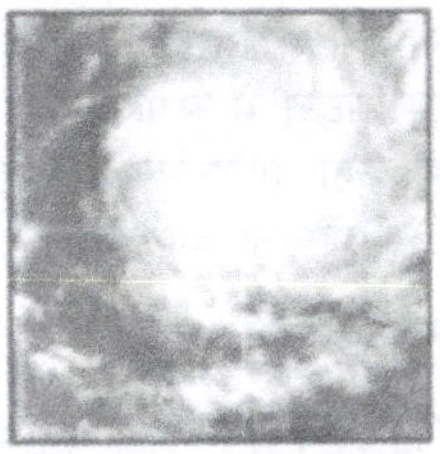

29 अक्टूबर, 1999 को उड़ीसा में एक भयंकर चक्रवात (सुपर साइक्लोन) आया, जिसमें हवा की गति 270-300 किमी प्रति घंटा थी। इसके साथ ही लगातार तीन दिन तक 400 मिमी से 867 मिमी तक मूसलाधार बारिश हुई। 7 लाख से अधिक इमारतें पूरी तरह से क्षतिग्रस्त हो गईं और 13 लाख इमारतों को आंशिक रूप से क्षति पहुँची।

यहाँ हम उन महत्त्वपूर्ण कारकों का अध्ययन करेंगे, जिसकी सहायता से भवन निर्माण सुरक्षित ढंग से किया जा सके ताकि **भूकंप, भूस्खलन, चक्रवात** तथा **बाढ़** का मुकाबला कर सकें।

भूकंप

23 दिसंबर, 1972 को लगातार एक-के-बाद-एक आए भूकंपों ने मध्य अमेरिकी देश **निकारागुआ** को झकझोर कर रख दिया। सबसे बड़े भूकंप की तीव्रता **रिएक्टर** पैमाने **पर 6.2** मापी गई। इस भूकंप का केंद्र ठीक राजधानी शहर **मानागुआ** पाया गया। इस भूकंप से घनी आबादी वाला मध्य क्षेत्र तबाह हुआ और कुल 27 वर्ग किमी (10 वर्ग मील) का क्षेत्र क्षतिग्रस्त हुआ। बाद में पूरे शहर में आग लग गई, जिससे नुकसान और अधिक बढ़ गया।

इस आपदा के फलस्वरूप निकारागुआ की कुल 4,30,000 की आबादी में 8,000 लोगों की मौत हुई, 20,000 लोग जख्मी हुए तथा 2,60,000 लोग शहर छोड़कर भाग गए। रोजगार कर रहे 50% लोग बेकार हो गए और 70% अस्थायी रूप से बेघर हो गए। देश की कम-से-कम 10% औद्योगिक क्षमता, 50% कारोबारी संपत्ति तथा 70% सरकारी सुविधाएँ ठप्प हो गईं। कुल मिलाकर, 845 मिलियन यू एस डॉलर की क्षति होने का अनुमान लगाया गया।

जमीन में हलचल

भूकंप के कारण कई क्षतिकारक प्रभाव हो सकते हैं, *इसके प्रभाव निम्नलिखित हैं*

1. जमीन का हिलना अर्थात् जमीन के अंदर से गुजर रही कंपायमान तरंगों से जमीन का आगे-पीछे डुलना।
2. मिट्टी का क्षय अर्थात् जमीन के काँपने से मिट्टी का तरल होना और भूस्खलन होना।
3. सतह में दरारें आना; जैसे- किसी क्षेत्र का दरकना, खिसकना और बैठ जाना।
4. ज्वारीय तरंग (सूनामी) अर्थात् पानी की सतह पर विशाल लहरें उठना, जिनसे तटवर्ती क्षेत्रों में काफी नुकसान हो सकता है।

इमारतों पर प्रभाव

जैसे-जैसे जमीन के नीचे कंपन होने लगता है और लहरें उठने लगती हैं, जिस कारण जमीन की सतह पर बनी इमारतें हिलने लगती हैं। जमीन के स्तर से लगा इमारत का निचला भाग जमीन के साथ-साथ हिलने लगता है, लेकिन ऊपरी भाग स्थिर रहता है। इससे इमारत में खींचाव के कारण आकार बिगड़ जाता है। नीची इमारतों की अपेक्षा अधिक ऊँची इमारतें कंपायमान होती हैं, जिस कारण अधिक क्षति की आशंका होती है।

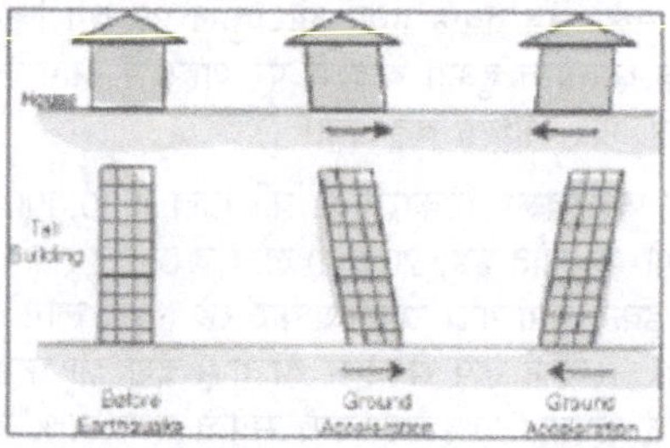

संरक्षण संबंधी उपाय

भूकंपरोधी डिजाइन का उद्देश्य भूकंप के दौरान इमारत को ढहने से रोकना है। इसके परिणामस्वरूप लोगों को क्षति से बचाया जा सकता है। इन बातों को ध्यान में रखा जाए, तो भूकंप के दौरान इमारतों को मजबूती से टिकाया रखा जा सकता है।

कुछ विशेष बातें निम्नलिखित हैं

इमारत की आकृति

- इमारत का नक्शा साधारण तथा आयताकार होना चाहिए।
- लंबी दीवारों को सहारा देने के लिए ईंट-पत्थर या कंक्रीट के कॉलम होने चाहिए।
- जहाँ तक हो सके T, L, U और X आकार के नक्शों वाली इमारतों को उपयुक्त स्थानों पर अलग-अलग खंडों में बाँटकर आयताकार खंड बना लेने चाहिए। अलग खंड के साथ लगी हुई इमारत या उसी इमारत के भाग के बीच में खास अंतर से चौड़ी जगह छोड़ी जाती है, ताकि भूकंप के समय इमारत हिल-डुल सके और नुकसान को रोका जा सके।

बिना सहारे के बनी कमज़ोर दीवारें

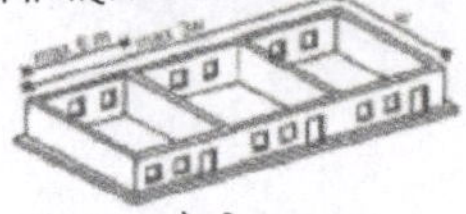

मजबूत प्रकोष्ठीय अहाता

नींव (आधार)

भूकंप के कारण मजबूत इमारतें भी कभी-कभी नींव के कमजोर होने के कारण टिक नहीं पाती हैं, बढ़े हुए दाब के कारण मजबूत संरचना झुक जाती है और उसमें दरार पड़ने लगती है।

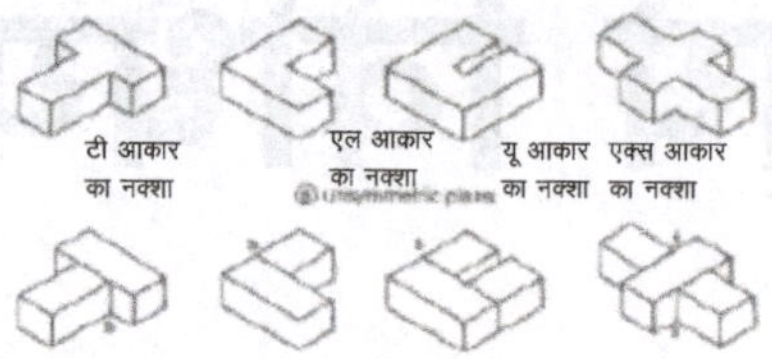

अलग खड़ों का प्रयोग

ठंडे देशों में मिट्टी में आधार की गहराई जमाव-बिंदु क्षेत्र के काफी नीचे तक होनी चाहिए, जबकि चिकनी मिट्टी में यह गहराई दरार के सिकुड़ने के स्तर से नीचे तक होनी चाहिए। भूकंपीय दृष्टि के आधार का चयन करते समय मिट्टी पक्की तथा नरम होनी चाहिए और नरम मिट्टी का तब तक चयन नहीं किया जाना चाहिए, जब तक मिट्टी को मजबूत तथा ठोस अवस्था में न ला दिया जाए।

ठोस मिट्टी वाली परिस्थितियों में सीमेंट के कंक्रीट से बना ठोस आधार होना चाहिए। नरम मिट्टी में सभी दीवारों में **प्लिंथ बैंड** का इस्तेमाल करना और जहाँ कहीं आवश्यक हो अलग-अलग स्तंभों के आधार को 'प्लिंथ बीमों' से जोड़ना वांछनीय होगा।

दीवारों में खुले स्थानों पर नियंत्रण

दीवारों में बने दरवाजों एवं खिड़कियों के लिए खुले स्थान छोटे तथा बीचों-बीच स्थित होने चाहिए। बहुत बड़ा खुला स्थान होने से भूकंप के दौरान दीवारों के गिरने की संभावना होती है।

दाएँ स्तंभ के किनारे पर बड़े-बड़े खुले स्थान एवं खिड़कियाँ होने के कारण कॉलमों को क्षति (नॉर्थ रिज, कैलिफोर्निया 1994)।

बाएँ बड़ी खिड़की वाले खुले स्थान के कारण अतिरिक्त दबाव पड़ने से स्तंभ क्षतिग्रस्त हो गया। (इजमित, तुर्की 1999) द्वारा बैकमन एच-इमारतों को भूकंपीय अवधारणा का डिजाइन)

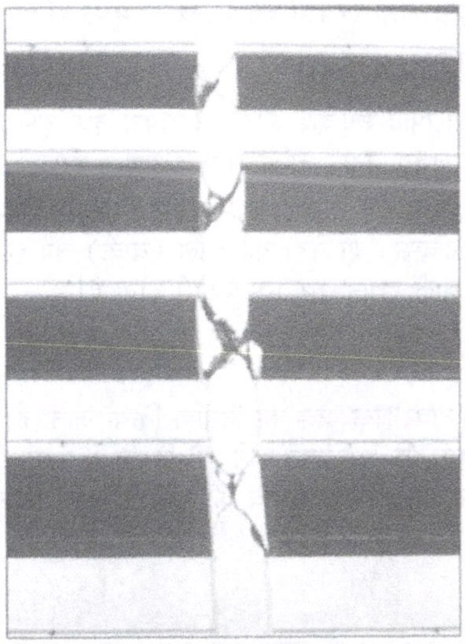

ईंट-पत्थर की बनी इमारतों में कंक्रीट से बने मजबूत बैंड

कंक्रीट से मजबूत बैंड बनाया जाता है, ताकि दीवारों को मजबूत बक्से की तरह जोड़ा जाए।

इमारत में निम्नलिखित में से किसी एक बैंड की जरूरत होती है

बैंडों के नाम

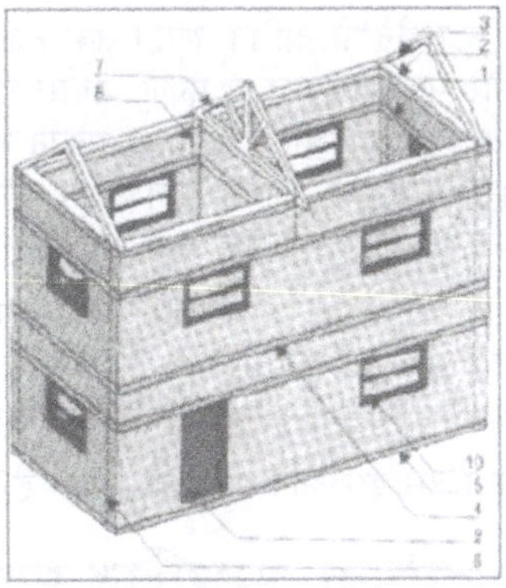

1. लिंटल बैंड
2. ईव बैंड (रूफ) बैंड
3. गेबल बैंड
4. फ्लोर बैंड
5. प्लिंथ बैंड
6. वर्टिकल बैंड
7. राफ्टर
8. होल्डिंग डाउन बोल्ट
9. डोर
10. विंडो

वर्टिकल रीइन्फोर्समेंट

दीवार के कोनों और जोड़ों में **वर्टिकल रीइन्फोर्समेंट** लगाया जाना आवश्यक होगा। इसके अतिरिक्त सभी मंजिलों में इसे **लिंटल बैंड** और फर्श पर पट्टियों अथवा फर्श वाली बैंड से होकर गुजरना चाहिए और विशेष रूप से भूकंपीय क्षेत्रों में खिड़कियों तथा दरवाजों की चौखट में वर्टिकल रीइन्फोर्समेंट की व्यवस्था की जानी चाहिए।

भूकंप से लोग नहीं मरते। लोग खराब डिजाइन वाली इमारतों के कारण मरते हैं। इसलिए, भूकंप के खतरे को आपदा बनने से रोकने के लिए हमारी इमारतों के डिजाइन ठीक से तैयार किए जाने चाहिए और इनमें भूकंपरोधी डिजाइन की विशेषताएँ भी शामिल होनी चाहिए।

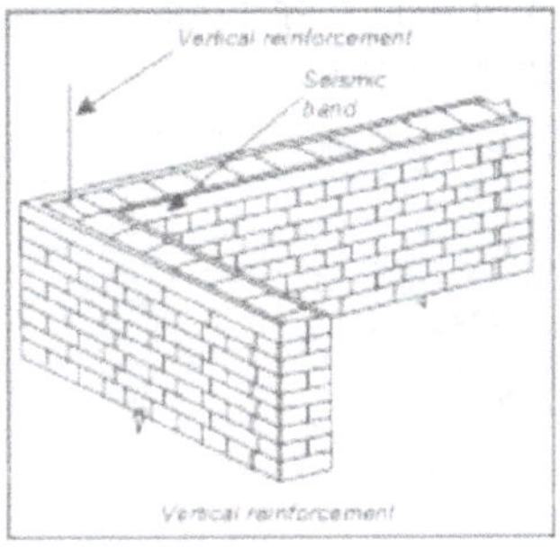

भूस्खलन

बड़ी एवं विनाशकारी आपदाओं में से एक, जमीन का खिसकना होता है। भारत के पहाड़ी क्षेत्रों में यह व्यापक पैमाने में होता है, जहाँ बारह महीने जान और माल का नुकसान होता है। इसके प्रभाव से संचार एवं परिवहन व्यवस्था तो बाधित होती ही है साथ ही आवासीय बस्तियाँ भी क्षतिग्रस्त हो जाती हैं।

जमीन खिसकने, मलबा गिरने, मलबा खिसकने, मलबा बहने, चट्टान लुढ़कने आदि से ढलान और जमीन की सतह को नुकसान पहुँचता है, जिसके कारण पर्वतीय क्षेत्रों में बड़े पैमाने पर भूमि कटाव होने लगता है।

21 अगस्त, 2012 को पूर्वी नेपाल में भारी मानसून के कारण भूस्खलन हुआ तथा जबरदस्त बाढ़ आई, जिसमें 419 लोग मारे गए और 105 जख्मी हुए। 53,152 से भी अधिक परिवार बाढ़ से प्रभावित हुए और लगभग 19,485 मकान क्षतिग्रस्त हुए। कुल 47 जिले प्रभावित हुए।

भूस्खलन के लिए जिम्मेदार कारक

प्राकृतिक कारक

- वर्षा की तीव्रता
- खड़ी ढलानें
- ढलानों का कड़ापन
- बहुत अधिक कटी-फटी चट्टानों की परतें
- गुरुत्वाकर्षण के अंतर्गत बनी मिट्टी की परतें
- भूकंपीय गतिविधि
- खराब जल निकासी

मानवजनित कारक

- वनों की कटाई के कारण भूमि का कटाव
- अकुशल खुदाई
- खनन तथा उत्खनन
- अनाप-शनाप निर्माण कार्यों के लिए भूमि का उपयोग

सर्वाधिक असुरक्षित मकान

असुरक्षित मकान वे हैं, जो

- मौजूदा भूस्खलन क्षेत्र में स्थित हैं।
- खड़ी प्राकृतिक ढलानों पर स्थित हैं।

- जल निकासी मार्गों के मुहाने में या उसके आसपास के क्षेत्र (जैसे कि गहरे खड्ड या घाटी) में हैं।

इमारतों को क्षति से बचाने के उपाय स्थल चयन

भूस्खलन प्राय: ऐसे स्थानों में होते हैं, जहाँ पहले हुआ है और उन जोखिम वाले स्थानों पर होते हैं, जिनका पता लगाया जा सकता है।

संकेत एवं चेतावनियाँ

यदि आपका घर किसी पहाड़ी पर हो, तो आप इन संकेतों को देखकर ढलान के क्षय होने की संभावना का पता लगा सकते हैं

- खिड़कियाँ या दरवाजे पहली बार अटकने या जकड़ने लगे हों।
- पलस्तर, टाइल, ईंट अथवा नींव में नई दरार दिखने लगी हो।
- बाहरी दीवारें, सीढ़ियाँ या रास्ते इमारत से उखड़ने लगे हों।
- गलियों अथवा सड़कों, जैसे- पक्की जगहों या जमीन पर दरारें धीरे-धीरे बढ़कर चौड़ी हो रही हों।
- उपयोगिता वाली भूमिगत लाइनें टूट रही हों।
- बाढ़, दीवारें, उपयोगिता खंभे या पेड़ झुकने या अपने स्थान से हटने लगे हों।
- ढलान के तल पर पानी या जमीन उभरती दिखाई देने लगी हो।

निवारक उपाय करें

सही विकास, निर्माण की उन्नत तकनीकों का उपयोग करके तथा समय-समय पर निरीक्षण करके और जल निकासी सुविधाओं की नियमित रूप से देखभाल करके भूस्खलन और विनाशकारी कटाव की संभावनाओं को काफी हद तक रोका या कम किया जा सकता है।

असुरक्षित क्षेत्रों का संरक्षण करें

निकास के कारण सतह पर जमे पानी को ढलानों, ढीली मिट्टी और वनस्पति रहित सतहों में न बहने दें।

बहते पानी को जमा करना

पक्के रास्तों, सड़कों, वनस्पति रहित सतहों, जमा हुए पानी को इकट्ठा करके जलउद्ग्रहण बेसिन की ओर डाल दें। पानी को किसी निकासी पाइप में या किसी खड्डे में, सूखे कुएँ में, गटर या प्राकृतिक तालाब में जाने दें, जहाँ पानी इकट्ठा करने की अनुमति दी गई हो।

सतही पानी को रोकना

जब सतही पानी आपके मकान से होकर बहता है और वहाँ इसके प्रवाहित होने के स्थल उपलब्ध **हों, तो एक हल्की-सी ढाल वाला कम गहरा गड्ढा खोदिए ताकि पानी वहाँ से होकर किसी प्राकृतिक जल मार्ग,** हरे-भरे क्षेत्र, गली की पटरी या सड़क के जल निकासी खड्डे में जा सके। पानी को जमा करने वाले खड्डे लगभग समस्तरीय होने चाहिए, उसकी ढाल कम-से-कम होनी चाहिए, ताकि पानी धीरे-धीरे उसमें बह सके। खड्डे के किनारों पर राई अथवा बगीचे वाली घास बोइए। सभी खड्डों को मलबे से मुक्त रखिए।

ढलानों को स्थिर बनाइए

- ढलानों पर घासपात उगाकर और पौधारोपण तथा वृक्ष लगाकर ढलानों को मजबूत बनाएँ ताकि भूमि कटाव न हो।
- कम-से-कम एक इंच गहराई तक घासपात (स्ट्राँ), लकड़ी की छीजन (वुड चिप्स) या पेड़ों की छाल (बार्क) का इस्तेमाल करना कम ढलानों वाले स्थानों पर प्रभावकारी होता है।

अवरोधक

पहाड़ी क्षेत्रों में अवरोधक क्षेत्र का निर्माण किया जाता है। वह निर्माण ऐसा होना चाहिए, जो भूस्खलन होने की स्थिति में बहकर आने वाली सामग्री की मात्रा और उसके प्रभाव की गति के आगे टिक सके।

बाढ़

बांग्लादेश नदियों का देश है, जहाँ बार-बार बाढ़ आना लाजमी और आम बात है। हर साल मानसून के मौसम में बड़ा भू-भाग जलमग्न हो जाता है तथा पानी द्वारा लाई गई रेत और मिट्टी जमा होने से जमीन उपजाऊ बन जाती है। यदि यही पानी काफी लंबे समय तक जमा रह जाए, तो जमीन को उपजाऊ बनाने वाली यह बाढ़ विनाशकारी बन जाती है। वर्ष 1974 की गर्मियों के शुरू में ऐसी ही स्थिति उत्पन्न हुई थी, जब बाढ़ से लगभग आधा देश जलमग्न हो गया था और पानी एक महीने से अधिक समय तक रुका रहा। इस बाढ़ से 1200 लोग मारे गए और बाद में फैली बीमारी एवं भूख से 27,500 लोगों की मौत हुई। लगभग 4,25,000 मकान नष्ट या बुरी तरह से क्षतिग्रस्त हुए। इस आपदा के कारण कुल 3.60 करोड़ लोगों को गंभीर कठिनाइयों का सामना करना पड़ा और नुकसान उठाना पड़ा।

पानी जीवन का आधार है। यह इसका दूसरा प्रभाव है कि वह बाढ़ के रूप में लोगों की जान ले भी लेता है। हर साल बाढ़ से भारत में एक लाख झोंपड़ियाँ और कमजोर मकान नष्ट हो जाते है।

क्या हम इस क्षति को रोक सकते हैं?

सर्वाधिक असुरक्षित मकान

1. मिट्टी से बनी सामग्री या कीचड़ गारा से बने मकान।
2. बाँस, पत्तों, छप्पर या धातु की चादरों से बनी झोंपड़ियाँ।
3. नदियों के मार्ग में आने वाले मैदानी इलाकों के मकान।
4. बाढ़ग्रस्त मैदानी इलाकों में भूमि की कीमत कम होने के कारण शहरी आबादी के गरीब लोग वहाँ ज्यादा आकर्षित होते हैं।

इमारतों पर प्रभाव

बाढ़ के कारण इमारतों को होने वाली क्षति इस प्रकार है

1. पानी के तेज बहाव से मकान बह जाते हैं। आमतौर पर मकान नष्ट हो जाते हैं या अपने स्थान से सरक जाते हैं। उन्हें फिर से बनाना संभव नहीं होता है।

2. चढ़ते पानी के कारण मकान पानी में तैरने लगते हैं। ऐसा तब होता है, जब हल्के वजन के मकान, विशेषकर लकड़ी के बने मकान जमीन के साथ मजबूती से बँधे नहीं होते। ऐसे मकानों को फिर से खड़ा करने तथा मरम्मत के लिए उनकी नींव से दूर ले जाया जा सकता है।
3. मकानों के जलमग्न होने से हुई क्षति। मकान अपनी नींव पर टिका रह सकता है, किंतु मकान के अंदर का सामान खराब हो सकता है। प्राय: ऐसे मकानों की मरम्मत तो की जा सकती है, लेकिन सामान को पूरी तरह से सुखाने के लिए विशेष तरीके अपनाने पड़ सकते हैं।
4. मकानों का नीचे से कटाव होना। पानी के वेग से मकानों की नींव अथवा नींव के नीचे की मिट्टी का कटाव और क्षरण हो सकता है, इससे मकान गिर सकता है या उसकी बहुत अधिक मरम्मत करने की जरूरत पड़ सकती है।
5. मलबे से होने वाली क्षति। वृक्ष, बिजली के खंभे जैसी तैरती हुई भारी वस्तुएँ खड़े मकानों को प्रभावित कर सकती हैं और उन्हें भारी क्षति पहुँचा सकती हैं।

इमारतों को नुकसान से बचाने के उपाय

जलप्लावन रोकने के सबसे कारगर उपाय हैं

1. नदी किनारों, नदी की ओर ढलानों पर तथा संकरी घाटियों में रिहायश न करना।
2. समुद्र तट/नदी से कम-से-कम 250 मी दूरी पर मकान बनाना।
3. बाढ़ की संभावना वाले सभी क्षेत्रों में जल निकासी की उपयुक्त व्यवस्था करना ताकि पानी को शीघ्र निकाला जा सके और उसे जमा होने से रोका जा सके।
4. बाढ़ के ज्ञात उच्च स्तर से ऊपर के 'प्लिंथ लेवल' पर इमारत का निर्माण करना।
5. पूरा गाँव अथवा पूरी बस्ती को बाढ़ के स्तर से भी ऊँची जगह पर बनाना।
6. खंभों या कॉलमों पर इमारतें बनाना और भू-तल पर दीवार न बनाना ताकि पानी (बाढ़ का पानी अथवा बहता हुआ पानी) निर्बाध रूप से और बह सकें, परंतु शर्त यह है कि ये कॉलम गोलाकर हों, मजबूत हों। शुष्क मौसम में भ-ूतल पर बाड़ करके उसे मवेशियाँ, भेड़-मुर्गीपालन या भंडारण आदि के लिए इस्तेमाल किया जा सकता है।

हमारी जिम्मेदारी न केवल बाढ़ के कारणों को पैदा करने के लिए है, बल्कि असुरक्षित क्षेत्रों में बिना सोचे-समझे इमारतें बनाने, खराब जल विभाजक व्यवस्था करने और बाढ़ को नियंत्रित करने में विफल होने से आपदा की स्थिति पैदा करने के लिए जिम्मेदार हैं। अत: यह आवश्यक है कि उचित बस्ती व्यवस्था, जल विभाजन की व्यवस्था बनाई जाए।

चक्रवात

विश्व के अनेक भागों में जीवन और संपत्ति को चक्रवात व्यापक क्षति पहुँचाते हैं। हर वर्ष इस कारण द्वीपों एवं समुद्र तटों पर व्यापक नुकसान होता है।

19 नवंबर, 1977 को तमिलनाडु में एक चक्रवात के आने की संभावना थी, लेकिन यह चक्रवात तमिलनाडु की बजाए आंध्र प्रदेश में कृष्णा-गोदावरी डेल्टा में मध्य तटीय क्षेत्र में आया। इस कारण अनेक लोगों को अपनी जान से हाथ धोना पड़ा, क्योंकि चक्रवात आने की पूर्व सूचना या तो बहुत धीरे-धीरे या कम क्षेत्र में दी गई थी।

आंध्र प्रदेश में क्षति मुख्यतया तूफान के कारण हुई, जिसमें लगभग 65 गाँव तबाह हो गए। इनमें से 21 गाँव पूरी तरह उजड़ गए थे। ये तूफानी लहरें 5.7 मी (19 फुट) ऊँची उठी थीं। इन लहरों ने 86 किमी (50 मील) लंबे, 16 किमी (10 मील) चौड़े क्षेत्र को प्रभावित किया था। इनका वेग 190 किमी (120 मील) प्रति घंटा था। आंध्र प्रदेश में इस चक्रवात से प्रभावित होने वाले अधिकांश पीड़ित लोग प्रवासी श्रमिक थे। इस कारण मृतकों की पहचान कर पाना मुश्किल हो गया था।

सर्वाधिक असुरक्षित मकान

चक्रवात मानव बस्ती के कितने करीब है, वह किस सीमा तक नुकसान पहुँचा सकता है? यह इन बातों पर उसके द्वारा होने वाली क्षति निर्भर करती है। इमारतें तभी असुरक्षित होती है, जब वह तेज हवाएँ एवं तूफान सहन न कर सकतीं हैं।

घटिया कंक्रीट का ढाँचा एवं खराब लकड़ी से बने मकान ही जल्दी नष्ट हो जाते हैं। निचले द्वीपों या असुरक्षित तटीय क्षेत्रों या नदी की बाढ़ से प्रभावित होने वाले मैदानी इलाकों में रह रही शहरी और ग्रामीण आबादी को चक्रवात से असुरक्षित माना जाता है।

इमारतों पर प्रभाव

हवा के मार्ग में आने वाली वस्तुओं पर तूफान के वेग और हवा के दाब के परिणामस्वरूप, तेज हवा चलने के दौरान प्राय: *निम्नलिखित क्षति देखने में आती है*

- पेड़ों का उखड़ना, जिससे परिवहन व्यवस्था और राहत आपूर्ति के काम में बाधा पहुँचती है।
- साइन पोस्टों, बिजली के खंभों और ट्रांसमिशन लाइन टावरों जैसी संरचनाओं का विफल होना।
- ढीली-ढीली खिड़कियों या खिड़कियों के फ्रेमों को क्षति पहुँचना।
- छत/लिंटेल के प्रोजेक्शनों को क्षति पहुँचना।
- विभिन्न प्रकार के अहातों की दीवारों का ढह जाना।
- विशेषकर अंदर से दबाव पड़ने के कारण छत और दीवारों का गिरना।
- आंतरिक तथा बाह्य दबावों के मेल से लंबी/ऊँची दीवारों और हल्के वजन की छतों वाली बड़ी औद्योगिक इमारतों का गिरना।

- औद्योगिक शैड़ों की छतों की एब्सटॉस-सीमेंट (ए सी) की चादरों का क्षीण पड़ जाना।
- स्टील की पट्टियों संबंधी छत की लोहे की नालीदार चादरों में सुराख हो जाना और छत का उखड़ जाना।

इमारतों को क्षति से बचाने के लिए उपाय

स्थान का चयन

चक्रवात के कारण क्षेत्र जलमग्न हो जाता है अत: स्थान ऊँचे होने चाहिए। ऊँचाई का स्थान न मिलने के कारण निर्माण कार्य खंभों पर किया जाना चाहिए।

प्लेटफार्म एवं ओरिएन्टेशन

1. अलग-अलग इमारतों के लिए आयताकार या वर्गाकार नक्शे की अपेक्षा गोलाकार या बहुभुजी आकार के नक्शे को तरजीह दी जाती है।
2. नक्शे के ठोस आधार पर बनी कोई भी संतुलित इमारत बेढंगी बनी किसी इमारत से ज्यादा मजबूत होती है, क्योंकि बेतरतीब बनी इमारत को हवा/चक्रवात से अधिक खतरा रहता है।

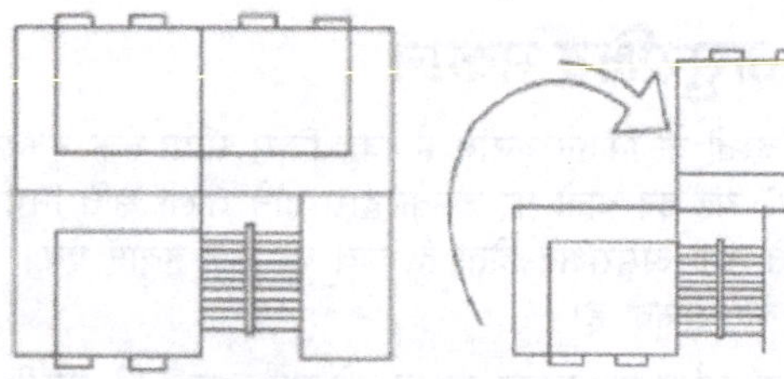

नींव

नींव का डिजाइन तैयार करते समय निम्नलिखित बातों को ध्यान रखने की जरूरत है

उमड़ती लहरों या बाढ़ का प्रभाव

चक्रवाती तूफान के साथ हर बार मूसलाधार वर्षा होती है और ऊँची लहरें (तटीय क्षेत्रों में) उठने लगती हैं। इनके कारण, निचले इलाकों में पानी भर जाता है। जैसे-जैसे ये तूफानी लहरें तट की ओर बढ़ती हैं, उनका प्रभाव कम होता जाता है। ये लहरें तट पर 10 से 15 किमी दूर तक पहुँच सकती हैं।

खंभों पर इमारत बनाना

जहाँ इमारत का निर्माण खंभों पर किया जाए, वहाँ यह जरूरी है कि दोनों ओर के खंभे मजबूती से खड़े हों।

दीवारों में खुला स्थान

छत के स्तर से थोड़ा नीचे कोई भी खुला स्थान नहीं छोड़ा जाता, लेकिन आमने-सामने की दीवारों में बिना शटर के दो रोशनदान छोड़े जाते हैं, ताकि यदि कमरे में पानी भर जाए और लोग खूँटी पर चढ़ने लगें, तो दम न घुटने लगे। कोई दरवाजा या खिड़की ठीक से न लगी होने के कारण छत के नीचे **लिफ्ट प्रेशर** का प्रतिकूल प्रभाव पड़ सकता है। इसलिए खुले स्थानों को बंद करने/तालाबंद करने की मजबूत व्यवस्था होनी चाहिए और शीशे/लकड़ी के पैनलों को सुरक्षित ढंग से लगाया जाना चाहिए।

शीशे की पैनलिंग

1. तेज हवा के दबाव से या हवा में उड़ती हुई वस्तुओं के कारण सबसे बड़ा नुकसान शीशों के टूटने से होता है। दरवाजों और खिड़कियों के बड़े साइज के शीशे हवा का दबाव सहन न कर सकने के कारण चूर-चूर हो जाते हैं।
2. पैनल का साइज छोटा किया जाना चाहिए। शीशों पर पतली प्लास्टिक फिल्म या कागज की पट्टियाँ चिपकाकर उन्हें मजबूती प्रदान की जा सकती है।
3. शीशों के बाहर की तरफ धातु की फैब्रिक/जाली लगाई जाए।
4. शटरों को सही ढंग से बंद करने की व्यवस्था की जाए। फ्रेमों को दीवारों में मजूबती से फिक्स करें।

छत का वास्तु शिल्प

1. नीचे ढालदार छत वाली इमारत और संकटपूर्ण स्थानों पर हवा के प्रभाव के चित्र दिखाए गए हैं। छत के हिस्से बाहर कम-से-कम ही निकले होने चाहिए यानि अधिक-से-अधिक 500 मिमी अन्यथा इन्हें नीचे ठीक से बाँध देना चाहिए।
2. छत पर हवा की शक्ति को कम करने के लिए त्रिअंकी छत (गैबल रूफ) की अपेक्षा काठी या पिरामिड प्रकार की छत को तरजीह दी जानी चाहिए।

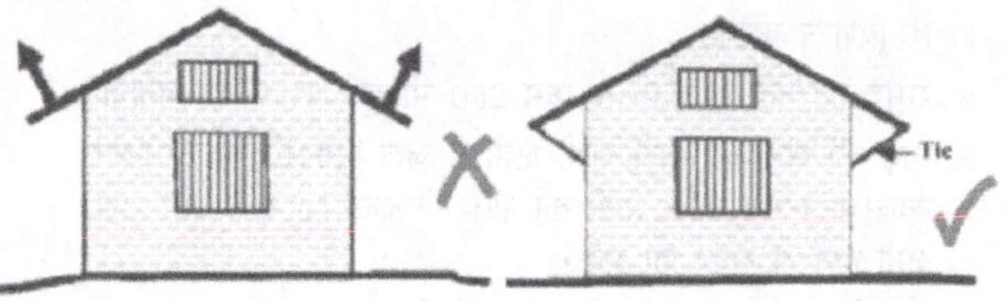

ऊपर बताई गई तकनीक और कार्यविधि अपनाकर चक्रवातों से होने वाली क्षति को कम-से-कम किया जा सकता है। तटीय क्षेत्रों तथा सभी बड़ी बसावटों में हवा आने की दिशा में पौधे उगाए जाने चाहिए, ताकि वे तेज हवा की गति सीमित कर सकें और सुरक्षा प्रदान कर सकें।

ऐसी विशेषता वाला शरणस्थल, जो चक्रवात तथा बाढ़ में टिका रहे, परंपरागत मकानों में आपदारोधी विशेषताओं का निर्माण कर उनमें सुधार किया जा सकता है। ऐसे मकान सामान्य गति के चक्रवात में टिके रहते हैं।

अभ्यास प्रश्न (एन.सी.ई.आर.टी.)

1. भूकंपरोधी भवन का आकार कैसा होना चाहिए?

उत्तर भूकंपरोधी भवनों की बनावट विशेष तरीके से की जाती है। नक्शा बनाकर इमारत का निर्माण किया जाता है। नींव पर विशेष ध्यान दिया जाता है। दीवारों के खुले स्थानों पर नियंत्रण किया जाता है। इनके बीच की दूरी पर विशेष ध्यान दिया जाता है। ईंट-पत्थर से बनी इमारतों में कंक्रीट के बने मजबूत बैंडों का निर्माण किया जाता है। इन सब बातों को ध्यान में रखकर भवन भूकंपरोधी बनाया जाता है।

2. नरम और कठोर मिट्टी में नींव का निर्माण किस प्रकार किया जाना चाहिए?

उत्तर नींव किसी भी भवन का महत्त्वपूर्ण भाग होती है। ठोस मिट्टी होने पर सीमेंट के कंक्रीट के इस्तेमाल से नींव का निर्माण किया जाता है, जबकि मिट्टी नरम होने पर 'प्लिंथ बैंड' का इस्तेमाल किया जाता है। अगर आवश्यकता हो तो 'प्लिंथ बीमों' से जोड़ा जाना चाहिए।

3. बाढ़ से सर्वाधिक असुरक्षित मकान कौन-से हैं?

उत्तर बाढ़ से सर्वाधिक असुरक्षित मकान, वे होते हैं, जो कीचड़-गारा से बने हों, बाँस पत्तों एवं धातु की चादरों से बनी झोंपड़ी आदि। इसके अतिरिक्त नदियों के मार्ग में आने वाले मैदानी इलाके पर स्थित मकान असुरक्षित की श्रेणी में आते हैं।

4. बाढ़ से क्षति को रोकने के लिए सुरक्षा के सामान्य उपाय कौन-कौन-से हैं?

उत्तर बाढ़ की आपदा से निपटने के लिए पानी के निकास की उचित व्यवस्था की जानी चाहिए। मकानों का निर्माण नदी से दूर किया जाना चाहिए। गाँवों एवं बस्तियों में रहने वाले लोगों में जागरूकता फैलाई जानी चाहिए। इसके अतिरिक्त पूरा गाँव अथवा पूरी बस्ती को बाढ़ के स्तर से भी ऊँची जगह पर बनाया जाना चाहिए।

अध्याय

06

उत्तरदायित्व में भागीदारी-स्थानीय एवं राज्य स्तरीय निकायों की भूमिका

समाज की बेहतरी के लिए सरकारी एवं गैर-सरकारी संगठन दोनों अपनी भूमिका निभाते हैं। समाज में आपदा आ आने पर भी इनकी भूमिका प्रमुख रहती है। होमगार्ड, राष्ट्रीय सेवा योजना, नेहरू युवा संगठन इन संगठनों में प्रमुख हैं।

26 जनवरी, 2001, भुज में 6.9 की तीव्रता वाला भूकंप

राज्य सरकार की 26 जनवरी, 2001 की रिपोर्ट में यह बताया गया कि 13,000 से अधिक लोगों की जान गई तथा 1.67 लाख लोग जख्मी हुए। 21 जिलों में रह रहे लगभग 1.97 करोड़ लोग प्रभावित हुए। लगभग 3.20 लाख पक्के और कच्चे मकान तथा 14,000 झोंपड़ियाँ पूरी तरह से नष्ट हो गईं। लगभग 7.33 लाख पक्के और कच्चे मकान और 31,000 झोंपड़ियों को आंशिक रूप से क्षति पहुँची....***कहाँ गलती हो गई? क्या इन मकानों का संरचनात्मक डिजाइन दोषपूर्ण था?***

28 जनवरी, 2001 को राहत दल अहमदाबाद और भुज पहुँचने शुरू हो गए। लोगों ने, स्वयंसेवी संगठनों, व्यावसायियों, सहायता एजेंसियों ने वहाँ सहायता सामग्री पहुँचाना शुरू कर दिया है।

खान भुज कस्बे में एक ड्राइवर हैं। शुक्र है कि भूकंप में उनके परिवार के किसी सदस्य को चोट नहीं आई, लेकिन उनका सारा कीमती सामान, नकदी और मकान नष्ट हो गया। भूकंप के पश्चात् 100 से भी अधिक निजी, सरकारी और गैर-सरकारी संगठन राहत सामग्री पहुँचा रहे थे, लेकिन खान के परिवार के लिए एक टेंट भी नसीब नहीं हुआ और वे सड़क पर ही पड़े हुए थे...**समन्वय कार्य कौन करेगा?**

बेचारे ड्राइवर खान ही अकेले भुक्तभोगी नहीं थे और भी ऐसे कई बदकिस्मत परिवार थे। ऐसा आपके और मेरे साथ भी हो सकता है। इस बारे में जरा सोचिए....जब आपदाएँ आती हैं, तो सबक सिखा जाती हैं। इसके लिए हमें बहुत ऊँची कीमत यहाँ तक कि जान और माल की कीमत चुकानी पड़ जाती है। इससे यह बात साफ हो जाती है कि आपदा के लिए योजना बनाना कितना महत्त्वपूर्ण है? तो क्या हम भुज जैसा एक और झटका सहने के लिए तैयार हैं? अब समय आ गया है कि हम अपने पिछले अनुभवों से सीखें।

आपदाओं का प्रबंधन

सरकारी एवं गैर-सरकारी एजेंसियों के साथ ताल-मेल करके आपदा प्रबंधन प्रभावी ढंग से किया जा सकता है।

आपदा प्रबंधन कैसे किया जाता है?

आपदा प्रबंधन को चार्ट द्वारा समझते हैं

राष्ट्रीय →	नोडल मंत्रालय
राज्य →	राहत और पुनर्वास प्रभाग/आपदा प्रबंधन विभाग
जिला →	जिला मजिस्ट्रेट का कार्यालय
खंड →	पंचायत समिति का कार्यालय
गाँव →	ग्रामीण आपदा प्रबंधन समिति

संघात्मक शासन प्रणाली के चलते केंद्र और राज्य दोनों की अलग-अलग भूमिका है। भारत में राष्ट्र, राज्य, जिला एवं उप जिला स्तर पर आपदा प्रबंधन के लिए एक संगठित प्रशासनिक तंत्र कार्य पर है। प्राकृतिक आपदाओं की स्थिति में प्राथमिक उत्तरदायित्व, संबंधित राज्य सरकार का होता है। केंद्र सरकार वित्तीय एवं संचार तंत्र संबंधी सहायता में योगदान देती है।

राष्ट्रीय स्तर

निम्नलिखित बातों को ध्यान में रखकर केंद्र अपनी ओर से पहल करती है

1. आपदा की गंभीरता
2. राहत कार्य की मात्रा
3. राज्य सरकार के पास उपलब्ध वित्तीय संसाधनों एवं संचार तंत्र में वृद्धि करने के लिए केंद्रीय सहायता की आवश्यकता।

सभी प्रकार की प्राकृतिक आपदाओं में आपदा प्रबंधन कार्य का समन्वय केंद्र में गृह मंत्रालय एक **नोडल मंत्रालय** है।

क्र. सं.	आपदाएँ	नोडल मंत्रालय
1.	प्राकृतिक आपदाएँ (सूखे को छोड़कर)	गृह मंत्रालय
2.	सूखा	कृषि मंत्रालय
3.	हवाई दुर्घटनाएँ	नागरिक विमानन मंत्रालय
4.	रेल दुर्घटनाएँ	रेल मंत्रालय
5.	रासायनिक आपदाएँ	गृह मंत्रालय
6.	जैविक आपदाएँ	गृह मंत्रालय
7.	नाभिकीय	गृह मंत्रालय
8.	महामारियाँ	स्वास्थ्य एवं परिवार कल्याण मंत्रालय

राज्य

राज्य का दायित्व है कि वह प्राकृतिक आपदा के समय अपने क्षेत्र में काम करे। केंद्र सरकार की भूमिका वस्तुएँ एवं वित्तीय संसाधनों की पूर्ति करने में होती है।

राज्य के मुख्यमंत्री या मुख्य सचिव की अध्यक्षता में एक राज्य स्तरीय समिति होती है, जो राहत कार्यों की देखभाल करती है। राहत आयुक्त **प्रभारी** होते हैं एवं **राज्य राहत संहिता** नामक पुस्तिका होती है, जिसमें आपदा मार्गदर्शन होता है।

जिला

जिला प्रशासन दिन-प्रतिदिन के राहत कार्यों के लिए जिम्मेदार होता है। इसके लिए **जिला मजिस्ट्रेट/जिला कलेक्टर/उपायुक्त** होते हैं। पंचायती राज संस्थाओं को 73वें एवं 74वें संविधान संशोधन द्वारा मान्यता प्रदान की गई है। ये स्वायत्तशासी संस्थाएँ आपदा के दौरान प्रभावशाली साधन के रूप में कार्य करती हैं।

जिला मजिस्ट्रेट की अध्यक्षता में **आपदा प्रबंधन समिति** गठित होती है, जो मुख्य निर्णय लेने का काम करती है एवं आपदा प्रबंधन दलों की सहायता करती है।

खंड (ब्लॉक)

खंड विकास अधिकारी/तालुका विकास अधिकारी ब्लॉक स्तर पर आपदा प्रबंधन का नोडल अधिकारी होता है।

ब्लॉक आपदा प्रबंधन समिति के मुख्य कार्य निम्नलिखित हैं

- ब्लॉक स्तर पर आपदा प्रबंधन योजना तैयार करने में ब्लॉक प्रशासन की सहायता करना।
- आपदा प्रबंधन दलों के सदस्यों के लिए प्रशिक्षण का समन्वय करना।
- नकली अभ्यास करना।

गाँव

सरपंच/गाँव का मुखिया गाँव स्तर पर आपदा प्रबंधन समिति का अध्यक्ष होता है। वह योजना तैयार करता है और दलों को प्रशिक्षण भी देता है।

इस प्रकार हमने देखा कि केवल सरकार आपदा प्रबंधन की संपूर्ण जिम्मेदारी नहीं निभाती, बल्कि राज्य, जिला, स्थानीय स्तर पर सभी लोग अपनी भूमिका निभाते हैं।

इसके अतिरिक्त कुछ अन्य संस्थाएँ हैं

पुलिस तथा अर्द्ध-सैनिक बल, नागरिक सुरक्षा तथा होम गार्ड्स, अग्निशमन सेवाएँ, नेशनल कैडिट कोर (एन सी सी), युवा संगठन, संयुक्त राष्ट्र की एजेंसियाँ, राष्ट्रीय एवं अंतर्राष्ट्रीय स्वयंसेवी दल, सार्वजनिक एवं निजी क्षेत्र के उद्यम, मीडिया आदि सभी आपदा प्रबंधन में प्रमुख भूमिका निभाते हैं। *इसके अतिरिक्त अनेक संगठन हैं*

संयुक्त राष्ट्र आपदा प्रबंधन दल (यू एन डी एम टी)-भारत

संयुक्त राष्ट्र मानवीय कार्य समन्वय कार्यालय (यू एन ओ सी एच ए) को संयुक्त राष्ट्र महासभा के जनादेश द्वारा सभी अंतर्राष्ट्रीय आपदाओं के समय कार्रवाई करने की जिम्मेदारी सौंपी गई है। भारत में यू एन डी एम टी आपदा प्रबंधन संबंधी तैयारी तथा आपदाओं के प्रभाव को कम करने और आपदा जोखिम प्रबंधन में सरकार की क्षमताओं को मजबूती प्रदान करने के लिए एक महत्त्वपूर्ण मंच प्रदान करता है। यू एन डी एम टी में ए फए ओ, आई एल ओ, यू एन डी पी, यू एन एफ पी ए, यू एन आई सी ई एफ, डब्ल्यू एफ पी और डब्ल्यू एच ओ जैसी संयुक्त राष्ट्र की विभिन्न एजेंसियों का प्रतिनिधित्व हैं, जो आपदा के समय सामूहिक रूप से कार्य करती हैं। यू एन डी एम टी का प्रमुख उद्देश्य यू एन प्रणाली द्वारा आपदा संबंधी देशव्यापी त्वरित, प्रभावी और एकजुट तैयारी सुनिश्चित करना और उचित समय पर कार्रवाई सुनिश्चित करना है।

भातीय सशस्त्र बल

सशस्त्र बल सरकार की ओर से जवाबी कार्रवाई करने वाला एक महत्त्वपूर्ण अंग है। वे तभी आगे आते हैं, जब स्थिति नागरिक प्रशासन के सामर्थ्य से बाहर हो जाती है। प्रतिकूल जमीनी परिस्थितियों में कार्रवाई कर सकने, प्रचालनात्मक अनुक्रिया की गति और उनके पास उपलब्ध संसाधनों एवं क्षमताओं के कारण सशस्त्र बलों ने आपदा के तत्काल बाद संचार, खोज एवं बचाव अभियानों, स्वास्थ्य एवं चिकित्सा सुविधाओं, परिवहन, बिजली, भोजन एवं नागरिक आपूर्ति, लोक निर्माण कार्यों एवं इंजीनियरों जैसे आपात सहायता कार्यों में ऐतिहासिक रूप से महत्त्वपूर्ण भूमिका निभाई है।

राष्ट्रीय कैडेट कोर (एन सी सी)

वर्ष 1948 में गठित राष्ट्रीय कैडेट कोर का उद्देश्य निम्नलिखित है

- युवाओं में चरित्र, साहस, मैत्रीभाव, अनुशासन, नेतृत्व के गुणों, धर्मनिरपेक्ष दृष्टिकोण, साहसिक कार्यों एवं खेल भावना तथा नि:स्वार्थ सेवा के गुणों का विकास कर उन्हें जिम्मेदार नागरिक बनाना।

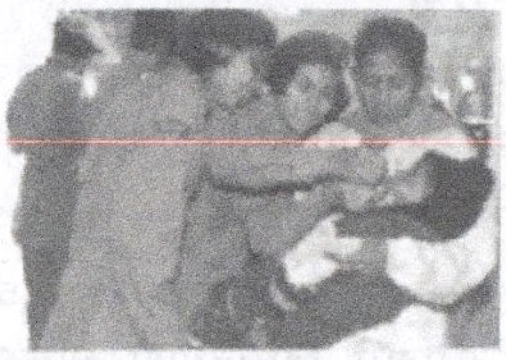

- संगठित, प्रशिक्षित एवं सक्रिय युवाओं की एक मानव शक्ति तैयार करना। जीवन के सभी क्षेत्रों, सशस्त्र बलों सहित, में नेतृत्व प्रदान करना और स्वयं को देश सेवा के लिए अर्पित करना।

नागरिक सुरक्षा

नागरिक सुरक्षा का उद्देश्य शत्रुतापूर्ण किए गए आक्रमण की स्थिति में जीवन की रक्षा करना, संपत्ति के नुकसान को कम-से-कम करना और औद्योगिक उत्पादन को बनाए रखना है। वर्ष 1962 तथा 1965 के युद्धों की वजह से देश को दो बार झेलनी पड़ी आपात स्थिति के कारण भारत सरकार को अपनी आपातकालीन प्रशिक्षण गतिविधियों को प्राकृतिक आपदा से शत्रु के आक्रमण से जीवन और संपत्ति की रक्षा करने की ओर मोड़ना पड़ा।

राष्ट्रीय सेवा योजना (एन एस एस)

आजादी के समय से ही छात्रों को राष्ट्रीय सेवाओं में शामिल करने के प्रति जागरूकता बढ़ती रही है। छात्रों द्वारा स्वेच्छा से राष्ट्रीय सेवा शुरू करने की सिफारिश प्रथम **शिक्षा आयोग** (1950) ने की थी। शिक्षा मंत्रालय ने वर्ष 1969-70 के दौरान **राष्ट्रीय सेवा योजना** लागू की। राष्ट्रीय सेवा योजना का आदर्श वाक्य है**—नॉट मी बट यू।** इसका अर्थ है कि व्यक्ति विशेष का कल्याण अंतत: संपूर्ण समाज के कल्याण पर निर्भर करता है। एन एस एस का प्रतीक चिह्न है— उड़ीसा के कोणार्क सूर्य मंदिर के ''रथ का पहिया''। यह युवाओं में गतिशीलता एवं उनके प्रगतिशील दृष्टिकोण का परिचायक है। एन एस एस नियम-पुस्तिका के अनुसार, एन एस एस स्वयंसेवक के रूप में नामांकित छात्र को दो वर्ष की लगातार अवधि में कम-से-कम 240 घंटे (यानि 120 घंटे प्रतिवर्ष) का उपयोगी समाज कार्य करना चाहिए।

नेहरू युवा केंद्र

नेहरू युवा केंद्रों की शुरूआत भारत की स्वतंत्रता की **रजत जयंती** समारोह के अंग के रूप में वर्ष 1972 में की गई थी। इसकी शुरूआत 'राष्ट्रीय युवा सलाहकार बोर्ड' की सिफारिश पर की गई थी। इसका उद्देश्य ग्रामीण युवाओं (गैर-छात्र) को राष्ट्र निर्माण की गतिविधियों में हिस्सा लेने तथा अपने स्वयं के व्यक्तित्व एवं कौशल का विकास करने का सुअवसर भी प्रदान करना था। स्वयंसेवक के रूप में सदस्यों ने आपदा के समय समाज की कई प्रकार से सहायता की है। आजकल यह संगठन **युवा मामले एवं खेलकूद मंत्रालय** के अधीन कार्य कर रहा है। नेहरू युवा केंद्र संगठन एक पंजीकृत संस्था है, जो युवा मामले एवं खेलकूद मंत्री की अध्यक्षता में एक शासक मंडल द्वारा संचालित किया जाता है।

होम गार्ड्स

होम गार्ड्स एक स्वयंसेवी बल है। पहली बार दिसंबर, 1946 में इसका गठन नागरिक अशांति तथा सांप्रदायिक दंगों पर नियंत्रण करने में पुलिस की सहायता के लिए किया गया। बाद में, कई राज्यों ने नागरिकों के इस स्वयंसेवी बल को स्वीकार कर लिया। वर्ष 1962 में चीनी आक्रमण होने पर केंद्र ने राज्यों और संघ राज्य क्षेत्रों को सलाह दी कि वे अपने-अपने मौजूदा स्वयंसेवी संगठनों को एक ही स्वयंसेवी बल अर्थात् **होम गार्ड्स** में विलय कर दें। *होम गार्ड्स के निम्नलिखित कार्य हैं*

- आंतरिक सुरक्षा बनाए रखने में पुलिस के एक सहायक बल के रूप में कार्य करना
- किसी भी प्रकार की आपात स्थिति; जैसे कि हवाई हमला, आग लगना, चक्रवात, भूकंप, महामारी आदि में समुदाय की सहायता करना। अनिवार्य सेवाओं को बनाए रखने में मदद करना।
- सांप्रदायिक सद्भाव को बढ़ावा देना और कमजोर वर्गों के लोगों को संरक्षण प्रदान करने में प्रशासन की सहायता करना।
- सामाजिक-आर्थिक और कल्याणकारी गतिविधियों में भाग लेना तथा नागरिक सुरक्षा कार्य करना।

अभ्यास प्रश्न (एन.सी.ई.आर.टी.)

1. जिला स्तर की आपदा प्रबंधन समिति के चार सदस्यों के नाम लिखें।

उत्तर जिला मजिस्ट्रेट की अध्यक्षता में आपदा प्रबंधन समिति में स्वास्थ्य विभाग, सिंचाई विभाग, पशु चिकित्सा विभाग, अग्निशमन सेवा एवं अन्य संगठनों के प्रतिनिधि शामिल होते हैं।

2. राष्ट्रीय कैडेट कोर के प्रमुख उद्देश्यों का वर्णन करें।

उत्तर वर्ष 1948 में गठित एन सी सी का मुख्य उद्देश्य युवाओं में चरित्र, साहस, मैत्रीभाव एवं निःस्वार्थ सेवा के गुणों का विकास कर उन्हें जिम्मेदार नागरिक बनाना है। एक संगठित मानव शक्ति तैयार करना तथा जीवन के सभी क्षेत्रों में नेतृत्व प्रदान करना और देशप्रेम के लिए अर्पित करना।

3. उन संस्थाओं के नाम लिखें, जो राज्य सरकार के कार्यकर्ताओं को आपदा के समय सहायता प्रदान करती हैं।

उत्तर आपदा में राज्य सरकार का दायित्व सबसे प्रमुख होता है। राज्य का मुख्यमंत्री या मुख्य सचिव की अध्यक्षता में राज्य स्तरीय समिति होती है। राहत आयुक्त प्राकृतिक आपदाओं की स्थिति में अपने राज्य में राहत पुनर्वास कार्यों के प्रभारी होते हैं। राजस्व विभाग के सचिव राहत कार्य के प्रभारी होते हैं। 'राज्य राहत संहिता' नामक पुस्तिका मार्गदर्शन का काम करती है।

4. आपदा का सामना करने के लिए केंद्र सरकार की भूमिका का वर्णन करें।

उत्तर केंद्र सरकार आपदा में अतिरिक्त सहायता का काम करती है, जिसके अंतर्गत वित्तीय सहायता, संचार के क्षेत्र में सहायता प्रदान करती है। इसके अतिरिक्त केंद्र सरकार के विभिन्न मंत्रालय आपदाओं में नोडल एजेंसी का काम करते हैं।

अध्याय

07

लोगों के लिए, लोगों के द्वारा पहले से योजना बनाना

57 वर्षीय गोपाल हजोंग अपने 5 सदस्यों के परिवार के साथ असम के नलबाड़ी गाँव में रहते थे। हर वर्ष निर्दयी ब्रह्मपुत्र नदी उसके मकान को बहा ले जाती थी। उसके मकान के अतिरिक्त पूरा गाँव प्रभावित होता था और 90% मकान बह जाते थे। एक दिन एक प्रशिक्षित स्वयंसेवक उसके पास आया और कहा कि वर्षों से हो रहे नुकसान को वे कम कर सकते हैं। सबसे पहले उन्होंने बाढ़ से निपटने के लिए सामुदायिक योजना तैयार करने का निर्णय लिया। उन्होंने सभी गाँव वालों की सहायता से गाँव का नक्शा तैयार किया। यह नक्शा उनके लिए महत्त्वपूर्ण सिद्ध हुआ। इस कार्य में उन्हें तीन दिन लगे।

दिन-प्रतिदिन नक्शे में नए ब्यौरे शामिल किए जाने लगे और अंततः प्रत्येक मकान का ब्यौरा नक्शे में शामिल हो गया। नक्शा तैयार करने के इस काम से गाँव वालों को यह पता लगाने का मौका मिल गया कि सबसे अधिक असुरक्षित स्थान कौन-सा है। इस पर हुई बहस से यह स्पष्ट हो गया कि स्थिति में कैसे परिवर्तन किया जा सकता है? गाँव वालों ने यह निर्णय किया कि अब से सभी मकान ऊँचे स्थान पर बनाए जाएँगे और पीने के पानी की समस्या से निपटने के लिए सभी नलकूप ऊँचे किए जाएँगे। तब सभी गाँव वालों ने इस विशाल कार्य में अधिक-से-अधिक योगदान करने का निर्णय किया और **ग्रामीण आपदा प्रबंधन** दलों का गठन किया।

सामुदायिक योजना

सामुदायिक योजना एक उन्नत प्रक्रिया है। इसके अंतर्गत मानव एवं सामग्री संबंधी संसाधनों का पता चलता है और प्रभावशाली कार्रवाई स्थापित होती है। इसके अलावा बस्ती में रहने वाले लोगों को प्रभावित करने वाली प्रक्रियाओं, कार्यक्रमों और परियोजनाओं के बारे में निर्णय लेने के लिए सक्रिय भागीदारी की आवश्यकता होती है।

हमें योजना बनाने की आवश्यकता किस लिए होती है?

किसी भी गंभीर घटना के लिए हम योजना बना सकते हैं। इनमें प्राकृतिक आपदाएँ या औद्योगिक आपदाएँ महत्त्वपूर्ण हैं। आपदाओं के लिए सामुदायिक योजना का प्रमुख उद्देश्य संबंधित समुदाय की असुरक्षा की संभावना को कम करना और आपदा का मुकाबला करने की उसकी मौजूदा क्षमता को सुदृढ़ बनाना होता है।

आकस्मिक योजना यह हो सकती है

- मानवीय क्रियाओं और जरूरतों को प्रभावित करने वाली प्राकृतिक आपदा।
- महामारी का फैलना या स्वास्थ्य संबंधी गंभीर समस्या पैदा होना।
- औद्योगिक दुर्घटनाएँ (स्थल से संबंधित/स्थल से परे की योजना) होना।
- स्टाफ को खतरा, स्टाफ को हटाया जाना एवं परिसर पर आक्रमण आदि होना।
- सिविल आबादी को प्रभावित करने वाला विवाद भड़कना।
- खाद्य पदार्थों या अन्य वस्तुओं की कमी होना।

लोगों की आकस्मिक योजना का महत्त्व

विभिन्न प्रकार के खतरों के लिए लोगों द्वारा कामचलाऊ आकस्मिक योजना बनाने के लिए सामान्यतया बुनियादी सूचना, जोखिम का मूल्यांकन तथा सूचना का विश्लेषण उपलब्ध होना ही पर्याप्त होता है।

लोगों की आकस्मिक योजना क्यों?

- उन्हें अपने जोखिम तथा क्षमताओं के बारे में बेहतर जानकारी होती है।
- वे जहाँ रहते हैं, उन्हें वहाँ की और किसी आकस्मिकता से निपटने में समुदाय की ताकत और कमजोरियों की भी अच्छी जानकारी होती है।
- पहले-पहल जवाबी कार्रवाई करने वाले वे ही होते हैं।
- अंततः नुकसान उठाने वाले भी वे ही होते हैं। यदि कोई ऐसी स्थिति पेश आए, तो उनकी योजनाएँ अपेक्षाकृत अधिक प्रभावकारी होंगी।

कोई एक व्यक्ति कार्य योजना का निर्माण नहीं कर सकता, क्योंकि अधिक-से-अधिक लोगों के अनुभव और सूचना के आधार पर बनाई गई कार्य योजना ज्यादा सही साबित होती है। विभिन्न स्तरों पर आकस्मिक योजनाएँ तैयार की जाती हैं, जैसा कि पास-पड़ोस, ग्रामीण, खंड, जिला, राज्य तथा राष्ट्रीय स्तर। इसमें सरकारी तथा गैर-सरकारी दोनों संगठनों को शामिल किया जा सकता है। योजना लोक केंद्रिक होनी चाहिए। अतः इसी कारण इसे समुदाय की आकस्मिक योजना का नाम दिया गया है। आपदा के दौरान कारगर समन्वय के लिए यह महत्त्वपूर्ण है कि सबसे निचले स्तर पर तैयार की गई योजना उच्च स्तरों पर तैयार की गई योजनाओं के आधार पर ही होनी चाहिए।

सामुदायिक आकस्मिक योजना को किन बातों का उत्तर देने योग्य होना चाहिए?

आकस्मिक योजना से आपदा के संबंध में तैयारियों के बारे में **कौन, कहाँ, कब, क्या और क्यों** का उत्तर मिलना चाहिए।

योजना से निम्नलिखित का उत्तर मिलना चाहिए

कौन/किसे	किसे क्या काम सौंपा गया है? कौन कहाँ रह रहा है? किसे प्राथमिकता दी जाए? संदेशों को कौन सुनेगा? कौन क्या जुटाएगा?
कहाँ/किधर	कहाँ सूचित किया जाए? प्रत्येक परिवार कहाँ रहता है? वे किधर जाते हैं? वे कहाँ काम करते हैं? आश्रय के लिए सुरक्षित स्थान कहाँ है?
कब	क्या यह घटना पूर्व चेतावनी के साथ हुई : (घटना से काफी पहले या पूर्व चेतावनी मिलने पर/घटना या सीजन से ठीक पहले/घटना के बाद) क्या यह अचानक हुई घटना है : (घटना से पूर्व तैयारी संबंधी उपाय/घटना के दौरान/घटना के बाद)
क्या	समुदाय स्तर पर क्या उपाय किए गए हैं? उपलब्ध संसाधन क्या हैं? आपात स्थिति से निपटने के लिए क्या-क्या सामग्री जमा की जाए? क्या-क्या उपकरण उपलब्ध हैं? सुरक्षित आश्रय स्थलों और उपकरणों की क्या स्थिति है? भिन्न-भिन्न समय अंतरालों में क्या-क्या किया जाना है?
कैसे	किसी स्थान पर कैसे पहुँचा जाए? संदेश कैसे प्राप्त किया जाए? पूर्व चेतावनी मिलने पर संदेश को कैसे प्रसारित किया जाए? लोगों को सुरक्षित स्थानों पर भेजने की योजना कैसे तैयार की जाए? सुरक्षा कैसे सुनिश्चित की जाए?
क्यों	उपरोक्त प्रत्येक प्रश्न क्यों?

योजना कैसे तैयार की जाए और आकस्मिक योजना में क्या-क्या बातें शामिल होनी चाहिए?

प्रत्येक व्यक्ति का योगदान योजना बनाने में महत्त्वपूर्ण होता है। हो सकता है कि एक-दूसरे के विचारों में मतभेद हो, लेकिन इससे योजना प्रक्रिया को हमेशा लाभ ही होगा, क्योंकि इससे सभी बातों की जाँच-परख करने और उनमें सुधार करने का उपयोगी मंच प्राप्त होता है। इस प्रकार अंतिम रूप से जो परिणाम प्राप्त होता है, वह अधिक यथार्थपरक होता है।

विशेष सामुदायिक आकस्मिक योजना में निम्नलिखित बातें शामिल की जाती हैं

- प्रारंभिक जागरूकता और संपर्क निर्माण
- समुदाय की रूपरेखा तैयार करना
- भागीदारी के आधार पर स्थिति का विश्लेषण करना
- कार्यबलों का चयन, सांकेतिक उत्तरदायित्व एवं क्षमता निर्माण
- अभ्यास/नकली ड्रिल

संपर्क साधना एवं प्रारंभिक जागरूकता

ग्रामीण स्वयं-सहायता दलों, युवा क्लबों, वरिष्ठ नागरिकों, निर्वाचित प्रतिनिधियों आदि से संबंध बनाना समुदाय आकस्मिक योजना तैयार करने की दिशा में पहला कदम है। इसका मुख्य उद्देश्य उन्हें प्रेरित करना तथा योजना प्रक्रिया में शामिल करना है।

ग्रुप चर्चा करते हुए लोग

समुदाय को सुग्राही बनाने के लिए शहरी क्षेत्र में नुक्कड़ नाटक

इन चर्चाओं के दौरान आपदा से निपटने के लिए उपलब्ध किसी स्थानीय ज्ञान की अनदेखी नहीं की जानी चाहिए। इस बात की आवश्यकता है कि सूचना प्राप्त की जाए तथा स्थिति का विश्लेषण करने के लिए सार्थक प्रक्रिया के रूप में इसे आगे बढ़ाया जाए।

निम्नलिखित जागरूकता पैदा करने वाली विभिन्न तकनीकें अपनाकर सामुदायिक भागीदारी को जुटाना एक महत्त्वपूर्ण कार्य है

- जन सभाएँ
- सांस्कृतिक गतिविधियाँ
- नुक्कड़ नाटक
- दृश्य/श्रव्य उपकरण
- पोस्टरों का प्रदर्शन

ग्रामीण आपदा प्रबंधन समिति (वी डी एम सी) का गठन

ग्रामीण आपदा प्रबंधन समिति (वी डी एम सी) का गठन प्रत्येक गाँव में किया जाता है। आपदा संबंधी तैयारियों के लिए यह समिति उत्तरदायी होती है। इस समिति का मुखिया आपदा प्रबंधन योजना तैयार करने के लिए समाज को एकजुट करता है।

समुदाय की रूपरेखा तैयार करना

इसमें निम्नलिखित से संबंधित आँकड़े/सूचना प्राप्त की जाती है, अर्थात्

- आबादी
- स्थानीय संसाधन (दोनों-जैसे कुशल मानवशक्ति, स्वास्थ्य कार्यकर्ता, भूतपूर्व सैनिक आदि और सामग्री; जैसे—नावें, जेनरेटर आदि)
- बस्ती में मकानों की बनावट (आर सी सी, टाइलयुक्त आदि)
- फसल एवं व्यवसाय की रूपरेखा

पूर्व में आई आपदाओं की समीक्षा एवं विश्लेषण

इसका संबंध पूर्व की आपदाओं से होनी वाली क्षति के विश्लेषण के आधार पर आपदाओं को प्राथमिकता प्रदान करने से है। विभिन्न आपदाओं के दौरान हुई क्षति का ग्रामीणों द्वारा विश्लेषण किया जाता है और उस आपदाओं के दौरान अपनाए गए श्रेष्ठ उपायों को ध्यान में रखते हैं।

ग्रामीण आपदा प्रबंधन से दर्जनों की जान बचाई जाती है............

तमिलनाडु के कुडलूर जिले में समुद्र तट के एक गाँव के ग्रामीण आपदा प्रबंधन पर पाठ सीख रहे थे, तभी उन्हें हत्यारी **सुनामी लहरों** ने घेर लिया। सीखा गया पाठ तत्काल उनके काम आया और बहुत से लोगों की जान बचाई जा सकती। 2000 की आबादी वाले इस गाँव में मरने वालों की संख्या 21-22 तक सीमित रही। गाँव वालों को कहा गया कि समुद्र में डूबते समय वे सूखे पेड़ के तने या खाली ड्रमों का इस्तेमाल करें। इस गाँव में ग्रामीण आपदा प्रबंधन समिति का गठन पिछले साल अक्टूबर में ही किया गया था। टीम में शामिल महिलाओं को, पीड़ित व्यक्तियों को प्राथमिक चिकित्सा प्रदान करने के काम में लगाया गया।

स्रोत *दैनिक जागरण*

आपदाओं से संबंधित मौसम कैलेंडर

विभिन्न प्राकृतिक आपदाओं के बारे में अपने पिछले अनुभवों को ध्यान में रखते हुए समुदाय आपदाओं के घटित होने के आधार पर मौसम संबंधी कैलेंडर तैयार करता है

आपदाओं के बारे में मौसम संबंधी कैलेंडर

	खतरा	जन.	फर.	मार्च	अप्रैल	मई	जून	जुलाई	अग.	सित.	अक्टू.	नव.	दिस.
1.	बाढ़							√	√	√			
2.	चक्रवात				√	√					√	√	
3.	सूखा								√	√			
4.	वनों में आग				√	√							
√	घटित होने का महीना												

नक्शा तैयार करना

गाँव में नक्शा बनाने का कार्य चल रहा है।

ग्राम स्तर पर आपदा प्रबंधन योजना निर्माण करने का एक महत्त्वपूर्ण काम ग्राम को खतरे, असुरक्षा तथा उसकी क्षमताओं की योजना का खाका तैयार करना है। यह कार्य सहभागी ग्रामीण मूल्यांकन (पार्टिसिपेटरी रूरल एप्रेजल) के द्वारा किया जा सकता है। इसका उद्देश्य कम पढ़े-लिखे लोगों के लिए योजना प्रक्रिया को चित्रों द्वारा प्रस्तुत करना है।

नक्शे निम्न प्रकार के होते हैं

(क) **सामाजिक नक्शा बनाना** ग्रामीणों/समुदाय का बस्ती का संपूर्ण नक्शा चित्रों द्वारा दिखाया जाना चाहिए। इस नक्शे में निम्नलिखित दिखाए जाने चाहिए

- क्षेत्र की प्राकृतिक स्थिति के अनुसार मकानों की स्थिति
- पक्के एवं कच्चे मकानों की संख्या
- अन्य बुनियादी सुविधाएँ (उदाहरण के लिए; सुरक्षित आश्रय स्थल, मंदिर, मस्जिद, चर्च, पीने के पानी की सुविधाएँ, स्कूल, स्वास्थ्य केंद्र, अस्पताल, टेलीफोन, सार्वजनिक संबोधन प्रणाली, सड़क, बिजली आदि।)

पथापेटा गाँव का सामाजिक नक्शा

(ख) **संसाधनों को नक्शे में दिखाना** इसके अंतर्गत स्थानीय तौर पर उपलब्ध उन संसाधनों तथा उपयोगी स्थलों का ध्यान रखा जाता है, जिनका उपयोग आपदा के दौरान एवं आपदा के बाद समुदाय की क्षमताओं का विकास करने के लिए किया जा सकता है। इस तरह संसाधनों का नक्शा उपलब्ध संसाधनों को केवल दर्शाता ही नहीं है, बल्कि इसमें इन संसाधनों के वितरण, पहुँच तथा प्रयोग को भी दर्शाया जाता है।

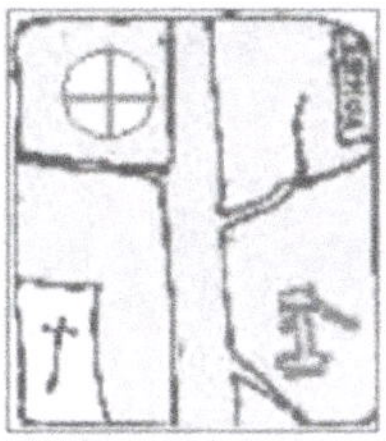

क्षेत्र में प्राकृतिक संसाधनों को नक्शे में दिखाने में निम्नलिखित शामिल हैं

- व्यक्ति विशेष के कौशल (समुदाय के प्रमुख व्यक्ति/डॉक्टर/ड्राइवर, तैराक आदि)
- क्षेत्र के इर्द-गिर्द संसाधन (नावें, खाद्य सामग्री आदि)
- महत्त्वपूर्ण स्थान; जैसे—खुली जमीन/नीचाई/ऊँचाई पर स्थित क्षेत्र
- सुरक्षा बाँध
- जल-निकासी सुविधाएँ
- कृषि क्षेत्र, वन क्षेत्र, मैंग्रोव रोपण, आश्रय स्थल आदि

(ग) **असुरक्षित स्थलों का नक्शा तैयार करना** असुरक्षित स्थलों का नक्शा तैयार करने के इस कार्य में समुदाय के सदस्यों से यह जानकारी रखने की आशा की जाती है कि गाँव को किस प्रकार के खतरों की संभावना है तथा कौन-से क्षेत्र हैं, जो प्रभावित हो सकते हैं; जैसे—

- मकानवार असुरक्षित इलाके
- असुरक्षित मकान एवं टूटी-फूटी इमारत
- बाढ़ से प्रभावित हो सकने वाले निचले क्षेत्र
- भूस्खलन की संभावना वाले क्षेत्र
- खतरनाक उद्योगों/बिजली प्रतिष्ठानों/ऊँची और कमजोर इमारतों आदि की अवस्थिति
- तंग सड़कें

बरहीपुर गाँव के असुरक्षित स्थानों को दिखाने वाला नक्शा

(घ) **सुरक्षित एवं वैकल्पिक मार्गों का नक्शा तैयार करना** इसके अंतर्गत कार्य करने वाले समुदाय के सदस्यों को यह जानकारी होने की आशा की जाती है कि वे कौन-से क्षेत्र हैं, जो सुरक्षित हैं। उस क्षेत्र में पहुँचने का सबसे सुरक्षित मार्ग भी दिखलाया जाना चाहिए।

आपदा प्रबंधन दलों (डी एम टी) का चयन

स्थिति का विश्लेषण करने तथा संसाधनों का नक्शा तैयार करने के बाद अगला कार्य गाँव/वार्ड/नगर में आपदा प्रबंधन दलों/कार्य बलों का गठन करना होता है, ताकि संकट के समय सक्रिय कार्रवाई की जा सके। आपदा प्रबंधन दलों के सदस्य समुदाय के इच्छुक व सक्रिय स्त्री-पुरुष हो सकते हैं। आपदा प्रबंधन दलों/कार्य बलों के सदस्यों में अनुभवी एवं कुशल लोगों; जैसे—डॉक्टरों, नर्सों, अग्निशमन कार्मिकों, भूतपूर्व सैनिकों, पुलिस कार्मिकों, तैराकों, ऐसे युवाओं को जो स्काउट/एन सी सी/एन एस एस में रहे हों तथा नागरिक सुरक्षा कार्मिकों, महिला समिति के सदस्यों को शामिल किया जाना चाहिए।

आपदा से पूर्व/आपदा के दौरान और आपदा के बाद चुने हुए कार्य बलों को सौंपे जाने वाली जिम्मेदारियों का निर्धारण करना आवश्यक है। *विभिन्न कार्य बल निम्न प्रकार हैं*

पूर्व चेतावनी दल, बचाव एवं खाली कराने वाला दल, प्राथमिक चिकित्सा दल, आश्रय स्थल प्रबंधन, राहत दल, पानी एवं सफाई दल, शव-निपटान दल, क्षति मूल्यांकन, मानसिक आघात निवारण परामर्श।

आपदा प्रबंधन दलों (डी एम टी) को प्रशिक्षण

चुने हुए दल के सदस्यों को खास कौशलों में प्रशिक्षित करने की आवश्यकता है, जिससे कि आपदा के दौरान अपने निर्धारित कार्यों को कुशलतापूर्वक कर सकें।

गाँव के स्वयंसेवकों को खोज एवं बचाव कार्य में प्रशिक्षित किया जा

निम्नलिखित प्रबंधन दलों को प्रशिक्षित किया जाना आवश्यक है

1. प्राथमिक चिकित्सा दल
2. बचाव एवं क्षेत्र को खाली कराने वाला दल
3. पानी एवं सफाई व्यवस्था
4. मानसिक आघात निवारण परामर्श

पूर्वाभ्यास/नकली ड्रिल और योजना को अद्यतन बनाना

नकली ड्रिल आपदा संबंधी तैयारी की योजना का महत्त्वपूर्ण अंग है, क्योंकि इससे समुदाय को सतर्क रखा जा सकता है। इसका उद्देश्य लोगों को प्रशिक्षित करना होता है, जिससे समुदाय स्थिति के अनुसार कार्रवाई करने के लिए भलीभाँति तैयार हो जाएगा। चक्रवात या बाढ़ की संभावना वाले क्षेत्रों में यह ड्रिल वर्ष में दो बार, पहली चक्रवात/बाढ़ के मौसम से ठीक पहले तथा दूसरी 6 महीने के बाद की जाए।

आग से दुर्घटना होने पर किए जाने वाले उपायों के बारे में नकली ड्रिल

नकली ड्रिल करते हुए ग्रामीण आपदा प्रबंधन दल

अभ्यास प्रश्न (एन.सी.ई.आर.टी.)

1. **समुदाय की आकस्मिक योजना की परिभाषा का वर्णन कीजिए और योजना की आवश्यकता के बारे में दो कारण दीजिए।**

उत्तर आकस्मिक योजनाएँ विभिन्न स्तरों पर तैयार की जाती हैं; जैसे कि पास-पड़ोस, ग्रामीण, खंड, जिला, राज्य तथा राष्ट्रीय स्तर। योजना लोक-केंद्रिक होनी चाहिए, अतः इसी कारण इसे समुदाय की आकस्मिक योजना नाम दिया गया है।

आकस्मिक योजना की आवश्यकता निम्नलिखित हैं

(i) समुदाय की असुरक्षा की संभावना को कम करना।

(ii) आपदा का मुकाबला करने की उसकी मौजूदा क्षमता को सुदृढ़ बनना।

2. **समुदाय की आकस्मिक योजना के चार तत्त्वों का नाम बताइए अथवा यह बताइए कि समुदाय की आकस्मिक योजना में क्या-क्या शामिल होना चाहिए?**

उत्तर *समुदाय की आकस्मिक योजना के चार तत्त्व निम्नलिखित हैं*

1. समुदायिक योजना
2. हमें योजना बनाने की आवश्यकता किस लिए होती है?
3. लोगों की आकस्मिक योजना का महत्त्व
4. सामुदायिक आकस्मिक योजना को किन बातों का उत्तर देने योग्य होना चाहिए?

अथवा

आकस्मिक योजना में निम्नलिखित बातों को शामिल किया जा सकता है

- प्रारंभिक जागरूकता और संपर्क निर्माण
- समुदाय की रूपरेखा तैयार करना
- भागीदारी के आधार पर स्थिति का विश्लेषण करना
- कार्य बलों का चयन, सांकेतिक उत्तरदायित्व एवं क्षमता निर्माण
- अभ्यास/नकली ड्रिल

3. **यह बताइए कि संसाधन नक्शे में क्या-क्या होना चाहिए?**

उत्तर *संसाधन नक्शे में निम्नलिखित को शामिल करते हैं*

- व्यक्ति विशेष के कौशल (समुदाय के प्रमुख व्यक्ति/ डॉक्टर/ड्राइवर, तैराक आदि)
- क्षेत्र के इर्द-गिर्द संसाधन (नावें, खाद्य सामग्री आदि)
- महत्त्वपूर्ण स्थान; जैसे–खुली जमीन/नीचाई/ऊँचाई पर स्थित क्षेत्र
- सुरक्षा बाँध
- जल-निकासी सुविधाएँ
- कृषि क्षेत्र, वन क्षेत्र, मैंग्रोव रोपण, आश्रय स्थल आदि।

4. **चार विभिन्न कार्य बलों की पहचान बताइए और प्रत्येक कार्य बल के दो-दो उत्तरदायित्वों का उल्लेख कीजिए।**

उत्तर *आपदा प्रबंधन से संबंधित निम्नलिखित कार्य बल और उनके कार्य*

1. **नक्शा तैयार करना,**

   इसके कार्य हैं

   (i) ग्राम को खतरे, असुरक्षा तथा उसकी क्षमताओं की योजना का खाका तैयार करना।

   (ii) कम पढ़े-लिखे लोगों के लिए योजना प्रक्रिया को चित्रों द्वारा प्रस्तुत करना।

2. **आपदा प्रबंधन दलों (डी एम टी) का चयन**

   इसके कार्य हैं

   (i) स्थिति का विश्लेषण करना।

   (ii) आपदा प्रबंधन दलों/कार्य बलों का गठन करना।

3. **आपदा प्रबंधन दलों (डी एम टी) को प्रशिक्षण**

   इसके कार्य हैं

   (i) बचाव एवं क्षेत्र को खाली कराने वाला दल।

   (ii) प्राथमिक चिकित्सा दल को प्रशिक्षित करना।

4. **पूर्वाभ्यास/नकली ड्रिल और योजना को अद्यतन बनाना**

   इसके कार्य हैं

   (i) समुदाय को सतर्क रखना।

   (ii) लोगों को प्रशिक्षित करना।

प्रोजेक्ट रिपोर्ट

प्रोजेक्ट रिपोर्ट एक लिखित सामग्री है, जिसमें विश्लेषक द्वारा अपने परियोजना कार्य का विश्लेषण प्रस्तुत किया जाता है। प्रोजेक्ट रिपोर्ट तैयार करने के लिए यह आवश्यक है कि उसमें अत्यावश्यक सावधानी और विचारणीय बिंदु को महत्ता प्रदान की जाए।

प्रोजेक्ट रिपोर्ट के तत्त्व

यह सुनिश्चित करने का प्रयास किया जाए कि आपकी रिपोर्ट में निम्नलिखित तत्त्व सम्मिलित हों

मुख्य पृष्ठ

इसमें आपके शोध विषय से संबंधित कंपनी/उत्पाद के नाम और विद्यार्थी के नाम को शामिल किया जाता है। मुख्य पृष्ठ में विषय-शिक्षक, कक्षा एवं विद्यालय के नाम को भी सम्मिलित कर सकते हैं।

अभिस्वीकृति/आभार

अभिस्वीकृति के द्वारा प्राय: ऐसे व्यक्ति/व्यक्तियों को धन्यवाद किया जाता है, जिसने परियोजना कार्य के दौरान तकनीकी या अन्य प्रकार का सहयोग प्रदान किया हो।

विषय सूची

इसमें रिपोर्ट के मुख्य खंड और उप-खंड सम्मिलित होते हैं। इसके अंतर्गत शीर्षक को स्पष्ट और पाठ्य विवरण के अनुरूप रखने की कोशिश की जाती है। विषय सूची को प्रभावशाली और विवरणात्मक तरीके से प्रस्तुत करने का प्रयास किया जाता है, जिससे पाठक को प्रोजेक्ट के उद्‌देश्य को सरलता से समझने में सहायता प्राप्त हो।

परिचय

यह प्रोजेक्ट रिपोर्ट के महत्त्वपूर्ण भागों में से एक है। इसकी शुरुआत प्रोजेक्ट से संबंधित स्पष्ट विवरण से की जानी चाहिए, जिससे पाठक को प्रोजेक्ट की प्रकृति और कार्यक्षेत्र की आसान समझ प्राप्त हो सके। इसमें प्रोजेक्ट की पृष्ठभूमि, उसकी प्रासंगिकता और योगदानों के सारांश सहित उन सभी बातों का संक्षिप्त प्रस्तुतीकरण हो, जो आपने अपने परियोजना कार्य के लिए निर्धारित की हों। परिचय में परियोजना के संदर्भ और उसके महत्त्वपूर्ण बिंदुओं की, उद्‌देश्य के अनुरूप संक्षिप्त प्रस्तुति दी जानी चाहिए। इस प्रकार यह कहा जा सकता है कि परिचय परियोजना के मुख्य उद्‌देश्य को बताने हेतु महत्त्वपूर्ण भूमिका निर्वहन करता है।

पृष्ठभूमि

रिपोर्ट के पृष्ठभूमि वाले भाग में प्रोजेक्ट के क्रियान्वयनकारी उद्‌देश्य को शामिल किए जाने की आवश्यकता होती है, जिससे संदर्भित विषय के लक्ष्य को समझा जा सके। यह प्रोजेक्ट का कार्यात्मक भाग होता है, इसमें समस्या, उसके प्रभाव इत्यादि को निर्दिष्ट किया जाता है। यह संपूर्ण परियोजना कीं मूल योजना (Blue Print) को प्रस्तावित करती है।

रिपोर्ट का मुख्य हिस्सा

रिपोर्ट का मुख्य भाग प्राय: तीन या चार खंडों में विभक्त होता है, जिसमें प्रोजेक्ट के दौरान अपनाए गए तकनीकी कार्यों का विवरण दिया जाता है। इससे मूलत: परियोजना निर्धारित होती है। इसमें प्रोजेक्ट के क्रमागत विकास को प्रतिबिंबित किया जाता है। यह परियोजना से संदर्भित विस्तृत विवरणात्मक चरित्र को स्पष्ट करता है।

मूल्यांकन

प्रोजेक्ट परिमाणात्मक और गुणात्मक दोनों हो सकता है, जिसमें प्रोजेक्ट की अभिव्यंजकता (Expressiveness), कार्यक्षमता, उपयोग में सरलता जैसे तत्त्वों को समाहित किया जाता है। आवश्यकतानुसार आपको अपने प्रोजेक्ट की मजबूती और कमजोरी का मूल्यांकन भी करना चाहिए।

निष्कर्ष

निष्कर्ष रूप में परियोजना कार्य के दौरान सीखी गई समस्त बातों का लेखा-जोखा प्रदान किया जाता है। इसमें विद्यार्थी के प्रोजेक्ट की मौलिक प्रतिक्रिया को अभिव्यक्त किया जाता है। रिपोर्ट के इस भाग को अर्थपूर्ण और प्रभावशाली तरीके से व्यक्त किया जाना चाहिए, जिससे पाठक परियोजना कार्य और विश्लेषक का स्पष्टतया मूल्यांकन करने में सक्षम हो।

प्रोजेक्ट का मूल्यांकन

प्रोजेक्ट के विविध पक्षों में दिए जाने वाले अंकों का वितरण इस प्रकार है

पक्ष (Aspects)	**अंक** (Marks)
सामग्री सटीकता और मौलिकता	2
प्रस्तुति और सृजन क्षमता	2
प्रोजेक्ट से संबद्ध मौखिक परीक्षा	1

विद्यार्थियों द्वारा प्रोजेक्ट पूरा करने के पश्चात् उसे प्रदर्शनी, पैनल वाद-विवाद इत्यादि के माध्यम से सत्र में रखा जाता है। प्रोजेक्ट से संबद्ध शिक्षक को, मूल्यांकन (प्रोजेक्ट) से संबंधित सभी दस्तावेजों को सावधानीपूर्वक सुरक्षित रखना चाहिए। शिक्षक को निम्न बिंदुओं को ध्यान में रखते हुए एक संक्षिप्त रिपोर्ट तैयार करनी आवश्यक होती है

- व्यक्ति या समूह बातचीत के माध्यम से प्राप्त किए गए उद्देश्य
- विविध गतिविधियों के कैलेंडर
- प्रक्रिया के दौरान अपनाए गए अभिनव विचारों का आकलन
- मौखिक परीक्षा के दौरान पूछे गए प्रश्नों की सूची इत्यादि।

प्रोजेक्ट रिपोर्ट

प्रोजेक्ट का शीर्षक	:	भारत में उपभोक्ता अधिकार और उपभोक्ता आंदोलन
उद्देश्य	:	इस परियोजना का उद्देश्य उपभोक्ताओं के बीच उनके अधिकारों के बारे में जागरूकता उत्पन्न करना है, जिससे बाजार में उनके शोषण की संभावना कम हो जाएगी।
नाम	:	....
विद्यालय	:	....
सत्र	:	2021-22
कक्षा	:	*XA*
प्रस्तुत करना	:	....

अभिस्वीकृति

मैं अपने शिक्षक ……… के साथ-साथ हमारे प्रधानाचार्य ……… के प्रति विशेष आभार व्यक्त करना चाहता हूँ, जिन्होंने मुझे 'भारत में उपभोक्ता अधिकार और उपभोक्ता आंदोलन' विषय पर इस अद्भुत परियोजना को करने का सुनहरा अवसर दिया।

इस प्रोजेक्ट ने मुझे विषय से संबद्ध जानकारी और ज्ञानार्जन प्राप्त करने में पर्याप्त सहायता उपलब्ध कराई है। इस प्रोजेक्ट को पूरा करने के लिए मैंने उचित विश्लेषण और अनुसंधान का सहयोग लिया है। इस प्रक्रिया में मैंने कई नई चीजों को सीखा और समझा है।

मैं अपने मित्रों, सहयोगियों और मार्गदर्शक का हृदय से आभारी हूँ, जिन्होंने अपना बहुमूल्य समय मेरे इस विषय को पूर्ण करने में दिया है। मैं अपने माता-पिता का विशेष आभार व्यक्त करता हूँ, जिनके सहयोग ने प्रोजेक्ट को निर्धारित समय में पूरा करने में मदद की है।

मेरे द्वारा इस प्रोजेक्ट को केवल अंक अर्जित करने के उद्देश्य से नहीं, बल्कि यह मेरे ज्ञान और बुद्धि विकास में मददगार साबित होगा, के द्रष्टव्य किया गया है।

पुन: मेरे सभी सहयोगियों को मेरा धन्यवाद।

प्रमाण-पत्र

प्रमाणित किया जाता है कि ....(विद्यार्थी का नाम) ने 'भारत में उपभोक्ता अधिकार और उपभोक्ता आंदोलन' परियोजना कार्य को मेरे पर्यवेक्षण में कुशलतापूर्वक पूर्ण किया है। इस परियोजना के दौरान उसने मौलिकता और रचनात्मक प्रतिभा का परिचय दिया है।

नाम और हस्ताक्षर
शिक्षक/पर्यवेक्षक

विषय सूची

उपभोक्ता कौन है?

उपभोक्ता (Consumer) एक ऐसा व्यक्ति है, जो भुगतान करने के बाद बाजार से किसी वस्तु (Goods) या सेवा (Service) को खरीदता है और उसका उपयोग करता है। वस्तुओं में उपभोक्ता वस्तुएँ (गेहूँ, आटा, नमक, चीनी, फल आदि) एवं स्थायी वस्तुएँ (टेलीविजन, रेफ्रिजरेटर, टोस्टर, मिक्सर, साइकिल आदि) सम्मिलित हैं। उपभोक्ताओं की भागीदारी बाजार में तब होती है, जब वे अपनी आवश्यकतानुसार अंतिम वस्तुओं या सेवाओं को खरीदते हैं। हालाँकि उपभोक्ता बाजार में शोषित (Exploited) किए जाते हैं, क्योंकि वे अपने अधिकारों पर बल नहीं देते हैं।

उपभोक्ताओं की सुरक्षा की आवश्यकता

उपभोक्ताओं के लिए सुरक्षा सुनिश्चित करने के लिए नियमों और विनियमों (Rules and Regulations) की आवश्यकता होती है, क्योंकि बाजार में शोषण विभिन्न माध्यमों से होता है। उपभोक्ता प्राय: स्वयं को कमजोर स्थिति में पाता है, क्योंकि खरीदी गई वस्तु या सेवा के बारे में जब भी कोई शिकायत होती है, तो विक्रेता सारा उत्तरदायित्व क्रेता पर डालने का प्रयास करता है। उपभोक्ताओं का शोषण करने वाले कारक इस प्रकार हैं

- गलत या अधूरी जानकारी देने वाली कंपनियाँ
- मिलावटी और अशुद्ध खाद्य पदार्थों की बिक्री
- इलेक्ट्रॉनिक सामान में उचित सुरक्षा मानदंडों की कमी
- सूचीबद्ध से अधिक मूल्य प्राप्त करना
- घटिया उत्पादों को बेचना
- अनेक व्यापारी अनुचित व्यापारिक प्रथाओं में लिप्त पाए जाते हैं; जैसे—दुकानदार उचित वजन से कम वजन तौलते हैं।
- असंतोषजनक बिक्री सेवाएँ और अशिष्ट व्यवहार
- उपभोक्ताओं को आकर्षित करने के लिए समय-समय पर मीडिया और अन्य स्रोतों; जैसे—हॉर्डिंग आदि द्वारा गलत और कृत्रिम सूचना देना।

उपभोक्ता आंदोलन

भारत में सामाजिक बल के रूप में उपभोक्ता आंदोलन (Consumer Movement) का उदय अनैतिक और अनुचित व्यवसाय कार्यों से उपभोक्ताओं के हितों की रक्षा करने और प्रोत्साहित करने की आवश्यकता के साथ हुआ। अत्यधिक खाद्य कमी, जमाखोरी, कालाबाजारी (Black Marketing), खाद्य पदार्थों एवं खाद्य तेल में मिलावट की वजह से 1960 के दशक में भारत में व्यवस्थित रूप में उपभोक्ता आंदोलन (Consumer Movement) का उदय हुआ।

1970 के दशक तक उपभोक्ता संस्थाएँ (Consumer Organisations) वृहत स्तर पर उपभोक्ता अधिकार से संबंधित आलेखों (Articles) के लेखन और प्रदर्शनी (Exhibition) के आयोजन का कार्य करने लगी थीं।

उपभोक्ता आंदोलन के साथ समस्याएँ

- उपभोक्ता निवारण प्रक्रिया कठिन, खर्चीली और अधिक समय लेने वाली है। अधिकांश खरीदारियों के समय रसीद नहीं दी जाती है।
- दोषयुक्त उत्पादों से पीड़ित उपभोक्ताओं की क्षतिपूर्ति के मुद्दे पर मौजूदा कानून भी बहुत स्पष्ट नहीं है।
- असंगठित क्षेत्र में कानून प्रवर्तन कमजोर है।
- उपभोक्ता निवारण के लिए अदालत की कार्यवाही में काफी लंबा समय लगता है। बाजार के कामकाज के लिए नियम और विनियमों का अनुसरण नहीं किया जाता।

उपभोक्ता को बचाने के माध्यम

सरकार ने उपभोक्ता को बचाने के विभिन्न माध्यम अपनाए हैं, इनमें से कुछ निम्नलिखित हैं

उपभोक्ता शिकायत केंद्र

- भारत में उपभोक्ता आंदोलनों ने विभिन्न संगठनों के निर्माण में पहल की है, जिन्हें सामान्यतया **उपभोक्ता अदालत या उपभोक्ता संरक्षण परिषद्** (Consumer Forums or Consumer Protection Councils) के नाम से जाना जाता है।
- ये उपभोक्ताओं का मार्गदर्शन करती हैं और बताती हैं कि किस प्रकार उपभोक्ता अदालत में मुकदमा (Case) दर्ज करा सकते हैं। अनेक बार ये उपभोक्ता अदालत में व्यक्ति विशेष (उपभोक्ता) का प्रतिनिधित्व भी करती हैं।
- ये स्वयंसेवी संगठन (Voluntary Organisations) जनता में जागरूकता पैदा करने के लिए सरकार से वित्तीय सहयोग भी प्राप्त करते हैं।

उपभोक्ता संरक्षण अधिनियम, 1986

उपभोक्ता संरक्षण अधिनियम, 1986 (Consumer Protection Act, 1986) COPRA के नाम से प्रसिद्ध है। यह अधिनियम **उपभोक्ता अंतर्राष्ट्रीय** (Consumer International) के गठन के बाद लागू किया गया था। उपभोक्ता संरक्षण अधिनियम (Consumer Protection Act, COPRA), 1986 संसद का एक अधिनियम है, जो भारत में उपभोक्ताओं के हितों की रक्षा के लिए अधिनियमित है। यह उपभोक्ताओं के विवादों और उनसे जुड़े मामलों के समाधान के लिए **उपभोक्ता परिषदों** (Consumer Council) और अन्य प्राधिकारियों (Other Authorities) की स्थापना के लिए प्रावधान करता है।

त्रि-स्तरीय प्रणाली

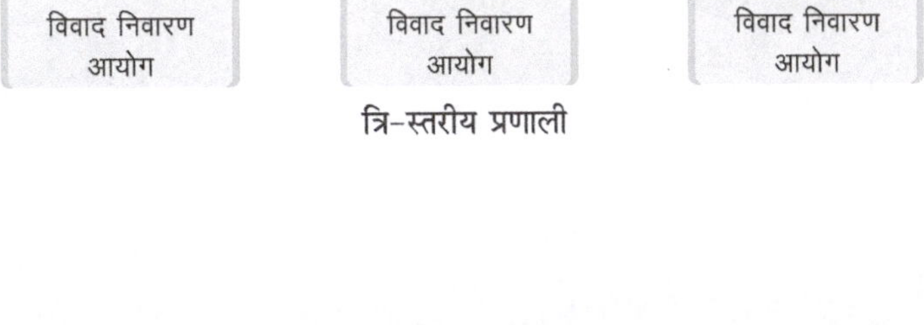

त्रि-स्तरीय प्रणाली

COPRA के अंतर्गत उपभोक्ता विवादों के समाधान के लिए जिला, राज्य और राष्ट्रीय स्तरों पर एक त्रि-स्तरीय (Three-tier) न्यायिक तंत्र स्थापित किया गया है। जिला स्तर न्यायालय ₹ 20 लाख तक के दावों से संबंधित मुकदमों पर विचार करता है, राज्य स्तरीय न्यायालय ₹ 20 लाख से ₹ 1 करोड़ तक और राष्ट्रीय स्तर पर न्यायालय ₹ 1 करोड़ से अधिक के मुकदमों पर विचार करता है।

यदि कोई मुकदमा जिला स्तर के न्यायालय में खारिज कर दिया जाता है, तो उपभोक्ता राज्य स्तर के न्यायालय में और उसके बाद राष्ट्रीय स्तर के न्यायालय में भी अपील कर सकता है।

उपभोक्ता अधिकार

उपभोक्ता के अधिकारों में निम्न अधिकार शामिल हैं

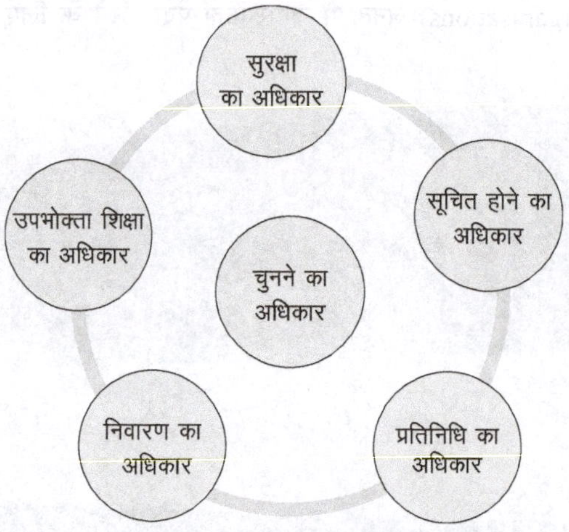

भारत में उपभोक्ता अधिकार

सुरक्षा का अधिकार

उपभोक्ता को वस्तुओं के बाजारीकरण (Marketing of Goods) और सेवाओं की प्राप्ति के विरुद्ध **सुरक्षित रहने का अधिकार** है, क्योंकि ये जीवन और संपत्ति के लिए खतरनाक होते हैं।

निर्माता और सेवा प्रदाताओं को आवश्यक सुरक्षा नियमों और विनियमों का पालन करने की आवश्यकता है। ऐसी बहुत-सी वस्तुएँ (जैसे—प्रेशर कुकर का सेफ्टी वाल्व, विद्युत उपकरण, गीजर, प्रेस आदि) हैं, जिनकी सुरक्षा के दृष्टिकोण से विशेष सावधानी की आवश्यकता होती है। यदि ये दोषपूर्ण हैं, तो भयंकर दुर्घटना का कारण हो सकती हैं। इसलिए इनके निर्माताओं को इनकी उच्च गुणवत्ता सुनिश्चित करनी चाहिए।

सूचित होने का अधिकार

सरकार ने उत्पाद के पैकेट पर सभी सामग्रियों और सुरक्षा सुविधाओं, निर्माण की तारीख, मूल्य, मात्रा, समाप्ति तिथि, उपयोग के लिए दिशा-निर्देश आदि का उल्लेख अनिवार्य कर दिया है। यदि उत्पाद किसी भी तरह से दोषपूर्ण सिद्ध होता है, तो उपभोक्ता शिकायत कर सकता है और मुआवजा पाने या वस्तु बदलने की माँग कर सकता है। निर्माताओं को उत्पाद के पैकेटों पर इन सूचनाओं को प्रदर्शित करना होगा, क्योंकि उपभोक्ताओं को उनके द्वारा खरीदे गए सामानों और सेवाओं के विवरण के विषय में **जानकारी प्राप्त करने** का अधिकार है।

उपभोक्ता के लिए RTI का उपयोग

अक्टूबर, 2005 में भारत सरकार ने एक कानून बनाया, जिसे सूचना का अधिकार (Right to Information, RTI) अधिनियम के नाम से जाना जाता है, जो अपने नागरिकों को सरकार के कामकाज के विषय में सभी जानकारी सुनिश्चित करता है। सूचना के अधिकार का उपयोग करने का एक उदाहरण नीचे दिया गया है अमृता ने सरकारी नौकरी के लिए साक्षात्कार में भाग लिया, लेकिन उसे चयन के बारे में जानकारी प्राप्त नहीं हुई। अधिकारियों ने उसके प्रश्नों का उत्तर देने से इनकार कर दिया। उसने सूचना का अधिकार कानून के अंतर्गत एक आवेदन दर्ज किया, जिसके उत्तर में उसे सूचित करने में देरी के कारणों के विषय में बताया गया था। बाद में उसे नियुक्ति के लिए बुलावा-पत्र (Call Letter) भी मिला।

चुनने का अधिकार

कोई भी उपभोक्ता, जो अपनी क्षमता के अनुसार किसी सेवा को प्राप्त करता है, चाहे वह किसी आयु या लिंग का हो, वह **चुनने का अधिकार** रखता है, चाहे वह सेवा उसे लगातार प्राप्त करनी हो या नहीं। उदाहरण के लिए, व्यक्ति दंतमंजन खरीदना चाहता है और दुकानदार कहता है कि वह दंतमंजन केवल तभी बेचेगा, जब आप दंतमंजन के साथ एक ब्रश भी खरीदेंगे। यदि आप ब्रश खरीदने के इच्छुक नहीं हैं, तब आपके चुनने के अधिकार का उल्लंघन हुआ है।

निवारण का अधिकार

उपभोक्ताओं को अनुचित सौदेबाजी और शोषण के विरुद्ध **क्षतिपूर्ति निवारण का अधिकार** है। यदि एक उपभोक्ता को कोई क्षति पहुँचाई जाती है, तो क्षति की मात्रा के आधार पर उसे क्षतिपूर्ति पाने का अधिकार होता है।

प्रतिनिधि का अधिकार

उपभोक्ता नुकसान की भरपाई को माँगने तथा निवारण करने का अधिकार रखते हैं। किसी निवारण को करते समय उपभोक्ता न्यायालय अर्थात् उपभोक्ता अदालत में प्रतिनिधित्व किए जाने का अधिकार रखते हैं। इस उद्देश्य के लिए त्रि-स्तरीय अर्द्ध-न्यायिक तंत्र की स्थापना की गई है। यदि सहायता की आवश्यकता है, तो इस दशा में उपभोक्ता, उपभोक्ता अदालत या उपभोक्ता संरक्षण परिषद् से मदद माँग सकता है।

उपभोक्ता शिक्षा का अधिकार

इसका मतलब है कि प्रत्येक उपभोक्ता को उन अधिकारों के बारे में पता होना चाहिए जो उसे प्रदान किए गए हैं, ताकि वह स्वयं को बाजार में होने वाले शोषण से बचा सके। उपभोक्ता शिक्षा कॉलेज और सकूल पाठ्यक्रम के माध्यम से औपचारिक शिक्षा का उल्लेख कर सकती है। गैर-सरकारी और सरकारी संगठनों द्वारा चलाए जा रहे उपभोक्ता जागरूकता अभियान भी उपभोक्ता शिक्षा का अतीत हैं।

एक जानकार उपभोक्ता बनना

एक जागरूक उपभोक्ता बनने के लिए निपुणता और ज्ञान प्राप्त करने की जरूरत होती है। COPRA अधिनियम ने केंद्र और राज्य सरकारों में उपभोक्ता मामले के अलग विभागों को स्थापित करने में मुख्य भूमिका निर्वाह की है। एक उपभोक्ता को वस्तुएँ खरीदते समय निम्न बातों को ध्यान में रखना चाहिए

आईएसआई मार्क आईएसआई मार्क न्यूनतम मानक और उपभोक्ताओं द्वारा उपयोग के लिए सुरक्षित माना जाता है। यह चिह्न अनिवार्य और स्वैच्छिक दोनों है। एलपीजी सिलेंडर, बिजली के उपकरण, बैटरी, ऑयल प्रेशर स्टोव, ऑटोमोबाइल एक्सेसरीज, मेडिकल उपकरण, स्टील उत्पाद, रसायन, सीमेंट, उर्वरक, शिशु आहार और पैक पेयजल आदि उतपादों के लिए आईएसआई प्रमाणीकरण अनिवार्य है।

एगमार्क कृषि जिंसों का एगमार्क प्रमाणीकरण किया जाता है। कुल 205 उत्पाद हैं, जिन्हें एगमार्क की आवश्यकता है; जैसे—दालें, अनाज, आवश्यक तेल, वनस्पति तेल, फल और सब्जियाँ और अर्द्ध-प्रसंस्कृत उत्पाद आदि। यह योजना कानूनी रूप से कृषि उत्पाद (ग्रेडिंग और मार्किंग) अधिनियम, 1937 द्वारा लागू की गई है।

भारत सरकार AGMARK एगमार्क GOVERNMENT OF INDIA

शाकाहारी और मांसाहारी निशान भारत में यह प्रावधान है कि लैक्टो-शाकाहारी और मांसाहारी के बीच अंतर करने के लिए प्रत्येक पैक्ड खाद्य पदार्थ को एक अनिवार्य चिह्न के साथ लेबल किया जाना चाहिए। खाद्य सुरक्षा और मानक (पैकेजिंग और लेबलिंग) विनियम, 2011 के अनुसार, शाकाहारी खाद्य पदार्थों को हरे रंग के प्रतीक और मांसाहारी खाद्य पदार्थों को भूरे रंग के प्रतीक से पहचाना जाना चाहिए।

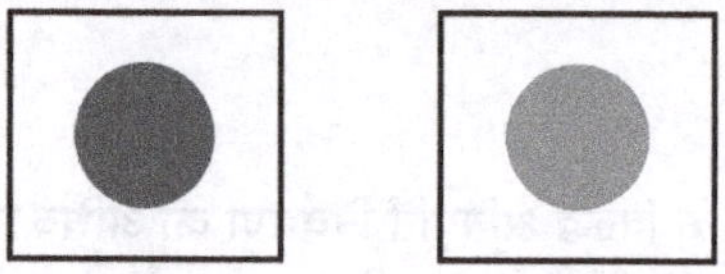

हरा भूरा

हॉलमार्क बीआईएस हॉलमार्क वर्ष 2000 में सोने के लिए और वर्ष 2005 में चाँदी के लिए शुरू किया गया हॉलमार्किंग सिस्टम है। उपभोक्ताओं के बीच इसकी व्यापक स्वीकृति है।

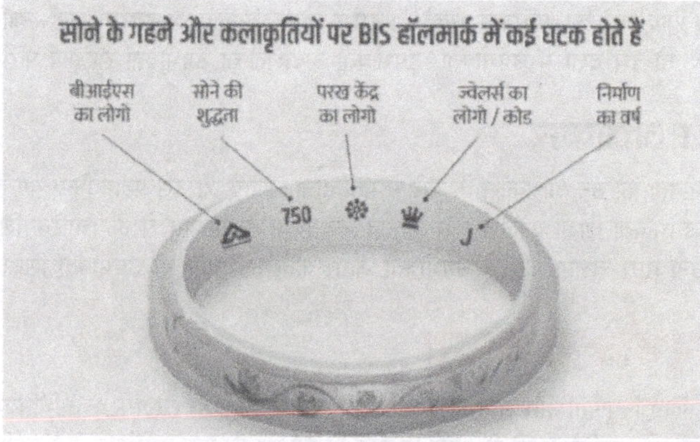

मौखिक परीक्षा

1. बाजार में उपभोक्ताओं की सुरक्षा सुनिश्चित करने के लिए किसकी आवश्यकता होती है?
उत्तर नियमों व विनियमों की

2. भारत में उपभोक्ताओं के हितों की रक्षा करने और इसे और प्रोत्साहित करने के उद्देश्य से भारत में किसका उदय हुआ?
उत्तर उपभोक्ता आंदोलन

3. बाजार में वस्तु के पैकेट आदि पर किस प्रकार की जानकारियाँ दी जाती हैं?
उत्तर वस्तु के अवयवों, मूल्यों, निर्माण की तिथि व प्रयोग करने की अंतिम तिथि

4. कम माप-तौल करना किसका परिचायक है?
उत्तर उपभोक्ता के शोषण का

5. उपभोक्ता आंदोलन की शुरुआत किन कारणों से हुई?
उत्तर अत्यधिक खाद्यान्नों की कमी (जमाखोरी, कालाबाजारी), खाद्य पदार्थों एवं खाद्य तेल में मिलावट के कारण

6. वस्तुओं को खरीदते समय क्रेता को किस प्रकार के चिह्न या लोगो पर ध्यान देना चाहिए?
उत्तर आई एस आई और एगमार्क या हॉलमार्क के चिह्न या लोगो

7. भारत में उपभोक्ता संबंधित समस्याओं के निवारण के लिए किसकी उपयोगिता है?
उत्तर विशिष्ट न्यायालय

8. भारत में उपभोक्ता आंदोलनों के कारण विभिन्न संगठित समूहों का गठन हुआ, जिन्हें स्थानीय रूप से क्या कहा जाता है?
उत्तर उपभोक्ता संरक्षण परिषद्

9. गैस कनेक्शन लेते समय विक्रेता उपभोक्ता को चूल्हा लेने के लिए किस अधिकार के अंतर्गत विवश नहीं कर सकता?
उत्तर चुनने के अधिकार

10. यदि उपभोक्ता को अनुचित सौदेबाजी और शोषण के विरुद्ध क्षतिपूर्ति नहीं की गई है, तो उपभोक्ता के किस अधिकार का उल्लंघन होता है?
उत्तर क्षतिपूर्ति निवारण के अधिकार का

बोर्ड प्रश्न-पत्र 2024

CBSE कक्षा **10**वीं की परीक्षा

सामाजिक विज्ञान

निर्देश *1. प्रश्न-पत्र में 37 प्रश्न हैं। सभी प्रश्न अनिवार्य हैं।*

2. प्रश्न-पत्र 6 खंडों में विभाजित है-खंड क, ख, ग, घ, ङ एवं च।

3. खंड क-प्रश्न संख्या 1 से 20 बहुविकल्पीय प्रकार के प्रश्न हैं। प्रत्येक प्रश्न 1 अंक का है।

4. खंड ख-प्रश्न संख्या 21 से 24 अतिलघु उत्तरीय प्रकार के प्रश्न हैं। प्रत्येक प्रश्न 2 अंक का है। इन प्रश्नों का उत्तर 40 शब्दों से अधिक नहीं लिखा जाना चाहिए।

5. खंड ग-प्रश्न संख्या 25 से 29 लघु उत्तरीय प्रकार के प्रश्न हैं। प्रत्येक प्रश्न 3 अंक का है। इन प्रश्नों का उत्तर 60 शब्दों से अधिक नहीं लिखा जाना चाहिए।

6. खंड घ-प्रश्न संख्या 30 से 33 दीर्घ उत्तरीय प्रकार के प्रश्न हैं। प्रत्येक प्रश्न 5 अंक का है। इन प्रश्नों का उत्तर 120 शब्दों से अधिक नहीं लिखा जाना चाहिए।

7. खंड ङ-प्रश्न संख्या 34 से 36 केस-आधारित/स्रोत-आधारित प्रश्न हैं, जिनमें 3 उप-प्रश्न हैं। प्रत्येक प्रश्न 4 अंक का है।

8. खंड च-प्रश्न संख्या 37 मानचित्र कौशल आधारित प्रश्न है, जिसमें दो भाग हैं — 37 (a) इतिहास (2 अंक) और 37 (b) भूगोल (3 अंक)। इस प्रश्न के कुल 5 अंक हैं।

समय : 3 घंटे — *पूर्णांक : 80*

सेट-1 (32/3/1)

खंड 'क'

बहुविकल्पीय प्रश्न (20 ×1 = 20)

1. निम्नलिखित में से 'संवाद कौमुदी' का प्रकाशन किसने किया? (1)

(a) रशसुंदरी देवी
(b) ताराबाई शिंदे
(c) राजा राममोहन राय
(d) राम चड्ढा

2. स्तंभ I का स्तंभ II से मिलान कीजिए और सही विकल्प का चयन कीजिए। (1)

स्तंभ I (धातु)	**स्तंभ** II (उदाहरण)
A. लौह	1. कोयला
B. अलौह	2. ग्रेनाइट
C. अधात्विक	3. बॉक्साइट
D. ऊर्जा	4. कोबाल्ट

कूट

	A	B	C	D
(a)	2	4	3	1
(b)	4	3	2	1
(c)	1	2	4	3
(d)	3	4	2	1

3. नीचे दो कथन दिए गए हैं। एक कथन (A) और दूसरा कारण (R) है। दोनों कथनों को ध्यानपूर्वक पढ़िए और उत्तर के लिए सही विकल्प का चयन कीजिए। (1)

कथन (A) प्रशा की पहल पर एक शुल्क संघ 'जॉलवेराइन' स्थापित किया गया।

कारण (R) यह एकीकृत आर्थिक क्षेत्र के सृजन की बात थी, जहाँ वस्तुओं, लोग और पूँजी का आवागमन बाधारहित हो।

कूट

(a) (A) और (R) दोनों सही हैं तथा (R), (A) की सही व्याख्या है।
(b) (A) और (R) दोनों सही हैं, परंतु (R), (A) की सही व्याख्या नहीं है।
(c) (A) सही है, परंतु (R) गलत है।
(d) (A) गलत है, परंतु (R) सही है।

4. निम्नलिखित विकल्पों में से बेल्जियम में सत्ता साझेदारी व्यवस्था के प्राथमिक उद्देश्य की पहचान कीजिए। (1)
(a) सरकार का एकात्मक रूप स्थापित करना।
(b) सरकार के केंद्रीकृत राजनीतिक नियंत्रण।
(c) डच के सांस्कृतिक और शैक्षिक मामलों की स्थापना।
(d) भाषाई और क्षेत्रीय हितों को समायोजित करना।

5. निम्नलिखित में से कौन-सा एक प्रमुख संकेतक है जिसका उपयोग किसी देश के विकास को मापने के लिए किया जाता है? (1)
(a) प्राथमिक उत्पादन (b) द्वितीयक उत्पादन
(c) सकल घरेलू उत्पाद (d) शुद्ध घरेलू उत्पाद

6. 'पूर्वी भारत में उपजा बौद्ध धर्म कई दिशाओं में फैला।'
इसके फैलाव के निम्नलिखित कारणों को पढ़िए और सही विकल्प का चयन कीजिए। (1)
I. सांस्कृतिक आदान-प्रदान के कारण
II. सिल्क मार्ग के कारण
III. व्यापार और मुसाफिरों के कारण
IV. यूरोपवासियों के प्रयास के कारण
कूट
(a) I, II और IV सही हैं।
(b) II, III और IV सही हैं।
(c) I, II और III सही हैं।
(d) I, III और IV सही हैं।

7. भारतीय राष्ट्रीय आंदोलन से संबंधित निम्नलिखित घटनाओं को कालक्रमानुसार व्यवस्थित कीजिए और सही विकल्प का चयन कीजिए। (1)
I. स्वराज पार्टी का गठन
II. भारतीय राष्ट्रीय कांग्रेस का लाहौर अधिवेशन
III. गाँधी-इर्विन समझौता
IV. दमित वर्ग एसोसिएशन की स्थापना
कूट
(a) II, III, I और IV (b) I, II, IV और III
(c) I, III, II और IV (d) IV, III, II और I

8. निम्नलिखित में से कौन-सी सिंचाई प्रणाली मेघालय में है? (1)
(a) केवल बरसात के मौसम में भूमि की सिंचाई करना।
(b) सिंचाई के लिए बड़ी मात्रा में पानी का उपयोग करना।
(c) मिट्टी से पानी निकालना।
(d) बाँस ड्रिप सिंचाई प्रणाली का उपयोग करना।

9. निम्नलिखित जानकारियों को पढ़िए और फसल की पहचान कीजिए। (1)
I. यह भारत में अधिकांश लोगों की प्रमुख खाद्यान्न फसल है।
II. भारत इस फसल का दूसरा सबसे बड़ा उत्पादक देश है।
III. यह एक खरीफ फसल है।
IV. इसे अधिक आर्द्रता के साथ 100 सेमी वार्षिक वर्षा की आवश्यकता होती है।
फसल
(a) रागी (b) बाजरा
(c) गेहूँ (d) चावल

10. स्तंभ-I का मिलान स्तंभ-II से कीजिए और निम्नलिखित में से सही विकल्प का चयन कीजिए। (1)

	स्तंभ-I (भारतीय संविधान में विषयों की सूची)		**स्तंभ-II** (विषय)
A.	संघ सूची	1.	ट्रेड यूनियन
B.	राज्य सूची	2.	बैंकिंग
C.	समवर्ती सूची	3.	पुलिस
D.	बचे हुए विषयों की सूची	4.	इंटरनेट

कूट

	A	B	C	D
(a)	4	1	3	2
(b)	2	3	1	4
(c)	1	2	4	3
(d)	3	4	2	1

11. निम्नलिखित में से कौन-सा कथन महिला सशक्तिकरण का सबसे उपयुक्त वर्णन है? (1)
(a) पुरुषों को नेतृत्व की भूमिका बढ़ाने के लिए प्रोत्साहित करना।
(b) पुरुषों पर महिलाओं की श्रेष्ठता को बढ़ावा देना।
(c) महिलाओं के लिए समान अवसर और अधिकार सुनिश्चित करना।
(d) सभी क्षेत्रों में पुरुषों के अधिकारों को सीमित करना।

12. राजनीतिक दल जनता के प्रति जवाबदेही कैसे सुनिश्चित करते हैं? निम्नलिखित में से सबसे उपयुक्त विकल्प का चयन कीजिए। (1)
(a) प्रेस कॉन्फ्रेंस के माध्यम से
(b) सोशल मीडिया मुहिम के माध्यम से
(c) पक्षालंबन के माध्यम से
(d) चुनाव और मतदाताओं के समर्थन के माध्यम से

13. लोकतंत्र के संदर्भ में निम्नलिखित कथनों को पढ़िए और सही विकल्प का चयन कीजिए। (1)
I. नागरिकों में समानता लाना
II. कुछ लोगों द्वारा सरकार बनाना
III. मानव अधिकार का संरक्षण करना
IV. नियंत्रण और संतुलन व्यवस्था बनाना
कूट
(a) I, II और III (b) II, III और IV
(c) I, III और IV (d) I, II और IV

14. केन्द्र और राज्यों के बीच विवादों को सुलझाने के लिए निम्नलिखित में से कौन जिम्मेदार है? (1)
(a) भारतीय वित्त आयोग
(b) भारत का सर्वोच्च न्यायालय
(c) भारत का राष्ट्रपति
(d) भारत का प्रधानमंत्री

15. निम्नलिखित में से कौन-सा वैश्वीकरण का एक महत्त्वपूर्ण पहलू है? (1)

(a) समान संस्कृति (b) पर्यावरण समर्थन
(c) घरेलू बाजार का समर्थन (d) नए बाजार तक पहुँच

16. निम्नलिखित में से 'साक्षरता दर' के लिए कौन-सी परिभाषा सर्वोप्युक्त है? (1)

(a) वैश्विक स्तर पर साक्षर जनसंख्या
(b) सात वर्ष और उससे अधिक के लोगों में साक्षर जनसंख्या का अनुपात
(c) एक क्षेत्र में स्कूल जाने वाले बच्चों की कुल संख्या
(d) एक क्षेत्र में स्कूलों की औसत संख्या

17. नीचे दी गई तालिका का ध्यानपूर्वक अध्ययन कीजिए और उसके नीचे दिए गए प्रश्न का उत्तर दीजिए। (1)

देश	सकल राष्ट्रीय आय (स.रा.आ.) प्रतिव्यक्ति अमेरिका डॉलर में (2011 क्रय शक्ति क्षमता)	विश्व में मानव विकास सूचकांक (HDI) का क्रमांक (2018)
A	12,707	73
B	6,681	130
C	4,961	148
D	5,005	154
E	3,457	143
F	4,976	134

निम्नलिखित देशों में से किसका विश्व में मानव विकास सूचकांक का क्रमांक सबसे अधिक है?

(a) देश 'A' (b) देश 'C'
(c) देश 'D' (d) देश 'E'

18. दिए गए चेक के चित्र को पढ़िए और दिए गए विकल्पों में से चेक नंबर की पहचान कीजिए। (1)

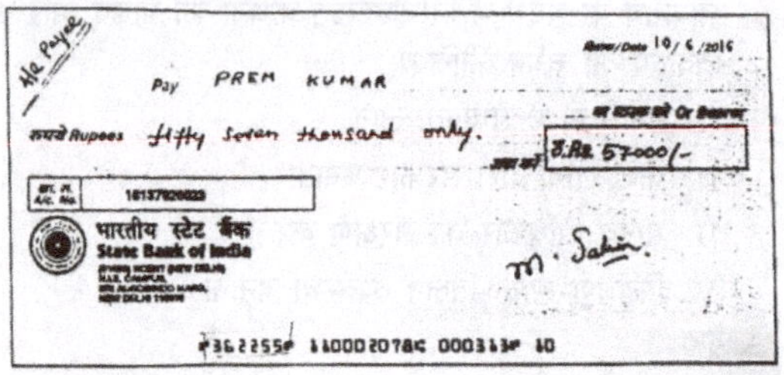

(a) 362255 (b) 110002078
(c) 000313 (d) 16137926023

19. निम्नलिखित में से किस आधार पर प्राथमिक, द्वितीयक और तृतीयक क्षेत्रों को बाँटा जाता है? (1)

(a) रोजगार की प्रकृति
(b) गतिविधियों की प्रकृति
(c) स्वामित्व की प्रकृति
(d) आय की प्रकृति

20. निम्नलिखित में से कौन-सा बैंक देश की मुद्रा को जारी करता है और ऋण प्रणाली को नियंत्रित करता है? (1)

(a) पंजाब नेशनल बैंक (b) इंडियन बैंक
(c) भारतीय रिज़र्व बैंक (d) स्टेट बैंक ऑफ इंडिया

खंड 'ख'

अतिलघु उत्तरीय प्रश्न (4 × 2 = 8)

21. सोलहवीं सदी के दौरान भारतीय उपमहाद्वीप व्यापारिक नेटवर्क के लिए किस प्रकार महत्त्वपूर्ण था? स्पष्ट कीजिए। (2)

22. (a) भूमि निम्नीकरण की समस्या को हल करने के लिए कोई दो तरीकों को सुझाइए। (2)

अथवा

(b) संसाधनों के संरक्षण के लिए किन्हीं दो तरीकों का सुझाव दीजिए। (2)

23. संयुक्त राष्ट्र विकास कार्यक्रम (यू. एन. डी. पी.) का विकास मापदंड विश्व बैंक से किस प्रकार अलग है? स्पष्ट कीजिए। (2)

24. 'देश की राजनीति में महिलाओं की भूमिका धीरे-धीरे बढ़ रही है।' इस कथन की परख कीजिए। (2)

खंड 'ग'

लघु उत्तरीय प्रश्न (5 × 3 = 15)

25. (a) जर्मनी के एकीकरण की प्रक्रिया का विश्लेषण कीजिए। (3)

अथवा

(b) इटली के एकीकरण की प्रक्रिया का विश्लेषण कीजिए। (3)

26. "सूचना प्रौद्योगिकी और इलेक्ट्रॉनिक उद्योग के महत्त्वपूर्ण प्रभाव के कारण भारत की विकास प्रक्रिया में परिवर्तन आया है।" इस कथन को उदाहरण सहित स्पष्ट कीजिए। (3)

27. राजनीतिक दलों के किन्हीं तीन कार्यों का वर्णन कीजिए। (3)

28. गरीब किसानों और श्रमिकों के लिए औपचारिक क्षेत्र के ऋणों को कैसे लाभकारी बनाया जा सकता है? स्पष्ट कीजिए। (3)

29. देश के विकास और खुशहाली में सार्वजनिक क्षेत्र की भूमिका की परख कीजिए। (3)

खंड 'घ'

दीर्घ उत्तरीय प्रश्न (4 × 5 = 20)

30. (a) "ऐसी बहुत सारी सांस्कृतिक प्रक्रियाएँ थीं, जिनके द्वारा भारतीय राष्ट्रवाद लोगों की कल्पना और दिलो-दिमाग पर छा गया।" इस कथन की उदाहरण सहित व्याख्या कीजिए। (5)

अथवा

(b) सविनय अवज्ञा आंदोलन में समाज के विभिन्न समूह किस प्रकार शामिल थे? उदाहरणों सहित स्पष्ट कीजिए। (5)

31. (a) भारतीय अर्थव्यवस्था में कृषि के महत्त्व की व्याख्या कीजिए। (5)

अथवा

(b) सरकार द्वारा किसानों के हित में किए गए तकनीकी और संस्थागत सुधारों की व्याख्या कीजिए। (5)

32. (a) लोकतंत्र के परिणामों का मूल्यांकन कैसे किया जाता है? स्पष्ट कीजिए। (5)

अथवा

(b) ''लोकतंत्र एक उत्तरदायी, जिम्मेदार और वैध शासन है।'' इस कथन की व्याख्या कीजिए। (5)

33. (a) वैश्वीकरण में उदारवाद की भूमिका का विश्लेषण कीजिए। (5)

अथवा

(b) वैश्वीकरण की प्रक्रिया को प्रोन्नत करने के लिए किन्हीं पाँच कारकों की परख कीजिए। (5)

खंड 'ङ'

केस-आधारित प्रश्न (3 × 4 = 12)

34. निम्नलिखित स्रोत को पढ़िए और उसके नीचे दिए गए प्रश्नों के उत्तर लिखिए। (4)

अखबार क्यों?

'पूना के कृष्णाजी त्रिंबक राणाडे मराठी का एक अखबार निकालना चाहते हैं, जिसमें स्थानीय दिलचस्पी की तमाम उपयोगी खबरों को जगह मिल सके। इसमें सार्वजनिक उपयोगिता, वैज्ञानिक अन्वेषण के अतिरिक्त प्राक्-विद्या, सांख्यिकी, जिज्ञासाओं, देश के विभिन्न हिस्सों के बारे में आमतौर पर और दक्कन पर खासतौर पर जानकारियाँ होंगी ...... ऐसे तमाम लोगों से सहायता और संरक्षण का निवेदन है, जो ज्ञान के प्रसार और जनकल्याण के इच्छुक हैं।'

बॉम्बे टेलीग्राफ एंड कोरियर, 6 जनवरी, 1849

'देसी अखबारों और राजनीतिक सभाओं की वही भूमिका होती है, जो इंग्लैंड के हाउस ऑफ कॉमंस में विपक्ष की होती है। यानी कि वह सरकारी नीतियों की आलोचनात्मक समीक्षा कर, लोगों के हित साधने में अक्षम हिस्सों को निकालें, सुधार करें तथा उनको तेजी से लागू करने का काम करें।

इन सभाओं को चाहिए कि वे देश के विशेष मुद्दों पर नाना तरह की सूचनाएँ जमा करें और क्या संभव तथा वांछित सुधार हैं, वह बताएँ। इन कार्यों का काफी असर होगा।'

नेटिव ओपिनियन, 3 अप्रैल, 1870

(i) मराठी भाषा के अखबार प्रकाशित करने के लिए राणाडे द्वारा प्रस्तावित प्राथमिक उद्देश्य का विश्लेषण कीजिए। (1)

(ii) बॉम्बे टेलीग्राफ ने दक्कन क्षेत्र के जनकल्याण को बढ़ावा देने में अखबार की भूमिका पर क्यों जोर दिया? (1)

(iii) देशी समचार-पत्रों को कौन-सी मुख्य जिम्मेदारियाँ सौंपी गईं? किन्हीं दो का उल्लेख कीजिए। (2)

35. निम्नलिखित स्रोत को पढ़िए और उसके नीचे दिए गए प्रश्नों के उत्तर लिखिए। (4)

पवित्र पेड़ों के झुरमुट-विविध और दुर्लभ जातियों की संपत्ति

प्रकृति की पूजा सदियों पुराना जनजातीय विश्वास है, जिसका आधार प्रकृति के प्रत्येक रूप की रक्षा करना है। इन्हीं विश्वासों ने विभिन्न वनों को मूल एवं कौमार्य रूप में बचाकर रखा है, जिन्हें पवित्र पेड़ों के झुरमुट (देवी-देवताओं के वन) कहते हैं। वनों के इन भागों में या तो वनों के ऐसे बड़े भागों में स्थानीय लोग ही घुसते तथा न ही किसी और को छेड़छाड़ करने देते।

कुछ समाज कुछ विशेष पेड़ों की पूजा करते हैं और आदिकाल से उनका संरक्षण करते आ रहे हैं। छोटानागपुर क्षेत्र में मुंडा और संथाल जनजातियाँ महुआ और कदंब के पेड़ों की पूजा करते हैं। ओडिशा और बिहार की जनजातियाँ शादी के दौरान इमली और आम के पेड़ की पूजा करती हैं। हममें से बहुत से व्यक्ति पीपल और वटवृक्ष को पवित्र मानते हैं।

भारतीय समाज में अनेकों संस्कृतियाँ हैं और प्रत्येक संस्कृति में प्रकृति और इसकी कृतियों को संरक्षित करने के अपने पारंपरिक तरीके हैं। आमतौर पर झरनों, पहाड़ी चोटियों, पेड़ों और पशुओं को पवित्र मानकर उनका संरक्षण किया जाता है। आप अनेक मंदिरों के आस-पास बंदर और लंगूर पाएँगे। उपासक उन्हें खिलाते-पिलाते हैं और मंदिर के भक्तों में गिनते हैं। राजस्थान में बिश्नोई गाँवों के आस-पास आप काले हिरण, चिंकारा, नीलगाय और मोरों के झुंड देख सकते हैं, जो वहाँ के समुदाय का अभिन्न हिस्सा है और कोई उनको नुकसान नहीं पहुँचाता।

(i) पवित्र पेड़ों के झुरमुट प्रकृति की पूजा की मान्यता से कैसे संबंधित है? (1)

(ii) समुदाय, पेड़ों को अपनी संस्कृतियों में किस प्रकार शामिल करते हैं? उदाहरण सहित समझाइए। (1)

(iii) उन सांस्कृतिक मूल्यों की व्याख्या कीजिए, जो प्रकृति के सह-अस्तित्व में योगदान देते हैं। (2)

36. निम्नलिखित स्रोत को पढ़िए और उसके नीचे दिए गए प्रश्नों के उत्तर लिखिए। (4)

पंचायती राज

''महात्मा गाँधी के सपनों को साकार करने और अपने संविधान निर्माताओं की उम्मीदों को पूरा करने के लिए हमें पंचायतों को अधिकार देने की आवश्यकता है। पंचायती राज ही वास्तविक लोकतंत्र की स्थापना करता है। यह सत्ता उन लोगों के हाथों में सौंपता है, जिनके हाथों में इसे होना चाहिए। भ्रष्टाचार कम करने और प्रशासनिक कुशलता को बढ़ाने का एक उपाय पंचायतों को अधिकार देना भी है। जब विकास की योजनाओं को बनाने और लागू करने में लोगों की भागीदारी होगी, तो इन योजनाओं पर उनका नियंत्रण बढ़ेगा। इससे भ्रष्ट बिचौलियों को खत्म किया जा सकेगा। इस प्रकार पंचायती राज लोकतंत्र की नींव को मजबूत करेगा।''

(i) पंचायतों को शक्ति देना महात्मा गाँधी के दृष्टिकोण से कैसे संबंधित है? (1)

(ii) पंचायतों को शक्ति देने के प्राथमिक उद्देश्य को स्पष्ट कीजिए। (1)

(iii) पंचायती राज की स्थापना लोकतंत्र में कैसे योगदान देती है? स्पष्ट कीजिए। (2)

खंड 'च'

मानचित्र आधारित प्रश्न

(2 + 3 = 5)

37. (a) दिए गए भारत के राजनीतिक रेखा-मानचित्र पर दो स्थान (A) और (B) के रूप में दर्शाए गए हैं। निम्नलिखित जानकारी की सहायता से उन्हें पहचानिए और उनके सही नाम उनके समीप खींची गई रेखाओं पर लिखिए। (2 × 1 = 2)

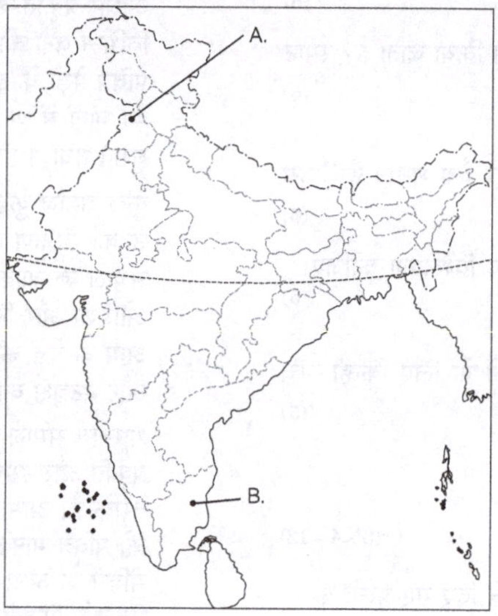

(i) वह स्थान जहाँ जलियाँवाला बाग की घटना घटित हुई। (1)

(ii) वह स्थान जहाँ भारतीय राष्ट्रीय कांग्रेस का अधिवेशन वर्ष 1927 में हुआ। (1)

(b) भारत के इसी राजनीतिक रेखा-मानचित्र पर निम्नलिखित में से किन्हीं तीन को उपयुक्त चिह्नों से दर्शाइए और उनके नाम लिखिए। (3 × 1 = 3)

(i) भाखड़ा-नांगल बाँध (1)

(ii) नोएडा-सॉफ्टवेयर प्रौद्योगिकी पार्क (1)

(iii) तारापुर-परमाणु ऊर्जा संयंत्र (1)

(iv) हल्दिया-समुद्री पत्तन

सेट-2 (32/3/2)

(यहाँ केवल वे प्रश्न दिए गए हैं, जो सेट 1 से परीक्षा में अलग पूछे गए हैं)

खंड 'ख'

अतिलघु उत्तरीय प्रश्न

21. "व्यापार और सांस्कृतिक आदान-प्रदान, दोनों प्रक्रियाएँ साथ-साथ चलती हैं।" इस कथन की व्याख्या आधुनिक काल के पहले के युग के संदर्भ में कीजिए। (2)

खंड 'ग'

लघु उत्तरीय प्रश्न

27. राजनीतिक दलों के सामने आने वाली किन्हीं तीन चुनौतियों का वर्णन कीजिए। (3)

28. सस्ता और सामर्थ्य के अनुकूल ऋण देश के विकास के लिए अति आवश्यक क्यों है? स्पष्ट कीजिए। (3)

29. देश के विकास में तृतीयक क्षेत्र की भूमिका की परख कीजिए। (3)

खंड 'घ'

दीर्घ उत्तरीय प्रश्न

30. (a) "अपने लिए समर्थन पैदा करने की लोकतंत्र की क्षमता भी लोकतंत्र का एक परिणाम ही है और इसकी अनदेखी नहीं की जा सकती।" इस कथन की व्याख्या कीजिए। (5)

अथवा

(b) "लोकतांत्रिक व्यवस्था राजनीतिक समानता पर आधारित होती है।" इस कथन की व्याख्या कीजिए। (5)

31. (a) वाणिज्यिक कृषि की विशेषताओं की व्याख्या कीजिए। (5)

अथवा

(b) प्रारंभिक जीविका निर्वाह कृषि की विशेषताओं की व्याख्या कीजिए। (5)

सेट-3 (32/3/3)

(यहाँ केवल वे प्रश्न दिए गए हैं, जो सेट 1 और 2 से परीक्षा में अलग पूछे गए हैं)

खंड 'ख'

अतिलघु उत्तरीय प्रश्न

21. सोलहवीं सदी के मध्य में यूरोपियों ने किस प्रकार व्यापार, ज्ञान और परंपराओं को पूरे यूरोप के देशों में फैलाने में सहायता की? स्पष्ट कीजिए। (2)

खंड 'घ'

दीर्घ उत्तरीय प्रश्न

30. (a) "सामाजिक विविधताओं में सामंजस्य लोकतंत्र की मुख्य विशेषता है।" इस कथन की भारत के संदर्भ में व्याख्या कीजिए। (5)

अथवा

31. (a) कृषि उत्पादन में वृद्धि सुनिश्चित करने के लिए सरकार द्वारा किए गए उपायों की व्याख्या कीजिए। (5)

अथवा

(b) चाय की खेती के लिए उपयुक्त भौगोलिक परिस्थितियों की व्याख्या कीजिए। (5)

33. (a) वर्ष 1991 के बाद से भारत के व्यापार में आए परिवर्तनों की परख कीजिए। (5)

उत्तर

सेट-1 (32/3/1)

1. (c) राजा राममोहन राय

2. (b) 4 3 2 1

3. (a) (A) और (R) दोनों सही हैं तथा (R), (A) की सही व्याख्या है।

4. (d) भाषाई और क्षेत्रीय हितों को समायोजित करना।

5. (c) सकल घरेलू उत्पाद

6. (c) I, II और III सही हैं।

7. (b) I, II, IV और III

8. (d) बाँस ड्रिप सिंचाई प्रणाली का उपयोग करना।

9. (d) चावल

10. (b) 2 3 1 4

11. (c) महिलाओं के लिए समान अवसर और अधिकार सुनिश्चित करना।

12. (d) चुनाव और मतदाताओं के समर्थन के माध्यम से

13. (c) I, III और IV

14. (b) भारत का सर्वोच्च न्यायालय

15. (d) नए बाजार तक पहुँच

16. (b) सात वर्ष और उससे अधिक के लोगों में साक्षर जनसंख्या का अनुपात

17. (a) देश 'A'

18. (a) 362255

19. (b) गतिविधियों की प्रकृति

20. (c) भारतीय रिज़र्व बैंक

21. 16वीं शताब्दी में भारतीय उपमहाद्वीप व्यापार के लिए महत्त्वपूर्ण था, क्योंकि इसका मुख्य स्थान हिंद महासागर के साथ था। इसने एक केंद्रीय केंद्र के रूप में कार्य किया जहाँ व्यापार मार्ग मिलते थे, जिससे वस्तुओं, लोगों और विचारों के आदान-प्रदान की अनुमति मिलती थी। इस क्षेत्र ने एशिया के विभिन्न हिस्सों को जोड़ने में महत्त्वपूर्ण भूमिका निभाई, जिससे यह उस युग के जटिल नेटवर्क में एक महत्त्वपूर्ण बिंदु बन गया।

22. (a) इस प्रश्न के उत्तर के लिए पृष्ठ संख्या 126 पर अतिलघु उत्तरीय प्रश्न 9 देखें।

(b) संसाधनों के संरक्षण के दो तरीके निम्नलिखित हैं
(i) उचित और न्यायिक उपयोग
(ii) समाप्त संसाधनों का प्रतिस्थापन होना चाहिए।

23. संयुक्त राष्ट्र विकास कार्यक्रम द्वारा विकास मापने के लिए मानव विकास के विभिन्न प्रतिमानों को उपयोग में लाया जाता है। जबकि विश्व बैंक द्वारा केवल आर्थिक विकास का मापन किया जाता है।

24. देश की राजनीति में महिलाओं की भूमिका की वृद्धि को निम्न प्रकार से देखा जा सकता है
(i) लोकसभा में महिला सांसदों की संख्या पहली बार वर्ष 2019 में 14.36% के ऊपर पहुँची थी।
(ii) वर्तमान में ग्रामीण और शहरी स्थानीय निकायों में 10 लाख से अधिक निर्वाचित महिला प्रतिनिधियों की संख्या है।

25. (a) इस प्रश्न के उत्तर के लिए पृष्ठ संख्या 8 पर प्रश्न संख्या 4 देखें।

(b) इस प्रश्न के उत्तर के लिए पृष्ठ संख्या 18 पर दीर्घ उत्तरीय प्रश्न 6 देखें।

26. सूचना प्रौद्योगिकी और इलेक्ट्रॉनिक उद्योगों के प्रभाव के कारण भारत विश्व की प्रमुख आर्थिक संस्थाओं से जुड़ गया है। जिसके कारण भारत वैश्विक परिदृश्य में होने वाली घटनाओं से त्वरित अवगत होकर समस्या के निराकरण को प्राप्त कर लेता है, जो भारत की अर्थव्यवस्था को मजबूत बनाना है।

सूचना प्रौद्योगिकी और इलेक्ट्रॉनिक उद्योगों ने भारत की स्वास्थ्य सेवाओं को विश्व के प्रत्येक कोने में पहुँचाने का कार्य किया है। जिसने भारतीय अर्थव्यवस्था के विस्तार को गति प्रदान की है।

इलेक्ट्रॉनिक उद्योगों के विकास ने भारत में विनिर्माण की गतिविधियों में भी वृद्धि की है, जो देश में रोजगार तथा जीवन स्तर के उत्थान में आवश्यक है।

27. इस प्रश्न के उत्तर के लिए पृष्ठ संख्या 309 पर प्रश्न संख्या 1 में शीर्षक 'राजनीतिक दल के कार्य' देखें।

28. गरीब किसानों और श्रमिकों के लिए औपचारिक क्षेत्र के ऋणों को निम्नलिखित प्रकार से लाभकारी बनाया जा सकता है

(i) समयानुकूल तथा ऋण की आवश्यकता के अनुसार ऋण उपलब्ध कराकर।

(ii) लघु ऋण प्रदान करने में किसी प्रकार की जमानती वस्तु को न रखकर

(iii) ऋण की प्रतिशतता में अनावश्यक वृद्धि न करके।

(iv) ऋण को उत्पादकता बढ़ाने में सहायक बनाकर।

29. इस प्रश्न के उत्तर के लिए पृष्ठ संख्या 360 पर प्रश्न संख्या 21 देखें।

30. (a) ''ऐसी बहुत सारी सांस्कृतिक प्रक्रियाएँ थीं, जिनके द्वारा भारतीय राष्ट्रवाद लोगों की कल्पना और दिलो-दिमाग पर छा गया।'' इन प्रक्रियाओं में इतिहास और कथा, लोकगीत और गीत, लोकप्रिय प्रिंट और प्रतीक सभी ने भारत में राष्ट्रवाद के निर्माण में महत्त्वपूर्ण भूमिका निभाई है, जिसे निम्न प्रकार देखा जा सकता है

- राष्ट्रवादी इतिहासकारों ने पाठकों से अतीत में भारत की महान् उपलब्धि पर गर्व करने का आग्रह किया तथा ब्रिटिश शासन के लिए अपनी दयनीय स्थिति को बदलने के लिए संघर्ष करने को प्रेरित किया। बंकिमचंद्र चटर्जी द्वारा लिखे गए उपन्यास 'आनंद मठ' एवं इसकी भाँति लिखे गए अन्य उपन्यासों ने देश के लोगों को प्रभावित किया।
- भारतीय लोककथाओं को पुनर्जीवित करने के लिए आंदोलनों के माध्यम से राष्ट्रवाद के विचार विकसित हुए। उन्नीसवीं शताब्दी के उत्तरार्द्ध में रवींद्रनाथ टैगोर और नटसा शास्त्री जैसे राष्ट्रवादियों ने भारतीय लोककथाओं, लोकगीतों, गाथा गीत, नर्सरी कविताएँ एवं पौराणिक कथाएँ एकत्रित कीं। क्योंकि वे पारंपरिक संस्कृति की सच्ची तस्वीर प्रस्तुत करना चाहते थे, जो उपनिवेशवादियों द्वारा क्षतिग्रस्त की गई थी। क्योंकि लोकगीत लोगों की वास्तविक सोच का सबसे विश्वसनीय रूप था।
- बीसवीं सदी में राष्ट्रवाद का विकास भारत माता की छवि से जुड़ा हुआ था। अबनींद्रनाथ टैगोर और कई अन्य कलाकारों ने भारत माता की पेंटिंग बनाई। इस माँ की भक्ति को राष्ट्रवाद के साक्ष्य के रूप में देखा गया। गाँधीजी ने स्वराज ध्वज (लाल, हरा, सफेद) को डिजाइन किया। मार्च के दौरान इस झंडे को ले जाना या पकड़कर रखना चुनौती (अवज्ञा) का प्रतीक बन गया।

अथवा

(b) इस प्रश्न के उत्तर के लिए पृष्ठ संख्या 27 पर शीर्षक 'विभिन्न समूहों के लिए आंदोलन का अर्थ' देखें।

31. (a) भारतीय अर्थव्यवस्था में कृषि का महत्त्व इस प्रकार है

- **रोजगार उत्पन्न करना** कृषि भारतीय अर्थव्यवस्था की रीढ़ है, क्योंकि हमारी लगभग 60% आबादी प्रत्यक्ष या अप्रत्यक्ष रूप से कृषि पर निर्भर करती है। यह ग्रामीण कृषि और गैर-कृषि श्रमिकों को रोजगार के अवसर प्रदान करता है।
- **उद्योगों के लिए कच्चे माल की आपूर्तिकर्ता** कृषि अधिकांश उद्योगों को कच्चा माल उपलब्ध कराती है। यह कपड़ा उद्योग के लिए कपास, चीनी उद्योग के लिए गन्ना, तेल उद्योग के लिए विभिन्न बीज और बोरी उद्योग के लिए जूट प्रदान करता है। द्वितीयक क्षेत्र की वृद्धि प्राथमिक क्षेत्र पर निर्भर है।
- **अंतर्राष्ट्रीय व्यापार में योगदान** भारत कृषि उत्पादों का निर्यात करके विदेशी मुद्रा अर्जित करता है। भारत बड़े पैमाने पर चाय, जूट, काजू, तंबाकू, कॉफी, मसाले आदि का निर्यात करता है।
- **सकल घरेलू उत्पाद में योगदान** कृषि देश के सकल घरेलू उत्पाद में महत्त्वपूर्ण योगदान देती है। राष्ट्र को भोजन प्रदान करती है। यह 120 करोड़ से अधिक लोगों को भोजन प्रदान करती है। यह पशुओं के भोजन और चारे का भी स्रोत है।

अथवा

(b) इस प्रश्न के उत्तर के लिए पृष्ठ संख्या 168 पर शीर्षक 'प्रौद्योगिकी और संस्थागत सुधार' देखें।

32. (a) इस प्रश्न के उत्तर के लिए पृष्ठ संख्या 322 पर शीर्षक 'लोकतंत्र के परिणामों का मूल्यांकन' देखें।

अथवा

(b) इस प्रश्न के उत्तर के लिए पृष्ठ संख्या 325 पर प्रश्न संख्या 1 देखें।

33. (a) वैश्वीकरण में उदारीकरण की भूमिका इस प्रकार है

- उदारीकरण से वस्तुओं के आयात और निर्यात में मदद मिली है। इसका मतलब यह है कि सामान आसानी से निर्यात और आयात किया जा सकता है और विदेशी कम्पनियाँ यहाँ कारखाने और कार्यालय भी स्थापित कर सकती हैं।

- बड़े विदेशी निवेश और बड़े विदेशी व्यापार के कारण विभिन्न देशों में उत्पादन और बाजारों का अधिक एकीकरण हुआ है। परिणामस्वरूप, बहुराष्ट्रीय कम्पनियों के कारण अधिक से अधिक कम्पनियाँ एक-दूसरे के करीब आ रही हैं।
- उदारीकरण के कारण आईसीटी जैसी नवीनतम तकनीक दुनिया भर में फैल गई है।

अथवा

(b) वैश्वीकरण की प्रक्रिया को प्रोन्नत करने वाले कारक निम्न हैं

(i) **प्रौद्योगिकी में तीव्र उन्नति** विगत 50 वर्षों में परिवहन प्रौद्योगिकी में अत्यधिक उन्नति हुई है। इससे लंबी दूरियों तक वस्तुओं की तीव्र आपूर्ति को कम लागत पर संभव किया गया है।

(ii) **सूचना एवं संचार प्रौद्योगिकी** सूचना और संचार प्रौद्योगिकी ने विश्व में सेवाओं के उत्पादन का विस्तार किया है। दूरसंचार सुविधा (टेलीग्राफ, टेलीफोन, मोबाइल फोन, फैक्स) और उपग्रह संचार का उपयोग विश्व में एक-दूसरे से संपर्क स्थापित करने, सूचनाओं को तत्काल प्राप्त करने और दूरवर्ती क्षेत्रों से संवाद करने में प्रयोग किया जाता है। इसका एक उदाहरण लंदन में पाठकों के लिए प्रकाशित एक समाचार-पत्र है, जिसे दिल्ली में डिजाइन और मुद्रित किया गया है। पत्रिका का पाठ लंदन से इंटरनेट द्वारा दिल्ली के कार्यालय तक भेजा जाता है। दिल्ली कार्यालय में डिजाइनर दूरसंचार सुविधाओं का उपयोग करके लंदन कार्यालय से पत्रिका के डिजाइन के विषय में निर्देश प्राप्त करते हैं, फिर छपाई के बाद पत्रिकाओं को लंदन भेजा जाता है।

(iii) **बहुराष्ट्रीय कंपनियाँ** वैश्वीकरण में बहुराष्ट्रीय कंपनियों ने महत्त्वपूर्ण भूमिका निभाई है। व्यापार के क्षेत्र में अन्य देशों से एक-दूसरे का संबंध वैश्वीकरण का परिचायक है।

(iv) **विदेशी निवेश** नीति सरकार द्वारा अपनाई गई विदेश व्यापार नीति ने वैश्वीकरण को काफी प्रभावित किया। व्यापार अवरोधक भी सरकार द्वारा अपनाई गई विदेश नीतियों में से एक है।

(v) **उदारीकरण** सरकार द्वारा अवरोधकों अथवा प्रतिबंधों को हटाने की प्रक्रिया उदारीकरण के नाम से जानी जाती है। व्यापार के उदारीकरण से व्यवसायियों को स्वतंत्र रूप से निर्णय लेने की अनुमति मिली है।

34. (i) मराठी भाषा के अखबार प्रकाशित करने के लिए राणाडे द्वारा प्रस्तावित प्राथमिक उद्देश्य में सार्वजनिक उपयोगिता, वैज्ञानिक अन्वेषण के अतिरिक्त प्राक्-विद्या सांख्यिकी, जिज्ञासाओं को सम्भावित किया गया था।

(ii) बॉम्बे टेलीग्राफ ने दक्कन क्षेत्र के जनकल्पाण को बढ़ावा देने में अखबार की भूमिका पर जोर इसलिए दिया, ताकि वह सरकारी नीतियों की आलोचनात्मक समीक्षा कर सके।

(iii) देशी समाचार-पत्रों को निम्नलिखित जिम्मेदारियाँ सौंपी गईं

- विभिन्न मुद्दों पर सूचनाओं का संग्रह करें।
- मुद्दों से संबंधित संभव और वांछित सुधार का वर्णन करें।

35. (i) प्रकृति की पूजा सदियों पुराना जनजातीय विश्वास है, जिसका आधार प्रकृति के प्रत्येक रूप की रक्षा करना है। इन्हीं विश्वासों ने विभिन्न वनों को मूल एवं कौमार्य रूप में बचाकर रखा है, जिन्हें पवित्र पेड़ों के झुरमुट (देवी-देवताओं के वन) कहते हैं।

(ii) छोटा नागपुर क्षेत्र में मुंडा और संथाल जनजातियाँ महुआ और कदंब के पेड़ों की पूजा करते हैं तथा ओडिशा और बिहार की जनजातियाँ शादी के दौरान इमली और आम के पेड़ की पूजा करती हैं। जो समुदाय की संस्कृतियों में प्रकृति के शामिल होने की पुष्टि करते हैं।

(iii) ऐसे कई सांस्कृतिक मूल्य हैं जो प्रकृति के सह-अस्तित्व में योगदान करते हैं। ये हैं संस्कृतियों के पास प्रकृति और उसकी रचनाओं के संरक्षण के अपने पारंपरिक तरीके हैं। सामान्यत: झरनों, पर्वत चोटियों, पौधों और जानवरों को पवित्र मानकर उनका संरक्षण किया जाता है। हमें कई मंदिरों के आसपास बंदर और लंगूर अत्यधिक मिलते हैं। उन्हें प्रतिदिन खाना खिलाया जाता है और मंदिर के भक्तों के एक हिस्से के रूप में माना जाता है।

36. (i) महात्मा गाँधी ने अपने दृष्टिकोण में विकेंद्रीकरण के अंतर्गत पंचायतों को सशक्त करने की बात कही थी, जो पंचायतों को शक्ति देने से संबंधित है।

(ii) पंचायतों को शक्ति देने का प्राथमिक उद्देश्य वास्तविक लोकतंत्र की स्थापना करना था।

(iii) जब विकास की योजनाओं को बनाने और लागू करने में लोगों की भागीदारी होगी, तो इन योजनाओं पर उनका नियंत्रण बढ़ेगा। इससे भ्रष्ट बिचौलियों की समाप्ति होगी। इस प्रकार पंचायती राज की स्थापना लोकतंत्र में योगदान देती है।

37.

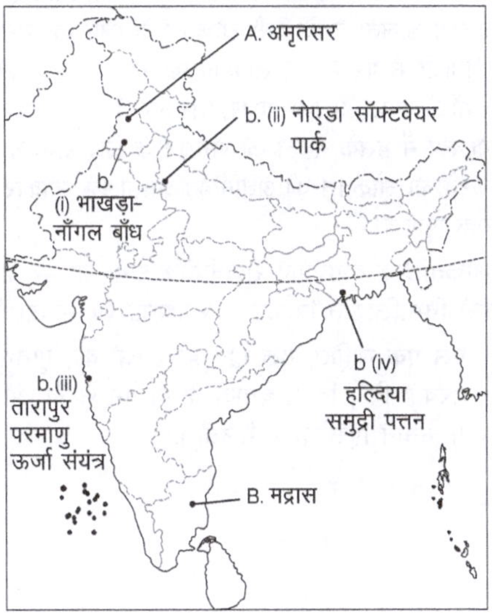

सेट-2 (32/3/2)

21. पूर्व आधुनिक काल में यात्री, व्यापारी, पुजारी व तीर्थयात्री विभिन्न कारणों के लिए लंबी-लंबी दूरियों की यात्रा करते थे। इनमें से प्रमुख कारण ज्ञान प्राप्ति, अधिक अवसरों की तुलना, धार्मिक अथवा आध्यात्मिक पूर्ति तथा दुर्व्यवहार से बचाव आदि थे। इससे स्पष्ट होता है कि व्यापार और सांस्कृतिक आदान-प्रदान दोनों प्रक्रियाएँ साथ-साथ चलती हैं।

27. इस प्रश्न के उत्तर के लिए पृष्ठ संख्या 309 पर प्रश्न संख्या 2 देखें।

28. सस्ता और किफायती ऋण देश के विकास के लिए महत्त्वपूर्ण है। लोग अधिक आय अर्जित करने में संसाधनों में तभी निवेश करेंगे जब उन्हें सस्ता और किफायती ऋण उपलब्ध कराया जाएगा।

लोग विभिन्न जरूरतों के लिए ऋण ले सकेंगे। यह उन्हें अनौपचारिक क्षेत्र द्वारा शोषण से बचाएगा। जैसे-जैसे लोगों को सस्ता ऋण मिलेगा, वे कृषि, व्यापार और लघु उद्योगों में अधिक निवेश करेंगे जिससे देश की जीडीपी में वृद्धि होगी।

29. इस प्रश्न के उत्तर के लिए पृष्ठ संख्या 368 पर प्रश्न संख्या 9 देखें।

30. (a) लोकतंत्र की अपना समर्थन उत्पन्न करने की क्षमता भी उसका परिणाम है और इसे नजरअंदाज नहीं किया जा सकता है।

लोकतंत्र की अपने नागरिकों से व्यापक समर्थन हासिल करने की क्षमता अपने आप में एक आवश्यक परिणाम है। लोकतंत्र अपनी वैधता उन लोगों से प्राप्त करता है जिन पर वह शासन करता है। इसकी अक्षमता या भ्रष्टाचार जैसी कमियों के बावजूद, लोग अभी भी लोकतांत्रिक सरकार को पसंद करते हैं, क्योंकि वे इसे अपनी सरकार के रूप में देखते हैं।

यह अंतर्निहित वैधता लोकतंत्र को शासन के अन्य रूपों से अलग करती है। इसके अलावा लोकतंत्र में बयान इस बात पर प्रकाश डालता है कि कैसे लोकतंत्र के लिए यह समर्थन सीमाओं से परे है, जो लोकतांत्रिक और गैर-लोकतांत्रिक दोनों देशों में स्पष्ट है। इस प्रकार, सरकार के सबसे उपयुक्त रूप के रूप में इसके महत्त्व को समझने के लिए समर्थन उत्पन्न करने की लोकतंत्र की अंतर्निहित क्षमता को स्वीकार करना महत्त्वपूर्ण है।

(b) लोकतांत्रिक व्यवस्थाएँ राजनीतिक समानता पर आधारित हैं। इसे निम्नलिखित बिंदुओं से समझाया जा सकता है

- **एल एक व्यक्ति, एक वोट** हर किसी को, पृष्ठभूमि की परवाह किए बिना, चुनावों के माध्यम से नेताओं को चुनने में समान हिस्सेदारी मिलती है।
- **समान राजनीतिक अधिकार** नागरिकों के पास मौलिक राजनीतिक अधिकार हैं; जैसे–वोट देने, पद के लिए खड़े होने और राजनीतिक विचार व्यक्त करने का अधिकार। यह सुनिश्चित करता है कि हर कोई राजनीतिक प्रक्रिया में भाग ले सके।
- **कानून के समक्ष समानता** हर कोई समान कानूनों के अधीन है, यहाँ तक कि सत्ता में बैठे लोग भी। यह भेदभाव को रोकता है और सभी के लिए उचित व्यवहार की गारंटी देता है।
- **समान अवसर** राजनीतिक दल वोटों के लिए प्रतिस्पर्धा करते हैं, लेकिन आदर्श रूप से, प्रणाली निष्पक्ष प्रतिस्पर्धा की अनुमति देती है। इससे हर किसी की आवाज को सुनने का मौका मिलता है।
- **जनता के प्रति जवाबदेही** निर्वाचित प्रतिनिधि जनता के प्रति जवाबदेह होते हैं। सत्ता अंततः जनता के पास है, जो असंतुष्ट होने पर उन्हें वोट दे सकती है।

31. (a) इस प्रश्न के उत्तर के लिए पृष्ठ संख्या 178 पर दीर्घ उत्तरीय प्रश्न 5 देखें।

(b) इस प्रश्न के उत्तर के लिए पृष्ठ संख्या 165 पर शीर्षक 'प्रारंभिक जीविका निर्वाह कृषि' देखें।

सेट- 3 (32/3/3)

21. सोलहवीं सदी के मध्य में यूरोपियों ने नए मार्ग की खोज तथा व्यापारिक संबंधों की सहायता से व्यापार, ज्ञान और परंपराओं को पूरे यूरोप में फैलाने में सहायता की।

30. (a) इस प्रश्न के उत्तर के लिए पृष्ठ संख्या 332 पर दीर्घ उत्तरीय प्रश्न संख्या 3 देखें।

31. (a) कृषि उत्पादन में वृद्धि सुनिश्चित करने हेतु सरकार द्वारा किए गए उपायों का विवरण निम्नलिखित है

- **संस्थागत सुधार** प्रमुख संस्थागत सुधारों में सामूहिकता, भूमि का एकत्रीकरण (चकबंदी), सहकारी समितियों के विकास, जमींदारी का उन्मूलन आदि शामिल हैं। भूमि पर पुश्तैनी अधिकार के कारण यह अनेक टुकड़ों में बँटती जा रही थी, जिससे उत्पादकता में कमी हो रही थी, इसलिए प्रथम पंचवर्षीय योजना में भूमि सुधार पर मुख्य रूप से ध्यान केंद्रित किया गया।
- **प्रौद्योगिकीय सुधार** भूमि सुधार संबंधित कानूनों को लागू किया गया, लेकिन उनका कार्यान्वयन उचित रूप से नहीं हो रहा था। भारत सरकार ने 1960-70 के दशक में कृषि क्षेत्र में सुधार के लिए सफेद एवं हरित क्रांति जैसे आंदोलन शुरू किए।

- **भूमि विकास कार्यक्रम** 1980-90 के दशक में व्यापक भूमि विकास कार्यक्रम शुरू किया गया, जो संस्थागत और तकनीकी सुधारों पर आधारित था। इसमें बाढ़, सूखा, चक्रवात, बीमारी तथा आग के लिए फसल बीमा सम्मिलित हैं।

(b) भारत की प्रमुख पेय फसल चाय है। इसकी उपयुक्त भौगोलिक दशाओं का वर्णन निम्न प्रकार है

- **तापमान** चाय की फसल को उगाने के लिए संपूर्ण वर्षभर कोष्ण, नम और पाला रहित जलवायु की आवश्यकता होती है। चाय की झाड़ियों के लिए 25° सेल्सियस से अधिक तापमान की आवश्यकता होती है।
- **वर्षा** इसके लिए 150-250 सेमी औसत वार्षिक वर्षा की आवश्यकता होती है।
- **मृदा** इसकी उपज के लिए लौह युक्त और ह्यूमस मृदा की आवश्यकता होती है। चाय झाड़ियाँ मृदा की उर्वरता को कम कर देती हैं, इसलिए रासायनिक उर्वरकों का इसमें अत्यधिक उपयोग होता है।
- **उत्पादक** असम, पश्चिम बंगाल, तमिलनाडु और केरल इसके प्रमुख राज्य हैं। इसके अतिरिक्त हिमाचल प्रदेश, उत्तराखंड, मेघालय आदि में भी इसकी खेती होती है।

33. (a) वर्ष 1991 के आस-पास यह अनुभव किया गया था कि भारतीय उत्पादकों को विश्व के निर्माताओं के साथ प्रतिस्पर्द्धा करनी चाहिए, जिससे वे अपने प्रदर्शन और वस्तुओं एवं सेवाओं की गुणवत्ता में सुधार कर सकें। यही कारण है कि वर्ष 1991 में भारत सरकार ने अपनी विदेशी व्यापार नीति में कुछ बड़े बदलाव किए थे, जिसमें एक बदलाव उदारीकरण था। यह वित्तीय विश्व व्यापार संगठन जैसे शक्तिशाली अंतर्राष्ट्रीय संगठनों द्वारा समर्पित था।

सरकार द्वारा अवरोधकों अथवा प्रतिबंधों को हटाने की प्रक्रिया उदारीकरण के नाम से जानी जाती है। भारत में यह वर्ष 1991 में भारत सरकार द्वारा आयात पर प्रतिबंध को कम करने के निर्णय को संदर्भित करता है। व्यापार के उदारीकरण से व्यवसायियों को स्वतंत्र रूप से निर्णय लेने की अनुमति मिली है कि वे क्या आयात या निर्यात करना चाहते हैं। वर्तमान में सरकार पहले की तुलना में कम प्रतिबंध लगाती है, इसलिए इसे और अत्यधिक उदार माना जाता है।

वर्ष 1991 के बाद भारत ने वैश्वीकरण की नीति को अपनाया। वैश्वीकरण के पश्चात् भारत में बहुत-सी बहुराष्ट्रीय कम्पनियों द्वारा निवेश किया गया, जिसने भारत के उत्पादन प्रक्रिया में नवाचार को प्रोत्साहित किया। इसके परिणामस्वरूप आयात-निर्यात की गति में वृद्धि को देखा गया।

सैंपल पेपर 1

सामाजिक विज्ञान

व्याख्या सहित (सॉल्वड) कक्षा 10

निर्देश *1. प्रश्न-पत्र में छ: खंड दिए गए हैं—क, ख, ग, घ, ङ और च। प्रश्न-पत्र में कुल 37 प्रश्न दिए गए हैं। सभी प्रश्न करने अनिवार्य हैं।*
2. खंड क—प्रश्न सं. 1 से 20 तक वस्तुनिष्ठ प्रश्न हैं। प्रत्येक प्रश्न 1 अंक का है।
3. खंड ख—प्रश्न सं. 21 से 24 तक अतिलघु उत्तरीय प्रश्न हैं, जिनका उत्तर 40 शब्दों में देना है। प्रत्येक प्रश्न 2 अंक का है।
4. खंड ग—प्रश्न सं. 25 से 29 तक लघु उत्तरीय प्रश्न हैं, जिनका उत्तर अधिकतम 60 शब्दों में देना है। प्रत्येक प्रश्न 3 अंक का है।
5. खंड घ—प्रश्न सं. 30 से 33 तक दीर्घ उत्तरीय प्रश्न हैं, जिनका उत्तर अधिकतम 120 शब्दों में देना है। प्रत्येक प्रश्न 5 अंक का है।
6. खंड ङ—प्रश्न सं. 34 से 36 तक स्रोत आधारित प्रश्न हैं। प्रत्येक प्रश्न 4 अंक का है।
7. खंड च—प्रश्न 37 मानचित्र पर आधारित है। प्रश्न 5 अंक का है, जो दो भागों—इतिहास (2 अंक) तथा भूगोल (3 अंक) में बँटा हुआ है।
8. प्रश्न-पत्र में कोई समग्र विकल्प नहीं है। हालाँकि कुछ प्रश्नों में एक आंतरिक विकल्प दिया गया है। ऐसे प्रश्नों में से केवल एक ही प्रश्न किया जाएगा।
9. इसके अतिरिक्त जहाँ आवश्यक है, वहाँ प्रत्येक खंड और प्रश्न के साथ निर्देश दिए गए हैं।

समय : 3 घंटे — पूर्णांक : 80

खंड 'क'

1. दूसरे गोलमेज सम्मेलन में महात्मा गाँधी और डॉ. अंबेडकर के मध्य मतभेद का मूल कारण क्या था? (1)
(a) दलितों के मंदिरों में प्रवेश की अनुमति
(b) दलितों के लिए अलग निर्वाचन क्षेत्रों की माँग
(c) दलितों के लिए विधानपरिषद् में आरक्षण की व्यवस्था
(d) दलितों द्वारा सविनय अवज्ञा आंदोलन का बहिष्कार

उत्तर (b) दलितों के लिए अलग निर्वाचन क्षेत्रों की माँग

2. 1832 ई. में हुई उस संधि का नाम बताइए, जिसने यूनान को एक स्वतंत्र राष्ट्र की मान्यता प्रदान की? (1)
(a) नेपोलियन की नागरिक संहिता
(b) वियना की संधि
(c) कुस्तुनतुनिया की संधि
(d) वर्साय की संधि

उत्तर (c) कुस्तुनतुनिया की संधि

3. यूरोप में हुए आंदोलन के फलस्वरूप राष्ट्रवाद के उदय के प्रमुख कारकों में कौन शामिल है? (1)
(a) यूरोप में आर्थिक कठिनाई
(b) वाणिज्यिक वर्ग का उदय
(c) उदारवाद की विचारधारा का प्रसार
(d) राज्य व समाज के पारंपरिक संस्थानों की स्थापना

उत्तर (c) उदारवाद की विचारधारा का प्रसार

4. 1789 ई. में राष्ट्रवाद का पहला विचार किस यूरोपीय देश की क्रांति के साथ उत्पन्न हुआ?
(a) स्पेन (b) फ्रांस
(c) इंग्लैंड (d) जर्मनी

उत्तर (b) फ्रांस

5. दिया गया चित्र ब्रिटिश रूल के खिलाफ किस आंदोलन को दर्शाता है? (1)

(a) विदेशी कपड़ों का बहिष्कार
(b) दांडी यात्रा
(c) खिलाफत आंदोलन
(d) किसान सभा

उत्तर (b) दांडी यात्रा

6. निम्नलिखित विकल्पों में से जॉलवेराइन के संबंध में कौन-सा सही है? (1)
(a) यह राजनीतिक गठबंधनों के प्रबंधन हेतु गठित प्रशा राज्यों का संगठन था
(b) इसका उद्देश्य एशिया को राजनीतिक रूप से एक संघ में बाँधना था
(c) यह प्रशा की पहल पर स्थापित एक शुल्क संघ था
(d) इसने यूरोप में राष्ट्रीय भावना को बढ़ाने में महत्त्वपूर्ण भूमिका निभाई

उत्तर (c) यह प्रशा की पहल पर स्थापित एक शुल्क संघ था

7. निम्नलिखित में से कौन-सा कथन महिलाओं और मुद्रण के संदर्भ में सत्य है? (1)
(a) कैलाशबाशिनी देवी ने महिलाओं के अनुभवों पर लिखना शुरू किया
(b) बेगम रोकैया ने पितृसत्तात्मकता को स्वीकार किया
(c) रशसुंदरी देवी ने नवरंग जीवन लिखा
(d) पंडिता रमाबाई ने पारसी महिलाओं पर लिखा

उत्तर (a) कैलाशबाशिनी देवी ने महिलाओं के अनुभवों पर लिखना शुरू किया

8. वन्य जीव अधिनियम, 1972 के संबंध में दिए गए कथनों पर विचार कीजिए तथा कूट की सहायता से सही विकल्प का चयन कीजिए (1)
1. इसके अंतर्गत भारत में रक्षित जातियों की सूची प्रकाशित की जाती है।
2. इसके अंतर्गत लुप्तप्राय प्रजातियों के शिकार और वन्यजीवों के व्यापार पर प्रतिबंध लगाया गया है।
3. वर्ष 1991 में इसमें पौधों की 6 जातियों को शामिल किया गया है।
4. इसके अंतर्गत राष्ट्रीय उद्यान एवं वन्यजीव पशु विहार स्थापित किए गए।

कूट
(a) 1 और 2 (b) 2 और 4
(c) 1, 2 और 3 (d) ये सभी

उत्तर (d) ये सभी

9. भारत सरकार ने वन्य प्राणी अधिनियम किस वर्ष पारित किया? (1)
(a) वर्ष 1973 में (b) वर्ष 1999 में
(c) वर्ष 1960 में (d) वर्ष 1972 में

उत्तर (d) वर्ष 1972 में

10. वर्षा जल संग्रहण विधि के संबंध में दिए गए युग्मों में से कौन-सा युग्म सही सुमेलित है? (1)
(a) राजस्थान का जैसलमेर – खादीन
(b) पश्चिम बंगाल – जोहड़
(c) हिमाचल प्रदेश – ड्रिप सिंचाई
(d) पंजाब – गुल या कुल

उत्तर (a) राजस्थान का जैसलमेर – खादीन

11. सुमेलित कीजिए (1)

सूची I (फसल)	सूची II (फसल के प्रकार)
A. खीरा	1. खरीफ
B. नारियल	2. रबी
C. गेहूँ	3. तिलहन
D. कपास	4. जायद

कूट

	A	B	C	D		A	B	C	D
(a)	1	2	4	3	(b)	2	1	4	3
(c)	4	3	2	1	(d)	1	3	4	2

उत्तर (c) 4 3 2 1

12. श्रीलंका में बहुसंख्यकवाद के संबंध में दिए गए कथनों को ध्यानपूर्वक पढ़कर कूट के माध्यम से असत्य कथन की पहचान कीजिए (1)
1. वर्ष 1950 में श्रीलंका एक स्वतंत्र राष्ट्र बना।
2. श्रीलंका में सिंहली समुदाय के नेताओं द्वारा बहुसंख्या को आधार बनाकर शासन पर आधिपत्य स्थापित करने की कोशिश की गई।
3. वर्ष 1955 में निर्मित एक कानून के द्वारा सिंहली को श्रीलंका की एकमात्र राजभाषा घोषित कर दिया गया।

कूट
(a) केवल 1 (b) 2 और 3
(c) 1 और 2 (d) 1 और 3

उत्तर (d) 1 और 3

13. **कथन** (A) छोटे शहरों में स्थानीय स्वशासन के लिए नगर परिषद् का गठन किया जाता है। (1)
कारण (R) नगरपालिका के पदाधिकारी को मेयर कहते हैं।

कूट
(a) (A) और (R) दोनों सही हैं तथा (R), (A) की सही व्याख्या है
(b) (A) और (R) दोनों सही हैं, परंतु (R), (A) की सही व्याख्या नहीं है
(c) (A) सही है, किंतु (R) गलत है
(d) (A) गलत है, किंतु (R) सही है

उत्तर (b) (A) और (R) दोनों सही हैं, परंतु (R), (A) की सही व्याख्या नहीं है

14. नीचे दिए गए विकल्पों में से गलत युग्म की पहचान कीजिए (1)

	क्षेत्रीय दल		संबंधित राज्य
(a)	इंडियन यूनियन मुस्लिम लीग	–	केरल
(b)	इंडियन नेशनल लोक दल	–	हरियाणा
(c)	पट्टालि मक्कल कच्ची	–	आंध्र प्रदेश
(d)	ऑल इंडिया फॉरवर्ड ब्लॉक	–	पश्चिम बंगाल

उत्तर (c) पट्टालि मक्कल कच्ची–आंध्र प्रदेश

15. निम्नलिखित रिक्त स्थान को भरें

प्रदूषण	प्रभाव
तापीय प्रदूषण	कैंसर, जन्मजात विकार, अकाल प्रसव।
ध्वनि प्रदूषण	?

कूट

(a) रक्तचाप में वृद्धि, बहरापन, हृदय गति में वृद्धि।
(b) आँखों में जलन, कैंसर, अतिसार।
(c) जन्मजात विकार, कैंसर, रक्तचाप बढ़ना।
(d) बहरापन, बुखार, आँखों में जलन।

उत्तर (a) रक्तचाप में वृद्धि, बहरापन, हृदय गति में वृद्धि।

16. विभिन्न कार्यों को उनके होने के क्रम में लगाएँ (1)

1. भाषा के आधार पर राज्य का गठन
2. क्षेत्रीय सरकार का गठबंधन के रूप में कार्य करना।
3. भारत में लोकतंत्र का पुन: आरंभ
4. केंद्र सरकार द्वारा अंग्रेजी भाषा को सरकारी भाषा के रूप में कार्य करने के लिए सुचारु करना

कूट

(a) 3, 2, 1, 4 (b) 3, 1, 4, 2
(c) 1, 3, 4, 2 (d) 4, 1, 3, 2

उत्तर (a) 3, 2, 1, 4

17. नीचे दी गई तालिका के अनुसार यह ज्ञात करें कि किस राज्य में शिशु मृत्यु दर सबसे ज्यादा है? (1)

राज्य	शिशु मृत्यु दर (प्रति 1000 व्यक्ति) (2016)	साक्षरता दर (%) (2011)	निवल उपस्थिति अनुपात (प्रति 100 व्यक्ति) (उच्चतर)
हरियाणा	33	82	61
केरल	10	94	83
बिहार	38	63.81	43
छत्तीसगढ़	39	86.4	52

(a) बिहार (b) छत्तीसगढ़
(c) हरियाणा (d) केरल

उत्तर (b) छत्तीसगढ़

18. नीचे दी गई सूचना का अध्ययन करके सही विकल्प का चयन करें

हरि और मोहन दोनों लघु किसान हैं, जिन्होंने ₹ 20,000 दो अलग-अलग लोगों से ब्याज पर ऋण लिया। हरि ने 1.5% मासिक ब्याज की दर से व्यापारी से ऋण लिया, जबकि मोहन ने 8% वार्षिक ब्याज की दर से सहकारी संस्था से ऋण लिया। निम्न में से किसे कम ब्याज देना है? (1)

(a) हरि को कम ब्याज देना है
(b) मोहन को ज्यादा ब्याज देना है
(c) हरि की तुलना में मोहन को कम ब्याज देना है
(d) हरि को कम ब्याज देना है मोहन की तुलना में

उत्तर (b) मोहन को ज्यादा ब्याज देना है

19. निम्नलिखित में से कौन-सा विकल्प 'व्यापार अवरोध' का सही वर्णन करता है? (1)

(a) सरकार द्वारा माल व सेवाओं के आयात-निर्यात पर प्रतिबंध
(b) सरकार द्वारा निर्यात शुल्क में बढ़ोतरी
(c) सरकार द्वारा अपने बाजार को विश्व के लिए खोलना
(d) सरकार द्वारा श्रम संबंधी मामलों पर सख्त कानून

उत्तर (a) सरकार द्वारा माल व सेवाओं के आयात-निर्यात पर प्रतिबंध

20. उदारीकरण के संदर्भ में दिए गए कथनों में से सही विकल्प का चयन कीजिए (1)

(a) सरकार द्वारा आयात पर प्रतिबंध को कम करना
(b) सरकार द्वारा निर्यात के लिए प्रतिबंध लगाना
(c) इससे आर्थिक विकास के क्षेत्र में संवृद्धि होती है
(d) प्रौद्योगिकी में तीव्र उन्नति

उत्तर (a) सरकार द्वारा आयात पर प्रतिबंध को कम करना

खंड 'ख'

21. नेपोलियन संहिता से क्या आशय है? (2)

उत्तर नेपोलियन ने फ्रांस में लोकतंत्र को नष्ट कर दिया तथा 1804 ई. में नागरिक संहिता प्रस्तुत की, जिसे सामान्यतः नेपोलियन की संहिता के नाम से जाना गया। इसने जन्म पर आधारित विशेषाधिकार समाप्त कर दिए थे।

22. लिंग आधारित श्रम का विभाजन क्या है? (2)

उत्तर भारत में औसतन एक महिला एक पुरुष की तुलना में प्रतिदिन एक घंटा अधिक कार्य करती है, लेकिन उन्हें घर पर कार्य करने के लिए भुगतान नहीं किया जाता है। ऐसी स्थिति को लिंग आधारित श्रम का विभाजन कहते हैं।

23. संसाधन से आप क्या समझते हैं? (2)

अथवा

संसाधनों के अत्यधिक दोहन से उत्पन्न होने वाली समस्याएँ बताइए।

उत्तर पर्यावरण में उपलब्ध वह प्रत्येक वस्तु, जो हमारी आवश्यकताओं की पूर्ति करने में सक्षम है और जिसे बनाने के लिए प्रौद्योगिकी उपलब्ध है तथा जो आर्थिक रूप से संभाव्य और सांस्कृतिक रूप से मान्य है, संसाधन कहलाती है।

अथवा

संसाधनों के अत्यधिक दोहन से वैश्विक तापन, ओजोन परत का ह्रास, पर्यावरण प्रदूषण जैसी समस्याएँ उत्पन्न होती हैं।

24. प्रतिव्यक्ति आय से क्या तात्पर्य है? (2)

उत्तर प्रतिव्यक्ति आय किसी देश या राज्य की तुलना करने में सहायक है। इसकी गणना कुल आबादी द्वारा देश की कुल आय को विभाजित करके की जाती है।

खंड 'ग'

25. इटली के एकीकरण के समय होने वाली प्रमुख घटनाओं का वर्णन करें। (3)

अथवा

उदारवादी राष्ट्रवाद की प्रमुख विशेषताओं का वर्णन करें।

उत्तर इटली के एकीकरण के समय होने वाली प्रमुख घटनाएँ निम्न हैं

- 1860 ई. में गैरीबाल्डी के नेतृत्व में सेना (नियमित सैनिकों और सशस्त्र स्वयंसेवकों) ने दक्षिणी इटली और दो सिसिलियों के राज्य में प्रवेश किया और स्पेनिश शासकों को हटाने के लिए स्थानीय किसानों का समर्थन जीतने में सफल रही।
- 1861 ई. में विक्टर इमेनुएल द्वितीय को संयुक्त इटली का राजा घोषित किया गया था। टस्कानी, मोडेना, पर्मा और पोप के राज्यों ने सार्डिनिया के साथ हाथ मिला लिया।
- मार्च, 1860 तक पूरे मध्य इतालवी राज्यों को सर्वसम्मति से पीडमाँट के साथ एकजुट किया गया।
- रोम सार्डिनिया का एक हिस्सा बन गया। इस तरह इटली का अंतिम एकीकरण भी 1871 ई. में किया गया।

अथवा

उदारवादी राष्ट्रवाद की प्रमुख विशेषताएँ निम्नलिखित हैं

- नए मध्यम वर्गों के लिए उदारवाद का अर्थ व्यक्तियों के लिए स्वतंत्रता और कानून के समक्ष सभी को समानता थी। फ्रांसीसी क्रांति के बाद उदारवाद निरंकुश शासन एवं पादरी वर्ग के विशेषाधिकार को समाप्त कर फ्रांस में संसदीय प्रतिनिधि सरकार का पक्षधर था।
- उदारवादी, निजी संपत्ति के स्वामित्व की अनिवार्यता पर भी बल देते थे। फ्रांस में वोट देने और निर्वाचित करने का अधिकार विशेष रूप से अधिक संपत्ति वाले लोगों को दिया गया था। संपत्ति विहीन पुरुषों और महिलाओं को इस अधिकार से वंचित रखा गया था।
- 19वीं और 20वीं सदी में महिलाओं और संपत्ति विहीन पुरुषों ने समान राजनीतिक अधिकारों की माँग की और विरोध आंदोलन शुरू किए।

26. रॉलेट एक्ट क्या था? भारतीयों ने इस एक्ट के प्रति अपनी असहमति किस प्रकार दर्शाई? (3)

उत्तर रॉलेट एक्ट वर्ष 1919 में अंग्रेज सरकार द्वारा आरंभ किया गया एक दमनकारी एक्ट था। इसके अंतर्गत सरकार को राजनीतिक गतिविधियों को नष्ट करने का अधिकार दिया गया था। भारतीयों ने इस एक्ट के प्रति अपनी असहमति निम्न प्रकार से प्रकट की

- महात्मा गाँधी ने इस कानून के विरुद्ध अहिंसात्मक सविनय अवज्ञा आंदोलन आरंभ करने का निर्णय लिया।
- विभिन्न शहरों में रैली का आयोजन किया गया।
- रेलवे वर्कशॉप्स में कामगार हड़ताल पर चले गए।
- अमृतसर के जलियाँवाला बाग में शांतिपूर्ण विरोध सभाएँ हुईं।
- दुकानें और व्यापारिक प्रतिष्ठान बंद कर दिए गए।
- नेताओं ने अपने-अपने क्षेत्रों के लोगों को आंदोलन के लिए प्रोत्साहित किया।

27. संसाधनों का संरक्षण करना हमारे लिए क्यों आवश्यक है? स्पष्ट कीजिए। (3)

उत्तर विकास के क्रम में सामाजिक-आर्थिक और पर्यावरणीय समस्याओं से बचने के लिए संसाधनों का संरक्षण एवं उनका विवेकपूर्ण उपयोग अत्यधिक आवश्यक है। वर्ष 1987 में ब्रुंडटलैंड कमीशन रिपोर्ट में संसाधन संरक्षण की आवश्यकता का व्यापक रूप से उल्लेख किया गया है और इस उद्देश्य की पूर्ति के लिए सतत विकास की अवधारणा को उचित बताया गया है। गाँधीजी के अनुसार, ''हमारे पास एक व्यक्ति की आवश्यकता पूर्ति के लिए बहुत कुछ है, लेकिन किसी के लालच की संतुष्टि के लिए नहीं अर्थात् हमारे पास पेट भरने के लिए बहुत है, लेकिन पेटी भरने के लिए नहीं।'' गाँधीजी अत्यधिक उत्पादन के विरुद्ध थे और इसके स्थान पर अधिक जन-समुदाय द्वारा उत्पादन के पक्षधर थे।

28. ''धर्मनिरपेक्षता कुछ व्यक्तियों या पार्टियों की एक विचारधारा नहीं है, परंतु यह हमारे देश की नींवों में से एक है।'' कथन की परख कीजिए। (3)

उत्तर धर्मनिरपेक्ष राज्य एक ऐसा राज्य है जिसका अपना कोई आधिकारिक धर्म नहीं है। धर्मनिरपेक्ष राज्य सभी धर्मों को धार्मिक समानता और बराबरी का दर्जा प्रदान करता है। भारतीय संविधान निर्माताओं ने धर्मनिरपेक्ष राज्य के मॉडल को अपनाया। इसके निम्नलिखित प्रावधान हैं

(i) भारत में किसी भी धर्म को राजकीय धर्म के रूप में अंगीकार नहीं किया गया है।
(ii) संविधान सभी नागरिकों और समुदायों को किसी भी धर्म का पालन करने और प्रचार करने की आजादी देता है।
(iii) संविधान धर्म के आधार पर किए जाने वाले किसी तरह के भेदभाव को असंवैधानिक घोषित करता है।
(iv) संविधान धार्मिक समुदायों में समानता सुनिश्चित करने के लिए शासन को धार्मिक मामलों में दखल देने का अधिकार देता है।

इससे सिद्ध होता है कि ''धर्मनिरपेक्षता कुछ व्यक्तियों या पार्टियों की एक विचारधारा नहीं है, परंतु यह हमारे देश की नींवों में से एक है।'

29. वस्तु विनिमय प्रणाली क्या है? इसकी कुछ सीमाओं का उल्लेख कीजिए। (3)

उत्तर वस्तुओं के बदले वस्तुओं के आदान-प्रदान की प्रणाली को वस्तु विनिमय प्रणाली कहते हैं। वस्तु विनिमय प्रणाली में लेन-देन का माध्यम मुद्रा पर केंद्रित न होकर वस्तुओं पर केंद्रित होता है। वस्तु विनिमय प्रणाली की कुछ सीमाएँ निम्न हैं

(i) इनमें दोनों पक्ष एक-दूसरे से वस्तुएँ खरीदने और बेचने पर सहमति रखते हैं।
(ii) वस्तुओं का मूल्य निर्धारण करता अति कठिन है।
(iii) इसमें बहुत अधिक समय लगता है तथा पक्षकारों के मध्य सहमति बनने में अधिक देरी हो जाती है। सहमति एक सामान्य स्थिति में ही बन पाती है।
(iv) अत्यधिक वस्तुओं को विभाजित नहीं किया जा सकता।
(v) ग्रामीण क्षेत्रों में ही यह अधिक प्रचलित है, परंतु यहाँ भी अब समाप्त होने लगी है।

खंड 'घ'

30. अनेक यूरोपीय देशों में पढ़े-लिखे मध्यवर्ग के नेतृत्व में क्रांति 1848 ई. में आरंभ हो गई थी। उपयुक्त उदाहरण देकर स्पष्ट कीजिए। (5)

अथवा

19वीं शताब्दी की शुरुआत में मुद्रण/प्रेस ने भारतीय धार्मिक सुधार को किस प्रकार प्रभावित किया? स्पष्ट कीजिए।

उत्तर 1848 ई. में कई यूरोपीय देशों में पढ़े-लिखे मध्यवर्ग के नेतृत्व में क्रांति आरंभ हो गई थी। इस संदर्भ में हुए प्रमुख विद्रोहों को निम्नलिखित उदाहरण के रूप में देखा जा सकता है

- **ब्रूसेल्स में विद्रोह** फ्रांस में हुए विद्रोह ने ब्रूसेल्स के शिक्षित मध्यम वर्ग में विद्रोह भड़काया, जिसके परिणामस्वरूप यूनाइटेड किंगडम ऑफ नीदरलैंड से बेल्जियम अलग हो गया।
- **फ्रांस में विद्रोह** फ्रांस में पहला विद्रोह जुलाई, 1830 में हुआ था। नेपोलियन के बाद जब बूर्बों राजा जिन्हें रूढ़िवादी प्रतिक्रिया के समय सत्ता पर बहाल किया गया था, उन्हें उदारवादी क्रांतिकारियों ने भगा दिया तथा इनके स्थान पर एक संवैधानिक राजतंत्र स्थापित किया गया, जिसका अध्यक्ष लुई फिलिप था।
- **यूनानी स्वतंत्रता** यूनान के स्वतंत्रता संग्राम ने यूरोप के शिक्षित मध्यम वर्ग में राष्ट्रीय भावनाओं का संचार किया। यूनान 15वीं शताब्दी से ही ऑटोमन साम्राज्य का एक भाग था। यूरोप में हो रहे क्रांतिकारी राष्ट्रवाद की प्रगति ने यूनानियों को भी स्वतंत्रता के लिए संघर्ष (1821) करने पर मजबूर कर दिया।

इस संघर्ष में निर्वासन में रह रहे यूनानियों के साथ पश्चिमी यूरोप के अनेक लोगों का भी समर्थन मिला, जो प्राचीन यूनानी संस्कृति के प्रति सहानुभूति रखते थे। अंततः 1832 ई. में कुस्तुनतुनिया की संधि में यूनान को स्वतंत्र राष्ट्र की मान्यता दे दी गई।

अथवा

19वीं शताब्दी की शुरुआत से ही धार्मिक मुद्दों को लेकर बहस होती रही थी। छपी हुई पुस्तिकाओं और अखबारों ने न केवल नए विचारों का प्रचार-प्रसार किया, बल्कि गहन मुद्दों को मूर्त रूप भी प्रदान किया। इसी समय समाज व धर्म सुधारकों तथा हिंदू रूढ़िवादियों के बीच सती प्रथा, एकेश्वरवाद, ब्राह्मण-पुजारी वर्ग और मूर्ति पूजा जैसे मुद्दों को लेकर तीव्र वाद-विवाद होने लगा था। 1821 ई. में राजा राममोहन राय ने संवाद कौमुदी को प्रकाशित किया, जिसके विरोध में रूढ़िवादियों ने अपने विचारों को समाचार चंद्रिका में प्रकाशित किया।

उत्तरी भारत में उलमा मुस्लिम राजवंशों के पतन के कारण चिंतित थे। उन्हें यह भय था कि कहीं औपनिवेशिक शासक धर्मांतरण को बढ़ावा न दें या मुस्लिम कानून न बदल डालें। इससे निपटने के लिए उन्होंने धर्मग्रंथों के फारसी या उर्दू अनुवाद छापे और धार्मिक अखबार और गुटके निकाले।

उत्तरी भारत में 1867 ई. में स्थापित 'देवबंद सेमिनरी' ने मुस्लिम पाठकों को दैनिक जीवन जीने के तरीके और इस्लामी सिद्धांतों की उपयोगिता को समझाने के उद्देश्य से अनेक फतवे जारी किए। तुलसीदास रचित रामचरितमानस का पहला मुद्रित संस्करण 1810 ई. में कलकत्ता से प्रकाशित हुआ। 1880 के दशक में अनेक पुस्तकों और पत्रिकाओं का प्रकाशन हुआ। इनमें लखनऊ की नवल किशोर प्रेस और बंबई की श्री वेंकटेश्वर प्रेस मुख्य रूप से शामिल हैं, जिन्होंने भारतीय भाषाओं में अनगिनत धार्मिक पुस्तकों को प्रकाशित किया।

31. "सड़क परिवहन रेल परिवहन की अपेक्षा बेहतर है।" इस कथन को न्यायसंगत ठहराइए। (5)

अथवा

क्षमता के आधार पर सड़कों का वर्गीकरण प्रस्तुत कीजिए।

उत्तर भारत विश्व के उन देशों में शामिल है, जहाँ सड़कों का जाल सर्वाधिक है। भारत में सड़कों का जाल लगभग 56.7 लाख किमी है। भारत में सड़क परिवहन का विकास रेल परिवहन से भी पहले हुआ है अर्थात् निर्माण एवं रख-रखाव व व्यवस्था के अनुरूप सड़क परिवहन, रेल परिवहन की अपेक्षा अधिक सुविधाजनक है।

भारत में रेल परिवहन की अपेक्षा सड़क परिवहन की बढ़ती महत्ता निम्न कारणों से है

- रेलवे लाइन की अपेक्षा सड़कों की निर्माण लागत बहुत कम है।
- सड़कों को ऊबड़-खाबड़ व विच्छिन्न भागों में भी बनाया जा सकता है।
- अधिक ढाल प्रवणता तथा पहाड़ी क्षेत्रों में भी सड़के निर्मित की जा सकती है; जैसे हिमालय।
- कम व्यक्तियों, कम दूरी व कम वस्तुओं के परिवहन में सड़क मितव्ययी है।
- यह घर-घर सेवाएँ उपलब्ध करवाती है तथा सामान चढ़ाने व उतारने की लागत भी अपेक्षाकृत कम है।
- सड़क परिवहन, अन्य परिवहन साधनों के उपयोग में एक कड़ी के रूप में भी कार्य करता है; जैसे-सड़कें, रेलवे स्टेशन, वायु व समुद्री पत्तनों को जोड़ती हैं।

अतः भारत में सड़क परिवहन, रेल परिवहन की अपेक्षा अधिक सुविधाजनक है।

अथवा

भारत में सड़कों की क्षमता के आधार पर इन्हें छः वर्गों में वर्गीकृत किया गया है

(i) **स्वर्णिम चतुर्भुज महाराजमार्ग** यह राजमार्ग परियोजना भारत के राष्ट्रीय राजमार्ग प्राधिकरण के अधिकार क्षेत्र में है। भारत सरकार ने दिल्ली, कोलकाता, चेन्नई व मुंबई को जोड़ने वाली 6 लाइन वाली महाराजमार्गों की योजना प्रारंभ की। इस महाराजमार्ग का प्रमुख उद्देश्य भारत के मेगासिटी के मध्य परिवहन दूरी व समय को कम करना है।

(ii) **राष्ट्रीय राजमार्ग** राष्ट्रीय राजमार्ग देश के दूरस्थ भागों को आपस में जोड़ते हैं। यह देश का प्राथमिक सड़क तंत्र है। इसके निर्माण एवं रख-रखाव की जिम्मेदारी भारत सरकार की है। इनका नियंत्रण केंद्रीय लोक निर्माण विभाग द्वारा किया जाता है।

(iii) **राज्य राजमार्ग** राज्यों की राजधानियों को जिला मुख्यालयों से जोड़ने वाली सड़कें, राज्य राजमार्ग कहलाती हैं। राज्यों एवं केंद्रशासित क्षेत्रों में इन सड़कों के निर्माण एवं रख-रखाव की जिम्मेदारी राज्य सरकार के अधीन राज्य के सार्वजनिक निर्माण विभाग की होती है।

(iv) **जिला सड़क** ये सड़कें जिले के विभिन्न प्रशासनिक केंद्रों को जिला मुख्यालय से जोड़ती हैं। इन सड़कों की व्यवस्था का उत्तरदायित्व जिला परिषद् का होता है।

(v) **अन्य सड़कें** इसके अंतर्गत वे सड़कें आती हैं, जो गाँवों को शहरों से जोड़ती हैं। इनका निर्माण 'प्रधानमंत्री ग्राम सड़क योजना' के अंतर्गत किया जाता है।

(vi) **सीमावर्ती सड़कें या सीमांत सड़कें** सीमावर्ती सड़कों का निर्माण एवं प्रबंधन सीमा सड़क विकास बोर्ड द्वारा किया जाता है। सीमा सड़क संगठन की स्थापना वर्ष 1960 में हुई थी। इनकी स्थापना का मुख्य उद्देश्य उत्तर-पूर्वी राज्यों में सामरिक महत्त्व हेतु सड़कों का विकास करना था।

32. संघवाद की प्रमुख प्रवृत्तियों को संक्षेप रूप में स्पष्ट कीजिए। (5)

अथवा

स्वतंत्रता के बाद से वर्तमान तक किस प्रकार केंद्र-राज्य संबंधों में परिवर्तन आया था?

उत्तर संघवाद की प्रमुख प्रवृत्तियाँ निम्नलिखित हैं

(i) यहाँ सरकार दो या दो से अधिक स्तरों वाली होती है।

(ii) विभिन्न स्तर की सरकारें एक ही नागरिक समूह पर शासन करती हैं, परंतु कानून बनाने, कर वसूलने एवं प्रशासनिक कार्यों पर दोनों का अपना-अपना अधिकार क्षेत्र होता है।

(iii) संविधान, सरकार के प्रत्येक स्तर के अस्तित्व और प्राधिकार की गारंटी और सुरक्षा देता है।

(iv) संविधान में संशोधन पर मौलिक प्रावधानों को केवल संघ परिवर्तित नहीं कर सकता, ऐसे परिवर्तन करने के लिए संघ एवं राज्य दोनों स्तर की सरकारों की सहमति की आवश्यकता होती है।

(v) अदालतों को संविधान और विभिन्न स्तर की सरकारों के अधिकारों की व्याख्या करने का अधिकार होता है। सर्वोच्च न्यायालय विवादों को सुलझाने के लिए महत्त्वपूर्ण भूमिका निभाता है।

(vi) वित्तीय स्वायत्तता निश्चित करने के लिए विभिन्न स्तर की सरकारों के लिए राजस्व के अलग-अलग स्रोत निर्धारित हैं।

(vii) संघीय शासन व्यवस्था के प्रमुख उद्देश्य देश की एकता की सुरक्षा करना और उसे बढ़ावा देना है।

(viii) क्षेत्रीय विविधता का सम्मान करना चाहिए। आदर्श संघीय व्यवस्था में भरोसा और साथ रहने पर सहमति होनी चाहिए।

अथवा

देश के स्वतंत्र होने के बाद काफी समय तक भारत में एक ही पार्टी का केंद्र और अधिकांश राज्यों में शासन रहा, जिसके अंतर्गत राज्य सरकारों ने स्वायत्त संघीय इकाई के रूप में अपने अधिकारों का प्रयोग नहीं किया, उन दिनों केंद्र सरकार अकसर संवैधानिक प्रावधानों का दुरुपयोग करके विपक्षी दलों की राज्य सरकारों को भंग कर देती थी, जिससे संघवाद की भावना को ठेस पहुँची। 1990 के दशक में स्थिति काफी परिवर्तित हुई।

इस अवधि में देश के अनेक राज्यों में क्षेत्रीय दलों का उदय हुआ था। इसी समय केंद्र में भी गठबंधन सरकारों का उदय हुआ था, क्योंकि किसी एक दल को लोकसभा में स्पष्ट बहुमत नहीं मिला इसलिए प्रमुख राष्ट्रीय पार्टियों को क्षेत्रीय दलों सहित अनेक पार्टियों का गठबंधन बनाकर सरकार बनानी पड़ी। इससे सत्ता में साझेदारी और राज्य सरकारों की स्वायत्तता का आदर करने की नई संस्कृति पनपी। इस प्रवृत्ति को सुप्रीम कोर्ट के एक बड़े फैसले से भी बल मिला। इस फैसले के कारण राज्य सरकार को मनमाने ढंग से भंग करना केंद्र सरकार के लिए मुश्किल हो गया। इस प्रकार वर्तमान में संघीय व्यवस्था के तहत सत्ता की साझेदारी संविधान लागू होने के तत्काल बाद वाले दौर की तुलना में अधिक प्रगतिशील है।

33. असंगठित क्षेत्र से आप क्या समझते हैं? इस क्षेत्र में श्रमिकों को किस प्रकार से संरक्षण दिया जा सकता है? (5)

अथवा **भारत में तृतीयक क्षेत्र के महत्त्व के किन्हीं पाँच कारणों का सविस्तार वर्णन करें।**

उत्तर वह सेक्टर जो सरकार के साथ पंजीकृत नहीं है और जिसके रोजगार की शर्तें तय नहीं हैं, वह असंगठित क्षेत्र माना जाता है। इस क्षेत्र में श्रमिकों को कम मजदूरी मिलती है और अतिरिक्त वेतन भुगतान, सवेतन छुट्टियाँ या बीमारी के कारण छुट्टी आदि के लिए कोई प्रावधान नहीं है। रोजगार भी सुरक्षित नहीं है। श्रमिकों को कभी भी बिना किसी कारण के हटाया जा सकता है।

बहुत से श्रमिक ऐसे हैं, जिन्हें अपने जीविकोपार्जन हेतु असंगठित क्षेत्र में काम करने के लिए विवश होना पड़ता है, जहाँ वेतन अत्यंत न्यूनतम होता है। उनका प्रायः शोषण किया जाता है। अतिरिक्त कार्य का उन्हें समुचित भुगतान भी नहीं मिल पाता है। इस प्रकार असंगठित क्षेत्र में श्रमिकों की स्थिति अत्यंत दयनीय होती है। इस दयनीयता की स्थिति से निकालकर श्रमिकों को निम्न प्रकार से संरक्षण दिया जा सकता है

- कृषकों को समय से बीज, कृषि उपकरण, साख, भंडारण सुविधा और विपणन केंद्र की पर्याप्त सुविधा उपलब्ध कराने की जरूरत है।
- शहरी क्षेत्रों में लघु उद्योगों को कच्चे माल की प्राप्ति और उत्पाद के विपणन के लिए सरकारी सहायता की आवश्यकता होती है।
- कृषि एक असंगठित क्षेत्र है, जिसमें देश की कुल आबादी के लगभग 60% लोग रोजगार हेतु निर्भर हैं, किंतु कृषि क्षेत्र में हमेशा कार्य न मिल पाने के कारण किसानों को श्रमिकों के रूप में कार्य करने को मजबूर होना पड़ता है। अतः कृषि एवं औद्योगिक क्षेत्र में ढाँचागत विकास को बढ़ावा दिया जाना चाहिए।

इस प्रकार, आर्थिक एवं सामाजिक विकास के लिए असंगठित क्षेत्रक के श्रमिकों को संरक्षण एवं सहायता अनिवार्य है।

अथवा

तृतीयक क्षेत्र को सेवा क्षेत्र भी कहा जाता है। तृतीयक क्षेत्र ने प्राथमिक क्षेत्र को सबसे बड़े उत्पादक क्षेत्र के रूप में प्रतिस्थापित किया है। तृतीयक क्षेत्र के महत्त्व के पाँच कारण निम्न हैं

- अस्पतालों, शैक्षणिक संस्थानों, डाक सेवाओं, पुलिस स्टेशन, बैंकों, बीमा कंपनियों, प्रशासनिक कार्यालयों, रक्षा आदि जैसी बुनियादी सेवाओं की माँग बढ़ गई है।
- प्राथमिक और माध्यमिक क्षेत्र में अच्छे विकास ने परिवहन, व्यापार, भंडारण आदि जैसे सेवा क्षेत्र के विकास की माँग को प्रेरित किया है। जैसे-जैसे आय बढ़ती है कुछ लोग अन्य कई सेवाओं; जैसे-रेस्तराँ, पर्यटन, शॉपिंग, व्यावसायिक प्रशिक्षण इत्यादि की माँग शुरू कर देते हैं।

- विगत दशकों में सूचना और संचार प्रौद्योगिकी पर आधारित कुछ नवीन सेवाएँ महत्त्वपूर्ण एवं अनिवार्य हो गई हैं। इन सेवाओं के उत्पादन में तीव्र वृद्धि हो रही है।
- सेवा क्षेत्रक की सभी सेवाओं में समान रूप से संवृद्धि नहीं हो रही है। भारत में सेवा क्षेत्रक अनेक लोगों को नियंत्रित करते हैं। एक ओर अत्यंत कुशल और शिक्षित लोगों को रोजगार मिलता है, तो दूसरी ओर बहुत अधिक संख्या में लोग छोटी दुकानों, मरम्मत कार्यों, परिवहन जैसी सेवाओं में लगे हुए हैं।

खंड 'ङ'

34. प्राकृतिक संसाधनों के प्रबंधन या अनुचित ढंग से दोहन से पर्यावरण में गिरावट परिलक्षित होती है। यह गिरावट राज्य या राष्ट्र की सीमा से परे अर्थात् वैश्विक होती है। भौतिक वादी युग में मनुष्य अपने लोभ के कारण प्रकृति को नुकसान पहुँचा रहा है।

धारणीय या सतत विकास का लक्ष्य प्राकृतिक संसाधनों का नियोजित एवं विवेकपूर्ण ढंग से उपयोग करते हुए भावी पीढ़ियों के लिए संसाधनों को बचाकर रखना होता है। पर्यावरण में गिरावट के परिणाम राष्ट्रीय और राज्य सीमाओं का ख्याल नहीं करते, यह एक क्षेत्र या देशगत विषय नहीं रह गया है। हम सबका भविष्य परस्पर जुड़ा हुआ है। विकास की धारणीयता तुलनात्मक स्तर पर ज्ञान का नया क्षेत्र है, जिसमें वैज्ञानिक, अर्थशास्त्री, दार्शनिक और अन्य सामाजिक-वैज्ञानिक मिल-जुलकर काम कर रहे हैं।

विकास या प्रगति का प्रश्न हमेशा चलने वाला प्रश्न है। हर वक्त में, हमें व्यक्तिगत स्तर पर और समाज का सदस्य होने के नाते यह प्रश्न पूछने की आवश्यकता है कि हम कहाँ जाना चाहते हैं, हम क्या बनना चाहते हैं और हमारे लक्ष्य क्या हैं? इसलिए विकास पर बहस जारी है।

(i) धारणीय या सतत विकास का लक्ष्य किस प्रकार प्राकृतिक संसाधनों के संरक्षण के लिए महत्त्वपूर्ण अवधारणा है?

उत्तर वर्तमान भौतिकवादी युग में प्राकृतिक संसाधनों का दोहन बड़े स्तर पर हो रहा है। लोगों के रहन-सहन में काफी बदलाव आया है। सुख-सुविधा की वस्तुओं को बढ़ावा देकर संसाधनों का दोहन तथा प्रकृति के निम्नीकरण को बढ़ावा दिया जा रहा है। इस दिशा में धारणीय या सतत विकास प्राकृतिक संसाधनों का भावी पीढ़ियों के लिए उपलब्धता को सुनिश्चित करने के लिए लोगों को प्रेरित करता है। इस प्रकार यह संसाधनों के संरक्षण के लिए महत्त्वपूर्ण है।

(ii) विकास की धारणीयता तुलनात्मक स्तर पर ज्ञान का नया क्षेत्र है। स्पष्ट करें।

उत्तर विकास की धारणीयता संसाधनों के उपयोग के संबंध में वर्तमान तथा भावी दोनों पीढ़ियों के लिए चिंता व्यक्त करता है। यह ज्ञान के एक नए अध्ययन को भी बढ़ावा देता है, जिसमें वैज्ञानिक, अर्थशास्त्री, दार्शनिक तथा अन्य सामाजिक- वैज्ञानिक सभी को मिलकर काम करने पर बल दिया गया है। इस प्रकार, यह सभी की भागीदारी से पर्यावरण व संसाधनों के संरक्षण को सुनिश्चित करता है।

(iii) विकास या प्रगति के लक्ष्यों का निर्धारण किस प्रकार होना चाहिए?

उत्तर विकास या प्रगति सतत चलने वाली प्रक्रिया है। लोगों के विकास के लक्ष्य भिन्न-भिन्न होते हैं। एक व्यक्ति के लिए विकास, दूसरे व्यक्ति के लिए विनाशकारी भी हो सकता है, इसलिए लक्ष्यों के निर्धारण में मतभेद हो सकता है। यही कारण है कि इस पर हमेशा तर्क जारी पाया जाता है। अतः विकास के लिए एक उचित तथा न्यायपूर्ण लक्ष्य का निर्धारण करना चाहिए, जिससे बड़ी संख्या में लोगों को लाभ हो।

35. सांप्रदायिकता की सबसे आम अभिव्यक्ति दैनंदिन जीवन में ही दिखती है। इनमें धार्मिक पूर्वाग्रह, धार्मिक समुदायों के बारे में बनी बनाई धारणाएँ और एक धर्म को दूसरे धर्म से श्रेष्ठ मानने की मान्यताएँ शामिल हैं। ये चीजें इतनी आम हैं कि अकसर हम उन पर ध्यान तक नहीं देते, जबकि ये हमारे अंदर ही बैठी होती हैं।

सांप्रदायिक सोच अकसर अपने धार्मिक समुदाय का राजनीतिक प्रभुत्व स्थापित करने की फिराक में रहती है, जो लोग बहुसंख्यक समुदाय के होते हैं उनकी यह कोशिश बहुसंख्यकवाद का रूप ले लेती है। जो अल्पसंख्यक समुदाय के होते हैं उनमें यह विश्वास अलग राजनीतिक इकाई बनाने की इच्छा का रूप ले लेता है।

(i) सांप्रदायिकता में शामिल मान्यताओं को लिखिए।

उत्तर सांप्रदायिकता में धार्मिक पूर्वाग्रह, धार्मिक समुदायों के संबंध में निर्मित धारणाएँ और एक धर्म को दूसरे धर्म से श्रेष्ठतर बनाने की मान्यताएँ शामिल होती हैं।

(ii) सांप्रदायिक सोच को परिभाषित कीजिए।

उत्तर सांप्रदायिक सोच से तात्पर्य व्यक्ति या व्यक्ति समूहों द्वारा अपने धार्मिक समुदाय का राजनीतिक प्रभुत्व स्थापित करने हेतु निरंतर प्रयासरत होना है।

(iii) सांप्रदायिक राजनीतिक किस सोच पर आधारित है?

उत्तर सांप्रदायिक राजनीतिक इस सोच पर आधारित है कि धर्म ही सामाजिक समुदाय का निर्माण करता है। इस मान्यता के अनुकूल सोचना सांप्रदायिकता है।

36. गुटेनबर्ग के पिता व्यापारी थे और वह खेती की एक बड़ी रियासत में पल-बढ़कर बड़ा हुआ। वह बचपन से ही तेल और जैतून पेरने की मशीनें देखता आया था। बाद में उसने पत्थर पर पॉलिश करने की कला सीखी, फिर सुनारी और अंत में उसने शीशे को इच्छित आकृतियों में गढ़ने में महारत हासिल कर ली। अपने ज्ञान और अनुभव का इस्तेमाल उसने अपने नए आविष्कार में किया। जैतून प्रेस ही प्रिंटिंग प्रेस का मॉडल या आदर्श बना और साँचे का उपयोग अक्षरों की धातुई आकृतियों को गढ़ने के लिए किया गया। गुटेनबर्ग ने 1448 ई. तक अपना यह यंत्र मुकम्मल कर लिया था। उसने जो पहली किताब छापी, वह थी बाइबिल। तकरीबन 180 प्रतियाँ बनाने में उसे तीन साल लगे। जो उस समय के हिसाब से काफी तेज़ था। पर यह नई तकनीक हाथ से किताबें छापने की तकनीक की जगह पूरी तरह से नहीं ले पाई।

शुरू-शुरू में तो छपी किताबें भी अपने रंग-रूप और साज-सज्जा में हस्तलिखित पांडुलिपियों जैसी दिखती थीं। धातुई अक्षर हाथ की सजावटी शैली का अनुकरण करते थे। हाशिए पर फूल-पत्तियों की डिज़ाइन बनाई जाती थी और चित्र अकसर पेंट किए जाते थे। अमीरों के लिए बनाई किताबों में छपे पन्ने पर हाशिए की जगह बेल-बूटों के लिए खाली छोड़ दी जाती थी। हर खरीदार अपनी रुचि के हिसाब से

डिज़ाइन और पेंटर खुद तय करके उसे सँवार सकता था। करीब सौ सालों के दरम्यान (1450-1550) यूरोप के ज्यादातर देशों में छापेखाने लग गए थे। जर्मनी के प्रिंटर या मुद्रक दूसरे देश जाकर नए छापेखाने खुलवाया करते थे। छपाईखाने की संख्या में वृद्धि के साथ-साथ पुस्तक उत्पादन में कमाल की बढ़ोतरी हुई। पंद्रहवीं सदी के दूसरे हिस्से में यूरोप के बाजार में 2 करोड़ मुद्रित किताबें आईं। यह संख्या सोलहवीं सदी में 20 करोड़ हो गई। हाथ की छपाई की जगह यांत्रिक मुद्रण के आने पर ही मुद्रण क्रांति संभव हुई।

(i) गुटेनबर्ग ने अपने ज्ञान और अनुभव का प्रयोग किस प्रकार किया?

उत्तर गुटेनबर्ग ने अपने ज्ञान और अनुभव का प्रयोग अपने नए आविष्कारों में किया।

(ii) गुटेनबर्ग द्वारा किस यंत्र का प्रयोग कर 180 प्रतियाँ बनाने का कार्य तीव्र गति से किया गया?

उत्तर गुटेनबर्ग द्वारा जैतून प्रेस, जो आगे चलकर प्रिंटिंग प्रेस का मॉडल बना, ने अपने आदर्शों को एक अलग मुकाम देने हेतु पुस्तकों की छपाई प्रारंभ की और लगभग 180 प्रतियाँ निरंतर तीन साल तक छापीं, जो तत्कालीन समय में काफी तीव्र थीं।

(iii) छापेखानों की संख्या में निरंतर वृद्धि को यूरोप के संदर्भ में समझाइए।

उत्तर पंद्रहवीं सदी के मध्य से लेकर सोलहवीं सदी के मध्य तक यूरोप के ज्यादातर देशों में छापेखाने प्रयोग में आने लगे थे। जर्मनी के प्रिंटर या मुद्रक दूसरे देशों में छापेखानों की स्थापना में सक्रिय सहयोग करने लगे थे। छापेखानों की संख्या में वृद्धि ने पुस्तकों की संख्या में वृद्धि को दर्शाया। पंद्रहवीं सदी के मध्य में छापेखानों के कारण यूरोप में 2 करोड़ पुस्तकें मुद्रित हुईं। लेकिन यह संख्या सोलहवीं सदी में 20 करोड़ तक पहुँच गई। यूरोप में छापखानों की निरंतर वृद्धि ने मुद्रण क्रांति को संभव किया।

खंड 'च'

37. (i) भारत के दिए गए रूपरेखा मानचित्र पर दो स्थानों A और B को चिह्नित किया गया है। उन्हें पहचानें और उनके पास खींची गई रेखाओं पर सही नाम लिखें। (2)

(A) किसान सत्याग्रह

(B) 1920 के कांग्रेस अधिवेशन का स्थान

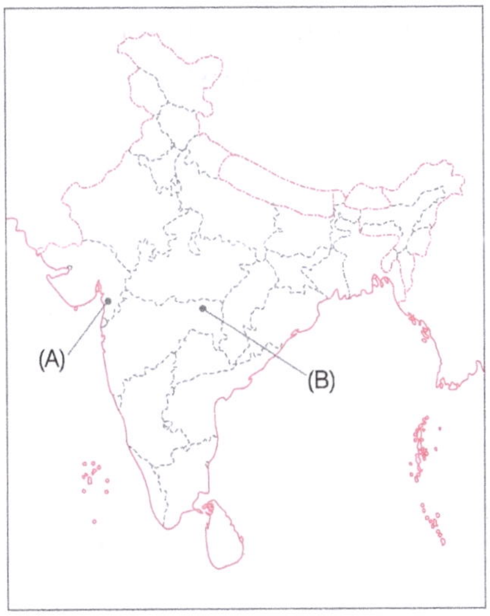

उत्तर

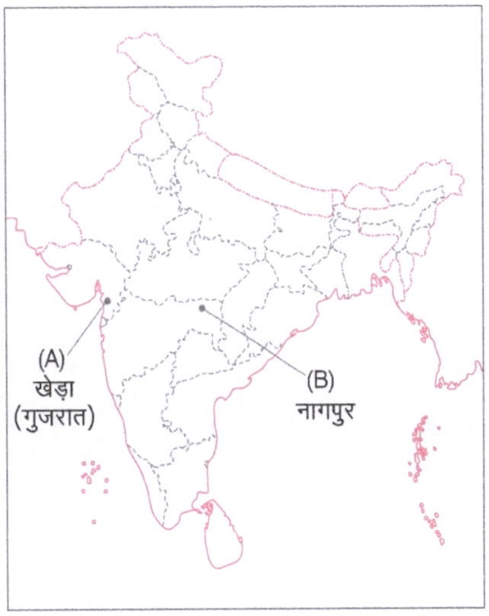

(ii) इसी मानचित्र पर किन्हीं तीन स्थानों को प्रतीकों के साथ चिह्नित करें (3)

(a) गेहूँ का सबसे बड़ा उत्पादक राज्य

(b) हीराकुंड बाँध

(c) कॉफी का सबसे बड़ा उत्पादक राज्य

(d) कलपक्कम आण्विक ऊर्जा संयंत्र

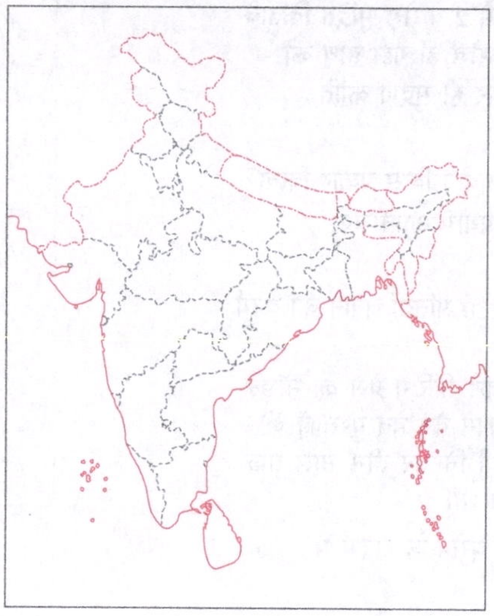

उत्तर

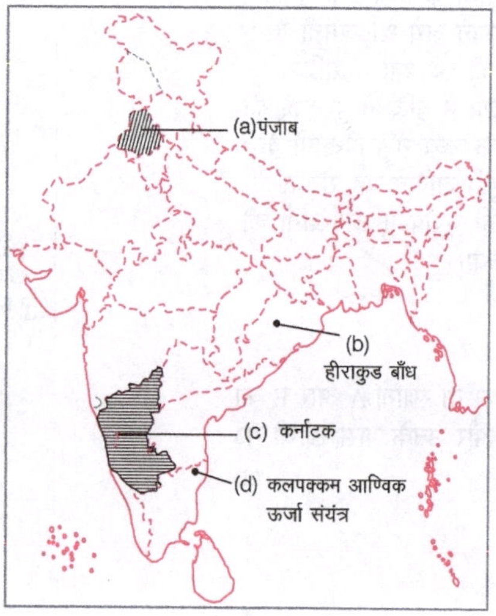

सैंपल पेपर 2

सामाजिक विज्ञान

व्याख्या रहित (अनसॉल्वड) कक्षा 10

निर्देश *1. प्रश्न-पत्र में छ: खंड दिए गए हैं—क, ख, ग, घ, ङ और च। प्रश्न-पत्र में कुल 37 प्रश्न दिए गए हैं। सभी प्रश्न करने अनिवार्य हैं।*
2. खंड क—प्रश्न सं. 1 से 20 तक वस्तुनिष्ठ प्रश्न हैं। प्रत्येक प्रश्न 1 अंक का है।
3. खंड ख—प्रश्न सं. 21 से 24 तक अतिलघु उत्तरीय प्रश्न हैं, जिनका उत्तर 40 शब्दों में देना है। प्रत्येक प्रश्न 2 अंक का है।
4. खंड ग—प्रश्न सं. 25 से 29 तक लघु उत्तरीय प्रश्न हैं, जिनका उत्तर अधिकतम 60 शब्दों में देना है। प्रत्येक प्रश्न 3 अंक का है।
5. खंड घ—प्रश्न सं. 30 से 33 तक दीर्घ उत्तरीय प्रश्न हैं, जिनका उत्तर अधिकतम 120 शब्दों में देना है। प्रत्येक प्रश्न 5 अंक का है।
6. खंड ङ—प्रश्न सं. 34 से 36 तक स्रोत आधारित प्रश्न हैं। प्रत्येक प्रश्न 4 अंक का है।
7. खंड च—प्रश्न 37 मानचित्र पर आधारित है। प्रश्न 5 अंक का है, जो दो भागों—इतिहास (2 अंक) तथा भूगोल (3 अंक) में बँटा हुआ है।
8. प्रश्न-पत्र में कोई समग्र विकल्प नहीं है। हालाँकि कुछ प्रश्नों में एक आंतरिक विकल्प दिया गया है। ऐसे प्रश्नों में से केवल एक ही प्रश्न किया जाएगा।
9. इसके अतिरिक्त जहाँ आवश्यक है, वहाँ प्रत्येक खंड और प्रश्न के साथ निर्देश दिए गए हैं।

समय : 3 घंटे **पूर्णांक : 80**

खंड 'क' (1 × 16 = 16)

1. सविनय अवज्ञा आंदोलन के प्रारंभ में महात्मा गाँधी ने नमक सत्याग्रह के लिए कितने किमी की दूरी तय की थी? (1)
(a) 280 किमी की दूरी तय की (b) 260 किमी की दूरी तय की
(c) 240 किमी की दूरी तय की (d) 220 किमी की दूरी तय की

उत्तर (c) 240 किमी की दूरी तय की

2. अफ्रीका में खदानों और बागानों को स्थापित करने के लिए यूरोपवासी अफ्रीका में कब आए थे? (1)
(a) 20वीं शताब्दी के अंत में (b) 19वीं शताब्दी के प्रारंभ में
(c) 19वीं शताब्दी के अंत में (d) 18वीं शताब्दी के प्रारंभ में

उत्तर (c) 19वीं शताब्दी के अंत में

3. सुमेलित कीजिए (1)

सूची I (वर्ष)		**सूची II** (घटना)
A. 1804	1.	यूनानी उत्पीड़न के लिए संघर्ष की शुरुआत।
B. 1815	2.	नेपोलियन द्वारा युद्ध की शुरुआत
C. 1797	3.	वियना की संधि
D. 1821	4.	सिविल कोड

कूट

	A	B	C	D
(a)	1	2	3	4
(b)	4	3	2	1
(c)	1	3	2	4
(d)	4	2	1	3

उत्तर (b) 4 3 2 1

4. ब्रिटिश शासन के विरुद्ध आंदोलन के लिए गाँधीजी ने कौन-कौन से तरीके अपनाए थे? (1)
(a) सत्याग्रह एवं अहिंसा का मार्ग अपनाया
(b) सत्याग्रह एवं हिंसा का मार्ग अपनाया
(c) सीधी कार्यवाही का मार्ग अपनाया
(d) हिंसात्मक आंदोलन का मार्ग अपनाया

उत्तर (a) सत्याग्रह एवं अहिंसा का मार्ग अपनाया

5. भारत माता के इस चित्र को किसके द्वारा बनाया गया है?

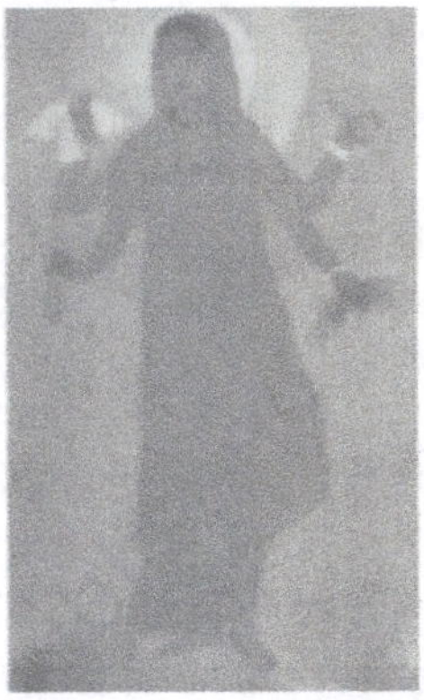

(a) राजा रवि वर्मा (b) अमृता शेरगिल
(c) अबनींद्रनाथ टैगोर (d) बंकिमचंद्र चट्टोपाध्याय

उत्तर (c) अबनींद्रनाथ टैगोर

6. निम्न में से कौन-सा कथन लोकतंत्र के संबंध में सही नहीं है? (1)
(a) लोकतंत्र लोगों में समानता को बढ़ाता है
(b) लोगों की प्रतिष्ठा में वृद्धि करता है
(c) लोकतंत्र लोगों के बीच हुए मतभेदों को कम करता है
(d) लोकतंत्र में गलती को सुधारने की कोई गुंजाइश नहीं होती है

उत्तर (d) लोकतंत्र में गलती को सुधारने की कोई गुंजाइश नहीं होती है

7. वस्तु-विनियम प्रणाली के संबंध में दिए गए कथनों पर विचार कीजिए तथा असत्य कथनों की पहचान कीजिए (1)
(a) इसमें आपसी सहमति के आधार पर वस्तुओं का प्रयत्क्ष रूप से आदान-प्रदान होता है
(b) मुद्रा के प्रचलन से पहले वस्तु-विनिमय प्रणाली का पालन किया जाता था
(c) मुद्रा के उपयोग ने माँग के दोहरे संयोग की आवश्यकता को बढ़ावा दिया है
(d) वस्तु-विनिमय प्रणाली का सबसे बड़ा दोष आवश्यकताओं का दोहरा संयोग था

उत्तर (c) मुद्रा के उपयोग ने माँग के दोहरे संयोग की आवश्यकता को बढ़ावा दिया है

8. किस प्रकार की खेती में अत्यधिक पूँजी व आधुनिक मशीनों की आवश्यकता होती है? (1)
(a) बागानी कृषि (b) रोपण कृषि
(c) निर्वाह कृषि (d) जीविका कृषि

उत्तर (b) रोपण कृषि

9. निम्न कथनों पर विचार कीजिए और सत्य कथन की पहचान कीजिए (1)
1. मुद्रण की सबसे पहली तकनीक चीन, जापान और कोरियामें विकसित हुई।
2. मुद्रण या छपाई प्रारंभ में हाथ से की जाती थी।
3. लगभग 800 ई. से चीन में स्याही लगे काठ/काष्ठ के ब्लॉक या तख्ती पर कागज को रगड़कर किताबें छापी जाने लगी थीं।

कूट
(a) केवल 1 (b) 1 और 2
(c) 1 और 3 (d) 2 और 3

उत्तर (b) 1 और 2

10. नीचे दिए गए युग्मों में से कौन-सा युग्म गलत है? उसकी पहचान कीजिए (1)
(a) प्राथमिक क्रिया – कृषि
(b) प्रारंभिक जीविका निर्वाह कृषि – आदिवासी
(c) गहन जीविका कृषि – श्रम प्रधान कृषि
(d) रोपण कृषि – बहुफसली कृषि

उत्तर (d) रोपण कृषि – बहुफसली कृषि

11. भारत में महिलाओं की स्थिति के संबंध में दिए गए कथनों को ध्यानपूर्वक पढ़कर कूट के माध्यम से सही उत्तर का चयन कीजिए (1)
1. भारत में औसतन महिलाओं की पुरुषों से अधिक कार्य करने हेतु प्रोत्साहन राशि का भी प्रावधान किया गया है।
2. भारत में शिशु लिंगानुपात प्रति 1,000 लड़कों पर 919 लड़कियाँ हैं, जो कम है।

कूट
(a) केवल 1
(b) केवल 2
(c) 1 और 2
(d) न तो 1 और न ही 2

उत्तर (b) केवल 2

12. वर्षा जल संग्रहण के संबंध में दिए गए कथनों पर विचार कीजिए
1. शुष्क तथा अर्द्धशुष्क क्षेत्रों में वर्षा जल एकत्रित करने के लिए जोहड़ का प्रयोग किया जाता है।
2. छत वर्षा जल संग्रहण प्रणाली का हिस्सा टाँका है, जो बड़े कमरे के समान होते हैं।
3. पश्चिम बंगाल के बाढ़ के मैदानों में सिंचाई के लिए बाढ़ जल वाहिकाओं का विकास किया जाता है।
4. गुल या कुल पहाड़ी क्षेत्रों में वर्षा जल संग्रहण व सिंचाई का एक प्रमुख साधन है।

उपरोक्त में से कौन-सा कथन सही है?
(a) 2 और 4 (b) 2 और 3
(c) 1 और 3 (d) ये सभी

उत्तर (d) ये सभी

13. नीचे दिए गए विकल्पों में से सही युग्म की पहचान कीजिए (1)

	दल		स्थापना वर्ष
(a)	भारतीय राष्ट्रीय कांग्रेस	–	1884
(b)	भारतीय कम्युनिस्ट पार्टी	–	1920
(c)	भारतीय जनता पार्टी	–	1980
(d)	ऑल इंडिया तृणमूल कांग्रेस	–	1996

उत्तर (c) भारतीय जनता पार्टी–1980

14. निम्न में से कौन-सा कथन लोकतंत्र के संबंध में सही नहीं है? (1)
(a) लोकतंत्र लोगों में समानता को बढ़ाता है
(b) लोकतंत्र लोगों की प्रतिष्ठा में वृद्धि करता है
(c) लोकतंत्र लोगों के बीच हुए मतभेदों को कम करता है
(d) लोकतंत्र में गलती को सुधारने की कोई गुंजाइश नहीं होती है

उत्तर (d) लोकतंत्र में गलती को सुधारने की कोई गुंजाइश नहीं होती है

15. **कथन** (A) लोकतंत्र समानता पर अधिक बल देता है।
कारण (R) भारत में लोकतंत्र ने समान स्थिति और समान अवसर के लिए वंचित और भेदभाव वाली जातियों की स्थितियों को मजबूत किया है। (1)

कूट
(a) कथन (A) और कारण (R) दोनों सही हैं तथा कारण (R), कथन (A) की सही व्याख्या है
(b) कथन (A) और कारण (R) दोनों सही हैं, परंतु कारण (R), कथन (A) की सही व्याख्या नहीं है
(c) कथन (A) सही है, परंतु कारण (R) गलत है
(d) कथन (A) गलत है, परंतु कारण (R) सही है

उत्तर (b) कथन (A) और कारण (R) दोनों सही हैं, परंतु कारण (R), कथन (A) की सही व्याख्या नहीं है

16. नीचे दी तालिका के अनुसार यह ज्ञात करें कि किस देश के नागरिकों की औसत मासिक आय अधिक है? (1)

देश	2018 में नागरिकों की औसत मासिक आय					
	1	2	3	4	5	6
देश क	9500	10500	9800	10000	10200	10000
देश ख	500	500	500	500	48000	10000
देश ग	700	900	1500	3000	10000	8620
देश घ	1000	1500	4000	8000	20000	6900

(a) देश क (b) देश ख
(c) देश ग (d) देश घ

उत्तर (a) देश क

17. महेश ने औपचारिक क्षेत्र से 11% वार्षिक ब्याज की दर से ऋण प्राप्त किया था, जिसे अपने कृषि सिंचाई में उपयोग कर प्रतिवर्ष ₹ 4 लाख कमाता है। दूसरी तरफ सुदेश ने अनौपचारिक क्षेत्र से 11% मासिक दर पर ऋण लिया एवं कृषि एवं पशुपालन में उसका निवेश किया, जिसके परिणामस्वरूप सुदेश को ₹ 2 लाख प्रतिवर्ष की बचत होती है।

केस के आधार पर यह ज्ञात करें कि कौन-सा क्षेत्र ऋण प्राप्त करने के लिए अधिक सुविधाजनक है? (1)

(a) वाणिज्यिक क्षेत्र (b) साहूकार प्राप्ति
(c) अनौपचारिक क्षेत्र (d) औपचारिक क्षेत्र

उत्तर (d) औपचारिक क्षेत्र

18. नीचे दी गई तालिका का अध्ययन कीजिए तथा बताइए कि शिशु मृत्यु दर सबसे अधिक किस राज्य में पाई जाती है? (1)

राज्य	शिशु मृत्यु दर प्रति 1,000 व्यक्ति (2018)	साक्षरता दर % (2017-18)	निवल उपस्थिति अनुपात (प्रति 100 व्यक्ति) उच्चतर (आयु 14 तथा 15 वर्ष) 2017-18
हरियाणा	30	80	67
केरल	7	96	77
बिहार	32	71	55

कूट

(a) हरियाणा (b) केरल
(c) बिहार (d) बिहार तथा केरल दोनों

उत्तर (a) हरियाणा

19. नीचे दी गई विशेषताओं (तथ्यों) का अध्ययन कीजिए तथा सही विकल्प की पहचान कीजिए। (1)

- यह किसी भी देश अथवा राज्य की तुलना में सहायक है।
- इसकी गणना देश की कुल आय को कुल जनसंख्या से भाग देकर की जाती है।
- इससे यह ज्ञात करना कठिन होता है कि आय लोगों में किस प्रकार वितरित है।

(a) प्रतिव्यक्ति आय (b) राष्ट्रीय आय
(c) सकल घरेलू उत्पाद (d) निवल राष्ट्रीय आय

उत्तर (a) प्रतिव्यक्ति आय

20. निम्नलिखित रिक्त स्थान को भरें (1)

कृषि के प्रकार	विशेषता
गहन जीविका कृषि	अधिक उत्पादन हेतु अधिक मात्रा में जैव रसायनों एवं सिंचाई का प्रयोग
रोपण कृषि	?

कूट

(a) कृषि आधारित उद्योगों के लिए कच्चे माल का उत्पादन।
(b) अधिक उत्पादन हेतु अत्यधिक पूँजी एवं आधुनिक मशीनों का प्रयोग।
(c) अधिक उत्पादन हेतु परंपरागत उर्वरकों का प्रयोग।
(d) परंपरागत तकनीकों का उत्पादन में बड़े पैमाने का प्रयोग।

उत्तर (b) अधिक उत्पादन हेतु अत्यधिक पूँजी एवं आधुनिक मशीनों का प्रयोग।

खंड 'ख'

21. निरंकुशवाद क्या है? (2)

22. लोकतांत्रिक शासन व्यवस्था की विशेषता क्या है? (2)

23. भारत में ताजे जल के दो प्रमुख स्रोत बताइए। (2)

अथवा

भारत में स्वतंत्रता प्राप्ति के बाद बहुउद्देशीय परियोजनाओं को आरंभ करने का मुख्य उद्देश्य क्या था?

24. मानव विकास से क्या तात्पर्य है? (2)

खंड 'ग'

25. निरंकुश शासन प्रणाली किस प्रकार की शासन प्रणाली है? व्याख्या करें। (3)

अथवा

"जर्मनी और इटली के एकीकरण में राष्ट्रवाद ने भूमिका निभाई।" वर्णन करें।

26. भारत में वर्ष 1900 से 1940 के मध्य में हथकरघे पर बने कपड़े के उत्पादन में वृद्धि के क्या कारण थे? (3)

27. देश के कुछ भागों में आज भी जीवन निर्वाह प्रणाली की कृषि प्रचलित है, क्यों? कारण सहित व्याख्या करें। (3)

28. लोकतंत्र किस प्रकार से नागरिकों की आवश्यकताओं के प्रति उत्तरदायी है? स्पष्ट करें। (3)

29. धारणीयता की राष्ट्रीय विकास में प्रभावकारी भूमिका का वर्णन करें। (3)

खंड 'घ'

30. महात्मा गाँधी के नमक सत्याग्रह आंदोलन में की गई यात्रा का सविस्तार वर्णन करें। (5)

अथवा

ग्रामीण क्षेत्रों में असहयोग आंदोलन की स्थिति का वर्णन करें।

31. भारत में प्रचलित जीवन निर्वाह कृषि और वाणिज्यिक कृषि की तुलनात्मक व्याख्या करें। (5)

अथवा

जीविका कृषि में भूमि पर अत्याधिक दबाव क्यों होता है?

32. बेल्जियम में सत्ता की साझेदारी की विशेषताओं का उल्लेख कीजिए। (5)

अथवा

''सत्ता का बँटवारा एक लोकतांत्रिक सरकार का सार है।'' इस कथन का परीक्षण करें। (5)

33. ''भारतीय अर्थव्यवस्था के विकास में तृतीयक क्षेत्रक एक महत्त्वपूर्ण भूमिका निभा रहा है।'' इस कथन की पुष्टि करें। (5)

अथवा

''भारत का सार्वजनिक क्षेत्र आर्थिक विकास में अहम योगदान देता है।'' कथन का औचित्य सिद्ध करें।

खंड 'ङ'

34. ग्रिम्स फेयरीटेल्स एक जाना-माना नाम है। जैकब ग्रिम और विल्हेल्म ग्रिम बंधुओं का जन्म क्रमश: 1785 ई. और 1786 ई. में जर्मनी के हनाऊ शहर में हुआ था। जिस समय ये दोनों भाई कानून की पढ़ाई कर रहे थे, उसी समय उन्होंने शौकिया तौर पर पुरानी लोककथाएँ इकट्ठा करना शुरू कर दिया। वे छ: वर्ष तक गाँव-गाँव जाकर यही काम करते रहे। वे लोगों से बात करते थे और पीढ़ियों से चली आ रही जो भी लोक कथा उनकी जानकारी में आती, उसे लिखकर रख लेते थे।

ये कहानियाँ बच्चों और बड़ों में समान रूप से पसंद की जाती थीं। 1812 ई. में उन्होंने इन कहानियों का पहला संग्रह प्रकाशित किया। बाद में दोनों भाई उदारवादी राजनीति में सक्रिय हो गए। प्रेस की स्वतंत्रता के आंदोलन में उन्होंने विशेष रुचि ली। इसी बीच उन्होंने 33 खंडों में जर्मन भाषा का शब्दकोश भी प्रकाशित कर दिया।

ग्रिम बंधु फ्रांस के वर्चस्व को जर्मन संस्कृति के लिए खतरा मानते थे। उनको विश्वास था कि उन्होंने जो लोककथाएँ इकट्ठी की हैं, वे विशुद्ध और सच्ची जर्मन भावना की अभिव्यक्ति हैं। लोककथाएँ इकट्ठी करने और जर्मन भाषा को विकसित करने के लिए अपने प्रयासों को वे फ्रांसीसी प्रभुत्व का विरोध करने और एक जर्मन राष्ट्रीय पहचान गढ़ने की व्यापक योजना का हिस्सा मानते थे। (4)

(i) जैकब ग्रिम और विल्हेल्म ग्रिम बंधुओं का जन्म किस देश में हुआ था?

(ii) ग्रिम बंधुओं की कार्यशैली को संक्षेप में बताएँ।

(iii) ग्रिम बंधु फ्रांस के वर्चस्व को जर्मन संस्कृति के लिए खतरा मानते थे, क्यों?

35. स्वतंत्रता के बाद भारत में तेजी से औद्योगीकरण और शहरीकरण हुआ और विकास के अवसर प्राप्त हुए। आजकल हर जगह बहुराष्ट्रीय कंपनियाँ बड़े औद्योगिक घरानों के रूप में फैली हुई हैं। उद्योगों की बढ़ती हुई संख्या के कारण अलवणीय जल संसाधनों पर दबाव बढ़ रहा है। उद्योगों को अत्यधिक जल के अलावा उनको चलाने के लिए ऊर्जा की भी आवश्यकता होती है और इसकी काफी हद तक पूर्ति जलविद्युत से होती है। वर्तमान समय में भारत में कुल विद्युत का लगभग 22% भाग जलविद्युत से प्राप्त होता है। इसके अतिरिक्त शहरों की बढ़ती संख्या और जनसंख्या तथा शहरी जीवन-शैली के कारण न केवल जल और ऊर्जा की आवश्यकता में बढ़ोतरी हुई है, बल्कि इनसे संबंधित समस्याएँ और भी गहरी हुई हैं।

यदि आप शहरी आवास समितियों या कॉलोनियों पर ध्यान दें, तो आप पाएँगे कि उनके अंदर जलापूर्ति के लिए नलकूप स्थापित किए गए हैं। इसमें कोई आश्चर्य नहीं है कि शहरों में जल संसाधनों का अति शोषण हो रहा है और इनकी कमी होती जा रही है। पिछले कुछ वर्षों से यह चिंता का विषय बनता जा रहा है कि लोगों की आवश्यकता के लिए प्रचुर मात्रा में जल उपलब्ध होने के बावजूद यह घरेलू और औद्योगिक अपशिष्टों, रसायनों, कीटनाशकों और कृषि में प्रयुक्त उर्वरकों द्वारा प्रदूषित है और मानव उपयोग के लिए खतरनाक होता जा रहा है। (4)

(i) स्वतंत्रता के पश्चात् भारत में जल संसाधनों पर अधिक दबाव किस प्रकार बढ़ा है? इसे तर्कपूर्ण स्पष्ट करें।

(ii) वर्तमान समय में जल संसाधन की उपयोगिता पर क्या प्रभाव पड़ा है?

(iii) समय की माँग के अनुसार जल संसाधनों का संरक्षण और प्रबंधन किस प्रकार उपयोगी एवं महत्त्वपूर्ण है?

36. संघ सूची में प्रतिरक्षा, विदेश मामले, बैंकिंग, संचार और मुद्रा जैसे राष्ट्रीय महत्त्व के विषय हैं। पूरे देश के लिए इन मामलों में एक तरह की नीतियों की जरूरत है। इसी कारण इन विषयों को संघ सूची में डाला गया है। संघ सूची में वर्णित विषयों के बारे में कानून बनाने का अधिकार सिर्फ केंद्र सरकार को है।

राज्य सूची में पुलिस, व्यापार, वाणिज्य, कृषि और सिंचाई जैसे प्रांतीय और स्थानीय महत्त्व के विषय हैं। राज्य सूची में वर्णित विषयों के बारे में सिर्फ राज्य सरकार ही कानून बना सकती है।

समवर्ती सूची में शिक्षा, वन, मजदूर-संघ, विवाह, गोद लेना और उत्तराधिकार जैसे वे विषय हैं, जो केंद्र के साथ राज्य सरकारों की साझी दिलचस्पी में आते हैं। इन विषयों पर कानून बनाने का अधिकार राज्य सरकारों और केंद्र सरकार, दोनों को ही है, लेकिन जब दोनों के कानूनों में टकराव हो तो केंद्र सरकार द्वारा बनाया कानून ही मान्य होता है।

यहाँ एक सवाल यह उठता है कि जो विषय इनमें से किसी सूची में नहीं आते उनका क्या होगा है? फिर कंप्यूटर सॉफ्टवेयर जैसे विषय किसके अधिकार-क्षेत्र में रहें, क्योंकि ये संविधान बनने के बाद आए हैं? हमारे संविधान के अनुसार 'बाकी बचे' विषय केंद्र सरकार के अधिकार क्षेत्र में चले जाते हैं। (4)

(i) संघ सूची में सम्मिलित विषयों को लिखें।

(ii) राज्य सूची और समवर्ती सूची में सम्मिलित दो विषय लिखें।

(iii) समवर्ती सूची के संबंध में संक्षेप में बताइए।

खंड 'च'

37. (i) भारत के दिए गए मानचित्र पर दो स्थानों A और B को चिह्नित किया गया है। इन्हें मानचित्र पर सही जगह रेखांकित करें। (2)

(A) 1927 के कांग्रेस अधिवेशन का स्थान

(B) असहयोग आंदोलन का आह्वान

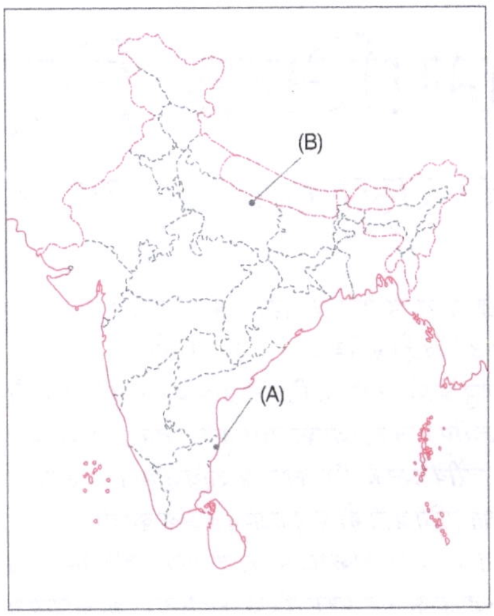

(ii) इसी मानचित्र पर निम्न में से किन्हीं तीन स्थानों को प्रतीकों के साथ रेखांकित करें (3)

(a) मुंबई सॉफ्टवेयर टेक्नोलॉजी पार्क

(b) नरौरा परमाणु ऊर्जा संयंत्र

(c) गाँधीनगर सॉफ्टवेयर पार्क

(d) चेन्नई सॉफ्टवेयर टेक्नोलॉजी पार्क

(e) हैदराबाद सॉफ्टवेयर पार्क

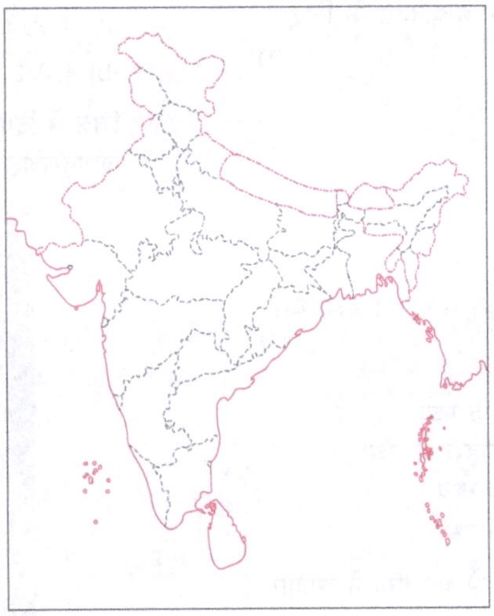

सैंपल पेपर 3

सामाजिक विज्ञान

व्याख्या रहित (अनसॉल्वड) कक्षा 10

निर्देश *1. प्रश्न-पत्र में छः खंड दिए गए हैं—क, ख, ग, घ, ङ और च। प्रश्न-पत्र में कुल 37 प्रश्न दिए गए हैं। सभी प्रश्न करने अनिवार्य हैं।*
2. खंड क—प्रश्न सं. 1 से 20 तक वस्तुनिष्ठ प्रश्न हैं। प्रत्येक प्रश्न 1 अंक का है।
3. खंड ख—प्रश्न सं. 21 से 24 तक अतिलघु उत्तरीय प्रश्न हैं, जिनका उत्तर 40 शब्दों में देना है। प्रत्येक प्रश्न 2 अंक का है।
4. खंड ग—प्रश्न सं. 25 से 29 तक लघु उत्तरीय प्रश्न हैं, जिनका उत्तर अधिकतम 60 शब्दों में देना है। प्रत्येक प्रश्न 3 अंक का है।
5. खंड घ—प्रश्न सं. 30 से 33 तक दीर्घ उत्तरीय प्रश्न हैं, जिनका उत्तर अधिकतम 120 शब्दों में देना है। प्रत्येक प्रश्न 5 अंक का है।
6. खंड ङ—प्रश्न सं. 34 से 36 तक स्रोत आधारित प्रश्न हैं। प्रत्येक प्रश्न 4 अंक का है।
7. खंड च—प्रश्न 37 मानचित्र पर आधारित है। प्रश्न 5 अंक का है, जो दो भागों—इतिहास (2 अंक) तथा भूगोल (3 अंक) में बँटा हुआ है।
8. प्रश्न-पत्र में कोई समग्र विकल्प नहीं है। हालाँकि कुछ प्रश्नों में एक आंतरिक विकल्प दिया गया है। ऐसे प्रश्नों में से केवल एक ही प्रश्न किया जाएगा।
9. इसके अतिरिक्त जहाँ आवश्यक है, वहाँ प्रत्येक खंड और प्रश्न के साथ निर्देश दिए गए हैं।

समय : 3 घंटे | *पूर्णांक : 80*

खंड 'क'

1. 1919 को अमृतसर में हुए जलियाँवाला बाग हत्याकांड के लिए कौन-सा ब्रिटिश सेनानायक उत्तरदायी था? (1)

(a) ब्रिटिश सेनानायक जनरल ह्यूरोज
(b) ब्रिटिश सेनानायक जनरल डायर
(c) ब्रिटिश सेनानायक जनरल कॉण्ट
(d) ब्रिटिश सेनानायक जनरल गेट

उत्तर (b) ब्रिटिश सेनानायक जनरल डायर

2. वर्ष 1932 में हुआ पूना समझौता किनके मध्य में संपन्न हुआ था? (1)

(a) महात्मा गाँधी एवं इरविन के मध्य
(b) जी. डी. बिरला एवं जवाहरलाल नेहरू के मध्य
(c) पुरुषोत्तम दास ठाकुर एवं जवाहरलाल नेहरू के मध्य
(d) महात्मा गाँधी एवं बी. आर. अंबेडकर के मध्य

उत्तर (d) महात्मा गाँधी एवं बी. आर. अंबेडकर के मध्य

3. 1750 के दशक में किस कंपनी के आगमन से भारतीयों ने व्यापार पर अपना नियंत्रण खोना शुरू कर दिया? (1)

(a) डच व्यापारी कंपनी (b) पुर्तगाली व्यापारी कंपनी
(c) यूरोपीय व्यापारी कंपनी (d) चीनी व्यापारी कंपनी

उत्तर (c) यूरोपीय व्यापारी कंपनी

4. निम्नलिखित को सही क्रम में व्यवस्थित करें (1)

1. वियना की संधि 2. नेपोलियन युद्ध की शुरुआत
3. इटली का अस्तित्व 4. फ्रांस में उदारवाद

कूट

(a) 4, 2, 1, 3 (b) 4, 3, 2, 1
(c) 1, 2, 3, 4 (d) 1, 4, 3, 2

उत्तर (b) 4, 3, 2, 1

5. चित्र में दिए गए तीन प्रसिद्ध व्यक्तियों में से महात्मा गाँधी एवं जवाहरलाल नेहरू के अतिरिक्त तीसरे व्यक्ति का क्या नाम है? (1)

(a) मौलाना आजाद (b) बी. आर. अंबेडकर
(c) मोहम्मद अली जिन्ना (d) शौकत अली

उत्तर (a) मौलाना आजाद

6. किन दो राज्यों के मध्य कृष्णा-गोदावरी जल विवाद है? (1)
(a) तमिलनाडु एवं कर्नाटक (b) कर्नाटक एवं आंध्र प्रदेश
(c) आंध्र प्रदेश एवं महाराष्ट्र (d) महाराष्ट्र एवं केरल

उत्तर (b) कर्नाटक एवं आंध्र प्रदेश

7. निम्नलिखित में से कौन-सा कथन औद्योगिक प्रदूषण के संबंध में सही है? (1)
1. उद्योगों के द्वारा कार्बनिक तथा अकार्बनिक अपशिष्ट पदार्थों के नदी में छोड़ने से जल प्रदूषण होता है।
2. औद्योगिक अवशिष्ट के रूप में उत्सर्जित सल्फर डाइऑक्साइड तथा कार्बन मोनो ऑक्साइड गैस से वायु प्रदूषण होता है।
3. परमाणु शस्त्र उत्पादक कारखानों से कैंसर, जन्मजात विकार तथा अकाल प्रसव जैसी बिमारियाँ फैलती हैं।

कूट
(a) केवल 1 (b) 1 और 2
(c) 2 और 3 (d) ये सभी

उत्तर (d) ये सभी

8. **कथन** (A) वन मृदा अत्यधिक अम्लीय मृदा होती है। (1)
कारण (R) वन मृदा में ह्यूमस कम होता है।

कूट
(a) कथन (A) और कारण (R) दोनों सही हैं तथा कारण (R), कथन (A) की सही व्याख्या है
(b) कथन (A) और कारण (R) दोनों सही हैं, परंतु कारण (R), कथन (A) की सही व्याख्या नहीं है
(c) कथन (A) सही है, परंतु कारण (R) गलत है
(d) कथन (A) गलत है, परंतु कारण (R) सही है

उत्तर (b) कथन (A) और कारण (R) दोनों सही हैं, परंतु कारण (R), कथन (A) की सही व्याख्या नहीं है

9. निम्न में से कौन-सा कथन सत्ता के बँटवारे में उपयोगी नहीं है? (1)
(a) यह लोकतंत्र की भावना को प्रेरित करता है
(b) राजनीतिक पार्टियों के निजी स्वार्थ होते हैं
(c) यह राजनीतिक स्थिरता को लंबे समय तक बनाए रखती है
(d) यह विभिन्न समूहों के बीच विरोधाभास को कम करती है

उत्तर (b) राजनीतिक पार्टियों के निजी स्वार्थ होते हैं

10. सुमेलित कीजिए (1)

सूची I (लौह-अयस्क खान)	सूची II (राज्य)
A. चंद्रपुर	1. छत्तीसगढ़
B. बैलाडिला	2. महाराष्ट्र
C. कुद्रेमुख	3. झारखंड
D. गुआ	4. कर्नाटक

कूट

	A	B	C	D
(a)	3	1	2	4
(b)	4	3	2	1
(c)	1	4	3	2
(d)	2	1	4	3

उत्तर (d) 2 1 4 3

11. निम्न कथनों पर विचार कीजिए तथा कौन-सा/से कथन जल संसाधन के संबंध में सही है/हैं?
1. देश में स्वतंत्रता के पश्चात् तीव्र औद्योगीकरण जल की कमी के लिए जिम्मेदार होता है।
2. जल का सर्वाधिक उपयोग घरेलू कार्यों में होता है।
3. जल की कमी मौसमी तथा वार्षिक वर्षण की मात्रा में अंतर से प्रभावित नहीं होती है।

कूट
(a) केवल 3
(b) 1 और 2
(c) 2 और 3
(d) उपरोक्त सभी

उत्तर (b) 1 और 2

12. निम्नलिखित रिक्त स्थान को भरें (1)

राजनैतिक दलों से संबंधित राज्य	राजनैतिक दल/पार्टियाँ
असम	असम यूनाइटेड डेमोक्रेटिक, असम गण परिषद्, बोडोलैंड पीपल्स
बिहार	?

कूट
(a) राष्ट्रीय लोकदल, समाजवादी पार्टी, राष्ट्रीय लोक समता पार्टी एवं आम आदमी पार्टी
(b) जनता दल (यू), राष्ट्रीय जनता दल, लोकजनशक्ति पार्टी एवं राष्ट्रीय लोक समता पार्टी
(c) इंडियन यूनियन मुस्लिम लीग, बिहार यूनियन संघ, जनता दल (यू) एवं राष्ट्रीय लोकदल
(d) समाजवादी पार्टी, राष्ट्रीय लोक समता पार्टी, राष्ट्रीय जनता दल और इंडियन नेशनल लोकदल

उत्तर (b) जनता दल (यू), राष्ट्रीय जनता दल, लोकजनशक्ति पार्टी एवं राष्ट्रीय लोक समता पार्टी

13. निम्न युग्मों में से सही युग्म की पहचान कीजिए (1)

देश		शासन पद्धति
(a) भारत	–	राजतंत्रीय
(b) पाकिस्तान	–	पूर्ण तानाशाह
(c) बांग्लादेश	–	लोकतंत्रीय
(d) श्रीलंका	–	तानाशाह

उत्तर (c) बांग्लादेश – लोकतंत्रीय

14. निम्नलिखित कथनों में से गलत कथन का चयन करें (1)
(a) संघवाद में भी संविधान का गलत प्रयोग हो सकता है
(b) पुनर्गठन में केंद्र सरकार राज्य सरकार के साथ शक्तियों का बँटवारा करती है
(c) संघवाद में आए सभी राज्यों को समान अधिकार प्राप्त होते हैं
(d) पंचायती राज व्यवस्था में लोग प्रत्यक्ष रूप से नीति निर्माण में भाग ले सकते हैं

उत्तर (b) पुनर्गठन में केंद्र सरकार राज्य सरकार के साथ शक्तियों का बँटवारा करती है

15. नीचे दिए गए उद्योगों के समूह में कौन-सा समूह भिन्न है? (1)
(a) सूती वस्त्र, सीमेंट उद्योग, कॉफी उद्योग, ताँबा प्रगलन।
(b) लोहा इस्पात, ताँबा प्रगलन, एल्युमीनियम प्रगलन, चाय उद्योग।
(c) एल्युमीनियम, पेट्रोरसायन, सीमेंट उद्योग, लोहा तथा इस्पात उद्योग।
(d) रबड़ उद्योग, रेशम वस्त्र, एल्युमीनियम, कागज उद्योग।
उत्तर (c) एल्युमीनियम, पेट्रोरसायन, सीमेंट उद्योग, लोहा तथा इस्पात उद्योग।

16. नीचे दिए गए आँकड़ों को ध्यान से देखें और उससे संबंधित प्रश्नों के उत्तर दें। संगठित और असंगठित क्षेत्रकों में श्रमिकों की आनुमानित संख्या (दस लाख में) (1)

क्षेत्रक	संगठित	असंगठित	कुल
प्राथमिक	2	240	242
द्वितीयक	9	54	63
तृतीयक	17	76	93
कुल प्रतिशत में			100%

संगठित क्षेत्र में लोगों की संख्या का प्रतिशत क्या है?
(a) 26% (b) 28%
(c) 27% (d) 30%
उत्तर (b) 28%

17. नीचे दी गई सूचना को पढ़िए और सही विकल्प का चयन कीजिए।
एक फूल की खेती करने वाला ट्यूलिप (फूल) का उत्पादन करके उसे एक व्यापारी को बेचता है। वह व्यापारी उसको निर्यात कर अच्छा लाभ प्राप्त करता है। यह सकल घरेलू उत्पाद को बढ़ाना है, किंतु किसान को अधिक आमदनी नहीं हुई, क्यों? (1)
(a) व्यापारी द्वारा अधिकतम लाभ प्राप्त किया गया
(b) किसान की प्रच्छन्न बेरोजगारी के तहत
(c) किसान, व्यापारी एवं निर्यातक तीनों असंगठित क्षेत्र से हैं
(d) उपरोक्त सभी
उत्तर (d) उपरोक्त सभी

18. श्रम विभाजन के परिणाम के संबंध में कौन-सा कथन असत्य है? (1)
(a) श्रम विभाजन का परिणाम यह हुआ कि अधिकांश समाजों में महिलाओं की भूमिका उभरकर सामने आई
(b) श्रम विभाजन के परिणामस्वरूप राजनीति में लैंगिक मुद्दे उभरकर सामने आए
(c) विश्व के विभिन्न भागों में महिला संगठन का गठन हुआ और समान अधिकार प्राप्ति हेतु कई आंदोलन भी किए गए
(d) महिलाओं के राजनीतिक और वैधानिक दर्जे को उच्च करने और उनके लिए शिक्षा तथा रोजगार के अवसर बढ़ाने की माँग की गई।
उत्तर (a) श्रम विभाजन का परिणाम यह हुआ कि अधिकांश समाजों में महिलाओं की भूमिका उभरकर सामने आई

19. वन्य जीव अधिनियम, 1972 के संबंध में दिए गए कथनों पर विचार कीजिए तथा कूट की सहायता से सही विकल्प का चयन कीजिए
1. इसके अंतर्गत भारत में रक्षित जातियों की सूची प्रकाशित की जाती है।
2. इसके अंतर्गत लुप्तप्राय प्रजातियों के शिकार और वन्यजीवों के व्यापार पर प्रतिबंध लगाया गया है।
3. वर्ष 1991 में इसमें पौधों की 6 जातियों को शामिल किया गया है।
4. इसके अंतर्गत राष्ट्रीय उद्यान एवं वन्यजीव पशु विहार स्थापित किए गए।

कूट
(a) 1 और 2 (b) 2 और 4
(c) 1, 2 और 3 (d) ये सभी
उत्तर (d) ये सभी

20. निम्नलिखित कथनों पर विचार कीजिए (1)
1. साख की शर्तें उन परिस्थितियों या दशाओं का समूह है, जिनके अंतर्गत ऋण दिया जाता है।
2. इसमें ऋण भुगतान के तरीके, ब्याज की दर, ऋण की अवधि और अन्य संबंधित दशाएँ शामिल हो सकती हैं।
3. साख की शर्तें ऋणदाता और उधारकर्ता की प्रकृति के अनुसार अलग-अलग हो सकती हैं।

कूट
(a) केवल 1 (b) 1 और 2
(c) केवल 3 (d) ये सभी
उत्तर (d) ये सभी

खंड 'ख'

21. 19वीं सदी के मध्य में इटली कितने राज्यों में विभाजित था? (2)

22. लोकतांत्रिक व्यवस्था में टकराव कब उत्पन्न होता है? (2)

23. वनों के संरक्षण से क्या तात्पर्य है? (2)

अथवा

भारत सरकार द्वारा वन संरक्षण के लिए किए गए प्रयासों का वर्णन कीजिए।

24. मानव विकास सूचकांक के प्रमुख मापदंड में क्या सम्मिलित है? (2)

खंड 'ग'

25. शिक्षा के क्षेत्र में फ्रांसीसियों को वियतनाम में आई किन्हीं तीन समस्याओं का वर्णन कीजिए। (3)

अथवा

यूरोप में राष्ट्रवाद के उदय होने के पीछे के महत्त्वपूर्ण कारकों का उल्लेख कीजिए।

26. भारत में भूमि निम्नीकरण का अन्य है? संक्षेप में बताइए। (3)

27. अनौपचारिक स्रोतों से ऋण लेने वाले कर्जदारों पर पड़ने वाले बुरे प्रभावों की चर्चा करें। (3)

28. भारत में धर्मनिरपेक्षवाद के प्रावधानों के विषय में चर्चा कीजिए। (3)

29. राष्ट्रीय विकास की प्रमुख विशेषताओं का संक्षिप्त में वर्णन करें। (3)

खंड 'घ'

30. "भारतीय स्वाधीनता आंदोलन में 'इतिहास और कथा' लोकगीत और प्रिंटिंग प्रेस एवं प्रतीक सभी ने राष्ट्रवाद के निर्माण में अपनी भूमिका निभाई थी।" इस कथन की पुष्टि करें। (5)

अथवा

सविनय अवज्ञा आंदोलन में शामिल विभिन्न सामाजिक समूह कौन-से थे? इन्होंने आंदोलन में क्यों हिस्सा लिया? वर्णन करें।

31. भारत में ऊर्जा के गैर-परंपरागत स्रोत कौन-कौन से हैं? (5)

अथवा

भारत में कौन-सा जीवाश्म ईंधन अधिक मात्रा में प्राप्त होता है? इनके प्राप्त होने की प्रमुख विशेषताओं की व्याख्या करें।

32. भारत में संघीय व्यवस्था के तहत त्रि-स्तरीय शासन व्यवस्था के प्रमुख प्रकारों का सविस्तार वर्णन करें। (5)

अथवा

भारत की स्वतंत्रता के बाद से वर्तमान समय तक किस प्रकार केंद्र-राज्य संबंधों में परिवर्तन आया था? व्याख्या कीजिए।

33. किसी देश की आर्थिक उन्नति का मापन विनिर्माण उद्योगों के आर्थिक विकास के आधार पर मापी जाती है, क्यों? (5)

अथवा

ग्रामीण क्षेत्रों में साख व्यवस्था की विविधता का उल्लेख कीजिए।

खंड 'ङ'

34. निम्नलिखित स्रोत को ध्यानपूर्वक पढ़िए तथा इस पर आधारित प्रश्नों के उत्तर दीजिए (4)

श्रीलंका एक द्वीपीय देश है, जो तमिलनाडु के दक्षिणी तट से कुछ किलोमीटर की दूरी पर स्थित है। इसकी आबादी करीब दो करोड़ है यानी हरियाणा के बराबर। दक्षिण एशिया के अन्य देशों की तरह श्रीलंका की आबादी में भी कई जातीय समूहों के लोग हैं। सबसे प्रमुख सामाजिक समूह सिंहलियों का है, जिनकी आबादी कुल जनसंख्या की 74 फीसदी है। फिर तमिलों का नंबर आता है, जिनकी आबादी कुल जनसंख्या में 18 फीसदी है।

तमिलों में भी दो समूह हैं श्रीलंकाई मूल के तमिल 13 (फीसदी) और हिंदुस्तानी तमिल, जो औपनिवेशिक शासनकाल में बागानों में काम करने के लिए भारत से लाए गए लोगों की संतान हैं। मौजूदा श्रीलंका के नक्शे पर गौर करें, तो पाएँगे कि तमिल मुख्य रूप से उत्तर और पूर्वी प्रांतों में आबाद हैं। अधिकतर सिंहली-भाषी लोग बौद्ध हैं, जबकि तमिल-भाषी लोगों में कुछ हिंदू हैं और कुछ मुसलमान। श्रीलंका की आबादी में ईसाई लोगों का हिस्सा 7 फीसदी है और वे सिंहली और तमिल दोनों भाषाएँ बोलते हैं।

(i) श्रीलंका की भौगोलिक अवस्थिति का परिचय दें।

(ii) श्रीलंका की कुल आबादी में सबसे प्रमुख जातीय समूहों को समझाए।

(iii) श्रीलंका में जातीय विविधता को संक्षेप में स्पष्ट करें।

35. निम्नलिखित स्रोत को ध्यानपूर्वक पढ़िए तथा इस पर आधारित प्रश्नों के उत्तर दीजिए (4)

एक छोटे किसान लक्ष्मी का उदाहरण लेते हैं, जिसके पास दो हेक्टेयर असिंचित भूमि है, जो सिंचाई के लिए केवल वर्षा पर निर्भर है और ज्वार एवं अरहर जैसी फसलें उगती हैं। उसके परिवार के सभी पाँच सदस्य उस भूमि पर वर्षभर काम करते हैं। क्यों? क्योंकि उन्हें कहीं और रोजगार उपलब्ध नहीं है। आप देखेंगे कि प्रत्येक व्यक्ति काम कर रहा है, कोई बेकार नहीं है, परंतु वास्तव में उनका श्रम-प्रयास विभाजित है। प्रत्येक व्यक्ति कुछ काम कर रहा है, परंतु किसी को भी पूर्ण रोजगार प्राप्त नहीं है। यह अल्प बेरोजगारी की स्थिति है, जहाँ लोग प्रत्यक्ष रूप से काम कर रहे हैं, लेकिन सभी अपनी क्षमता से कम काम करते हैं। इस प्रकार की अल्प बेरोजगारी को छिपी हुई बेरोजगारी कहते हैं, क्योंकि यह उन लोगों की बेरोजगारी, जिनके पास कोई रोजगार नहीं है और बेकार बैठे हुए हैं, से अलग है (खुली बेरोजगारी)। इसलिए इसे प्रच्छन्न बेरोजगारी भी कहा जाता है।

अल्प बेरोजगारी दूसरे क्षेत्रकों में भी हो सकती है। उदाहरण के लिए, शहरों में सेवा क्षेत्रक में हजारों अनियत श्रमिक हैं, जो दैनिक रोजगार की तलाश करते हैं। वे प्लंबर, पेंटर, मरम्मत कार्य जैसे रोजगार करते हैं और अन्य लोग असुविधाजनक विषम काम करते हैं। उनमें से कई रोजाना काम नहीं पाते हैं। इसी प्रकार हम सेवा क्षेत्रक के कुछ लोगों को सड़कों पर ठेला खींचते अथवा कुछ चीजें बेचते हुए देखते हैं, जहाँ वे पूरा दिन बिता देते हैं, परंतु बहुत कम कमा पाते हैं। वे यह काम इसलिए कर रहे हैं, क्योंकि उनके पास कोई बेहतर अवसर नहीं है।

(i) कृषि क्षेत्र में अल्प बेरोजगारी की स्थिति पाई जाती है? स्पष्ट करें।

(ii) अल्प बेरोजगारी को छिपी हुई बेरोजगारी क्यों कहा जाता है?

(iii) शहरों के संबंध में अल्प बेरोजगारी की स्थिति को स्पष्ट करें।

36. निम्नलिखित स्रोत को ध्यानपूर्वक पढ़िए तथा इस पर आधारित प्रश्नों के उत्तर दीजिए (4)

समुदाय और संरक्षण

वन संरक्षण की नीतियाँ हमारे देश में कोई नई बात नहीं है। हम आमतौर पर इस बात से अनजान हैं कि वन हमारे देश में कुछ मानव प्रजातियों के आवास भी हैं। भारत के कुछ क्षेत्रों में तो स्थानीय समुदाय सरकारी अधिकारियों के साथ मिलकर अपने आवास स्थलों के संरक्षण में जुटे हैं, क्योंकि इसी से ही दीर्घकाल में उनकी आवश्यकताओं की पूर्ति हो सकती है। सरिस्का बाघ रिजर्व में राजस्थान के गाँवों के लोग वन्यजीव संरक्षण अधिनियम के तहत वहाँ से खनन कार्य बंद करवाने के लिए संघर्षरत हैं। कई

क्षेत्रों में तो लोग स्वयं वन्यजीव आवासों की रक्षा कर रहे हैं और सरकार की ओर से हस्तक्षेप भी स्वीकार नहीं कर रहे हैं। राजस्थान के अलवर जिले में 5 गाँवों के लोगों ने तो 1,200 हेक्टेयर वन भूमि भैरोंदेव डाकव 'सोंचुरी' घोषित कर दी, जिसके अपने ही नियम-कानून हैं, जो शिकार वर्जित करते हैं तथा बाहरी लोगों की घुसपैठ से यहाँ के वन्य जीवन को बचाते हैं।

(i) वन समुदायों से कैसे संबंधित हैं?

(ii) 'वन्यजीव संरक्षण अधिनियम' के उद्देश्य की व्याख्या कीजिए।

(iii) वन्यजीवों के संरक्षण के लिए समुदाय किस प्रकार कार्य कर रहे हैं? उदाहरण सहित स्पष्ट कीजिए।

खंड 'च'

37. (i) भारत के दिए गए मानचित्र पर दो स्थानों A और B को चिह्नित किया गया है। इनके मानचित्र पर नाम लिखें।

(A) सूती मिल के मजदूरों ने इस स्थान पर सत्याग्रह किया।

(B) सविनय अवज्ञा आंदोलन (2)

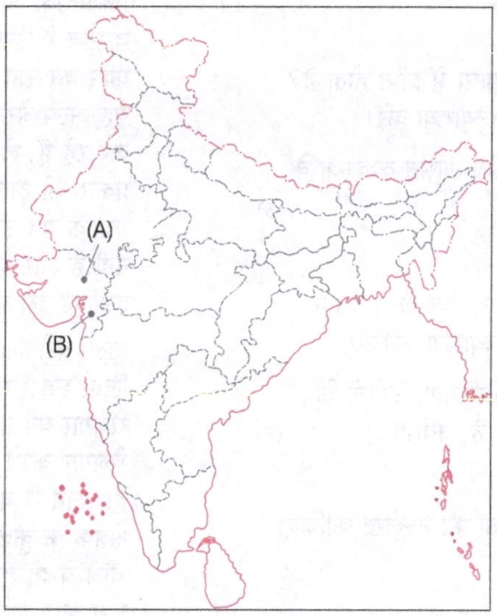

(ii) इसी मानचित्र पर निम्न में से किन्हीं तीन स्थानों के बारे में पता लगाएँ (3)

(i) लौह-अयस्क खान
(ii) तेल क्षेत्र
(iii) कोयला खान
(iv) ओडिशा में लौह-अयस्क खान

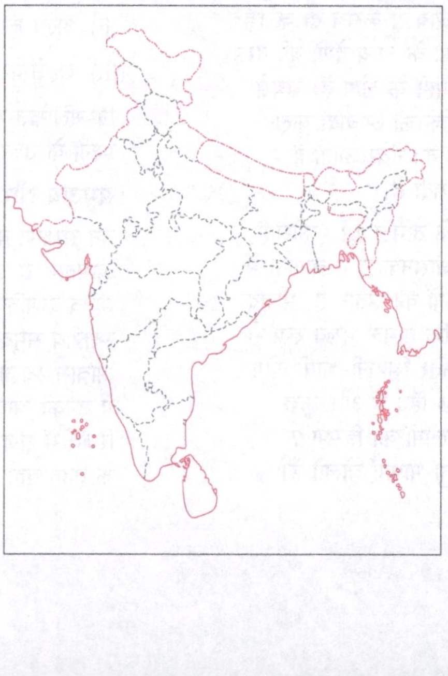

बोर्ड प्रश्न–पत्र 2025

बोर्ड प्रश्न-पत्र 2025

CBSE कक्षा 10वीं की परीक्षा

सामाजिक विज्ञान

निर्देश *1. इस प्रश्न-पत्र में 37 प्रश्न हैं। सभी प्रश्न अनिवार्य हैं।*
2. प्रश्न-पत्र 6 खंडों में विभाजित है-खंड क, ख, ग, घ, ङ एवं च।
3. खंड क-प्रश्न संख्या 1 से 20 बहुविकल्पीय प्रकार के प्रश्न हैं। प्रत्येक प्रश्न 1 अंक का है।
4. खंड ख-प्रश्न संख्या 21 से 24 अतिलघु उत्तरीय प्रकार के प्रश्न हैं। प्रत्येक प्रश्न 2 अंक का है। इन प्रश्नों का उत्तर 40 शब्दों से अधिक नहीं लिखा जाना चाहिए।
5. खंड ग-प्रश्न संख्या 25 से 29 लघु उत्तरीय प्रकार के प्रश्न हैं। प्रत्येक प्रश्न 3 अंक का है। इन प्रश्नों का उत्तर 60 शब्दों से अधिक नहीं लिखा जाना चाहिए।
6. खंड घ-प्रश्न संख्या 30 से 33 दीर्घ उत्तरीय प्रकार के प्रश्न हैं। प्रत्येक प्रश्न 5 अंक का है। इन प्रश्नों का उत्तर 120 शब्दों से अधिक नहीं लिखा जाना चाहिए।
7. खंड ङ-प्रश्न संख्या 34 से 36 केस-आधारित/स्रोत-आधारित प्रश्न हैं, जिनमें 3 उप-प्रश्न हैं। प्रत्येक प्रश्न 4 अंक का है।
8. खंड च-प्रश्न संख्या 37 मानचित्र कौशल आधारित प्रश्न है, जिसमें दो भाग हैं — 37 (a) इतिहास (2 अंक) और 37 (b) भूगोल (3 अंक)। इस प्रश्न के कुल 5 अंक हैं।

समय : 3 घंटे *पूर्णांक : 80*

खंड 'क'

बहुविकल्पीय प्रश्न (20 × 1 = 20)

1. नीचे दो कथन दिए गए हैं। ये अभिकथन (A) और कारण (R) हैं। दोनों कथनों को ध्यानपूर्वक पढ़िए और सही विकल्प का चयन कीजिए (1)

अभिकथन (A) श्रीलंका में गृहयुद्ध हुआ था।

कारण (R) सरकार पर सिंहली समुदाय का प्रभुत्व सुनिश्चित करने के लिए वर्ष 1956 में एक कानून पारित किया गया।

कूट
(a) दोनों (A) तथा (R) सही हैं एवं (R), (A) की सही व्याख्या है।
(b) दोनों (A) एवं (R) सही हैं, परन्तु (R), (A) की सही व्याख्या नहीं है।
(c) (A) सही है, परंतु (R) गलत है।
(d) (A) गलत है, परंतु (R) सही है।

2. भारत के क्षेत्रीय राजनीतिक दल से संबंधित सही विकल्प का चयन कीजिए। (1)

	दल का नाम	चुनाव चिह्न	प्रदेश
(a)	राष्ट्रीय लोकदल	मशाल	उत्तर प्रदेश
(b)	तेलुगू देशम्	साइकिल	आंध्र प्रदेश
(c)	तेलंगाना राष्ट्र समिति	पतंग	तेलंगाना
(d)	शिरोमणि अकाली दल	चश्मा	पंजाब

3. संघ सूची से संबंधित सही विकल्प का चयन कीजिए। (1)
(a) पुलिस, विदेशी मामले और कृषि
(b) व्यापार, सिंचाई और विवाह
(c) शिक्षा, वाणिज्य और बैंकिंग
(d) मुद्रा, संचार और प्रतिरक्षा

4. भारत में भाषा के आधार पर राज्यों के निर्माण के संदर्भ में निम्नलिखित कथनों को पढ़िए एवं सही विकल्प का चयन कीजिए (1)

1. भाषा के आधार पर राज्य बनाने से देश ज्यादा एकीकृत और मजबूत हुआ है।
2. भाषा के आधार पर राज्य बनाने से प्रशासन पहले की अपेक्षा अधिक सुविधाजनक हो गया है।
3. भाषा के आधार पर राज्यों के निर्माण से संघीय व्यवस्था कमजोर हुई है।
4. भाषा के आधार पर राज्यों के गठन से भारतीय भाषाओं का विकास हुआ।

कूट

(a) 1, 2 व 3 (b) 2, 3 व 4
(c) 1, 2 व 4 (d) 1, 3 व 4

5. लोकतंत्र अन्य शासन-व्यवस्थाओं से किस प्रकार बेहतर है? सबसे उपयुक्त विकल्प का चयन कीजिए। (1)

(a) यह व्यक्ति की गरिमा को बढ़ावा देता है।
(b) यह अभिजनों में समानता को बढ़ावा देता है।
(c) यह केवल निजी स्वामित्व की प्रकृति को बढ़ावा देता है।
(d) यह व्यक्तिवाद को बढ़ावा देता है।

6. बेल्जियम ने अपनी समस्या के समाधान के लिए कुछ उपाय किए। निम्नलिखित उपायों को पढ़िए और सही विकल्प का चयन कीजिए (1)

1. सामुदायिक सरकार का गठन।
2. बहुसंख्यकवाद की नीति का अनुसरण।
3. भाषायी समूहों को समान प्रतिनिधित्व प्रदान करके।
4. क्षेत्रीय सरकारों को अतिरिक्त शक्तियाँ प्रदान करके।

कूट

(a) 1, 2 व 3 (b) 1, 3 व 4
(c) 1, 2 व 4 (d) 2, 3 व 4

7. भारत के किस राज्य में स्थायी वन के अंतर्गत सर्वाधिक क्षेत्र हैं? (1)

(a) हरियाणा (b) हिमाचल प्रदेश
(c) पंजाब (d) मध्य प्रदेश

8. दी गई विशेषताओं को पढ़कर दिए गए विकल्पों में से कोयले के प्रकार की पहचान कीजिए (1)

- यह निम्न कोटि का भूरा कोयला होता है।
- इसका प्रमुख भंडार तमिलनाडु के नैवेली में अवस्थित है।
- यह मुलायम होने के साथ-साथ नमीयुक्त भी होता है।

कूट

(a) पीट कोयला (b) एंथ्रेसाइट कोयला
(c) लिग्नाइट कोयला (d) बिटुमिनस कोयला

9. निम्नलिखित में से किस फसल को 'सुनहरा रेशा' भी कहा जाता है? (1)

(a) कपास (b) ऊन
(c) जूट (d) रेशम

10. सही सुमेलित युग्म का चयन कीजिए (1)

	सूची I (बहु-उद्देशीय नदी परियोजना)	सूची II (नदी)
(A)	गाँधी सागर	चंबल
(B)	हीराकुंड	गोदावरी
(C)	नागार्जुन सागर	कावेरी
(D)	सलाल	व्यास

11. रमा एक किसान है। कृषि कार्य हेतु उसे ऋण की आवश्यकता है। निम्नलिखित में से कौन-से ऋण स्रोत रमा के लिए लाभदायक रहेंगे? सबसे उपयुक्त विकल्प का चयन कीजिए (1)

1. बैंक 2. कृषि व्यापारी
3. स्वयं सहायता समूह 4. सरकार

कूट

(a) 1, 3 व 4 (b) 1, 2 व 3
(c) 2, 3 व 4 (d) 1, 2 व 4

12. विकास के लिए 'प्रति व्यक्ति आय' निम्नलिखित में से किसका मापदंड है? (1)

(a) संयुक्त राष्ट्र विकास कार्यक्रम
(b) विश्व स्वास्थ्य संगठन
(c) विश्व व्यापार संगठन
(d) विश्व बैंक

13. वैश्वीकरण की प्रक्रिया को उत्प्रेरित करने के संबंध में निम्नलिखित कथनों को पढ़िए और सही विकल्प का चयन कीजिए (1)

1. सरकार व्यापार अवरोधकों को कम करती है।
2. सरकार उत्पादकों में प्रतिस्पर्द्धा को कम करती है।
3. सरकार आयात एवं निर्यात कर को कम करती है।
4. सरकार विदेशी निवेश पर से प्रतिबंध हटाती है।

कूट

(a) 1, 2 व 3
(b) 2, 3 व 4
(c) 1, 3 व 4
(d) 1, 2 व 4

14. 'महात्मा गाँधी राष्ट्रीय ग्रामीण रोजगार गारंटी अधिनियम-2005' के अनुसार निम्नलिखित में से कौन-सा प्रावधान किया गया है? (1)

(a) सरकार सभी निवासियों के लिए 100 दिन का रोज़गार सुनिश्चित करती है।
(b) सरकार सभी ग्रामीण निवासियों के लिए 200 दिन का रोजगार सुनिश्चित करती है।
(c) सरकार द्वारा इसके अंतर्गत ग्रामीण क्षेत्र में काम के बदले अनाज दिया जाता है।
(d) रोज़गार देने में असफल रहने पर सरकार लाभार्थियों को बेरोजगारी भत्ता प्रदान करती है।

15. नीचे दो कथन दिए गए हैं। ये अभिकथन (A) और कारण (R) हैं। दोनों कथनों को ध्यानपूर्वक पढ़िए और सही विकल्प का चयन कीजिए (1)

अभिकथन (A) भारत में रुपया विनिमय के माध्यम के रूप में स्वीकार किया जाता है।

कारण (R) विश्व बैंक, भारत में रुपये को भुगतान के माध्यम के रूप में वैधता प्रदान करता है।

कूट

(a) दोनों (A) एवं (R) सही हैं एवं (R), (A) की सही व्याख्या है।
(b) दोनों (A) एवं (R) सही हैं, परन्तु (R), (A) की सही व्याख्या नहीं है।
(c) (A) सही है, परंतु (R) गलत है।
(d) (A) गलत है, परंतु (R) सही है।

16. विषन की पहचान कीजिए। (1)

(a) हिंदुस्तान कंप्यूटर्स लिमिटेड
(b) हिंदुस्तान यूनिलीवर
(c) भारती एयरटेल लिमिटेड
(d) भारतीय डाक सेवा

17. स्तंभ-I का मिलान स्तंभ-II से कीजिए और निम्नलिखित में से सही विकल्प का चयन कीजिए (1)

स्तंभ I (प्रकाशन)	स्तंभ II (लेखक)
A. बंगाल गजट	1. तुलसीदास
B. केसरी	2. जेम्स ऑगस्टस हिक्की
C. रामचरितमानस	3. राममोहन राय
D. संवाद कौमुदी	4. बाल गंगाधर तिलक

कूट

	A	B	C	D
(a)	1	2	3	4
(b)	2	3	4	1
(c)	2	4	1	3
(d)	4	1	2	3

18. निम्नलिखित ऐतिहासिक घटनाओं को कालानुक्रमिक रूप से व्यवस्थित कीजिए और सही विकल्प का चयन कीजिए (1)

1. दूसरा गोल मेज सम्मेलन
2. साइमन कमीशन का भारत आगमन
3. दांडी यात्रा की शुरुआत
4. चौरी-चौरा की घटना

कूट

(a) 1, 2, 3 व 4 (b) 4, 2, 3 व 1
(c) 4, 2, 1 व 3 (d) 1, 2, 4 व 3

19. सत्रहवीं शताब्दी में दक्षिण अमेरिका का एल डोराडो शहर निम्नलिखित में से किस रूप में प्रसिद्ध हो गया था (1)

(a) विविधता का शहर (b) सोने का शहर
(c) चेचक शहर (d) व्यापारिक शहर

20. इटली के निम्नलिखित प्रदेशों को एकीकृत इटली में शामिल होने के कालक्रमानुसार व्यवस्थित कीजिए और सही विकल्प का चयन कीजिए (1)

1. वेनेशिया
2. सेवोई सार्डीनिया
3. सिसली

कूट

(a) 1, 2 व 3 (b) 2, 3 व 1
(c) 1, 3 व 2 (d) 2, 1 व 3

खंड 'ख'

अतिलघु उत्तरीय प्रश्न (4×2=8)

21. भारत में रॉलेट एक्ट का विरोध क्यों किया गया? स्पष्ट कीजिए।

22. ऊर्जा के गैर-परंपरागत स्रोतों को अपनाना क्यों आवश्यक है? स्पष्ट कीजिए।

23. (a) भारतीय संविधान में वर्णित पंथनिरपेक्षता को बढ़ावा देने के लिए कोई दो उपाय सुझाइए।

अथवा

(b) महिलाओं की सार्वजनिक जीवन में भागीदारी को सुनिश्चित करने हेतु कोई दो उपाय सुझाइए।

24. सूचना एवं संचार प्रौद्योगिकी ने वैश्वीकरण की प्रक्रिया को किस प्रकार बढ़ावा दिया? स्पष्ट कीजिए।

खंड 'ग'

लघु उत्तरीय प्रश्न (5×3=15)

25. अंतिम वस्तुओं और सेवाओं की गणना किस प्रकार की जाती है? एक उदाहरण के माध्यम से स्पष्ट कीजिए।

26. "यूरोप में उन्नीसवीं सदी के शुरुआती दशकों में राष्ट्रीय एकता से संबंधित विचार उदारवाद से करीब से जुड़े थे।" इस कथन की व्याख्या कीजिए।

27. (a) जल प्रदूषण के लिए उत्तरदायी किन्हीं तीन कारकों को स्पष्ट कीजिए।

अथवा

(b) वायु प्रदूषण के लिए उत्तरदायी किन्हीं तीन कारकों को स्पष्ट कीजिए।

28. संघात्मक और एकात्मक शासन व्यवस्था के मध्य उदाहरण सहित अंतर स्पष्ट कीजिए।

29. गहन जीविका कृषि की किन्हीं तीन विशेषताओं की व्याख्या कीजिए।

खंड 'घ'

दीर्घ उत्तरीय प्रश्न (4×3 =12)

30. (a) ''विकास के लक्ष्य परस्पर विरोधी भी हो सकते हैं।'' उदाहरणों के माध्यम से कथन की व्याख्या कीजिए।

अथवा

(b) विभिन्न देशों के मध्य तुलना करने के लिए औसत आय के महत्त्व एवं सीमाओं की उदाहरणों सहित व्याख्या कीजिए।

31. (a) ''वर्ष 1956 में बनाए गए कानून और अन्य संवैधानिक प्रावधानों ने श्रीलंका में दो समुदायों के बीच टकराव का रूप ले लिया।'' इस कथन की पुष्टि कीजिए।

अथवा

(b) ''सत्ता में साझेदारी विभिन्न समूहों के मध्य विश्वास को बढ़ाती है।'' इस कथन की पुष्टि कीजिए।

32. (a) जलोढ़ मृदा की मुख्य विशेषताओं की व्याख्या कीजिए।

अथवा

(b) भारत में संसाधन नियोजन के विभिन्न सोपान एवं इसकी आवश्यकताओं की व्याख्या कीजिए।

33. (a) ''18वीं शताब्दी के दौरान किताबों तक पहुँच आसान होने से किस प्रकार पढ़ने की एक नई संस्कृति विकसित हुई?'' विश्लेषण कीजिए।

अथवा

(b) मुद्रण तकनीक ने भारतीय महिलाओं के जीवन को किस प्रकार प्रभावित किया? विश्लेषण कीजिए।

खंड 'ङ'

केस/स्रोत आधारित प्रश्न (3×4 =12)

34. निम्नलिखित स्रोत को पढ़िए और उसके नीचे दिए गए प्रश्नों के उत्तर लिखिए (4)

स्वतंत्रता दिवस की शपथ-26 जनवरी, 1930

''हमारा विश्वास है कि किसी भी समाज की तरह भारतीय जनता का भी यह एक अहरणीय (inalienable) अधिकार है कि उन्हें आजादी मिले, अपनी मेहनत का फल मिले और जीवन की सभी आवश्यकताएँ पूरी हों, जिससे उन्हें आगे बढ़ने के परिपूर्ण अवसर मिलें। हमारा यह भी विश्वास है कि यदि कोई भी सरकार अपनी जनता को इन अधिकारों से वंचित रखती है और दबाती है, तो जनता को भी सरकार को बदलने या उसे समूल समाप्त करने का अधिकार है। भारत में ब्रितानी सरकार ने न केवल भारतीय जनता को स्वतंत्रता से वंचित किया है, बल्कि उसने जनता का शोषण किया है और देश को आर्थिक, राजनीतिक, सांस्कृतिक एवं आध्यात्मिक स्तर पर नष्ट कर दिया है। इसलिए हमारा विश्वास है कि भारत को अनिवार्य रूप से ब्रिटेन के साथ अपने सभी संबंधों को समाप्त करके पूर्ण स्वराज प्राप्त करना चाहिए।''

(i) भारत में स्वराज को अहरणीय अधिकार क्यों माना गया? (1)

(ii) स्रोत में किस प्रकार की सरकार के समर्थन का वर्णन है? (1)

(iii) भारत में ब्रितानी शासन के किन्हीं दो प्रभावों की व्याख्या कीजिए। (2)

35. निम्नलिखित स्रोत को पढ़िए और उसके नीचे दिए गए प्रश्नों के उत्तर लिखिए। (4)

राजनीतिक दलों की आवश्यकता

राजनीतिक दलों का उदय प्रतिनिधित्व पर आधारित लोकतांत्रिक व्यवस्था के उभार के साथ जुड़ा है। हम पढ़ चुके हैं कि बड़े समाजो के लिए प्रतिनिधित्व आधारित लोकतंत्र की आवश्यकता होती है। जब समाज बड़े और जटिल हो जाते हैं, तब उन्हें विभिन्न मुद्दों पर अलग-अलग विचारों को समेटने और सरकार की नज़र में लाने के लिए किसी माध्यम या एजेंसी की आवश्यकता होती है। विभिन्न जगहों से आए प्रतिनिधियों को साथ करने की आवश्यकता होती है, ताकि एक जिम्मेवार सरकार का गठन हो सके। उन्हें सरकार का समर्थन करने या उस पर अंकुश रखने, नीतियाँ बनवाने और नीतियों का समर्थन अथवा विरोध करने के लिए उपकरणों की आवश्यकता होती है। प्रत्येक प्रतिनिधि-सरकार की ऐसी जो भी आवश्यकताएँ होती हैं, राजनीतिक दल उनको पूरा करते हैं। इस तरह हम कह सकते हैं कि राजनीतिक दल लोकतंत्र की एक अनिवार्य शर्त है।

(i) 'प्रतिनिध्यात्मक लोकतंत्र' का अर्थ स्पष्ट कीजिए। (1)

(ii) राजनीतिक दल किस प्रकार जनमत का निर्माण करते हैं? (1)

(iii) राजनीतिक दलों को लोकतंत्र के लिए आवश्यक शर्त क्यों माना जाता है? व्याख्या कीजिए। (2)

36. निम्नलिखित स्रोत को पढ़िए और उसके नीचे दिए गए प्रश्नों के उत्तर लिखिए। (4)

सहकारी समितियों से ऋण

बैंकों के अतिरिक्त ग्रामीण क्षेत्रों में सस्ते ऋण का एक अन्य स्रोत सहकारी समितियाँ हैं। सहकारी समिति के सदस्य अपने संसाधनों को कुछ क्षेत्रों में सहयोग के लिए एकत्र करते हैं। कई प्रकार की सहकारी समितियाँ संभव हैं; जैसे– किसानों, बुनकरों एवं औद्योगिक मजदूरों इत्यादि की सहकारी समितियाँ । कृषक सहकारी समिति सोनपुर के नजदीक एक गाँव में काम करती है। इसके 2300 किसान सदस्य हैं। यह अपने सदस्यों से जमा प्राप्त करती हैं। इस जमा पूंजी को ऋणाधार मानते हुए, इस सहकारी समिति ने बैंक से बड़ा ऋण प्राप्त किया है। इस पूंजी का प्रयोग सदस्यों को कर्ज देने के लिए किया जाता है। यह ऋण लौटाने के बाद कर्ज का दूसरा दौर शुरू किया जा सकता है।

कृषक सहकारी समिति कृषि उपकरण खरीदने, खेती तथा कृषि व्यापार करने, मछली पकड़ने, घर बनाने और अन्य विभिन्न प्रकार के खर्चों के लिए ऋण मुहैया कराती है।

(i) सहकारी समितियों के द्वारा दिया जाने वाला ऋण किस क्षेत्रक के अंतर्गत आता है? (1)

(ii) स्वयं सहायता समूह बाह्य वित्त-पोषण किस प्रकार प्राप्त करते हैं? (1)

(iii) सहकारी समितियों की कार्यप्रणाली की व्याख्या कीजिए। (2)

खंड 'च'

मानचित्र कौशल आधारित प्रश्न

(2 + 3 = 5)

37. (a) दिए गए भारत के राजनीतिक रेखा-मानचित्र में दो स्थान 'A' और 'B' के रूप में दर्शाए गए हैं। निम्नलिखित जानकारी की सहायता से उन्हें पहचानिए और उनके सही नाम उनके समीप खींची गई रेखाओं पर लिखिए

A. वह स्थान जहाँ भारतीय राष्ट्रीय कांग्रेस का अधिवेशन वर्ष 1927 में आयोजित किया गया। (1)

B. वह स्थान जहाँ महात्मा गाँधी जी ने मिल मजदूरों के आंदोलन का नेतृत्व किया। (1)

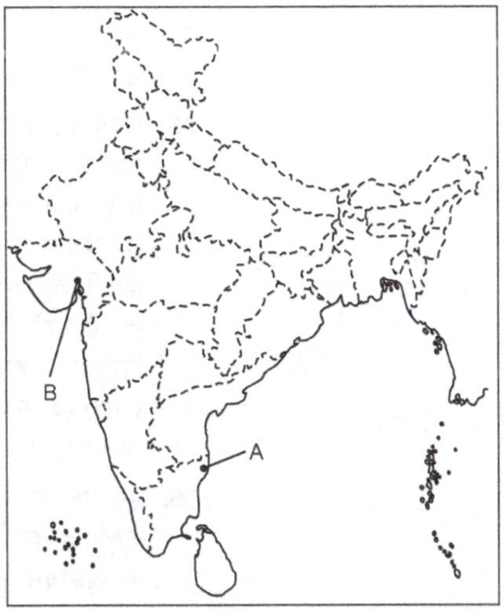

37. (b) भारत के इसी राजनीतिक रेखा-मानचित्र पर निम्नलिखित में से किन्हीं तीन को उपयुक्त चिह्नों से दर्शाइए और उनके नाम लिखिए

(i) पंजाब स्थित एक अंतर्राष्ट्रीय वायु पत्तन (1)

(ii) गुजरात स्थित एक प्रमुख समुद्री पत्तन (1)

(iii) अरब सागर में स्थित भारत का एक प्रमुख तेल क्षेत्र (1)

(iv) उत्तर प्रदेश स्थित एक आणविक ऊर्जा संयंत्र (1)

उत्तर

1. (a) दोनों (A) तथा (R) सही हैं एवं R, A की सही व्याख्या है।
2. (b) तेलुगू देशम्, साइकिल, आंध्र प्रदेश
3. (d) मुद्रा, संचार और प्रतिरक्षा
4. (c) 1, 2 व 4
5. (a) यह व्यक्ति की गरिमा को बढ़ावा देता है।
6. (b) 1, 3 व 4
7. (d) मध्य प्रदेश
8. (c) लिग्नाइट कोयला
9. (c) जूट
10. (a) गाँधी सागर-चंबल
11. (a) 1, 3 व 4
12. (d) विश्व बैंक
13. (c) 1, 3 व 4
14. (a) सरकार सभी निवासियों के लिए 100 दिन का रोज़गार सुनिश्चित करती है।
15. (c) (A) सही है, परंतु (R) गलत है।
16. (d) भारतीय डाक सेवा
17. (c) 2 4 1 3
18. (b) 4, 2, 3 व 1
19. (b) सोने का शहर
20. (b) 2, 3 व 1
21. भारतीय सदस्यों के विरोध के बावजूद वर्ष 1919 में रॉलेट अधिनियम, इंपीरियल लेजिस्लेटिव काउंसिल के माध्यम से पारित किया गया था। इस अधिनियम के अनुसार, राजनीतिक कैदियों को बिना किसी मुकदमे के दो वर्ष के लिए जेल में रखा जा सकता था। महात्मा गाँधी ने इस अन्यायपूर्ण कानून के विरुद्ध 6 अप्रैल, 1919 को सत्याग्रह के दिन के रूप में निर्धारित किया।
22. ऊर्जा के गैर-परंपरागत स्रोतों (सौर, पवन, जल एवं जैव ऊर्जा) को अपनाना आवश्यक है, क्योंकि ये अक्षय, पर्यावरण अनुकूल और प्रदूषण रहित है। जीवाश्म ईंधनों के सीमित भंडार और बढ़ते प्रदूषण को देखते हुए ये ऊर्जा स्रोत भविष्य की आवश्यकताओं को पूरा करने में सहायक है। इनसे ऊर्जा सुरक्षा बढ़ती है और सतत् विकास संभव होता है।
23. (a) भारतीय संविधान में वर्णित पंथनिरपेक्षता को बढ़ावा देने के दो उपाय निम्नलिखित हैं
    (i) संविधान सभी व्यक्तियों और समुदायों को किसी भी धर्म का प्रचार और पालन करने की स्वतंत्रता देता है।
    (ii) भारतीय राज्य के लिए कोई आधिकारिक धर्म नहीं है; जैसे—श्रीलंका (बौद्ध धर्म), पाकिस्तान (इस्लाम) और इंग्लैंड (ईसाई) में है।

    अथवा

    (b) महिलाओं की सार्वजनिक जीवन में भागीदारी को सुनिश्चित करने हेतु दो उपाय निम्नलिखित हैं
    (i) राजनीति, प्रशासन और कार्यस्थलों पर महिलाओं के लिए आरक्षण सुनिश्चित कर उनकी भागीदारी को बढ़ाया जाए।
    (ii) महिलाओं को उच्च शिक्षा, कौशल विकास और रोजगार के समान अवसर प्रदान कर आत्मनिर्भर बनाया जाए।
24. इस प्रश्न के उत्तर के लिए पृष्ठ सं. 395 पर शीर्षक 'वैश्वीकरण' के उपशीर्षक 'वैश्वीकरण में आई.टी. की भूमिका' का अध्ययन करें।
25. उत्पादित वस्तुओं व सेवाओं का आकलन करते समय केवल अंतिम वस्तुओं व सेवाओं का ही आकलन किया जाता है। उदाहरण के लिए, एक कृषक किसी आटा मिल को ₹ 15 प्रति किग्रा की दर से गेहूँ बेचता है तथा मिल में गेहूँ की पिसाई के पश्चात् बिस्कुट कंपनी को ₹ 20 प्रति किग्रा की दर से आटा बेचा जाता है। बिस्कुट कंपनी आटे में चीनी तथा तेल आदि वस्तुओं को मिलाने के बाद बिस्कुट के चार पैकेट बनाती है तथा बाजार में उपभोक्ताओं को ₹ 100 (₹ 25 प्रति पैकेट) में बिस्कुट बेचती है। अत: वह वस्तु, जो उपभोक्ताओं तक पहुँचती है, उसे अंतिम उत्पाद कहते हैं।
26. इस प्रश्न के उत्तर के लिए पृष्ठ सं. 2 पर शीर्षक 'यूरोप में राष्ट्रवाद का निर्माण' के उपशीर्षक 'उदारवादी राष्ट्रवाद का अर्थ' का अध्ययन करें।
27. (a) इस प्रश्न के उत्तर के लिए पृष्ठ सं. 212 पर शीर्षक 'औद्योगिक प्रदूषण एवं पर्यावरणीय निम्नीकरण' के उपशीर्षक 'जल प्रदूषण' का अध्ययन करें।

    अथवा

    (b) इस प्रश्न के उत्तर के लिए पृष्ठ सं. 212 पर शीर्षक 'वायु प्रदूषण' का अध्ययन करें।
28. इस प्रश्न के उत्तर के लिए पृष्ठ सं. 269 पर शीर्षक 'संघीय व्यवस्था बनाम एकात्मक शासन' का अध्ययन करें।
29. गहन जीविका कृषि की तीन विशेषताएँ निम्नलिखित हैं
    (i) भारत में यह कृषि उन क्षेत्रों में की जाती है, जहाँ पर जनसंख्या का भूमि पर अत्यधिक दबाव होता है। इस कृषि में एक वर्ष में एक से अधिक फसलों को उत्पादित किया जाता है।
    (ii) यह श्रम प्रधान कृषि है, इसमें उत्पादकता बढ़ाने के लिए भारी मात्रा में सिंचाई की जाती है और उर्वरकों का उपयोग किया जाता है।
    (iii) किसान वैकल्पिक रोजगार न होने के कारण सीमित भूमि से अधिकतम पैदावार लेने की कोशिश करते हैं।
30. विकास का क्षेत्र अत्यंत व्यापक और विस्तारित है। कई बार दो व्यक्ति या दो गुट ऐसी चीजें चाह सकते हैं, जिनमें परस्पर विरोध हो सकता है। उदाहरण के लिए, उद्योगपति बिजली की पूर्ति के लिए अधिक बाँध चाहते हैं, परंतु ऐसा होने से जमीन जलमग्न हो सकती है और उन लोगों का जीवन अस्त-व्यस्त हो सकता है, जो बेघर हैं; जैसे कि आदिवासी। इसलिए स्थानीय लोग अपने खेतों की सिंचाई के लिए छोटे चैक बाँध या तालाब पसंद करते हैं। यह विकास के दो पहलुओं को दर्शाता है

(i) अलग-अलग लोगों के विकास के लक्ष्य भिन्न हो सकते हैं।

(ii) एक व्यक्ति के लिए जो विकास है, यह आवश्यक नहीं है कि वह किसी दूसरे के लिए भी विकास हो। वह दूसरे व्यक्ति के लिए विकास न होकर विनाशकारी हो सकता है।

अथवा

(b) **औसत आय का महत्त्व** औसत आय किसी देश की समग्र आर्थिक स्थिति को समझने का एक प्रमुख संकेतक है। यह विभिन्न देशों की प्रति व्यक्ति आय की तुलना कर उनकी आर्थिक समृद्धि का आकलन करने में सहायता करती है। उदाहरण के लिए, अमेरिका और भारत की औसत आय की तुलना से उनके जीवन स्तर, उपभोग क्षमता और आर्थिक असमानता का अनुमान लगाया जा सकता है।

औसत आय की सीमाएँ इसकी कुछ सीमाएँ भी हैं। यह आय असमानता को नहीं दर्शाता। जैसे–जब लोगों के एक छोटे-से समूह में बहुत अधिक आय होती है, तो औसत आय भी उच्च हो जाती है, परंतु प्रत्येक व्यक्ति की वास्तविक आय की स्थिति व्यक्त करने में असमर्थ रहेगा, क्योंकि इससे यह पता नहीं चलता है कि आय लोगों में किस प्रकार से वितरित है। इसके अतिरिक्त अलग-अलग देशों का जीवनयापन व्यय, सरकारी सेवाएँ और सामाजिक कल्याण नीतियाँ भी आय की वास्तविकता को प्रभावित करती हैं। इसलिए देशों की तुलना में केवल औसत आय के अतिरिक्त अन्य आर्थिक व सामाजिक संकेतकों को भी ध्यान में रखना आवश्यक है।

31. (a) इस प्रश्न के उत्तर के लिए पृष्ठ सं. 250 पर शीर्षक 'श्रीलंका में बहुसंख्यकवाद' का अध्ययन करें।

अथवा

(b) ''सत्ता में साझेदारी विभिन्न समूहों के मध्य विश्वास को बढ़ाती है।'' युक्तिपरक तर्क समझाता है कि सत्ता की साझेदारी से अच्छे परिणाम निकलते हैं। सत्ता की साझेदारी अच्छी होती है, क्योंकि यह सामाजिक समूहों के बीच संघर्ष की संभाव्यता को कम करती है। सामाजिक संघर्ष प्रायः हिंसा और राजनैतिक अस्थिरता उत्पन्न करते हैं।

सत्ता की साझेदारी राजनीतिक व्यवस्था की स्थिरता सुनिश्चित करने का अच्छा माध्यम है। बहुसंख्यक लोगों की इच्छाओं को अन्य लोगों पर थोपना एक निश्चित समय तक अच्छा विकल्प हो सकता है, परंतु यह लंबे समय तक चलाए जाने पर राष्ट्रीय एकता को कमजोर कर सकता है।

बहुसंख्यकों का निम्न समुदाय पर उत्पीड़न (Tyranny) उनके लिए न केवल दमनकारी है, बल्कि यह कभी-कभी स्वयं बहुसंख्यक वर्ग के लिए समस्या उत्पन्न कर सकता है। युक्तिपरक या समझदारी का तर्क लाभदायक परिणामों पर जोर देता है।

32. (a) इस प्रश्न के उत्तर के लिए पृष्ठ सं. 119 पर शीर्षक 'मृदा का वर्गीकरण' के उपशीर्षक 'जलोढ़ मृदा' का अध्ययन करें।

अथवा

(b) इस प्रश्न के उत्तर के लिए पृष्ठ सं. 117 पर शीर्षक 'भारत में संसाधन नियोजन' का अध्ययन करें।

33. (a) इस प्रश्न के उत्तर के लिए पृष्ठ सं. 93 पर शीर्षक 'पढ़ने का जुनून' का अध्ययन करें।

अथवा

(b) इस प्रश्न के उत्तर के लिए पृष्ठ सं. 95 पर शीर्षक 'महिलाएँ और मुद्रण' का अध्ययन करें।

34. (i) भारत में स्वराज को अहरणीय अधिकार इसलिए माना गया है, क्योंकि स्वतंत्रता प्रत्येक समाज और व्यक्ति का प्राकृतिक अधिकार है।

(ii) स्रोत में ऐसी सरकार के समर्थन का वर्णन किया गया है, जो जनता के अधिकारों की रक्षा करें तथा उन्हें स्वतंत्रता, समानता और समृद्धि के अवसर प्रदान करें।

(iii) भारत में ब्रितानी शासन के दो प्रभाव निम्नलिखित हैं

(a) ब्रिटिश शासन के कारण भारत की अर्थव्यवस्था कमजोर हो गई। कृषि और उद्योगों का पतन हुआ तथा कच्चा माल ब्रिटेन भेजा गया।

(b) ब्रिटिश शासन ने भारतीयों को राजनीतिक अधिकारों से वंचित रखा। दमनकारी कानून पारित किए गए, आंदोलनों का दमन किया गया तथा भारतीय नेताओं को गिरफ्तार किया गया।

35. (i) 'प्रतिनिध्यात्मक लोकतंत्र' वह शासन प्रणाली है, जिसमें जनता अपने प्रतिनिधियों को चुनाव के माध्यम से चुनती है और वे जनता की इच्छाओं तथा आवश्यकताओं के अनुरूप शासन करते हैं।

(ii) राजनीतिक दल विभिन्न सामाजिक, आर्थिक एवं राजनीतिक मुद्दों पर जनता को जागरूक करते हैं तथा जनमत का निर्माण करने के लिए वे चुनावी अभियान, जनसभाओं, घोषणा-पत्रों और मीडिया के माध्यम से अपनी नीतियों एवं विचारधाराओं को प्रस्तुत करते हैं।

(iii) राजनीतिक दल लोकतंत्र के सुचारू संचालन में महत्त्वपूर्ण भूमिका निभाते हैं। वे विभिन्न विचारधाराओं और नीतियों को संगठित करते हैं, सरकार बनाने में सहायता करते हैं, विपक्ष की भूमिका निभाकर सरकार पर नियंत्रण रखते हैं और जनता की समस्याओं को प्रशासन भेजने का कार्य करते हैं। इस प्रकार लोकतन्त्र के लिए राजनीतिक दल आवश्यक शर्त माना जाता है।

36. (i) सहकारी समितियों के द्वारा दिया जाने वाला ऋण औपचारिक क्षेत्रक के अंतर्गत आता है।

(ii) स्वयं सहायता समूह अपने सदस्यों से जमा राशि एकत्र करते हैं। वे समूह बैंकों, गैर-सरकारी संगठनों (NGO) और सरकार द्वारा कार्यान्वित विभिन्न योजनाओं के तहत बाह्य वित्तपोषण प्राप्त करते हैं।

(iii) सहकारी समितियाँ सामूहिक सहयोग के आधार पर कार्य करती हैं। इनके सदस्य एक निर्धारित राशि जमा करते हैं, जिसे पूंजी के रूप में उपयोग किया जाता है। यह पूंजी बैंकों से ऋण प्राप्त करने के लिए भी आधार बनती है। प्राप्त ऋण को पुनः सदस्यों को कृषि, व्यापार, मकान निर्माण और अन्य आवश्यकताओं के लिए दिया जाता है।

37. (a)

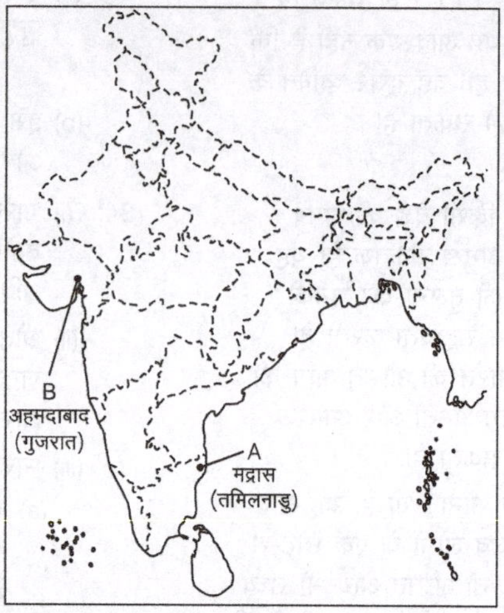
B
अहमदाबाद
(गुजरात)
A
मद्रास
(तमिलनाडु)

37. (b)

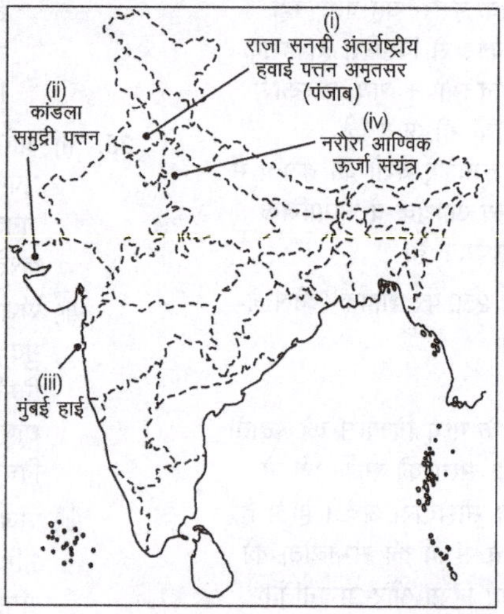
(i)
राजा सनसी अंतर्राष्ट्रीय
हवाई पत्तन अमृतसर
(पंजाब)
(ii)
कांडला
समुद्री पत्तन
(iv)
नरौरा आण्विक
ऊर्जा संयंत्र
(iii)
मुंबई हाई

Be a TOP SCORER
in ICSE Exams 2025

i Succeed 10 Sample Question Papers

with Quick Study Notes

Literature in English 10th

Paper 2